中国民族统计年鉴 2016

CHINA'S ETHNIC STATISTICAL YEARBOOK 2016

国家民族事务委员会经济发展司
国家统计局国民经济综合统计司 编

中国统计出版社
China Statistics Press

图书在版编目（CIP）数据

中国民族统计年鉴 = China’s Ethnic Statistical Yearbook. 2016 / 国家民族事务委员会经济发展司，国家统计局国民经济综合统计司编. -- 北京 : 中国统计出版社, 2017.6

ISBN 978-7-5037-8199-5

Ⅰ. ①中… Ⅱ. ①国… ②国… Ⅲ. ①民族地区－统计资料－中国－2016－年鉴 Ⅳ. ①D633-54

中国版本图书馆 CIP 数据核字(2017)第 141142 号

中国民族统计年鉴—2016

作　　者/国家民族事务委员会经济发展司　国家统计局国民经济综合统计司
责任编辑/郭　栋　王建生
封面设计/李雪燕　李　静
出版发行/中国统计出版社
通信地址/北京市丰台区西三环南路甲 6 号　邮政编码/100073
电　　话/邮购（010）63376907　书店（010）68783172
网　　址/http://www.zgtjcbs.com
印　　刷/三河市双峰印刷装订有限公司
经　　销/新华书店
开　　本/880×1230mm　1/16
印　　张/63
字　　数/1950 千字
版　　别/2017 年 6 月第 1 版
版　　次/2017 年 6 月第 1 次印刷
定　　价/360.00 元

施光磊　辽宁省民族事务委员会副主任
包力军　吉林省民族事务委员会副主任
刘　明　黑龙江省民族事务委员会主任
花　蓓　上海民族和宗教事务委员会主任
成　坚　江苏省民族事务委员会副主任
吴彩星　浙江省民族宗教事务委员会副主任
白和平　安徽省民族事务委员会副主任
杨志英　福建省民族与宗教事务厅厅长
王希贤　江西省民族宗教事务局副局长
马文艺　山东省民族事务委员会主任
贾瑞琴　河南省民族事务委员会主任
邓汉光　湖北省民族宗教事务委员会副主任
赵仁秀　湖南省民族事务委员会副主任
李秀英　广东省民族宗教事务委员会副主任
卢献匾　广西民族事务委员会主任
朱洪武　海南省民族宗教事务委员会主任
唐步新　重庆市民族宗教事务委员会主任
姚　斌　四川省民族事务委员会主任
徐　飞　贵州省民族宗教事务委员会副主任
徐畅江　云南省民族事务委员会副主任
多吉次仁　西藏民族宗教事务委员会副主任
张宁岗　陕西省民族事务委员会主任
沙拜次力　甘肃省民族事务委员会主任
开　哇　青海省民族事务委员会副主任
丁卫东　宁夏民族事务委员会主任
吐尔干•皮达　新疆民族事务委员会主任
穆坦里甫•买提托合提　新疆生产建设兵团民族宗教局局长

《中国民族统计年鉴—2016》
编辑委员会名单

《中国民族统计年鉴—2016》

编者说明

一、由国家民族事务委员会主办的《中国民族统计年鉴》（2016），是一部全面反映中国政府民族经济工作以及全国少数民族和民族自治地方国民经济社会发展情况统计资料的大型资料性工具书。

二、本书由“专文”、“综述篇”、“统计资料篇”、“附录”共4部分组成。

1.专文。收录了国家民委主要领导在2015年有关民族工作的部分文章和讲话。

2.综述篇。分“民族自治地方发展综述”、“民族乡镇发展综述”、“民族经济工作综述”等 3 个类目，收录了2015年全国、各省（自治区、直辖市）民族自治地方和民族乡镇经济社会发展情况及2015年全国和各省区市及兵团民族经济工作情况的综合性文稿。

3.统计资料篇。分“民族自治地方”、“陆地边境县”、“牧区半牧区县”、“民族乡镇”、“全国少数民族发展情况”、“其他资料”等6部分。涉及到的全国性统计数据均不包括台湾省和香港特别行政区、澳门特别行政区的资料。统计资料主要来源于国家政府主管部门、各级统计和民族工作部门。部分数据合计数或相对数由于单位取舍不同而产生的计算误差均未作机械调整。全部统计资料均经国家统计局国民经济综合统计司审核。

4.附录。收编了各类民族方面的资料。

目　录

专　文

综述篇

民族自治地方发展综述

民族乡镇发展综述

民族经济工作综述

统计资料篇

牧区半牧区县

民族乡镇

全国少数民族发展情况

一、人口

二、教育

附　录

专 文

收录了国家民委主要领导在2015年有关民族工作的部分讲话。

国家民委主任王正伟同志在全国民委主任会议上的讲话

（2016 年 1 月 5 日）

今天，我们召开中央民族工作会议后的第二次全国民委主任会议，总结 2015 年工作，部署 2016 年任务。这次会议十分重要，将套开民族工作史上的第一次全国城市民族工作会议，俞正声主席专门对会议作出重要批示，刘延东副总理下午将出席会议并作重要讲话，体现了中央对我们工作的高度重视和有力指导。刚才，我们表彰了第三届全国民委系统先进集体和先进工作者，通报了 2015 年度全国民委系统信息工作优秀集体和优秀个人，并为代表颁发了奖牌。让我们用热烈的掌声，向他们表示祝贺和敬意！

下面，我根据中央一系列重大决策部署和中央领导同志关于民族工作重要批示指示精神，联系民委工作实际，讲几点意见。

一、贯彻落实中央民族工作会议精神取得良好开局

刚刚过去的 2015 年，是在党和国家事业发展历程中乘风破浪、阔步前进的一年。一年来，以习近平同志为总书记的党中央，面对国内外形势的深刻复杂变化，面对经济下行压力加大的挑战，统筹全局、励精图治，团结带领全国各族人民，坚持稳中求进工作总基调，明确并协调推进“四个全面”战略布局，着力适应经济发展新常态，实现经济运行稳中有进、稳中有好，破解改革攻坚难题，应对各种风险挑战，营造良好内外环境，各项事业取得了新的重大成就，在全面建成小康社会、实现中华民族伟大复兴中国梦的征途上迈出了新的坚实步伐。

过去的一年，也是党中央、国务院格外关爱少数民族群众、格外关注民族地区、格外关心民族工作，推动我国民族团结进步事业实现重要突破、取得重大进展的一年。突出表现为“五个特点”：

第一个特点：中央领导同志对民族工作作出一系列重要批示指示。去年 1 月 29 日，习近平总书记在国家民委《民族工作简报》上作出近 300 字的批示。8 月 21 日总书记又在我们关于自治州全面建成小康社会的报告上作出近 200 字的批示，李克强、俞正声、张高丽等中央领导 13 人次作出批示。在一个报告上作批示的领导之多、内容之丰富、含金量之高，在民族工作史上是罕见的，集中表明了中央对民族工作的高度重视和有力支持。

第二个特点：习近平总书记亲自做民族团结工作产生热烈反响。去年 1 月 21 日，总书记亲自邀请独龙族乡亲到昆明座谈；9 月 30 日，总书记又邀请 5 个自治区的 13 名基层民族团结优秀代表到北京参加国庆活动，并在人民大会堂亲切会见时提出“中华民族一家亲，同心共筑中国梦”的重要论断，为新时期民族工作服务党和国家事业全局指明了方向。总书记讲话后，各大媒体作了充分报道，各地进行认真学习。这是十八大以来，党中央关怀少数民族和民族地区的又一生动实践。

第三个特点：中央领导同志亲自为民族地区如期实现全面小康目标把脉会诊。习近平、李克强、俞正声等中央领导同志多次到民族地区调研。总书记在云南、吉林反复强调“全面实现小康，一个民族也不能少”，极大激励了各族干部群众。李克强总理多次强调，“要进一步完善加快民族地区发展的政策措施”“在扶贫攻坚中统筹加大对民族地区发展的支持力度”。俞正声同志围绕促进新疆、西藏社会稳定和长治久安，多次入疆进藏实地调研，提出了很多解决实际问题的思路办法，体现了对民族地区的格外关切。

第四个特点：及时研究出台针对民族地区的差别化区域政策。继前年中央召开第二次新疆工作座谈会、中央民族工作会议之后，去年又召开了中央第六次西藏工作座谈会，出台了推动西藏、四省藏

区社会稳定和长治久安的重要政策文件。中央还召开第五次全国对口支援新疆工作会议，对新一轮对口援疆工作作出部署。召开第六次全国民族教育工作会，培养选拔年轻干部和女干部、少数民族干部、党外干部工作座谈会，对落实中央民族工作会议关于民族教育和民族干部的新精神进行具体部署。

第五个特点：高规格办好民族自治地方的大事喜事。2015 年是西藏自治区成立 50 周年、新疆维吾尔自治区成立 60 周年。中央把办好两个大庆列入政治局常委会工作要点，习近平总书记亲自题词祝贺。中共中央政治局常委、全国政协主席俞正声率领中央代表团参加了两个大庆活动，让各族群众深受鼓舞，在国内外产生了很好的社会影响。

中央的关心支持，为我们做好工作提供了巨大鞭策和强大动力。如果说，2013 年是民委工作的“调查研究年”，特点是认认真真；2014 年是“谋划部署年”，特点是轰轰烈烈；那么，2015 年则是民委工作的“狠抓落实年”，特点是扎扎实实。在党中央、国务院的正确领导下，一年来，我们紧紧抓住学习贯彻中央民族工作会议精神这条红线，齐心协力抓落实，开拓创新抓落实，蹄疾步稳抓落实，做到了每个领域都谋划一项重大举措，每个月份都推出一项重要活动，推动学习贯彻中央民族工作会议精神实现良好开局。回顾一年的工作，主要体现在九个方面：

一是以举办民族工作专题研讨班为引领，把学习贯彻中央精神引向深入。针对近年来民族理论政策方面的杂音纷争，总书记的重要讲话直面问题、正本清源、一锤定音。开拓民族工作新局面，首要在于以中央最新精神统一思想，尤其是抓住领导干部这个关键少数，引领广大干部群众切实把思想认识统一到中央精神上来。去年，我们与中央组织部、中央统战部、中央党校，联合举办了省部级干部民族工作专题研讨班。从筹备到实施，中央领导同志高度重视，俞正声、刘延东、孙春兰同志出席研讨班并作了重要讲话。学员中不仅有来自各省区市和新疆生产建设兵团的政府分管领导、民委主任，有来自中央国家机关的国家民委兼职委员，还有来自各省区市党委的分管常委、统战部长。以举办省部级班为牵引，在全国掀起了中央民族工作会议精神的大宣讲、大培训、大落实的热潮。我们层层深入，推动会议精神宣讲和解读进入中央党校、国家行政学院主体班次，举办州县领导干部和民委主任培训班、民委委员单位联络员专题班等班次，各地也纷纷举办各级各类培训，形成了学习培训的波次。我们趁热打铁，编写出版了《中央民族工作会议创新观点面对面》《中央民族工作会议精神辅导读本》。此外，我们还承担了翻译出版《习近平谈治国理政》民族文字版的光荣任务，把中央最新精神原汁原味地送到各族干部群众手中，受到了中央领导同志的高度评价。

强化督查是我们抓好落实的重要手段。委领导班子成员亲自带队，与有关部门开展联合督查，促进各地各部门开会出文件，拿出干货实招，拿出真金白银，解决实际问题。目前，全国 31 个省、自治区、直辖市和新疆生产建设兵团，都已召开民族工作会议，绝大多数省份都制定了实施意见及配套文件，出台了一批有含金量的举措，让中央民族工作会议精神落到实处、惠及各族群众。

二是以办好新疆、西藏大庆为契机，展示民族区域自治制度优势的成功实践。习近平总书记在中央民族工作会议上，严正驳斥了取消民族区域自治的错误论调，从文明自觉的高度，对坚持和完善民族区域自治制度进行了深刻阐述。去年西藏、新疆两个自治区分别是 50 周年、60 周年大庆，国内外高度关注。办好大庆活动，是两个自治区的大喜事，也是全国各族人民的大喜事，更是彰显中国特色解决民族问题道路的正确性，体现民族区域自治制度优越性的重要契机。我们抓住契机，积极参与西藏大庆工作，重点做好赴新疆中央代表团的筹备工作。

我们举全委之力，与新疆方面以及各个方面、各条战线紧密配合，精心做好各项工作，力求环环相扣、万无一失。中央代表团赴新疆之前，我们在民族文化宫展出了新疆维吾尔族姐妹送给总书记“同心共筑中国梦”的十字绣匾，同时精心推出了“新疆维吾尔自治区成立 60 周年成就展”，15 万人参观了展览。大庆期间，中央代表团深入城乡慰问各族群众，行程数万公里，足迹遍及全疆 14 个地州，把中央的关心关怀送到了天山南北。庆祝活动的现场气氛热烈，代表团成员和当地各族干部群众深情互动、情感交融，组织工作安全高效、平稳有序，群众迎送、宴会等严格精简，体现了“隆重热烈、简朴务实，突出政治性”的要求。成功举办两个大庆，展示了民族地区发展进步的巨大成就，展现了中华民族团结奋进的时代风貌，进一步坚定了各族干部群众走中国特色社会主义道路、发展中国特色社会主义的信心和决心。

三是以加强分类指导为重要原则，推动民族地区迈出全面建成小康社会新步伐。确保民族地区如期全面建成小康社会，这是中央坚定不移的目标。我们认真贯彻习近平总书记关于“全面实现小康，一个民族都不能少”的重要指示，紧紧围绕加快民族地区全面小康步伐，加大分类指导力度，努力提高政策支持的针对性和实效性。

自治州是民族区域自治承上启下的关键环节。我们经过深入调研和精心筹备，召开了全国民族自治州全面建成小康社会经验交流现场会，研究分析自治州的重要地位、发展面临的突出问题以及下一步发展的思路任务，这是历史上第一次。会后，我们撰写研究报告，呈送中央领导同志。习近平总书记等中央领导同志作出重要批示后，我们一鼓作气、乘胜追击，在进一步深入调研、广泛听取自治州意见的基础上，提出了加快自治州全面建成小康步伐的 6 条意见，报刘延东副总理同意后，正在征求相关部委的意见，目前已有 12 个部委作了积极反馈，给予大力支持。

特困民族地区是实现全面小康目标的难中之难、重中之重。我们组成调研组，到云南怒江、甘肃临夏、四川凉山 3 个自治州调研，向中央提交了专题报告，协调国家发改委，共同出台了支持三个特困自治州加快全面建成小康社会进程的专门文件。这是国家层面出台的第一个支持特困民族自治州发展的文件。

继续推进武陵山片区扶贫攻坚是国家民委必须种好的“责任田”。我们深化开发性金融扶持，联合国家旅游局推进旅游协作，加大政策支持力度。牢牢抓住融资难、融资贵这个老大难问题，与中国证监会合作，协助民族地区畅通新三板和上市的绿色通道，截至去年 11 月底，民族八省区以及湘西、延边、凉山、恩施四个自治州的新三板挂牌企业达到 222 家，比 2014 年底增加 226%，2015 年年底数据出来后，在新三板的挂牌企业预计接近 300 家；一年来共有 72 家民族地区挂牌企业发行股票 99 次，实现融资 51.56 亿元，融资企业数量、发行次数、融资额度比 2014 年分别增长 5 倍、7.3 倍和 29.2 倍。目前，与主办券商签订协议拟挂牌新三板的民族地区企业近 300 家，大多数民族地区政府出台了新三板支持政策，给予挂牌企业 30 万到 100 万元不等的补助。

按照中央要求，新形势下的对口支援工作，必须突出往民生领域倾斜、往基层特别是农牧区倾斜的导向。我们参与筹备召开第五次全国对口援疆工作会议，召开全国民委系统对口支援新疆西藏工作会议，对启动新一轮对口支援工作进行全面部署。启动“到村联合帮扶项目”试点，筹集 2500 多万元资金重点帮扶南疆 12 个村，惠及 8000 多户群众，闯出了一条对口支援工作服务基层的新路子。我们抓住实施“一带一路”战略的契机，研究制定全国民委系统参与“一带一路”战略的指导性文件；抓住编制民族工作“十三五”时期国家级专项规划的契机，坚持开门编制、扩面提标，经过充分调研、几上几下、反复征求意见，目前形成了比较成熟的文本，正在最后修订、积极报批。

四是以推进创建活动创新为突破，巩固和发展中华民族大团结的良好局面。中央民族工作会议对加强民族团结提出了一系列新思想新要求。我们牢牢抓住创建活动这个重要抓手，以创建工作创新发展促进民族团结进步事业。我们在云南大理召开全国民族团结进步创建活动经验交流现场会，总结经验、直面问题，从完善机制、拓展范围、把握重点、创新方式、突出实效等 5 个方面，部署下一步工作，突出加强各民族交往交流交融、构建嵌入式社会环境和条件等重点，把中央最新精神贯穿到创建活动之中。进一步推进实践创新，第一次把边防系统、铁路系统纳入创建活动范围，考核验收了新疆伊犁州、青海海北州、宁夏吴忠市三个示范州（市），不断拓展创建活动的覆盖面和影响力。新媒体的快速发展，为创新方式和载体提供了广阔空间。我们在办好国家民委网站的基础上，开通了民委官方微信，定期推送“高层论坛”等栏目，传递民族团结正能量。组织全国民族团结进步模范事迹报告团赴 7 省（区、市）巡回宣讲 14 场，宣传教育人文化、大众化、实体化迈出坚实步伐。

抓住重大节日开展民族团结教育，往往能起到事半功倍的效果。我们在纪念抗日战争胜利 70 周年之际，发表《各族兄弟并肩御侮，中华民族光耀千秋》长篇文章，组织少数民族参访团观看“9•3”阅兵，营造了各民族和睦相处、和衷共济、和谐发展的浓厚氛围。我们精心做好习近平总书记接见基层民族团结优秀代表活动的组织和服务工作，受到中央办公厅、中宣部的肯定和表扬。

五是以召开全国民族教育工作会议为新起点，推动民族教育事业长远发展。中央民族工作会议指出，民族地区抓团结、抓发展，都离不开教育这个基础性工作。我们借中央民族工作会议东风，积极做好顶层设计，会同教育部召开了第六次全国民族教育工作会议，切实发挥民族教育的基础作用和先导作用。这次距上次会议隔了 13 年，光筹备就好几年，真是来之不易。俞正声同志接见与会代表并作重要指示，刘延东同志出席会议并作重要讲话。会前，国务院印发了《关于加快发展民族教育的决定》，对当前和今后一个时期民族教育的改革发展作出全面部署，明确了重点任务和支持举措。

6 所民族高校在民族教育事业全局中占有重要地位和作用，办好这些高校是我们的光荣职责。随着大连民族学院升格为大连民族大学，委属 6 所民族院校全部升格为大学，这是个重大的跨越。我们会同教育部制定了共建国家民委所属高校的意见，标志着委属高校全部进入委部共建高校行列，进一步拓展了民族院校的发展空间。我们推动民族院校广泛开展共建，分别与四川、湖北省政府签署共建西南民族大学、中南民族大学协议，协调支持云南民族大学、黑龙江民族职业学院等地方院校达成省部共建。我们抓住民族教育的重点难点，合力攻关，推动出台了加强内地民族班的政策文件，启动了双语和谐乡村（社区）试点，促进各民族交往交流交融取得扎实突破。

六是以举办少数民族传统体育运动会为抓手，促进民族文化体育事业繁荣发展。建设各民族共有精神家园，推动各民族文化创新性发展和创造性转化，是中央民族工作会议提出的一项战略任务。举办第十届全国少数民族传统体育运动会，是中央民族工作会议之后的第一次民族体育盛会。我们坚决贯彻中央要求，在筹备中更加突出加强各民族交往交流交融、增强中华民族共同体意识，从项目设置、运动员构成到活动策划，都做了许多改革创新。比如，竞赛集体项目以及表演项目按一定比例允许汉族运动员参赛，首次将所有代表团集中在运动员村，比赛、生活都在一起，促进了充分的交往交流，这些在全国民运会历史上都是第一次。期间，还举办了少数民族传统体育文化展、民族电影展等 30 多项文化活动，参与人次 35 万，营造了浓厚的文化氛围，把民运会办成了一次影响巨大、特色鲜明的盛会，一次各民族大团结、大联欢的盛会。

搞好民族文化建设，增进民族认同，是加强民族团结的战略性举措。我们深入开展“中华民族一家亲”文化、卫生下基层活动，送书、送戏、送医到民族地区，受到各族群众普遍欢迎。特别是赴南疆开展卫生下基层活动，共义诊病人 7600 多人次，是 6 年来规模最大的一次。我们以品牌建设为抓手，联合有关部门做大了第三届百种优秀民族图书推荐活动、少数民族电影工程等老品牌，打造了首届全国少数民族优秀声乐作品展演、少数民族冠军歌手争霸赛、“中华民族一家亲”大型美术创作工程等新品牌，为民族文化事业繁荣发展搭建了更加广阔的舞台。值得一提的是，我们与新疆合作摄制了民族题材电视剧《丝绸之路传奇》，集新疆故事、民族团结、工业题材、多民族演员、丝绸之路等元素于一体，实现了思想价值、艺术价值、社会价值和经济价值的多赢，在中央一套黄金时段播出，收视率稳居全国电视剧收视排名前列。有评论说，这是改革开放以来，民族题材电视剧创作的一个高峰。

七是以强化少数民族流动人口服务管理为重点，更好适应新形势下城市民族工作的新趋势。中央民族工作会议第一次对城市民族工作进行集中阐述，强调重点要做好少数民族流动人口服务管理，让城市更好接纳少数民族群众、让少数民族群众更好融入城市。各地围绕做好少数民族流动人口服务与管理这一重点，积极探索、大胆创新，在建立少数民族流动人口服务站、抓好流入地和流出地两头对接，做好法制宣传和法律服务，加强社区网格化服务管理等方面，创造了很多新鲜经验。中央民族工作会议后，我们就开始酝酿筹备全国城市民族工作会议，组织调研组进行了广泛深入的调查研究，多方面听取意见，为会议召开做了扎实准备。这次全国城市民族工作会议，将统筹民族工作和城市工作两个大局，总结近年来城市民族工作的成功模式和经验，研究部署新形势下的城市民族工作。大家知道，这次会议也是历史上的第一次，时机又在中央城市工作会议之后，相信会议精神的学习贯彻，必将开创我国城市民族工作发展的新未来。

八是以全面推进依法治国为方向，着力推进依法治理民族事务。全面推进依法治国是我们党执政兴国的基本方略，民族事务依法治理是建设法治中国的必然要求。我们以这一基本方略为方向，提出建设完备高效严密有力的民族法治体系，大力推进民族事务法治化，进一步推进各族公民平等享有法律权利、平等履行法定义务、平等承担法律责任的法治格局。

立法方面，我们联合公安部在面向全社会征求意见的基础上，共同制定发布了《中国公民民族成份登记管理办法》，规范了公民民族成份管理的审核程序，完善了工作机制。这是我国专门规范公民民族成份登记管理的第一个部门规章，也是民族事务法治化的一部基础性法规，具有里程碑式的意义。

执法方面，全国人大常委会进行了民族区域自治法执法检查，将民族地区的基础设施建设情况作为重点。联合公安部，推动各地开展民族歧视专项治理，并就防止和纠正反恐维稳中带有民族歧视的做法下发文件，切实维护了各民族合法权益。

监督方面，我们联合 7 个部门，下发文件要求就民族歧视问题进行督察和整改，并由多名委领导带队，分赴北京、上海、广东等 7 省市进行了专项督查，提出了相应对策，得到俞正声同志、孟建柱同志的重要批示。根据正声同志的指示，我们协助北京市依托“12345”热线，设立“针对民族歧视性做法投诉电话平台”。从此，少数民族受到不公正待遇，开始“投诉有门”了。

九是以强化队伍素质为内涵，进一步夯实推进民族团结进步事业的人才保障。明辨大是大非立场特别清醒、维护民族团结行动特别坚定、热爱各族群众感情特别真挚，这是习近平总书记提出的民族地区好干部的标准，也应该成为民族工作部门好干部的标准。我们按照“三个特别”的标准，努力围绕干部队伍建设想办法、出实招，以人才队伍建设的新举措促进民族团结事业的新成效。我们以中央民族干部学院为基地，努力扩大干部培训规模，注重向基层倾斜，共办班 92 期，创历史新高。我们以双语政法人才培训工作为突破，与最高人民法院联合出台文件，改进民族地区双语法官培养培训工作，协调出版藏汉双语法律培训系列教材，为解决民族地区双语法官短缺问题、培养更多民族地区法律人才创造了积极条件。

落实党委主体责任，是党中央在新形势下加强党风廉政建设的重大部署。我们以作风建设为切入口，大力加强民委机关干部队伍建设，开展“三严三实”专题教育，举行家庭助廉活动，在民委系统树立了严的标准、实的作风。我们以蹲点调研为载体，扎实开展“走基层、转作风、访民情、聚民心”实践活动，共确定 15 个基层联系点，由机关各司局级单位对口联系、蹲点调研和开展帮扶，接地气、办实事，取得良好效果。

前年年底，我在全国民委主任会议上强调，贯彻落实好中央民族工作会议精神，是我们最大的使命、最大的机遇、最大的责任。回顾一年来的工作，我们并肩战斗、不辱使命，开拓进取、不负机遇，认真履职、不弃责任，在开局之年打了决胜之仗，取得了贯彻落实会议精神的“开门红”。这一年我们工作的成绩单，来之不易，格外宝贵，值得珍惜，为我们做好今年乃至今后的工作打下良好基础。这个成绩单，源自于党中央、国务院的正确领导，倾注了中央国家机关特别是委员单位的配合支持，饱含着地方各级党委、政府和各族各界人士的大力帮助，更凝聚着全国民委系统各族干部职工的智慧和心血。在这里，我代表国家民委，向委员单位和兄弟部门的同志们，向全国民委系统的全体干部，向所有关心支持民族团结进步事业的人们，致以衷心的感谢并致以崇高的敬意！

二、准确把握“十三五”时期民族工作的总体思路和基本要求

“十三五”时期是全面建成小康社会的决胜阶段。夺取决胜阶段的伟大胜利，实现第一个百年奋斗目标，为第二个百年奋斗目标奠定坚实基础，就看未来这关键的五年。党的十八届五中全会站在全局和战略高度，科学谋划我国未来发展，审议通过的“十三五”规划建议，就今后五年我国经济社会发展的主要目标、基本理念、基本任务作出重大决

策部署，也对我们做好当前和今后一个时期的民族工作提出了新的更高的要求。做好“十三五”时期的民族工作，必须认真贯彻党的十八大和十八届三中、四中、五中全会精神，高举中国特色社会主义伟大旗帜，以邓小平理论、“三个代表”重要思想、科学发展观为指导，深入学习贯彻习近平总书记系列重要讲话精神，按照中央民族工作会议部署，紧紧围绕“四个全面”战略布局，进一步加快民族地区全面建成小康社会步伐，进一步提高民族事务治理法治化水平，进一步巩固和发展平等团结互助和谐的社会主义民族关系，坚定自信、决战决胜，绵绵用力、久久为功，奋力实现“中华民族一家亲，同心共筑中国梦”的目标任务。具体来说，要做到“五个牢牢把握”。

一是牢牢把握“四个全面”战略布局，大力推进“中华民族一家亲，同心共筑中国梦”。“四个全面”是引领中华民族伟大复兴的顶层设计和战略布局，“中华民族一家亲，同心共筑中国梦”是中央基于服务这个战略布局，提出的民族工作目标任务。要实现这个目标任务，必须紧紧围绕“四个全面”战略布局来谋划和展开民族工作，把“四个全面”贯彻到民族工作全过程和各领域。

全面建成小康社会，民族地区是重点、难点、短板，必须加快民族地区经济社会发展步伐，决不让一个兄弟民族掉队、不让一个民族地区落伍。

全面深化改革，民族地区是相对滞后区，必须向改革要动力、要活力、要潜力，大力推进简政放权，激发市场活力和社会创造力，为民族团结进步事业发展增添强大动力。

全面依法治国，必须贯彻落实好宪法和民族区域自治法，加快完善民族法治体系，切实提高运用法治思维和法治方式管理民族事务的能力，为民族团结提供强大法治保障。

全面从严治党，必须始终抓好民族工作部门党的建设，不断推动作风向“三严三实”转变，进一步完善民族工作体制机制，按照“三个特别”的标准加强少数民族和民族地区、民族工作部门干部队伍建设，以党的先进性和凝聚力引领民族团结进步事业健康发展。

二是牢牢把握五大发展理念，确保少数民族和民族地区如期实现全面建成小康社会。“十三五”规划建议首次提出并阐释了创新、协调、绿色、开放、共享的发展理念，表明我党对我国发展规律的认识达到了一个新的高度，是在“十三五”乃至更长时间推动发展的思想指南。树立和贯彻五大发展理念，是事关我国发展全局的一场深刻思想变革。我们要按照十八届五中全会的部署，把五大发展理念落实到民族地区发展实践，以新的发展理念破解发展难题，厚植发展优势，加快发展步伐，开辟民族地区发展新境界。

要坚持创新这个引领发展的第一动力，推进民族地区各方面、全领域创新，依靠创新驱动提高发展质量和效益，构建民族地区产业新体系和发展新体制，激发民族地区和少数民族创新创业活力，实现发展动力的转换。

要坚持协调这个持续健康发展的内在要求，制定和完善差别化区域政策支持，承接好东部地区的辐射带动效应，促进民族地区、边疆地区、贫困地区加快发展，统筹民族地区城乡之间、经济与社会、物质与精神协调发展，不断增强发展的整体性。

要坚持绿色这个永续发展的必要条件和美好生活的重要体现，保护好民族地区生态环境的“重要本钱”，筑牢生态安全屏障，坚定走生产发展、生活富裕、生态良好的文明发展道路，实现人与自然和谐发展，为建设美丽中国作出新贡献。

要坚持开放这个走向繁荣发展的必由之路，抓住“一带一路”战略实施的机遇，提高民族地区对内对外开放水平，加快基础设施建设，推进经贸人文交流，实现深度融合、互利共赢，打造更高层次的开放型经济。

要坚持共享这个中国特色社会主义的本质要求，作出更有效的制度安排，更公平地解决好教育、就业、脱贫攻坚等重点任务，使各族群众在共建共享中有更多获得感，增进民族团结，朝着共同富裕方向稳步前进。

三是牢牢把握打牢中华民族共同体的思想基础，进一步促进各民族人心归聚、精神相依。做好民族工作，最关键的是搞好民族团结，最管用的是争取人心。巩固和发展中华民族大团结，始终是民族工作的第一职责。必须高举中华民族大团结的旗帜，贯彻重在平时、重在交心的工作理念，坚持绵绵用力、久久为功的工作方法，不断完善工作举措，促进各民族手足相亲、守望相助。法国的巴黎事件再次警醒我们，民族、宗教问题始终是非常敏感复杂的问题，关系一个国家发展稳定的全局。要做好正确舆论引导，引导全社会正确认识我国民族关系的主流，珍惜来之不易的团结和谐局面。要在全社会搞好民族团结宣传教育，不断拓展创建活动的覆盖面，创新方式载体，推动创建活动人文化、大众化、实体化，提高实效性和吸引力。要构建相互嵌入式的社会结构和社区环境，围绕生产生活各个环节完善举措，创造各族群众共居、共学、共事、共乐的社会条件。要积极构筑各民族共有精神家园，在增强中华文化认同的基础上，大力繁荣发展少数民族文化，培育和践行社会主义核心价值观，培养国家意识、公民意识、中华民族共同体意识，切实增强各族群众对伟大祖国、中华民族、中华文化、中国共产党、中国特色社会主义的认同。

四是牢牢把握依法治国基本方略，切实推进民族事务治理法治化。依法治国是党领导人民治理国家的基本方略，是实现国家治理体系和治理能力现代化的必然要求。必须进一步用法治思维和法治方式谋划和推进民族工作，用法律来保障民族团结，依法保障各民族合法权益，大力推进民族事务治理的法治化。要完善立法，以宪法为核心、以民族区域自治法为主干，健全民族法律法规体系，为民族事务治理提供完备的法律依据。要严格执法，坚持各民族一律平等，依法处理涉及民族因素的矛盾纠纷，旗帜鲜明地捍卫社会主义法制尊严。要文明执法，坚决反对和纠正一切形式的民族歧视，规范执法行为和服务行业，加强宣传教育和权利救济，切实维护民族平等和民族团结。要搞好普法，引导各族群众自觉学法、尊法、守法、用法，用法治方式理性维护合法权益。要严密防范和依法打击民族分裂势力、宗教极端势力和暴力恐怖势力，依法惩处破坏国家安全和民族团结、组织实施暴恐活动的犯罪行为。

五是牢牢把握高位推动、协同推进的工作格局，凝聚起做好民族工作的强大合力。民族工作涉及方方面面，方方面面都有民族工作。工作战线长、协调面广的特点，决定了必须坚持高位推动、协同推进，形成党委领导、政府负责、有关部门协同配合、全社会通力合作的工作格局，才能形成做好民族工作的强大合力。要健全民委委员制度，完善工作规则，用好这个联席会议平台，促进更多实际问题的解决。要强化地区和部门间的民族工作协作机制，搭建交流平台，分享实践经验，加强协调配合，合力破解难题，提高工作执行力。要调动社会各方面的力量，争取社会组织、新媒体、民营企业等社会资源，更多更好地支持、参与、投入民族工作。

三、突出抓好 2016 年工作的几个重点

按照惯例，我们起草了《国家民委 2016 年工作要点》，会上已经印发，请大家提出意见、抓好落实。这里需要强调，贯彻落实中央民族工作会议精神，是当前和今后一个时期民族工作的主要任务，是我们始终要把握的工作主线。去年，我们取得了贯彻会议精神的良好开局，今年要持续推进，明年还要巩固成果，总之要锲而不舍地抓、毫不动摇地抓，切不可浅尝辄止，决不能虎头蛇尾，更不许挂空挡原地不动、掉链子跑偏松劲。这两年的工作，我们都定了调，2016 年定什么调？我看，可以叫做贯彻落实中央民族工作会议精神的“持续推进年”。围绕这条主线，一年工作重点，可以概括为“抓住四个机遇、落实四个文件、办好四大活动、争取四个突破”。

（一）关于抓住四个机遇。干工作就如“逆水行舟，不进则退”。怎么让工作“进而不退”？我看就在于能不能抓机遇、会不会抓机遇。万物皆有时，时来不可失。当前，民族工作就面临着我们必须抓住并且可以大有作为的重要机遇。

一是制定“十三五”规划的机遇。十八届五中全会通过的“十三五”规划建议明确提出，要深入开展民族团结进步宣传教育，加大对革命老区、民族地区、边疆地区、贫困地区的转移支付。随着规划的实施，必将为解决关系各族群众切身利益的突出问题，为民族地区补短板、增后劲、促均衡、上水平，提供强大支撑，为加快民族地区全面小康进程提供强大助力。从现在起到全国“两会”前，国家“十三五”规划纲要和各地各部门的“十三五”规划将集中推出，一系列重大战略、重大工程、重大举措将接连出台。在这个节骨眼上，我们要把握整体节奏，加大协调力度，争取出台更多惠及民族地区的干货实招，争取更多惠及民族地区的政策进

入各级各类规划及配套专项，争取更多重大政策、重大工程、重大项目纳入相关规划。同时，民委系统的“十三五”规划编制也即将完成，在前期工作基础上，争取实现突破，拿出力度大、操作性强的好规划。全国民委系统要一起贡献智慧，一起挥洒汗水，一起抓好落实。

二是实施“一带一路”战略的机遇。建设“一带一路”，开辟了我国全方位对外开放新格局，为民族地区打开了新的战略空间，发展开放型经济、参与区域合作、调整优化结构、推进新型城镇化都迎来新机遇。《推动共建丝绸之路经济带和21世纪海上丝绸之路的愿景与行动》已经发布，各地实施方案衔接工作也基本完成，正在陆续出台，“一带一路”建设步入快车道。围绕“一带一路”战略全面实施，我们要进一步开动脑筋、多想办法，优先抓好基础设施的互联互通，通过实施“一带一路”战略，构筑人流、物流、信息流的“宽带”，架起优势互补、互利共赢的“财路”。在这个基础上，我们要善于发挥沿边优势，打好“开放牌”；善于发挥资源优势，打好“经贸牌”；善于发挥语言优势，打好“文化牌”；要加强国际安全合作、防范极端势力渗透，打好“安全牌”。此外，还要围绕京津冀协同发展、长江经济带建设，找准民族工作切入口和着力点，全面为国家区域发展“三大支撑带”战略服务。

三是习近平总书记等中央领导对自治州全面小康作出重要批示的机遇。习近平总书记、李克强总理等中央领导的重要批示，深刻指出了自治州实现全面小康的重要意义，阐明了民族地区实现全面小康的基本思路，明确了加快民族地区发展步伐的重点任务，对于民族地区干部群众是极大鼓舞。我们要深刻学习领会总书记重要批示精神，最大程度发挥这把“尚方宝剑”的威力，协调联合有关部委，共同拿出管用、过硬举措，推动自治州加快发展步伐，把中央领导同志的批示落实到底。

四是脱贫攻坚的机遇。中央民族工作会议强调，打好全国扶贫攻坚战，民族地区是主战场，力争用5到10年时间实现民族地区贫困家庭和困难群众稳定脱贫。原来考虑到任务艰巨，时间上留有一定弹性。“十三五”规划建议明确要求，到2020年确保我国现行标准下农村贫困人口实现脱贫，贫困县全部摘帽，解决区域性整体贫困。这是党中央向全国人民立下的军令状，彰显了带领全国各族人民实现全面小康的坚强决心，时间上更是提前5年，对我们咬定目标苦干实干形成了倒逼机制。前不久召开的中央扶贫开发工作会议，吹响了脱贫攻坚的冲锋号，出台了一系列超常规的有力举措。我们要抓住机遇，进一步优化对口支援和帮扶工作，进一步加大精准扶贫工作力度，结合具体实际，把产业扶持、易地搬迁、生态补偿、教育支持、社会保障等五大举措“对号入座”，因地制宜，靠山吃山，靠水吃水，念好“山海经”，唱好“林草戏”，谱好“牧羊曲”，真正把民族地区的资源优势转化为发展优势，彻底改变少数民族和民族地区的贫困落后面貌。

（二）关于落实四个文件。出台中央文件要紧，贯彻好文件更要紧。在中央民族工作会议精神的推动下，从中央到各省乃至有关地州市，都出台了一系列文件。要强调的是，贯彻中央精神不能搞“空中接龙”，以文件落实文件，更不能搞“猴子吃甘蔗”，哪头甜就啃哪头。我们要的是文件精神落地生根、开花结果。

一是推动中央9号文件落实。中共中央、国务院《关于加强和改进新形势下民族工作的意见》，是贯彻中央民族工作会议精神的总任务书，6大部分25条，涵盖了加强民族团结、促进发展的方方面面。要在一年多落实成绩的基础上，强化问题导向，集中力量解决最为突出的问题，把文件落实工作抓紧抓牢一抓到底。在这个过程中，要注意发挥督查的作用，特别是用好与中办、国办、中央统战部等部门联合督查的方式，共同督促各地各部门把文件落实好。还要加强民委系统上下之间的沟通，总结各地典型经验，解决地方特别是基层工作的实际困难。

二是推动关于加快发展民族教育的文件落实。抓落实要突出重点。从类别上看，均衡提升义务教育、加快发展职业教育、大力推进双语教育是重点；从地区上看，边疆民族地区、国家通用语言文字教育基础薄弱地区、农牧区是重点；从教育内容上看，加强民族团结教育、社会主义核心价值观教育，提升中华民族共同体意识是重点。同时，要加强统筹协调，抓好升学环节，特别是抓好内地民族班、预科班的招生协调，抓好各类教育中生源地和就学地的沟通协调，抓好学校和社会的协调配合。要与教育部门密切配合，在促进各族学生交往交流交融、招生考试制度改革等问题上，积极回应社会关切，以落实文件精神为指引，不断完善工作举措。

三是推动加强和改进少数民族流动人口服务管理工作的文件落实。这次全国城市民族工作会议，要对这份文件做讨论修改，下一步将送相关部门征求意见后报国务院审议，争取以国务院或国务院办公厅的名义下发。文件出台后，各地要注意建立健全机制，解决有人办事、有钱干事的问题，为服务和管理提供组织保障；注意补齐短板，以社区为着力点，善于查找风险点，善于解决实际问题，推出更多高效便民的服务和管理举措；注意加强配合，抓好流入地和流出地的对接，加强地区间的协作，调动各方面力量共同做好服务和管理，不断完善工作格局。要采取合理办法，逐步疏解某些地方少数民族抱团扎堆、形成隔阂的问题；搞好典型示范，推出一批少数民族流动人口管理服务示范城市。

四是抓好“十三五”专项规划落实。根据中央部署，目前有关部门正在压缩和清理专项规划的数量。不管最后结果如何，少数民族事业、兴边富民行动、扶持人口较少民族发展、少数民族特色村镇和少数民族传统手工艺品的保护与发展，这几大块内容不会变，不仅不会变，范围还要扩大、内容还要丰富、标准还要提高。民族工作专项规划出台后，要做好政策衔接，加大工作力度，抓好项目实施，创新资金、政策投入方式，把有限的资金、人力、物力用到关键处，把中央的特殊关怀送到各族群众心坎上。

（三）关于办好四大会议活动。开会办活动不是目的，但要实现我们的目的，少不了开会办活动。我们开会办活动的目的是什么？就是争取领导重视，争取部门配合，争取社会支持。之所以多开几个会议，多办几个活动，就是要分领域、分阶段谋划开展好中央交给我们的重点工作。

一是开好贯彻中央民族工作会议精神经验交流会。这将是一次高规格的会议，同时套开国家民委委员全体会议。全年活动，这是个重中之重。会议目的就是要对中央民族工作会议召开两年来，全国贯彻会议精神的成绩来一次大检阅，对各地各部门贯彻会议精神的经验来一次大交流，对贯彻会议精神中存在的难题来一次大破解，以更好地统一思想、加强衔接、扩大实效，把中央民族工作会议精神更好地落实下去。全国民委系统和各有关部门要提前做好调研，精心组织筹备，确保这次会议开出实效。

二是召开贯彻中央领导同志关于自治州全面建成小康社会重要批示精神的经验交流会。这是关于促进自治州全面小康的专题会，请自治州、有关部委参加。我们希望，通过贯彻习近平总书记重要批示精神，促进各地各部门深入总结经验、探索规律，共同研究推出更多有实实在在、有含金量的政策举措，从自治州层面为民族地区全面小康再鼓一份劲，再加一把力。会议要围绕落实“坚持民族因素与区域因素相结合，发展经济与改善民生相结合，释放政策动力与激发内生潜力相结合”的要求，重点研究如何健全工作机制，细化差别化政策，加大扶持力度，挖掘民族地区潜力，增强自我造血能力，确保自治州如期全面建成小康社会。

三是召开全国自治县全面建成小康社会经验交流现场会。这是中央民族工作会议后的第一次。这两年，中央连续召开新疆工作座谈会、西藏工作座谈会，我们召开了自治州全面建成小康社会经验交流会。可以说，对自治区层面的特殊问题、自治州层面的普遍问题，都进行了研究部署，就剩下自治县层面没有开会。因此，在“十三五”开局之年召开这次会议，就是要着眼全面小康决战决胜，交流经验，凝聚共识，谋划思路，创新政策，攻坚克难，更好地推动 120 个自治县如期实现全面建成小康社会目标。

四是举办全国少数民族文艺会演。这是历史上的第五次，也是十八大以来的第一次。民族文化历来是民族工作的亮点和优势，会演更是社会影响大、关注度高。要按照中央的新精神新要求，突出构筑各民族共有精神家园的主题，周密部署、扎实做好会演的相关组织工作。通过办好会演，集中展示民族文艺精品力作和我国民族文化事业的巨大成就，生动体现民族文化艺术的独特魅力，精彩演绎中华文化是各民族文化集大成者的真谛，进一步促进各民族交往交流交融，巩固和发展中华民族多元一体格局。

（四）关于争取四个突破。民族工作一定意义上讲，是弱势部门做强势部门的工作，下级部门做上级部门的工作，少数人做多数人的工作，不争取就没有突破，不突破就办不成事，办不成事就会辜负党和国家的重托，更会辜负各族群众的期盼。我们要用热情来获得理解，用热忱来争取支持，用热心来消除成见。我相信，困难九十九，难不倒一双手，更难不倒一颗满腔热忱帮助民族地区各族群众的心。

一是在坚持和创新差别化政策上争取突破。要准确把握差别之所在，坚持把民族因素与区域因素相统一，以维护全国统一市场为前提，同时考虑民族地区在市场竞争、自然条件、历史基础方面的弱势地位。前不久召开的中央经济工作会议，深入分析了当前国内国际经济形势，就引领经济发展新常态、推进结构性改革作出了全面部署，提出了今年五大工作重点，即去产能、去库存、去杠杆、降成本、补短板。要结合供给侧结构性改革，推出民族地区优化产业布局的支持政策，发挥西部地区回旋余地大的优势，为民族地区去产能、去库存、去杠杆、降成本、补短板服务，为经济下行条件下稳增长、调结构、惠民生、防风险作出积极贡献。民族地区人口密度、海拔、气候等条件和内地有很大的差别，由此也带来基础设施建设等方面的成本差异，因此，民族地区建设重大基础设施、重大基本公共服务项目、重大生态保护工程等应加大投入。要推动重大改革在民族地区率先实施，率先在民族地区实行资源有偿使用制度和生态补偿制度，加快自然资源及其产品价格改革，加快资源税改革，加大对民族地区的金融支持力度。民族团结和社会稳定是最大的社会效益。要完善招工、就业方面的特殊政策，鼓励在民族地区的中央企业和对口援建项目吸纳当地员工。要着眼于保障少数民族文化权益，在少数民族文化、双语教育、新闻出版、广播电视、宣传等方面，照顾民族地区的差异，完善相应专项扶持政策。

二是在治理民族歧视上争取突破。民族歧视的前因是误解与偏见，后果是隔阂与仇恨。当前，民族歧视不是我国民族关系的主流，但却是危险的支流，千万不可以大意，万万不能忽视。要抓早抓小，解决在萌芽状态，治理在泛滥之前。要加强与有关部门的协调力度，共同治理突出问题，重点清理规范执法监管和窗口单位、服务行业等领域的政策和做法。治理歧视要“搞两手”，一个是“看得见的手”，也就是强化政府层面的监督，少数民族群众受到歧视要有申诉的渠道，采取歧视行为的责任单位和责任人要受到处罚；还要注意运用“看不见的手”，就是在大众层面，树立对待歧视现象的正确的价值观、是非观，引导公民不但自己不搞歧视言行，看到歧视言行还要予以谴责和纠正。要加强信息舆情工作，搞好对影响民族关系事件的跟踪关注和分析评估，利用大数据技术做好实证分析。要善于用好法律手段，强化责任追究机制，健全投诉处理机制，探索电话、网络投诉办法，加大惩处力度，让搞民族歧视的单位或者个人承担法律责任。

三是完善《城市民族工作条例》等法规上争取突破。完善民族法律法规，是关系民族工作全局的基础性工作，必须不懈推进、全力攻关、重点突破。修订《城市民族工作条例》已经喊了多年，我们到地方调研时，有的同志讲，再不修改，我们都有“审美疲劳”了！现在，修订工作已经进入最后阶段，要扎实推进，争取尽快出台。《条例》拟修改的幅度较大，30 个条款中 25 个有变动，并拟增加 7 条，对加强服务管理、社区民族工作、反对民族歧视、清真食品、公务员招录等重点问题，都要有针对性的规定。《民族乡行政工作条例》修订酝酿多年，要扎实做好立法调研工作，协调有关部门，共同把理论和实践情况掌握清，把干部管理、工作人员招录、财政、税收政策等重点难点问题研究透，争取年内形成各方面认可的成熟文本，为提交审议奠定基础。要按照俞正声主席批示，加快做好制定《清真食品管理条例》的研究和协调，争取达成更多共识。

四是在加强少数民族干部人才队伍建设上取得突破。我们这两年做了大量工作，包括推荐 50 名少数民族省部级后备，目前已经提拔一批，其他的已经列入梯队。去年，我们配合中组部等有关部门召开了培养选拔年轻干部和女干部、少数民族干部、党外干部工作座谈会，刘云山、赵乐际同志都发表了重要讲话，明确提出“来源广泛、数量充足、结构合理、素质优良”的少数民族干部队伍目标。我们要乘好东风，积极协调有关部门，推动解决少数民族干部培养选拔中存在的突出问题，为民族团结进步事业创新发展提供干部支撑。此外，第二次中央新疆工作座谈会、中央第六次西藏工作座谈会都对培养少数民族干部和人才提出了明确要求，要抓好落实。东部的同志反映，少数民族流动人口较多，做好服务和管理需要少数民族干部出面，但同等条件下来自民族地区的少数民族考生很难竞争过东部的考生。2007 年，当时的人事部出了个 75 号文，提出了单设岗位、放宽条件等倾斜政策。按照这个政策，国家民委连续两年定向招录了几个少数民族干部，效果很好，地方民委可以参照执行。美中不足的是，75 号文件是专门针对民族自治地方，没有包括东中部等散杂居地区和城市。我们要多想办法，推动东中部地区参照民族自治地方执行这个政策，解决非自治地方民族干部“入口难”问题。

最后，我要强调，全面建成小康社会、实现中华民族伟大复兴的中国梦，是波澜壮阔的伟大事业，是气壮山河的万里长征。现在我们的万里长征，已经走到了关键的一步，迈入了全面小康决胜阶段的开局之年。决战决胜阶段是短兵相接的阶段，也是爬坡过坎的阶段。在这个关键阶段，民族地区一定要奋发进取，努力为全面建成小康社会的决战决胜增光添彩；民族工作一定要开拓创新，竭力为全面建成小康社会的决战决胜贡献正能量。

——决战决胜，要求我们事不避难、迎难而上，接过任务书、立下军令状，以一种舍我其谁的气概、一股勇往直前的闯劲，逢山开路、遇河架桥，敢于担当、排除万难，开创民族团结进步事业的新局面。

——决战决胜，要求我们依靠群众、服务群众，始终心系各族群众，真情付出、无悔奉献，讲政治、讲政策、讲感情，重在平时、抓在平常，重在交心、以心换心，牢记人民群众对美好生活的热切向往，多做稳人心、暖人心、得人心的好事，不断维护和发展各族人民的福祉。

——决战决胜，要求我们汇智聚力、实干兴业，善于谋划、善于创新，一个一个破解难题，一件一件抓好落实，多做打基础、利长远的事情，积极争取资源、凝聚力量，永不懈怠、永不僵化，不断创造经得起实践和历史检验的业绩。

同志们，责任重于泰山，机遇稍纵即逝，胜利就在脚下。让我们紧密团结在以习近平同志为总书记的党中央周围，咬定目标、众志成城，再接再厉、苦干实干，奋力开创全面建成小康社会决胜阶段民族工作的新篇章！

国家民委主任王正伟同志在全国民委系统对口支援新疆西藏工作会议上的讲话

（2015 年 6 月 11 日）

党中央高度重视援疆援藏工作，每年主管领导都要召开会议，听取汇报。为了落实中央精神，我们 2013 年在西藏林芝召开了全国民委系统对口支援西藏新疆工作会议，这次又在新疆喀什地区召开会议。主要任务是，深入学习领会习近平总书记关于新疆、西藏工作的重要指示精神，贯彻落实中央民族工作会议和第二次中央新疆工作座谈会精神，总结经验，分析形势，明确任务，推动民委系统对口援疆援藏工作再上一个新水平。今年是新疆维吾尔自治区成立 60 周年、西藏自治区成立 50 周年，中央决定隆重搞好两个大庆，并将派出高规格的代表团。在这个重要节点，我们召开这次会议，就是要尽最大努力，为两个大庆“预热”，为新疆西藏各族干部群众“鼓劲”。

新疆维吾尔自治区非常重视这次会议，中央政治局委员、自治区党委书记张春贤同志亲自过问，并在 8 号亲自到乌鲁木齐机场与我们交流；自治区政府主席雪克来提•扎克尔同志指示各方面做好准备工作。刚才，努尔兰 • 阿不都满金同志代表自治区党委政府发表了热情洋溢的致辞，充分肯定了全国民委系统对口支援新疆工作，表达了对今后工作的热切期望，讲得很动情。喀什地区曾存同志就稳定、发展、民生等问题作了详细介绍，西藏和新疆生产建设兵团民族工作部门汇报了总体情况，广东等 5 省市民委代表也作了交流发言。大家讲工作都很实在、捞干货，讲经验都头头是道、各具特色，讲清了职责，讲明了方向，也讲出了感情，听了很受鼓舞、很受启发、很受感动。俗话讲，人心齐、泰山移。大家都能以一种主人翁精神，以一种主体责任意识，以一种主动作为态度，来一起扛、一起干，我们的对口支援工作才有今天的春华秋实、硕果累累。借此机会，我代表国家民委，向参与和支持对口支援工作的同志们，尤其是长期奋斗在边疆民族地区的同志们，致以崇高的敬意！向为会议筹备付出辛勤工作的自治区和喀什地区表示衷心的感谢！下面，我结合大家发言，谈四点意见：

一、全国民委系统对口支援新疆西藏工作取得新的积极成果

党的十八大后，特别是新一届国家民委党组成立以来，民委始终把对口支援工作摆在一个突出位置，适时加以研究谋划、部署推进。我担任国家民委主任和中央新疆办主任后，围绕筹备开好第二次中央新疆工作座谈会、庆祝新疆生产建设兵团成立 60 周年，陪同习近平总书记、俞正声主席和刘延东副总理等中央领导同志，多次到新疆调研，跑了天山南北不少地方，与新疆各族干部群众结下了深厚情谊。这次会议前，我又带领调研组到克州、喀什好几个地方考察，看到很多对口支援项目带动一批人、惠及一大片，特别是看到老百姓生活不断改观，感到格外高兴。克州引进了一批企业，很多是从对口支援省市来的，解决了一大批当地少数民族群众就业，保持了民族团结和谐、社会稳定。我们看到，第二次中央新疆工作座谈会后，中央为新疆特别是南疆制定的一系列特殊政策，正在得到落实，干部群众都一致感恩党中央。我这次调研中听到最多的是给南疆干部涨工资，人均 1.6 万元，大家拍手称赞。我们所有工作都要靠干部，靠调动全体干部的积极性。自治区提出“五把钥匙”、“三支队伍”，对改进基层干部作风，正确把握政策，尊重少数民族习俗，依法打击暴恐起到了正确导向作用，针对性强，抓住了要害。情况了解得越多，我们越是深刻

地认识到：中央作出援疆援藏的战略决策是完全正确的，是温暖人心、争取人心、凝聚人心的一件大事。对全国民委系统来说，做好对口支援工作是我们服务新疆、西藏工作大局的光荣使命和职责，只能加强不能削弱，必须办好办实办妥。

2013 年 8 月，我们在西藏林芝召开会议，对全国民委系统对口支援新疆西藏工作作了全面部署。两年来，国家民委和各地民族工作部门按照会议部署，认真贯彻落实第四次全国对口援疆工作会议精神、对口援藏工作 20 周年电视电话会议精神，特别是按照中央民族工作会议和第二次中央新疆工作座谈会的要求，坚持以“两个共同”主题为引领，坚持以构建和谐民族关系为目标，坚持办实事、解难题，坚持因地制宜、分类指导，坚持突出重点、统筹兼顾，坚持各尽所能、开拓创新，不断拓宽思路、完善机制、丰富手段，取得了对口援疆援藏工作新的阶段性成果。据不完全统计，林芝会议以来，国家民委协调安排新疆少数民族发展资金 11.85 亿元、西藏 6.57 亿元、新疆生产建设兵团 4.77 亿元。21 省市民委系统投入自有资金及实物 2678.21 万元，帮助培训各类人才 3 万人次，接待新疆、西藏民族工作部门干部和考察团队 2762 人次，推动双向干部交流近 600 人。这些数字的背后，是全国民委系统上上下下默默付出的心血与汗水，也是各级党委政府、全国各族人民对新疆西藏与日俱增的关心和支持。回顾总结两年来的工作，有很多新的特点和亮点，概括起来就是：“有序”、“扎实”、“拓宽”。

所谓“有序”，就是对口支援工作机制更加完善有序。我国正处于并将长期处于社会主义初级阶段，发展不平衡问题不可能一夜之间消失，由此引发的经济社会矛盾也不可能在短期内解决。新疆西藏很多地方由于历史和现实的种种原因，问题更突出，矛盾更尖锐，解决起来更困难，这是我们必须正视的。所以，中央特别强调对口支援的长期性，要求不断完善对口支援体制机制。国家民委按照中央精神，在林芝会议前下发了《进一步做好民委系统对口支援新疆西藏工作的意见》，就是为了立足中长线、打赢持久战。近两年来，各地在推进工作规范化方面，有了很大突破。一是完善领导机制。各支援省市民委纷纷成立或升格对口支援工作领导小组，定期召开会议，明确职责分工，很多地方是一把手亲自抓，切实加强了工作部署督导。比如湖南，重新调整了工作领导小组，省民委主任任组长，其他副主任任副组长，各主要业务处室负责人和十个市（州）民委主要负责人为成员，下设办公室，党组把对口支援工作纳入民族工作重要议程，确保了组织上的强有力。湖北省、市、县三级民委都成立了工作领导小组，力度很大。江西将对口支援工作纳入民族工作目标考评，重视程度很高。二是出台规范性文件。这方面既有支援方单方面制定的，比如黑龙江制定了对口支援地区发展规划、对口支援民委工作方案，一规划、一方案很有针对性。同时也有支援方、受援方共同签订的，比如重庆与西藏昌都地区两家对接，共同签订了对口支援协议，把对口支援的内容、方式、目标任务、保障措施都确定下来了，工作有章可循。这方面，西藏的做法值得肯定，2013 年 12 月西藏民宗委负责同志分别带领 7 地市民宗局长，到 17 个对口支援省市民族工作部门进行对口衔接，达成了一批援助协议，这就是主动作为。今天下午，我们特意安排了支援方和受援方对接，希望大家都能积极主动搞好衔接，多达成一些共识，多签订一些协议。有了协议，就规范有据，双方办事都会便利。三是纳入大盘子，进入总规划。比如福建，经过争取将民委的支援纳入省对口支援总体工作规划；安徽将对口支援纳入少数民族和民族聚居地区经济社会发展规划；河北将对口支援工作纳入省里相应的“十件实事”之一。这方面的突破很重要，纳入各地总盘子，有利于地方统筹，也有利于保障工作推进。

所谓“扎实”，就是对口支援工作的组织基础更加牢固扎实。工作都是人干出来的，对口支援工作做得好不好，干部是关键因素。两地干部联系得紧、对接得好，对口支援工作就会开展得顺、落实得好。这些年，我们为什么这么重视支持新疆、西藏民族工作部门建设？一方面，是因为一些地方工作条件确实艰苦、基层基础很薄弱，需要加以支援；另一方面，也是为了增进支援方、受援方之间干部的交往交流，打牢组织基础。我在林芝会议上强调过这个问题，会后实际进展也很好，21 省市始终将支援民族工作部门能力建设，作为大事要事来抓，保证了力度不减。比如广东，仅 2014 年投入支持资金就达 290 万元；江苏两年来援助资金已有 185 万元；

上海定出了 3 年 300 万的工作方案。到新疆、西藏的基层民委去考察，听到同志们讲，住的办公楼、开的汽车，用的电脑、办公桌，很多是兄弟部门支援的。日常工作中看得见、摸得着，就会时常念及对方的好，两地干部之间的情谊自然会深。硬件投得多，人的能力更得上。近年来我们积极创造干部培训学习、参观考察的机会，加强干部交流和人才培养，并继续保持部门之间的高频互访。新疆有句话总结得好，“有事没事常来往，大事小事常商量”，生动体现了各地民委之间的交往交流现状。有来有往、有商有量，对口支援的很多事就能定下来、做得好。

所谓“拓宽”，就是对口支援工作的力量源泉不断扩大拓宽。民委开展对口支援，一个很大特点就是善于沟通协调，既发挥民委委员制优势，以争取相关部门支持；又发挥社会联系广泛优势，以争取各族各界人士支持。近年来，各地民委在整合各方资源上作了很多积极探索。一是积极争取，整合政府力量。一方面，调动整合系统内力量，形成上下联动，比如浙江与省内的 11 个地级市加强沟通，形成共同帮扶的合力。另一方面，联合其他部门，形成横向联动，比如吉林积极协调教育厅，编制教育支援规划，准备派遣 36 名教师，并实施招生计划倾斜，开展教师培训。二是杠杆撬动，整合市场力量。一方面，推动企业到受援地投资，引进去，比如深圳推动开发建设项目达 12 个，投资超过 37 亿元；山东协调民品企业投资 15 亿元，建设 25 万 9 纱锭项目。另一方面，打通产品销售渠道，输出去，比如辽宁协调民品企业设立棉花收购站，采购金额达 2 亿元；天津协调企业优先采购番茄原浆，价值 7000 万元。这种引入和输出的双管齐下，对受援地经济发展、百姓就业有实实在在的帮助。三是搭建平台，整合社会力量。有的开展义诊，比如北京通过满族联谊会组织免费做白内障复明手术，两年做了 120 多例，并捐赠价值 20 万元的医疗设备。有的开展技能培训，比如山东在寿光建立少数民族蔬菜大棚技术培训基地，两年举办培训班 20 期，受训群众 1600 余人次。还有的推动各界开展捐资助学，促进企业接收务工人员，协助举办文化交流活动，等等。可以说是众人拾柴火焰高。

总的看，林芝会议以来这两年，全国民委系统对口支援新疆西藏工作取得了很大成绩，实现了很大突破。不仅援出了明显成效，也援出了自身特色，为进一步做好对口支援工作打下了坚实基础。

二、牢牢把握对口支援新疆西藏工作的新形势新要求

新疆工作、西藏工作在党和国家工作全局中具有特殊重要地位，两地的发展和稳定关系全国改革发展稳定大局，关系到全国各族人民的根本利益。中央民族工作会议和第二次中央新疆工作座谈会，明确了新时期民族工作、新疆工作的大政方针。习近平总书记就做好新形势下的新疆、西藏工作，多次发表重要讲话、作出重要批示指示，为我们开展工作提供了根本遵循。俞正声同志多次就做好新疆、西藏工作提出明确要求，特别是莎车“7·28”暴恐案发后立即带队赴莎车一线检查，传达中央精神，提出要做好清查严打、帮教转化、发动群众、宗教管理、基层建设和改善民生等六个方面重点工作，进一步明确了当前新疆工作的重点和关键，对做好西藏工作也有很强的指导意义。我们要认真学习领会习近平总书记等中央领导同志重要讲话和指示精神，深刻认识到开展对口支援新疆西藏工作，是全党全国共同做好新疆西藏工作的重要方面，是发挥社会主义制度优越性促进新疆西藏社会稳定、长治久安、跨越式发展的重大制度安排。全国民委系统对口支援新疆西藏工作作为对口支援工作整体布局的重要组成部分，要站在党和国家工作全局的高度，紧紧围绕“四个全面”战略布局，坚决贯彻中央决策部署，适时顺应客观形势变化，积极回应受援地内在需求，以高度责任感、使命感和紧迫感，推动对口支援工作不断取得新成就。

第一，坚持服务大局，牢牢把握中央关于对口支援工作的新要求。这两年，中央接连召开了一系列关于民族工作、新疆工作、对口支援工作的会议，都对对口支援工作作出了重要部署。下半年中央还将召开第六次西藏工作座谈会。加强和改进新形势下全国民委系统对口援疆援藏工作，要全面贯彻落实这一系列会议精神，牢牢把握以下方针政策和原则要求：一是基本定位上，要充分认识对口援疆援藏意义重大，是国家战略，必须长期坚持，并要与时俱进地完善优化体制机制，推动形成全方位、多

层次、宽领域的对口支援工作格局。二是目标导向上，做好新形势下对口援疆援藏工作，要坚持党的治疆治藏方略和理念，把促进新疆、西藏社会稳定和长治久安作为着眼点和着力点，推动如期同步实现全面建成小康社会目标。三是总体要求上，要充分认识和把握对口援疆援藏工作的长期性、群众性、科学性，大力推进经济、教育、就业、科技、干部人才对口支援工作，确保力度不减。四是重点任务上，对口援疆援藏工作要把改善民生放在首位，资金项目安排要注重向基层特别是农牧区倾斜，着力提供基本公共服务和改善民生。五是工作成效上，要切实处理好输血和造血的关系、交钥匙和交朋友的关系，发挥援疆援藏工作综合效益，把对口援疆援藏工作打造成加强民族团结的民心工程。这一系列新部署新要求，是我们做好新时期对口支援工作的行动纲领，必须一一理解把握准确、一一贯彻落实到位。

第二，坚持实事求是，牢牢把握民族工作总体形势的新变化。习近平总书记在中央民族工作会议上，用“五个并存”深刻阐述了民族工作面临的新形势。这“五个并存”也就是当前对口支援工作面临的大环境、必须适应的大环境。我们要深刻把握“五个并存”新形势所蕴含的新要求，做到因势而谋、应势而动、顺势而为。要牢牢把握改革开放和社会主义市场经济带来的机遇和挑战并存的形势，更好地运用政府这只“有形的手”，同时充分运用市场这只“无形的手”，不断丰富手段、扩充力量。要牢牢把握民族地区经济加快发展势头和发展低水平并存的形势，坚持推动新疆和西藏跨越式发展、可持续发展，着力促进受援地提高经济发展的质量和效益。要牢牢把握国家对民族地区支持力度持续加大和民族地区基本公共服务能力建设仍然薄弱并存的形势，加快推进基本公共服务均等化，着力保障和改善民生，并做到精准定位、精准发力。要牢牢把握各民族交往交流交融趋势增强和涉及民族因素的矛盾纠纷上升并存的形势，拓宽对口支援工作范围，更加注重加强内地和边疆的互助合作，加强支援地、受援地两头对接。要牢牢把握反对民族分裂、宗教极端、暴力恐怖斗争成效显著和局部地区暴力恐怖活动活跃多发并存的形势，把对口支援视为维护团结统一的重要举措来抓紧抓好，采取切实有力措施做好基层基础工作，使各民族群众手足相亲、守望相助，人心归聚、精神相依。

第三，坚持问题导向，牢牢把握受援地各族干部群众的新期待。新疆、西藏是我国块头很大的两个自治区，都处在边疆，目前既面临着发展经济、改善民生、实现小康的艰巨任务，也都面临着反对敌对势力渗透破坏的严峻形势。因此对口支援工作要始终坚持两条腿走路，牢牢把握发展、稳定两件大事，在助推跨越式发展、长治久安两个方面都不断取得新成效。基础设施建设、扶贫开发、新型城镇化、生态保护是发展四大“瓶颈”，就业难、上学难、看病难、饮水难是民生老大难问题。受援地干部群众改变现状的愿望十分强烈，目前破解这些难题已经迎来新的时间窗口。对口支援工作要围绕这些难题出谋划策、整合资源、重点攻关，回应好干部群众关切。产业发展内生动力不足是受援地比较普遍的现象，因此要在产业援建上寻找突破，在产业转移、特色优势产业发展、技术引进、科技成果转化、人才培养支持、经济生态化等方面加大支援，不断增强受援地自我发展能力。民族地区基层基础比较薄弱。习近平总书记在中央民族工作会议上点出了这个问题，要求各类资源配置要向基层和基础工作领域倾斜，确保基层党组织和广大干部有资源、有能力为群众服务，同时给予基层一线各族干部特别关心，改善他们的工作生活条件。我们的对口援疆援藏工作，在这方面要持续发力，把党的关怀送到一线去，也把我们国家走向富强、走向现代化的坚强力量传递到边疆干部群众中去，增强他们建设伟大祖国、建设美好家园的信心和干劲。

三、切实抓好当前对口支援新疆西藏工作的重点任务

面对新形势新要求，我们必须站在党和国家事业发展全局高度，深入学习领会中央最新精神，结合实际、统筹兼顾、突出重点，抓好各项决策部署的创造性落实，不断开创民委系统对口支援新疆西藏工作新局面。

——要紧紧抓住支持民族工作部门能力建设这个基础。继续加大对口帮扶力度，在改善工作条件、提高干部能力两方面做到“力”和“度”的平衡，做到重心下沉，并与受援地共同做好援疆援藏干部

的选、管、用工作，为对口支援工作持续深入开展提供坚强保障。

——要紧紧抓住发挥民委工作特色和资源优势这个关键。在推进少数民族事业发展、兴边富民行动、扶持人口较少民族发展、少数民族特色村镇保护和发展、民族贸易和民族特需商品生产、民族团结进步创建活动、少数民族流动人口服务管理等等工作中，挖掘一切可以挖掘的资源，调动一切可以调动的力量，不断拓展对口支援的渠道和方式。

——要紧紧抓住提高对口支援质量和效益这个目标。多办一些顺民意、惠民生的实事，多解决一些各族群众牵肠挂肚的问题，千方百计把就业搞上去，坚定不移把教育搞上去，坚持不懈把人才建设搞上去，因地制宜把产业发展搞上去，使对口支援成果落到改善民生和促进民族团结进步上。

——要紧紧抓住加强对口支援宣传这个支点。按照人文化、大众化、实体化的要求，创新方式和载体，多宣传对口支援工作成效和受援地改革发展情况，多宣传各民族交往交流交融的生动实践，多宣传少数民族和民族地区对开拓祖国疆域、对发展中华文化、对巩固国防的重要贡献，凝聚更加磅礴的民族团结正能量，让更多的人理解、支持、参与到对口支援事业中来。

当前，要重点抓好“三件事”：

一是做好对口支援“十三五”规划。今年，我们处于“十二五”与“十三五”相衔接的关键时间节点。全国、各省区市都在编制新一轮规划，我们要坚持高起点、高标准相应做好编制工作，争取更多项目进入总盘子。我了解到，辽宁已经准备将 3 个项目纳入省援疆“十三五”规划；北京列了计划，要建 2 个嵌入式社区“民族团结进步创建联系点”。在“十三五”期间，要坚持民生优先、特色鲜明、重点突出、合力推进，确保支持力度只能加强不能减弱、工作质量只能提高不能降低，进一步提高民委对口支援工作的科学性、实效性、带动性，扩大社会影响力和感召力。

二是做好对口支援蹲点调研工作。我们常讲，民委的看家本领是调查研究。对口支援工作自 1979 年全国边防工作会议拉开序幕以来，体制机制不断完善，但随着新形势、新任务、新要求出现，很多问题也还有待研究解决。民委要主动担起责来，加强调查研究，当好党委政府在对口支援工作中的参谋助手，特别是要在各地已经形成的工作领导机制中发挥好作用。比如山西，去年成为省对口援疆领导小组成员单位了，要真正起到民族工作专门部门的职能作用。同时，民委自身对口支援工作应该怎样深入开展，也是要不断加强研究的。今年，国家民委各司局联系民族地区一个县、区，帮助解决困难问题，开展蹲点调研，都已经动起来了。希望各地民委也要跟上，把调研重点放在对口支援工作上，组织到受援地开展一次蹲点调研。有关调研报告要及时报送，年内可以考虑把大家分头了解的情况汇总起来，有的报告可以报送中央领导。今年国家民委的调研表彰也要重点围绕这个来开展。蹲点调研的工作，希望大家抓紧布置安排。

三是做好到村联合帮扶项目试点工作。提出这个试点，目的是进一步推动民委系统对口支援工作往基层倾斜，往“实”里做。目前，国家民委已筹措 1500 万元，广东、上海、江苏、山东、北京等有对口支援南疆任务的省区民委也已经落实近 1000 万元。经与新疆沟通，此次选择了喀什、和田和阿克苏 12 个村，作为重点帮扶村，并初步选择了一批基建设施、农林牧养、培训教育项目，预计涉户数有 8000 多户、投入资金 2500 多万，基本上每村有 200 来万。这笔钱说大不大，说小不小，但来之不易，意义很大。国家民委筹的这 1500 万，有 500 万是专项经费中预留的，另外 1000 万是全国政协常委、全国工商联副主席、百步亭集团董事局主席、中民投党委书记茅永红先生和中国华建投资控股有限公司董事长何志平先生以公司名义捐的。茅永红主席、何志平董事长他们公司的捐款体现了对民族地区的关心支持，体现了对南疆的关心支持，体现了民营企业家的社会责任感、一种大爱。在这里，我代表民委系统，向他们表示感谢！我们民委系统虽然钱不多，但要依靠社会力量，依靠企业家热心公益。各地筹的钱中，很大一部分也是这么来的，很不容易。各方面要切实把辛苦筹来的钱用好、把好事办好。要把项目选准，把钱花在刀刃上、用到急需处。要抓好落地、搞好督查，三地州和新疆民委要切实负起责来，把项目办成精品工程、廉政工程。国家民委等相关业务司局要加强与新疆民委、与相关省市民委、与相关参与方的沟通协调，做好项目实施、配套跟进、督促检查方面的指导工作。

要强调的是，这是第一批试点项目，必须起个好头，决不能有资金截留挪用、打水漂的现象，确保把好事办好、收到好的综合效益。去年，我与何厚铧先生交谈，他对我们民族工作很支持，帮着筹了 986 万元，这笔钱都是用于南疆三地州的，其中有两个项目就在我们选择的村里。我们的眼光一定要放长远，这次重点在南疆 12 个村，下一批什么时候再启动，都要取决于这次项目落地的情况，当然也取决于全局工作的需要，重点还是西藏、新疆。只要我们做得好，茅永红主席、何志平董事长讲，还可以动员更多企业家来支持。总的来说，我们要把这件事作为全国民委系统对口支援新疆西藏工作的“一号工程”，努力趟出一条联合帮扶的新路子。

四、努力提高对口支援新疆西藏工作的能力和水平

对口支援新疆西藏，不仅仅是发展工作、民生工作，也是一项特殊而重大的群众工作、政治工作，必须做到物质手段、精神手段“一把钥匙开一把锁”。今年 3 月，国家民委向南疆四地州各行政村、中小学赠阅《中国民族》杂志 19 万册，有维文版和汉文版两个版本，就是为了丰富他们的精神食粮，实践证明效果是好的。对口支援既要给一批资金、物资、项目，起到“横向转移支付”的作用；也要结交、感动、教育一批人，起到争取人心、凝聚人心的作用，增强各族群众对伟大祖国、对中华民族、对中华文化、对中国共产党、对中国特色社会主义道路的认同。这些都对干部能力和水平提出了很高的要求。从经验、长远和当前工作需要来看，做好对口支援工作，要着力提高以下几种能力。

第一，把气捋顺、把理说通、把事办正，提高政策把握能力。对口支援工作的政治性、政策性很强，从事这项工作必须有大局意识，有政治担当，在政策把握上过得硬。这个很关键。现在有的地方局面打不开，有的地方工作简单粗暴，有的地方认识不一致，有的基层软弱涣散，归根结底还是政策把握能力不够强的表现。合意的执行，不合意的就不执行，有的处理涉及民族宗教的问题只堵不疏，这就是执行政策能力不够强的表现。各地民宗委一定要认真领会民族宗教方面的政策方针，深入研究民族宗教工作，多向主管领导提一些好的意见建议，推动问题真正解决，营造良好和谐的环境，把中央的好政策、好精神贯彻好、落实好。现在有些人就是心里有气，道理想不通，所以要深入细致做群众的思想工作，把气捋顺、把理说通，以心换心。要知道，团结人越多越好，打击人越少越好。

做各项工作都一样，都要做到把气捋顺、把理说通、把事办正，处理涉及民族因素的矛盾纠纷过程中更应如此。一是要把参与处理矛盾纠纷视为份内事，视为对口支援的重要内容，遇事迎难而上，争取把矛盾化解在萌芽状态，把矛盾双方的气都捋顺了。二是要高举维护社会主义法制尊严的旗帜，坚持中央反复强调的“法律面前人人平等”，坚持依法处理、一断于法。不能看见“民族”两个字，就进退失据，该走什么程序走什么程序。这个理要跟各方面讲清楚。三是要明确职责，不能越位，更不能把事办歪，搞什么花钱买平安。民委更多是要做沟通协调的工作，做保障合法权益的工作，做温暖人心、争取人心的工作。民委最应该做的是事前预防，抓好平常。今年初，我到河南调研，了解到河南为镇平县从事玉料经营的 2000 多名新疆维族同胞争取了免税、免费优惠政策，在子女入学、就医、办证、法律服务等方面做了很多事，效果很好，回来写了调研报告，俞正声、刘延东、孙春兰等同志都作了批示。

第二，善于争取、善于结合、善于动员，提高干事创业能力。对口支援工作点多、线长、面广，是一项系统工程，民委不可能自己唱独角戏，这就要求我们的干部干事创业能力要特别强，必须善于争取、善于结合、善于动员。这可以说是民委开展对口支援的基本工作要求，也是必须练好的基本功。

善于争取，就是要树立争取的意识，要有勇气、有能力去争取，千方百计为对口支援创造条件、赢得资源。比如，同志们反映比较多的财务预算问题，援助资金从哪个口出、以什么名目列，确实有些困难，要多向当地党委政府请示争取，多与有关部门协调争取。可以说，争取的力度有多大，舞台就有多大。国家民委委属单位与新疆党委宣传部正在筹拍 40 集电视连续剧《丝绸之路传奇》，首先是主题选得好，筹备工作做得扎实，我们向新闻出版广电总局、中央电视台争取支持，就比较顺，都认为是

好事。

善于结合，就是要把民委对口支援工作与总体对口支援工作相结合，把对口支援工作与民委其他工作相结合，把民委对口支援资源与各方面资源相结合，把支援方工作和受援方工作相结合。从实践经验来看，结合面越广、结合形式越多样、结合度越紧密，对口支援工作力度就会越强。我们都要善于做好结合的大文章，在结合中借力，在结合中创新，在结合中打开局面。这次对口支援工作会前后，国家民委组织了“中华民族一家亲”卫生下基层走进南疆活动，这就是民委两项工作的有机结合；同时民委联合了清华大学第一附属医院、中国中西医结合学会，邀请了北京、上海、广东、山东等地知名医院的40余名专家，这是资源结合；到8个县市人民医院，而且会同疆内20余名专家，开展义诊、培训、送器械，这就是支援方、受援方的工作结合。这次活动历时10天，预计接诊1万人次，是民委送医下乡活动开展以来规模最大的一次，也是结合工作做得很到位的一次。前天，我去看了现场情况，很受群众欢迎。一听说北京等大城市的大专家来了，很多群众大老远来排队等候。受群众欢迎的事，我们就要多干。

善于动员，就是要能感召人、发动人、集合人、激励人，号召社会组织和个人参与对口支援工作，激发起全社会共同关心支持对口支援工作的热潮。比如动员干部，习近平总书记在中央民族工作会议上明确强调了。我们要立足于培养人、锻炼人、考验人，在坚持正确用人导向的同时，综合采取各种方式动员干部。再比如动员专业人才，民族地区缺少教师、医生、农技人员，李克强总理在中央民族工作会议上强调各地各部门要给予支持，动员社会力量参与。我们在这方面的动员能力还要增强。又比如动员企业家，有的地方对口支援搞得好，与善于动员企业有关系，特别是民品民贸企业在对口支援中的作用，可以说是“异军突起”。关键是我们既要会打“政策牌”，也要善于打“荣誉牌”，要善于维系与企业家之间的“君子之交”。我们要把善于动员作为一项基本功，八仙过海、各显神通，推动对口支援工作大步走向社会化、大众化。

三是真情付出、真抓实干、真惠民生，提高善做善成能力。善做善成，才能开拓局面、成就事业。善做善成能力水平不足，根子是“认真”不够。习近平总书记曾指出，对我们共产党人来说，讲“认真”不仅是态度问题，而且是关系世界观和方法论的大问题，是关系党的性质和宗旨的大问题，是关系党和人民事业发展全局的大问题。我们正在践行“三严三实”，就是要求各级干部都能有一股子“认真”劲。在对口支援工作中讲“认真”，主要是要对受援地各族干部群众有真情付出，在对口支援工作中能够真抓实干，切实使各项投入真惠民生。

善做善成需要真情付出。人心都是肉长的，真情才能感动人，有时候就看你是不是真情付出。民委历来讲感情、重感情，对口支援工作更是如此。有的省市民委为了支援兄弟部门，虽然投入资金金额不大，但确实是从自身工作经费中硬挤出来的，心意很大，体现的是真感情、铁关系，这一点受援地同志是有切身感受的。重在交心、以心换心的这种优良传统，一定要继续发扬好。

善做善成需要真抓实干。对口支援工作是实打实的活，下没下苦功夫、有没有真抓实干完全不一样。比如，办好内地班和预科班，影响深远，也需要长久功夫。前不久我们在中央党校举办省部级干部学习中央民族工作会议精神专题研讨班，俞正声主席出席了座谈会，今天在座的一些同志也在场，他着重强调要把办好内地班和预科班视为反恐维稳工作的重要组成部分，要求党委政府相关负责同志每年都要去看看，研究解决问题。这就是真抓实干！工作中的每一个点，都把它打实了，钉是钉铆是铆，才能防止“蝴蝶效应”，才能筑起反恐维稳的铜墙铁壁。这也是我们反复强调“民族工作无小事”的道理。

善做善成需要真惠民生。我们做各项对口支援工作，最后落脚点都是在民生上，都是为了实现各族群众对美好生活的向往。对口支援工作中善做善成的标尺，就是看是不是真惠民生，多大程度上惠及当地、惠及民生。离民生越近、惠及民生越大的项目，就应该优先考虑、重点考虑，这样才能真正做到善做善成。援疆援藏最重要的是争取人心，争取人心最重要的是要办实事，要解决好民生问题。像南疆一些地方，人多地少，有的人均一亩多地。就这样一种条件，有些基层干部、村霸还与老百姓争地争水。喀什最近经过整顿，还田于民，很受欢迎。

四是来来往往、说说唱唱、聚聚聊聊，提高群众工作能力。善于做群众工作，是我们党的优良传统。习近平总书记在第二次中央新疆工作座谈会、中央民族工作会议上都强调，各方面要主动来做一些融洽感情的事情，内地同新疆的交流交往要大大加强，并特别指出“来来往往、说说唱唱、聚聚聊聊里面就有大政治”。这个重要论述，是对我们党的群众工作和民族工作经验的精辟概括，对我们做好对口支援工作具有很强的指导性。我们要吃透这一精神，把“来来往往、说说唱唱、聚聚聊聊”、促进各族干部群众交往交流交融，视为反对“三股势力”渗透破坏的一个特别方面，视为对新疆西藏工作的一种特别支持，视为对口支援的一项特别举措。陕西在“古尔邦节”期间，与新疆来陕务工经商的少数民族群众举办联欢会，就是一个好例子。新疆生产建设兵团广泛开展“手拉手•心连心”活动，也非常好。

做到“来来往往、说说唱唱、聚聚聊聊”，看似容易，其实不然。一些地方反映，八项规定实施后，经费控制更严格了，怎么办？有的说，让国家民委出个文。这事首先得反过来想想，解放初期，我们做民族工作，经费、条件跟现在没法比，但那时的群众工作做得多好，主要是靠带着感情做事、脚踏实地做事。我们都要学会过“紧日子”，既要推动交往交流，又不能搞吃吃喝喝那一套。当然，正常的经费开支还是要的，该争取还得争取，要用好中央9号文件这把“尚方宝剑”，确保把“大政治”做小做细做实。除此之外，把活动组织好也不容易，语言、习俗是一个问题，很多人对安全问题也有顾虑，还有一些人存在融不到群众中去的问题。问题啥时候都有，问题不是拿来摆的，是要求我们正视并解决的。只要拿出逢山开路、遇水搭桥的决心和劲头，我相信，都能一一化解。莎车给群众买羊，给群众建房，蒙罩留的自觉改过来了，维吾尔族舞蹈也跳起来了。实践证明，一是要加强基层基础工作，二是要深入细致地做群众工作，这样才能真正促进各民族交往交流交融。

新疆60周年大庆、西藏50周年大庆就是一次大规模的“来来往往、说说唱唱、聚聚聊聊”，中央和地方都十分重视。“三股势力”越是破坏捣乱，越是制造仇恨和隔阂，我们越要热热闹闹地办喜事，越要团结各民族好好过日子。我们就是要通过办好这两件大喜事，把里面的政治文章做好，把自治区几十年来的辉煌成就展示好，把党的民族政策和民族区域自治制度的优越性展示好，把边疆各族人民“三个离不开”、“五个认同”的真实心声展示好，也把党和国家维护边疆社会稳定和长治久安的信心决心展示好。

同志们！距离实现全面建成小康社会的宏伟目标，只有五年了，我们正处在一个关键性的历史时刻。对口支援新疆西藏工作，寄托着新疆西藏各族干部群众的希望与期待，承载着全国各族人民的关心与支持，责任重大，使命光荣。我们要紧密团结在以习近平同志为总书记的党中央周围，求真务实，攻坚克难，开拓创新，大力推动全国民委系统对口支援新疆西藏工作迈上新台阶，为圆好中华民族一家亲的团结梦、实现各民族走向现代化的发展梦、共铸中华民族伟大复兴的中国梦作出应有贡献！

国家民委副主任罗黎明同志在全国民族经济工作暨民族地区经济形势分析会议上的讲话

(2015 年 3 月 24 日)

同志们：

在全国两会刚刚胜利闭幕，全国上下掀起学习“两会”精神的热潮之际，我们在美丽的塞上明珠银川召开全国民族经济工作暨民族地区经济形势分析现场会。这次会议的主要任务是：深入学习贯彻党的十八大和十八届三中、四中全会、中央民族工作会议、中央经济工作会议以及全国民委主任会议精神，以习近平总书记“四个全面”为指导，总结交流 2014 年民族经济工作和民族地区经济运行情况，分析当前民族地区经济形势和任务，研究部署 2015 年民族经济工作。

昨天，我们实地考察了银川阅海湾中央商务区、中国清真产业园、宁夏红山河食品股份有限公司、吴忠市利通区东塔寺乡穆民新村、宁夏生态纺织产业示范园灵武园区和宁夏泰丰生物科技有限公司，相信大家一定收获很大。今天上午，宁夏回族自治区人民政府副主席白雪山同志发表了热情洋溢的致辞，介绍了宁夏经济社会发展情况。近年来，在党中央、国务院的亲切关怀下，在宁夏自治区党委和政府的正确领导下，宁夏经济社会保持快速健康发展，呈现出经济发展、民生改善、民族团结、社会稳定的大好局面。听了以后，我们倍受鼓舞。刚才，宁夏、广西、贵州、云南、辽宁、江苏、河南、湖北和湖南等 9 个省区民委的同志作了大会交流发言，介绍了各自的经验、做法和今后的打算，大家讲得都很好，既讲了成绩，也讲了责任，更讲了信心，听了深受教育、倍感振奋、很受启发。希望大家珍惜这次难得机会，结合各自实际，互相学习，相互借鉴，进一步推动民族地区加快发展。

下面，我谈几点意见。

一、正确认识当前国内国际和民族地区经济形势，把思想统一到中央关于当前经济形势的科学判断和决策部署上来

（一）正确认识当前国内国际经济形势，全面把握中国经济新常态

2014 年下半年以来，中央先后召开了党的十八届四中全会、中央民族工作会议、中央经济工作会议等一系列重要会议，特别是去年 12 月召开的中央经济工作会议，总结了 2014 年我国经济工作，对当前国内外经济形势进行了科学分析，并对 2015 年经济工作的总体要求和主要任务作出安排部署。

会议指出，2014 年以来，面对复杂多变的国际环境和艰巨繁重的国内改革发展稳定任务，中央坚持稳中求进工作总基调，全面深化改革，保持宏观政策连续性和稳定性，创新宏观调控思路和方式，有针对性地进行预调微调，扎实做好各项工作，实现了经济社会持续稳步发展，较好完成全年主要目标和任务，经济运行处在合理区间，经济结构调整出现积极变化，深化改革开放取得重大进展，人民生活水平不断提高。

习近平总书记在会议讲话中作出了我国经济进入“新常态”的重要判断，从 9 个方面进行了系统阐释，对我们历史地、辩证地认识我国经济发展新的阶段性特征，准确把握经济发展新常态下的经济工作具有重要指导意义。

从消费需求看，过去我国消费具有明显的模仿型排浪式特征，现在模仿型排浪式消费阶段基本结束，个性化、多样化消费渐成主流，保证产品质量安全、通过创新供给激活需求的重要性显著上升，必须采取正确的消费政策，释放消费潜力，使消费继续在推动经济发展中发挥基础作用。

从投资需求看，经历了改革开放 30 多年高强度

大规模开发建设后，传统产业相对饱和，但基础设施互联互通和一些新技术、新产品、新业态、新商业模式的投资机会大量涌现，对创新投融资方式提出了新要求，必须善于把握投资方向，消除投资障碍，使投资继续对经济发展发挥关键作用。

从出口和国际收支看，国际金融危机发生前国际市场空间扩张很快，出口成为拉动我国经济快速发展的重要动能，现在全球总需求不振，我国低成本比较优势也发生了转化，同时我国出口竞争优势依然存在，高水平引进来、大规模走出去正在同步发生，必须加紧培育新的比较优势，使出口继续对经济发展发挥支撑作用。

从生产能力和产业组织方式看，过去供给不足是长期困扰发展的一个主要矛盾，现在我国传统产业供给能力大幅超出需求，产业结构必须优化升级，企业兼并重组、生产相对集中不可避免，新兴产业、服务业、小微企业作用更加凸显，生产小型化、智能化、专业化将成为产业组织新特征。

从生产要素相对优势看，过去劳动力成本低是最大优势，引进技术和管理就能迅速变成生产力，现在我国人口老龄化日趋发展，农业富余劳动力减少，要素的规模驱动力减弱，经济增长将更多依靠人力资本质量和技术进步，必须让创新成为驱动发展新引擎。

从市场竞争特点看，过去主要是数量扩张和价格竞争，现在我国正逐步转向质量型、差异化为主的竞争，统一全国市场、提高资源配置效率是经济发展的内生性要求，必须深化改革开放，加快形成统一透明、有序规范的市场环境。

从资源环境约束看，过去能源资源和生态环境空间相对较大，现在我国环境承载能力已经达到或接近上限，必须顺应人民群众对良好生态环境的期待，推动形成绿色低碳循环发展新方式。

从经济风险积累和化解看，伴随着我国经济增速下调，各类隐性风险逐步显性化，风险总体可控，但化解以高杠杆和泡沫化为主要特征的各类风险将持续一段时间，必须标本兼治、对症下药，建立健全化解各类风险的体制机制。

从资源配置模式和宏观调控方式看，我国全面刺激政策的边际效果明显递减，既要全面化解产能过剩，也要通过发挥市场机制作用探索未来产业发展方向，必须全面把握总供求关系新变化，科学进行宏观调控。

这些趋势性变化说明，我国经济正在向形态更高级、分工更复杂、结构更合理的阶段演化，经济发展进入新常态，正从高速增长转向中高速增长，经济发展方式正从规模速度型粗放增长转向质量效率型集约增长，经济结构正从增量扩能为主转向调整存量、做优增量并存的深度调整，经济发展动力正从传统增长点转向新的增长点。认识新常态，适应新常态，引领新常态，是当前和今后一个时期我国经济发展的大逻辑。

会议还深入分析了当前国际经济形势，指出世界经济仍处在国际金融危机后的深度调整期，2015年世界经济增速可能会略有回升，但总体复苏疲弱态势难有明显改观，国际金融市场波动加大，国际大宗商品价格波动，地缘政治等非经济因素影响加大。要趋利避害、顺势而为，防范各类风险。

在我国经济进入新常态的大背景、大逻辑下，中央提出做好2015年经济工作的总体要求：全面贯彻党的十八大和十八届三中、四中全会精神，以邓小平理论、“三个代表”重要思想、科学发展观为指导，坚持稳中求进工作总基调，坚持以提高经济发展质量和效益为中心，主动适应经济发展新常态，保持经济运行在合理区间，把转方式调结构放到更加重要位置，狠抓改革攻坚，突出创新驱动，强化风险防控，加强民生保障，促进经济平稳健康发展和社会和谐稳定。在此基础上，2015年经济工作的主要任务是：一是努力保持经济稳定增长；二是积极发现培育新增长点；三是加快转变农业发展方式；四是优化经济发展空间格局；五是加强保障和改善民生工作。

在经济新常态下，民族经济工作与以往相比，面临的挑战更多了，肩头的担子更重了，工作的要求更高了。面对经济新常态，我们一定要按照中央要求，认真学习全面领会中央关于经济进入新常态的重大判断，紧密结合少数民族、民族地区和民族工作的实际，主动适应经济新常态，把思想和行动统一到中央对经济形势的科学判断上来，统一到中央对今年经济工作的决策部署上来。既要坚定信心，又要增强忧患意识，做好观念上更新，认识上到位，方法上创新，工作上“给力”，推动民族经济工作不断创新发展。

（二）以经济新常态为指导，科学分析当前民族地区经济运行情况

在党中央、国务院的正确领导下，2014 年民族地区各级干部群众认真贯彻落实中央各项决策部署，克服国内经济下行压力较大、新常态因素逐步凸显的不利影响，积极转变经济发展方式，加快经济结构调整，民族地区经济社会发展取得了可喜的成绩。

总体经济实力不断壮大。据初步核算，2014 年我国民族地区国内生产总值（GDP）达到 70750 亿元，比上年增长 8.8%，高于全国加总 0.5 个百分点。其中一产实现增加值 9277 亿元，同比增长 5.0%；二产实现增加值 32087 亿元，同比增长 9.9%；三产实现增加值 28461 亿元，同比增长 8.3%。地方财政收入稳步增长。2014 年，民族地区公共财政预算收入完成 8328 亿元，同比增长 9.4%。固定资产投资较快增长。2014 年，民族地区完成规模以上固定资产投资 66581 亿元，增长 18.3%，高于全国 3.2 个百分点。农牧业发展稳步增长。2014 年，民族地区有 6 个省区一产增速高于全国水平，其中贵州、云南和新疆的增速分别为 6.6%、6.2%、5.9%，位列全国增速的前三位。内蒙古粮食总产连续两年稳定在 550 亿斤以上，牧业年度牲畜存栏 1.29 亿头只，增加 1100 万头只。工业转型升级加快。2014 年，民族地区规模以上工业增加值增速，除云南、西藏外，均高于全国平均水平。内蒙古积极推进新兴产业快速成长，稀土、风电、云计算、单晶硅产业规模保持全国第一，加快传统产业改造升级，提前一年完成国家下达的“十二五”淘汰落后产能任务。宁夏宁东成为全国最大的煤基烯烃生产基地，新型煤化工产能增长 27.7%。市场销售和对外贸易稳步增长。2014 年，民族地区社会消费品零售总额 37758 亿元，增长 12%。虽受世界经济低迷、回升缓慢影响，民族地区对外贸易仍好于全国水平。2014 年，民族地区实现外贸进出口总额 8148 亿元，比上年同期增长了 15.4%，高于全国增速 13.1 个百分点。其中，出口完成 5526 亿元，比上年同期增长了 20%，高于全国增速 15 个百分点。城乡居民收入平稳较快增长。2014 年，民族地区常住城镇居民可支配收入和农村常住居民人均可支配收入分别达到 24597 元和 8007 元，分别比 2013 年增长 2019 元和 827 元。

在看到民族地区经济社会发展取得了可喜成绩的同时，我们也要充分认识民族地区发展面临的困难和问题，特别是经济新常态的影响逐步凸显，一些旧的结构性矛盾和新的制约因素相互交织，需正确看待，积极应对。一是经济下行压力较大，增速回落明显。2014 年，尽管民族地区生产总值增速高于全国，但与 2013 年、2012 年、2011 年比，分别回落 1.8 个百分点、3.3 个百分点、4.6 个百分点，呈明显放缓趋势；规模以上固定资产投资增速较 2013 年下降 5.5 个百分点；社会消费品零售总额增速比 2013 年回落 3.9 个百分点。随着总体经济下行，部分企业生产经营困难，效益不佳；社会投资意愿不强，重大项目接续不足，投资拉动趋缓。二是民族地区受石油、煤炭等资源型产品“量价齐跌”的影响，加之受环境瓶颈限制，结构性矛盾更加突出，过度依赖资源的路径和开发模式已难以为继。新材料、新能源等新增长点正在孕育，但体量较小、发力仍需时日，三产增长缺乏新支撑。民族地区高新技术产业增加值占比一直以来在 3%左右徘徊，远低于全国平均水平；三产占比为 40.8%，低于全国比重 7.4 个百分点。三是民族地区采掘业占规模以上工业增加值比重达 17.3%，比全国高出 11.1 个百分点，其中内蒙古、贵州、西藏、青海、新疆采掘业比重甚至超过 20%。随着各种发展制约的强化，原有的比较优势下降，统筹生态与发展的难度更大、要求更高、任务更重；市场化程度低，中小企业融资难、融资贵问题依旧突出。四是财政收入增幅明显回落，2014 年民族地区地方财政收入增速仅 9.4%，比 2013 年同期下降了 7.4 个百分点，主体行业、主要税种减收，刚性支出增加，收支矛盾比较突出。

（三）认真贯彻落实中央关于做好民族经济工作的各项决策部署，推动 2015 年民族地区经济平稳健康运行

习近平总书记在中央民族工作会议上强调：“发展是解决民族地区各种问题的总钥匙。”这是一个重要的战略判断，也是一个重要的战略部署。这些年，民族地区自己跟自己比，发展很快，但由于总量小、占比低、差距大，跟东部发达地区的发展差距总体上呈扩大之势。民族 8 省区的地区生产总值仅相当于广东一个省。可以说，发展不足问题仍然是民族地区的主要问题，加快发展、改善民生，是各族干部群众的根本愿望。

当前，我国经济发展进入新常态，我们要按照中央经济工作会议“八个更加”的新要求，坚持发展、主动作为，抓住机遇、化危为机，推动民族地区在适应新常态中加快发展、科学发展、实现跨越式发展。一要注重培育新的增长点。民族地区存在大量新的增长点，潜力巨大。在发展新能源、旅游文化、特色种植养殖等产业方面，有得天独厚的优势；在物流快递、电子商务、创意产业等新业态方面，同东部地区总体站在同一起跑线上，完全可以大有作为。要在新一轮科技创新和产业革命中找到先机，在全国改革发展大局中找准定位，在全国大市场大开放中找准突破口，通过搞活市场、抓实创新、放宽政策，激发潜在的需求并拉动供给，善于发现和精心培育新的增长点。二是加紧谋划新的大项目。民族地区的发展要想再上台阶，必须要有大项目支撑。基础设施建设、扶贫开发、新型城镇化和生态保护高度相关，是民族地区发展的最大“瓶颈”，也蕴含着巨大的内需潜力，要突出重点、科学论证、统筹推进，谋划和上马一些新的大项目，为民族地区长远发展夯实综合发展基础。三是积极研究新的发展大思路。我国经济已经进入新常态，同样民族地区的经济也进入了新常态，旧的增长模式和办法已经不能适应新的形势，形势“倒逼”我们要进一步创新发展思路，不断以“新思路”应对“新常态”。要向改革要思路，比如在进一步完善资源开发利益分配机制方面，中央提出了要率先在民族地区实行资源有偿使用制度和生态补偿制度，加快自然资源及其产品价格改革，加快资源税改革等，通过充分研究论证，完全可以成为民族地区发展的一个新的突破口；要向创新要思路，比如中央提出的“一带一路”建设，就是民族地区下一步突破旧经济、适应新常态新的战略支点和战略方向，需要我们深入思考、认真谋划。

二、全面贯彻落实中央民族工作会议精神，促进民族地区加快发展

去年，中央召开了中央民族工作会议，习近平总书记、李克强总理、俞正声主席在会议上分别作了重要讲话，会后中央出台了《中共中央 国务院关于加强和改进新形势下民族工作的意见》（中发[2014]9 号），会议明确了当前和今后一个时期民族工作的大政方针，特别是对民族地区加快发展作出了一系列新决策、新部署、新要求，对我们进一步做好民族经济工作具有重要的指导意义。

（一）进一步明确民族地区经济社会发展的基本思路，走出一条具有中国特色和民族地区特点的科学发展路子

2014 年，中央民族工作会议后出台的《中共中央 国务院关于加强和改进新形势下民族工作的意见》（中发[2014]9 号），首次明确提出民族地区经济社会发展的基本思路。这个基本思路是：紧紧围绕全面建成小康社会目标，深入实施西部大开发战略，以提高基本公共服务水平、改善民生为首要任务，以扶贫攻坚为重点，以教育、就业、产业结构调整、基础设施建设和生态环境保护为着力点，以促进市场要素流动与加强各民族交流交往交融相贯通为途径，把发展落实到解决区域性共同问题、增进群众福祉、促进民族团结上，推动各民族和谐相处、和衷共济、和谐发展，走出一条具有中国特色、民族地区特点的科学发展路子。我们要认真学习、全面把握中央提出的这个民族地区经济社会发展的基本思路，将这个发展思路贯穿到推动民族地区发展的各个环节中，转化为推动民族地区加快发展的重要动力，不断推动民族地区经济社会又好又快发展。

（二）进一步完善民族地区差别化支持政策体系，推动出台各项“落地”措施

完善民族地区差别化支持政策，这是中央民族工作会议赋予民族地区的重大政策导向，必须用足用好。产业、金融、土地等政策不能“一刀切”，要制定和完善差别化的区域支持政策，坚持实事求是、因地制宜，持之以恒、久久为功，把加大中央支持与激发民族地区内生动力相结合，不断增强民族地区自我发展能力。进一步完善一般性财政转移支付增长机制，确保对民族地区转移支付在总盘子中的比重继续增加。公共财政要把重点放在改善民生上，在教育、民族文化和新闻出版、扶贫等方面加大力度，增加对民族地区特别是边远地区重大基础设施、重大基本公共服务项目、重大生态保护工程等投入。国家基本公共服务体系规划有效实施，基本公共服

务体制机制不断健全，到 2020 年总体实现均等化。要加快发挥政策性金融作用，加大银行、证券、保险对民族地区的支持力度。

（三）进一步加快民族地区产业结构调整步伐，推动产业转型升级

李克强总理在中央民族工作会议上明确提出“大力发展特色优势产业，增强民族地区自我发展能力。”坚持把优势资源开发好、利用好，大力发展现代农牧业、民族手工业、旅游业等特色产业，努力提升民族品牌培育和企业质量管理水平。要利用好中央提出的差别化支持政策，延长产业链、提高附加值，凡符合相关政策、规划等要求，有条件在民族地区加工转化的能源、资源项目，优先在当地布局。要推动产业结构上水平，支持民族地区重点企业技术改造和创新升级，围绕新型工业化基地和企业技术创新能力建设带动产业转型升级，培育和发展战略性新兴产业，大力发展非公有制经济。支持东部地区符合民族地区特点和生态环境要求的产业有序梯度转移，建立承接产业转移示范园区和地区产业合作示范区。发挥民族地区毗邻边境的沿边优势，支持边境贸易，鼓励边贸产品落地加工。

（四）进一步推进民族地区基础设施建设和城镇化进程，夯实如期全面建成小康社会的基础

习近平总书记在中央民族工作会议上明确提出，加强边疆建设，重点抓好基础设施建设。李克强总理在中央民族工作会议上的讲话中强调指出，“民族地区的基础设施建设要重点解决路和水的问题。”俞正声主席也强调，到 2020 年，“除特殊情况外，民族地区建制村实现村村通公路、通邮政，逐步实现电力供应全覆盖”。要加快建设交通、水利、信息、能源、科技、环保、防灾减灾等项目，实施“溜索改桥”等专项行动，加强通信基础设施建设，除特殊情况外，到 2020 年民族地区建制村实现村村通公路、通邮政，解决农村人口饮水安全问题。继续大力推进无电地区电网建设，采用风电、光电等多种形式推动发展分布式能源，逐步实现电力供应全覆盖。国家在民族地区安排的农村公路、安全饮水、流域治理、林业重点工程等公益性建设项目，取消县以下和集中连片特困地区市地州级配套资金。拓宽民间投资的领域和范围，推动社会资本参与民族地区基础设施投资、建设和运营。统筹民族地区城市、小城镇发展，推进少数民族特色村镇建设，推进公用设施建设，提升服务功能，促进产业集聚和人口集中有机结合。

（五）进一步集中力量抓好民族地区扶贫攻坚工作，啃下少数民族扶贫这块“硬骨头”

习近平总书记在中央民族工作会议上明确提出“民族地区是全国扶贫攻坚的硬骨头。”“搞好扶贫开发，重点抓好特困地区和特困群众脱贫。”今年一月，习近平总书记在会见云南省怒江州贡山独龙族怒族自治县干部群众时作出“全面实现小康，一个民族都不能少”的重要指示，2 月份，总书记在国家民委上报的民族工作简报材料上，作出了“全面实现小康，少数民族一个都不能少，一个都不能掉队”的重要批示。李克强总理在中央民族工作会议上的讲话特别强调“打好全国扶贫攻坚战，民族地区是主战场。”要坚持民族和区域相统筹，以集中连片特困地区、边远地区、人口较少民族地区为主攻方向，建立精准扶贫工作机制，积极发展特色优势产业，增强自我发展的“造血”能力，完善社会救助和保障机制，确保到 2020 年基本消除绝对贫困现象。围绕改善各族群众生产生活条件，集中实施一批水电路信房、教科文卫保等民生工程，促进各族群众尽快脱贫致富。加强县乡村三级医疗卫生网络体系建设，减少因病致贫、因病返贫现象。

（六）进一步科学谋划“一带一路”建设，提升民族地区对外开放水平

当前，民族地区加快发展面临许多难得的历史机遇，特别是国家实施“一带一路”战略，一旦同周边国家实现了互联互通，西部地区、民族地区就会从过去的边缘地区一跃而成为辐射中心，发展机遇很大。中共中央、国务院《关于丝绸之路经济带和 21 世纪海上丝绸之路的战略规划》已经印发。我们务必要按照习近平总书记讲的，真正从欧亚大舞台、世界大棋局的视野来思考和谋划，把西部地区、民族地区开发开放放到更加重要的位置，培育形成民族地区新的发展优势，为国家发展提供新支撑、拓展新空间。民族地区要不等不靠，赶快行动起来，搞好与中央各部委的对接，赢得参与“一带一路”的先机。要大力促进基础设施互联互通，提升经贸合作水平，扩大旅游、中医药、文化艺术交流，加大核电、发电输电、汽车制造、电子信息等产业投资，深化能源资源合作，拓宽金融合作，切实抓住用好用足这一难得历史机遇。

三、以务实精神和扎实作风，努力做好2015 年民族经济工作

（一）以习近平总书记系列重要讲话和中央民族工作会议精神为行动指南，进一步统一思想、转变作风、加强调研、加强协调、推动工作

党的十八大以来，习近平总书记发表了一系列重要讲话，深刻回答了党和国家事业发展的重大理论和实践问题，深入阐释了党的十八大精神，丰富发展了党的科学理论，进一步升华了我们党对中国特色社会主义规律和马克思主义执政党建设规律的认识。习近平总书记历来格外关注、格外关心民族工作。他在全国人大西藏代表团审议、全国政协少数民族界委员联组讨论、第二次中央新疆工作座谈会、中央民族工作会议等多个会议上发表重要讲话，阐释了民族工作中的重大问题，释放了重要政治信息，为做好新时期民族工作提供了根本遵循。这些重要论述，从宏观到微观，从战略到策略，内涵十分丰富，体系日趋完备，是马克思主义民族理论中国化的最新成果。

贯彻习总书记系列讲话和中央民族工作会议精神，关键是要用中央精神统一思想、武装头脑。学习贯彻习近平总书记系列讲话和中央民族工作会议精神，是当前民族工作统一思想认识、明确前进方向的迫切需要，是民族工作赢得发展新优势、开创事业新局面的迫切需要，是提高民族工作部门党员干部队伍素养、增强驾驭复杂局面能力的迫切需要。我们要认真学习、深刻领会、系统掌握习近平总书记系列讲话和中央民族工作会议精神，用中央的最新精神统一思想、武装头脑，做到真学、真懂、真会、真用！

贯彻习总书记系列讲话和中央民族工作会议精神，核心是要用中央精神谋划思路、推动工作。民族经济工作涉及方方面面，抓好今年工作各项任务、各项部署的落实，都要围绕、服务和体现这条主线和红线。要把学习贯彻习总书记系列讲话和中央民族工作会议精神转化为谋划思路、推动工作的动力，进一步转变作风、加强调研、加强协调，真正做到想实策、动真格，出真招、捞干货，切实把中央对少数民族和民族地区的关怀落到实处。

（二）求真务实、狠抓落实，进一步组织实施好民族工作“十二五”规划，确保完成规划确定的各项目标任务

2015 年是“十二五”规划收官之年。行百里者半九十。要把民族工作专项规划的实施和总结作为一项重要的工作抓紧抓好。一是要抓好总结验收。人口较少民族发展规划，今年要按照规划考核验收办法组织各省区开展规划实施的考核评估工作，及时发现和解决规划实施中存在的问题；同时，要围绕聚居村“五通十有”目标查找薄弱环节，充分发挥部际联席会议的作用，集中各方力量加大投入，确保完成规划目标。兴边富民行动、少数民族事业和少数民族特色村寨发展也要搞好总结，既要充分肯定“十二五”规划取得的成绩，更要深入分析当前边境地区、少数民族事业发展和少数民族特色村镇保护发展中存在的困难和问题，力争既有定性的判断，又有定量的分析，为切实做好民族工作“十三五”专项规划的编制工作提供有力支撑。二是要抓好服务协调。协调各有关部委在今年继续加大对边境地区、人口较少民族、少数民族事业以及少数民族特色村寨给予更多的支持。各省区市民委也要加强这方面的工作，以形成工作合力，促进民族经济工作各个专项规划的圆满完成。

（三）以国家“十三五”专项规划编制为契机，进一步通盘运筹、全面谋划“十三五”民族经济工作

2015 年是“十三五”规划编制之年，我们要着眼长远，加强调研和协调，争取中央民族工作会议提出的支持优惠政策进入各级各类规划，争取更多重大政策、重大工程、重大项目进入国家“十三五”规划的总盘子。一是要抓好规划编制。重点是编制好我们的几个“十三五”规划，争取有所突破。兴边富民行动规划要争取“量”的突破，争取将新列为边境县的区域纳入兴边富民扶持范围。扶持人口较少民族发展规划要争取“面”的突破。在重点扶持人口较少民族行政村的基础上，将基础设施建设向自然村延伸，将基本公共服务向县、乡覆盖。少数民族事业规划要争取“实”的突破，协调推动有关地方和部门把这一规划落地生根。少数民族特色村镇保护和发展规划要争取“格”的突破，力争上

升为国家级专项规划。二是要抓好特殊政策制定。除了要抓好民族工作“十三五”四个专项规划编制工作外，其他各项民族经济工作也要抓紧抓好、提前谋划。民贸民品工作，直接惠及民生，是国家民委的一项品牌工作，今年一方面要全面总结“十二五”政策落实情况，还要积极研究上报国务院的“十三五”民贸民品政策，顺应改革，积极协调，努力保持“十三五”民贸民品的连续性、稳定性。少数民族发展资金，为民族工作四个专项规划的实施提供了重要资金保障，下一步要按照中央关于规范转移支付改革的要求，加大资金监管力度，提高资金使用效益，同时立足解决民族地区特殊困难和问题，发挥资金独特作用，力争“十三五”时期在管理绩效和资金规模上再上新台阶。

同志们，实现民族地区如期全面建成小康社会的奋斗目标，实现中华民族伟大复兴的中国梦，需要进一步推动少数民族和民族地区加快发展。让我们更加紧密团结在以习近平同志为总书记的党中央周围，高举中国特色社会主义伟大旗帜，抓住机遇、乘势而上，全面推动少数民族和民族地区加快发展，不断开拓民族团结进步事业新局面！

最后，我代表国家民委党组和王正伟同志，感谢宁夏回族自治区党委、政府对本次会议的大力支持，感谢宁夏民委和会务组同志们所付出的辛勤努力！同时，也向多年来关心支持民族经济工作的兄弟部门、地方的领导和同志们，表示衷心的感谢！

最后，衷心祝愿同志们身体健康，工作顺利，事业有成！谢谢大家！

综述篇

分“民族自治地方发展综述”、“民族乡镇发展综述”、“民族经济工作综述”3个类目，收录了2015年全国、各省区市民族自治地方、民族乡镇经济社会发展情况及2015年全国和各省区市及新疆生产建设兵团民族经济工作情况的综合性文稿。

民族自治地方发展综述

全国民族自治地方经济社会发展综述

2015 年，在党中央和国务院的正确领导下，在各族干部群众的共同努力下，民族自治地方各族干部群众深入学习贯彻习近平总书记系列重要讲话精神，认真贯彻落实党的十八届五中全会和中央民族工作会议、中央扶贫开发工作会议、中央经济工作会议精神，统筹做好稳增长、促改革、调结构、惠民生、防风险等各项工作，民族地区经济在新常态下保持平稳运行，总体呈现出稳中有进、稳中向好的良好态势。

一、民族自治地方经济发展

（一）生产总值增速较上年略有回落

2015 年全国民族自治地方经济实现中高速增长，经济总量保持稳定快速发展。初步核算，生产总值完成 66499 亿元，按可比价格计算，较上年增长 8.3%，增速回落 0.3 个百分点。民族自治地方生产总值占全国的比重为 9.7%，较上年回落 0.4 个百分点。其中，西藏自治区生产总值增长速度达到 11.2%，居于 5 个自治区首位。第一产业增加值完成 9920 亿元，增长 4.3%；第二产业增加值完成 29282 亿元，下降 1.3%；第三产业增加值完成 27297 亿元，增长 8.7%，三产增加值增长速度分别下降 2.1、5.2 和 7.0 个百分点。

（二）农业生产持续稳定增长

2015 年，民族自治地方农业生产稳中有升，农业生产条件进一步改善。全年完成农林牧渔副业总产值 16881 亿元。

农作物总播种面积保持稳定，农作物总产量总体平稳。2015 年农作物总播种面积为 3313 万公顷，较上年增长 0.7%。其中粮食播种面积达到 1970 万公顷，降低 0.9%；油料播种面积达到 251 万公顷，增长 1.6%；棉花播种面积达到 191 万公顷，下降 2.6%。全年粮食产量 9801 万吨，增长 0.2%；棉花产量 354 万吨，下降 4.0%；油料产量 513 万吨，增长 5.6%；烟叶产量 102 万吨，下降 6.6%；糖料产量 9935 万吨，下降 5.4%。

2015 年民族自治地方大牲畜、猪、羊年末存栏头（只）数分别为 5576 万头、8410 万只和 16471 万只，分别占全国总量的 45.7%、18.6%和 53.0%。全年肉类总产量达到 1642 万吨，其中猪肉、牛肉、羊肉产量分别为 882 万吨、236 万吨、223 万吨，其中牛肉和羊肉产量分别较上年增长 11.3%和 7.7%，猪肉产量下降 3.3%；牛羊奶产量 1363 万吨，与上年基本持平；羊毛产量 21 万吨，下降 28.2%。

民族自治地方农产品人均占有量保持平稳，其中粮食、油料等农作物保持增长，棉花、大牲畜略有回落。2015 年粮食人均占有量达 526 公斤，较上年增长 1.0%；棉花人均占有量 19 公斤，下降 3.3%；油料人均占有量 27 公斤，增长 6.4%；大牲畜人均占有量为 0.30 头，下降 2.6%

农业生产条件进一步持续有效改善。2015 年末，民族自治地方农业机械总动力 17292 万千瓦，较上年增长 3.9%；全年农村用电量 332 亿千瓦小时，下降 18.6%；农田有效灌溉面积 1299 万公顷。

（三）工业生产平稳发展，产能进一步优化

全年工业生产稳步增长，工业总产值及工业品总产量保持平稳增长趋势，对经济发展仍然发挥着重要的支撑主导作用。工业企业效益水平明显下滑。

2015 年，民族自治地方年产品销售收入 2000 万元以上工业企业（以下简称规模以上工业企业）有 22585 个，合计完成工业销售产值 66474 亿元。

工业产能进一步优化。纱产量 94 万吨，较上年增长 42.1%，其他主要工业产品产量均有下降，其中机制纸及纸板产量 440 万吨，下降 8.6%；成品糖产量 1237 万吨，下降 23.5%；卷烟产量 2211 亿支，下降 22.8%；原煤产量 11.8 亿吨，下降 8.8%；原油产量 3233 万吨，下降 12.6%。发电量 12500 亿千瓦时，增长 6.9%；生铁产量 4854 万吨，下降 10.1%，粗钢产量 5126 万吨，增长 0.7%；水泥产量 36409 万吨，增长 0.6%；木材产量 708 万立方米。

工业生产产销衔接保持稳定，经济效益总体水平保持稳定。全年规模以上工业企业实现利润总额3494元。

（四）固定资产投资持续快速增长，建筑业水平快速增长

2015年民族自治地方全社会固定资产投资完成66159亿元，较上年增长12.6%。其中国有单位固定资产投资完成25494亿元，增长12.3%。从资金来源看，仍以国家预算内资金和国内贷款为主，对外商投资的吸引力降低。国家预算内资金8609亿元，增长29.8%，国内贷款7997亿元，增长28.9%，利用外资178亿元，下降24.4%。

建筑业实现平稳增长，企业资产规模总额实现新跨越，利润总额大幅提升。全年建筑业总产值完成9104.9亿元，增长41.5%；房屋竣工面积22842万平方米，增长19.8%%。企业资产总额达8178.0亿元，增长36.7%；全年建筑企业实现利润总额485亿元，增长85.7%。建筑业增加值3028.9亿元，增长1.3%。

（五）内需市场强劲增长，服务业贡献明显加强

2015年民族自治地方消费市场活力持续释放，消费能力进一步提升，餐饮住宿业销售额明显上升，销售企业库存压力上升较明显。全年社会消费品零售总额完成22625亿元，增长7.8%。其中批发零售贸易业14259亿元，餐饮住宿业2402亿元，其他服务业营业总额224亿元。企业库存压力有效缓解，限额以上批发零售贸易企业年末库存总额1348亿元，下降33.7%。

（六）对外贸易继续保持高位增长，增速有所放缓

2015年，民族自治地方出口有所下降，进口保持增长，接受中东部产能转移，外资企业数量快速增长，外资利用情况继续下降。全年进出口贸易总额完成1099亿美元，较上年下降4.4%，其中，出口647亿美元，下降10.7%；进口386亿美元，增长8.4%。民族自治地方年末实有外商投资企业10470个，增长156.6%，全年实际利用外资68亿美元，下降4.9%。

（七）交通运输业稳步增长，邮电通信业有所下降

2015年民族自治地方国有铁路营业里程3万公里，较上年增长26.5%；公路线路里程达到115万公里，增长3.2%。民族自治地方铁路和公路完成货物运输周转量12871亿吨公里，与上年基本持平；完成旅客运输周转量2868亿人公里，增长8.5%。

邮电通信业全年完成邮电业务总量2045亿元。移动电话用户14188万户，较上年下降1.0%，固定电话用户2058万户，下降5.8%；互联网接入用户2512万户。

（八）旅游业强劲增长，旅游收入再创新高

民族自治地方旅游资源丰富，对海内外游客形成了持续增强的吸引力。截至2015年底，民族自治地方共有世界自然遗产5处、文化遗产4处、人类口述和非物质遗产10处；国家重点自然保护区119个，保护区面积达8142万公顷；国家历史文化名城、名镇、名村分别为26个、36个和55个；国家重点文物保护单位373个；国家5A级旅游区30个，4A级旅游区182个，3A级147个，2A级216个，1A级46个；国家级重点风景名胜区65处。

2015年国内外旅游产业走势强劲，维持高位增速，旅游收入再创新高。民族自治地方共有旅行社2990个，较上年增长14.3%。国内旅游人次达到11.4亿人次，增长14.4%；实现国内旅游收入1.2万亿元，增长12.2%。国际旅游人次1583万人次；实现国际旅游外汇收入59亿美元。

（九）财政收入持续增长，金融业运行健康平稳，上市公司利润下降

2015年民族自治地方财政收支保持较快增长，财政赤字余额持续拉大。全年完成地方公共财政预算收入7045亿元，增长6.3%；地方公共财政预算支出21766亿元，增长12.2%。

金融业运行稳中有增，金融机构存贷款年末余额稳定增加，上市公司利润水平降低。2015年民族自治地方金融机构各项存款年末余额86180亿元，比年初增加19495亿元，增长29.2%。其中，城乡居民储蓄存款余额42996亿元，比年初增加11213亿元。全部金融机构各项贷款余额66137亿元，比年初增加14681亿元；上市公司利润总额240亿元，下降3.6%；全年实现净利润173亿元。

（十）城乡居民收入稳定增长，就业民生持续改善

2015年民族自治地方城乡居民收入稳定增长，

增速高于全国平均水平，人民生活持续明显改善。城镇居民人均可支配收入为 26083 元，名义值比上年增长 9.8%；全年城镇居民人均生活费支出为 17557 元，增长 6.6%。农牧民人均纯收入为 8889 元，比上年增长 11.9%；农村居民人均生活费支出为 7377 元，增长 15.2%。城镇居民家庭恩格尔系数 31.4%，下降 0.3 个百分点。农村居民家庭恩格尔系数 34.9%，下降 0.7 个百分点。

就业和民生工作持续取得新进展，就业人员劳动报酬水平稳步提高，私营企业对拉动就业和民生改善的贡献日益突出。2015 年末民族自治地方从业人员 1591 万人，较上年增长 0.5%。其中国有单位提供近 60.5%的就业岗位，仍占大多数比重，其他单位创造近 37.3%的就业岗位，增速最快。2015 年民族自治地方就业人员年平均工资为 58440 元，增长 15.8%。其中国有单位和城镇集体单位年平均工资分别增长 25.2%和 12.2%。其他单位年平均工资下降 0.4%。

二、民族自治地方社会发展

（一）科学研究与技术进一步稳定发展

2015 年末，民族自治地方研究与开发机构及情报文献机构 656 个，从业人员 4.7 万人，从事科技活动人员 3.4 万人。科技活动经费收入 87 亿元，支出 86 亿元。科学研究与技术开发成果数量继续保持快速增长。拥有有效发明专利总数 2010 件，较上年增长 40.0%；专利申请量 1598 件，增长 22.3%；专利授权量 1010 件，增长 48.7%。发表科技论文 9318 篇；出版科技著作 328 种。

（二）教育事业健康稳步发展

2015 年末，民族自治地方共有普通高等院校 228 所，比上年增加 7 所；招生 58 万人，较上年增长 15.0%；在校本、专科生 193 万人，增长 7.5%。普通中学 9197 所，招生 353 万人，在校学生 991 万人。普通小学 38685 所，招生 270 万人，在校学生 1464 万人。

（三）文化事业继续推进

2015 年末，民族自治地方有各种艺术表演团体 1063 个，公共图书馆 758 个，文化馆 795 个，博物馆 470 个。全年报纸出版 18.8 亿份，各类杂志出版 2.7 亿册，图书出版 7.0 亿册（张）。共有广播电视台 545 个，广播电台 25 个，电视台 33 个。民族自治地方广播综合人口覆盖率 95.6%，电视人口综合覆盖率 97.6%。

（四）卫生事业进一步改进

2015 年末，民族自治地方卫生事业条件均得到不同程度改善。其中共有卫生机构（其中包括医院、卫生院、门诊部、疗养院所、专科防治所站、卫生防疫站、妇幼保健所站）5.3 万个，卫生机构床位 87.2 万张，较上年增长 5.8%；卫生技术人员 95.0 万人，增长 6.3%。民族自治地方卫生机构万元以上设备改进工作得到进一步贯彻落实，价值 10 万元以下的设备共 45.4 万台，较上年增长 10.5%；10 至 49 万元的设备共 10.8 万台，增长 11.3%；50 万元至 100 万元的设备有 1.7 万台，增长 15.9%；价值 100 万元以上的设备有 14226 台，增长 18.0%。

（撰稿 万晓璐 马帅 审稿 乐长虹 王海青 朱卫东）

河北省

一、人口及基层组织情况

截止 2015 年底，河北省共有 6 个自治县（丰宁满族自治县、围场满族蒙古族自治县、宽城满族自治县、青龙满族自治县、大厂回族自治县、孟村回族自治县）、3 个民族县（滦平、隆化、平泉），总人口为 3400991 人，其中少数民族人口为 1956627 人，占总人口的 57.53%；乡镇总数为 181 个，占河北省乡镇总数的 9.28%，村委会 2248 个。共有共产党员 144737 人，占总人口的 4.26%。

二、经济及财政情况

截止 2015 年底，河北省自治县（民族县）实现地区总值 10720662 万元，比上年减少 5 万元；人均地区生产总值 31522 元，为全省平均水平的 78.52%，比上年下降 1.54 个百分点。

全省自治县（民族县）城镇居民可支配收入为 23564 元，是河北省平均水平的 90.1%。其中，大厂回族自治县城镇居民可支配收入为 32561 元，高出河北省平均水平 6409 元；城镇居民可支配收入最少的是丰宁满族自治县，为 18403 元，比全省平均水平低 7749 元；城镇居民消费性支出为 15943 元，是全省平均水平的 90.65%，比上年增加 1.55 个百分点。

全省自治县（民族县）农村居民人均可支配收入为 8275 元，是全省平均水平的 74.88%，比上年增加 0.94 个百分点。其中，农村居民人均可支配收入最高的县是大厂回族自治县，为 13121 元，高出全省平均水平 2070 元；最少的是丰宁满族自治县，为 6152 元，比全省平均水平低 4899 元。

全省自治县（民族县）财政总收入为 1164432 万元，比去年减少 2535212 万元。其中增量最多的是大厂回族自治县，比上年增加 1143980 万元，青龙满族自治县、孟村回族自治县、宽城满族自治县、隆化县、平泉县、滦平县均为负增长，其中宽城满族自治县减少最多，比去年减少 136438 万元；人均财政收入 3424 元，比上年减少 939 元，是全省平均水平的 62.81%，比上年减少 22.76 个百分点。

全省自治县（民族县）地方财政支出为 2065822 万元，人均财政支出 7532 元，是全省平均水平的 98.8%。

三、教育、医疗卫生情况

河北省自治县（民族县）共有 9 所农业中等职业技校，在校人数 17111 人；高中 19 所，在校学生 47395 人；初中 89 所，在校学生 94167 人；小学 480 所，在校生总数为 250472 人。教师总数为 31947 人。

全省自治县（民族县）县、乡、村三级医疗卫生机构共有 3001 个，医务人员 12301 人，具有高级职称的有 931 人，占总人数的 7.65%；具有中级职称的有 4473 人，占总人数的 36.78%。

（撰稿　靳磊　　审稿　王雪萍）

内蒙古自治区

2015 年，内蒙古认真贯彻落实“四个全面”战略布局，加强重点工作落实督导，着力推进“十个全覆盖”等重点工程建设，积极主动作为，创新调控手段，在“稳增长、促改革、调结构、惠民生、防风险”各项工作中取得了新成效，经济总体实现了稳中有进、稳中有好、稳中提质，基本完成了年度经济社会发展主要任务，实现了“十二五”胜利收官。但同时在经济发展过程中也存在一些矛盾和问题，需要切实加以解决。展望 2016 年，在“五大发展理念”的指引下，通过实质性的改革措施，从供给侧进一步开放要素市场，打通要素流动通道，优化资源配置，全面提高全要素生产率。全区经济增长会继续保持在合理区间，实现“十三五”顺利开局。

一、2015 年内蒙古经济运行基本情况

在全区上下的积极努力下，总体看，全区经济虽有一定程度地下行，但也仍在合理区间，基本符合预期。更重要的是，全区经济很好地适应了经济发展新常态，增长的质量和效益有所提高，内涵式发展的特征更为明显。具体分领域看：

（一）经济整体发展势头良好，保持中高速增长

全区经济整体发展势头良好。初步核算，2015 年，全区生产总值达 18032.79 亿元，比上年增长 7.7%，高于全国平均增速 0.8 个百分点。其中，第一产业实现增加值 1618.7 亿元，增长 3%；第二产业实现增加值 9200.58 亿元，增长 8%；第三产业实现增加值 7213.51 亿元，增长 8.1%。三次产业比由上年的 9.2：51.3：39.5 演化为 9：51：40，第一产业和第二产业比重均有所下降，第三产业比重上升，体现出了优化升级的成果。按常住人口计算，全区人均生产总值为 71903 元，按年均汇率计算折合为 11547 美元，比上年增长 7.4%。

（二）“三农三牧”工作取得显著成绩，粮食产量再创历史新高

全区农牧业生产积极克服自然灾害的不利影

响，实现了稳步发展。粮食产量再创历史新高。2015年，全区克服了干旱等自然灾害的影响，在各项惠农政策的实施和农业科技推广力度不断加大的作用下，全区粮食生产能力稳步提升。全年粮食作物总播种面积 8590.1 万亩，同比增长 1.3%；粮食产量达 565.4 亿斤，比上年增产 14.8 亿斤，创历史新高，居全国各省区市第 10 位。实现了粮食作物总播种面积和总产量的“双丰收”。全区粮食单位面积产量 329.1 公斤/亩，比 2014 年增加 4.3 公斤/亩，提高 1.3%。经测算，高产作物对全区粮食增产的贡献率为 87.4%，是粮食再获丰收的有力支撑点。“十个全覆盖”工程取得显著成效。在全区各级的高度重视和有力措施作用下，农村牧区“十个全覆盖”工程取得显著成效，圆满完成了全年计划投资任务。2015年，全区“十个全覆盖”及扩面工程累计完成投资 681.56 亿元，其中，“十个全覆盖”工程投资 418.56 亿元，扩面工程投资 263 亿元。“十个全覆盖”工程开工建设的嘎查村（场）8134 个，完工率 88.6%（嘎查村各项工程均完工的）。“十个全覆盖”工程的实施，使自治区农村牧区面貌发生了翻天覆地的变化。畜禽产品产量大多下降。受全国全区市场肉类价格普遍下降的影响，全区畜禽产品产量也随之大多下降。2015 年，全区猪肉产量 70.81 万吨，比上年下降 3.4%；牛肉产量 52.89 万吨，下降 3%；羊肉产量 92.59 万吨，下降 0.8%；禽肉产量 20.45 万吨，下降 9.5%；禽蛋产量 56.4 万吨，比上年增长 5.3%；生牛奶产量 803.2 万吨，增长 1.9%。

（三）工业生产稳中有进，部分重点大型企业经营状况良好

工业生产总体实现了稳中有进、稳中有好。2015年，全区工业增加值实现 7939.18 亿元，比上年增长 8.2%。其中，规模以上工业增加值比上年增长 8.6%，高于全国平均增速 2.5 个百分点。分行业看，全区 41 个行业大类中，有 33 个行业保持增长，约占 80.5%。分盟市看，3 个盟市的增速达到了两位数。兴安盟、呼和浩特市和包头市规模以上工业增加值增速分别为 11%、10%和 10%。从产量看，一些工业品产量实现了新跃升。化肥产量达到了历史新高，为 292.96 万吨，比上年增长 79.8%；平板玻璃重新跃升至一千万重量箱，达 1014 万重量箱，比上年增长 79%。从企业看，部分重点大型企业经营状况良好。包钢钢轨正在突围低迷的钢铁市场走向世界。目前，包钢已是世界最大的钢轨生产基地，高速铁路轨占国内市场份额的 3 成以上。随着钢轨出口韩国、玻利维亚、乌拉圭等国家，包钢钢轨已覆盖到亚、美、非、欧四大洲。

（四）固定资产投资实现了稳定增长，房地产市场仍需加大回升力度

固定资产投资实现了稳定增长，大项目支撑作用突出。2015 年，全区全社会固定资产投资额完成 13824.76 亿元，比上年增长 14.5%，“十二五”时期累计完成投资 5.25 万亿元。其中，500 万元以上项目固定资产投资额完成 13651.69 亿元，比上年增长 14.5%，高于全年预期目标增速 1.5 个百分点。分三次产业看，第一产业完成投资 820.47 亿元，增长 8.3%；第二产业完成投资 6614.61 亿元，增长 16.9%；第三产业投资 6216.61 亿元，增长 12.9%；三次产业投资比为 6.0：48.5：45.5。从项目数看，全区全年在建施工项目数 16944 个，比上年增长 7.2%；其中全年新开工项目 12695 个，增长 2.4%；全年共有 14074 个项目投产，增长 22.9%。自治区 9 个项目列入财政部第二批 PPP 示范项目。财政部近期公布第二批政府和社会资本合作示范项目（PPP），内蒙古交通运输、医疗、市政、水务领域 9 个项目被列为示范项目，总投资达 488.7 亿元，项目通过率为 57%。其中存量项目 3 个，新建项目 6 个。财政部将对入选的示范项目给予资金支持。

房地产市场仍需加大回升力度。2015 年，全区房地产业增加值实现 441.37 亿元，比上年增长 2%。房地产开发完成投资 1081.05 亿元，比上年下降 21.1%。12 个盟市房地产开发投资均为下降态势。商品房销售全面下降。2015 年，全区商品房销售面积 2369.37 万平方米，下降 3.6%；商品房销售额 1052.18 亿元，下降 1.2%，库存量较大，消化尚需时日。

（五）消费市场稳中趋缓，加强了网络商品交易市场监管

消费市场虽仍保持着平稳增长的势头，但较上年相比增速明显放缓。2015 年，全区实现社会消费品零售总额 6107.7 亿元，比上年增长 8%（扣除价格因素实际增长 7.5%），低于全国平均增速 2.7 个百分点。从消费类别看，居民在“吃”的方面消费额增长较快，全区限额以上单位粮油、食品、烟酒类消费品零售额为247.4亿元，增长26.7%。加强了网络商品交易市场监管。为适应新形势、新变化，自治区着眼市场秩序构建、创新监管理念、监管方法，加强了网络商品交易市场监管，先后在赤峰市、呼和浩特市建成了具有司法效力的电子取证实验室。截至目前，2015年全区已对网上商品经营主体及相关网站实施行政指导45次，责令整改16起，关闭网站7户，移交查处网站11户，立案调查7起。自治区目前已建库并纳入监管的网络经营主体达到13540户。

（六）对外贸易额有所下降，四大口岸出境货运量均超千万吨

受世界经济总体低迷的影响，全区对外贸易与全国类似呈下降态势。2015年，全区实现进出口总值790.4亿元，比上年下降11.6%，大于全国平均降幅4.6个百分点。其中，出口值350.3亿元，下降10.8%；进口值440.1亿元，下降12.2%；贸易逆差89.8亿元，较上年缩小18.6亿元。分盟市看，满洲里市、巴彦淖尔市和呼和浩特市三个市的进出口值超过了百亿元，这三市的进出口值分别为172.4亿元、159.49亿元和128.12亿元，但较上年均为下降。从贸易对象看，蒙古与俄罗斯仍为我区前两大贸易伙伴。我区与蒙古的贸易值达203.35亿元，与俄罗斯的贸易值达166.41亿元，与这两大贸易伙伴的进出口值占全区进出口总值的46.8%，这一比重较上年（49.1%）有所下降，说明了全区对外贸易主体呈现逐步多元化的特征。四大口岸出境货运量均超千万吨。经过多年的精心培育，全区满洲里、二连浩特、甘其毛都和策克4大口岸年进出境货运量均已突破1000万吨，满洲里、二连浩特两条欧亚大陆桥优势日益明显。

（七）财政收支稳中有进，圆满完成了全年目标任务

2015年，全区积极应对严峻复杂形势带来的困难和挑战，继续落实对企业的各项资金扶持政策以及结构性减（免）税（费）政策，支持企业做大做强，减轻企业负担，为财政持续稳定增收奠定了基础，同时，进一步强化收入征管措施，坚持做到应收尽收和不收过头税，努力挖掘增收潜力和堵塞征管漏洞，圆满地完成了全年财政收支目标任务。初步统计，2015年，全区一般公共预算收入1963.5亿元，完成年度预算的100.5%，比上年增长6.5%，增收119.8亿元。其中，税收收入1320.7亿元，增长5.6%；非税收入642.8亿元，增长8.5%。在12个盟市中，有一半盟市一般公共预算收入超百亿元，区域发展协调性不断增强。102个旗县一般公共预算收入全部超过亿元，实现了超亿元旗县全覆盖。支出结构调整优化。在抓好收入的同时，全区按照压缩一般、保障重点的原则，积极盘活存量资金，调整优化支出结构，重点保障了农村牧区“十个全覆盖”等70周年大庆项目和重大民生支出，有力促进了自治区经济稳中有进和社会事业发展。2015年，全区一般公共预算支出突破4000亿元，达到4352亿元，比上年增长12.2%，高于年初预算6.2个百分点。与国民经济核算直接相关的“八项财政支出”（包括一般公共服务、公共安全、教育、科学技术、社会保障和就业、医疗卫生与计划生育、节能环保、城乡社区）增长11.6%，高于年初预算5.6个百分点。全区涉及民生的财政支出达到2873.2亿元，占一般公共预算支出的66%，增长17.8%，高于全区一般公共预算支出平均增幅5.6个百分点。

（八）金融机构存贷款保持两位数增长，深入开展金融扶助小微企业专项行动

金融机构存贷款保持两位数增长。截至2015年末，全区金融机构人民币存款余额18077.6亿元，全年新增1641.32亿元，比上年末增长11%。金融机构人民币贷款余额17140.67亿元，全年新增贷款额超过两千亿元，达2186.65亿元，比上年末增长14.7%。深入开展金融扶助小微企业专项行动。全区不断加强股权、债权融资培训和孵化服务，31家企业在上海股权托管交易中心挂牌融资、7家企业在“新三板”挂牌融资、340户企业在内蒙古股权交易中心挂牌融资。组织大型银企对接5次，2160家企业参加，达成意向贷款110亿元。鼓励融资性担保机构扩大中小企业担保业务，205家担保机构累计为中小企业融资担保1355亿元，在保余额340亿元。

（九）居民消费价格平稳小幅上涨，工业生产价格有所下降

全区居民消费价格涨幅全年均保持平稳小幅的上涨态势。2015年，全区居民消费价格比上年上涨

1.1%，低于全国平均涨幅 0.3 个百分点。分城乡看，城市和农村牧区涨幅均为 1.1%。从八大类别看，涨幅超过 3%的只有烟酒及用品类，比上年上涨 3.7%；而交通通信和居住两大类价格则为下降，分别比上年下降 2%和 0.3%；其余类别小幅上涨。工业品生产价格有所下降。同全国类似，全区工业品生产价格也呈现出明显下降的态势。2015 年，全区工业生产者购进价格比上年下降 4.1%，小于全国平均降幅 2 个百分点；出厂价格下降 6%，大于全国平均降幅 0.8 个百分点。

（十）居民收入稳步增加，收入总额均有新突破

在“共享发展”理念指导下，全区居民收入实现了稳定增加，城乡居民收入均有新突破，城镇居民和农村牧区居民收入分别首次突破 3 万元和 1 万元大关。2015 年，全区全体居民人均可支配收入为 22310 元，居全国各省区市第 10 位，比上年增长 8.5%。城镇常住居民人均可支配收入达 30594 元，低于全国平均水平 601 元,居全国各省区市第 10 位，增长 7.9%，低于全国平均增速 0.3 个百分点。农村牧区常住居民人均可支配收入达 10776 元，低于全国平均水平 646 元，居全国各省区市第 19 位，增长 8%，也低于全国平均增速 0.9 个百分点。

（十一）总人口稳定小幅增长，城镇化率持续提高

总人口稳定小幅增长。到 2015 年末，全区常住人口达 2511.04 万人，比上年增加 6.23 万人。人口出生率和死亡率均低于全国平均水平。人口出生率为 7.72‰，死亡率为 5.32‰，分别低于全国平均水平 4.35‰和 1.79‰。出生人口性别比控制在合理范围。自治区集中开展整治“两非”专项行动，严厉打击防控采血鉴定胎儿性别行为，2015 年出生人口性别比降到合理范围之内，为 106.68。再生育申请低于预期。全区自 2014 年 3 月实施单独二孩政策以来，截至目前，共有 11402 对单独夫妇提出再生育申请，已审批 11171 对，远远低于预期数量。城镇化率持续提高。到 2015 年末，全区城镇化率达 60.3%，高于全国平均水平 4.2 个百分点，也比上年提高 0.8 个百分点。

（十二）交通运输取得新发展，货运量保持增长

公路交通建设取得新成绩。截至 2015 年底，全区高速公路突破 5000 公里，一级公路突破 6000 公里。2015 年，内蒙古累计完成公路建设投资 760 亿元，开工建设公路里程 2 万多公里，其中高速公路 2096 公里、一级公路 2147 公里、二级公路 1533 公里；新增公路通车里程 3000 公里，其中高速公路 779 公里。目前内蒙古已建成 30 条出区通道，12 个盟市实现与周边省区市中心城市的高速公路连通，初步形成了“南联北开、承东启西”的路网格局。货运量保持增长。2015 年，全区货运量达 20.87 亿吨，比上年增长 2.1%；其中公路货运量发挥了重要作用，完成 14.2 亿吨，增长 12.1%；铁路货运量 6.67 亿吨，下降 14.1%；民航完成 8.1 万吨，增长 7.7%。客运量微增，完成 1.98 亿人次，比上年增长 0.2%。铁路方面，新锡二铁路贯通。2015 年 10 月 26 日，新建锡林浩特至二连浩特铁路与既有集二铁路西里站顺利接轨，标志着正线全长 375 公里的锡二铁路全线贯通，并进入设备调试和验收阶段。锡二铁路与相连的锡乌铁路，成为继集通铁路后内蒙古中东部地区第二条东西走向铁路大通道。锡二铁路线位优势突出，是自治区东西铁路大通道北部辅助通道的重要组成部分，和北部口岸联系通道，也是蒙东资源外运的重要通道。锡二铁路的建成将助力国家“一带一路”建设，有力提高二连口岸与蒙古国、俄罗斯等国的运输能力。同时，对改善自治区内部交通条件，缩短东西部间时空距离，加快区域经济一体化发展具有现实作用和长远意义。

二、当前经济运行中存在的主要矛盾和问题

同时，全区经济运行中存在的主要矛盾和问题仍不少，表现为新老问题交织在一起，内外不利因素相互糅合，需要综合施策加以解决。具体表现为：

（一）经济下行压力仍然较大，面临的内外部形势严峻复杂

虽然 2015 年全区经济增长接近预期增速目标，保持了中高速增长，总体运行在合理区间。但也应清醒地认识到，全区经济增长的回落势头明显，面临的内外部形势依然严峻复杂，压力仍较大。从数据看，全区经济自 2007 年（增长 19.2%）以来基本呈逐年回落的态势，已形成了较大的下行惯性。新的增长动能培育和成长较慢，还未发挥出支撑作用。另外，传统动能如何进一步改造升级，提升创新能

力，使其焕发出新的生机和活力，也是一个需要重点解决的问题。

（二）工业和服务业企业经济效益偏差，“降成本”任务紧迫

2015 年，全区工业企业和服务业企业经济效益偏差，普遍经营困难，销售不畅，各项成本较高。2015 年 1-11 月份，全区规模以上工业企业实现利润 851.45 亿元，同比下降 23.4%。在我区拥有的 40 个行业大类中，利润同比下降的行业为 26 个，约占近三分之二；而亏损企业亏损额增长却较快，在全区 4378 家规模以上工业企业中，亏损企业 1076 家，亏损面为 24.6%；亏损企业亏损额 471.4 亿元，同比增长 47%。从服务业看，呈现出服务业企业收入下降，营业利润亏损的特点。2015 年 1-11 月份，在全区 1361 家规模以上服务业调查企业中，实现营业收入 874.2 亿元，同比下降 9.1%；营业利润亏损 3.5 亿元，较上年同期由盈转亏利润减少 38.5 亿元。在调查的 30 个行业中，有 20 个行业营业利润亏损。

（三）消费需求增长偏慢，投资需求也存在一些隐忧

首先，从消费需求看，2015 年，全区消费市场虽呈稳步回升的增长势头，但总体看，消费规模仍偏小，增长缓慢，2015 年不仅远低于自治区 11%的预期增速目标，也低于同期全国平均增速 2.7 个百分点。其次，从另一大投资需求看，虽然全区固定资产投资保持了平稳较快的增长，但维系这样的增长更多依靠的是前几年开工的在建项目，全年新开工的项目则明显不足，2015 年增长仅为 2.4%，为今后全区固定资产投资保持平稳较快增长形成了隐忧。最后，从外需看，全区进出口总值和要素净流动完全处于下降态势。2015 年全区进出口总值低于上年水平，比上年下降 11.6%，且仍为贸易逆差，对全区经济增长是逆拉动。

（四）供给侧部分产业或行业陷入低迷，对整体经济发展形成了制约

从工业的重点行业看，以煤炭行业为代表的我区传统支柱产业仍低迷不振，直接影响着工业企业的效益和生产。在第三产业中，一些传统行业也陷入低迷中，对整体经济发展形成了较大制约，诸如房地产业和交通运输业等行业。在商品房投资建设和销售方面，当前，全区商品房市场冷清，开发投资和销售均呈全面下降态势，库存较多，“去库存”压力较大。数据显示，到 2015 年末，全区商品房待售面积达 1483.39 万平方米，比上年增长 39.4%，也远高于上年末增速 40.8 个百分点。另外，交通运输货运量虽保持增长（比上年增长 2.1%），但也仅属于微增。从目前看，这些行业短期内难以完全恢复蓬勃繁荣的景象，会将颓势延续一段时期。

（撰稿　李日树　　审稿　云冰）

辽宁省

2015 年面对新形势、新任务和新要求，辽宁省民族自治地方以群众路线教育实践活动所取得的成果和整改落实为动力，按照围绕省委、省政府关于民族工作的决策部署经济工作的基本要求，坚持不懈、不折不扣抓好落实，全省民族自治地方经济社会取得长足发展，少数民族群众民生得到改善。

一、基本情况

辽宁省共有岫岩满族自治县、清原满族自治县、新宾满族自治县、本溪满族自治县、桓仁满族自治县、宽甸满族自治县、阜新蒙古族自治县、喀左蒙古族自治县 8 个自治县，行政区域共计 34172.4 平方公里，占我省总面积的 23.3%，共有 30 个乡（其中民族乡 3 个），124 个镇，11 个街道办事处，99 个居民委员会，1514 个村民委员会。

二、经济总量

2015 年全年生产总值 1181 亿元，按可比价格计算，比上年下降 3.8%。其中，第一产业 262.7 亿元，上升 3.9%；第二产业 480.1 亿元，下降 12.8%；第三产业 422.8 亿元，下降 0.3%。生产总值三次产业构成为 23:41:36。

三、农林牧渔业

2015 年农林牧渔业总产值 519 亿元，按可比价格计算，与上一年基本持平。其中，农业产值 213.3 亿元，增长 3.1%；林业产值 67.4 亿元，增长 16.0%；牧业产值 177.1 亿元，增长 4.4%；渔业产值 32.7 亿元，增长 3.5%。

2015 年全省农作物总播种面积 612.0 千公顷，比上年减少 0.9%。粮食作物播种面积 462.8 千公顷，比上年增长 2.5%。受旱灾影响，2015 年粮食总产量 187.0 万吨，比上年减产 29.5 万吨，下降 13.6%。油料播种面积 71.1 千公顷，比上年减少 68 公顷。烟叶产量 7928 吨，比上年减产 20.1%。水果产量 29.8 万吨，比上年下降 11.0%。年末农业机械总动力 400.4 万千瓦，比上年末增长 3.7%。农村用电量 13.1 亿千瓦小时，比上年减少 5.8 亿千瓦小时。农用化肥施用量 14.8 万吨，比上年增长 2.8%。地膜使用量 3411 吨，比上年增长 0.3%。农药使用量 6347 吨，比上年增长 8.7%。

全年大牲畜存栏 91.6 万头，比上年增长 3.4%。猪存栏 171.3 万头，比上年下降 10.7%。羊存栏 208.7 万头，比上年下降 14.5%。全年大牲畜出栏 70.9 万头，比上年增长 12.0%。猪出栏 377.8 万头，比上年上升 2.6%。羊出栏 360.0 万头，比上年略有提高。全年肉类总产量 72.7 万吨，比上年下降 13.2%。其中，猪肉产量 30.6 万吨，下降 20.1%；牛肉产量 7.6 万吨，比上年下降 8.4%；羊肉产量 5.6 万吨，下降 9.7%；奶类产量 22.0 万吨，下降 40.2%；羊绒产量 389.6 吨，比上年增加 5.3%。全年造林面积 17.0 千公顷。

四、工业和建筑业

2015 年规模以上工业企业 831 家，比上年减少 281 家：其中国有企业 9 个，比上年增加 1 家；集体企业 54 个，比上年减少 5 家；股份合作企业 9 个，比上年减少 4 家；港澳台商投资企业 15 家，比上年减少 3 家；外商投资企业 20 个，规模以上工业企业销售产值 1396.2 亿元，比上年增长 9.3%。本年应交增值税 51.6 亿元，比上年减少 19.6%。资产总计 704.9 亿元，比上年降低 10.6%。主营业务收入 1287.4 亿元，利润总额 77.3 亿元。

全年建筑企业 138 家，比上年增加 4 家。建筑业增加值 52.7 亿元，比上年减少 15.4%。房屋建筑竣工面积 428.4 万平方米，资产总计 83.1 亿元；实现利润 3.7 亿元。

五、贸易

全年社会消费品零售总额 444.3 亿元，比上年增长 7.2%。按行业分，批发和零售业 336.1 亿元，比上年增长 11.2%；住宿和餐饮业 40.7 亿元，比上年增长 6.8%。

当年新利用外资协议（合同）项目 10 个，比上年减少 1 个。全年实际利用外资额 7070 万美元，年末实有外商投资企业 78 个，比上年减少 8 个。

六、交通运输、邮电和旅游

全年客运量总计 4043.3 万人，比上年下降 17.2%。货运总量 11259 万吨，比上年增加 20.6%。旅客周转量 25.9 亿人公里，比上年减少 10.7%。

全年完成邮电业务总量 11.4 亿元，比上年增长 31.0%。移动电话用户 130 万户，同上年基本持平；固定电话用户 90.8 万户，比上年末减少 1.0%，国际互联网络用户 32.2 万户，比上年略有减少。邮政局所 196 处，比上年增加 10 处。邮路总长度 1.7 万公里，比上年增加 0.3 万公里。农村投递路线总长度 2.1 万公里，比上年增长 0.2 万公里。

全省民族自治地方旅行社总数为 50 家，比上年增加 5 家。全年接待国内外旅游者 2838.8 万人次，比上年减少 20.5%。其中，接待国内旅游者 2831.8 万人次，比上年减少 20.3%；接待国际旅游者 7.0 万人次，比上年大幅度减少。

七、财政

全年地方财政一般预算收入 137.0 亿元，比上年下降 16.7%。其中，各项税收 40.7 亿元，比上年减少 46.2%。在各项税收中，国内增值税 4.3 亿元，比上年减少 32.8%；营业税 8.4 亿元，比上年下降 26.3%；企业所得税 2.7 亿元，比上年下降 32.5%；个人所得税 0.9 亿元，比上年下降 35.7%。

全年地方财政一般预算支出 175.0 亿元，比上年减少 20.4%。其中，一般公共服务支出 12.5 亿元，比上年减少一半；教育支出 32.3 亿元，同上年基本持平；科学技术支出 0.7 亿元，比上年减少 50%；文化体育与传媒支出 3.0 亿元，比上年减少 9%。

八、金融

全年各个金融机构各项存款 1029.6 亿元，比上年增长 11.0%。其中全部金融机构各项贷款 533.1 亿元，比上年增长 3.9%；城乡居民储蓄存款年末余额 659.6 亿元，比上年减少 14.1%。

九、教育

普通中学 140 所，在校生 12.1 万人，招生 4.0 万人，毕业生 4.0 万人，教职工 1.5 万人，专任教师 1.2 万人。中等职业学校 9 所，在校生 0.89 万人，招生 0.29 万人，毕业生 0.3 万人，教职工 859 人。普通小学 466 所，在校生 13.5 万人，招生 2.2 万人，毕业生 2.7 万人，教职工 1.4 万人。教育经费支出 31.0 亿元。

十、文化、卫生

年末有艺术表演团体 78 个，艺术表演场所 13 个，群众艺术馆 3 个，文化馆 8 个，公共图书馆 8 个，博物馆 8 个。全年出版图书 7 种，印数 220 万册，出版报纸 7 种，出版量 233.6 万册；期刊 8 种，出版量 85 万册。

年末有各类卫生机构 2570 个。其中，医院、卫生院 204 个，卫生院 161 个。各类卫生机构拥有病床 10487 张。其中医院、卫生院有病床 11068 张。卫生机构人员 14795 人，其中卫生技术人员 12596 人，执业医师 4628 人。

十一、人民生活和社会保障

全年农村居民人均纯收入 11847 元，平均每人消费性支出 7305 元，比上年降低 1.2%。年末城镇居民最低生活保障 4.2 万人，比上年降低 12.5%；支出 1.7 亿元，同上年基本持平。农村最低生活保障 10.9 万人，比上年减少 12.8%；农村最低生活保障支出 2.2 亿元，比上年增长 10%。新型农村合作医疗参加 204.7 万人，比上年减少 13.7%，费用支出 8.3 亿元，比上年减少 2.4%。新型农村合作医疗参合率达到 98.17%。

十二、环境保护和安全生产

全年工业废水排放总量 1375.8 万吨，比上年减少 2.2%。工业废水中化学需氧量排放 COD 量 0.22 万吨，比上年增加一倍。工业固体产生量 1507.6 万吨，比上年增加 9.5%。工业固体废物综合利用量 1231.0 万吨。

（撰稿　赵经纬　　审稿　施光磊）

吉林省

2015 年，是我省民族宗教工作发展史上很不平凡的一年。习近平总书记到我省视察并第一站亲临边境民族地区，就加快民族地区发展和边疆建设作了重要讲话，再次强调“全面实现小康，一个民族都不能少”，充分体现了党中央对少数民族和民族地区的高度重视和深切关怀，极大地鼓舞了全省各族干部群众全面建成小康社会、实现“中华民族一家亲，同心共筑中国梦”的信心和斗志。一年来，我们紧紧围绕吉林新一轮振兴发展大局，牢牢抓住贯彻落实中央民族工作会议精神这条主线，以“三严三实”专题教育为动力，加强统筹谋划和顶层设计，注重机制载体创新，突出重点工作任务，强化依法管理能力，各项工作取得新的进展。

一、贯彻中央民族工作会议精神成效显著

省委、省政府高规格召开了吉林省民族工作会议暨第六次民族团结进步表彰大会，巴音朝鲁书记出席会议并作重要讲话，蒋超良省长主持会议，包括 10 位省委常委在内的 20 位省级领导出席了会议。我们精心做好会议筹备工作，并选树了 50 个模范集体和 100 名模范个人，在会上进行隆重表彰。同时，组织力量会同省发改委代省委省政府起草了加强和改进新形势下民族工作的实施意见，提出包括差别化支持政策等 7 个方面 33 条具体意见，从政策、项

目和资金上强化对民族地区的支持。去年底以省委办公厅、省政府办公厅名义印发了实施意见的重点任务分工方案，明确了53项重点任务，落实了责任部门和工作要求。围绕贯彻落实中央和省民族工作会议精神，我们举办了6场民族团结进步模范事迹报告会、12期系统干部和民族地区干部专题培训班，到民族地区、省属高校举办了10场专题讲座，引导各族干部群众切实把思想认识统一到中央和省委关于民族工作的最新精神上来。我省贯彻落实中央民族工作会议精神的做法与成效，得到了中央专项督查组、全国人大专题调研组的充分肯定。去年7月份，国家民委在延边召开了全国民族自治州全面建成小康社会经验交流现场会，这是建国以来首次召开的自治州层面的会议，会上重点推广了我省贯彻落实中央精神、加快民族地区发展的经验做法。

二、促发展惠民生取得丰硕成果

深入实施兴边富民行动，突出抓好民族和边境地区惠民项目建设，落实少数民族发展资金1.11亿元，实施产业发展、基础设施等兴边富民241个。深入实施“百村万户”致富工程，落实资金4000万元，重点扶持100个民族村、带动1万余户群众增收致富。推动少数民族特色村镇建设，落实资金1650万元，支持20个特色村寨加强项目建设。协调落实资金2100万元，支持3个锡伯族村改善基础设施条件。抓好民贸政策的落实，争取网点建设和技改专项资金610万元，落实流动资金贷款贴息4.4亿元，推荐40家民贸民品企业纳入国家“千家培育百家壮大”企业范围。加强对少数民族发展资金使用情况的监管，建立绩效考评机制，对15个县（市、区）2013年以来资金使用情况进行了全面检查。会同发改委起草了少数民族事业和兴边富民行动两个专项规划，目前已进入最后论证阶段。

三、民族文化教育工作实现新突破

精心组织参加第十届全国少数民族传统体育运动会，我省代表团夺得了6个一等奖、11个二等奖和13个三等奖，在34个代表团中排名第十，创历史最好水平。巴音朝鲁书记就此作出“我省获得了优异成绩，展示了吉林形象和拼搏精神”的重要批示。省政府拿出148万元奖励资金，在延边召开了表彰大会，对取得优异成绩的运动员、教练员进行了表彰奖励。扎实抓好民族文化体育传承基地建设，命名挂牌了第二批传承基地，传承基地总数达到28个。启动民族乡镇民俗文化展示馆建设，制定了实施方案，召开了现场推进会，计划从2016年开始，利用3年时间，分三批完成33个民族乡镇展示馆建设。加强民族历史文化研究，《吉林省少数民族古籍总目提要》满族卷、朝鲜族卷和《翰苑·番夷部校译》等3部古籍付梓出版，《清代吉林馆藏档案史料选编·吉林蒙务》已编撰完成。成功举办了吉林省首届少数民族风情摄影展。创新民族语言文字工作，设立了朝鲜语文协作处，强化了东北三省朝鲜语文协作，加大了民族语文翻译培训和规范化、信息化、标准化工作力度。继续做好少数民族预科生和互换生培养工作，目前开办预科班的16所省属高校招收预科生数量达到1151人，互换培养大学生人数达130人。一年来，各地区也以保护传承民族文化为重点，充分利用民族传统节庆、重要纪念日等时间节点，组织开展形式多样的民族文化活动，丰富了各族群众的精神生活。松原市成立了蒙古族文化遗产保护协会；辽源市的满族文化风情展、通化市的端午节民族大联欢活动等，受到当地群众的欢迎。

四、城市民族工作有了新进展

探索建立城市社区民族工作新机制，将民族宗教工作纳入社区工作范畴，确定15个社区作为试点，投入30万元工作补助经费，并举办了试点社区干部民族宗教政策法规培训班。着眼保障少数民族群众特殊需求，协调实施回族等具有清真饮食习惯少数民族肉食补贴政策，2009年以来全省累计落实补贴资金4500万元，2015年达1442万元。会同省食药监局采取自查与抽查相结合的方式，对全省1541户清真饭店备案登记、悬挂标识牌、办理许可证等方面情况，进行了全面检查。加强与少数民族社团及代表人士的联系，指导民族社团搞好自身建设、依法依规开展活动，召开专题座谈会，组织开展重要节庆日走访慰问活动，为31个民族社团和310名少数民族代表人士免费订阅党报党刊和民族报刊。规范委属协会学会的管理，由直接管理改为业务指导，更好地发挥了民族社团的社会功能。一年来，各地紧紧围绕构建相互嵌入式的社会结构和社区环境、促进各民族交往交流交融，进行了有益探索。长春、吉林积极谋划在城区设立“少数民族服务站”。四平依托东关社区组建了“民族之家”，并在全市所有社区确定了民族宗教事务联络员。延吉市作为全国试点，在少数民族流动人口服务体系建设方面做了大量工作，积累了宝贵经验。

五、民族团结进步创建再上新台阶

深化民族团结宣传教育，充分利用各类媒体，以干部和青少年为重点，开展民族团结和中华民族共同体教育。举办“民族团结宣传月”活动，持续宣传民族团结模范典型事迹，营造各族群众自觉维护民族团结的社会氛围。组织实施“双十双百”示范创建工程，制定下发《关于深入推进民族团结进步创建工作的实施意见》，确定了新一轮 100 个示范创建单位和 100 名个人典型，投入补助经费 150 万元，支持示范单位加强建设。会同辽宁、黑龙江和内蒙古等省区开展民族团结进步“互观互检”活动，我省和谐发展、民族团结、文化交融、边疆稳固的良好局面，给考察组成员留下了深刻印象。抓好民族团结进步创建示范（试点）州、示范单位、教育基地等国家级创建试点，强化示范引领作用。延边州围绕示范州建设，组织实施民族团结宣传教育、民生质量改善、民族文化保护传承等八大工程，将创建活动纳入州委州政府重点工作目标体系，融入经济社会发展各个方面，进一步形成了高位运作、齐抓共管、全员参与的良好创建格局。

纵观一年来的工作，全省各级民族宗教工作部门同心协力、履职尽责、创新进取，取得了扎实成效，这为我们做好今年乃至今后一个时期的工作打下了良好基础。

（撰稿　全莉　　审稿　王喜年）

黑龙江省

2015 年，在县委的正确领导下，在县人大、县政协的监督支持下，全县上下积极应对严峻复杂的经济形势和艰巨繁重的发展任务，深入推进“三县”建设战略，攻坚突破，保稳促调，经济社会得到长足发展。地区生产总值、地方财政收入、社会消费品零售总额分别实现 103.2 亿元、4.5 亿元和 17.8 亿元，比“十一五”末分别增长 83.3%、45.6%和 89.4%，城乡居民人均可支配收入分别增长 120.9%和 50.5%，人民币存贷款余额分别达到 56.7 亿元和 36.5 亿元，“十二五”规划实现胜利收官。

“十二五”，坚定推进产业转型，经济质量趋好向优。力促主导产业转型升级，累计建设标准化牧场 101 处，奶牛最高单产突破 9 吨，商品奶总量达到 75.5 万吨，奶资收入 22.1 亿元，鹅鸭、狐貉饲养总量 400 万只，我县被评为全省牧业生产先进县。力促现代农业扎实推进，规划建设“四区三带”，水田总面积达到 54 万亩，主要农作物耕种收综合机械化水平提高到 91%，国有粮库政策性粮食收储 18.4 亿斤，成功跻身“全国产粮大县”行列。力促工业产业提质增效，投入 54.3 亿元，实施伊利六期、中丹风电等超亿元项目 11 个，馋神食品等 8 家企业成功盘活，规模以上工业企业达到 24 家，德力戈尔工业园区成功晋级省级工业园区。力促新兴产业快速崛起，投资 5 亿元，旅游景区设施不断优化，国家 AAAA 级景区达到 4 处，年均接待游客 109 万人次、旅游收入 4.4 亿元，被评为“中国雪地风筝之乡”。“十二五”时期，全县产业优化升级步伐明显加快，经济发展质量效益显著提升，三次产业结构调整为 33.3:43.1:23.6。

“十二五”，倾力保障公共投入，民生事业再创佳绩。全面启动全民创业，新增创业主体 1529 个，累计发放小额担保贴息贷款、灵活就业补贴 3250 万元，拉动城镇新增就业 1.5 万人。全面推进社会保障，养老保险、医疗保障、社会救助等标准逐年提升，社会保险累计扩面 2.5 万人，低保实现应保尽保、应退即退。全面优化公共服务，投入 7.9 亿元，移址新建、提标扩建、维修改建各类医疗机构、办学场所 182 处，配备先进医疗器械、教学设备 1 万台（套），招录教育、医疗等专业人才 124 人，全县义务标准化学校比例达到 79%，二级甲等医院达到

4家，公共服务能力显著提升。全面繁荣群众文化，组建健身操、门球等社会团体19个，文化下乡、电影下乡等活动广泛开展，蒙古族四胡音乐等传统文化实现“三进”，民族文化节等优势文化品牌影响力不断提升，广大人民群众精神文化生活日益丰富。全面构建和谐社会，“六五”普法任务圆满完成，生产、交通、消防、食品、校园等重点领域安全长效监管，“打四黑除四害”、社区矫正、戒毒和康复工作成效显著，平等团结互助和谐民族关系不断加强，妇女儿童、老龄残疾等合法权益有效保障，我县被评为国家级平安铁路示范县、首批国家级安全生产重点装备县、省级餐饮服务食品安全示范县。

“十二五”，持续夯实市政基础，城乡面貌显著改善。着力优化人居环境，以科学规划引领城市建设发展，以法治思维破解城市管理难题，完成城乡开发建设面积102.5万平方米，3342户棚户区居民喜迁新居，50栋、15万平方米楼宇外立面整饰一新，1.35万户水毁房、泥草房重建改造，农村住房砖瓦化率达到66.7%。优化升级市政功能，投资4.2亿元，统筹实施基础设施工程47个，“五场三园”靓丽敞开，垃圾污水达标处理，城镇集中供热能力全城覆盖。完善交通路网布局，投资5.8亿元，新改扩建南环路、府前路、三道街等城区主要街路15.9公里，建设旅游公路127.4公里，硬化村屯巷道397公里，高铁泰康站建成投用，交通路网日益便捷高效。深度推进精细化管理，颁布实施《城镇市容和环境卫生管理条例》，提升综合执法效能，深化农村环境综合整治，村级文体广场实现全覆盖，人居环境明显改观。

“十二五”，着力改善生态环境，生态建设成果丰硕。巩固生态优势，累计造林13万亩，村屯绿化率达到100%；改良草原65万亩，年产优质牧草40万吨；生态补水12.8亿立方米，水域面积恢复到195万亩，年水产品产量3万吨。突出生态治理，实施天湖、小林科泡水环境综合整治工程，完成农业源、生活源、工业源减排项目43个，淘汰燃煤小锅炉66台（套），万元GDP能耗降低到0.782吨标煤。深化生态创建，国家级生态乡镇达到10个，省市级生态村达到75个，先后荣获省级农村环境卫生先进县、国家级生态示范区、全国“三北”四期工程生态建设突出贡献奖先进集体等多项荣誉。

“十二五”，严格规范权力运行，自身建设不断强化。致力改革创新，新一轮政府机构改革、市场监管、卫生计生体制改革全面完成，公立医院改革、农村土地确权工作启动实施，“四证合一”登记制度稳定运行。致力简政放权，公布政府权力清单2639项、责任清单12280项，县本级行政审批项目精简率达到 40.3%。致力依法行政，组建县政府法律顾问团，自觉接受人大法律监督和政协民主监督，累计办理人大代表建议323件、政协提案327件。致力正风肃纪，政府党组群众路线教育实践活动和“三严三实”专题教育扎实开展，“四风”“不严不实”问题有力整治，违规公务用车、超标办公用房、“吃空饷”人员全面清理到位，资金项目严格审计，“三公”经费大幅压减，文风会风明显改进，治庸问责深入开展，政府廉政建设取得新成效。

（撰稿　秦国文　　审稿　李彦龙）

浙江省

今年以来，面对复杂严峻的宏观经济形势和经济下行压力，全县上下认真贯彻落实党的十八大和十八届五中全会精神，积极应对经济发展新常态，多策并举，迎难而上，保持定力，奋勇争先，县域国民经济和社会发展保持良好态势。全年实现地区生产总值44.51亿元，同比增长6.9%，完成年度计划的98.9%；其中一产实现增加值6.63亿元，同比增长2.2%；二产实现增加值12.91亿元，同比下降0.4%；三产实现增加值24.97亿元，同比增长12.8%。三次产业结构优化调整为14.9：29：56.1。

一、主要指标完成情况分析

（一）排名全市前三位的指标

固定资产投资增速（17.3%）、战略性新兴产业增加值增速（23.8%）、商品房销售面积增速（289.3%）、有效注册商标增速（36.6%）、在册市场主体（个体）增速（15.5%）居全市首位；

服务业增加值增速（12.8%）、服务业占比（56.1%）、新产品产值增速（37%）、进口总额增速（26.7%）、限额以上消费品零售总额增速（19.2%）居全市第二位；

民间投资增速（8.9%）、工业技改投资增速（38.5%）、本外币贷款增速（13.3%）居全市第三位；

（二）排名全市后三位的指标

基础设施投资增速（32%）、房地产开发投资增速（-7%）、国税收入（-0.1%）、个转企户数（31）居全市第七位。

规上工业增加值增速（-12.1%）、出口总额增速（14.1%）、社会消费品零售总额增速（11.3%）、农村常住居民人均可支配收入增速（9.9%）、住房保障开工率（100%）居全市第八位。

规上工业总产值增速（-30.7%）、装备制造业增加值增速（-55.2%）、工业用电量增速（-36.1%）、工业投资增速（-9.4%）、一般公共预算收入（7.4%）、工业用地供地面积进度（71%）居全市末位。

二、全年经济运行基本情况

（一）全力扩需求，三驾马车平稳有序增长

固定资产投资高速增长。2015 年全县累计完成固定资产投资 46.59 亿元，同比增长 17.3%。从投资构成上看，基础设施投资始终保持高速增长，全年完成投资 30.25 亿元，同比增长 32%，拉动固定资产投资增长 18 个百分点；完成房地产开发投资 6.7 亿元，同比下降 7%，完成工业投资 5.4 亿元，同比下降 9.4%。从投资主体上看，完成国有投资 26.1 亿元，同比增长 24.9%；完成民间投资 20.5 亿元，同比增长 8.9%。从项目建设上看，31 个县重点项目累计完成投资 32.48 亿元，完成年度计划的 103.11%；11 个市重大项目前期已超额完成目标任务。

消费出口平稳运行。全年实现全社会消费品零售总额 24.86 亿元，同比增长 11.3%，按消费形态分，实现餐饮收入 2.84 亿元，同比增长 13.4%；实现商品零售收入 22 亿元，同比增长 11%。全年实现外贸进出口总额 8690 万美元，同比增长 14.6%，其中出口总额 8308 万美元，同比增长 14.1%。

（二）大力调结构，产业转型升级步伐加快

现代服务业积极推进。从平台建设上看，积极谋划畲乡小镇、畲族文化体验小镇、畲乡生态创业小镇、东坑爱情小镇等 4 个特色小镇，其中畲乡小镇成功列入省级第一批特色小镇名单。从重点行业上看，畲族风情旅游业、金融业、电子商务等发展态势良好，全年旅游接待人次达到 691.95 万人次，同比增长 24.35%，实现旅游收入 30.65 亿元，同比增长 29.08%；全年本外币各项存款余额 83.02 亿元，同比增长 7.87%，各项贷款余额 64.45 亿元，同比增长 13.3%；实现网络零售额约 6.95 亿元。

现代农业稳步提升。全年实现农业总产值 10.71 亿元，同比增长 6.04%。农业两区建设有序推进，新建澄照梅坑等 9 个粮食生产功能区，建成面积 3950 亩，沙川、千峡湖等现代农业综合区建设规划发布实施。茶叶、毛竹、香榧等主导产业形势向好，全年新发展茶叶基地 4500 亩，荣获全国十大生态产茶县称号；完成高效竹林基地 10063 亩、竹林道 132 公里、香榧基地建设 3027 亩等培育工作。参加展销会达 105 家次，现场交易 250 万元，合同金额 1500 多万元。

工业经济运行趋缓。全年实现规上工业产值 14.2 亿元，同比下降 30.7%，其中规上工业增加值完成 4.2 亿元，同比下降 12.1%。分行业看，受阀门行业和不锈钢等行业被拆除的影响，全年黑色金属冶炼和压延加工业无产值（上年同期为 2.8 亿元），金属制品业、通用设备制造业产值分别下降了 24.5%、80.83% ；医药制造业产值增长 15.59%；计算机、通信和其他电子设备制造业产值下降 39.82%；电力生产和供应业产值也只增长 2.96%（上年同期增长 12%）。

（三）着力抓统筹，协调发展能力显著增强

城市建设加快推进。外舍新区框架初显，凤凰古镇、民族医院、外舍大酒店、外舍小学等项目主体工程有序实施，目前凤凰古镇规模初显，2015 年完成投资 9.34 亿元。鹤溪老城品质提升，人民路、环城西路改扩建工程接近尾声，历史文化名镇保护工程通过规划设计，正在成果编制，城市综合体项目实施方案进行征求意见阶段。澄照副城加快建设，澄照农民创业园基础设施建设和自来水厂项目有序推进，（佃源）第三污水处理厂进行 PPP 实施方案编制，公寓一区进行基础开挖。

美丽乡村品质彰显。成功荣获“省级美丽乡村创建先进县”称号，全年整合农业农村发展各类资金用于美丽乡村建设达 4.18 亿元。农家乐共接待游客 182 万人次，实现经济收入 9023 万元，分别增长 32 %和 33%，共建成农家乐综合体 1 个、市级特色乡镇 1 个、市级农家乐特色村 2 个、市级农家乐特色点 3 个、农家乐集聚区民宿 5 个、三星级农家乐经营户 38 户，新增床位数约 1000 张。持续推进美丽乡村、中心村、古村落项目建设及花样农家创建，新建续建了 4 个省级历史文化村落重点村、9 个省级历史文化村落一般村。

（四）聚力优环境，体制改革成效不断提升

体制改革深入实施。全面启动县域经济体制综合改革，制定出台《景宁畲族自治县域经济体制综合改革实施方案》。景宁畲族自治县《国家主体功能区建设试点示范实施方案》获国家发改委和环保部批复。农村产权改革有序推进，全面完成 254 个村级经济合作社股份制改革，深化“三权”抵押贷款信贷支农工程，超额完成年度目标任务，农村产权交易服务平台完成录入 52 笔。行政管理改革有序推进，制定出台生态工业发展负面清单，浙江政务服务网建设全力推进。

环境质量不断提升。全年县城空气质量优良天数为 336 天，良好率为 96.8%，PM2.5 年均值 31 微克/立方米，19 个水质监测断面均满足相应的水环境功能区要求。环境整治提升工作有序实施，完成 29 家不锈钢管和阀门企业拆除整治，累计拆除厂房面积 96602.57 平方米，淘汰“黄标车”675 辆。“五水共治”深入实施，全县 80%以上农村开展农村生活污水治理工程，目前已完成投资近 8000 万元，受益农户突破 2 万户。强力推进农村垃圾分类试点，出台农村生活垃圾分类处理试点工作方案。

（五）倾力惠民生，社会大局保持和谐稳定

就业社保稳步推进。就业再就业工作有序实施，全年城镇新增就业岗位 995 人，城镇下岗失业人员实现再就业 498 人，城镇登记失业率 3.07%。实现城镇“零就业”家庭动态清零，全年利用“景宁就业”微信公众号、畲乡人力资源网等公共服务平台为 150 多家用人单位累计发布就业岗位 5000 多个。全民参保登记率达到 100%，全县职工养老、医疗、工伤、生育保险分别累计参保 31968 人、21300 人、24976 人、11845 人、14335 人。

扶贫力度不断增强。全年实现城镇常住居民人均可支配收入 28296 元，同比增长 8.2%，完成年度计划的 100.2%；农村常住居民人均可支配收入 13663 元，同比增长 9.9%，完成年度计划的 99.9%。“消除 4600”工作已全部完成并通过省考核组验收，实现农村实用技术培训 866 人次，职业技能培训 707 人次，创业培训 149 人次。第二轮“政银保”农村金融改革扶贫小额信贷贴息项目工程持续深化，全年共通过“政银保”系统发放小额贴息贷款 1.46 亿元，受益农户 2774 户，发放“丰收爱心卡”16057 张。

民生支出力度加大。全年实现财政总收入 10.66 亿元，同比增长 5.9%；实现一般公共预算收入 5.45 亿元，同比增长 7.4%。全县实现一般公共预算支出 26.13 亿元，同比增长 21.9%，完成年度预期目标的 102.5%，其中教育、社会保障与就业、医疗卫生与计划生育、节保障性住房等民生类支出 18.9 亿元，同比增长 18.2%，其支出额占总支出的比重高达 72.3%。

三、存在问题

在充分肯定经济社会发展成绩的同时，也应清醒的认识到发展中存在的突出问题：一是在宏观经济形势不景气的背景下，部分行业、企业下行压力增大，实体经济效益不理想，制约实体经济发展的要素没有有效缓解，企业短期流动资金偏紧，企业用工成本刚性上升、开工投产率不高等问题依然存在。二是部分项目推进滞后，建设周期较长，民间投资受整个经济形势不景气、企业融资困难等原因增速放缓。三是人才、土地、环境等要素制约依旧。四是科技创新、转型升级的广度和深度有待进一步拓展，发展低碳经济、推动绿色增长、加快转型升级依然任重道远。

四、2016 年经济社会发展主要目标和工作措施

2016 年是“十三五”规划的启动之年，从宏观经济环境看，世界经济仍处于国际金融危机后的深度调整期，主要经济体走势和政策取向继续分化，

经济环境的不确定性依然突出；地缘政治等非经济因素影响加大。从国内看，在经济“新常态”背景下，我国经济总体向好的基本面没有改变，新主体、新产业、新业态、新产品、新动力在加快孕育，但在宏观环境复杂性、“三期叠加”阶段性、政府调控主动性的综合作用之下，增速换挡、转型发展将成为新常态，一些制约经济社会发展的矛盾和问题将更加凸显。从景宁自身看，随着国家主体功能区试点示范、省级生态功能区小城市培育试点、特色小镇等国家及省级试点的纵深推进，高铁开通为第三产业发展带来新机遇，生态经济有较大的发展空间，经济提质增效的成果不断累积，改革红利、投资效应、产业发展成效将逐步显现。总体上，我县仍处于大有可为的战略机遇期。

根据以上环境分析和“十三五”规划时期经济社会发展的总体要求，建议 2016 年我县经济社会发展主要目标安排如下：

2016 年景宁畲族自治县国民经济和社会发展主要目标初步安排表

类别	指标名称	单位	指标属性	2016 年目标
经济发展	1.地区生产总值	%	预期性	7-7.5
	2.一般公共预算收入	%	预期性	5 以上
	3.固定资产投资	%	预期性	15 以上
	①重大基础设施项目投资	%	预期性	15 以上
	②重大产业项目投资	%	预期性	15 以上
	③高新技术产业投资	%	预期性	15 以上
	④生态保护和环境治理投资	%	预期性	15 以上
	4.社会消费品零售总额	%	预期性	10 以上
	网络零售额	%	预期性	30 左右
	5.货物出口总额	%	预期性	适度增长
	跨境电子商务出口	%	预期性	20 左右
质量效益	6.研究与试验发展经费支出相当于 GDP 比例	%	预期性	1
	7.九大产业			
	①信息经济核心产业增加值	%	预期性	7 左右
	②节能环保产业（含绿色能源产业）增加值	%	预期性	8 左右
	③健康产业（含生物医药）增加值	%	预期性	7 左右
	④旅游产业增加值	%	预期性	10 左右
	⑤时尚产业增加值	%	预期性	7 左右
	⑥金融产业增加值	%	预期性	7 左右
	⑦高端装备制造业（含新材料）增加值	%	预期性	7 左右
	⑧文化产业增加值	%	预期性	10
	⑨生态精品农业增加值	%	预期性	2 以上
	8.工业技术改造投资	%	预期性	12 以上
	9.推广应用工业机器人	台	预期性	市下达
	10.浙商回归到位资金	亿元	预期性	市下达
	11.个转企	家	预期性	市下达

续表

类别	指标名称	单位	指标属性	2016 年目标
生态文明	12.单位生产总值综合能耗	%	约束性	市下达
	13.单位生产总值二氧化碳排放量	%	约束性	市下达
	14.化学需氧量排放量	%	约束性	省市下达
	15.二氧化硫排放量	%	约束性	省市下达
	16.氮氧化物排放量	%	约束性	省市下达
	17.氨氮排放量	%	约束性	省市下达
	18.地表水Ⅰ—Ⅲ类水比例	%	约束性	100
	19.三改一拆	m²	预期性	市下达
民生福祉	20.城镇常住居民人均可支配收入	%	预期性	8
	21.农村常住居民人均可支配收入	%	预期性	10 以上
	22.城镇新增就业人数	万人	约束性	0.09
	23.城镇登记失业率	%	约束性	4 以内

注：地区生产总值增幅为可比增速；一般公共预算收入增幅为可比口径计算。

2016 年，我们将认真贯彻落实党的十八大和十八届五中全会精神，紧紧围绕五个发展理念，进一步挖掘发展潜力，培育发展动力，厚植发展优势，拓展发展空间，努力在新常态下实现有质量的稳定增长和可持续的全面发展，确保完成全年经济社会发展目标任务，力争实现“十三五”时期经济社会发展“开门红”。着力抓好以下工作：

（一）着力抓好产业转型升级，在转型发展上实现新突破

优先发展现代服务业。以畲族风情省级旅游度假区、特色小镇等为平台，重点推进凤凰古镇、千年山哈宫等重大项目建设，同时以景宁畲族特色旅游省级服务标准化示范县创建为目标，进一步完善旅游接待服务体系建设，不断提升旅游环境质量，大力推进畲族风情旅游与文化、养生养老等相关产业融合发展，着力打造旅游新产品新业态，扩大旅游富民效应，形成支柱产业全域化。同时大力发展民族总部经济、电子商务、文化创意、现代物流等新兴服务业和新兴业态，推进新技术、新成果尤其是信息技术、互联网在实践中的应用，不断提高服务业占比和对经济增长的贡献率。

加快发展高效农业。围绕提高农业综合生产能力和增加农民收入两个目标，稳步推进农业两区建设，新建 5 个粮食功能区，积极建设沙川、千峡湖现代农业综合区。做大做强茶叶、毛竹、香榧三大主导产业，全面推进金奖惠明茶产业园项目建设，计划新发展茶叶基地 2000 亩，修复竹林道 200 公里、建设香榧基地 1000 亩；开工建设茶文化博物馆、茶艺中心以及惠明寺休闲观光产业带，大力发展休闲观光农业，探索互联网+农业等新兴模式，逐步形成特色鲜明、优质高效、持续增长的现代农业产业体系。

着力发展生态工业。积极推进农民创业园二期基础设施建设和自来水厂、安置小区等项目建设，完成丽景园二期-Ⅳ工程建设，推进二期-Ⅴ工程前期力争开工建设，争取浙江丽景植绒有限公司年产 1200 万米水性生态纺织品深加工项目落地，形成丽景园、澄照农民创业园等为重点的工业增长区块，不断提升园区集聚发展水平。

（二）着力抓好重大项目建设，在承载能力上实现新突破

加快推进项目建设。继续把重大项目建设作为一项重点工作来抓，围绕拉长优势产业链条上项目，围绕完善基础设施、发展服务业、改善民生上项目。突出抓好民族医院、外舍小学、S228（52 省道）景宁溪口至澄照段改建工程等在建项目，积极协调解决项目建设中存在的突出问题，督促加快进度，争取使项目早日竣工并发挥效益；突出抓好凤凰学校、外舍新区人防工程、金山垟特色安置小区等项目前期工作，及时破解要素制约，争取项目早日落地开工建设；突出抓好项目谋划，通过编制产业投资图、基础设施图、招商引资图等方式，精心筛选、论证、包装、储备一批重大产业项目、基础设施项目、民生项目、高新技术项目，建立健全“十三五”项目库，争取更多项目列入国家、省、市重点项目盘子。

全力推进招商引资。一是深入实施“景商回归”工程，加快推广应用政府和社会资本合作（PPP）的公共产品与服务供给模式，通过特许经营、股权合作、购买服务等方式，积极推进交通、旅游、环保等领域的政府和社会资本合作，实现公共服务多元化供给。同时加强项目筛选论证，严把用地控制、投入强度、财税贡献、节能环保等标准，进一步提高项目门槛，促进更多高端制造、高新技术和高端服务产业项目在我县落户。二是依托民贸政策优势，突出产业链招商，瞄准高端和国内外有实力的强企、大专院校和科研院所，增强招商的针对性和实效性，力争在产业承接、引进新兴业态、发展战略性产业上有新突破，实现互补共赢。

（三）着力抓好体制机制改革，在发展活力上实现新突破

全力推进国家和省级试点建设。积极推进国家主体功能区建设试点示范工作，深入贯彻落实《国家主体功能区试点示范责任分解落实方案》，积极探索县域经济科学发展、绿色发展新路径。扎实推进县城重点生态功能区小城市试点，按照“一老一新一副一环”的总体布局，坚持文化引领，加快城市建设，提升城市品味，全力打造“中国畲乡第一城”小城市品牌。加快推进特色小镇建设，重点推进畲乡小镇建设，加快推进项目实施和运营，真正使畲乡小镇成为县域服务业集聚平台。着力推进畲族文化体验小镇、畲乡生态创业小镇、爱情小镇的 3 个小镇的创建工作，积极争取将畲族文化体验小镇列入省级特色小镇建设规划，促进产业转型升级。继续推进省级分级诊疗试点、省级农村电子商务改革试点、省级农村土地承包经营权确权登记颁证试点等一系列改革试点。

继续推进重点领域和关键环节改革。深化行政管理体制改革，优化行政审批流程和模式，加快形成企业投资项目高效审批机制，提高行政运行和服务效率。深化经济体制改革，积极推进县域经济体制综合改革，建立健全以“亩产效益”为导向的资源要素差别化配置机制，探索建立县域统一综合性资源要素交易平台，全面促进资源配置优化。稳步开展农村产权改革和金融创新，深入实施“六三六三三”工程，全面完成农村土地承包经营权确权登记颁证省级试点县改革任务，进一步促进农村资产资源权属明晰化、配置机制市场化、产权要素资本化、管理监督规范化。

（四）着力抓好城镇扩容提质，在统筹发展上实现新突破

不断提升城镇管理水平。一是着力提升鹤溪老城品质。继续推进鹤溪南路改造步行街工程、公共租赁房 4 期主体工程建设，完成客运中心站前广场工程，加快城市综合体、历史文化名镇（鹤溪老城）保护工程等项目前期，推进信息技术在重点行业及民生领域的深度应用，大力建设智慧城市、无线城市，进一步增强县城服务功能、就业吸纳及要素聚集能力。二是积极建设外舍新区。继续推进凤凰古镇、民族医院等重点项目主体工程建设，力争外舍污水处理系统工程完工投入使用，启动山哈剧院、外舍新区人防工程，进一步拉开新区框架。三是加快建设澄照副城。以畲乡创业小镇为载体，加快农民创业园基础设施建设，推进配套区块安置居住区工程（一期工程）、污水处理厂、自来水厂等项目建设，加快农民创业园农贸市场项目前期工作，逐步搭建万人下山移民集聚区、劳动密集型生态产业区等平台。

积极建设“美丽乡村”。一是以保护生态和优化农村人居环境为核心，积极开展村庄综合整治，重点推进“六边三化三美”、农村生活污水治理、历史文化村落保护利用等工作，全力打造生态宜居的美丽乡村。二是依托生态、产业、资源优势，加快推进民宿经济发展，重点加快完成天寿养生养老山庄前期工作，力争开工建设，抓紧完成洋坑封侯峡谷精品民宿度假区、扫口民宿工程等项目前期工作，同时积极探索通过村统一经营、村民自主经营或引入工商企业主体等多种模式进行开发，有效促进农村富余劳动力的就业和向非农领域转移，打造适合不同消费者群体、多层次、多元化的乡村民宿产业体系。

着力强化生态保护。一是坚持把节能减排作为加快产业转型升级的重要抓手，继续深化落实空间、总量、项目准入“三位一体”环境准入制度，突出抓好重点领域、重点项目、重点企业减排监控预警督查，扎实推进主要污染物排放总量控制，确保全面完成上级下达的总量控制目标，争取县城空气质量优良天数达到 330 天以上，PM2.5 日均浓度不超过 35 μ g/m3，全县生态环境状况指数继续位居全国、全省前列。同时继续推进国家级生态县建设，全面提升生态创建水平，确保顺利通过国家级生态县创建验收。二是以“五水共治”为契机，严格落实“河长制”、交接断面考核等制度，继续推进城镇污水处理厂和配套管网建设，抓好农业和农村污染治理，县级集中式饮用水源地水质达标率达到 100%，交接断面水质达标率达到 100%，三是大力发展循环经济，着力推进工业园区生态化改造，加快建立完善覆盖城乡的再生资源回收体系，建立健全生活垃圾“户集、村收、镇运、县处理”的无害化集中处理机制，积极推动生态循环农业、循环型工业、循环型服务业等循环型产业发展。

（五）着力推进社会事业发展 ，在改善民生上实现新突破

继续做好就业社保工作。继续实施积极的就业政策，进一步加强城乡劳动力、就业困难人员的就业援助和城乡富余劳动力转移就业工作，落实好普通高校毕业生就业新政策和失业保险基金扩大支出等优惠政策，积极推进电子商务平台和产业园建设，努力为创业者提供低成本、便利化、全要素、开放式的综合服务平台和发展空间，最大限度激发全民创业潜力、释放创业活力，实现更加充分、更高质量的就业。积极推进大社保体系建设，健全完善最低生活保障、就业困难群体就业援助、重特大疾病保障和救助等制度，不断提高城镇职工基本养老、医疗等方面保障水平。继续深入推进扶贫开发工作，以精准扶贫为着力点，积极做好促进低收入农户增收工作，不断深化“政银保”小额贴息贷款项目，确保特扶工作通过省级验收。

扎实推进社会事业发展。充分发挥科技引领作用，加快科技成果转化与产业化，积极开展“专利清零”专项行动，认真谋划高新技术企业培育三年行动，扎实推进浙江省畲医药产业科技创新服务平台建设，着力构建以企业为主体、市场为导向、产学研相结合的技术创新体系。坚持教育优先发展，积极承接第四轮省内教育对口支援计划，紧扣高考制度改革导向，深化课程改革和教学评价改革，加快建设外舍小学等教育资源扩容工程，促进教育均衡发展，积极创建省级教育现代化县。深入推进医药卫生体制改革，健全完善浙一医院与县医院合作机制，积极加快民族医院迁建项目实施，继续推进等级卫生院、中医药参与社区服务等示范创建工作。加快完善公共文化服务体系，重点支持《印象山哈》、《传奇凤凰装》、畲族传统婚俗习俗表演等一批有市场基础的演艺节目精品化发展，积极推进畲乡体育健身中心、博物馆提升工程等文化项目建设，着力打造畲族文化总部，推动文化事业繁荣发展。

（六）着力抓好规划编制工作，在布局谋篇上实现新突破

紧紧围绕实现全面建成小康社会的目标要求，全面落实十八届五中全会精神，将改革理念融入到“十三五”规划编制过程中。树立绿色发展理念，积极衔接国家、省、市“十三五”规划编制精神和发展目标，按照规划编制的时间部署，完成“十三五”规划、专项规划、乡镇行动计划审查论证并发布实施。切实提高规划的科学性、指导性和约束力，着力破解关系全局和长远发展的重大矛盾和问题，使之成为指导今后五年乃至更长一个时期全县经济社会发展的行动纲领。

（撰稿　潘晶　　审稿　钟建文）

湖北省

2015 年，湖北省民族自治地方“一州两县”（即恩施土家族苗族自治州、五峰土家族自治县和长阳土家族自治县）在省委、省政府的正确领导下，以《中共中央、国务院关于进一步加强民族工作，加快少数民族和民族地区经济社会发展的决定》和《国务院实施〈中华人民共和国民族区域自治法〉若干规定》为依据，按照《中共湖北省委、湖北省人民政府关于加强和改进新形势下全省民族工作的意见》（鄂发〔2014〕25 号）文件的要求，深化改革，开拓创新，使我省民族地区经济保持了稳定、协调、健康、持续发展的良好态势，国民经济稳定增长。据统计，2015 年，民族自治地方“一州两县”完成生产总值 797.29 亿元。其中，第一产业 180.97 亿元，第二产业 283.75 亿元，第三产业 332.57 亿元。

一、农业生产稳定发展

农业有效灌溉面积 76.35 千公顷。农业机械总动力 303.39 万千瓦，比上年增长 3.5%。粮食总产量 1877696 吨，比上年增长 1.8%。当年造林面积 57.64 千公顷，农林牧渔业总产量 341.24 亿元，比上年增长速度 5.52%。

二、工业经济发展迅速

规模以上工业企业工业销售总产值（当年价）532.2 亿元，比上年增长 10.97%。主营业务收入 499.2 亿元，比上年增长 10.5%。全年规模以上工业企业达到 644 个，比上年增长 17.7%。

三、固定资产投资保持快速增长

全年全社会固定资产投资完成额达到 866.92 亿元，比上年增长 16.1%。按资金来源分，国家预算内资金 134.1 亿元，增长 18.1%；全社会固定资产投资新增固定资产 643.9 亿元。

四、国内贸易市场稳定，对外贸易繁荣活跃

国内贸易全年实现社会消费品零售总额 508.4 亿元，比上年增长 70%，其中：批发和零售业总额 442.9 亿元，增长 67.8%；住宿和餐饮业总额 63.93 亿元，增长 82.7%。进出口总额 60034.6 万美元，比上年增长 14.9%。

五、财政收入稳步增加

全年完成财政总收入 146.42 亿元，比上年增长 11.36%。其中：地方一般公共预算收入 79.98 亿元，增长 17.6%。地方一般公共预算支出 375.37 亿元，比上年增长 28.9%。全部金融机构各项存款 1985.88 万元，比上年增长 79.8%；全部金融机构各项贷款 98.81 万元，比上年增长 55.08%。

六、城乡居民收入稳定增长

全年城镇居民人均可支配收入 22176 元，比上年增加 1973 元；城镇居民人均消费支出 15225 元，比上年增加 1441 元。全年农民人均纯收入 7980 元，比上年增加 765 元。

七、旅游业发展较快

全年旅行社总数达到 80 个。旅游人数突破 4514 万人次。其中，国际旅游 39.68 万人次，国内旅游 4474 万人次。国际旅游收入 7279.48 万美元，国内旅游收入 309.28 亿元。

八、教育事业快速发展

湖北民族地区认真落实农村义务教育保障新机制，努力改善办学条件，扎实推进素质教育，加强师资队伍建设，不断规范学校管理，各类教育长足发展，专任教师有所增加，教师队伍质量明显提高。2015 年，九年制义务教育成果得到巩固，小学适龄儿童入学率达到 100%。教育经费共支出 72.74 亿元，比上年增长 30.8%。

九、文化、卫生事业蓬勃发展

截至 2015 年末，共有艺术表演团体 12 个，艺术表演场所 14 个，文化馆 11 个，公共图书馆 11 个，博物馆 11 个。全年卫生机构数 2950 个，医疗机构床位数 25186 张，比上年增长 10.5%；卫生机构人员数 27993 人，比上年增长 5.9%。

（撰稿　周巍　　审稿　李爱旻）

湖南省

2015 年，面对错综复杂的经济形势和艰巨繁重的改革发展任务，全省民族自治地方全面贯彻“四

个全面”战略布局，坚决落实中央各项决策部署，主动适应、引领经济发展新常态，着力促进“三量齐升”、推进“五化同步”，民族自治地方经济社会发展保持平稳向前的良好态势。

一、经济规模持续扩大

2015 年，湖南省民族自治地方完成地区生产总值（GDP）12322700 万元，按可比价格计算，同比增长 9.14%。其中，第一产业增加值 2009038 万元，增长 8.57%；第二产业增加值 3743607 万元，增长 4.27%；第三产业增加值 6570055 万元，增长 12.3%。按常住人口计算，人均地区生产总值 20648 元，同比增长 14.69%。全年全社会固定资产投资完成额为 9613074 万元，同比增长 21.55%。其中，固定资产投资（不含农户）8972174 万元，增长 24.81%。国有经济投资 5121491 万元，集体经济投资 30128 万，外商、港澳台经济投资 16551 万元。全社会固定资产投资新增固定资产 5365218 万元。

二、农业生产总体稳定

全省民族自治地方完成农林牧渔业总产值 2998637.5 万元，按可比价格计算，同比下降 3.39%。其中，农业总产值 1887571 万元，增长 1.7%；林业总产值 182117.3 万元，下降 39.18%；牧业总产值 811609.4 万元，下降 3.46%；渔业总产值 73342.6 万元，增长 12.65%。农业基础设施建设加快，生产条件不断改善。全省民族自治地方年末实有耕地面积 421.4 千公顷，农作物总播种面积 826.98 千公顷。民族自治地方全年农村用电量 84092.87 万千瓦小时，比上年增长 44.66%；地膜使用量 5277.14 吨，减少 0.92%；农药使用量 7865.45 吨，比上年减少 3.65%。主要农产品产量大部分增长，粮食总产量 2081303.69 吨，比上年增长 1.54%；油料总产量 203821.27 吨，比上年增长 0.53%；棉花产量 569.46 吨，比上年增长 9.17%；糖料产量 35479.81 吨，比上年增长 39.74%；麻类产量 1389.33 吨，增长 293.58%；烟叶产量 53626.18 吨，增长 3.61%；茶叶产量 4231 吨，增长 24.83%；水果产量 1758728.43 吨，增长 3.73%。期末存栏大牲畜 97.22 万头，比上年减少 14.38%；出栏大牲畜 51.32 万头，同比增长 240.09%；出栏肉猪 351.92 万只，同比下降 0.71%；出栏羊 76.73 万只，比上年增加 5.83%；肉类产量 339834.92 吨，比上年增长 0.58%；奶类产量 48988 吨，比上年增加 7.3%；全年水产品产量达 52371.99 吨，同比下降 0.58%。

三、工业经济企稳回升

2015 年，克服众多不利因素影响，全省民族自治地方工业经济逆势上扬。全省民族自治地方规模以上工业企业单位数 630 个，比上年增加 86 个；规模以上工业企业销售产值 5917863.2 万元，增长 3%；主营业务收入 6231901.4 万元，增长 21.71%；利润总额 369185.4 万元，同比增长 92.55%。主要工业产品大部呈增产态势，原煤产量 229141 吨，同比增长 9.05%；发电量 539304.19 万千瓦时，同比增长 11.23%；生铁产量 239192 吨，同比增长 18.03%；木材产量 329430 立方米，同比增长 173.48%；粗钢产量 31008 吨，同比下降 16.84%。

四、财政金融平稳增长

全年财政总收入 1340593 万元，增长 18.47%；地方一般公共预算收入 840012 万元，增长 118.87%；地方一般公共预算支出 4634963 万元，增长 20.04%。全年全部金融机构各项存款达 17172328.24 万元，同比增长 17.38%；贷款规模进一步扩大，全部金融机构各项贷款达 9082334.46 万元，同比增长 18.46%；城乡居民储蓄存款年末余额 9531055.2 万元，同比增长 11.94%。

五、贸易旅游提质升级

全年社会消费品零售总额 4741397.4 万元，增长 8.79%；其中，批发和零售业达 4116967.9 万元，增长 36.97%；住宿和餐饮业达 624431.5 万元，增长 27.96%。全年进出口总额 27812 万美元。本年实际利用外资额 15450 万美元，下降 16.05%。年末实有外商投资企业 35 个，比上年增加 12 个。2015 年，全省民族自治地方共有旅行社 137 个，比上年增加了 17 个。全年共接待游客 94967976 人次，增长 39.77%。其中，国际旅游 2716543 人次，增长 28.97%；国内旅游 92255463 人次，增长 40.53%。国际旅游收入达 6166.56 万美元，增长 36.69%；国内旅游收入达 5755016.7 万元，增长 31.4%。

六、社会事业全面进步

2015 年，全省民族自治地方有普通高等学校 5 所，在校本科、专科学生 43680 人，毕业生 12604 人，教职工 2350 人，其中专任教师 1594 人；有普通中学 397 所，在校学生 283991 人，毕业生 86735 人，教职工 22224 人，其中专任教师 21145 人；有中等职业学校 45 所，在校学生 44100 人，毕业生 11726 人，教职工 2539 人，其中专任教师 2131 人；有普通小学 938 所，在校学生 437962 人，教职工 26450 人，其中专任教师 25459 人。全年教育经费支出 673493 万元。截至 2015 年末，全省民族自治地方拥有卫生机构 5989 个，有医院、卫生院 844 个，村卫生室 4342 个。共有卫生技术人员 28552 人，其中，执业（助理）医师 11175 人。卫生机构床位数 31760 张。新型农村合作医疗制度覆盖全省所有民族地区，参保人数达 477.25 万人，平均参合率 98.6%。城镇居民最低生活保障人数达 124746 人；保障支出达 45315.93 万元，同比增长 18.38%。农村居民最低生活保障人数达 459793 人；保障支出达 60784.58 万元，比上年增长 16.31%。群众生活水平不断提高，城镇居民人均可支配收入 18714 元，同比增长 9.86%；农村居民人均纯收入 6559 元，同比增长 12.74%。

（撰稿 伍雄智　　审稿 曹承明）

广东省

2015 年，在国家民委和省委、省政府的正确领导下，广东民族地区认真贯彻落实中央民族工作会议和全省民族工作会议精神，采取一系列积极举措，经济运行基本平稳，结构继续优化，全年经济增长处在预期目标区间。

一、主要经济指标稳定增长

2015 年，连南瑶族自治县、连山壮族瑶族自治县和乳源瑶族自治县实现地区生产总值 131.87 亿元，比上年增长 8.11%，增长速度高于全省 0.11 个百分点。其中，连南 36.57 亿元，连山 29.41 亿元，乳源 65.9 亿元，分别比去年增长 7.3%、6.1%、9.5%。分产业看，第一产业增加值 19.45 亿元，增长 5.14%；第二产业增加值 50.00 亿元，减少 15.97%；第三产业增加值 62.41 亿元，增长 18.29%；人均地区生产总值 32124.67 元，比去年增长 6.7%。各项经济监测指标与 2014 年相比，基本保持了上升的态势。2015 年全省 3 个自治县三次产业结构为 14.75：37.92：47.33，产业结构仍然保持“三二一”。尽管 3 个自治县当年主要经济指标呈现稳定增长态势，但在经济发展中仍然面临诸多问题，经济总量少，财政收支矛盾日益突出，经济增长缺乏亮点，后劲不足，企业规模不大，自主创新能力不强，农民持续增收难度加大，区域发展不协调等。

二、农业生产增长保持平稳

2015 年，3 个自治县继续推进农村综合改革，积极完善各项扶持政策，培育壮大绿色特色农业产业带长廊和休闲产业基地建设，促进了农业生产稳定增长，农民收入有较大幅度提高。经统计，3 个自治县全年完成农林牧渔业总产值达 30.94 亿元，同比增长 5.05%。其中，农业产值 178649.61 万元，比上年增长 4.69%；林业产值 55908.45 万元，同比增长 4.06%；畜牧业产值 52684.66 万元，比上年增长 6.02%；渔业产值 5228.98 万元，比上年增长 1.26%。农作物总播种面积 57.92 千公顷，粮食作物播种面积 28.34 千公顷，粮食总产量 134043 吨，与去年基本持平；油料播种面积 6.05 千公顷，比上年增长 9.8%；油料产量达到 15468.4 吨，比去年增长 10.95%；畜牧业生产稳定增长。大牲畜年末存栏头（只）为 3.8 万头，与去年基本持平。猪、羊年末存栏头（只）分别为 13.15 万只和 0.99 万只，同比减少 5.03%和增长 26.92%。肉类总产量达到 16974 吨，同比减少 7.47%，其中牛肉、羊肉和猪肉产量分别为 419 吨、33 吨和 8995 吨，同比减少 225 吨、66 吨和 4391 吨。

三、工业和建筑业生产缓中趋稳

2015 年，规模以上工业完成销售产值 106.61 亿元，同比减少 9.39 亿元；实现利润总额 5.99 元，与去年减少 0.41 亿元。建筑业增长明显。全年建筑业总产值完成 9.71 亿元，同比增长 15.60%。全社会完成建筑业增加值 7.69 亿元，同比减少 2.6 亿元。

四、固定资产投资增幅较大

2015 年，在工业企业扩能、教育卫生、道路交通、旅游服务基础设施、城乡供电和供水基础设施完善改造、房地产开发等主要项目推动下，3 个自治县固定资产投资保持高增长。全社会固定资产投资完成额 79.63 亿元，同比增长 6.59%。其中，连南 9.16 亿元，比上年增长 16.24%，连山 5.26 亿元，比上年减少 52.36%，乳源 65.21 亿元，比上年增长 16.89%。分投资主体看，国有经济投资 29.03 亿元，同比增长 7.56%，集体经济投资 31.82 亿元，同比减少 9.78%，外商、港澳台经济投 7.70 亿元，同比增长 17.74%。总体上看，2015 年 3 个自治县全社会新增固定资产投资 53.05 亿元，同比增长 30.73%，一些大的固定资产投资施工项目和传统的重点项目，不仅对当地经济的稳定增长做出了重要贡献，而且增强了对外的市场竞争能力和人民的生活水平。如“二广”高速公路的顺利建成和通车，改善了连山自治县的交通基础设施，增强了该县对外的市场竞争能力。

五、财政收入大幅提升

2015 年，为贯彻落实中央和全省民族工作会议精神，省财政对 3 个自治县加大转移支付力度，各县也继续实施积极财政政策和适时放宽的货币政策，财政收入实现预期目标。3 个自治县完成地方财政总收入 67.05 亿元，比上年增长 89.4%。公共财政预算收入 8.25 亿元，比去年增长 4.56%。其中，连南 1.62 亿元，连山 1.39 亿元，乳源 5.24 亿元，分别比去年增长 3.13%、5.3%和 4.59%。公共财政预算支出为 59.38 亿元，同比增长 84.18%。其中，社会保障和就业以及教育领域支出成为政府财政支出的大项，支出额分别达 6.62 亿元和 8.93 亿元，分别比上年增长 61.07%和 22.16%。金融流通运行平稳。3 个自治县全部金融机构年末各项存款余额 154.90 亿元，比上年增长 19.33%。

六、物价水平保持稳定

2015 年 ，城镇居民人均消费支出 8605 元，比上年减少 3598 元。其中，食品类支出 2966 元，衣着类支出 470 元，居住类支出 1473 元，生活用品及服务类支出 561 元，交通通讯类支出 1497 元，教育文化娱乐支出 973 元，医疗保健支出 553 元，除居住类支出稍有增加外，其余都较去年减少。农民人均消费支出 4966 元，比上年减少 2540 元。其中，食品类支出 1642 元，衣着类支出 157 元，居住类支出 1228 元，生活用品及服务类支出 329 元，交通通讯类支出 588 元，教育文化娱乐支出 560 元，医疗保健支出 425 元，除居住类支出和教育文化娱乐类支出稍有增加外，其余都较去年减少。

七、文化体育事业取得新成绩

截至 2015 年，全省 3 个自治县的“瑶族耍歌堂”、“瑶族盘王节”、“瑶族刺绣”等 25 项少数民族文化项目被列入国家级和省级非物质文化遗产名录，涌现出《瑶族随想》、《盘王歌》等一系列文艺精品。连南自治县瑶族千人长鼓舞成功挑战上海大世界基尼斯纪录，连山自治县原生态民族歌舞剧《连山大哥》获得广东第四届岭南舞蹈大赛小舞剧组专业组最佳作曲奖、表演银奖和创作银奖，乳源自治县《盘王歌》获评广东鲁迅文学艺术奖。同时，为进一步推动全民健身运动的开展，提升全民身体素质，民族地区增加了体育基础设施和群众活动场所，截至 2015 年末，广东省民族自治地方有各种艺术表演团体 14 个，公共图书馆 3 个，文化馆 3 个，博物馆 3 个，群众表演场所 4 个，群众艺术馆 1 个。

八、教育事业持续发展

2015 年 3 个自治县继续调整优化教育资源，努力提高教育教学质量，城乡、民族、各级各类教育均衡发展，教育整体水平再上新台阶。3 个自治县学龄儿童入学率 100%，小学毕业生升学率 100%，职业教育学生推荐就业率 98%。2015 年末，民族自治地方共有普通中学 28 所，招生数 6319 人，在校学生 18499 人。普通小学 53 所，招生数 6652 人，在校学生 33682 人。中等职业学校 3 所，招生数 726

人，在校学生数 2492 人。

九、民生改善步伐加快

2015 年，各自治县在改善民生方面继续增加投入力度，人民生活有所改善，继续呈现城乡居民收入增速高于 GDP 增速、农村居民纯收入增速高于城镇居民可支配收入的可喜现象。全年城镇居民可支配收入 18812 元，比上年增长 7.12%。农民人均纯收入 10319 元，比去年增长 11.34%。城乡居民收入差距进一步缩小。城市人均住房面积 26.24 平方米，农村人均住房面积 30.97 平方米，与上年基本持平。

十、社会保障机制和福利事业更加完善

2015 年，3 个自治县医疗卫生投入持续提高，医疗卫生网络进一步完善。民族自治地方卫生机构 236 个，医疗机构床位数 1326 张，卫生机构人员 2326 人。医疗卫生基础设施得到进一步完善，医疗技术人员能力不断提高，处置突发性公共卫生事件的能力进一步增强。同时，全年 3 个自治县社会保障受益人群持续增加，共有 1216 名城镇居民和 21710 名农村居民得到政府最低生活保障，城镇居民及农村居民最低生活保障支出达到 555.08 万元和 4436.29 万元。

（撰稿　方莉　　审稿　李秀英）

广西壮族自治区

2015 年，广西民族经济工作在国家民委和自治区党委、政府的领导和指导下，真抓实干，扎实稳步开展各项工作。

一、加大扶持力度，推动规划目标如期完成

根据兴边富民行动和扶持人口较少民族发展“十二五”规划要求，2015 年安排了 1 亿元资金用于推进兴边富民行动，实施了 317 个项目，涉及乡村道路、人畜饮水、农田水利等项目，建设了 44 个民族团结进步屯，有效解决了 8 个边境县各族群众生产生活中的一些突出困难和问题，取得较好经济社会效益。5 月 25 日，自治区人大常委会听取和审议自治区人民政府关于《兴边富民行动规划》实施情况报告时，高度肯定了广西取得的成绩，同时广西还在全国民族经济工作会议上作了交流发言。安排了 7200 元资金，实施了 184 个项目，重点扶持 160 个京族、毛南族、仫佬族聚居村，实现“五通十有”和“一减少、二达到、三提升”的规划目标。

二、落实优惠政策，促进民贸民品企业发展

一是指导各地建立民贸民品企业基础档案和工作台账，为政策落实提供判定依据和翔实的证明材料。二是加强沟通协调，落实贷款贴息优惠政策，及时下达民族贸易网点建设和民品技改专项资金 1300 万元，促进了民贸民品企业贷款贴息持续上升。据统计，“十二五”期间，全广西金融机构累计发放民贸民品贷款 618.49 亿元，全区民贸民品企业共获得贷款贴息资金 15.63 亿元，是“十一五”期间贴息的 8 倍，增幅十分明显。仅 2015 年实现企业贷款贴息资金 4.71 亿元。优惠利率贷款政策的实施，提高了民贸民品企业贷款的积极性，推动了企业不断加快发展。三是确定广西“千家培育”企业名单，研究确定了 70 家民贸民品企业为国家民委“千家培育”企业名单，予以重点扶持。四是举办了一期民贸民品政策培训班，培训了 140 名民族局分管领导和民贸民品企业代表。五是完成了国家民委副主任罗黎明率国家民委、财政部同志到广西开展“十三五”民贸民品政策调研任务。

三、立足发展保护，建设少数民族特色村寨

一是对广西少数民族特色村镇进行一次摸底调查。据初步调查，广西目前有 200 多个少数民族特色村寨、30 个特色小镇亟待保护与发展。这些特色村镇主要集中在防城港和桂中、桂西北。二是开展“中国少数民族特色村寨”集中挂牌工作。2014 年，广西有 59 个村寨被国家民委命名为“中国少数民族特色村寨”。为扩大影响，2015 年 4 月，在全区范围集中开展挂牌活动。自治区民委到三江侗族自治

县举行“中国少数民族特色村寨”挂牌仪式。三是安排 2000 万元资金推进少数民族特色村镇保护与发展工作，重点提升已命名为“中国少数民族特色村寨”的内涵。

四、关注民生问题，为各族群众办实事好事

2015 年，加大这方面工作力度，全年安排中央少数民族发展资金 5660 万元、自治区本级少数民族发展资金 1200 万元，共计 6800 多万元资金用于解决少数民族发展特殊困难问题，其中安排 7 个民族乡逢 10 周年乡庆为民办实事资金 630 万元，比 2014 年多了 2700 万元。通过修建一些“幸福路”、“连心桥”、“自来水”、“水利渠”，有效缓解大石山区少数民族群众“行路难”、“饮水难”和“灌溉难”等问题。

五、加强资金督查，发挥民族专项资金效益

为做好这次督查工作，2015 年 4 月印发了督查工作方案，要求全区各县对 2013、2014 年资金使用和项目实施情况进行全面自查。在这个基础上，5 月份组成了 6 个督查组对 41 个县进行抽查，检查了 50 万元以上重大项目 86 个、自查自评优良的项目 227 个、自查自评问题比较多的项目 9 个，共计 236 个项目涉及资金 8750 万元，涵盖了兴边富民行动、发展特色优势产业、扶持人口较少民族发展、少数民族特色村寨以及其他资金项目，是历年来规模最大、力度重强的一次，覆盖了所有资金和全区各市。检查期间，督查组每到一个县采取听取汇报、查阅资料、走访抽查相结合方式，详细了解该县资金使用和项目建设情况。检查结束后，督查组还向各县反馈了检查情况，对资金项目实施好的方面给予充分肯定，对检查发现的问题，提出整改意见和建议。

六、会同有关部门，做好民族经济统计工作

根据国家民委要求，会同统计部门对广西 12 个自治县、8 个边境县、4 个人口较少民族聚居县、59 个民族乡经济社会发展以及 3 个边销茶生产企业有关数据进行统计，并上报国家民委，为制定一些扶持民族地区发展的差别化政策提供依据。

七、广西民族语文印刷厂改制工作取得突破性进展

在 2014 年 11 月 30 日顺利实现企业关停的基础上，坚持以人为本，依法依规应对历史遗留下来的问题。到目前为止，妥善处置了职工 20 多个信访件和 10 多批到民委集体上访的事件，安置职工 782 人，占职工总数的 71.5%，改制形势持续向好。有效拆除了多年以来可能引爆民委系统群体性事故的引信，维护了民族团结和社会稳定。

（撰稿　王珊　　审稿　覃汉华）

海南省

一、概况

海南省有 6 个民族自治县，分别是白沙黎族自治县、乐东黎族自治县、昌江黎族自治县、陵水黎族自治县、保亭黎族苗族自治县、琼中黎族苗族自治县。民族自治地区陆地面积约 11497.96 平方公里，占全省陆地面积 33.9%。民族自治地区总人口 180.04 万，其中少数民族人口 92.65 万，主要以黎、苗族为主。2015 年，民族自治地方围绕“共同团结奋斗、共同繁荣发展”的工作主题，克服经济下行压力的影响，持续推进国际旅游岛建设向纵深发展，大力开展民族团结进步创建活动，坚定不移地走绿色、开放、可持续发展道路，民族地区经济社会继续保持快速发展。民族自治地方生产总值 428.98 亿元，增长 7.97%，保持较快的增长速度。其中第一、第二、第三产业增加值分别为 180.84 亿元、90.3 亿元和 159.25 亿元，增长 6.02%、14.45%和 9.55%。人均地区生产总值 28165.36 元，增长 12.39%。高于全省的增速。

二、农业

2015 年，海南省民族自治地方培育、壮大热带

特色高效农业发展，落实强农惠农富农补贴资金，推进农业传统产业和特色产业发展，促进农业稳定增长、农民快速增收。全年农林牧渔业增加值 278.49 亿元，比上年增长 5.96%，保持稳定增长。种植业生产保持平稳较快发展，受良好气候条件影响，蔬菜和果用瓜产量均比上年有所增长，畜禽生产总体保持稳定，渔业生产呈稳中向好，林业生产小幅增长，人工造林面积、更新造林面积均有大幅增长。（1）农业调结构转方式取得突破。大力调减低效产业规模，加快发展生态循环农业，养殖场环保改造行动、化肥农药减施行动启动实施。做精做优特色主导产业，大力推广瓜菜适销品种和配套技术，实现了冬季瓜菜产量、出岛量、效益较快增长。(2) 农业园区化进程加快。省级现代农业示范基地创建行动拉开序幕，《国家南繁科研育种基地（海南）建设规划（2015-2025)》经国务院批准印发，南繁事业迎来新篇章。继续对乐东香蕉栽培、昌江斑节对虾健康养殖、白沙绿茶栽培、琼中绿橙栽培 4 个国家级农业标准化示范区进行扶持，推动农产品加工园区建设。(3) 信息技术广泛应用。互联网信息技术在农业各领域广泛应用，农产品电商达数百家，大力发展农业电商，陵水、白沙“农村淘宝”项目顺利实施。用“互联网+”的理念、思维和技术推进镇域信息化基础设施建设，以互联网促进整个镇域经济社会的转型升级。(4) 大力推进农业科技集成应用，建设一批科技示范基地，重点推广 70 个新品种、70 项新技术。6 月陵水现代农业示范基地正式挂牌启用，10 月陵水黎族自治县“陵水圣女果”通过国家地理标志产品技术评审。

三、工业

2015 年，海南省民族自治地方积极推进工业园区和工业项目建设，工业生产平稳增长，海南中部绿色产业园、昌江工业园区、陵水清水湾国际信息产业园、白沙邦溪农林产品加工与交易基础等园区基础设施不断完善，产业集聚水平明显提高。西南电厂、昌江核电并网发电，全省发电量大幅度增长，项目产能不断释放，给工业经济增长注入了新活力项目产能的不断释放，给海南省工业经济增长注入了新活力；农副食品加工、非金属矿物制造及化学原料及化学制品业生产情况持续好转。全年民族地区规模以上工业增加值 88.76 亿元。

四、旅游业

2015 年，海南省民族自治地方依照旅游发展总规，继续推动旅游业提档升级，整治旅游市场环境秩序，提高旅游服务质量，邮轮游艇游、乡村游、健康旅游等旅游新业态加快发展，旅游业出现新的亮点，旅游经济总体保持稳定较快的发展态势，接待过夜游客人数 1238.4 万人次；旅游收入 30.6 亿元。成功举办环岛公路自行车赛、黎族苗族传统节日“三月三”等会展赛事节庆活动，以丰富多彩的活动吸引数十万游客参与。呀诺达雨林文化旅游区正式成为海南首家也是唯一一家国家生态旅游示范区景区、国家文化产业示范基地，打破了海南长期以海洋为旅游主题的市场格局，填补了海南绿色生态主题游的空白，形成海南山海互动、蓝绿互补产品的新格局。民族自治地方共有 5 家高质量、高标准的景区，其中 5A 级景区 3 家。开展乡村旅游示范单位创建，加快少数民族特色村寨建设，以琼中黎族苗族自治县什寒村为代表的一批乡村旅游区游客接待量保持稳定增长，逐步形成了集休闲农业、农家乐、森林人家、水乡渔村、旅游名镇名村等多种类型的乡村旅游产品体系，乡村旅游发展进入快车道。保亭黎族苗族自治县被评为全国休闲农业与乡村旅游示范县。

五、固定资产投资

2015 年，海南省民族自治地方抓住全省开展“投资项目百日大会战”的有利契机，继续推进重点项目建设，全年固定资产投资总额完成 418.23 亿元，增长 9.2%。房地产开发投资、交通运输业和水利环境公共设施管理业投资较快增长，拉动了全部投资加快增长。西线高铁建成通车，海南进入环岛高铁时代；“田”字型高速公路建设取得突破性进展，屯昌至琼中高速公路建成通车，琼中至五指山至乐东高速公路开工建设。昌江核电 1 号机组投产发电，西南部电厂并网运营，困扰海南多年的电力瓶颈得到有效解决。红岭水利枢纽工程基本建成，红岭灌区、南渡江引水等大型水利工程建设步伐加快，农业生产基础条件逐步改善。乐东龙沐湾开发项目基本建成，昌江棋子湾恒盛元酒店等五星级酒店基本完工。城市和行政村光纤宽带网络覆盖率分别达到85%、69%，4G覆盖率分别达到98%、83%，信息基础设施建设水平进一步提高。

六、财政金融

2015年6月，海南省出台《贫困市县党政领导班子和领导干部经济社会发展实绩考核办法》，在《办法》的经济发展考核标准中，取消了对贫困市县的GDP考核指标，而有意增加了特色优势产业增收的指标权重。2015年，海南省民族自治地方城乡居民收入较快增长。财政支出结构继续优化，各项民生保障力度进一步加大。民族地区地方一般公共财政预算收入67.91亿元，增长17.8%；地方一般公共预算支出175.65亿元，增长13.4%。对农民小额贷款按不低于5%的贴息率给予财政贴息，三次调整地方法人金融机构存款准备金以加大信贷投放力度。消费品市场保持较快发展，社会消费品零售总额实现93.08亿元。

七、人民生活

2015年，海南省民族自治地方城乡居民收入较快增长，城镇常住居民人均可支配收入2.53万元，增长8.9%；农民常住居民人均可支配收入1.02万元，增长13.4%。农民收入增长快于城镇居民收入，快于同期GDP增长。继续调控物价，实施物价联动补贴机制，省财政以及陵水、昌江等地向城乡低保、优抚对象和领取失业保险金人员等发放物价临时补贴，物价涨幅控制在年度目标之内，其中居民消费价格同比上涨1%。继续实施保障性安居工程危房改造工程，改善居民居住条件。完成民族地区农村道路“最后一公里”工程建设，投资4.28亿元，硬化道路660.5公里，实现民族村庄道路硬板化“村村通”。创建一批基础设施完善、人居环境优美的文明生态村、美丽乡村和少数民族特色村寨，农民生产生活条件不断改善。

八、教育

2015年，海南省民族地区继续推进教育事业发展，教育投入大幅度增长。巩固和提高“两基”工作成果，学龄儿童入学率99.4%，小学毕业生升学率98.5%。建立健全家庭经济困难学生补助政策，实现了学前教育、义务教育、高中阶段教育、高等教育全覆盖。继续实施教育扶贫移民工程，为贫困地区中小学生提供优质学位5万多个。推进职业教育，每年中职涉农专业招生人数上万人，对中职所有在校生全额进行学费补助，扩大中职免学费范围，公办高职院校生均拨款标准提高到每人每年1.2万元；建好省民族技工学校黎族织锦技艺、黎族传统文化等一批民族工艺传承创新示范专业点。实施高等教育向少数民族学生倾斜政策，各类高等院校按一定比例对少数民族考生实行定向招生。加强教师队伍建设，面向全国为农村地区招聘优秀特岗教师50名，近1万名教师获得国培和省培计划项目支持培训，建立偏远贫困地区行政村以下农村小学教师生活补助制度。乐东黎族自治县建设特殊教育学校，免除特殊教育学校残疾学生的杂费，免费提供教科书保证民族地区的视力、听力、智力三类残疾儿童少年受教育的权利。2015年9月9日，中央民族大学附属中学陵水分校落成，它投资4亿多元，占地200亩，建筑总面积68400平方米，是陵水新引进的一所实验性、示范性、现代化公办全日制寄宿式全免费的完全中学。

九、文化

2015年，海南省民族地区积极推进文化体育事业发展，继续实施乡镇宣传文化站建设工程、文化信息资源共享工程、农村电影放映工程、农家书屋工程、广播电视村村通工程、农民体育健身工程等六大农村文化惠民工程，基本建成县、乡、村三级文化网络。加强非物质文化遗产保护，举办黎族织锦大赛和黎族传统纺染织绣技艺保护成果展，完成“海南省黎族服饰系列地方标准”制定工作，全省确定黎锦技艺代表性传承人105人，其中国家级3人，省级11人，市县级91人。举办海南黎族苗族传统节日“三月三”和保亭七仙温泉嬉水节，扩大黎族苗族节庆品牌影响力，已成为传承和弘扬黎族苗族优秀传统文化、增进民族团结的有效载体。开展民族体育竞技工作，在各高校、民族中学建立民族体育项目训练基地，依托各学校的师资力量，加强对运动员的训练，培养一批民族体育人才，切实提高民族体育竞技水平。1月30日，海南省民宗委、省文体厅、省民族博物馆文物清点签字移交仪式在海口举行。经三方清点无误后，对馆藏 3 万余件文物的管理权成功移交给省文体厅 4 月 30 日，海南琼中青少年航空研学基地在琼中黎族苗族自治县揭牌成立，这是在海南成立的首家青少年航空科普基地。基地占地 300 亩，投资 3000 万元，计划开设热气球、飞行、飞行员培训、航空科普研学、农业研学等项目。“海南省非物质文化遗产展走进西藏展”于 5 月 26 日在西藏开展，历时 6 天。展示海南省国家级非物质文化遗产保护名录项目 28 项共计 200 多幅图片、海南省世界级非物质文化遗产“黎族传统纺染织绣技艺”传承人技艺展示。7 月 20 日，海南省琼中女子足球队中队获得“哥德堡杯”世界青少年足球锦标赛 U12 女子组冠军；11 月被共青团中央、教育部、全国少工委共同授予“全国优秀少先队集体”荣誉称号。10 月 30 日，由中国作家协会《诗刊》社、陵水黎族自治县委宣传部共同举办的首届“中国好诗歌”颁奖典礼暨“珍珠海岸·诗意陵水”音乐诗会在陵水黎族自治县举行，活动宣布，“中国好诗歌”奖永久落户陵水。

十、卫生

2015 年，海南省民族自治地方继续发展医疗卫生事业。推进公共卫生和基层医疗服务体系建设，进一步加大民族市县疾病控制机构、乡镇卫生院、县级医院的改扩建步伐，均已实现村村有卫生院的目标，县、乡、村三级医疗卫生服务体系进一步完善。继续推进县级公立医院改革，免费孕前优生健康检查和地中海贫血病筛查覆盖范围从农村扩大到全省城乡育龄人群。挖掘、保护传统黎医药资源，建设海南黎药种植养生基地，促进海南黎药产业化发展。全面推行大病医保，按照“统一购买大病保险、统一报销政策、统一资金使用、统一经办管理”原则，使城乡居民享受平等的大病医疗保险待遇和服务。提高新型农村合作医疗保障水平，新农合人均筹资标准从 2010 年的 140 元提高到 450 元，其中各级财政对新农合的补助标准提高到 360 元/人，城乡居民参保率超过 90%，民族地区新农合实现全覆盖。全面实施乡镇级医院住院“限费医疗”，参合农民在县域内的乡镇级医院住院时，缴纳规定的起付线后，其基本医疗费用予以全额报销。发挥海南省慈善惠民医院扶贫济困作用，为保亭、琼中、白沙、乐东、昌江和陵水等民族自治县农村贫困人口和城乡低收入人群提供重大疾病惠民医疗服务。

十一、社会保障

2015 年，海南省民族自治地方城乡保障制度不断完善，继续提高社会保障水平。全面实施新型农村社会养老保险和城镇居民社会养老保险制度，提高城乡低保补助标准和补助水平，2015 年，城镇和农村居民基础养老金统一提高到 145 元，远高于国家现定基础养老金最低标准，居全国前列。城市低保月人均保障标准提高到 420 元，农村低保月人均保障标准提高到 2015 年的 280 元，实际上民族自治地方 2015 年城乡居民低保平均保障标准分别为 463 元和 341 元，均超过全国平均水平。80 岁以上老人津贴制度实现全省覆盖，保障了老年人的基本生活。连续第 11 年提高企业退休人员基本养老金，月人均增加 185 元，企业最低工资标准提高 150 元。实施低收入群体补贴与简称物价联动补贴机制，为农村五保户、重点优抚对象等对象发放物价联动补贴，缓解了物价上涨对低收入群体基本生活的影响。

十二、环境保护

2015 年，海南省民族地区继续加强生态环境保护，加大环保专项资金资金投入，坚持“增绿”“护蓝”并举，推进“绿化宝岛”大行动，生态环境质量持续保持良好。开展节能减排，发展循环经济和节能环保产业，实施燃煤电厂和水泥厂脱硫脱硝改造，加大对昌江循环经济示范园区支持力度，建设热电联产、垃圾焚烧发电等一批重大节能减排项目。推进污水垃圾处理项目建设，抓好污水处理厂脱氮除磷升级改造建设，城乡生活垃圾无害化处理率超过 76.0%。加强自然保护区建设，加大对黎母山、尖峰岭、吊罗山、七仙岭、黎母山、霸王岭、鹦哥岭等国家森林和国家级自然保护区保护工作。民族地区环境、大气、水体质量继续保持全国一流水平，其中城镇环境空气质量优良天数比例为 99%，环境空气中主要污染物二氧化硫、二氧化氮浓度符合国家环境空气质量一级标准，地表水环境质量总体优良，近岸海域水质达标率为 90%，绝大部分监测海域水质处于清洁状态。

（撰稿　熊中华　　审稿　胡莲）

重庆市

2015年，在重庆市委、市政府的正确领导下，在国家民委的指导下，重庆民族自治地方按照“四个全面”战略布局，紧紧围绕“科学发展、富民兴渝”总任务，把加快民族地区发展作为民族工作的重中之重，着力实施五大功能区战略，着力推进武陵山特色经济示范区建设，为渝东南民族地区制定差别化支持政策，构建渝东南民族地区对外开放和招商引资平台，加快民族地区基础设施建设和公共服务体系建设，民族自治地方经济社会得到快速发展，人民生活水平进一步提高。

2015年，民族自治地方地区生产总值（当年价格）达到4932094万元。其中：第一产业增加值84.7567亿元，增长5.1%；第二产业增加值229.9444亿元，增长12.5%：第三产业增加值178.5083亿元，增长9.7%。

一、农村经济全面发展

2015年，实现农林牧渔业总产值1342857万元。其中：农业产值728028万元，林业74389万元，牧业506969万元，渔业17106万元。农作物总播种面积为468.07千公顷，粮食作物播种面积283.78千公顷，油料播种面积103.23千公顷。全年粮食总产量为1266801吨；油料产量98623吨；烟叶产量32855吨。全年肉类总产量达到212038吨，其中猪肉156276吨，牛肉29064吨，羊肉6603吨。

二、工业稳步推进

2015年，民族自治地方规模以上工业企业185个，实现工业增加值154.94亿元，同比增长9.42%。

三、固定资产投资稳中有升

2015年，民族自治地方完成全社会固定资产投资达5830481万元，同比增长5.8%。其中：城镇固定资产投资5429801万元，同比增长1.1%；农村固定资产投资400680万元。全社会固定资产投资新增固定资产2586278万元，同比增长28 .4%。

四、地方财政收收入略有减少，金融机构贷款余额有所增加

2015年，民族自治地方财政总收入922393万元。地方财政一般预算收入456186万元，地方财政支出1758958万元。

民族自治地方金融机构存贷款额有所增加。全部金融机构各项存款总额6138734万元，全部金融机构各项贷款总额3812148万元，城乡居民储蓄存款年末余额4229382万元 。

五、城乡贸易市场活跃，对外贸易快速增长

2015年，民族自治地方全年实现社会消费品零售总额1980979.5万元。其中：批发零售贸易业实现1755168.3万元；住宿和餐饮业实现225811.2万元。进出口总额47199万美元，同比增长82.4%。其中：进口总额2307.6万美元，同比增长21.5%，出口总额44891.4万美元，同比增长87.2%。

六、城乡居民生活不断改善

2015年，城镇居民可支配收入22702元。平均人均消费支出13142元。城市人均住房建筑面积43.6平米。农村居民人均纯收入达到8085元，农村人均住房面积44.4平方米。

七、交通运输快速发展

重庆民族自治地方加大基础设施建设力度，交通运输条件进一步改善。2015年民族自治地方公路线路里程总计15406.8公里。其中：等级公路14329.2公里，高速公路268.7公里。完成客运量总计4273.35万人次。完成货运量总计1589.69万吨。

八、旅游业健康发展

黔江小南海、酉阳桃花源、乌江画廊、黄水国家森林等一批旅游资源的进一步开发，旅游业快速发展。2015年共接待游客27700800人次，创造旅

游收入 1076113 万元。

（撰稿　陶先涛　　审稿　向远道）

四川省

2015 年，在经济增速放缓的严峻复杂形势下，四川民族自治地方贯彻执行党的民族政策和认真落实中央和省委的决策部署，锐意进取，克难攻坚，加大稳增长、促改革、调结构、惠民生、防风险力度，科学制定发展规划，精心布局重点项目，因地制宜发展特色产业，集中力量解决发展、民生、稳定重大问题，扎实推进藏区“六大民生工程计划”和彝区“十项扶贫工程”，全力推动民族地区经济发展、民生改善和社会进步，民族地区经济社会发展水平显著提升，为实现与全国同步建成小康社会目标奠定了良好的基础。

一、民族地区经济稳中有升

2015 年，民族自治地方经济运行总体平稳，增速明显回升。全年实现地区生产总值（GDP）1900.6 亿元，比上年增长 4.0%，虽增速低于全省平均水平，但全年增速呈现逐月回升的态势。其中，农业平稳增长，实现第一产业增加值 379.87 亿元，增长 4.2%。工业增速明显放缓，实现第二产业增加值 905.59 亿元，增长 2%。服务业发展势头良好，实现第三产业增加值 615.08 亿元，增长 7.7%，第三产业占 GDP 比重提升了 2.4 个百分点。三次产业结构由 2014 年的 19.3：51.0：29.7 调整为 20：47.7：32.4。

二、农业经济平稳增长

2015 年，四川省进一步加大对民族自治地方特色产业的扶持力度，实施特色农产品“区域品牌+企业品牌”双品牌战略，加快推进“互联网＋农业”行动计划。“圣洁甘孜”、“大凉山”等民族品牌知名度大力提升，凉山州全面建成“全国烤烟综合标准化示范州”，理县被确定为国家级和省级电子商务进农村综合示范单位，“马边绿茶”成为省著名商标。农业产业结构调整加快推进，农业经济稳定增长。全年民族自治地方实现第一产业增加值 379.87 亿元，同比增长 4.2%，比全省平均水平高 0.5 个百分点。实现农林牧渔总产值 618.67 亿元。农业基础设施显著改善，农田有效灌溉面积 215.4 千公顷，比上年增长 4.6%。

三、工业及投资增速放缓

2014 年，民族自治地方工业呈现出低速增长的态势，全年实现工业增加值 905.59 亿元，增长 2%，增速较上年下滑 7.8 个百分点，低于全省平均增速。民族地区工业园区建设提速，攀西战略资源创新开发试验区建设扎实推进，成都—阿坝工业园区实现工业总产值 36.9 亿元，新增规模以上工业企业 20 户。甘孜—眉山工业园区实现工业总产值 2.8 亿元，基础设施建设完成投资 2 亿元。随着“十二五”重大工程相继建成，民族自治地方投资持续下降，完成全社会固定资产投资 1991.38 亿元，增长 0.4%。

四、消费需求稳中有进

2015 年，四川民族自治地方社会消费品零售总额 691.8 亿元，增速继一季度增长 11.4%后略有放缓，上半年和前三季度分别增长 10.8%，全年比上年增长 10.7%。其中，藏区社会消费品零售总额 156.7 亿元，增长 9.3%。51 个县（市）中有 26 个县（市）社会消费品零售总额增速高于全省。

五、城乡居民收入增长迅速

随着国家对民族地区惠民政策的继续实施，在民族自治地方工资性收入、转移性收入增长较快等因素的带动下，居民收入不断增加。2015 年，四川民族自治地方农村居民人均可支配收入 9250 元，比上年增长 12.1%，增幅比全省平均水平高 2.5 个百分点，比 GDP 增速高 8.1 个百分点，其中藏区增长 13.5%，增幅比全省高 3.9 个百分点，51 个民族县（市）农村居民人均可支配收入增幅均高于全省。民族自治地方城镇居民人均可支配收入 24430 元，增长 8.0%，增速比民族自治地方 GDP 增速高 4 个百分点，51 个县（市）中有 21 个县（市）城镇居民人均可支配收入增幅高于全省。

六、基础设施取得较大突破

交通方面，大力实施民族地区“交通大会战”，甘孜格萨尔机场获批正式立项。成兰铁路（四川境内段）、川藏铁路成都（朝阳湖）至雅安段、成昆铁路扩能改造工程开累分别完成土石方工程量的 54.1%、38.5%、30.2%，川藏铁路雅安至康定（新都桥）段已完成可研修编并上报，成都至西宁铁路前期工作正式启动。雅安至康定、汶川至马尔康高速公路分别累计完成路基土石方的 25%、30%。国道 4216 屏山新市至金阳至攀枝花段前期工作进程加快。民族自治地方公路通车里程达到 7.3 万公里，交通覆盖范围和通达深度不断提升。能源方面，涉及三州无电地区电力建设工程全部完成，民族地区无电人口用电问题得以全面解决，电网安全可靠性、供电稳定性明显提高。民族地区加快建设清洁能源基地，大渡河双江口、雅砻江杨房沟水电站通过核准，凉山州风电基地规划获批，全国首座高原高效生态光伏电站——红原邛溪 0.2 万千瓦光伏电站并网发电。民族自治地方电力装机总容量达到 4297 万千瓦。水利方面，多措并举狠抓安全饮水工程建设，2015 年民族自治地方共计解决约 68 万人安全饮水问题。会理大海子、泸定顺河堰、金川崇化水利工程、北川开茂水库加快建设，农牧业发展基础进一步夯实。

七、民生改善成效明显

为加快推动民族地区科学发展和民生改善，统筹实施藏区“六项民生工程计划”和大小凉山彝区“十项扶贫工程”。2015 年，藏区“六项民生工程计划”共投入资金 57.7 亿元，占年度计划的 110%；大小凉山彝区“十项扶贫工程”共完成投资 55.3 亿元，占年度计划的 117.9%，均超计划完成全年目标任务。新居建设方面，藏区新居建成 13155 户；彝家新寨住房建成 16983 户，室内设施“四件套”38349 套全部发放完毕。教育发展方面，深入实施民族地区教育发展十年行动计划，民族自治地方各级各类学校达到 3881 所，在校生 136 万余人，专任教师 6.9 万人，199 所中小学共享内地优质教育资源。医疗卫生方面，民族地区基本公共卫生服务经费标准达到人均 35 元，其中藏区达到 45 元。完成包虫病病情调查 43.9 万人，免费药物治疗 1.5 万人。社会保障方面，城镇登记失业率均控制在 4.2%以内，基本医疗保险、失业保险、工伤保险、生育保险等实现应保尽保。城乡“三无”、“五保”对象和孤儿集中供养全覆盖工作有序开展。文化繁荣方面，大力推进“藏羌彝民族文化走廊”建设，放映农村公益电影 8.04 万场次，定期成功举办了全省少数民族艺术节和少数民族传统体育运动会。

八、脱贫攻坚加速推进

扶贫攻坚方面：以高原藏区、乌蒙山片区（四川部分）区域发展与扶贫攻坚规划为重点，实施了一系列重大扶贫开发工程，2015 年民族地区减少农村贫困人口 17.2 万人。

（撰稿　李学华　　审稿　荣跃泽仁）

贵州省

民族自治地方共辖黔东南、黔南、黔西南 3 个自治州；道真、务川等 11 个自治县，总面积 9.8 万平方公里，占贵州省总面积的 55.5%。年末总人口 1767.97 万人，占贵州省总人口的 50.0%，其中少数民族人口 1049.9 万人，占民族自治地方总人口的 63.56%。

2015 年，贵州民族自治地方在省委、省政府坚强领导下，面对错综复杂的国内外经济形势，认真落实党中央、国务院各项决策部署，紧紧围绕守底线、走新路、奔小康的总要求，坚持加速发展、加快转型、推动新跨越主基调，深入实施工业强省和城镇化带动主战略，奋力抓好稳增长、促改革、调结构、惠民生、防风险各项工作，顺利完成全年经济社会发展主要目标任务，贵州省各族人民发挥当家作主的积极性，努力发展和谐的社会主义民族关系，促进了民族自治地方经济社会又好又快发展。

一、综合

2015 年贵州省民族自治地方地区生产总值（GDP）为 3275.76 亿元，占全省的 31.2%，比上年增加 378.56 亿元，增长 13.0%；地区生产总值中，第一产业增加值 711.9 亿元，比上年增长 21.6%；第二产业增加值 1035.9 亿元，比上年增长 9.6%；第三产业增加值 1528.6 亿元，比上年增长 11.7%。第一产业、第二产业、第三产业增加值占地区生产总值的比重，分别为 32.7%、31.6%、46.7%。人均地区生产总值 24727 元，比上年增长 15.7%，比贵州省低 5120 元。

二、农业

民族自治地方全年农林牧渔业总产值 1184.46 亿元，比上年增长 7.27%。其中，农业 693.3 亿元，增长 9.0%；林业 74.6 亿元，增长 7.7%；牧业 315.7 亿元，增长 3.2%；渔业 26.5 亿元，增长 12.5%。

全年粮食作物种植面积 1289.9 千公顷，比上年下降 1.69%；油料作物种植面积 242.9 千公顷，比上年增长 3.9%；烤烟产量（未加工）11.4 万吨，比上年下降 39.0%。粮食总产量 692 万吨，比上年增长 4.7%，创历史最高水平。茶叶产量 4.8 万吨，比上年增长 7%，水果产量 77.26 万吨。当年造林面积 247 千公倾。

年末大牲畜存栏 769.1 万头，其中猪 608.4 万头，羊 160.7 万头。大牲畜出栏 954.5 万头，其中猪 811.1 万头，羊 143.8 万头。肉类产量 72.2 万吨，水产品产量 12.7 万吨。

三、工业和建筑业

全年民族自治地方规模以上工业销售产值（当年价）2924 亿元，比上年增长 19.4%，所有者权益合计 1067 亿元，比上年增加 15%，全年规模以上工业企业主营业务收入 2140.2 亿元，实现利润总额 108 亿元，比上年增加 11.5%。

原煤产量 304 万吨，农用氮磷钾化肥总计（折纯）19.7 万吨，比上年增加 1%。发电量 2583041.2 万千瓦时。水泥 4078.1 万吨

四、固定资产投资

民族自治地方全年全社会固定资产投资完成 5244.1 亿元，比上年增长 17.4%。其中固定资产投资（不含农户）3429.4 亿元，新增固定资产投资 2233.3 亿元，比上年增加 26%。

五、市场和物价

民族自治地方全年社会消费品零售总额 869.3 亿元，比上年增长 23%。按行业分，批发和零售业 607.6 亿元，增长-4.8%；住宿和餐饮业 90.7 亿元，增长 11.7%，其他行业 170.9 亿元。

对外贸易、利用外资进出口总额 63443 万美元，其中进口总额 2654 万美元，出口总额 60789 万美元。

全年居民消费价格比上年上涨 1.8%。按类别分，食品类上涨 2.6%，烟酒类上涨 3.2%，衣着类上涨 0.8%，家庭设备用品及服务类上涨 1.3%，医疗保健及个人用品类上涨 0.7%，交通和通信类上涨 0.6%，娱乐教育文化用品及服务类上涨 3.4%，居住类上涨 0.6%。工业生产者出厂价格比上年下降 3.9%，工业生产者购进价格比上年下降 2.5%。

六、交通运输、邮电和旅游

年末贵州省民族自治地方公路通车里程 107834 公里，比上年末增长 5.2%，其中高速公路通车里程 2443 公里，比上年增长 21.4%；等级公路 59903 公里，比上年增长 49.5%。铁路营业里程 1407 公里，比上年增长 16.4%，内河航道里程 3765 公里。

全年客运量为 90954 万人，其中公里客运量 64257 万人，铁路客运量 26679 万人；货运量总计 55697 万吨，其中公路货运量 35179 万吨，铁路货运量 20518 万吨；旅客周转量为 4867402 万人公里。民用机场达 5 个。

全年邮电业务总量 50.5 亿元，比上年增长 4.9%。年末移动电话用户 223562 万户，固定电话年末用户 9919 万户，互联网宽带接入用户 1504482 户，邮政局所 759 处，邮政总长度 43302 公里，农村投递线路总长度 40683 公里。

贵州省民族自治地方旅行社总数 70 个，旅游总人数 1.34 亿人次。其中，接待国内旅游人数 1.33 亿人次，增长 35.8%；接待入境旅游人数 49.3 万人次。实现国内旅游收入 1236 亿元，国际旅游收入 9759 万美元。

七、财政和金融

贵州省民族自治地方全年财政总收入 559.2 亿元，比上年增长 11.85%。一般公共预算收入 361.85 亿元,比上年增长 15.1%,其中税收收入 209.4 亿元,营业税 66.1 亿元。。

全年一般公共预算支出 1225.8 亿元，比上年增长 13.6%。其中，教育支出 282.9 亿元，增长 22.6%；社会保障和就业支出 112.67 亿元，增长 14.3%；医疗卫生与计划生育支出 134.9 亿元，增长 17.2%；住房保障支出 57.39 亿元，文化体育与传媒支出 22.74 亿元，科技技术支出 14.59 亿元，教育经费支出 149.76 亿元。

年末金融机构人民币各项存款余额 41041.2 亿元，比上年末增长 27.9%。其中，全部金融机构各项贷款 2750.22 亿元，增长 23.6%，城乡居民储蓄存款年末余额 2074.6 亿元，增长 8.42%。

八、人民生活

贵州省民族自治地方全年城镇居民人均可支配收入 23138 元，比上年名义增长 11.25%。按常住地分，城镇常住居民人均可支配收入、农村常住居民人均可支配收入分别为 23138 元和 7286 元，分别比上年名义增长 11.25 和 4.66%。

全年城镇常住居民人均消费支出 14419 元，比上年增长 1.4%；农村常住居民人均消费支出 6907 元，比上年增长 11.8%。城市人均住房建筑面积 38 平方米，增长 13.17%，农村人均住房面积 37 平方米，增长 16.0%。

九、民族教育

贵州省民族自治地方年末普通高等学校、中等学校、中等职业学校、普通小校分别为 11、988、70、4241 所，在校生数分别为 76347、1010189、173480、1412705 人，各级各类学校专任教师数为 161974 人。小学学龄儿童入学率 99.5%，比上年提高 0.4 个百分点；初中阶段毛入学率 103.0%，比上年提高 1.5 个百分点；高中阶段毛入学率 85.1%，比上年提高 8.0 个百分点；高等教育毛入学率 31.2%，比上年提高 1.8 个百分点。

十、文化、卫生和体育

贵州省民族自治地方年末共有艺术表演团体 32 个，群众艺术馆、文化馆 66 个，公共图书馆 48 个，博物馆、纪念馆 42 个。全年图书印数 18.95 万册，图书种类 44 种，报纸种类 28 种，报纸印数 2465.8 万册。年末广播综合人口覆盖率 92.3%，电视综合人口覆盖率 96.0%。

年末共有卫生机构 1.13 万个。其中，医院、卫生院 1111 个,其中卫生院数 749 个,村卫生室数 9090 个。卫生机构床位数 67875 张，比上年末增长 13.65%。卫生机构人员数 82915 人，比上年末增长 11.8%，卫生技术人员 61058 人，比上年末增长 11.2%。其中，执业（助理）医师数 21155 人。

十一、人口、就业和社会保障

贵州省民族自治地方年末常住人口 1767.97 万人，其中少数民族人口 1049.9 万人。按城乡分，城镇人口 476.46 万人，乡村人口 1291.53 万人。按性别分，男性人口 930.58 万人，女性人口 837.39 万人。

年末城镇居民最低生活保障人数 21.1 万人，农村居民最低生活保障人数 241.52 万人，比上年末下降 33.2%；城镇社区服务设施达 4302 个。新型农村合作医疗参加人数 82.12 万人，新型农村合作医疗费用支出 56.68 亿元，新型农村合作医疗参合率达 99%。

（撰稿　张发刚　　审稿　潘选）

云南省

2015 年，面对错综复杂的国际形势和国内经济下行压力加大、改革发展稳定任务艰巨繁重的形势，云南省委、省政府带领全省各族人民团结一心，坚定围绕民族团结进步示范区建设目标，主动服务和融入国家发展战略，努力适应经济发展新常态，积极谋划部署，坚持稳中求进工作总基调，攻坚克难，统筹推进改革开放、经济发展、社会稳定各方面工作，全省民族地区保持了民族团结、宗教和顺、经济发展、社会进步的良好局面。

一、民族团结进步示范区建设取得新成就

"努力成为我国民族团结进步示范区"是近阶段云南发展的三大战略定位之一，省委、省政府先后制定出台了《关于加强和改进新形势下民族工作的实施意见》、《关于加快建设民族团结进步示范区的实施意见》，创新实施了促进民族地区经济社会发展的一揽子政策措施。省委、省政府全力推进示范区建设省部合作，积极抓好省部联席会议决定事项的落实，推进实施了一批支持民族地区加快发展的重大基础设施建设和民生改善项目。2015 年通过示范区建设平台，整合资金 1300 多亿元投入到民族地区，系统连片改善到乡到村到户的安居房、基础设施、基本公共服务，培育壮大富民产业，着力改善各族群众生产生活条件。怒江州在全国 30 个民族自治州中经济社会发展相对滞后，国家发展改革委、国家民委出台了关于支持怒江等三州加快建设小康社会进程的若干意见，一大批重大基础设施、重大产业项目和民生改善工程得到国家有关部门的支持，为促进怒江州加快发展创造了条件。由国家民委和省委、省政府联合摄制的电视专题纪录片《一家人过日子—云南故事》在央视、云南卫视和各州市电视台成功播出，得到了社会各界的一致好评，营造了示范区建设的良好氛围。示范区建设成为云南主动服务和融入国家战略的重要平台，以及与全国同步全面建成小康社会的重要载体。

二、国民经济稳中有进

2015 年民族地区各级政府强化经济形势研判，及时出台稳增长政策措施，加快预算内基本建设投资进度，盘活财政存量资金，不断创新投融资体制机制，积极推进政府与社会资本合作，加大金融服务实体经济力度，推动投资持续回升，稳增长促发展取得新成绩，民族地区主要经济指标增幅高于全省平均水平。据统计，2015 年，民族自治地方实现生产总值 5539.3 亿元，比上年增长 9.8%，高于全省平均水平 1.1 个百分点，其中：第一产业增加值 1181.5 亿元，第二产业增加值 2059.3 亿元，第三产业增加值 2298.5 亿元，分别比上年增长 6.1%、10.9%、10.3%，增幅分别高于全省平均 0.3、2.3、0.7 个百分点；人均 GDP 达到 23933 元，比上年增长 9.2%，高于全省平均水平 1.1 个百分点；实现全部工业增加值 1470.4 亿元，比上年增长 8.8%，高于全省平均水平 1.1 个百分点；社会消费品零售总额 1736.8 亿元，比上年增长 9.5%；城镇居民人均可支配收入 25160 元，比上年增长 8.8%，高于全省平均水平 0.3 百分点；农村居民人均可支配收入达到 8175 元，略低于全省平均水平，比上年增长 10.7%，高于全省平均增速 0.2 个百分点。

三、农业农村经济发展态势良好

惠农政策落实力度加大，高原特色现代农业加快发展，高原粮仓、特色经作、山地牧业等稳步发展。农村电商与实体流通有效结合，质量安全水平不断提高，农业经济进一步发展。2015 年农林牧渔业总产值达到 2105.8 亿元，比上年增长 4.8%，。粮食总产量达到 1062.2 万吨，比上年增产 14.9 万吨，增长 1.4%，实现了连年增产；人均粮食产量 459 千克，比上年同期人均粮食产量增加 4 千克，比全省人均粮食产量多 63 千克。特色农业健康发展，2015 年水果产量 585.6 万吨，比上年同期增长 9.4%，人均水果产量 253 千克，比上年增长 20 千克，比全省人均水果产量多 100 千克；蔬菜产量 951.2 万吨，比上年增长 9.8%，人均蔬菜产量 411 千克，比上年增加 35 千克，比全省人均蔬菜产量多 16 千克；烤烟产量 47.8 万吨，比上年同期减少 4.2%；茶叶产量 20.4 万吨，比上年略有增长；油料产量 28.3 万吨，比上年同期增长 1.9%；甘蔗产量 1470.8 万吨，比上年同期减少 7.3%；猪牛羊肉总产量 292.1 万吨，与上年同期基本持平，人均猪牛羊肉产量 126 千克。年末大牲畜存栏数 825.5 万头，比上年同期略少。农产品质量安全水平稳定，没有发生重特大农产品质量安全事故。农业机械总动力达 2000.4 千瓦，比上年增长 3.7%。

四、基础设施建设取得新突破

2015 年，民族自治地方完成固定资产投资（不

含农户）5773.7 亿元，比上年增长 22.3%，基础设施建设取得重大进展，综合交通三年攻坚战圆满收官，“五网”建设五年大会战全面启动。玉磨、大临、弥蒙铁路开工建设。保泸、玉临等高速公路开工建设，富宁至水富南北大通道全线通车，民族地区公路里程达 17.4 万公里，其中：高速公路达 0.2 万公里，等级公路达 10.9 万公里。181 座“溜索改桥”项目基本完成。泸沽湖机场建成通航，沧源、澜沧机场等在建项目快速推进。大理市成为国家第二批促进信息消费试点城市。农田水利改革发展走在全国前列，民族地区新增有效灌溉面积 30 万亩。科技网络通讯加快发展，民族地区邮电业务总量达 172.6 亿元，比上年增长 10.6%；移动电话年末用户达 1697.3 万户，比上年增加 40 万户；国际互联网络用户达 366.3 万户，比上年增加 27.7 万户。

五、民生保障事业得到新改善

坚持把脱贫攻坚作为最大的民生工程，以石漠化片区、滇西片区、乌蒙片区、藏区 4 个片区区域扶贫攻坚为重点，实施精准扶贫，开展“挂包帮”、“转走访”，实施整村、整乡、整县、整州推进工程，加快民族、边疆、革命老区脱贫、全面小康步伐。2015 年，民族地区贫困人口由 2014 年的 293.9 万人减少至 240 万人，贫困发生率由 2013 年的 15.6%下降为 12.7%，降低了 2.9 个百分点。城乡居民大病保险制度全覆盖，新型农村合作医疗参参合率达 99%，新型农村合作医疗费用支出 67.5 亿元，比上年增长 11.2%。初步建立统一的城乡居民基本养老保险制度，城乡养老服务设施建设加快。落实社会救助兜底保障，城镇居民最低生活保障人数 50.8 万人，城镇居民最低生活保障支出 18.9 亿元，比上年增长 12.5%；农村居民最低生活保障人数 282.1 万人，农村居民最低生活保障支出 47.6 亿元，比上年增长 13.1%；全省建设农村危房改造和抗震安居工程 51.43 万户，鲁甸地震灾区 7.78 万户灾民搬进新居，景谷地震灾区民房重建和加固全面完成。

六、外向型经济不断发展

出台了参与建设“一带一路”、加快建设我国面向南亚东南亚辐射中心等指导文件。开通云南中欧集装箱货运班列。加大央企以及长三角、珠三角等地区知名企业引进力度。勐腊（磨憨）重点开发开放试验区获批，红河综合保税区封关运行。2015 年民族地区引进省外到位资金 3060 亿元，比上年同期增长 21.6%；实现进出口总额 102.5 亿美元，比上年同期减少 11.4%；接待国内外游客 1.72 亿人次，比上年同期增长 14.7%；实现国际旅游收入 15.9 亿美元，与上年同期增长 7.4%，实现国内旅游收入 1550.7 亿元，比上年同期增长 24.5%。

七、财政金融运行持续稳健

2015 年民族自治地方完成地方公共财政预算收入 492.2 亿元，比上年增长 5.4%，人均地方公共财政预算收入 2126 元，比上年同期增长 4.8%；完成地方公共财政预算支出 1916.1 亿元，比上年同期增长 8.5%，人均地方财政支出 8278 元，比上年同期增长 8.0%。民族自治地方金融机构各项存款余额为 7456.8 亿元，比年初增长 25.8%，其中：城乡居民储蓄存款年末余额 4787.1 亿元，比年初增长 25.8%；金融机构各项贷款余额 3973.1 亿元，比年初增长 11.5%。

（撰稿　易永红　　审查　陈新华）

西藏自治区

2015 年，全区生产总值达到 1026.39 亿元、增长 11%，经济增速位居全国前列，全社会固定资产投资完成 1342.16 亿元、社会消费品零售总额 408.08 亿元、地方财政收入 176 亿元、城镇居民人均可支配收入 25457 元、农村居民人均可支配收入 8244 元，分别比“十一五”末增长 73.7%、1.9 倍、1.2 倍、3.1 倍、66.8%、1 倍，城镇登记失业率控制在 2.5%以内。

一、农牧业生产持续稳定

2015 年农作物播种面积 252.84 千公顷，比上年增加1.97千公顷。全年实现粮食总产量100.63万吨，比上年增长2.7%；油菜籽6.37万吨，增长0.5%；蔬菜69.63万吨，增长2.1%。年末牲畜存栏总数1832.68万头（只、匹），比上年末减少28.76万头（只、匹）。全年猪牛羊肉产量达29.28万吨，比上年增长2.3%；奶类产量35.44万吨，增长4.1%。全区初步形成了藏东北牦牛，藏中奶牛、优质粮油，城郊无公害蔬菜和藏香猪等七区七带特色农牧业产业格局，累计扶持和培育地市级以上农牧业产业化龙头企业101家。

二、工业经济稳中求进

2015年全部工业实现增加值69.88亿元，比上年增长13.3%。规模以上工业实现增加值56.19亿元，比上年增长14.5%。其中：轻工业实现增加值21.44亿元，增长11.6%；重工业实现增加值34.75亿元，增长16.5%。国有控股企业实现增加值25.30亿元，比上年增长22.4%。按登记注册类型分，国有企业实现增加值0.69亿元，增长7.0倍；集体企业实现增加值0.15亿元，下降15.1%；股份制企业实现增加值51.97亿元，增长15.1%；外商及港澳台企业实现增加值3.79亿元，下降3.1%。

冰川矿泉水、奇正藏药、华钰矿业、华新水泥、高争民爆等一批龙头企业成长壮大，构建起以天然饮用水、建材、农畜产品加工、藏药、优势矿产等为支撑的富有西藏特点的产业体系。基本形成了以藏中为主体、藏西藏东为两翼，“一区七园”集聚发展的产业格局。

三、旅游产业不断发展

随着经济社会的发展，西藏旅游正在迎来全新的跨越发展黄金期。2015年接待国内外旅游者2017.53万人次，比上年增长29.9%。其中：接待国内旅游者1988.27万人次，增长30.1%；接待入境旅游者29.26万人次，增长19.7%。旅游总收入281.92亿元，增长38.2%；旅游外汇收入1.77亿美元，增长22.1%。

四、重点项目惠及民生

2015年西藏自治区充分发挥项目带动作用，积极争取落实国家投资，大力吸引社会投资，加快推进重大基础设施和特色产业项目建设，着力破解交通、能源、水利等基础设施发展瓶颈。2015年，拉林铁路加快建设，开工建设青藏铁路格拉段扩能改造工程。完成拉林高等级公路开工路段、嘎拉山隧道和雅江特大桥改扩建工程，开工建设米拉山隧道工程，推进川藏公路改造整治工程。拉萨贡嘎机场、林芝米林机场、昌都邦达机场改扩建工程加快推进。同时，加强与国家电网公司的战略合作，川藏电力联网延伸、藏中电网220千伏网架、城网改建工程加快建设。加快农网升级改造、无电地区电力建设，58个县纳入主电网覆盖范围并实现农电代管。加快大古、街需、加查、苏洼龙等水电站建设，全面启动金沙江、澜沧江、雅江中游规划电源点“三通一平”建设。开工建设湘河水利枢纽、结巴等水库，加大农田水利、民生水利、生态水利综合配套建设力度，新增工程供水能力7亿立方米。扩大边境地区移动通信覆盖范围，提升旅游景区、干线公路等重点地域通信服务，实现乡镇邮政网点服务全覆盖。同时，做好京藏高速那曲至拉萨段、川藏铁路林芝至昌都段、日喀则至口岸铁路、拉萨新机场、叶巴滩和拉哇水电站等项目前期工作。

五、社会事业不断发展

2015年，自治区始终秉承爱民、利民、惠民理念，把70%以上的财力投向民生领域，重点向农牧民、基层、弱势群体倾斜，继续办好民生“十件实事”，不断提升公共服务水平。一是进一步提标扩面。投入86亿元，实施10个方面26项提标扩面政策。教育“三包”年生均补助标准增加100元，五保供养标准年人均增加750元。二是增强社会保障能力。全面建成63所五保集中供养机构、9所地市级儿童福利院，提前实现有意愿的五保对象县以上100%集中供养、孤儿地市以上100%集中收养的目标。逐步完善异地就医结算和城乡居民大病保险办法。继续实施农村危房改造。稳步推进棚户区和旧城改造，开工建设乡镇干部职工周转房3.2万套、保障性安居住房3.38万套。全面完成那曲镇、狮泉河镇集中供暖工程。实施更加积极的就业政策，建立激励保障机制，促进高校毕业生就业创业。健全公益性岗位有序进入和退出机制，动态消除城镇零就业家庭。实现农牧民转移就业100万人次，不断提高农牧民群众增收致富的能力。三是提升公共卫生服务水平。实施县乡医疗卫生综合服务能力提升工程，推进远程医疗等卫生计生信息化建设，基本实现常见病、多发病不出县。改扩建自治区藏医院，新建自治区妇产儿童医院。推进公立医院改革。推行农牧民在各级医疗机构就医即时结算加强医疗重点专科建设，提升藏医药服务能力。加强妇幼卫生和优生优育工作，孕产妇住院分娩率达到 90%。四是完善公共文化服务体系。开工建设西藏青少年宫，改扩建西藏博物馆。建设西藏民族文字出版基地。实现县级有线电视数字化全覆盖。全面建成文化信息资源共享工程基层服务点。切实抓好重点文物保护工程建设，加大非物质文化遗产保护传承力度。

（撰稿　洛桑群佩　　审查　金美）

甘肃省

2015 年，甘肃民族自治地方在省委、省政府的正确领导下，深入贯彻学习党的十八大、十八届三中、四中、五中全会精神，积极主动适应经济新常态，主动作为、攻坚克难、迎难而上，更加突出转方式、调结构、稳增长，民族自治地方经济、政治、文化、社会、生态文明建设取得显著成效，全面完成了“十二五”确定的目标任务，为“十三五”全省民族自治地方经济社会发展和全面建成小康社会奠定了坚实基础。

一、经济综合实力显著增强

2015 年，是“十二五”收官之年，全省民族自治地方生产总值达到 471.47 亿元，年均增长 11.7%；其中：第一产业完成增加值 81.74 亿元，比上年增长 4.8%；第二产业完成增加值 128.1 亿元，比上年下降 20%，第二产业中工业增加值完成 98.73 亿元，比上年下降 26.5%。建筑业增加值完成 30 亿元，比上年增长 4%；第三产业完成增加值 261.6 亿元，比上年增长 10.5%。总体来看，随着经济下行压力不断加大，民族自治地方除第二产业有所下降外，第一、三产业稳步增长，对经济贡献力度较大，拉动地方经济增长，使民族自治地方均完成了各项经济指标和任务，经济综合实力不断增强。

二、农业经济健康发展

民族自治地方全年农林牧渔总产值达到 124.1 亿元，农作物播种面积达到 474 万亩，比上年增长 8.7%。其中粮食作物种植面积 320.3 万亩，油料种植面积 307.6 万亩，蔬菜种植面积 39.406 万亩，中药材种植面积 24.6 万亩。全年粮食总产量 1100453.17 吨，比上年增加 4837 吨；年底大牲畜存栏 204.98 万头，羊、猪存栏分别达到 581.35 万只、55.88 万只；肉类总产量达到 166409.54 吨，其中：猪肉产量达到 39100.59 吨，牛肉产量达到 61978.12 吨，羊肉产量达到 60162.56 吨；奶类产量达到 116344.6 吨。

三、财政、金融稳步增长

民族自治地方全年财政总收入达到 94.27 亿元；地方一般公共预算收入达到 36.64 亿元，比上年增长 1.24%；一般公共预算支出 397.5 亿元，比上年增长 2.8%；全年各项存款达到 945.2 亿元，比上年增长 23.8%；各项贷款达到 711.1 亿元，比上年增长 23.1%。

四、固定资产投资不断加大

民族自治地方全年固定资产投资达到 806.3 亿元，比上年增长 8.3%。按三次产业分，民族自治地方第一产业投资达到 55.48 亿元，第二产业投资达到 257.12 亿元，第三产业投资达到 429.58 亿元。从地方完成固定资产投资增速情况看，两个自治州中，临夏州增速第一，完成固定资产投资 298.71 亿元，增速达到 13.26%；五个自治县中，阿克塞县增速第一，完成固定资产投资 37.4 亿元，增速达到 15.11%。

五、地方贸易繁荣活跃

民族自治地方贸易市场稳定，全年完成社会品零售总额156.5亿元，比上年增长14.5%。按行业分，批发和零售业总额达到125.48亿元，比上年增长26%；住宿和餐饮业总额达到31亿元，比上年增长1.4%。进出口贸易总额达到889万美元，其中：进口总额589万美元，出口总额300万美元。

六、旅游事业发展加快

旅游事业发展明显加快，2015年，民族自治地方旅行社总数达到25个，比上年增加5个。已建成国家A级景区33家，初步构建起了特色突出、吸引力和竞争力强的民族旅游产品体系，松鸣岩—古动物化石地质公园大景区、冶力关大景区、拉卜楞寺—桑科草原大景区等5个民族地区景区，被列入全省20个大景区建设范围。全年旅游总人数达到2159万人次，比上年增长39.4%。其中：国内旅游2133万人次，比上年增长37.8%；国际旅游26.4万人次。国内旅游总收入达到91.65亿元，比上年增长36.2%.

七、社会事业全面发展

民族地区教育、医疗卫生、文化体育、社会保障等公共服务体系不断完善。教育事业全面推进，民族自治地方全面实施了城乡免费义务教育，全部实现了“两基”目标，初步形成了幼儿教育、基础教育、职业技术教育和高等教育等比较完整、较具民族特色的教育体系。2015年，民族自治地方小学学校达到1942所，比上年增加1所，在校学生达到28.1万人，小学专任教师达到20653人，比上年增长1.8%。普通中学达到191所，在校学生17.67万人；中等职业学校达到19所，在校学生12555人。普通高等学校1所，在校本科、专科学生12391人。

民族自治地方小学、初中入学率分别达到99.78%和99.04%，九年义务教育巩固率达到85%。民族自治地方除张家川县外，均实现了从学前教育到高中教育的15年免费教育。医疗卫生事业协调推进，2015年民族自治地方卫生机构数达到3140个，其中：医院、卫生院达到366个，村卫生室达到2301个；卫生机构床位数达到14146张，比上年增长6.8%，卫生技术人员达到12270人。民族自治地方县、乡、村三级医疗、卫生、保健网络进一步完善，乡镇卫生院达到“三配套”目标，每个行政村都拥有一所医疗点。2个自治州及7个自治县医疗设备全面更新，21个县市医院、265个乡镇卫生院配备了救护车和车载设备，12个县市配备了农村巡回医疗车，实现了州、县、乡医疗急救体系全覆盖。文化事业繁荣发展，2个自治州、5个自治县全部建有公共图书馆和文化馆，文化馆、公共图书馆、博物馆分别达到23个、23个和34个，艺术表演团体达到15个。258个乡镇实现了标准化乡镇综合文化站全覆盖，部分村设立了村级文化室或文化活动中心，形成了州（市）、县、乡三级公共文化设施网络。民族自治地方广播影视覆盖面进一步扩大，广播电视覆盖率达到了95%以上。《甘南情歌》荣获全国“五个一工程”奖，大型人文电视纪录片《凉州会谈》拍摄完成，临夏州成功举办了中国·广河齐家文化与华夏文明国际研讨会，中国社科院齐家文化研究基地在临夏州挂牌成立。

八、民生改善步伐明显加快

民生改善步伐加快，人民生活水平不断提高。2015年，民族自治地方城镇居民人均可支配收入达到17780元，比上年增长17.5%，城镇人均消费支出达到了12611元，比上年增长3.3%；农村居民人均纯收入达到5570.7元，比上年增长16.5%，农村人均消费支出达到了5238.6元，比上年增长24.7%。社会保障水平全面提高，全年城镇居民最低生活保障人数达到193033人，比上年下降1.5%；农村居民最低生活保障人数达到757588人，比上年下降1.9%。新型农村合作医疗全面推进，新型农村合作医疗参加人数达到258.4万人，新型农村合作医疗费用支出达到11.2亿元，比上年增长2.8%，新型农村合作医疗参合率均达到98%以上。

（撰稿　孔庆斌　　审查　王宇卫）

青海省

2015 年，面对全省持续加大的经济下行压力及各种挑战，省委、省政府带领全省各族人民凝心聚力、攻坚克难、砥砺前行，深入贯彻党中央国务院的决策部署，主动适应经济发展新常态，坚持稳中求进工作总基调，全省经济稳中有进、稳中向好。

一、综合

全年自治州地区生产总值 843.87 亿元，按可比价格计算，比上年增长 5.1%。分产业看，第一产业 126.11 亿元，增长 5.9%；第二产业 472.68 亿元，增长 3.8%；第三产业 245.08 亿元，增长 8.4%。

全年全省地区生产总值 2417.05 亿元，按可比价格计算，比上年增长 8.2%。分产业看，第一产业增加值 208.93 亿元，增长 5.1%；第二产业增加值 1207.31 亿元，增长 8.4%；第三产业增加值 1000.81 亿元，增长 8.6%。第一产业增加值占全省地区生产总值的比重为 8.6%，第二产业增加值比重为 50.0%，第三产业增加值比重为 41.4%。人均地区生产总值 41252 元，比上年增长 7.2%。

全年全省城镇新增就业人员 6.24 万人，比上年增加 0.1 万人。年末城镇登记失业率为 3.2%，与上年末持平。全年农牧区劳动力转移就业 118 万人次，比上年增加 1 万人次。

全年全省居民消费价格总水平比上年上涨 2.6%。其中，城市上涨 2.8%，农村上涨 2.2%全年农业生产资料价格比上年上涨 0.8%。工业生产者出厂价格下降 6.9%，工业生产者购进价格下降 2.3%。固定资产投资价格下降 1.8%。

全年全省公共财政预算收入 381.13 亿元，比上年下降 1.1%。其中，地方公共财政预算收入 267.12 亿元，增长 6.1%；上划中央“四税”收入 114.01 亿元，下降 14.6%。实现增值税 68.39 亿元，比上年下降 32.9%；个人所得税 14.25 亿元，下降 9.2%；企业所得税 52.29 亿元，下降 4.9%；营业税 89.61 亿元，增长 15.1%。全省公共财政预算支出 1505.54 亿元，比上年增长 11.7%。其中，节能环保支出增长 54.2%，商业服务业等事务支出增长 46.3%，城乡社区支出增长 37.4%，社会保障和就业支出增长 27.9%，医疗卫生与计划生育支出增长 24.0%，一般公共服务支出增长 17.8%，科学技术支出增长 8.2%，农林水支出增长 7.7%，教育支出增长 5.1%。

二、种植业和畜牧业

全年农作物总播种面积 558.39 千公顷，比上年增加 4.69 千公顷。粮食作物播种面积 277.06 千公顷，比上年减少 3.04 千公顷。其中，小麦 88.21 千公顷，减少 0.37 千公顷；马铃薯 90.12 千公顷，减少 2.78 千公顷；玉米 27.50 千公顷，增加 0.50 千公顷；青稞 43.20 千公顷，减少 0.28 千公顷；豆类 26.80 千公顷，减少 0.23 千公顷。经济作物播种面积 177.02 千公顷，比上年增加 2.05 千公顷。其中，油料 144.87 千公顷，减少 6.01 千公顷；枸杞 29.59 千公顷，增加 7.02 千公顷。蔬菜及食用菌播种面积 49.65 千公顷，比上年增加 1.55 千公顷。全年粮食产量 102.72 万吨，2008 年以来连续八年超过百万吨。

全年全省育活仔畜 757.92 万头（只），比上年下降 0.1%；成幼畜死亡 25.87 万头（只），比上年下降 1.3%，成幼畜死亡率 1.33%，比上年下降 0.02 个百分点。年末牲畜存栏 1920.47 万头（只），比上年末下降 1.1%；全年牲畜出栏 776.18 万头（只），比上年增长 3.5%；牲畜出栏率 40.0%，提高 1.4 个百分点；牲畜商品率 36.1%，与上年持平。

三、工业和建筑业

全年全省全部工业增加值 893.87 亿元，按可比价格计算，比上年增长 7.4%。规模以上工业增加值比上年增长 7.6%，其中非公有工业增加值增长 13.3%。按轻、重工业分，轻工业增加值增长 18.0%，重工业增加值增长 6.3%。按经济类型分，股份制企业增加值增长 7.7%，国有企业增加值下降 6.9%，集体企业增加值增长 17.2%，外商及港澳台投资企业增加值增长 23.3%。按门类分，制造业增加值增长 11.7%，采矿业增加值增长 2.3%，电力、热力、燃气及水生产和供应业增加值下降 1.1%。

全年全省规模以上工业 36 个行业中，25 个行业增加值比上年增长。

工业优势产业中，新材料产业增加值比上年增长 34.2%、新能源产业增长 29.7%、装备制造业增长 22.0%、生物产业增长 21.9%、有色金属产业增长 11.8%、轻工纺织业增长 9.7%、盐湖化工产业增长 2.7%、油气化工产业增长 4.2%、钢铁产业下降 0.5%。其中装备制造业增加值占规模以上工业增加值的 5.6%，比重比上年提高 1.0 个百分点。

高技术产业增加值比上年增长 26.6%，占规模以上工业增加值的 6.2%，比重比上年提高 1.3 个百分点。

资源类行业增加值比上年增长 2.3%，占规模以上工业增加值的 16.7%，比重比上年下降 3.7 个百分点。

全年规模以上工业企业产品销售率为 93.9%，比上年回落 2.6 个百分点。全年规模以上工业企业实现利润 68.80 亿元，比上年下降 36.1%。其中，股份制企业实现利润 63.60 亿元，下降 40.3%；国有企业实现利润 0.30 亿元（上年亏损 3.74 亿元）；外商及港澳台投资企业实现利润 4.48 亿元，增长 2.9%。

全年全省建筑业增加值 313.81 亿元，按可比价格计算，比上年增长 12.6%。注册地在省内的具有资质等级的总承包和专业承包建筑企业 419 个，实现利润 11.84 亿元。

四、固定资产投资

全年全省完成全社会固定资产投资 3266.64 亿元，比上年增长 12.3%。按投资类型分，国有及国有控股投资 2067.60 亿元，增长 26.1%；民间投资 1180.36 亿元，下降 4.8%；港澳台及外商投资 18.68 亿元，下降 34.8%。按产业分，第一产业投资 157.92 亿元，增长 13.2%；第二产业投资 1467.45 亿元，增长 14.3%，其中工业投资 1305.45 亿元，增长 8.3%；第三产业投资 1641.27 亿元，增长 10.5%。全年基础设施投资 1169.71 亿元，增长 14.5%。

全年全省房地产开发投资 336.00 亿元，比上年增长 9.0%。其中，商品住宅投资 201.38 亿元，增长 5.6%；商业营业用房投资 64.62 亿元，增长 0.5%。

五、国内贸易

全年全省社会消费品零售总额 690.98 亿元，比上年增长 11.3%。按经营地分，城镇消费品零售额 600.22 亿元，增长 11.2%，其中城区消费品零售额 429.66 亿元，增长 10.8%；乡村消费品零售额 90.76 亿元，增长 11.8%。按消费形态分，商品零售额 634.60 亿元，增长 11.5%；餐饮收入 56.38 亿元，增长 9.2%。

在限额以上批发零售企业商品零售额中，粮油、食品类零售额比上年增长 26.1%，烟酒类增长 36.0%，中西药品类增长 33.4%，化妆品类增长 30.3%，饮料类增长 10.8%，电子出版物及音像制品类增长 10.6%，汽车类增长 10.5%，石油及制品类增长 7.0%，服装、鞋帽、针纺织品类增长 4.4%，家用电器和音像器材类增长 2.2%，金银珠宝类增长 1.3%。全年限额以上批发和零售业企业通过互联网实现的商品零售额为 4.07 亿元，比上年增长 25.2 倍。

六、交通、邮电和旅游

年末全省铁路营运里程 2274 公里，比上年末增加 200 公里，其中高速铁路 18 公里；公路通车里程 75593 公里，比上年末增加 2890 公里，其中高速公路 2662 公里，增加 943 公里；民航通航里程 92689 公里，增加 153 公里。

年末全省民用汽车保有量 79.45 万辆，比上年末增长 12.4%，其中私人汽车保有量 64.36 万辆，增长 15.1%。民用轿车保有量 38.86 万辆，增长 15.1%，其中私人轿车保有量 33.48 万辆，增长 16.6%。

全年全省邮电业务总量 105.80 亿元，比上年增长 30.9%。其中，邮政业务量 3.73 亿元，增长 5.4%；电信业务量 102.07 亿元，增长 32.1%。全年函件业务 370.78 万件；包裹业务 19.39 万件；快递业务量 716.61 万件，快递业务收入 1.82 亿元，比上年增长 18.1%。年末电话用户总数 641.50 万户，比上年末下降 0.4%，其中移动电话用户 537.50 万户，比上年末下降 1.2%；固定电话用户 104.00 万户，增长 3.8%。电话普及率 109.96 部/百人。固定互联网宽带接入用户[[15]]74.40 万户，比上年末增长 20.2%。移动宽带用户 349.80 万户，比上年末增长 29.8%，其中，3G 移动电话用户[[17]]230.30 万户，下降 5.9%；4G 移动电话用户 119.50 万户，增长 3.8 倍。互联网用户数 469.20 万户，比上年末增长 20.7%，其中移动手机上网户数 375.90 万户，增长 21.0%。互联网普及率 80.4%，比上年提高 13.1 个百分点。

全年接待国内外游客 2315.4 万人次，比上年增长 15.5%，其中，国内游客 2308.84 万人次，增长 15.4%；入境游客 6.56 万人次，增长 27.4%。实现旅游总收入 248.03 亿元，增长 22.8%，其中，国内旅游收入 245.55 亿元，增长 22.5%；旅游外汇收入 3876.30 万美元，增长 50.6%。

七、金融

全年社会融资规模 1111.82 亿元。年末全省金融机构本外币各项存款余额 5227.96 亿元，比年初增加 677.65 亿元，同比多增加 237.25 亿元，同比增长 14.8%。其中，住户存款余额 1823.02 亿元，增长 7.6%；非金融企业存款余额 1640.90 亿元，增长 29.9%。金融机构本外币各项贷款余额 5124.10 亿元，比年初增加 820.67 亿元，同比多增加 38.41 亿元，同比增长 19.1%。其中，住户贷款余额 449.86 亿元，增长 18.3%；非金融企业及机关团体贷款余额 4548.62 亿元，增长 19.8%。

全年保险公司原保险保费收入 56.30 亿元，比上年增长 22.1%。其中，寿险保费收入 22.67 亿元，增长 36.8%；财产险保费收入 26.12 亿元，增长 13.6%；健康险和意外伤害险保费收入 7.51 亿元，增长 15.1%。全年保险赔付额 20.32 亿元，比上年增长 12.4%。其中，寿险赔付额 4.43 亿元，增长 15.1%；财产险赔付额 12.09 亿元，增长 14.8%；健康险和意外伤害险赔付额 3.80 亿元，增长 2.8%。

八、人民生活和社会保障

全年全省全体居民人均可支配收入 15812.70 元，比上年增长 10.0%，全体居民人均可支配收入中位数为 13324.69 元，增长 12.3%。其中，人均工资性收入 9191.51 元，比上年增长 10.9%；人均经营净收入 2444.97 元，增长 2.0%；人均财产净收入 802.55 元，增长 14.8%；人均转移净收入 3373.67 元，增长 13.0%。全年全体居民人均生活消费支出 13611.34 元，比上年增长 8.0%。

全年全省城镇常住居民人均可支配收入 24542.35 元，比上年增长 10.0%，城镇常住居民人均可支配收入中位数 23416.00 元，增长 8.6%。其中，人均工资性收入 16899.17 元，比上年增长 10.6%；人均经营净收入 1765.25 元，增长 3.9%；人均财产净收入 1330.84 元，增长 14.8%；人均转移净收入 4547.09 元，增长 9.2%。全年城镇常住居民人均生活消费支出 19200.65 元，比上年增长 9.8%。

全年全省农村常住居民人均可支配收入 7933.41 元，比上年增长 8.9%，农村常住居民人均可支配收入中位数 7204.37 元，增长 4.5%。其中，人均工资性收入 2234.66 元，增长 9.5%；人均经营净收入 3058.47 元，增长 1.2%；人均财产净收入 325.72 元，增长 13.2%；人均转移净收入 2314.56 元，增长 19.8%。全年农村常住居民人均生活消费支出 8566.49 元，比上年增长 4.0%。

年末全省养老保险参保人数 333.55 万人，比上年末增加 13.22 万人。其中，企业职工及离退休人员养老保险参保人数 100.07 万人，比上年末增加 5.50 万人；城乡居民基本养老保险参保人数 233.48 万人，增加 7.72 万人。全省医疗保险参保人数 550.78 万人，比上年末增加 6.68 万人。其中，单位职工及离退休人员医疗保险参保人数 95.59 万人，增加 2.29 万人；城乡居民医疗保险参保人数 455.19 万人，增加 4.39 万人。全省失业保险参保人数 40.11 万人，比上年末增加 0.8 万人，其中农民工参保人数 0.40 万人。全省工伤保险参保人数 58.00 万人，比上年末增加 3.31 万人，其中农民工参保人数 7.71 万人。全省生育保险参保人数 47.97 万人，比上年末增加 2.15 万人。

年末全省实有贫困人口 52.0 万人，当年减少贫困人口 20.1 万人。

九、教育、科学技术和文化体育

全年全省学龄儿童入学率 99. 8%，比上年提高 0.1 个百分点；普通初中毛入学率 109.2%，比上年下降 1.4 个百分点。全年全省研究生教育招生 1218 人，在校生 3222 人，毕业生 939 人。普通高等教育招生 2.18 万人，在校生 6.82 万人，毕业生 1.75 万人。中等职业教育招生 2.70 万人，在校生 7.64 万人，毕业生 1.95 万人。普通高中招生 4.00 万人，在校生 11.66 万人，毕业生 3.59 万人。初中学校招生 7.21 万人，在校生 21.32 万人，毕业生 6.53 万人。普通小学招生 7.71 万人，在校生 45.40 万人，毕业生 7.61 万人。特殊教育招生 737 人，在校生 3124 人，毕业生 262 人。幼儿园在园幼儿 18.42 万人。

全年全省取得省部级以上科技成果 445 项，比上年增加 43 项，其中，基础理论成果 63 项，应用技术成果 370 项，软科学成果 12 项。专利申请 2590 件，比上年增加 1056 件，其中发明专利申请 1103 件，增加 443 件。专利授权 1217 件，比上年增加 598 件，其中发明专利授权 207 件，增加 97 件。签订技术合同 953 项，成交金额 46.9 亿元，比上年增长 32.5%。年末全省共有天气雷达观测站点 11 个，县级以上卫星云图接收站点 52 个，地震遥测台网 3 个。

年末全省有艺术表演团体 12 个；文化馆 46 个，公共图书馆 49 个，博物馆 22 个；广播电台 1 座，广播综合人口覆盖率 98.0%，比上年末提高 1.0 个百分点；电视台 6 座，有线电视用户 69 万户，电视综合人口覆盖率 98.0%，比上年末提高 0.5 个百分点。全年出版杂志 358 万册、报纸 14090 万份、图书 1204 万册（张），其中少数民族文字图书 369 万册（张）。

年末全省有等级运动员 244 人，其中，国家级运动健将 3 人，一级运动员 109 人，二级运动员 132 人。全年销售体育彩票 4.46 亿元。

十、卫生

年末全省有医疗机构 863 个，床位 3.81 万张。其中，医院 182 个，床位 2.84 万张；乡镇卫生院 405 个，床位 4216 张；社区卫生服务中心（站）210 个；妇幼保健院（所、站）50 个。疾病预防控制中心（防疫站）56 个。医疗卫生技术人员 3.54 万人，其中，执业（助理）医师 1.38 万人，注册护士 1.32 万人。

十一、资源和环境

年末全省有自然保护区 11 个，面积 2177 万公顷，其中国家级自然保护区 7 个，面积 2074 万公顷。森林面积 452 万公顷，森林覆盖率 6.3%。湿地面积 814.36 万公顷，其中自然湿地面积 800.1 万公顷。国家重点公益林管护面积 496.09 万公顷，天然林保护面积 367.8 万公顷。全年全民义务植树 1500 万株。当年治理水土流失面积 233.44 平方公里。

（撰稿　王姿棋　　审稿　董富海）

宁夏回族自治区

2015 年，面对复杂多变的发展环境和经济下行压力持续加大的严峻形势，在党中央、国务院坚强领导下，宁夏回族自治区党委、政府审时度势，精准施策，勇闯难关，统筹稳增长、促改革、调结构、惠民生、防风险各项工作，保持了经济社会持续健康发展的好势头。

一、全年经济运行情况

（一）经济保持平稳运行。全年实现地区生产总值 2912 亿元，增长 8%，高于全国平均水平，其中一、二、三产分别增长 4.5%、8.6%、7.5%；完成全社会固定资产投资 3533 亿元，增长 10.4%；地方一般公共预算收入 373.7 亿元，增长 10%；公共预算支出 1188.8 亿元，增长 18.8%；社会消费品零售总额 789.6 亿元，增长 7.1%；城镇、农村常住居民人均可支配收入达到 25186 元和 9119 元，分别增长 8.2%和 8.4%。

（二）产业转型升级扎实推进。推进“五百三千”计划，粮食生产获“十二连丰”，总产达 372.6 万吨；建成规模养殖场 237 家、永久性蔬菜基地 10 万亩，新建枸杞基地 5.4 万亩，新增和改造提升葡萄种植 7 万亩、新建酒庄 14 家，特色优势农业量效齐增，占比达 85.7%，农产品加工转化率达 60%。实施“1561”工程，建成了全球最大单晶硅棒加工项目、西部最大工业蓝宝石生产基地，新增风电 405 万千瓦、光伏 91 万千瓦，新能源占到电力总装机的 36%；现代纺织、清真食品等发展强劲，轻工业增速 17%，比重工业快 11.8 个百分点。启动全域旅游试点，新增 5A 景区 1 家、4A 景区 2 家，开通“丝路驿站-宁夏号”等 4 对旅游品牌列车，接待游客 1860 万人次，旅游收入 168 亿元，增长 15%；搭建物流信息服务网络，围绕交通节点的各类物流园加快推进；银川 IBI 育成中心跻身中国产业园创新力百强，网上交易额突破 4000 亿元。

（三）重点领域改革不断深化。全面推进 222 项改革任务，聚焦突破 32 项重点改革。制定并公布自治区级权力清单和责任清单，行政职权事项由 6264 项清理调整为 1941 项，精简近 70%；非行政许可全部清零；取消一批行政事业性收费，减费让利 2 亿元。建成与国家贯通的投资项目在线审批监管平台，推行“三证合一”“一照一码”，186 项前置审批改为后置，新登记企业 2.67 万户。完善国企负责人薪酬制度和履职待遇管理办法，完成农垦企业化改革，25 家区直机关与所属企业脱钩，并将其移交国资委监管。推进县级公立医院综合改革。基本完成农村土地承包经营权确权登记。

（四）美丽宁夏建设成效明显。实施空间发展战略规划，完成全区城镇体系规划修编，制定银川都市区、清水河城镇产业带等区域规划，评估 18 个市县总体规划。实施旧城改造项目 298 个，建设美丽小城镇 22 个、美丽村庄 123 个、市民休闲森林公园 26 个。植树造林 120.7 万亩，治理荒漠化 50 万亩，移民迁出区生态修复 88 万亩。持续开展主干道路大绿化大整治，提升了宁夏的美誉度。重拳治理入黄排污，关闭取缔非法采矿点 103 处，关停燃煤茶浴炉 861 台，淘汰黄标车 3.8 万辆。

（五）内陆开放迈出扎实步伐。出台了“开放宁夏 20 条”，高水平举办第二届中阿博览会，中阿技术转移、商事调解和农业技术转移中心等 5 个双边合作机构落户宁夏。银川综合保税区加入世界自由区组织，入驻企业 190 家。加强与深圳、天津、青岛等跨区域通关协作，新开直飞迪拜、吉隆坡等 5 条国际航线，河东国际机场往来旅客突破 500 万人次，跻身大中型机场行列。丝路通等电商平台上线经营，宁夏保税国际商品展销中心建成营业，跨境人民币结算超百亿元。建工集团等 24 家企业走出国门，海外投资增长 3.4 倍。

（六）民生福祉得到不断改善。新改建幼儿园 69 所，改造 1086 所学校供暖设施，农村学校结束了火炉取暖。建成 9 个职业教育公共实训中心。学生资助工程受益 31.3 万人次，营养改善计划惠及 28 万学生。城乡居民大病保险实现全覆盖，“先诊疗后付费”全面推开，31 万人享受免费健康体检。生态移民搬迁定居 5 万人，贫困村脱贫销号 200 个，贫困人口减少 12.1 万人，为 20 万农户安装太阳能热水器，有 45.7 万人喝上安全水。发放创业担保贷款 13.7 亿元，支持创办小企业 3600 个，城镇新增就业 7.7 万人，农村劳动力转移就业 71.3 万人。建设保障性住房 9.48 万套，改造危窑危房 8.02 万户，60 多万困难群众喜迁新居。

二、全年经济运行中存在的主要问题

宁夏经济仍然落后，与全国的差距较大，与全国同步建成全面小康社会仍然艰巨。特别是全国经济进入新常态后，宁夏面临稳增长、调结构、惠民生等诸多矛盾，情况更为复杂，任务更加紧迫。

（一）经济下行压力仍然较大。宁夏人均生产总值仅为全国的 90%左右，加快发展的任务仍然繁重。近年来，由于宁夏产业结构仍然单一，新兴产业培育发展缓慢，煤炭、钢铁、电解铝等行业受全球经济复苏乏力、国内外市场需求下降等因素制约，经营困难短期内难以缓解，经济增长的动力和支撑能力有限，稳增长面临巨大压力。

（二）扶贫攻坚任务仍然艰巨。中南部地区集中了 8 个国定贫困县、60 万贫困人口，贫困面广、程度深，脱贫难度大，扶贫开发任务十分艰巨。小康社会实现程度与全国差距较大，2013 年小康实现程度仅为 76.6%，与全国同步建成全面小康社会仍需付出巨大努力。公共服务设施城乡分割、山川分割、群体分割问题亟待解决，农村、南部山区、弱势群体公共服务设施明显滞后于全区平均水平。

（三）投资增长后劲明显不足。“十二五”以来，宁夏全区固定资产投资增速逐年放缓，从 2011 年的 30.8%回落到 2014 年的 19.4%、2015 年的 10.4%，呈逐年下滑趋势。“十三五”时期，宁夏投资形势更为严峻，主要是传统产业投资受市场景气程度和产能过剩等因素制约，企业投资意愿普遍不强，新兴产业投资潜力还有待进一步挖掘，保持投资持续稳定增长面临巨大困难。

（四）基础设施条件仍然滞后。综合交通运输体系还不完善，快速外出通道仍然不畅，特别是铁路技术标准低、运行时间长、运力缺口大的问题仍然突出，铁路基础薄弱，复线率仅为 17.8%，远低于全国平均水平（50.8%），宁夏还是全国 2 个未通高铁和开行动车的省份。对外空中联系主要是银川河东国际机场，国内国际通航能力偏低，航空基础设施难以满足运输量不断增加和对外开放进程不断加快的需要，还不足以发挥综合枢纽大通道作用。高等级公路网络不完善，青兰、银昆、银百、乌玛、乌银高速尚未贯通，京藏和青银高速部分路段通行能力不足，交通压力大。重大水利基础设施建设仍然滞后，资源性缺水、季节性、结构性缺水问题并存，明显制约了经济社会可持续发展。

（五）公共服务体系还不健全。公共服务供给能力还处于低水平覆盖层次，优质公共服务设施不足，城乡、区域公务公共服务均等化水平不高。由于地方财政收支矛盾突出，加快推进公共服务能力提升面临很多困难，极大制约了全面小康目标实现。

（撰稿　金晓玲　　审稿　杨浩）

新疆维吾尔自治区

2015 年，面对复杂多变的国际环境和“三期叠加”的国内形势，自治区党委、人民政府团结带领全区各族人民，坚定不移地贯彻落实中央决策部署，牢牢把握国内外发展大势，坚持“稳中求进、改革创新”工作总基调，主动引领经济发展新常态，着力创新宏观调控，奋力激发市场活力，努力培育创新动力，国民经济在新常态下平稳运行，结构调整出现积极变化，民生事业持续改善，经济社会持续稳定发展，实现了“十二五”圆满收官，为“十三五”经济社会发展和全面建成小康社会奠定了坚实的基础。

一、国民经济持续稳定增长

2015 年全年实现地区生产总值（GDP）9324.80 亿元，增长 8.8%。全年城镇登记失业率控制在 4%以内，城镇新增就业人数 46 万人。全体居民人均可支配收入 16859.11 元，增长 11.7%，扣除价格因素实际增长 11.0%。按常住地分，城镇居民人均可支配收入 26274.66 元，增长 13.2%，扣除价格因素，实际增长 12.6%；农村居民人均可支配收入 9425.08 元，增长 8.0%，扣除价格因素，实际增长 7.4%。

二、结构调整出现积极变化

非石油工业、非公有制经济份额加大，非石油工业占规模以上工业增加值的比重已超过六成。非公有制工业增长 8.9%，较公有制工业高 4.9 个百分点。装备制造等高新技术工业引领作用增强，有色工业、装备制造业增加值增幅在 25%以上。高新技术、新能源等产业实现快速增长。服务业投资增速快于制造业投资 15.0 个百分点。

三、新产业新动力孕育发力

经济增长的主动力由第二产业向第三产业转换，第三产业增加值占 GDP 的比重首次超过第二产业达到 44.7%，全年第三产业增加值增长 12.2%。旅游业态势良好，全年共接待国内外游客 6097.36 万人次，增长 23.1%。与互联网和电子商务有关的新业态快速发展，疆内企业实现网上零售额 44.4 亿元，增长 20.3%。

四、发展基础进一步夯实

全年固定资产投资突破万亿，达到 10729.32 亿元、增长 10.1%。全区重点项目完成投资 3000 亿元，一大批关系全区经济社会发展的能源、交通、水利等重大项目建设取得突破。投资效率明显好转，固定资产交付使用率达到 67.1%，项目投产竣工率 71.4%，均比上年有所提高。落实全疆工商用电同价政策，实施纺织服装业优惠电价等一系列企业减负政策，促进了消费市场平稳增长。

五、全方位对外开放格局加快形成

成功举办中国新疆----格鲁吉亚丝绸之路国际论坛和第四届格鲁吉亚中国新疆出口商品展洽会、首届俄罗斯中国新疆出口商品（投资）展洽会等活动，出台丝绸之路经济带核心区建设指导意见，核心区五大中心、十大进出口产业集聚区等专项规划编制工作顺利推进。乌鲁木齐集装箱中心站、中亚文化交流中心等一批标志性、示范性工程实现开工，新疆——中亚班列实现市场化、常态化运行。中哈霍尔果斯国际边境合作中心、喀什综合保税区封关运营，乌鲁木齐综合保税区获得国家批复。

六、人民生活得到进一步改善

开工建设安居富民工程 30.5 万户、城镇各类保障性住房 27.44 万套；持续推进农网改造升级和无电地区电力工程、农村公路、农村饮水安全工程建设，以及南疆四地州、边境地区扶贫开发；落实纺织服装产业、民族手工业、农副产品加工“短平快”项目建设，带动农村富余劳动力转移就业 265 万人次。继续加强教育基础设施建设，进一步健全医疗卫生服务体系，推进全民医保体系建设，乡镇综合文化站、广播电视村村通工程基本实现全覆盖，全面完成自治区第五个民生建设年各项任务，社会保持和谐稳定。

一年来的经济社会发展工作，为适应和引领新常态积累了宝贵经验，保证了“十二五”规划圆满收官，为“十三五”发展打下了坚实基础。

（撰稿　木尼拉·阿布来提　　审稿　姜国利）

民族乡镇发展综述

北京市

北京市有 5 个民族乡，其中 2 个回族乡、2 个满族乡和 1 个满族蒙古族乡，共涉及 62 个行政村，人口 76393 人，其中少数民族人口为 21020 人，占 27.5%。北京市的 5 个民族乡城市化进程较快，其中，朝阳区常营回族乡、密云区檀营满族蒙古族乡已基本完成城市化。

一、融合发展模式逐步形成，发展质量不断提高

主要经济指标稳步增长。全市 4 个民族乡（因密云区檀营满族蒙古族乡已城市化，无统计数据）实现乡镇企业总产值 72.14 亿元，较去年增长 13.6%，其中，工业企业总产值 31.33 亿元，较去年增长了 10.7%。乡镇企业年净利润总额 2.27 亿元，较去年大幅增长 1.04 亿元，增长幅度约为 85%。农林牧渔业总产值 3.89 亿元，较去年增长了 12.1%。4 个民族乡农村经济总收入较去年也有所提高，达到 45.66 亿元。3 个涉农的民族乡共有农民合作社 101 个，新增农民合作社 3 个。农民合作社成员数达 4855 人，参社人数较去年增长约 28.7%，农民组织化程度进一步提高。

产业发展特色更加突出。怀柔区长哨营满族乡和喇叭沟门满族乡位于北部山区，近年来，充分利用生态资源优势，深入挖掘民族文化特色，逐步推进满族特色村庄建设，积极推动发展集文化休闲、养生度假和生态体验于一体的特色旅游产业。2015 年长哨营满族乡、喇叭沟门满族乡共接待游客 51 万人次，同比增长 21%，实现旅游收入 3867 万元，同比增长 34%。于家务回族乡在全市率先成立农村土地流转管理服务中心，集中流转土地 3.5 万亩，建设“国际种业科技园区”，引入国内外知名企业 60 余家，解决农民劳动力就业 2000 多人，人均年工资性收入近 2 万元。逐步形成了农业科技带动、民族特色旅游，产业融合、生态友好的发展模式。

二、基础设施建设成效显著，发展环境不断改善

生产生活条件进一步改善。5 个民族乡的 62 个行政村全面实现“通路、通自来水、通电、通电话、通邮”，且自然村与自然村也全部实现了通油路，完成 13.2 公里乡村公路大修，新建污水处理站、垃圾处理、变电站等设施，配置安全饮水设备，硬化田间道路，通过实施山区搬迁、民居改建、抗震节能改造等工程，684 户群众的居住条件得到明显改善。

发展环境进一步优化。在民族乡实施造林、健康林工程、中幼林抚育工程约 35000 亩。实施汤河长哨营段生态治理工程，在于家务回族乡建成集水质净化、休闲观光功能于一体的湿地公园，周边水生态得到保护提升。积极开展“绿色燃气”、“送气下乡”、“煤改电”等能源惠民工程，清洁用能水平得到提高。全面开展垃圾清运、违建拆除、绿化美化等环境建设工程，民族乡面貌得到改善，区域发展环境进一步优化提升。

三、农民生活水平持续改善，发展成果人人共享

全市 4 个民族乡农民人均纯收入达 23359，较 2014 年增长 9.5%。基础养老金、福利养老金、新农合和低保等“四项”社会保障同步提升，低保标准、低收入家庭认定标准和专项救助办法实现城乡统一。民族乡共有 17 所学校，在校生 12616 人，中小学办学条件全部达到全市中小学统一标准。实现广播电视、数字影厅、全民健身设施和文化活动室（站）全覆盖。建有医院、卫生院 32 个、村卫生室 61 个，实现了 20 至 30 分钟内可及医疗卫生服务的目标。发展居家养老服务单位 81 家，新建 5 所养老机构，新增床位 1100 张，民族乡居家养老服务更加快捷便利，养老床位基本满足需求。

（撰稿　李灵犀　审稿　范　宝）

天津市

蓟县孙各庄满族乡是天津市唯一的民族乡，2015年，该乡在县委、县政府的正确领导下，紧紧握围绕县委、县政府的总体部署，抢抓京津冀协同发展历史机遇，用足用好各方面政策资金，在狠抓各项工作落实上用心用力，在推动各个项目落地上用心用力，在为满汉群众谋福祉上用心用力，经济社会呈现出良好发展势头，民族团结和谐展现出良好局面。

一、狠抓经济发展指标的落实

2015年，地区生产总值完成28000万元，占年计划108%，同比增长21%；固定资产投资完成84800万元，占年计划113%，同比增长33%；招商引资完成28200万元，占年计划128%，同比增长8.5%；乡级税收收入完成592.1万元，占年计划109%，同比增长24%；农民人均可支配收入完成16288元，占年计划101%，同比增长16%。各项指标均完成和超额完成县下达的全年任务指标。

二、狠抓村庄详规制定的落实

在蓟县孙各庄满族乡总体规划经县政府原则同意的基础上，我们抓紧启动了村庄详规制定工作。首先，按照突出满族文化、满族民俗的原则，依托中华文明孝道园和隆福寺及行宫恢复建设两个大项目，科学制定了隆福寺、丈烟台两个村的详细发展规划，已经通过了初审，正在进一步修改中。其次，依托荣山村良好生态环境优势，积极引进天津九州弘公司投资开发建设民俗旅游村，指导帮助该公司聘请专业旅游规划设计团队，先期制定了荣山村详细发展规划，为下一步开发建设打下了良好基础。

三、狠抓招商引资的落实

在招商引资工作过程中，该乡依靠资源优势，突出文化特色，通过整合乡域内招商资源，制定并进一步完善招商引资相关规定和政策等措施，借助京津冀协同发展机遇，积极洽谈项目。截止到目前，已成功引进落地的项目1个，拟定签约项目1个，正在洽谈的项目2个，另有储备项目6个正在对外招商之中；商务中心楼宇企业入驻踊跃。高标准的办公用房，完善的配套服务设施，“保姆式”跟踪服务，吸引着多方企业落户孙各庄。今年共有15家企业相继入驻，入驻企业总数已达到31家，实现楼宇税收300万元。

四、狠抓重点项目的落实

以高度负责和勇于担当的精神，狠抓了投资9亿元的东帝龙山生命纪念公园和东帝龙山堪舆文化园项目，投资3000万元的东丽宜垦集团核桃创意园项目，投资1500万元的核桃油压榨、核桃粉加工等核桃深加工项目，投资2000万元以核桃为主题的观光、体验、核桃博物馆为建设内容的乡野公园项目，投资800万元的蜜蜂养殖加工项目。

五、狠抓核桃川提升工程的落实

坚持把实施核桃川提升工程，作为农民增收致富的重要载体，持之以恒抓好基础设施建设。今年以来，先后投资400万元，新打机井两眼，铺设管道1500米，架设高低压线路1000米，新建和修复破损防渗渠道6000米，新增优质核桃500亩，嫁接优质核桃1000亩。基础设施的不断完善，为农民增收打下坚实基础，进一步做大做强了全乡主导产业。

六、狠抓美丽乡村建设工程落实

通过采取市补贴、县配套、乡统筹等多种方式，总计投资680多万元，实施了美丽乡村建设工程。按工程建设要求，建成2处生态垃圾填埋场，全部新建了防渗过滤设施。在13个村制定了环境整治规划，明确了环境整治重点，截止目前已清理主干街道25条、村内沟渠和边沟6000米、河道1500米、坑塘6个，绿化街道4500米。各村成立专职保洁队伍，聘任保洁员34名，负责村内日常清理，乡3辆垃圾车统一清运。聘任23名卫生巡查监督员，随时随手清除主干道路两侧垃圾和漂浮物，实现了环境整治常态化管理。

七、狠抓社会事业发展任务落实

以市派驻村工作组帮扶村为重点，不断加大农村基础设施建设投入，以典型示范村带动其他村发展，使农村基础设施得到进一步改善，形成了村村有项目、户户有动作的整体建设格局。完成硬化村内街道6000米，绿化10000平方米，安装路灯150盏，新建健身广场、街心花园四处。孙各庄农贸市场提升工程，在原市场内硬化地面4000平方米，搭建商贸大棚3600平方米，容纳各类商贩、摊位100余个，发展成为集农副产品批发、零售、旅游商贸经营于一体的综合集贸市场，增加农副产品销售渠道，提高果品附加值，辐射带动周边农民增加收入。

（撰稿　刘飞　　审稿　刘佩年、常屹）

河北省

河北省50个民族乡共有655个行政村。其中650个村通公路、540个村通自来水、654个村已经安装了电话，654个村通邮，全部通电，分别占行政村总数的99.23%、82.44%、99.84%、99.84%、100%；行政区划面积为5109.3平方公里，占河北省总面积的2.72%，总人口888955人，其中少数民族人口358205人，占全省少数民族总人口的10.58%。

全省民族乡乡镇企业总产值494.17亿元、比去年增加19.42亿元，农林牧渔业总产值87.34亿元；农作物总播种面积为1497491亩，其中粮食总播种面积为1200439.7亩，其中粮食产量为550232吨，肉类产量为130337.29吨。财政收入80555万元，其中滦平县小营满族乡完成财政收入23591万元，居全省50个民族乡之首，人均财政收入最多的是沧州黄骅市羊二庄回族乡，为11267元；财政支出46723.26万元；全省民族乡平均农民人均纯收入为6178元，同比增长10.47%，是全省平均水平（全省为10186元）的60.65%，比去年减少0.79个百分点。

全省民族乡学校总数为313所，在校学生总数为69875人，教师5474人，建有128个图书馆、文化站，69个医院、卫生院（所），医务人员872人，病床1464张，医生与病床数倒置问题基本得到解决。

（撰稿　靳磊　　审稿　王雪萍）

内蒙古自治区

内蒙古自治区有18个民族乡，其中鄂温克族民族乡7个、达斡尔族民族个、达斡尔鄂温克民族乡1个、鄂伦春族民族乡1个、朝鲜族民族乡1个、回族民族乡1个、满族民族乡4个、俄罗斯族民族乡1个。2015年底，18个民族乡总人口为17万人，总面积2.56万平方公里。民族乡工作在全区工作中特别是民族工作中占有重要地位。近年来，特别是进入新世纪以来，随着自治区经济社会又好又快发展，各级党委、政府也加大了对民族乡的扶持力度，民族乡人民群众在各级党委、政府的领导下，因地制宜，发挥优势，发展特色经济富民强乡，经济社会事业有了长足的发展，人民生活水平有了较大提高。

一、农牧业基础地位不断增强

各民族乡因地制宜，大力发展奶牛、玉米、大豆、马铃薯柞蚕等支柱产业。奶牛养殖业向规模化、集约化、产业化迈进。积极发展设施农业，建立现代农业园区，推广公司加基地加农户生产模式，发展集农业生产、科技示范、农业观光和生态保护功能于一体，形成集生产、销售、加工、旅游观光为一体的农业产业群，带动农牧民发展生产，增加收入。

二、旅游业迅速发展

各民族乡依托丰富的自然资源和民族文化优势，积极发展旅游产业，势头十分迅猛，成为支持民族乡经济社会发展的新支持和朝阳产业。内蒙古自治区呼伦贝尔市额尔古纳市恩和俄罗斯族民族乡利用国家扶持人口较少民族政策，依托俄罗斯族民俗风情积极发展俄罗斯族家庭游项目，目前家庭游户年均旅游收入 5 万元以上，已成为当地经济发展的支柱产业。根河市投入资金 1 亿多元，聘请芬兰—贝利集团专家对敖鲁古雅乡旅游景区基础设施进行整体设计改造，打造具有民族风格的敖鲁古雅景区，旅游收入近 8000 万元。

三、社会各项事业全面发展

国家、自治区和地方政府不断加大对民族乡的支持力度，在项目安排和资金扶持上优先倾斜，民族乡基础设施建设和农牧民生产生活条件得到很大改善。各民族乡坚持教育优先发展，整合教育资源，改善办学条件，不断提高教学质量，实现了“两基”达标。加大科技投入，重视科技人才培养，积极示范推广农牧业新品种，不断改良牲畜质量。努力改善乡村医疗服务条件，全面推行新型农村合作医疗，新农合参合率达 96%以上。文化、体育、广播电视事业快速发展，民生等社会事业不断改善，乡乡通油路和村村通广播电视工程基本完成。全面加强民主法制建设，强化村务公开制度，加强社会治安综合治理，有力维护了农村牧区社会稳定。

四、优秀民族文化得到保护和传承

大部分民族乡都有了民族博物馆。各民族乡积极开展民族语言传承工作，积极培养本民族语言教师，开展民族语言教学课程。有的民族乡有了自己的文化名片，如新发乡组建了朝鲜族专业文化团体；几个鄂温克民族乡在传统节日“瑟宾节”开展具有鲜明民族特色的文体活动；恩和俄罗斯民族乡利用俄罗斯族“巴斯克”节列入国家级非物质文化遗产、俄罗斯族民间舞蹈列入自治区首批非物质文化遗产的优势，将保护和弘扬民族文化与家庭旅游相结合，全力发展民俗旅游业，实现了双赢。

五、民族团结进步事业蓬勃发展

民族团结、社会稳定是国家长治久安、兴旺发达的保证，也是加快少数民族和民族地区发展的重要前提。各民族乡广泛深入开展民族团结宣传教育和民族团结进步创建活动，切实保障少数民族合法权益，涌现出一大批各级民族团结模范集体和模范个人，营造了民族团结的良好社会环境，为民族乡加快发展提供了坚强保证。民族乡发展面临的困难和问题主要有：一是发展不够平衡。由于自然、历史、区位等多方面的原因，各民族乡相互间差距明显。二是产业发展不充分。农牧业一头独大而不强，且基础薄弱，竞争力和抗风险能力较弱；除个别民族乡外，工业几乎是民族乡的空白；服务业发展严重不足。三是相对经济发展，社会事业发展差距大。教育、卫生等事业经费投入不足，运转保障性经费不足，面临诸多困难。特别是民族乡村、嘎查集体经济缺位、财力太弱，事业经费严重不足，发展事业和服务群众的能力非常有限。四是基础设施薄弱，成为制约经济社会加快发展的瓶颈。应加大扶持力度，为民族乡经济社会发展提供政策倾斜。针对少数民族特点，出台更多的少数民族群众创业的优惠政策，在资金方面给予必要的支持，在劳务输出及贷款方面给予大力支持。积极进行产业结构调整，拓展少数民族群众增收致富空间。紧紧围绕农牧民增收这一目标，帮助民族乡村发展产业和项目。帮助民族乡村制定致富规划，突出投资拉动，培育主导产业，积极发展有地域特色、民族特色、资源特色、生态特色的种植业、养殖业，加工业和餐饮服务业。建立扶持机制，动员社会力量对少数民族给予特殊帮扶，优先选择帮扶能力较强的单位与民族乡村对接，帮助民族乡村经济加快发展。应进一步加强基础设施建设，不断改善发展的硬环境。紧紧抓住新农村、新牧区建设的有利契机，尽可能多的优先考虑民族乡镇和民族村，加大各级政策投入，改善民族村的交通条件、办学条件和医疗卫生条件，解决民生方面存在的突出问题和实际困难，改善少数民族群众的生产条件和生活环境，修复和建设民族特色的活动场所，丰富少数民族群众的文化生活，更好地为经济发展服务。应提升群众自身素质，为民族乡繁荣发展筑牢基石。加快民族乡的发展，重点在启动内力改变人，当务之急是要提高人口素质和劳动者的科技素质以及思想道德素质，应立足现实，着眼长远，建好学校，办好教育，同时要解放思想，更新观念，克服畏难情绪和小农意识，破除满足现状不想改变现状的思想，不断增强发展的紧迫性和责任感。同时要抓好青年农民的培训工作，把先进实用技术培训与技能培训结合起来，通过实施科技培训、转产转业培训、农牧民工培训、新型农牧民创业培训等工程和科技进村入户活动，扩大农牧民获取知识和科技信息的渠道，依靠科技进步，促进农牧民增收。

（撰稿　李日树　　审稿　云冰）

辽宁省

2015 年，辽宁省有 56 个民族乡，其中：满族乡 39 个，蒙古族乡 10 个，朝鲜族乡 2 个，民族联合乡 5 个。民族乡行政区划总面积为 7613.5 平方公里，年末总人口达到 93.1 万人，其中少数民族人口达到 53.7 万人，占民族乡总人口的 57.7%。

2015 年，全省民族乡镇经济社会得到进一步发展，基础设施不断改善，人民生活水平不断提高。全省民族乡共有 525 个村民委员会，已通自来水的村有 354 个，占 67.4%；525 个村全部通公路、通电、通邮、通电话。

2015 年，全省民族乡乡镇企业从业人员 62180 人，乡镇企业总产值 413.2 亿元，其中工业总产值 270.3 亿元，乡镇企业年净利润总额 23.5 亿元。

2015 年，全省民族乡农作物总播种面积 2260.0 万亩，其中粮食播种面积 196.0 万亩。2015 年，由于气候干旱，民族乡粮食产量大幅度减产，仅为 84.2 万吨，肉类总产量达到 28.3 万吨。民族乡实现农林牧渔业总产值 113.9 亿元。

2015 年，全省民族乡财政收入为 8.3 亿元，财政支出为 8.3 亿元；农民人均纯收入达到 9054 元，比上年减少 132 元。

2015 年，全省民族乡共有学校 227 所，在校学生总数 5.9 万人，教师总数 6288 人；图书馆 75 个，文化站 56 个，村文化活动室 487 个。医院卫生院 59 个，其中医生 542 人，病床 1490 张；村卫生室 596 个，医生 701 人。

（撰稿　赵经纬　　审稿　施光磊）

吉林省

吉林省现有 33 个民族乡（镇），其中，朝鲜族乡 6 个，满族乡 10 个，蒙族乡 9 个，回族乡 2 个，满族朝鲜族乡 4 个，朝鲜族满族乡 1 个，满族蒙古族锡伯族乡 1 个。2015 年，全省各民族乡（镇）在各级党委、政府的正确领导下，齐心协力，攻坚克难，开拓进取，着力推进经济持续健康发展，人民生活水平不断改善，各项社会事业取得新成果。

一、全省民族乡（镇）经济发展

2015 年底，全省有民族乡（镇）33 个，其中：村民委民会 395 个。民族乡（镇）总人口数 64.2 万人，其中少数民族人口 19.2 万人，少数民族人口占人口的 29.9%。财政收入 6.7 亿元，财政支出 6.4 亿元。

（一）乡镇企业生产稳步运行

2015 年，全省民族乡镇企业实现总值 257.5 亿元，其中，工业企业实现工业总产值 139.6 亿元，工业总产值占民族乡镇企业总产值的 54%。乡镇企业全年实现净利润 23.1 亿元，从业人员达 4.6 万人。

（二）农业生产发展平稳

2015 年，全省民族乡镇实现农林牧渔业总产值 75.9 亿元，比上年增长 19%；农作物总播种面积

265.4 万亩，其中粮食播种面积 217 万亩。粮食总产量达到 134.7 万吨，肉类总产量 10.2 万吨，基本于上年持平。

（三）人民生活水平进一步改善

2015 年，全省民族乡镇农民人均纯收入 9885 元，比上年增长 4.3%。全省 395 个民族乡镇行政村全部通电、通邮，其中有 308 个村通上自来水，比上年增加 17 个村。

二、全省民族乡社会发展

2015 年，全省民族乡（镇）拥有各类学校 164 个，在校学生 3.5 万人；教师 4921 人。图书馆 42 个，文化站 33 个，村文化活动室 361 个；医院、卫生院 38 个，拥有医生 577 人，拥有病床 698 张；村卫生室 397 个，拥有医生 560 人。

（撰稿　全莉　　审稿　王喜年）

黑龙江

一、基本情况

（一）少数民族乡（镇）的基本情况

黑龙江省现有少数民族乡（镇）63 个，其中，52 个少数民族乡，11 个少数民族建制镇。按地区分，63 个少数民族乡（镇）分布在 13 个市（地），其中，哈尔滨 14 个，齐齐哈尔 9 个，牡丹江 6 个，佳木斯 4 个，大庆 3 个，鸡西 4 个，双鸭山 2 个，鹤岗 2 个，伊春 1 个，七台河 2 个，绥化 7 个，黑河 7 个，大兴安岭地区 2 个；按民族分，朝鲜族最多，有 23 个乡镇，满族 18 个，蒙古族 6 个，鄂伦春族 5 个，达斡尔族 5 个，赫哲族 3 个，鄂温克族 1 个，1 个满族锡伯族镇（农丰满族锡伯族镇），1 个达满柯族乡（友谊达满柯族乡）。全省少数民族乡（镇）数量占全省乡镇数量的 7.5%。少数民族乡（镇）总户数 29.2 万户，其中少数民族户数 12 万户，占总户数的 41.2%；总人口 104.8 万人，其中，少数民族人口 40.5 万人，占少数民族乡镇总人口的 38.7%。有 43 个乡镇有明显民族特色，占少数民族乡镇总数的 66.2%。

（二）少数民族村基本情况

截至 2015 年底，黑龙江省共有少数民族村 727 个，按地区分，哈尔滨 220 个，齐齐哈尔 87 个，牡丹江 89 个，佳木斯 36 个，大庆 44 个，鸡西 44 个，双鸭山 10 个，鹤岗 11 个，伊春 13 个，七台河 10 个，绥化 67 个，黑河 82 个，大兴安岭地区 8 个，省直管的抚远市 6 个；按民族分，朝鲜族村最多，有 312 个，满族村 243 个，蒙古族 67 个，达斡尔族 49 个，俄罗斯族 18 个，回族 15 个，鄂伦春族 9 个，赫哲族 7 个，鄂温克族 4 个。全省少数民族村数量占全省行政村（2011 年全省村民委员会 8997 个）的 8%。少数民族村总户数 34.7 万户，其中少数民族户数 20.5 万户，占总户数的 59%；总人口 122.9 万人，其中，少数民族人口 72.3 万人，占少数民族乡镇总人口的 58.8%。有 258 个民族村有明显民族特色，占少数民族村总数的 35.7%。有 545 位村长（村主任）民族成份是建村民族，占全部民族村的 75.5%。

二、少数民族乡（镇）经济发展特点

（一）少数民族乡（镇）经济实力与财力现状。2015 年，全省少数民族乡（镇）地区生产总值比 2010 年增长近 13%；人均地区生产总值比 2010 年增长超 2 倍。2015 年少数民族乡（镇）人均地区生产总值比全省人均地区生产总值还要低。2012 年进入全省百强乡镇的只有 2 个少数民族乡（镇），分别是南岗区红旗满族乡（排在第 25 位），东宁县三岔口镇（排到第 48 位）。少数民族乡（镇）财政收入总体小于支出，绝大多数少数民族乡（镇）为吃饭财政，入不敷出。

（二）三次产业比重得到进一步调整。2015 年全省少数民族乡（镇）第一产业（农林牧渔）、第二产业（工业、建筑业）、第三产业（商业、饮食业、服务业、交通运输业）比为 46.5：37.3：16.2，与全省 2011 年三次产业 50.3：36.2：13.5 相比较，少数民族乡（镇）一产占比减小，二、三产业占比提高。全省少数民族乡（镇）民族旅游景点个数 63 个，2015

年民族旅游收入突破 3 亿元，2015 年我省旅游业总收入相当于全省 GDP 的十分之一，民族旅游收入具有较大上升空间。2015 年全省少数民族乡（镇）中龙头企业共有 186 个，其中哈尔滨市少数民族乡（镇）有龙头企业 98 个，占全省少数民族乡（镇）中龙头企业个数的 52.7%。

（三）少数民族乡（镇）收入水平大幅度增长。2015 年，全省少数民族乡镇农村居民人均纯收入 11892 元，比 2010 年增长 49.3%。比 2013 年增长 14.6%。

（四）基础设施条件日益改善。在推动民族乡（镇）发展方面，黑龙江省以加强民族乡（镇）基础设施建设为着力点，逐年加大投入，不断改善农民生产生活条件。“十二五”期间，全省民族乡镇共完成基础设施建设项目 465 个，新建、扩建、维修道路 10000 多公里。727 个少数民族聚居村中，通公交车的有 650 多个；吃上自来水有 700 多个，通网络的有 710 多个，所有民族村都通电、通电话、通邮。

（五）产业结构逐年优化。在加快民族乡（镇）经济增长方面，黑龙江省以优化产业结构，实现少数民族群众快速致富为突破口，全力推动民族乡（镇）产业结构向“固一产、促二产、强三产”的方向迈进。一是第一产业稳固提高。近年，黑龙江省民族乡（镇）在优化一产结构上，以大力发展特色种养殖业为抓手，在水稻种植、食用菌栽培、特色养殖等方面都形成了优势产业，确保农民收入增加。例如，海林市以龙头+基地+农户的新型产业化发展模式，建成了一批具有民族特色的民俗村，与韩国洪城郡合作进行稻田养鸭项目试点取得成功，全市推广面积达到 8000 亩，年可增收 1000 多万元。宁安市利用自身水稻种植历史优久，土壤肥沃，气候适宜的发展优势，全力深度开发水稻种植业，在响水米业、渤海集团、江西村米业等龙头企业的拉动下，实行“五统一”（统一选种、统一育苗、统一操作规程、统一销售、统一品牌）产业模式，增加了市场占有份额和知名度，叫响“响水”大米品牌，塑造“中华第一米”形象。杜尔伯特蒙古族自治县以专业化、规模化、集约化和标准化牧业养殖为牵动，大力推动多元化养殖格局形成，疫病防控、繁育改良、饲料供应等服务体系不断完善，被评为全省牧业强县、全国牛奶生产强县和全国优势奶牛产业带建设示范县。二是第二产业不断加快。民族乡（镇）以开发利用自身在土地、矿产、劳动力和血缘关系等方面的比较优势为着力点，积极对外开展招商引资，不断推动工业大项目落地，实现资本、土地和劳动力等生产要素的优化重组，推动民族乡（镇）工业经济快速发展。如宁安市充分发挥与韩国亲缘、族缘和地缘优势，不断强化对韩国的招商引资工作力度，引进东部韩农（黑龙江）化工有限公司等 12 家韩国企业，引资总额达到 8 亿元，为当地民族乡（镇）工业发展，打造工业强镇奠定深厚基础。三是第三产业迅速提升。近年来，黑龙江省民族乡（镇）在发展劳务经济、旅游产业、传统文化开发利用等环节上加快发展步伐，实现第三产业快速增长。鸡西市充分发挥民族优势，区位优势和语言优势，利用亲缘关系，大力开展农村剩余劳动力的转移工作，向韩国、俄罗斯、日本、美国等国家和国内沿海发达地方输出劳务。宁安市结合民族区域实际，发挥朝鲜族亲缘关系优势，鼓励广大朝鲜族群众对韩劳务输出，每年外出劳务人员达 7000 多人次，劳务收入已经成为朝鲜民族村支柱产业之一。佳木斯市少数民族村民俗资源富集、风情浓郁、自然风光优美的资源优势和良好现代农业基础，树立科学经营理念，大力发展山水风光游、民俗风情游、生态度假游和农业科技示范观光游，正在兴建的敖其湾赫哲族旅游区项目总投资 2.41 亿元。同江市发挥民族文化、民俗优势，开发特色旅游业，在街津口民俗度假区新建了赫哲族印像文化餐饮中心，并引导赫哲族群众开办“渔家乐”民俗旅游、民族手工艺品制作等产业项目。塔河县鄂伦春民族乡大力开发鄂伦春族桦树皮特色制作，重点生产桦皮画、桦皮盒等特色手工艺品，扩大了鄂伦春族桦树皮手工艺制作产业。

三、对今后民族乡工作的几点建议

一是建议出台与民族乡（镇）发展相关的专项工作方案或指导意见。目前，民族乡（镇）经济在民族地区经济中占有较大比重，但目前缺乏专项性文件对民族乡（镇）给予指导和扶持。应把加快民族乡（镇）经济和社会发展摆上重要位置，列入议事日程，加快民族乡（镇）结构调整、产业化和资源开发的步伐。二是建议中央在安排少数民族发展资金比重上，增大对民族乡（镇）的整体扶持力度。民族乡村经济基础较弱，主导产业不明显，缺乏造血功能，严重制约了民族乡经济社会发展，同时，尽管各级各部门十分重视民族乡（镇）的经济发展，出台了许多优惠政策，但实际运作上很难操作，具有泛泛性，难以把握，难以落实到位，中央能否在安排少数民族发展资金上，加大对民族乡（镇）的扶持力度，对财政困难的民族乡在农业、林业、水利等建设项目给予重点倾斜。

（撰稿　李彦龙　　审稿　刘烈军）

江苏省

高邮市菱塘回族乡经济社会发展综述

高邮市菱塘回族乡是江苏省唯一的民族乡。2015年实现地区生产总值31.23亿元、财政收入2.03亿元、公共预算收入 7829 万元、居民可支配收入2.62 万元，获得高邮乡镇园区经济社会发展综合考评一等奖，位居扬州乡镇综合发展水平第9位。

产业结构更加优化。全乡确立的电线电缆、新能源新光源、服装轻工、机电建筑、高效农业及清真食品、特色旅游及服务业等 6 大基本产业结构优化，增效明显。2015 年，规上工业产值、规上工业增加值、农业增加值、建筑产值、服务业增加值分别实现 135.62 亿元、39.1 亿元、2.67 亿元、39 亿元、5.71 亿元。

城镇建设更趋合理。坚持“四化同步”战略和以人为本的原则，扎实推进新型城镇化建设，把生态文明作为科学发展的重要标杆，乡村统筹一体化推进“美丽乡村”建设，打造生态宜居的新环境。2015年，出台了全乡居民建房管理实施意见，着力抓好纬五路工程建设、环湖大堤达标推进等重点项目。

民生服务更上台阶。深入实施民生幸福工程，各项民生实事全面完成。直接用于民生及与民生密切相关的财政支出占全乡公共财政支出的 42%。新农合参保率保持 100%。落实“菜单式”精准扶贫，低收入农户累计脱贫率达 100%。全面落实了清真食品补贴。2015 年出台全乡急难家庭生活救助暂行办法，共救助低保边缘群体 38 人次。

（撰稿　张凯丰　　审稿　刘克元）

安徽省

安徽省现有 9 个民族乡（定远县二龙回族乡、凤台县李冲回族乡、寿县陶店回族乡、宁国市云梯畲族乡、淮南市谢家集区孤堆回族乡、肥东县牌坊回族满族乡、淮南市潘集区古沟回族乡、五河县临北回族乡、颍上县赛涧回族乡），1 个回民农场和 1 个回民街道（皖河农场三益回民分场、亳州市谯城区花戏楼街道，均享受民族乡待遇）。2014 年，全省各民族乡围绕“确保到 2020 年少数民族聚居地区与全省同步实现小康”的工作任务，发挥资源优势，突出民族特色，积极探索加快发展新途径。民族乡在基础设施、特色产业、基本公共服务、人居环境等方面实现长足进步。

一、少数民族聚居地区发展加快，与全省差距明显缩小

2014 年，通过全省民族乡干部群众共同努力，多项主要经济指标快速增长，民族乡综合实力明显提升。2014 年，全省 9 个民族乡经济运行平稳，地区农林牧渔总产值达 21.27 亿元，比上年增加10.84%，粮食总产达 186096 吨，比上年增加 3.94%，公共财政收入达到 7759.6 万元，比上年增加 1512.42万元，增长 24.21%，较好的完成了预定目标。全省

9个民族乡人均纯收入连续6年总体上双双超过全省平均水平，2014年全省民族乡常住居民人均可支配收入首次突破万元大关。

二、基础设施建设明显加强，生产生活条件显著改善

一是道路交通条件改善。五河县临北回族乡实施总长约12公里的浍临路拓宽改造工程，建成后的道路宽度由原来的5米拓展为9米，有力促进当地经济发展，方便群众生产生活。肥东县牌坊回族满族乡实施投入50万元扶贫开发整村推进项目，在尖庙村新修砂石路3千米、水泥路0.5千米、加固机耕桥17座。孤堆乡实施“村庄整治”项目，硬化了杨镇中心村至潘湖村民组445米村村通道路，二是农田水利建设步伐加快。肥东县牌坊回族满族乡开挖大中型塘坝137口，清淤灌溉渠道5条共15千米，新建4个提水泵站4个，增加旱涝保收面积3100亩。临北乡投资近1000万元，开展冬修水利工程、建设八小水利工程，实施段庄片及沫冲引河水利治理，有效解决了农田的灌溉问题。凤台县李冲回族乡完成土地开发整理项目5个，新增耕地574.4亩，耕地保护工作卓有成效。定远县二龙回族乡完成2座电灌站架电工程，完成蔡桥南干渠清淤和相关配套工程建设，启动一座小二型水库除险加固工程，在2个村实施高标准农田建设。寿县陶店回族乡完成湖滨、陶店两村沿湖泵站改造提升和2口当家塘增容扩建，清淤疏浚渠道22公里，依托全程化社会化服务项目完成衬砌渠道4公里，进一步夯实水利基础地位。三是农村用电得到有效保障。五河县临北回族乡投入200余万元，整改维修电路设施，更新变压设施，改善供电基础设施，惠及1600户群众。寿县陶店回族乡投资400多万元，完成对高压主线路和中心村低压线路的升级改造。

三、农业产业结构调整步伐加快，特色产业快速发展

民族乡坚持以农民增收为目标，积极培育具有鲜明民族特色的种养业产业基地、少数民族农业产业化龙头企业和各类少数民族农民专业合作组织，大力推进“一乡一业”、“一村一品”富民工程建设，实施农业产业结构调整。肥东县牌坊回族满族乡大棚蔬菜种植持续发展，设施栽培不断扩大，规模化、集约生产显著提高，引来多家龙头企业踊跃入驻，新建钢架大棚1200多亩，全乡设施栽培累计面积8000多亩，总产量7万吨，蔬菜业总产值2亿，产品检测合格率100%。同时加快畜牧业发展方式转变，以农牧结合、适度规模为基础，推进生态健康养殖，提高畜牧业综合生产能力，出栏瘦品型商品猪6.1万头，存栏奶牛1000多头，养殖业综合效益明显提高。五河县临北回族乡培育新型职业农民近100余人，新成立农业专业合作社5个、家庭农场2个，新增500亩以上种植大户4个，全乡土地流转面积达1.4万亩，初步形成以设施蔬菜、经果林、良种繁育为主导的现代农业体系。定远县二龙回族乡建成了存栏300头以上的高栏养羊基地6个，存栏100头以上的养羊大户10多户。寿县陶店回族乡大力调整产业结构，流转7000亩土地，发展生态有机农业。宁国市云梯畲族乡千秋畲族文化园成功创建“3A”景区，千秋畲族村被国家旅游局和农业部命名为“最美休闲乡村”和“全国休闲农业和乡村旅游示范点”，2014年接待游客10万人次，实现旅游收入3000余万元。

四、社会事业全面进步，民生工程稳步推进

坚持以保障和改善民生为重点，统筹经济发展和社会进步，民族乡民生工程更加完善，社会事业稳步推进。一是改善民族学校办学条件。五河县临北回族乡配套投入120余万元，在官塘铺小学新建教学楼一栋、新建停车棚一处以及开展校园环境整治；在中心校开展教学楼、下水道维修；对临北中学塑胶毽球训练场进行维修。2014年临北中学、中心小学成绩显著，临北中学内涵发展评价为县级先进单位、临北小学教学质量校本部全县第一名。凤台县李冲回族乡淮磷村山金小学和李冲回民中学塑胶体育广场建成投入使用。定远县二龙回族乡积极向上级教育部门争取加大基础设施投入，完成1400平方米标准幼儿园和体育活动场所建设，实现公办幼儿园、专业幼儿教师“零”的突破。二是提升医疗卫生水平。五河县临北回族乡政府通过争取项目资金支持，投资50万元新建医生周转房390㎡；投入30万元购置彩超一台，改善医生办公条件和群众

就医环境，医疗服务水平得到进一步加强。定远县二龙回族乡不断加强卫生院软、硬件建设，医疗人员数量技术有所提高，基本满足广大群众优质医疗服务需求。三是丰富群众文化生活。凤台县李冲回族乡开展全乡首届广场舞大赛等各类文体活动 10 余场次，各村农家书屋正常运行，民族村文化广场建成投入使用。寿县陶店回族乡新建马店、陶店群众活动广场，完善湖滨村、乡文化活动中心广场设施。淮南市潘集区古沟回族乡新建省级农民健身广场一座，在全区率先完成 2014 年度农民健身广场健身任务，覆盖全乡 10 个村。四是扎实推进社会保障和民生工程。肥东县牌坊回族满族乡实施江淮分水岭沿线的张岗、草庙、尖庙、新丰、三王等村自来水管网延伸工程，目前主供水管网已建设完工，极大地方便了群众生产生活用水。淮南市谢家集区孤堆回族乡稳步推进 5 个老村庄的移民建房工程，兑现了 313 户建房补助资金共计 1195.66 万元，完成了孤堆新村二期 100 户农房改造。争取民政部门支持，在乡原敬老院旧址上新建了老年公寓 1 座，主体结构顺利封顶，2015 年即可入住。定远县二龙回族乡落实 30 户危房改造任务，顺利通过县级验收。寿县陶店回族乡完成贫困户危房改造 60 多户，改善回、汉两所敬老院 90 位老人的人居环境和生活条件。颍上县赛涧回族乡 4 个行政村近 2600 户群众实现集中供水，各族群众饮水安全得到有力保证。

五、美好乡村建设有效推进，乡容村貌焕然一新

肥东县牌坊回族满族乡整合了小城镇基础设施资金、“一事一议”以及相关项目资金共 3000 多万元，对牌坊民族社区、丰岗中心村集镇面貌以及群众的人居环境进行改造，目前两个中心村的道排设施、景观绿化、污水治理、房屋立面改造等项目工程已基本完成，乡容村貌焕然一新。五河县临北回族乡依托特色村寨建设项目，投资 400 多万元，新建伊斯兰风格的门楼牌坊、25 亩民族文化广场，重建缕堤原南清真寺，打造回族特色美好乡村。淮南市谢家集区孤堆回族乡完成了孤堆村玉兰大道两侧长 200 米的文化长廊绘制，同步推进了道路硬化、彩砖道路铺设、水渠硬化等配套工程。利用“一事一议”奖补资金，实施四个村的村内干道亮化工程。基本实现了垃圾户集、村收、乡处理的运转模式，使人居生活环境进一步改善。定远县二龙回族乡以集镇和 X046 线道路为重点，开展了破旧房屋拆除，刷白树木、房屋，兴修沿路污水塘 10 口等环境综合整治。寿县陶店回族乡整合各项资金 860 万元，完成中心村活动场所，中心村南片道路、环卫设施、老街拓宽、下水道改造等项目建设，打造环境优美、宜居宜业的生态环境。淮南市潘集区古沟回族乡设立环境卫生整治专项资金库，每年乡财政注入资金 150 万元，用于改善环境，连续第二年被评为市级卫生乡镇。

六、新型社会主义民族关系不断巩固和发展

民族乡坚持以民族团结宣传月、民族团结进步创建活动等工作为载体，组织形式多样、群众喜闻乐见的文艺演出、民族知识竞赛等活动，营造宣传民族政策、落实民族政策、促进民族团结进步、经济社会发展的良好氛围，各民族间平等、团结、互助、和谐的新型民族关系已经基本稳固。肥东县牌坊回族满族乡以开斋节、民族团结宣传月、全民文化月等活动为抓手，大力营造各民族共同团结进步、共同繁荣发展的主题氛围。五河县临北回族乡加大狮子舞、毽球的培育和传承人培养，举办以“适应新常态，争当排头兵”为主题的狮闹元宵暨广场舞比赛，丰富群众的精神文化生活。淮南市谢家集区孤堆回族乡政府领导班子在每年开斋节期间，都深入到乡域内的三座清真寺向穆斯林群众进行慰问，回汉两族群众关系更加和谐。寿县陶店回族乡认真落实民族政策、维护少数民族合法权益，加大对民族干部的选拔培养力度，尊重少数民族风俗，利用民族乡政策扶持优势，努力构建平安团结互助和谐的社会主义民族关系。宁国市云梯畲族乡扎实开展民族团结进步创建活动，编印《畲乡文化集锦》、《畲族文化教材》等读物，建成千秋畲族文化礼堂和畲族民俗博物馆，有效传承和弘扬畲族民歌和婚嫁习俗等省级非遗项目。

（撰稿　刘炜　　审稿　白和平）

福建省

2015年，在省委、省政府的正确领导下，在各级有关部门的大力支持下，福建省民族乡抓住机遇，夯实基础，扎实工作，经济社会事业得到长足发展，群众生活水平得到稳步提高。

一、民族乡基本情况

福建省有19个民族乡，其中18个畲族乡，1个回族乡。全省民族乡总人口44.96万人，其中，少数民族人口15.10万人，占33.6%。行政区域面积为2145平方公里，共辖321个村民委员会，其中民族行政村共137个。民族乡所辖行政村基本实现通邮、通电、通路、通电话和通自来水。

二、民族经济持续发展

2015年，民族乡经济继续保持良好态势。一是落实优惠政策，推动转型升级。用好用足民族优惠政策，推动原有产业转型升级，加快企业技术改造和技术创新，加大投资，促进发展。2015年，全省民族乡企业总产值达243.88亿元，其中工业企业总产值为213.96亿元，比增3.8%，净利润总额9.26亿元，比增1.9%；全省民族乡农林牧渔业总产值达41.64亿元，比增26.1%。二是开展挂钩帮扶，促进乡村发展。2015年，全省继续贯彻落实省政府关于帮扶民族乡加快发展的政策措施，进一步推动民族乡村加快发展。据统计，全省各级挂钩帮扶单位共投入资金8364万元，拉动社会资金投入4.07亿元，有针对性落实帮扶项目101个，促进了民族乡村经济社会事业的稳步发展；三是加强技术培训，提高就业能力。聘请省农科院、省林科院专家教授授课，培训内容涉及厨师、蜜柚、莲雾等技能和高产种植技术，全年共举办了8期少数民族农村实用技术和职业技能培训班，受训人数达580多人，收到了良好效果。

四是创新发展方式，促进产业发展。通过建立新型农民专业合作经济组织、行业协会或专业公司，着力培育一批组织规范、产业优势明显、带动能力强、市场活力优的专业合作社，并由政府各部门从政策、财政资金、信贷、税收等方面给予大力扶持，促进了特色经济产业健康快速发展。2015年，全省民族乡共建立农民合作社538个，拥有成员8075人。五是发展特色产业，促进农民增收。在巩固传统农业产业的同时，大力发展集科研、开发、休闲于一体的高标准、高产出、高附加值的现代农业产业项目，农业产业结构得到不断调整优化。目前，全省19个民族乡基本形成了各具特色的品牌产业和优势产品，“一乡一业”、“一村一品”产业格局初步形成，农民收入得到稳步提高。2015年，全省民族乡农民人均纯收入达12773元，比上年同期增加1872元，比增17.2%，高于全省农民人均纯收入增长幅度8.2个百分点。

二、扶贫工作纵深推进

持续加大少数民族经济社会全面发展的政策扶持力度，促进民族乡村扶贫工作精准化。一是重视扶持政策的引领作用。在开展对全省民族贫困村调查摸底的基础上，通过政策引领发展，制定扶贫脱困计划，全省民族乡村扶贫工作精准化得到加强。2015年，将人均收入在4500元以下的38个少数民族贫困村纳入全省第四轮扶贫开发整村推进实施范围，每年予以每个村20万元资金支持；二是注重充实基层的扶贫力量。开展干部驻村蹲点，推动省直单位派驻35名干部到少数民族村蹲点，帮助民族村群众脱贫解困。

三、社会事业不断进步

注重经济发展的同时，社会事业也在不断进步。一是办学条件得到改善。2015年，共安排民族寄宿制中小学校改扩建专项经费200万元，支持25所学校改善办学条件，提高教学水平。目前，全省民族乡拥有学校96所，在校学生数29790人，教师数2646人。二是文化建设得到加强。帮助民族乡村文化活动广场、民俗馆等文化设施建设，支持民族乡村举办传统民俗文化活动，促进民族优秀传统文化不断传承。目前，民族乡建有图书馆、文化站 32 个，基本上村村都建立了文化活动室。三是医疗水平得到提升。继续安排民族经费支持添置医疗设备，协调有关机构和社会爱心人士捐赠医疗器械，通过部门和宗教协会组织医疗专家到民族乡村开展义诊和健康体检活动。目前，全省 19 个民族乡共有卫生院 18 所，医生数为 194 人比增 35.7%；村卫生室 332 所，医生数为 371 人比增 12.8%。卫生院、室软硬件建设的不断加强，进一步提高了民族乡村的医疗条件和就医水平。

（撰稿　赖龙娣　　审稿　兰铁军）

江西省

2015 年，江西民族乡村农民人均可支配收入和社会基本公共服务赶上了全省平均水平，贫困人口占比和贫困再发生率均低于全省平均水平，民族乡村结束了长期以来同全省发展差距拉大的历史，总体实现了生态环境日益优良、基础设施不断加强、优势产业逐步壮大、群众生活稳步提高、综合实力显著提升、民族团结更加巩固的目标。

一、基础设施全面改善，夯实了民族乡村的发展基础

截至 2015 年，民族乡村基础设施条件全面改善，硬化、改造公路 310 多公里，通县、通乡公路 100%实现畅通、硬化，通村组道路硬化率达到 95%以上；8 个民族乡乡政府所在地河堤基本完成护坡固堤建设，沿岸道路进行了绿化、亮化；建设水陂、水坝、排溉站 140 多座（个），浆砌、修复水渠 40 多公里。

二、民生事业全面进步，保证了民族乡村社会基本公共服务基本覆盖

在社会基本公共服务设施建设方面，民族乡村教育、医疗、文化、安全饮水、村庄环境、危旧房改造、移民搬迁等社会、民生事业得到有力推进和提升。民族乡村中小学校教育教学条件和教学水平明显改善，D 类危房全部消除，全部配备体育健身设施；4 个民族乡集镇建成“千吨万人”饮水工程，民族乡村基本解决群众安全饮水需要；结合新农村建设和美丽乡村建设，民族乡村村庄环境得到整治，危旧房改造基本完成，深山贫困群众基本完成移民搬迁，整洁、秀美、和谐、团结成为民族乡村的好声誉和好品牌。

三、优势产业培育壮大，群众可支配收入稳步增长有了保证

扶持特色产业、培植优势产业，是民族乡经济发展的重中之重。通过扶持，民族乡村毛竹、油茶、果业形成优势产业，茶叶、食用菌、大棚蔬菜、生猪养殖等形成特色产业，“一乡一业、一乡多业、一村一品、一村多品”成为新的产业格局。合作经济迅速发展壮大，乡村旅游经济亮点出现，电商经济开始走进民族村寨。2015 年，民族乡村实现农民人均可支配收入超过 11000 元。

这些成效的取得，主要源自于：

一、出台优惠政策措施，加强和改进新形势下民族工作

为了深入贯彻落实中央民族工作会议和中发【2014】9 号文件精神，江西出台《中共江西省委、江西省人民政府关于加强和改进新形势下民族工作的实施意见》（赣发【2015】8 号）。文件的出台，是江西省贯彻落实习近平总书记系列重要讲话精神的重大举措，是加快江西民族地区与全省同步全面建成小康社会的行动指南。根据省委、省政府的决策部署，地方各级党委、政府和省直各有关部门先后召开会议、出台有效措施和办法，不断加强民族乡经济社会事业发展。

二、加强组织领导，不断完善民族工作领导体制机制

根据新形势新任务要求，江西省委、省政府决

定完善江西省民族工作领导体制和工作机制，将原省少数民族地区建设工作领导小组扩充为省民族工作领导小组，增加了省委组织部、省委宣传部、省委统战部、省委政法委、省委农工部、省旅发委等部门为成员单位，领导小组成员单位数量从 29 个增加到 36 个，负责综合协调、研究解决民族工作中的突出问题。

三、上下联动，内生驱动，不断加快民族乡村小康进程

根据江西省委、省政府的决策部署，地方各级党委政府和省直各有关部门先后召开会议、出台有效措施和办法，不断加强民族乡村经济社会事业发展。一是扩大财政资金投入。省财政安排一般性财政转移支付上，每个民族乡比其他乡镇增加安排 20 万元。二是对民族乡村重大项目优先安排、资金适当倾斜。优先安排民族乡村公路道路硬化项目计划，并提高补助标准；优先安排民族乡村河堤和灌溉渠道修复、高标准农田建设、特色农林发展项目，并从资金补助上给予倾斜；充分发挥政策性金融作用，加大农信社、小额担保贷款对民族乡村的支持力度。三是继续开展政府部门对口支援民族乡村经济社会发展活动。扶持项目涵盖产业发展、技术培训、基础设施、民生工程等多个方面。四是注重激发民族乡村内生动力，激了各族群众主动谋事创业、创新发展的热情，逐步形成乡乡有特色产业、村村有特色产品、户户有增收渠道的发展格局。

（撰稿　茅黎　　审稿　王希贤）

山东省

2015 年，在国家民委和各级党委、政府的大力支持下，在各有关部门的关心和帮助下，山东省民族乡镇着力于调结构、稳增长、惠民生工作，在经济下行压力增大的严峻形势下，致力于少数民族扶贫开发工作，积极发展民族经济，使民族乡镇经济社会发展、少数民族生产生活水平有了明显的提高。

一、民族乡（镇）经济发展情况

2015 年财政收入 21632 万元，同比增加 1380 万元；财政支出 15298 万元，同比减少 1824 万元。

（一）乡镇企业生产稳步增长

2015 年，民族镇企业生产总值 23.6 亿元，比去年增加 2.3 亿元，增长 9%，其中，工业企业实现 19.88 亿元，比去年增加 0.43 亿元，增长 9.8%；乡镇企业年净利润总额 5.06 亿元，比去年减少 1.24 亿元，下降 19.7%，从业人员 20458 万人。

（二）农业生产平稳发展

2015 年，全省 4 个民族镇实现农林牧渔业总产值 14.2 亿元，农作物总播种面积 28.2 万亩，其中粮食播种面积 16.3 万亩，比去年减少 28.5%；粮食总产量 14.99 万吨，肉类总产量 4.9 万吨，比去年略有增长。2015 年农民专业合作社 184 个，比去年减少 2 个，农民专业合作社成员 4029 户，比去年略有增长。

（三）少数民族群众生活水平进一步改善

2015 年，全省 4 个民族镇，实现村村通路、通电（包括电话）、通邮、通自来水。农民人均纯收入 1.2 万元，生活水平进一步提高。

二、全省民族乡（镇）社会发展情况

2015 年，全省 4 个民族镇拥有各类学校 36 个，在校学生 1.49 万人，教师 1123 人。图书馆 9 个，文化站 12 个，村文化活动室 155 个。拥有农业技术服务机构 37 个，农业技术服务机构从业人员 135 人。医院、卫生院 5 个，医生 137 人，拥有病床 330 张；村卫生室 81 个，医生 186 人。

至 2015 年底，4 个民族镇农村低保等各项惠农政策落实到位，新农合、新农保参合入保率达到 90% 以上；适龄儿童入学率、小学初中毕业率均达到 100%，城乡文化、医疗设施逐步完善，已建立起了与经济发展水平相适应、全覆盖的社会保障体系。

（撰文人　韩昌钦　　审稿人　罗军）

河南省

河南省有21个民族乡（镇），其中有12个回族乡、9个回族镇。2015年，民族乡（镇）总行政区划面积437.39平方公里，辖206个行政村，年末总人口78.67万人，其中少数民族18.78万人，少数民族人口比例为24%。在各级党委、政府的领导下，在民族工作部门的大力支持下，21个民族乡（镇）同心同德、团结进取、攻坚克难，积极应对复杂多变的经济环境，着力推进经济持续健康发展，少数民族群众生活水平和质量不断提高，各项社会事业取得新进步。

一、经济总量保持增长

21民族乡（镇）实现生产总值311.5亿元，农林牧渔业总产值22.3亿元，粮食产量21.2万吨，亩均单产达到890斤，继续实现增产丰产；肉类总产量4.3万吨，增长2.3个百分点；有各类乡镇企业11535家，实现乡镇企业总产值269.2亿元，其中工业企业总产值156.5亿元，增长4.5%。21个民族乡（镇）公共财政收入5.2亿元；公共财政支出4.2亿元；其中有8个超过所在县（市）区平均水平，有6个超过全省平均水平，有7个接近全省平均水平。

二、特色农业加快发展

各民族乡坚持以农民增收为目标，积极培育具有鲜明民族特色的种养业产业基地、少数民族农业产业化龙头企业和各类少数民族农民合作社等新型生产经营主体，大力推进“一乡一业”、“一村一品”富民工程建设。21个民族乡年末实有耕地面积35万亩，农作物总播种面积达到69.8万亩。建有农业技术服务机构110，从业人员602人；有各类农民合作社236家，成员4302人。许昌县艾庄回族乡在农业产业结构调整过程中，通过技术引导、财政奖励逐步壮大特色种植业，建成了以大牛、杜宋村为主的3000亩葡萄、晚秋梨、桃树特色种植基地、袁庄村500亩食用菌西瓜种植基地和码头魏村莲藕种植基地，带动了全乡广大农户的种植热情，为群众增收致富和招商引资创造了有利的环境；南阳袁店回族乡利用到户增收项目扶持汉山村，发展林果1400多亩，人均收入增加1000余元；漯河市临颍县繁城回族镇着力发展集绿化苗木、休闲采摘、立体种养为一体的现代高效农业，初步形成了以许泌路为主的花卉苗木带，以清街、献街、东街为主的优质粗粮片，以马井、吴刘为主，辐射大杜、关庙、贾刘等村的优质烟基地单元，“一片一品，几片一品”的现代农业发展雏形基本形成；民权县胡集回族乡积极与农业科研部门合作，累计流转土地1300亩用于发展规模种植，扶持合作社规模发展。其中具有特色的有康乐中药材专业种植合作社，流转土地620亩，种植紫菀、白芍等4个优质中药材品种，年均经济效益预计可达200万元以上；封丘荆乡回族乡下大力度调整农业种植结构，不断培育农业发展新的增长点。投资100万元建成了一个占地235亩的无公害蔬菜大棚，年获利180万元，带动劳动力210人，人均年收入增加5000元，投资1200万元对后荆乡村树莓种植基地进行了扩建，带动劳动力300人，人均年收入增加3000元。

三、招商引资取得实效

2015年民族乡通过改善招商引资环境，创新招商引资方式，开拓招商引资渠道，实现招商引资新突破，固定资产投资和项目建设拉动民族乡（镇）经济社会发展。郏县姚庄乡继续深化“招商决定发展，招商决定未来”的理念，开工建设河南蕴钰实业有限公司物流产业园项目，总投资6亿元，固定资产投资5亿元。续建了河南立科达医疗器械有限公司项目；民权县伯党回族乡投资2亿元在县高新区开工建设河南恒宇食品有限公司，项目投产后达到年产1.5万吨烘培糕点、2万吨膨化食品、1.5万吨豆制品的能力；镇平县郭庄回族乡招商引资上项目工作取得新突破，引进福建客商，投资800万元，建立镇平县宏祥蔬菜包装厂，拉长了蔬菜产业链条，满足了本乡及周边农业公司包装箱需求；洛阳瀍河回族乡有针对性地筑巢引凤，拟定、筛选、引进了一批符合乡长远规划的项目。全年签约亿元以上项目 5 个，开工亿元以上项目 6 个，竣工亿元以上项目 2 个；宁陵县城关回族镇在招商引资工作中紧紧围绕家居、农资等主导产业，新建工业项目 3 个，分别是投资 2000 万元的宁陵县众和鞋业有限公司、投资 7500 万元的丰四方复合肥二期项目与投资 4500 万元的吉世爱手套有限公司项目。

四、民营经济健康发展

全省民营经济通过强化领导，加大投入，优化环境，政策驱动，积极引导等措施，民营经济在民族乡（镇）迅速发展，呈现出了皮革制品、交通运输、饮食服务、食品加工、畜牧养殖等产业格局。2015 年各民族乡（镇）克服经济下乡压力，工业经济持续发展，乡镇企业总产值 269 亿元，年净利润总额 225 亿元。其中，工业企业总产值达到 157 亿元，比上年度增长 5%。袁店回族乡建立完善袁店籍在外成功人士及回乡创业人士的电子信息库，促进民营经济发展，其中，姜庄村个人投资 2000 万元的南阳品上品项目，年可产 2 万吨清真食品，有效解决就业岗位 200 个；荆乡回族乡重视养殖业发展，投资 100 万元，新增肉羊养殖场一个，年出栏肉羊 10000 只；禹州市山货回族乡依托周边环境，以机械制造工业转型发展为抓手，多措并举，强力推进，签约项目 5 个，签约资金 2.3 亿元，其中省外资金 1.5 亿元，壮大和提升机械配件生产；伯党回族乡养殖业呈现良好的发展势头，形成了以伯东、伯南、伯西为中心的三个大型养殖基地，以“公司+农户”的养殖模式。建规模化养殖场 6 座，肉牛存栏近万头、羊 3.6 万余只，蛋鸡、鸭达 80 余万羽。目前，伯党已成为河南省最大的羊肉贩销地之一；郏县姚庄回族乡打造金镶玉文化名片，以金玉坊和昊龙金镶玉为龙头，强化产品创新能力和资源管理能力，提升产品档次，利用淘宝平台，拓宽销售渠道，做大做强金镶玉加工产业；平顶山叶县马庄回族乡积极引导畜产品加工企业发展，努力增加产品科技含量，不断拉长产业链条，增强产品市场竞争力，把金牛足公司、迪可集团等作为龙头企业重点培育对象，不断提高畜产品加工能力。金牛足公司新建科研楼一栋，研制开发新产品 110 多个，申请国家专利 50 多项。

五、基础设施逐步改善

21 个民族乡（镇）实现了乡乡通水泥路，所辖 206 个行政村全面完成道路“村村通”工程，电力、广播电视、邮政、电话“村村通”。有 190 个行政村吃上安全卫生自来水，占行政村总数的 92%，其余已全部列入计划，正在分批实施。各民族乡不断加强基础设施建设，提高群众生产生活条件。淮阳县投入资金近 300 万元，实施了新道路硬化工程，争取资金近 300 万元，为孟楼、左庄、华林新村近千户村民接通了自来水，硬化白阁、孟楼、从庄等村内道路 3.5 公里。禹州山货回族乡高度重视基础设施建设，今年投资 50 余万元完成了雷庄村、路庄村、齐庄村的文化广场建设，完成了中心学校的设备更换，投资 130 万元对乡中学，投资 10 万元对中心小学进行全面维修。瀍河回族乡加大投入，乡文化站、社区服务中心、社区诊所、安全饮水、道路硬化、路灯亮化、美化绿化等农村基础设施逐步完善。颍桥回族镇总投资 1500 万元，对全镇所有农田的井、电、路、桥、涵进行了全面提升，新修田间生产路 10.5 公里，新打机井 51 眼，洗井 54 眼，新安装变压器 16 座，完善了田间水网、路网、电网，基本建成了标准化农田，改善了群众的生产条件，实现了旱涝保收。许昌艾庄争取“村村通”、“一事一议”和扶贫项目资金共 120 多万元新修了 5 个村的水泥公路和排水沟项目，通过各个项目建设，大力改善乡交通落后的基础状况。漯河繁城回族镇加强农业基础设施优化升级，投资 1300 万元，对 12 个行政村 2.8 万亩耕地进行基础设施升级，惠及群众 2.1 万人，修建机耕水泥道路 12 公里，新打机井 115 眼，新建桥涵 73 座，新疏通沟渠 4 条 1900 米，从根本上改善涉及村庄的农业基础设施，实现井相通、沟相连、旱能浇、涝能排。

六、社会事业稳步推进

21 个民族乡（镇）内建有学校 203 所，教师 9729 人，在校学生 16 万人，少数民族适龄儿童入学率达到 99%以上。21 个民族乡（镇）卫生院条件持续改善，民族乡（镇）所在地有各类医院、卫生院 48 所，有村级卫生室 205 个。21 个民族乡（镇）实现新型农村合作医疗制度全覆盖。敬老院、文化科技大院等一批少数民族公益事业在民族乡（镇）兴建。21个民族乡（镇）建有图书馆 49 个，文化站 24 个、村文化活动室 161 个。郭庄回族乡把关乎群众生产生活的社会事业放在首要位置，全乡 4 个回族聚居村达到每村一座清真寺、一所回民学校，充分满足少数民族群众教育、医疗及宗教信仰需求。繁城回族镇全面发展民生事业，投资 120 万元，新建中心幼儿园一处；对立项二中、韦寺学校教学楼进行改造，不断改善卫生医疗条件，新建大杨、前杨、司马、南街村级示范性卫生室各一处，村级医疗水平持续提升，文化基础设施逐步完善。按照“以村为主，乡镇奖补”的办法，鼓励各村自行修建文化广场。目前，全镇已建成 24 个村级文化广场、在建 4 个，满足了群众物质文化需要。21 个民族乡（镇）坚持以民族团结宣传月、民族团结进步创建活动、“民族团结一家亲、同心共筑中国梦”等活动为载体，组织形式多样、群众喜闻乐见的文艺演出、民族知识竞赛等活动，营造宣传民族政策、落实民族政策、促进民族团结进步、经济社会发展的良好氛围。2015 年，21 个民族乡（镇）在民族关系方面未发生矛盾纠纷，保持了平等、团结、互助、和谐的民族关系。

（撰稿　王霞　　审稿　郭瑞疆）

湖北省

2015 年，湖北民族经济工作在省委、省政府的正确领导和国家民委的具体指导下，坚持以大力推进湖北武陵山试验区建设为统领，继续深化“616”对口支援工程、省内部分市对口支援民族地区县市工作机制，结合精准扶贫精准脱贫要求，切实落实各项民族优惠政策，民族经济工作取得了显著成绩，圆满完成了全年工作任务。

一、全力推进湖北武陵山片区建设

2014 年 12 月，省委出台《关于加强和改进新形势下全省民族工作的意见》，制定了 12 条支持武陵山试验区发展的差别化政策措施，并明确将 2011 年制定的加强武陵山试验区建设的 20 条支持政策延长实施到 2020 年。结合实施精准扶贫精准脱贫战略要求，省委、省政府将国家武陵山集中连片特困地区和我省武陵山少数民族经济社会发展试验区“两区合一”、统筹推进，出台了《关于全力推进精准扶贫精准脱贫的决定》，进一步强化了省级差别化支持政策。成立了由书记为组长、省长为第一副组长的高规格扶贫攻坚领导小组，并于 2015 年 12 月召开了湖北武陵山片区扶贫攻坚推进会，省长亲自部署了片区建设和新一轮扶贫攻坚工作。将龙凤示范区建设作为全省实施“一元多层次”战略体系的重点，制定了《关于加快推进来凤县建设武陵山龙山来凤经济协作示范区的意见》。贯彻李克强总理关于恩施市龙凤镇在扶贫开发方面先行先试的指示精神，出台了《省政府关于推进恩施市龙凤镇综合扶贫改革试点工作的实施意见》，书记、省长分别召集专题会议推进落实，全年实施项目 75 个，完成投资 6 亿元，累计完成投资 33.93 亿元。推动金融支持试验区扶贫开发，2015 年，国开行湖北省分行向湖北武陵山片区发放贷款 55 亿元，农发行湖北省分行与恩施州签订协议，确定“十三五”期内向恩施州提供总额不低于 300 亿元的中长期信用额度，支持扶贫搬迁和基础设施建设。

二、深入实施“616”对口支援工程

省委、省政府制定并印发了《省领导联系贫困县（市、区）工作制度》（鄂办文〔2015〕44 号），将省领导联系贫困县和联系“616”对口支援民族地区县市相结合、与精准扶贫精准脱贫相结合，发展了我省创造的“616”对口支援工程这一民族工作品牌。省领导全年分别召集了 10 次“616”工程对口支援民族地区县市协调会议，支援各县市建设资金 34.7 亿元。持续推进省内部分市对口帮扶民族地区县市工作机制，武汉、襄阳、宜昌等 9 个市 2015 年帮扶民族地区各县市资金 1.6 亿元。省委、省政府进一步加大支持民族乡工作力度，将散居少数民族

发展资金由360万元提高到1200万元、民族村发展资金由150万元提高到370万元，从2015年起纳入省财政预算。进一步推动我省创造的“1+1”帮扶民族乡工作机制，省直有关部门帮扶12个民族乡资金2.5亿元。根据书记、省长亲自批示要求，省武陵山办协调省直9家部门，提出了松滋市卸甲坪土家族乡参照执行武陵山片区政策的意见，各部门分别加大了支持力度。

三、积极推进少数民族特色村寨保护与发展试点工作

对“十二五”时期全省少数民族特色村寨与发展试点工作进行了总结，梳理了项目，完善了数据库。对我省少数民族特色村镇情况进行了摸底，为申报“十三五”村镇建设试点项目奠定基础。举办了全省少数民族特色村寨保护与发展试点工作培训班，组织重点地区负责人赴贵州考察了村寨建设的先进经验。

四、认真贯彻落实民贸民品政策

联合省财政厅、人民银行武汉分行对2015年新申报民贸企业进行了评审，认定了102家新增企业，全省民贸企业总数达到1157家。认真落实民品民贸企业贷款贴息政策，全年贴息1.6亿元；与省财政厅配合，下达了2015年度民贸企业网点建设和民品企业技术改造专项资金695万元。启动了民品民贸企业“千家培育百家壮大”工程，制订了方案，收集了申报材料，对申报企业名单进行了汇总统计。与湖北出入境检验检疫局联合调研我省民族地区农产品出口工作，并联合下发了《关于支持民族地区扩大农产品出口的意见》。与中南民大、三峡大学、湖北民院、湖北工业大学等高校、会计事务所合作，建立了湖北省民族经济领域专家库。

五、做好少数民族专项资金的分配管理工作

按照新预算法、财政扶贫资金管理制度的要求，及时下达了2015年度中央少数民族发展资金和省级少数民族专项资金、2016年度提前批中央少数民族发展资金。全面调研了我省清真食品行业发展现状，设立并下达了120万元清真食品行业专项补助资金。开展了少数民族传统手工艺品试点工作，与恩施州联合设立了省州少数民族传统手工艺品展示厅。

（撰稿　周巍　　审稿　李爱旻）

湖南省

2015年，湖南省84个散居民族乡（镇）干部群众，在当地党委、政府的坚强领导下，坚持发展第一要务，深入贯彻落实上级决策部署，开拓创新，攻坚克难，全省民族乡（镇）经济社会发展步伐加快，综合实力迈上新台阶。

截至2015年末，全省乡镇区划调整后，湖南省84个民族乡（镇）总面积11434平方公里，有1274个村民委员会。总人口1394159人，其中少数民族人口856362人，少数民族人口占民族乡（镇）总人口达61.42%。

一、经济实力持续增强

全省84个民族乡（镇）实现农林牧渔业总产值970542.07万元，同比增长20.06%；公共财政收入55211.14万元，公共财政支出54545.72万元，同比分别增长32.9%、31.22%。全省民族乡（镇）企业有从业人员42093人，乡（镇）企业总产值989702.84万元，其中工业企业总产值635220.86万元，乡（镇）企业年净利润总额104714.02万元。全省民族乡（镇）农作物总播种面积2223525.52亩，粮食产量658753.48吨，同比增长21.81%；肉类总产量203316.98吨，同比增长112.33%。农民人均纯收入3835.38元，同比增长13.98%。

二、基础设施日臻完善

2015年末，全省84个民族乡（镇）的1274个

行政村中，已通公路的村有 1249 个，已通自来水的村有 818 个，已通电的村有 1269 个，已通电话的村有 1246 个，已通邮的村有 1237 个，基础设施建设步伐加快，人民生产生活条件更为便利。

三、民生事业持续进步。

2015 年，全省 84 个民族乡（镇）有农民合作社 780 个，农民合作社成员 28093 户；有农业技术服务机构 130 个，农业技术服务机构从业人员 423 人。全省民族乡（镇）共有学校 441 个，在校学生 101234 人，教师 6958 人；有图书馆 121 个，文化站 122 个，村文化活动室 1262 个；有医院、卫生院和村卫生室 1174 个，医生 2344 人，病床 2215 张。

（撰稿　伍雄智　　审稿　曹承明）

广东省

广东省有 7 个民族乡，其中瑶族乡 5 个，壮族瑶族乡 1 个，畲族乡 1 个。行政区划面积为 1383.3 平方公里，占广东省总面积的 0.77%，年末人口 83125 人，其中少数民族人口 38445 人，占广东省少数民族总人口的 1.12%。

2015 年，全省 7 个民族乡深入贯彻落实中央民族工作会议和全省民族工作会议精神，紧紧围绕建设宜居宜游生态乡镇这条主线，以生态资源为依托，以发展民族特色产业为抓手，经济社会继续保持平稳快速发展，群众生产生活条件得到进一步改善。

一、经济实力显著增长

近年来，全省民族乡得到长足发展，经济实力迅速提升。2015 年，民族乡完成农林牧渔业总值 65463 万元，同比增长 7.83%；公共财政收入 4582.43 万元，比去年增长 23%；农民人均纯收入 9506 元，同比增长 28.15%。

二、基础设施不断改善

各民族乡多渠道整合资金，大力推进农村基础设施建设，城乡面貌发生显著变化。截至 2015 年底，全省 7 个民族乡 50 个行政村已全部通公路、通自来水、通电、通电话、通邮。特别是近年来，随着乡镇人口日益增多，一些民族乡还积极筹措资金，实施自来水扩容工程，有效缓解了群众饮水不足问题。如连州市瑶安瑶族乡投入 96 万元实施镇区安全饮水工程，惠及群众 2000 多人。东源县漳溪畲族乡投入 2460 万元，建设高标准农田。

三、工业发展形势喜人

2015 年，7 个民族乡工业总产值达到 14.61 亿元，比去年增长 47.94%。怀集县下帅壮族瑶族乡利用水资源优势，发展小水电业，全乡共有水电站 9 个，总装机容量 3500 千瓦。东源县漳溪畲族乡新型旋窑水泥聚集区建设顺利推进；市、县重点项目—河源市金杰环保建材有限公司总产量 193.7 万吨，产值 37781 万元；辉科建材发展有限公司特种水泥生产线技改完成，白水泥年产能力提升至 25.8 万吨，年产值达到 15550 万元，企业产品已成为广东省著名商标和名牌产品。

四、农业经济效益继续提高

2015 年，各民族乡大力发展现代农业，注重培育特色产业。全年完成农林牧渔业总产值达 65463 万元，比上年增长 7.83%。农作物总播种面积 139894 亩，比上年增长 3.46%；粮食作物播种面积 70424 亩，粮食产量 25340 吨。阳山县秤架瑶族乡依托山区优势资源，种植反季节蔬菜、水果、药材，发展特色生态农业，并利用高寒气候发展广东第一峰万亩高山云雾茶、灵芝、冬菇、木耳等名优土特产。始兴县深渡水瑶族乡柑桔种植面积近 3000 多亩，年产值超 800 万元，采取“公司+合作社+基地+农户”的模式鼓励群众养蜂，全乡共养蜂户达 600 多户 6500 多箱，年生产蜂蜜 15 万斤，年产值达 750 万元。东源县漳溪畲族乡的板栗、沙糖桔、五指毛桃等特色产业保持良好的发展态势，畲族风情特色旅游业蓬勃发展，农民收入显著提高。连州市三水瑶族乡着力调整农业产业结构，大力发展优质、高产、高效的经济性养殖业，建立 2000 多亩茶叶种植基地，产生了良好的经济效益。

五、社会事业稳步推进

一是巩固教育创强成果，继续改善中小学教学环境。2015 年末，民族乡共有学校 18 个，在校学生 4372 人。各乡规范化学校覆盖率达 100%，各中小学校体育卫生和艺术教育基本条件达标率均达到 100%，学前教育入园率达 90%以上，小学学龄儿童入学率达 100%，初中毛入学率达 99%以上，龙门、蓝田等 7 个民族乡全部被评为全省教育强镇（乡）。二是积极挖掘保护少数民族文化。各民族乡注重培养年轻一辈学习瑶族刺绣、纺织等瑶族手工艺，传承并弘扬瑶族文化。蓝田“瑶族舞火狗”、漳溪“畲族招兵节”、下帅“春牛舞”、三水“瑶族布袋木狮舞”和漳溪畲族“蓝大将军出巡”、下帅壮族“壮狮舞”分别被列入省级和市级非物质文化遗产名录；漳溪“黄龙岩畲族风情景区”被授予“全省民族团结进步教育基地”，三水瑶族乡被评为“广东最美丽乡村”。截至 2015 年末，民族乡有公共图书馆 6 个，文化站 7 个，村文化活动室 73 个。三是建立健全公共卫生和医疗服务等卫生监督体系。医疗卫生网络进一步完善。民族乡共有医院和卫生院 7 个，村卫生室 58 个，病床 127 张。继续巩固全覆盖式新型农村合作医疗和城镇居民医疗保险，切实解决农民看病贵的困难，民族乡医疗卫生服务网络进一步健全，医疗救护保障功能进一步提高。四是大力推进民生保障工程。各民族乡关注社会弱势群体，将农村家庭人均收入 2508 元以下、居民家庭人均收入 3300 元以下的贫困户以及五保对象全部纳入低保救济范围并办理了居民医疗保险，积极为群众办理城乡居民养老保险，基本实现老有所养。

（撰稿　方莉　　审稿　李秀英）

广西壮族自治区

广西壮族自治区有 59 个民族。其中，瑶族乡 46 个，苗族乡 10 个，侗族乡 1 个，仫佬族乡 1 个，回族乡 1 个。59 个民族乡行政区划面积为 18677.6 平方公里，占广西总面积的 7.86%，年末总人口 1128759 人，其中少数民族人口 854214 人，占广西少数民族总人口的 3.99%。

2015 年，在各级各部门的大力支持下，全区 59 个民族乡经济社会事业进一步发展，基础设施建设进一步加强，人民生活条件得到进一步改善。

一、经济实力稳步增长

2015 年，民族乡经济发展稳中求进，大部分指标同比增长。59 个民族乡实现乡镇企业总产值 57.53 亿元，比 2014 年同比增长了 7.39%。实现农林牧渔业总产值 66.16 亿元，同比增长 6.25%。公共财政收入 4.39 亿元，同比增长 35.49%，高于全区财政收入 7.9%的增速；公共财政支出 4.87 亿元，同比增长 14.59%。

二、民生问题持续改善

2015 年，民族乡基础设施建设明显加强，群众生产生活条件显著提高，民生问题持续改善。截止 2015 年末，全区 59 个民族乡 593 个行政村中，已通公路的行政村有 590 个，占 99.49%；已通自来水的行政村有 472 个，占 79.6%；已通电的行政村有 593 个，占 100%；已通电话的行政村有 593 个，占 100%；已通邮的行政村有 516 个，占 87.02%，均比上年有所增加。

三、社会事业蓬勃发展

2015 年，各级党委、政府不断加大对民族乡社会事业发展的扶持力度，逐步改善中小学办学条件，完善乡镇两级卫生体系。2015 年底，全区 59 个民族乡有各类学校 638 所，比上年增加 7 所；教师人数 6362 人，在校学生 10.66 万人。民族乡医疗卫生条件逐步改善，民族乡所在地有各类医院、卫生院 68 所，有村级卫生室 600 个。59 个民族乡建有图书馆 38 个、文化站 59 个、村文化活动室 476 个。

四、农民增收任务较重

2015 年，总体来说，59 个民族乡经济总量小、综合实力弱，工业化、城镇化水平仍然较低，扶贫开发和农民增收任务较重。其中，有 43 个民族乡位于全区 54 个贫困县。除了柳州市三江侗族自治县高基苗族乡、桂林市兴安县华江瑶族乡、桂林市平乐县大发瑶族乡、百色市右江区汪甸瑶族乡和河池市宜州市北牙瑶族乡，另外 54 个民族乡农民人均纯收入水平均低于全区农民人均纯收入 8247 元。2015 年，民族乡工业企业总产值 32.07 亿元，比去年同比减少 14.62%。

（撰稿人　王珊　　审稿人　覃汉华）

重庆市

2015 年，民族乡经济进一步发展，基础设施建设进一步加强，人民生活进一步得到改善，社会事业有了长足进步。

2015 年，重庆市辖有民族乡 14 个，98 个村民委员会。已通电的村 98 个；已通公路的村 98 个；已通电话的村 98 个；已通邮的村 70 个；已通自来水的村 87 个；民族乡行政区划面积 1422.5 平方公里。年末总人口 166387 人，其中少数民族人口 72897 人。

2015 年，重庆市民族乡农林牧渔业总产值 115862.5 万元；农作物总播种面积为 499992 亩；全年粮食总产量为 95033.9 吨；全年肉类总产量达到 16310.7 吨；人均纯收入 8844 元。

2015 年，重庆市民族乡有学校 32 个，在校学生总数 9823 人，教师总数 775 人；图书馆、文化站共 43 个；医院、卫生院 17 个，医生 184 人，病床 233 张；农业科技与服务单位 16 个，中高级农业技术人员 106 人。

（撰稿人　陶先涛　　审稿人　向远道）

四川省

1984 年以来，四川省先后建立过 128 个民族乡。由于行政区划调整和城镇化步伐加快，有 30 个民族乡相继撤乡建镇或两乡合并，截止 2015 年，全省共有 98 个民族乡，行政区划面积 1.67 万平方公里。民族乡总人口 80.56 万人，其中少数民族人口 37.35 万人，占民族乡总人口 46.4%。

四川民族乡分布在全省 12 个市（州）的 29 个县（市、区），大部分位于盆地边缘或高原向盆地过渡的高山峡谷地带，散杂居地方的民族乡还与云南、贵州、重庆、湖北、陕西等省市的民族地方毗邻。

2015 年民族乡经济不断发展，基础设施进一步改善。有村民委员会 652 个。其中，已通公路的村 650 个，占 99.7%；已通自来水的村 520 个，占 79.8%；已通电的村 645 个，占 98.9%；已通电话的村 636 个，占 97.5%；已通邮的村 520 个，占 79.8%。已通快递村 224 个，占 34.3%；已通网络村 479 个，占 73.4%。

2015 年，全省民族乡农业总产值 62.6 亿元，工业总产值 66.8 亿元，粮食总产量 40.3 吨。民族乡财政收入 8.45 亿元，财政支出 8.81 亿元，人均纯收入 8653 元，比上年增加 908 元，增长 11.7%。

2015 年，全省民族乡共有 279 所学校，在校学生 7.67 万人，教师 4949 人。图书馆 124 个，文化站 143 个，村文化活动室 575 个。医院、卫生院 113 个，医生 887 人，病床 1179 个。村卫生室 522 个。

（撰稿　李学华　　审稿　荣跃泽仁）

贵州省

2015 年贵州省各民族乡在各级党委、政府的领导下，坚持主基调主战略，坚持发展为要、民生为本、企业为基、环境为重的工作理念，牢牢守住发展和生态两条底线，牢牢抓住改革开放关键一招，认真贯彻国务院颁布的《民族乡工作条例》，积极争取上级各部门大力支持，努力增强自我发展能力，促进了民族乡经济社会又好又快发展。

一、基本情况

2015 年，全省民族乡 193 个，占全省　个乡镇（办事处）的　%，占全国民族乡总数的 20.4%，居全国第一，共有 2093 个村民宗委员会，占全省 16612 个村民宗委员会的 12.6%，行政区划面积 2.04 万平方公里，占全省行政区划面积的 20.8%。年末总人口 425.72 万人，占全省年末常住人口的 12.0%，少数民族人口 236.8 万人，占民族乡总人口的 55.6%。财政收入 26.2 亿元，支出 23.79 亿元，保持收入相对平衡，略有节约。农村居民纯收入达 6796 元。民族乡大多分布在较偏远地区，因劳动力外出和返回比较频繁，常住人口总量受此影响变动幅度较大，2015 年末民族乡年末总人口较上年有所下降。

二、2015 年民族乡经济社会发展状况

（一）农民人均纯收入大幅上升

全省 193 个民族乡中，农民人均纯收入在 2000 元以下的乡有 0 个，比上年减少 1 个；2000—3000 元的乡 1 个，比上年减少 1 个；3000—4000 元的乡 4 个，和上年持平；4000—5000 元的乡 16 个，比上年减少 13 个；5000－6000 元以上的乡 25 个，比上年减少 68 个，6000-7000 元以上的乡有 80 个，比上年增加 23 个，7000 元以上上的乡有 67 个，比上年增加 41 个。2015 年全省农民人均纯收入为 7387 元，161 个民族乡在全省平均水平以下，占民族乡的 83.4%；32 个民族乡在全省平均水平以上，占民族乡的 16.6%；1 个民族乡处在现行贫困标准线以下。

民族乡农民人均纯收入增长变动情况表

农民人均纯收入（元）	2014 年	2015 年	2015 比 2014 增长（%）
2000 以下	0	0	-100
2000-3000	2	1	-50
3000-4000	4	4	0
4000-5000	29	16	-44.8
5000-6000	93	25	-73.1
6000-7000	57	80	10.3
高于 7000	26	67	157.7
省平均水平以下	170	161	-0.05

（二）科教文卫事业发展加快

2015 年，全省民族乡 1735 个中小学拥有在校学生 47.93 万人，拥有教师 2.99 万人，在校生比上年减少 3.46 万人，教师数比上年减少 2400 人。师生比为 1:14。平均每个教师负担的学生人数比全省少 6 人，比民族地方少 0.3 人。

民族乡拥有医院、卫生院 222 个，村级卫生室 2103 个，各类病床 4494 张，各类医生 2780 人。民族乡每 947 人拥有一张床位，每 1531 人拥有一名医生。

农村基层科技文化事业主要表现为农技机构、人员和文化场所的的建设。乡级图书馆、文化站及村办文化室分别为 82 个、200 个和 1818 个。平均每 2.35 个民族乡拥有 1 个图书馆，每个民族乡拥有 1 个文化站，每个民族乡拥有 9 个村级文化室。农技推广服务机构 227 个，农技推广服务从业人员 1543 人。

（三）基础设施建设大幅提升

截止 2015 年末，民族乡共设 2093 个行政村，其中：已通公路的村 2006 个、已通自来水的村 1753 个、已通电的村 2093 个、已通电话的村 1828 个、已通邮的村 935 个。分别占民族乡行政村总数的 95.8%、83.7%、100% 、87.3 %、44.7%。

（四）农业产业化发展加快

农林牧渔业总产值为 219.3 亿元，比 2014 年增

加 28.6%，农作物播种面积 867.1 万亩，粮食总产量 126.3 万吨，农民合作社 2206 个，比上年增加 586 个，农民合作社成员达 29045 户，为民族乡今后的跨越发展打下良好的基础。

三、存在的主要问题

（一）农村贫困问题依然严峻。与 2014 年数据相比，在总数减少 18 个民族乡的基础了，“五通”村的通路、通水、通电村数相对有所增加，通电话、通邮村数相对有所减少，虽然数据反应基础设施投入大幅度提升，但相比城镇化交通建设速度发展较慢，农村自来水饮水工程投入较弱，通讯事业发展较快，群众拥有手机数量增加，书信投递业务减少。纵向比较，民族乡的发展虽然取得了较好的成绩，但与全省及民族地方平均水平相比仍然存在明显差距。有些民族乡虽然已经解决了温饱问题，但基础不牢，极易返贫。民族乡生产生活基础设施建设落后，由于起点低，仍未从根本上得到改善，民族乡“五通工程”（通电、通路、通水、通电话、通广播电视）任务十分艰巨。

（二）民族乡师资力量不足。从民族乡统计数据看，在校学生减少是计划生育国策的周期性影响，与全省全国的大趋势一致；民族乡居民居住分散，教学点或学校相应设立分散，师生比在 1:10 左右比较理想，目前的师生比例反映了民族乡仍缺乏师资的现状。

（三）民族乡公共医疗资源不足。民族乡因撤乡变镇人口不降反增，但医生数、病床数却较大下降，公共资源投入不足，民族乡医疗卫生发展速度虽在大幅度提高，但与全省比较差距仍然很大。

（四）对民族乡关注力度不够。部分干部对民族乡的整体情况深入调查不够，分析研究不够，情况摸不清、底数搞不明、问题吃不透的现象还比较严重。有的还只停留在民族乡的数量、人口情况上，而对民族乡的经济发展、文化建设情况的分析不够，对地方之间和民族之间的比较研究不够，特别是对民族贫困状况了解不够，加上客观上近年民族乡撤乡变镇较为频繁，对统计工作带来不便，统计数据粗，分析对比浅，致使对民族乡工作分类指导不够，工作力度不够。

（撰稿　张发刚　　审稿　潘选）

云南省

2015 年云南省纳入统计范围的民族乡（镇）有 144 个，比上年减少一个，国土总面积 4.27 万平方公里，辖 1106 个建制村，总人口为 292.6 万人，比上年同期增长 4.1‰，其中少数民族人口 177.2 万人，占总人口的 60.6%。2015 年全省各民族乡（镇）在各级党委、政府的带领下，以民族团结进步示范区建设为统领，围绕“全面小康”这个目标，突出建设美丽乡村这个主题，夯实基础设施，完善社会保障和公共服务，进一步加快经济转型升级步伐，进一步完善农民持续增收的长效机制，健全扶贫机制，强化扶贫责任，深入开展民族团结示范创建活动，全省民族乡实现了经济动力加快转换、民生持续改善、社会和谐稳定的良好局面。

一、综合经济持续健康稳定发展

民族乡镇主要经济指标呈稳定增长态势。2015 年，实现农林牧渔总产值 240.7 亿元，比上年同期增长 8.8%，（不剔除物价因素，下同）；实现乡镇企业总产值 159.6 亿元，与上年基本持平。其中：工业企业实现总产值 110.6 亿元，比上年下降 4.1%；完成财政支出 18.8 亿元，比上年增长 13.9%；实现农村居民人均可支配收入 6464 元，比上年增长 13.4%。粮食生产继续丰收，畜产品、水产品、蔬菜生产保持稳定。

二、基础设施不断加强

2015 年，纳入统计范围的 144 个民族乡（镇）的 1106 个建制村，其中通公路村数 1106 个，占村委会总个数的 100%；自来水受益村 1077 个，占 97.3%，比上年提高了 1.6 个百分点；通电村数 1106 个，占 100%；通电话村数 1106 个，占 100%；通邮村数 1097 个，占 99.2%。乡镇公路通达率达 100%，通畅率 98%以上；建制村公路通达率为 100%，通畅率 80%以上。大力发展电子商务进农村建设，建制村通宽带覆盖率达 60%以上，已有相当一部分乡、村已开通农村电子商务服务。

三、农业基础地位不断稳固

各民族乡始终坚持农业的基础地位不动摇，继续严格保护耕地，稳定粮食生产；大力推进农业综合生产能力建设和绿色农业发展，建设支撑有力综合配套的农业基础设施和资源节约型环境友好型可持续发展农业，大力发展高原特色现代农业；大力推进农业科技进步，构建农业科技创新转化推广体系，实施新型职业农民培育工程，激发农业发展内生动力和活力。2015 年 144 个民族乡拥有农业技术服务机构 207 个，农业技术服务机构从业人员数 1661 人。农作物播种面积达 919.2 万亩，其中粮食播种面积 570.5 万亩，粮食产量达 160.1 万吨，比上年增产 4.3 万吨，比上年增长 2.8%，人均粮食产量 549.4 千克，比上年增加 16 千克，比全省人均粮食产量多 153 千克，粮食生产实现了连年增产。肉类总产量达 44.6 万吨，比上年同期增长 4.7%，人均肉类总产量 153 千克，比上年增加 8 千克，高于全省人均肉类总产量；在大力发展核桃、咖啡、茶叶等特色优势产业基地的同时，积极发展农民产业专业合作社。2015 年末 144 个民族乡有农民合作社 1967 个，比上年增加了 181 个，社员 10.7 万人，比上年增加了 2.5 万人。合作社的快速发展让农村群众从"单打独斗"的种植模式逐渐转变为"抱团闯市场"，使"指头"变成"拳头"，增强市场竞争力，提高资源利用率，带动群众的致富热情，为民族乡农牧业生产科学发展提供了有力支撑。

四、农村民生持续改善

各级党委、政府不断加大对民族乡社会事业发展的扶持力度，在项目安排和资金扶持上优先倾斜，民族乡教育、文化、卫生、科技等各项社会事业不断进步。2015 年 144 个民族乡镇有学校 1312 所，在校学生 33.5 万人，教师 2.2 万人，教育资源进一步优化，办学条件进一步改善，教学质量进一步提高。持续推进农村精神文明建设，现有乡文化站 144 个，所有民族乡镇都有文化站，有图书馆（规模较大的图书室）67 个，有村（行政村或自然村）文化活动室 1756 个，比上年新增 110 个，正在努力推进村文化活动室尽可能地覆盖到有条件的自然村。医疗卫生条件不断改善，所有民族乡都有卫生院，共有医院、卫生院 149 所，医生 1943 人，病床 3651 张，有村卫生室 1121 个，乡村医务人员 2246 人。城乡居民大病保险制度和新型农村养老保险政策已实现全覆盖。

五、民族团结社会和谐稳定

2015 年各民族乡深入开展民族团结进步宣传教育进机关、进社区、进学校、进村寨、进宗教场所活动；在农村普遍推行民族团结公约，开展民族团结进步示范创建活动，在宗教活动场所开展和谐寺观教堂创建活动，在边疆民族地区用民族语言文字开展民族政策和知识宣传普及，推进民族团结进步宣传教育活动和民族团结进步示范创建活动大众化、常态化。示范区建设责任书签订覆盖所有乡镇，延伸到村委会和寺观教堂，有力地维护了民族乡团结稳定大局。

（撰稿　易永红　　审查　陈新华）

西藏自治区

西藏自治区共有 9 个民族乡，分别为山南地区错那县勒、麻玛、贡日、基巴 4 个门巴民族乡、隆子县斗玉珞巴民族乡；林芝地区墨脱县达木珞巴民族乡，林芝县更章门巴民族乡，米林县南伊珞巴民族乡和昌都地区芒康县盐井纳西民族乡。

一、山南地区斗隆子县斗玉洛巴民族乡经济社会发展综述

（一）基本情况

斗玉珞巴民族乡位于隆子县东北方向，距县城129公里。是隆子县六个边境乡之一，也是山南地区唯一的珞巴族群众聚居地，全乡行政区域333平方公里，与印控塔克新和俯里、沙里地区相邻，边境线总长度为29公里，有3个对外通道。全乡有3个行政村，11个自然村，207户，659人，其中珞巴族56户201人，占总人口的34%，全乡劳力388人，联防队员22名，护林员171名，民兵22名，耕地面积484亩，森林面积25.5万亩，草场面积26.6万亩，牲畜总头数2334头（只 匹），享受边民补贴399人，2015年全乡农村经济总收入达到1235.09万元，同比增长18.15%，农村人均纯收入达到12182元，同比增长17.7%，人均可支配收入11398元，同比增长8.2%。

（二）农林牧业生产稳中求进

2015年全乡农作物播种总面积484亩，其中粮食播种面积322亩，油菜57亩，蔬菜65亩，其他作物40亩，蔬菜大棚26亩，粮食产量170.8吨、蔬菜产量65吨，全乡有放牧点21个，牲畜总头数2334头（只 匹），其中大畜2023头，小畜311只，新生仔畜484头，成活率98%；全乡农牧业发展态势良好；协调乡村兽医、驻村工作队等在开展好春秋两季重大动物疫病防治工作，免疫率达到100%。2015年全乡林地面积25.5万亩，研究制定完善了《斗玉珞巴民族乡森林防火工作方案》、《斗玉珞巴民族乡森林防火工作应急预案》、《斗玉珞巴民族乡护林员制度》等一系列规章制度，成立巡山小组，将隐患消除在萌芽状态。

（三）积极落实各项支农惠农政策

2015年共计落实支农惠农资金195万元，其中护林员工资86.6万元，边民补贴67万元，草补资金35万元，其他的各项补贴41.4万元；鼓励群众参与项目建设，2015年全乡实施12个项目（民宗项目2个），总投资831万元，群众通过项目增收107.1万元。

（四）教育卫生事业不断发展

2015年全乡共有1个教学点，学生30名，其中17名小学生，幼儿园学生13名，适龄儿童入学率为100%，初中入学率达到100%。设有卫生所1处，医生2名，全乡农牧民实现合作医疗，群众医疗参保率为100%，享受相关医疗政策待遇，全年有6名产妇住院分娩，住院分娩率达到100%，新生6名婴儿。

二、山南地区错那县贡日门巴民族乡经济社会发展综述

（一）基本情况

贡日门巴民族乡位于错那县西南部，距县城36公里，乡政府所在地海拔3245米，辖斯木、贡日两个村民委会，辖区面积175425亩，耕地面积158亩，草场面积97200亩，林地面积62500亩。全乡共有农牧民群众74户173人。

（二）农林牧渔业生产稳步向前

2015年实现农、林、牧、渔业总产值166.7万元，增长10 %。粮食总产量5吨，增长 1%。全乡牲畜总头数741头，粮食作物65吨，同比增长35.4%。年内农（牧）民人均纯收入11203元，增长8%。劳务收入140.46万元；其他收入185.65万元。

（三）打造特色、集体经济得到新发展

2015年大力发展农牧民特色产品合作社、野猪养殖基地等。农牧民合作社的特色产品门香和苦荞茶已于2014年8月投入生产，特色产品备受群众和旅客的喜爱，农牧民特色合作社为村集体带来了6万元的直接收入。野猪养殖基地规模不断扩大，截止2015年底全乡有猪棚20间，饲料仓库1间，现有野猪40余头，2015年出栏30头，为群众增收4万余元。

（四）精准扶贫工作有序开展

2015年全面开展了贫困家庭的调查摸底，建立了贫困家庭档案9户14人，其中五保户1户1人，低保户8户13人。完善扶贫对象动态识别机制，通过产业发展到户、素质提升到人、帮扶责任到人、档案建立到人，确保扶贫到户政策全面落实。为实施分类扶贫、制定帮扶计划和措施、确定扶贫内容、方法、途径和落实各项惠农政策提供可靠依据。

三、山南地区措那县吉巴门巴民族乡经济社会发展综述

（一）基本情况

全乡有 2 个行政村，4 个自然村，89 户，2015 年末总人口 202 人，其中少数民族人口 187 人，占 100%。全乡劳动力 112 人，享受便民补贴 9 人，护林人员 61 人。全乡农村经济总收入 383.45 万元，同比增长 6.5%。人均纯收入 10449 元，同比增长 14.07%。第一产业收入 167.29 万元，第二产业收入 44.77 万元，第三产业收入 171.69 万元，劳务输出收入 103 万元，同比增长 6.5%。全乡牲畜总头数 741 头，粮食作物 65 吨，同比增长 35.4%。全乡总面积 201.24 平方公里、耕地面积 542 亩，草场面积 147358.9 亩，林地面积 91604.5 亩。

（二）社会经济各项指标

2015 年，全乡农村经济总收入 383.45 万元，同比增长 6.5%。人均纯收入 10449 元，同比增长 14.07%。其中第一产业收入 167.29 万元，第二产业收入 44.77 万元，第三产业收入 171.69 万元，劳务输出收入 103 万元，同比增长 6.5%。全乡牲畜总头数 741 头，粮食作物 65 吨，同比增长 35.4%。

（三）农牧业生产稳中有升

2015 年收获小麦 11 吨，青稞 15.8 吨，荞麦 38.2 吨。群众参与以松茸为主的林下资源采集业户均年创收 1800 元。依托农作物优势，发展以种植苦荞为主和加工苦荞特色产业。2015 年大力发展荞麦系列产品，以村集体为主管理开发野猪养殖业，共创收 14 万元，集体创收 4 万元。农牧民专业合作社截至目前创收 30 万元，集体创收 9 万元。

（四）惠农惠民政策落实到位

2015 年总投资兴边富民项目 175.9 万元，受益群众达到 211 余人。落实各项涉农资金、各种政策性补贴、经费等民生资金共计 188.67 万元。

四、山南地区措那县勒门巴民族乡经济社会发展综述

（一）基本情况

全乡有 2 个行政村，4 个自然村，54 户，2015 年末总人口 132 人，其中少数民族人口 89 人，境内居住有门巴、藏族，占总人口的 70.2%。全乡总面积 363 平方公里，耕地面积 10.29 亩，草场面积 9.3618 万亩，林地面积 204.87 亩，平均海拔 2500 米。全乡劳动力 79 人，享受便民补贴 151300 元，2015 年实现国内生产总值 331 万元，人均生产总值 25075 元。第一产业收入 129.06 万元，第二产业收入 2.68 万元，第三产业收入 227.65 万元，劳务输出收入 84.7 万元，同比增长 6.7%。

（二）社会经济各项指标

2015 年全社会完成固定资产投资 23104 万元，增长 30 %。实现农、林、牧、渔业总产值 129.06 万元，增长 30%。粮食总产量 6.24 吨，增长 6%。年内农（牧）民人均纯收入 13791 元，增长 37%；城镇居民可支配收入 148.5 万元，增长 35%，现金收入 7585 元，同比增长 16%。

（三）农牧业生产不断发展

勒门巴民族乡农业主要以种植青稞、鸡爪谷、青椒等为主，牧业主要以养殖牦牛、黄牛、马等牲畜为主。2015 年全乡牲畜存栏数为 405 头，粮食产量为 6.24 吨，肉类产量 11 吨，奶类产量 64.42 吨，超额完成既定目标。

五、山南地区措那县麻麻门巴民族乡经济社会发展综述

（一）基本情况

全乡有 1 个行政村，3 个自然村，67 户，2015 年末总人口 156 人，其中少数民族人口 103 人，占总人口的 66.2%。全乡总面积 82.7 平方公里，耕地面积 68 亩，草场面积 61176 亩，林地面积 54990 亩，平均海拔 2800 米。境内居住有门巴、藏族。全乡劳动力 97 人，享受便民补贴 10 人，护林人员 53 人，2015 年实现国内生产总值 311.77 万元，人均生产总值 19683.5 元。第一产业收入 64.37 万元，第二产业收入 92.21 万元，第三产业收入 155.19 万元，劳务输出收入 91.2 万元，同比增长 7.4%。全乡牲畜总头数 223 头。

（二）社会经济各项指标

2015 年全社会完成固定资产投资 22041 万元，增长 27%。实现农、林、牧、渔业总产值 131.2 万元，增长 32 %。粮食总产量 8.45 吨，增长 10%。年内农（牧）民人均纯收入 10061 元；其他收入 26.46

万元。

（三）农牧业生产

麻麻门巴民族乡是半农半牧乡，耕地面积不大，牲畜数量不多，因此乡党委政府及时调整产业结构，以种植业为主线，2015 年争取到 5 万元资金，对 68 亩耕地围墙进行了维修及加固，扩建 41.6 亩的茶树地。2015 年全乡开办了 52 家“农家乐”和“家庭旅馆”，人均收入明显提高。

六、林芝市墨脱县达木珞巴民族乡经济社会发展综述

（一）基本情况

达木珞巴民族乡于 1988 年正式挂牌成立，下辖达木村、卡布村、珠村、贡日村 4 个行政村。4 个行政村均处公路沿线，均已实现通路、通水、通电、通信号。全乡总面积 800 多平方公里，平均海拔 1930 米，东与察隅县相邻，南与墨脱镇相接，西隔嘎隆拉与波密县毗邻，北与格当乡为邻，距墨脱县城 39.41 公里。全乡总人口为 302 户 1089 人（农业人口 253 户 1038 人），珞巴族 660 人，占 60.6%，门巴族 381 人，占 34.9%，汉族 18 人，藏族 30 人。

（二）社会经济各项指标

2015 年，全年农村经济总收入 1574.32 万元，同比增长 21.26%，平均农村居民纯收入 10330.76 元，同比增长 21.13%，在全县排名第二，人均现金收入 6559.41 元，同比增长 26.51%。

（三）农牧业发展情况

农牧业是达木珞巴民族乡的支柱产业。2015 年，粮食播种面积共 2073.80 亩，其中谷物 2042.80 亩，占总粮食播种面积的 98.51%；豆类 31 亩，占总粮食播种面积的 1.5%。粮食总产量达 561.69 吨。全年肉类总产量 98.37 吨，同比增长 1.76%。

（四）特色产业发展情况

一是将茶叶作为达木珞巴民族乡主导的特色产业。共计有 800 亩的茶叶种植基地，群众通过参与茶叶种植劳务收入，经济收入明显。二是发展野花椒、红米等配套特色产业。目前，达木珞巴民族乡共发展了 120 亩野花椒种植基地、30 亩野花椒育苗基地，100 亩红米种植基地效益良好。三是以达木珞巴小康示范村为示范发展旅游业。根据达木村发展规划，达木村将建成墨脱县珞巴特色民俗第一村，形成德兴代表门巴、达木代表珞巴的示范村寨，大力发展旅游业。截止 2015 年底，建成 5 户家庭式农家乐，其中扎西农家乐年收入达到 15 万元，效益初步体现。

七、林芝市巴宜区更章门巴民族乡经济社会发展综述

（一）基本情况

2015 年底，全乡人口 1322 人 303 户，劳动力 610 人。截止 2015 年底，全乡耕地面积 2855.3 亩。

（二）社会经济各项指标

2015 年全乡农村经济总收入达 2764.34 万元，比 2011 年增长了 2.1 倍；农牧民人均纯收入达到 13382.59 元（人均现金收入 8056.03 元），比 2011 年增长了 1.6 倍。

（三）农牧业发展情况

2015 年全乡农作物总产量 212.9 万斤，其中蔬菜产量 103.9 万斤；全乡共饲养牲畜 6147 头，肉食总产量 35.42 万斤。

（四）加快特色产业发展

2015 年打造了久巴村草莓种植基地，更章村经济林木和天麻种植产业，门仲村老排龙片区木耳种植产业，加快了农业产业结构调整，有效地促进了农民增收。

（五）教育卫生事业

更章门巴民族乡小学基础设施经维修、改造、新建，办学硬件基础取得极大改善。同时狠抓入学率，全乡适龄儿童入学率达 100%；建立健全了乡村卫生服务网络，推进了村级医疗卫生站的建设，落实了县乡两级医疗费用全免政策解决了农牧区缺医少药的问题。推动新型农村合作医疗保险制度，参保率达 100%。深入开展了以“美化家园”为主题的农村环境卫生综合大整治，村村建立环卫保洁队伍，发放了垃圾箱，建立了垃圾回收程序，极大地改善了村民的居住环境，提高了生活质量。

八、林芝市米林县南伊珞巴民族乡经济社会发展综述

（一）农牧业生产情况

2015 年，南伊珞巴民族乡农作物播种总面积为 1442.6 亩。其中：粮食播种面积 929.32 亩，油菜 288.4 亩、蔬菜 83.6 亩，其他作物 141.28 亩。粮油总产量

达 12.7 吨，蔬菜产量 86.5 吨，其他作物产量 20.5 吨。牲畜总数 2899（头、只、匹），其中大牲畜 1480（头、只、匹）。肉类总产量 60.9 吨，酥油产量 22.8 吨。出售家禽 825 只。

（二）发展特色优势产业

加强对特色农业的引导和扶持，围绕特色主题，组织、动员群众积极发展特色项目。2015 年全乡加强野生菌包种植的同时，在南伊村试种药材波凌瓜 50 亩，为南伊村 36 户群众户均增收 7353 元，为藏药园区种植不同品种的药材提供了经验，同时提高了群众参与藏药种植的信心和决心。

（三）旅游产业不断发展

结合南伊珞巴民族乡独特的地理优势和文化内涵，大力发展旅游业，培育旅游特色产品，引导群众创收致富。积极配合县政府同旅游公司协商，落实旅游惠民基金 97.58 万元。截止 2015 年底，南伊珞巴民族乡已拥有家庭旅馆 15 户，已上报需新建的家庭旅馆 10 户，预计增加农牧民就业岗位 33 人。2015 年，旅游商品饮食业为民族乡群众创收 88.2 万余元。加强农牧民的技能培训工作，全年开展或协助开展与发展特色旅游业有关的黑木耳、野生食用菌的栽培等培训共六批次，达 188 人次。

（四）教育卫生事业不断发展

南伊珞巴民族乡小学现有教职员工 30 人，在校生 122 人。适龄儿童入学率达 100%，在校生巩固率、教育“三包”经费到位率、初中适龄少年入学率均达到 100%，巩固率达 99.8%；全乡现有卫生院一所，村级卫生室 3 个，3 个行政村各配了 2 名村医。加强妇幼保健工作，建立健康档案，认真落实好“一孩、双女”及特殊子女家庭特别扶助制度。合作医疗账户覆盖率 100%，个人缴费率 100%，报销率 100%。

九、昌都市芒康县盐井纳西民族乡经济社会发展综述

（一）基本情况

纳西民族乡地处滇藏 214 国道线上，为西藏的东南大门。距芒康县城 112 公里，南与云南省德钦县佛山乡接壤。全乡面积 374.9 平方公里，其中森林面积 10337 公顷。现有耕地面积 3153.75 亩，人均占有耕地 0.77 亩；全乡辖 4 个行政村，21 个村民小组，833 户、总人口 5477 人。

（二）社会经济各项指标

2015 年全乡农村经济总收入达 8174 万元，同比增长 16%，劳务输出 5415 人次，劳务收入达 916.2 万元；实现旅游收入 1500 万元，完成固定资产投资 1.8 亿元，农牧民人均收入达到 10245 元，其中现金收入 8138 元。

（三）特色优势产业发挥作用

2015 年在全乡实施“支部+合作社+基地+农户”运作模式，教育引导群众种植葡萄和蔬菜，通过教育引导全乡已有 516 户群众加入到葡萄种植协会，完成 634.58 亩葡萄种植工作，为群众增收 300 万元。2015 年全乡共有 133 座大棚温室，土墙阳光温室 83 座，砖墙阳光温室 29 座，加入纳西乡蔬菜种植协会的有 42 户群众，种植蔬菜 120.53 亩。为群众增收 10 万余元。发展村级集体经济，通过成立大峡谷农牧民施工队、汽车运输队等，每年可为群众增收 150 万元。

（四）发挥旅游产业优势

依托国家“4A 级旅游景区”、“茶马古道”和大香格里拉旅游圈打造“三江”流域精品旅游区。扩大农民群众旅游从业人员，壮大“藏家乐”队伍，通过吃、住、娱一体化消费促进群众增收。2015 年通过争取资金 170 万元，扶持了 68 户藏家乐，每年可创收 200 万元左右，加达村注册资金 107 万元成立了康巴情旅游合作社，群众可创收 10 万元左右。

（撰稿　洛桑群佩　　审稿　金美）

陕西省

2015 年，面对经济下行压力增大的严峻形势，在国家民委和各级党委、政府的大力支持下，我省民族乡镇团结进取、攻坚克难，积极应对复杂多变的经济环境，着力推进经济持续健康发展，各项社

会事业取得新进步，人民生活质量和水平显著提高。

陕西是一个少数民族散杂居省份，有回、满、壮、苗、蒙古族等少数民族成份 54 个，少数民族人口近 20 万，总体呈大分散、小聚居态势。全省有三个民族乡镇，均为回族镇，分别是商洛市镇安县西口回族镇、茅坪回族镇和安康市宁陕县江口回族镇。三个回族镇总面积 746 平方公里，2015 年总人口 37942 人，其中少数民族 11618 人，占民族镇总人口的 30.6%。三个族镇共有 25 个村民委员会， 25 村全部通公路、通自来水、通电、通电话、通邮。

2015 年，全省民族镇乡镇企业从业人员 2003 人，乡镇企业总产值 81810.33 万元，其中工业总产值 64164 万元，乡镇企业年净利润总额 9531 万元；农林牧渔业总产值 16478 万元，农作物总播种面积 82315 亩，其中粮食播种面积 63753 亩。

2015 年，全省民族镇共有学校 22 所，在校学生总数 4063 人，教师总数 308 人；图书馆 17 个，文化站 3 个，村文化活动室 27 个。医院卫生院 3 个，其中医生 64 人，病床 62 张；村卫生室 29 个，医生 26 人。

（撰稿　马珂　　审稿　巴春山）

甘肃省

甘肃省境内有 34 个民族乡，民族乡面积 16365 平方公里，占民族地区总面积的 9.1%，民族乡总人口 32.2 万人，占民族地区总人口的 13.4%，其中少数民族人口 21.1 万人，占民族乡总人口的 65.5%，占全省少数民族总人口的 10%。全省 34 个民族乡中有 16 个回族乡，7 个藏族乡，7 个东乡族乡，1 个土族乡，2 个蒙古族乡，1 个裕固族乡，居住着藏族、回族、土族、裕固族、东乡族、蒙古族等民族，共有村民委员会 306 个，其中：有 11 个民族乡分布在自治州（县）内，有 23 个民族乡分布在散杂居地区。2015 年，全省民族乡在各级党委、政府的正确领导下，在各级民族工作部门的大力支持下，紧紧围绕与全国一道同步建成小康社会的总目标，各族群众同心同德、团结奋斗，经济社会保持了良好发展势头，群众生产生活条件得到进一步改善。

一、乡镇经济发展水平全面提升

全省民族乡以加快全面小康建设和地区发展为目标，不断发展壮大乡镇经济规模，因地制宜、分类指导，推动提升民族乡经济发展水平。2015 年，全省 34 个民族乡全年乡镇企业总产值达到 18.3 亿元，比上年增长 3.4%，其中：工业企业产值达到 16.5 亿元，比上年增长 9.3%。乡镇企业年净利润总额达到 1.74 亿元，比上年增长 4.2%。民族乡公共财政收入大幅增加，34 个民族乡财政收入达到 2.21 亿元，比上年增长 43%；财政支出达到 2.2 亿元，比上年增加 31.7%。群众收入大幅提高，34 个民族乡中农民人均纯收入达到 1 万元以上的有 4 个，最高达到 14767 元；10 个民族乡农民人均纯收入达到 6900 元以上，超过了全省平均水平。

二、农业基础地位不断巩固

各民族乡全面落实中央和省委各项惠农政策，以坚持发展现代农业为目标，不断推进电、水、路等农业基础设施和服务设施建设。积极培育特色农业企业、专业大户、农民合作社等新型生产经营主体，农业基础地位得到全面巩固。2015 年，34 个民族乡农林牧渔总产值达到 17.41 亿元，比上年增长 62%；农作物播种面积达到 105 万亩，比上年增长 53%，粮食总产量达到 18.58 万吨，肉类总产量达到 21 万吨。农民合作社达到 564 个，比上年增加 226 个；农业技术服务机构达到 88 个，比上年增加 3 个；农业技术服务机构从业人员达到 300 人。

三、农村基础设施逐步完善

各民族乡在省市和地方政府的正确引导下，积极主动争取基础设施项目建设，充分结合“双联”行动、“美丽乡村”建设、农村危旧房改造、人畜饮水工程建设等重大政策机遇，农村基础设施进一步完善，乡镇面貌得到了全面改善。目前，34 个民族乡大部分乡镇实现了通公路、通电、通自来水、通邮， 截止 2015 年底，34 个民族乡中已通公路村达到 293 个，已通自来水村达到 283 个，已通电村达到 306 个，已通电话村 299 个；已通邮村 297 个，比上年增加 26 个。

四、教育文化事业蓬勃发展

2015 年，民族乡全面落实教育事业各项政策，不断加大教育事业资金投入，民族乡教育教学条得到件进一步改善，加强教师队伍建设，教育教学质量得到稳步提升。截止 2015 年底，全省民族乡各类学校达到 233 所，在校学生达到 28735 人，教师人数达到 2429 人，实现了每个民族乡有学校、有专任教师。民族乡文化事业全面发展，截止 2015 年底，民族乡文化站达到 33 个，村文化活动室达到 293 个，实现了文化站、村文化活动室全覆盖，极大地丰富了群众文化生活，切实提高了群众文化生活质量。

五、医疗卫生事业取得新成效

民族乡医疗卫生体系进一步完善，民族乡卫生院达到“三配套”目标，每个行政村都拥有一所医疗点，医疗卫生基础设施条件全面改善。2015 年底，民族乡医院、卫生院数达到 43 所，其中：医生人数达到 350 人，病床数达到 467 张；村卫生室 254 所，医生人数达到 251 人。民族乡新型合作医疗工作顺利开展，群众因病返贫、因病致贫现象得到有效遏制，民族乡疾病防控、妇幼保健、卫生等工作全面开展，群众健康得到有效保障。

（撰稿　孔庆斌　　审稿　王宇卫）

新疆维吾尔自治区

2015 年，新疆维吾尔自治区共有民族乡 42 个，其中：哈萨克族乡 13 个，回族乡 5 个，柯尔克孜族乡 6 个，蒙古族乡 10 个，锡伯族乡 1 个，乌孜别克族乡 1 个，塔吉克族乡 4 个，塔塔尔族乡 1 个，达斡尔族乡 1 个。从区域分布看，南疆 9 个、东疆 4 个、北疆 29 个；其中边境县（市）24 个、农区 8 个、牧区 34 个。民族乡行政区划总面积 5.21 万平方公里，年末总人口达到 36.67 万人，其中少数民族人口 29.43 万人，占民族乡总人口的 80.26%。经济社会发展情况如下：

一、综合经济实力增强。

全区 42 个民族乡同其他乡镇一样实现了经济较快发展，综合经济实力显著增强的良好局面，为民族乡社会各项事业的发展和社会稳定奠定了基础。全年实现农林牧渔业总产值 70.4 亿元，比上年增长 14.38%。农作物播种总面积 213.75 万亩，增长 5.38%。其中粮食播种面积 164.11 万亩，增长 25.77%；粮食总产量 81.64 万吨，增长 10.47%。肉类总产量达到 10.6 万吨，增长 14.9 %。全区 42 个民族乡乡镇企业总产值达 20.46 亿元，其中工业总产值 11.99 亿元，乡镇企业年净利润总额 4.5 亿元，乡镇企业从业人员达到 9546 人。

二、财政收支实现增长。

2015 年，全区 42 个民族乡公共财政收入达到 6.77 亿元，比上年增长 11.32%。公共财政支出 7.65 亿，比上年增长 17.68 %。

三、基础设施日趋完善。

全区 42 个民族乡的 251 个村民委员会中，已通公路的村 249 个，占 99.2%；已通自来水的村 215 个，占 85.66%；已通电的村 251 个，占 100%；已通电话的村 244 个，占 97.21%；已通邮的村 242 个，占 96.41%。

四、社会事业取得进步。

2015 年，全区民族乡共有学校 105 所，在校学生总数 3.29 万人，教师总数 4387 人；图书馆 67 个，文化站 50 个，村文化活动室 231 个。农村三级卫生保健网建设情况良好，有卫生院 44 个，医生 555 人，病床 831 张；村卫生室 204 个，医生 262 人。农业技术服务机构 78 个，从业人员 321 人。

五、农牧民收入稳步增加。

2015 年，42 个民族乡农牧民人均可支配收入 11648.63 元，比上年增长 6.0%。其中农牧民人均可支配收入 1 万元以上的民族乡有 32 个，占 42 个民族乡的 76.1%；8000 -1 万元的 2 个，占比为 4.8%；5000 -8000 元的 6 个，占比为 14.3%；2000 元-5000 元的 2 个，占比为 4.8%；在农牧民家庭总收入中，非农业收入比重明显增加，主要包括农牧民家庭经营的第二、第三产业收入和乡镇企业、个体私营企业、转移劳动力等工资性收入。

（撰稿　木尼拉·阿布来提　审稿　姜国利）

民族经济工作综述

北京市

2015 年是“十二五”收官之年，在市委、市政府的坚强领导和高度重视下，北京市认真贯彻落实党的十八大和十八届三中、四中、五中全会和中央民族工作会议精神，抓达标、促发展，积极努力、狠抓落实，圆满完成了《北京市“十二五”时期少数民族事业发展规划》的各项目标任务，全市民族经济发展再上新台阶。

一、加快民族乡村经济科学发展取得新进展

2015 年，民族乡村发展取得了明显成效，经济总收入较“十一五”末增长 37.1%，基础设施、居住条件、生态环境、公共服务和社会保障水平均有了较大提高，农民人均劳动所得首次超过两万元，同比增长 10.2%，连续第 7 年数额、增幅高于全市平均水平。95.9%的民族村达到了全市或所在区人均劳动所得平均水平，超额完成“十二五”规划目标。

完成了 2014 年度少数民族乡村经济发展专项资金以奖代补考评工作。一是认真完善以奖代补考核指标体系。根据工作需要，会同市农委、市财政局、有关区民族工作部门对以奖代补考核方案进行了调整完善，突出强调“十二五”达标率，突出强调项目资金规范管理、“新三起来”和特色发展。二是认真分析年度发展数据。2 月底从市经管站提取 2014 年度民族乡村经济发展数据进行统计分析，并根据考核方案计算出有关区、乡镇和民族村的基础得分。三是认真做好考核组织工作。指导相关区按照要求申报参评奖项、准备参评材料，顺利完成现场集中考核。

连续第七年以市委、市政府名义成功召开全市少数民族乡村经济工作会。继密云县、怀柔区之后，第三次在少数民族乡村以现场会形式召开的大会。会上，市民委主任池维生作了全市少数民族乡村经济发展工作报告，表彰了 2014 年度全市少数民族乡村经济工作发展先进单位，通州区政府做了典型发言，市水务局、民革北京市委分别代表市级相关部门和民主党派交流了本单位对口帮扶少数民族乡村经济发展的做法。为今年打好全市少数民族乡村经济发展攻坚战，确保“十二五”规划目标任务圆满收官奠定了基础。

联合市财政局和农委共同举办促进少数民族乡村经济发展专题培训班，进一步规范少数民族经济发展资金的使用和管理，并对少数民族特色村镇建设、山区民族乡村搬迁等重点工作进行了具体解读。

进一步强化部门联动，积极开展对口帮扶。市级相关部门通过实地调研、召开座谈会、邀请专家考察等方式，制定切实可行的帮扶措施，为民族乡村的长远发展出谋划策和精准帮扶，进一步促进了少数民族乡村经济发展。

狠抓“十二五”规划中关于民族村 90%以上达标的目标落实。在 2014 年 89.5%以上民族村达到全市或所在区县平均水平，基本实现规划目标的基础上，多次深入各区县指导民族村经济发展巩固和提升工作。10 月份，召开专题工作会，要求各区县逐村落实经济发展情况，确保规划目标圆满完成。

二、大力推进清真食品行业发展取得新进展

注重关注少数民族群众民生需求。春节期间，在西城、朝阳等 6 个区县的部分社区，采取直营直销形式，组织开展清真食品社区展卖活动，展卖商品包括清真生鲜肉类产品、清真熟食、清真小吃、清真糕点等，为首都各族群众提供放心、优质、平价的清真食品，保障首都群众欢度春节。贯彻落实市政府平抑牛羊肉价格对少数民族群众特殊生活影响的工作部署，会同市民政局、财政局共同组织各区县完成全市 10 个有清真饮食习惯的少数民族低保群众 2015 春节一次性生活补助发放工作，共计 2561 人，76.83 万元。

注重专项资金（清真）的使用管理工作。引入第三方机构评审，积极会同市财政局完成对 2014 年度专项资金（清真）扶持项目的绩效考核工作。明确扶持范围和有关要求，组织各区县开展了 2015 年专项资金（清真）项目组织申报工作。聘请第三方

机构对各区县上报的项目进行了考核评审工作，并将考核结果作为确定专项资金扶持的重要依据。

完成全市范围内新版清真食品相关牌证设计、制作和换发工作。按照体现时代性、民族性、规范性和首都特色的思路，甄选有资质和经验且熟悉清真饮食文化的公司进行了新版清真食品相关牌证的设计工作，先后采取书面、座谈等多种形式，广泛征求了相关处室和区县、北京市伊斯兰教协会和北京烹饪协会清真专委会、部分民族政策监督员、清真食品企业和有清真饮食习惯的少数民族消费者等各方面的意见，在对设计方案进行了反复修改完善的基础上最终研究确定。新版牌证于 7 月 1 日下发至各区民族工作部门。通过在东城区举行首发仪式、印发宣传折页、加大网络媒体宣传，积极推动换发工作。

发挥协会作用促进清真食品行业发展。成功举办了第八届北京清真美食文化节。方案、协调、培训、组织等，本届清真美食文化节的成功举办，集中展示了我市清真食品工作成果，达到了“宣传民族政策、促进民族团结、拉动清真消费”的目标，受到广大少数民族群众和社会各界的欢迎和好评。是举办清真餐饮企业高端经理人研讨班，共同分析行业形势，交流经验，促进共同发展。编制《三年行动计划》，引导清真食品行业发展方向。

着手研究制定针对首都 10 个有清真饮食习惯的少数民族居民牛羊肉价格补贴机制。针对我市人大、政协提案中较为关注的牛羊肉价格高位运行对首都 10 个有清真饮食习惯的少数民族居民生活的影响，会同相关部门积极探索建立具有清真饮食习惯的 10 个少数民族居民牛羊肉补贴机制。经过细致缜密的调研和多方商讨，形成初步的机制框架，积极征求各方意见。

注重规划目标贯彻落实。围绕 2015 年底完成全市 200 个规范化清真食品专柜的规划目标，在组织对现有清真食品专柜进行复核评审的基础上，指导各区县加大对专柜的规范和提升，严格甄选新纳入的专柜资格，截至 2015 年末，全市规范化清真食品专柜保有 205 个，保质保量完成规划目标。

三、认真贯彻落实国家政策取得新进展

帮助定点生产企业充分享受国家政策。全年审核定点生产企业享受流动资金优惠利率贷款 9 笔共 2.23 亿元，贴息额度达到 642.24 万元。

开展民品企业流动贴息贷款情况检查督导。会同市财政局、中国人民银行营业管理部完成了由财政部驻京专员办主导的对北京市 2013-2014 年度少数民族特需商品生产企业贷款贴息资金工作的清算审核工作。北京市 2013-2014 年度相关工作得到财政部驻京专员办的认可和肯定。

召开全市“十二五”民品工作总结会。会同市财政局、人民银行营业管理部部门共同对相关金融机构和定点企业进行培训。

（撰稿　沙海涛　　审稿　范宝）

天津市

2015 年，天津民族经济工作在委党组的正确领导下，坚持以深入学习贯彻中央和市民族工作会议精神为工作主线，以贯彻市委十届六次、七次全会精神和“三严三实”专题教育为指导，紧紧围绕委（局）中心工作，把握中心，服务大局，努力推进民族经济工作再上新水平。

一、积极推进民族乡村经济社会加快发展，切实提高少数民族群众生活水平

（一）注重推动落实，促进民族乡村加快发展。一是，开展低收入民族村调研。下发低收入民族村经济发展情况调研通知和帮扶工作专题通知，书面形式全面了解全市民族村基本发展情况以及帮扶组、帮扶规划、帮扶项目等情况。同时，深入全市相关涉农区县和部分低收入民族村，与区（县）、乡（镇）、村（街）负责人面对面座谈，实地走访，掌握一手材料，共同找出制约发展的问题和对策。经过充分调研和数据的汇总、分析、整理，撰写完成“关于我市低收入少数民族困难村经济发展情况的调研报告”，为进一步有的放矢地推动全市低收入民

族村发展提供了参考依据。二是，配合市政协督办帮扶工作。5 月，陪同黎昌晋副主席和部分政协委员到蓟县部分低收入民族村视察；8 月，参加黎昌晋副主席主持召开的“关于促进天津市少数民族乡村经济和社会发展”专题协商会，与市财政、市农委等相关部门研商推动低收入民族村发展的相关工作。三是，研商市农委推动帮扶工作。为尽快将市领导批示落到实处，市民委副主任刘佩年带队到市农委就民族乡村经济和社会发展纳入“十三五”规划，推动民族乡村经济社会加快发展和落实低收入少数民族困难村结对帮扶工作进行沟通和协调。

（二）注重基础建设，促进特色村寨保护与发展。按照国家民委关于中国少数民族特色村寨保护与发展建设的有关要求，切实做好隆福寺满族村特色村寨保护和发展工作。一是，深入隆福寺村进行调研指导。委主要和分管领导多次带队深入蓟县孙各庄满族乡隆福寺村，实地了解情况，研究保护与发展的思路举措，就少数民族特色村寨满族特色民居的保护与修缮等工作提出工作意见。二是，组织村干部学习培训考察。为了支持隆福寺村编制好“十三五”特色村寨发展规划，促进村集体经济壮大和农民增收，发展具有满族特色的旅游农家院建设，结合结对帮扶工作，市民委组织部分孙各庄满族乡、村干部和村民代表一行 15 人赴河北省易县，学习少数民族特色村寨保护与发展工作的成功做法和先进经验。三是，落实少数民族特色村寨保护与发展专项资金项目建设。筹措资金 50 万元，用于支持隆福寺村 10 户民居改造项目，对具有满族特色的有满族风格的农家院和满族民居特色的仿古门楼进行修缮，突出了民族风格。

（三）注重民生建设，促进继续做好暖心工程。春节前夕，市民委想方设法筹集资金 54500 元对全市 53 个民族村的 109 户少数民族特困低保户家庭进行了慰问，切实把党和政府的关怀送到少数民族困难群众的手中。

二、依法加强清真食品市场监管，切实维护少数民族群众合法权益

（一）着力“顶层设计”，组织专项整治。“8·12”事故后，市民委第一时间协调市食安办，联合下发《关于依法加强我市清真食品安全监管暨集中开展清真食品市场专项治理整顿工作的通知》。市市场监管委、商务委、农委、出入境检验检疫局及各区县政府高度重视，认真按照文件要求明确责任分工，制定实施方案，自 9 月至 12 月组织开展了为期四个月的全市清真食品市场集中专项整治。先后深入到北辰、红桥、滨海新区等 8 个清真食品工作重点区和市商务委等 3 个市级相关部门走访调研，听取情况，指导落实。经初步了解，在专项整治工作中，各区县建立和完善了食品安全部门牵头、民族工作部门配合的工作协调机制，清真食品的依法监管纳入了食品安全与市场监管的日常工作，相关政策法律法规的宣传面进一步扩大，清真食品生产经营活动得到有效规范，专项整治效果显著。

（二）配合立法调研，参与法规起草。为提高清真食品管理法治化水平，2015 年市人大将清真食品管理列入立法调研任务。积极配合市人大做好市人大主任肖怀远和市人大副主任王宝弟对清真食品企业的调研工作，协助组织有关区县、部门、企业就清真食品产业发展和市场监管进行座谈。同时，根据全市清真食品依法监管的工作实际，就《天津市清真食品生产经营管理条例》初稿，提出修改意见。

（三）做好提案办理和投诉处理工作。一是，会同市科委、市中小企业局，共同研商市人大十六届三次会议代表提出的“关于落实少数民族企业帮扶政策的建议”，沟通落实措施。二是，全年共接处涉及清真食品投诉与意见 16 件，均在第一时间指导属地化解了矛盾纠纷，消除了不稳定隐患。三是，针对天津市第三食品加工厂退出市场经营的情况，积极协助市商务委，妥善做好该厂 150 吨清真牛肉储备平稳过渡到其它储备企业。

（四）做好信用信息归集和监督检查工作。一是，根据市政府统一要求，对实行备案以来各区县上报的清真食品企业备案信息进行数据归集、录入和实时更新，确保清真食品企业情况及时准确呈现，方便查询监督。二是，制发通知，对本系统信用信息归集的依据指标、市和区县的职责分工以及程序要求进行规范，形成制度化管理。三是，根据全市统一部署，完成随机联查准备，各区县民宗办根据随抽情况投入联查工作。

三、做好“十二五”期间民族特需商品相关政策的落实和规范工作，促进我市民品企业健康发展

（一）深入调研，全面总结“十二五”期间天津市民族特需商品生产供应和政策落实情况。一是，上半年，按照国家民委相关文件要求，通过制发调研提纲、调查表，电话沟通和实地走访等方式，全面了解我市民品的生产供应和政策落实情况，形成近万字的调研报告，在总结十二五政策落实工作的同时，针对存在的问题为国家十三五政策调整提出了建议。二是，在上半年整体调研的基础上，根据企业在落实政策中的不同情况，分类调研，有针对性的深入走访，发现典型、传播经验，发现问题、协助改进。

（二）进一步规范民族特需商品定点生产企业优惠政策落实工作。一是，发文明确要求。按照国家民委相关文件精神，根据实际情况，制定并下发一套表格式台账模板，重点突出、简单易填，同时就民族特需商品展示室（柜）、完成时间等对各定点企业提出明确要求。二是，检查推动落实。多次深入定点企业规范台账和展示室（柜），并按照要求完成了本年度基础档案归档工作。三是，接受国家民委莅临指导。陪同国家民委相关处室负责同志深入定点企业，指导规范政策落实工作。四是，配合财政部专员办做好审核。与市财政局相关处室多次到专员办，就共同规范定点企业优惠政策落实工作进行政策宣传以及情况沟通和研商，配合其开展对全市 2013、2014 年全部享受优惠政策企业的相关审核，做好服务和衔接工作。五是，严格按照相关规定要求，做好 2015 年度我市民族特需商品定点生产企业流动资金贷款优惠利率额度审核工作。

（三）加强服务，促进定点企业健康发展。一是，督促企业做好安全生产检查工作。8.12 事故后，第一时间通过电话向滨海新区清真食品定点企业进行慰问、了解相关情况，并要求企业做好危险隐患排查，确保清真食品企业安全生产。 同时，我们把督促企业做好安全生产大检查工作作为定点企业调研工作中的一项内容，并对各企业不同形式的善举进行了解和肯定。二是，帮助企业排忧解难。协调有关部门，及时落实有关企业变电站增容，消除安全隐患，满足正常生产；支持老字号清真食品定点企业填补资金缺口，完成技术改造。

四、做好全国民委系统对口支援西藏新疆工作

按照全国民委系统对口支援的工作部署和要求，及时上报《2013 年以来我市民委系统对口支援西藏新疆帮扶项目汇总表》和《2014 年对口支援西藏新疆工作总结及 2015 年工作计划》，积极与西藏昌都市民宗局和新疆和田地区民宗委加强联系，函商两地民族工作的实际困难以及希望援助的建设项目，分别拨付两地民宗委（局）工作经费各 15 万元，用于受援方添置和更新办公设备，提高工作效率。在全国民委系统对口支援新疆西藏工作会议期间，我委分管领导深入新疆和田地区实地调研，并与西藏自治区及昌都市相关负责同志进行了专题座谈。

（撰稿　刘飞　　审稿　刘佩年、常屹）

河北省

2016 年，在国家民委的指导帮助和省委、省政府的正确领导下，我们认真贯彻落实中央民族工作会议、全国民委主任会议和省民委委员会议精神，紧紧扭住“发展”这个第一要务，突出政策落实、突出倾斜照顾、突出引领带动、突出创新发展、突出借力造势，持之以恒，真抓实干，奋力推动全省民族地区经济社会发展和少数民族群众民生改善。

截至 2016 年底，9 县实现地区生产总值 1143 亿元，比上年增加 70 亿元，比上年增加 6.5%；城镇居民可支配收入 24923 元，农村居民人均可支配收入 8447 元，分别比上年增加 5.8%和 2.1%。少数民族群众生产生活质量有了显著提高。

一、持续推进民族工作社会化，现场办公再创佳绩

我们在推动建立省、市、县三级民委委员工作

机制的基础上，更加注重发挥相关部门支持民族工作、参与民族地区发展的积极作用。在2016年度的省政府赴民族地区现场办公活动中，注重帮扶项目谋划、注重前期沟通对接、注重政策资金争取、注重项目资金落地生效。搭建联谊平台，让省直帮扶单位与受助县深度接触，把少数民族的期盼传达到省直部门，激发帮扶热情。2016年现场办公创新高，47个省直部门共支持隆化、滦平两县项目451个，支持资金92.22亿元。其中，支持隆化县项目207个、资金44.34亿元；支持滦平县项目244个、资金47.88亿元。帮扶资金是2011年隆化、滦平两县现场办公的2倍，再次实现历史突破。为办实办好此次现场办公，我们抓住关键节点，全力推动现场办公项目对接，省民委委员会后我们开展第一轮项目对接，各部门支持资金仅37亿元，借助推动重大项目契机进行第二轮对接，资金总额增至49.52亿元，现场办公时间确定后进行第三轮对接，资金总额突破80亿元，会前我们再次协调两县与省直部门开展第四轮对接，资金总额定格92.22亿元。许宁副省长指出这次现场办公较以往更加注重协同、更加积极主动、更加突出精准、更加注重长远，体现了各级对民族工作的重视和支持。国家民委经济发展司彭泽昌副司长出席现场办公会议，并对我省现场办公工作给予高度评价。我省现场办公工作，在全国民族经济工作暨民族地区经济形势分析现场会上典型发言，介绍经验。截至目前，省直各部门共落实项目421个、资金97.2亿元，分别完成承诺数额的93.3%和105.4%。其中落实隆化县项目187个、资金46亿元，完成承诺数额的90.3%和96%；落实滦平县项目234个、资金51.2亿元，完成承诺数额的95.9%和107%。绝大多数部门的项目资金已全部落实到位，部分2017年承诺落实的项目正在抓紧督办，争取尽快落实到位。

二、努力建设民族工作大格局，京津冀民族工作协同发展取得阶段性成果

为主动融入京津冀协同发展大局，我们将促进京津冀民族工作协同发展作为河北民族工作的“一号工程”。厅主要领导始终盯紧每一个环节，多方协调运作，全厅相关处室共同配合，集中攻坚。2016年4月份，在石家庄成功举办京津冀民族工作协同发展座谈会，三省市民委主要负责人共同签署了《共同推动京津冀民族工作协同发展合作框架协议》，就三方协办共同建设民族团结教育基地、做好少数民族流动人口工作、帮助自治县（民族县）民族乡发展、打造少数民族特色村镇示范带、扶持少数民族实体经济、构建民族教育发展平台、促进民族文体科技交流、加快少数民族人才培养、维护民族领域和谐稳定等9个方面合作达成一致，标志着京津冀民族工作协同发展取得阶段性成果。起草《关于进一步推进京津冀民族工作协同发展的实施意见（代拟稿）》，就广泛深入开展民族团结进步创建活动、互动推动京津冀少数民族特色村镇建设、扶持民族实体经济发展、推动民族教育事业发展、加强少数民族流动人口服务管理、建立京津冀民族关系协调联动机制等做出具体安排，定出实化措施，努力将京津冀民族工作协同发展引向深入。

三、全力打造民族工作新亮点，环京津少数民族特色村镇示范带建设成效显著

我们科学规划少数民族特色村镇布局，在民族地区、坝上草原、清东、西陵等重点区域增加村镇数量，形成片区，便于集中打造。2016年，我省特色村镇建设总投资达4.55亿元，其中少数民族发展资金3704万元，地方财政资金1.38亿元，其他资金2.77亿元。共改建特色民居1766户，修建特色门楼826个，硬化道路137.7千米，安装路灯2884盏，栽种绿植12万棵、绿化面积33.17万平米，修建公厕、垃圾池746个，打饮水井34眼、铺设饮水安全管道95.2千米，建设民族文化广场10.5万平米，修建护村护地坝15.76千米，电网改造74千米，新打灌溉机井89眼、铺设防渗管道87千米，乡村旅游、种养殖等特色产业投入1.59亿元，技能培训4410人，为特色村镇全面建成小康社会奠定了坚实基础。环京津少数民族特色村镇示范带建设极大的推动了民族村的发展步伐，基础设施不断完善、村容村貌整体提升、特色产业发展壮大，少数民族群众得到了实惠。2016年，我省环京津少数民族特色村镇示范带工作列入国务院《“十三五”促进民族地区和人口较少民族发展规划》，这是我省民族专项工作首次列入国务院5年期综合规划的重点项目。同时，该示范带被列入省委省政府《关于坚决打赢脱贫攻坚

战的决定》（冀发〔2015〕27 号）和我省自行改革试点，纳入京津冀协同发展、生态文明建设、新型城镇化建设、城镇体系规划四个实施意见。我们召开全省少数民族特色村镇建设工作会，总结推广经验，明确目标任务，推动工作深化。

四、围绕全省工作大局尽职责，精准发力助推民族地区脱贫攻坚

我们会同省扶贫办从全省建档立卡贫困村中逐一筛选出贫困民族村 883 个、贫困人口 54.67，建立《全省少数民族地区贫困民族村台账》，摸清底数，不留死角，把精准帮扶落实到户、落实到人。以国家和省定扶贫开发工作重点县为重点区域，安排资金 2800 余万元，大力实施“百村帮扶”和贫困民族村精准扶贫工程，集中财力、对症施策，重点实施道路硬化、饮水安全、危房改造、技能培训、技术推广、特色产业发展等项目，解决了一大批民生民富难题。我们借省委省政府出台《关于加快我省民族地区发展的若干措施》契机，积极争取财政资金支持，省级发展资金从 1500 万元增加到 2500 万元，增幅达 67%，主要用于支持贫困民族地区加快发展。组织召开全省民族地区脱贫攻坚工作会议，交流工作经验，讲解政策措施，提出落实目标，挖掘整合资源，有的放矢精准扶贫，加快民族地区全面建成小康步伐。

（撰稿　靳磊　　审稿　王雪萍）

山西省

2015 年，山西省民族工作以党的十八大精神为指针，按照国家民委和省委省政府的安排部署，紧扣贯彻落实中央民族工作会议精神的主线，强化依法治理民族事务理念，细化工作措施，狠抓监督检查，推动民族工作再上新台阶。

一、以中央民族工作会议为契机，全面推进民族工作

山西省委、省政府高度重视民族工作。中央民族工作会议召开后，省委迅速召开全省领导干部大会，认真贯彻落实中央民族工作会议和习近平总书记系列重要讲话精神，省委书记王儒林紧密结合山西实际，从推动少数民族聚居村经济社会发展、加强城市民族工作、提高少数民族流动人口服务管理水平、完成对口援疆任务、加强对民族工作的组织领导等方面提出贯彻落实要求。全省各市各部门也结合工作实际，召开专题会议学习贯彻中央民族工作会议精神，研究制定加强民族工作措施。5 月 11 日，省委、省政府召开全省民族工作会议暨第六次民族团结进步表彰大会，在总结前五年工作的基础上，安排部署了当前和今后一个时期全省民族工作，大会从统一思想、提高认识，把握主题、突出重点，加强领导、队伍建设等 3 个方面，明确了加强和改进全省民族工作的思路和方向，要求以推动民族经济加快发展、促进民族交往交流交融和加强城市流动少数民族群众服务管理工作为切入点，做好新形势下我省民族工作。同时，省委、省政府制定下发了《山西省贯彻落实<中共中央、国务院关于加强和改进新形势下民族工作意见>重要举措分工方案》，提出了促进全省少数民族和少数民族聚居地方经济社会发展 15 方面 29 项具体措施，明确了相关单位职责，以确保把中央各项部署要求落到实处。

二、以聚居村扶贫工作为重点，不断加大扶持力度

2015 年，山西省将 23 个少数民族贫困村的扶持计划纳入新阶段扶贫开发规划，列入全省扶贫开发重点范围，加大扶持力度，把 6 个建档立卡贫困登记率在 20%以上的少数民族贫困村列入整村推进项目村，每村投入 50 万元用于特色产业发展，对其他聚居村的特困少数民族群众在小额信贷、安居工程、异地开发、教育扶贫、养老服务等方面给予重点扶持和帮助，同时，在安排以工代赈项目时，优先考虑少数民族贫困村。加强少数民族发展资金的使用、管理和监督工作，彻底改革少数民族发展资金分配管理方式，按照因素分配法将资金切块分配到县，实行责任、权力、资金、任务四到县。省民

委会同省财政厅研究制定新的《山西省少数民族资金管理办法》，科学规范资金使用、管理、监督工作。加强绩效考核，发挥考核评价的激励和导向作用，最大程度发挥资金的社会效益和经济效益。在加强日常监督基础上，对全省 2013 年-2014 年度少数民族发展资金使用情况进行了重点检查，未发现挪用、侵占等违规违纪问题。2015 年，虽受经济下行、农产品价格下滑等不利因素影响，我省少数民族聚居村人均收入达到 7813.79 元，较上年增长 6.6%，保持了稳健增长的势头。

三、以规范流程为抓手，推动特需商品优惠政策的落实

为更好地用实用好国家对民品企业的优惠政策，2015 年，山西省进一步完善了少数民族特需商品定点生产企业基础档案，在抓好政策落实的基础上，财政部驻省财监办、省财政厅、人行太原支行、省民委联合对全省 2013 年-2014 年享受国家贴息贷款的民品企业的贴息资金申请使用情况全面核查，进一步明确少数民族特需商品贴息贷款用途及流程，对不符合贷款规范的民品企业暂停享受优惠政策。2015 年，全省民品企业享受流动资金国家优惠利率贴息额 8479.69 万元，安排就业人口近 2 万个，有力地支持了地方经济的发展。

四、以完备机制为前提，多措并举促进清真产业健康发展

目前，山西省清真食品安全工作已纳入全省食品安全范畴。绝大多数市成立了清真食品监督管理领导组，各部门密切协作，形成了联动机制。同时，通过聘请穆斯林群众担任义务监督员，不断完善市场监管制度、推行网络化管理、加大监督考核、开展清真食品安全周宣传活动、坚持在重大节假日对清真食品生产经营场所大检查等多项举措，有效促进了清真食品领域的和谐稳定。

（撰稿　刘晋辉　　审稿　白源）

内蒙古自治区

2015 年是“十二五”的收官之年，也是民族工作兴边富民行动、扶持人口较少民族发展“十二五”规划的最后一年。在内蒙古自治区民委党组的正确领导和分管主任的具体指导下，按照国家民委经济发展司 2015 年工作要点、自治区民委 2015 年工作要点及经济发展处 2015 年工作安排，各项工作进展顺利，阶段性工作圆满完成，为 2015 年自治区民族宗教蒙古语文工作增光添彩，划上圆满句号。

一、认真贯彻实施民族工作两个专项规划

2015 年是贯彻实施国家兴边富民行动“十二五”规划、国家扶持人口较少民族发展“十二五”规划和内蒙古自治区兴边富民行动“十二五”规划、自治区扶持人口较少民族发展“十二五”规划的最后一年，全年围绕这条主线作了大量工作。

（一）完成规划的收尾、考评、验收和总结工作。通过中期评估和摸底调研，掌握规划实施中的短板和难点，有针对性的确定 2015 年重点工作目标，扶持资金围绕重点目标投入使用。制定规划考核验收评估工作方案，按计划分批次对 19 个边境旗市和 192 个人口较少民族聚居村进行考核验收，对“十二五”两项规划贯彻落实工作进行全面系统总结，配合国家民委搞好抽检复验工作。

（二）完成“十三五”规划编制前期工作。配合国家民委完成“十三五”规划编制前期在内蒙古自治区的调研工作、基础材料上报工作、规划草案论证工作，完成编制规划的前期调研工作。

（三）召开两个专项工作现场会。为全面总结“十二五”期间兴边富民行动和扶持人口较少民族发展两项工作，相继在呼伦贝尔市和包头市召开了全区两项工作现场会，达到了交流经验、开拓视野、相互学习、总结提高、鞭策激励、共同进步的目的。

（四）完成自治区人大专项评议和自治区政协专题协商工作。兴边富民行动被自治区人大常委会确定为自治区人大 2015 年专项评议工作，扶持人口较少民族发展工作被自治区政协确定为 2015 年度

专题协商工作，这是自治区人大和政协首次对民族工作开展的专项评议和协商。积极配合人大、政协做好相关工作，评议和协商工作取得圆满成果，获得了人大代表和政协委员的一致好评。

二、全面推开少数民族特色村镇保护与发展工作

2015 年紧紧抓住我区农村牧区实施“十个全覆盖”工程机遇，在全区农村牧区大力开展少数民族特色村镇保护与发展工作。通过摸底统计，全区有 100 余个少数民族聚居乡镇苏木、400 余个少数民族聚居村屯嘎查，按照“特色民居、特色产业、特色文化、村容整洁、民族团结”五位一体格局开展特色村镇建设工作。内蒙古自治区少数民族特色村镇建设工作突出地域特色、民族特色，各具特点，各有代表性，在资金投入上以地方为主，捆绑使用各类资金，集中打造亮点精品工程，不仅使少数民族文化得以保护和传承，而且通过发展牧家游、农家乐带动旅游产业发展增加农牧民收入，成为我区农村牧区新的经济增长极。

三、管理使用好少数民族发展资金，有力地促进了民族地区加快发展

（一）积极争取资金，助推民族地区加快发展。2015 年争取中央财政少数民族发展资金 36960 万元，比上年增加 1031 万元，自治区财政安排配套资金 7800 万元。会同自治区财政厅及时下拨资金额度，旗县市区累计确定和实施各类项目 925 个，极大地支持了少数民族和少数民族聚居地区经济社会发展。

（二）进一步完善少数民族发展资金管理使用规章制度。针对资金管理方式的转变，按照“资金、任务、权力、责任”四到旗县的要求，确定旗县市区在发展资金管理使用中的主体责任，进一步指导旗县市区规范项目确定实施流程，下发资金投向和使用的指导性意见，确保项目资金依法依规管理使用，发挥出更好的经济效益和社会效益。

（三）加大监督检查力度。今年由委主任、分管主任、经济处处长带队，分别深入到全区 12 个盟市资金使用量较大的旗县市区，开展了少数民族发展资金管理使用专项督查工作，实地调研了解地方管理使用少数民族发展资金的模式和效果，针对发现的问题及时要求整改，切实推动地方管理使用好资金，保证国家专项资金及时全额落实到位，把每一分钱都花在刀刃上。

四、认真贯彻执行国家民贸民品生产优惠政策，更好地满足少数民族群众生产生活特殊需求

（一）协调财政、金融等部门贯彻落实国家民贸民品生产优惠政策。2015 年全区民贸民品企业流动资金优惠利率贷款贴息 3.5 亿元，民贸网点建设和民品生产企业技术改造贷款贴息 1700 万元，有力的支持了全区上百家民贸民品企业发展壮大。

（二）会同财政厅、人民银行呼和浩特中心支行完成了 2015 年度民族贸易企业调整认定工作，截至目前全区民贸企业达到 791 家。

五、落实帮扶资金，完成定点帮扶、区域帮扶、联系帮扶任务

（一）2015 年落实定点帮扶兴安盟扎赉特旗扶贫资金 500 万元，其中 370 万元用于扶贫联系点沙日格台嘎查帮扶项目，加快了该村脱贫致富的步伐。

（二）2015 年对区域帮扶的呼伦贝尔市鄂莫两旗和额尔古纳市，在完成扶持人口较少民族发展和兴边富民行动工作的同时，进一步安排资金给予倾斜，全年共向鄂伦春旗投入资金 1293 万元，向莫旗投入资金 3155 万元，向额尔古纳市投入资金 2237 万元，有力地支持了三个旗市的发展。

六、完成民族统计工作

认真完成中国民族统计年鉴（2015 年）内蒙古部分撰稿统计工作。会同自治区统计局完成三个自治旗、18 个民族乡、19 个边境旗市基本数据统计上报工作。配合国家民委经济司完成 2015 年统计数据整理、校对、汇编工作。

七、其他工作

（一）中央民族工作和自治区党委民族工作会议精神重点工作任务分工中由经济处承担的牵头和配合工作；

（二）习近平总书记视察内蒙古回访调研十三

项工作建议重点工作任务分工中经济处承担的牵头和配合工作；

（三）巴特尔主席2015年政府工作报告中重点工作任务分工中经济处承担的牵头和配合工作；

（四）落实自治区稳增长、促改革、调结构、惠民生举措中重点工作任务分工中经济处承担的牵头和配合工作；

（五）自治区边防委员会《边防工作条例》中重点工作任务分工中经济处承担的牵头和配合工作，起草自治区边防工作会议民委交流发言材料；

（六）成民族地区民族统计报表填报工作；

（七）完成需纳入自治区“十三五”规划指标和重大项目报告；

（八）完成自治区民委全面深化改革中经济处承担的牵头和配合工作；

（九）完成民贸民品工作总结，配合国家民委完成少数民族企业能力提升研讨班建设工作，协调自治区财政、人民银行落实民贸民品优惠政策；

（十）完成区域帮扶工作，制定帮扶额尔古纳市俄罗斯族聚居区发展规划，联系鄂莫两旗帮扶工作，做好国家民委联系巴林右旗帮扶工作；

（十一）迎接全国政协调研检查，完成相关材料起草报送工作；

（十二）配合中央民族干部学院完成民族特色村寨研讨班内蒙古自治区参会工作；

（十三）配合国家民委、香港中华总商会完成人口较民族地区干部赴香港培训短期培训工作。

（十四）完成机关确定的走基层、转作风联系点活动。

（撰稿　李日树　　审稿　云冰）

辽宁省

2015年，面对新形势、新任务和新要求，围绕国家民委和省委、省政府关于民族工作的决策部署和基本要求，务实创新、努力作为，常抓不懈，高质量完成年度工作任务。

一、整合资源，设计载体，全力实施全省少数民族百乡万户惠民工程

以兴边富民行动、扶持人口较少民族发展、少数民族特色村寨保护与发展、民贸民品等工作为依托，整合资金、项目，在民族地区、边境地区和锡伯族聚居乡村实施“全省少数民族百乡万户惠民工程”。这项工程作为2015年省政府44件民生实事之一。受到各级政府、各级民委和各有关部门的高度重视，起到了推动民委经济工作、展示民委部门形象的作用，达到了群众满意、领导认可的良好效果。

（一）主要数据。全省共投入资金5.6亿元，其中少数民族发展资金1.4亿元，带动各方面资金4.2亿元；实施项目321个，其中发展生产196个，改善民生项目102个，实用技术培训项目23个；项目覆盖61个县（市、区），220个乡镇，409个村屯；项目带动农户总数69053户、18万人，其中少数民族农户41125户、11万人。对照省政府确定的实施300个项目、覆盖100个乡镇、4万少数民族农户受益的惠民工程指标任务，实现了全面超额完成。

（二）主要特点。一是高度重视。各市召开领导小组会议27次、民委系统会议54次，市委市政府主要领导批示4次、分管领导批示18次，市政府领导实地调研15次。二是协调有力。各地民委发挥综合协调职能和民委委员制度优势，合力推进工程。参与部门累计186个，落实项目71个。三是调研督导。结合“三严三实”专题教育活动，省民委集中开展“访民问效百乡行”活动，派出14个工作组，深入到14个市、53个县（市、区），对工程实施情况进行调研督导。四是注重宣传。国家级媒体宣传8次，省级媒体宣传26次，市级媒体宣传39次，省民委网站开设专题网页，发布信息38条。

（三）亮点纷呈。边境地区满族医药产业列入省政府重点培育产业集群项目库；锡伯族“稻梦空间”农业休闲观光项目，成为沈阳市名片；闫家满族特色村寨，成为沈阳市宜居乡村第一样板村；岫岩满族自治县淘宝特色中国岫岩馆项目，通过“互联网＋满乡特色产品”，潜力巨大；清原满族自治县

结合美丽乡村建设，重点打造民族特色旅游产业。

二、突出特色，设计“民字号”工程，精心编制民族工作“十三五”规划

（一）牵头全省民族工作“十三五”规划编制工作。开展专题调研，广泛征求意见，根据求发省长提出的“五个衔接”要求，编制了 1 个主体规划（少数民族事业规划）和 4 个部门规划（兴边富民行动规划、少数民族特色村镇保护与发展规划、扶持人口较少民族发展规划、少数民族语言文字工作规划）。《辽宁省少数民族事业“十三五”规划》经省政府常务会议和省“两会”审议，纳入省“十三五”23 个重点专项规划。其中，设计了 20 个体现中央民族工作会议要求、符合辽宁实际、民族工作特色鲜明的“民字号”工程。

（二）积极协调争取，将民族工作重要事项纳入省“十三五”《规划纲要》。省“十三五”《规划纲要》以“支持民族和边境地区发展”为题，单列一节，用了 13 行文字进行表述。

三、促进交往交流交融，认真开展民委系统对口支援工作

为贯彻落实全国民委系统对口支援新疆西藏工作会议精神，积极争取省援疆办在辽项目，争取资金 29 万元。组织新疆塔城地区、新疆生产建设兵团第八师、新疆生产建设兵团第九师（简称“一地两师”）交往交流交融参访团来辽学习考察。“一地两师” 交往交流交融参访团，由“一地两师”部分基层民族工作干部、民族团结进步模范、宗教界代表人士和创业致富能手组成，一行 62 人。在辽学习考察活动 7 天，先后到沈阳、大连和鞍山等地的 22 个参访点进行学习考察，行程近千公里，安全、顺利，达到预期效果。通过活动，促进了新疆与辽宁省际间交往交流交融，加强了民族工作部门联系和沟通，增进了两地民族干部和群众的了解和感情。

（撰稿　赵经纬　　审稿　施光磊）

吉林省

这次会议的主要任务是，深入学习贯彻中央民族工作会议、全国城市民族工作会议、全国民委主任和宗教局长会议精神，贯彻落实省委、省政府关于民族宗教工作的重要决策部署，总结 2015 年工作。

过去的一年，是我省民族宗教工作发展史上很不平凡的一年。习近平总书记到我省视察并第一站亲临边境民族地区，就加快民族地区发展和边疆建设作了重要讲话，再次强调“全面实现小康，一个民族都不能少”，充分体现了党中央对少数民族和民族地区的高度重视和深切关怀，极大地鼓舞了全省各族干部群众全面建成小康社会、实现“中华民族一家亲，同心共筑中国梦”的信心和斗志。一年来，我们紧紧围绕吉林新一轮振兴发展大局，牢牢抓住贯彻落实中央民族工作会议精神这条主线，以“三严三实”专题教育为动力，加强统筹谋划和顶层设计，注重机制载体创新，突出重点工作任务，强化依法管理能力，各项工作取得新的进展。

一、贯彻中央民族工作会议精神成效显著

省委、省政府高规格召开了吉林省民族工作会议暨第六次民族团结进步表彰大会，巴音朝鲁书记出席会议并作重要讲话，蒋超良省长主持会议，包括 10 位省委常委在内的 20 位省级领导出席了会议。我们精心做好会议筹备工作，并选树了 50 个模范集体和 100 名模范个人，在会上进行隆重表彰。同时，组织力量会同省发改委代省委省政府起草了加强和改进新形势下民族工作的实施意见，提出包括差别化支持政策等 7 个方面 33 条具体意见，从政策、项目和资金上强化对民族地区的支持。去年底以省委办公厅、省政府办公厅名义印发了实施意见的重点任务分工方案，明确了 53 项重点任务，落实了责任部门和工作要求。围绕贯彻落实中央和省民族工作会议精神，我们举办了 6 场民族团结进步模范事迹报告会、12 期系统干部和民族地区干部专题培训班，到民族地区、省属高校举办了 10 场专题讲座，引导

各族干部群众切实把思想认识统一到中央和省委关于民族工作的最新精神上来。我省贯彻落实中央民族工作会议精神的做法与成效，得到了中央专项督查组、全国人大专题调研组的充分肯定。去年 7 月份，国家民委在延边召开了全国民族自治州全面建成小康社会经验交流现场会，这是建国以来首次召开的自治州层面的会议，会上重点推广了我省贯彻落实中央精神、加快民族地区发展的经验做法。

二、促发展惠民生取得丰硕成果

深入实施兴边富民行动，突出抓好民族和边境地区惠民项目建设，落实少数民族发展资金 1.11 亿元，实施产业发展、基础设施等兴边富民 241 个。深入实施“百村万户”致富工程，落实资金 4000 万元，重点扶持 100 个民族村、带动 1 万余户群众增收致富。推动少数民族特色村镇建设，落实资金 1650 万元，支持 20 个特色村寨加强项目建设。协调落实资金 2100 万元，支持 3 个锡伯族村改善基础设施条件。抓好民贸政策的落实，争取网点建设和技改专项资金 610 万元，落实流动资金贷款贴息 4.4 亿元，推荐 40 家民贸民品企业纳入国家“千家培育百家壮大”企业范围。加强对少数民族发展资金使用情况的监管，建立绩效考评机制，对 15 个县（市、区）2013 年以来资金使用情况进行了全面检查。会同发改委起草了少数民族事业和兴边富民行动两个专项规划，目前已进入最后论证阶段。

三、民族文化教育工作实现新突破

精心组织参加第十届全国少数民族传统体育运动会，我省代表团夺得了 6 个一等奖、11 个二等奖和 13 个三等奖，在 34 个代表团中排名第十，创历史最好水平。巴音朝鲁书记就此作出“我省获得了优异成绩，展示了吉林形象和拼搏精神”的重要批示。省政府拿出 148 万元奖励资金，在延边召开了表彰大会，对取得优异成绩的运动员、教练员进行了表彰奖励。扎实抓好民族文化体育传承基地建设，命名挂牌了第二批传承基地，传承基地总数达到 28 个。启动民族乡镇民俗文化展示馆建设，制定了实施方案，召开了现场推进会，计划从 2016 年开始，利用 3 年时间，分三批完成 33 个民族乡镇展示馆建设。加强民族历史文化研究，《吉林省少数民族古籍总目提要》满族卷、朝鲜族卷和《翰苑·番夷部校译》等 3 部古籍付梓出版，《清代吉林馆藏档案史料选编 · 吉林蒙务》已编撰完成。成功举办了吉林省首届少数民族风情摄影展。创新民族语言文字工作，设立了朝鲜语文协作处，强化了东北三省朝鲜语文协作，加大了民族语文翻译培训和规范化、信息化、标准化工作力度。继续做好少数民族预科生和互换生培养工作，目前开办预科班的 16 所省属高校招收预科生数量达到 1151 人，互换培养大学生人数达 130 人。一年来，各地区也以保护传承民族文化为重点，充分利用民族传统节庆、重要纪念日等时间节点，组织开展形式多样的民族文化活动，丰富了各族群众的精神生活。松原市成立了蒙古族文化遗产保护协会；辽源市的满族文化风情展、通化市的端午节民族大联欢活动等，受到当地群众的欢迎。

四、城市民族工作有了新进展

探索建立城市社区民族工作新机制，将民族宗教工作纳入社区工作范畴，确定 15 个社区作为试点，投入 30 万元工作补助经费，并举办了试点社区干部民族宗教政策法规培训班。着眼保障少数民族群众特殊需求，协调实施回族等具有清真饮食习惯少数民族肉食补贴政策，2009 年以来全省累计落实补贴资金 4500 万元，2015 年达 1442 万元。会同省食药监局采取自查与抽查相结合的方式，对全省 1541 户清真饭店备案登记、悬挂标识牌、办理许可证等方面情况，进行了全面检查。加强与少数民族社团及代表人士的联系，指导民族社团搞好自身建设、依法依规开展活动，召开专题座谈会，组织开展重要节庆日走访慰问活动，为 31 个民族社团和 310 名少数民族代表人士免费订阅党报党刊和民族报刊。规范委属协会学会的管理，由直接管理改为业务指导，更好地发挥了民族社团的社会功能。一年来，各地紧紧围绕构建相互嵌入式的社会结构和社区环境、促进各民族交往交流交融，进行了有益探索。长春、吉林积极谋划在城区设立“少数民族服务站”。四平依托东关社区组建了“民族之家”，并在全市所有社区确定了民族宗教事务联络员。延吉市作为全国试点，在少数民族流动人口服务体系建设方面做了大量工作，积累了宝贵经验。

五、民族团结进步创建再上新台阶

深化民族团结宣传教育，充分利用各类媒体，以干部和青少年为重点，开展民族团结和中华民族共同体教育。举办“民族团结宣传月”活动，持续宣传民族团结模范典型事迹，营造各族群众自觉维护民族团结的社会氛围。组织实施“双十双百”示范创建工程，制定下发《关于深入推进民族团结进步创建工作的实施意见》，确定了新一轮100个示范创建单位和100名个人典型，投入补助经费150万元，支持示范单位加强建设。会同辽宁、黑龙江和内蒙古等省区开展民族团结进步“互观互检”活动，我省和谐发展、民族团结、文化交融、边疆稳固的良好局面，给考察组成员留下了深刻印象。抓好民族团结进步创建示范（试点）州、示范单位、教育基地等国家级创建试点，强化示范引领作用。延边州围绕示范州建设，组织实施民族团结宣传教育、民生质量改善、民族文化保护传承等八大工程，将创建活动纳入州委州政府重点工作目标体系，融入经济社会发展各个方面，进一步形成了高位运作、齐抓共管、全员参与的良好创建格局。

纵观一年来的工作，全省各级民族宗教工作部门同心协力、履职尽责、创新进取，取得了扎实成效，这为我们做好今年乃至今后一个时期的工作打下了良好基础。

（撰稿　全莉　　审稿　王喜年）

黑龙江省

2015年，黑龙江省民族经济工作在国家民委指导下，在省委省政府领导下，经民族战线共同努力，圆满完成了年初确定的工作目标和任务。

一、2015年民族经济工作总结

（一）完善工作制度，创新工作理念

根据《黑龙江省人民政府扶贫开发领导小组关于改革财政专项扶贫资金管理机制的实施意见》（黑政扶组字〔2015〕1号）精神，从2015年起，黑龙江省少数民族发展资金项目审批权限下放到县（市、区）。面对新形势和新要求，我省进一步完善了少数民族发展资金使用工作制度，出台管理办法，创新工作理念。

1.出台了《黑龙江省少数民族发展资金和项目管理实施细则》。为规范少数民族发展资金的使用与管理，提高资金使用效益，加强绩效考评，进一步丰富我们做好少数民族发展资金管理与使用工作的抓手和载体，从而破解工作中遇到的困难和问题。我们进一步创新思路、理念和观念，进一步增强担当意识、责任意识、大局意识，由我委和我省财政厅共同研究制定了《黑龙江省少数民族发展资金和项目管理实施细则》，于2015年6月17日以《关于印发〈黑龙江省少数民族发展资金和项目管理实施细则〉的通知》（黑族发〔2015〕43号）正式印发。《实施细则》共分8章，28款，明确了少数民族发展资金的使用原则、使用范围，严格规范了少数民族发展资金项目的申报、审批、备案、实施、管理和验收，并在资金管理、监督和绩效考评等方面做出了相关规定。

2.创新少数民族发展资金使用理念。在支持民族地区发展方式上，我们实现了由“输血功能”向“造血功能”转变，大力发展特色优势农业产业项目，积极引导少数民族发展资金牵动和吸引社会资金参与民族地区经济发展，探索少数民族发展资金滚动发展模式，不断增强民族地区发展的内生动力。2015年，全省用于扶持民族地区特色优势产业项目资金占到少数民族发展资金总额的70%，少数民族地区的内生发展动力正在形成。

3.统计工作形成制度化。突出统计工作重要性，统计工作形成常规化。全年完成了国家民委经济司统计处的民族地区经济数据监测报表（共118篇）的收集、审核和上报工作；完成了国家民委经济司扶贫处关于对人口较少民族聚居地区摸底调查表（200余篇）以及项目表（400余篇）的汇总上报工

作；完成了国家民委办公厅《中国民族年鉴》和《中国民族统计年鉴》的文字稿件（共 98 篇）部分和数据稿件（共 122 篇）部分的收集整理上报工作；于 7 月 14 日—16 日召开了民族地区网络系统培训班，对所涉及地区的 100 名统计人员进行专题培训；完成了黑龙江省民族乡村报表（800 余篇）的统计汇总工作。

经过半年多的谋划、考察和前期的调研等工作，与哈尔滨醒狮科技有限公司签订了未来五年的服务合同和框架协议。黑龙江省少数民族发展资金项目备案系统和数据填报系统升级后，在易查性、操作性、便捷性等方面将进一步提升。

（二）全面总结“十二五”工作，谋划“十三五”民族工作思路

2015 年是“十二五”规划收官之年，为全面总结“十二五”我省的民族工作，谋划好“十三五”开篇工作，我们对过去 5 年工作进行全面总结，同时开展了“十三五”规划的编制工作。

1.开展了“十二五”规划的贯彻落实和总结验收。按照《国家民委办公厅关于开展民族工作“十二五”规划总结评估和考核验收的通知》（民办发〔2015〕48 号）文件要求，我们在全省范围内开展了民族工作“十二五”规划总结评估和考核验收工作。通过走访调研、数据统计、各地（市）、县（市、区）自检自查后，对“十二五”黑龙江省民族工作 4 个专项规划完成情况进行了总体评估，截止 2015 年末，黑龙江省基本完成了兴边富民行动、扶持人口较少民族发展、少数民族事业和特色村镇保护与发展工作规划任务。

2.协调省直厅局共同发展少数民族事业。经规划评估和总结，对照《扶持人口较少民族发展规划（2011—2015 年）》任务目标“一减少、二达到、三提升”和“五通十有”，2015 年初，我省 75 个人口较少民族村中已经有 57 个村达标，18 个村在达标上存在一定困难。未达标原因主要集中在通村道路差、贫困人口多、人均收入低等方面，尤其通村道路达标困难大。为完成达标任务，我委和省发改委、省财政厅、省扶贫办沟通，并向省政府请示，恳请省政府协调相关部门对 18 个村给予重点倾斜，以保证我省人口较少民族村全部达到国家验收标准。省发改委、省扶贫办同意在安排资金项目时，对暂未达标的人口较少民族村给予酌情考虑。至 2015 年底，全省 75 个人口较少民族村全部达到考核验收标准。十二五期间，经我委积极协调，争取省财政厅支持我省少数民族传统村落村内公益事业建设资金 750 万元；省发改委支持人口较少民族地区建设“三供两治”等民生项目资金 2600 万元；支持边境县（市、区）建设项目 19 个，7890 万元等，形成全省共同发展少数民族事业的良好局面。

3.开展“十三五”规划编制工作。黑龙江省“十三五”期间计划编制民族工作专项规划 5 个，分别是兴边富民行动、扶持人口较少民族发展、少数民族事业、少数民族特色村镇保护与发展和内陆民族地区发展规划。我省的“十三五”民族工作专项规划编制由 2014 年 9 月正式启动，并开始了规划编制工作。一是成立规划起草组，确定了《全省“十三五”少数民族专项规划编制工作方案》。二是开展调研。采取资料调查，走访调研，召开座谈会等形式开展，重点从少数民族和民族地区的人口、资源、环境基本情况；经济及社会发展总体情况；民族团结稳定情况；城市少数民族工作情况及地方政府在扶持少数民族事业发展上采取的政策措施等方面对全省情况进行了调研，掌握第一手资料。三是进行研讨、交流。按照国家民族工作发展规划思路，结合我省要求和调研发现的问题，多次探讨、研究我省规划思路、目标、措施等内容。四是征求省直相关意见。由以往形成规划征求意见稿后再征求省直部门意见调整为邀请省直部门前期介入编制规划。印发了《黑龙江省民族事务委员会关于请协助做好民族工作“十二五”专项规划总结并提供编制民族工作“十三五”专项规划有关材料的函》（黑族函〔2015〕38 号），请省直 33 个部门提供相关材料，共同编制民族规划。

（三）发挥产业项目作用，牵动民族经济快速发展

我省逐步引导少数民族和民族地区开展特色优势产业项目建设，以产业项目支持少数民族和民族地区经济社会发展，带动了少数民族和民族地区经济社会蓬勃发展。如逊克县为进一步发挥蔬菜种植的优势，在新兴乡开展蔬菜冷鲜库建设项目。少数民族发展资金投入 2000 万元，拉动大量社会资金注资，预计项目总投资达 5.8 亿元。为少数民族和民族地区的发展，乃至县域经济的腾飞都将起到至关重要的作用。2014 年，我委帮助谋划了哈尔滨市南岗区红旗满族乡东升满族村运粮河满族村寨建设项目，投入少数民族发展资金 290 万元建设满族风情村寨。2015 年满族风情村寨正式开业，5 个半月营业期累计接待游客 3 万余人次，经营收入 280 万余元，为村集体带来纯收入 80 万元，东升村在利润中拿出 40 万元为全村 5000 余村民交纳新农合医保费，村民们真正享受到少数民族发展资金带来的红利。

为扩大我省少数民族手工艺品知名度和美誉度，扶持少数民族传统手工艺品产业发展，我们采取“走出去”的方式，协调我省文化厅，组织推荐了 2 家少数民族手工艺品企业参加第六届中国东北文化产业博览交易会。通过交易会，2 家企业都与多家企业达成合作意向，收到了很好的宣传效果和经济效益。

（四）贯彻落实民贸民品政策，助力民贸民品企业发展

2015 年，共有黑龙江天顺源清真食品有限公司、哈尔滨市冰城牧业有限公司、肇东伊利乳业有限责任公司和杜尔伯特伊利乳业有限责任公司 4 家企业提出贴息申请，贷款本金为 13.35 亿元，申请贴息金额合计 1044.56 万元。全年，主要开展了以下工作。

1.制定出台了《黑龙江省民族特需商品定点生产企业制度建设操作办法（试行）》。按照《国家民委关于进一步规范全国民族特需商品定点生产企业优惠政策落实工作的意见》(民委发〔2015〕26 号) 文件精神，制定出台了符合我省实际的《黑龙江省民族特需商品定点生产企业制度建设操作办法（试行）》，要求全省民族特需商品定点生产企业和辖有民族特需商品定点生产企业的市（地）、县（市、区）民族宗教局，在新形势下，需建立并不断完善基本资料管理制度、《目录》商品展示制度、跟踪问效制度、监督检查和动态管理制度。从而充分发挥民族特需商品定点生产企业为少数民族群众服务，维护民族团结、社会稳定的积极作用。全省现有的 29 家民族特需商品定点生产企业，已有 15 家企业初步建立起各项管理制度。

2.开展了“十二五”期间民族贸易企业和民族特需商品定点生产企业政策落实情况的调研工作。2011—2014 年，我省民族贸易企业和民族特需商品定点生产企业共产生流动资金贷款 29.25 亿元，其中，享受 2.88 优惠利率的流动资金贷款 13.5 亿元，得到贴息 2073.408 万元。2014 年新认定的 5 家民族贸易企业，当年经销少数民族特许商品、生产生活必需品、收购少数民族农副产品销售额为 86214.16 万元，实现利税 3885.26 万元，拉动就业 669 人。民族特需商品定点生产企业 2011—2014 年总产值 204.17 亿元，绝大部分是生产《少数民族特需商品目录》产品的产值，实现利税 10.58 亿元，拉动就业 6465 人。

（五）推进少数民族特色村镇保护与发展工作

1.在全省范围内开展了少数民族特色村镇资源普查工作。在深入调研的基础上，实行了特色村镇的层级化管理模式，即：在对全省所有民族村进行特色村镇保护与发展工作业务指导的基础上，从中选取优秀者进入特色村镇储备库，给予重点指导；在特色村镇储备库中选取重点村，给予重点关注；按照国家民委的安排部署，在重点村中选取部分建设效果突出的村参加国家级特色村镇评选，形成了三级特色村镇扶持和选拔网络。同时，实行可上可下的竞争机制，从而增强了特色村镇保护与发展工作的推动力、竞争力。全省特色村镇储备库现有民族村 81 个，我们从中选出重点村 34 个报送国家民委。

2.谋划了“十三五”期间我省 3 个特色村镇示范带。分别为：三江沿岸赫哲族特色村镇示范带；界江沿岸少数民族特色村镇示范带；嫩江沿岸人口较少民族（达斡尔族、鄂温克族、柯尔克孜族）特色村镇示范带，并争取纳入国家“十三五”特色村镇保护和发展规划中。

3.加大了特色村镇建设投入力度。2015 年，投入少数民族发展资金 1583 万元，重点推进了依安县前进村（回族）、宁安市瀑布村（朝鲜族）、桦川县中星村（朝鲜族）、黑河市爱辉区外四道沟村（俄罗斯族）、抚远县抓吉村（赫哲族）等 5 个特色村镇建设工作。

（六）做好定点驻村扶贫工作

年初，省直定点驻村扶贫第 22 工作队队长，我委副主任李大方即召集第 22 工作队成员单位队员召开了专题会议，围绕着党建和扶贫两个方面，就今年的定点驻村工作做出了安排和部署，对成员单位的定点驻村工作提出了明确要求。

1．做好扶贫村调研工作。一是召开党员民主生活会。结合党的群众路线教育实践内容，组织敖林西伯乡好尔陶村、巴彦查干乡巴彦他拉村党员召开民主生活会，掌握村支部党员的想法和看法，认真理清扶贫工作重点方向，为驻村扶贫工作的开展打下坚实的基础。二是扶贫项目认领。驻村工作队在各村申报的扶贫项目中，根据行业扶贫要求，筛选切实可行的扶贫项目，落到实处。三是入户走访调研。入户调研与访贫问苦相结合，察民情、听民意、解民忧。重点走访致富能人、离任村两委干部、有不同意见的党员群众、生活困难的党员群众，每个村走访不少于 10 户，并做好 5 户贫困党员群众的慰问工作。通过走访，摸清群众关心的热点、难点问题，了解群众对两委班子工作能力、工作作风的评判，帮助群众剖析发展前景，探寻致富途径，倾听意见建议，共谋脱贫致富发展大局。四是与贫困户对接。参加活动的驻村工作队员、动员乡村干部按照 1+ 2 + 3 的模式与群众结对，即每一名工作队员、乡村干部与村中的 2 名党员、 3 名群众结对，其中必须有一名困难党员、困难群众。结对之后要千方百计为联系的党员、群众协调解决在济困、助业、助学、住房、医疗等方面存在的实际困难。制定精准扶贫计划，带动、鼓励条件好的党员群众带领结对的困难党员群众致富，确保 2017 年实现脱贫。

2．为扶贫村解决实际问题。一是扶贫工作队为扶贫村赠送物资。根据定点联系村实际需要，全年，为该村赠送种、养、加方面的农业实用技术类书籍，常见病和日常用医药，图书、篮球、排球、足球、羽毛球和拍等实物；走访慰问好尔陶村和巴彦他拉村各 10 户贫困户，为每户贫困户送去慰问金 500 元，米面等，为村民生活提供帮助。二是扶持定点扶贫村进行项目建设。今年，我委为定点驻村好尔陶村安排资金 100 万元，续建村内水泥路。经过连续两年的扶持，我委的定点驻村联系村内的道路基本全部硬化，极大地方便了村民的出行。协调省公安厅为定点驻村联系村连环湖镇龙山村落实了 50 万元的村部建设项目。三是做好“第一书记”帮扶工作。为加强村级党组织建设，按照我省统一安排，我委在巴彦查干乡巴彦他拉村派驻了“第一书记”，并为巴彦他拉村协调社会扶贫资金 80 万元，修建村办公场所及其附属设施。我委“第一书记”工作突出，其事迹两次被人民网以驻村民情日记形式登载。

（七）以会代训，推进民族经济发展

于 7 月召开全省民族经济会议暨全省民族经济专项工作培训班。传达学习中央、省委民族工作会议、全国民族经济工作暨民族地区经济形势分析现场会精神，以观看专题片的形式，交流了 7 个方面的经验和做法，经济发展处同志就各自分管的工作做了专题讲解。来自全省民族工作部门共 130 人参加本次培训，大家对此次由会议改为分专业培训的做法反响很好。

二、2016 年民族经济工作要点

1．编制实施好民族工作“十三五”专项规划。科学制定“十三五”期间少数民族事业发展规划、兴边富民行动规划、扶持人口较少民族发展规划、少数民族特色村镇保护与发展规划、内陆民族地区发展专项规划，争取更多的重大政策、重大工程、重大项目纳入各级各类规划和配套措施。

2．加快民族贫困地区脱贫步伐。把加快民族地区经济社会发展和打赢民族贫困地区攻坚战作为一项重大政治任务，到 2020 年，确保我省民族地区按照全省现行标准下农村建档立卡贫困人口全部脱贫，解决区域性整体贫困，彻底改变少数民族和民族地区的贫困落后面貌。

3．加强少数民族发展资金的使用管理工作。强化少数民族发展资金的监督管理，研究制定少数民族发展资金使用管理的绩效考评制度，做好少数民族发展资金项目的后期管护工作，对 2013 到 2015 年少数民族发展资金项目进行全面审计。开展已扶持产业项目建设情况的摸底调研工作，总结 2011 年至 2015 年产业项目建设、运营、效益分析等情况。提出研究制定少数民族发展资金项目实施流程操作指南，进一步规范项目实施流程。科学合理提出少数民族发展资金分配意见。进一步完善《黑龙江省少数民族发展资金和项目管理实施细则》。完成黑龙江省少数民族发展资金项目备案网络填报系统升级改造。

4．扶持部分人口较少民族率先实现全面建成小康社会。对我省人口较少民族发展情况进行全面调查分析，摸清底数，从中选择经济社会事业基础比较好、发展思路清晰、基本具备全面建成小康社会条件的人口较少民族聚居区，作为加快我省人口较少民族全面建成小康社会进程的重点进行推进。

5．深入推动少数民族特色村镇保护与发展工作。补充完善少数民族特色村镇储备库，对部分重点村镇加强指导和扶持。开展少数民族特色村镇保护与发展工作业务培训。

6．加强民族统计工作。完成黑龙江省民族地区数据网络填报系统升级改造。加强对相关统计人员的操作技能培训并制定奖励机制。协调和组织市（地）、县（市、区）做好国家、省各项统计工作。

7．对民族特需商品定点生产企业和企业属地民族宗教局的制度建设情况进行检查指导。开展民族贸易和民族特需商品定点生产企业动态调整前的普查工作，建立储备企业资料库。

8．推动少数民族传统手工艺品保护与发展工作。开展少数民族传统手工艺品行业创新创业活动，举办少数民族传统手工艺品技能培训班，培养一批少数民族传统手工艺品生产者，鼓励建成一批少数民族传统手工艺品工艺坊。实施民族地区“互联网＋少数民族特色优势产品”工程，在省民委网站开辟少数民族传统手工艺品展示专栏，推介和宣传黑龙江省少数民族传统手工艺品。

（撰稿　李彦龙　　审稿　刘烈军）

上海市

2015年，上海市民族宗教委广泛开展深入学习贯彻党的十八大和十八届五中全会、中央民族工作会议精神，在市委、市政府的正确领导下，在国家民委的精心指导和大力帮助下，上海市的民族经济工作坚持以提升服务水平和依法加强监管作为工作的突破点与着力点，积极努力、狠抓落实，切实维护了民族宗教领域的和谐稳定，有力地促进了上海民族经济工作的健康发展，较好地满足了少数民族群众的特殊生活需求，为少数民族和民族地区的社会经济发展做出了努力。

一、充分发挥上海民族宗教系统特点和优势，继续做好少数民族地区对口帮扶工作

1．继续做好云南独龙族和其它民族对口帮扶工作。2015年初与上海市合作交流办、市基督教两会一起到云南文山调研对口帮扶项目，投入资金30万元开展帮扶项目；五月与市合作交流办赴云南省独龙江乡考察独龙族帮扶项目，落实帮扶资金100万元；由我委王新华副主任带队赴云南红河考察对口帮扶项目。协助做好上海黄浦区民宗办与云南省普洱市的对口帮扶工作的沟通与协调，确定帮扶项目，落实帮扶资金105万元；赴云南省保山市考察上海爱心人士捐赠200万元的教育帮扶项目

2．根据国家民委要求开展援疆工作。参加国家民委在喀什召开的全国民委系统对口支援新疆、西藏工作会议。花蓓主任出席了会议并作交流发言，同时对2014年完成的项目进行查看。根据国家民委的相关要求，2015年上海民宗委已筹集资金100万元用于喀什地区对口帮扶项目。

3．积极主动开展援藏工作。2015年7月，上海市民宗委花蓓主任与西藏日喀则民宗局来沪考察团进行了工作座谈。十一月我委赵卫星书记、花蓓主任及王新华副主任接待了西藏日喀则副市长嘎玛洛穷带队的民族工作考察团，花蓓主任及新华副主任与考察团进行了工作座谈，确定了近几年上海对口帮扶日喀则的工作思路。2015年我委已筹集资金100万元用于日喀则地区对口帮扶项目。

4．圆满地完成了武陵片区25名民族干部来上海培训的任务。

二、认真贯彻落实《上海市清真食品管理条例》

1．加强政府监管，充分发挥清真食品工作联席会议的协调机制作用。按职能分工以分级负责、属地管理为原则，一是对已挂牌的清真食品生产经营单位，在春节、中秋、国庆前夕依法进行监督检查，重点检查“四专”、确保清真食品供应的平稳、有序，确保节日供应。二是根据国家宗教局有关清真食品

认证中发现的问题的情况通报精神，我委会同市食药监局对本市清真食品市场情况进行了排查，未发现随意扩大和滥用清真标识的情况。并要求市伊协对协会所进行的清真监制和认证的企业和产品进行自查，也未发现随意扩大和滥用清真标识的情况。三是狠抓从业人员上岗培训及单位内部清真监督员的责任落实。

2．加强法制宣传、强化社会监督。上半年我委已对上海清真食品公司等企业普陀等区义务监督员及街道统战干部进行了清真条例的法制宣传。按照分级负责、属地管理原则各区县民宗部门通过已组建的清真食品义务监督员队伍和形成的清真食品监督网络对辖区内的清真食品生产经营单位进行实时社会监督，对监督执行情况要定期进行检查和不定期进行抽查。确保已制定的制度贯彻落实。

3．加强调查研究，推动清真食品网点规划布局。我委与商务委、市财政等相关部门多次协商，并由我委和市商务委委托第三方进行上海清真食品行业的发展规划调研，目前调研工作已全部完成。拟定上海清真食品行业的发展规划（201——2020）建议稿及规划建议稿编制说明，目的是让规划起一个引领作用。逐步地有效缓解来沪少数民族大量增加区域少数民族群众的对清真食品的需求。通过调研、评估对《上海市清真食品办法基本供应点专项资金管理办法》行进了修改并报相关部门审批。

4．加强政策导向，使用好财政优惠政策。

为保障清真食品的供应，促进清真食品行业发展，根据市商务委、市民族宗教委、市财政局关于《上海市清真食品基本供应点专项资金管理办法》的规定，依照清真食品财政专项扶持资金的预算额度，经上海市商务委、市财政局及我委组成的项目评审小组审定，确定装修改造的清真食品基本供应点 9 家，总投资 1439.8 万元，补贴资金为 290.7 万元；清真副食品专柜租金补贴 89 家，补贴资金为 44.5 万元；流动资金贷款贴息 1 家，贷款利息总额 134.4 万元，补贴资金为 89.6 万元。上海市财政执行 2015 年清真食品专项资金预算 424.9 万元。区级财政配套资金 256.1 万元。市区二级财政共补贴资金 681 万元。这些扶持政策的贯彻执行，得到少数民族和广大消费者的称赞。

5．完成好人大代表提案。完成市十四届人大三次会议代表书面建议《关于修正〈上海市清真食品管理条例〉的建议》及《加强清真食品小作坊和摊贩管理的建议》的答复办理工作。及时处理涉及清真食品的突发事件，及时答复市民有关清真食品的来信来访。举办本市清真食品企业学习交流会。

三、把民族经济工作作为满足少数民族特殊生活需求和上海服务全国的大事来抓

按照中央的要求，上海要做好自身发展和服务全国这两篇大文章。在上海市委、市政府领导下，认真贯彻落实党的民族政策，把做好少数民族特需用品生产工作作为民族工作的重要内容，作为上海主动服务全国的一个重要抓手。经国家民委等五部委确定的“十二五”期间我市少数民族特需用品生产定点企业共有八家单位（其中清真食品生产企业 5 家）。他们积极响应党中央提出的“西部大开发”的战略决策，加强与民族地区的联系，发展与民族地区的贸易。例如，上海圣华副食品有限公司在招聘员工过程中，尽量招聘回族员工。目前，企业少数民族员工 57 名，其中回族员工 42 名，占少数民族员工总数的 73%，对企业的清真工作起了促进作用。企业清真家禽产品已开始在北京、广州、福建、江苏、浙江等地销售。

为扎实推进本市民族用品定点生产企业积极主动做好民族特需商品生产和为少数民族及民族地区服务工作，去年 10 月我委组织上海老凤祥有限公司等本市 8 家民族用品定点生产企业赴贵州进行了为期 5 天的学习考察。在贵州省民委徐飞副主任等陪同下，先后参观考察了贵州鸿利肉类食品有限公司、贵州黔粹行民族文化发展有限公司、荔波银饰厂等民族用品生产企业，并与贵阳市的 10 多家民族用品定点企业进行了交流座谈，相互学习交流了民族用品生产情况和工作经验，探讨了两地民族用品定点生产企业加强合作共同发展的方法和途径。经过座谈讨论，两地企业均感收获颇丰，一致希望今后两地企业能够加强往来交流，相互学习取长补短，深化企业间的相互合作，共同做好民族用品的生产工作。此外，贵州省民委还安排实地考察了贵州镇宁布依族苗族自治县民族寄宿制中学和新华小学，希望上海的民族用品定点企业能出资捐赠予以帮扶。

经过这次交流学习和实地考察，本市民族用品

定点企业进一步认识到帮扶少数民族和民族地区是贯彻落实党和国家的民族政策，加强民族团结、维护社会稳定、促进民族地区经济社会发展的一项重要工作，也是本市民族用品定点生产企业应尽的社会责任。本市民族用品定点企业根据各自企业的实际情况，自愿捐资捐物献爱心，中国第一铅笔有限公司捐赠价值为5万多元的10万支中华牌铅笔；上海老凤祥有限公司、上海东亚食品工业有限公司、上海圣华副食品有限公司各出资10万元，上海爱普食品工业有限公司出资5万元，上海牛羊肉公司出资8仟元，共计捐赠资金35万8仟元，用于资助少数民族地区改善教育医疗卫生条件等民生事业的发展。目前各企业捐赠的资金均已汇入我委账户。

根据各民族用品定点企业的意见和贵州省民委的要求，中国第一铅笔有限公司捐赠的价值为5万多元的10万支中华牌铅笔，捐赠给贵州荔波县18所小学124个班级的4352名贫困少数民族学生。定点企业所捐赠的资金首先用于帮扶贵州镇宁布依族苗族自治县募役乡沃田村新华小学，帮助该校添置教学用具和设备、资助经济贫困学生及整修校舍，共需帮扶资金为8万元。剩余的捐赠资金计27.8万元将根据定点企业的意愿和对口帮扶工作的实际情况，在今明两年用于西藏、云南等民族地区帮扶工作。

四、2015 年中央财政贷款利率补贴政策落实情况

在中国人民银行上海分行和上海市财政局支持下，自2015年1月到2015年12月，我市民族用品生产优惠贷款利率补贴政策落实情况：上海圣华副食品有限公司、上海民族乐器一厂、上海爱普食品工业有限公司、老凤祥银楼等4家企业共计贷款15600万元，国家财政贴息451万元。

（编撰人　窦伟　　审核人　张继富）

江苏省

2015年，江苏省民委以党的十八大和十八届三中、四中、五中全会精神为指导，深入学习贯彻习近平总书记系列重要讲话和中央民族工作会议精神，认真落实全省民族工作会议精神和国家民委、省委、省政府各项工作部署，扎实推动全省民族经济工作迈上新的台阶。

一、深入学习贯彻中央民族工作会议精神，以会议精神统领全省民族工作

全省各级党委、政府和有关部门把学习宣传和贯彻落实好中央民族工作会议精神作为首要任务来抓，并以会议精神统领全省民族工作。一是深入学习宣传，将中央民族工作会议精神传播到社会各界。2015年，全省各级党委、政府和民族工作部门持续发力，深入学习、广泛宣传中央民族工作会议精神。通过召开省民委兼职委员全体会议、全省民宗局长会议全面部署学习贯彻工作。联合省委组织部、统战部举办专题培训班，就贯彻落实中央统战工作会议和中央民族工作会议精神对各市分管领导进行专题培训。各地民族工作部门通过党报、广播电视、报告会、报刊橱窗、微博微信等媒介以及民族团结宣传月等活动，在全省掀起学习宣传和贯彻落实会议精神的热潮。二是召开全省民族工作会议，全面部署新形势下全省民族工作。6月5日，省委、省政府召开全省民族工作会议暨第七次全省民族团结进步表彰会，深入学习贯彻中央民族工作会议和习近平总书记关于民族工作一系列重要讲话精神，回顾总结江苏民族工作，研究部署新的任务。省委书记罗志军出席会议并作重要讲话，省长李学勇主持会议并就贯彻落实会议精神提出明确要求。会后，省委、省政府印发《关于进一步加强和改进民族工作的意见》（苏发〔2015〕19号），对做好新形势下全省民族工作作出全面部署。三是持续发力，扎实推进中央和全省民族工作会议精神的落地生根。联合省委统战部专门下发通知，要求全省各级统战和民族工作部门深刻领会全省民族工作会议对全省民族工作作出的新部署、提出的新要求，把学习宣传、贯彻落实好中央和全省民族工作会议精神，作为当

前和今后一个时期民族工作的首要任务。全省民族工作会议后，各市、县（市、区）也陆续召开民族工作会议，部分市、县（市）还出台文件以进一步加强民族工作。

二、加大民族聚居地方帮扶力度，推动民族乡镇村全面建成小康社会

一是聚焦全面发展，切实做好“十三五”期间民族乡镇项目扶持规划。为进一步加快全省民族聚居地方发展，3 月初，省政府许津荣副省长专题听取省民委有关全省民族聚居地方发展、“十二五”帮扶项目落实和“十三五”工作规划的汇报。4 月 3 日，省政府召开省民委兼职委员全体会议，听取各兼职委员单位“十二五”期间民族乡（镇）村经济和社会事业项目的落实情况汇报和对“十三五”期间民族乡镇扶持项目建议方案的意见。在充分听取各委员意见的基础上，会议研究同意“十三五”期间对 2 个民族乡镇落实经济社会事业扶持项目 16 个、总投资约 3.32 亿元。二是完善管理办法，助力民族聚居地方发展。省民委按照中央民族工作会议精神，紧扣“精准扶贫”，结合江苏少数民族和民族聚居地方发展实际，在充分调研和反复征求意见的基础上，联合省财政厅修订《江苏省少数民族发展项目资金管理办法》，将民族乡镇村的小型水利项目、村内道路等纳入扶持范围，以进一步解决省级财政专项资金不解决、民族聚居地方无力解决的影响少数民族群众生产生活的基础设施，助力少数民族和民族聚居地方全面建成小康社会。3 月初，举办民族专项资金培训班，就少数民族发展资金以及各专项资金的项目申报、管理等，对有关市、县（市）具体经办人员进行培训，进一步规范资金的使用管理。三是加大扶持力度，切实增加少数民族群众收入和改善民族乡村环境面貌。在省民委的积极争取下，2015 年，省财政按照 1:1 的比例配套中央下达的少数民族发展资金，中央和省少数民族发展资金共计 3720 万元。投入 1650 万元对 12 个民族村的少数民族特色村镇建设项目进行扶持，投入 2070 万元对 91 个种植、养殖、加工、安置就业项目予以扶持，带动 4000 多名少数民族群众发家致富。通过项目扶持、能力培养、技能培训、创业引导等方法，不断提高民族乡镇村少数民族群众的劳动生产技能和综合素质，加快民族聚居地方发展。截至目前，累计对全省 2 个民族乡镇和 29 个民族村实施了少数民族特色村镇项目，带动地方各级政府投入大量资金用于少数民族特色村镇建设，有力传承和发展了少数民族特色传统文化。通过帮扶，全省民族聚居地方全部实现脱贫，70%以上的民族村少数民族群众人均收入突破 1 万元，部分突破 2 万元，全省民族村朝着“强富美高”新江苏建设目标稳步迈进。

三、加强监管保障，切实规范和推动全省清真行业及民贸企业发展

一是加强清真食品保障与监管。2015 年投入 200 万元清真饮食网点建设补助经费对全省 20 家清真饮食店以及 9 家示范拉面店予以补助。连续第三年对示范拉面店予以专项补助，发挥示范拉面店的示范引导作用。专门划拨 10 万元工作经费帮助新疆少数民族大学生比较多的河海大学改建清真食堂，下拨 5 万元帮助南京江浦中学新疆班改善办学条件。同时，积极敦促各地坚决落实好对有清真饮食习惯的少数民族群众每月不低于 11 元的财政补助政策，截至 12 月底，全省各级财政全年累计投入近 2000 万元用于发放清真补贴。会同省食安办等部门对全省清真食品生产企业和经营销售网点开展拉网式的执法检查，确保清真饮食安全。圆满完成第 53 届世乒赛的清真食品安全监管工作。

二是规范落实民族特需商品生产优惠政策。全面贯彻《国家民委关于进一步规范全国民族特需商品定点企业优惠政策落实工作的意见》，指导各地切实加强民品生产优惠利率贷款贴息审核工作，11 月 25 日至 27 日在苏州市举办全省规范落实国家民品生产优惠政策培训班，要求各地民族工作部门和所有民品企业高度重视优惠政策落实工作，严格执行政策，严肃财经纪律，规范落实优惠政策操作程序，切实加强指导督查，确保全省民品生产供应工作依法依规扎实推进。财政部江苏专员办、省财政厅、人民银行南京分行业务处室分管领导分别讲授了规范落实优惠政策的具体要求，地市民族工作部门和民品企业交流了工作经验。

四、加强交流交往交融，全面提升对口支援工作实效

省民委一直把做好民委系统的对口援助工作作

为一项重要政治任务抓紧抓好抓实。根据国家民委6月中旬在喀什市召开的对口援疆援藏会议精神和工作部署，从全省各宗教慈善基金中筹措200万元用于帮扶喀什市色满乡阿塔古村建设蔬菜大棚等民生项目，截至12月底首批100万元项目资金已划拨新疆民委，20万元项目资金已经落实，剩余资金待项目启动后及时筹措拨付。积极做好全国少数民族参观团和新疆伊犁州民族团结进步模范参观团的接待工作。各地民宗局也积极做好对口援助工作，通过捐赠电脑等各类办公用品、提供建设资金、加强人员培训、互动交流等举措，有力推动了对口援助工作的开展。在物质援助的同时，积极开展文化援疆。年初，在省民委的直接指导和资金扶持下，投资600余万元，由江苏民族舞剧院与新疆阿合奇县歌舞团合作，共同打造的舞剧《英雄·玛纳斯》首次将柯尔克孜族英雄史诗以舞剧的形式展现出来。该舞剧在省内进行了首轮20场演出并于8月赴新疆参加新疆国际舞蹈节和克州巡演，在江苏和新疆两地产生强烈的社会反响，并获得国家文化基金的扶持。帮助阿合奇县推出精简版的《英雄·玛纳斯》，作为当地文化旅游项目，助力当地旅游产业发展。《英雄·玛纳斯》已成为江苏文化援疆的典范之作。

五、妥善处理民族领域的矛盾纠纷，全力维护民族领域团结稳定

加强县级民宗机构队伍建设。联合省编办开展县级民宗机构规范建设的督查工作，重点检查落实人员配备，切实加强基层执法队伍建设。协调落实全省三支队伍主体培训班次，对56个工作任务繁重县（市、区）民宗局长进行培训，加大民族宗教法律法规培训的力度，全面提高民族宗教工作部门依法行政能力。12月中旬将联合省委组织部对各县（市、区）的党政分管领导进行培训，提升他们依法调处民族领域矛盾纠纷，做好民族工作的能力和水平。

结合当前民族宗教领域维稳工作面临的新形势和新任务，坚持把加强民族团结和维护社会稳定放在民族工作的首要位置，提出了“提高认识，找准维稳应急工作新定位；突出重点，明确维稳应急工作新内涵；综合施策，落实维稳应急工作新举措；常抓不懈，确保维稳应急工作见成效”的工作目标，重点部署了摸排处置重点问题、少数民族流动人员服务管理等任务。采取教育疏导、依法行政、法律援助、加快发展等措施和办法，主动预防和妥善处理了涉及少数民族方面的矛盾纠纷，有力维护全省民族领域的和谐稳定。

（撰稿　张凯丰　　审稿　刘克元）

浙江省

2015年，浙江省民族经济工作在国家民委的指导下，在省委、省政府的正确领导下，深入贯彻落实中央民族会议和省民族工作会议精神，以区域统筹有效带动少数民族和民族地区加快发展，以精准发力切实改善少数民族和民族地区民生，以改革创新充分激发少数民族和民族地区内生动力，着力加快少数民族和民族地区的跨越发展，共同为建设美丽浙江、创造美好生活作出应有贡献。2015年，浙江省少数民族农村居民人均纯收入破万元“大关”，达到12021元。全省民族工作重点县（市、区）和景宁畲族自治县家庭人均年收入低于4600元的贫困现象基本消除。景宁和18个民族乡（镇）全年生产总值达到104.81亿元，比上年增长7.82%。

一、以召开全省民族工作会议为重点，明确新时期少数民族和民族地区发展目标

2015年1月7日，省委省政府召开了全省民族工作会议暨第五次民族团结进步表彰大会，省委书记夏宝龙作了重要讲话。会后，省委省政府于2015年1月16日出台了《关于进一步加强新形势下民族工作的若干意见》（浙委发〔2015〕4号）。《意见》进一步明确了我省少数民族和民族地区的发展目标，为今后的工作指明了方向。目标到2017年，景宁畲族自治县综合实力在全国120个民族自治县中

继续向前移位；莪山民族乡创建“中国畲族第一乡”，民族乡总体发展不低于所在县（市、区）的平均水平，争取有更多的民族乡主要经济社会发展指标进入全国民族乡 100 强；少数民族低收入农户人均纯收入达到 10000 元以上，70%少数民族低收入家庭人均纯收入达到 8000 元以上。《意见》为今后少数民族和民族地区的发展指明了方向，也提出了明确的要求。

二、以贯彻落实政策措施落地为重点，加大对民族乡村的精准帮扶

省民宗委在龙游县召开全省民族经济工作座谈会，以推动民族乡村与全省同步小康为主题，研究发展状况、发展路径、发展政策，推动各项政策真正落地。围绕省委、省政府《意见》和省政府办公厅 98 号文件精神的贯彻落实，各地细化分解工作目标和任务，落实责任主体，加大对民族乡村的精准帮扶，加快少数民族和民族地区的科学发展。一是进一步实行差别化政策，推进民族地区基础设施建设和基本公共服务均等化。在基本公共服务均等化方面，大力实施“民生事业均衡发展计划”，政府新增财力重点向民生领域倾斜，促进少数民族教育、卫生、社会保障等各项事业全面发展。二是不断加强和完善“四位一体”帮扶机制。实行财政转移支付、结对挂钩帮扶、部门政策倾斜、社会力量支持相结合，加强对少数民族和民族地区的帮扶。2015 年，重点将帮扶体系延伸到民族村，按照省、市、县（市、区）“三三制”原则全面落实对民族村的“一对一”帮扶，省级单位已与 136 个民族村建立了结对关系，市、县（市、区）两级的结对工作也在全面落实之中。三是积极发挥社会力量支持民族地区发展。2015 募集慈善资金近一千万元，帮助 30 个民族村开展农村水环境的治理，受到了社会各界的广泛好评。

三、以探索会展经济发展为重点，搭建民族经济发展新的桥梁

为进一步拓宽民族经济发展的渠道，2015 年，民宗部门通过积极参与第 8 届中国义乌国际森林产品博览会、浙江省农博会等重大展会，搭建起我省民族经济发展新的桥梁。在森博会上，由我委主办、景宁畲族自治县政府协办的“畲族风情馆”，被授予“最佳展台奖”，累计人流量达 12.1 万人次，现场销售额达 56.48 万元，成功签下销售协议 245 万元，达成贸易意向客商 29 个，其中国（境）外客商 8 个。我委获最佳组织奖，景宁畲族自治县人民政府获最佳布展奖。在农博会上，省委书记夏宝龙、省委副书记王辉忠等领导亲临展馆参观视察，并为“畲族风情馆”点赞。展馆汇聚了来自全省民族地区的畲族竹木制品、畲族嫁衣、畲族银饰、畲族布艺以及畲茶、畲药、鲜花、鲜果等 11 个系列 70 多个品类的畲寨特色农林产品。产品涉及景宁畲族自治县以及苍南、平阳、莲都、龙泉、龙游等 8 个民族工作重点县的 20 家企业。和平会展中心“畲族特色商品街区”共设标准展位 10 个，组织 9 家企业参展，产品类别涵盖竹木制品，特色农副产品，畲族工艺品等 7 个品类的 50 多种产品。展会 5 天两馆累计人流量达 8 万余人次，现场销售额达 55.38 万元，成功签下销售协议 17 项上百万元。

四、以推动文化经济发展为重点，促进少数民族和民族地区加快发展

民宗部门把文化经济的发展作为民族工作新的发展亮点，探索把民族文化与旅游经济有机结合起来，通过民族节庆活动、少数民族特色村寨建设等，推动民族乡村经济的加快发展。一是积极提升节庆文化经济。民宗委会同省旅游局在金华武义举办浙江省第二届畲族风情旅游节，取得了良好的效果，极大地带动了当地生态休闲、养生养老、民俗风情、乡村民宿等特色旅游产业的发展。中国（浙江）畲族服饰设计大赛已经举办了两届，经国家民委同意，筹备和开展的中国（浙江）民族服饰展演活动，成为了民族服饰设计创作创新的重要平台。二是不断推动特色村寨建设。把特色畲寨创建工作作为重中之重，加强整体谋划，加大投入力度，加快建设步伐，通过特色村寨的发展，带动民族村镇旅游业的发展。省里出台了《浙江省特色畲寨建设规范指导意见》，确定 15 个基础条件较好的民族村作为创建国家级特色村寨的重点，特色畲寨建设投入达到了民族发展资金总额的 50%以上，并通过整合资源带动了更多社会资金的投入。截至目前，我省共有 6 个民族村被国家民委命名为“中国少数民族特色村

寨”。三是推动文化对外交流。引导民族文化从大山“走出来”、“走出去”。先后在景宁、苍南举办“中华一家亲·海峡两岸各民族中秋联欢暨经贸洽谈会”，在两岸交流中产生了积极影响。通过民族文化的交流，进一步推动了两地经济的交流与合作。

（撰稿 潘晶 审稿 钟建文）

安徽省

2015年，安徽省民族事务委员会(以下简称“省民委”)按照国家民委的总体要求和部署，紧紧围绕省委省政府中心工作，开拓创新，锐意进取，圆满地完成了年初既定的各项目标任务，有力地促进了全省少数民族和民族聚居地区经济社会加快发展。

一、贯彻落实中央民族工作会议精神，推动完善差别化扶持政策

安徽召开了全省民族工作会议暨省政府第六次民族团结进步表彰大会，出台《中共安徽省委、安徽省人民政府关于加强和改进新形势下民族工作的实施意见》和分工方案，省人大常委会听取并审议《关于全省民族工作情况的报告》，省政协召开“落实差别化扶持政策，加快民族乡村经济发展”界别协商会，推进解决重点难点问题。省民委主动与分工方案中承担各项工作任务的20个牵头省直单位加强沟通联系，推动有关单位制定实施支持少数民族和民族聚居地区加快发展的差别化扶持政策。召开全省民族乡（场、街道）工作座谈会，结合中央会议精神的贯彻落实，因地制宜提出推动科学发展的政策建议。中央国家机关联合督查组来皖调研后，认为安徽拿出了真招实策、真金白银贯彻中央精神。

二、聚焦精准扶贫，探索少数民族扶贫工作新路径

一是摸清底数。贯彻中央关于推进精准扶贫工作有关部署，以精准扶贫为重点，开展全省民族乡村经济社会发展情况调查统计，摸清我省民族乡村困难群众底数。二是加大倾斜力度。按照《关于财政支持脱贫攻坚的实施意见》，省民委统筹分配2016年少数民族补助资金，加大对贫困少数民族聚居地区扶持力度，投向贫困地区（70个县、区）和贫困人口的资金占资金总额 65.5%。进一步完善财政转移支付增长机制，2016年起，支持民族乡的少数民族发展专项资金由每乡每年80万增加到200万，进一步提高民族乡统筹能力。三是多方协调。抓住相关部门贯彻落实《中共安徽省委安徽省人民政府关于打赢脱贫攻坚战的决定》，实施基础设施建设扶贫工程的机遇，主动协调交通、水利等部门，在实施全省农村道路畅通工程、水利建设扶贫工程等工程中，优先安排民族乡村基础设施建设项目。四是落实定点扶贫工作。按国家民委要求，对接新疆自治区民委，并拨付资金50万元对口支援南疆皮山县科克铁热克乡阿木特勒克村项目；安排资金支持我省石台县七都镇河口村实施少数民族文化活动广场建设、少数民族食用菌种植、刘家组机耕路建设等多个帮扶项目。

三、深入实施全省少数民族和民族聚居地区“共同发展”联合攻坚行动

“共同发展”联合攻坚行动是在安徽省委省政府分管领导亲自指导下，在省民族宗教工作领导小组暨省民委委员会议上做出统一部署的少数民族和民族聚居地区对口帮扶行动。重点选取15个常住居民人均可支配收入低于全省平均水平，交通、产业、基础设施最为落后的困难民族村，整合各级民委委员单位资源，构建加快民族乡村发展的“大帮扶”格局。同时指导各地参照省里的做法，分类指导，分层推进，组织民委委员单位或者有关市直、县直单位对辖区内的其他困难民族村开展对口帮扶。目前30家省民委委员单位共投入资金1300多万元，安排15个困难民族村64个项目，有关市也投入资金1000多万元，安排项目30余个，省民委在2015年、2016年少数民族发展资金中，每年支持每个困难民族村 20-25

万元实施有关项目，这些举措有力促进了贫困民族村的经济社会发展和民生改善。

四、改革少数民族发展资金分配方式，加强少数民族发展资金管理

一是完善资金因素分配。根据中央简政放权要求及省委省政府相关意见，省民委通过设定全面、客观的分配因素及比例，采用因素分配法对 2015 年发展资金、2016 年提前下达的发展资金切块下达，指导各地做好项目备案工作。二是加强资金监管。组织各地对列入 2014 年省本级少数民族发展资金和少数民族发展资金（财政扶贫资金）的 115 个项目进行绩效自评，聘请社会中介组织对有关重点县区 2013-2014 年少数民族发展资金项目实施情况进行审计，主动查摆问题，督促整改。三是召开全省少数民族发展资金（补助资金）管理工作座谈会。总结近年来少数民族发展资金（补助资金）监督管理工作经验和成效，并就资金分配方式改革背景下进一步加强监管工作提出明确要求。四是发挥少数民族特色村寨保护与发展项目资金杠杆作用。持续引导有关地方加大投入，加快特色村寨建设进度，同时采取多种形式深入调研，为实施新一批少数民族特色村寨保护与发展项目做好准备。

五、服务少数民族企业，争取省财政设立有关专项资金

一是设立专项资金。多渠道反映我省民族企业面临的原材料价格上涨、用工成本及融资成本上升等困难，争取省财政安排民族企业技术改造贷款贴息和生产补助专项资金 1000 万元。二是检查落实“两项制度”。按国家民委要求，部署有关市民委落实定点企业基础档案制度、特需商品展示制度，并组织开展全国民品定点生产企业优惠政策落实情况自查。向国家民委报送十二五（前四年）民品政策落实情况总结及定点企业情况调查表。三是开展调研摸底。了解掌握全省民品定点生产企业基本情况，配合省财政厅做好“涉企系统”运行相关工作，审核民品定点企业在省财政“涉企系统”发生预警情况，办理相关手续。做好 2015 年民品定点企业流动资金优惠利率贷款贴息工作，全省民品定点生产企业全年共享受贴息 1491.18 万元。

六、继续实施少数民族农村实用人才“千百培训计划”

省民委继续实施少数民族农村实用人才“千百培训计划”，依托农业科研院校举办 2 期全省少数民族农村创业带头人培训班和 4 期少数民族实用技术培训班，培训创业带头人 100 人次，少数民族实用技术人才 300 人次，有效提升了民族乡村发展的内生动力。不断强化培训效果，将服务向后延伸，每期培训班都建立学员培训档案，通过电话咨询、手机短信和 QQ 群服务平台等形式开展跟踪回访，帮助学员解决技术难题。同时根据少数民族群众需求，联系技术专家主动上门提供“个性化服务”，对有创业行动意愿的学员，酌情予以资金支持。着力提升少数民族群众增收致富能力，推动少数民族和民族聚居地区经济社会又好又快发展。

（撰稿　张正喆　　审核　白和平）

福建省

2015 年，福建省深入贯彻落实中央民族工作会议精神，在省委省政府的坚强领导和国家民委的有力指导下，在各有关部门的大力支持下，福建省民族经济工作以改善民族地区生产生活水平为己任，以提高少数民族群众收入目标，坚持多措并举，取得明显成效。

一、抓住机遇，推动出台民族工作政策措施

以中央民族工作会议的召开为契机，研究并推动省委省政府出台了《关于加强和改进新形势下民族工作的实施意见》（闽委发〔2015〕8 号），从新形势下我省民族工作的总体要求、加快推进民族乡村小康建设进程等六个方面分别提出针对性、可操

作性强的 15 条政策措施，这是指导推动当前和今后一个时期民族工作的重要文件。

二、创新发展，确保民族乡村农民收入稳步提高

2015 年，福建民族经济工作继续以民族乡村农民增收为核心，以基础设施建设和社会事业发展为重点展开。（一）贯彻落实优惠政策，助推民族乡村发展。用好用足民族优惠政策，推动原有产业转型升级，加快企业技术改造和技术创新，加大投资，促进发展。2015 年，全省民族乡企业总产值达 243.88 亿元，其中工业企业总产值为 213.96 亿元，比增 3.8%，净利润总额 9.26 亿元，比增 1.9%；全省民族乡农林牧渔业总产值达 41.64 亿元，比增 26.1%。同时，帮助民族贸易企业发展生产，落实民贸民品贷款贴息资金 111 万元。（二）支持特色产业发展，促进农民增收致富。继续实施民族乡村特色经济发展扶持增收工程，集中 1110 万元资金，扶持 112 个民族村完成“一乡一业、一村一品”项目 112 个，19 个民族乡和 447 个民族村基本形成了各具特色的品牌产业和优势产品，“一乡一业”、“一村一品”产业格局初步形成，农民收入得到稳步提高。2015 年，据 19 个民族乡上报的数据显示，全省民族乡农民人均纯收入达 12773 元，比上年同期增加 1872 元，比增 17.2%，高于全省农民人均纯收入增长幅度 8.2 个百分点。（三）加强培训，不断提高少数民族群众就业能力。改变农民的贫困现状，必须重视提高农民的就业技能，以提高“造血功能”。2015 年，我们聘请省农科院、省林科院专家教授授课，培训内容涉及厨师、蜜柚、莲雾等技能和高产种植技术，全年共举办了 8 期少数民族农村实用技术和职业技能培训班，受训人数达 580 多人，收到了良好效果。（四）纵深推进，促使少数民族扶贫工作更加精准化。持续加大少数民族经济社会全面发展的政策扶持力度，促进民族乡村扶贫工作精准化。一是重视扶持政策的引领作用。在开展对全省民族贫困村调查摸底的基础上，通过政策引领发展，制定扶贫脱困计划，全省民族乡村扶贫工作精准化得到加强。2015 年，将人均收入在 4500 元以下的 38 个少数民族贫困村纳入全省第四轮扶贫开发整村推进实施范围，每年予以每个村 20 万元资金支持；二是注重充实基层的扶贫力量。开展干部驻村蹲点，推动省直单位派驻 35 名干部到少数民族村蹲点，帮助民族村群众脱贫解困。三是提高少数民族搬迁叠加补助标准。2015 年，省委省政府出台政策提高少数民族“造福工程”搬迁叠加专项补助资金，由每人 600 元增加至 1000 元，少数民族群众得到了更多的实惠。据统计，全年纳入“造福工程”搬迁的少数民族人口共有 6476 人，共下达专项叠加增补资金 647.6 万元。

三、扎实推动，确保民族乡村挂钩帮扶政策落到实处

2015 年，全省继续深入推动挂钩帮扶民族乡加快发展的政策举措，加强对挂钩帮扶单位的协调考核，确保扶持资金落实到位。督促各挂钩帮扶单位和民族乡帮扶的项目资金向村级延伸，以进一步推动全省民族乡村加快发展。据统计，全年各级挂钩帮扶单位共投入资金 8364 万元，拉动社会资金投入 4.07 亿元，有针对性落实帮扶项目 101 个。宁德市赤溪畲族村通过科学扶贫、精准扶贫，实现脱贫致富，经验被国家民委《民族工作简报》（2015 年第 6 期）刊载，得到习近平总书记、刘延东、汪洋副总理的重要批示。

四、落实政策，继续改善高山族群众生产生活条件

继续深入贯彻《扶持人口较少民族发展规划（2011-2015 年）》的实施意见，按照重点与普惠相结合原则，对创办实体经济和集体性项目给予重点扶持，对贫困高山族群体给予重点扶贫。2015 年，共下达高山族专项扶持资金 290 万元，其中集体项目资金 85 万元，宣传培训 68 万元，扶持到户资金 137 万元。另外，国家发改委共下达中央预算内投资补助资金 1150 万元，用于扶持 7 个高山族人口相对聚居村的基础设施建设。目前，全省高山族群众的生产条件得到较大改善，生活水平得到较大提高。

五、加大投入，促进少数民族特色村寨的保护与建设

民族特色村寨建设认真按照“突出重点、打造精品、示范带动、保护发展”打造窗口和亮点的总体要求开展工作。2015 年，在继续巩固 10 个

首批中国少数民族特色村寨的保护与建设的基础上，投入1390万元资金，扎实推动第二批38个少数民族特色村寨的保护与建设。霞浦县东山畲族村特色村寨保护良好，受到中央电视台的高度关注，先后在CCTV的《新闻联播》和《焦点访谈》栏目报道播出。

六、加强合作，推动海峡两岸少数民族交流交往

组织福建部分民族乡及少数民族企业家代表参加国家民委组织的代表团，赴台参加由台湾中华海峡两岸原住民暨少数民族交流协会主办的第四届海峡两岸民族乡镇发展交流会，促成了大陆少数民族企业家与台湾当地一些企业人士的交流对接以及福州市连江县小沧畲族乡与屏东县玛家少数民族乡进行的姐妹乡对接。同时，首次在漳州市华安县举办2015年海峡两岸少数民族茶产业交流会暨福建省第三届少数民族名优茶评选大赛，两岸少数民族一起同胞品茗叙言，增进感情，进一步深化了两岸少数民族同胞的交流合作。

（撰稿　赖龙娣　　审稿　兰铁军）

江西省

2015年，江西民族经济在艰难中向好发展，农业增产、农民增收、民族和睦、社会和谐来之不易，30多年来同全省农村平均发展水平差距拉大的趋势和大差距的现象宣告结束，民族乡村农民人均可支配收入首次站在万元之上（约11000元），基本赶上了全省平均水平。支持民族乡村经济社会发展力度不减成为民族经济向好向上的重要保证，民族地区内生动力聚集、热情高涨成为民族经济向好向上发展的根本所在。

一、立足农业抓农业，努力破解单一经济结构性矛盾，推动了增产增收增效黄金期到来

在连续多年主攻农业、做大生态农业品牌战略实施的基础上，2015年全省民族经济破解结构单一困境又向前迈出了一步：理念上，不强扭跳出农业抓发展之弦，而是顺势依规立足农业抓农业之本，充分遵循区域经济和自然禀赋规律，以结构单一换取品种多元提质增效，补齐民族乡村传统农业发展短板；做法上，从“十一五”期末起，全省民族乡村狠抓30万亩毛竹林、油茶林低改复垦和5万亩新品种油茶推广开发，形成农业稳增长半壁江山；狠抓8个民族乡和20多个民族村农田综合开发，大力提升了土地质量和肥力效能；狠抓赣南民族乡村荒山荒坡万亩果业立体开发，促进了庭院经济和特色经济互补发展；狠抓以茶叶、苗木、蔬菜、菌类为龙头的“一村一品”系列开发，增强特色农业发展长劲和后劲。一系列措施实施，打破了水稻、种养业等传统产业粗放发展格局，农业发展呈现多样并举、多元向前、增产增收增效好势头，农业单一结构逐步被多元混合格局替代。用农业发展来破解农业自身单一经济结构性矛盾，江西民族乡村迎来了农民持续增收的黄金期。

二、立足自我发展、特色发展，“大众创业、万众创新”走出了适合民族地区自身的特色之路

每个民族乡的发展基础不一样，每个民族村的发展条件不一样，每一户少数民族群众发展方向不一样，这是2015年江西民族乡村经济发展讲求的谋略和基本的布局。结合民族地区精准扶贫和精准开发两条主线，不懈坚持少数民族群众脱贫致富奔小康的自我发展和特色发展，不搞大合唱，不搞整齐划一，充分发挥挖掘民族地区潜在优势，充分利用民族地区生态资源优势，去寻找民族经济发展新的着力点和增长点。比如，鼓励民族乡在园区招商更加注重吸附经济区域功能实现展翅齐飞，更加注重自身优势资源在经济开发中的比例和权重，不是什么商都招，什么厂都办，什么项目都上；鼓励传统产业升级改造、“一村一品”推广注重产业与气候相

宜，不搞水土不服的产品，不搞少数民族群众陌生的开发；鼓励少数民族群众创业致富注重循序推进，不一夜之间把农民由外行转为内行，注重挖掘内生动力、培育一技之能，使他们八仙过海、舟楫不同又能各显神通。

支持民族乡村返乡创业激活民族经济新的发展动力。2015 年，江西把民族乡村大众创业、万众创新变成帮少数民族在家门口找产业、在附近找市场的行动，在优势产业做优、万家产业做齐中催生新的农业合作经济组织，提高农产品的市场竞争力。2015 年，全省民族乡村专业合作社发展到 70 多个，新增创业人员 3200 多人。2010 年民族乡村还只是分散种植茶叶，挑着茶叶到企业售卖，2015 年已有 400 多户少数民族群众与品牌茶叶生产商或基地企业合作，实行股份分红分成，年均收入户增 3000 多元。2010 年民族乡村苗木花卉产业也只是“小女初成”，2015 年已有 200 多人把村里的苗木花卉演绎“进城上路”的传奇，全年订单业务有一个村就做到了 500 多万元。2010 年民族乡村还不知道“快递”是什么东西，2015 年已有 4 个民族乡，8 个民族村依托网络平台，有了自己开创的电商经济，优势土特产品初尝“一网天下”的美味。据不完全统计，到 2015 年底，全省民族乡村农业创业创新人数超过 5000 多人，他们正在用技能智慧、市场信息、资本优势引领更多的少数民族群众通过“大众创业、万众创新”实现自己脱贫奔小康的梦想。

三、舍得给最好的政策，做到政策融汇资源增进合力，才能为民族乡村发展带来最大的变化

2015 年，江西民族经济工作继续朝着“做得出彩、闯得出去、叫得响亮”的目标向前推进，形成了省委、省政府高度重视作为关键，领导小组协调运作作为平台，贯彻文件精神作为抓手，省直部门大力支持作为动力的新局面。全年都有最好的政策逐季逐月在民族乡村落地，全年都有新的变化在民族乡村不断出现。一年来，民族乡村农业综合开发再一次巩固成果，投入资金 1500 多万元；水利设施建设步伐再一次加快，投入资金 2000 多万元；乡村公路建设提前安排，打通了所有的“零”公里，接通了所有的“断头路”；林业综合开发完成了所有成片毛竹林和经济林的垦复和养护。给了好政策，再打组合拳，每五年一轮的对口支援民族乡村活动最后一年力度更大，配置各级对口支援资金达 900 多万元，这一系列好政策使民族乡村快速走出了发展洼地，发展及时提速换档，群众收入实现跳级升高。

四、干部共谋成为百姓创业奔小康的共识，才能激发贫困少数民族群众自信脱贫致富的动力

干部贡献一份力，百姓闯出一片天。从基层干部自己干、群众站在一边看，到干部教着群众干、群众拥护跟着干，江西民族乡村发展逐步改变了发展缺乏推力、缺少动力的胶着状态。2015 年江西把培植基层干部的责任心和领头奉献意识、激发少数民族群众自主脱贫、自信脱贫的意识作为民族经济工作的牛鼻子来抓，各地用不同的政策优惠和感情方式召回在市场闯荡有经验、有技能、有思路的外出务工人员返乡挑担引路。从 2013 年到 2015 年，全省民族乡村有 30 多位新上任的村支书、村长用自己在市场上学来的技能和经营策略孵化成群众发展的谋略，形成了干部群众拧在一起干得热火朝天的局面，大大激发了民族乡村经济发展的人气，干部乐意，群众愿意，既有推力，更有动力。到 2015 年，全省已有 40 多个民族村、100 多个民族村小组形成了干部群众捆绑发展的新型经济体，最大的变化是家家手头开始宽裕，最可喜的氛围是个个干得心里安逸，愿意脱贫、主动脱贫、自信脱贫成了扶贫攻坚奔小康的新引擎。

五、精准发力，一个家庭都不能丢，精准扶贫，公平发展才能有新方向

“十二五”期末，江西民族地区农村贫困人口由“十一五”时期的 1.2 万人减少到 3500 人左右，这为民族乡村全面建成小康和扶贫攻坚决胜提供了现实可能。同时，发展滞后依然是民族乡村扶贫攻坚战决胜阶段的主要矛盾。政策扶贫、社会扶贫、产业扶贫、行业扶贫多种模式精准发力，各有所重，才能做好精准扶贫这篇文章。面对 3500 名农村贫困人口这块难啃的硬骨头，从 2016 年起，江西摸清贫困结构、贫困程度、贫困类别的具体情况，尽量减少社会兜底的负担，朝着贫困少数民族人口不愁吃

穿、义务教育、基本医疗、住房安全、出行便利有基本保障的总体目标，实施既富口袋，又富脑袋的扶贫攻坚战略。确定了“十三五”全省37个民族村组为精准扶贫示范带动，上半年全面铺开每户建档立卡，每人登记造册，精到一户一策、一人一策；准到符合村情，符合家境；细到五年扶持连续，四季帮扶不断。一是补产业、就业短板，企业不仅进得来还要办得下去，产业既能扶起来，还要强起来，就业既能找到地方，还要有好的收入；二是补技能教育短板，既富口袋，又富脑袋，伸长手脚，使贫困少数民族走出技能差、技术低困境，走出贫困自悲缺乏自信、不敢自主创业的困境，实现技能智能创业、自主自信致富；三是补特殊贫困人口创业致富的短板，既最大程度为他们创造就业机会、提供创业可能，又通过乡村经济壮大，直接让他们分享发展红利，初步形成收入不足福利补，体能缺陷技能补的好模式，绝不让这些特殊贫困群众拖全省奔小康的后腿，也绝不让他们在全面小康路上掉队。今年春节刚过，全省设区市、县、民族乡、村四级干部精准扶贫示范培训班顺利举行，反响强烈，取得了预期效果。

（撰稿　兰祥平　　审稿　王希贤）

山东省

2015年，在国家民委和省委、省政府的正确领导下，山东省民委认真贯彻党的十八大和十八届三中、四中、五中全会以及中央民族工作会议精神，以努力改善民生和加快少数民族经济各项事业发展为着力点，推进改革，务实创新，较好地完成了全年工作任务。

一、深入调查研究，组织召开省委民族工作会议和全省第七次民族团结进步表彰大会

由省民委牵头、8个省直部门组成联合调研组，深入全省17市开展民族工作调研，形成全省民族工作调研报告和包括推动少数民族经济、对口援疆援藏等在内的30个问题清单，在此基础上，山东省委、省政府制定出台了关于加强和改进新形势下民族工作的实施意见，对进一步推动我省民族经济工作提出具体政策措施。

二、推进政策改革，充分发挥少数民族发展资金使用效应

一是推动实施了少数民族发展资金项目审批权限下放工作。会同省财政厅根据各地农村少数民族人口分布、经济发展水平等量化因素，将资金规模指标切块下达到各市及省直管县，具体项目资金审批由市县来实施。二是严格对资金项目运行的指导和监管工作。会同省财政厅联合下发了关于做好资金管理工作的通知，对资金使用范围、支出范围、分配使用原则等政策执行做出严格规定。建立完善资金监管机制，联合省财政厅部署建立资金绩效考评和项目备案制度，为少数民族发展资金的分配使用提供重要的决策依据。2015年分别将省级资金1000万元和中央资金2420万元指标下达到了各市县，投向扶持民族镇村项目138个。同时根据财政预算制度要求，将2016年中央资金预算指标及时予以了下达，使资金使用更合理和更具效率。配合国家审计署和省审计厅完成了少数民族发展资金专项审计，对“十二五”期间山东少数民族发展资金使用管理情况进行了全面总结。

三、加强规范管理，不断深化民品企业政策落实工作

根据国家民委部署，积极实施民品企业“千百工程”，共评选出我省60家民品企业纳入“千家培育”企业，其中4家进入全国“百家壮大”企业。组织召开了山东省民促会理事（扩大）会暨民品政策落实工作会议，会议对“十二五”我省民品工作作了全面总结，制定出台了《山东省民委关于进一步规范全国民族特需商品定点生产企业优惠政策落实工作的实施方案》，并在全省推广了民品企业联席会议等五项制度。与省财政厅、人行济南分行加强协调沟通，及时研究解决民品政策落实存在的相关

困难和问题。积极配合财政部驻济南专员办，开展了对我省民品企业财政补贴政策落实情况的检查和督查工作。在全面调研总结的基础上，完成了《关于“十二五”期间山东省民族特需商品生产政策落实情况的报告》。

四、抓扶贫惠民生，努力提高少数民族生产生活水平

我委会同省财政厅、民政厅，开展了 2015 年春节期间穆斯林农户和城市穆斯林低保户牛羊肉价格补贴发放工作，全省各级财政共下发资金 3619 万多元，以每户 300 元的标准向全省 12 万多户群众发放了补贴。为进一步加强补贴资金管理和规范运行，省民委、省财政厅及省民政厅三家联合制定下发了《春节期间穆斯林农户和城市穆斯林低保户牛羊肉价格补贴资金管理办法》，为今后开展工作提供了政策指导和操作依据。配合有关部门大力开展少数民族扶贫开发工作，建立完善少数民族精准扶贫、精准脱贫机制，下发专项通知进行部署，指导各地做好扶贫开发建档立卡和回头看工作。在全省民族工作系统开展了少数民族贫困村及贫困人口调查统计工作，组织专人到村到户到人开展调查，切实摸清贫困人口底数，分清贫困类型，建立精准识别，不断推进扶贫开发工作深入开展。会同省科技厅、农业厅，制定下发了《山东省少数民族农村科技人才培训工程（2015-2020 年）工作方案》，重点明确了对民族村居家庭农场、农村合作组织负责人及致富带头人的年度培训目标任务。联合省科技厅、省农科院在德州市临邑县举办了两期少数民族农村科技培训班，省农科院专家向当地 200 余名少数民族群众传授了蔬菜大棚种植及养殖技术，为促进少数民族经济发展发挥了积极作用。

五、强化齐抓共促，不断推动援疆援藏工作深入开展

一是协调配合有关部门，制定出台了《山东省落实中央第六次西藏工作座谈会精神实施援藏援青“十大工程包”行动助力受援地经济社会发展和长治久安的指导意见》及《山东省落实第二次中央新疆工作座谈会精神进一步做好援疆工作的政策措施》，提出了拟于“十三五”期间重点实施的扶贫攻坚等“十大推进行动计划”，为开展对口援疆援藏工作提供了有力的政策支持。二是在全省民委系统和民品企业中及时转发了滨州市民品企业开展援疆援藏倡议书，积极协调民品企业筹集资金 200 万元，援助新疆喀什市英吉沙县龙甫乡民族团结教育健民活动中心项目建设。协调泰安市民品企业康平纳公司捐赠价值 100 余万元物资，帮助西藏那曲罗玛镇顿珠希望小学配套设施建设。着力引导培育我省民品企业产业项目在新疆西藏落地生根，直接带动当地发展。三是牵头接办了国家民委新疆办来我省调研工作，协调召集省政法委、发改委、教育厅、公安厅、人力资源社会保障厅等部门召开专题座谈会，到济南、青岛等地深入调研，总结推广了烟台市文登兴和公司积极吸纳新疆来鲁少数民族务工人员、促民族团结的先进事迹经验。公司董事长李进军荣获国务院第六次全国民族团结进步表彰大会模范个人称号。

六、依托数据平台，切实做好少数民族统计工作

对全省少数民族统计监测系统进行了修改完善和升级，部署各市完成相关数据更新。完成了我省民族镇和内地新疆班、西藏班统计报表及数据工作，撰写 2014 年度《山东省民族乡镇

（撰稿人　韩昌钦　　审稿人　罗　军）

河南省

2015 年，河南省民委深入学习习近平总书记系列讲话精神，在国家民委的指导下，在河南省委、省政府的领导下，坚持把握“两个共同”民族工作主题，紧紧围绕促进民族聚居地区加快发展，扶贫

攻坚，全面建成小康社会目标，真抓实干，创新发展，民族经济工作取得了新突破，有力推动少数民族和民族聚居地区经济持续健康发展。

一、完善创新，做好少数民族发展资金使用管理工作

一是进一步规范少数民族发展资金使用管理。联合省财政厅制定下发《河南省2015年少数民族发展资金使用管理意见》。对年度资金使用范围及扶持对象、资金分配和项目审批流程、项目审核原则、项目实施和资金管理等工作提出要求，明确省、市、县三级民族工作部门在少数民族发展资金使用和管理工作中的职责权限，从2015年起，将少数民族发展资金项目审核权限下放到县，由县级民族工作部门和财政部门依据中央和省级资金管理办法和用途，自主确定扶持项目。县级民族工作部门和财政部门把年度项目安排计划及项目实施方案逐级上报民族工作部门和财政部门备案；二是积极争取项目资金。积极争取2015年度中央和省本级少数民族发展资金5530万元。其中中央财政拨付4330万（含87万项目管理费），较2014年的4070万增长了260万；省财政拨付1200万，资金总量较2011年的3100万增长了2430万，增幅达到78.4%，为支持我省少数民族聚居地方经济社会发展提供了有力保障；三是加强协调，强化统筹兼顾。在发展资金的分配上严格采用因素测算法，把有限的资金安排到贫困落后的、最需要的民族乡村，要求各市县对资金相对集中使用，注重使较多少数民族群众受益，确保项目扶持一个，见效一个。四是加强对资金项目的监督检查。在项目申报和资金管理中，注重发挥各级民族工作部门和财政部门的作用，定期进行监督检查，确保项目资金安全有效运行。在项目审批中，明确纪检部门全程参与；在项目实施中，建立项目资金公示制，发挥社会监督作用。

二、多策并举，促进民族区乡镇加快发展

一是资金项目倾斜支持。作为少数民族发展资金投入和项目建设的重点，2015年度拨付民族区、乡（镇）少数民族发展资金1383万元，占全年资金总量的25%；二是协调财政部门民族地区转移支付资金21985万元，其中管城回族区4129万元，顺河回族区9724万元，瀍河回族区5042万元，每个民族乡（镇）130万元，缓解了民族区、乡（镇）的财政压力；三是按照《质检总局、国家民委关于支持民族地区扩大农产品出口的指导意见》（国质检动联〔2015〕231号）要求，与河南出入境检验检疫局对接，联合开展对支持民族地区扩大农产品出口情况的调研，拟出台相应文件支持全省民族聚居地区发展；四是组织召开全省21个民族乡（镇）发展经验交流会，共同探讨加快全省少数民族聚居地区发展的政策措施，促进全省少数民族聚居地区相互交流、取长补短，不断强化民族聚居地区“造血”功能，促进民族聚居地区经济社会的加快发展。

三、巩固提高，推进少数民族特色村镇建设工作

一是明确工作思路。推动落实《河南省民委关于推进少数民族特色村寨保护与发展的意见》，力争建设形成一批具有民族特色、中原风貌、产业支撑和较高知名度的民族特色村寨，打造成为全省特色村寨体系中的亮点；二是加大资金扶持力度。坚持实事求是，务实发展，2015年特色村寨项目重点在巩固成果、提升内涵上下功夫，以支持特色民居保护和改造、特色产业培育为主要内容，拨付少数民族发展资金600万元支持开封、洛阳、商丘、周口四地开展少数民族特色村镇建设；三是根据国家民委要求，报送对《中国少数民族特色村镇保护与发展“十三五”规划编制基本思路》的意见和建议，对各县市申报的特色村镇情况进行整理汇总并上报；四是对5个获得批准的首批中国少数民族特色村寨命名挂牌。

四、真抓实做，加快民族聚居地区扶贫攻坚

一是作为少数民族贫困地区扶贫牵头单位，积极协调相关厅局发挥职能作用，加大少数民族扶贫力度；二是推动行业扶贫规划落实。推动落实《河南省少数民族行业扶贫开发规划(2013—2015年)》，加大少数民族扶贫工作力度；三是加大定点扶贫工作力度。开展了2015年全国第二个扶贫日活动，大力支持扶贫点贫困村加快脱贫步伐，成效显著；四是积极落实“同心”实践行动工作。积极行动、主

动融入；健全机制，加强领导；认真谋划、全力帮扶，安排年度支持洛宁县发展工作计划，参加全省"同心"实践行动工作联席会议并做发言；五是积极对贫困民族村展开调研，力求精准扶贫。与省扶贫办协调，对我省贫困村、贫困户、贫困人口数进行了重新统计认定，结合我省少数民族贫困地区实际，创新少数民族扶贫开发工作的思路和方法，强化措施，务实重干，努力推进少数民族贫困地方经济社会发展；六是少数民族扶贫开发工作取得了显著成效，少数民族贫困村从2011年的159个下降到49个，少数民族贫困人口从2011年的7.5万人下降到4.3万人。

五、完善措施，民族特需商品生产工作取得新成绩

一是完善制度措施。印发《河南省民委关于进一步做好全国民族特需商品定点生产企业贷款贴息优惠政策落实管理工作的意见》；进一步明确民族特需商品生产贷款申请的审核程序，强化分级负责和属地管理，加强基层基础工作，确保优惠利率贷款的发放和使用符合政策规定；二是贴息资金持续增长。我省87家定点企业享受中央财政贴息3.2亿元；三是积极为企业服务。今年，协助焦作市天鹅型材有限公司在郑州招商银行落实民贸贷款贴息工作；会同财政部门办理周口市辉华面业有限公司补助资金项目变更，并多次与财政部门协调落实民族特需商品定点企业优惠利率贷款贴息拨付相关事宜，帮助企业继续享受"十二五"期间民族特需商品定点生产优惠政策；四是参与实施"千家培育百家壮大"工程。国家民委实施全国民贸民品"千家培育百家壮大"工程，我省4家企业进入"百家壮大"名录，60家企业入选"千家培育"名录，在散居省份中居前列；五是组织企业参加培训活动。组织中牛集团有限公司和漯河市永光电气设备有限公司参加国家民委经济司举办的企业能力建设专题研究班，并参加国家民委组织的世界500强采购洽谈会，与跨国公司进行采购谈判；六是促进定点企业特色产业发展。定点企业每年向社会供应各类民族特需商品超过400亿元，满足和丰富了我省乃至全国少数民族群众日常生产生活的特殊需要，形成了清真食品、皮毛制革、民族针纺、民族制药、民族机械5大优势明显的特色产业，推动民族特需商品生产工作再上新台阶。

六、主动融入，积极参与"一带一路"发展战略

一是参与主办2015年郑州精品年货博览会。在年博会，设立清真食品及民族用品展区，为企业搭建营销发展平台，为各族群众节日消费提供特色商品。结合对口支援新疆哈密地区，专门邀请组织哈密农副产品特展；二是组织我省清真食品企业参加2015年中国（青海）国际清真食品及用品展览会。今年共组织19家企业参展，展示产品33大类，100余种。展会期间，组织企业参加了中外企业推介会、采购洽谈会等活动，签订产品贸易合同及项目合作意向3.6亿多元人民币，现场销售950万元，15家企业和中东、中亚、西亚及东南亚等国家客商达成国际合作意向；三是支持举办第八届中国（郑州）国际农产品贸易对接会暨2015中国（郑州）国际绿色生态健康食品博览会。展会期间将设立民族特需商品定点生产企业展区，全省32家定点企业和少数民族企业参加展会，参展产品品种达到18大类，59个小类。促进企业"走出去"，对我省持续推进清真食品产业发展，引导和培育特色经济和优势产业，积极融入"一带一路"建设，有重要的作用；四是专程赴山东调研定点企业贴息管理工作，学习兄弟省份先进管理经验，为我省提升定点企业管理工作寻找依据和思路。

七、改进方法，做好民族统计和分析

一是按时完成了统计年报任务。认真填报国家民委部署的《民族乡（镇）统计报表》、《社会发展统计报表》等年报统计任务，及时完成了《中国民族统计年鉴 2014（河南卷）》文稿的编撰、宣传工作；二是对各地上报的2014年全省民族经济及民族区、乡（镇）等10余套统计年报数据进行审核汇总；指导各地开展民族经济运行分析，编印《河南省民族经济统计汇编（2015）》；三是召开全省民族统计汇总会议。会议审核、汇总了全省少数民族经济社会发展统计报表；交流民族统计工作经验；四是开展河南省少数贫困人口分布基本情况统计；五是协助国家民委召开2015年全国民族统计汇总会，接待

18 省区参会统计人员，配合国家民委做好统计及会务相关工作；六是参加省统计局召开的全省部门统计工作会议，贯彻国务院办公厅转发国家统计局《关于加强和完善部门统计工作的意见》。

八、交流交往，扎实做好援疆工作

一是积极对接做好河南省援疆工作。积极与省援疆办协调，与哈密地区民宗委对接联系，今年 3 个援疆项目列入《2015 年河南省对口支援新疆哈密地区和兵团农十三师项目计划》，列支项目资金 36 万元；二是向国家民委报送 2015 年全国民委系统对口支援新疆西藏工作会议交流材料和 2015 年援疆工作台账；三是承担哈密地区民族宗教界人士来豫参观学习援疆项目，协调郑州经学院具体落实配合；四是陪同新疆哈密地区来豫学习的宗教界人士在郑州、安阳、洛阳、焦作参观考察；五是赴新疆喀什参加国家民委组织召开的部门援疆会议。

（撰稿　王霞　　审稿　郭瑞疆）

湖北省

2015 年，湖北民族经济工作在省委、省政府的正确领导和国家民委的具体指导下，坚持以大力推进湖北武陵山试验区建设为统领，继续深化“616”对口支援工程、省内部分市对口支援民族地区县市工作机制，结合精准扶贫精准脱贫要求，切实落实各项民族优惠政策，民族经济工作取得了显著成绩，圆满完成了全年工作任务。

一、全力推进湖北武陵山片区建设

2014 年 12 月，省委出台《关于加强和改进新形势下全省民族工作的意见》，制定了 12 条支持武陵山试验区发展的差别化政策措施，并明确将 2011 年制定的加强武陵山试验区建设的 20 条支持政策延长实施到 2020 年。结合实施精准扶贫精准脱贫战略要求，省委、省政府将国家武陵山集中连片特困地区和我省武陵山少数民族经济社会发展试验区“两区合一”、统筹推进，出台了《关于全力推进精准扶贫精准脱贫的决定》，进一步强化了省级差别化支持政策。成立了由书记为组长、省长为第一副组长的高规格扶贫攻坚领导小组，并于 2015 年 12 月召开了湖北武陵山片区扶贫攻坚推进会，省长亲自部署了片区建设和新一轮扶贫攻坚工作。将龙凤示范区建设作为全省实施“一元多层次”战略体系的重点，制定了《关于加快推进来凤县建设武陵山龙山来凤经济协作示范区的意见》。贯彻李克强总理关于恩施市龙凤镇在扶贫开发方面先行先试的指示精神，出台了《省政府关于推进恩施市龙凤镇综合扶贫改革试点工作的实施意见》，书记、省长分别召集专题会议推进落实，全年实施项目 75 个，完成投资 6 亿元，累计完成投资 33.93 亿元。推动金融支持试验区扶贫开发，2015 年，国开行湖北省分行向湖北武陵山片区发放贷款 55 亿元，农发行湖北省分行与恩施州签订协议，确定“十三五”期内向恩施州提供总额不低于 300 亿元的中长期信用额度，支持扶贫搬迁和基础设施建设。

二、深入实施“616”对口支援工程

省委、省政府制定并印发了《省领导联系贫困县（市、区）工作制度》（鄂办文〔2015〕44 号），将省领导联系贫困县和联系“616”对口支援民族地区县市相结合、与精准扶贫精准脱贫相结合，发展了我省创造的“616”对口支援工程这一民族工作品牌。省领导全年分别召集了 10 次“616”工程对口支援民族地区县市协调会议，支援各县市建设资金 34.7 亿元。持续推进省内部分市对口帮扶民族地区县市工作机制，武汉、襄阳、宜昌等 9 个市 2015 年帮扶民族地区各县市资金 1.6 亿元。省委、省政府进一步加大支持民族乡工作力度，将散居少数民族发展资金由 360 万元提高到 1200 万元、民族村发展资金由 150 万元提高到 370 万元，从 2015 年起纳入省财政预算。进一步推动我省创造的“1+1”帮扶民族乡工作机制，省直有关部门帮扶 12 个民族乡资金 2.5 亿元。根据书记、省长亲自批示要求，省武陵山办协调省直 9 家部门，提出了松滋市卸甲坪土家族

乡参照执行武陵山片区政策的意见，各部门分别加大了支持力度。

三、积极推进少数民族特色村寨保护与发展试点工作

对“十二五”时期全省少数民族特色村寨与发展试点工作进行了总结，梳理了项目，完善了数据库。对我省少数民族特色村镇情况进行了摸底，为申报“十三五”村镇建设试点项目奠定基础。举办了全省少数民族特色村寨保护与发展试点工作培训班，组织重点地区负责人赴贵州考察了村寨建设的先进经验。

四、认真贯彻落实民贸民品政策

联合省财政厅、人民银行武汉分行对2015年新申报民贸企业进行了评审，认定了102家新增企业，全省民贸企业总数达到1157家。认真落实民品民贸企业贷款贴息政策，全年贴息1.6亿元；与省财政厅配合，下达了2015年度民贸企业网点建设和民品企业技术改造专项资金695万元。启动了民品民贸企业“千家培育百家壮大”工程，制订了方案，收集了申报材料，对申报企业名单进行了汇总统计。与湖北出入境检验检疫局联合调研我省民族地区农产品出口工作，并联合下发了《关于支持民族地区扩大农产品出口的意见》。与中南民大、三峡大学、湖北民院、湖北工业大学等高校、会计事务所合作，建立了湖北省民族经济领域专家库。

五、做好少数民族专项资金的分配管理工作

按照新预算法、财政扶贫资金管理制度的要求，及时下达了2015年度中央少数民族发展资金和省级少数民族专项资金、2016年度提前批中央少数民族发展资金。全面调研了我省清真食品行业发展现状，设立并下达了120万元清真食品行业专项补助资金。开展了少数民族传统手工艺品试点工作，与恩施州联合设立了省州少数民族传统手工艺品展示厅。

（撰稿　周巍　　审稿　李爱旻）

湖南省

2015年，在省委、省政府的正确领导和国家民委大力支持下，湖南省各级民委深入贯彻落实中央、省委民族工作会议精神，真抓实干，锐意进取，民族经济工作亮点纷呈。

一、武陵山片区联系工作深入推进

一是大力推进金融支持武陵山片区试点工作。积极推动国开行湖南省分行加大对武陵山片区的支持力度，并在沅陵、新晃、会同、麻阳和武冈等9个县市区开展金融扶持试点。国开行湖南省分行在武陵山片区累计提供融资支持720亿元，贷款余额565亿元，覆盖公共基础设施建设、产业发展和民生等领域，取得了较好效果。二是积极推动武陵山片区规划的实施。积极主动向国家民委衔接汇报，经国家民委与国家发改委、国务院扶贫办和中国铁路总公司协调，2015年9月国家发改委发文同意支持兴义至永州铁路项目纳入国家“十三五”规划，我省怀化市的靖州、通道、会同，邵阳市的绥宁、城步、武冈、新宁等武陵山片区县直接受益。三是深入开展片区旅游专题调研。与省旅游局、国家民委派驻我省武陵山片区联络员配合，开展湖南武陵山片区旅游专项调研，形成了《湖南省武陵山片区旅游专题调研报告》，摸清了我省武陵山片区旅游资源的基本情况、发展状况及面临的主要困难和问题，提出了符合我省武陵山片区实际的对策建议，对推动我省武陵山片区旅游协作发展具有一定的指导意义，受到国家民委的充分肯定。四是做好片区信息报送工作。向国家民委报送《湖南省2015年武陵山片区区域发展与扶贫攻坚试点工作情况汇报》，向国家民委和省委、省政府上报了《武陵山片区联系工作专报》13期，国家民委要情采用1条、国家民委网站采用17条、省政府网站采用5条、湖南日报采用1条、省民宗委网站采用167条，及时反映了片区试点工作情况，为上级准确了解一线实情，进行科学决策提供了可靠依据。五是积极做好国

家民委派驻武陵山片区联络员服务工作。召开了联络员座谈会，举办国家民委武陵山片区联络员工作培训班，安排项目经费 325 万元，为联络员开展工作提供便利条件。

二、少数民族特色村镇工作取得新进展

一是建立少数民族特色村镇项目库。在对全省少数民族特色村镇基本情况全面调查摸底的基础上，建立了省、市（州）、县（市、区）三级少数民族特色村镇项目库。全省民族地区共有少数民族特色村镇 9019 个，其中具有保护和开发价值的少数民族特色村镇 2000 多个，进入各县（市、区）少数民族特色村镇项目库的 1000 个，进入各市（州）少数民族特色村镇项目库的 800 个，进入省民宗委全省少数民族特色村镇项目库的 500 个，进入国家民委少数民族特色村镇项目库的 300 多个，为我省少数民族特色村镇工作长远发展打下了坚实基础。二是进一步加大项目资金支持力度。少数民族发展资金进一步向少数民族特色村镇建设项目倾斜，全年共安排了 4300 万元，支持安排 24 个民族县 142 个少数民族特色村镇项目。三是加大少数民族特色村镇宣传力度。与省人大民侨外委、红网等单位联合开展第二届“最美少数民族特色村镇”评选活动。与省新闻出版广电局、省摄影家协会、中国民族画报社、民族团结杂志社、中国民族报社联合主办了湖南省首届少数民族特色村寨摄影摄像作品大奖赛，引起了社会的广泛关注。组织湖南卫视、湖南日报、红网等省内主流媒体，通过集中采访、直播访谈、汇编文集、发行光盘等形式，对少数民族特色村镇工作进行集中宣传推介，形成声势，扩大影响。与中国民族画报社联合出版了《湖南少数民族特色村镇》专刊，集中宣传我省少数民族特色村镇的情况，扩大我省少数民族特色村镇的影响力和知名度。四是组织召开全省少数民族特色村镇工作推进会，蔡振红副省长出席会议并作了重要讲话；发布了“首届湖南最美少数民族特色村寨”名单暨全省少数民族特色村寨摄影大赛获奖作品。

三、少数民族发展资金使用管理工作有新成效

一是进一步加强了少数民族发展资金监管。组织对 6 个市州 24 个民族县 2012-2014 年少数民族发展资金到位、使用、项目实施及效益等情况开展检查，分自查自纠、交叉检查、抽查总结等三个阶段进行，由纪检监察部门全程参与，极大促进了少数民族发展资金的监管。二是积极争取扩大少数民族发展资金规模。积极向国家民委汇报，与省财政厅沟通协调，进一步扩大了我省少数民族发展资金规模，2015 年中央财政安排资金达到 9410 万元，比 2014 年增长了 8.2%，省级财政安排资金达到 3000 万元，比 2014 年增长了 36.4%。三是少数民族发展资金使用效益不断提高。按照财政体制改革要求，将少数民族发展资金直接安排到县市区。全年共下达资金 12410 万元，安排项目 1178 个，其中，基础设施建设项目 727 个，资金 6250 万元，占总资金 50.4%；生产发展项目 387 个，资金 5757 万元，占总资金的 46.4%（其中，少数民族传统手工艺保护与发展项目 64 个，资金 564 万元；培训项目 34 个，资金 203 万元）。同时，对 2016 年少数民族发展资金安排办法进行认真测算，按因素法确定预拨资金，将中央财政下达我省的 2016 年少数民族发展资金预算指标提前下达到县市区。四是少数民族传统手工艺品保护与发展取得新成效。从 2014 年开始，我省开始实施少数民族传统手工艺品保护与发展试点，共安排试点资金 1000 万元，取得较好的效果。

四、民贸民品工作进一步规范和加强

一是联合省财政厅、中国人民银行长沙中心支行制定下发了《关于进一步规范民族贸易企业认定管理的通知》，从制度上改变了以前由民贸县自行认定，执行政策比较混乱的局面。二是严格执行文件精神，按照规定的程序聘请了第三方专业评审机构进行评审，认定了湘西土家族苗族自治州龙山县刘大姐土家特色食品有限公司等 480 家企业为我省 2015 年民族贸易企业。整个评审认定过程严格规范，公平公正，同时从制度、程序上杜绝了违规操作的可能性，为今后民贸民品企业的评审认定工作提供了示范。三是加大了对重点民贸民品企业的支持力度，在安排 2015 年度民贸企业网点建设和民品企业技术改造专项资金时，进一步加大了对进入国家民委“千家培育百家壮大”工程笼子的边销茶、民族医药企业的支持力度。按照文件的规定，严格评审

程序，入围企业名单在省民宗委官方网站上进行了公示，接受公众监督，社会反响非常好。同时，建立并完善了民品企业基础档案制度、《目录》商品展示制度以及动态管理机制，进一步规范了民贸民品工作。

（撰稿　伍雄智　　审稿　曹承明）

广东省

2015 年，广东省民族宗教委在国家民委和省委、省政府的正确领导下，坚持以邓小平理论、“三个代表”重要思想和科学发展观为指导，认真学习贯彻落实中央和全省民族工作会议以及全国民委主任会议精神，牢牢把握各民族共同团结奋斗、共同繁荣发展的工作主题，围绕加快民族地区全面建成小康社会步伐这项重点工作，统筹兼顾、全面推进，有力地推动了少数民族和民族地区经济平稳较快发展。

一、认真抓好中央和全省民族工作会议精神的贯彻落实工作

一是做好贯彻落实中央民族工作会议精神情况自查工作。按照中央统战部和国家民委要求，广东省委办公厅、省府办公厅转请省委统战部、省民族宗教委牵头组织开展贯彻落实中央民族工作会议精神情况的自查工作。广东省民族宗教委认真组织各地级以上市党委、政府和 17 个省直有关部门就贯彻落实中央和本省民族工作会议精神情况进行自查。根据自查情况，广东省民族宗教委撰写了《广东省关于贯彻落实中央民族工作会议精神情况的自查报告》报中央统战部和国家民委；二是配合中央联合督查组对本省贯彻落实中央民族工作会议精神情况进行督查。2015 年 8 月，中央统战部、国家民委等 7 个部门组成的中央国家机关有关部门联合督查组第五组，来粤就广东省贯彻落实中央民族工作会议精神情况进行督查。督查组对广东省在贯彻落实中央民族工作会议精神方面所作出的努力和取得的成绩给予了充分肯定和高度评价，希望广东省认真总结经验，进一步深入贯彻落实中央民族工作会议精神，开创广东民族工作新局面。按照省领导的指示，广东省民族宗教委撰写了《中共广东省委统战部、广东省民族宗教委关于中央国家机关有关部门联合督查组在粤督查中央民族工作会议精神贯彻落实情况的报告》，报省委、省政府；三是编写贯彻落实中央和全省民族工作会议精神工作简报。为推动民族地区加快发展，广东省民族宗教委编写了 6 期贯彻落实中央和全省民族工作会议精神工作简报，刊发广东省及省直有关部门贯彻落实中央和全省民族工作会议精神情况，供各地各有关部门学习交流。四是组织省有关部门联合督查组赴本省民族地区和有关市督查中央和全省民族工作会议精神的贯彻落实情况。2015 年 10 月，由广东委统战部和省民族宗教委牵头，省财政厅、省教育厅等 11 个省直有关部门组成联合督查组，赴珠海、佛山、韶关、河源、惠州、东莞、中山、肇庆等地开展中央和全省民族工作会议贯彻落实情况督查，推动有关工作落实。

二、全力做好扶持民族地区加快发展政策文件的出台和贯彻落实等工作

一是全力抓好文件的修改完善和送审工作。为深入学习贯彻中央民族工作会议精神，广东省民族宗教委起草了《关于扶持民族地区加快发展的意见》（以下简称《意见》），征求了各地和省直机关的意见及建议，并对意见稿作了进一步修改完善后报省政府审议。2015 年 5 月 22 日，广东省委办公厅、省府办公厅正式印发了《意见》。《意见》是广东省委、省政府自改革开放以来制定的第一个全面系统扶持民族地区加快发展的专门文件，从加强基础设施建设、做强特色产业、加大财政支持力度、推进美丽特色村镇建设、弘扬少数民族传统文化、保障和改善民生、加强干部和专业人才队伍建设、加强对民族地区发展的领导等 8 个方面提出了一系列差别化的扶持政策措施，以加快广东省民族地区全面建成小康社会的步伐。民族地区的干部群众纷纷反映，此次出台的扶持政策，力度大，“含金量”高，

措施具体，可操作性强，将为广东民族地区的发展增添强大的动力，为加快民族地区全面建成小康社会进程创造了良好的条件；二是积极做好文件的学习宣传工作。《意见》出台后，广东省民族宗教委撰写了政策解读，并在中国民族报、中国民族、南方日报，中国民族宗教网、国家民委和本委门户网站刊发，介绍《意见》出台的背景、主要内容和意义，使广大干部群众进一步理解吃透《意见》的内容和精神，更好地贯彻落实《意见》，受到社会各界的肯定；三是根据省直有关单位的职责，广东省民族宗教委起草出台了《贯彻落实〈关于扶持民族地区加快发展的意见〉重要举措分工方案》，进一步明确有关单位的职责分工，积极推动有关工作落实；四是筹备召开推动民族地区加快发展现场办公会。2015年12月，广东省政府在清远市连南瑶族自治县召开了推动民族地区加快发展现场办公会，会上省直有关单位汇报了《意见》各项政策措施的贯彻落实情况，深入研究分析民族地区经济社会发展中存在的主要困难问题及采取的对策建议，推动重点难点问题的解决，对民族地区进一步发展作出工作部署，有力推动了民族地区发展。

三、严格管理专项资金，努力提高少数民族发展资金的使用效益

广东省民族宗教委按照省委进一步促进粤东西北振兴发展的战略部署，把民族地区促增长、保民生作为民委经济工作的重中之重。协调安排中央和本省级少数民族发展资金6780万元，用于支持少数民族和民族地区的基础设施建设和民生工程，以及少数民族特色村寨保护与发展试点工作，取得了良好的社会效益。建立健全相关管理制度，依法依章依规行政，严格把关，加强监督，确保少数民族发展资金最大限度发挥社会和经济效益。2015年4月，广东省民族宗教委在组织各地认真开展自查自纠工作的基础上，赴粤北、粤东、粤西民族地区和部分少数民族聚居村抽查少数民族发展资金管理使用情况，并指导民族地区按照要求做好资金项目申报和管理使用工作。检查组主要检查了各地少数民族发展资金支出明细、有效票据复印件和其他佐证材料，还实地查看了项目建设情况，并听取各地关于少数民族发展资金和项目的情况汇报。检查未发现资金截流、挪用、擅自扩大资金使用范围、改变资金用途等现象，各专项资金全部按照规定实行报账制、严格管理，会计核算真实规范。

四、民族地区科学发展示范点和少数民族特色村寨保护与发展试点工作取得新进展

一是组织全省少数民族特色村镇建设培训班。为学习借鉴兄弟省份少数民族特色村寨保护与发展工作的有益做法和先进经验，更好地推动我省少数民族特色村镇建设工作，广东省民族宗教委组织了全省有关市、县、镇民族工作系统和政府分管民族工作的领导赴贵州和云南两省学习考察少数民族特色村寨建设情况；二是启动《广东省少数民族特色村镇保护与发展规划（2016—2020年）》编制工作。广东省民族宗教委牵头组织省发展改革委、省住房城乡建设厅、省文化厅、省旅游局、省民族宗教研究院、华南理工大学等单位启动了《广东省少数民族特色村镇保护与发展规划（2016-2020年）》编制工作，召开少数民族特色村镇规划编制工作研讨会，听取专家学者和民族地区对编制规划的意见建议，目前规划初稿已完成，争取今年内出台；三是继续指导乳源瑶族自治县、龙门县蓝田瑶族乡、连南瑶族自治县三排镇连水村进一步推进“全国民族自治县（旗）科学发展示范县”、“全省民族乡科学发展示范乡”、“全省民族村科学发展示范村”的创建工作，发挥科学发展典型示范作用，收到较好成效。

五、积极协调有关部门稳步推进民族贸易和民族特需商品生产企业工作

广东认真贯彻落实民族贸易优惠政策，加强对少数民族特需商品定点生产企业的指导，积极帮助民贸民品企业解决政策落实中遇到的困难和问题，根据国家民委有关文件要求，完成了本省民族贸易和民族特需商品定点生产企业贷款情况摸底工作，并配合省财政厅下达民族贸易贷款贴息59万元。

六、认真做好民族地区经济形势监测和统计分析

广东省民族宗教委认真完成《中国民族统计年鉴》（广东部分）和《广东省年鉴》的编撰工作，按

时通过“民族地区监测系统”向国家民委上报我省3个自治县和7个民族乡《2014年度广东省民族自治地方统计报表》、《广东省民族乡镇统计报表》和《广东省内地西藏班和新疆班统计报表》，并对2014年全省民族聚居地区经济发展情况进行了详细统计和分析，全面掌握民族地区经济运行状况和发展态势，为各级部门决策民族工作提供重要依据。

（撰稿 方莉 审稿 李秀英）

广西壮族自治区

2015年，广西民族经济工作在国家民委和自治区党委、政府的领导和指导下，真抓实干，扎实稳步开展各项工作。

一、加大扶持力度，推动规划目标如期完成

根据兴边富民行动和扶持人口较少民族发展“十二五”规划要求，2015年安排了1亿元资金用于推进兴边富民行动，实施了317个项目，涉及乡村道路、人畜饮水、农田水利等项目，建设了44个民族团结进步屯，有效解决了8个边境县各族群众生产生活中的一些突出困难和问题，取得较好经济社会效益。5月25日，自治区人大常委会听取和审议自治区人民政府关于《兴边富民行动规划》实施情况报告时，高度肯定了广西取得的成绩，同时广西还在全国民族经济工作会议上作了交流发言。安排了7200元资金，实施了184个项目，重点扶持160个京族、毛南族、仫佬族聚居村，实现“五通十有”和“一减少、二达到、三提升”的规划目标。

二、落实优惠政策，促进民贸民品企业发展

一是指导各地建立民贸民品企业基础档案和工作台账，为政策落实提供判定依据和翔实的证明材料。二是加强沟通协调，落实贷款贴息优惠政策，及时下达民族贸易网点建设和民品技改专项资金1300万元，促进了民贸民品企业贷款贴息持续上升。据统计，“十二五”期间，全广西金融机构累计发放民贸民品贷款618.49亿元，全区民贸民品企业共获得贷款贴息资金15.63亿元，是“十一五”期间贴息的8倍，增幅十分明显。仅2015年实现企业贷款贴息资金4.71亿元。优惠利率贷款政策的实施，提高了民贸民品企业贷款的积极性，推动了企业不断加快发展。三是确定广西“千家培育”企业名单，研究确定了70家民贸民品企业为国家民委“千家培育”企业名单，予以重点扶持。四是举办了一期民贸民品政策培训班，培训了140名民族局分管领导和民贸民品企业代表。五是完成了国家民委副主任罗黎明率国家民委、财政部同志到广西开展“十三五”民贸民品政策调研任务。

三、立足发展保护，建设少数民族特色村寨

一是对广西少数民族特色村镇进行一次摸底调查。据初步调查，广西目前有200多个少数民族特色村寨、30个特色小镇亟待保护与发展。这些特色村镇主要集中在防城港和桂中、桂西北。二是开展“中国少数民族特色村寨”集中挂牌工作。2014年，广西有59个村寨被国家民委命名为“中国少数民族特色村寨”。为扩大影响，2015年4月，在全区范围集中开展挂牌活动。自治区民委到三江侗族自治县举行“中国少数民族特色村寨”挂牌仪式。三是安排2000万元资金推进少数民族特色村镇保护与发展工作，重点提升已命名为“中国少数民族特色村寨”的内涵。

四、关注民生问题，为各族群众办实事好事

2015年，加大这方面工作力度，全年安排中央少数民族发展资金5660万元、自治区本级少数民族发展资金1200万元，共计6800多万元资金用于解决少数民族发展特殊困难问题，其中安排7个民族乡逢10周年乡庆为民办实事资金630万元，比2014年多了2700万元。通过修建一些“幸福路”、“连心桥”、“自来水”、“水利渠”，有效缓

解大石山区少数民族群众“行路难”、“饮水难”和“灌溉难”等问题。

五、加强资金督查，发挥民族专项资金效益

为做好这次督查工作，2015 年 4 月印发了督查工作方案，要求全区各县对 2013、2014 年资金使用和项目实施情况进行全面自查。在这个基础上，5 月份组成了 6 个督查组对 41 个县进行抽查，检查了 50 万元以上重大项目 86 个、自查自评优良的项目 227 个、自查自评问题比较多的项目 9 个，共计 236 个项目涉及资金 8750 万元，涵盖了兴边富民行动、发展特色优势产业、扶持人口较少民族发展、少数民族特色村寨以及其他资金项目，是历年来规模最大、力度重强的一次，覆盖了所有资金和全区各市。检查期间，督查组每到一个县采取听取汇报、查阅资料、走访抽查相结合方式，详细了解该县资金使用和项目建设情况。检查结束后，督查组还向各县反馈了检查情况，对资金项目实施好的方面给予充分肯定，对检查发现的问题，提出整改意见和建议。

六、会同有关部门，做好民族经济统计工作

根据国家民委要求，会同统计部门对广西 12 个自治县、8 个边境县、4 个人口较少民族聚居县、59 个民族乡经济社会发展以及 3 个边销茶生产企业有关数据进行统计，并上报国家民委，为制定一些扶持民族地区发展的差别化政策提供依据。

七、广西民族语文印刷厂改制工作取得突破性进展

在 2014 年 11 月 30 日顺利实现企业关停的基础上，坚持以人为本，依法依规应对历史遗留下来的问题。到目前为止，妥善处置了职工 20 多个信访件和 10 多批到民委集体上访的事件，安置职工 782 人，占职工总数的 71.5%，改制形势持续向好。有效拆除了多年以来可能引爆民委系统群体性事故的引信，维护了民族团结和社会稳定。

（撰稿　王珊　　审稿　覃汉华）

海南省

一、概况

2015 年，海南省民族宗教事务委员会认真贯彻党的十八大和十八届三中、四中全会精神，认真学习习近平总书记在中央民族工作会议重要讲话精神，牢牢把握各民族“共同团结奋斗、共同繁荣发展”的主题，立足民族地区实际，以推进民族地区基础设施建设、大力发展民族经济、改善少数民族群众民生为主旨，以解决少数民族和民族地区经济社会发展中的突出问题和特殊困难为切入点，加快民族地区的经济社会发展，民族经济工作取得新突破。2015 年，经济发展处被国家人力资源和社会保障部、国家民委评为“全国民委系统先进集体”，熊中华同志被国家民委经济发展司通报表扬。

二、全力完成民族地区农村道路“最后一公里”工程

2015 年，省委、省政府将我省民族地区农村道路“最后一公里”工程列为为民办实事十大事项之一。委领导在与乐东、琼中、万宁、儋州等四市县及农垦总局党政领导进行沟通协调的基础上，根据各市县资金缺口，同省发改、省交通、省扶贫等部门就不同专项资金投向范围和可投入资金额度进行衔接，达成共识。5 月 8 日，省民宗委等五部门联合下发《关于印发 2015 年民族地区农村道路“最后一公里”项目建设工作方案的通知》，明确各市县目标任务、落实步骤时限、资金保障、工作措施等。乐东、琼中、儋州、万宁等 4 个市县和省农垦总局根据通知精神，进一步调整各自建设方案，对建设项目进行资金任务分解，明确各相关责任单位任务和职责。为按时保质保量完成“最后一公里”建设

任务，我委多次牵头、配合省政府督查办、省发改、省交通、省扶贫、省农垦等六部门开展多轮道路工程建设督导工作；借百日大会战活动之际，与省审计厅共同开展“最后一公里”工程跟踪审计。通过实地督导检查，及时准确掌握了市县工程进度、质量情况、存在问题，各承建单位明显感觉到“最后一公里”作为政治任务所带来的责任和压力，均以时不待我的紧迫感加紧道路施工建设，组织实施556个项目，累计投入3.05亿元，硬化道路494.6公里，建设小型桥梁389.06米。经核查，4个市县和省农垦总局按计划完成所有项目工程，项目完成率100%。

三、积极提高少数民族发展资金使用效益

2015年，我委积极争取国家民委、省委省政府加大对我省的中央财政转移支付力度，增加国家少数民族发展资金和省级配套少数民族发展资金共9290万元。本着“改善少数民族民生，发展特色产业经济，促进农民增收”的基本原则，严格遵守资金项目审批流程，做好2015年两批资金项目的分配、考察论证等工作，共安排基础设施类项目556个，经济发展类项目38个，解决了民族地区16.68万余人行路难问题，扶持发展民族地区特色产业带动农民增收。

四、认真配合做好各项经济审计工作

2015年，我委共接受4项专项审计工作，全部顺利审查通知。审计过程中，不仅调取了我委2010-2015年少数民族发展资金项目档案，还抽样选取部分市县开展实地审计，并对资金分配下达、项目立改项、实施验收、资金划拨管理、资金使用效益等关键环节进行重点审查。为配合做好审计工作，我委成立了专门工作组，认真指导市县做好审计准备工作，给个别市县提供部分文件资料副本完善档案，并对部分市县项目实施予以指导帮扶，确保市县形成规范的项目实施程序，建立完善的项目档案资料。最后，审计部门对我委少数民族发展资金管理、“最后一公里”项目实施等工作都给予了较为正面的审计评价，未发现截留、挤占、挪用、骗取少数民族发展资金的情况，资金项目实施程序规范，大部分资金项目如期完成，审计结果客观真实细致。

五、精心组织实施民族地区农村扶贫工作

先后派出4批次定点扶贫工作组，深入什运乡便文村委会，开展定点扶贫工作，尽最大可能帮助扶贫点解决生产生活中的困难，取得了较好成效。黄明荣主任提出用1-2年的时间，把贫困村打造成琼中县叫得响的明星村的工作思路，多次亲临扶贫点指导，听取琼中县及什运乡扶贫工作情况汇报，了解、督促、检查、指导扶贫工作进展情况。组织开展攀穷亲、结对子活动，帮助贫困户研究产业项目，扶持便文村委会新增种植四棱豆112亩、水果木瓜32亩、白玉豆25亩、桑树189亩，新增蜜蜂养殖650箱，帮扶便文村各项特色产业，投入500万元用于建设番道村、便文村、伯保村和冲公保村4个黎族特色村寨，连片建成少数民族特色村寨旅游带，举办了豪猪养殖、黑山羊饲养、养蜂实用技术、黎锦实用技术培训等培训，群众收入大幅度提高，扶贫工作成效明显。6月，刘赐贵省长率队调研我省民族地区，对便文村的扶贫情况给予充分认可。

六、《海南省少数民族发展资金项目管理暂行办法》制定出台

为落实中央有关加大推动财政扶贫资金管理机制改革的精神，指导市县适应财政扶贫专项资金管理新要求，提高资金项目管理工作质量，我委领导一直在积极研究制定《海南省少数民族发展资金项目管理办法》。向省财政厅、省发改委、省审计厅、省扶贫办、省纪委等5家省直单位及18个市县政府发函征求办法修改意见，并根据所征集的38条修改意见对办法进行了完善。经省政府同意，2015年10月21日，《海南省少数民族发展资金项目管理暂行办法》正式印发实施。《暂行办法》的出台，意味着我省落实中央财政扶贫资金管理机制改革精神有了新成果，少数民族发展资金项目实施管理将纳入法制化、规范化的管理体系。

（撰稿　熊中华　　审稿　胡莲）

重庆市

2015 年，重庆市民族经济工作在市委、市政府的正确领导和国家民委的精心指导下，紧紧围绕全市工作大局，深入贯彻落实中央民族工作会议和市委民族工作会议精神，创新方法，强化措施，狠抓落实，全力攻坚，有力推进了我市少数民族地区经济社会事业发展。

一、加强少数民族发展资金管理

加强资金项目管理，起草并印发《重庆市少数民族发展资金绩效评估暂行办法》和《重庆市少数民族发展资金项目验收暂行办法》。据此办法要求，深入实地对民族地区和部分散居区县的少数民族发展资金及项目实施进展情况进行了检查。重点对滞留资金、迟延验收项目等情况进行了督查，进一步规范了资金使用、项目实施。

二、推动少数民族和民族地区扶贫攻坚

制定出台《关于推进少数民族和民族地区扶贫攻坚的实施意见》，提出了我委 2015 年—2018 年推进脱贫攻坚的总体工作安排，确定了 2015 至 2018 年，安排和筹集资金约 13 亿元，中央和市级民族发展资金 90%投向少数民族和民族地区扶贫攻坚。加强少数民族发展资金管理，按民生领域、产业发展、和谐稳定分别占比 50%、30%、20%比例进行安排，落实到位 2015 年、2016 年中央和市级少数民族资金 2.8 亿元。并明确从资助贫困少数民族大学生和入学完成学业、支持我市民贸民品企业发展、实施少数民族特色村镇保护与发展项目、实施边远贫困地区突出民生事项等 8 个方面，大力推进少数民族和民族地区脱贫攻坚工作。

三、推进少数民族特色村镇建设

一是做好“十二五”期间我市少数民族特色村镇项目验收工作。指导各区县完成“十二五”期间我市少数民族特色村镇项目验收自查工作。二是对我市少数民族特色村镇进行摸底调研，为做好“十三五”少数民族特色村镇保护与发展奠定基础。三是安排少数民族发展资金 3700 万元，重点打造 8 个精品特色村镇项目。2015 年，新启动 25 个特色村镇建设，全市目前建成和在建的特色村寨达 94 个。少数民族特色村镇已初步成为民族文化生态旅游的新景点、新亮点、新热点。2015 年，我市少数民族特色村镇累计接待游客约 150 万人次，实现乡村旅游收益约 2 亿元，当地农民人均纯收入超过 1 万元，高于全市平均水平，促进了乡村旅游特色产业发展和群众增收致富。

四、抓好少数民族地区特殊民生工程

一是实施便民桥、便民路等民生工程。安排少数民族发展资金 4266 万元，完成了边远贫困地区便民桥、便民路等特殊民生工程 199 项，重点解决了边远贫困地区少数民族群众饮水难、通行难问题。二是实施少数民族地区贫困群众家庭残疾人康复救助和就业培训工程。安排少数民族发展资金资金 646 万元，就业培训残疾人 702 名，将康复救助贫困残疾人 300 名。三是实施青年才俊工程。2015 年，我市民族宗教界共筹募资金 1650 万元，其中少数民族发展资金 760 万元，资助少数民族贫困大学生 3300 余名，并向昌都市拨款 90 万元，资助 100 名藏族学生完成学业。

五、落实民贸民品利差补贴政策

认真贯彻落实民贸民品优惠政策，对有贷款需求、具备贷款资格、符合贷款条件并提出贷款申请的民贸民品企业，及时按照“暂行办法”规定审核、放贷和贴息。2015 年渝东南民族地区民贸企业达 567 家，民贸企业贷款余额共计 48.5 亿元，获中央累计贴息 8983.52 万元。2015 年全市 15 家民品企业贷款余额累计 4.7 亿元，可贴息额累计 1046.26 万元。在民贸民品优惠政策支持和激励下，我市民贸民品市场主体不断增多、体量逐渐扩大、抗风险能力明显增强，民贸民品企业生产规模不断拓展、产品质

量不断提升、销售市场不断延伸、企业效益不断提高。同时，企业服务少数民族群众生产生活特殊需要的效益不断提高，为少数民族群众生产生活提供了有效服务，为当地经济社会建设做出了应有贡献。

六、开展民族地区经济统计分析

为了及时掌握我市民族地区经济社会发展情况，为市委、市政府领导决策提供参考数据，2015年，我委继续开展，民族地区经济统计分析工作，每季度对民族地区 GDP、公共财政收入、固定资产投资等重要经济指标进行统计分析，并与民族地区周边湘西州、恩施州和铜仁市的主要经济指标进行对比，形成文字分析材料，同时对我市民贸民品企业贷款贴息数据进行统计分析，并制定成册，及时报送国家民委和市委市政府。

七、积极做好对口支援昌都市工作

按照《重庆市民宗委系统对口支援西藏自治区昌都市民族工作实施方案（2015 年—2017 年）》要求，一是指导重庆市少数民族青年才俊工程落实 90 万元，资助 100 名昌都市少数民族建卡贫困户、城镇低保户家庭学生就读大学（含高职）。二是帮助昌都市民族宗教系统改善工作条件，我委支持昌都市民宗局工作经费 30 万元，组织本市 11 个区县（自治县）民宗部门对接昌都市 11 个区县民宗局，开展对口支援工作，一次性支持昌都市每个区县民宗局工作经费 10 万元。三是帮助培训昌都市民族宗教系统干部。2015 年培训 50 人，培训时间为 20 天。培训内容根据昌都市需要确定，采取课堂讲授与实地考察交流相结合的方式进行培训，多安排实地考察和工作交流，相互学习，共同提高。四是共同做好昌都籍在渝少数民族群众服务和权益保障工作，积极协调各有关方面，为来渝经商、就学、就医、就业的昌都籍少数民族群众提供方便，帮助解决实际困难和问题，维护合法权益。加强与昌都市民宗局的协调配合，及时化解涉及民族宗教因素的矛盾纠纷，维护社会稳定。五是支持办好重庆市西藏中学为藏族学生提供更好服务，协调各有关方面继续支持重庆西藏中学发展。

（撰稿　陶先涛　　审稿　向远道）

四川省

2015 年是“十二五”发展的收官之年，也是谋划“十三五”奠基之年，面对错综复杂的国际国内宏观经济形势和经济持续下行压力，我省民族自治地方按照中央“四个全面”战略布局，深入贯彻党的十八大和十八届四中、五中全会，省委十届六次、七次全会，以及中央和省委民族工作、藏区工作会议精神，认真落实中央和省一系列支持民族自治地方经济社会发展、精准扶贫脱贫等重大政策措施，千方百计稳增长、促改革、调结构、惠民生，集中力量解决发展、民生、稳定重大问题，全力推动民族自治地方加快建设小康社会进程。

一、发挥职能作用，主动参与做好民族地区重大民生工程

主动与省发改委共同做好双牵头推进藏区民生改善“六大民生工程计划”。积极参与在大小凉山彝区实施的“十项扶贫工程”和彝家新寨“四件套”工作。继续与省扶贫移民局做好在雅安、泸州、宜宾、攀枝花等散杂居地区开展彝家新寨建设相关工作。积极争取国家对凉山州给予重点扶持，经过不懈努力，经国务院同意，国家发改委、国家民委印发了《关于支持四川省凉山彝族自治州云南省怒江傈僳族自治州甘肃省临夏回族自治州加快建设小康社会进程的若干意见》（以下简称《意见》）的通知，对四川省凉山彝族自治州等三个自治州在基础设施、公共服务均等化等八个重点发展任务作了全面部署，从农业产业、生态保护、对口支援等三十个方面提出了系列突破性支持政策。按照省政府领导批示，我们与省发改委合协作，认真落实《意见》，以省政府名义制定出台了《关于支持大小凉山彝区深入推进扶贫攻坚加快建设全面小康社会进程的意见》，就加大财政支持力度、加强以交通为重点的基础设施建设、改善贫困户居住条件、加快教育事业发展、加大国土政策支持、加强禁毒防艾工作、建

立对口帮扶机制等 7 个方面提出了 17 条具体措施。配合做好康定灾后重建相关工作。认真贯彻习总书记对扶贫工作作出的重要指示精神和省委十届六次全会精神，研究帮扶措施，起草了我委帮扶色达县的精准扶贫工作方案，要求甘孜州加大少数民族发展资金对色达的扶持。

二、注重协调配合，积极参与各项规划编制工作

积极参与国家民委在北京组织的四个“十三五”规划的起草修改工作，其中对涉及我省的“少数民族事业发展规划”、“少数民族特色村镇保护规划”提出了政策建议。积极参与省级相关部门“十三五”规划，如省发改委藏区“十三五”发展规划、省旅游局“十三五”藏区旅游发展规划、省扶贫移民局川西北高原、乌蒙山、巴山片区“十三五”扶贫规划和“十三五”彝家新寨建设以及散杂居地区彝家新寨建设规划等。

三、严格监管督查，认真做好少数民族发展资金审批下达工作

2015 年，将中央财政下拨我省少数民族发展资金，并将资金切块下达到民族地区，有力地推动了民族地区“四小”工程、现代农牧业增收工程、“民族团结进步新村”、少数民族特色村寨建设、教育发展十年行动计划和民族文化推进工程等项目实施，充分发挥民族资金的雪中送炭、拾遗补缺作用。同时，认真做好少数民族发展资金项目督查工作，对部分市、州对项目开展了认真仔细的督查工作，并上报了书面总结报告和项目督查汇总表，进一步强化了项目资金的监管。

四、强化服务管理，积极落实民贸民品政策

按照国家民委要求，认真总结我省“十二五”期间扶持民族贸易和民族特需商品定点生产企业政策执行情况，分析存在的问题，对“十三五”民贸民品政策提出建议，并形成总结报告上报国家民委。认真落实民贸民品政策，加强对民贸民品定点生产企业的指导。经与财政厅会商，按程序安排下达 2015 年度民贸民品技改贴息资和生产补助资金 500 万元。对促进民贸民品生产企业的发展，满足少数民族特殊生活需要起到了积极作用。

五、加强业务培训，努力提升民族经济工作水平

为贯彻落实中央、省委经济工作会议精神，提高民宗委系统民族经济工作干部的素质，今年 4 月，我们在宜宾市兴文县组织举办了 2015 年度四川省民宗系统民族经济工作业务培训。全省 21 个市（州）民宗局领导，以及部分市州统计局和省发改委民族处、省统计局综合处等相关负责同志参加了会议。会议传达学习了中央、省委经济工作会议和全国民族经济工作会议精神，并就 2015 年少数民族发展资金、民族统计、民贸民品工作进行了安排部署和业务培训。

六、抓好民族统计，当好参谋助手

认真开展民族地区统计监测工作，加强与省级有关部门和民族地区统计联络员的联系，分析民族地区经济运行情况，及时为省委、省政府和有关部门提供民族地区经济发展季度报表和经济运行报告，起到了很好的参谋作用。目前已完成三季度民族自治地方经济运行分析。完成了国家民委的各项统计任务已。按照国家民委要求，对我省人口较少民族羌族、纳西族进行了调查摸底，形成了经济社会发展专题报告上报国家民委。同时，编辑印发了 2015 年度《民族经济工作手册》。

七、积极主动作为，研究制定全省民族地区民族团结进步小康示范村实施工作方案

根据国家民委和省委领导要求，为加快推进我省民族地区经济社会发展，确保到 2020 年同步全面建成小康社会，我们结合民族地区实际，牵头组织起草了《全省民族地区民族团结进步小康示范村实施工作方案》（征求意见稿），先后征求了省委农工委、省发改委、省扶贫移民局等相关省级部门意见，并召集甘孜州、阿坝州、凉山州、攀枝花市、泸州市、达州市民宗委（局）分管领导，相关县民宗局领导，相关乡（镇）、村负责人等召开了方案研讨培训会，更广泛深入征求意见，对方案进行进一步论证完善，以便下一步在全省民族地区推进实施。

八、深入调查研究，提出政策建议

为进一步掌握新形势下民族地区经济和社会发展现状，充分发挥民宗部门参与和引导民族地区经济发展的职能作用，为其它职能部门建言献策，2015年开展了多项工作调研。深入自贡市开展森林防火督导检查并就民贸民品政策落实情况进行调研；会同省委农工委赴阿坝州开展关于促进四川藏区农牧民增收致富的课题调研，研究新形势下农牧民增收致富的情况；参加了省政协民宗委等部门组织的专题调研，组织力量撰写了《新常态下民族地区经济发展问题研究》调研报告；与省县域经济学会编辑出版《四川民族地区县域经济发展》一书。

（撰稿　李学华　　审稿　荣跃泽仁）

贵州省

2015 年，认真抓好《贵州省少数民族特色村寨保护与发展总体规划》《贵州省少数民族特色村镇保护与发展规划（2016—2020 年）的编制工作；认真开展了少数民族特色村镇保护与发展工作方面的专题调研。与省委统战部联合在黔西南州贞丰县召开了一次全省少数民族特色村镇保护与发展现场推进会，系统总结了“十二五”工作，对“十三五”工作提出了安排意见；全年共计安排少数民族特色村镇建设专项资金 9030 万元，扶持 10 个民族特色小镇、103 个民族特色村寨开展保护与发展工作，加强了对少数民族特色村寨保护与发展工作的指导。

一、扶持人口较少民族取得重大进展

2015 年，紧紧围绕实施人口较少民族聚居行政村率先实现全面小康行动计划的目标要求，开展了率先实现小康行政村的评估调研，组织专家对 2014 年度基本实现全面小康的 9 个村逐一开展了检查评估，对 2015 年拟实现全面小康的 30 个村开展了专题调研，加大对年度目标任务的督查检查力度。对 2015 年度拟实现全面小康 30 个村制定了工作方案，明确了工作任务。在惠水县召开一次扶持人口较少民族发展工作现场推进会。全年下达了 63 个村共计 3872 万元的专项资金。五是开展了扶持人口较少民族发展“十二五”规划实施情况的终期评估，做好了国家民宗委关于“十三五”扶持扩面的调研工作，启动了我省扶持人口较少民族发展“十三五”规划的编制工作。

二、落实民贸民品优惠政策取得新突破

2015 年，新认定民贸企业 822 家。对民贸民品优惠政策落实不够好的有关市（州）和 10 个“空白县”开展专项督查，消除了 8 个县的“空白”问题。召开了 2015 年度落实民贸民品优惠政策推进会，加强了统计监测，按季度向省政府上报数据，及时分析反馈信息。加强了与财政部驻贵州专员办的协调沟通，协商解决政策落实中存在的不协调问题。分别在上海市和贵阳市各举办了一期民贸民品企业人才培训班，培训 135 人次。积极争取国家支持，认真做好民贸企业网点建设和民族特需商品定点生产企业技术改造资金的安排。全省共有 394 家民贸民品企业享受流动资金优惠利率贷款突破 103 亿元，比上年增长 12.37%;企业享受中央财政贷款贴息突破 2.8 亿元，比上年增长 88.55%；享受落实民族贸易网点建设和民族特需商品定点生产企业技术改造资金 1200 万元，比上年增长 17.65%。

三、民族传统手工艺扶持扎实推进

2015 年，实施了少数民族传统手工艺领军人才培训培养计划和少数民族传统手工艺企业扶持计划，采取资金扶持、项目扶持和民贸民品政策扶持等方式，加大对民族传统手工艺产业的扶持力度。安排专项资金 600 万元，扶持 106 家企业发展民族传统手工艺项目，命名挂牌 100 家“少数民族传统手工艺传承基地”。同时，为进一步加强民族传统工艺等少数民族传统文化产业化、规模化和品牌化，整合提升民族文化产业的知名度

和美誉度，组织召开了 4 个方面的座谈会，起草并向省政府报送了《关于打造贵州民族文化产业“黔”系列品牌的实施方案》。

四、认真做好民族地区扶贫工作

2015 年，紧紧围绕“小钱变成大钱用，死钱变成活钱用”的要求，采取滚动发展、贴息使用等方式，对 500 个民族贫困乡镇实施了一批种养殖等产业发展扶持项目，共投入资金 1720 万元，实施项目 120 个，积极探索资金的有效使用方式。针对麻山、瑶山等“六山”地区的少数民族贫困村和全省人口数量在 5 万人以下的瑶族、毛南族等 7 个人口数量较少民族聚居贫困村，代省政府起草了《关于加快少数民族特困地区和人口数量较少民族聚居贫困精准脱贫的实施意见》，提出了对 2047 个贫困村的“六个优先”扶贫措施，进一步推动民族地区精准扶贫步伐。认真做好了 4 批 34 名国家民宗委派驻我省武陵山片区联络员的日常联络服务工作，召开了 4 次联络员座谈会，为其全心全意投入工作提供必要保障。进一步加大武陵山片区金融扶贫力度，与省国开行联合下发了《省民宗委 国开行贵州省分行关于支持贵州武陵山片区区域发展和扶贫攻坚工作的意见》。

五、加强了民族统计监测工作

制定了较为完善的民族统计指标体系，建立了一支覆盖全省各个乡镇的民族统计兼职信息员队伍，开展了信息员培训和数据审核等工作，对民族地区经济社会发展指标等数据进行了统计监测和比对分析，对全省 500 个民族地区贫困乡镇主要经济社会发展情况、500 个少数民族特色村寨投入情况、全省扶持人口较少民族发展情况进行统计监测，及时完成了数据汇总分析、情况反馈等工作任务。

2015 年，完成了省第十届人民政府第三次民族工作联席会、全省民宗委主任会议参阅资料数据材料，组织召开了全省民族统计年报数据审核及统计监测培训会，指导各州市开展了统计培训工作，完成了民族自治地方、民族乡、民贸民品享受优惠政策情况、扶持人口较少民族情况等统计报表填报任务和委领导交办的临时性数据服务。

六、创新扶贫工作新模式，打造资金使用新亮点

根据民宗委党组“把小钱用大、死钱用活、滚动发展”的要求，尝试民族资金小钱用大、资金盘活的工作新路径，鼓励基层开展滚动发展的项目试点。例如：六盘水市民族局选择了六枝特区、水城县 2 个民族乡，用中央少数民族发展资金发展牛羊养殖项目，在扶持方案中将被扶持村组农户分成几个批次，每轮扶持年限 3 年；首批扶持对象确定后由农户与县、区养殖项目实施领导小组签订《滚动轮流扶持养殖项目协议书》，由明确的第二批对口接续扶持对象监督，年限满后，由第一轮扶持对象拿出所得等额扶持资金或羊牛数量交给第二轮扶持农户；如此滚动轮流扶持下去，实现了扶贫资金用大用活、滚动发展。

（撰稿　张发刚　　审稿　潘选）

云南省

2015 年，面对错综复杂的国际形势和国内经济下行压力加大、改革发展稳定任务艰巨繁重的形势，云南省委、省政府带领全省各族人民团结一心，坚定围绕民族团结进步示范区建设目标，主动服务和融入国家发展战略，努力适应经济发展新常态，积极谋划部署，坚持稳中求进工作总基调，攻坚克难，统筹推进改革开放、经济发展、社会稳定各方面工作，全省民族地区保持了民族团结、宗教和顺、经济发展、社会进步的良好局面。

一、民族团结进步示范区建设取得新成就

“努力成为我国民族团结进步示范区”是近阶段云南发展的三大战略定位之一，省委、省政府先后制定出台了《关于加强和改进新形势下民族工作

的实施意见》、《关于加快建设民族团结进步示范区的实施意见》，创新实施了促进民族地区经济社会发展的一揽子政策措施。省委、省政府全力推进示范区建设省部合作，积极抓好省部联席会议决定事项的落实，推进实施了一批支持民族地区加快发展的重大基础设施建设和民生改善项目。2015年通过示范区建设平台，整合资金1300多亿元投入到民族地区，系统连片改善到乡到村到户的安居房、基础设施、基本公共服务，培育壮大富民产业，着力改善各族群众生产生活条件。怒江州在全国30个民族自治州中经济社会发展相对滞后，国家发展改革委、国家民委出台了关于支持怒江等三州加快建设小康社会进程的若干意见，一大批重大基础设施、重大产业项目和民生改善工程得到国家有关部门的支持，为促进怒江州加快发展创造了条件。由国家民委和省委、省政府联合摄制的电视专题纪录片《一家人过日子—云南故事》在央视、云南卫视和各州市电视台成功播出，得到了社会各界的一致好评，营造了示范区建设的良好氛围。示范区建设成为云南主动服务和融入国家战略的重要平台，以及与全国同步全面建成小康社会的重要载体。

二、国民经济稳中有进

2015年民族地区各级政府强化经济形势研判，及时出台稳增长政策措施，加快预算内基本建设投资进度，盘活财政存量资金，不断创新投融资体制机制，积极推进政府与社会资本合作，加大金融服务实体经济力度，推动投资持续回升，稳增长促发展取得新成绩，民族地区主要经济指标增幅高于全省平均水平。据统计，2015年，民族自治地方实现生产总值5539.3亿元，比上年增长9.8%，高于全省平均水平 1.1 个百分点，其中：第一产业增加值1181.5亿元，第二产业增加值2059.3亿元，第三产业增加值 2298.5 亿元，分别比上年增长 6.1%、10.9%、10.3%，增幅分别高于全省平均 0.3、2.3、0.7个百分点；人均GDP达到23933元，比上年增长9.2%，高于全省平均水平1.1个百分点；实现全部工业增加值1470.4亿元，比上年增长8.8%，高于全省平均水平 1.1 个百分点；社会消费品零售总额1736.8亿元，比上年增长9.5%；城镇居民人均可支配收入25160元，比上年增长8.8%，高于全省平均水平0.3百分点；农村居民人均可支配收入达到8175元，略低于全省平均水平，比上年增长 10.7%，高于全省平均增速0.2个百分点。

三、农业农村经济发展态势良好

惠农政策落实力度加大，高原特色现代农业加快发展，高原粮仓、特色经作、山地牧业等稳步发展。农村电商与实体流通有效结合，质量安全水平不断提高，农业经济进一步发展。2015年农林牧渔业总产值达到2105.8亿元，比上年增长4.8%,。粮食总产量达到1062.2万吨，比上年增产14.9万吨，增长1.4%，实现了连年增产；人均粮食产量459千克，比上年同期人均粮食产量增加4千克，比全省人均粮食产量多63千克。特色农业健康发展，2015年水果产量585.6万吨，比上年同期增长9.4%，人均水果产量253千克，比上年增长20千克，比全省人均水果产量多100千克；蔬菜产量951.2万吨，比上年增长9.8%，人均蔬菜产量411千克，比上年增加35千克，比全省人均蔬菜产量多16千克；烤烟产量47.8万吨，比上年同期减少4.2%；茶叶产量20.4万吨，比上年略有增长；油料产量28.3万吨，比上年同期增长 1.9%；甘蔗产量 1470.8 万吨，比上年同期减少7.3%；猪牛羊肉总产量292.1万吨，与上年同期基本持平，人均猪牛羊肉产量126千克。年末大牲畜存栏数 825.5 万头，比上年同期略少。农产品质量安全水平稳定，没有发生重特大农产品质量安全事故。农业机械总动力达2000.4千瓦，比上年增长3.7%。

四、基础设施建设取得新突破

2015年，民族自治地方完成固定资产投资（不含农户）5773.7亿元，比上年增长22.3%，基础设施建设取得重大进展，综合交通三年攻坚战圆满收官，“五网”建设五年大会战全面启动。玉磨、大临、弥蒙铁路开工建设。保泸、玉临等高速公路开工建设，富宁至水富南北大通道全线通车，民族地区公路里程达17.4万公里，其中：高速公路达0.2万公里，等级公路达10.9万公里。181座“溜索改桥”项目基本完成。泸沽湖机场建成通航，沧源、澜沧机场等在建项目快速推进。大理市成为国家第二批促进信息消费试点城市。农田水利改革发展走在全国前列，民族地区新增有效灌溉面积 30 万亩。科技网络通讯加快发展，民族地区邮电业务总量达 172.6 亿元，比上年增长 10.6%；移动电话年末用户达 1697.3 万户，比上年增加 40 万户；国际互联网络用户达 366.3 万户，比上年增加 27.7 万户。

五、民生保障事业得到新改善

坚持把脱贫攻坚作为最大的民生工程，以石漠化片区、滇西片区、乌蒙片区、藏区 4 个片区区域扶贫攻坚为重点，实施精准扶贫，开展“挂包帮”、“转走访”，实施整村、整乡、整县、整州推进工程，加快民族、边疆、革命老区脱贫、全面小康步伐。2015 年，民族地区贫困人口由 2014 年的 293.9 万人减少至 240 万人，贫困发生率由 2013 年的 15.6%下降为 12.7%，降低了 2.9 个百分点。城乡居民大病保险制度全覆盖，新型农村合作医疗参参合率达 99%，新型农村合作医疗费用支出 67.5 亿元，比上年增长 11.2%。初步建立统一的城乡居民基本养老保险制度，城乡养老服务设施建设加快。落实社会救助兜底保障，城镇居民最低生活保障人数 50.8 万人，城镇居民最低生活保障支出 18.9 亿元，比上年增长 12.5%；农村居民最低生活保障人数 282.1 万人，农村居民最低生活保障支出 47.6 亿元，比上年增长 13.1%；全省建设农村危房改造和抗震安居工程 51.43 万户，鲁甸地震灾区 7.78 万户灾民搬进新居，景谷地震灾区民房重建和加固全面完成。

六、外向型经济不断发展

出台了参与建设“一带一路”、加快建设我国面向南亚东南亚辐射中心等指导文件。开通云南中欧集装箱货运班列。加大央企以及长三角、珠三角等地区知名企业引进力度。勐腊（磨憨）重点开发开放试验区获批，红河综合保税区封关运行。2015 年民族地区引进省外到位资金 3060 亿元，比上年同期增长 21.6%；实现进出口总额 102.5 亿美元，比上年同期减少 11.4%；接待国内外游客 1.72 亿人次，比上年同期增长 14.7%；实现国际旅游收入 15.9 亿美元，与上年同期增长 7.4%，实现国内旅游收入 1550.7 亿元，比上年同期增长 24.5%。

七、财政金融运行持续稳健

2015 年民族自治地方完成地方公共财政预算收入 492.2 亿元，比上年增长 5.4%，人均地方公共财政预算收入 2126 元，比上年同期增长 4.8%；完成地方公共财政预算支出 1916.1 亿元，比上年同期增长 8.5%，人均地方财政支出 8278 元，比上年同期增长 8.0%。民族自治地方金融机构各项存款余额为 7456.8 亿元，比年初增长 25.8%，其中：城乡居民储蓄存款年末余额 4787.1 亿元，比年初增长 25.8%；金融机构各项贷款余额 3973.1 亿元，比年初增长 11.5%。

（撰稿　易永红　　审查　陈新华）

西藏自治区

一、投资发挥关键作用

2015 年落实“十二五”规划项目投资 637 亿元，其中中央投资 529 亿元、超额完成 466 亿元年度目标。鼓励和引导社会资本参与项目建设，落实专项债券项目 6 个，安排债券资金 20.8 亿元。铁路、公路、民航等重点工程项目加快推进，乡（镇）公路通畅率、通达率和建制村公路通达率分别达到 72.3%、99.7%和 99.2%。藏木水电站六台机组全部并网发电，多布水电站建成投产，果多水电站首台机组并网发电。昌都电网与四川电网实现电力电量互济，藏中电网盈余电量通过青藏直流联网工程集中外送西北电网。电力装机容量达到 230 万千瓦；全区发电量达到 42 亿千瓦时，同比增长 31.4%。民航旅客吞吐量、货邮吞吐量、保障运输起降三项主要指标连续六年保持了两位数增长。信息通信发展水平稳步提高，乡（镇）通光缆率 100%，具备宽带接入能力的建制村达 80%。

二、居民消费能力得到提升

全区机关事业单位和离退休人员调资政策落

实、小排量汽车降税、银行降准降息、农牧区各类补助落实等因素叠加助推，全区居民人均消费水平不断提升。完成社会消费品零售总额 408 亿元、增长 12%。新业态发展迅速。“万村千乡市场工程”农家店全覆盖，实现乡（镇）商贸中心覆盖率达到 30% 的目标任务。快递服务网络深入全区 7 地（市）、27 个县（区），有力支撑了电子商务发展。西藏金哈达羊绒制品有限公司获评全国电子商务示范企业，贡嘎、措勤、班戈、八宿 4 个县被确定为 2015 年电子商务进农村示范县。银联卡消费数据显示，“十一”国庆长假西藏自治区餐饮类消费比去年同期增长 63%；天猫数据显示，“双十一”全区网购成交额达 1 亿多元。

三、提升财税金融支撑力

财税收入继续保持较快增长，金融服务实体经济水平不断提升。完成一般公共预算收入 137 亿元，一般公共预算支出完成 1382 亿元、增长 16.6%。年底全区金融机构各项存款余额达 3600 亿元、增长 16.5%，各项贷款余额 2100 亿元、增长 27%。总体看，财税金融运转有序，确保了经济持续健康快速增长。

四、优化产业结构

三次产业比例由 2010 年的 13.5:32.3:54.2 调整为 9.6:36.2:54.2。建设各类农作物良种繁殖基地 18.3 万亩，5 个主推品种推广面积达到 183.7 万亩，其中藏青 2000、喜拉 22 号、山冬 7 号三个品种推广面积达到 121.4 万亩。落实高产创建示范面积 130 万亩；推广测土配方施肥面积 150 万亩。农牧业综合生产能力大幅度提高，全区粮食产量达到 101.78 万吨，其中青稞产量 72 万吨，油菜籽产量 6.9 万吨，蔬菜产量 82.7 万吨，分别比 2014 年增长 3.9%、8.8%、21.3%。清洁能源基地建设不断加强，内需水电站有序建设并首次实现外送，天然饮用水产业加快发展，已建成生产线 38 条，设计产能突破 300 万吨。初步形成园区集聚效益，藏青工业园累计引入企业 174 家，拉萨国家级经济技术开发区税收 53 亿元，增长 14.5%。全区注册商标总量达 5930 件，增长 22%。工业产销两旺，全区实现工业增加值 82 亿元、增长 14%，其中规模以上工业增加值完成 52.5 亿元、增长 14.2%，产品产销率达 97%以上。

五、提升质量和效益

1 家企业成功在上海证券交易所挂牌上市，1 家企业顺利在新三板挂牌，实现了辖区企业新三板零的突破。3 家公司非公开发行 A 股股票申请材料经证监会受理，累计募集资金总额 20.1 亿元，2 家公司完成并购重组，2 家公司成功发行公司债。城乡居民收入增幅均高于经济增速，城镇居民人均可支配收入 25457 元；农村居民人均可支配收入 8244 元。旅游效益持续向好，接待海内外旅游者突破 2000 万人次，实现旅游收入 280 亿元。区管重点国有企业实现营业收入 90 亿元、增长 20.6%；实现利润总额 20 亿元、增长 8%。

六、民生得到显著改善

实施城镇保障性安居工程 3.38 万套（户），开工建设乡（镇）干部职工周转房 3.11 万套。累计向“4・25”地震灾区下达自然灾害生活救助资金 2.1 亿元，划拨捐赠资金 1.35 亿元，争取灾后恢复重建资金 113 亿元，灾区过渡安置有序有效、生产生活秩序良好。酝酿多年的工资政策得到兑现，企业退休职工养老金达到全国前列，教育“三包”经费年生均达到 3000 元。城市低保标准提高到每人每月 590 元，农村低保年保障标准提高到 2350 元，五保供养标准提高到每人每年 4400 元。五保集中供养项目基本完工。全区符合条件的 5063 名孤儿全部纳入 12 种少年儿童常发重大疾病保险。医疗卫生服务能力显著增强，孕产妇和婴幼儿死亡率分别下降 100.92/10 万和 16‰。完成在编僧尼和城乡居民免费健康体检 2.8 万人次和 265 万人次。筛查儿童 51.4 万人次，免费救治先心病患儿 180 人。农牧区劳动力转移收入 25.6 亿元，比 2014 年增加 0.6 亿元。全区 148 个贫困村开展整村推进试点。提前实现乡乡有综合文化站目标。建成了全区 53%的县民族艺术团排练场。文化信息资源共享工程加快推进。

七、社会事业全面发展

落实投资 24 亿元，重点推进农牧区学前“双语”幼儿园、城镇幼儿园和寄宿制学校建设。西藏民族学院更名为西藏民族大学。稳步推进科研基础条件平台建设，新认定“西藏自治区太阳能光伏和热利用重点实验室”等7家自治区重点实验室，批准新组建“西藏高原葡萄栽培与酿造工程技术研究中心”，科技支撑经济社会发展作用进一步凸显。重点文物保护维修工程进展顺利。庆祝自治区成立50周年等重大活动隆重热烈。开展送戏下乡活动4000余场次。建成文化广场1600多个。企业退休职工基本养老金月人均水平由3338元提高到3678元；城乡居民基础养老金月人均达到140元；城镇居民基本医疗保险财政补助标准由每人每年340元提高到380元，农牧区医疗制度财政补助标准由每人每年380元提高到420元；人均失业保险金水平提高到914.58元。录用机关事业单位公职人员11339名。继续开展区直公招（遴选）、基层政法机关定向招录、从驻藏部队拟退役士兵（士官）中考录乡（镇）公务员工作。出台了高层次人才引进办法，引进人才630名。全区国有企业劳动合同签订率100%，农牧民工劳动合同签订率94%，劳动关系呈现和谐稳定新局面。

八、改革开放深入推进。

全面落实“先照后证”、“三证合一、一照一码”，大力推进企业年报信息公示。非公经济发展势头强劲，全区各类市场主体达到15.4万户、注册资本达2000多亿元，新增4.3万户、增长38.5%。价格机制改革加快推进。基本完成自治区级政府部门、依法承担行政职能的事业单位权力清单编制工作。投资项目在线审批监管平台实现试运行。80%以上的项目审批权限下放到地（市）、县级投资主管部门，大幅提高项目审批效率。社会信用体系平台和统一的公共资源交易平台加快建设，“信用西藏”上线运行。加快推进县以下机关公务员职务与职级并行制度改革。全面建成并投入运行车险信息平台。西藏第一家保险法人机构筹建获批，中信银行拉萨分行正式对外营业。深化医疗卫生体制改革稳步推进，5项重点改革任务全面落实。县级公立医院全面实施国家基本药物制度。曲水县建立县级农村土地流转交易服务中心，成立农村土地纠纷仲裁委。落实生态环境保护责任，建立生态环境保护督查制度。建立印度、尼泊尔卢比对人民币现金兑换机制。首届藏博会签约的33个项目中，7个已进入试生产运行阶段，10个已开工建设，16个正在开展筹建工作。第二届藏博会签约项目132个，总投资为756.5亿元。按照新时期对口支援工作要求，调整了对口援藏结对关系，扎实推进“组团式”医疗援藏。

九、生态环境得到改善。

深入实施“两江四河”造林绿化、退耕还林、退牧还草等重大生态环境保护与建设工程，森林和草原植被覆盖率不断提高，那曲地区作为第二批全国水生态文明城市获得批复。严格环境执法监管，对重大基础设施项目和国控、区控重点监控企业进行全面检查，对发现存在环境问题企业进行了查处。完成了对全区74个县（区）环境保护工作全面考核。建好1/3国土面积的各类自然保护区，大力推进《西藏自治区生物多样性保护战略与行动计划》，完成造林绿化124万亩，防沙治沙60多万亩。首个大型野生动物类型国家公园在西藏自治区挂牌成立。据中国科学院发布的《西藏高原环境变化科学评估》显示，西藏高原生态系统总体趋好。

十、强化安全生产形式。

进一步强化安全生产“党政同责、一岗双责、失职追责”责任体系建设，深入开展安全生产大检查、大排查、大整治行动，持续推进“六打六治”打非治违专项行动和重点行业领域专项整治，各类事故起数和死亡人数同比分别下降5%和8%，全区安全生产形势持续稳定好转。

（撰稿　洛桑群佩　　审稿　金美）

陕西省

2015年，陕西省民委紧紧围绕国家民委民族工作要点开展工作，依法加强对全省清真食品进行管理，推进少数民族经济健康发展，积极做好农村少数民族群众基础帮扶工作，加强对我省少数民族发展资金项目管理，积极推进民族经济交流合作，协调落实少数民族特需商品定点生产企业优惠政策，促进了我省民族经济工作的健康协调发展。

一、依法加强清真食品管理工作

（一）积极组织少数民族企业成功举办第二届丝绸之路经济带国际清真食品企业合作交流大会

为更好地参与和服务我省“一带一路”发展战略，我们组织了2015年第十九届陕西省西洽会暨丝绸之路国际博览会经济合作交流项目“第二届丝绸之路经济带清真食品企业合作交流会”。交流会邀请了马来西亚、哈萨克斯坦等国家的政府代表、贸易代表以及驻陕并长期致力于陕西清真食品产业创新发展研究工作的银行、大学以及食品药品专家学者就丝绸之路经济带清真食品企业合作发展和交流进行了研讨。会上，陕西省清真食品商会与哈萨克斯坦中亚金丝路旅游文化服务有限公司签订成立一体化服务公司合作协议；10家清真食品战略联盟与中穆网签订清真企业产品推广协议；陕西省清真食品商会与台湾清真食品品质推广协会签订战略合作协议；陕西省清真食品商会与中国银行陕西分行签订“走出去”业务战略合作协议。

（二）加强全省清真食品生产经营活动的日常监督

严格依法管理清真食品，积极发挥清真食品社会监督员的作用，有效地维护了清真食品市场秩序，及时妥善处理清真食品社会监督员反映的食品问题，取得了良好的社会效应。

（三）对全省贯彻实施《清真食品经营管理条例》情况进行调研

结合日常清真食品管理工作具体情况，组织各市对《陕西省清真食品生产经营管理条例》颁布实施以来的执法运行情况进行了有针对性的调研工作，目前，我们正在积极评估《陕西省清真食品生产经营管理条例》的执行情况，并结合各市提出的意见和建议，筹划下一阶段的全面调研论证工作。

（四）指导少数民族企业开创经营模式

7月23日，“陕西省清真食品商会清真产业电子商务协会成立大会暨会员入驻百度外卖电子平台启动仪式”在西安成功举办。陕西省清真食品商会和百度外卖达成“互联网+”O2O平台合作协议，双方共同成立陕西省清真食品商会清真产业电子商务协会，未来将陆续推动陕西省清真食品商会会员入驻百度外卖平台。响应国家“互联网+”行动计划，推动陕西清真食品行业从传统的门店营销模式向网络营销的转型，促进我省清真食品产业的转型升级。

（五）表彰全省清真食品管理工作先进单位和先进个人

2015年，我省清真食品管理工作，以深入贯彻落实《陕西省清真食品生产经营管理条例》和《陕西省清真食品认证通则》为重点，在清真食品生产经营管理中，科学管理，依法行政，扎实开展清真食品专项检查，我省清真食品生产经营和市场秩序规范，少数民族群众的合法权益得到依法保护，营造了民族团结和社会稳定的良好环境，取得了良好的工作成绩，涌现出了一批先进典型。根据今年各市（区）清真食品管理工作情况和各市（区）推荐，我们通报表彰了2015年度6个全省清真食品管理工作先进单位；20名全省清真食品管理工作先进个人；17名全省清真食品优秀社会监督员；6个全省执行《清真食品生产经营管理条例》先进企业。

二、积极做好农村少数民族群众帮扶工作

（一）制定下发《陕西省少数民族发展资金绩效评价暂行办法》

为了进一步规范我省少数民族发展资金管理，提高资金项目管理科学化、规范化，促进和保障少数民族发展资金发挥更大效益。2015年初，根据少数民族发展资金管理相关规定及我省少数民族经济发展的实际情况，制定下发了《陕西省少数民族发展资金绩效评价暂行办法》，并要求各市按照《办法》严格落实考核工作。

（二）检查了2014年少数民族发展资金项目执行情况

我们对重点市2014年少数民族发展资金项目规划、建设和资金落实情况与效果进行了检查。并就各市少数民族村镇扶贫开发与经济发展工作与当地民族工作部门和少数民族群众进行了交流座谈，充分听取意见和建议，最大限度地确保发展资金和项目安排的科学性。

（三）审核并下达了2015年度发展资金项目

按照国家民委2015年度少数民族发展资金计

划，下发了《2015 年度发展资金项目申报通知》，指导各市严格按照项目申报要求申报项目资料。对全省 2015 年度申报项目认真进行梳理审核，并对部分规划项目实地进行调研论证，提出项目安排意见。积极协调省财政厅，审核完成了全省 33 个项目共计 1540 万元的少数民族发展资金的联合下达工作。

（四）组织全省少数民族特色村镇经验交流座谈会，为我省“中国少数民族特色村寨”授牌

根据国家民委要求，经乡、县、市逐级申请，省民委审核，将陕西省宝鸡市陇县固关镇固关街村、汉中市镇巴县清水乡、安康市宁陕县江口回族镇高桥村，商洛市镇安县茅坪回族镇茅坪村，商洛市镇安县西口回族镇聂家沟村等五个村寨评选验收为我省优秀少数民族特色村寨。2014 年国家民委下达了《关于命名首批中国少数民族特色村寨的通知》（民委发[2014]190 号），命名我国首批“中国少数民族特色村寨”，并准予挂牌。我省上述 5 个村寨被国家民委命名为“中国少数民族特色村寨”。2015 年 5 月我省召开了全省少数民族特色村寨经验交流座谈会并对 5 个村寨进行了授牌。

三、促进民族特需商品定点生产企业优惠政策落实

（一）对全省“十二五”期间全国民族特需商品定点生产企业情况进行统计

“十二五”期间，我省民品企业的总数达 23 家，其中，清真食品生产企业 20 家，纺织企业 1 家，少数民族文体用品生产企业 1 家，边销茶 1 家，企业总体规模明显提高，产品特色更加鲜明，结构布局更加合理。产品除保证全省少数民族特需供应外，还销往全国很多少数民族地区。民贸民品工作既惠及我省的少数民族群众，又有力地保障了其他省市各族群众的特殊需要。截止 2014 年底，民品企业从业人员近 1 万人，年销售额 13 亿元，年利润 1.2 亿元。我们制定下发了《陕西省民委关于进一步规范民族特需商品定点生产企业优惠政策落实工作的意见》，努力帮助民品企业解决问题，妥善处理好新常态下民品企业优惠政策落实工作，引导民品企业开创新局面。“十二五”期间，全省民品企业累计享受中央财政流动资金银行贷款优惠贴息 1400.8 万元。国家对民品企业优惠政策的贯彻落实，为我省民品企业的发展增加了流动资金，减轻了负担，增添了发展后劲，丰富了市场供应。

（二）举办全省“十二五”期间全国民族特需商品定点生产企业培训班

11 月 17 日至 20 日举办了陕西省省“十二五”期间全国民族特需商品定点生产企业负责人培训班，民品企业所在市民宗局的分管领导或相关民族经济业务负责人及全省 23 家民品企业主要负责人及相关人员参加了培训。通过培训班全面掌握了我省“‘十二五’期间全国民族特需商品定点生产企业”发展状况，督促并严格落实国家对民品企业的优惠政策，确保各民品企业切实按照目录商品做好生产和安全供应工作，挖掘发展潜力，提高其在信息技术，特别是“互联网+”时代的发展能力。

（三）组织少数民族企业开展经贸交流文化活动

5 月份西洽会期间，积极组织少数民族企业参加经贸交流活动，宣传了清真食品品牌，拓展了销售市场。7 月 8 日，组织召开了“一带一路”建设民族企业发展座谈会。我省 5 家清真食品生产企业、2 家“十二五”期间全国民族特需商品定点生产企业负责人，西安外国语大学副校长马福德，西安市政协副秘书长李建彪参加了座谈。座谈会上，各企业负责人就我省清真食品产业的发展状况，企业发展面临的问题和困难进行了有益的探讨和坦诚的交流，并对我省民族企业、特别是清真食品产业在“一带一路”建设中的发展愿景提出了中肯的意见和建议。9 月组织我省 12 家民族企业赴宁夏回族自治区参加 2015 年中国——阿拉伯国家博览会，将我省特色产品进行了展示，促进了我省企业对外的经贸交流活动，为企业对外经营合作搭建平台。

四、完成了国家民委关于我省“十二五”规划情况的报告

根据国家民委办公厅相关文件要求，完成了《陕西省少数民族事业“十二五”规划实施情况的报告》和《陕西省少数民族特色村寨保护与发展“十二五”规划纲要实施情况报告》，围绕我省经济建设和社会发展总体要求，对少数民族经济和社会事业情况进行总结。

五、完成了西安市莲湖区回坊传统历史文化街区经济社会基本情况调研

为落实中省民族工作会议精神，进一步摸清城市少数民族聚居区经济社会基本情况，扎实推进我省城市民族工作，从 3 月 6 日开始，对西安市莲湖区少数民族传统历史文化街区内的机构单位情况、居民基本情况、莲湖区少数民族情况、居民经济收入情况、居民住房情况、居民从业情况、历史名居及古建筑物情况、商业分布情况、宗教活动场所情况、街道分布情况等 10 个方面进行了全面系统的工作调研。在整个调研工作中，调研组与街区内政府机构、宗教界人士、社区干部和各族群众召开座谈会 16 次，收集汇总 10 项内容表格及调查问卷 1300 余份，并形成了科学严谨的《莲湖区少数民族传统历史文化街区经济社会基本情况》的调研报告。

六、援疆、援藏工作顺利开展

根据国家民委安排部署，完成援助和对口支援新疆西藏民族工作部门任务。援助工作经费新疆 15 万，西藏 25 万。

（撰稿　马珂　　审稿人　巴春山）

甘肃省

2015 年，甘肃民族经济工作在省委、省政府的正确领导下，在国家民委的支持和关心下，认真贯彻落实党的十八大，十八届三中、四中、五中全会，以及中央民族工作会议和省民族工作会议精神，在面对民族地区宏观经济下行压力、各类自然灾害频发、发展改革任务艰巨等复杂局面，紧紧围绕民族经济工作总目标，以管理和使用好民族发展资金为手段，攻坚克难，主动作为，有力地促进了少数民族民生改善和民族地区经济社会发展。

一、全力编制“十三五”民族地区发展规划

“十三五”时期，是民族地区加快脱贫攻坚和全面建成小康社会关键时期。按照中央和省委、省政府对“十三五”规划编制的有关通知和要求，省民委负责编制《甘肃省“十三五”民族地区经济和社会发展规划》一个总规划和《甘肃省“十三五”扶持人口较少民族发展规划》、《甘肃省“十三五”兴边富民行动规划》、《甘肃省“十三五”少数民族特色村镇保护与发展规划》三个专项规划。在规划编制过程中，省民委积极深入我省民族地区开展前期调研，了解“十二五”规划的实施情况，听取相关地区和部门对编制好“十三五”民族地区规划的意见和建议，掌握和了解当前我省民族地区发展实际。同时，与省民委委员单位进行积极衔接，确定了“十三五”期间民族地区重点建设项目和任务，为开展《规划》前期奠定了基础。一是对“十二五”规划执行情况进行总结。向国家民委上报了“十二五”总结和“十三五”意见建议。二是安排了民族工作“十二五”规划总结评估和考核验收工作，印发了《关于开展民族工作“十二五”规划总结评估和考核验收的实施方案》。三是提出了甘肃省“十三五”民族地区经济和社会发展规划编制工作实施方案。积极与省发改委衔接规划编制工作，对省级重点规划《甘肃省“十三五”民族地区经济和社会发展规划》和 3 个子规划的编制工作从指导思想、基本原则、主要任务、重点工程、进度安排、保障措施 5 个方面提出了意见。四是科学编制规划。按照省政府的要求，全省民族地区“十三五”规划经过征求意见、专家评审等阶段，现已送审省发改委。

二、做好少数民族发展资金管理和审核

全面加强少数民族发展资金管理和使用。按照国家民委对发展资金使用要求，省民委及时会同省财政厅及时下达下达相关资金。一是按时下达相关资金。在资金下达中，省民委按照 2015 年少数民族发展资金 16390 万元的总量规模，进一步完善了资金分配的办法和程序，采取了因素分配、切块到县、统筹兼顾的办法进行，在资金分配中做到了公平、

公正、合理。2015 年，为确保少数民族发展资金及时到位、发挥效应，省民委及时分配下达了人口较少民族发展资金、兴边富民专项资金、特色村寨保护与发展等专项资金。进一步加大对人口较少民族支持力度，下达人口较少民族发展资金 10653 万元；加快推动兴边富民行动顺利实施，及时下达兴边富民资金 1120 万元；下达其他民族工作专项资金 2617 万元。支持全省 36 个民族乡（镇）加快发展，按时下达民族乡发展资金 3600 万元。二是进一步完善资金管理办法，省民委与省财政厅联合下发了《关于做好 2015 年少数民族发展资金使用管理的通知》和《少数民族地区补助费的通知》对资金的使用范围、管理、监督等做了明确规定。三是对省民委管理使用的涉农资金进行认真清查，未发现资金申报审批、划拨下达、管理使用等方面问题，并及时向省领导小组做了专题汇报。四是完成中央财政 2016 年提前下达少数民族发展资金拨付工作，在资金分配中继续采取因素分配、切块到县、统筹兼顾的办法分配资金 13112 万元。

三、扎实推进少数民族特色村镇建设

为推动我省少数民族特色村镇保护与发展工作，组织相关市州赴贵州、云南、湖北、湖南等地学习考察了少数民族特色村寨保护与发展工作中的成功经验和做法。在临夏、甘南召开全省少数民族特色村寨建设经验交流现场会，并邀请了国家民委经济司、省农办、省发改委等部门参加了会议，会议认真贯彻中央、全省民族工作会议精神，交流了工作经验，总结了我省“十二五”少数民族特色村寨保护与发展工作情况，安排部署了今后一个时期我省少数民族特色村寨建设的重点任务。起草了《少数民族特色村寨保护与发展实施意见（意见征求稿)》。

四、深入推进兴边富民行动

进一步深入推进兴边富民行动，始终把改善民生和全面建设小康社会作为兴边富民工作重点，全面落实兴边富民各项政策，加快推动肃北县经济社会发展。一是项目建设进展顺利。2015 年，肃北县实施兴边富民项目 5 项，总投资达到 1120 万元。

肃北县牧区暖棚建设项目、石包城乡新区环城道路建设项目、精准扶贫项目、牧农业科技示范园区供水管线改造工程等一批兴边富民项目顺利开工建设，项目涉及范围包括了全县各乡镇，项目建设惠及了全县各族群众，有效改善了群众生产生活条件。二是积极申报“十三五”兴边富民项目。为推动“十三五”期间兴边富民行动进一步实施，省民委会省发改委申报“十三五”时期兴边富民行动项目 16 项，总投资 12780 万元，其中：基础设施建设 12 项，基本公共服务设施 1 项，生态环境保护和人居环境整治 2 项，民族文化传承 1 项。项目的落地实施将进一步加快肃北县经济社会全面发展。

五、不断加大人口较少民族扶持力度

紧紧围绕全面建设小康社会的总体目标，准确把握全省人口较少民族发展现状，以改善人口较少民族地区生产生活条件和增加农牧民群众收入为重点，强化工作措施，全面落实扶持人口较少民族各项政策，不断加大对人口较少民族扶持工作力度。一是项目建设全面加快。按照扶持人口较少民族工作要求，人口较少民族地区进一步加大了项目实施力度，全面共下达人口较少民族发展资金 10653 万元，重点建设人口较少民族地区基础设施、生态环境保护与治理、社会事业等方面项目，项目的实施有力地主推了地方经济加快发展。二是补报调整人口较少行政村。根据国家民委要求，对我省因人口较少民族人口增加、行政区划调整等原因在“十二五”期间未列入人口较少民族聚居的村进行补报和调整，经过摸底、筛选，调整取消了 2 个行政村，补报新增 32 个行政村，目前，甘肃省人口较少民族聚居村达到了 299 个。三是填报扶持人口较少民族监测系统。按照 2014 年下达人口较少民族发展资金和项目实施情况，组织相关地区填报了人口较少民族发展情况基础报表和人口较少民族发展监测系统，并及时审核汇总后上报国家民委。四是积极申报“十三五”扶持人口较少民族项目。为进一步申报“十三五”期间扶持人口较少民族项目，省民委按照国家民委、国家发改委有关要求，会同省发改委在全省涉及人口较民族地区组织申报“十三五”建设项目，共申报扶持人口较少民族发展项目 662 项，涉及基础设施建设、基本公共服务、生态环境保护和人居环境整治、民族文化传承四个领域，总投资达到 143089 万元。

六、做好经济形势监测和统计分析工作

始终把民族经济形势监测和统计分析作为全局一项重要的基础工作来抓，突出工作重点，努力推动经济形势监测和民族经济统计工作规范化、常态化，确保民族经济统计各项工作顺利开展。一是全面做好民族地区统计年报工作。按照国家民委对统计年报工作要求，省民委会同省统计局及时下发通知，要求相关地区填报了 2014 年民族自治地方、牧区半牧区县、陆地边境县、民族乡等各类统计年报，经过进一步审核、修改，顺利完成了 2014 年民族地区统计年报工作。二是积极建立民族统计数据平台。按照省民委工作任务和要求，在省民委网站设立了民族统计数据平台，将近年来全省民族地区经济数据进行汇总上传，便于省民委系统内部查阅使用，提高了民族统计工作的重要性。三是全力做好民族地区经济形势预测。进一步做好全省民族地区经济发展形势监测工作，通过对各地定期上报的统计数据、经济形势分析等相关资料进行分析，准确预测和掌握全省民族地区经济发展形势，做好下一步民族地区经济形势分析提提供了准确依据。

七、全面落实民贸民品优惠政策

继续在民族地区落实好民贸民品各项优惠政策，全力支持民族企业发展壮大，带动民族地区经济社会发展。一是组织调研民贸民品企业。省民委组织相关部门对全省民贸民品企业开展了实地调研，了解掌握了民贸民品企业经营现状，为进一步做好民贸民品相关工作奠定了基础。二是积极争取国家民委的资金支持。根据甘肃省民贸民品企业发展实际和需求，省民委积极向国家民委争取增加民贸民品资金总量，同时，在民贸民品优惠政策上给予甘肃切斜支持。三是进一步规范民贸民品企业优惠政策落实。为确保民贸民品优惠政策在各地顺利规范落实，省民委按照民贸民品优惠政策要求，及时下发了《关于进一步规范民族特需商品定点生产企业优惠政策落实工作的通知》，为民贸民品优惠政策进一步落实、发挥效应提供了保障。

四是认真做好民族贸易企业网点建设和民族特需商品定点生产企业技术改造专项资金的分配工作，下达 2015 年民族贸易企业网点建设和民族特需商品定点生产企业技术改造专项资金 600 万元和省级配套资金 500 万元，共 1100 万元，用于支持民贸民品企业技术改造网点建设。五是推荐企业参加研究班。国家民委在京举行了民贸民品企业能力建设研究班，省民委经过认真摸底、筛选，最终推荐 5 家企业参加国家民委在中央民族干部学院举办的第 2 期少数民族企业能力建设研究班。

八、着力推动民族地区脱贫攻坚工作

在扶贫攻坚工作中，始终贯彻落实省委省政府的决策部署，坚持把民族地区小康建设作为全局工作的重中之重，把扶贫攻坚作为全面小康的重中之重，把精准扶贫作为扶贫攻坚的重中之重，强力推动民族地区扶贫攻坚。为进一步加快民族地区脱贫攻坚，省民委结合工作职能，制定工作计划，主动作为，多次深入贫困程度最深、困难最大的地区开展调研，并根据调研情况及时协调相关问题落实，并起草形成了民族地区脱贫攻坚调研报告，呈送了相关领导，作为加快民族地区脱贫攻坚的重要参考。同时，我们积极争取扶贫办在甘肃省精准扶贫大数据平台建设中将我省少数民族和民族地区进行单列，便于及时掌握民族地区精准扶贫精准脱贫情况。

（撰稿　孔庆斌　　审稿　王宇卫）

青海省

2015 年，面对青海省持续加大的经济下行压力及各种挑战，青海省委、省政府带领全省各族人民凝心聚力、攻坚克难、砥砺前行，深入贯彻党中央国务院的决策部署，主动适应经济发展新常态，坚持稳中求进工作总基调，全省经济稳中有进、稳中向好。

一、主动作为，积极落实少数民族发展资金和专项资金

（一）积极争取国家民委对青海省人口较少民族发展、特色村寨保护与发展等工作的支持，2015年落实少数民族发展资金19930万元（其中扶持人口较少民族发展资金14520万元，少数民族特色村寨1360万元，少数民族特困发展补助资金3650万元，项目管理费400万元），资金全部切块下达到县，项目实行省级备案制。同时，积极协调青海省发展改革委，落实扶持人口较少民族发展中央预算内资金3400万元。

（二）根据国家民委资金下达计划协调省财政厅落实民贸民品企业贴息补助资金600万元，其中落实民族贸易企业网点建设和民族特需商品定点生产企业技术改造专项贴息资金100万元，以奖代补资金500万元。协助青海省财政厅和人行西宁中心支行，落实民贸民品贷款贴息资金3108万元。

二、创新举措，不断推动民族经济工作发展

（一）积极搭建藏医药产业发展平台。针对青海省藏药产业发展落后的现状，主动与中国民族医药协会、青海省藏医药企业沟通协调，搭建藏医药产业发展合作平台。拟设立“青海省藏医药产业发展基金”，综合运用股权投资、债权投资等手段，集融资、投资、管理、退出为一体，对藏药企业项目投资、藏医院新扩建、藏医药产品研发、藏药种植等扶持，提升藏医药企业融资和管理水平，扶持青海省藏医药产业发展，服务全省群众医疗卫生事业，更好地促进我省经济社会发展。为做好基金设立工作，在实地考察调研、征求国家相关部委和金融机构意见的基础上，结合青海省藏医药产业发展实际，会同青海省财政厅拟定了《青海省藏医药产业发展基金设立方案》，《设立方案》通过专家评审，上报省政府审批。

（二）开展少数民族发展资金项目绩效考评。委托第三方（青海省社科院）课题组对少数民族发展资金项目实施效果情况进行专业绩效评估，完成了《青海省少数民族发展资金使用效益评估报告》。报告以数据、实例等方式对我委近几年来下达的少数民族发展资金项目取得的成效给予充分肯定，从经济、社会、文化、生态等4个方面的效益进行了高度评价，评估报告上报青海省委、省政府主要领导并面向全国发行的《青海蓝皮书》中收录。

（三）顺应改革，积极协调青海省财政厅联合制定出台了《青海省少数民族发展项目管理办法》，明确了少数民族发展项目安排的范围、项目资金的用途，对项目的组织、选项、审查、评审、批复及监管、督查等程序进行了规范，确定了责任主体，明确了工作职责。填补了青海省少数民族发展资金没有相关的项目管理办法的空白，在指导全省各级民宗部门和财政部门规范程序、防范风险、落实责任、提高效率等方面起到积极的促进作用。

（四）落实民贸企业贷款优惠政策。根据国家相关政策，积极与青海省财政厅、人行西宁中心支行等部门联系，联合制定下发了《关于民族贸易县民族贸易企业贷款享受优惠利率政策的通知》（青民宗字[2015]66号），从2015年4月15日起对我省33个民族贸易县的154家民族贸易企业实行流动资金贷款享受优惠利率的政策。

（五）民族特需商品定点生产企业优惠政策落实工作，指导民族特需商品定点生产企业建立并完善了基础档案制度、《目录》商品展示制度和动态管理机制。

（六）加大了“千家培育百家壮大”工程和中国少数民族特色村寨的宣传力度。分别向获得全国民族贸易和民族特需商品生产“百强企业”称号的4个企业和国家民委审批确定的9个中国少数民族特色村寨进行了正式挂牌。

（七）积极联系青海检验检疫局，加强协作，联合下发了《青海检验检疫局 青海省民宗委关于支持民族地区扩大农产品出口的意见》，发挥各自优势，促进民族地区农产品产业升级转型，培育特色农产品出口龙头企业，进一步扩大具有民族特色优势农产品的生产和出口规模。与中国银行青海省分行签订合作框架协议，利用中国银行海外业务优势，开通绿色通道，在信贷投放、本外地业务、经贸合作等方面提供全方位金融服务，促进我省民贸民品企业走出国门，在“一带一路”战略中得到更好发展。

三、着眼长远，认真开展“十三五”工作专项规划编制工作

根据国家及省政府关于“十三五”规划工作的有关要求，我们积极开展《青海省扶持人口较少民族发展专项建设规划（2016—2020 年）》、《青海省少数民族特色村镇建设规划（2016—2020 年）》、《青海省少数民族事业发展规划（2016—2020 年）》等 3 个专项规划的编制工作。在完成“十二五”时期各专项规划总结基础上，通过发放摸底调查表、深入基层调研、召开座谈会等形式，对 3 个专项规划涉及区域的基本情况、规划实施情况、当前存在的主要问题和需要解决的困难、“十三五”规划建议等内容进行摸底调查和统计，并委托相关专家对专项规划的文化内涵做进一步的挖掘整理，规划目标、任务、内容进行梳理完善，使规划突出重点、符合实际、科学合理、便于操作。

四、抓住重点，做好寺院基础设施和公共服务工作

认真贯彻落实《关于进一步加强寺院基础设施建设和公共服务工作的意见》，管理与服务并重，大力推进“六大工程”项目建设，2015 年下达建设项目 654 个，总投资 4.475 亿元，完成 280 座寺院饮水安全、62 座寺院道路改造、90 座寺院危殿堂维修加固、5000 套僧尼危旧房改造工程。安排 700 万元用于危旧清真寺维修。协助有关部门，继续做好宗教教职人员社会保障工作，不断提升教职人员社保水平。编制“十三五”《青海省宗教活动场所基础设施和公共服务后续工程建设规划(2016—2020 年)》。

五、夯实基础，积极做好教职人员培训和宗教院校建设

支持、指导宗教团体加强自身建设，建立完善各项制度，落实工作经费，保持了良好的工作态势，确保了桥梁和纽带作用的充分发挥。强化宗教界代表人士培养教育，编制《青海省藏传佛教代表人士培训教育工作实施意见》和《青海省伊斯兰教教职人员五年培训规划》，举办藏传佛教、伊斯兰教、道教、基督教教职人员培训班 14 期，培训宗教教职人员近 500 名。为发挥好“两院”（省藏语佛学院、省伊斯兰教经学院）在培养教职人员主阵地作用，根据省委、省政府要求，认真做好“两院”建设工作。总投资 1.12 亿元，占地面积 90.56 亩，建筑面积 17000 平方米的省藏语佛学院新校址建设工程已竣工并交付使用；总投资 7000 万元，占地面积 50 亩，建筑面积 15000 平方米的省伊斯兰教经学院在循化县开工建设。

六、主动参与，推进各项工作顺利开展

（一）积极做好精准扶贫和“美丽乡村”建设工作。高度重视“高原美丽乡村”建设工作，与互助县东沟乡人民政府签订《高原美丽乡村建设共建协议书》，先后投资 225 万元，支持联点村人居环境改善、环境综合整治、大门改造及广场建设项目。选派 4 名干部组成扶贫工作组（处级干部 2 名）进驻联点村开展精准扶贫工作，摸实情、查症结、想办法，各项工作进展顺利。委领导和业务处室负责人还多次深入联点村谋划帮扶规划，完善发展思路。同时，走访困难群众家庭，送去慰问金和生活用品，帮助解决实际困难。

（二）在制定出台《青海省少数民族发展项目管理办法》的基础上，及时组织召开了“青海省少数民族发展项目管理人员培训班”，对 90 多名各州、县民宗部门负责人和项目主管人员进行了业务培训。同时，深入海南州，对全州各县近 40 多名民宗系统干部进行了专题项目培训。进一步加强项目管理，深入西宁、海东、海南、海北、黄南、果洛等市州的 15 个县，对 30 多个 2014、2015 年下达的少数民族发展项目、寺院危殿堂维修加固项目、民贸民品项目实施进展情况进行督查指导。

（撰稿　王姿棋　　审稿　董富海）

宁夏回族自治区

2015 年，在自治区党委、政府的领导和国家民委的指导下，宁夏民委以贯彻落实中央和自治区民

族工作会议精神为主线，牢牢把握各民族共同团结奋斗、共同繁荣发展的主题，主动服务全区工作大局，坚持把惠民生、促和谐、助发展放在更加突出位置，统筹安排，持续用力，整体推进，助力全区民族经济工作取得新成绩，实现新发展。

一、2015 年民委经济工作总结

2015 年，国家民委、财政部下达宁夏少数民族发展资金 8080 万元，自治区财政配套 1700 万元，共计 9780 万元。按照国家财政扶贫资金改革政策要求，宁夏把资金项目扶持的着眼点和着力点放在改善民生、促进民族团结上，落实到惠及各族群众上，为解决少数民族群众生产、生活等特殊困难发挥了积极作用。

（一）以改革促发展，主动服务中心工作。一是下放审批权限，调动基层主动性。2015 年，自治区政府根据国务院扶贫开发领导小组《关于改革财政专项扶贫资金管理机制的意见》（国开发[2014]9号），制定下发了《关于改革财政专项扶贫资金管理机制实施意见》（宁政办[2015]112 号），按照要求，宁夏民委改革少数民族发展资金审批和管理模式，将项目审批权下放至市、县（区），由市、县（区）依据中央和自治区资金管理办法规定的用途，以解决少数民族聚居村、镇在全面建设小康社会中的突出短板和特殊困难及特色产业扶持为重点，突出少数民族特色村寨保护与发挥项目，少数民族聚居村、镇的基础设施项目，少数民族群众劳动技能、先进适用生产技术推广项目，少数民族传统手工艺及回医回药的抢救、挖掘、整理和研发项目及民族团结进步创建活动开展等方面，自主确定扶持项目，报宁夏民委备案。根据这一改革，宁夏民委进一步强化了项目资金的公示、公告制度，明确要求所有拟定项目都要在对拟定建设项目在所在地的乡（镇）、村进行公示后方可确定。项目确定后，各县（区）要在本级人民政府网站开设的“涉农资金信息公开板块”上进行公示，确保资金使用的规范和透明。这一改革，充分调动市、县（区）工作积极性和主动性，不仅遴选项目更加切合实际，而且可以统筹资金，围绕县（区）部署的重点任务集中发力，解决资金量不足的老大难问题。二是转变职能，强化资金监管。项目审批权限下放至市、县（区）后，为了确保各地严格按照国家和自治区有关规定规范安排使用少数民族发展资金，宁夏民委转变职能，加大对资金管理使用情况的跟踪检查。会同自治区扶贫办等自治区九部门联合对各类扶贫资金使用管理情况进行监管检查，对有关问题进行了通报，督促整改落实。

（二）立足本职，重点扶持，推动民族经济发展。一是以创建促发展，实施示范带动项目。深入持久开展民族团结进步创建工作，将民族团结进步创建与经济社会发展有机结合起来，全区共投入1150 万元开展民族团结进步创建活动，注重发挥示范带动作用，开展第二届宁夏民族团结进步模范人物评选活动、命名 50 个创建示范单位等系列活动，进一步营造各民族和谐发展的良好环境。二是解决特殊困难，惠及少数民族群众。围绕保障和改善民生和自治区农业产业发展相关政策及六盘山片区产业扶贫建设规划，加大少数民族发展资金的向六盘山集中连片贫区 11 个县（区）的投入和倾斜，共安排 5780 万元，占资金总量的 59%，重点用于特困民族地区乡村道路、饮水等基础设施建设，帮助各族群众改善生产生活条件。同时，为激发和提高少数民族群众自我发展能力，解决群众贷款难题，自治区民委积极创新，与国家开发银行宁夏分行和固原市民族宗教局合作，在宁夏少数民族聚居的固原市开展开发性金融支持民族地区扶贫开发试点工作，由宁夏民委出资设立少数民族特色产业扶贫贷款基金作为风险补偿金，用于支持开展少数民族地区贫困村扶贫微贷款业务。国家开发银行宁夏分行以风险补偿金 5-10 倍的贷款额度开展信贷业务，以扶贫微贷款的形式重点支持草畜产业发展，单笔授信额度不超过 5 万元。由国开行宁夏支行按照其流程予以授信贷款，并根据业务需要与依法成立、运营规范的小额贷款公司、担保公司等机构合作开展业务，坚持项目建设与信用建设相结合，以提高自我发展能力为目标，着力加强优势特色产业发展，探索助推六盘山片区少数民族聚居村扶贫攻坚的新路径。三是打造特色品牌，助力美丽乡村建设。近年来，宁夏以生态移民区、黄河金岸、旅游景区、商贸集镇为重点，大力推进特色村寨保护与发展试点工作，打造了一批民族特色鲜明、各方面基础较好的特色村庄，实现发展经济、促进增收与民族文化保护传承的有机结合。2015 年共安排特色村寨项目资金 2865 万元，打造 24 个少数民族特色村庄。协助国家民委经济发展司来宁就全国政协关于六盘山片区回族特色村镇示范带建设提案调研工作。四是抓好培训，提升素质。安排培训经费 225 万元，依托少数民族培训基地，开展大规模、多层次的阿语翻译、回族厨师、劳务经纪人等少数民族技能人才培训工作，培训人员 1000 多人次，提高了少数民族群众劳动技能。开展清真产业人才培训工作，举办民贸民品企业家素质提升培训班和民族经济管理人员培训班。培训班邀请区内外专家就国家经济及民贸民品政策、企业管理与服务、融资与营销、特色产业发展、新农村及特色村镇建设等方面进行专题讲座，并赴广东省特色村镇、穆斯林小商品城以及海天味业、溢达纺织有限公司等大型企业进行实地现场教学考察。国家和自治区认定的民贸民品企业负责人及高级管理人员 72 人和全区民族系统 30 名干部参加培训。

（三）积极争取，突出特色，实现新发展。落实好国家民贸民品优惠政策，促进宁夏民族特色产业发展壮大。扶持民贸民品企业发展，争取国家技改专项资金 1350 万元，新认定民贸企业 52 家。全区 272 家民贸民品企业享受国家财政贴息 4.9 亿元。3 月，承办全国民族经济工作暨民族地区经济形势分析现场会，国家有关部委、各省市自治区民委及发改委、经信委、统计局的代表 130 余人来宁参会，实地考察了悦海湾 CBD、吴忠清真产业园、穆民新村、灵武生态纺织园等。会议的筹备组织工作得到了国家民委的充分肯定。加快推进清真食品认证工作，中阿博览会期间，成功举办中国（宁夏）国际清真食品认证合作论坛，来自 18 个国家、地区的 28 家国外认证机构，11 个省市区代表参会，签署备忘录和合作协议 9 项。目前，宁夏对外实现互认国家和地区达到 17 个，认证机构 21 家，国内认证联盟省区扩大到 9 个。

二、2016 年民委经济工作要点

2016 年是“十三五”的开局之年，是持续推进中央和自治区民族工作会议精神落实的关键之年。宁夏民族经济工作重点围绕以下工作展开：

（一）编制并实施自治区“十三五”少数民族事业发展规划，推动宁夏民族工作科学发展。围绕“一带一路”等国家重大战略部署，发挥民族工作部门优势，引导各族群众加强与沿途国家人文、经贸交流。

（二）积极争取国家少数民族发展资金，坚持资金“四到县”和项目报备制度，加强项目资金后续监管，把资金扶持的着眼点和着力点放在改善民生、扶贫攻坚、促进民族团结上，解决少数民族聚居点交通、用水等生产生活方面的特殊困难。继续实施少数民族特色村镇保护与发展试点工作，集中资金打造一批特色村镇，组织开展命名挂牌和项目检查调研等工作。认真做好《宁夏六盘山片区回族特色村镇示范带建设规划》，启动六盘山集中连片贫困区回族特色村镇示范带建设工程。

（三）助力扶贫攻坚，监督各地特别是扶贫攻坚重点县（区），将资金主要用于建档立卡销号的民族聚居贫困村，扶持特色产业发展，完善基础设施，发展社会事业，加强生态建设。积极实施全区统战系统“助力脱贫攻坚”行动，重点支持同心县、西吉县、海原县的 30 个贫困村脱贫摘帽。

（四）抓住“十三五”民贸民品政策调整机遇，继续落实好国家优惠政策，做好民贸企业认定工作，争取更多企业进入民品定点企业行列，保持民贸民品财政贴息资金稳步增长，带动全区民族特色产业做大做强。实施好民贸民品“千家培育百家壮大”工程，优先安排入选企业技改专项资金项目，增强企业市场竞争能力，实现上规模、上层次、上效益。

（五）积极推进清真食品认证工作，落实好 2015 年合作论坛各项后续工作。发挥“新丝路联盟”作用，建立常态化工作机制，加快推进清真食品标准国际互认步伐。继续扩大地方联盟标准范围，提升宁夏清真食品认证的影响力。重点围绕“中亚五国”“西亚”和“东南亚”三条线路，通过参加会议会展，加强对接联系，争取签订互认协议。继续扩大地方联盟标准范围，召开清真食品标准联盟第三次联席会议，协商建立统一的认证规范、认证标识，建立信息共享机制和协调发展互补机制，实现标准联盟省区之间认证工作的深度合作。

（撰稿　金晓玲　　审稿　杨浩）

新疆维吾尔自治区

2015 年，在国家民委的大力支持下，在自治区党委、人民政府的正确领导下，新疆民委系统认真贯彻党的十八大、十八届三中、四中、五中全会精神，深入贯彻习近平总书记系列重要讲话精神及第二次中央新疆工作座谈会精神，按照国家民委和自治区党委、人民政府的总体部署及要求，紧紧围绕新疆社会稳定和长治久安的总目标，积极实施兴边富民行动、扶持人口较少民族发展和少数民族特色村寨保护与发展“十二五”规划，认真完成自治区党委、人民政府开展的“访民情、惠民生、聚民心”（以下简称“访惠聚”）活动任务，各项工作顺利开展，取得一定成效。

一、完成 2015 年度少数民族发展资金项目申报、审核、报批和拨付

2015 年国家民委共下达我区少数民族发展资金 63830 万元，自治区配套资金 500 万元，合计 64330 万元。其中：安排兴边富民行动资金 40061 万元，实施项目 767 个；安排扶持人口较少民族发展资金 17980 万元，实施项目 329 个；安排少数民族特色村镇保护与发展资金 2200 万元，实施项目 109 个；安排少数民族传统手工艺保护与发展资金 1200 万元，实施项目 29 个。项目涉及农田、水利、交通等基础设施及配套建设、畜牧养殖、林果业、民族手工艺等方面，突出解决了群众最关心、最现实的问题。2015 年，按照国家民委的要求完成了我区全国首批 8 个“中国少数民族特色村寨”的命名挂牌工作。新疆民委为做好项目管理工作，会同财政厅专门组织相关部门的专家对少数民族发展资金安排的项目进行科学的论证评审，确保了项目质量。

二、开展“十二五”少数民族专项规划评估总结工作

2015 年是《兴边富民行动规划（2011-2015）》和《扶持人口较少民族发展规划（2011-2015 年）》的收官之年。为全面了解掌握“十二五”规划的实施情况，总结“十二五”规划实施的成效及存在的问题，新疆民委组织有关专家学者深入边境地区、人口较少民族聚居区及少数民族特色村寨保护与发展试点地区，开展了兴边富民行动规划、扶持人口较少民族发展规划和少数民族特色村寨保护与发展试点工作的调研。通过认真的实地调查、问卷调查和入户访谈，全面了解和掌握了各地“十二五”规划实施情况，以及少数民族群众的所需所盼。在肯定成绩的同时，也发现和查找出了一些不足和问题，形成了《新疆维吾尔自治区兴边富民行动“十二五”规划实施情况的调研报告》、《新疆维吾尔自治区兴边富民行动“十二五”规划实施情况的总结》和《新疆维吾尔自治区扶持人口较少民族发展“十二五”规划实施情况的调研报告》、《新疆维吾尔自治区扶持人口较少民族发展“十二五”规划实施情况的总结》，以及新疆少数民族特色村寨保护与发展调研报告和总结，为“十三五”规划的制定和实施奠定了良好的基础。

三、积极落实自治区安排的村级惠民生工程项目

为落实中央关于新疆社会稳定和长治久安的总体部署，根据自治区党委、自治区人民政府开展“访惠聚”活动的要求，2015 年，新疆民委坚持把实施“访惠聚”的村级惠民生工程与兴边富民行动和扶持人口较少民族发展工作结合起来，既扶持边境县市和人口较少民族聚居村，又兼顾完成自治区“访惠聚”的惠民生项目。共投入少数民族发展资金 51962 万元，实施村级惠民生工程 1013 个，涉及行政村 1013 个。为高质量地完成村级惠民生工程任务，新疆民委按照少数民族发展资金管理使用办法的管理程序，将村级惠民生工程项目与少数民族发展资金项目同申报、同审核、同拨付，并要求各级民宗委积极同驻村“访惠聚”活动工作组对接，确保报送的项目，反映群众的心声、符合群众的发展意愿，着力解决长期困扰基层群众的出行难、饮水

难、持续发展难等突出问题。通过项目的实施，基层群众的生产生活条件得到了明显改善，村容村貌发生了巨大变化，为农村发展、农业增效、农牧民增收打下了坚实的基础。

四、做好民族统计工作

2015 年 7-9 月，新疆民委先后举办了三次“民族地区经济社会运行监测系统”和“财政扶贫资金管理监测信息系统”数据审核汇总会。完成了 2015 年已下达少数民族发展资金项目的系统录入、转报、审批、转批工作，录入审批率达到 99%；完成 12 个自治地方、32 个边境县（市）、42 个民族乡以及 37 个牧区/半牧区统计报表的数据采集、汇总、审核。会议期间采取以干促学、以干代训的方式，对与会业务人员进行数据采集、审核、录入等培训，确保“两个监测系统”正常有序运行。按期完成《中国民族统计年鉴（2015）》新疆边境县市、自治地方及民族乡统计数据采集、审核、汇总、录入及上报工作，得到了国家民委的肯定。

五、全面落实国家民委重点帮扶南疆 12 个村的工作

根据《国家民委办公厅关于印发重点帮扶南疆 12 个村工作实施方案的通知》要求，新疆民委制定了《国家民委重点帮扶南疆 12 个村实施工作方案》，向阿克苏地区、喀什地区、和田地区下发了《关于做好国家民委重点帮扶南疆 12 个村项目申报工作的通知》，在各地申报项目的基础上，组织专家评审，并征求北京市民委、上海市民宗委、江苏省民委、安徽省民委、山东省民委和广东省民宗委意见。按照国家民委批准确定的重点帮扶村项目资金分配表，将国家民委和企业援助资金 2300 万元拨付至阿克苏地区阿瓦提县民宗委、柯坪县民宗委，喀什地区莎车县民宗委、喀什市民宗委、英吉沙县民宗委、巴楚县民宗委，和田地区和田县民宗委、皮山县民宗委，目前，各地民宗委正在认真组织实施项目，计划在 2016 年底完成项目建设。

六、完成民贸县民贸企业的重新认定工作

按照《国家民委办公厅关于实施<国家民委关于认定民族贸易县民族贸易企业的指导意见>的通知》（民委发〔2014〕74 号）、《国家民委关于重新认定民族贸易县民族贸易企业的指导意见》（民委发〔2014〕100 号）和《关于重新认定自治区民族贸易县内民贸企业的通知》（新民宗〔2014〕234 号）精神，自治区民委、自治区财政厅、中国人民银行乌鲁木齐中心支行三家联合出台《新疆维吾尔自治区民贸企业认定管理办法》，并组成专家评审组，从 2015 年 2 月 25 日开始，到 4 月 17 日结束，按照初审、复审和终审的程序，查阅大量资料，深入 2 个地州进行实地抽查，通过专家科学论证评议，对全疆民贸县内申报的 726 家企业进行了资格认定审核，共审核通过合格企业 583 家。

七、继续落实民贸民品优惠政策，全力做好民贸民品企业的相关贷款贴息工作

2015 年，中央财政支持我区民贸民品流动贷款贴息资金 5.066 亿元，带动贷款近 180 亿元；支持我区民族贸易网点建设和民族特需商品定点生产企业技术改造专项资金 1400 万元。据统计，全疆有近 60%以上的民贸民品企业享受到国家民贸优惠政策，仅南疆四地州民贸民品企业在国家民贸民品政策扶持下，贴息资金大幅增长。2015 年南疆四地州享受政策的企业数较 2014 年增长 42%，贴息资金较 2015 年增加 79%。自治区民委对全疆民贸县民宗委的民贸干部培训达 400 余人次，各级民宗委领导干部的民贸民品业务水平有了明显提高。2014 年我区 583 家民族贸易企业年销售额达 402.8 亿元，实现利润 18.6 亿元，上缴税金 4.3 亿元。民族特需商品定点生产企业年产值 1286.7 亿元，年利润 17.2 亿元。2014 年全疆民贸民品员工人数达 10 万人，其中少数民族员工人数达 5 万余人，仅南疆四地州少数民族员工达 2.5 万人，是全疆民贸民品企业少数民族员工总数的 50%。

八、加强监督检查工作

根据自治区人民政府雪克来提.扎克尔主席等领导对《自治区审计厅关于 2014 年度少数民族发展专项资金审计情况的结果报告》（新审财〔2015〕115 号）批示精神，自治区民委积极配合自治区财政厅下发了《关于全面落实 2014 年少数民族发展资金审计整改的通知》，并积极督促地州县市整改，协助财

政厅修订了审计整改方案，并报送自治区人民政府。为贯彻落实财政部驻新疆财政监察专员办事处对我区部分地州核查后提出的要求和自治区人民政府黄卫副主席关于做好民贸民品工作的重要批示，2015年11月，自治区民委联合自治区财政厅、中国人民银行乌鲁木齐中心支行组成联合核查调研组，由委领导带队，深入南疆和田、喀什和克州的13个县（市）34家企业走访调研，了解企业生产和优惠政策享受情况，并对政策执行情况进行了核查，对调研发现的问题进行梳理，并督导地州及时作好整改工作。

（撰稿　木尼拉·阿布来提　审稿　姜国利）

新疆生产建设兵团

2015年，新疆兵团民族经济工作紧紧围绕“两个共同”主题，以贯彻落实第二次中央新疆工作座谈会和中央民族工作会议精神为主线，坚持把争取人心、长治久安作为工作的出发点和落脚点，牢固确立发展惠及民生、民生赢得民心的观念，在充分发挥主体作用的基础上，努力提高少数民族职工群众生活生产水平。

一、深入推进兴边富民行动

坚持按照“投资少、见效快、职工群众得实惠”原则，全年共实施建设项目54个，总投资29081.505万元，建成温室大棚113座79932平方米，完成4395亩林果业种植基地和6000亩特色种植基地建设，建成羊圈282.4万平方米，扶持2242户养殖户发展畜禽养殖，带动3028人就业，项目区户均增收3.8万元，5.5万人直接受益，边境团场呈现出经济发展持续增长、职工收入持续增加、基础设施建设持续推进、社会事业持续发展的良好势头。为总结“十二五”期间兵团兴边富民行动工作情况，确保“十三五”期间兴边富民行动起好步、开好局，我们对近年来兴边富民行动项目建设情况进行了检查验收。在各师自查基础上，10月份由民宗局牵头、各成员单位协同配合，分成4个调研组，由部局主要领导带队，对58个边境团场兴边富民行动项目建设和资金使用等情况进行了检查，对37个边境团场的项目进行实地抽查。从整体情况来看，兴边富民行动在推进边境团场经济社会发展、改善职工群众生产生活水平、提高维稳戍边能力等方面发挥了积极作用。坚持规划引领，认真做好兵团兴边富民“十三五”规划编制工作。为着力打造兵团兴边富民行动升级版，我们在总结兵团兴边富民行动“十二五”规划纲要实施的基础上，组织开展了规划编制工作，成立了领导小组，制定了工作方案，明确了规划编制的路线图和时间表。目前，此项工作正在有条不紊地进行当中。

二、做好扶持少数民族发展资金的使用管理

组织实施了2015年扶持少数民族发展资金项目的申报、论证、评审、实施方案的拟定、项目批复及督促检查工作，总投资1465.96万元，实施了涉及畜牧养殖业、温室大棚、农牧业基础设施建设等类型的24个项目，目前项目完成良好，受益人口基本达到了项目实施方案设定的目标。

三、抓好人口较少民族扶持工作

组织完成了2015年扶持人口较少民族发展资金项目的申报、实施方案编制、会同财务局下拨资金的工作，批复实施人工草场建设项目，总投资160.14万元，其中补助160万元。组织完成了扶持人口较少民族“十二五”规划的总结评估工作，形成了《兵团扶持人口较少民族 “十二五”规划总结评估报告》报国家民委。启动了扶持人口较少民族“十三五”规划的编制工作，完成了扶持人口较少民族“十三五”规划草稿。

四、做好民贸民特工作

完成《兵团关于“十二五”期间扶持民族贸易和民族特需商品生产政策落实情况的工作汇报》和兵团各师《“十二五”期间（前四年）民族贸易企业

和民族特需商品定点生产企业情况调查表》汇总表的统计和上报工作。协助兵团财务局完成了新疆专员办关于民族贸易和民族特需定点商品相关政策依据的提供、相关企业情况的调查和核实工作。

五、认真抓好少数民族培训教育工作

会同兵团技校举办了“致富能手”、“农产品经纪人”等培训班，来自各师的1000余名少数民族职工群众参加了培训，同时还组织开展了少数民族示范性就业培训4400人次；在一师、三师、十四师组织开展了国家通用语言培训项目活动，全年共培训少数民族青年600余人，为更多的富余劳动力实现就业和再就业创造条件。另外，我们还与兵团妇联联系开展了少数民族妇女勤劳致富宣讲活动，在一、二、三、十四师组织宣讲报告团，3000多名群众听取了报告并产生良好反响。

六、推动开展兵地团结共建活动

充分发挥兵团农业现代化优势，组织农业技术服务队伍深入地方，在节水灌溉、特色种养殖技术、日光温室大棚栽培、育苗移栽技术、机械作业等方面给予地方农民技术指导和帮助，促进农牧民增产增收。各师、团场也与自治区各地州、市县、乡镇广泛开展了以“兵地融合、共守边疆、共建家园”为主题的兵地团结共建活动。一师通过开展以团带乡、以连带村，与地方乡村建立了兵地共建协作互助机制；五师主动与地方党委加强联系，共同制定下发了《兵地融合发展实施意见》，全师32个单位分别与地方县、乡镇结成互帮互助对子，79个基层连队党支部与地方村党支部结对联建；二师、三师、十三师坚持每年组织文化团体，与地方开展“文化互送”、“文化巡演”活动，共同推进兵地文化建设；建工师积极开展“就业我助、困难我帮、技术我传”活动，发挥自身行业特点和技术优势，帮助来师项目工地就业的8万多名地方少数民族农民提高工作技能，使他们在短时间内就学到了砖工、抹灰工、木工、钢筋工、机械工等专业技术，为他们走上致富路奠定了基础。通过开展多种形式的活动，兵地各族群众在来来往往、说说唱唱中进一步密切了联系、加深了理解、增进了感情、“兵地一家人”、“兵地一盘棋”的思想已在各族职工群众头脑中落地生根发芽。

（撰稿人　田惠敏　　审稿人　王卫国）

统计资料篇

分“民族自治地方”、“陆地边境县”、“牧区半牧区县”、“民族乡镇”、“全国少数民族发展情况”、“其他资料”6部分。涉及到的全国性统计数据均不包括台湾省和香港特别行政区、澳门特别行政区的资料。统计资料主要来源于国家政府主管部门、各级统计和民族工作部门。部分数据合计数或相对数由于单位取舍不同而产生的计算误差均未作机械调整。全部统计资料均经国家统计局国民经济综合统计司审核。

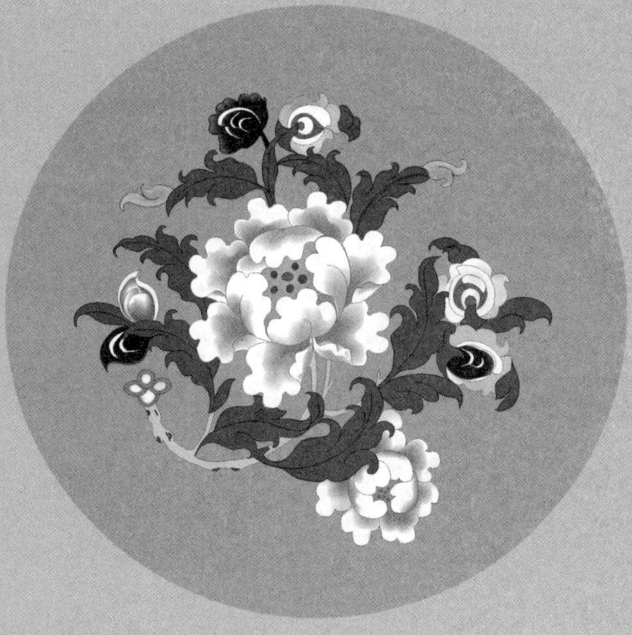

民族自治地方

一、行政区划

1-1 民族自治地方行政区划（2015年末）

省级		地级		县级		乡级
合计	行政区划单位	合计	行政区划单位	合计	行政区划单位	行政区划单位
5	5 自治区	77	35 地级市 9 地区 30 自治州 3 盟	708	85 市辖区 75 县级市 379 县 49 旗 117 自治县 3 自治旗	7678
河　北				6	6 自治县	117
内蒙古		12	9 地级市 3 盟	102	22 市辖区 11 县级市 17 县 49 旗 3 自治旗	771
辽　宁				8	8 自治县	154
吉　林		1	1 自治州	11	6 县级市 2 县 3 自治县	111
黑龙江				1	1 自治县	11
浙　江				1	1 自治县	19
湖　北		1	1 自治州	10	2 县级市 6 县 2 自治县	102
湖　南		1	1 自治州	15	1 县级市 7 县 7 自治县	243
广　东				3	3 自治县	23
广　西		14	14 地级市	110	37 市辖区 8 县级市 53 县 12 自治县	1123

*乡级行政区划单位不包括街道办事处。

1-1　续表

省级	地级		县级		乡级
行政区划单位	合计	行政区划单位	合计	行政区划单位	行政区划单位
海　南			6	6 自治县	60
重　庆			4	4 自治县	127
四　川	3	3 自治州	51	1 县级市 46 县 4 自治县	1181
贵　州	3	3 自治州	46	4 县级市 31 县 11 自治县	557
云　南	8	8 自治州	78	11 县级市 38 县 29 自治县	785
西　藏	7	4 地级市 3 地　区	74	5 市辖区 69 县	684
甘　肃	2	2 自治州	21	2 县级市 12 县 7 自治县	268
青　海	6	6 自治州	35	3 县级市 25 县 7 自治县	323
宁　夏	5	5 地级市	22	9 市辖区 2 县级市 11 县	193
新　疆	14	3 地级市 6 地　区 5 自治州	104	12 市辖区 24 县级市 62 县 6 自治县	826

1-2 民族自治地方县(旗)、市分布(2015年末)

地区	数量	县（旗）、市名称
河　北	6 自治县	秦皇岛市：青龙满族自治县 廊坊市：大厂回族自治县 承德市：宽城满族自治县、丰宁满族自治县、围场满族蒙古族自治县 沧州市：孟村回族自治县
内蒙古	9 地级市 3 盟 22 市辖区 11 县级市 17 县 49 旗 3 自治旗	* 呼和浩特市：新城区、回民区、玉泉区、赛罕区、土默特左旗、托克托县、和林格尔县、清水河县、武川县 * 包头市：昆都仑区、东河区、青山区、石拐区、白云鄂博矿区、九原区、土默特右旗、固阳县、达尔罕茂明安联合旗 * 乌海市：海勃湾区、海南区、乌达区 * 赤峰市：红山区、元宝山区、松山区、阿鲁科尔沁旗、巴林左旗、巴林右旗、林西县、克什克腾旗、翁牛特旗、喀喇沁旗、宁城县、敖汉旗 * 通辽市：科尔沁区、霍林郭勒市、科尔沁左翼中旗、科尔沁左翼后旗、开鲁县、库伦旗、奈曼旗、扎鲁特旗 * 呼伦贝尔市：海拉尔区、扎赉诺尔区、满洲里市、扎兰屯市、牙克石市、根河市、额尔古纳市、阿荣旗、莫力达瓦达斡尔族自治旗、鄂伦春自治旗、鄂温克族自治旗、新巴尔虎右旗、新巴尔虎左旗、陈巴尔虎旗 * 鄂尔多斯市：东胜区、达拉特旗、准格尔旗、鄂托克前旗、鄂托克旗、杭锦旗、乌审旗、伊金霍洛旗 * 乌兰察布市：集宁区、丰镇市、卓资县、化德县、商都县、兴和县、凉城县、四子王旗、察哈尔右翼前旗、察哈尔右翼中旗、察哈尔右翼后旗 * 巴彦淖尔市：临河区、五原县、磴口县、乌拉特前旗、乌拉特中旗、乌拉特后旗、杭锦后旗 兴安盟：乌兰浩特市、阿尔山市、科尔沁右翼前旗、科尔沁右翼中旗、扎赉特旗、突泉县 锡林郭勒盟：二连浩特市、锡林浩特市、阿巴嘎旗、苏尼特右旗、苏尼特左旗、东乌珠穆沁旗、西乌珠穆沁旗、太仆寺旗、镶黄旗、正镶白旗、正蓝旗、多伦县 阿拉善盟：阿拉善左旗、阿拉善右旗、额济纳旗
辽　宁	8 自治县	鞍山市：岫岩满族自治县 抚顺市：新宾满族自治县、清原满族自治县 本溪市：本溪满族自治县、桓仁满族自治县 丹东市：宽甸满族自治县 朝阳市：喀喇沁左翼蒙古族自治县 阜新市：阜新蒙古族自治县
吉　林	1 自治州 6 县级市 2 县 3 自治县	四平市：伊通满族自治县 白山市：长白朝鲜族自治县 松原市：前郭尔罗斯蒙古族自治县 延边朝鲜族自治州：延吉市、图们市、敦化市、珲春市、龙井市、和龙市、汪清县、安图县
黑龙江	1 自治县	大庆市：杜尔伯特蒙古族自治县
浙　江	1 自治县	丽水市：景宁畲族自治县
湖　北	1 自治州 2 县级市 6 县 2 自治县	宜昌市：长阳土家族自治县、五峰土家族自治县 恩施土家族苗族自治州：恩施市、利川市、建始县、巴东县、宣恩县、咸丰县、来凤县、鹤峰县

1.内蒙古行政区划中的旗相当于县。
2.表中有*号的为民族自治地方所辖地级市。

1-2 续表1

地 区	数量	县（旗）、市名称
湖 南	1 自治州 1 县级市 7 县 7 自治县	邵阳市：城步苗族自治县 永州市：江华瑶族自治县 怀化市：麻阳苗族自治县、新晃侗族自治县、芷江侗族自治县、靖州苗族侗族自治县、通道侗族自治县 湘西土家族苗族自治州：吉首市、泸溪县、凤凰县、花垣县、保靖县、古丈县、永顺县、龙山县
广 东	3 自治县	韶关市：乳源瑶族自治县 清远市：连山壮族瑶族自治县、连南瑶族自治县
广 西	14 地级市 37 市辖区 8 县级市 53 县 12 自治县	* 南宁市：青秀区、兴宁区、江南区、西乡塘区、良庆区、邕宁区、武鸣区、横县、宾阳县、上林县、隆安县、马山县 * 柳州市：柳北区、城中区、鱼峰区、柳南区、柳江县、柳城县、鹿寨县、融安县、三江侗族自治县、融水苗族自治县 * 桂林市：象山区、叠彩区、秀峰区、七星区、雁山区、阳朔县、临桂区、灵川县、全州县、兴安县、永福县、灌阳县、龙胜各族自治县、资源县、平乐县、荔浦县、恭城瑶族自治县 * 梧州市：长洲区、万秀区、龙圩区、岑溪市、苍梧县、藤县、蒙山县 * 北海市：海城区、银海区、铁山港区、合浦县 * 防城港市：港口区、防城区、东兴市、上思县 * 钦州市：钦南区、钦北区、灵山县、浦北县 * 贵港市：港北区、港南区、覃塘区、桂平市、平南县 * 玉林市：玉州区、福绵区、北流市、容县、陆川县、博白县、兴业县 * 百色市：右江区、靖西市、田阳县、田东县、平果县、德保县、那坡县、凌云县、乐业县、田林县、隆林各族自治县、西林县 * 贺州市：八步区、昭平县、钟山县、富川瑶族自治县 * 河池市：金城江区、宜州市、罗城仫佬族自治县、环江毛南族自治县、南丹县、天峨县、凤山县、东兰县、巴马瑶族自治县、都安瑶族自治县、大化瑶族自治县 * 来宾市：兴宾区、合山市、象州县、武宣县、金秀瑶族自治县、忻城县 * 崇左市：江州区、凭祥市、扶绥县、大新县、天等县、宁明县、龙州县
海 南	6 自治县	白沙黎族自治县、昌江黎族自治县、乐东黎族自治县、陵水黎族自治县、保亭黎族苗族自治县、琼中黎族苗族自治县
重 庆	4 自治县	石柱土家族自治县、秀山土家族苗族自治县、酉阳土家族苗族自治县、彭水苗族土家族自治县
四 川	3 自治州 1 县级市 46 县 4 自治县	绵阳市：北川羌族自治县 乐山市：峨边彝族自治县、马边彝族自治县 阿坝藏族羌族自治州：汶川县、理县、茂县、松潘县、九寨沟县、金川县、小金县、黑水县、马尔康县、壤塘县、阿坝县、若尔盖县、红原县 甘孜藏族自治州：康定县、泸定县、丹巴县、九龙县、雅江县、道孚县、炉霍县、甘孜县、新龙县、德格县、白玉县、石渠县、色达县、理塘县、巴塘县、乡城县、稻城县、得荣县、 凉山彝族自治州：西昌市、木里藏族自治县、盐源县、德昌县、会理县、会东县、宁南县、普格县、布拖县、金阳县、昭觉县、喜德县、冕宁县、越西县、甘洛县、美姑县、雷波县

1-2 续表2

地 区	数量	县（旗）、市名称
贵 州	3 自治州 4 县级市 31 县 11 自治县	遵义市：道真仡佬族苗族自治县、务川仡佬族苗族自治县 铜仁市：玉屏侗族自治县、印江土家族苗族自治县、沿河土家族自治县、松桃苗族自治县 毕节市：威宁彝族回族苗族自治县 安顺市：关岭布依族苗族自治县、镇宁布依族苗族自治县、紫云苗族布依族自治县 黔西南布依族苗族自治州：兴义市、兴仁县、普安县、晴隆县、贞丰县、望谟县、册亨县、安龙县 黔东南苗族侗族自治州：凯里市、黄平县、施秉县、三穗县、镇远县、岑巩县、天柱县、锦屏县、剑河县、台江县、黎平县、榕江县、从江县、雷山县、 麻江县、丹寨县 黔南布依族苗族自治州：都匀市、福泉市、荔波县、贵定县、瓮安县、独山县、平塘县、罗甸县、长顺县、龙里县、惠水县、三都水族自治县
云 南	8 自治州 11 县级市 38 县 29 自治县	昆明市：石林彝族自治县、禄劝彝族苗族自治县、寻甸回族彝族自治县 玉溪市：峨山彝族自治县、新平彝族傣族自治县、元江哈尼族彝族傣族自治县 丽江市：玉龙纳西族自治县、宁蒗彝族自治县 普洱市：宁洱哈尼族彝族自治县、墨江哈尼族自治县、景东彝族自治县、景谷傣族彝族自治县、镇沅彝族哈尼族拉祜族自治县、江城哈尼族彝族自治县、孟连傣族拉祜族佤族自治县、澜沧拉祜族自治县、西盟佤族自治县 临沧市：双江拉祜族佤族布朗族傣族自治县、耿马傣族佤族自治县、沧源佤族自治县 楚雄彝族自治州：楚雄市、双柏县、牟定县、南华县、姚安县、大姚县、永仁县、元谋县、武定县、禄丰县 红河哈尼族彝族自治州：个旧市、开远市、蒙自市、弥勒市、屏边苗族自治县、建水县、石屏县、泸西县、元阳县、红河县、金平苗族瑶族傣族自治县、绿春县、河口瑶族自治县 文山壮族苗族自治州：文山市、砚山县、西畴县、麻栗坡县、马关县、丘北县、广南县、富宁县 西双版纳傣族自治州：景洪市、勐海县、勐腊县 大理白族自治州：大理市、漾濞彝族自治县、祥云县、宾川县、弥渡县、南涧彝族自治县、巍山彝族回族自治县、永平县、云龙县、洱源县、剑川县、鹤庆县 德宏傣族景颇族自治州：瑞丽市、芒市、梁河县、盈江县、陇川县 怒江傈僳族自治州：泸水县、福贡县、贡山独龙族怒族自治县、兰坪白族普米族自治县 迪庆藏族自治州：香格里拉市、德钦县、维西傈僳族自治县
西 藏	4 地级市 3 地区 5 市辖区 69 县	* 拉萨市：城关区、堆龙德庆区、林周县、当雄县、尼木县、曲水县、达孜县、墨竹工卡县 日喀则市：桑珠孜区、南木林县、江孜县、定日县、萨迦县、拉孜县、昂仁县、谢通门县、白朗县、仁布县、康马县、定结县、仲巴县、亚东县、吉隆县、聂拉木县、 萨嘎县、岗巴县 昌都市：卡若区、江达县、贡觉县、类乌齐县、丁青县、察雅县、八宿县、左贡县、芒康县、洛隆县、边坝县 林芝市：巴宜区、工布江达县、米林县、墨脱县、波密县、察隅县、朗县 山南地区：乃东县、扎囊县、贡嘎县、桑日县、琼结县、曲松县、措美县、洛扎县、加查县、隆子县、错那县、浪卡子县 那曲地区：那曲县、嘉黎县、比如县、聂荣县、安多县、申扎县、 索县、班戈县、巴青县、尼玛县、双湖县 阿里地区：普兰县、札达县、噶尔县、日土县、革吉县、改则县、措勤县

1-2 续表3

地　区	数量	县（旗）、市名称
甘　肃	2 自治州 2 县级市 12 县 7 自治县	天水市：张家川回族自治县 酒泉市：肃北蒙古族自治县、阿克塞哈萨克族自治县 张掖市：肃南裕固族自治县 武威市：天祝藏族自治县 临夏回族自治州：临夏市、临夏县、康乐县、永靖县、广河县、和政县、东乡族自治县、积石山保安族东乡族撒拉族自治县 甘南藏族自治州：合作市、临潭县、卓尼县、舟曲县、迭部县、玛曲县、碌曲县、夏河县
青　海	6 自治州 03 县级市 25 县 07 自治县	西宁市：大通回族土族自治县 海东市：民和回族土族自治县、互助土族自治县、化隆回族自治县、循化撒拉族自治县 海北藏族自治州：门源回族自治县、祁连县、海晏县、刚察县 黄南藏族自治州：同仁县、尖扎县、泽库县、河南蒙古族自治县 海南藏族自治州：共和县、同德县、贵德县、兴海县、贵南县 果洛藏族自治州：玛沁县、班玛县、甘德县、达日县、久治县、玛多县 玉树藏族自治州：玉树市、杂多县、称多县、治多县、囊谦县、曲麻莱县 海西蒙古族藏族自治州：格尔木市、德令哈市、乌兰县、都兰县、天峻县
宁　夏	5 地级市 9 市辖区 2 县级市 11 县	* 银川市：兴庆区、金凤区、西夏区、永宁县、贺兰县、灵武市 * 石嘴山市：大武口区、惠农区、平罗县 * 吴忠市：利通区、红寺堡区、青铜峡市、盐池县、同心县 * 固原市：原州区、西吉县、隆德县、泾源县、彭阳县 * 中卫市：沙坡头区、中宁县、海原县
新　疆	3 地级市 6 地区 5 自治州 12 市辖区 24 县级市 62 县 6 自治县	* 乌鲁木齐市：天山区、沙依巴克区、新市区、水磨沟区、头屯河区、达坂城区、米东区、乌鲁木齐县 * 克拉玛依市：克拉玛依区、独山子区、白碱滩区、乌尔禾区 * 吐鲁番市：高唱区、鄯善县、托克逊县 哈密地区：哈密市、伊吾县、巴里坤哈萨克自治县 阿克苏地区：阿克苏市、温宿县、库车县、沙雅县、新和县、拜城县、乌什县、阿瓦提县、柯坪县 喀什地区：喀什市、疏附县、疏勒县、英吉沙县、泽普县、莎车县、叶城县、麦盖提县、岳普湖县、伽师县、巴楚县、塔什库尔干塔吉克自治县 和田地区：和田市、和田县、墨玉县、皮山县、洛浦县、策勒县、于田县、民丰县 昌吉回族自治州：昌吉市、阜康市、呼图壁县、玛纳斯县、奇台县、吉木萨尔县、木垒哈萨克自治县 博尔塔拉蒙古自治州：博乐市、阿拉山口市、精河县、温泉县 巴音郭楞蒙古自治州：库尔勒市、轮台县、尉犁县、若羌县、且末县、焉耆回族自治县、和静县、和硕县、博湖县 克孜勒苏柯尔克孜自治州：阿图什市、阿克陶县、阿合奇县、乌恰县 伊犁哈萨克自治州：奎屯市、伊宁市、霍尔果斯市伊宁县、察布查尔锡伯自治县、霍城县、巩留县、新源县、昭苏县、特克斯县、尼勒克县 塔城地区：塔城市、乌苏市、额敏县、沙湾县、托里县、裕民县、和布克赛尔蒙古自治县 阿勒泰地区：阿勒泰市、布尔津县、富蕴县、福海县、哈巴河县、青河县、吉木乃县 自治区直辖区县级行政单位：石河子市

主要统计指标解释

行政区划 指国家对行政区域的划分。根据宪法规定，民族自治地方的行政区域划分如下：（1）自治区分为地区（市、自治州）、县、自治县、市；（2）自治州分为县、自治县、市；（3）自治县分为乡、民族乡、镇。

二、综　合

2-1 民族自治地方国民经济与社会发展主要指标

指标	总量指标						
	1990年	1995年	2000年	2005年	2010年	2014年	2015年
人口与就业							
人口 （万人）							
年底总人口	15296	16044	16818	17311	18531	18755	18618
#少数民族人口	6880	7232	7767	8239	8814	9059	9458
就业							
单位从业人员数 （万人）	1543	1672	1733	1202	1297	1583	1591
宏观经济							
地区生产总值 （亿元）		**4901**	**7486**	**15706**	**38989**	**64369**	**66553**
第一产业		1629	2022	3300	6198	9573	9937
第二产业		1747	2834	6419	18809	29677	29298
第三产业		1526	2629	5987	13982	25120	27318
人均地区生产总值 （元）		**3055**	**4451**	**8991**	**22060**	**34320**	**35181**
固定资产 （亿元）							
全社会固定资产投资总额		1444	2477	8358	29876	58759	66159
#国有单位	259.4	983	1553	3767	12046	22693	25494
财政 （亿元）							
公共财政预算收入	166.7	248	476	1026	3257	6630	7045
公共财政预算支出	304.4	595	1173	3050	10512	19395	21766
产　　业							
农业							
耕地面积 （万公顷）	1763	1508	2086	2033	2380	2130	2556
灌溉面积 （万公顷）	764	838	936	1027	1156	1054	1299
农林牧渔总产值 （亿元）		2537	3200	5349	10374	11352	16881
主要农产品产量							
粮食产量 （万吨）	5373	5801	6381	7187	8308	9780	9801
棉花产量 （万吨）	47	95	146	188	248	368	354
油料产量 （万吨）	208	264	353	372	422	486	513
大牲畜年底头数 （万头）	5286	5618	5566	6153	6068	5769	5576
羊年底头数 （万只）	11362	11906	13076	16391	14885	16339	16471
猪年底头数 （万头）	5668	7240	8201	8526	8141	8743	8411
工业							
主要工业产品产量							
布 （亿米）	7.4	6.9	5.0	3.5	3.6	1.2	1.4
机制纸及纸板 （万吨）	94	191	175	273	385	481	440
成品糖 （万吨）	223	240	498	678	907	1616	1237
原煤 （亿吨）	1.2	1.7	1.5	3.8	10.4	12.9	11.8
原油 （万吨）	1265	1610	2292	2833	3059	3698	3233
发电量 （亿千瓦小时）	739	1187	1712	3052	6730	11689	12500
粗钢 （万吨）	368	700	647	1846	4005	5092	5126
生铁 （万吨）	417	555	725	2087	4447	5400	4854
水泥 （万吨）	1958	4296	5703	10156	21653	36174	36409

注：规模以上工业企业统计范围1998年至2006年为全部国有及年主营收入在500万元及以上非国有工业企业；2007至2010年为年主营业务收入在500万元及以上的工业企业；2010年以后为年主营业务收入在2000万元及以上的工业企业。

速度指标(%)								
指数（2015年为以下各年）						平均增长速度		
1990年	1995年	2000年	2005年	2010年	2014年	1991－2015年	1996－2015年	2001－2015年
121.7	116.0	110.7	107.5	100.5	99.3	0.8	0.7	0.7
137.5	130.8	121.8	114.8	107.3	104.4	1.3	1.4	1.3
103.1	95.2	91.8	132.4	122.7	100.5	0.1	-0.2	-0.6
	798.3	**517.6**	**297.4**	**125.4**	**108.3**		**10.9**	**11.6**
	279.2	212.6	161.2	109.9	104.7		5.3	5.2
	1341.4	796.7	382.2	131.1	108.0		13.9	14.8
	777.4	483.5	281.7	123.5	110.1		10.8	11.1
	1151.7	**790.3**	**391.3**	**159.5**	**102.5**		**13.0**	**14.8**
	4581.6	2670.9	791.6	221.4	112.6		21.1	24.5
9828.2	2594.6	1642.1	676.7	211.6	112.3	20.1	17.7	20.5
4226.0	2839.5	1481.4	686.4	216.3	106.3	16.2	18.2	19.7
7150.5	3657.6	1855.8	713.5	207.1	112.2	18.6	19.7	21.5
145.0	169.5	122.5	125.7	107.4	120.0	1.5	2.7	1.4
170.0	155.0	138.8	126.4	112.4	123.3	2.1	2.2	2.2
4375.6	313.8	239.1	175.4	111.5	105.4	16.3	5.9	6.0
182.4	169.0	153.6	136.4	118.0	100.2	2.4	2.7	2.9
752.2	373.7	241.7	188.1	142.3	96.0	8.4	6.8	6.1
246.5	194.2	145.2	137.8	121.4	105.6	3.7	3.4	2.5
105.5	99.3	100.2	90.6	91.9	96.7	0.2	0.0	0.0
145.0	138.3	126.0	100.5	110.7	100.8	1.5	1.6	1.6
148.4	116.2	102.6	98.6	103.3	96.2	1.6	0.8	0.2
18.5	19.9	27.4	39.2	37.7	113.6	-6.5	-7.8	-8.3
467.4	230.0	250.7	161.2	114.2	91.4	6.4	4.3	6.3
555.6	516.3	248.2	182.4	136.4	76.5	7.1	8.6	6.2
974.6	710.4	806.4	310.3	113.5	91.2	9.5	10.3	14.9
255.6	200.8	141.1	114.1	105.7	87.4	3.8	3.5	2.3
1691.9	1053.5	730.0	409.5	185.7	106.9	12.0	12.5	14.2
1391.7	732.7	792.2	277.6	128.0	100.7	11.1	10.5	14.8
1163.9	875.0	669.6	232.6	109.1	89.9	10.3	11.5	13.5
1859.7	847.5	638.4	358.5	168.2	100.6	12.4	11.3	13.2

2-1 续表

指　　标	总量指标						
	1990年	1995年	2000年	2005年	2010年	2014年	2015年
建筑业							
建筑业企业人数 （万人）			132	142	194	207	241
建筑业总产值 （亿元）			754	1656	5203	6435	9105
施工房屋面积 （万平方米）			9232	15964	35052	64162	59121
竣工房屋面积 （万平方米）			5326	8072	15418	20944	22842
邮电运输							
铁路营业里程 （万公里）	1.31	1.70	1.43	1.69	2.12	2.39	3.02
公路通车里程 （万公里）	29	33	42	59	91	112	116
邮电业务总量 （亿元）	9	78	297	892	2456	778	2044
邮路及农村投递							
线路总长度 （万公里）	88	107	110	110	127	136	185
国内商业							
社会消费品零售总额(亿元)	682	1692	2570	4874	11685	20996	22625
对外经济贸易							
进出口总额 （亿美元）			86	222	533	1081	1033
出口额			50	126	331	725	647
进口额			36	95	202	356	386
国际旅游							
国际旅游人数 （万人次）			269	467	820	2608	1583
旅游外汇收入 （亿美元）			8	13	30	77	59
金融							
金融机构各项存款 （亿元）			7906	16324	46622	66685	86180
金融机构各项贷款 （亿元）			6548	11300	30579	51456	66137
教育、文化、卫生							
教育							
在校学生数 （万人）							
普通高等学校	13.6	18.6	34.2	100.0	161.9	185.3	200.8
普通中学	610	632	873	1082	1050	1025	991
普通小学	1853	1889	1886	1668	1536	1472	1464
专任教师数 （万人）							
普通高等学校	2.8	3.7	3.6	6.3	9.5	10.7	10.9
普通中学	41.5	41.5	47.9	61.1	67.4	74.3	80.3
普通小学	84.8	85.8	89.9	88.1	90.7	77.4	88.3
文化							
出版数量							
图书 （万册）	30166	42275	42310	41958	43099	68877	69844
杂志 （万册）	7866	7881	8332	10280	8276	22165	27155
报纸 （万份）	79120	94985	123277	169518	174848	240263	188006
卫生							
医院、卫生院数 （万个）	1.06	1.23	1.25	1.18	1.20	1.37	1.27
医院、卫生院床位 （万张）	33.2	35.7	36.1	38.4	55.7	78.2	82.5
社会服务							
福利类收养单位床位数（万张）					27.3	36.3	32.3
城镇社区服务设施数 （个）					6188	8388	10203
城乡最低生活保障人数（万人）					1907.4	1901.6	1827.6

速度指标(%)								
指数（2015年为以下各年）						平均增长速度		
1990年	1995年	2000年	2005年	2010年	2014年	1991-2015年	1996-2015年	2001-2015年
		182.8	169.7	123.8	116.2			4.1
		1207.1	549.8	175.0	141.5			18.1
		640.4	370.3	168.7	92.1			13.2
		428.9	283.0	148.1	109.1			10.2
		211.7	178.9	142.4	126.5			5.1
393.4	347.9	272.7	195.9	126.7	103.2	5.6	6.4	6.9
					262.6			
210.3	173.3	169.0	168.7	146.1	136.4	3.0	2.8	3.6
3318.4	1336.9	880.4	464.2	193.6	107.8	15.0	13.8	15.6
		1206.2	466.4	193.7	95.6			18.1
		1302.0	511.7	195.1	89.3			18.7
		1073.9	406.1	191.4	108.4			17.1
		588.3	338.9	193.0	60.7			12.5
		781.6	461.0	196.7	76.4			14.7
		1090.1	527.9	184.8	129.2			17.3
		1010.0	585.3	216.3	128.5			16.7
1476.6	1079.7	587.2	200.8	124.1	108.4	11.4	12.6	12.5
162.5	156.8	113.5	91.5	94.3	96.6	2.0	2.3	0.8
79.0	77.5	77.6	87.8	95.3	99.5	-0.9	-1.3	-1.7
390.6	295.6	300.5	173.6	115.5	101.7	5.6	5.6	7.6
193.4	193.6	167.6	131.4	119.0	108.1	2.7	3.4	3.5
104.1	102.9	98.2	100.2	97.3	114.2	0.2	0.1	-0.1
231.5	165.2	165.1	166.5	162.1	101.4	3.4	2.5	3.4
345.2	344.6	325.9	264.2	328.1	122.5	5.1	6.4	8.2
237.6	197.9	152.5	110.9	107.5	78.2	3.5	3.5	2.9
120.0	102.9	101.6	107.1	106.1	92.4	0.7	0.1	0.1
248.4	231.0	228.3	214.5	148.0	105.4	3.7	4.3	5.7
				118.2	89.1			
				164.9	121.6			
				95.8	96.1			

2-2 民族自治地方国民经济与社会发展主要指标占全国的比重

指　标	1990年	1995年	2000年	2005年	2010年	2014年	2015年
人口与就业							
年底总人口	13.38	13.25	13.27	13.36	13.82	13.71	13.54
单位从业人员	10.98	11.22	14.29	10.79	9.94	8.66	
地区生产总值		**8.52**	**7.70**	**7.94**	**8.92**	**10.12**	**9.71**
第一产业		13.68	13.62	14.35	15.29	16.41	16.33
第二产业		6.50	6.19	6.62	8.55	10.92	10.44
第三产业		8.14	7.19	7.69	7.92	8.21	7.94
人均地区生产总值		60.54	56.65	63.98	67.00	73.60	70.37
全社会固定资产投资		**7.21**	**7.52**	**9.41**	**10.74**	**11.48**	**11.77**
国有单位固定资产投资	8.70	9.02	9.41	12.70	14.46	18.15	18.25
财政							
公共财政预算收入	8.60	8.31	7.42	6.80	8.02	8.74	8.49
公共财政预算支出	14.60	12.33	11.31	12.13	14.23	15.01	14.48
农业							
农业总产值	12.80	12.47	12.84	13.56	14.97	20.73	29.29
耕地面积	18.40						
灌溉面积	16.12	17.00	17.40	18.67	19.16	1.63	1.97
主要农牧产品							
粮食	12.00	12.43	15.75	14.85	15.20	16.11	15.77
棉花	10.40	19.84	33.11	32.89	41.68	59.61	63.09
油料	12.90	11.73	11.95	12.09	13.08	13.84	14.50
大牲畜年末头数	40.60	35.40	36.74	39.09	49.58	47.98	45.72
羊年末只数	54.10	43.00	45.04	43.98	53.00	53.90	52.96
猪年末头数	15.60	16.40	18.35	16.94	17.52	18.77	18.64
工业							
工业总产值	5.40	4.60	4.59	4.23	5.51		
主要工业产品							
布(混合数)	3.90	2.70	1.81	0.74	0.45	0.13	0.15
机制纸及纸板	6.86	6.80	7.06	5.05	3.92	4.08	3.75
成品糖	38.25	42.84	71.17	75.09	81.15	98.38	83.89
原煤	11.20	12.20	14.65	17.37	32.12	33.36	31.47
原油	9.10	10.70	14.06	15.66	15.07	17.49	15.07

注：1.本表中涉及民族自治地方GDP占全国的比重，分母为全国31个省(区、市)相加的合计数。
　　2.财政收支占全国的比重是指占全国地方财政收支的比重。

2-2 续表

指　标	1990年	1995年	2000年	2005年	2010年	2014年	2015年
发电量	11.90	11.80	12.63	12.33	16.00	20.17	21.50
粗钢	5.60	7.30	5.04	5.24	6.28	6.19	6.38
生铁	6.68	5.27	5.53	6.32	7.45	7.57	7.02
水泥	9.34	9.03	9.55	9.55	11.51	14.52	15.43
木材	31.60	48.10	22.28				
建筑业							
建筑业总产值			4.50	4.77	5.42	3.64	5.04
运输							
铁路营业里程	24.50	31.10	24.30	22.41	23.28	21.38	24.98
公路线路里程	28.40	28.70	30.20	17.63	22.75	25.08	25.24
国内商业							
社会消费品零售总额	9.40	8.20	7.50	7.26	7.44	7.72	7.52
对外经济贸易							
进出口贸易			1.81	1.56	1.79	2.51	2.61
出口额			1.99	1.91	2.10	3.09	2.84
进口额			1.60	1.25	1.45	1.82	2.30
国际旅游							
国际旅游人数			4.17	4.42	7.04	20.29	11.83
旅游外汇收入			4.65	4.37	6.50	13.57	5.19
教育							
在校学生							
普通高等学校	6.59	6.40	6.15	6.40	7.25	7.27	7.65
普通中学	13.29	11.76	11.85	14.88	13.64	15.11	14.81
普通小学	15.14	14.32	14.49	15.35	15.45	15.57	15.10
专任教师							
普通高等学校	7.09	9.23	7.86	6.48	7.05	7.00	6.95
普通中学	13.68	12.44	11.96	12.82	13.38	14.42	15.53
普通小学	15.19	15.15	15.35	15.75	16.15	13.73	15.54
卫生							
医院卫生院数	17.00	18.10	18.78	19.68	19.84	21.68	19.54
医院卫生院床位数	12.70	12.60	12.25	11.96	11.77	11.85	11.76
卫生技术人员	12.50	12.40	7.91	10.66	10.85	8.64	11.87

2-3 按区域分的国民经济和社会发展主要指标（2015年）(一)

指　标	全国总计	民族自治地方		东部地区	
		绝对数	占全国比重(%)	绝对数	占全国比重(%)
自然资源					
土地面积　(万平方公里)	960	613	63.9	92	9.5
人口					
总人口(年末)　(万人)	137462	18618	13.5	52519	38.2
国民经济核算					
国内(地区)生产总值　(亿元)	685506	66553	9.7	372983	54.4
第一产业	60871	9937	16.3	21015	34.5
第二产业	280560	29298	10.4	162421	57.9
第三产业	344075	27318	7.9	189547	55.1
人均国内(地区)生产总值　(元)	49992	35181	70.4	71019	142.1
固定资产投资					
全社会固定资产投资总额(亿元)	562000	66159	11.8	232107	41.3
财政					
地方一般公共财政收入　(亿元)	83002	7045	8.5	46466	56.0
地方一般公共财政支出　(亿元)	150336	21766	14.5	63446	42.2
对外贸易					
货物进出口总额　(亿美元)	39530	1033	2.6	32727	82.8
出口额	22735	647	2.8	18532	81.5
进口额	16796	386	2.3	14196	84.5
农业					
主要农产品产量　(万吨)					
粮食	62144	9801	15.8	14950	24.1
棉花	560	354	63.1	107	19.1
油料	3537	513	14.5	805	22.8
工业					
主要工业产品产量					

注：旅客周转量全国总计大于分地区之和的原因是有不分地区合计数，为民航完成数；货物周转量全国总计大于分地区之和的原因是有不分地区合计数，不分地区合计数中包括铁路行包运量、民航、管道、中远集团海外公司和中海集团香港有限公司完成数。

中部地区		西部地区		东北地区	
绝对数	占全国比重（%）	绝对数	占全国比重（%）	绝对数	占全国比重（%）
103	10.7	687	71.5	79	8.2
36488	26.5	37131	27.0	10947	8.0
146950	21.4	145019	21.2	57816	8.4
15864	26.1	17362	28.5	6614	10.9
68784	24.5	64736	23.1	24846	8.9
62302	18.1	62921	18.3	26356	7.7
40274	80.6	39056	78.1	52814	105.6
143118	25.5	140417	25.0	40806	7.3
14799	17.8	17214	20.7	4523	5.4
31735	21.1	43435	28.9	11719	7.8
2536	6.4	2909	7.4	1358	3.4
1652	7.3	1917	8.4	634	2.8
883	5.3	992	5.9	725	4.3
18720	30.1	16501	26.6	11974	19.3
93	16.6	360	64.3		
1549	43.8	1042	29.5	141	4.0

2-3(一) 续表

指　标		全国总计	民族自治地方		东部地区	
			绝对数	占全国比重(%)	绝对数	占全国比重(%)
原油	(万吨)	21456	3233	15.1	8485	39.5
发电量	(亿千瓦小时)	58146	12500	21.5	22587	38.8
粗钢	(万吨)	80383	5126	6.4	45268	56.3
水泥	(万吨)	235919	36409	15.4	80070	33.9
交通运输业						
铁路营业里程	(公里)	120970	30229	25.0	28743	23.8
公路里程	(公里)	4577296	1155298	25.2	1123918	24.6
旅客周转量	(亿人公里)	30059	2868	9.5	8076	26.9
货物周转量	(亿吨公里)	178356	12871	7.2	82993	46.5
邮电通信业						
邮电业务总量	(亿元)	28425	2044	7.2	15522	54.6
国内商业						
社会消费品零售总额	(亿元)	300931	22625	7.5	155489	51.7
教育						
普通高等学校						
学校数	(个)	2560	228	8.9	989	38.6
招生数	(万人)	738	58	7.8	282	38.2
在校学生数	(万人)	2625	201	7.6	1021	38.9
毕业生数	(万人)	681	48	7.1	269	39.4
卫生						
医院、卫生院数	(个)	948357	12689	1.3	310054	32.7
卫生技术人员	(万人)	801	95	11.9	326	40.7
医院、卫生院床位数	(万张)	674	82	12.2	239	35.5
人民生活						
城镇居民可支配收入	(元)	31790	26083	82.0	36691	115.4
农村居民人均纯收入	(元)	10772	8889	82.5	14297	132.7

中部地区		西部地区		东北地区	
绝对数	占全国比重（%）	绝对数	占全国比重（%）	绝对数	占全国比重（%）
483	2.3	6947	32.4	5541	25.8
11773	20.2	20515	35.3	3270	5.6
16234	20.2	11324	14.1	7557	9.4
65954	28.0	78891	33.4	11005	4.7
27162	22.5	48005	39.7	17060	14.1
1224975	26.8	1847479	40.4	380924	8.3
6929	23.1	5867	19.5	1842	6.1
34112	19.1	24873	13.9	14683	8.2
5160	18.2	6040	21.2	1703	6.0
62635	20.8	55124	18.3	27079	9.0
674	26.3	642	25.1	255	10.0
206	28.0	186	25.2	63	8.6
721	27.5	645	24.6	237	9.0
187	27.5	164	24.1	61	8.9
264956	27.9	299799	31.6	73548	7.8
196	24.5	214	26.7	64	8.0
180	26.7	195	29.0	60	8.9
26810	84.3	26473	83.3	27400	86.2
10919	101.4	9093	84.4	11490	106.7

2-3 按区域分的国民经济和社会发展主要指标（2015年）(二)

指 标	全国总计	民族自治地方	
		绝对数	占全国比重 (%)
县级行政区域单位数(个)	**2854**	**707**	**24.8**
土地面积(万平方公里)	**960**	**613**	**63.9**
人口			
总人口(年末)(万人)	137462.0	18617.9	13.5
国内(地区)生产总值(亿元)	**685505.8**	**66553.2**	**9.7**
第一产业	60870.5	9937.5	16.3
第二产业	280560.3	29297.6	10.4
第三产业	344075.0	27318.1	7.9
人均国内(地区)生产总值(元)	49992.0	35181.0	70.4
固定资产投资			
全社会固定资产投资总额(亿元)	562000.0	66158.5	11.8
财政			
地方一般公共财政收入(亿元)	83002.0	7044.7	8.5
地方一般公共财政支出(亿元)	150336.0	21766.1	14.5
农业			
农林牧渔业总产值(亿元)	107056.4	16881.5	15.8
粮食(万吨)	62143.9	9801.0	15.8
肉类总产量 (万吨)	8625.0	1641.6	19.0
工业			
规模以上工业企业资产总计(亿元)	1023398.1	93373.3	9.1
教育			
普通中学			
学校数 (个)	66148	9197	13.9
在校学生数 (万人)	6692.9	990.5	14.8
专任教师数 (万人)	517.4	80.3	15.5
普通小学			
学校数 (个)	190525	38685	20.3
在校学生数 (万人)	8693	1463.8	16.8
专任教师数 (万人)	568.5	88.3	15.5
卫生			
医院、卫生院数(个)	948357.0	12689.0	1.3
卫生技术人员 (万人)	800.8	95.0	11.9
医院、卫生院床位数(万张)	674.4	82.5	12.2
人民生活			
农村居民人均纯收入 (元)	10772.0	8889.3	82.5

牧区半牧区县		陆地边境县		青海等省藏区	
绝对数	占全国比重（%）	绝对数	占全国比重（%）	绝对数	占全国比重（%）
268	**9.4**	**136**	**4.8**	**74**	**2.6**
417	**43.4**	**194**	**20.2**	**102**	**10.6**
4744.4	3.5	2355.6	1.7	547.9	0.4
20034.3	**2.9**	**8596.1**	**1.3**	**1681.9**	**0.2**
3658.1	6.0	1809.1	3.0	270.9	0.4
9523.2	3.4	3469.8	1.2	790.8	0.3
6852.9	2.0	3314.7	1.0	620.2	0.2
43773.6	87.6	36860.6	73.7	26924.5	53.9
16980.2	3.0	7977.4	1.4	2543.1	0.5
1298.5	1.6	573.1	0.7	247.2	0.3
4856.4	3.2	2465.4	1.6	1360.1	0.9
6109.8	5.7	2760.9	2.6	340.7	0.3
6603.0	10.6	26.5	4.7	115.6	0.2
653.3	7.6			50.8	0.6
29441.5	2.9			4262.8	0.4
2150	3.3	995839	1.5	317	0.5
198.4	3.0	8.9	1.7	29.6	0.4
19.4	3.7			2.3	0.4
8367	4.4	1516133	1.7	1823	1.0
309.0	3.6	11.0	1.9	46.0	0.5
23.2	4.1			3.3	0.6
5029.0	0.5	84320	1.3	1193	0.1
18.4	2.3			2.6	0.3
15.5	2.3	9.9	1.2	2.3	0.3
9436.0	87.6	9487.2	88.1	7857.5	72.9

2-4 民族自治地方地区生产总值

年份	地区生产总值（亿元）	第一产业	第二产业	第三产业	地区生产总值构成（%）	第一产业	第二产业	第三产业
1992	2182.62	822.51	750.34	609.77	100	37.7	34.4	27.9
1993	2762.41	938.13	1072.35	751.93	100	34.0	38.8	27.2
1994	3976.93	1294.45	1450.44	1232.04	100	32.5	36.5	31.0
1995	4901.14	1628.55	1746.52	1526.07	100	33.2	35.6	31.2
1996	5658.35	1876.61	2208.18	1753.56	100	33.2	35.8	31.0
1997	6333.26	2047.92	2320.2	1965.14	100	32.3	36.6	31.1
1998	6589.84	2055.62	2381.01	2153.21	100	31.2	36.1	32.7
1999	6886.17	2007.83	2528.18	2350.16	100	29.2	36.7	34.1
2000	7486.15	2022.30	2834.43	2629.41	100	27.0	37.8	35.2
2001	8179.19	2088.98	3085.54	3004.67	100	25.5	37.7	36.8
2002	9015.06	2200.28	3438.70	3376.08	100	24.4	38.1	37.5
2003	10381.02	2455.72	4163.54	3761.76	100	23.7	40.1	36.2
2004	12518.62	2919.70	5347.60	4251.32	100	23.3	42.7	34.0
2005	15705.93	3300.20	6419.02	5986.71	100	21.0	40.9	38.1
2006	18659.12	3622.87	8089.54	6946.71	100	19.4	43.4	37.2
2007	22852.78	4311.54	10265.37	8275.88	100	18.9	44.9	36.2
2008	27940.20	5002.01	13202.16	9736.03	100	17.9	47.3	34.8
2009	32015.43	5243.11	14643.71	12128.61	100	16.4	45.7	37.9
2010	38988.79	6198.21	18808.87	13981.72	100	15.9	48.2	35.9
2011	47915.67	7242.74	23885.14	16787.79	100	15.1	49.8	35.0
2012	54078.62	8145.70	26550.14	19382.77	100	15.1	49.1	35.8
2013	59265.87	8989.72	28568.63	21707.52	100	15.2	48.2	36.6
2014	64369.23	9572.90	29676.60	25120.21	100	14.9	46.1	39.0
2015	66553.23	9937.46	29297.62	27318.11	100	14.9	44.0	41.0

2-5 民族自治地方地区生产总值指数

(上年=100)

年份	地区生产总值	第一产业	第二产业	第三产业
1993	111.7	104.7	121.8	113.8
1994	113.8	107.1	118.8	114.7
1995	109.4	106.3	112.4	109.3
1996	110.6	110.1	112.3	109.1
1997	110.7	108.4	112.7	110.6
1998	108.8	105.7	111.3	109.0
1999	107.3	102.5	109.5	109.4
2000	107.9	101.7	109.2	111.8
2001	108.3	103.1	109.2	111.4
2002	110.2	105.4	112.4	111.3
2003	111.9	105.9	117.2	110.2
2004	113.4	106.7	119.0	111.7
2005	114.9	107.3	121.7	112.4
2006	114.4	106.2	119.7	113.3
2007	115.4	105.4	120.2	114.8
2008	113.8	106.4	117.1	112.9
2009	114.0	105.0	117.9	113.3
2010	114.0	105.6	118.2	112.1
2011	113.5	105.7	117.1	112.3
2012	112.0	106.1	114.5	111.0
2013	110.5	104.4	112.3	109.6
2014	108.6	105.8	110.3	109.1
2015	108.3	104.7	108.0	110.1

2-6 民族自治地方分地区生产总值(2015年)

单位：亿元

地　区	地　区 生产总值	第一产业	第二产业	工　业	建筑业	第三产业
合　计	**66553.23**	**9937.46**	**29297.62**	**23423.52**	**5974.95**	**27318.11**
河　北	663.36	132.99	280.94	239.75	41.19	249.43
内蒙古	17831.51	1617.42	9000.58	7739.18	1263.16	7213.51
辽　宁	1181.43	262.73	480.14	422.83	57.53	438.57
吉　林	1402.99	215.59	618.52	566.35	54.27	568.88
黑龙江	103.17	33.01	46.17	45.92	0.51	23.99
浙　江	44.51	6.63	12.91	7.39	5.52	24.97
湖　北	851.50	198.32	299.22	234.75	53.03	353.96
湖　南	930.67	173.88	319.29	276.41	43.96	437.50
广　东	131.87	19.45	50.01	39.55	10.46	62.41
广　西	16803.12	2565.97	7717.52	6359.82	1358.56	6520.15
海　南	428.98	179.70	90.29	38.48	51.83	158.99
重　庆	493.21	84.76	229.94	164.21	65.73	178.51
四　川	1900.55	379.87	905.59	664.26	241.69	615.09
贵　州	3327.31	731.54	1046.04	779.30	266.73	1549.73
云　南	5539.13	1181.47	2059.14	1469.15	590.95	2298.51
西　藏	1026.39	98.04	376.19	69.88	306.31	552.16
甘　肃	471.48	81.75	128.12	98.73	30.07	261.61
青　海	1185.47	177.50	661.56	487.13	174.43	346.41
宁　夏	2911.77	237.76	1379.04	979.72	399.98	1294.41
新　疆	9324.80	1559.08	3596.40	2740.71	959.03	4169.32

2-7 民族自治地方分地区生产总值指数和人均地区生产总值(2015年)

地　区	地　区 生产总值 (以2014年为100)	第一产业	第二产业	第三产业	人均地区 生产总值 (元)
合　计	**108.3**	**104.7**	**108.0**	**110.1**	**34320**
河　北	105.9	105.4	104.0	110.7	34065
内蒙古	107.7	103.0	108.0	108.1	71101
辽　宁	101.3	101.9	98.8	103.4	37362
吉　林	106.1	105.1	107.4	104.9	43081
黑龙江	80.3	85.9	71.9	106.9	42459
浙　江	106.9	102.2	99.6	112.8	25786
湖　北	109.2	105.3	109.9	110.7	21774
湖　南	108.8	110.0	111.0	115.1	19615
广　东	108.1	105.1	99.8	118.3	32125
广　西	108.1	103.9	108.2	109.7	35190
海　南	108.0	105.7	109.6	110.4	28234
重　庆	110.2	105.1	112.5	109.7	17860
四　川	104.0	104.2	102.0	107.7	25702
贵　州	113.5	107.1	113.0	116.2	24524
云　南	109.8	106.1	110.9	110.7	23924
西　藏	111.2	103.7	115.7	108.9	31999
甘　肃	107.4	104.6	108.0	155.7	12998
青　海	106.6	105.8	106.7	108.6	30788
宁　夏	108.0	104.3	108.5	107.9	43805
新　疆	108.8	105.9	107.3	112.2	40036

2-8 民族自治地方分地区生产总值构成(2015年)

单位: %

地区	地区生产总值	第一产业	第二产业	工业	建筑业	第三产业
合计	**100**	**14.9**	**44.0**	**35.2**	**9.0**	**41.0**
河北	100	20.0	42.4	36.1	6.2	37.6
内蒙古	100	9.1	50.5	43.4	7.1	40.5
辽宁	100	22.2	40.6	35.8	4.9	37.1
吉林	100	15.4	44.1	40.4	3.9	40.5
黑龙江	100	32.0	44.8	44.5	0.5	23.3
浙江	100	14.9	29.0	16.6	12.4	56.1
湖北	100	23.3	35.1	27.6	6.2	41.6
湖南	100	18.7	34.3	29.7	4.7	47.0
广东	100	14.8	37.9	30.0	7.9	47.3
广西	100	15.3	45.9	37.8	8.1	38.8
海南	100	41.9	21.0	9.0	12.1	37.1
重庆	100	17.2	46.6	33.3	13.3	36.2
四川	100	20.0	47.6	35.0	12.7	32.4
贵州	100	22.0	31.4	23.4	8.0	46.6
云南	100	21.3	37.2	26.5	10.7	41.5
西藏	100	9.6	36.7	6.8	29.8	53.8
甘肃	100	17.3	27.2	20.9	6.4	55.5
青海	100	15.0	55.8	41.1	14.7	29.2
宁夏	100	8.2	47.4	33.6	13.7	44.5
新疆	100	16.7	38.6	29.4	10.3	44.7

2-9 全国民族自治区、自治州、自治县(旗)基本情况(2015年)(一)

地　　区	年　末 总人口 (万人)	#少数民族	少数民族 占总人口 (%)	地　　区 生产总值 (亿元)	第一产业 (亿元)	第二产业 (亿元)
5个自治区合计	**10658.89**	**4744.35**	**44.51**	**47897.59**	**6078.27**	**22069.73**
内蒙古自治区	2511.04	621.39	24.75	17831.51	1617.42	9000.58
广西壮族自治区	4796.00	2140.64	44.63	16803.12	2565.97	7717.52
西藏自治区	323.97	323.97	100.00	1026.39	98.04	376.19
宁夏回族自治区	667.88	246.39	36.89	2911.77	237.76	1379.04
新疆维吾尔自治区	2360.00	1411.97	59.83	9324.80	1559.08	3596.40
30个自治州合计	**5958.38**	**3485.92**	**58.50**	**16171.29**	**3176.46**	**6487.19**
吉林省						
延边朝鲜族自治州	213.58	85.72	40.14	858.84	75.25	425.48
湖北省						
恩施土家族苗族自治州	402.61	181.92	45.18	670.81	143.86	244.42
湖南省						
湘西土家族苗族自治州	296.53	240.61	81.14	497.19	75.66	158.65
四川省						
阿坝藏族羌族自治州	91.41	73.16	80.03	265.04	40.84	130.02
凉山彝族自治州	511.78	282.34	55.17	1314.84	263.58	648.65
甘孜藏族自治州	109.23	93.25	85.37	213.04	54.41	75.79
贵州省						
黔东南苗族侗族自治州	473.54	379.76	80.20	811.55	163.48	232.38
黔南布依族苗族自治州	414.03	243.51	58.82	902.91	158.31	327.87
黔西南布依族苗族自治州	351.68	149.36	42.47	801.65	168.30	273.29
云南省						
西双版纳傣族自治州	98.23	76.26	77.63	335.91	85.54	94.63
文山壮族苗族自治州	360.70	208.85	57.90	670.67	146.45	241.27
红河哈尼族彝族自治州	454.58	274.58	60.40	1222.28	201.99	553.79
德宏傣族景颇族自治州	127.90	61.11	47.78	292.32	73.42	71.77
怒江傈僳族自治州	53.10	49.77	93.71	113.45	18.79	34.67
迪庆藏族自治州	36.13	32.09	88.82	161.14	10.73	56.32
大理白族自治州	358.45	185.83	51.84	901.10	193.40	357.20
楚雄彝族自治州	262.55	93.67	35.68	762.97	152.82	291.85

第三产业 (亿元)	地区生产总值增长速度 (%)	人均地区生产总值 (元)	公共财政预算收入 (亿元)	公共财政预算支出 (亿元)	农民人均纯收入 (元)	规模以上工业企业数 (个)	规模以上工业企业资产总计 (亿元)
19749.55	**8.14**	**45166**	**5321.07**	**14643.30**	**9629**	**15028**	**71440.58**
7213.51	7.70	71101	1964.48	4252.96	10776	4398	29458.05
6520.15	8.10	35190	1515.16	4065.51	9467	5518	15122.30
552.16	11.20	31999	137.13	1381.46	8232	104	895.00
1294.41	8.00	43805	373.45	1138.49	9116	1245	7801.07
4169.32	8.80	40036	1330.85	3804.87	9425	3763	18164.16
6507.64	**8.65**	**26924**	**1619.68**	**6194.81**	**8303**	**5392**	**19040.82**
358.11	7.00	40118	93.31	303.86	8965	470	973.89
282.53	9.10	20191	67.23	322.54	7969	549	477.82
262.88	8.30	18922	46.12	244.94	6648	292	269.29
94.18	7.90	28647	31.67	215.25	9711	117	568.78
402.61	2.80	28276	107.07	417.62	9422	345	568.78
82.85	5.10	18423	31.43	316.20	8408	53	568.78
415.69	13.20	23311	103.96	353.68	6863	384	516.77
416.73	13.30	27888	100.45	308.99	8047	628	1022.20
360.06	13.60	28464	108.23	272.50	7059	60	697.67
155.75	10.00	28945	30.80	105.67	10080	74	256.90
282.95	10.90	18634	52.04	242.76	7699	161	569.16
466.50	10.20	26371	123.24	369.15	8599	270	1525.89
147.13	7.80	22990	31.96	124.53	7917	127	360.36
59.99	9.60	20950	9.00	71.81	4791	20	119.25
94.09	9.60	39543	15.53	110.47	6487	28	131.16
350.50	9.20	25486	78.10	277.43	8766	250	1101.81
318.29	10.10	27942	68.19	216.23	8327	281	689.80

2-9(一)　续表 1

地　区	年末总人口（万人）	#少数民族	少数民族占总人口（%）	地区生产总值（亿元）	第一产业（亿元）	第二产业（亿元）
甘肃省						
临夏回族自治州	225.02	130.80	58.13	211.41	36.14	44.83
甘南藏族自治州	72.83	45.56	62.56	126.54	27.01	20.70
青海省						
海北藏族自治州	29.66	19.81	66.79	94.86	16.91	43.11
黄南藏族自治州	27.06	25.22	93.20	72.75	19.62	25.42
海南藏族自治州	46.40	35.46	76.42	140.20	31.21	70.14
果洛藏族自治州	20.02	18.70	93.41	35.66	5.88	13.69
玉树藏族自治州	39.19	38.64	98.60	60.55	25.72	23.31
海西蒙古族藏族自治州	40.21	14.09	35.05	439.85	26.78	297.03
新疆维吾尔自治区						
昌吉回族自治州	139.36	38.68	27.75	1141.20	252.40	550.25
巴音郭楞蒙古自治州	125.38	56.77	45.28	1039.00	181.43	584.65
克孜勒苏柯尔克孜自治州	59.61	55.46	93.05	101.50	14.29	30.99
博尔塔拉蒙古自治州	47.97	17.28	36.02	287.21	63.62	81.78
伊犁哈萨克自治州	469.63	277.68	59.13	1624.83	448.62	483.26
120个自治县(旗)合计	**3247.82**	**2119.45**	**65.26**	**8437.13**	**2016.91**	**2877.33**
河北省						
大厂回族自治县	12.88	2.66	20.62	86.63	9.99	31.71
孟村回族自治县	21.10	5.42	25.69	84.68	7.64	51.40
青龙满族自治县	56.63	39.97	70.57	98.06	30.08	18.25
丰宁满族自治县	41.00	29.25	71.35	94.59	23.88	36.79
围场满族蒙古族自治县	54.25	35.46	65.37	102.25	43.76	24.30
宽城满族自治县	26.02	17.47	67.13	197.16	17.64	118.49
内蒙古自治区						
鄂伦春自治旗	25.53	3.16	12.36	66.76	23.91	8.44
莫力达瓦达斡尔族自治旗	31.91	6.90	21.62	104.81	47.43	25.17
鄂温克族自治旗	13.98	5.86	41.95	111.56	8.04	76.07
辽宁省						
阜新蒙古族自治县	72.28	15.39	21.29	145.61	60.23	27.98
喀喇沁左翼蒙古族自治县	42.60	9.69	22.74	106.73	35.84	31.43
岫岩满族自治县	50.95	45.86	90.00	196.03	31.80	91.48

第三产业（亿元）	地区生产总值增长速度（%）	人均地区生产总值（元）	公共财政预算收入（亿元）	公共财政预算支出（亿元）	农民人均纯收入（元）	规模以上工业企业数（个）	规模以上工业企业资产总计（亿元）
130.44	9.00	10527	16.59	175.58	5245	43	152.48
78.84	7.50	17990	9.17	143.81	5928	34	126.41
34.85	7.50	31960	6.61	71.52	8795	35	82.61
27.72	7.00	27179	3.48	68.99	6819	9	
38.85	9.30	30150	9.79	99.75	8737	36	243.72
16.10	6.00	18089	4.04	65.24	5465	2	14.41
11.53	10.00	15073	5.24	79.25	5565		
116.04	3.00	86713	121.09	132.99	10582	124	2055.62
338.55	12.00	70700	110.44	216.39	15633	372	2421.52
272.91	4.30	73649	70.01	179.78	15678	204	1641.33
56.22	12.30	15222	9.68	100.83	5549	37	182.04
141.81	12.00	59641	17.13	75.85	13127	73	157.33
692.94	9.30	34277	138.09	511.20	12259	314	1545.04
3045.84	**7.70**	**31653**	**523.91**	**2556.64**	**9469**	**3462**	**7393.01**
44.93	10.10	67784	24.89	27.70	13121	52	82.69
25.64	7.50	40285	2.36	11.20	8863	131	76.53
49.73	-0.50	17315	3.10	20.83	7679	37	100.29
33.92	6.50	26194	8.34	27.85	6152	42	133.60
34.19	7.20	23926	5.37	29.90	6385	41	123.27
61.03	6.00	77444	5.72	17.60	9500	48	380.79
34.41	7.60	25813	3.43	26.83	7478	8	19.68
32.21	6.70	32407	3.03	28.09	8035	13	22.74
27.45	8.20	78916	8.67	21.97	17646	15	301.90
57.40	-1.20	22062	6.05	36.68	12249	83	111.67
39.46	-5.10	30771	3.51	20.54	10427	117	101.99
67.98	3.40	37410	5.10	20.30	12402	149	124.70

2-9(一) 续表 2

地　　区	年　末 总人口 （万人）	#少数民族	少数民族 占总人口 （%）	地　　区 生产总值 （亿元）	第一产业 （亿元）	第二产业 （亿元）
新宾满族自治县	29.70	22.08	74.36	116.00	27.05	41.91
清原满族自治县	33.24	21.61	65.00	128.89	27.21	55.58
本溪满族自治县	28.89	19.96	69.06	180.69	22.71	99.32
桓仁满族自治县	29.78	16.58	55.67	171.90	26.92	79.05
宽甸满族自治县	42.79	23.85	55.75	140.36	30.97	53.37
吉林省						
长白朝鲜族自治县	8.11	1.44	17.78	38.67	5.04	18.55
前郭尔罗斯蒙古族自治县	57.84	7.50	12.97	338.22	80.66	115.24
伊通满族自治县	45.52	17.33	38.06	167.25	54.64	59.25
黑龙江省						
杜尔伯特蒙古族自治县	24.22	4.98	20.57	103.17	33.01	46.17
浙江省						
景宁畲族自治县	17.19	1.97	11.45	44.51	6.63	12.91
湖北省						
长阳土家族自治县	39.89	26.15	65.57	120.46	35.18	37.61
五峰土家族自治县	20.04	16.97	84.70	60.23	19.28	17.19
湖南省						
城步苗族自治县	26.22	16.42	62.61	33.54	9.68	11.69
通道侗族自治县	23.78	21.09	88.70	34.02	7.21	11.42
江华瑶族自治县	52.15	38.14	73.14	93.77	23.91	27.22
新晃侗族自治县	25.82	22.60	87.52	49.45	6.97	25.20
芷江侗族自治县	38.23	24.66	64.50	90.67	21.30	38.85
靖州苗族侗族自治县	27.14	20.28	74.72	68.04	13.56	25.12
麻阳苗族自治县	40.34	32.39	80.29	64.00	15.58	21.14
广东省						
连南瑶族自治县	17.08	9.49	55.56	36.57	5.74	11.84
连山壮族瑶族自治县	12.17	7.56	62.16	29.41	6.42	8.70
乳源瑶族自治县	21.68	2.35	10.84	65.90	7.29	29.47
广西壮族自治区						
都安瑶族自治县	69.97	66.81	95.48	40.35	12.79	6.93
融水苗族自治县	51.55	38.88	75.43	76.68	15.90	32.76

第三产业（亿元）	地区生产总值增长速度（%）	人均地区生产总值（元）	公共财政预算收入（亿元）	公共财政预算支出（亿元）	农民人均纯收入（元）	规模以上工业企业数（个）	规模以上工业企业资产总计（亿元）
47.04	10.82	39062	4.55	18.10	11003	82	21.41
46.10	-1.60	38769	5.20	18.87	11233	180	88.77
58.65	4.80	62535	6.57	17.35	12659	101	134.53
65.94	6.50	57732	5.01	19.57	12644	80	86.51
56.01	-7.90	32802	4.72	23.63	12161	39	30.89
15.08	6.70	47452	3.21	15.87	8645	32	23.39
142.33	3.80	58477	10.89	37.75	9579	138	139.78
53.37		36681	6.91	24.15	9923	39	151.63
23.99	-19.70	42459	4.26	2.14	11591	24	60.22
24.97	6.90	25786	5.45	26.13	13663	22	17.39
47.67	9.60	31047	9.11	30.65	8148	56	68.59
23.76	8.90	30070	3.64	22.17	7880	39	37.16
12.16	9.20	11828	2.70	17.14	5331	26	27.69
15.38	8.32	16101	2.11	19.65	5339	26	5.88
42.64	11.30	21970	7.00	32.56	7750	56	50.39
17.28	8.99	19851	2.33	18.84	6003	36	22.14
30.52	8.30	26175	4.38	23.29	6533	50	18.87
29.36	9.20	27127	3.73	18.20	7156	29	10.51
27.28	9.50	18334	2.73	21.64	6158	27	8.44
18.98	7.30	27382	1.62	17.43	9925	10	10.17
14.29	6.10	31416	1.39	17.12	9946	4	6.16
29.14	9.50	35941	5.24	24.83	10696	70	119.70
20.64	2.60	7591	2.00	29.20	4793	12	10.94
28.03	10.80	18618	4.18	30.30	6586	35	29.68

2-9(一) 续表 3

地区	年末总人口（万人）	#少数民族	少数民族占总人口（%）	地区生产总值（亿元）	第一产业（亿元）	第二产业（亿元）
三江侗族自治县	39.60	34.11	86.16	42.72	17.07	8.90
龙胜各族自治县	17.13	13.70	80.00	56.60	10.62	30.58
金秀瑶族自治县	15.65	12.52	80.00	27.50	7.96	6.28
隆林各族自治县	42.04	3.34	7.95	45.75	10.24	18.18
巴马瑶族自治县	28.68	24.55	85.58	33.83	9.53	8.32
罗城仫佬族自治县	38.32	28.21	73.61	40.62	14.58	8.47
富川瑶族自治县	33.22	19.93	59.97	62.33	20.84	23.76
大化瑶族自治县	46.83	44.18	94.34	53.99	8.76	25.81
环江毛南族自治县	37.43	35.31	94.34	43.11	16.06	9.02
恭城瑶族自治县	30.34	19.10	62.95	78.95	22.94	35.46
海南省						
白沙黎族自治县	19.47	12.68	65.15	38.90	18.96	4.49
昌江黎族自治县	25.44	10.41	40.90	90.19	25.01	37.70
乐东黎族自治县	53.04	20.22	38.13	103.14	62.17	12.87
陵水黎族自治县	38.64	21.94	56.76	119.27	40.96	24.34
琼中黎族苗族自治县	22.61	13.92	61.59	39.10	16.76	6.12
保亭黎族苗族自治县	16.76	11.54	68.86	38.39	15.84	4.76
重庆市						
石柱土家族自治县	54.66	43.18	79.00	129.24	21.90	64.53
秀山土家族苗族自治县	66.21	39.43	59.55	138.19	18.65	66.01
酉阳土家族苗族自治县	85.04	69.59	81.84	116.97	23.97	51.36
彭水苗族土家族自治县	70.25	47.06	67.00	108.80	20.23	48.04
四川省						
北川羌族自治县	23.86	9.05	37.91	40.19	9.63	16.10
木里藏族自治县	13.88	11.15	80.30	27.64	5.44	14.59
马边彝族自治县	21.54	10.46	48.55	32.08	7.22	14.38
峨边彝族自治县	14.87	5.96	40.10	35.36	4.19	20.65
贵州省						
松桃苗族自治县	72.44	49.26	68.00	103.45	27.67	33.83
镇宁布依族苗族自治县	40.01	21.02	52.52	74.91	15.48	19.12
紫云苗族布依族自治县	39.55	25.87	65.40	51.54	18.48	8.69

第三产业 (亿元)	地区生产总值增长速度 (%)	人均地区生产总值 (元)	公共财政预算收入 (亿元)	公共财政预算支出 (亿元)	农民人均纯收入 (元)	规模以上工业企业数 (个)	规模以上工业企业资产总计 (亿元)
16.75	10.00	13984	2.04	20.12	6672	12	8.35
15.39	8.60	35820	2.92	15.21	6017	22	67.86
13.25	7.40	21617	1.02	11.57	5941	14	9.70
17.34	7.90	12969	2.35	9.22	5565	9	25.30
15.99	8.20	14754	1.44	18.71	5214	13	23.04
17.57	1.40	13236	2.06	23.02	5323	18	25.95
17.72	2.20	23541	3.00	22.68	7544	23	80.00
19.43	7.60	14595	4.20	25.91	5546	8	68.52
18.03	3.90	15497	1.98	22.07	6668	25	28.58
20.56	4.30	30901	3.48	18.76	8890	23	44.39
15.45	5.90	23386	2.82	20.65	8732	7	1.90
27.48	7.50	39478	8.73	27.61	10536	13	356.47
28.09	8.90	21893	9.13	42.06	10204	5	128.94
53.97	8.20	36478	39.42	48.01	9843	2	5.61
16.22	9.70	22132	3.69	21.28	8782	8	3.78
17.79	6.30	25612	4.13	15.39	8735	3	3.41
42.81	10.00	34400	12.57	42.97	9642	50	102.98
53.53	10.50	28145	10.73	40.74	8360	69	102.81
41.64	10.10	20908	12.04	51.19	7263	33	100.14
40.53	10.30	20903	10.27	40.99	7469	33	168.52
14.45	8.30	19011	3.69	19.12	9644	31	43.36
7.62	5.90	20863	5.19	22.08	7182	6	242.55
10.48	9.10	17551	3.05	14.92	8595	21	74.09
10.52	7.10	25952	2.16	11.85	8405	29	58.83
41.95	13.90	21132	5.93	36.52	6316	59	7.30
40.31	14.80	26311	6.88	23.01	6566	21	39.70
24.36	10.40	18985	4.60	20.60	6543	13	10.26

2-9(一) 续表 4

地　　区	年末总人口（万人）	#少数民族	少数民族占总人口（%）	地区生产总值（亿元）	第一产业（亿元）	第二产业（亿元）
威宁彝族回族苗族自治县	127.68	34.75	27.22	189.37	67.41	49.66
关岭布依族苗族自治县	39.27	25.13	64.00	70.64	16.88	16.12
三都水族自治县	37.14	35.86	96.56	48.94	13.56	7.48
玉屏侗族自治县	15.75	13.39	85.00	62.62	6.73	34.62
道真仡佬族苗族自治县	34.86	28.93	83.00	48.34	18.44	9.42
务川仡佬族苗族自治县	46.50	44.90	96.56	51.55	19.63	10.76
印江土家族苗族自治县	44.97	34.02	75.66	74.22	24.12	14.81
沿河土家族自治县	67.67	46.01	67.99	84.55	26.60	15.47
云南省						
峨山彝族自治县	16.86	10.54	62.53	62.28	9.91	24.32
石林彝族自治县	24.96	8.94	35.82	70.68	17.96	18.40
沧源佤族自治县	18.68	15.74	84.26	34.05	8.85	11.66
耿马傣族佤族自治县	28.88	15.94	55.20	73.77	27.36	22.08
玉龙纳西族自治县	21.98	18.90	86.03	49.95	10.23	21.62
宁蒗彝族自治县	27.19	22.67	83.38	30.81	7.53	11.80
江城哈尼族彝族自治县	12.64	10.29	81.40	24.43	8.45	8.84
澜沧拉祜族自治县	48.40	38.51	79.56	56.46	16.35	21.05
孟连傣族拉祜族佤族自治县	13.94	11.21	80.42	23.56	9.39	4.78
西盟佤族自治县	9.43	8.93	94.69	10.84	2.62	2.33
河口瑶族自治县	9.14	6.28	68.75	37.12	8.87	7.90
屏边苗族自治县	15.77	10.62	67.32	25.74	5.97	9.43
贡山独龙族怒族自治县	3.49	3.36	96.36	9.68	2.27	1.71
巍山彝族回族自治县	31.92	14.60	45.75	48.03	16.23	14.62
南涧彝族自治县	22.68	12.03	53.05	44.74	11.94	14.10
寻甸回族彝族自治县	42.61	10.73	25.18	76.08	20.91	24.30
元江哈尼族彝族傣族自治县	20.75	16.92	81.57	63.83	17.73	12.15
新平彝族傣族自治县	27.51	20.05	72.90	113.05	16.90	45.63
墨江哈尼族自治县	36.95	28.51	77.16	50.14	14.27	16.21
双江拉祜族佤族布朗族傣族自治县	17.31	7.92	45.74	35.42	9.93	12.01
兰坪白族普米族自治县	21.42	20.32	94.87	46.35	7.13	17.40
维西傈僳族自治县	15.38	13.42	87.29	37.13	5.16	12.37

第三产业（亿元）	地区生产总值增长速度（%）	人均地区生产总值（元）	公共财政预算收入（亿元）	公共财政预算支出（亿元）	农民人均纯收入（元）	规模以上工业企业数（个）	规模以上工业企业资产总计（亿元）
72.30	15.30	14882	8.89	62.22	6945	90	99.96
37.64	12.00	24092	4.42	20.34	6621	20	46.10
27.89	13.20	18281	3.15	21.58	6813	20	8.71
21.27	13.90	52140	3.91	15.20	8709	105	210.07
20.48	15.50	19702	3.80	21.70	7572	34	15.02
21.16	14.70	16099	4.19	24.85	7534	22	22.44
35.30	13.60	26070	2.69	29.50	6650	47	1.70
42.47	12.90	18766	3.91	36.68	6640	29	19.91
28.05	12.00	37271	4.42	12.92	9984	21	45.72
34.31	9.70	27501	5.60	15.30	11343	43	63.73
13.55	11.20	18288	2.23	18.42	7899	10	25.33
24.32	9.40	24139	3.61	23.82	8373	17	44.39
18.10	9.00	22730	7.27	23.57	8359	9	149.03
11.48	4.30	11332	1.79	22.40	5498	10	89.87
7.13	9.60	19406	1.60	12.87	7530	13	44.82
19.06	8.50	11346	4.87	48.59	7335	12	306.56
9.39	10.50	16936	1.43	13.16	7482	6	6.61
5.88	11.30	11542	0.67	12.07	7341	5	6.12
20.35	10.90	34530	2.55	14.57	9998	4	2.44
10.34	14.10	16524	1.33	14.15	6424	13	11.99
5.70	4.50	25211	0.68	9.29	4519	3	12.22
17.17	9.20	15442	3.07	20.74	6930	18	21.73
18.70	9.00	19726	2.65	15.51	7098	13	79.52
30.87	6.40	16273	6.18	26.26	6803	29	220.69
33.96	13.40	28689	3.68	16.00	9754	24	41.97
50.52	8.20	38943	11.22	23.60	10281	20	167.84
19.65	9.00	13677	3.85	22.84	7780	11	49.82
13.47	10.30	18933	3.23	17.53	8051	16	16.78
21.83	9.80	21480	3.24	20.83	4874	3	51.64
19.60	10.30	22709	2.93	26.42	6419	5	14.38

2-9(一) 续表 5

地区	年末总人口（万人）	#少数民族	少数民族占总人口（%）	地区生产总值（亿元）	第一产业（亿元）	第二产业（亿元）
景东彝族自治县	36.43	18.44	50.61	57.89	22.41	17.30
景谷傣族彝族自治县	31.12	14.92	47.93	87.10	28.67	33.87
宁洱哈尼族彝族自治县	19.15	10.70	55.87	42.67	10.33	16.22
漾濞彝族自治县	10.52	7.09	67.44	18.84	5.51	7.09
禄劝彝族苗族自治县	48.51	15.69	32.34	75.00	20.78	21.25
金平苗族瑶族傣族自治县	38.12	33.32	87.41	42.85	10.39	19.80
镇沅彝族哈尼族拉祜族自治县	21.20	11.95	56.35	41.29	17.73	11.81
甘肃省						
张家川回族自治县	36.72	23.40	63.72	24.98	6.42	2.62
天祝藏族自治县	21.89	8.56	39.10	44.66	6.40	20.69
肃南裕固族自治县	3.84	2.18	56.78	28.81	4.73	16.83
肃北蒙古族自治县	1.52	0.49	32.47	20.23	0.50	12.83
阿克塞哈萨克族自治县	0.90	0.35	38.36	14.85	0.55	9.63
东乡族自治县	30.13	27.18	90.20	16.27	4.24	3.10
积石山保安族东乡族撒拉族自治县	26.46	14.27	53.96	13.31	3.52	0.71
青海省						
互助土族自治县	39.85	11.03	27.68	98.09	17.83	44.94
化隆回族自治县	30.01	25.04	83.45	50.78	5.90	32.79
循化撒拉族自治县	13.35	12.49	93.60	26.57	4.28	11.47
河南蒙古族自治县	4.13	3.76	91.05	12.96	6.38	3.25
门源回族自治县	16.27	10.33	63.48	34.83	6.92	14.71
大通回族土族自治县	46.18	23.67	51.26	97.84	13.65	63.95
民和回族土族自治县	43.17	26.12	60.50	68.31	9.74	35.74
新疆维吾尔自治区						
巴里坤哈萨克自治县	10.45	4.06	38.83	48.30	10.04	23.26
塔什库尔干塔吉克自治县	4.04	3.75	92.79	11.06	1.48	5.66
木垒哈萨克自治县	8.82	3.29	37.33	27.87	12.12	5.34
焉耆回族自治县	16.58	9.73	58.65	60.61	16.44	15.99
察布查尔锡伯自治县	19.67	13.17	66.92	47.64	23.00	9.70
和布克赛尔蒙古自治县	5.50	3.52	63.95	50.01	26.65	16.70

第三产业（亿元）	地区生产总值增长速度（%）	人均地区生产总值（元）	公共财政预算收入（亿元）	公共财政预算支出（亿元）	农民人均纯收入（元）	规模以上工业企业数（个）	规模以上工业企业资产总计（亿元）
18.17	8.40	15856	4.21	22.36	8120	12	30.86
24.55	9.20	29375	5.01	22.91	8348	33	57.59
16.12	10.00	22245	3.20	13.89	8125	19	29.71
6.25	9.70	18014	0.86	11.10	8295	15	11.82
32.97	10.00	18316	5.87	24.35	6595	24	3.00
12.66	13.10	11578	2.50	24.49	6444	18	42.87
11.76	11.40	19555	3.36	19.81	8177	10	24.45
15.94	9.40	8560	1.35	19.86	5400	10	10.00
17.57	8.80	25398	3.95	34.53	5916	45	33.28
7.25	5.50	83615	2.05	11.24	13432	26	69.96
6.90	2.72	133163	2.34	7.94	20088	23	124.32
4.68	5.76	164676	1.19	4.56	21462	9	22.57
8.93	9.60	5430	0.69	21.73	4152	6	6.03
9.09	4.20	5496	1.25	18.67	4434		
35.33		24572	4.00	35.88	8274	20	88.30
12.09	11.70	24000	1.18	24.95	7571	15	12.82
10.83	12.00	20021	1.01	17.84	6300	12	10.78
3.33	8.70	31612	0.44	11.85	8213	4	
13.19	10.00	21433	1.47	20.19	8849	15	22.39
20.25	9.50	21908	6.36	38.59	8651	32	372.80
22.83	11.60	18859	3.72	36.89	8259	19	118.38
15.00	10.00	46000	3.81	15.61	10695	21	131.99
3.93	4.80	27403	1.62	13.11	6114		
10.41	8.30	31313	2.37	14.77	12779	5	9.35
28.18	10.13	44135	3.27	12.70	14289	19	15.38
14.95	4.10	24130	2.67	17.77	10644	11	33.18
6.65	12.50	267000	2.74	12.42	9998		

2-9 全国民族自治区、自治州、自治县(旗)基本情况(2015年)(二)

地　　区	农林牧渔业总产值(亿元)	农业机械总动力(万千瓦特)	粮　食总产量(万吨)	肉　类总产量(万吨)	全社会固定资产投资(亿元)	社会消费品零售总额(亿元)	进出口总　额(亿美元)
5个自治区合计	**10385.56**	**11548.61**	**6346.34**	**873.40**	**45508.08**	**16259.78**	**881.44**
内蒙古自治区	2751.55	3805.11	2827.01	245.71	13702.20	6107.70	127.31
广西壮族自治区	4197.12	3803.20	1524.75	417.27	16227.78	6348.06	510.91
西藏自治区	149.46	619.70	100.63	28.00	1259.70	408.49	9.14
宁夏回族自治区	483.02	831.30	372.65	29.22	3505.40	789.57	37.39
新疆维吾尔自治区	2804.40	2489.30	1521.30	153.20	10813.00	2605.96	196.69
30个自治州合计	**5100.81**	**4412.75**	**3102.80**	**592.89**	**17721.54**	**4983.49**	**204.40**
吉林省							
延边朝鲜族自治州	141.06	228.20	142.66	6.40	820.03	481.30	20.37
湖北省							
恩施土家族苗族自治州	247.39	262.66	167.41	47.07	726.10	445.97	5.25
湖南省							
湘西土家族苗族自治州	126.58		85.39	10.12	370.94	227.11	1.16
四川省							
阿坝藏族羌族自治州	62.49	74.50	16.69	8.32	400.04	76.01	0.36
凉山彝族自治州	447.48	327.98	213.31	45.74	1073.18	497.25	0.86
甘孜藏族自治州	71.95	96.70	25.25	6.67	421.83	74.20	0.13
贵州省							
黔东南苗族侗族自治州	269.29	292.10	120.19	19.66	1501.26	255.76	0.61
黔南布依族苗族自治州	256.50	320.31	127.36	21.24	1580.00	218.90	3.69
黔西南布依族苗族自治州	274.67		103.50		995.46	192.13	2.04
云南省							
西双版纳傣族自治州	152.45	119.60	47.00	3.52	359.36	103.98	21.34
文山壮族苗族自治州	249.73	233.70	158.69	54.49	541.01	290.46	2.77
红河哈尼族彝族自治州	343.44	332.00	183.68	89.38	1678.43	326.26	12.83
德宏傣族景颇族自治州	119.02	139.29	77.45	10.90	251.02	112.11	49.94
怒江傈僳族自治州	30.53	28.71	20.27	3.69	97.69	29.27	0.19
迪庆藏族自治州	19.19	52.40	17.73	3.02	285.15	41.54	0.02
大理白族自治州	366.70	309.00	175.70	54.40	649.40	297.18	2.64
楚雄彝族自治州	273.17	285.04	124.91	41.44	770.56	265.68	4.32

普通中学在校学生数（万人）	小学在校学生数（万人）	医院、卫生院数（个）	医院、卫生院卫生技术人员数（人）	医院、卫生院床位数（张）	文化馆（个）	图书馆（个）	城镇居民最低生活保障人数（人）	城镇居民最低生活保障支出（万元）	农村居民最低生活保障人数（人）	农村居民最低生活保障支出（万元）
594.63	**863.93**	**6865**	**654689**	**513671**	**483**	**441**	**1768835**	**801950**	**6378019**	**1224998**
110.27	131.36	2024	162328	124676	106	117	491401	281170	1127626	321580
282.88	440.10	1794	274659	199712	108	112	226134	99903	2905689	422456
17.55	29.23	819	14364	13283	74	79	35856	30145	257236	35582
43.40	58.35	387	41497	32400	26	26	145716	62060	422218	121874
140.53	204.89	1841	161841	143600	169	107	869728	328672	1665250	323507
300.82	**467.21**	**5273**	**277508**	**267480**	**354**	**261**	**1270285**	**526854**	**5557549**	**1054503**
6.71	8.56	140	15512	10833	8	9	77525	46197	56737	14151
17.30	25.74	125	19400	21292	9	9	16610	8867	200663	48090
14.56	20.32	274	14426	15807	9	9	61665	19040	263426	39168
4.47	6.31	258	5518	4264	14	14	45713	14742	111448	22632
24.73	55.54	683	17934	20950	18	18	64831	21581	464490	93039
4.63	9.71	375	5849	4918	19	19	26285	9467	220323	38103
29.22	33.88	317	20982	20125	17	17	42237	19640	587355	124449
8.30	28.00	325	15270	16494	14	13	29298	13494	244914	50701
24.68	31.95	230	12626	7623	9	9	19581	9848	294430	61919
5.22	9.22	72	8248	6594	4	4	8296	3610	32109	6778
19.54	33.38	175	14932	13392	106	9	50371	22835	437344	79472
23.80	38.20	177	19681	23942	13	14	99162	41000	472809	85777
6.84	10.61	82	4978	6113	6	6	35035	15703	125036	27177
2.74	4.60	35	2012	1703	5	5	12548	8332	184038	30494
2.05	2.74	39	1840	1271	4	4	14358	4592	115139	21344
19.82	24.46	190	16129	12178	14	13	65904	26408	329253	61220
14.49	16.63	190	13703	14477	11	11	97301	33940	185618	36239

2-9(二) 续表 1

地区	农林牧渔业总产值（亿元）	农业机械总动力（万千瓦特）	粮食总产量（万吨）	肉类总产量（万吨）	全社会固定资产投资（亿元）	社会消费品零售总额（亿元）	进出口总额（亿美元）
甘肃省							
临夏回族自治州	59.09		80.46	5.79	298.71	76.07	
甘南藏族自治州	35.02	51.16	9.06	7.22	186.24	41.58	0.09
青海省							
海北藏族自治州	6.84	46.56	8.60	5.47	113.06	18.89	
黄南藏族自治州			2.94	4.08	76.32	8.46	
海南藏族自治州	45.04	47.73	14.67	6.17	232.06	24.73	0.14
果洛藏族自治州	7.13	4.58	0.13		67.81	5.28	
玉树藏族自治州	29.47	13.10	2.05	4.02	49.61	10.17	
海西蒙古族藏族自治州	42.47	41.60	8.58	3.21	505.86	81.46	
新疆维吾尔自治区							
昌吉回族自治州	349.20	217.00	227.38	49.19	1402.46	236.43	7.46
巴音郭楞蒙古自治州	349.17	260.24	88.57	14.84	718.35	157.23	2.11
克孜勒苏柯尔克孜自治州	30.70	51.32	35.19	3.99	134.28	18.78	2.82
博尔塔拉蒙古自治州	85.59	74.57	90.26	2.51	249.01	38.98	3.76
伊犁哈萨克自治州	609.44	502.70	727.72	60.34	1166.30	330.32	59.47
120个自治县(旗)合计	**3377.98**	**3012.32**	**2018.63**	**361.31**	**8000.65**	**2449.73**	**35.51**
河北省							
大厂回族自治县	17.92	27.60	5.64	2.69	127.41	18.66	0.90
孟村回族自治县	15.04	33.90	15.98	3.82	103.45	25.32	
青龙满族自治县	49.96	25.36	12.17	6.97	74.83	34.54	
丰宁满族自治县	41.43	64.38	14.37	4.95	167.66	39.02	0.01
围场满族蒙古族自治县	71.32	78.40	19.91	5.84	115.14	42.49	0.04
宽城满族自治县	30.60	19.79	4.84	2.10	177.68	39.21	0.05
内蒙古自治区							
鄂伦春自治旗	38.02	49.00	57.25	1.05	24.55	25.35	
莫力达瓦达斡尔族自治旗	77.02	94.70	167.35	3.27	32.14	31.62	
鄂温克族自治旗	14.69	20.06	3.07	1.91	62.28	15.92	
辽宁省							
阜新蒙古族自治县	125.73	186.30	75.06	36.05	64.03	45.00	0.28
喀喇沁左翼蒙古族自治县	70.12	27.19	17.63	8.32	84.84	45.50	0.77
岫岩满族自治县	64.28	36.00	26.12	9.42	111.77	110.03	0.40

普通中学在校学生数（万人）	小学在校学生数（万人）	医院、卫生院数（个）	医院、卫生院卫生技术人员数（人）	医院、卫生院床位数（张）	文化馆（个）	图书馆（个）	城镇居民最低生活保障人数（人）	城镇居民最低生活保障支出（万元）	农村居民最低生活保障人数（人）	农村居民最低生活保障支出（万元）
9.73	18.17	154	6635	8538	9	9	134344	62882	472719	76293
4.78	6.23	119	3619	1913	9	9	33682	16635	164922	33687
1.81	2.35	45	1274			1	12024	6484	22484	3921
1.61	2.58	48	1125		5	5	10591	4920	43427	6109
2.82	3.99	50			6	6	19979	8937	51694	8774
1.03	1.79	67	737	722		7	9490	5178	33964	6138
2.09	4.36	73	1270	2113	7	7	18814	8499	112423	16089
2.53	3.59	59	2953	6344	8	6	16697	8034	6444	2551
7.30	8.04	120	10747	8638	8	8	9572	4678	14124	3691
8.38	12.17	132	8654	6945	11	10	39383	16341	45637	10071
3.72	6.09	298	3180	2129	5	5	40741	13741	93983	15671
2.07	2.83	36	3266	2088	6	5	30982	8445	25151	4664
23.86	35.18	385	25008	26074			127266	42789	145445	26093
182.04	**263.81**	**2653**	**108174**	**107376**	**148**	**138**	**457493**	**200114**	**2843770**	**524286**
0.65	0.82	7	494	437	1	1	174	84	988	435
0.72	2.00	8	525	251	1	1	1607	590	4937	1016
2.09	4.00	27	1052	1013	1	1	5904	3296	30531	8764
1.80	2.97	30	1384	1722	1	1	6094	3070	38327	7265
2.56	3.99	48	1258	1846	1	1	6317	2001	41452	7293
0.98	2.18	21	882	1249	1	1	3519	1113	17216	3115
0.77	0.92	14	1423	791	1	1	22872	13781	4031	1548
0.32	1.51	25	1303	897	1	1	13853	7341	23880	7825
0.36	0.49	16	1008	694	1	1	7253	3608	2444	1107
3.08	3.19	38	2358	1206	1	1	3094	1437	28985	6064
2.14	2.12	35	2482	1377	1	1	3595	1256	9931	1810
1.47	2.67	28	1910	1571	1	1	1102	671	9927	1718

2-9(二) 续表 2

地　　区	农林牧渔业总产值（亿元）	农业机械总动力（万千瓦特）	粮　食总产量（万吨）	肉　类总产量（万吨）	全社会固定资产投资（亿元）	社会消费品零售总额（亿元）	进出口总　额（亿美元）
新宾满族自治县	55.09	31.40	3.41	1.83	70.68	37.14	0.22
清原满族自治县	55.29	23.10	20.52	3.10	78.48	38.96	
本溪满族自治县	44.76	22.40	11.12	2.52	148.10	52.58	0.29
桓仁满族自治县	50.44	20.41	14.66	2.73	90.80	46.24	0.32
宽甸满族自治县	53.11	53.60	18.51	6.10	57.38	68.88	0.27
吉林省							
长白朝鲜族自治县	8.70	3.17	2.41	0.19	58.10	10.54	1.27
前郭尔罗斯蒙古族自治县	135.83	164.90	207.97	14.50	255.00	208.31	0.29
伊通满族自治县	88.46	42.09	102.55	11.98	48.35	50.96	
黑龙江省							
杜尔伯特蒙古族自治县	56.21	77.10	92.63	3.90	19.67	17.75	
浙江省							
景宁畲族自治县	10.34	9.50	4.15	0.59	46.59	24.86	0.87
湖北省							
长阳土家族自治县	59.57	22.78	11.45	7.73	86.24	43.11	0.64
五峰土家族自治县	34.28	17.95	8.91	3.09	54.58	19.33	0.11
湖南省							
城步苗族自治县	17.24	15.52	7.91	1.89	42.64	22.01	0.07
通道侗族自治县	12.57	25.10	8.21	1.22	35.68	11.90	
江华瑶族自治县	43.05	39.60	22.24	4.94	94.22	37.38	1.01
新晃侗族自治县	14.24	16.10	8.11	2.43	46.51	13.92	
芷江侗族自治县	32.67		21.34	3.93	53.24	33.99	
靖州苗族侗族自治县	22.37	39.14	12.63	2.33	40.59	25.69	
麻阳苗族自治县	24.39	18.20	11.18	2.31	53.96	25.11	0.02
广东省							
连南瑶族自治县	8.61	4.60	3.30	0.56	9.16	6.98	0.28
连山壮族瑶族自治县	10.76	4.76	4.08	0.54	5.26	5.47	
乳源瑶族自治县	11.57	8.70	6.02	0.61	65.21	20.41	1.23
广西壮族自治区							
都安瑶族自治县	22.35	42.00	12.49	4.02	45.66	19.59	
融水苗族自治县	27.55	27.69	11.88	2.90	106.55	24.23	

普通中学在校学生数（万人）	小学在校学生数（万人）	医院、卫生院数（个）	医院、卫生院卫生技术人员数（人）	医院、卫生院床位数（张）	文化馆（个）	图书馆（个）	城镇居民最低生活保障人数（人）	城镇居民最低生活保障支出（万元）	农村居民最低生活保障人数（人）	农村居民最低生活保障支出（万元）
1.10	0.14	18	1258	780	1	1	4789	1861	10498	1834
0.66	1.30	21	1669	1345	1	1	4881	2195	14848	3265
1.06	1.04	14	901	1185	1	1	4406	2381	5557	1622
0.86	1.11	18	785	1300	1	1	5246	2630	6159	1582
1.71	1.93	32	1233	2304	1	1	5803	2774	15163	4423
0.26	0.30	12	405	291	1	1	7206	3219	5442	1321
2.39	3.45	35	2172	1800	2	1	7133	2622	23364	4566
1.80	2.24	2	1955	1577	1	1	5183	2673	25092	3403
1.25	1.06	14	855	735	1	1	5739	2707	10416	2161
0.55	0.92	23	625	350	1	1	615	324	7607	2066
1.20	1.43	13	1732	1801	1	1	2527	1074	18887	4071
0.46	0.68	10	742	784	1	1	408	171	6452	924
1.02	2.13	21	855	954	1	1	7869	2349	13682	2256
0.86	1.58	24	916	834	1	1	3134	1095	4538	3026
2.32	4.21	340	2368	2824	1	1	3433	1163	41063	6600
0.99	1.69	27	606	1395	1	1	3573	1146	14686	2551
1.57	2.29	28	1231	806	1	3	2282	1129	6861	2556
1.12	1.69	20	1240	1163	1	1	5986	1875	14272	2410
1.67	2.47	29	1714	1309	1	1	4929	1772	23580	4145
0.79	1.19	10	579	468	1	1	380	237	7861	1802
0.28	0.73	13	325	305	1	1	260	123	3647	1823
0.78	1.45	15	966	546	1	1	392	213	4335	1076
3.59	5.91	25	1854	1593			917	494	109325	8361
2.20	3.93	4	1363	864	1	1	3296	1234	46428	3158

2-9(二) 续表 3

地　　区	农林牧渔业总产值（亿元）	农业机械总动力（万千瓦特）	粮　食总产量（万吨）	肉　类总产量（万吨）	全社会固定资产投资（亿元）	社会消费品零售总额（亿元）	进出口总　额（亿美元）
三江侗族自治县	27.55	22.08	6.96	1.89	65.88	18.96	
龙胜各族自治县	16.79	29.68	6.51	1.18	49.49	8.07	
金秀瑶族自治县	12.67	11.49	4.79	0.86	22.16	7.73	
隆林各族自治县	17.15	28.31	9.20	2.04	34.43	13.62	
巴马瑶族自治县	15.27	16.04	6.14	1.92	33.57	11.90	
罗城仫佬族自治县	25.04	28.26	11.49	2.17	30.95	15.75	
富川瑶族自治县	33.52	20.15	13.17	3.18	85.81	14.31	0.06
大化瑶族自治县	15.32	21.44	7.34	2.87	31.70	15.35	0.02
环江毛南族自治县	27.13	38.07	12.33	2.16	31.59	19.27	0.01
恭城瑶族自治县	35.34	57.28	8.29	2.38	88.95	23.64	
海南省							
白沙黎族自治县	29.92	13.29	3.12	1.83	21.88	12.95	
昌江黎族自治县	38.57	17.92	4.46	1.86	85.61	1.61	
乐东黎族自治县	94.55	66.80	12.79	2.88	72.81	27.35	
陵水黎族自治县	63.49	11.80	9.47	2.05	174.06	25.24	
琼中黎族苗族自治县	28.17	28.35	4.51	1.65	38.38	13.05	
保亭黎族苗族自治县	23.79	7.38	3.00	1.50	25.49	12.87	
重庆市							
石柱土家族自治县	33.52	31.29	26.18	4.29	133.07	48.24	0.23
秀山土家族苗族自治县	30.00	32.60	31.10	4.59	169.78	58.19	2.24
酉阳土家族苗族自治县	38.62	44.70	38.31	6.80	151.31	45.93	2.09
彭水苗族土家族自治县	32.16	48.00	31.10	5.52	128.88	45.75	0.15
四川省							
北川羌族自治县	16.35	8.51	4.62	2.03	38.84	15.91	
木里藏族自治县	9.75	9.00	5.04	1.10	90.36	6.50	
马边彝族自治县	13.83	5.31	6.50	1.45	37.35	15.24	
峨边彝族自治县	6.57	11.02	3.98	0.95	20.14	13.17	0.08
贵州省							
松桃苗族自治县	45.42	41.60	24.01	3.81	146.25	21.38	
镇宁布依族苗族自治县	24.85	23.60	9.52	1.31	82.60	18.63	
紫云苗族布依族自治县	30.91	21.50	10.43	3.36	78.04	14.44	

普通中学在校学生数（万人）	小学在校学生数（万人）	医院、卫生院数（个）	医院、卫生院卫生技术人员数（人）	医院、卫生院床位数（张）	文化馆（个）	图书馆（个）	城镇居民最低生活保障人数（人）	城镇居民最低生活保障支出（万元）	农村居民最低生活保障人数（人）	农村居民最低生活保障支出（万元）
1.66	3.35	18	1140	1055	1	1	4825	2011	46252	5478
0.61	0.99	13	310	433	1	1	1386	538	17105	2233
0.55	0.99	19	581	520	1	1	771	280	14546	2113
2.35	4.44	22	670	1006	1	1	2703	1209	68677	10309
1.52	2.93	17	897	635	1	1	757	291	25578	3581
1.42	2.58	15	1214	1056	1	1	3009	1108	58151	7873
1.44	2.42	15	1024	985	1	1	3631	1290	23998	2885
2.27	4.21	18	1446	1555	1	1	652	1078	51814	8269
1.58	2.59	16	966		1	1	941	386	39731	3401
1.18	2.05	13	1274	809	1	1	872	774	19206	2759
0.80	1.72	26	840	732	1	1	3116	1244	3604	1066
1.28	1.92	17	1088	756	1	1	6327	2589	9016	2066
2.98	3.82	25	1750	1371	1	1	6925	2793	18858	4512
1.05	2.98	23	1335	839	1	1	4843	1365	8489	1634
0.78	1.64	15	1203	1024	1	1	3868	1358	4044	919
0.74	1.36	19	621	566	1	1	2415	960	4464	1065
3.03	3.71	39	1884	2392	1	1	4942	2335	15409	4143
2.91	4.21	35	2302	2009	1	1	11019	5028	13855	3512
4.67	6.70	55	1309	2786	1	1	6347	3178	34201	9580
4.07	5.45	42	1624	1978	1	1	7004	3287	25530	6767
0.96	1.03	25	1004	920	1	1	4595	1649	7396	1707
0.64	1.27	33	519	484	1	1	2581	999	15263	3415
0.84	2.22	22	529	537	1	1	1401	493	17818	3278
0.44	1.10	21	474	508	1		1116	446	8667	1632
4.68	4.78	30	1662	2181	1	1				
1.68	2.90	19	977	950	1	1	1335	645	33436	6576
2.05	3.13	14	858	809	1	1	3913	1456	45399	10980

2-9(二)　续表 4

地　　区	农林牧渔业总产值（亿元）	农业机械总动力（万千瓦特）	粮　食总产量（万吨）	肉　类总产量（万吨）	全社会固定资产投资（亿元）	社会消费品零售总额（亿元）	进出口总　额（亿美元）
威宁彝族回族苗族自治县	102.53	35.00	49.41	8.10	216.83	28.95	
关岭布依族苗族自治县	26.79	26.50	9.44	1.95	83.89	20.64	
三都水族自治县	20.59	20.50	10.00	1.66	63.78	11.94	
玉屏侗族自治县	12.00	11.00	4.09	1.02	115.02	44.95	
道真仡佬族苗族自治县	30.52	19.20	14.65	2.83	80.22	12.30	
务川仡佬族苗族自治县	31.94	24.50	17.42	2.58	105.86	12.42	
印江土家族苗族自治县	36.14	32.00	13.85	3.00	113.50	12.03	
沿河土家族自治县	42.90	34.60	18.98	3.35	145.18	16.79	
云南省							
峨山彝族自治县	15.72	43.17	7.06	2.86	54.40	14.02	0.08
石林彝族自治县	34.23	29.56	15.13	6.24	128.08	34.44	
沧源佤族自治县	16.84	7.57	7.73	1.37	67.39	8.75	1.07
耿马傣族佤族自治县	43.68	33.67	11.80	2.46	84.76	16.80	1.41
玉龙纳西族自治县	21.04	19.19	11.97	5.36	50.72	10.10	0.14
宁蒗彝族自治县	12.80	7.00	8.17	4.24	32.13	9.14	0.08
江城哈尼族彝族自治县	14.47	18.36	4.51	0.73	23.33	5.74	0.45
澜沧拉祜族自治县	27.08	31.56	25.12	2.85	36.91	16.19	0.25
孟连傣族拉祜族佤族自治县	17.04	17.33	6.09	0.78	16.84	8.50	4.41
西盟佤族自治县	4.71	11.14	4.36	0.42	12.25	2.44	0.09
河口瑶族自治县	13.20	2.30	2.96	0.78	54.74	6.07	13.77
屏边苗族自治县	9.99	4.80	8.01	3.22	51.45	9.97	
贡山独龙族怒族自治县	3.32	4.24	1.13	0.22	7.10	2.46	
巍山彝族回族自治县	27.84	20.82	16.21	4.47	24.64	16.06	0.04
南涧彝族自治县	21.82	10.18	12.17	3.53	18.83	16.02	
寻甸回族彝族自治县	47.06	31.00	24.45	9.86	108.03	27.61	0.08
元江哈尼族彝族傣族自治县	29.67	16.38	9.65	2.20	48.53	21.94	0.05
新平彝族傣族自治县	31.64	33.99	15.64	4.62	80.59	19.25	0.23
墨江哈尼族自治县	24.77	27.06	15.65	2.56	44.00	10.40	
双江拉祜族佤族布朗族傣族自治县	16.61	19.55	7.12	1.77	50.11	7.70	
兰坪白族普米族自治县	11.80	11.08	8.85	1.31	40.03	9.97	
维西傈僳族自治县	9.25	18.80	7.69	1.16	80.69	6.44	

普通中学在校学生数（万人）	小学在校学生数（万人）	医院、卫生院数（个）	医院、卫生院卫生技术人员数（人）	医院、卫生院床位数（张）	文化馆（个）	图书馆（个）	城镇居民最低生活保障人数（人）	城镇居民最低生活保障支出（万元）	农村居民最低生活保障人数（人）	农村居民最低生活保障支出（万元）
15.65	17.66	60	2300	2015	1	1				
1.85	3.02	19	1019	1000	1	1	3377	1604	13001	3595
2.46	3.16	25	974	918	1	1	1321	1157	21716	5091
0.87	1.16	8	627	620	7	1				
2.37	2.44	20	1100	836	1	1	1516	521	16098	3522
2.37	3.13	21	1110	1512	1		2213	688	47361	6536
2.88	3.32	24	1339	1542	1	1				
4.42	5.90	24	1188	1433	1	1				
1.05	0.98	12	770	562	1	1	2727	1189	5027	903
1.47	1.84	9	1297	1438	1	1	1300	603	7893	2070
0.88	1.27	18	647	650	1	1	4634	1780	54534	11288
1.16	2.60	19	1079	1148	1	1	5795	2244	58661	13096
1.00	1.13	18	600	819	1	1	3803	1246	15645	3043
1.83	2.37	20	641	524	1	1	9528	3258	52833	10268
0.56	0.92	9	522	460	1	1	2259	938	30910	5477
1.79	3.05	25	891	1169	1	1	3411	1356	152430	29849
0.58	1.16	8	478	310	1	1	390	189	24377	477
0.42	0.69	11	247	279	1	1	2381	980	36206	6293
0.41	0.72	10	551	658	1	1	9553	3788	7968	1833
0.54	1.03	9	486	517	1	1	6135	3038	26160	4291
0.15	0.28	6	164	176	1	1	946	1256	16466	2019
1.76	2.11	14	1165	923	1	1	4722	2047	35274	6620
1.30	1.69	11	370	722	1	1	2906	1254	34255	6185
2.41	2.65	29	1325	2570	1	1	6522	2388	29134	6295
1.11	1.57	16	728	631	1	1	5080	2154	12377	2468
1.43	1.88	21	1439	1488	1	1	3339	1518	10718	2561
1.38	2.09	19	939	922	1	1	2862	1239	58423	10941
0.68	1.11	10	367	515	1	1	6607	2539	40306	7702
1.16	1.82	11	632	706	1	1	4981	2013	65652	12196
0.54	1.12	13	453	301	1	1	3256	1454	51550	9643

2-9(二) 续表 5

地　　区	农林牧渔业总产值（亿元）	农业机械总动力（万千瓦特）	粮　食总产量（万吨）	肉　类总产量（万吨）	全社会固定资产投资（亿元）	社会消费品零售总额（亿元）	进出口总　额（亿美元）
景东彝族自治县	38.48	33.37	18.50	3.38	38.42	14.18	0.02
景谷傣族彝族自治县	48.54	27.80	18.49	2.00	56.93	18.68	0.06
宁洱哈尼族彝族自治县	17.29	25.20	9.41	2.59	45.43	10.99	
漾濞彝族自治县	9.89	9.88	6.82	2.07	12.95	5.85	
禄劝彝族苗族自治县	38.76	38.50	23.02	6.67	123.61	27.95	
金平苗族瑶族傣族自治县	17.40	15.85	14.48	3.86	67.14	9.22	0.14
镇沅彝族哈尼族拉祜族自治县	29.71	29.30	12.12	2.33	32.62	9.31	
甘肃省							
张家川回族自治县	10.50	14.58	12.46	0.67	45.73	7.07	
天祝藏族自治县	11.34	29.33	4.88	1.55	114.80	24.42	
肃南裕固族自治县	7.14	7.98	2.53	1.01	39.86	4.30	
肃北蒙古族自治县	0.99	3.80	0.55	0.23	83.60	1.21	
阿克塞哈萨克族自治县	0.02		0.09	0.19	37.40	1.85	
东乡族自治县	7.26	18.00	7.70	1.51	26.13	2.45	
积石山保安族东乡族撒拉族自治县	6.84	6.00	10.38	0.42	24.05	4.88	
青海省							
互助土族自治县	28.78		38.83	3.44	127.17	14.51	
化隆回族自治县	10.06	20.82	15.29	0.82	59.73	7.44	
循化撒拉族自治县	6.48	9.90	4.97	0.50	48.01	7.44	0.21
河南蒙古族自治县	8.10			1.62	14.63	0.94	
门源回族自治县	11.70		4.12	1.01	41.04	8.33	
大通回族土族自治县	27.28	45.70	8.53	3.16	94.66	20.51	
民和回族土族自治县	17.06	48.60	30.81	1.53	125.69	20.90	
新疆维吾尔自治区							
巴里坤哈萨克自治县	17.47	13.95	10.05	2.24	99.74	6.80	
塔什库尔干塔吉克自治县	2.49	3.20	1.89	0.25	30.94	1.78	
木垒哈萨克自治县	22.97	17.85	26.14	1.64	8.50	7.13	
焉耆回族自治县	21.42	27.03	10.84	1.45	26.78	7.57	
察布查尔锡伯自治县	30.67	23.47	50.75	2.20	56.48	3.29	
和布克赛尔蒙古自治县					32.04	3.40	

普通中学在校学生数（万人）	小学在校学生数（万人）	医院、卫生院数（个）	医院、卫生院卫生技术人员数（人）	医院、卫生院床位数（张）	文化馆（个）	图书馆（个）	城镇居民最低生活保障人数（人）	城镇居民最低生活保障支出（万元）	农村居民最低生活保障人数（人）	农村居民最低生活保障支出（万元）
1.58	2.42	21	615	1109	1	1	4293	1841	37286	7052
1.37	2.30	14	618	662	1	1	1707	529	21319	3044
0.74	1.08	14	950	627	1	1	3170	1373	18201	3431
0.49	0.74	13	335	308	1	1	2354	1006	13674	2224
2.15	2.94	23	1729	1451	1	1	2217	1914	35154	8294
1.88	3.58	22	831	740	1	1	3990	1482	98025	18619
0.91	1.36	12	496	430	1	1	3064	1246	22656	4336
1.82	2.28	31	644	500	1	1	6577	3145	70200	11627
1.14	1.07	27	913	1006	1	1	8296	3900	44267	9122
0.12	0.16	23	235	404	1	1	1115	530	4118	1240
0.06	0.06	8	162	168	1	1	555	291	547	442
0.03	0.08	4	62	50	1	1	567	778		
0.95	3.03	31	274	425	1	1	12840	5626	102012	18360
4.47	2.54	16	362	1017	1	1	6575	2797	74139	13434
2.23	2.39	26	882	1083	1	1				
0.57	2.16	22	484	520	1	1				
0.58	1.48	16	605	525		1				
0.18	0.38	11	252	233	1		1187	583	5400	892
1.11	1.26	20	531	400	1		6413	3148	11600	1910
2.79	3.31	37	1320	1596	1	1	9012	3841	30623	6701
2.39	3.04	33	805	1252	16	15				
0.23	0.47	16	395	203	1	1				
0.23	0.37	57	268	206	16	15	3527	1505	19746	4187
0.30	0.45	11	538	374	1	1	2094	966	1924	434
0.58	0.98	14	549	625	1	1	8189	2749	6195	1031
0.81	1.43	21	786	195	1	1	8744	2862	14695	2043
0.24	0.41	15	648	358	1	1	2378	1064	4095	893

主要统计指标解释

国内（地区）生产总值 是按市场价格计算的国内生产总值的简称。它是一个国家（地区）所有常驻单位在一定时期内生产活动的最终成果。国内生产总值有三种表现形态：价值形态、收入形态和产品形态。从价值形态看，它是所有常驻单位在一定时期内生产的全部货物和服务价值超过同期投入的全部非固定资产货物和服务价值的差额，即所有常驻单位的增加值之和；从收入形态看，它是所有常驻单位在一定时期内所创造并分配给常驻单位和非常驻单位的初次分配收入之和；从产品形态看，它是最终使用的货物和服务减去进口货物和服务。在实际核算中，国内生产总值的三种表现形态表现为三种计算方法即生产法、收入法和支出法。三种方法分别从不同的方面反映国内生产总值及其构成。

当年价格 指报告期的实际价格，如工厂的出厂价格、农产品的收购价格、商业的零售价格等。使用当年价格计算的数字，是为了使国民经济各项指标互相衔接，便于考察当年社会经济效益，便于对生产和流通、生产和分配、生产和消费进行经济核算和综合平衡。

按当年价格计算的价格指标在不同年份之间进行对比时，因为包含有各年间价格的因素，不能确切地反映实物量的增减变动，必须消除价格变动因素后才能真正反映经济发展动态。因此，在计算增长速度时都使用按可比价格计算的数字。

不变价格 指用同类产品的年平均价格作为固定价格来计算各年产品价值。按不变价格计算的产品价值消除了价格变动因素，不同时期对比可以反映生产的发展速度。新中国成立后，随着工农业产品价格水平的变化，国家统计局先后五次制定了全国统一的工业产品不变价格和农业产品不变价格，1949-1957 年使用 1952 年工（农）业产品不变价格，1957-1971 年使用 1957 年不变价格，1971-1981 年使用 1970 年不变价格，1981-1990 年使用 1980 年不变价格，1990 年开始使用 1990 年不变价格。

平均每年增长速度 在我国计算平均增长速度有两种方法：一种是习惯上经常使用的“水平法”，又称几何平均法，是以间隔期最后一年的水平同基期水平对比来计算平均每年增长（或下降）速度；另一种是“累计法”，又称代数平均法或议程法，是以间隔期内各年水平的总和同基期水平对比来计算平均每年增长（或下降）速度。

三次产业 三次产业的划分是世界上较为常用的产业结构分类，但各国的划分不尽一致。我国的三次产业划分是：

第一产业是指农、林、牧、渔业。

第二产业是指采矿业，制造业，电力、煤气及水的生产和供应业，建筑业。

第三产业是指除第一、二产业以外的其他行业。

三、人　口

3-1 民族自治地方年末总人口及构成

单位：万人

年 份	民族自治地方总人口	民族自治地方少数民族人口	少数民族人口占民族自治地方总人口的比重(%)
1952	5600.95		
1957	6464.90		
1965	7739.20		
1975	10441.43		
1978	11077.22	4342.36	39.2
1979	11333.94		
1980	11586.35	4714.31	40.7
1981	11767.29		
1982	12127.26	5007.50	41.3
1983	12659.05	5339.10	42.2
1984	12899.98	5491.20	42.6
1985	13547.71	5852.87	43.2
1986	13927.03	6072.23	43.6
1987	14246.65	6252.58	43.9
1988	14579.84	6442.79	44.2
1989	15060.57	6688.63	44.4
1990	15295.71	6879.58	45.0
1991	15462.71	7044.32	45.6
1992	15630.06	7125.20	45.6
1993	15776.06	7179.08	45.5
1994	15974.68	7286.83	45.6
1995	16044.41	7232.13	45.1
1996	16230.41	7393.99	45.6
1997	16407.92	7451.12	45.4
1998	16615.95	7577.45	45.6
1999	16678.00	7571.34	45.4
2000	16817.70	7766.76	46.2
2001	16870.10	7799.47	46.2
2002	17051.24	7930.39	46.5
2003	17214.12	8016.96	46.6
2004	17311.28	8114.66	46.9
2005	17498.65	8238.95	47.1
2006	17679.86	8367.37	47.3
2007	17947.89	8501.22	47.4
2008	18135.33	8616.02	47.5
2009	18317.90	8713.71	47.6
2010	18531.02	8813.76	47.6
2011	18656.16	8913.86	47.8
2012	18802.17	9066.54	48.2
2013	18915.97	9274.86	49.0
2014	18755.38	9059.49	48.3
2015	18617.90	9457.67	50.8

注：1.本表未扣除区域变动因素，年度之间不可比。下同。

3-2 民族自治地方分地区年末总人口和少数民族人口(2015年)

地　区	年末总人口（万人）	#少数民族人口	少数民族占总人口的比重(%)
合　计	**18617.90**	**9457.67**	**50.80**
河　北	211.88	130.22	61.46
内蒙古	2511.04	621.39	24.75
辽　宁	330.24	175.01	53.00
吉　林	325.05	111.99	34.45
黑龙江	24.22	4.98	20.57
浙　江	17.19	1.97	11.45
湖　北	462.54	225.05	48.65
湖　南	530.22	416.19	78.49
广　东	50.92	19.40	38.10
广　西	4796.00	2140.64	44.63
海　南	175.96	90.71	51.55
重　庆	276.15	206.39	74.74
四　川	772.70	474.22	61.37
贵　州	1767.97	1095.92	61.99
云　南	2276.16	1299.66	57.10
西　藏	323.97	323.97	100.00
甘　肃	362.73	211.34	58.26
青　海	375.09	250.27	66.72
宁　夏	667.88	246.39	36.89
新　疆	2360.00	1411.97	59.83

3-3 民族自治地方分地区人口构成(2015年)

单位：万人

地区	按性别分		按城乡分	
	男	女	城镇人口	乡村人口
合　计	**11407.37**	**9897.93**	**7830.99**	**10684.17**
河　北	110.34	101.54	52.53	159.35
内蒙古	1992.39	1909.83	1514.16	996.88
辽　宁	168.62	161.62	93.24	236.99
吉　林	163.14	161.91	181.16	143.89
黑龙江	12.28	11.94	6.52	17.70
浙　江	9.05	8.14	9.28	7.91
湖　北	241.60	220.93	148.69	243.94
湖　南	276.48	253.65	169.34	327.82
广　东	26.45	24.47	14.04	36.88
广　西	2913.00	1863.00	2257.00	2539.00
海　南	92.44	83.52	59.60	116.33
重　庆	145.73	130.43	79.60	196.56
四　川	396.29	376.40	213.10	559.60
贵　州	930.58	837.39	476.46	1291.51
云　南	1171.66	1104.49	759.33	1516.82
西　藏	164.29	159.68	90.00	234.10
甘　肃	185.86	176.87	90.52	272.22
青　海	191.54	183.55	132.43	242.66
宁　夏	340.37	327.50	369.00	299.00
新　疆	1875.26	1801.05	1115.00	1245.00

注：因部分省份城镇人口与乡村人口为户籍人口数，故与总人口数不等。

主要统计指标解释

人口数　指一定时点、一定地区范围内的有生命的个人的总和。年度统计的年末人口数指每年 12 月 31 日 24 时的人口数。

市镇总人口和乡村总人口　一般是按常住人口划分。

市镇总人口　指市、镇辖区的全部人口。

乡村总人口　指县（不含镇）的全部人口。

市　指经国家批准成立“市”建制的城市。

镇　指经省、自治区、直辖市批准的镇。1963 年以前为常住人口在 2000 人以上，非农业人口占 50%以上的人口聚居地。1964 年起改为常住人口在 3000 人以上，非农业人口占 70%以上或常住人口在 2500 人以上，不满 3000 人，非农业人口占 85%以上的。1984 年后又调整为凡县级地方国家机关所在地；或总人口在 20000 人以下的乡，乡政府驻地非农业人口超过 2000 人的；或总人口在 20000 人以上的乡，乡政府驻地非农业人口占全乡 10%以上；或少数民族地区、人口稀少的边远地区、山区和小型工矿区、小港口、风景旅游地、边境口岸等地，非农业人口虽不足 2000 人，都可建镇。

四、就业人员和劳动报酬

4-1 民族自治地方单位就业人员年平均工资

单位：元

年　份	合　计	国有单位	城镇集体单位	其他单位
1981	816	848	650	
1982	845	827	686	
1983	884	917	711	
1984	1026	1077	810	
1985	1142	1202	899	
1986	1320	1392	1011	
1987	1465	1535	1156	
1988	1739	1815	1396	
1989	1850	1931	1420	
1990	2040	2150	1525	2033
1991	2214	2318	1718	2284
1992	2527	3006	1949	2538
1993	3074	3210	2363	3652
1994	3970	4092	3185	4205
1995	4559	4857	3492	4801
1996	5268	5436	4033	5513
1997	5593	5799	4102	6077
1998	6243	6414	4580	6739
1999	6822	6979	5093	7234
2000	7802	7976	5716	8165
2001	9548	9839	6762	9385
2002	10990	11303	7277	11042
2003	12471	12877	8365	12164
2004	14583	15235	10161	13370
2005	15481	15869	10966	15201
2006	17766	18323	12375	17041
2007	21374	22334	15163	19603
2008	25232	26034	18600	23854
2009	28187	29351	21439	25994
2010	32218	33258	27263	30111
2011	37310	38094	32726	36033
2012	41549	41718	35705	41784
2013	49679	46671	40905	55887
2014	50435	48845	43915	53592
2015	58437	61177	49730	47539

注：1．本表未扣除区域变动因素，年度之间不可比。下同。
　　2．1998年以后为人均劳动报酬。

4-2 民族自治地方分地区年末单位就业人员(2015年)

单位：万人

地区	合计	国有单位	城镇集体单位	其他单位
合计	**1591.77**	**931.33**	**36.78**	**719.45**
河北	11.20	6.87	0.20	4.12
内蒙古	298.30	168.04	5.88	124.34
辽宁	16.97	12.10	1.17	3.71
吉林	38.41	21.43	0.81	16.18
黑龙江	1.18	0.89	0.02	0.27
浙江	1.02	0.74	0.01	0.28
湖北	24.12	12.90	0.69	10.25
湖南	23.61	17.49	1.12	5.00
广东	3.22	2.05	0.39	0.78
广西	405.41	202.37	13.27	189.77
海南	9.53	6.59	0.16	0.16
重庆	13.42	7.19	0.40	5.83
四川	44.22	32.75	0.80	10.67
贵州	71.17	52.70	2.42	16.05
云南	152.85	84.68	3.94	64.24
西藏	33.39	27.79	0.32	7.19
甘肃	23.92	18.67	1.26	3.99
青海	29.44	15.52	0.39	11.39
宁夏	73.12	35.35	0.73	136.00
新疆	317.25	205.23	2.80	109.22

4-3 民族自治地方分地区单位就业人员劳动报酬(2015年)

单位：亿元

地区	合计	国有单位	城镇集体单位	其他单位
合计	**9301.80**	**5697.59**	**182.93**	**3420.20**
河北	52.63	33.96	1.16	17.51
内蒙古	1741.06	1030.74	33.83	676.48
辽宁	69.17	48.95	6.82	13.39
吉林	163.35	93.35	4.23	65.78
黑龙江	5.23	4.60	0.04	0.59
浙江	7.75	6.14	0.03	1.57
湖北	105.02	70.79	2.09	31.35
湖南	110.79	85.37	3.87	21.54
广东	16.79	12.55	1.46	2.78
广西	2115.30	1149.20	52.60	913.60
海南	53.62	36.32	0.79	16.50
重庆	63.44	43.31	1.58	18.55
四川	273.21	214.67	4.04	54.50
贵州	572.39	440.74	15.81	115.93
云南	766.59	480.24	22.55	263.80
西藏	323.04	286.11	1.21	35.72
甘肃	115.58	95.94	4.61	15.03
青海	206.99	130.22	3.83	72.56
宁夏	448.25	224.39	4.25	219.61
新疆	2091.60	1210.00	18.10	863.40

4-4 民族自治地方分地区单位就业人员平均劳动报酬(2015年)

单位：元

地　区	合　计	国有单位	城镇集体单位	其他单位
合　计	**58437**	**61177**	**49730**	**47539**
河　北	47003	49399	57650	42487
内蒙古	58366	61339	57540	54405
辽　宁	40757	40467	58443	36134
吉　林	42527	43564	52397	40661
黑龙江	44192	51636	16774	21948
浙　江	75794	83404	52308	56313
湖　北	43542	54865	30409	30579
湖　南	46922	48803	34572	43105
广　东	52103	61141	37658	35546
广　西	52177	56788	39630	48142
海　南	52177	56788	39630	48142
重　庆	47258	60277	39034	31792
四　川	61781	65545	50764	51052
贵　州	80426	83633	65260	72246
云　南	50152	56714	57270	41066
西　藏	96750	102973	38006	49686
甘　肃	48312	51381	36463	37696
青　海	70310	83914	98186	63692
宁　夏	61301	63473	58144	16148
新　疆	65929	58960	64659	79049

4-5 民族自治地方分地区年末在岗职工人数(2015年)

单位：万人

地　区	合　计	国有单位	城镇集体单位	其他单位
合　计	**1459.89**	**883.27**	**31.50**	**544.90**
河　北	10.17	6.53	0.20	3.44
内蒙古	289.55	164.38	5.57	119.61
辽　宁	16.42	11.85	1.11	3.45
吉　林	36.60	21.40	0.74	14.46
黑龙江	1.17	0.89	0.02	0.26
浙　江	0.94	0.67	0.01	0.26
湖　北	20.76	11.35	0.32	8.85
湖　南	21.76	16.58	0.90	4.29
广　东	3.13	1.98	0.39	0.76
广　西	329.61	178.80	10.08	140.72
海　南	8.80	6.00	0.16	2.64
重　庆	10.62	6.69	0.38	3.55
四　川	40.58	30.36	0.62	9.59
贵　州	74.50	54.12	2.19	18.18
云　南	136.63	76.71	3.47	56.45
西　藏	33.39	27.79	0.32	5.29
甘　肃	22.60	18.18	1.20	3.22
青　海	26.42	15.40	0.39	10.63
宁　夏	68.48	32.93	0.69	34.87
新　疆	307.77	200.67	2.74	104.36

4-6 民族自治地方分地区在岗职工工资总额(2015年)

单位：亿元

地区	合计	国有单位	城镇集体单位	其他单位
合计	**8766.26**	**5533.93**	**166.77**	**3071.34**
河北	49.07	33.08	1.15	14.85
内蒙古	1706.70	1021.79	32.71	652.21
辽宁	67.40	48.55	6.73	12.11
吉林	152.92	90.37	3.87	58.68
黑龙江	5.21	4.59	0.04	0.58
浙江	7.37	5.84	0.03	1.49
湖北	97.92	66.01	1.51	29.74
湖南	99.37	82.55	3.21	19.28
广东	16.56	12.39	1.46	2.71
广西	1834.41	1084.53	42.73	707.14
海南	51.62	34.97	0.78	15.88
重庆	54.57	37.82	1.58	15.16
四川	261.84	208.51	3.51	49.82
贵州	553.02	438.98	15.09	98.95
云南	722.46	473.93	21.42	227.10
西藏	310.13	277.20	0.96	31.97
甘肃	113.60	96.58	4.41	12.61
青海	173.34	99.85	3.51	70.76
宁夏	434.70	217.72	4.14	212.84
新疆	2054.06	1198.68	17.93	837.45

4-7 民族自治地方分地区在岗职工平均工资(2015年)

单位：元

地区	合计	国有单位	城镇集体单位	其他单位
合计	**60047**	**62653**	**52950**	**56365**
河北	48248	50623	57878	43178
内蒙古	58942	62162	58771	54526
辽宁	41056	40963	60425	35119
吉林	41781	42231	52288	40577
黑龙江	44381	51769	16774	22042
浙江	78390	86980	52656	56984
湖北	47174	58158	46778	33591
湖南	45659	49801	35799	44905
广东	52906	62671	37629	35416
广西	55654	60657	42375	50250
海南	58679	58276	48495	60213
重庆	51375	56522	41772	42701
四川	64529	68675	56247	51945
贵州	74234	81114	68788	54416
云南	52877	61784	61685	40231
西藏	92881	99764	30208	60470
甘肃	50275	53128	36779	39185
青海	65616	64835	91226	66556
宁夏	63477	66116	60382	61047
新疆	66740	59734	65438	80246

主要统计指标解释

单位就业人员 指在各级国家机关、政党机关、社会团体及企业、事业单位中工作，取得工资或其他形式的劳动报酬的全部人员。包括在岗职工和其他就业人员，不包括离开本单位仍保留劳动关系的职工。

乡村劳动力 指乡村人口中实际参加各种行业劳动并取得实物或货币收入的劳动力人数。包括劳动年龄内实际参加劳动的人数和不足或超过劳动年龄实际参加劳动的人数。

城镇登记失业人员 指有非农业户口，在一定的劳动年龄内，有劳动能力，无业而要求就业，并在当地就业服务机构进行求职登记的人员。

城镇登记失业率 指城镇登记失业人数同城镇就业人数与城镇登记失业人数之和的比。计算公式:

城镇登记失业率=城镇登记失业人数/（城镇就业人数+城镇登记失业人数）×100%

就业人员劳动报酬 指各单位在一定时期内直接支付给本单位就业人员的劳动报酬总额。

工资总额的计算原则应以直接支付给职工的全部劳动报酬为根据。各单位支付给职工的劳动报酬以及其他根据有关规定支付的工资，不论是计入成本的还是不计入成本的，不论是按国家规定列入计征资金税项目的还是未列入计征资金税项目的，不论是以货币形式支付的还是以实物形式支付的，均包括在工资总额内。

五、固定资产投资

5-1 民族自治地方全社会固定资产投资和新增固定资产完成情况

单位：亿元

年　份	全社会固定资产投资	#国有经济固定资产投资	新增固定资产
1980			40.03
1981		61.62	29.25
1982		74.20	45.56
1983		93.24	63.21
1984		115.00	75.72
1985		161.94	118.88
1986		171.84	131.72
1987		200.17	241.92
1988		246.86	176.40
1989		230.99	193.15
1990		259.45	226.34
1991		340.84	251.00
1992	675.39	531.01	354.29
1993	978.51	791.44	543.07
1994	1271.46	994.16	603.75
1995	1444.03	982.60	924.65
1996	1611.37	1078.76	950.21
1997	1791.29	1198.37	1000.95
1998	2077.93	1342.49	1226.82
1999	2230.47	1411.56	1445.81
2000	2477.00	1552.59	1803.97
2001	2928.36	1610.05	1718.51
2002	3542.10	2187.80	2058.52
2003	4733.93	2652.59	2582.59
2004	6259.40	2923.32	
2005	8357.69	3767.48	5006.48
2006	10564.01	4642.16	5795.57
2007	13517.34	5198.81	7729.66
2008	17285.35	6655.11	7595.31
2009	23262.59	9397.21	14512.25
2010	29875.92	12045.84	16149.52
2011	37052.16	12437.33	21110.05
2012	43674.83	15580.17	27542.49
2013	53006.70	18294.19	28379.95
2014	58759.26	22692.92	29604.66
2015	66158.55	25494.34	43451.36

5-2 民族自治地方分地区全社会固定资产投资和新增固定资产(2015年)

单位：亿元

地　区	全社会固定资产投资	其中：不含农户投资	新增固定资产
合　计	**66158.55**	**63782.88**	**43451.36**
河　北	766.15	714.46	459.90
内蒙古	13702.20	13558.80	10384.00
辽　宁	641.43	545.84	478.51
吉　林	1181.48	1117.43	872.30
黑龙江	19.67	19.67	11.26
浙　江	46.59	46.59	27.09
湖　北	866.92	801.06	643.90
湖　南	737.78	691.25	377.59
广　东	79.63	79.35	53.05
广　西	16227.78	17125.00	10387.90
海　南	418.24	374.04	150.43
重　庆	583.05	542.98	258.63
四　川	1991.37	1928.17	1419.75
贵　州	5244.11	3429.45	2233.33
云　南	5767.70	5767.70	3599.12
西　藏	1259.70	1259.70	995.60
甘　肃	806.34	777.14	600.61
青　海	1500.00	1191.46	908.88
宁　夏	3505.40	3077.90	2579.70
新　疆	10813.00	10734.90	7009.80

5-3 民族自治地方分地区按经济类型分的全社会固定资产投资（2015年）

单位：亿元

地　区	全社会固定资产投资	#国有经济	#集体经济	#外商港澳台经济
合　计	**66158.55**	**25494.34**	**971.23**	**539.55**
河　北	766.15	232.29	6.53	14.95
内蒙古	13702.20	5281.30	124.01	43.40
辽　宁	641.43	163.72	33.34	20.54
吉　林	1181.48	336.51	11.79	5.65
黑龙江	19.67	11.26	8.41	
浙　江	46.59	26.08		0.02
湖　北	866.92	398.12	59.35	2.47
湖　南	737.78	423.00	2.76	40.67
广　东	79.63	29.03	31.82	7.70
广　西	16227.78	3954.40	194.80	225.60
海　南	418.24	123.90	3.18	34.28
重　庆	583.05	312.47	16.73	9.27
四　川	1991.37	1160.92	2.18	4.21
贵　州	5244.11	1749.02	107.44	7.47
云　南	5767.70	3248.11	265.98	63.31
西　藏	1259.70	934.80	1.59	0.30
甘　肃	806.34	422.46	19.93	0.87
青　海	1500.00	594.36	47.82	15.34
宁　夏	3505.40	1197.30	2.76	11.90
新　疆	10813.00	4895.30	30.80	31.60

5-4 民族自治地方分地区按资金来源分的全社会固定资产投资(2015年)

单位：亿元

地　区	国家预算内资金	国内贷款	利用外资
合　计	**8609.17**	**7996.74**	**178.30**
河　北	170.48	78.03	1.70
内蒙古	705.84	1719.40	6.86
辽　宁	47.65	61.83	8.19
吉　林	145.24	25.37	11.23
黑龙江	11.26	1.33	
浙　江	12.86	5.19	
湖　北	134.11	89.90	0.31
湖　南	154.75	102.60	1.08
广　东	6.12	6.67	0.88
广　西	1207.52	2274.80	36.47
海　南	44.70	75.68	1.03
重　庆	137.03	20.81	11.12
四　川	256.80	337.74	0.01
贵　州	634.91	354.45	88.74
云　南	1385.88	351.88	2.32
西　藏	1137.30	10.79	1.10
甘　肃	197.28	35.41	0.30
青　海	349.04	124.68	2.58
宁　夏	308.90	712.80	0.29
新　疆	1561.50	1607.40	4.10

5-5 民族自治地方国有经济基本建设投资

单位：亿元

年 份	基本建设投资	年 份	基本建设投资
1950—1952	5.60	1976—1980	237.58
1953—1957	40.78	1981—1985	344.71
1958—1962	119.93	1986—1990	662.88
1963—1965	45.06	1991—1995	2399.00
1966—1970	90.05	1996—2000	4876.74
1971—1975	152.12	2001—2003	5169.67

主要统计指标解释

全社会固定资产投资 固定资产投资是社会固定资产再生产的主要手段。通过建造和购置固定资产的活动，国民经济不断采用先进技术装备，建立新兴部门，进一步调整经济结构和生产力的地区分布，增强经济实力，为改善人民物质文化生活创造物质条件。这对我国的社会主义现代化建设具有重要意义。

固定资产投资额是以货币表现的建造和购置固定资产活动的工作量，它是反映固定资产投资规模、速度、比例关系和使用方向的综合性指标。全社会固定资产投资包括国有经济单位投资、城乡集体经济单位投资、各种经济类型的单位投资和城乡居民个人投资。按照我国现行计划管理体制，国有经济单位固定投资总额分为基本建设、更新改造、商品房屋建设投资和其他固定资产投资四个部分；城乡集体经济单位投资包括城镇集体所有制单位投资和农村集体所有制单位投资；各种经济类型的单位投资包括联营经济、股份制经济、中外合资经营、中外合作经营、外资、港澳台与大陆合资经营、港澳台与大陆合作经营、港澳台独资及其他经济类型的单位投资。

基本建设投资 基本建设是企业、事业单位以扩大生产能力或工程效益为主要目的的新建、扩建工程及有关工作。包括工厂、矿山、铁路、桥梁、港口、农田水利、商店、住宅、学校、医院等工程的建造和机器设备、车辆船舶、飞机等的购置。

基本建设投资额是以货币表现的基本建设完成的量，是反映一定时期内基本建设规模和建设进度的综合性指标。它是根据工程的实际进度按预算价格（预算价格是编制施工图预算时所用的价格）计算的工作量，没有形成工程实体的建筑材料和没有开始安装的设备都不计算投资完成额。

更新改造投资 更新改造是指企业、事业单位对原有设施进行固定资产更新和技术改造，以及相应配套的工程和有关工作（不包括大修理和维护工程）。更新改造投资是以货币表现的更新改造完成的工作量。根据我国现行统计制度基本建设和更新改造的划分是：（1）列入基本建设计划的项目作为基本建设投资，列入更新改造计划的项目作为更新改造投资。（2）更新改造计划与基本建设计划结合安排的项目以及未列入计划的项目，根据工程性质作为基本建设投资或更新改造投资。属于对企业、事业单位原有设施进行技术改造或更新的项目和增建主要生产车间、分厂等，其新增生产能力或效益尚未达到大中型标准的项目，以及由于城市环境保护和安全生产的需要而进行的迁建工程，作为更新改造投资。

其他固定资产投资 是指除基本建设投资、更新改造投资和房地产投资以外的其他投资。

新增固定资产 指通过投资活动所形成的新的固定资产价值。包括已经建成投入生产或交付使用的工程价值和达到固定资产标准的设备、工具、器具的价值及有关应摊入的费用。它是以价值形式表示的固定资产投资的综合性指标，可以综合反映不同时期、不同部门、不同地区的固定资产投资成果。

六、财　政

6-1 民族自治地方财政收支情况

单位：亿元

年份	收入			支出			收支差额
	合计	五个自治区	自治州、县	合计	五个自治区	自治州、县	
1952	4.96	3.81	1.15	4.39	3.34	1.05	0.57
1957	11.48	8.91	2.57	12.43	9.58	2.85	-0.95
1960	29.19	21.92	7.27	42.87	35.12	7.75	-13.68
1961	16.58	12.54	4.04	21.36	16.54	4.82	-4.78
1962	13.23	9.93	3.30	14.15	11.10	3.05	-0.92
1963	15.71	11.57	4.14	16.69	12.60	4.09	-0.98
1964	17.62	13.22	4.40	20.55	16.09	4.46	-2.93
1965	19.67	15.09	4.58	23.06	18.48	4.58	-3.39
1966	21.18	16.65	4.53	26.07	21.00	5.07	-4.89
1968	10.68	8.74	1.94	17.02	13.12	3.90	-6.34
1972	22.05	15.94	6.11	43.12	31.55	11.57	-21.07
1973	22.72	15.13	7.59	47.83	34.91	12.92	-25.11
1974	22.87	15.31	7.56	49.66	36.90	12.76	-26.79
1975	23.49	15.80	7.69	50.63	38.01	12.62	-27.14
1976	24.41	16.24	8.17	55.70	41.24	14.46	-31.29
1977	28.46	19.26	9.20	59.97	43.35	16.62	-31.51
1978	40.79	30.18	10.61	83.35	62.02	21.33	-42.56
1979	34.00	25.88	8.12	87.97	69.93	18.04	-53.97
1980	31.07	22.44	8.63	81.20	62.45	18.75	-50.13
1981	29.67	19.77	9.90	76.13	56.17	19.96	-46.46
1982	36.31	23.86	12.45	86.81	63.42	23.39	-50.50
1983	41.48	27.81	13.67	100.62	73.11	27.51	-59.14
1984	45.33	30.65	14.68	131.58	96.28	35.30	-86.25
1985	63.45	42.32	21.13	156.98	112.67	44.31	-93.53
1986	80.66	55.04	25.62	198.62	142.22	56.40	-117.96
1987	97.51	65.62	31.89	210.43	147.92	62.51	-112.92
1988	119.39	78.74	40.65	241.10	167.49	73.61	-121.71
1989	147.65	96.49	51.16	273.26	182.62	90.64	-125.61
1990	166.74	109.28	57.46	304.37	202.37	102.00	-137.63
1991	204.35	136.28	68.07	342.70	227.70	115.00	-138.35
1992	210.00	135.17	74.83	367.52	239.11	128.41	-157.52
1993	302.69	199.59	103.10	462.31	301.48	160.83	-159.62
1994	201.49	139.97	61.52	516.96	338.52	178.44	-315.47
1995	248.13	172.56	75.57	595.12	397.04	198.08	-346.99
1996	313.01	211.19	101.82	720.15	464.65	255.50	-407.14
1997	355.66	246.98	108.68	774.97	512.39	262.58	-419.31
1998	399.31	284.16	115.15	868.54	605.10	263.44	-469.23
1999	437.18	314.86	122.32	1003.77	693.84	309.93	-566.59
2000	475.54	347.35	128.19	1172.90	817.34	355.56	-697.36
2001	544.92	406.88	138.04	1608.60	1132.38	476.22	-1063.68
2002	594.66	449.83	144.83	1926.50	1426.71	499.79	-1331.84
2003	673.97	508.78	165.19	2109.30	1511.01	598.29	-1435.34
2004	825.78	637.72	188.06	2467.73	1749.48	718.25	-1641.95
2005	1026.35	800.56	225.79	3050.44	2158.08	892.36	-2024.08
2006	1281.04	981.34	299.70	3732.88	2613.53	1119.35	-2451.84
2007	1660.89	1297.14	363.75	4898.51	3461.27	1437.24	-3237.61
2008	2099.88	1650.05	449.83	6496.73	4635.88	1860.85	-4396.85
2009	2548.23	2002.30	545.93	8368.64	5798.07	2570.57	-5820.41
2010	3255.56	2532.74	722.82	10511.53	7088.57	3422.95	-7255.97
2011	4276.36	3299.54	976.81	13588.74	9283.00	4305.75	-9312.39
2012	5220.36	3978.32	1242.04	16070.80	10900.99	5169.81	-10850.44
2013	6013.42	4569.48	1443.95	17605.65	11891.69	5713.96	-11592.23
2014	6630.22	5012.43	1617.79	19395.46	12863.52	6531.94	-12765.24
2015	7044.69	5321.07	1723.62	21766.14	14643.30	7122.84	-14721.45

注:表列五个自治区,系指内蒙古自治区、广西壮族自治区、西藏自治区、宁夏回族自治区和新疆维吾尔自治区。
自治州、县系指除上述五个自治区以外各省所属的民族自治州、自治县。

6-2 民族自治地方分地区财政收入情况(2015年)

单位: 亿元

地区	财政总收入	#公共财政预算收入	#各项税收
合计	**7623.31**	**7044.69**	**4591.51**
河北	84.40	49.78	39.14
内蒙古		1964.48	1320.75
辽宁	138.16	40.71	28.98
吉林	189.88	114.31	65.61
黑龙江	4.47	4.26	3.21
浙江	10.66	5.45	4.83
湖北	146.42	79.98	59.00
湖南	114.29	71.10	42.52
广东	67.05	8.25	5.17
广西	2333.03	1515.16	1031.65
海南	210.92	67.92	56.97
重庆	92.24	45.62	29.22
四川	268.38	179.08	105.26
贵州	559.22	361.85	209.45
云南	931.79	492.16	283.49
西藏	175.83	137.13	92.00
甘肃	94.27	36.65	20.13
青海	165.53	166.52	76.11
宁夏	610.48	373.45	256.31
新疆	1426.28	1330.85	861.73

6-3 民族自治地方分地区各项税收情况(2015年)

单位: 亿元

地 区	各项税收	#增值税	#营业税	#企业所得税	#个人所得税
合 计	**4591.51**	**638.73**	**1380.74**	**425.58**	**181.13**
河 北	39.14	2.06	20.51	1.91	0.60
内蒙古	1320.75	167.58	317.89	101.77	44.62
辽 宁	28.98	4.26	8.37	2.71	0.94
吉 林	65.61	12.90	18.65	7.66	2.64
黑龙江	3.21	0.67	0.46	0.69	0.08
浙 江	4.83	0.61	1.09	0.39	1.16
湖 北	59.00	5.88	19.62	4.56	2.21
湖 南	42.52	6.04	12.04	3.86	1.56
广 东	5.17	1.29	1.04	0.22	0.15
广 西	1031.65	139.99	321.90	109.74	34.76
海 南	56.97	1.42	16.08	6.32	1.01
重 庆	29.22	3.49	10.62	1.96	0.95
四 川	105.26	20.55	31.53	12.75	3.82
贵 州	209.45	19.02	66.12	19.13	5.91
云 南	283.49	49.18	93.02	14.11	4.56
西 藏	92.00	17.34	41.61	11.50	8.48
甘 肃	20.13	3.24	8.47	3.37	1.04
青 海	76.11	6.75	26.77	6.04	2.13
宁 夏	256.31	35.73	99.83	24.55	8.97
新 疆	861.73	140.72	265.12	92.34	55.55

6-4 民族自治地方分地区财政支出情况(2015年)(一)

单位：亿元

地　区	公共财政预算支出	#一般公共服务	#教育	#科学技术
合　计	**21766.14**	**2150.16**	**3564.00**	**199.76**
河　北	135.09	12.30	24.41	0.60
内蒙古	4252.96	299.14	536.53	35.72
辽　宁	175.03	12.47	32.32	0.74
吉　林	381.64	33.13	53.41	3.36
黑龙江	2.14	0.20	0.43	0.08
浙　江	26.13	3.39	3.90	0.28
湖　北	375.37	38.66	59.73	3.50
湖　南	396.26	39.42	68.41	1.13
广　东	59.38	5.93	8.93	0.64
广　西	4065.51	395.30	789.69	49.63
海　南	175.00	20.24	32.70	1.51
重　庆	175.90	19.89	38.21	1.12
四　川	994.96	90.66	162.63	4.67
贵　州	1225.79	178.35	282.96	14.59
云　南	1930.75	203.62	344.95	13.21
西　藏	1381.46	205.92	167.27	5.41
甘　肃	397.52	57.10	69.59	0.94
青　海	671.90	100.96	97.50	3.74
宁　夏	1138.49	67.09	142.51	17.25
新　疆	3804.87	366.41	647.93	41.64

6-4 民族自治地方分地区财政支出情况(2015年)(二)

单位：亿元

地 区	#文化体育与传媒	#社会保障和就业	#医疗卫生	#保障住房支出
合 计	**431.57**	**2557.40**	**1743.43**	**1037.23**
河 北	1.50	16.84	12.90	5.52
内蒙古	95.81	605.26	257.15	190.36
辽 宁	2.96	26.65	16.95	7.29
吉 林	9.27	59.98	26.58	23.44
黑龙江	0.33	0.24	0.20	0.51
浙 江	1.13	1.43	2.82	0.70
湖 北	7.40	43.63	40.24	16.74
湖 南	7.86	53.88	37.77	30.33
广 东	1.06	6.62	4.80	0.70
广 西	79.00	460.63	413.87	174.14
海 南	3.49	23.24	16.19	16.19
重 庆	2.02	17.45	19.74	5.04
四 川	14.93	84.48	88.64	33.61
贵 州	22.74	112.67	134.98	57.40
云 南	28.34	270.24	200.59	94.21
西 藏	34.73	103.00	62.80	54.53
甘 肃	3.93	59.91	36.10	13.19
青 海	15.13	93.10	53.01	31.89
宁 夏	20.97	146.23	74.11	72.25
新 疆	78.96	371.90	244.01	209.19

主要统计指标解释

财政收入 指国家财政参与社会产品分配所取得的收入，是实现国家职能的财力保证。财政收入所包括的内容几经变化，目前主要包括:

1. 各项税收: 包括增值税、营业税、消费税、土地增值税、城市维护建设税、资源税、城市土地使用税、印花税、固定资产投资方向调节税、个人所得税、企业所得税、关税、农牧业税和耕地占用税。

2. 专项收入: 包括征收排污费收入、城市水资源费收入、教育费附加收入等。

3. 其他收入: 包括基本建设贷款归还收入、基本建设收入、捐赠收入等。

4. 国有企业计划亏损补贴: 此项为负收入，冲减财政收入。

财政支出 指国家财政将筹集起来的资金进行分配使用，以满足经济建设和各项事业的需要。主要包括:

1. 一般公共服务: 指政府提供基本公共管理与服务的支出。

2. 教育: 指政府教育事务支出。

3. 科学技术: 指用于科学技术方面的支出。

4. 文化体育与传媒: 指政府在文化、文物、体育、广播影响、新闻出版等方面的支出。

5. 社会保障和就业: 指政府在社会保障与就业方面的支出。

6. 医疗卫生: 指政府医疗卫生方面的支出。

7. 环境保护: 指政府环境保护支出。

8. 农林水事务: 指政府农林水事务支出。

9. 交通运输: 指政府交通运输和邮政业方面的支出。

10. 工业商业金融等事务: 指政府对工业、商业及金融等方面的支出。

地方财政收入 指按现行分税制财政体制划分的中央本级收入和地方本级收入。属于地方财政的收入包括营业税（不含铁道部门、各银行总行、各保险公司总公司集中交纳的营业税)、地方企业上缴利润、城市维护建设税（不含铁道部门、各银行总行、各保险公司总公司集中交纳的部分)、房产税、城镇土地使用税、土地增值税、车船税、耕地占有税、契税、烟叶税、印花税、增值税 25%部分、纳入共享范围的企业所得税 40%部分、个人所得税 40%部分、证券交易印花税 3%部分、海洋石油资源税以外的其他资源税、地方非税收入等。

地方财政支出 指根据政府在经济和社会活动中的不同职责，划分中央和地方政府的责权，按照政府的责权划分确定的支出。地方财政支出包括一般公共服务支出、公共安全支出、地方统筹的各项社会事业支出等。

七、人民生活

7-1 民族自治地方农村经济收益分配

单位：万元

年　份	总收入	总费用	纯收入	农村居民人均纯收入（元）
1980	1150891	340849	810042	76
1981	1185423	306249	879174	85
1982	1469052	325352	1143700	121
1983	2365174	523817	1841357	196
1984	2934551	664198	2270353	213
1985	4374432	1197661	3176771	272
1986	4659810	1475707	3184103	282
1987	5612773	1843054	3769719	390
1988	7269734	2614861	4654873	357
1989	8384964	3310070	5074719	316
1990	9808134	3557847	6250287	402
1991	11103900	4257723	6846177	508
1992	14516956	6839613	7677343	568
1993	17647399	9213249	8434150	629
1994	26941170	15745332	12395140	820
1995	39168900	24476400	14634500	945
1996	58982800	30164200	16527500	1300
1997			19025038	1489
1998			20493461	1633
1999			21238277	1653
2000			18513508	1626
2001			18771435	1726
2002			20097149	1771
2003			21630125	1895
2004			23661775	2113
2005			26373410	2287
2006			29105425	2517
2007			33292764	2900
2008			38672130	3369
2009			22860767	3346
2010			46926039	4232
2011			56936464	4969
2012			62011078	5800
2013			71273039	6636
2014			87488994	7943
2015			94974293	8889

7-2 民族自治地方分地区城镇居民生活水平情况(2015年)(一)

单位：元

地区	城镇居民可支配收入	城镇居民人均生活费支出合计	#食品	#衣着	#居住
合计	**26083.11**	**17556.76**	**5504.61**	**1541.45**	**3254.59**
河北	23452.24	14924.63	3879.37	1717.93	3113.53
内蒙古	30594.10	21876.47	6210.34	2474.00	3710.27
辽宁	19609.93	13737.80	3787.77	2275.08	1639.92
吉林	21498.77	23025.47	5613.63	2724.53	3903.78
黑龙江	19646.00	15438.00	4906.00	1947.00	1618.00
浙江	28296.00	19831.00	6297.00	1764.00	4848.00
湖北	22176.10	15225.21	5021.23	1429.78	2973.91
湖南	18713.91	11514.13	3645.52	1043.74	2312.74
广东	18812.12	8604.69	2966.08	469.52	1473.28
广西	26416.00	16321.20	5610.20	845.66	3629.30
海南	23146.01	14705.37	7176.97	790.87	1314.87
重庆	22702.03	13142.07	5087.27	1761.10	1967.63
四川	24360.15	16179.56	6304.30	1320.83	2455.45
贵州	23138.41	14418.61	4272.56	1222.09	2925.12
云南	25035.63	14677.37	4812.75	1020.82	2430.72
西藏	25420.23	16997.41	7227.55	1609.67	3583.82
甘肃	17788.42	12611.89	4359.65	1279.76	2678.06
青海	23975.17	14822.30	4670.50	1545.71	2408.36
宁夏	25179.06	18978.77	4881.65	1786.51	3607.01
新疆	26420.20	19414.70	5954.90	2013.10	3166.90

7-2 民族自治地方分地区城镇居民生活水平情况(2015年)(二)

单位: 元

地　区	#家庭设备及服务	#医疗保健支　出	#交通和通　讯	#娱乐教育文化服务
合　计	**1116.49**	**1188.26**	**2498.69**	**1980.17**
河　北	886.82	1491.87	1918.49	1444.67
内蒙古	1430.25	1575.70	3231.27	2504.74
辽　宁	1182.38	832.79	1538.84	2093.16
吉　林	1433.01	1924.04	3863.38	2923.13
黑龙江	945.00	2241.00	1595.00	1708.00
浙　江	945.00	2523.00	1704.00	1202.00
湖　北	943.16	1115.20	1589.19	1728.20
湖　南	732.29	663.44	1058.81	1661.06
广　东	561.24	553.23	1497.28	973.47
广　西	952.00	866.20	2249.50	1845.00
海　南	865.67	830.75	1867.30	1387.37
重　庆	893.73	665.62	1212.19	1288.64
四　川	1281.53	897.76	2025.18	1428.46
贵　州	876.28	669.61	2021.29	1692.34
云　南	1003.94	1043.51	2461.04	1696.35
西　藏	738.93	533.23	2035.06	756.91
甘　肃	961.80	824.56	1229.48	1021.60
青　海	942.98	1304.15	2261.97	1519.87
宁　夏	1184.67	2015.44	2509.31	2389.34
新　疆	1286.30	1517.10	2869.40	2105.40

7-3 民族自治地方分地区农村居民生活水平情况(2015年)(一)

单位：元

地区	农村居民人均纯收入	农村居民人均生活费支出合计	#食品	#衣着	#居住
合计	**8889.25**	**7376.94**	**2579.47**	**443.03**	**1411.56**
河北	8060.93	6783.71	2158.31	461.83	1259.67
内蒙古	10775.90	10637.00	3123.00	765.00	1817.00
辽宁	11888.51	7544.32	2057.85	490.08	1209.16
吉林	9365.24	9382.45	2544.57	748.44	2001.07
黑龙江	11591.00	6989.00	3144.00	895.00	534.00
浙江	13663.00	10624.00	4391.00	587.00	2352.00
湖北	7980.39	6405.86	2526.37	427.65	1160.80
湖南	6559.38	6018.49	2070.57	347.65	1093.90
广东	10318.52	4965.69	1642.09	157.74	1228.47
广西	9467.00	7582.00	2680.60	236.94	1729.90
海南	9493.46	6184.41	3036.65	196.08	712.51
重庆	8085.08	6775.72	2799.11	396.71	682.39
四川	9354.77	7360.35	3667.71	507.79	1134.27
贵州	7286.14	6907.47	2243.79	406.30	1479.46
云南	8329.85	5969.38	2190.22	324.06	960.43
西藏	8232.09	5571.94	2907.79	506.27	700.99
甘肃	5568.95	5258.13	1864.83	378.98	1417.40
青海	8564.00	7565.00	2612.28	597.98	1240.13
宁夏	9116.49	8412.68	2452.32	663.82	1560.57
新疆	9425.10	7697.90	2622.50	691.30	1486.50

7-3 民族自治地方分地区农村居民生活水平情况(2015年)(二)

单位: 元

地区	#家庭设备及服务	#医疗保健支出	#交通和通讯	#娱乐教育文化服务
合计	**429.12**	**624.02**	**932.56**	**790.98**
河北	387.69	854.74	928.40	503.77
内蒙古	475.00	1118.00	1647.00	1458.00
辽宁	347.01	902.09	1065.32	1301.31
吉林	544.24	1086.47	1350.97	904.16
黑龙江	742.00	283.00	630.00	245.00
浙江	503.00	665.00	1103.00	858.00
湖北	449.66	557.45	553.15	586.52
湖南	344.69	482.35	592.25	913.84
广东	329.96	425.51	588.72	560.32
广西	455.50	709.70	821.80	841.68
海南	353.10	500.37	626.26	572.87
重庆	447.94	351.94	687.56	650.70
四川	430.02	299.26	674.26	497.24
贵州	450.21	351.15	848.71	770.55
云南	396.81	442.87	919.90	679.12
西藏	289.58	135.80	717.96	178.74
甘肃	350.67	385.80	466.57	327.90
青海	412.75	739.65	1208.99	633.94
宁夏	571.84	925.74	1070.70	994.73
新疆	396.00	731.80	1031.60	632.00

7-4 民族自治地方分地区居民住房情况(2015年)

地　区	城镇人均使用面积（平方米）	农村人均住房面积（平方米）
合　计	**35.8**	**36.6**
河　北	31.1	27.4
内蒙古	31.4	26.1
辽　宁	29.0	28.2
吉　林	32.9	31.9
黑龙江	39.0	35.0
浙　江	37.0	50.0
湖　北	51.8	58.6
湖　南	42.5	37.2
广　东	26.2	31.0
广　西	38.6	45.2
海　南	22.5	25.1
重　庆	43.6	44.4
四　川	38.9	33.0
贵　州	38.5	37.3
云　南	40.6	31.9
西　藏	26.2	32.7
甘　肃	27.7	22.9
青　海	22.0	22.7
宁　夏	30.6	30.4
新　疆	34.1	41.0

7-5 民族自治地方城乡居民储蓄存款年末余额

单位：亿元

年 份	城乡居民储蓄存款		
		城镇储蓄	农户储蓄
1980	38.33	24.19	14.14
1981	48.87	31.68	17.19
1982	62.88	40.51	22.37
1983	82.46	60.30	22.16
1984	105.73	78.40	27.33
1985	151.03	110.92	40.11
1986	209.48	155.74	53.74
1987	282.22	217.81	64.41
1988	350.60	271.30	79.30
1989	452.80	364.29	88.51
1990	623.43	506.11	117.32
1991	791.09	644.34	146.75
1992	1007.72	819.57	188.15
1993	1316.27	1078.18	238.09
1994	1798.84	1475.18	323.66
1995	2390.94	1996.03	394.91
1996	2906.20	2439.79	466.41
1997	3473.46	1817.66	1655.80
1998	3932.65	2098.71	1833.94
1999	4351.35	2504.78	1846.57
2000	4765.37		
2001	5299.30		
2002	6131.85		
2003	7353.07		
2004	8162.68		
2005	9665.26		
2006	11180.18		
2007	12124.58		
2008	14955.75		
2009	18086.29		
2010	21538.04		
2011	23708.57		
2012	30688.72		
2013	35289.64		
2014	31782.10		
2015	42995.58		

7-6 民族自治地方分地区城乡居民储蓄存款年末余额(2015年)

单位：亿元

地　区	城乡居民储蓄存款年末余额
合　计	**42995.58**
河　北	542.45
内蒙古	8999.44
辽　宁	853.84
吉　林	1194.51
黑龙江	42.20
浙　江	36.49
湖　北	726.78
湖　南	890.47
广　东	85.16
广　西	11434.29
海　南	311.62
重　庆	422.94
四　川	1294.62
贵　州	2074.58
云　南	3973.09
西　藏	653.63
甘　肃	430.16
青　海	362.17
宁　夏	2357.71
新　疆	6309.43

主要统计指标解释

城镇家庭可支配收入　指城镇家庭成员得到可用于最终消费支出和其他非义务性支出以及储蓄的总和，即居民家庭可以用来自由支配的收入。它是家庭总收入扣除交纳的所得税、个人交纳的社会保障支出以及记账补贴后的收入。

城镇家庭消费性支出　指城镇家庭用于日常生活的支出，包括食品、衣着、家庭设备用品及服务、医疗保健、交通和通信、娱乐教育文化服务、居住、杂项商品和服务八大类支出。

农村居民家庭纯收入　指农村常住居民家庭总收入中，扣除从事生产和非生产经营费用支出、缴纳税款和上交承包集体任务金额以后剩余的，可直接用于生产性、非生产性建设投资、生活消费和积蓄的那一部分收入。农村居民家庭纯收入包括从事生产性和非生产性的经营收入，取自在外人口寄回、带回和国家财政救济、各种补贴等非经营性收入；既包括货币收入，又包括自产自用的实物收入。但不包括向银行、信用社和亲友借款等属于借贷性的收入。

农村居民家庭生活消费支出　指农村常住居民家庭用于日常生活的全部开支，是反映和研究农民家庭实际生活消费水平高低的重要指标。

城乡居民储蓄存款余额　指某一时点城乡居民存入银行及农村信用社的储蓄金额，包括城镇居民储蓄存款和农民个人储蓄存款，不包括居民的手持现金和工矿企业、部队、机关、团体等单位存款。

八、城市概况

8-1 民族自治地方分地区城市情况(2015年)

地　区	城市数(个)	#地级市	#县级市
合　计	**101**	**34**	**67**
河　北			
内蒙古	13	9	4
辽　宁			
吉　林	6		6
黑龙江			
浙　江			
湖　北	2		2
湖　南	1		1
广　东			
广　西	22	14	8
海　南			
重　庆			
四　川	1		1
贵　州	4		4
云　南	11		11
西　藏	3	3	
甘　肃	2		2
青　海	3		3
宁　夏	7	5	2
新　疆	26	3	23

8-2 民族自治地方分地区城市市区情况(2015年)

地 区	市区面积（平方公里）	市区人口（万人）	市区暂住人口（万人）
合 计	**1856545**	**10639**	
河 北			
内蒙古	695109	2248	
辽 宁			
吉 林	27036	167	
黑龙江			
浙 江			
湖 北	8575	173	
湖 南	1078	31	
广 东			
广 西	237438	5400	
海 南			
重 庆			
四 川	2655	64	
贵 州	8450	219	
云 南	41605	425	
西 藏	323816	198	
甘 肃	2759	33	
青 海	162346	32	
宁 夏	66400	660	
新 疆	279278	989	

8-3 民族自治地方分地区城市城区面积和人口情况(2015年)

地 区	城区面积（平方公里）	城区人口（万人）	城区暂住人口（万人）
合 计	**12429.44**		
河 北			
内蒙古	5372.72		
辽 宁			
吉 林			
黑龙江			
浙 江			
湖 北			
湖 南	4582.00		
广 东			
广 西			
海 南			
重 庆			
四 川	400.72		
贵 州	504.10		
云 南			
西 藏			
甘 肃	1569.90		
青 海			
宁 夏			
新 疆			

8-4 民族自治地方分地区城市用地情况(2015年)

地区	建成区面积（平方公里）	城市建设用地（平方公里）	本年征用土地面积（平方公里）
合计	**6270.19**	**3394.10**	**85.84**
河北			
内蒙古	1225.21	1164.76	19.57
辽宁			
吉林	1399.07	1330.14	34.37
黑龙江			
浙江			
湖北			
湖南	1573.00		
广东			
广西			
海南			
重庆			
四川	38.71		
贵州	158.80	127.80	
云南			
西藏			
甘肃	834.40	771.40	31.90
青海			
宁夏			
新疆	1041.00		

8-5 民族自治地方分地区城市供水、液化气供气情况(2015年)

地　区	城市供水综合生产能力（万立方米/日）	供水管道长度（公里）	城市液化石油气储气能力（吨）	液化石油气供气管道长度（公里）
合　计	**2735.19**	**38504.38**		
河　北				
内蒙古		9214.00		
辽　宁				
吉　林	653.46			
黑龙江				
浙　江				
湖　北				
湖　南	1038.00	21393.00		
广　东				
广　西	600.93			
海　南				
重　庆				
四　川	13.08	552.02		
贵　州	37.62	1720.06		
云　南				
西　藏				
甘　肃	392.10	5625.30		
青　海				
宁　夏				
新　疆				

8-6 民族自治地方分地区城市道路情况(2015年)

地　区	城市道路长度 (公里)	城市道路面积 (万平方米)
合　计	**40954.01**	**95177.62**
河　北		
内蒙古	9281.00	19793.00
辽　宁		
吉　林	8854.00	17009.00
黑龙江		
浙　江		
湖　北		
湖　南	11437.00	21333.00
广　东		
广　西		14887.00
海　南		
重　庆		
四　川		
贵　州	754.01	1548.62
云　南		
西　藏		
甘　肃	4489.00	9650.00
青　海		
宁　夏		
新　疆	6139.00	10957.00

8-7 民族自治地方分地区城市绿化面积(2015年)

地 区	绿化覆盖面积(公顷)	建成区	绿地面积(公顷)	建成区
合 计	**122336**	**147770.7**	**124699.66**	**39395**
河 北				
内蒙古				
辽 宁				
吉 林	54180		54179.66	
黑龙江				
浙 江				
湖 北				
湖 南	68156	62415		
广 东				
广 西		44399	70520	
海 南				
重 庆				
四 川	1577..7	1561.7		
贵 州				
云 南				
西 藏				
甘 肃				
青 海				
宁 夏				
新 疆		39395		39395

8-8 民族自治地方分地区城市公园情况(2015年)

地　区	公园绿地面积（公顷）	公园个数（个）	公园面积（公顷）
合　计	**66897.94**	**1066**	**40552.13**
河　北			
内蒙古	16876	254	13725
辽　宁			
吉　林	14649.51	191	6446.23
黑龙江			
浙　江			
湖　北			
湖　南	14930	287	10145
广　东			
广　西	11010		
海　南			
重　庆			
四　川	473.93	35	515.1
贵　州	1185	28	1280
云　南			
西　藏			
甘　肃	7773.5	123	4334.8
青　海			
宁　夏			
新　疆		148	4106

8-9 民族自治地方分地区城市环境卫生情况(2015年)

地区	生活垃圾处理量 (万吨)	垃圾无害化 处理厂(场)数 (座)	公厕数 (座)
合计			**15403**
河北			
内蒙古			4171
辽宁			
吉林			3643
黑龙江			
浙江			
湖北			
湖南			3371
广东			
广西			
海南			
重庆			
四川			200
贵州			192
云南			
西藏			
甘肃			1518
青海			
宁夏			
新疆			2308

8-10 民族自治地方分地区城市市政公用设施水平情况(2015年)(一)

地 区	人口密度 (人/平方公里)	人均日生活 用水量 (升)	用水普及率 (%)	燃气普及率 (%)
合 计		**221.24**	**289.6**	**118.6**
河 北				
内蒙古		106.71	98.5	94.1
辽 宁				
吉 林		122.27	93.6	92.5
黑龙江				
浙 江				
湖 北				
湖 南		207	97.3	92.0
广 东				
广 西			1367.7	
海 南				
重 庆				
四 川		209.06	84.4	78.7
贵 州		603.66	379.0	289.2
云 南				
西 藏				
甘 肃		132	97.3	85.8
青 海				
宁 夏				
新 疆		168	99.1	98.0

8-10 民族自治地方分地区城市市政公用设施水平情况(2015年)(二)

地　区	建成区供水管道密度(公里/平方公里)	人均道路面积(平方米)	建成区排水管道密度(公里/平方公里)	人均公园绿地面积(平方米)
合　计		**23.97**		**17.07**
河　北				
内蒙古		22.61		19.28
辽　宁				
吉　林		14.52		12.51
黑龙江				
浙　江				
湖　北				
湖　南		25.44		9.99
广　东				
广　西				
海　南				
重　庆				
四　川		13.88		11.37
贵　州		52.2		44.54
云　南				
西　藏				
甘　肃		15.18		12.23
青　海				
宁　夏				
新　疆				9.6

8-10 民族自治地方分地区城市市政公用设施水平情况(2015年)(三)

地　　区	建成区绿化覆盖率(%)	建成区绿地率(%)	生活垃圾处理率(%)	生活垃圾无害化处理率(%)
合　　计	**33.1**	**29.0**	**96.4**	**93.0**
河　　北				
内 蒙 古	39.2			97.7
辽　　宁				
吉　　林		36.1		
黑 龙 江				
浙　　江				
湖　　北				
湖　　南	39.7	35.7		99.8
广　　东				
广　　西				
海　　南				
重　　庆				
四　　川			100.0	
贵　　州				350.0
云　　南				
西　　藏				
甘　　肃	30.2			
青　　海				
宁　　夏				
新　　疆	37.9			

主要统计指标解释

供水管道长度 指从送水泵至用户水表之间所有管道的长度。在同一条街道埋设两条或两条以上管道时，应按每条管道的长度计算。

供水总量 指报告期供水企业（单位）供出的全部水量。包括有效供水量和漏损水量。有效供水量指水厂将水供出厂外后，各类用户实际使用到的水量。包括售水量和免费供水量。售水量指收费供应的水量。免费供水量指无偿供应的水量。漏损水量指在供水过程中由于管道及附属设施破损而造成的漏水量、失窃水量以及水表失灵少计算的水量。

城市道路 指城市供车辆、行人通行的，具备一定技术条件的道路、桥梁、隧道及其附属设施。城市道路由车行道和人行道等组成。在统计时只统计路面宽度在 3.5 米（含 3.5 米）以上的各种铺装道路，包括开放型工业区和住宅区道路在内。

道路长度 指道路长度和与道路相通的桥梁、隧道的长度，按车行道中心线计算。

道路面积 指道路面积和与道路相通的广场、桥梁、隧道的面积（统计时，将人行道面积单独统计）。人行道面积按道路两侧面积相加计算，包括步行街和广场，不含人车混行的道路。

建成区面积 城市行政区内实际已成片开发建设、市政公用设施和公共设施基本具备的区域。对核心城市，它包括集中连片的部分以及分散的若干个已经成片建设起来，市政公用设施和公共设施基本具备的地区组成。因此建成区范围，一般是指建成区外轮廓线所能包括的地区，也就是这个城市实际建设用地所达到的范围。

绿地面积 指报告期末用作园林和绿化的各种绿地面积。包括公园绿地、生产绿地、防护绿地、附属绿地和其他绿地的面积。

公园绿地 城市中向公众开放的、以游憩为主要功能，有一定的游憩设施和服务设施，同时兼有健全生态、美化景观、防灾减灾等综合作用的绿化用地。它是城市建设用地、城市绿地系统和城市市政公用设施的重要组成部分。

人口密度 指地区内的人口疏密程度。

人均日生活用水量 指每一用水人口平均每天的生活用水量。

用水普及率 指报告期末城区内用水人口与总人口的比率。

燃气普及率 指报告期末城区内使用燃气的人口与总人口的比率。

人均公园绿地面积 指报告期末城区内平均每人拥有的公园绿地面积。

建成区绿化覆盖率 指报告期末建成区内绿化覆盖面积与区域面积的比率。

建成区绿化率 指报告期末建成区内绿地面积与建成区面积的比率。

生活垃圾处理率 指报告期内生活垃圾处理量与生活垃圾产生量的比率。

生活垃圾无害化处理率 指报告期内生活垃圾无害化处理量与生活垃圾产生量的比率。

九、资源和环境

9-1 民族自治地方自然资源及状况(2015年)

项　目	2015年	民族自治地方占全国比重(%)
土地资源		
土地总面积(万平方公里)	613	63.9
耕地面积(千公顷)(2015)	31896.64	23.6
草原面积(千公顷)(2014)	285793.07	72.8
#可利用草原面积(2014)	236682.10	71.5
森林资源		
森林面积(万公顷)	9036.14	43.5
森林蓄积量(亿立方米)	64.97	
水资源		
水资源总量(亿立方米)	11378	40.7
人均水资源量(立方米/人)	5855.88	287.2
主要矿产资源基础储量		
煤(亿吨)	863.70	35.4
铁矿石(亿吨)	38.30	18.4
硫铁矿(万吨)	33050.70	25.2
石油(万吨)	78788.70	22.5
天然气(亿立方米)	20028.90	38.6
铜矿 (万吨)	1243.20	45.7
铝土矿(万吨)	63309.30	63.5
锰矿(万吨)	21187.40	76.7
铬矿(万吨)	273.90	65.2
铅矿(万吨)	1104.60	63.5
锌矿(万吨)	2726.10	66.4
高岭土(万吨)	36846.30	64.2

9-2 民族自治地方分地区面积(2015年)

地　区	＊总面积（平方公里）	#民族自治地方面积	民族自治地方面积占总面积(%)	民族自治地方人口密度（人/平方公里）
全国总计	**9600000**	**6133277**	**63.89**	
合　计	**8362920**	**6133277**	**73.34**	**22.26**
河　北	187700	24005	12.79	11.29
内蒙古	1183000	1183000	100.00	21.23
辽　宁	145900	34200	23.44	22.63
吉　林	187400	54849	29.27	17.35
黑龙江	454600	6054	1.33	0.53
浙　江	101800	1950	1.92	1.69
湖　北	185900	29444	15.84	24.88
湖　南	211800	30946	14.61	25.03
广　东	177900	4622	2.60	2.86
广　西	236000	236000	100.00	203.22
海　南	33920	11462	33.79	51.87
重　庆	82400	14629	17.75	33.51
四　川	485000	303813	62.64	15.93
贵　州	176000	97844	55.59	100.45
云　南	394000	275547	69.94	57.77
西　藏	1228400	1228400	100.00	2.64
甘　肃	454000	171459	37.77	7.99
青　海	721200	709053	98.32	5.20
宁　夏	66000	66000	100.00	101.19
新　疆	1650000	1650000	100.00	14.30

注：1.合计为全国民族自治地方面积合计数。
2.总面积为全省区面积数。

9-3 流经民族自治地方主要河流及流域面积

流域名称	流域面积（平方公里）
外流河	
黑龙江及绥芬河	934802
辽河、鸭绿江及沿海诸河	314146
黄河	752773
长江	1782715
元江及澜沧江	240389
怒江及滇西诸河	157392
雅鲁藏布江及藏南诸河	387550
藏西诸河	58783
额尔齐斯河	48779
内陆河	
内蒙内陆河	311378
河西内陆河	469843
准噶尔内陆河	323621
中亚细亚内陆河	77757
塔里木内陆河	1079643
青海内陆河	321161
羌唐内陆河	730077
松花江、黄河、藏南闭流区	42271

9-4 民族自治地方主要山脉基本情况

名　称	山峰高程（米）	雪线高程（米）	冰川面积（平方公里）
阿尔泰山	4374	3000—3200	287
天山	7435	3600—4400	9548
祁连山	5826	4300—5240	2063
帕米尔	7579		2258
昆仑山			11639
喀喇昆仑山	8611	5100—5400	3265
唐古拉山	6137		2082
羌塘高原	6596		3566
念青唐古拉山	7111	4500—5700	7536
横断山	7556	4600—5500	1456
喜玛马拉雅山	8844	4300—6200	11055
冈底斯山	7095	5800—6000	2188

9-5 民族自治地方主要城市气候情况(2015年)

城 市	年平均气温(摄氏度)	年平均相对湿度(%)	年降水量(毫米)	年日照时数(小时)
呼和浩特	7.7	47	361.9	2666.3
南 宁	22.2	83	1222.3	1431.1
拉 萨	9.5	34	340.0	3112.4
银 川	10.7	50	227.1	2841.9
乌鲁木齐	8.8	58	408.9	2798.8

9-6 民族自治区水资源总量和总供水量(2015年)

地 区	水资源总量(亿立方米)	#地表水资源量	#地下水资源量	人均水资源量(立方米/人)	总供水量(亿立方米)	地表水	地下水	其 他
全 国	**27266.9**	**26900.8**	**7797.0**	**2039.2**	**6103.2**	**4971.5**	**1069.2**	**62.5**
内蒙古	537.0	402.1	224.6	2141.2	185.8	95.2	88.3	2.3
广 西	2433.6	2432.2	467.3	5096.5	299.3	286.4	11.7	1.2
西 藏	3853.0	3853.0	803.0	120121.0	30.8	27.7	3.1	
宁 夏	9.2	7.1	20.9	138.4	70.4	65.0	5.1	0.2
新 疆	930.3	880.1	544.9	3994.2	577.2	456.9	119.4	0.9

注：水资源总量等于地表水资源量加地下水资源量减两者之间的重复计算水量。

9-7 民族自治区总用水量和人均生活用水量(2015年)

地 区	总用水量(亿立方米)	农 业	工 业	生 活	生 态	人均生活用水量(立方米/人)
全 国	**6103.2**	**3851.5**	**1334.8**	**794.2**	**122.7**	**445.1**
内蒙古	185.8	140.1	18.8	10.4	16.4	740.9
广 西	299.3	201.7	55.5	39.7	2.4	626.8
西 藏	30.8	27.2	1.4	2.0	0.1	960.2
宁 夏	70.4	62.0	4.4	1.8	2.2	1059.1
新 疆	577.2	546.4	11.8	13.2	5.8	2478.2

9-8 民族自治地方分地区工业废水排放及处理情况和工业固体废物产生及综合利用情况(2015年)

单位: 万吨

地区	工业废水排放总量	工业固体废物产生量	工业固体废物综合利用量
合计	**196241**	**81572**	**39454**
河北	416	6848	375
内蒙古	35800	26669	12306
辽宁	1376	1508	1231
吉林	5355	1674	490
黑龙江			
浙江	32	1	1
湖北	3248	77	48
湖南	3863	1274	148
广东	525	10	9
广西	63253	7023	4433
海南	1063	155	25
重庆	1642	205	110
四川	1109	219	126
贵州	9130	1988	1202
云南	23829	7910	3544
西藏	481	401	
甘肃	1225	558	403
青海	1277	14359	6982
宁夏	15100	3430	2131
新疆	27518	7264	5891

主要统计指标解释

自然资源 指人类可以直接从自然界获得，并用于生产和生活的物质资源。自然资源一般可以分成可再生资源和非再生资源两大类。可再生资源是指在较短时间内可以再生、可以循环利用的资源，包括土地资源、水资源、气候资源、生物资源和海洋资源等。非再生资源是指在使用后不能再生的资源，包括矿产资源和地热资源。

土地资源 土地指陆地的表层部分，主要由岩石、岩石的风化物和土壤构成。土地资源按利用类型可以分为农用地、建筑用地和未利用地。

森林资源 指森林、林木、林地以及依托森林、林木、林地生存的野生动物、植物和微生物。

森林面积 指由乔木树种构成，郁闭度 0.2 以上（含 0.2）的林地或冠幅宽度 10 米以上的林带的面积，即有林地面积。

森林蓄积量 指一定森林面积上存在着的林木树干部分的总材量。它是反映一个国家或地区森林资源总规模和水平的基本指标之一，也是反映森林资源的丰富程度、衡量森林生态环境优劣的重要依据。

水利资源 水在自然界中以固态、液态和气态三种聚集状态存在，分布于海洋、陆地（包括土壤）以及大气之中，通过水循环形成水利资源。水利资源包括经人类控制并直接可供灌溉、发电、给水、航运、养殖等用途的地表水和地下水，以及江河、湖泊、井、泉、潮汐、港湾和养殖水域等。水利资源是发展国民经济不可缺少的重要自然资源。

矿产资源 矿产指由地质作用形成，富集于地壳中或出露于地表，达到工农业利用要求的有用矿物。矿产是一种人类需要的自然资源，是社会发展的重要物质基础。

矿产保有储量 指探明的矿产储量（包括工业储量和远景储量），扣除已开采部分和地下损失量后的年末实有储量，是反映国家矿产资源现状的重要指标。

气温 指空气的温度，我国一般以摄氏度（℃）为单位表示。气象观测的温度表是放在离地面 1.5 米处通风良好的百叶箱里测量温度的，因此，通常所说的气温指的是离地面 1.5 米处百叶箱中的温度。其统计计算方法为:

月平均气温是将 12 个月的月平均气温累加后除以 12 而得。

降水量 指从天空降到地面的液态或固态（经融化后）水，未经蒸发、渗透、流失而在地面上积聚的深度。

耕地面积 指经过开垦用以种植农作物并经常进行耕耘的土地面积。包括种有作物的土地面积、休闲地、新开荒地和抛荒未满三年的土地面积。

相对温度 指空气中实际所含水蒸气密度的百分比值。其统计计算方法与气温相同。

日照时数 指太阳实际照射地面的时间。其统计方法与降水量相同。

流域 每条河都有自己的干流和支流，干支流共同组成这条河流的水系。每条河流都有自己的集水区域，这个集水区域就称为该河流的流域。

外流河 指直接或间接流入海洋的河流。供给外流河河水的区域称为外流区。

内陆河 指在陆地内部干燥地区，河水沿途消失于沙漠或注入内陆湖泊的河流。供给内陆河河水的区域称为内陆区。

十、农　业

10-1 民族自治地方农村基层组织情况

年 份	乡镇个数（个）	乡村户数（万户）	乡村人口（万人）
1983	10129	2024.28	10269
1984	17742	2083.79	10444
1985	18429	2189.20	10968
1986	19165	2303.86	11198
1987	18776	2361.84	11794
1988	11594	2451.26	12034
1989	11792	2575.50	12998
1990	11295	2591.42	12358
1991	11149	2700.09	12446
1992	11031	2741.34	12511
1993	10501	2750.84	12602
1994	10645	2865.33	12652
1995	10491	2869.52	12677
1996	9660	2803.80	12495
1997	9943		12782
1998	9972		12544
1999	9630		12856
2000	9534		11414
2001	9045		12959
2002	8916		13027
2003	8747		13104
2004	8737		13243
2005	8275		13331
2006	7796		9193
2007	7743		13262
2008	7802		13362
2009	7757		11853
2010	7794		11087
2011	7832		11459
2012	7987		10885
2013	7906		10741
2014	7684		10082
2015	7678		10684

10-2 民族自治地方分地区农村基层组织情况(2015年)

地　　区	乡镇个数（个）	村民委员会（个）	乡村人口（万人）	乡个数（个）	镇个数（个）
合　　计	**7678**	**75386**	**10684.17**	**4054**	**3624**
河　　北	117	1453	159.35	69	48
内 蒙 古	771	11110	996.88	275	496
辽　　宁	154	1511	236.99	30	124
吉　　林	111	1550	143.89	33	78
黑 龙 江	11	79	17.70	6	5
浙　　江	19	254	7.91	15	4
湖　　北	102	2611	243.94	40	62
湖　　南	243	4051	327.82	116	127
广　　东	23	219	36.88		23
广　　西	1123	14273	2539.00	350	773
海　　南	60	588	116.33	16	44
重　　庆	127	921	196.56	61	66
四　　川	1181	8389	559.60	946	235
贵　　州	557	8380	1291.51	177	380
云　　南	785	7040	1516.82	381	404
西　　藏	684	5258	234.10	544	140
甘　　肃	268	2381	272.22	186	82
青　　海	323	3037	242.66	212	111
宁　　夏	193	2281	299.00	91	102
新　　疆	826		1245.00	506	320

10-3 民族自治地方农、林、牧、渔业总产值及指数(一)

年 份	绝对数(亿元)				
	农林牧渔业总产值	#农业	#林业	#牧业	#渔业
1981					
1982					
1983					
1984					
1985					
1986					
1987					
1988	733.21	422.84	50.37	171.42	7.48
1989	653.47	372.19	45.26	156.61	7.11
1990					
1991	1070.63	612.22	71.14	291.41	19.88
1992	1208.49	675.72	85.39	336.87	27.51
1993	1400.64	859.91	92.13	412.92	35.68
1994	1994.17	1210.66	111.28	615.86	56.37
1995	2536.60	1538.41	124.65	795.14	78.40
1996	2947.22	1796.40	137.89	918.38	94.55
1997	3175.11	1911.99	138.79	1014.52	109.81
1998	3210.06	1990.68	145.76	951.34	122.28
1999	3159.95	1898.60	157.68	974.90	128.77
2000	3199.77	1853.04	165.19	1038.43	143.12
2001	3327.71	1899.61	170.36	1110.98	146.77
2002	3501.22	1981.90	187.22	1179.83	152.26
2003	4014.59	2136.46	264.58	1342.09	166.64
2004	4803.39	2509.73	277.23	1708.31	193.54
2005	5349.47	2830.56	290.25	1900.65	210.20
2006	5905.76	3148.31	327.92	2073.17	229.49
2007	7104.18	3693.64	399.90	2552.73	263.07
2008	8260.45	4157.44	470.71	3103.73	306.18
2009	8670.89	4470.73	521.74	3118.90	331.07
2010	10374.44	5647.96	586.69	3506.11	379.30
2011	12125.67	6471.01	712.44	4185.01	467.53
2012	13631.28	7350.19	831.81	4595.38	530.13
2013	15012.66	8083.35	900.53	4972.54	586.22
2014	11352.35	6058.66	662.97	4145.15	249.08
2015	16881.48	9340.95	1006.57	5355.50	697.86

注：1992年以前农业总产值包括副业，2003年执行新国民经济行业分类标准，总产值包括农林牧渔服务业产值。下表同。

10-3 民族自治地方农、林、牧、渔业总产值及指数(二)

年 份	指数(上年=100)				
	农林牧渔业总产值	#农业	#林业	#牧业	#渔业
1981	107.4	105.1	120.1	111．4	115.3
1982					
1983	107.8	106.7	111.9	106.4	114.6
1984	109.4	107.1	122.7	108.4	108.2
1985	110.8	108.1	114.2	116.3	120.2
1986	103.5	101.7	95.5	107.5	114.7
1987	105.7	106.1	99.4	105.4	113.4
1988	105.8	105.2	102.7	105.7	111.8
1989	106.1	104.8	107.1	108.7	113.0
1990	110.2	115.3	105.8	104.6	146.8
1991	105.9	99.5	130.2	124.0	145.4
1992	107.6	107.6	107.0	108.4	115.4
1993	105.1				
1994	107.1	104.9	106.2	109.8	134.2
1995	108.7	106.1	102.6	114.2	126.2
1996	109.0	108.2	102.2	111.2	118.4
1997	105.7	105.0	99.2	107.2	115.0
1998	106.9	110.4	105.1	99.7	114.1
1999	104.6	104.0	102.9	105.5	109.1
2000	101.9	99.1	103.7	106.6	106.1
2001	104.5	104.1	99.1	106.3	104.8
2002	105.4	105.2	108.7	105.5	104.0
2003	105.8				
2004	108.2				
2005	108.1	106.9	102.6	110.7	106.5
2006	107.4	106.4	109.0	108.0	107.5
2007	106.9	105.9	104.3	105.3	101.0
2008	107.6	107.1	111.8	108.1	105.5
2009	105.8	104.6	103.7	106.6	107.2
2010	106.8	106.3	98.7	106.9	106.0
2011	106.6	107.2	107.6	103.2	107.7
2012	106.5	107.1	107.5	106.0	107.1
2013	105.9	106.8	107.6	103.7	106.7
2014	105.4	105.3	106.3	105.4	106.8
2015	104.6	106.1	104.1	101.9	104.9

10-4 民族自治地方分地区农、林、牧、渔业总产值及指数(2015年)(一)

地　区	绝对数(亿元)				
	农林牧渔业总产值	#农业	#林业	#牧业	#渔业
合　计	**16881.48**	**9340.95**	**1006.57**	**5355.50**	**697.86**
河　北	226.26	107.86	15.66	94.10	4.49
内蒙古	2751.55	1418.31	99.42	1160.85	30.75
辽　宁	518.82	213.30	67.45	196.27	31.93
吉　林	374.04	206.43	19.81	135.38	5.71
黑龙江	56.21	22.05	0.24	30.87	3.00
浙　江	10.34	7.22	1.54	1.33	0.15
湖　北	341.24	183.24	11.82	134.57	7.03
湖　南	293.11	179.59	24.89	80.79	9.08
广　东	30.94	17.86	5.59	5.27	0.52
广　西	4197.12	2146.37	313.90	1140.30	429.82
海　南	278.49	157.40	34.31	36.10	43.14
重　庆	134.29	72.80	7.44	50.70	1.71
四　川	618.66	301.39	31.43	268.77	5.55
贵　州	1184.46	693.33	74.59	315.77	26.53
云　南	2084.37	1063.69	214.11	704.10	57.74
西　藏	149.46	68.05	2.11	75.30	0.18
甘　肃	124.10	64.25	5.11	51.05	0.34
青　海	220.61	101.46	12.35	101.58	2.63
宁　夏	483.02	310.99	11.63	122.90	15.77
新　疆	2804.40	2005.38	53.20	649.51	21.80

注：本表绝对数按当年价格计算，指数按可比价格计算。

10-4 民族自治地方分地区农、林、牧、渔业总产值及指数(2015年)(二)

地　　区	指数(上年=100)				
	农林牧渔业总产值	#农业	#林业	#牧业	#渔业
合　　计	**104.6**	**106.1**	**104.1**	**101.9**	**104.9**
河　　北	105.2	109.4	100.9	102.6	94.4
内 蒙 古	102.4	106.0	103.5	97.9	104.4
辽　　宁	101.1	105.7	91.8	100.1	100.1
吉　　林	103.3	102.4	83.8	108.6	100.0
黑 龙 江	86.0	101.4	100.9	76.3	101.6
浙　　江	102.0	101.2	103.3	103.9	113.0
湖　　北	105.5	105.0	107.1	105.5	105.4
湖　　南	103.9	105.2	101.7	101.2	107.9
广　　东	105.0	104.7	104.7	106.0	101.3
广　　西	103.7	105.1	106.3	99.7	104.0
海　　南	106.0	107.2	104.7	102.2	104.6
重　　庆	106.1	105.2	109.2	106.5	115.9
四　　川	104.7	105.4	104.8	103.7	106.1
贵　　州	107.3	109.1	107.7	103.2	112.5
云　　南	106.2	106.2	105.8	106.8	109.4
西　　藏	104.5	104.4	77.6	105.3	100.6
甘　　肃	121.9	114.1	144.6	131.2	111.2
青　　海	105.3	106.3	105.6	104.0	127.1
宁　　夏	104.4	105.6	99.3	101.6	105.6
新　　疆	106.3	106.9	107.9	104.1	109.5

10-5 民族自治地方农、林、牧、渔业总产值构成

单位：%

年 份	农、林、牧、渔业总产值	农业	林业	牧业	副业	渔业
1980	100	65.94	4.82	22.17	6.62	0.45
1981	100	64.53	5.38	22.99	6.62	0.48
1982	100	62.11	6.78	22.02	8.37	0.72
1983	100	61.49	7.04	21.75	8.96	0.76
1984	100	60.20	7.90	21.56	9.59	0.75
1985	100	58.77	8.15	22.62	9.65	0.81
1986	100	57.75	7.51	23.49	10.35	0.90
1987	100	57.99	7.06	23.41	10.57	0.97
1988	100	57.67	6.87	23.38	11.06	1.02
1989	100	56.96	6.92	23.97	11.06	1.09
1990	100	59.60	6.65	22.75	9.55	1.45
1991	100	55.99	8.19	26.64	7.19	1.99
1992	100	56.02	8.13	26.84	6.68	2.15
1993	100	61.61	8.09	27.84		2.46
1994	100	60.03	8.03	28.55		3.08
1995	100	58.87	7.58	29.98		3.57
1996	100	58.43	7.11	30.58		3.88
1997	100	60.22	4.37	31.95		3.46
1998	100	62.01	4.54	29.64		3.81
1999	100	60.08	4.99	30.85		4.08
2000	100	57.91	5.16	32.45		4.47
2001	100	57.08	5.12	33.39		4.41
2002	100	56.60	5.35	33.70		4.35
2003	100	53.22	6.59	33.43	2.61	4.15
2004	100	52.25	5.77	35.56	2.39	4.03
2005	100	52.91	5.43	35.53	2.20	3.93
2006	100	53.31	5.55	35.10	2.15	3.89
2007	100	51.99	5.63	35.93	2.74	3.70
2008	100	50.33	5.70	37.57	2.69	3.71
2009	100	51.56	6.02	35.97	2.63	3.82
2010	100	54.44	5.66	33.80	2.44	3.66
2011	100	53.37	5.88	34.51	2.39	3.86
2012	100	53.92	6.10	33.71	2.38	3.89
2013	100	54.78	5.97	32.60	2.52	4.14
2014	100	53.37	5.84	36.51	2.08	2.19
2015	100	55.33	5.96	31.72	2.85	4.13

注：1.本表按当年价格计算。
2.2003年后，总产值包括农林牧渔业服务业。

10-6 民族自治地方分地区农、林、牧、渔业总产值构成(2015年)

(以农、林、牧、渔业和农林牧渔服务业总产值为100)

地　区	农业	林业	牧业	渔业
合　计	**55.33**	**5.96**	**31.72**	**4.13**
河　北	47.67	6.92	41.59	1.98
内蒙古	51.55	3.61	42.19	1.12
辽　宁	41.11	13.00	37.83	6.15
吉　林	55.19	5.30	36.19	1.53
黑龙江	39.22	0.42	54.92	5.33
浙　江	69.86	14.86	12.84	1.43
湖　北	53.70	3.46	39.44	2.06
湖　南	61.27	8.49	27.56	3.10
广　东	57.75	18.07	17.03	1.69
广　西	51.14	7.48	27.17	10.24
海　南	56.52	12.32	12.96	15.49
重　庆	54.21	5.54	37.75	1.27
四　川	48.72	5.08	43.44	0.90
贵　州	58.54	6.30	26.66	2.24
云　南	51.03	10.27	33.78	2.77
西　藏	45.53	1.41	50.38	0.12
甘　肃	51.77	4.12	41.14	0.28
青　海	45.99	5.60	46.05	1.19
宁　夏	64.38	2.41	25.44	3.26
新　疆	71.51	1.90	23.16	0.78

注：本表按当年价格计算。

10-7 民族自治地方耕地面积、总播种面积和粮食播种面积

单位：万公顷

年　份	耕地面积	总播种面积	#粮食播种面积	粮食播种面积占总播种面积比例
1952	1347.97	1548.56	1344.16	86.80
1957	1536.43	1846.69	1568.33	84.93
1962	1629.33	1770.48	1531.27	86.49
1965	1672.33	1897.81	1637.43	86.28
1975	1635.47	1962.02	1659.29	84.57
1978	1639.60	2018.10	1674.34	82.97
1980	1657.56	1939.90	1583.71	81.64
1981	1650.33	1898.34	1544.39	81.35
1982	1651.91	1933.57	1561.88	80.78
1983	1685.61	1972.06	1609.35	81.61
1984	1661.42	1965.80	1576.22	80.18
1985	1747.06	2022.08	1542.37	76.28
1986	1697.07	2061.43	1579.60	76.63
1987	1698.51	2084.79	1622.16	77.81
1988	1725.04	2139.69	1619.59	75.69
1989	1751.54	2231.22	1685.37	75.54
1990	1763.39	2274.08	1717.69	75.53
1991	1743.00	2266.62	1666.78	73.54
1992	1766.25	2352.48	1697.90	72.17
1993	1776.09	2424.17	1341.07	55.32
1994	1805.89	2410.23	1281.97	53.19
1995	1508.00	2439.00	1726.78	70.80
1996	1804.98	2469.04	1742.38	70.57
1997	2069.84	2620.54	1832.01	69.91
1998	2068.50	2667.96	1862.78	69.82
1999	2095.99	2684.13	1831.14	68.22
2000	2086.44	2660.02	1754.33	65.95
2001	2062.60	2645.44	1721.52	65.07
2002	2006.63	2691.71	1719.73	63.89
2003	1967.68	2624.32	1614.21	61.51
2004	2048.18	2699.24	1660.58	61.52
2005	2033.13	2766.88	1695.65	61.28
2006	2087.60	2797.27	1696.06	60.63
2007	2287.60	2802.92	1718.69	61.32
2008	2302.55	2866.25	1746.29	60.93
2009	2306.86	2964.58	1854.66	62.56
2010	2380.48	3051.75	1911.16	62.63
2011	2375.66	3109.74	1912.17	61.49
2012	2374.57	3168.26	1922.39	60.68
2013	2589.61	3317.19	2026.51	61.09
2014	2130.12	3289.30	1986.87	60.40
2015	2555.67	3313.42	1969.82	59.45

10-8 民族自治地方分地区耕地面积和农作物播种面积(2015年)

单位：千公顷

地 区	年末实有耕地面积	农作物总播种面积	#粮 食	#油 料	#棉 花
合 计	**25556.72**	**33134.23**	**19698.21**	**2509.19**	**1909.38**
河 北	285.39	258.10	201.12	7.24	0.32
内蒙古	9162.00	7568.00	5726.67	913.00	0.10
辽 宁	592.43	611.99	462.75	94.24	
吉 林	675.41	725.89	631.12	48.83	
黑龙江	161.82	153.07	149.34	1.68	
浙 江	7.67	15.88	7.78	0.33	
湖 北	367.55	905.48	506.95	79.34	0.01
湖 南	373.45	692.99	351.53	109.77	0.90
广 东	30.84	57.92	28.34	6.05	
广 西	4402.30	6134.71	3059.34	248.40	2.30
海 南	163.31	215.94	77.42	7.32	
重 庆	278.75	468.07	283.78	51.86	
四 川	540.83	941.02	654.64	41.65	
贵 州	1386.52	2367.14	1289.87	242.94	1.44
云 南	1779.50	3956.85	2476.99	174.73	0.01
西 藏	236.80	252.84	178.94	23.81	
甘 肃	278.00	316.06	213.55	33.02	
青 海	458.13	469.99	233.08	131.27	
宁 夏	1650.00	1265.00	770.00	75.40	
新 疆	2726.00	5757.30	2395.00	218.33	1904.30

10-9 民族自治地方主要农产品产量

单位：万吨

年 份	粮 食	棉 花	油 料	烟 叶		糖 料		
					#烤烟		甜 菜	甘 蔗
1949	1155.50	1.02						
1952	1581.50	3.14	21.47	1.90	1.90	109.52	0.16	109.36
1957	1882.50	5.98	28.79	3.68	3.68	156.86	24.48	132.38
1962	1717.50	3.02	13.03			62.13	12.41	49.72
1965	2217.00	8.87	27.49	5.47	5.47	271.99	39.43	232.56
1975	3069.50	5.39	32.01	10.62	10.62	417.70	56.83	360.87
1978	3123.50	5.97	36.15	12.29	12.29	578.46	65.68	512.78
1980	3300.10	8.33	36.68	8.53	8.53	694.20	133.14	561.06
1981	3371.00	11.73	106.79	17.33	13.51	855.15	127.21	727.94
1982	3744.15	15.21	129.40	27.58	21.51	1208.71	196.50	1012.21
1983	4026.64	16.83	140.51	17.72	13.61	1227.15	207.68	1019.47
1984	4114.67	20.92	153.95	26.22	20.79	1338.80	235.36	1103.44
1985	4006.33	19.36	192.82	46.40	33.72	1780.68	243.59	1537.09
1986	4065.04	22.40	198.79	31.32	23.15	1954.26	270.50	1683.76
1987	4338.74	28.58	175.58	35.14	26.66	2008.29	306.06	1702.23
1988	4361.40	28.26	174.16	51.67	41.43	2335.47	397.04	1938.43
1989	4662.37	29.80	169.33	53.65	42.29	2139.35	335.89	1803.46
1990	5372.98	47.37	208.13	48.76	39.30	2673.98	532.30	2141.68
1991	5516.37	65.24	230.06	63.69	51.96	3404.49	655.32	2749.17
1992	5612.34	67.89	235.23	85.11		3840.06	652.16	3187.90
1993	5157.09	68.93	226.29	90.50	77.08	3657.16	571.25	3085.91
1994	5092.17	89.14	242.91	60.79	49.36	4211.21	1080.18	3131.03
1995	5800.83	94.60	264.09	65.32	55.34	3317.69	613.93	2703.76
1996	6799.13	94.99	252.63	89.82	75.01	4560.67	722.92	3837.75
1997	6640.68	115.85	255.21	158.62		5190.36	822.67	4367.69
1998	7150.42	141.05	290.60	85.92				
1999	6873.84	136.14	332.87	68.57				
2000	6381.36	146.24	353.16	69.19				
2001	6492.55	157.66	313.36	63.34				
2002	6586.77	148.20	355.39	66.94		6656.91		
2003	6480.24	160.81	359.22	65.63		7972.26		
2004	6764.42	179.94	397.36	70.40		6446.32		
2005	7186.78	187.93	372.02	80.30		6511.64		
2006	7202.07	219.46	359.47	82.49		8074.50		
2007	7321.31	302.14	286.54	77.02		9905.47		
2008	7925.39	303.34	396.60	94.68		10427.56		
2009	8005.93	252.97	397.31	103.40		9389.06		
2010	8307.91	248.47	422.40	104.38		9118.30		
2011	8691.24	290.42	416.65	110.68		9360.30		
2012	9141.60	354.53	454.67	120.98		10097.28		
2013	9589.16	352.46	478.59	120.37		10381.90		
2014	9780.23	368.40	485.54	108.88		10497.37		
2015	9800.96	353.52	512.75	101.65		9935.36		

10-10 民族自治地方分地区主要农产品产量（2015年）

单位：万吨

地区	粮食	油料	棉花	麻类	糖料	烟叶	茶叶	水果
合计	**9800.96**	**512.75**	**353.52**	**2.84**	**9935.36**	**101.65**	**44.67**	**5201.30**
河北	72.92	1.31	0.05					60.72
内蒙古	2827.01	193.58	0.02		230.10	1.20		296.74
辽宁	187.04	7.11				0.79		29.79
吉林	455.59	13.01			0.38	0.84		12.80
黑龙江	92.63	0.51						1.58
浙江	4.15	0.06					0.24	11.33
湖北	187.77	12.36			0.01	5.64	10.49	38.40
湖南	176.99	16.18	0.05	0.02	2.71	4.37	0.35	163.85
广东	13.40	1.55			0.16	0.17	0.11	4.31
广西	1524.75	64.68	3.00	1.06	7504.92	2.80	6.36	1720.02
海南	37.34	2.28		0.29	113.62		0.04	103.23
重庆	126.68	9.86		0.13	0.02	3.29	0.72	11.36
四川	270.35	7.64		0.01	7.72	13.41	1.15	141.99
贵州	522.85	39.79	0.10	0.03	152.96	17.71	4.82	77.26
云南	1061.45	28.28		0.02	1474.13	51.22	20.39	575.51
西藏	100.63	6.37					0.01	1.50
甘肃	110.05	8.52		0.17	0.29	0.01		15.00
青海	135.41	21.51						1.97
宁夏	372.65	15.25				0.22		298.94
新疆	1521.30	62.90	350.30	1.10	448.32			1635.00

10-11 民族自治地方牲畜年末头(只)数及比重

年 份	牲畜总头数(万头/只)				比重(%)		
		大牲畜	猪	羊	大牲畜	猪	羊
1949	4108.00	1646.00	796.00	1666.00	40.07	19.38	40.55
1952	7606.50	2439.20	1136.90	4030.00	32.07	14.95	52.98
1957	9914.20	2926.30	1589.00	5398.90	29.52	16.03	54.45
1962	10424.60	2560.60	1255.30	6605.70	24.57	12.05	63.38
1965	14119.70	3372.90	2151.40	8595.40	23.89	15.24	60.87
1975	16226.95	3848.53	3031.85	9346.57	23.72	18.68	57.60
1978	16656.50	3807.20	3256.70	9579.60	22.87	19.58	57.55
1980	17168.30	3928.32	3286.26	9983.72	22.88	18.97	58.15
1981	17713.95	4057.86	3314.11	10314.98	22.91	18.71	58.38
1982	18026.93	4244.84	3635.67	10146.42	23.55	20.17	56.28
1983	17983.04	4339.77	3970.58	9672.69	24.13	22.08	53.79
1984	18198.34	4462.62	4047.20	9688.52	24.52	22.24	53.24
1985	19038.77	4748.79	4532.86	9757.12	24.94	23.81	51.25
1986	19808.61	4950.94	4869.33	9988.34	24.99	23.58	50.43
1987	20260.96	5046.00	4968.82	10246.14	24.91	24.52	50.57
1988	20938.16	5130.19	5085.00	10722.97	24.50	24.29	51.21
1989	21948.68	5229.87	5434.73	11284.08	23.83	24.76	51.41
1990	22312.78	5285.92	5668.05	11361.81	23.69	25.39	50.92
1991	22151.91	5308.61	5564.71	11278.59	23.96	25.12	50.91
1992	23039.85	5391.81	6726.06	10921.98	23.40	29.19	47.41
1993	22779.51	5429.58	6443.30	10926.63	23.81	28.26	47.93
1994	23449.37	5480.15	6729.43	11239.79	23.37	28.70	47.93
1995	24763.73	5618.25	7239.62	11905.86	22.69	29.23	48.08
1996	24891.68	5545.03	7138.86	12207.79	22.28	28.68	49.04
1997	25884.50	5636.80	7517.70	12690.00	21.81	29.09	49.10
1998	25455.63	5564.79	7046.73	12844.11	21.86	27.68	50.46
1999	26015.82	5688.57	7291.72	13035.53	21.87	28.03	50.10
2000	26842.63	5565.95	8200.84	13075.84	20.74	30.55	48.71
2001	27039.50	5549.57	8251.87	13238.06	20.52	30.51	48.97
2002	27572.94	5570.19	8062.49	13940.26	20.20	29.24	50.56
2003	28326.20	5797.61	7728.94	14799.65	20.47	27.29	52.25
2004	30155.18	5973.76	7955.65	16225.77	19.81	26.38	53.81
2005	31069.89	6152.63	8526.44	16390.83	19.80	27.44	52.75
2006	30868.69	6265.13	8143.88	16459.68	20.30	26.38	53.32
2007	29010.23	5744.65	7972.45	15293.12	19.80	27.48	52.72
2008	27762.38	5598.60	7696.79	14467.00	20.17	27.72	52.11
2009	28433.52	5683.81	7943.70	14806.01	19.99	27.94	52.07
2010	29094.29	6067.84	8141.22	14885.23	20.86	27.98	51.16
2011	28790.25	6023.70	8098.93	14667.63	20.92	28.13	50.95
2012	29170.85	5485.62	8554.60	15130.63	18.81	29.33	51.87
2013	29028.95	5368.30	8511.18	15149.48	18.49	29.32	52.19
2014	30850.72	5768.55	8742.82	16339.36	18.70	28.34	52.96
2015	30458.43	5576.34	8410.86	16471.23	18.31	27.61	54.08

10-12 民族自治地方大牲畜、猪、羊年末头(只)数占全国的比重

单位：%

年 份	牲畜总头数	大牲畜	猪	羊
1949	25.66	27.42	13.78	39.34
1952	33.36	31.90	12.66	65.24
1957	30.20	34.91	10.89	54.77
1962	34.19	36.48	12.56	49.06
1965	36.20	40.05	12.89	61.82
1975	30.75	39.63	10.78	57.21
1978	28.71	60.55	10.82	56.37
1980	29.20	41.24	10.66	53.30
1981	30.58	41.56	11.28	55.09
1982	30.89	41.17	13.19	61.16
1983	31.61	41.93	13.30	57.94
1984	31.73	41.17	13.19	61.16
1985	31.67	41.72	13.67	62.48
1986	31.83	41.64	14.45	60.23
1987	32.16	41.39	15.16	56.82
1988	31.34	31.04	14.87	53.35
1989	31.69	40.84	15.40	53.32
1990	31.76	40.59	15.63	54.10
1991	31.30	40.23	15.05	54.69
1992	31.72	39.98	17.51	52.68
1993	30.39	38.82	16.40	50.30
1994	29.12	36.70	16.20	46.70
1995	30.81	38.20	17.40	49.50
1996	28.67	43.50	15.60	40.10
1997	27.87	33.85	16.44	41.83
1998	30.32	37.59	16.68	47.74
1999	30.26	37.90	16.90	46.70
2000	30.20	36.74	18.35	45.04
2001	29.86	37.01	18.04	44.38
2002	29.61	36.60	17.42	44.03
2003	29.46	37.40	16.59	43.45
2004	29.99	37.96	16.51	44.29
2005	30.90	39.09	17.69	44.74
2006	30.23	39.74	16.47	44.61
2007	34.18	46.67	18.12	53.54
2008	32.05	45.70	16.63	51.51
2009	32.82	46.40	17.16	52.72
2010	33.59	49.53	17.59	53.00
2011	33.10	50.34	17.32	51.95
2012	33.54	45.84	18.29	53.59
2013	33.38	44.86	18.20	53.65
2014	34.69	47.98	18.77	53.90
2015	34.45	45.72	18.64	52.96

10-13 民族自治地方分地区牲畜出栏数和年底存栏数(2015年)

单位：万头(只)

地区	牲畜当年出栏数			牲畜年末存栏数		
	大牲畜	猪	羊	大牲畜	猪	羊
合计	**1723.80**	**11475.69**	**13172.98**	**5576.34**	**8410.86**	**16471.23**
河北	43.86	137.63	144.17	48.22	87.20	98.91
内蒙古	410.03	898.45	5596.30	884.58	645.34	5777.80
辽宁	70.86	377.75	359.95	91.59	171.33	208.66
吉林	36.35	83.14	135.44	50.36	125.44	145.63
黑龙江	12.70	11.80	13.60	17.50	12.80	21.10
浙江	0.27	4.75	1.86	0.52	3.39	1.45
湖北		596.47	164.27	48.87	501.66	154.52
湖南	46.41	298.95	67.94	86.70	257.10	54.30
广东	0.60	18.09	0.63	3.80	13.15	0.99
广西		3416.79		479.60	2303.70	202.60
海南	5.77	107.03	21.68	21.84	84.07	23.18
重庆	22.24	212.10	47.18	50.33	157.28	45.01
四川	127.57	598.51	394.11	646.67	473.22	797.96
贵州	60.81	811.11	143.78	242.72	608.40	160.71
云南	314.97	3192.60	575.75	825.50	2442.67	810.93
西藏		18.10	406.62	654.20	38.60	1496.00
甘肃	68.27	55.62	342.67	204.98	55.88	581.35
青海	188.20	82.21	734.27	519.06	69.64	1306.63
宁夏	67.60	91.50	578.70	114.40	65.50	587.80
新疆	247.29	463.10	3444.06	584.90	294.49	3995.70

10-14 民族自治地方主要畜产品产量

单位：万吨

年 份	猪 肉	牛 肉	羊 肉	牛羊奶	羊 毛
1980	131.04	14.30	19.66	43.78	10.70
1981	124.29	19.34	20.56	54.41	11.66
1982	136.55	15.30	23.14	61.08	12.18
1983	135.20	18.58	29.08	65.02	12.59
1984	151.09	20.46	28.54	76.37	12.64
1985	179.85	27.41	31.13	86.76	15.76
1986	191.05	29.60	35.35	111.18	13.00
1987	212.84	30.18	36.32	123.15	13.86
1988	217.22	33.94	35.37	119.51	14.57
1989	235.76	39.12	43.31	126.07	15.62
1990	245.99	40.59	31.33	135.06	17.96
1991	301.63	45.97	51.21	129.32	15.82
1992	304.09	51.50	53.44	150.90	15.45
1993	336.61	56.56	37.20	159.31	15.15
1994	390.88	66.29	57.06	173.76	15.44
1995	454.16	78.77	65.07	185.79	19.34
1996	501.72	87.60	74.09	201.04	16.86
1997	506.74	101.14	84.34	216.85	17.89
1998	536.96	105.56	91.16	230.70	18.05
1999	583.74	111.47	97.72	243.49	18.19
2000	554.17	120.89	110.78	260.52	18.37
2001	616.96	125.44	111.71	304.57	18.66
2002	579.99	131.58	118.54	397.36	18.92
2003	589.18	152.46	138.54	595.35	20.95
2004	607.72	167.04	165.05	830.12	23.43
2005	672.40	185.08	189.69	1071.01	25.71
2006	717.14	204.48	209.96	1301.53	25.70
2007	696.04	194.50	203.38	1385.04	25.89
2008	705.04	199.44	188.94	1377.67	25.59
2009	752.96	208.68	196.13	1363.29	25.58
2010	801.87	220.45	216.09	1405.83	27.89
2011	810.44	219.82	213.68	1408.84	27.60
2012	865.29	220.69	206.87	1427.31	28.51
2013	866.87	220.97	205.07	1296.03	30.11
2014	911.87	211.75	207.38	1365.53	29.47
2015	881.98	235.56	223.38	1363.12	21.16

10-15 民族自治地方分地区畜产品和水产品产量(2015年)(一)

单位: 万吨

地　区	肉类总产量	#猪　肉	#牛　肉	#羊　肉	牛羊奶产量
合　计	**1641.65**	**881.98**	**235.56**	**223.38**	**1363.12**
河　北	26.37	11.14	6.85	1.86	12.97
内蒙古	245.71	70.81	52.90	92.59	812.24
辽　宁	70.07	32.00	6.60	6.08	9.69
吉　林	33.07	13.83	3.76	0.92	6.49
黑龙江	3.90	0.94	1.85	0.20	41.58
浙　江	0.59	0.45	0.03	0.03	
湖　北	57.89	49.43	2.46	3.57	0.04
湖　南	29.17	21.18	2.63	1.08	4.90
广　东	1.70	0.90	0.04		
广　西	417.27	258.81	14.38	3.24	10.06
海　南	11.77	8.52	0.55	0.28	
重　庆	21.20	15.63	2.91	0.66	
四　川	65.15	41.52	13.39	6.73	26.78
贵　州	72.20	56.92	6.21	2.06	0.49
云　南	326.12	247.76	34.71	10.12	56.74
西　藏	28.00	1.50	16.50	8.20	35.00
甘　肃	16.64	3.91	6.20	6.02	11.63
青　海	32.41	6.55	13.43	14.23	34.20
宁　夏	29.22	7.08	9.75	10.11	136.53
新　疆	153.20	33.10	40.40	55.40	163.80

10-15 民族自治地方分地区畜产品和水产品产量(2015年)(二)

单位: 万吨

地 区	羊 毛	羊 绒	水产品
合 计	**21.16**	**6.06**	**515.35**
河 北	0.18	0.01	3.06
内蒙古	2.30	0.84	15.35
辽 宁	1.62	3.90	10.44
吉 林	1.84	0.97	1.88
黑龙江	0.07		2.79
浙 江			0.14
湖 北			2.99
湖 南			4.23
广 东			0.61
广 西			345.62
海 南			25.49
重 庆			1.10
四 川	0.69	0.01	2.88
贵 州	0.05	0.01	12.67
云 南	0.06		52.44
西 藏	0.85	0.10	
甘 肃	0.77	0.01	0.39
青 海	1.66	0.05	1.20
宁 夏	1.09	0.05	16.98
新 疆	9.99	0.12	15.10

10-16 民族自治地方人均农业总产值和主要农产品人均占有量

年 份	农林牧渔业总产值（元）	粮 食（公斤）	棉 花（公斤）	油 料（公斤）	大牲畜（头）	猪（头）	羊（只）
1980	139.27	287.96	0.73		0.34	0.28	0.87
1981	146.86	288.69	1.01	9.15	0.35	0.28	0.89
1982	225.09	313.39	1.28	10.83	0.36	0.30	0.85
1983	233.81	324.91	1.36	11.34	0.35	0.32	0.78
1984	248.10	321.97	1.64	12.05	0.35	0.32	0.76
1985	265.61	302.96	1.47	14.58	0.36	0.34	0.74
1986	264.63	295.91	1.63	14.47	0.36	0.35	0.73
1987	272.78	308.00	2.03	12.46	0.36	0.35	0.73
1988	282.05	302.60	1.96	12.08	0.36	0.35	0.74
1989	290.99	314.60	2.01	11.43	0.35	0.37	0.76
1990	303.10	342.70	3.00	13.30	0.34	0.36	0.72
1991	692.39	356.75	4.22	14.88	0.34	0.36	0.73
1992	773.18	359.10	4.30	15.00	0.34	0.40	0.70
1993	887.83	330.90	4.40	14.60	0.35	0.40	0.70
1994	1248.33	317.25	5.55	15.14	0.34	0.42	0.73
1995	1580.99	374.97	5.91	16.14	0.35	0.45	0.74
1996	1815.86	426.20	5.95	15.84	0.46	0.45	0.77
1997	1935.11	406.93	7.10	15.64	0.44	0.46	0.78
1998	1931.91	430.75	8.50	17.51	0.34	0.42	0.77
1999	1894.68	412.15	8.16	19.96	0.34	0.44	0.78
2000	1902.62	379.44	8.70	21.00	0.33	0.49	0.78
2001	1972.55	389.29	9.45	18.79	0.33	0.49	0.79
2002	2053.35	386.29	8.69	20.84	0.34	0.49	0.82
2003	2332.15	376.45	9.34	20.87	0.34	0.45	0.86
2004	2774.72	390.75	10.39	22.95	0.35	0.46	0.94
2005	3090.16	411.43	10.76	21.30	0.35	0.49	0.94
2006	3340.39	407.36	12.41	20.33	0.35	0.46	0.93
2007	3958.22	407.92	16.83	15.97	0.32	0.44	0.85
2008	4570.00	438.46	16.78	21.94	0.31	0.43	0.80
2009	4733.56	437.05	13.81	21.69	0.31	0.43	0.81
2010	5598.42	448.32	13.41	22.79	0.33	0.44	0.80
2011	6499.55	465.86	15.57	22.33	0.32	0.43	0.79
2012	7265.23	487.23	18.90	24.23	0.29	0.46	0.81
2013	7936.50	506.93	18.63	25.30	0.28	0.45	0.80
2014	6052.85	521.46	19.64	25.89	0.31	0.47	0.87
2015	9067.34	526.43	18.99	27.54	0.30	0.45	0.88

注：人均农林牧渔业总产值1980年、1981年按1970年不变价格计算，1982-1990年按1980年不变价格，1991年至现在按当年价格计算。

10-17 民族自治地方农业机械总动力和大中小型拖拉机拥有量

年 份	农业机械总动力	大中农用拖拉机		小型拖拉机	
		万台	万千瓦	万台	万千瓦
1980		12.08	410.0	20.75	183.2
1981		12.28	428.2	21.33	188.2
1982		12.45	452.5	23.25	207.1
1983	1869.9	13.07	454.1	27.85	245.8
1984	1964.5	13.25	480.5	33.83	301.3
1985	2144.4	14.37	492.7	40.27	360.3
1986	2468.7	15.25	501.0	51.46	478.0
1987	2643.8	15.27	473.0	58.15	568.8
1988	2908.4	16.41	562.2	75.53	668.6
1989	3329.5	16.10	564.3	84.86	783.8
1990	3817.1	15.89	646.0	90.74	1019.6
1991	3569.0	15.21	570.0	99.74	975.0
1992	3675.7	15.01	551.7	105.37	983.9
1993	4104.7	13.97	540.2	95.22	1049.1
1994	4137.4	12.89	529.1	107.78	1210.3
1995	4563.3	13.00	463.3	125.80	974.1
1996	5053.4	13.80	503.6	131.85	1394.4
1997	5166.3				
1998	5353.7				
1999	5857.5				
2000	6206.5				
2001	6547.2				
2002	7117.7				
2003	7369.8				
2004	7871.7				
2005	8611.3				
2006	9088.1				
2007	9900.2				
2008	11323.0				
2009	12186.7				
2010	13239.3				
2011	14099.9				
2012	15094.0				
2013	16029.5				
2014	16637.9				
2015	17292.4				

10-18 民族自治地方机耕地面积、有效灌溉面积、农村用电量和化肥施用量

年 份	机耕地面积（万公顷）	有效灌溉面积（万公顷）	农村用电量（万千瓦小时）	化肥施用量(折纯)（万吨）
1980	538.73	684.39	237400	99.90
1981	439.34	677.29	260443	98.30
1982	411.99	672.67	278432	116.37
1983	393.42	689.30	292538	138.72
1984	424.71	673.01	328503	140.87
1985	377.02	685.53	335832	154.74
1986	399.10	705.20	422109	179.52
1987	456.23	717.61	463331	197.23
1988	529.07	723.44	485995	209.46
1989	577.02	736.79	568346	245.69
1990	700.36	764.37	702621	266.86
1991	732.08	749.85	691599	307.51
1992	798.16	825.83	927593	323.79
1993		821.52	991140	363.87
1994		841.44	947083	396.92
1995		837.80	1109215	458.42
1996		898.62	1146385	508.59
1997		879.69	1238268	501.17
1998		899.28	1230817	551.10
1999		918.00	1248000	528.40
2000		935.70	1273827	545.08
2001		962.36	1405697	572.80
2002		982.97	1438346	597.60
2003		975.49	1500085	623.23
2004		988.74	1645652	656.61
2005		1027.41	1892751	724.86
2006		1050.00	2059616	813.06
2007		1096.53	2191476	865.09
2008		1114.16	2506820	980.54
2009		1139.28	2712534	919.87
2010		1156.22	3085795	961.73
2011		1186.01	3271024	1006.52
2012		1235.25	3775199	1033.02
2013		1291.00	3689347	1102.97
2014		1053.81	4074455	1140.28
2015		1299.10	3317031	1141.87

10-19 民族自治地方分地区农业机械总动力、化肥施用量及农村用电量(2015年)

地　区	农业机械总动力（万千瓦）	化肥施用量（折纯）（万吨）	农村用电量（万千瓦小时）
合　计	**17292.45**	**1141.87**	**3317030.50**
河　北	249.43	7.09	187817.00
内蒙古	3805.11	229.35	722611.34
辽　宁	400.40	14.77	131398.80
吉　林	438.36	35.30	101227.00
黑龙江	77.10	2.49	7264.00
浙　江	9.50	0.47	2670.00
湖　北	303.39	34.01	55908.00
湖　南	153.66	13.36	72463.02
广　东	18.06	1.52	8248.00
广　西	3803.20	259.86	839100.00
海　南	145.54	16.27	20076.22
重　庆	156.59	12.05	57828.00
四　川	524.02	17.20	118872.00
贵　州	881.91	49.10	301715.20
云　南	2000.43	143.96	451720.82
西　藏	619.70	6.03	12753.00
甘　肃	106.85	4.26	53726.13
青　海	278.59	6.58	33654.00
宁　夏	831.30	40.10	137873.90
新　疆	2489.30	248.10	104.07

10-20 民族自治地方分地区有效灌溉面积和当年造林面积(2015年)

地　区	有效灌溉面积 (千公顷)	当年造林面积 (千公顷)
合　计	**12991.00**	**2040.20**
河　北	87.88	36.00
内蒙古	3086.90	668.00
辽　宁	130.87	17.01
吉　林	204.19	14.50
黑龙江	86.80	0.96
浙　江	6.20	0.85
湖　北	76.35	57.64
湖　南	86.56	22.52
广　东	19.52	5.38
广　西	1618.80	159.40
海　南	42.28	4.24
重　庆	35.11	27.34
四　川	215.36	68.52
贵　州	439.91	247.54
云　南	1051.67	352.72
西　藏	247.80	35.86
甘　肃	73.59	33.26
青　海	29.81	21.67
宁　夏	506.50	80.10
新　疆	4944.90	186.70

主要统计指标解释

实用耕地面积　指种植农作物并经常进行耕锄的田地。包括热地、当年新开荒地、连续撂荒未满三年的耕地和当年的休闲地（轮歇地），也包括以种植农作物为主，附带种植桑、茶、果树和其他林木的土地以及沿海、沿湖地区已围垦利用的“海涂”、“湖田”等和小于 1 米宽的渠、路、田埂。不包括专业性的桑园、茶园、果园、果木苗圃、林地、芦苇地、天然草原等。

农业机械总动力　指主要用于农、林、牧、渔业生产经营活动的各种动力机械的动力总和。包括耕地机械、农用排灌机械、收获机械、植保机械、林业机械、畜牧机械、渔业机械、农用机械等。

农村用电总量　指调查年度内农村范围内所有企业、事业、行政单位和住房从事生产经营活动、工作和日常生活用电总量。

农用化肥施用量　指调查年度内实际用于农业生产的化学肥料数量。包括氮肥、磷肥、钾肥和混合肥。施用量要求按折纯法计算，即各类化学肥料的实施施用量按其含氮、五氧化二磷、氧化钾的比例折成 100% 计算。其计算公式为：折纯量=实物量×某种化肥有效成分含量的百分比。

地膜覆盖面积　指农作物播种面积中覆盖塑料薄膜的面积。包括地膜本身覆盖的面积和操作畦间的未覆盖面积。

农药使用量　指在农业生产过程中为防治病虫害使用的化学药物数量，按实物量计算。包括购买的和自产自用的杀虫剂、杀菌剂、除草剂等，不包括兽药、渔业用药以及土农药。

有效灌溉面积　指具有一定水源、地块比较平整、灌溉工程或设备已经配套、在一般年景下能够进行正常灌溉的耕地面积。

农作物总播种面积　指应该在调查年度内收获农作物产品的播种面积之和。其计算公式为：

本年农作物总播种面积=上年秋冬播种物面积+本年春播作物面积+本年夏播作物面积=本年夏收作物播种面积+本年秋收作物播种面积

农作物产量　指调查年度内全社会生产农产品的数量，不论耕地上与非耕地上的农作物产量，都应该统计在内。各种主要作物产量按国家的统一规定计算。谷物一律按脱粒后原粮计算（玉米按脱粒后的粒子计算）；薯类产量按五斤折一斤计算；豆类按去豆荚后干豆计算；棉花按去籽后的皮棉计算；麻类除亚麻以麻秆计算、苎麻以刮皮后的干麻计算、苘麻和线麻以熟麻皮计算外，其余一律以生麻计算；烤烟和晒烟均以干烟叶计算；花生以带壳的干花生计算；甘蔗以蔗秆计算；甜菜以根块计算。城市郊区按蔬菜计算的薯类和豆类产量按鲜品统计。

粮食产量　指全社会的产量。包括国有经济经营的、集体统一经营的和农民家庭经营的粮食产量，还包括工矿企业办的农场和其他生产单位的产量。粮食除包括稻谷、小麦、玉米、高粱、谷子及其他杂粮外，还包括薯类和豆类。

油料产量　指全部油料作物的生产量。包括花生、油菜子、芝麻、向日葵子、胡麻子（亚麻子）和其他油料。不包括大豆、木本油料和野生油料。花生以带壳干花生计算。

茶叶产量　指调查年度内生产的全部茶叶数量。包括从成片茶园和荒芜未垦土地上种植的以及零星种植的茶树上所采摘的全部产量，不论自食的或出售的，都应统计在内。茶叶产量按经过初步加工后的干毛茶计算。

水果产量　指调查年度内从果树上收获的全部水果数量。不论自食的或出售的，都应统计在内。但不包括果用瓜，如西瓜、甜瓜、白兰瓜、哈密瓜、脆瓜等以及主要作蔬菜用的藕、西红柿等；也不包括采集的野生水果。水果产量按鲜果计算，干枣、葡萄干、柿饼、橘饼等应统一折成鲜果计算。

造林面积　指在荒山、荒地、沙丘等一切可以造林的土地上，采用人工播种、植苗、飞机播种等方法新植的成片乔木林和灌木林，经验收符合“造林技术规程”要求株数，成活率达 85%以上的面积。四旁植树如一侧在 4 行以上，连续面积 0.0667 公顷（1 亩以上），应统计在造林面积内。不包括补植面积、治沙种草面积、经济林垦复面积、迹地更新面积和低产林改造面积。

禽畜出栏数 指报告期内各种类型生产单位和住户饲养的已屠宰或出售的全部畜禽数量。包括交售给国家、集市上出售以及自食的部分但出售或食用的仔畜不包括在内。

禽畜存栏数 指报告期初、期末各种类型生产单位和住户饲养的全部畜禽存栏量。

肉产量 指报告期内出栏并已屠宰的畜禽肉产量。畜禽肉产量按除去头、蹄、下水后的带骨肉重量计算。

水产品产量 指调查年度内捕捞的水产品（包括人工养殖并捕获的水产品和捕捞天然生长的水产品）数量。

农林牧渔业总产值 指以货币表现的农、林、牧渔业全部产品的总量，它反映一定时期内农业生产总规模和总成果。农林牧渔业总产值的计算方法通常是按农林牧渔业产品及其副产品的产量分别乘以各自单位产品价格，少数生产周期较长，当年没有产品或产品产量不易统计的则采用间接方法匡算其产值，然后将四业产品产值相加即为农业总产值。

1957 年以前，农业总产值中包括了厩肥和农民自给性手工业产值（如农民自制衣服、鞋、袜，自己从事粮食初步加工等）。1958 年及以后的农业总产值，林业中增加了村及村以下竹木采伐产值；牧业中取消了厩肥产值；副业中取消了农民自给性手工业产值，增加了村及村以下办的工业产值；渔业中增加了海洋捕捞水产品产值。1980 年及以后的农业总产值，在副业中增加了农民家庭兼营工业商品部分的产值。从 1984 年起，村及村以下工业产值划归工业。从 1993 年起取消副业，将野生动物的捕猎划入牧业，将野生植物采集和农民家庭兼营商品性工业划归农业。从2003 年起，农业总产值中增加了农林牧渔服务业产值。

农林牧渔业中间消耗 指各种经济类型的农业生产单位在农业生产经营过程中投入（或消耗）的各种物质产品和劳务价值的总和。包括中间物质消耗和中间劳动消耗两部分。计入中间消耗必须具备以下两个条件：一是与总产出相对应的生产过程中消耗的物质产品和劳务活动；二是本期投入并一次性消耗的不属于固定资产的非耐用品。

十一、工　业

11-1 民族自治地方工业总产值

单位：亿元

年 份	工业总产值	国有经济	集体经济	私营经济	联营经济	城乡个体经济	其他经济
1980	240.14						
1981	245.24				11.27		
1982	296.01	238.75	56.52		12.06		0.74
1983	331.51	267.06	62.92		14.18		1.53
1984	364.63	283.58	75.96	12.11	15.02	2.59	2.50
1985	449.72	343.02	96.31	17.30	21.15	5.62	4.77
1986	508.84	378.07	125.70	23.02	33.51	3.72	1.35
1987	585.92	428.89	126.24	26.28	20.47	27.99	2.80
1988	685.93	487.73	154.15	31.21	25.74	35.73	8.32
1989	772.93	531.13	186.43	40.66	33.20	44.42	10.93
1990	814.99	558.24	193.00	42.95	33.96	53.62	10.13
1991	1548.96	1108.70	326.39	82.58	37.27	94.24	19.63
1992	1835.50	1266.64	401.67	111.72	51.37	141.15	26.04
1993	2245.70	1381.41	517.54	151.09	80.62	262.97	83.78
1994	2876.52	1422.95	766.83	166.80	14.02	410.25	22.43
1995	3024.36	1558.91	709.81	255.92	15.34	449.12	35.26
1996	3528.43	1323.68	1375.34	271.34	15.57	713.51	171.01
1997	3686.82	1430.52	897.91	33.46	13.27	987.39	314.27

注：1．工业总产值1980年、1981年按1970年不变价格计算；1982-1990年按1980年不变价格计算，1991-1997年按1990年不变价格计算。
2．1994-1997年工业总产值按新口径统计。

11-2 民族自治地方工业总产值构成

单位：%

年 份	工业总产值	国有经济	集体经济			城乡个体工业	其他经济类型工业
				#乡办工业	#村办工业		
1980	100						
1981	100				4.60		
1982	100	80.66	19.09		4.07		0.25
1983	100	80.56	18.98		4.28		0.46
1984	100	77.77	20.83	3.32	4.12	0.71	0.69
1985	100	76.27	21.41	3.85	4.70	1.26	1.06
1986	100	74.30	24.70	4.52	6.58	0.73	0.27
1987	100	73.20	21.54	4.49	3.49	4.78	0.48
1988	100	71.11	22.47	4.55	3.75	5.21	1.21
1989	100	68.72	24.12	5.26	4.30	5.75	1.41
1990	100	68.50	23.68	5.27	4.17	6.58	1.24
1991	100	71.58	21.07	5.33	2.41	6.08	1.27
1992	100	69.01	21.88	6.09	2.80	7.69	1.42
1993	100	69.51	23.05	6.73	3.59	11.71	3.73
1994	100	55.28	24.43	7.40	3.88	14.33	5.96
1995	100	54.20	23.47	10.20	3.77	14.85	7.48
1996	100	46.13	14.47	7.42	5.77	21.86	4.25
1997	100	38.80	24.35	7.73	7.05	27.05	9.79

注：1990年以前的村办工业中包括城乡合作经营工业，比重偏大。

11-3 民族自治地方分地区规模以上工业企业单位数(2015年)

单位：个

地 区	总 计	#国有企业	#集体企业	#股份合作企业	#港、澳、台商投资企业	#外商投资企业	#亏损企业
合 计	**22585**	**712**	**381**	**1215**	**526**	**499**	**5130**
河 北	351	6		121	4	14	94
内蒙古	4398	116	29	5	63	103	1038
辽 宁	831	9	54	9	15	20	80
吉 林	679	10	2	176	6	43	40
黑龙江	24	2		5	1	1	
浙 江	22					1	2
湖 北	644	11	1	55	6	2	42
湖 南	542	24	41	358	7	1	53
广 东	84	5		44	12	2	11
广 西	5518	151	98	16	272	189	999
海 南	38	10		17	1		10
重 庆	185	6	2	29	4	1	42
四 川	596	19	7	84	15	9	218
贵 州	1512	143	48	133	15	11	203
云 南	1555	81	14	52	31	21	522
西 藏	104	6	1		4		27
甘 肃	190	20	3	103			70
青 海	304	17	18	6	7	7	102
宁 夏	1245	15	1	1	18	25	395
新 疆	3763	61	62	1	45	49	1182

11-4 民族自治地方分地区规模以上工业企业主要财务指标(2015年)(一)

单位：亿元

地　　区	工业销售产　　值	本年应交增 值 税	主营业务收　　入	资产合计
合　　计	**66473.60**	**1566.18**	**64584.75**	**93373.31**
河　　北	777.47	12.43	740.29	897.16
内 蒙 古	18757.00		18925.61	29458.05
辽　　宁	1396.23	51.60	1287.41	700.46
吉　　林	1815.78	2.55	1749.24	1288.70
黑 龙 江	25.80	0.77	73.93	60.22
浙　　江	10.90	0.36	10.46	17.39
湖　　北	532.20	14.11	499.21	583.57
湖　　南	565.47	17.41	565.82	413.21
广　　东	106.61	3.38	104.95	136.03
广　　西	21354.01	626.82	20442.50	15122.30
海　　南	91.50	5.83	86.12	500.11
重　　庆	306.99	21.24	300.99	474.45
四　　川	1490.62	83.09	1399.48	4434.68
贵　　州	2924.81	74.37	2140.26	2709.09
云　　南	3395.51	144.88	3313.34	6179.20
西　　藏	126.12	6.81	136.38	895.00
甘　　肃	241.62	5.08	186.10	539.04
青　　海	1006.07	35.77	946.18	2999.43
宁　　夏	3604.23	74.00	3472.75	7801.07
新　　疆	7944.66	385.69	8203.73	18164.16

11-4 民族自治地方分地区规模以上工业企业主要财务指标(2015年)(二)

单位: 亿元

地 区	负债合计	所有者权益合计	利润总额
合 计	**59270.90**	**33654.56**	**3493.95**
河 北	619.19	277.97	16.05
内蒙古	18677.23	10780.82	1048.55
辽 宁	358.78	346.08	77.28
吉 林	654.39	634.30	71.92
黑龙江	35.85	22.85	7.26
浙 江	9.30	8.08	1.60
湖 北	327.54	253.74	50.28
湖 南	203.80	199.31	31.45
广 东	80.61	55.73	5.99
广 西	9402.81	5719.49	1279.06
海 南	290.69	223.28	8.75
重 庆	332.87	140.94	25.32
四 川	3151.76	1282.92	113.00
贵 州	1451.12	1067.08	108.51
云 南	3804.26	2280.62	112.15
西 藏	440.23	447.12	6.93
甘 肃	369.94	32.46	3.50
青 海	2090.28	902.51	100.05
宁 夏	5325.38	2459.99	85.34
新 疆	11644.88	6519.28	340.97

11-5 民族自治地方主要工业产品产量(一)

年 份	纱 (吨)	布 (万米)	机制纸及纸板 (万吨)	成品糖 (万吨)	卷烟 (亿支)	原煤 (万吨)	原油 (万吨)
1952	483	3500	1.31		2.58	178	5
1957	4785	8100	3.97		3.57	545	10
1962	11521	8000	5.86			1631	101
1965	29278	18200	7.86	22.20	7.70	2029	97
1975	45542	25700	20.97	32.72	36.28	4561	441
1978	66554	37300	30.90	43.57	51.43	6081	578
1980	79400	44300	32.07	65.62	89.39	5418	624
1981	91907	45789	31.65	78.99	107.05	5430	617
1982	103619	52136	34.56	82.30	131.60	5799	625
1983	105025	52995	45.30	101.16	150.99	6521	672
1984	98992	47414	44.51	107.32	174.47	6993	705
1985	121984	54183	59.21	126.91	209.89	8597	805
1986	146097	67766	64.33	174.52	257.20	8875	862
1987	170916	67210	72.68	187.81	323.60	9261	899
1988	173602	69419	79.68	180.75	371.08	10995	973
1989	187615	77916	93.16	198.65	413.84	13924	1113
1990	220499	73705	94.10	222.62	443.10	12077	1265
1991	262900	71433	109.52	249.06	441.27	12227	1402
1992	272100	69287	131.85	372.82	444.05	13064	1405
1993	220850	66505	151.27	373.94	479.78	14157	1637
1994	316616	70072	153.00	280.20	491.60	14860	1466
1995	371319	69306	191.21	239.54	353.63	16639	1610
1996	328504	61689	172.84	312.42	271.45	17205	1813
1997	365347	69246	168.99	312.42	458.85	19038	2003
1998	334036	52548	155.82	519.48	446.28	17570	2047
1999	416571	52191	153.07	567.20	434.76	15361	2058
2000	457689	50096	175.46	498.22	376.49	14623	2292
2001	452315	47197	178.51	437.68	395.74	15930	2229
2002	428472	37000	177.95	669.09	417.34	15727	2460
2003	446235	29969	219.68	823.95	444.73	20614	2597
2004	407111	23135	224.94	813.02	1756.45	27127	2843
2005	481145	34786	272.85	678.09	2105.57	38038	2833
2006	471856	47193	258.73	758.48	2042.46	42931	2914
2007	613969	44604	283.39	1005.39	2077.56	50991	3033
2008	543640	32091	358.32	1174.42	1684.40	65284	3055
2009	542573	30885	500.22	1047.41	2620.44	83287	2975
2010	563125	36326	385.27	906.89	2672.64	103894	3059
2011	556483	37356	437.37	935.39	2762.32	107862	3186
2012	590192	20687	512.94	1102.30	2404.79	138050	3230
2013	600671	17489	508.86	1282.80	2509.31	134546	3345
2014	387205	12064	481.43	1616.04	2864.33	129248	3698
2015	938151	13710	439.82	1236.65	2211.29	117922	3233

注：卷烟2003年及以前计量单位为万箱。

11-5 民族自治地方主要工业产品产量(二)

年 份	发电量（亿千瓦小时）	生铁（万吨）	粗钢（万吨）	水泥（万吨）	木材（万立方米）	农用化肥(折纯)（万吨）
1952	0.81	0.90			233	
1957	0.43	4.50			645	
1962	23.40	41.70	10.30	11.92	220	1.03
1965	33.40	55.80	39.40	91.01	858	36.43
1975	125.65	89.90	66.20	334.98	1034	48.67
1978	173.99	168.20	128.50	554.00	1212	
1980	193.36	177.52	166.60	576.09	1619	57.10
1981	202.24	190.02	166.15	587.12	1493	61.95
1982	221.25	182.76	167.59	699.87	1545	67.11
1983	239.30	195.66	173.38	843.38	1565	74.55
1984	260.90	214.98	197.82	940.78	1665	80.18
1985	389.01	258.12	232.45	1222.08	1826	85.72
1986	400.81	295.08	248.06	1343.15	2049	100.03
1987	518.97	346.23	291.09	1538.03	1903	131.85
1988	553.34	328.60	291.36	1667.50	1931	128.64
1989	675.57	362.88	320.04	1714.40	1763	153.93
1990	738.80	417.03	368.25	1957.83	1761	197.05
1991	712.72	376.86	414.14	2372.10	1808	203.59
1992	847.62	450.92	435.21	2828.96	1863	213.31
1993	992.09	515.34	489.40	3210.18	2008	205.37
1994	1107.87	536.70	493.48	3952.47	2042	205.25
1995	1186.46	554.68	699.57	4295.92	3257	218.75
1996	1228.93	663.67	722.14	4181.51	3453	189.47
1997	1230.44	841.30	663.72	4454.00	1895	227.50
1998	1356.79	701.73	632.76	4905.98	1637	299.79
1999	1428.87	696.44	643.34	5271.35	1230	314.57
2000	1712.00	725.00	647.05	5703.15	1052	388.65
2001	1777.00	853.00	738.45	5896.53	1155	431.86
2002	1957.00	988.00	899.82	6552.63	1023	517.24
2003	2243.24	1156.93	1082.34	7828.52	1097	554.61
2004	2363.18	1409.66	1321.02	8394.46	276	636.55
2005	3052.23	2086.77	1846.25	10155.90	169	717.29
2006	3740.15	2384.34	2150.20	11752.67	464	862.66
2007	4903.37	2907.68	2660.04	14011.36	131	932.08
2008	5500.95	3021.32	2980.87	15779.76	385	950.32
2009	5910.84	3945.56	3468.61	21375.54	401	1159.96
2010	6729.86	4447.49	4004.81	21652.56	417	1294.62
2011	7131.44	4799.34	3240.01	23235.36	342	889.79
2012	8989.47	5140.50	4018.94	31246.76	311	1091.50
2013	10455.23	5838.65	4471.60	35512.69	447	936.44
2014	11688.53	5399.95	5092.39	36174.12	447	667.23
2015	12500.12	4853.60	5125.79	36408.86	708	1374.18

11-6 民族自治地方分地区主要工业产品产量(2015年)(一)

地　区	纱 (万吨)	布 (万米)	机制纸及纸板 (万吨)	原　盐 (万吨)	成品糖 (万吨)	卷　烟 (亿支)
合　计	**93.82**	**13709.54**	**439.82**	**888.45**	**1236.65**	**2211.29**
河　北		150.00				
内蒙古	0.52		12.32	164.57	67.33	355.00
辽　宁						
吉　林	1.36					295.95
黑龙江			1.98			
浙　江						
湖　北		298.00	6.63			118.94
湖　南	1.39	449.00	11.80			
广　东						
广　西	9.76	4300.00	282.60	7.90	925.74	784.20
海　南				6.07	9.26	
重　庆	0.27					
四　川			0.90			
贵　州	2.37	1917.54	10.86		8.49	8.30
云　南	0.16	95.00	47.14	7.50	181.77	366.40
西　藏			11.90			
甘　肃						
青　海				286.66		
宁　夏			24.20			81.00
新　疆	77.98	6500.00	29.50	415.74	44.06	201.50

11-6 民族自治地方分地区主要工业产品产量(2015年)(二)

地　　区	原　煤（万吨）	原　油（万吨）	天然气（万立方米）	发电量（亿千瓦小时）	生　铁（万吨）
合　　计	**117922.27**	**3233.04**	**3027097.40**	**12500.12**	**4853.60**
河　　北	3.29		2790.03	48.89	295.40
内 蒙 古	90957.05	45.82	92400.00	3928.77	1461.40
辽　　宁	44.39			15.66	182.72
吉　　林	718.00	105.22		56.24	
黑 龙 江				6.92	
浙　　江				10.12	
湖　　北	315.77			82.82	4.87
湖　　南	6.50			46.55	23.92
广　　东				20.55	15.70
广　　西	425.50	50.51	1600	1299.90	1220.30
海　　南				27.44	
重　　庆	210.37			81.43	
四　　川	50.70			1413.13	367.50
贵　　州	304.07		46.00	258.30	106.92
云　　南	553.56	0.04		877.38	235.49
西　　藏				44.77	
甘　　肃	352.48			165.57	
青　　海	804.80	223.00	61.37	482.43	4.58
宁　　夏	7975.80	13.35		1154.74	175.30
新　　疆	15200.00	2795.09	2930200.00	2478.51	759.50

11-6 民族自治地方分地区主要工业产品产量(2015年)(三)

地　　区	粗钢（万吨）	水泥（万吨）	平板玻璃（万箱）	木材（万立方米）	农用化肥(折纯)（万吨）
合　　计	**5125.79**	**36408.86**	**2772.57**	**707.53**	**1374.18**
河　　北	269.00	84.57			
内 蒙 古	1735.11	5830.75	1014.00	142.62	292.96
辽　　宁	19.46	370.99	335.56	26.77	2.64
吉　　林	55.10	361.75			12.82
黑 龙 江					2.49
浙　　江				5.42	
湖　　北		600.94	33.25		4.91
湖　　南	3.10	758.51	0.02	32.94	3.35
广　　东	3.84			4.67	
广　　西	2146.05	11144.43	616.55		114.31
海　　南		448.28			
重　　庆		457.19			3.08
四　　川	335.30	907.12		2.01	2.20
贵　　州	13.30	4078.10	492.67	285.73	197.05
云　　南	363.73	3770.75	279.98	207.37	128.00
西　　藏		467.90			
甘　　肃		368.05			27.56
青　　海		731.24			500.31
宁　　夏	181.80	1749.79	0.53		82.49
新　　疆	739.60	4278.49	457.92		321.51

主要统计指标解释

工业 指从事自然资源的开采，对采掘品和农产品进行加工和再加工的物质生产部门。具体包括：（1）对自然资源的开采，如采矿、晒盐、森林采伐等（但不包括禽兽捕猎和水产捕捞）。（2）对农副产品的加工、再加工，如粮油加工、食品加工、轧花、缫丝、纺织、制革等。（3）对采掘品的加工、再加工，如炼铁、炼钢、化工生产、石油加工、机器制造、木材加工等以及电力、自来水、煤气的生产和供应等。（4）对工业品的修理、翻新，如机器设备的修理、交通运输工具（包括小卧车）的修理等。

轻工业 指主要提供生活消费品和制作手工工具的工作。按其使用的原料不同，可分为两大类：（1）以农产品为原料的轻工业，是指直接或间接以农产品为基本原料的轻工业。主要包括食品制造、饮料制造、烟草加工、纺织、缝纫、皮革和皮毛制作、造纸以及印刷等工业。（2）以非农产品为原料的轻工业，是指以工业品为原料的轻工业。主要包括文教体育用品、化学药品、合成纤维、日用化学制品、日用玻璃制品、日用金属制品、手工工具、医疗器械、文化和办公用机械制造等工业。

重工业 指为国民经济各部门提供物质技术基础的主要生产资料的工业。按其生产性质和产品用途，可以分为下列三类：（1）采掘（伐）工业，是指对自然资源的开采，包括石油开采、煤炭开采、金属矿开采、非金属矿开采和木材采伐等工业。（2）原材料工业，指向国民经济各部门提供基本材料、动力和燃料的工业。包括金属冶炼及加工、炼焦及焦炭化学、化工原料、水泥、人造板以及电力、石油和煤炭加工等工业。（3）加工工业，是指对工业原材料进行再加工制造的工业。包括装备国民经济各部门的机械设备制造工业，金属结构、水泥制品等工业以及为农业提供生产资料如化肥、农药等工业。

1984 年以前农村的村及村以下办工业归属农业，1984 年以后划归工业。

工业总产值 指以货币表现的工业企业在报告期内生产的工业产品总量。

工业总产值包括：生产成品价值、对外加工费收入以及自制半成品、在产品期末期初差额价值。

工业总产值不包括：非本企业生产的工业产品价值、本企业工业生产过程中产生的废料（如锯末、切屑、矸石等）的出售价值。

工业总产值计算价格：

（1）不变价格：又称固定价格，指在计算不同时期的总产值时，采用同一时点的工业产品出厂价格。采用不变价格计算工业总产值，主要是为消除不同时期价格变动影响，以保证计算工业发展速度时可比。

新中国成立以来，我国已编制过 5 次工业产品不变价格：1952 年不变价格，1957 年不变价格，1970 年不变价格，1980 年不变价格，1990 年不变价格。目前采用的是 1990 年不变价格。

（2）当年价格：指计算工业总产值时，采用的报告期内的产品实际销售价格。报告期的产品销售价格前后有变动，或同一种产品在同一时期有几种销售价格的，应分别按不同价格计算总产值，如生产完成时还不能确定按哪一种价格销售，可按报告期实际平均销售价格计算。实际销售价格指产品销售时的实际出厂价格不含增值税销项税额）。工业总产值中有些项目，如自制设备、提供本企业基本建设和生活福利部门的产品和工业性作业等，没有出厂价格，可以把它们的实际成本作为当年价格。

工业增加值 指工业企业在报告期内以货币表现的工业生产活动的最终成果。工业增加值有两种计算方法：一是生产法，即工业总产值减去工业中间投入加上应交增值税；二是收入法，即从收入的角度出发，根据生产要素在生产过程中应得到的收入份额计算，具体构成项目有固定资产折旧、劳动者报酬、生产税净额、营业盈余。

生产法：工业增加值=工业总产值-工业中间投入+应交增值税

工业中间投入 指工业企业在工业生产活动中消耗的外购物质产品和对外支付的服务费用。服务费用包括支付物质生产部门（工业、农业、批发零售贸易业、建筑业、运输邮电业）的服务费用和支付给非物质生产部门（保险、金融、文化教育、科学研究、医疗卫生、行政管理等）的服务费用。

工业中间投入包括外购材料、燃料、动力的消耗以及向外单位支付的运输费、邮电费、修理费、仓储费、利息支出、保险费、职工教育费等各种服务费。不包括外购产品和服务时支付的增值税进项税额。工业中间投入按购买价格计算。

固定资产折旧 指固定资产在使用过程中，通过逐渐损耗（包括有形损耗和无形损耗）而转移到产品成本的部分价值，即为补偿生产中所耗用的固定资产而提取的价值。固定资产折旧由两部分组成，一部分是按规定比率提取的基本折旧，另一部分是为恢复固定资产在使用过程中已损耗部分的价值而发生的大修理费用。

工业销售产值 指以货币表现的工业企业在一定时间内销售的本企业生产的工业产品总量。包括已销售的成品、半成品价值，对外提供的工业性作业价值。工业销售产值按现行价格计算。

产品销售收入 指企业销售产品的销售收入和提供劳务等主要经营业务取得的收入总额。

资产 指企业拥有或控制的能以货币计量的经济资源，包括各种财产、债权和其他权利。资产按其流动性（即资产的变现能力和支付能力）划分为：流动资产、长期投资、固定资产、无形资产、递延资产和其他资产。

负债 指企业所承担的能以货币计量，将以资产或劳务偿还的债务。偿还形式包括货币、资产或提供劳务。负债一般按偿还期长短分为流动负债和长期负债。

所有者权益 指企业投资人对企业净资产的所有权。企业净资产为企业全部资产与企业全部负债的差额，包括实收资本、资本公积、盈余公积、未分配利润等。

利润总额 指企业实现的利润。

全员劳动生产率 指根据产品的价值量指标计算的平均每一个从业人员在单位时间内的产品生产量，是考核企业经济活动的重要指标，是企业生产技术水平、经营管理水平、职工技术熟练程度和劳动积极性的综合表现。目前我国的全员劳动生产率是将工业企业的工业增加值除以同一时期全部从业人员的平均人数来计算的。计算公式为:

全员劳动生产率=工业增加值 ÷ 全部从业人员平均人数

十二、建筑业

12-1 民族自治地方分地区建筑业基本情况

年　份 地　区	单位数 （个）	建筑业 总产值 （亿元）	房屋建筑 施工面积 （万平方米）	房屋建筑 竣工面积 （万平方米）	年　末 从业人数 （万人）
1998	5333	584.72	8587.33	4573.54	130.04
1999	5092	639.67	9148.76	5408.04	133.80
2000	4828	754.30	9231.85	5325.88	131.59
2001	4587	916.49	10448.20	6149.86	133.77
2002	4148	1064.46	11547.41	6480.94	138.67
2003	4108	1227.17	13420.09	7221.96	138.10
2004	4361	1358.38	14100.68	6893.58	132.56
2005	4508	1610.27	15964.37	8072.09	141.73
2006	4694	1927.93	18543.61	9183.23	151.85
2007	4945	2500.49	22694.59	11234.59	162.61
2008	5198	3082.89	24600.04	11857.88	165.28
2009	5250	3961.73	28156.47	13167.00	183.97
2010	5380	5202.99	35052.18	15418.48	194.24
2011	5407	6391.76	42752.82	17483.12	190.14
2012	5207	6823.22	49143.97	19199.42	195.96
2013	5471	8221.44	60197.25	20339.00	224.42
2014	4634	6434.90	62184.62	19065.45	132.17
2015	5761	9104.94	59121.00	22842.35	240.51
合　计	**5761**	**9104.94**	**59121.00**	**22842.35**	**240.51**
河　北	67	52.91	267.65	121.88	1.91
内蒙古	841	1123.47	6974.60	3103.10	29.51
辽　宁	138	221.30	746.53	428.35	4.69
吉　林	272	121.17	5314.44	642.65	6.19
黑龙江	10	19.59	4.30	4.30	0.06
浙　江	15	11.70	52.02	31.65	0.42
湖　北	124	137.89	766.01	464.95	4.80
湖　南	76	95.36	520.14	200.88	2.68
广　东	7	9.71	43.64	32.69	0.36
广　西	1071	2953.42	18608.36	7720.70	95.64
海　南	50	102.06	753.00	109.39	0.63
重　庆	62	97.42	408.01	141.84	2.48
四　川	103	124.38	423.65	73.46	1.49
贵　州	247	328.49	3620.08	1065.32	11.05
云　南	702	682.33	3925.18	1745.96	21.56
西　藏	167	106.92	295.41	173.93	2.80
甘　肃	86	86.25	517.64	54.19	0.97
青　海	106	50.32	362.10	253.34	2.60
宁　夏	503	524.53	3284.95	1226.58	12.60
新　疆	1114	2255.74	12233.30	5247.20	38.06

12-2 民族自治地方分地区建筑业主要财务指标(2015年)

单位：亿元

地　　区	企业资产合计	企业负债合计	企业所有者权益	企业利润总额	建筑业增加值
合　　计	**8178.08**	**5470.79**	**2707.30**	**484.62**	**3028.90**
河　　北	45.94	22.47	23.46	4.16	41.19
内 蒙 古	1872.54	1205.96	666.58	87.64	252.42
辽　　宁	83.05	52.85	30.20	3.74	52.67
吉　　林	156.07	95.35	60.71	6.45	54.27
黑 龙 江	1.72	0.50	1.22	0.16	0.51
浙　　江	7.54	3.35	4.19	0.72	5.52
湖　　北	84.13	43.27	40.86	5.08	52.16
湖　　南	54.13	23.23	30.90	4.61	38.69
广　　东	2.37	1.72	0.65	0.35	7.69
广　　西	1709.43	1133.92	575.51	148.00	535.19
海　　南	8.97	4.57	4.40	1.33	30.51
重　　庆	64.73	40.01	24.71	5.89	47.31
四　　川	97.25	61.75	35.49	1.91	214.55
贵　　州	409.82	269.91	139.91	10.99	187.86
云　　南	561.17	332.20	228.97	25.44	579.15
西　　藏	154.75	76.56	78.19	11.73	237.74
甘　　肃	67.13	33.27	33.86	7.30	30.07
青　　海	69.52	44.29	25.23	2.07	36.82
宁　　夏	689.50	486.38	203.12	37.08	91.94
新　　疆	2038.33	1539.21	499.13	119.96	532.66

主要统计指标解释

建筑业统计单位 指从事房屋、构筑物建造和设备安装活动的法人企业。建筑业法人企业应同时具备的条件是：（1）依法成立，有自己的名称、组织机构和场所，能够承担民事责任。（2）独立拥有和使用资产，承担负责，有权与其他单位签订合同。（3）独立核算盈亏，能够编制资产负债表。

建筑业总产值（自行完成施工产值） 是以货币表现的建筑安装企业在一定时期内生产的建筑业产品的总和。建筑业总产值包括：

1. 建筑工程产值：指列入建筑工程预算内的各种工程价值。

2. 设备安装工程产值：指列入建筑工程预算内的各种工程价值。

3. 房屋、构筑物修理产值：指房屋、构筑物修理所完成的价值，但不包括被修理房屋、构筑物本身的价值和生产设备的修理价值。

4. 非标准设备制造产值：指加工制造没有定型的、非标准的生产设备的加工费和原材料价值以及附属加工厂为本企业承建工程制作的非标准设备的价值。

房屋建筑施工面积 指在报告期内施工的全部房屋建筑面积，包括本期新开工的房屋面积、上期停缓建在本期恢复施工的房屋面积、本期竣工的房屋面积以及本期施工后又停缓建的房屋面积。

房屋建筑竣工面积 指在报告期内房屋建筑按照设计要求全部完工，达到住人和使用条件，经验收鉴定合格，正式移交使用单位的房屋建筑面积。

十三、运输和邮电

13-1 民族自治地方运输、邮电情况

年 份	铁路营业里程（万公里）	公路里程（万公里）	全年铁路货运量（万吨）	全年公路货运量（万吨）	邮电局、所（个）	邮路及农村投递线路（万公里）
1949	0.35	1.14				
1952	0.38	2.59		355	3499	13.13
1957	0.55	6.27		1425	4452	39.72
1962	0.72	12.57			5174	45.73
1965		12.55		4165	5272	36.37
1975		17.71		10695		
1978	0.90	20.80		13448	7222	94.75
1980	0.20	21.16		10266	7136	88.68
1981	1.22	21.21		12059	7121	84.61
1982	1.23	21.65	9999	14960	7226	86.19
1983	1.21	23.00	11014	11885	7482	88.11
1984	1.21	23.54	12066	12864	7578	87.04
1985	1.25	25.41	13101	22013	8075	90.40
1986	1.26	25.09	13212	31628	8809	88.37
1987	1.27	27.57	12283	38566	8219	87.27
1988	1.27	27.68	14045	53937	8276	86.61
1989	1.29	30.05	15599	61385	8443	95.10
1990	1.31	29.37	18078	58371	8436	88.02
1991	1.33	28.67	17066	76352	9589	90.51
1992	1.35	28.30	17651	68366	8509	84.25
1993	1.45	30.84	27038	122362	8422	85.61
1994	1.67	31.19	23117	128162	8814	83.29
1995	1.70	33.21	20385	111060	9076	106.82
1996	1.76	36.33			9082	108.00
1997	1.69	36.49	22250	113947	9836	100.38
1998	1.71	37.64	18909	110164	12664	102.56
1999	1.75	40.26	19294	120064	13564	106.07
2000	1.42	42.36	21248	181784	10893	109.52
2001	1.43	49.57	22734	136983	12574	109.04
2002	1.44	52.70	23045	119536	7855	100.37
2003	1.51	54.78	24246	133128	8812	108.53
2004	1.68	55.67	35285	154040	9049	108.06
2005	1.69	58.96	34170	171842	9321	109.67
2006	1.80	77.28	39932	333614	9110	114.23
2007	1.83	84.25	45027	214636	9171	112.29
2008	2.00	86.35	58892	264528	8814	115.59
2009	2.09	88.01	65509	292338	9124	123.06
2010	2.12	91.19	81690	343776	9083	125.75
2011	2.30	96.14	92350	430562	9064	139.18
2012	2.37	102.46	98221	445176	10358	161.24
2013	2.56	102.99	100804	424938	8142	190.12
2014	2.39	111.97	98692	490947	6909	135.72
2015	3.02	115.53	79847	499828	18486	185.07

注：1.本表未扣除区域变动因素，年度之间不可比。
2.2000年后铁路营业里程指国有铁路营业里程。
3.2002年后邮电局、所数据仅指邮政局所数。

13-2 民族自治地方分地区运输条件(2015年)

单位：公里

地区	公路线路里程	#等级路	国有铁路营业里程	内河航道里程	民用机场数(个)
合计	**1155298**	**864412**	**30229**	**16762**	**74**
河北	14064	7557	83		
内蒙古	175374	163767	12094	2403	17
辽宁	15451	13272	167	144	
吉林	14542	10735	962		1
黑龙江	1670	148	50	147	
浙江	1942	1930		94	
湖北	27382	23543	211	728	1
湖南	22026	14817	507	1202	1
广东	4585	2903			
广西	117993	105019	5117	5707	7
海南	5916	5620	43		
重庆	15407	14329	242	145	
四川	75829	65704	398	74	5
贵州	107834	59904	1408	3765	5
云南	174349	109400	932	1560	7
西藏	78348	58416	786		4
甘肃	24692	20769		211	1
青海	66391	16522	72	451	5
宁夏	33240	33045	1290	130	4
新疆	178263	137012	5868		16

13-3 民族自治地方分地区公路、铁路旅客、货物运输量(2015年)

地 区	客运量合计（万人）	#公 路	#铁 路	货运量合计（万吨）	#公 路	#铁 路
合 计	**349092**	**296559**	**20191**	**614057**	**499828**	**79847**
河 北	958	908	50	4602	4591	12
内蒙古	16125	11017	5108	175112	119500	55612
辽 宁	4884	4319		11296	9716	
吉 林	9175	3562	561	13786	5846	794
黑龙江	8855	8431	128	8933	8632	24
浙 江	168	155		142	142	
湖 北	4480	4264	530	4883	4643	15
湖 南	11184	10242	586	7556	6549	958
广 东	1204	1204		498	498	
广 西	49101	41522	7046	149714	119194	5779
海 南	3624	3624		1783	1783	
重 庆	4273	3942	330	1590	1516	61
四 川	9842	9842		14036	14036	
贵 州	90954	64276	1682	55698	51797	1756
云 南	40037	37672	198	41585	39191	710
西 藏	1092	871	221	2125	2077	48
甘 肃	5804	5804		3244	3244	
青 海	42084	43231	371	4176	5374	2279
宁 夏	9300	8444	661	42626	36995	5631
新 疆	35948	33229	2719	70673	64505	6168

13-4 民族自治地方分地区公路、铁路旅客、货物周转量(2015年)

地区	旅客周转量（亿人公里）	#公路	#铁路	货物周转量（亿吨公里）	#公路	#铁路
合计	**2868.26**	**2003.99**	**834.35**	**12870.63**	**7974.60**	**3645.72**
河北	4.73	3.59	1.14	28.39	27.47	0.92
内蒙古	371.14	160.34	210.80	4190.30	2239.96	1950.34
辽宁	29.16	26.43		50.09	22.97	
吉林	27.51	27.51		114.32	114.32	
黑龙江	1.99	1.37	0.63	1.70	1.14	0.52
浙江	0.90	0.90		1.29	1.29	
湖北	28.19	25.56		98.84	93.50	
湖南	60.77	58.34	2.27	71.78	64.54	6.35
广东	26.92	26.92		2.27	2.27	
广西	731.75	410.82	318.22	4061.82	2122.60	674.53
海南	14.42	14.42		17.89	17.89	
重庆	13.64	13.64		11.40	11.00	
四川	76.81	76.81		211.91	211.91	
贵州	486.74	472.20	10.11	677.39	648.33	24.14
云南	312.00	292.28	1.69	472.47	463.55	7.83
西藏	38.28	24.20	14.09	119.64	96.10	23.54
甘肃	30.51	30.51		46.28	46.28	
青海	20.00	20.84		102.97	157.18	
宁夏	115.52	68.04	47.37	816.93	571.85	245.08
新疆	477.29	249.27	228.02	1772.94	1060.46	712.48

13-5 民族自治地方分地区邮电业情况(2015年)

地 区	邮电业务总量(亿元)	邮政局所(处)	邮路总长度(万公里)	农村投递线路(万公里)	移动电话年末用户(万户)	固定电话年末用户(万户)	互联网接入用户(万户)
合 计	**2044.50**	**18486**	**116.87**	**68.19**	**14187.80**	**2057.85**	**2511.76**
河 北	9.65	56	0.40	0.87	138.20	18.35	17.67
内蒙古	400.29	3562	22.26	11.41	2377.10	324.50	365.70
辽 宁	11.40	196	1.69	2.09	121.96	90.79	32.24
吉 林	3.01	163	1.65	1.57	247.13	56.86	40.10
黑龙江	0.26	11		0.10	10.12	5.22	
浙 江	0.21	22	0.14	0.13	15.93	1.42	2.33
湖 北	25.90	129	0.61	3.03	348.47	28.45	44.04
湖 南	36.80	226	1.22	1.34	257.83	37.93	74.37
广 东	1.61	27	0.06	0.08	25.02	4.51	12.25
广 西	651.53	4849	25.13	10.42	3595.00	440.00	715.80
海 南	4.93	85	0.23	0.43	92.78	13.87	12.36
重 庆	11.64	152	0.37	0.32	150.61	16.31	19.93
四 川	46.59	1257	3.07	3.24	692.51	97.70	100.33
贵 州	50.52	759	4.33	4.07	962.01	103.23	150.45
云 南	172.63	1080	5.09	10.54	1697.33	151.55	366.31
西 藏	56.38	888	5.62	10.38	268.70	34.90	29.60
甘 肃	8.63	226	0.54	0.89	260.48	21.67	11.01
青 海	12.31	227	17.26	0.99	261.62	25.00	15.28
宁 夏	135.42	1004	1.25	0.98	636.60	84.40	92.50
新 疆	404.80	3567	25.96	5.31	2028.40	501.20	409.50

主要统计指标解释

铁路营业里程 又称营业长度，指办理客货运输业务的铁路正线总长度。凡是全线或部分建成双线及以上的线路，以第一线的实际长度计算；复线、站线、段管线、岔线和特殊用途以及不计算运费的联络线都不计算营业里程。铁路营业里程是反映铁路运输业基础设施发展水平的重要指标，也是计算客货周转量、运输密度和机车车辆运用效率等指标的基础资料。

公路里程 指在一定时期内实际达到《公路工程（WTBZ）技术标准 JTJ00-88》规定的等级公路，并经公路主管部门正式验收交付使用的公路里程数。包括大中城市的郊区公路以及通过小城镇街道部分的公路里程，包括桥梁、渡口的长度，不包括大中城市的街道和厂矿、林区生产用道的里程。两条或多条公路共同经由同一路段，只计算一次，不得重复计算里程长度。它是反映公路建设发展规模的重要指标，也是计算运输网密度等指标的基础资料。

内河航道里程 也称内河通航里程，指在一定时期内，能通航运输船舶及排筏的天然河流、湖泊、水库、运河及通航渠道的长度。包括全年季节性通航累计三个月以上的航道，不包括仅供零散流放竹、木排的河道。它是反映内河水运网规模、水平和发展情况的主要指标。

铁路旅客运量 指一定时期内使用铁路客车运送的旅客人数。铁路旅客运量的计算方法：不论票价多少或行程长短，均按单程计算为一人次；不足购票年龄免购客票的儿童不计算运量；月、季票按每月往返各 25 人次计算。

铁路旅客周转量 指一定时期内使用铁路客车运送的旅客人数与运输距离的乘积之总和。

铁路货物运量 指使用铁路货车实际运送的货物数量。

铁路货物周转量 指一定时期内使用铁路货车完成的货物运量与运送距离的乘积之总和。

公路货运量 指在一定时期内由各种公路运输工具实际运送到目的地并卸完的货物数量。反映公路货运量的指标有发送货物吨数、到达货物吨数和运送货物吨数。

公路货物周转量 指一定时期内由各种公路运输工具实际完成运送过程的货物总运输量。

公路客运量 指公路运输企业及由其组织的其他单位在一定时期内实际运送的旅客人数。公路客运量的计算方法：不论乘车路程远近和票价多少，以客票为依据，“人”为计量单位；不足购票年龄的免票儿童不计算客运量。

公路旅客周转量 指在报告期内实际运送的旅客人数与其相应的旅客运送距离的乘积。

邮电业务总量 指以价值量形式表现的邮电通信企业为社会提供各类邮电通信服务的总数量。

移动电话用户 指通过移动电话交换机进入移动电话网、占有移动电话号码的各类电话用户。

国际互联网用户 国际互联网是一个连接计算机的网络，范围遍及全世界，包括局域网、城域网和广域网，旨在实现计算机资源共享。

城市电话用户 指直辖市、省辖市、地级市、县级市的市区、市郊区及县城（包括县人民政府所在地的县城关区或行政建制相当于县人民政府所在地的镇）范围内接入局用交换机的电话用户数，包括分布在农村地区的独立工矿区、林区、驻军等接入局用交换机的电话用户数。

邮路 指各邮电局、所、代办所之间，邮电局、所与代办所、车站、码头、机场、转运站、报刊社之间，有自编或委办人员按固定班期规定路线交换邮件、报刊的路线。包括农村地区运邮兼投递的路线，不包括城市、农村地区纯投递路线。

农村投递路线 指农村局、所自编或委办人员按固定班期、规定路线至农村乡（镇）、行政村等收件单位投递邮件、报刊的路线。

十四、国内贸易

14-1 民族自治地方社会消费品零售总额、国内纯购进总额

单位：亿元

年 份	社会消费品零售总额	国内纯购进总额	#农副产品购进
1952	17.10	4.80	4.46
1957	37.35	24.00	14.37
1965	58.79	42.90	24.51
1975	102.70	82.20	36.74
1978	125.07	103.30	41.97
1980	176.67	131.23	58.09
1981	196.75	145.87	63.73
1982	217.43	163.57	75.05
1983	247.39	185.50	85.55
1984	290.28	199.69	87.16
1985	370.45	237.74	94.31
1986	415.45	277.65	105.92
1987	476.60	360.12	133.50
1988	607.27	497.83	185.76
1989	633.72	554.74	197.82
1990	681.84	618.58	227.01
1991	762.96	696.60	260.52
1992	890.41	744.32	258.28
1993	1205.10	1056.60	153.29
1994	1356.42	2027.85	280.86
1995	1169.29	2541.73	394.75
1996	1867.40	2535.08	385.49
1997	2063.72	2470.81	296.82
1998	2332.10	1406.92	
1999	2378.23	1173.70	
2000	2569.84	1321.45	
2001	2809.35	1420.59	
2002	2832.01	1479.99	
2003	3108.98	1919.62	
2004	3677.93		
2005	4874.17		
2006	5665.30		
2007	6712.45		
2008	8243.07		
2009	9857.15		
2010	11685.76		
2011	13780.51		
2012	15930.13		
2013	17987.68		
2014	20995.95		
2015	22624.62		

注：1998年以后国内纯购进总额为限额以上社会商品购进总额。

14-2 民族自治地方分地区社会消费品零售总额(2015年)

单位：亿元

地　　区	社会消费品零售总额	批发零售贸易业	餐饮住宿业	其他
合　　计	**22624.62**	**14258.59**	**2402.41**	**224.04**
河　　北	199.23	172.11	26.92	
内 蒙 古	6107.70	5170.46	937.24	
辽　　宁	444.32	336.07	40.66	28.64
吉　　林	751.09	599.33	151.77	
黑 龙 江	17.75	15.91	1.85	
浙　　江	24.86	22.02	2.84	
湖　　北	508.41	442.98	63.93	1.50
湖　　南	397.12	344.05	53.07	
广　　东	32.86	29.16	3.70	
广　　西	6348.06			
海　　南	93.08	76.60	16.48	
重　　庆	198.10	175.52	22.58	
四　　川	691.78	565.21	126.57	
贵　　州	869.32	607.65	90.75	170.92
云　　南	1760.61	1443.59	280.60	1.98
西　　藏	408.49	337.53	70.95	
甘　　肃	156.51	125.48	31.02	
青　　海	219.79	196.46	23.33	
宁　　夏	789.57	661.27	128.30	
新　　疆	2605.96	2937.21	329.84	20.79

14-3 民族自治地方分地区限额以上批发零售贸易业商品购进、销售、库存总额(2015年)(一)

单位：亿元

地　区	法人企业（个）	年末从业人员（人）	购进总额（亿元）	年末库存总额（亿元）
合　计	**11432**	**667785**	**12349.19**	**1348.19**
河　北	82	5151	46.29	3.61
内蒙古	1976	134449	3282.70	479.90
辽　宁	141	4132	94.37	6.79
吉　林	182	11342	199.80	42.75
黑龙江	6	105	1.44	0.12
浙　江	13	3320	70.66	0.52
湖　北	375	18317	224.79	27.32
湖　南	155	9545	86.77	14.60
广　东	42	510	57.27	0.58
广　西	2920	180103	4870.93	379.20
海　南	19	924	5.52	0.71
重　庆	298	8899	144.01	14.15
四　川	278	17677	325.22	44.77
贵　州	768	30854	213.70	34.54
云　南	1358	64088	1457.81	187.40
西　藏	99	11354	160.12	24.33
甘　肃	23	1062	11.67	0.90
青　海	73	3600	80.40	4.66
宁　夏	443	39188	1015.71	81.33
新　疆	2181	123165		

14-3 民族自治地方分地区限额以上批发零售贸易业商品购进、销售、库存总额(2015年)(二)

单位：亿元

地　　区	销售总额	批发合计	零售合计
合　　计	**21693.47**	**15838.45**	**5860.01**
河　　北	51.73	33.40	18.33
内 蒙 古	3811.80	2293.80	1518.00
辽　　宁	100.19	29.08	71.11
吉　　林	217.61	69.75	147.86
黑 龙 江	1.77	0.64	1.13
浙　　江	95.30	93.76	1.54
湖　　北	257.62	147.20	110.43
湖　　南	132.19	67.07	65.58
广　　东	60.89	58.88	2.01
广　　西	5743.50	4291.60	1451.90
海　　南	4.12	1.21	2.91
重　　庆	164.58	81.95	82.63
四　　川	423.74	302.56	121.18
贵　　州	691.94	483.49	208.45
云　　南	1636.04	1116.52	519.52
西　　藏	209.60	104.70	104.90
甘　　肃	18.54	6.49	12.05
青　　海	105.58	96.45	13.59
宁　　夏	1055.92	743.30	312.70
新　　疆	6910.79	5816.60	1094.19

14-4 民族自治地方分地区限额以上批发零售贸易业企业财务状况(2015年)

单位: 亿元

地　区	资产合计	负债合计	企业所有者权益
合　计	**12145.85**	**8985.31**	**3201.66**
河　北	33.82	21.60	12.21
内蒙古	2587.89	1970.50	617.39
辽　宁	44.68	28.51	16.18
吉　林	132.11	92.92	39.18
黑龙江	1.54	1.29	0.20
浙　江	41.56	39.04	2.52
湖　北	123.74	77.84	45.90
湖　南	68.30	40.46	27.84
广　东	7.58	5.23	2.36
广　西	2871.24	2082.90	788.34
海　南	4.77	3.61	1.12
重　庆	54.75	37.40	17.35
四　川	180.93	94.94	85.99
贵　州	772.40	550.46	221.94
云　南	902.98	532.15	370.83
西　藏	135.68	89.15	46.52
甘　肃	2.76	0.77	1.99
青　海	27.64	17.99	8.56
宁　夏	638.68	495.05	143.63
新　疆	3512.80	2803.50	751.60

主要统计指标解释

社会消费品零售总额 指批发和零售业、餐饮业、新闻出版业、邮政业和其他服务业等，售与城乡居民用于生活消费的商品和社会集团用于公共消费的商品之总量。社会消费品零售总额包括：

一、批发和零售业企业（单位）。

1. 售与城乡居民的各种生活消费品。

2. 售与入境旅游的外国人、华侨、港澳台同胞的各类商品。

3. 售与行政事业单位、社会团体、军队和武警等机构的商品以及以零售方式售与各类企业的商品。具体包括：用于非生产和社会交往的办公用品，如通信设备、计算器具和设备、电信网络设备、文印设备、音像视听器材和设备、纸张、本册、文具及装订文印材料、家具、日用电器、针纺织品、清洁卫生用品、文体用品、奖品、纪念品、礼品等；供内部人员使用的交通工具和燃料；用于办公设施修缮的各类配件、材料、工具等；用于取暖和防暑降温的设备、燃料、材料及食品等；专用于教学的用品和设备；非盈利医疗机构的中、西药品、中药材和医疗设备器材；非专用的劳动保护用品；不对外营业的内部食堂用的餐具、炊具、设备、清洁卫生工具和食品、燃料等；军队、武警用于其人员生活的衣着品和个人用品；其他各类非生产性设备和用品。

二、餐饮业出售的主食、菜肴、烟酒饮料和其他商品。

三、新闻出版业、邮政业售与城乡居民、企事业单位、军队和武警等机构的书报杂志、音像制品、邮品等。

四、其他服务业出售的食品、烟酒饮料、服装鞋帽、日常生活用品、医药保健用品、艺术品、工艺美术品、玩具、殡葬用品以及其他消费品。

批发零售贸易业商品购、销、存总额 指各种登记注册类型的批发、零售业企业（单位）以本企业（单位）为总体的，从国内、国外市场购进的商品总量、销售和出口的商品总量、库存商品总量等情况。该指标可以反映商品流转过程中商品的购进、销售、库存之间的比例关系和存在的问题。

商品购进总额 指从本企业（单位）以外的单位和个人购进（包括从境外直接进口）作为转卖或加工后转卖的商品总额。它反映批发零售贸易业从国内、国外市场上购进商品的总量。商品购进总额包括：（1）从工农业生产者购进的商品；（2）从出版社、报社的出版发行部门购进的图书、杂志和报纸；（3）从各种登记注册类型的批发零售贸易企业（单位）购进的商品；（4）从其他单位购进的商品，如从机关、团体、企业等单位购进的剩余物资，从餐饮业、服务业购进的商品，从海关、市场管理部门购进的缉私和没收的商品，从居民手中收购的废旧商品等；（5）从国（境）外直接进口的商品。不包括企业（单位）为自身经营用和未通过买卖行为而收入的商品以及销售退回、商品升溢等。

商品销售总额 指对本企业（单位）以外的单位和个人出售（包括对境外直接出口）的商品总额。它反映批发零售贸易业在国内市场上销售商品以及出口商品的总量。商品销售总额包括：（1）售给城乡居民和社会集团消费用的商品；（2）售给工业、农业、建筑业、运输邮电业、批发零售贸易业、餐饮业、服务业等作为生产、经营使用的商品；（3）售给批发零售贸易业作为转卖或加工后转卖的商品；（4）对国（境）外直接出口的商品。不包括出售本企业（单位）自用的废旧包装用品；未通过买卖行为付出的商品经本单位介绍，由买卖方直接结算，本单位只收取手续费的业务；购货退回的商品以及商品损耗和损失等。

批发和零售贸易业库存 指报告期末各种登记注册类型的批发零售贸易企业（单位）已取得所有权的商品。它反映批发零售贸易企业（单位）的商品库存情况和对市场商品供应的保证程度。期末库存包括：（1）存放在批发零售贸易业经营单位（如门市部、批发站、经营处）仓库、货场、货棋局和货架中的商品；（2）挑选、整理包括装中的商品；（3）已记入购进而尚未运到本单位的商品，即发货单或银行承兑凭证已到而货未到的部分；（4）寄放他处的商品，如因购货方拒绝承付而暂时存放在购货方的商品和已办完加工成品收回手续而未提回的商品；（5）委托其他单位代销（未作销售或调出）尚未售出的商品；（6）代其他单位购进尚未交付的商品。不包括所有权不属于本单位的商品、拨付除批发零售贸易业以外的其他行业所属独立核算加工厂等加工生产尚未收回成品的商品、代国家物资储备部门保管的商品等。

库存总额采用的计算价格是：农副产品采购单位按购进价计算；批发单位按进货价计算；零售单位按核算价格计算，即按什么价格核算就按什么价格计算。

餐饮业商品零售额 指餐饮企业、产业活动单位或个体户直接对居民和社会集团零售的各种商品。包括：（1）经烹饪、调制加工后出售的各种食品，如主食、炒菜、凉拌菜等；（2）不经加工直接转卖的各种外购商品，如卷烟、酒、饮料、熟食、水果等；（3）附设非独立核算的专门销售商品的小卖部出售的各种食品及其他商品。

限额以上批发零售贸易业、餐饮业统计限额标准 批发业，年末从业人员 20 人及以上，年销售额 2000 万元及以上；零售业，年末从业人员 60 人及以上，年销售额 500 万元及以上；餐饮业，年末从业人员 40 人及以上，年销售额 200 万元及以上。

十五、对外经济贸易

15-1 民族自治地方分地区对外贸易和利用外资情况

单位：万美元

年份 地区	进出口总额	进口总额	出口总额	当年新签利用外资协议(合同)项目(个)	本年实际利用外资额	年末实有外商投资企业(户)
1997	670200	213000	457200	1132	164000	6416
1998	613000	211800	401200	874	130600	7503
1999	621900	245000	376900	775	141100	6029
2000	856410	359631	496779	1137	150441	5942
2001	757372	354831	402541	1162	164514	5366
2002	1010576	460291	550285	794	167082	5252
2003	1357730	573371	784359	1036	200541	3203
2004	1733122	809524	923599	1002	185468	5310
2005	2214873	951257	1263616	969	265772	5637
2006	2752293	1035358	1718724	753	340745	2931
2007	3818965	1353481	2465484	1009	416601	5520
2008	5313640	1634242	3679399	669	693933	5073
2009	4158091	1500897	2657194	903	547223	5618
2010	5332648	2018237	3314412	871	679044	12919
2011	6984261	2727511	4256750	895	671598	11720
2012	8211217	3081398	5129819	496	713917	10259
2013	9265293	3161500	6087708	1927	953712	8612
2014	10810032	3562562	7245852	1592	713898	4080
2015	10329875	3862039	6467835	534	679395	10470
合计	**10329875**	**3862039**	**6467835**	**534**	**679395**	**10470**
河北	9925	640	9285	2	16875	45
内蒙古	1273115	708114	565001	52	336629	2967
辽宁	25548	1074	24474	10	7070	50
吉林	219300	84440	134860	22	24823	595
黑龙江						
浙江	8690	382	8308	2	850	5
湖北	60035	62	59972	10	3655	10
湖南	22717	2283	20434	7	11220	35
广东	15083	4950	10133		912	32
广西	5109055	2315657	2793398	142	172208	4215
海南						5
重庆	47199	2308	44891	2	634	
四川	14367	1738	12629	3	5521	25
贵州	63443	2654	60789	11	42640	52
云南	1024739	408949	615790	62	29748	245
西藏	91384	32693	58691			221
甘肃	889	589	300			
青海	3519	559	2960			
宁夏	373926	77615	296311	83	22085	584
新疆	1966940	217332	1749608	126	4525	1384

注：进出口总额按经营单位所在地分。

主要统计指标解释

进出口总额 指实际进出我国国境的货物总金额。包括对外贸易实际进出口货物，来料加工装配进出口货物，国家间、联合国及国际组织无偿援助物资和赠送品，华侨、港澳台同胞和外籍人员捐赠品，租赁期满归承租人所有的租赁货物，进料加工进出口货物，边境地方贸易及边境地区小额贸易进出口货物(边民互市贸易除外)，中外合资经营企业、中外合作经营企业、外商独资经营企业进出口货物和公用物品，到、离岸价格在规定限额以上的进出口货样的广告品（无商业价值、无使用价值和免费提供出口的除外），从保税仓库提取在中国境内销售的进口货物以及其他进出口货物。进出口总额用以观察一个国家在对外贸易方面的总规模。我国规定出口货物按离岸价格统计，进口货物按到岸价格统计。

进口 指直接从国外进口的商品和委托外贸部门代理进口的商品，不包括从国内有关单位（包括对外贸易部门和其他单位）购进的进口商品。对外贸易企业只统计自主经营进口的商品，不包括受托代理进口的商品。

出口 指直接向国（境）外出口商品和委托外贸部门代理出口的商品，不包括售给外贸部门出口或加工后出口的商品以及在国内市场以外币销售的商品。

商品经营单位所在地进出口额 指所在地海关注册登记的有进出口经营权的企业实际进出口额。

利用外资 指我国各级政府、部门、企业和其他经济组织通过对外借款、吸收外商直接投资以及用其他方式筹措的境外现汇、设备、技术等。

十六、旅　游

16-1 民族自治地方分地区世界遗产情况(2015年)

单位：个

地区	世界自然遗产	世界文化遗产	世界自然与文化遗产	人类口述和非物质遗产
全国	**11**	**35**	**4**	**26**
合计	**6**	**4**		**10**
河北				
内蒙古		1		2
辽宁				
吉林				
黑龙江				1
浙江				
湖北				
湖南				
广东				
广西				
海南				
重庆				
四川	3			
贵州	1			1
云南	2	1		
西藏		1		2
甘肃				1
青海				1
宁夏				
新疆		1		2

16-2 民族自治地方分地区重点文物保护单位(2015年)

单位：个

地区	全国重点文物保护单位	古遗址	古墓葬	古建筑及历史纪念建筑物	近现代重要史迹及代表性建筑	石窟寺石刻及其他
合计	**512**	**222**	**82**	**127**	**55**	**26**
河北						
内蒙古	119	70	21	21	5	2
辽宁	14	8	6			
吉林	14	9	4	1		
黑龙江						
浙江	1			1		
湖北	13	9		2	1	1
湖南	11	1	1	4	3	2
广东						
广西	51	16	2	12	18	3
海南		1			1	
重庆	2	1			1	
四川	20	5	1	10	3	1
贵州	21	2	6	9	4	
云南	49	11	2	22	10	4
西藏	37	5	4	27	1	
甘肃	18	13		1	1	3
青海	21	8	4	5	3	1
宁夏	27	14	3	7	1	2
新疆	92	49	28	5	3	7

16-3 民族自治地方分地区国家A级旅游区(2015年)

单位: 个

地　区	国家AAAAA级旅游区	国家AAAA级旅游区	国家AAA级旅游区	国家AA级旅游区	国家A级旅游区
合　计	**30**	**182**	**147**	**206**	**46**
河　北		3	3	4	
内 蒙 古	2	28	29	41	7
辽　宁		10	4	10	5
吉　林		1	7	10	1
黑 龙 江				3	
浙　江				2	
湖　北	2	3	2	9	
湖　南		5	5	2	
广　东					
广　西	4	46	36	5	
海　南	2	1			
重　庆	1	1		3	
四　川	4	7			
贵　州		3		3	
云　南	2	22	13	50	8
西　藏	2	9	1	2	1
甘　肃		6	2	6	1
青　海		7	11	3	
宁　夏	3	13	3	8	1
新　疆	8	17	31	45	22

16-4 民族自治地方分地区国家级重点风景名胜区和全国历史文化名城、名镇、名村(2015年)

单位: 个

地　区	国家级风景名胜区	全国历史文化名城	全国历史文化名镇	全国历史文化名村
合　计	**62**	**26**	**36**	**55**
河　北		1		
内蒙古	1	1	4	2
辽　宁	2		1	
吉　林	2			1
黑龙江				
浙　江			1	
湖　北			1	5
湖　南	4	1	4	5
广　东				1
广　西	3	3	7	9
海　南				
重　庆			2	
四　川	4	1		2
贵　州	11	2	3	9
云　南	9	5	6	6
西　藏	4	3	2	3
甘　肃		2	1	2
青　海	1	1	1	5
宁　夏	2	1		1
新　疆	19	5	3	4

16-5 民族自治地方分地区国家重点自然保护区(2015年)

地　区	国家重点自然保护区（个）	面　积（千公顷）
合　计	**121**	**81421.93**
河　北	3	77.97
内蒙古	23	3924.90
辽　宁	3	33.69
吉　林	7	508.18
黑龙江		
浙　江		
湖　北	4	183.70
湖　南	1	24.80
广　东		
广　西	15	286.20
海　南	4	81.97
重　庆		
四　川	11	1730.60
贵　州	5	152.31
云　南	12	951.48
西　藏	9	37153.10
甘　肃	4	2015.12
青　海	5	20252.50
宁　夏	6	439.21
新　疆	9	13606.20

16-6 民族自治地方分地区旅行社单位数和旅游人数(2015年)

地　区	旅行社数（个）	旅游人次合计（万人次）		
			国际旅游	国内旅游
合　计	**2990**	**115178.3**	**1582.5**	**114111.7**
河　北	14	607.9	0.2	607.7
内蒙古	969	8512.6	160.8	8351.8
辽　宁	50	2838.8	7.0	2831.8
吉　林	182	1984.4	65.7	1918.7
黑龙江	5	121.3	0.3	121.1
浙　江	6	692.0	1.0	690.9
湖　北	80	4514.0	39.7	4474.3
湖　南	54	4872.0	44.0	4828.0
广　东	9	636.5		636.5
广　西	638	34111.1	450.1	33661.0
海　南	10	1238.3	0.7	630.3
重　庆	19	2770.1	0.5	2769.5
四　川	81	8667.9	18.8	8649.1
贵　州	70	13398.6	49.3	13349.4
云　南	287	17210.8	514.8	16695.9
西　藏	13	2017.5	29.3	1988.3
甘　肃	25	2159.6	26.4	2133.2
青　海	21	888.1	1.9	2009.3
宁　夏	118	1839.5	3.7	1835.8
新　疆	339	6097.4	168.4	5929.0

16-7 民族自治地方分地区旅游收入(2015年)

地　区	国际旅游收入（万美元）	国内旅游收入（亿元）
合　计	**590039.3**	**11679.0**
河　北	230.9	41.2
内蒙古	96248.9	2193.8
辽　宁	6457.4	214.5
吉　林	27256.0	256.9
黑龙江	29.9	5.0
浙　江	395.3	30.7
湖　北	7279.5	309.3
湖　南	6139.1	270.2
广　东		42.0
广　西	191700.0	3136.4
海　南	1009.8	29.9
重　庆	247.9	107.6
四　川	2612.6	687.4
贵　州	9759.5	1237.0
云　南	158763.6	1550.7
西　藏	17666.0	271.1
甘　肃	6.9	91.7
青　海	1377.2	58.7
宁　夏	2083.9	160.0
新　疆	60775.0	985.0

主要统计指标解释

旅游人数 包括入境国际旅游者人数、出境居民人数和国内旅游者人数。

1. 入境国际旅游者人数：指来中国参观、访问、旅行、探亲、访友、休养、考察、参加会议和从事经济、科技、文化、教育、宗教等活动的外国人、华侨、港澳同胞和台湾同胞的人数。不包括外国在我国的常驻机构，如使领馆、通讯社、企业办事处的工作人员，以及来我国常住的外国专家、留学生、在岸逗留不过夜人员。

2. 出境居民人数：指我国大陆居民因公务活动或私人事务短期出境的人数。公务活动出境居民人数包括在国际交通工具上的中国服务员工，因私出境居民人数不包括在国际交通工具上的中国服务员工。

3. 国内旅游者人数：指我国大陆居民和在我国常住 1 年以上的外国人、华侨、港澳台同胞离开常住地在境内其他地方的旅游设施内至少停留 1 夜、最长不超过 6 个月的人数。

国际旅游（外汇）收入 指入境旅游的外国人、华侨、港澳同胞和台湾同胞在中国内地旅游过程中发生的一切旅游支出，对于国家来说就是国际旅游（外汇）收入。

国际旅行社 指经营对外招徕并接待外国人、华侨、港澳同胞和台湾同胞来中国、归国或回内地旅游业务的旅行社。

国内旅行社 指负责经营招徕、组团、接待国内旅客的旅游业务，以及不对外招徕，负责经营接待国际旅行社或其他涉外部门组织的外国人、华侨、港澳同胞和台湾同胞来中国、归国或回内地旅游业务的旅行社。

十七、银行和金融

17-1 民族自治地方金融机构存贷款年末余额

单位：亿元

年 份	各项存款	各项贷款
1989	824.19	1041.28
1990	1048.99	1449.71
1991	1226.48	1525.62
1992	1671.64	2012.49
1993	2048.81	2451.69
1994	2654.01	2961.95
1995	3865.71	4035.72
1996	4483.19	4728.59
1997	5325.62	5770.71
1998	5975.78	6188.96
1999	6918.26	6738.41
2000	7905.79	6548.01
2001	8954.49	7288.37
2002	10238.64	8039.72
2003	11749.93	9339.76
2004	13545.97	10613.63
2005	16323.84	11299.73
2006	19897.89	13419.65
2007	24208.78	15696.98
2008	30144.33	19318.35
2009	37097.90	24493.96
2010	46621.78	30578.95
2011	54671.94	37299.12
2012	64118.39	44516.93
2013	72956.77	52450.98
2014	66684.90	51456.19
2015	86180.05	66136.83

注：1997年以前的信贷数为国家银行信贷数，1998年以后为全部金融机构数。

17-2 民族自治地方分地区金融机构信贷(2015年)

单位：亿元

地　区	各项存款	各项贷款
合　计	**86180.05**	**66136.83**
河　北	821.69	617.24
内蒙古	18077.60	17140.67
辽　宁	1029.63	533.09
吉　林	1810.28	1126.31
黑龙江	56.70	36.50
浙　江	82.82	64.45
湖　北	1248.02	758.16
湖　南	1381.94	673.11
广　东	154.90	65.68
广　西	22793.54	18119.30
海　南	644.34	274.29
重　庆	613.87	381.21
四　川	2801.17	1263.91
贵　州	4104.19	2750.23
云　南	7456.81	4787.07
西　藏	3663.85	2120.33
甘　肃	945.21	711.19
青　海	1408.33	748.72
宁　夏	4805.15	5117.82
新　疆	12280.00	8847.53

17-3 民族自治地方上市公司股本结构及主要财务指标(一)

指 标	2000年	2001年	2002年	2003年	2004年	2006年
上市公司数目(家)	**77**	**84**	**87**	**95**	**98**	**100**
A股上市公司	76	83	86	94	96	98
B股上市公司	1	1	1	1	2	2
A、B股上市公司						
总股本(亿股)	**171.42**	**207.76**	**237.09**	**266.15**	**305.73**	**488.97**
主要财务指标(亿元)						
资产总额	865.32	1130.03	1394.94	1740.22	2084.15	2706.59
所有者权益合计	474.28	562.33	640.89	711.40	790.75	928.46
营业收入	331.63	468.72	598.93	808.65	1061.60	1609.15
利润总额	92.91	109.76	145.12	185.04	234.23	328.23
净利润	41.48	31.06	32.06	26.82	32.19	70.24
每股收益(元)						0.32
净资产收益率(%)	8.75	5.52	5.00	3.77	4.07	7.57

17-3 民族自治地方上市公司股本结构及主要财务指标(二)

指 标	2007年	2008年	2009年	2010年	2011年	2012年	2013年	2014年	2015年
上市公司数目(家)	**102**	**106**	**111**	**111**	**117**	**125**	**124**	**122**	**123**
A股上市公司	101	104	109	109	115	123	122	2	121
B股上市公司	1	2	2	2	2	2	2		2
A、B股上市公司									
总股本(亿股)	**431.47**	**525.52**	**437.25**	**729.95**	**834.85**	**830.19**	**888.62**	**1123.71**	**1556.96**
主要财务指标(亿元)									
资产总额	3499.36	4166.06	3839.89	4146.09	7894.34	8846.31	9651.69	12563.50	16045.99
所有者权益合计	1220.79	1447.81	1288.68	1345.76	2988.67	3401.07	3648.37	4363.66	5496.91
营业收入	2088.04	2706.37	2231.63	2729.53	4879.50	4789.87	4805.97	5429.45	5303.87
利润总额	221.12	152.17	147.67	779.22	342.79	324.58	309.17	318.17	240.74
净利润	141.55	97.78	92.90	263.42	276.19	269.84	255.05	249.66	173.10
每股收益(元)	0.33	15.30	0.24	0.62	1.16	0.95	0.88	0.22	0.10
净资产收益率(%)	11.60	6.75	7.21	19.57	9.24	7.93	6.99	5.72	3.15

17-4 民族自治地方分地区上市公司数(2015年)

地　区	总　计（个）	A股上市公司	B股上市公司
合　计	**123**	**121**	**2**
河　北			
内蒙古	25	23	2
辽　宁			
吉　林	1	1	
黑龙江			
浙　江			
湖　北			
湖　南	1	1	
广　东			
广　西	29	29	
海　南			
重　庆			
四　川	1	1	
贵　州			
云　南	3	3	
西　藏	10	10	
甘　肃			
青　海	2	2	
宁　夏	12	12	
新　疆	39	39	

17-5 民族自治地方分地区上市公司主要财务指标(2015年)(一)

地区	总股本(亿股)	资产总额(亿元)	所有者权益合计(亿元)	营业收入(亿元)
合计	**1556.96**	**16045.99**	**5496.91**	**5303.87**
河北				
内蒙古	669.19	6125.21	2017.89	1696.51
辽宁				
吉林	5.34	4.03	2.93	2.51
黑龙江				
浙江				
湖北				
湖南	3.25	22.81	17.58	6.01
广东				
广西	296.14	2637.85	979.41	1121.63
海南				
重庆				
四川	3.65	22.71	11.21	8.37
贵州				
云南	10.31	59.42	35.60	28.28
西藏	77.17	470.90	226.38	212.37
甘肃				
青海	23.07	834.36	268.20	122.46
宁夏	63.90	508.31	194.49	204.92
新疆	404.94	5360.37	1743.22	1900.82

17-5 民族自治地方分地区上市公司主要财务指标(2015年)(二)

地　区	利润总额（亿元）	净利润（亿元）	每股收益（元）	净资产收益率（%）
合　计	**240.74**	**173.10**	**0.10**	**3.15**
河　北				
内蒙古	74.50	56.25	0.06	0.02
辽　宁				
吉　林	-0.34	-0.35	-0.07	-0.13
黑龙江				
浙　江				
湖　北				
湖　南	1.00	0.74	0.27	0.05
广　东				
广　西	84.41	64.05	0.20	0.06
海　南				
重　庆				
四　川	0.76	0.61	0.18	0.07
贵　州				
云　南	3.34	2.60	0.21	0.06
西　藏	20.25	16.63	0.21	0.07
甘　肃				
青　海	10.68	7.71	0.38	0.03
宁　夏	-13.72	-14.24	-0.22	-0.07
新　疆	59.87	39.08	0.11	0.03

17-6 民族自治地方上市公司总股本及财务指标(2015年)(一)

上市公司名称	总股本 (亿股)	资产总额 (万元)	所有者权益合计 (万元)	营业收入 (万元)
内蒙古	**669**	**61252078**	**20178886**	**16965087**
金河生物	2	188520	105453	125047
蒙草抗旱	5	455075	222064	176840
内蒙君正	42	2047707	1221514	483339
东宝生物	2	78004	70655	29192
金宇集团	6	255022	206860	124651
内蒙华电	58	3821459	1370856	1082935
伊利股份	61	3963097	2014592	5986349
四海股份	3	40226	18931	3391
包钢股份	326	14493216	4730353	2250102
*ST明科	4	126518	87434	2202
包钢稀土	36	1453763	990627	654881
华资实业	5	272632	230106	3277
平庄能源	10	568289	431300	204388
福瑞股份	3	204095	165058	60419
北方股份	2	271369	89294	99033
兴业矿业	12	407425	270032	82971
北方创业	8	324640	237552	200228
西水股份	7	17295579	2167117	14961
亿利能源	21	2072512	1016626	805609
鄂尔多斯	10	4448218	1343661	1524009
伊泰B股	33	6816876	2676835	1956552
远兴能源	16	1938173	826340	731809
兰太实业	4	670321	131012	236781
露天煤业	16	1407999	887790	558665
鄂资B股	10	4448218	1343661	1524009
吉　林	**5**	**40320**	**29314**	**25061**
*ST石岘	5	40320	29314	25061
湖　南	**3**	**228097**	**175780**	**60122**
酒鬼酒	3	228097	175780	60122
广　西	**296**	**26378535**	**9794109**	**11216330**
百洋股份	2	188619	106969	186374
丰林集团	5	215264	178378	115623
八菱科技	3	254482	201269	64894

17-6(一) 续表 1

上市公司名称	总股本（亿股）	资产总额（万元）	所有者权益合计（万元）	营业收入（万元）
桂冠电力	61	4340439	1464916	1031075
五洲交通	8	1233503	301551	208569
南化股份	2	90641	23325	6394
南宁百货	5	221665	110484	236656
阳光股份	7	1025232	413098	64760
*ST南纺	3	179076	28540	135661
南宁糖业	3	566974	164596	313842
两面针	6	396823	219868	135319
柳化股份	4	478837	78710	262937
莱茵生物	4	202993	79594	51447
广陆数测	2	199491	90315	40431
柳钢股份	26	2262629	443822	2590946
柳工	11	2038441	890646	665582
国海证券	28	5252009	1381875	495916
桂林旅游	4	285723	160392	50000
中恒集团	35	613010	495473	134309
索芙特	3	67994	57151	44599
*ST河化	3	140969	10823	62290
*ST国发	5	98402	73784	50641
北海港	10	1235530	695600	305473
银河科技	11	269983	206792	83236
桂东电力	8	924585	304019	359060
皇氏乳业	8	445353	277947	168514
桂林三金	6	275971	234312	137182
贵糖股份	7	340560	263723	173540
恒逸石化	13	2520875	832789	3031771
北生药业	4	12461	3345	9291
四　川	**4**	**227136**	**112080**	**83698**
西昌电力	4	227136	112080	83698
云　南	**10**	**594242**	**356034**	**282770**
文山电力	5	285978	146711	195384
丽江旅游	4	273970	217864	78601
景谷林业	1	34294	-8541	8785

17-6(一) 续表 2

上市公司名称	总股本（亿股）	资产总额（万元）	所有者权益合计（万元）	营业收入（万元）
西　藏	**77**	**4709015**	**2263803**	**2123682**
海思科	11	322755	215660	121245
西藏药业	1	70633	48590	138276
西藏天路	7	496486	262219	208697
ST珠峰	7	120733	67037	149145
西藏旅游	2	185331	64973	15205
西藏城投	7	1106478	258217	76152
梅花集团	31	1816950	855951	1185317
奇正藏药	4	207013	165108	99473
西藏发展	3	142384	123948	39083
西藏矿业	5	240254	202099	91089
青　海	**23**	**8343617**	**2681985**	**1224596**
青青稞酒	5	272296	233741	136374
盐湖股份	19	8071321	2448244	1088222
宁　夏	**64**	**5083091**	**1944922**	**2049197**
大元股份	2	19678	8455	1486
宁夏恒力	7	392265	103221	107665
赛马实业	5	776640	444092	318450
新华百货	2	435309	183777	740400
ST广夏	7	26500	12399	1828
美利纸业	3	3486	3486	55671
中银绒业	18	1356317	337414	317712
银星能源	5	936188	172559	120518
英力特	3	314382	279324	169582
东方钽业	4	145549	145549	108101
*ST西轴	4	120914	74632	26157
青龙管业	3	107207486	34864360	38016323
新　疆	**405**	**53603743**	**17432180**	**19008162**
天山生物	2	91191	41460	24687
新疆浩源	4	105455	85029	42243
新研股份	15	752662	565100	140104
新疆天业	4	351102	205087	227504
啤酒花	4	144575	82749	120498
广汇股份	52	4087086	1269931	482524
美克股份	6	481930	305495	285882

17-6(一) 续表 3

上市公司名称	总股本（亿股）	资产总额（万元）	所有者权益合计（万元）	营业收入（万元）
新疆城建	7	1044908	220413	437973
八一钢铁	8	1826858	-90545	1055545
百花村	2	406299	45510	80881
友好集团	3	723039	195984	653870
新疆众和	6	895638	325443	762744
国际实业	5	294900	218141	67974
渤海租赁	62	13190090	3253850	965902
宏源证券				
天山纺织	5	197227	137287	51077
天山股份	9	2053037	743415	504665
新中基	8	262983	103044	68290
中泰化学	14	3702765	1196498	1526320
天康生物	10	380526	238522	416729
北新路桥	6	1270805	255365	511471
ST天宏	1	107557	69142	58857
天富热电	9	1730151	472683	348397
天利高新	6	324539	7127	192928
伊力特	4	244355	183388	163753
新农开发	4	274528	84037	63127
特变电工	32	7025940	2466897	3745196
中粮屯河	21	1469657	596650	1166755
新赛股份	5	291795	125029	119242
冠农股份	8	378593	214775	153168
ST香梨	1	29628	27419	5387
青松建化	14	1119804	487660	175477
金风科技	27	5257240	1739060	3006210
国统股份	1	167743	95933	39298
准油股份	2	98854	43587	28065
西部建设	5	1255622	436967	1029493
*ST中葡	11	392415	241022	30314
光正钢构	5	192496	104787	55519
西部牧业	2	227088	73140	59990
新研股份	15	752662	565100	140104

17-6 民族自治地方上市公司总股本及财务指标(2015年)(二)

上市公司名称	利润总额 (万元)	净利润 (万元)	每股收益 (元)	净资产收益率 (%)
内蒙古	**744970**	**562533**	**0.06**	**0.02**
金河生物	12854	11576	0.48	0.10
蒙草抗旱	21843	17358	0.36	0.08
内蒙君正	94163	82333	0.23	0.07
东宝生物	739	589	0.03	0.01
金宇集团	59355	47776	0.85	0.23
内蒙华电	154634	121941	0.12	0.07
伊利股份	552353	465443	0.76	0.23
四海股份	-35606	-35606	-1.11	-1.88
包钢股份	-435384	-330233	-0.13	-0.07
*ST明科	3384	3384	0.10	0.04
包钢稀土	36814	5764	0.09	0.04
华资实业	15981	14759	0.30	0.06
平庄能源	-39875	-39061	-0.39	-0.09
福瑞股份	11655	9506	0.35	0.07
北方股份	-23011	-23653	-0.95	-0.16
兴业矿业	-2606	-2485	-0.02	-0.01
北方创业	-4925	-4544	-0.07	-0.03
西水股份	76221	48755	0.46	0.02
亿利能源	24191	15230	0.06	0.01
鄂尔多斯	67298	48799	0.23	0.03
伊泰B股	29432	25273	0.03	
远兴能源	29670	10473	0.04	0.01
兰太实业	-5865	-7635	-0.09	-0.03
露天煤业	63789	53267	0.33	0.06
鄂资B股	67298	48799	0.23	0.03
吉　林	**-3392**	**-3491**	**-0.07**	**-0.13**
*ST石岘	-3392	-3491	-0.07	-0.13
湖　南	**9988**	**7423**	**0.27**	**0.05**
酒鬼酒	9988	7423	0.27	0.05
广　西	**844060**	**640532**	**0.20**	**0.06**
百洋股份	7132	6130	0.32	0.06
丰林集团	5464	5534	0.12	0.03
八菱科技	13522	12519	0.50	0.06

17-6(二) 续表 1

上市公司名称	利润总额（万元）	净利润（万元）	每股收益（元）	净资产收益率（%）
桂冠电力	477730	400637	0.54	0.20
五洲交通	-15733	-21831	-0.11	-0.03
南化股份	-6115	-6115	-0.18	-0.17
南宁百货	2966	2768	0.05	0.03
阳光股份	21772	6833	0.03	0.01
*ST南纺	-4733	-4826	-0.17	-0.13
南宁糖业	4793	5295	0.19	0.04
两面针	-24137	-23079	-0.32	-0.08
柳化股份	-49417	-48555	-1.22	-0.62
莱茵生物	8547	7529	0.17	0.09
广陆数测	7278	6661	0.23	0.06
柳钢股份	-132670	-118944	-0.46	-0.27
柳工	5131	2077	0.02	
国海证券	244840	184097	0.71	0.14
桂林旅游	2243	1593	0.08	0.02
中恒集团	64931	52006	0.15	0.11
索芙特	-433	-293	-0.01	
*ST河化	-10701	-10701	-0.36	-0.99
*ST国发	961	825	0.01	0.01
北海港	47622	40813	0.44	0.07
银河科技	13811	10259	0.10	0.05
桂东电力	54260	39925	0.45	0.14
皇氏乳业	21974	21531	0.23	0.07
桂林三金	44030	37667	0.64	0.16
贵糖股份	16921	13451	0.22	0.05
恒逸石化	21442	16214	0.16	0.03
北生药业	628	513	0.01	0.16
四　川	**7553**	**6097**	**0.18**	**0.07**
西昌电力	7553	6097	0.18	0.07
云　南	**33411**	**26042**	**0.21**	**0.06**
文山电力	12411	10316	0.22	0.07
丽江旅游	30132	24858	0.47	0.10
景谷林业	-9132	-9132	-0.70	-

17-6(二) 续表 2

上市公司名称	利润总额（万元）	净利润（万元）	每股收益（元）	净资产收益率（%）
西　藏	**202519**	**166348**	**0.21**	**0.07**
海思科	41522	37216	0.35	0.17
西藏药业	10633	9074	0.63	0.19
西藏天路	22993	20110	0.26	0.07
ST珠峰	20069	13960	0.25	0.24
西藏旅游	661	324	0.03	0.01
西藏城投	9780	5729	0.09	0.03
梅花集团	57027	44555	0.14	0.05
奇正藏药	29137	26136	0.65	0.16
西藏发展	6488	5675	0.06	0.02
西藏矿业	4209	3569	0.07	0.02
青　海	**106754**	**77116**	**0.38**	**0.03**
青青稞酒	30517	22693	0.51	0.10
盐湖股份	76238	54424	0.35	0.02
宁　夏	**-137154**	**-142374**	**-0.22**	**-0.07**
大元股份	-6849	-6849	-0.30	-0.72
宁夏恒力	4866	4717	0.07	0.05
赛马实业	7958	5491	0.04	
新华百货	17395	10805	0.61	0.07
ST广夏	-1680	-1711	-0.03	-0.14
美利纸业	14808	14808	0.47	4.25
中银绒业	-89095	-87646	-0.48	-0.26
银星能源	-12574	-12305	-0.22	-0.07
英力特	4042	2971	0.10	0.01
东方钽业	-68616	-63624	-1.45	-0.44
*ST西轴	-13723	-13724	-0.39	-0.18
青龙管业	1197322	781538	0.14	0.03
新　疆	**598661**	**390769**	**0.11**	**0.03**
天山生物	-4685	-4750	-0.20	-0.10
新疆浩源	13082	10923	0.26	0.13
新研股份	34899	30042	0.20	0.05
新疆天业	4673	3101	0.09	0.03
啤酒花	9653	6428	0.04	0.03
广汇股份	30289	22998	0.05	0.02
美克股份	37724	30062	0.46	0.10

17-6(二) 续表 3

上市公司名称	利润总额（万元）	净利润（万元）	每股收益（元）	净资产收益率（%）
新疆城建	6005	6012	0.05	0.01
八一钢铁	-245527	-250863	-3.27	-
百花村	-57603	-54374	-1.62	-1.22
友好集团	18818	11827	0.05	0.01
新疆众和	4356	2500	0.04	0.01
国际实业	9220	6007	0.12	0.03
渤海租赁	209597	178824	0.37	0.05
宏源证券				
天山纺织	6986	3008	0.01	0.01
天山股份	-66714	-66974	-0.60	-0.08
新中基	-5910	-5916	-0.06	-0.04
中泰化学	24743	18749	0.01	
天康生物	26995	24481	0.27	0.10
北新路桥	2091	907	0.06	0.02
ST天宏	6449	5587	0.49	0.08
天富热电	38057	31305	0.35	0.07
天利高新	-97657	-99412	-1.64	-16.75
伊力特	40849	28229	0.64	0.15
新农开发	-1483	-1390	0.04	0.02
特变电工	236876	202513	0.58	0.09
中粮屯河	17003	6846	0.04	0.01
新赛股份	-15493	-15367	-0.23	-0.10
冠农股份	16198	15201	0.17	0.07
ST香梨	274	238	0.02	0.01
青松建化	-92181	-93136	-0.49	-0.15
金风科技	324683	287539	1.05	0.17
国统股份	-6029	-6087	-0.46	-0.06
准油股份	-17992	-18408	-0.77	-0.42
西部建设	46566	36668	0.67	0.09
*ST中葡	4260	2769	0.01	0.01
光正钢构	2935	2545	0.01	0.01
西部牧业	1753	2097	0.14	0.04
新研股份	34899	30042	0.20	0.05

主要统计指标解释

信贷资金 指金融机构以信用方式积聚和分配的货币资金。金融机构信贷资金的来源有各项存款、金融债券、对国际金融机构负债、流通中现金、其他项目等；信贷资金的运用有各项贷款、有价证券及投资、金银占款、外汇占款、财政借款以及在国际金融机构中的资产等。

存款 指企业、机关、团体或居民根据资金必须收回的原则，把货币资金存入银行或其他信贷机构保管并取得一定利息的一种信用活动形式。根据存款对象或性质的不同可划分为企业存款、财政存款、机关团体存款、城乡储蓄存款、农业存款、信托及委托类存款、其他存款等科目。它是银行信贷资金的主要来源。

贷款 指银行或其他信贷机构根据资金必须归还的原则，按一定利率，为企业、个人等提供资金的一种信用活动形式。我国银行贷款分为短期贷款、委托及信托类贷款、其他类贷款等。

十八、教育和科技

18-1 民族自治地方各类学校

单位：所

年 份	高等学校	中等学校	#中等专业学校	#普通中学	小 学
1952	11	531			59597
1957	14	1115			57480
1965	37	4777			140056
1975	35	8353			121110
1978	56	14277			142865
1979	63	12249	545	11704	139256
1980	63	11765	588	11177	131123
1981	67	11072	563	10509	117581
1982	68	11056	586	10470	114164
1983	76	11493	516	10977	119418
1984	74	11406	567	10839	117643
1985	86	11644	560	11084	121712
1986	93	11677	547	11130	119874
1987	100	11849	541	11308	119879
1988	101	12038	583	11455	119614
1989	106	14441	815	11626	120118
1990	105	12273	648	11625	117717
1991	104	12882	571	11563	103139
1992	102	12148	560	11588	99916
1993	101	12051	570	11481	97858
1994	104	12677	559	11880	99160
1995	105	13550	584	11606	97650
1996	96	13460	570	11484	90982
1997	92	13466	579	11486	90704
1998	94	13323	578	11364	88869
1999	95	13034	554	11209	87150
2000	97	12841	515	11208	84710
2001	105	12926	472	11433	75386
2002	116	13196	450	11862	73577
2003	135	13094	419	11711	70497
2004	149	12975	425	11653	66757
2005	155	12771	384	11559	67056
2006	167	12469	647	11247	63149
2007	171	12220	721	10885	58223
2008	192	11925	738	10622	55374
2009	196	11334		10261	52283
2010	209	11063		9944	49367
2011	211	10848		9751	46510
2012	210	10668		9469	44912
2013	212	10179		9043	41584
2014	221	10179		9388	42286
2015	228	10327		9197	38685

注：本表未扣除区域变动因素，年度之间不可比，下同。中等学校包括职业中学，下同。

18-2 民族自治地方各类学校专任教师

单位：万人

年 份	高等学校	中等学校	#中等专业学校	#普通中学	小 学
1952	0.06	1.02			
1957	0.26	2.22			
1965	0.62	5.30			
1975	0.79	27.47			
1978	1.49	37.70			
1979	1.68	34.78	1.63	33.15	61.25
1980	1.51	35.10	1.94	33.16	73.01
1981	1.51	31.87	1.93	29.94	72.29
1982	1.67	32.05	2.02	30.03	74.23
1983	1.90	32.41	2.09	30.32	77.12
1984	2.03	31.08	2.17	28.91	75.85
1985	2.18	33.53	2.39	31.14	60.03
1986	2.39	35.66	2.58	33.09	80.58
1987	2.55	37.39	2.78	34.61	80.71
1988	2.67	39.86	3.20	36.66	83.21
1989	3.40	47.57	10.36	37.21	84.01
1990	2.77	41.55	3.30	38.25	84.78
1991	2.70	43.09	3.24	38.90	83.96
1992	2.71	42.53	3.19	39.34	83.39
1993	2.69	42.92	3.17	39.75	83.68
1994	2.80	43.96	3.28	40.67	86.11
1995	3.69	48.90	4.07	41.47	85.83
1996	2.92	49.41	3.47	42.40	83.83
1997	2.95	52.29	3.57	44.65	88.55
1998	3.01	52.79	3.56	45.65	87.77
1999	3.10	54.29	3.59	46.97	89.89
2000	3.64	54.50	3.33	47.89	89.94
2001	3.87	55.74	3.12	49.32	86.43
2002	4.22	60.14	4.91	53.73	89.68
2003	4.88	61.54	2.67	55.51	87.69
2004	5.76	63.06	2.40	57.46	86.80
2005	6.26	66.80	2.49	61.15	88.05
2006	7.12	68.33	3.32	62.57	88.23
2007	7.59	71.55	5.29	63.66	89.21
2008	8.22	72.50	5.15	64.73	89.98
2009	8.70	71.52		66.19	90.59
2010	9.47	74.19		67.44	90.73
2011	9.69	76.84		69.88	89.39
2012	10.06	76.46		69.33	88.94
2013	10.32	75.68		68.65	86.07
2014	10.75	75.68		74.29	77.35
2015	10.94	87.62		80.28	88.32

18-3 民族自治地方各类学校在校学生

单位：万人

年 份	高等学校	中等学校	#中等专业学校	#普通中学	小 学
1952	0.45	20.94			467.31
1957	1.20	49.39			599.45
1965	3.05	95.41			1124.44
1975	3.11	362.46			1416.10
1978	5.65	682.00			1705.24
1979	6.20	628.39	7.50	610.19	1685.50
1980	7.08	601.14	18.56	582.57	1701.73
1981	7.79	509.15	15.38	493.76	1629.57
1982	7.18	469.15	13.75	455.41	1645.07
1983	7.76	486.41	14.52	471.89	1711.15
1984	8.73	508.38	17.62	490.76	1752.13
1985	10.44	573.29	20.65	516.64	1836.90
1986	11.61	595.60	21.83	573.77	1875.90
1987	12.38	608.72	22.83	585.89	1840.70
1988	13.23	610.86	25.64	585.22	1833.20
1989	13.98	707.17	27.33	579.84	1997.00
1990	13.55	509.64	25.25	584.40	1852.90
1991	13.16	665.44	27.39	589.30	1877.44
1992	14.17	627.99	28.37	599.62	1913.65
1993	16.11	606.52	32.04	574.48	1844.30
1994	18.06	643.52	35.89	607.62	1998.69
1995	18.60	721.09	39.14	631.88	1889.49
1996	18.66	767.21	48.16	667.66	2014.76
1997	20.47	819.15	43.40	721.75	2061.79
1998	22.13	867.75	47.75	763.75	2030.69
1999	26.00	918.84	51.31	809.76	1927.46
2000	34.23	978.33	52.71	872.97	1886.01
2001	44.89	999.89	49.03	901.20	1806.05
2002	56.70	1093.22	48.89	996.11	1813.33
2003	69.54	1134.98	46.62	1036.74	1738.25
2004	83.53	1169.83	49.71	1064.90	1692.94
2005	100.00	1386.97	52.38	1082.39	1667.69
2006	113.02	1218.80	85.74	1092.61	1653.10
2007	123.46	1254.29	122.80	1081.43	1645.80
2008	137.47	1231.45	115.90	1061.57	1615.53
2009	148.51	1224.75		1050.15	1580.89
2010	161.88	1248.64		1050.35	1536.29
2011	165.92	1220.30		1039.64	1484.42
2012	171.87	1218.81		1021.47	1478.70
2013	179.68	1186.71		1002.21	1445.96
2014	185.31	1186.71		1024.95	1471.65
2015	200.82	1171.83		990.54	1463.81

18-4 民族自治地方各类学校毕业生

单位：万人

年 份	高等学校	中等学校	#中等专业学校	#普通中学	小 学
1952	0.03	2.93			22.56
1957	0.14	7.44			69.43
1965	0.82	15.70			60.82
1975	0.76	103.71			158.30
1978	1.06	182.31			254.10
1979	1.05	219.68	3.49	216.19	224.69
1980	0.74	183.56	6.66	176.90	222.16
1981	1.21	132.36	8.17	124.19	217.55
1982	2.57	142.33	6.90	135.44	203.81
1983	2.04	143.89	5.33	129.56	214.51
1984	1.77	127.88	4.97	122.92	215.58
1985	2.04	143.00	5.40	137.60	228.02
1986	2.37	152.17	6.56	145.61	243.31
1987	3.54	162.64	7.26	155.38	251.29
1988	3.64	175.96	7.65	168.31	244.39
1989	3.63	185.75	41.33	144.42	283.60
1990	4.04	182.76	9.06	173.70	218.97
1991	3.98	177.71	8.98	161.98	237.50
1992	3.81	173.80	8.39	165.41	306.08
1993	3.65	178.64	8.80	169.84	261.09
1994	4.07	170.43	8.71	161.73	258.53
1995	5.29	193.86	9.94	171.16	257.68
1996	5.32	201.74	11.12	176.89	262.93
1997	4.99	213.64	11.26	187.72	278.73
1998	5.39	234.91	12.01	207.31	294.22
1999	5.58	244.89	13.73	215.24	313.09
2000	5.99	225.31	14.81	193.85	324.57
2001	6.69	255.77	14.27	227.53	314.90
2002	8.38	286.18	15.06	368.12	325.85
2003	12.00	312.38	16.77	281.22	315.90
2004	14.69	330.09	14.25	302.14	300.02
2005	19.26	357.83	14.01	327.41	289.12
2006	23.92	372.13	19.44	341.66	276.14
2007	28.33	384.38	26.65	346.46	271.21
2008	30.96	373.97	29.53	332.14	274.46
2009	32.98	377.46		336.00	269.58
2010	40.01	377.37		330.75	264.95
2011	40.03	375.80		331.61	258.05
2012	42.29	387.96		330.29	249.65
2013	44.74	110.13		321.83	245.45
2014	45.80	110.13		282.88	216.98
2015	48.08	373.03		317.54	230.40

18-5 民族自治地方分地区高等学校基本情况(2015年)

单位：人

地区	学校数(所)	在校研究生数	在校本、专科学生数	招生数	毕业生数	教职工数	#专任教师数
合计	**228**	**73813**	**1934425**	**576847**	**480764**	**163393**	**109362**
河北							
内蒙古	53	17962	420807	119001	107863	38648	25523
辽宁							
吉林	2	3526	24564	6512	5599	2543	1699
黑龙江							
浙江							
湖北	3	400	40300	10131	10835	2468	1784
湖南	3		43680	13973	12604	2350	1594
广东							
广西	71	26731	751181	234161	182658	60203	38625
海南							
重庆							
四川	3		31714	9392	9128	1991	1510
贵州	11	84	76263	26989	20428	4872	3672
云南	13	851	79633	24295	20918	5631	4476
西藏	6	1476	34203	9884	9536	3643	2619
甘肃	1		12391	3122	3300	682	499
青海							
宁夏	18	4403	115007	32198	28235	11469	7987
新疆	44	18380	304682	87189	69660	28893	19374

18-6 民族自治地方分地区各类中等学校基本情况(2015年)

单位：人

地区	学校数(所)	在校学生数	招生数	毕业生数	教职工数	#专任教师数
合计	**10327**	**11718344**	**4194366**	**3730303**	**1016537**	**876219**
河北	80	101477	35769	31809	8672	7422
内蒙古	1250	1317240	424829	471273	150298	107203
辽宁	149	129648	42429	43499	15883	12128
吉林	248	125421	40536	42508	18716	14937
黑龙江	13	13517	3212	1501	1410	1246
浙江	7	6902	2437	2212	631	521
湖北	207	223604	76840	72628	16186	14929
湖南	374	278869	93603	84927	21805	19729
广东	31	20991	7045	7608	2544	2325
广西	2564	3565160	1236397	1116699	272639	264517
海南	111	78530	26510	25228	9311	8389
重庆	112	160622	54723	52980	11051	11040
四川	383	407656	144569	129187	30952	26239
贵州	1058	1183669	418320	370699	86931	79901
云南	1211	1341927	469496	409580	103316	91568
西藏	136	191277	66288	64331	16466	15745
甘肃	210	189303	63428	63278	14070	17241
青海	255	239408	79361	68426	17775	14239
宁夏	330	516083	175279	170195	37164	32370
新疆	1598	1627040	733295	501735	180717	134530

18-7 民族自治地方分地区普通中学基本情况(2015年)

单位：人

地　　区	学校数(所)	在校学生数	招生数	毕业生数	教职工数	#专任教师数
合　　计	**9197**	**9905359**	**3526976**	**3175448**	**920867**	**802799**
河　　北	72	88001	30465	27545	7612	6555
内 蒙 古	1000	1102685	348670	388335	131307	93211
辽　　宁	140	120719	39532	40250	15024	11546
吉　　林	219	111580	35688	37420	16433	13183
黑 龙 江	12	12536	2935	1247	1282	1149
浙　　江	6	5510	1869	1815	534	436
湖　　北	193	189602	64043	62180	14677	13634
湖　　南	337	241099	79361	73601	19724	18012
广　　东	28	18499	6319	6913	2307	2120
广　　西	2284	2828800	979500	884800	245000	244217
海　　南	105	76242	25354	24711	8936	8063
重　　庆	106	146830	49192	49484	9994	10085
四　　川	356	367031	127861	115327	28107	24027
贵　　州	988	1010189	347905	336103	80336	74382
云　　南	1073	1190026	412610	366162	93482	83615
西　　藏	127	175481	60720	58192	15213	14603
甘　　肃	191	176748	59206	60978	12901	16269
青　　海	235	204480	67497	59558	16620	13234
宁　　夏	299	433966	144447	144253	33850	29832
新　　疆	1426	1405335	643802	436574	167528	124626

18-8 民族自治地方分地区职业中学基本情况（2015年）

单位：人

地　　区	学校数（所）	在校学生数	招生数	毕业生数	教职工数	#专任教师数
合　　计	**1130**	**1812985**	**667390**	**554855**	**95670**	**73420**
河　　北	8	13476	5304	4264	1060	867
内 蒙 古	250	214555	76159	82938	18991	13992
辽　　宁	9	8929	2897	3249	859	582
吉　　林	29	13841	4848	5088	2283	1754
黑 龙 江	1	981	277	254	128	97
浙　　江	1	1392	568	397	97	85
湖　　北	14	34002	12797	10448	1509	1295
湖　　南	37	37770	14242	11326	2081	1717
广　　东	3	2492	726	695	237	205
广　　西	280	736360	256897	231899	27639	20300
海　　南	6	2288	1156	517	375	326
重　　庆	6	13792	5531	3496	1057	955
四　　川	27	40625	16708	13860	2845	2212
贵　　州	70	173480	70415	34596	6595	5519
云　　南	138	151901	56886	43418	9834	7953
西　　藏	9	15796	5568	6139	1253	1142
甘　　肃	19	12555	4222	2300	1169	972
青　　海	20	34928	11864	8868	1155	1005
宁　　夏	31	82117	30832	25942	3314	2538
新　　疆	172	221705	89493	65161	13189	9904

18-9 民族自治地方分地区小学基本情况(2015年)

单位：人

地区	学校数(所)	在校学生数	招生数	毕业生数	教职工数	#专任教师数
合计	**38685**	**14638134**	**2698289**	**2303967**	**960219**	**883176**
河北	256	159658	29821	20001	10494	9620
内蒙古	1853	1313635	223680	201145	118137	101730
辽宁	466	134919	21943	27089	13880	10967
吉林	432	145584	22731	21734	14901	12434
黑龙江	36	10625	2977	2631	1322	1223
浙江	17	9159	1410	1526	753	641
湖北	525	278546	49655	40406	15340	14931
湖南	653	363776	70783	57111	22539	21750
广东	53	33682	6652	4865	2138	2050
广西	11849	4401037	770800	673600	222000	221962
海南	424	134381	23731	19722	9195	8642
重庆	611	200741	32313	33758	13037	12689
四川	2027	771788	140167	100589	42684	41862
贵州	4241	1412705	236739	257365	83263	78401
云南	6450	1752239	301591	306214	114774	110376
西藏	826	292290	51723	48466	20933	20890
甘肃	1942	280555	50639	42202	15277	20653
青海	830	310431	48769	49017	16205	13811
宁夏	1693	583509	94170	96119	32448	33777
新疆	3501	2048874	517995	300407	190899	144767

18-10 民族自治地方分地区教育经费支出情况(2015年)

地　区	教育经费支出（万元）
合　计	**35626651**
河　北	250379
内蒙古	6393778
辽　宁	309729
吉　林	533640
黑龙江	26774
浙　江	37542
湖　北	727446
湖　南	220311
广　东	92528
广　西	8586224
海　南	327267
重　庆	382106
四　川	1744369
贵　州	1497633
云　南	3710253
西　藏	1529504
甘　肃	472776
青　海	736635
宁　夏	1697964
新　疆	6349792

18-11 民族自治地方分地区县及县以上政府部门所属研究与开发机构及情报文献机构和人员(2015年)

地　区	机构数（个）	从业人员（人）	#从事科技活动人员	#大学本科及以上学历
合　计	**656**	**46937**	**33912**	**24942**
内蒙古	128	10469	8237	5799
辽　宁	9	162	128	59
吉　林	10	271	234	177
湖　北	19	254	218	137
湖　南	7	169	148	70
广　东	4	31	8	
广　西	195	17179	10443	7858
海　南	7	457	69	15
重　庆	2	16	15	8
四　川	19	709	592	398
贵　州	10	458	294	180
云　南	45	2588	2368	1560
西　藏	20	1613	971	659
甘　肃	5	415	387	186
青　海	9	182	157	103
宁　夏	44	3684	2141	1584
新　疆	123	8280	7502	6149

18-12 民族自治地方分地区县及县以上政府部门所属研究与开发机构及情报文献机构经费(2015年)

单位：千元

地 区	经费收入	#科技活动收入	经费支出	#科技经费支出
合 计	**17387131**	**8681085**	**17350581**	**8578025**
内蒙古	3727707	1918537	3782183	2127953
辽 宁	19272	13650	21188	15538
吉 林	58908	39887	54716	35306
湖 北	69601	45433	48055	92894
湖 南	19750	19520	20316	14503
广 东	1884	1837	1784	1589
广 西	7229582	2782399	7040318	2740850
海 南	12411	4659	12204	3959
重 庆	2112	1962	1435	2917
四 川	170191	146832	184279	145192
贵 州	126205	74963	115888	52699
云 南	718169	562240	726435	518004
西 藏	584270	326676	631056	311826
甘 肃	60299	44580	55009	41401
青 海	74242	59660	66563	49257
宁 夏	1099315	544708	993769	487573
新 疆	3413213	2093542	3595383	1936564

18-13 民族自治地方分地区县及县以上政府部门所属研究与开发机构及情报文献机构科技活动成果情况(2015年)

单位：篇

地区	发表科技论文	#国外发表	出版科技著作	有效发明专利总数(项)	专利申请数	#发明专利	专利授权数	#发明专利
合计	**9318**	**1009**	**328**	**2010**	**1598**	**955**	**1010**	**497**
内蒙古	1257	33	46	168	108	33	92	30
辽宁	29		1					
吉林	35	1					1	
湖北	51	1	7	12	22	20	7	7
湖南	13							
广东								
广西	3731	376	96	917	769	511	455	214
海南	1							
重庆								
四川	212	14	13	10	50	8	12	7
贵州	85	1	1	6	10	7	7	6
云南	518	131	13	70	55	50	24	20
西藏	217	21	19	1	17	15	1	1
甘肃	69	1		2	3	3	2	2
青海	6			2				
宁夏	639	30	47	84	41	24	28	23
新疆	2455	400	85	738	523	284	381	187

主要统计指标解释

普通高等学校 指按照国家规定的设置标准和审批程序批准举办，通过国家统一招生教育，招收高中毕业生为主要培养对象，实施高等教育的全日制大学、独立设置的学院和高等专科学校、短期职业大学。

独立研究与开发机构 指有明确的任务和研究方向，有一定学术水平的业务骨干和一定数量的研究人员，具有研究、开发、开展学术工作的基本条件，主要进行科学研究与技术开发活动，并且在行政上有独立的组织形式，财务上独立核算盈亏，有权与其他单位签订合同，在银行有单独户头的单位。包括国务院各部门、中国科学院、中国社会科学院和各省、自治区、协调以及地（市）以上［含地（市）］各部门所属的国有科学研究与技术开发机构。

独立研究与开发机构职工 指在独立研究与开发机构工作，并由其支付工资的人员。包括长期职工、临时职工和招聘人员，不包括编制以外的离休、退休人员和停薪留职人员。

研究与发展经费支出 指用于研究与发展课题活动（基础研究、应用研究、实验发展）的全部实际支出，包括用于研究与发展课题活动的直接支出和间接用于研究与发展活动的支出［如研究院（所）管理费、维持研究院（所）正常运转的必需费用和与研究发展有关的基本建设支出］。

科学家和工程师 指具有大学本科及以上学历和不具备上述学历但有高、中级职称的人员。

十九、文化和出版

19-1 民族自治地方艺术事业机构

单位：个

年 份	合 计	艺术表演团体	艺术表演场馆	艺术创作机构
1979	645	589		
1980	672	603		
1981	682	603		
1982	690	600		
1983	703	608		
1984	709	614		
1985	726	630		
1986	887	616		91
1987	889	607		98
1988	923	592		149
1989	843	565		101
1990	846	557		105
1991	843	545		113
1992	828	540		111
1993	820	530		109
1994	821	535		108
1995	827	535		113
1996	834	516		135
1997	856	526		142
1998	825	534		97
1999	831	511		140
2000	829	510		137
2001	819	508		144
2002	846	512		141
2003	845	513		144
2004	761	501		81
2005	764	525		67
2006	773	538		66
2007	859	651		25
2008	866	651		24
2009	953	748	186	19
2010	1006	806	177	23
2011	985	805	164	16
2012	1050	823	195	32
2013	971	848	115	8
2014	1093	975	111	7
2015	1321	1063	157	101

注：本表未扣除区域变动因素，年度之间不可比。下同。

19-2 民族自治地方艺术事业机构职工

年 份	合 计	艺术表演团体	艺术表演场馆	艺术创作机构
1979	28466	27883		
1980	29516	28661		
1981	30291	29319		
1982	29665	28590		
1983	29013	27909		
1984	28967	27821		
1985	27961	26831		
1986	32299	28429		1168
1987	32370	28216		1356
1988	31047	26518		1681
1989	29237	24930		1379
1990	29419	25105		1308
1991	29528	24650		1663
1992	28836	24097		1599
1993	28196	23323		1653
1994	27491	22881		1601
1995	27160	22470		1646
1996	26307	21240		1806
1997	27197	21729		1996
1998	26410	21573		1243
1999	25758	20705		1776
2000	24818	20456		1691
2001	25519	21139		1686
2002	25697	21230		1627
2003	24990	20849		1696
2004	24065	20760		902
2005	24193	21012		811
2006	24417	21169		819
2007	34021	30131		188
2008	29393	25912		187
2009	31144	28201	2809	134
2010	32492	29328	3000	164
2011	32312	29633	2556	123
2012	32841	29228	3371	242
2013	34195	32911	1216	68
2014	35813	34585	1163	65
2015	40463	36332	3593	538

19-3 民族自治地方群众文化事业、图书馆事业机构

单位：个

年 份	群众文化机构	群众艺术馆	文化馆	文化站	图书馆
1979	2568		544	2024	
1980	3158		568	2590	
1981	3436		582	2854	331
1982	3974		562	3412	332
1983	5008		566	4442	407
1984	7169		856	6313	469
1985	7699		579	7120	494
1986	8164	73	614	7476	533
1987	8030	77	620	7333	547
1988	7980	77	623	7280	549
1989	7866	80	670	7114	551
1990	7994	79	637	7278	556
1991	8295	79	626	7590	561
1992	7531	78	635	6818	573
1993	8231	79	629	7523	573
1994	8222	81	630	7511	577
1995	8323	79	639	7605	584
1996	7624	79	653	6892	573
1997	7867	80	658	7129	596
1998	8079	82	679	7318	661
1999	7847	79	645	7123	670
2000	7812	79	655	7078	563
2001	7671	84	637	6950	563
2002	7698	83	633	8082	567
2003	7617	81	642	6894	566
2004	7925	80	632	7213	575
2005	7757	83	630	7044	591
2006	7423	82	631	6710	602
2007	7429	96	618	6715	605
2008	7582	80	643	6859	604
2009	7945		738	7207	619
2010	8618		776	7842	636
2011	8937		784	8153	653
2012	8994		789	8205	749
2013	9326		793	8533	757
2014	9496		795	8701	758
2015	9460		795	8665	758

19-4 民族自治地方群众文化事业、图书馆事业机构职工

单位：人

年 份	群众文化事业				图书馆事业
	合 计	群众艺术馆	文化馆	文化站	
1979	7101		4896	2205	
1980	8436		5441	2995	
1981	9408		6147	3261	2853
1982	10655		6282	4373	3031
1983	11928		6527	5401	3722
1984	14682		7153	7529	4278
1985	15198		6657	8541	4698
1986	18717	1702	7495	9517	5411
1987	19162	1837	7392	9933	5775
1988	19058	1858	7451	9749	6124
1989	19180	1973	7814	9393	6241
1990	19934	1949	8221	9764	6507
1991	20313	2001	8264	10048	6794
1992	19651	1995	8182	9474	7024
1993	20425	1971	8176	10278	7088
1994	20076	1970	8106	10000	7052
1995	22305	1991	8159	12155	7165
1996	16459	1855	7614	6990	7002
1997	17556	1897	7746	7913	7311
1998	17873	1957	7771	8145	7363
1999	16969	1881	7157	7931	7202
2000	17429	1839	7183	8407	7065
2001	19072	2017	7152	9903	7204
2002	19602	2020	7083	10499	7177
2003	19734	1799	6904	11031	7024
2004	20317	1829	6894	11594	6993
2005	20215	1891	7039	11285	9598
2006	20496	1939	7047	11510	7256
2007	20458	1890	7093	11475	7432
2008	21107	1725	7314	12068	7285
2009	21982		9179	12803	7439
2010	22525		9131	13394	7499
2011	23834		9288	14546	7590
2012	25999		10500	15499	7761
2013	27794		11110	16684	7977
2014	31166		11225	19941	7877
2015	32907		11245	21662	8011

19-5 民族自治地方文物事业机构和职工

单位：个、人

年　份	文物事业机构		#文物保护管理机构		#博物馆	
	机构数	职工人数	机构数	职工人数	机构数	职工人数
1983	122	1379	95	665	27	714
1984	156	1504	115	701	41	803
1985	201	1919	152	1004	49	915
1986	263	2692	204	1605	59	1087
1987	311	3020	244	1886	67	1134
1988	333	3376	256	1966	77	1410
1989	367	3478	284	2060	83	1418
1990	418	3534	327	2032	91	1502
1992	337	2959	269	1775	68	1184
1993	315	3390	243	2118	72	1272
1994	334	3349	259	2067	75	1282
1995	398	4217	317	2776	81	1441
1996	544	6884	401	2189	121	1945
1997	571	8988	415	2349	134	2099
1998	607	10461	430	2474	155	2344
1999	602	9598	435	2312	144	2183
2000	617	12240	444	2422	151	2206
2001	622	9486	441	5159	156	2417
2002	644	5652	458	2774	162	2310
2003	630	6139	445	3291	163	2391
2004	636	8896	438	5126	175	2724
2005	659	9598	456	5717	184	2808
2006	678	7176	471	3399	190	2821
2007	701	9310	467	5217	212	3219
2008	732	7943	470	3417	240	3567
2009	833	8495	499	3113	312	4437
2010	1056	12755	689	7021	344	4765
2011	1376	14791	968	7929	385	5664
2012	1387	16047	955	8506	410	6138
2013	1761	16525	1023	7820	456	7019
2014	2241	19200	1496	9840	475	7316
2015	1962	10888	1492	3449	470	7439

19-6 民族自治地方分类别按登记注册类型分的主要文化事业机构(2015年)

单位：个

类别	合计	按执行会计制度分类		按单位所属部门分类	
		事业	企业	文化部门	其他部门
总　　计	**47314**	**14393**	**32921**	**14368**	**32946**
一、文化合计	45084	12176	32908	12242	32842
艺术表演团体	1063	432	631	474	589
其中：公有制艺术表演团体	490	432	58	474	16
艺术表演场馆	157	97	60	102	55
其中：公有制艺术表演场馆	109	97	12	102	7
公共图书馆	758	758		758	
文化馆	795	795		795	
文化站	8665	8665		8665	
其中：乡镇综合文化站	8210	8210		8210	
艺术展览创作机构	101	101		100	1
其中：美术馆	82	82		81	1
艺术教育业	10	10		10	
文化科研机构	37	37		37	
文化市场经营机构(不包括非公有制院团和场馆)	32184		32184		32184
文化行政主管部门	779	779		779	
其他文化机构	535	502	33	522	13
其中：文化市场执法机构	323	323		320	3
二、文物合计	2230	2217	13	2126	104
博物馆	470	470		460	10
文物保护管理机构	1492	1492		1443	49
文物科研机构	12	12		12	
文物商店	7		7	7	
其他文物机构	249	243	6	204	45

19-7 民族自治地方分类别按登记注册类型分的主要文化事业机构职工(2015年)

单位：人

类别	合计	按执行会计制度分类		按单位所属部门分类	
		事业	企业	文化部门	其他部门
总计	**266745**	**96843**	**169902**	**100462**	**166283**
一、文化合计	253820	83987	169833	87755	166065
艺术表演团体	36332	17848	18484	20297	16035
其中：公有制艺术表演团体	20535	17848	2687	20297	238
艺术表演场馆	3593	845	2748	1090	2503
其中：公有制艺术表演场馆	1148	845	303	1090	58
公共图书馆	8011	8011		8011	
文化馆	11245	11245		11245	
文化站	21662	21662		21662	
其中：乡镇综合文化站	20407	20407		20407	
艺术展览创作机构	538	538		535	3
其中：美术馆	427	427		424	3
艺术教育业	719	719		719	
文化科研机构	470	470		470	
文化市场经营机构(不包括非公有制院团和场馆)	147202		147202		147202
文化行政主管部门	17141	17141		17141	
其他文化机构	6907	5508	1399	6585	322
其中：文化市场执法机构	2708	2708		2694	14
二、文物合计	12925	12856	69	12707	218
博物馆	7439	7439		7243	196
文物保护管理机构	3449	3449		3440	9
文物科研机构	325	325		325	
文物商店	69		69	69	
其他文物机构	1643	1643		1630	13

19-8 民族自治地方分地区按登记注册类型分的主要文化事业机构(2015年)

单位：个

地区	合计	按执行会计制度分类		按单位所属部门分类	
		事业	企业	文化部门	其他部门
合计	**47314**	**14393**	**32921**	**14368**	**32946**
河北	456	152	304	152	304
内蒙古	8263	1837	6426	1844	6419
辽宁	594	202	392	202	392
吉林	963	221	742	223	740
黑龙江	63	21	42	21	42
浙江	54	27	27	28	26
湖北	721	175	546	175	546
湖南	1866	512	1354	514	1352
广东	115	39	76	39	76
广西	8976	1918	7058	1944	7032
海南	532	128	404	129	403
重庆	633	194	439	191	442
四川	2573	1441	1132	1438	1135
贵州	2138	847	1291	849	1289
云南	6943	1339	5604	1339	5604
西藏	3002	2155	847	2068	934
甘肃	804	436	368	447	357
青海	1146	541	605	542	604
宁夏	1910	362	1548	375	1535
新疆	5562	1846	3716	1848	3714

19-9 民族自治地方分地区按登记注册类型分的主要文化事业机构职工(2015年)

单位：人

地区	合计	按执行会计制度分类		按单位所属部门分类	
		事业	企业	文化部门	其他部门
合计	**266745**	**96843**	**169902**	**100462**	**166283**
河北	1912	501	1411	578	1334
内蒙古	42055	18810	23245	18955	23100
辽宁	2358	1083	1275	1083	1275
吉林	4761	2252	2509	2319	2442
黑龙江	309	156	153	156	153
浙江	530	127	403	156	374
湖北	4928	1315	3613	1315	3613
湖南	7555	2753	4802	2787	4768
广东	661	334	327	334	327
广西	61868	15025	46843	16637	45231
海南	3613	715	2898	878	2735
重庆	4028	958	3070	933	3095
四川	11412	4630	6782	4621	6791
贵州	13294	5273	8021	5398	7896
云南	38286	9976	28310	9995	28291
西藏	13937	7611	6326	7602	6335
甘肃	5119	3022	2097	3694	1425
青海	5571	2585	2986	2574	2997
宁夏	11238	3741	7497	4415	6823
新疆	33310	15976	17334	16032	17278

19-10 民族自治地方分地区艺术事业机构(2015年)

单位：个、座

地　区	合　计	艺术表演团　体	艺术表演场　馆	艺术创作机　构
合　计	1321	1063	157	101
河　北	38	37	1	
内蒙古	225	173	25	27
辽　宁	29	26	3	
吉　林	20	4	14	2
黑龙江	2	2		
浙　江	9	9		
湖　北	45	43		2
湖　南	40	28	7	5
广　东	4	4		
广　西	126	92	29	5
海　南	15	11	4	
重　庆	46	46		
四　川	50	35	7	8
贵　州	47	46	1	
云　南	198	181	15	2
西　藏	101	87	14	
甘　肃	27	17	3	7
青　海	65	50	15	
宁　夏	44	40	3	1
新　疆	190	132	16	42

19-11 民族自治地方分地区艺术事业机构职工(2015年)

单位：人

地　区	合　计	艺术表演团　体	艺术表演场　馆	艺术创作机　构
合　计	**40463**	**36332**	**3593**	**538**
河　北	671	663	8	
内蒙古	7331	6721	385	225
辽　宁	302	283	19	
吉　林	427	310	111	6
黑龙江	70	70		
浙　江	286	286		
湖　北	978	961		17
湖　南	1544	1289	234	21
广　东	128	128		
广　西	5326	4613	658	55
海　南	579	275	304	
重　庆	522	522		
四　川	1861	1650	192	19
贵　州	1287	1271	16	
云　南	7500	6271	1226	3
西　藏	2513	2440	73	
甘　肃	744	699	5	40
青　海	1158	1084	74	
宁　夏	1489	1454	27	8
新　疆	5747	5342	261	144

19-12 民族自治地方分地区群众文化事业、图书馆事业机构(2015年)

单位：个、座

地　区	群众文化事业			图书馆事业
	合　计	文化馆	文化站	
合　计	**9460**	**795**	**8665**	**758**
河　北	124	7	117	6
内蒙古	1152	118	1034	116
辽　宁	164	8	156	8
吉　林	145	13	132	12
黑龙江	15	1	14	1
浙　江	22	1	21	1
湖　北	120	12	108	11
湖　南	405	20	385	19
广　东	26	3	23	3
广　西	1290	123	1167	112
海　南	86	8	78	8
重　庆	171	5	166	5
四　川	1236	54	1182	52
贵　州	656	40	616	40
云　南	921	88	833	87
西　藏	770	82	688	78
甘　肃	294	24	270	24
青　海	346	45	301	42
宁　夏	253	26	227	26
新　疆	1264	117	1147	107

19-13 民族自治地方分地区群众文化事业、图书馆事业机构职工(2015年)

单位：人

地区	群众文化事业			图书馆事业
	合计	文化馆	文化站	
合计	**32907**	**11245**	**21662**	**8011**
河北	217	56	161	30
内蒙古	5188	1985	3203	1939
辽宁	355	147	208	110
吉林	946	535	411	278
黑龙江	42	14	28	14
浙江	59	14	45	16
湖北	384	119	265	93
湖南	1033	284	749	188
广东	103	53	50	22
广西	5282	2117	3165	1509
海南	229	72	157	70
重庆	721	81	640	60
四川	1895	519	1376	233
贵州	1912	557	1355	270
云南	3922	1316	2606	885
西藏	2807	458	2349	183
甘肃	838	304	534	223
青海	944	544	400	247
宁夏	1310	675	635	558
新疆	4720	1395	3325	1083

19-14 民族自治地方分地区文物事业机构和职工(2015年)

单位：个、人

地区	文物事业机构		#文物保护管理机构		#博物馆	
	机构数	职工人数	机构数	职工人数	机构数	职工人数
合计	**1962**	**10888**	**1492**	**3449**	**470**	**7439**
河北	10	68	6	13	4	55
内蒙古	163	2083	88	594	75	1489
辽宁	15	349	7	242	8	107
吉林	25	221	12	18	13	203
黑龙江	2	19	1	3	1	16
浙江	2	24	1	5	1	19
湖北	9	87	2	1	7	86
湖南	24	448	9	88	15	360
广东	3	44			3	44
广西	173	2163	67	388	106	1775
海南	5	26			5	26
重庆	9	57	5	26	4	31
四川	52	683	29	171	23	512
贵州	60	417	32	118	28	299
云南	108	826	73	372	35	454
西藏	1027	905	1023	731	4	174
甘肃	39	458	8	43	31	415
青海	37	135	23	38	14	97
宁夏	34	560	22	290	12	270
新疆	165	1315	84	308	81	1007

19-15 民族自治地方广播、电视事业机构

单位：个

年 份	广播电视台	广播电台	电视台
1952		5	
1957		6	
1965		14	
1975		42	
1978		50	
1979		25	
1980		25	
1981		34	
1982		34	
1983		33	
1984		42	16
1985		54	44
1986		64	69
1987		75	69
1988		133	88
1989		107	94
1990		111	96
1991		133	96
1992		189	106
1993		152	126
1994		209	142
1995		247	206
1996		205	215
1997		202	189
1998		261	225
1999		193	193
2000		277	206
2001		84	85
2002		73	90
2003		73	94
2004	389	41	50
2005	444	41	50
2006	381	91	117
2007	348	49	65
2008	447	47	59
2009	599	47	59
2010	564	46	56
2011	523	47	58
2012	537	38	45
2013	539	27	35
2014	542	26	34
2015	545	25	33

注：1.2001年后广播电台、电视中心台数据由国家广电总局提供，与以前数据不可比。
2.2004年及以后数据中，广播电视台指既可对外广播又可播放电视的机构，广播电台仅含播放广播的机构，电视台仅含播放电视的机构。

19-16-1 民族自治地方分地区广播电视机构设置情况(2015年)(一)

单位：个

地　区	合　计	广播电台	电视台	广播电视台
合　计	603	25	33	545
河　北	6			6
内蒙古	91	1	2	88
辽　宁	8			8
吉　林	13	1	1	11
黑龙江	1			1
浙　江	1			1
湖　北	11	1	1	9
湖　南	17	1	1	15
广　东	3			3
广　西	98	8	7	83
海　南	6			6
重　庆	4			4
四　川	53			53
贵　州	47		1	46
云　南	83	4	4	75
西　藏	9	1	2	6
甘　肃	16			16
青　海	10	1	5	4
宁　夏	21	1	1	19
新　疆	105	6	8	91

19-16-2 民族自治地方分地区广播电视机构设置情况(2015年)(二)

单位：个

地 区	省			
	合 计	广播电台	电视台	广播电视台
合 计	**11**	**6**	**5**	
内蒙古	2	1	1	
广 西	3	2	1	
西 藏	2	1	1	
宁 夏	2	1	1	
新 疆	2	1	1	

19-16-3 民族自治地方分地区广播电视机构设置情况(2015年)(三)

单位：个

地 区	地			
	合 计	广播电台	电视台	广播电视台
合 计	**94**	**17**	**26**	**51**
内蒙古	13		1	12
吉 林	2	1	1	
湖 北	2	1	1	
湖 南	2	1	1	
广 西	20	6	6	8
四 川	3			3
贵 州	3		1	2
云 南	11	3	3	5
西 藏	7		1	6
甘 肃	2			2
青 海	7	1	5	1
宁 夏	4			4
新 疆	18	4	6	8

19-16-4 民族自治地方分地区广播电视机构设置情况(2015年)(四)

单位：个

地　区	县			
	合　计	广播电台	电视台	广播电视台
合　计	**498**	**2**	**2**	**494**
河　北	6			6
内蒙古	76			76
辽　宁	8			8
吉　林	11			11
黑龙江	1			1
浙　江	1			1
湖　北	9			9
湖　南	15			15
广　东	3			3
广　西	75			75
海　南	6			6
重　庆	4			4
四　川	50			50
贵　州	44			44
云　南	72	1	1	70
西　藏				
甘　肃	14			14
青　海	3			3
宁　夏	15			15
新　疆	85	1	1	83

19-17-1 民族自治地方使用民族语言广播播出机构(2015年)(一)

单位：个

地　区	总 计	蒙古语	藏语	维吾尔语	苗语	彝语	壮语	朝鲜语
合　计	**133**	**41**	**14**	**55**	**1**	**1**	**15**	**6**
内蒙古	32	32						
辽　宁	2	2						
吉　林	7	1						6
黑龙江	1	1						
广　西	14						14	
四　川	2		2					
云　南	4		1		1	1	1	
西　藏	5		5					
甘　肃	2		2					
青　海	5	1	4					
新　疆	59	4		55				

19-17-2 民族自治地方使用民族语言广播播出机构(2015年)(二)

单位：个

地　区	总 计	哈尼语	哈萨克语	傣语	傈僳语	拉祜语	景颇语	柯尔克孜语
合　计	**30**	**2**	**16**	**3**	**2**	**1**	**2**	**4**
内蒙古								
辽　宁								
吉　林								
黑龙江								
广　西								
四　川								
云　南	10	2		3	2	1	2	
西　藏								
甘　肃								
青　海								
新　疆	20		16					4

19-18-1 民族自治地方广播节目制作情况(2015年)(一)

单位：小时

地区	全年制作广播节目时间	全年制作新闻资讯类广播节目时间	全年制作专题服务类广播节目时间	全年制作综艺类广播节目时间
合计	**1028952**	**199599**	**297611**	**311825**
河北	3132	71	877	1885
内蒙古	244133	39683	86051	76249
辽宁	14629	2074	4699	5275
吉林	38096	3741	13141	15660
黑龙江	112	71	36	5
浙江	636	91	194	91
湖北	7463	649	2227	2320
湖南	7486	2267	1128	1671
广东	1095	1095		
广西	220829	41912	34437	61418
海南	1480	677	503	
重庆	1095	373	207	295
四川	2965	1513	471	286
贵州	23368	5555	5428	6216
云南	48187	11730	17132	11779
西藏	36551	5760	12344	14271
甘肃	6287	2355	1602	646
青海	2738	1060	513	917
宁夏	58451	11310	18012	18897
新疆	310219	67612	98609	93944

19-18-2 民族自治地方广播节目制作情况(2015年)(二)

单位: 小时

地　区	全年制作广播剧类广播节目时间	全年制作广告类广播节目时间	全年制作其他类广播节目时间
合　计	**21699**	**87049**	**111072**
河　北		253	46
内蒙古	5985	24464	11692
辽　宁		1463	1118
吉　林	365	4249	931
浙　江		30	230
湖　北		1150	1117
湖　南	660	662	1098
广　西	1033	17845	64157
海　南		75	224
重　庆			220
四　川		86	609
贵　州	1705	987	3476
云　南	765	1806	4970
西　藏	754	2794	620
甘　肃		183	1501
青　海			248
宁　夏	1486	6375	2366
新　疆	8946	24627	16449

19-19-1 民族自治地方广播覆盖情况(2015年)(一)

地区	广播综合人口覆盖		中央节目		省级节目	
	人口（万人）	覆盖率（%）	人口（万人）	覆盖率（%）	人口（万人）	覆盖率（%）
合计	**18177.20**	**95.56**	**18020.91**	**94.73**	**17678.33**	**92.93**
河北	206.01	96.72	206.01	96.72	204.12	95.83
内蒙古	2481.01	99.05	2471.88	98.69	2325.25	92.83
辽宁	317.70	95.89	316.32	95.47	310.18	93.62
吉林	323.94	99.30	319.32	97.88	319.86	98.05
黑龙江	23.21	92.07	23.21	92.07	23.21	92.07
浙江	17.33	100.00	17.33	100.00	17.33	100.00
湖北	463.06	99.16	463.06	99.16	459.80	98.46
湖南	361.57	76.82	350.19	74.40	340.39	72.32
广东						
广西	5297.03	96.74	5217.39	95.29	5166.88	94.36
海南	170.49	94.70	170.44	94.67	153.64	85.34
重庆	266.25	95.85	266.25	95.85	266.25	95.85
四川	639.46	84.98	639.46	84.98	605.34	80.45
贵州	1607.33	91.23	1605.94	91.15	1603.73	91.02
云南	2223.14	96.29	2221.05	96.20	2170.27	94.00
西藏	301.13	94.83	280.08	88.20	299.12	94.20
甘肃	356.71	97.74	343.03	94.00	327.28	89.68
青海	368.82	97.45	368.82	97.45	362.31	95.73
宁夏	639.22	96.62	639.22	96.62	638.93	96.58
新疆	2113.79	96.60	2101.91	96.06	2084.44	95.26

19-19-2 民族自治地方广播覆盖情况(2015年)(二)

地区	广播综合人口覆盖				无线广播综合覆盖			
	地市级节目		县级节目				中央节目	
	人口(万人)	覆盖率(%)	人口(万人)	覆盖率(%)	人口(万人)	覆盖率(%)	人口(万人)	覆盖率(%)
合计	**12844.65**	**67.52**	**6514.83**	**34.25**	**17596.32**	**92.50**	**17445.77**	**91.71**
河北	191.83	90.06	77.71	36.48	160.87	75.53	156.97	73.69
内蒙古	2341.34	93.47	1247.03	49.79	2475.31	98.82	2466.18	98.46
辽宁	266.66	80.48	287.02	86.63	314.30	94.86	309.39	93.38
吉林	284.56	87.23	246.06	75.43	323.87	99.28	319.27	97.87
黑龙江	23.21	92.07	23.15	91.83	23.21	92.07	23.21	92.07
浙江	8.10	46.74	8.10	46.74	17.33	100.00	17.33	100.00
湖北	369.56	79.14	113.53	24.31	461.57	98.84	461.57	98.84
湖南	261.71	55.60	168.72	35.85	346.80	73.68	335.52	71.29
广东								
广西	4222.46	77.12	1983.83	36.23	5186.60	94.72	5126.94	93.63
海南			113.74	63.18	170.38	94.64	169.95	94.40
重庆			55.80	20.09	236.47	85.13	236.21	85.04
四川	373.89	49.69	84.04	11.17	613.89	81.59	613.89	81.59
贵州	660.52	37.49	194.54	11.04	1337.44	75.91	1328.61	75.41
云南	1704.75	73.84	270.72	11.73	2180.88	94.46	2178.52	94.36
西藏	58.20	18.33			297.20	93.59	277.71	87.45
甘肃	184.56	50.57	121.77	33.37	340.15	93.21	330.36	90.52
青海	75.91	20.06	27.23	7.19	368.55	97.38	368.55	97.38
宁夏	616.04	93.12	291.25	44.03	637.93	96.43	637.93	96.43
新疆	1201.35	54.90	1200.59	54.87	2103.57	96.13	2087.66	95.41

19-20 民族自治地方使用民族语言电视播出机构(2015年)(一)

单位：个

地　区	合　计	蒙古语	藏语	维吾尔语	彝语
合　计	**190**	**34**	**19**	**66**	**2**
内蒙古	27	27			
辽　宁	1	1			
吉　林	12	1			
黑龙江	1	1			
山　东	1				
广　西	16				
四　川	4		4		
云　南	15				2
西　藏	5		5		
甘　肃	2		2		
青　海	9	1	8		
新　疆	97	3		66	

19-20 民族自治地方使用民族语言电视播出机构(2015年)(二)

单位：个

地　区	壮语	朝鲜语	哈萨克语	傣语	景颇语	柯尔克孜语
合　计	**16**	**12**	**25**	**9**	**4**	**3**
内蒙古						
辽　宁						
吉　林		11				
黑龙江						
山　东		1				
广　西	16					
四　川						
云　南				9	4	
西　藏						
甘　肃						
青　海						
新　疆			25			3

19-21-1 民族自治地方电视节目制作情况(2015年)(一)

单位：小时

地区	全年制作电视节目时间	#新闻资讯类	#专题服务类	#综艺益智类	#影视剧类	#广告类
合计	**415691**	**152954**	**104368**	**44792**	**7420**	**71248**
河北	2745	699	562	265		603
内蒙古	73294	24904	19116	9532	19	14686
辽宁	5352	1026	748	808	1273	1046
吉林	11786	2018	4100	2613	469	2015
黑龙江	213	101	38	5		69
浙江	479	96	54	98		110
湖北	7188	2411	1077	624		1783
湖南	9358	3433	1458	877		1701
广东	89	50				39
广西	97493	33819	25457	9037	99	20649
重庆	1834	785	585	277		158
四川	13888	7829	2334	1111	364	957
贵州	10757	5245	1290	1279		1224
云南	36022	15567	8437	3063	76	4178
西藏	13917	5126	4530	793	1445	963
甘肃	5845	2181	2135	650		538
青海	3592	1485	1410	366		19
宁夏	28422	8185	7030	3539	32	7780
新疆	93417	37994	24007	9855	3643	12730

19-21-2　民族自治地方电视节目制作情况(2015年)(二)

单位：小时

地　区	全年制作其他类电视节目时间（小时）	全年制作电视剧数量	
		部	集
合　计	**34802**	**25**	**769**
河　北	616		
内蒙古	5031		
辽　宁	451		
吉　林	562	20	625
浙　江	121		
湖　北	1290		
湖　南	1888		
广　西	8402	2	60
重　庆	27		
四　川	1288		
贵　州	1717		
云　南	4696		
西　藏	1059		
甘　肃	341		
青　海	309		
宁　夏	1853	1	40
新　疆	5151	2	44

19-22-1 民族自治地方电视覆盖情况(2015年)(一)

地区	电视人口综合覆盖		中央节目		省级节目	
	人口(万人)	覆盖率(%)	人口(万人)	覆盖率(%)	人口(万人)	覆盖率(%)
合计	**18569.84**	**97.62**	**18348.08**	**96.45**	**17863.95**	**93.91**
河北	209.82	98.51	209.82	98.51	165.56	77.73
内蒙古	2482.26	99.10	2479.40	98.99	2269.81	90.62
辽宁	319.01	96.28	317.40	95.80	315.49	95.22
吉林	320.44	98.23	314.89	96.53	312.19	95.70
黑龙江	23.51	93.26	23.51	93.26	23.51	93.26
浙江	17.33	100.00	17.33	100.00	17.33	100.00
湖北	462.57	99.06	462.57	99.06	460.46	98.60
湖南	449.31	95.46	449.31	95.46	411.25	87.38
广东						
广西	5382.88	98.31	5231.48	95.54	5250.96	95.90
海南	168.86	93.80	168.42	93.55	165.45	91.90
重庆	271.79	97.85	271.79	97.85	271.79	97.85
四川	706.57	93.90	706.57	93.90	660.66	87.80
贵州	1686.18	95.70	1685.62	95.67	1674.24	95.02
云南	2258.39	97.82	2257.11	97.76	2138.56	92.63
西藏	304.72	95.96	280.59	88.36	301.95	95.09
甘肃	358.31	98.18	347.15	95.13	326.47	89.46
青海	368.05	97.25	368.05	97.25	366.81	96.92
宁夏	656.54	99.24	656.54	99.24	656.54	99.24
新疆	2123.30	97.04	2100.53	96.00	2074.92	94.83

19-22-2 民族自治地方电视覆盖情况(2015年)(二)

地区	电视人口综合覆盖率							
	地市级节目		县级节目		无线电视综合覆盖		中央节目	
	人口(万人)	覆盖率(%)	人口(万人)	覆盖率(%)	人口(万人)	覆盖率(%)	人口(万人)	覆盖率(%)
合计	**13180.72**	**69.29**	**9218.55**	**48.46**	**17676.96**	**92.93**	**17438.22**	**91.67**
河北	187.38	87.97	131.83	61.89	195.60	91.83	195.60	91.83
内蒙古	2200.16	87.84	1233.24	49.23	2373.56	94.76	2367.84	94.53
辽宁	292.45	88.27	279.10	84.24	284.57	85.89	280.77	84.74
吉林	275.08	84.32	291.07	89.23	260.03	79.71	247.70	75.93
黑龙江	20.39	80.88	12.60	49.98	23.51	93.26	23.51	93.26
浙江	8.43	48.64	8.43	48.64	17.33	100.00	17.33	100.00
湖北	412.65	88.37	279.77	59.91	461.45	98.82	461.41	98.81
湖南	272.51	57.90	202.31	42.98	431.19	91.61	431.19	91.61
广东								
广西	4242.59	77.48	2680.59	48.96	5266.65	96.19	5108.32	93.29
海南					167.89	93.26	167.66	93.13
重庆			128.94	46.42	243.16	87.54	243.16	87.54
四川	457.39	60.79	382.86	50.88	673.24	89.47	673.24	89.47
贵州	656.48	37.26	272.11	15.44	1327.11	75.32	1325.78	75.25
云南	1702.24	73.73	1429.79	61.93	2182.84	94.55	2182.00	94.51
西藏	53.20	16.75			299.39	94.28	277.54	87.40
甘肃	112.75	30.90	137.04	37.55	342.52	93.86	331.96	90.96
青海	279.68	73.90	24.59	6.50	368.03	97.24	368.03	97.24
宁夏	637.83	96.41	310.12	46.88	652.70	98.66	652.70	98.66
新疆	1369.51	62.59	1414.16	64.63	2106.19	96.25	2082.48	95.17

19-23 民族自治地方出版物情况

单位：种数：种；印数：万册(份)

年 份	图 书		杂 志		报 纸	
	种 数	印 数	种 数	印 数	种 数	印 数
1978	1336	14279.4	78	1306.4	44	28271.3
1979	2018	13332.5	76	1226.8	62	47739.6
1980	2084	16162.5	114	2250.5	68	45109.9
1981	2343	23964.6	160	3770.7	67	52678.2
1982	3242	28089.6	163	8385.6	68	54594.5
1983	2613	17477.9	165	2480.7	79	49894.6
1984	2859	28065.2	231	8606.7	117	63627.4
1985	3365	35906.9	321	7818.8	175	76847.2
1986	3435	29287.8	332	7171.9	176	150281.9
1987	4507	29167.4	358	7273.6	214	92964.4
1988	5107	30754.8	445	8620.4	236	93274.4
1989	5696	30127.0	447	6502.9	239	76404.0
1990	5784	30166.3	544	17866.4	227	79119.6
1991	6662	39810.3	507	6561.9	245	87342.0
1992	6707	41277.0	487	6705.0	334	89412.0
1993	5907	42263.3	502	9833.3	248	71607.1
1994	8052	60986.3	631	8541.2	350	101678.5
1995	7647	42275.0	633	7881.0	340	94984.8
1996	7979	44497.3	560	7482.1	298	102861.1
1997	8417	45876.7	559	7824.4	322	116203.9
1998	10154	48507.5	542	7509.9	293	108276.7
1999	11208	48394.4	592	8069.4	347	111943.9
2000	11402	42310.0	650	8332.0	356	123277.0
2001	10089	42599.0	693	8892.0	441	132611.0
2002	10856	45564.0	750	9085.0	383	139467.0
2003	12431	43214.6	778	9981.9	381	163731.6
2004	12332	39510.9	731	8341.7	311	173632.6
2005	12592	41957.6	738	10279.5	311	169518.4
2006	15082	45838.7	580	10223.1	265	143372.3
2007	13482	45627.4	657	7729.8	315	177110.0
2008	19086	48929.1	675	7256.7	313	159786.3
2009	21518	47689.9	733	7366.0	334	165394.8
2010	20635	43098.9	739	8276.2	329	174847.8
2011	24106	49303.3	752	11088.3	333	171832.5
2012	27832	54793.5	875	12120.9	405	187051.3
2013	31065	64113.7	842	14582.7	316	191760.0
2014	33506	68877.2	5685	22165.4	353	240263.3
2015	23561	69844.0	958	27154.4	307	188006.0

19-24 民族自治地方分地区图书、杂志、报纸出版情况(2015年)

单位：种数：种；印数：万册(份)

地区	图书		杂志		报纸	
	种数	印数	种数	印数	种数	印数
合计	**23561**	**69844**	**958**	**27154**	**307**	**188006**
河北						
内蒙古	3289	6482	146	2081	58	32815
辽宁	7	220	8	85	7	234
吉林	8407	5051	21	48	14	2297
黑龙江			1	1	2	1
浙江					1	70
湖北	45	2034	8	1994	35	125
湖南						
广东						
广西	7537	29978	180	4754	54	68974
海南			6	1		
重庆			2		3	542
四川			32	18	9	2698
贵州	44	19	143	14	28	2466
云南	214	30	176	38	33	4501
西藏		1258	35	238	25	7803
甘肃					4	363
青海	1458	26	163	3	15	10
宁夏	2560	4745	37	1376	19	11108
新疆		20000		16503		54000

主要统计指标解释

文化产业机构 指专门从事文化工作具有法人资格、独立核算的事业、企业单位以及单独核算、附属于事业单位的经营性专业文化活动单位。

文化产业机构包括艺术业、图书馆业、群众文化业、文物业、文化艺术教育业、出版业、娱乐业、文化艺术经纪与代理业以及不属于以上分类的其他文化产业。

艺术业 包括戏剧、舞蹈、音乐、美术等各种艺术团及艺术家的活动。如演员、音乐家、作家、雕刻家、画家、漫画家、雕塑家的活动等。也包括剧场、音乐厅、美术展览馆等演出、展出设施的管理。

在制度中，将艺术业分为艺术表演团体、艺术表演场所和其他艺术三类。

艺术表演团体赛 指话剧团、方言话剧团、滑稽剧团、儿童剧团、歌剧团、舞剧团、歌舞剧团、歌舞团、轻音乐团、乐团、合唱团、文工团、文宣队、乌兰牧骑、戏曲剧团、曲艺团、说唱团、杂技团、马戏团、木偶团、皮影团等专业艺术表演团体。不包括半工半艺、半艺半农和民间职业剧团。

艺术表演场所 指由各级文化主管部门或文化单位举办的和除部队系统外其他部门兴办的，具有观众厅、舞台、灯光设备，经常供专业艺术表演团体演出，在工商、税务部门登记，公开售票的营业场所。艺术表演场所共分为两类：第一类为剧场、影剧院，包括独立核算的专业剧场和属文化部门主管的能演出戏剧的影剧院、兼映电影的剧场，以及附属在剧院、公开营业的非独立核算的剧场、排演场；第二类为其他艺术表演场所，包括不论是否独立核算的书场、曲艺场、杂技场、马戏场、音乐厅等。

图书馆业 包括公共图书馆和除部队系统外的各类单位内部举办的或单独举办的图书馆。不包括群众艺术馆、文化馆、文化站内设的图书室。目前制度仅统计公共图书馆。

群众文化业 包括群众艺术馆、文化馆、文化站、文化宫、少年宫等群众文化活动。在制度中，目前暂时不统计文化系统外的文化宫和少年宫。

群众艺术馆、文化馆、文化站指从事群众文化工作的专业机构。不包括临时抽调人员组成、没有编制的农村和街道文化工作队、服务站等。

广播电台 经国家广播电影电视总局（原广播电影电视部，下同）批准设置并颁发许可证，独立建制，财务上独立核算，有自办节目并正式播出的无线广播播出机构。

广播节目套数 经国家广播电影电视总局批准，并在颁发许可证中载明的，用固定频率自办播出节目并编有整套节目时间表，定期向听众公布广播节目名称和播出时间和节目的套数。

广播覆盖人口数 按一定的技术标准在对象区内能接收广播节目的人口数。

电视台 经国家广播电影电视总局批准设置，并颁发许可证，独立建制，财务上独立核算，有自办节目并正式播出的无线电视播出机构。

电视节目套数 经国家广播电影电视总局批准，并在颁发许可证中载明的，用固定频道自办电视节目，并编有整套节目时间表，定期向观众公布电视节目名称和播出时间的节目的套数。

电视覆盖人口数 按一定的技术标准在对象区内能接收电视节目的人口数。

电视发射台和转播台 经广播电影电视行政主管部门批准设置正式开播的电视发射台和转播台。

电影放映单位 指具有放映机器设备、固定或不固定的放映场所与专职或兼职的放映技术人员，经有关部门登记批准，经常为一定的观众对象放映电影的机构。包括经批准对外开放进行营业，并与电影发行放映管理机构分账的专用放映单位和军委系统租片单位。

二十、卫　生

20-1 民族自治地方卫生机构、床位、人员

年 份	机 构（个）	#医院、卫生院	床位(张)	#医院、卫生院	卫生技术人员（人）	#医 生
1949	361	230	3310		3531	
1952	1176	378	5711		17877	
1957	13819	603	26470	20773	65649	26825
1962	19763	3203	94769	71356	129818	59086
1965	25306	6275	120781	89497	156889	72832
1975	21575	9749	219055	190980	232218	97957
1978	23934	10191	253520	22927	279387	120711
1980	26073	10433	271463	241679	324300	140752
1981	27604	10735	276119	246922	353395	154439
1982	28237	10803	281555	251805	468850	159927
1983	28800	11349	290067	267382	387690	169141
1984	29794	11659	302321	279259	406880	176305
1985	30432	10061	312137	288732	423733	182503
1986	31168	10012	318144	294676	435882	186717
1987	31838	10129	332116	307350	451429	192597
1988	31931	10520	338892	313677	463900	215187
1989	31081	10342	347555	321659	478304	224851
1990	31973	10574	359382	331955	488661	230088
1991	32142	10680	365439	338425	500254	232819
1992	31075	10210	375377	347194	512996	236402
1993	30642	10389	419873	380079	545934	253329
1994	30588	12482	415203	380626	554220	259481
1995	28957	12331	387139	357024	527438	250733
1996	15706	12201	370171	349457	455220	209508
1997	16111	12461	378905	357059	475731	220647
1998	16724	12859	392671	370449	498720	233290
1999	16733	12464	379121	357972	482722	230138
2000	16009	12492	381979	361235	485181	231024
2001	15904	12372	385995	365274	486749	235750
2002	15319	11832	362185	346818	460043	207999
2003	15230	11768	381534	359090	463382	208246
2004	15519	11884	400448	375029	475313	213882
2005	15488	11846	409938	384466	478320	214447
2006	15463	11796	425361	399690	485766	216159
2007	47081	12198	458316	430786	578875	249957
2008	44429	11872	501968	471146	603747	256811
2009	44209	11840	550535	515809	637850	263924
2010	44681	11961	596342	557305	680547	274046
2011	45598	12049	643035	601446	720489	279269
2012	46664	12103	703973	660410	770095	289904
2013	50127	12457	767838	722156	839336	308774
2014	51892	13734	824417	782197	894210	318132
2015	52646	12689	872074	824705	950307	334031

注：1.本表未扣除区域变动因素，年度之间不可比。下同。
2.1996-2006年机构数不含诊所数、村卫生室、社区卫生服务中心。下同。
3.2002年卫生机构数为登记注册数。下同。
4.2002年后医生系执业(助理)医师数，故有所减少。

20-2 民族自治地方卫生机构

单位：个

年 份	合 计	医 院	卫生院	疗养院、所	门诊部	专科防治所、站	卫生防疫站	妇幼保健所、站	其 他
1957	13819	603		17	5541		146	641	6871
1962	19763	3203		69	15279		387	363	462
1965	25306	6275		43	17626		485	427	450
1975	21575	9749		25	10292		633	412	464
1978	23934	10191		30	11866		649	478	720
1979	25027	10254		30	12676	124	635	478	830
1980	26073	10433		34	13457	140	672	497	840
1981	27604	10735		36	14661	146	694	505	827
1982	28237	10803		41	15175	164	720	511	
1983	28800	11349		44	15130	173	727	522	855
1984	29794	11659		43	15713	187	763	545	884
1985	30432	10061		47	17761	221	817	559	966
1986	31168	10012		47	18342	249	847	591	1080
1987	31838	10129		49	18817	277	873	600	1093
1988	31931	10520		48	18488	283	862	603	1127
1989	31081	10342		46	17744	291	892	606	1160
1990	31973	10574		48	18312	300	910	625	1204
1991	32142	10680		48	18307	313	915	634	1245
1992	31075	10210		49	11568	315	930	640	1363
1993	30642	10389		64	16772	309	1004	649	1423
1994	30588	12482		65	14651	350	994	643	1403
1995	28957	12331		45	13282	331	995	630	1343
1996	15706	2548	9653	44	377	311	881	593	1299
1997	16111	2606	9855	44	435	320	893	609	1349
1998	16724	2691	10168	41	543	340	920	624	1397
1999	16733	2681	9783	38	1124	329	887	529	1362
2000	16009	2685	9807	37	339	323	884	525	1409
2001	15904	2695	9677	38	401	319	881	525	1368
2002	15319	2671	9161	36	698	278	740	387	1348
2003	15230	2603	9165	35	645	262	672	371	1477
2004	15519	2739	9145	35	571	238	502	364	1925
2005	15488	2739	9107	34	487	216	411	363	2131
2006	15463	2780	9016	33	479	190	305	361	2299
2007	47081	2907	9291	34	502	181	910	690	32566
2008	44429	2868	9004	27	495	171	893	675	30296
2009	44209	2901	8939	25	517	165	889	669	30104
2010	44681	2994	8967	23	585	162		668	31282
2011	45598	3095	8954	22	596	159		674	32098
2012	46664	3249	8854	22	646	160		675	33058
2013	50127	3459	8777	22	669	163		670	36367
2014	51892	3698	8777	20	761	162		669	37805
2015	52646	3980	8709	18	910	160		675	38194

注：1995年以前卫生院数字含在医院数中。

20-3 民族自治地方卫生机构床位

单位：张

年 份	合 计	医 院	卫生院	疗养院、所	门诊部	专科防治所、站	卫生防疫站	妇幼保健所、站	其 他
1957	26470	20773		1277					4420
1962	94769	71356		4954					18459
1965	120781	89497		3732					27552
1975	219055	190980		3178					24897
1978	253520	220927		3482					29111
1979	263202	230877		3736	25127	1035	60	426	1941
1980	271463	241679		4318	21471	1248	60	661	
1981	276119	246922		4844	19735	1299	60	882	2377
1982	281555	251805		5436	19811	1174	60	1063	2206
1983	290067	267382		5651	12034	1234	60	1376	2321
1984	302321	279259		5851	12120	1113	60	1530	2388
1985	312137	288732		6213	11972	770	75	1536	2839
1986	318144	294676		6367	11191	944	75	1824	3067
1987	332116	307350		6681	11589	1090	84	1994	3328
1988	338892	313677		6294	11756	967	118	2130	3950
1989	347555	321659		5981	11757	1384	116	2261	4391
1990	359382	331955		6262	12051	1717	117	2509	4771
1991	365439	338425		6157	11548	1772	216	2533	4788
1992	375377	347194		6508					
1993	416259	380079		12187	12709	1761	146	3464	5913
1994	415203	380626		11464	12087	1087	68	3478	5593
1995	387139	357024		6511	12017	1621	241	4076	5649
1996	370171	257701	91756	6588	2720	1308	238	4578	5282
1997	378905	260708	96351	6667	2957	1571	286	5276	5089
1998	392671	272202	98247	6637	2600	1550	293	5697	5445
1999	379121	261888	96084	6256	3266	1465	317	4696	5149
2000	381979	264963	96272	5591	2673	1570	347	5018	5545
2001	385995	268103	97171	5567	2695	1563	490	5347	5059
2002	362185	257800	89018	2249	1379	2158		3234	6347
2003	381534	269155	89935	128	1523	1480		3384	15929
2004	400448	282239	92790	2872	2127	2265		3789	14364
2005	409938	289726	94740	2804	1795	1867		3819	15173
2006	425361	299743	99947	4066	1228	1539		4001	14836
2007	458316	318697	112089	3846	1116	1235		15743	5590
2008	501968	343568	127578	3143	1063	1280		17942	6944
2009	550535	371645	144164	3601	994	1343		19089	9699
2010	596342	402269	155036	3154	1193	1453		20463	12774
2011	643035	440033	161413	2752	998	1450		21926	14463
2012	703973	491432	168978	2697	1167	1615		24188	13896
2013	767838	542952	178818	2797	1105	1890		26023	14253
2014	824417	588756	188406	2308	857	1686		27351	15053
2015	872074	630222	194048	2254	1007	1762		29350	13431

注：1995年以前卫生院数字含在医院数中。

20-4 民族自治地方专业卫生人员

单位：人

年 份	专业卫生人员	#卫生技术人员	#中 医	#西医师	#西医士	#中、西医结合高级医师
1957	77221	65649	15014	2997	8814	
1962	152872	129818	25980	10360	22764	
1965	184446	156889	26448	17860	28524	
1975	288559	232218	16126	35498	46333	
1978	349249	279387	20575	42574	57562	
1979	379396	302034	22663	45174	61018	
1980	407629	324300	24770	52258	63724	
1981	443076	353395	28562	58808	66940	129
1982	461245	368850	30106	60692	68954	175
1983	482042	387690	32706	65544	70723	168
1984	505994	406880	37010	65707	73377	211
1985	526965	432733	39634	64999	77710	160
1986	544777	435882	39909	66237	80391	180
1987	562349	451429	41722	69372	81304	199
1988	573682	463900	43647	114098	57023	419
1989	592461	478304	44250	123978	65180	443
1990	606085	488661	44266	127894	57470	458
1991	621172	500254	42922	129825	59664	408
1992	638230	512996	42764	130294	62864	480
1993	693651	548899	44089	143005	61875	755
1994	696548	554240	43862	152530	62169	920
1995	657512	527438	41406	146031	62171	1125
1996	579693	455220				
1997	601826	475731				
1998	629331	498720				
1999	606016	482722				
2000	606447	485181				
2001	606776	486749				
2002	568754	460043				
2003	569326	463382				
2004	581723	475313				
2005	585216	478320				
2006	592094	485766				
2007	697774	578875				
2008	726526	603747				
2009	765433	637850				
2010	816549	680547				
2011	861713	720489				
2012	919409	770095				
2013	1012319	839336				
2014	1081167	894210				
2015	1145495	950307				

20-5 民族自治地方分地区卫生机构数(2015年)(一)

单位：个

地区	卫生机构数	医院	卫生院	门诊部	疗养院、所	专科防治所、站	疾病预防控制中心	妇幼保健所、站
合计	**52646**	**3980**	**8709**	**910**	**18**	**160**	**880**	**675**
河北	535	19	117	3			6	9
内蒙古	10241	702	1322	247	6	53	119	114
辽宁	1028	39	158	9		11	8	8
吉林	1629	71	130	62	1	11	13	12
黑龙江	100	3	11	1			1	1
浙江	52	2	23				1	1
湖北	671	44	105	10		1	11	11
湖南	1428	101	350	7		5	16	16
广东	92	8	31	2		3	3	3
广西	13022	527	1267	179	5	41	115	104
海南	84	15	13	4			2	1
重庆	325	30	130			3	4	4
四川	2221	198	1185	9		3	54	54
贵州	2323	323	639	2		1	44	43
云南	4845	524	843	52		22	89	85
西藏	1461	139	680		1		82	55
甘肃	1506	54	294	1	1	1	24	23
青海	889	99	265			1	40	17
宁夏	1835	168	219	24	1		25	22
新疆	8359	914	927	298	3	4	223	92

20-5 民族自治地方分地区卫生机构数(2015年)(二)

单位：个

地　区	社区卫生服务中心（站）	诊所、卫生所、医务室	急救中心（站）	采供血机构	卫生监督所（中心）	医学科学研究机构	医学在职培训机构	健康教育所（站、中心）	其　他卫生机构
合　计	**2849**	**29730**	**34**	**118**	**705**	**30**	**25**	**32**	**3791**
河　北	26	330			6				19
内蒙古	1193	6014	8	18	114	6	4	22	299
辽　宁	23	612		1	5	1			153
吉　林	18	1228	1	8	6		1		67
黑龙江	1	68			1		1		12
浙　江	3	18			1				3
湖　北	41	418		2	11		1		16
湖　南	13	585		1	16	1			317
广　东	1	29			3				9
广　西	277	9076	4	28	110	13	1	1	1274
海　南	3	42		1	1				2
重　庆	7	141			4		1		1
四　川	29	544	2	5	53	1	6		78
贵　州	98	713	1	7	44	1	2		405
云　南	74	2628	10	8	84	3	4	3	416
西　藏	9	489		4	1		1		
甘　肃	44	689	1	2	23	3	3	2	341
青　海	58	341		7	40	1		1	19
宁　夏	131	1154	2	5	24			3	57
新　疆	800	4611	5	21	158				303

20-6 民族自治地方分地区卫生机构床位数(2015年)(一)

单位：张

地 区	卫生机构	医 院			卫生院	
			市	县		乡卫生院
合 计	**872074**	**630222**	**345228**	**284994**	**194483**	**194048**
河 北	7770	4769		4769	2617	2617
内蒙古	133889	105185	72141	33044	19491	19486
辽 宁	12383	7726		7726	4249	4249
吉 林	14499	11461	8034	3427	2561	2561
黑龙江	745	512		512	145	145
浙 江	541	438		438	91	91
湖 北	25364	15173	7616	7557	8832	8752
湖 南	27205	18418	3970	14448	7848	7848
广 东	1259	652		652	511	511
广 西	214485	140306	89438	50868	59406	59406
海 南	1024	889		889	135	135
重 庆	9776	4999		4999	4212	4212
四 川	33448	22688	5779	16909	9594	9594
贵 州	56544	40871	13704	27167	13329	12985
云 南	108251	79493	33089	46404	23783	23783
西 藏	14013	9944	5085	4859	3329	3329
甘 肃	13460	9050	2553	6497	3622	3622
青 海	13351	10058	2005	8053	2354	2348
宁 夏	33804	29566	23561	6005	2823	2823
新 疆	150263	118024	78253	39771	25551	25551

20-6 民族自治地方分地区卫生机构床位数(2015年)(二)

单位: 张

地区	门诊部	疗养院、所	专科防治所、站	妇幼保健所、站	其他卫生机构
合计	**1007**	**2254**	**1762**	**29350**	**12996**
河北				255	129
内蒙古	266	844	354	3474	4275
辽宁			100	144	164
吉林	48	48	62	184	135
黑龙江				88	
浙江					12
湖北			15	995	349
湖南	40		12	477	410
广东			46	50	
广西	25	901	453	11971	1423
海南					
重庆			35	165	365
四川				932	234
贵州			65	1831	448
云南	137		495	3741	602
西藏		50		626	64
甘肃	3	100		439	246
青海			40	132	767
宁夏	135	100		940	240
新疆	353	211	85	2906	3133

20-7 民族自治地方分地区专业卫生人员(2015年)(一)

单位：人

地区	卫生人员合计	#卫生技术人员	#执业(助理)医师
合计	1145495	950307	334031
河北	7734	6493	3048
内蒙古	191979	160085	62288
辽宁	13523	10802	4259
吉林	23791	19889	8371
黑龙江	1037	871	371
浙江	889	781	323
湖北	25157	21769	7671
湖南	28808	23805	8140
广东	2384	2035	695
广西	334070	270024	87360
海南	1449	1150	395
重庆	9461	7945	2700
四川	39341	32793	10844
贵州	61041	52673	17563
云南	117192	99825	32539
西藏	17631	14312	6204
甘肃	16244	12548	5118
青海	12363	10684	4153
宁夏	48782	41343	15717
新疆	192619	160480	56272

20-7 民族自治地方分地区专业卫生人员(2015年)(二)

单位：人

地区	市属卫生人员	#卫生技术人员	#执业(助理)医生	县属专业卫生人员	#卫生技术人员	#执业(助理)医生
合计	**362594**	**301464**	**99725**	**432418**	**363498**	**120079**
河北				6596	5482	2527
内蒙古	70815	58774	20438	56514	47788	19366
辽宁				10315	8199	3203
吉林	8728	7281	2776	5923	4690	1900
黑龙江				855	720	294
浙江				757	656	266
湖北	7041	5984	1948	10365	9039	3139
湖南	4760	4040	1265	20123	16624	5562
广东				1390	1182	373
广西	128053	104739	32308	116227	95182	26761
海南				759	613	172
重庆				8036	6777	2260
四川	8395	6815	2242	25281	21542	6912
贵州	12170	10231	3540	26283	23448	7317
云南	34046	29128	9176	56644	48538	14919
西藏	3495	2760	1269	4663	3902	1829
甘肃	2434	1987	985	8959	7375	2977
青海	3335	2791	1063	5364	4682	1771
宁夏	16018	13752	4971	8257	7155	2807
新疆	63304	53182	17744	59107	49904	15724

20-8 民族自治地方少数民族专业卫生人员

单位：人

年 份	专业卫生人员	#卫生技术人员	#中 医	#西医师	#西医士	#中、西医结合高级医师
1980	71694	56823	5815	8656	13782	
1981	96115	74843	7318	11197	18556	9
1982	100672	80521	8083	12038	18943	19
1983	108287	87216	8803	13509	20104	30
1984	117473	95310	10928	13818	22252	36
1985	135745	105656	11884	14926	22792	23
1986	139196	112058	12051	15516	25284	35
1987	147783	118748	12464	15360	24550	32
1988	154894	123586	13736	31191	18347	115
1989	163731	189603	14758	34717	18569	114
1990	170738	141448	14957	36825	20570	129
1991	178890	145406	11689	37943	21402	109
1992	187543	149635	14235	38438	22800	156
1993	172504	143744	13136	39007	19931	101
1994	180811	151953	14220	41238	20391	118
1995	180049	152523	13379	41363	20999	141
1996	174537	144575				
1997	183469	155803				
1998	185412	158121				
1999	185458	159199				
2000	186494	160113				
2001	184132	158169				
2002	184132	158169				
2003	196725	177110				
2004	194686	175213				

20-9 民族自治地方分地区中医中的民族医生

单位：人

年份 地区	合计	蒙医	藏医	维医	傣医
1991	5584	3325	1787	439	33
1992	4759	3325	1014	420	
1993	5649	3361	1706	525	57
1994	6098	3537	1815	707	39
1995	5702	3095	1804	767	36
1996	5557	3202	1801	461	93
1997	5857	3076	1961	660	160
1998	6252	3312	1995	736	209
1999	5970	2827	2109	853	181
2000	6744	3386	2169	934	255
2001	6440	2766	2307	1124	243
2002	6440	2766	2307	1124	243
2003	4302	2136	1723	417	26
2004	4544	2314	1759	438	33
合计	**4544**	**2314**	**1759**	**438**	**33**
河北	1				1
内蒙古	2107	2094	10		3
辽宁	125	124		1	
吉林	1				1
黑龙江	2	2			
浙江					
湖北	1	1			
湖南	2				2
广东					
广西	4	1		3	
海南					
重庆					
四川	307		304		3
贵州	2				2
云南	67	2	57	1	7
西藏	651		651		
甘肃	418	1	417		
青海	363	46	317		
宁夏	2				2
新疆	491	43	3	433	12

20-10 民族自治地方分地区卫生机构万元以上设备台数(2015年)

单位：台

地　区	合　计	10万元以下	10-49万元	50—99万元	100万元以上
合　计	**594337**	**454355**	**108415**	**17341**	**14226**
河　北	4011	3276	600	68	67
内蒙古	100171	74900	19220	3091	2960
辽　宁	5668	4304	1051	188	125
吉　林	12529	9478	2413	317	321
黑龙江	199	169	18	7	5
浙　江	835	642	161	17	15
湖　北	11656	9102	1927	380	247
湖　南	12499	10112	1808	305	274
广　东	717	545	139	23	10
广　西	159985	121377	29640	5050	3918
海　南	706	511	169	17	9
重　庆	5089	3862	1012	132	83
四　川	21007	16817	3421	473	296
贵　州	25850	20078	4466	776	530
云　南	66554	51723	11771	1635	1425
西　藏	7460	5528	1434	347	151
甘　肃	4760	3923	663	102	72
青　海	5810	4356	1168	179	107
宁　夏	32180	23970	6326	1044	840
新　疆	116651	89682	21008	3190	2771

20-11 民族自治地方农村村级卫生组织

单位：个

年 份	村总数	有卫生机构的村数	占村总数的比重(%)	无医疗点的村数	占村总数的比重(%)
1978	67937	56655	83.4	11282	16.6
1979	68783	44324	64.4	24459	35.6
1980	68916	39325	55.6	30591	44.4
1981	75257	53434	71.0	21823	29.0
1982	75523	54240	71.8	21283	28.2
1983	79105	64006	80.9	15099	19.1
1984	80406	60790	75.6	19616	24.4
1985	86764	65426	75.4	21338	24.6
1986	92575	67353	72.8	25222	27.2
1987	92822	69005	74.3	23817	25.7
1988	96096	65248	67.9	30848	32.1
1989	97459	65665	67.4	31794	32.6
1990	91092	68843	75.6	22249	24.4
1991	96525	70045	72.6	26480	27.4
1992	76188	59356	77.9	16832	22.1
1993	93939	74260	79.1	19679	20.9
1994	97287	76244	78.4	21043	21.6
1995	96685	74375	76.9	29310	23.1
1996	97140	76059	78.3	21081	21.7
1997	100012	79368	79.4	20644	20.6
1998	101644	83571	82.2	18073	17.8
1999	98496	82023	83.3	16473	16.7
2000	99621	83442	83.8	16179	16.2
2001	98091	82995	84.6	15096	15.4

20-12 民族自治地方乡村医生、卫生员、农村接生员

单位：人

年 份	乡村医生和卫生员	乡村医生	卫生员	#少数民族乡村医生和卫生员	农村接生员
1982	116965	47933	69032	49743	86158
1983	116754	55580	61174	49228	88703
1984	118730	58109	60621	52630	96148
1985	131381	62255	69129	55914	101291
1986	135634	68480	68154	57423	106411
1987	139901	72374	67527	56634	107692
1988	135751	73106	62645	55188	106464
1989	136780	75228	61552	56304	141857
1990	135424	75935	59489	54594	107261
1991	139332	79709	59623	58052	104869
1992	146472	83518	62954	44695	97374
1993	163129	100993	62136	63582	98064
1994	154147	96347	57800	63573	94585
1995	158014	102376	55639	64290	91630
1996	159529	101416	58113	66865	84919
1997	165976	108712	57264	71229	86735
1998	172286	115367	56919	68872	81786
1999	169759	116520	53239	69098	80421
2000	173025	119979	53046	70989	73321
2001	171341	120976	50365	68431	68870
2002	171341	120976	50365	68431	68870
2008	117401	106146	11255		
2009	133541	119579	13962		
2010	138114	123545	14569		
2011	149727	132385	17342		
2012	150365	132408	17957		
2013	150720	132870	17850		
2014	150205	133545	16660		
2015	147901	131414	16487		

20-13 民族自治地方分地区乡村医生、卫生员(2015年)

单位：人

地区	乡村医生和卫生员	乡村医生	卫生员
合计	**147901**	**131414**	**16487**
河北	2555	2481	74
内蒙古	18278	17146	1132
辽宁	3430	3316	114
吉林	1886	1682	204
黑龙江	162	130	32
浙江	33	33	
湖北	3583	3370	213
湖南	4762	3933	829
广东	224	224	
广西	36112	32893	3219
海南	36	33	3
重庆	1960	1764	196
四川	9525	8523	1002
贵州	11516	8215	3301
云南	18585	17358	1227
西藏	11434	9127	2307
甘肃	2577	2287	290
青海	3055	2662	393
宁夏	3632	3123	509
新疆	14556	13114	1442

20-14 民族自治地方分地区民族医院情况(2015年)

单位：个

地区	机构个数	床位数	人员数				
			合计	卫生技术人员		其他技术人员	管理人员
				小计	医生		
合计	**229**	**23614**	**21443**	**17736**	**7159**	**1071**	**1080**
内蒙古	59	7440	8028	6779	2939	215	469
辽宁	1	300	253	210	79	1	38
吉林	1	80	106	90	40	5	11
黑龙江	1	100	59	50	23	4	
湖北	3	860	565	468	164	29	30
湖南	3	106	59	42	20	8	5
广西	4	435	621	506	151	31	27
四川	36	1151	1182	967	446	82	75
贵州	7	485	506	405	102	47	45
云南	3	354	378	296	111	5	41
西藏	28	1697	1594	1221	713	63	95
甘肃	10	660	520	455	239	22	15
青海	25	2019	965	813	316	46	42
宁夏	2	40	24	20	7		2
新疆	46	7887	6583	5414	1809	513	185

主要统计指标解释

医院 指设有固定床位，能收容病人住院并能为病人提供医疗、护理服务的医疗机构，包括县及县以上医院、农村乡卫生院和其他医院三部分。医院按所属性质不同分为卫生部门、工业及其他部门和集体经济单位三类。县及县以上医院按业务性质不同分为综合医院和专科医院。

医院包括综合医院、中医医院、中西医结合医院、各类专科医院（含专科病防治院）、妇幼保健院。

卫生院 指名称为“乡（镇）中心卫生院”、“乡（镇）卫生院”和“街道卫生院”的医疗机构。包括无床的乡卫生院和独立核算的乡卫生院分院。

门诊部 指名称为“门诊部”的医疗机构。

专科防治所、站 不包括各类专科病防治院，各类专科病防治院计入相应的专科医院中。

村卫生室总数 应与当地卫生厅行政部门注册登记的个数相等。

床位数 指本年10月底的固定实有床位（非编制床位数）。包括正规床、简易床、监护床和正在消毒、修理的床位及因扩建或大修理而停用的床位，不包括产科新生儿床、库存床、观察床、临时加床、病人家属陪侍床、接产室待产床。

卫生员 指村卫生室中未获得乡村医生证书的卫生人员。

卫生技术人员 指卫生机构中医生、护理人员、药剂人员、检验人员等卫生技术人员。

医生 指在医疗、预防保健机构工作且取得《执业医师证书》的执业医师和执业助理医师。

二十一、社会服务

21-1 民族自治地方分地区收养单位、民间组织和社区建设情况(2015年)

地　　区	收养单位		民间组织		社区建设	
	福利类收养单位床位数（万张）	福利类收养单位收养救助人数（万人）	单位数（个）	#社会团体	城镇社区服务设施数（个）	城镇便民、利民服务网点（个）
合　　计	32.29	19.18	84917	52157	10859	4834
河　　北	0.50	0.28	471	306	30	
内 蒙 古	8.93	4.47	13664	7362	2538	381
辽　　宁	0.69	0.42	691	388	222	
吉　　林	0.83	0.53	2512	1416	229	
黑 龙 江	0.03	0.02	54	25	8	
浙　　江	0.05	0.02	21	21		
湖　　北	1.73	1.22	2406	913	102	
湖　　南	1.13	0.74	2080	1116	142	
广　　东	0.12	0.03	177	117	188	
广　　西	4.65	2.87	23910	12981	1749	320
海　　南	0.03	0.01	635	374	22	
重　　庆	0.13	0.05	1257	799	110	286
四　　川	1.63	1.01	2440	1806	384	349
贵　　州	1.89	1.27	3025	2124	1017	1728
云　　南	2.39	1.40	11213	8567	669	21
西　　藏	0.43	0.37	627	571	5	
甘　　肃	0.31	0.22	3081	2777	368	266
青　　海	0.33	0.20	1261	897	303	
宁　　夏	1.54	0.81	5751	3792	555	2
新　　疆	4.95	3.24	9641	5805	2218	1481

21-2 民族自治地方分地区城镇居民最低生活保障情况(2015年)

地　区	城镇居民最低生活保障人数(人)	城镇居民最低生活保障户数(户)	城镇居民最低生活保障支出(万元)	城镇居民最低生活保障年支出水平(元/人、年)
合　计	**3155999**	**1711982**	**1398357**	**6654**
河　北	23615	11664	10156	4300
内蒙古	491401	304482	281170	9234
辽　宁	32916	20019	15205	4619
吉　林	97047	66482	54710	5638
黑龙江	5739	2988	2707	9059
浙　江	615	380	324	8529
湖　北	19545	13498	10112	5174
湖　南	92871	49373	29568	3184
广　东	1032	650	573	5549
广　西	226134	121741	99903	8206
海　南	27494	11534	10309	3750
重　庆	29312	16234	13828	4717
四　川	146522	80177	49375	3370
贵　州	104791	62242	49053	4681
云　南	496907	314603	204281	4111
西　藏	35856	20590	30145	14640
甘　肃	204551	72551	96584	4722
青　海	104207	52530	49624	4762
宁　夏	145716	77071	62060	8052
新　疆	869728	413173	328672	7955

21-3 民族自治地方分地区农村居民最低生活保障情况（2015年）

地　区	农村居民最低生活保障人数（人）	农村居民最低生活保障户数（户）	农村居民最低生活保障支出（万元）	农村居民最低生活保障年支出水平（元/人、年）
合　计	**13857177**	**6665946**	**2664111**	**2878**
河　北	133451	116519	27888	2090
内蒙古	1127626	872911	321580	3684
辽　宁	101068	63041	22318	2208
吉　林	110635	80336	23441	2119
黑龙江	10416	6851	2161	3155
浙　江	7607	4955	2066	4170
湖　北	226002	134345	53085	2349
湖　南	382108	222684	62712	1641
广　东	15843	7581	4701	2967
广　西	2905689	1019010	422456	4146
海　南	48475	20843	11261	2323
重　庆	88995	40643	24002	2697
四　川	845405	353547	163805	1938
贵　州	1303710	605429	273368	2097
云　南	2954460	1506462	551016	1865
西　藏	257236	87061	35582	4087
甘　肃	932924	288316	164204	1760
青　海	318059	97765	53084	1669
宁　夏	422218	324065	121874	3761
新　疆	1665250	813582	323507	3976

主要统计指标解释

城镇低保人数 指在实施居民最低生活保障制度地区，领取最低生活保障费的城镇人员总数。包括“三无”对象、失业人员和在职、下岗、退休人员等。

城镇保障资金 指在报告期内实施最低生活保障制度的城市（县），国家财政用于救济城镇低保人员支出的资金总数。

农村低保人数 指报告期内实施农村最低生活保障制度的地区，领取最低生活保障费或救济的农业人口数。

农村保障资金 指在报告期内实施农村最低生活保障制度的城市（县），国家财政用于救济农村低保人员支出的资金和实物折款总数。

城镇社区服务设施数 指报告期末城镇（街道办事处、居委会）设立以非盈利为目的，为本社区居民服务，特别是为老年人、残疾人、儿童服务的社区服务中心、活动站、服务站、养老院、老年公寓（托老所）、残疾人工作站、残疾儿童日托所、家务服务站、婚姻介绍所等福利性设施以及职工社会保险管理服务的机构数。几种不同类型的社区服务单位共用一个场所的，只能统计为一个社区服务设施。成为社区服务设施的条件：（1）是独立核算单位；（2）有固定的从业人员；（3）有一定的服务项目；（4）有一定的场所。

城镇便民、利民服务网点 指报告期末居委会设立的、方便本社区居民生活服务的网点。

农村社会保障网络数 指设有社会保障委员会或领导小组，在其统一管理和指导下已有各种福利院、社会福利厂，优待和五保实行集体统筹三项或三项以上农村社会保障项目的乡（镇）个数。

陆地边境县

1-1 陆地边境县经济发展主要指标

指　　标	2014年	占全国比重(%)	2015年	占全国比重(%)
人口与就业				
年底总人口　(万人)	2369.54	1.73	2355.56	1.71
#少数民族人口	1189.57		1172.34	
单位就业人员数　(万人)	192.60		184.27	
地区生产总值　(亿元)	**8678.92**	**1.36**	**8596.08**	**1.25**
第一产业	1813.59	3.11	1809.14	2.97
第二产业	3585.30	1.32	3469.79	1.24
第三产业	3275.52	1.07	3314.68	0.96
人均地区生产总值　(元)	**36902.65**	**79.14**	**36860.57**	**73.73**
固定资产　(亿元)				
全社会固定资产投资总额	7500.04	1.46	7977.40	1.42
财政　(亿元)				
地方财政收入	613.24	0.81	573.11	0.69
地方财政支出	2317.95	1.79	2465.37	1.64
农业				
耕地面积　(万公顷)	542.79	4.02	594.79	4.41
灌溉面积　(万公顷)	228.92	3.55	290.24	0.44
农林牧渔总产值(亿元)	2782.69	2.72	2760.86	2.58
主要农产品产量				
粮食产量　(万吨)	2306.34	3.80	2270.86	3.65
棉花产量　(万吨)	29.73	4.81	26.54	4.74
油料产量　(万吨)	77.54	2.21	80.39	2.27
大牲畜年底头数(万头)	735.15	8.44	839.04	6.88
羊年底头数　(万只)	3160.97	10.43	3579.85	11.51
猪年底头数　(万头)	981.38	2.11	1117.47	2.48
肉类总产量　(万吨)	230.15	3.56	234.30	2.72
工业				
规模以上工业企业资产总计(亿元)	8635.29	0.90	8211.94	0.80
教育				
普通中学				
学校数　(个)	1111	1.67	1410	2.13
在校学生数　(人)	1000162	1.47	995839	1.49
专任教师数　(人)	84406	1.64	89395	1.73
普通小学				
学校数　(个)	5338	2.65	5114	2.68
在校学生数　(人)	1568352	1.66	1516133	1.74
专任教师数　(人)	116233	2.06	110296	1.94
医疗卫生				
医院、卫生院数　(个)	1939	0.21	1920	0.20
医院、卫生院床位数(张)	83178	1.31	84320	1.25
卫生技术人员数　(人)	94126	1.24	99047	1.24

2-1 陆地边境县行政区划(2015年末)

地　区	合计	自治县	县	旗	市	市辖区
合　计	**136**	**17**	**72**	**15**	**26**	**6**
内蒙古	19			15	4	
辽　宁	5	1			1	3
吉　林	10	1	2		6	1
黑龙江	18		12		5	1
广　西	8		5		2	1
云　南	25	9	13		3	
西　藏	18		18			
甘　肃	1	1				
新　疆	32	5	22		5	

2-2 我国陆地边境县(旗)、市(市辖区)分布（2015年）

地区	个数	县、旗、市(市辖区)
内蒙古自治区	4 市 15 旗	包头市：达尔罕茂明安联合旗 乌兰察布市：四子王旗 锡林郭勒盟：二连浩特市、阿巴嘎旗、东乌珠穆沁旗 苏尼特左旗、苏尼特右旗 呼伦贝尔市：满洲里市、额尔古纳市、陈巴尔虎旗 新巴尔虎左旗 新巴尔虎右旗 巴彦淖尔市：乌拉特中旗、乌拉特后旗 阿拉善盟：阿拉善左旗、阿拉善右旗、额济纳旗 兴安盟：阿尔山市、科尔沁右翼前旗
辽宁省	1 市 3 市辖区 1 自治县	丹东市：振安区、元宝区、振兴区、东港市、宽甸满族自治县
吉林省	6 市 1 市辖区 2 县 1 自治县	通化市：集安市 白山市：浑江区、临江市、抚松县、长白朝鲜族自治县 延边朝鲜族自治州：图们市、龙井市、珲春市、和龙市、安图县
黑龙江省	5 市 1 市辖区 12 县	鹤岗市：萝北县、绥滨县 双鸭山市：饶河县 鸡西市：密山市、虎林市、鸡东县 伊春市：嘉荫县 牡丹江市：穆棱市、绥芬河市、东宁县 佳木斯市：同江市、抚远县 黑河市：爱辉区、逊克县、孙吴县 大兴安岭地区：呼玛县、塔河县、漠河县

2-2 续表

地区	个数	县、旗、市(市辖区)
广西壮族自治区	3 市 1 市辖区 4 县	防城港市：防城区、东兴市 崇左市：凭祥市、大新县、宁明县、龙州县 百色市：靖西市、那坡县
云南省	3 市 13 县 9 自治县	普洱市：澜沧拉祜族自治县、江城哈尼族彝族自治县 西盟佤族自治县、孟连傣族拉祜族佤族自治县 临沧市：镇康县、沧源佤族自治县、耿马傣族佤族自治县 保山市：龙陵县、腾冲县 文山壮族苗族自治州：麻栗坡县、马关县、富宁县 红河哈尼族彝族自治州：绿春县、金平苗族瑶族傣族自治县、河口瑶族自治县 西双版纳傣族自治州：景洪市、勐海县、勐腊县 德宏傣族景颇族自治州：潞西市、瑞丽市、盈江县、陇川县 怒江傈僳族自治州：泸水县、福贡县、贡山独龙族怒族自治县
西藏自治区	18 县	山南地区：洛札县、错那县、浪卡子县 日喀则地区：定结县、定日县、康马县、聂拉木县、吉隆县、亚东县、 岗巴县、仲巴县、萨嘎县 阿里地区：噶尔县、普兰县、日土县、札达县 林芝市：墨脱县、察隅县
甘肃省	1 自治县	酒泉市：肃北蒙古族自治县
新疆维吾尔自治区	5 市 22 县 5 自治县	哈密地区：哈密市、伊吾县、巴里坤哈萨克自治县 和田地区：和田县、皮山县 阿克苏地区：温宿县、乌什县 喀什地区：叶城县、塔什库尔干塔吉克自治县 克孜勒苏柯尔克孜自治州：阿图什市、阿合奇县、乌恰县、阿克陶县 昌吉回族自治州：奇台县、木垒哈萨克自治县 博尔塔拉蒙古自治州：博乐市、温泉县 伊犁哈萨克自治州：昭苏县、霍城县、察布查尔锡伯自治县 塔城地区：塔城市、额敏县、裕民县、托里县、和布克赛尔蒙古自治县 阿勒泰地区：阿勒泰市、青河县、吉木乃县、 富蕴县、布尔津县、福海县、哈巴河县

3-1 陆地边境县分地区年末总人口和少数民族人口(2015年)

单位：万人

地　区	年底总人口	#少数民族人口	乡村人口	城镇人口
合　计	**2355.56**	**1172.34**	**1421.50**	**1416.21**
内蒙古	176.78	58.56	91.14	85.64
辽　宁	176.10	32.56	95.92	559.56
吉　林	199.32	49.53	63.13	136.19
黑龙江	294.37	13.16	127.43	164.41
广　西	265.07	213.85	199.88	65.19
云　南	669.76	401.40	446.73	223.03
西　藏	37.91	33.71	29.25	6.96
甘　肃	1.52	0.49	0.63	0.89
新　疆	534.73	369.07	367.38	174.34

4-1 陆地边境县分地区生产总值(2015年)

单位：亿元

地　区	地区生产总值	第一产业	第二产业	第三产业	人均地区生产总值（元）
合　计	**8596.08**	**1809.14**	**3469.79**	**3314.68**	**36861**
内蒙古	1700.17	173.88	966.73	559.56	90298
辽　宁	708.13	119.03	271.23	317.86	37686
吉　林	954.62	82.49	513.53	358.60	47707
黑龙江	1251.90	489.71	261.39	498.34	45460
广　西	720.30	142.89	323.35	254.06	32769
云　南	1437.53	370.33	451.22	615.97	20936
西　藏	73.81	13.32	25.56	34.93	18783
甘　肃	20.23	0.50	12.83	6.90	133163
新　疆	1729.39	416.99	643.95	668.45	32341

4-2 陆地边境县分地区生产总值指数(2015年)

地　区	地区生产总值（以2014年为100）	第一产业	第二产业	第三产业
合　计	**107.5**	**105.7**	**107.5**	**108.8**
内蒙古	108.7	104.5	109.6	107.8
辽　宁	97.3	104.8	90.5	102.5
吉　林	106.4	103.9	106.0	107.4
黑龙江	105.8	105.8	104.8	106.1
广　西	108.8	104.2	107.6	111.5
云　南	109.7	106.0	112.0	110.5
西　藏	109.4	104.8	113.6	112.8
甘　肃	102.7	110.8	102.2	105.1
新　疆	110.8	107.0	111.9	113.0

4-3 陆地边境县分地区生产总值构成(2015年)

单位：%

地　区	地区生产总值	第一产业	第二产业	第三产业
合　计	**100**	**21.0**	**40.4**	**38.6**
内蒙古	100	10.2	56.9	32.9
辽　宁	100	16.8	38.3	44.9
吉　林	100	8.6	53.8	37.6
黑龙江	100	39.1	20.9	39.8
广　西	100	19.8	44.9	35.3
云　南	100	25.8	31.4	42.8
西　藏	100	18.0	34.6	47.3
甘　肃	100	2.5	63.4	34.1
新　疆	100	24.1	37.2	38.7

5-1 陆地边境县单位从业人员和劳动报酬（2015年）

地　区	单位从业人员数（万人）	劳动报酬（亿元）	平均劳动报酬（元）
合　计	**184.27**	**1030.34**	**55915**
内蒙古	20.25	276.93	136732
辽　宁	11.74	39.14	33325
吉　林	21.93	70.35	32078
黑龙江	22.80	90.39	39649
广　西	15.18	63.10	41559
云　南	43.57	201.88	46332
西　藏	1.07	9.03	84289
甘　肃	0.26	1.41	54997
新　疆	47.46	278.12	58602

5-2 陆地边境县在岗职工和劳动报酬（2015年）

地　区	在岗职工人数（万人）	工资总额（亿元）	平均工资（元）
合　计	**167.55**	**1022.08**	**61000**
内蒙古	19.92	273.16	137119
辽　宁	11.10	37.66	33938
吉　林	19.88	77.97	39222
黑龙江	20.51	87.46	42640
广　西	12.75	57.56	45160
云　南	38.67	190.01	49132
西　藏	1.58	10.37	65486
甘　肃	0.26	1.41	54997
新　疆	42.89	286.49	66802

6-1 陆地边境县分地区全社会固定资产投资、社会消费品零售总额和进出口总额(2015年)

单位：亿元

地　　区	全社会固定资产投资	社会消费品零售总额	进出口总额（亿美元）
合　　计	**7977.40**	**2436.93**	**790.55**
内蒙古	1443.94	410.92	250.34
辽　　宁	368.61	412.37	17.42
吉　　林	890.32	387.95	20.23
黑龙江	702.14	265.42	60.74
广　　西	805.89	159.79	255.43
云　　南	1544.73	450.48	122.66
西　　藏	93.31	14.45	0.65
甘　　肃	83.60	1.21	
新　　疆	2044.85	334.35	63.08

7-1 陆地边境县分地区财政收入情况(2015年)

单位：亿元

地　　区	财政总收入	#地方财政收入	#各项税收
合　　计	**961.57**	**573.11**	**362.71**
内蒙古	188.43	109.21	66.85
辽　　宁	70.88	39.14	31.20
吉　　林	85.05	68.01	38.87
黑龙江	101.97	43.14	24.10
广　　西	90.52	57.65	35.11
云　　南	165.60	100.30	58.82
西　　藏	53.77	4.97	3.30
甘　　肃	4.68	2.34	0.86
新　　疆	200.66	148.35	103.59

7-2 陆地边境县分地区各项税收情况(2015年)

单位：亿元

地　区	各项税收	#增值税	#营业税	#企业所得税	#个人所得税
合　计	**362.71**	**45.67**	**105.21**	**36.93**	**14.13**
内蒙古	66.85	6.65	17.90	5.60	1.87
辽　宁	31.20	3.47	6.15	6.61	1.11
吉　林	38.87	3.81	7.48	4.72	2.38
黑龙江	24.10	3.66	8.07	4.30	1.62
广　西	35.11	4.32	4.55	2.03	0.47
云　南	58.82	10.04	21.85	3.05	1.04
西　藏	3.30	0.14	1.07	0.19	0.28
甘　肃	0.86	0.17	0.29	0.10	0.02
新　疆	103.59	13.41	37.85	10.34	5.35

7-3 陆地边境县分地区财政支出情况(2015年)

单位：亿元

地　区	地方财政支出	#一般公共服务	#教　育	#科学技术
合　计	**2465.37**	**288.60**	**383.85**	**14.02**
内蒙古	361.94	35.55	34.78	1.70
辽　宁	82.94	6.50	15.80	0.18
吉　林	231.97	17.58	33.95	0.91
黑龙江	277.26	21.21	34.37	2.08
广　西	197.35	21.96	33.54	1.46
云　南	563.03	74.51	90.00	1.47
西　藏	99.97	20.65	8.62	0.21
甘　肃	7.94	1.10	1.19	0.02
新　疆	642.98	89.56	131.59	5.99

8-1 陆地边境县分地区农村居民生活水平情况(2015年)(一)

单位：元

地区	农村居民人均纯收入	农村居民人均生活费支出合计	#食品	#衣着	#居住
合计	**9487**	**6769**	**2297**	**491**	**974**
内蒙古	11440	9425	2609	795	1515
辽宁	12888	10102	3782	755	1498
吉林	10227	6078	1652	462	1039
黑龙江	12315	7719	2543	857	951
广西	7816	6959	2904	278	1481
云南	7827	5988	2248	299	729
西藏	7220	4446	1531	592	779
甘肃	20088	19618	9745	820	1895
新疆	10098	6040	1635	567	734

8-1 陆地边境县分地区农村居民生活水平情况(2015年)(二)

单位：元

地区	农村居民人均生活费支出			
	#家庭设备及服务	#医疗保健支出	#交通和通讯	#娱乐教育文化服务
合计	**413**	**683**	**891**	**638**
内蒙古	488	1142	1646	1031
辽宁	411	1212	1149	1160
吉林	341	851	623	604
黑龙江	439	857	1085	1022
广西	393	473	870	465
云南	369	484	935	567
西藏	465	613	416	420
甘肃	1072	271	2068	3035
新疆	456	705	609	471

9-1 陆地边境县分地区农村基层组织情况(2015年)

地　区	乡镇个数(个)	乡村人口(万人)	村民委员会(个)
合　计	**1236**	**1421.50**	**10847**
内蒙古	151	91.14	1167
辽　宁	48	95.92	452
吉　林	80	63.13	950
黑龙江	158	127.43	1414
广　西	84	199.88	1005
云　南	253	446.73	2080
西　藏	139	29.25	871
甘　肃	4	0.63	26
新　疆	319	367.38	2882

9-2 陆地边境县分地区农、林、牧、渔业总产值及指数(2014年)

单位：亿元

地　区	农林牧渔业总产值	#农业	#林业	#牧业	#渔业	农林牧渔业总产值指数
合　计	**2760.86**	**1448.27**	**254.85**	**718.46**	**165.26**	**104.8**
内蒙古	296.63	85.93	8.99	123.42	5.74	102.4
辽　宁	204.45	73.37	5.95	47.78	71.20	105.1
吉　林	152.35	107.97	17.70	21.05	4.26	105.1
黑龙江	562.64	386.28	42.29	105.09	17.98	104.9
广　西	234.69	122.56	26.92	38.29	41.67	104.3
云　南	624.25	319.38	115.21	147.05	20.48	106.1
西　藏	19.64	4.97	1.12	9.40	0.24	103.2
甘　肃	0.99	0.20		0.76		105.0
新　疆	665.21	347.61	36.67	225.62	3.68	108.0

9-3 陆地边境县分地区耕地面积和有效灌溉面积(2015年)

单位: 千公顷

地 区	年末实有耕地面积	有效灌溉面积
合 计	**5947.92**	**2902.41**
内蒙古	948.27	212.09
辽 宁	154.14	64.16
吉 林	175.11	35.47
黑龙江	1716.24	529.64
广 西	354.46	79.58
云 南	678.61	294.24
西 藏	46.82	41.84
甘 肃	0.79	0.66
新 疆	1873.49	1644.74

9-4 陆地边境县分地区主要农产品产量(2015年)

单位: 万吨

地 区	粮食	油料	棉花
合 计	**2270.86**	**80.39**	**26.54**
内蒙古	256.40	39.63	0.03
辽 宁	75.80	1.01	
吉 林	80.79	0.70	
黑龙江	738.33	7.34	
广 西	69.83	1.34	0.01
云 南	328.58	9.21	
西 藏	10.83	0.71	
甘 肃	0.55	0.04	
新 疆	709.75	20.41	26.49

9-5 陆地边境县分地区牲畜年末存栏数(2015年)

单位: 万头(只)

地 区	牲畜年末存栏数		
	大牲畜	猪	羊
合 计	**839.04**	**1117.47**	**3579.85**
内蒙古	140.35	26.92	1590.21
辽 宁	7.88	52.23	19.70
吉 林	26.38	29.24	13.56
黑龙江	59.27	117.53	107.16
广 西	32.76	121.96	11.49
云 南	188.14	641.03	86.35
西 藏	49.32	8.40	274.49
甘 肃	1.78	0.14	35.70
新 疆	333.17	120.02	1441.19

9-6 陆地边境县分地区畜产品产量(2015年)

单位: 万吨

地 区	肉类总产量	#猪肉	#牛肉	#羊肉
合 计	**234.30**	**102.02**	**43.62**	**51.05**
内蒙古	33.52	2.17	8.37	21.56
辽 宁	20.16	7.73	0.73	0.32
吉 林	5.33	2.78	2.00	0.15
黑龙江	24.13	14.02	5.66	1.41
广 西	14.16	9.58	1.13	0.17
云 南	65.52	50.61	7.69	1.16
西 藏	2.45	0.11	1.02	1.28
甘 肃	0.23	0.01	0.02	0.16
新 疆	68.80	15.00	16.98	24.85

9-7 陆地边境县分地区农业机械总动力和农村用电量(2015年)

地　区	农业机械总动力（万千瓦）	农村用电量（万千瓦小时）
合　计	**2902.85**	**582446.70**
内蒙古	339.50	103033.85
辽　宁	132.66	91201.00
吉　林	133.73	39975.40
黑龙江	696.02	76777.73
广　西	220.58	46783.49
云　南	546.22	77334.44
西　藏	80.36	1737.54
甘　肃	3.80	123.60
新　疆	749.97	145479.68

10-1 陆地边境县分地区规模以上工业企业单位数和资产总计(2015年)

地　区	工业企业单位数（个）	资产总计（亿元）
合　计	**2854**	**8211.94**
内蒙古	552	2376.88
辽　宁	316	394.01
吉　林	535	790.32
黑龙江	311	476.21
广　西	187	613.61
云　南	428	1446.93
西　藏	57	4.27
甘　肃	23	124.32
新　疆	445	1985.40

11-1 陆地边境县分地区普通中学和普通小学基本情况(2015年)

单位：人

地区	普通中学			普通小学		
	学校数(所)	在校学生数	#专任	学校数(所)	在校学生数	#专任教师数
合计	**1410**	**995839**	**89395**	**5114**	**1516133**	**110296**
内蒙古	101	62475	8257	127	78460	7888
辽宁	70	50869	4894	310	66693	4971
吉林	157	57589	7856	222	67684	6580
黑龙江	162	88855	8497	279	113043	9068
广西	96	96387	5641	905	170940	10211
云南	318	330913	23776	2184	563599	34593
西藏	18	13685	1068	142	31097	2255
甘肃	2	637	41	2	645	86
新疆	486	294429	29365	943	423972	34644

12-1 陆地边境县分地区卫生机构情况(2015年)

单位：个、张、人

地区	医院、卫生院数	医院、卫生院床位数	卫生技术人员数
合计	**1920**	**84320**	**99047**
内蒙古	226	6361	10643
辽宁	76	7648	6180
吉林	146	6725	9551
黑龙江	226	8908	13778
广西	132	7994	9017
云南	421	24801	25110
西藏	130	1131	1477
甘肃	8	168	162
新疆	555	20584	23129

13-1 陆地边境县分地区收养单位、民间组织和社区建设情况(2015年)

地 区	收养单位		民间组织		社区建设	
	福利类收养单位床位数(万张)	福利类收养单位收养救助人数(万人)	单位数(个)	#社会团体	城镇社区服务设施数(个)	城镇便民、利民服务网点(个)
合 计	**3.61**	**2.20**	**6504**	**4623**	**1100**	**1067**
内蒙古	0.48	0.23	766	558	275	1049
辽 宁	0.64	0.43	357	164	121	
吉 林	0.67	0.37	1022	676	171	
黑龙江	0.61	0.36	599	309	67	7
广 西	0.06	0.02	615	442	7	
云 南	0.51	0.35	1934	1589	183	
西 藏	0.05	0.04	4	4		
甘 肃			20	20	4	10
新 疆	0.59	0.40	1187	861	272	1

13-2 陆地边境县分地区城镇居民最低生活保障情况(2015年)

地 区	城镇居民最低生活保障人数(人)	城镇居民最低生活保障户数(户)	城镇居民最低生活保障支出(万元)	城镇居民最低生活保障年支出水平(包括春节等一次性补助)(元/人、年)
合 计	**686479**	**375189**	**303499**	**1055295**
内蒙古	58862	37774	32721	5559
辽 宁	26054	16337	11741	4506
吉 林	114725	75900	55234	4814
黑龙江	85111	49361	43811	5148
广 西	22685	11927	7746	3414
云 南	124847	71328	60630	4856
西 藏	1505	959	1218	8092
甘 肃	607	305	245	4036
新 疆	252083	111298	90154	3576

13-3 陆地边境县分地区农村居民最低生活保障情况(2015年)

地　区	农村居民最低生活保障人数（人）	农村居民最低生活保障户数（户）	农村居民最低生活保障支出（万元）	农村居民最低生活保障年支出水平（元/人、年）
合　计	**2148907**	**1039227**	**392042**	**504620**
内蒙古	92157	69403	30599	3320
辽　宁	34093	19275	7139	2094
吉　林	72403	53983	16319	2254
黑龙江	94937	62724	22442	2364
广　西	131755	51158	20244	1537
云　南	1313807	583096	212011	1614
西　藏	13121	6363	2892	2204
甘　肃	619	361	60	969
新　疆	396015	192864	80336	2029

14-1 各陆地边境县主要经济指标(2015年)(一)

地　　区	年　末 总人口 (万人)	地　　区 生产总值 (亿元)	人均地区 生产总值 (元)	规模以上工业 企业资产总计 (亿元)	农林牧渔业 总产值 (亿元)
内蒙古自治区					
达尔罕茂明安联合旗	11.28	208.78	214794	305.29	27.08
四子王旗	21.27	56.23	27319	133.75	27.25
二连浩特市	7.28	100.73	162223	45.57	1.03
阿巴嘎旗	4.46	67.36	150872	81.61	13.77
东乌珠穆沁旗	6.22	93.13	157742	93.17	28.52
苏尼特左旗	3.46	49.82	151884	32.68	10.17
苏尼特右旗	6.83	59.54	85117	87.84	9.27
满洲里市	17.13	225.79	90000	197.53	5.88
额尔古纳市	8.12	46.12	56128	30.86	24.47
陈巴尔虎旗	5.68	90.92	157466	234.13	16.75
新巴尔虎左旗	4.21	35.91	84393	34.71	11.79
新巴尔虎右旗	3.50	78.03	220921	189.43	7.70
乌拉特中旗	14.17	99.57	71114	259.62	25.94
乌拉特后旗	5.88	63.04	96244	268.24	4.96
阿拉善左旗	14.25	252.64	128264	256.19	13.90
阿拉善右旗	2.50	27.52	103444	60.12	3.57
额济纳旗	1.81	41.10	157100	16.29	1.80
阿尔山市	4.83	15.14	31274	10.41	4.33
科尔沁右翼前旗	33.89	88.82	26202	39.42	58.43
辽宁省					
振安区	17.23	45.10	26527	139.92	13.50
元宝区	18.27	60.26	32927	61.27	2.36
振兴区	37.21	127.70	29977	25.30	3.42
东港市	60.60	334.72	54961	136.64	132.06
宽甸满族自治县	42.79	140.36	28585	30.89	53.11
吉林省					
集安市	21.57	102.08	47087	92.59	17.57
浑江区	33.72	191.26	56715	159.04	17.60

粮 食 总产量 (万吨)	肉 类 总产量 (万吨)	全社会固定 资产投资 (亿元)	社会消费品 零售总额 (亿元)	农民人均 纯收入 (元)	地方财政 收 入 (亿元)	地方财政 支 出 (亿元)
9.28	2.40	194.58	21.16	11784	15.42	27.08
11.70	2.76	41.57	21.14	8491	1.85	25.94
	0.23	38.82	30.91	38299	5.20	16.69
	3.51	41.11	10.12	20075	1.98	9.97
	4.16	72.67	20.36	23843	7.01	16.26
	1.65	31.04	6.57	23396	2.22	10.00
0.06	2.12	30.64	15.83	8405	2.96	13.82
0.13	0.31	110.13	131.64		14.96	40.10
44.96	0.79	28.66	14.64	20415	2.44	15.06
11.86	1.78	37.61	5.65	17185	5.90	14.82
5.92	1.60	26.22	6.35	16831	1.99	10.18
0.78	2.51	31.87	6.02	16956	5.14	11.72
38.76	1.79	136.42	14.60	13042	8.78	26.65
9.48	0.62	91.25	7.86	11790	7.50	15.36
16.76	1.18	264.88	49.05	14813	16.43	43.88
1.56	0.31	32.20	6.80	17096	1.82	10.64
0.19	0.18	51.13	12.35	16505	4.20	11.58
6.45	0.17	52.63	6.21	7280	0.90	14.90
106.45	5.45	130.52	23.66	7250	2.51	27.29
3.62	2.71	41.91	18.98	12493	3.39	6.14
0.41	0.45	47.80	90.13	12493	3.85	5.12
1.19	0.48	74.31	112.29	13800	10.63	8.69
53.84	10.42	147.22	122.10	13482	13.22	39.37
19.08	6.10	57.38	68.88	12161	4.72	23.63
7.49	0.60	112.91	47.88	13495	6.44	22.17
2.86	0.64	136.90	114.64	10717	4.70	14.58

14-1(一) 续表 1

地　　区	年　末 总人口 （万人）	地　　区 生产总值 （亿元）	人均地区 生产总值 （元）	规模以上工业 企业资产总计 （亿元）	农林牧渔业 总产值 （亿元）
临江市	16.52	97.87	58990	75.50	14.79
抚松县	29.82	176.99	59193	51.25	40.25
长白朝鲜族自治县	8.11	38.67	47452	23.39	8.70
图们市	11.91	43.74	36495	32.79	3.38
龙井市	16.40	38.97	23538	16.76	8.42
珲春市	22.79	142.33	62639	196.24	11.11
和龙市	17.97	54.55	30117	73.67	14.04
安图县	20.52	68.15	32954	69.08	16.50
黑龙江省					
萝北县	8.75	36.97	42240	18.46	19.71
绥滨县	13.18	24.24	18390	14.80	21.79
饶河县	14.22	49.79	34897	6.10	29.67
密山市	41.19	130.38	34323	33.53	62.05
虎林市	28.27	131.72	46414	93.55	53.99
鸡东县	28.39	90.03	36635	20.93	53.37
嘉荫县	7.28	25.14	34526	7.33	23.68
绥芬河市	7.11	132.12	189129	16.94	1.76
东宁县	20.96	161.94	77258	41.96	60.37
同江市	21.16	107.30	50705	33.06	36.06
抚远县	15.60	50.52	42572	7.26	36.58
爱辉区	18.83	21.32	25711	11.96	14.65
逊克县	10.06	25.63	24140	11.82	22.80
孙吴县	9.66	14.73	14788	4.97	12.61
呼玛县	4.89	15.32	30459	12.80	15.75
塔河县	7.85	23.24	25818	5.05	19.28
漠河县	7.80	29.43	36371	20.45	20.72
穆棱市	29.15	182.09	62790	115.26	57.80
广西壮族自治区					
防城区	43.19	127.13	33258	51.92	44.14
东兴市	14.45	85.61	55552	36.71	25.28

粮　食 总产量 （万吨）	肉　类 总产量 （万吨）	全社会固定 资产投资 （亿元）	社会消费品 零售总额 （亿元）	农民人均 纯收入 （元）	地方财政 收　入 （亿元）	地方财政 支　出 （亿元）
4.62	0.42	94.00	36.24	11234	6.23	25.26
8.93	0.58	135.84	50.85	11774	11.85	34.12
2.48	0.19	58.10	10.54	8645	3.21	15.87
4.90	0.24	44.57	26.06	8820	2.36	16.92
14.52	0.53	45.53	14.56	7381	3.29	19.81
11.98	0.75	134.00	52.72	10988	20.38	41.13
13.60	0.74	57.06	18.59	7670	4.73	22.48
11.90	0.64	71.42	15.88	7183	4.81	19.61
38.75	1.80	12.79	13.30	14829	3.54	16.63
49.09	0.75	12.01	8.80	4791	1.31	15.23
5.30	0.44	8.92	4.68	5318	1.02	12.54
116.57	4.97	38.47	36.82	14116	4.02	25.31
103.22	1.40	37.90	26.91	15268	5.00	21.78
78.61	3.93	23.53	20.02	13505	2.04	17.83
3.12	0.50	9.12	6.46	13186	1.38	9.50
1.12	0.27	90.10	25.07	16633	4.45	19.48
21.34	0.80	105.37	3.75	20004	0.01	0.02
89.23	1.79	67.74	19.34	5885	2.44	19.59
94.64	0.57	22.31	9.66	3967	2.07	19.61
32.00	0.96	36.51	6.40	11867	1.71	17.22
40.77	0.73	13.97	5.88	11997	2.02	15.03
26.29	0.60	11.39	6.56	9743	1.25	13.32
16.53	0.22	6.92	3.85	11802	0.87	9.75
1.15	0.36	8.05	6.51	9913	1.14	6.80
0.65	0.39	20.57	12.45	15163	2.46	8.77
42.79	3.65	176.46	48.97	14784	6.42	28.85
11.61	2.60	113.89	40.30	10946	8.67	23.54
2.46	0.77	116.78	22.37	12904	11.85	25.25

14-1(一) 续表 2

地　　区	年　末 总人口 (万人)	地　区 生产总值 (亿元)	人均地区 生产总值 (元)	规模以上工业 企业资产总计 (亿元)	农林牧渔业 总产值 (亿元)
凭祥市	11.25	56.93	49334	28.44	7.94
大新县	38.10	99.43	32770	112.09	35.10
宁明县	44.01	108.46	31307	50.22	48.59
龙州县	27.15	92.62	41337	105.08	36.90
靖西县	65.44	127.45	24744	218.64	25.23
那坡县	21.47	22.69	14413	10.51	11.50
云南省					
澜沧县	48.40	56.46	11346	306.56	27.08
江城县	12.64	24.43	19406	44.82	14.47
西盟县	9.43	10.84	11542	6.12	4.71
孟连县	13.94	23.56	16936	6.61	17.04
镇康县	18.28	35.14	19286	49.00	16.75
沧源县	18.68	34.05	18288	25.33	16.84
耿马县	28.88	73.77	24139	44.39	43.68
龙陵县	29.75	60.82	21312	1.35	26.59
腾冲县	66.34	145.90	21991	81.66	52.22
麻栗坡县	28.48	49.58	17385	60.03	17.97
马关县	37.73	71.30	18972	77.10	28.50
富宁县	42.53	72.48	17354	37.21	31.06
绿春县	23.92	26.71	11602	4.77	14.43
金平县	38.12	42.85	11578	42.87	17.40
河口县	9.14	37.12	34530	2.44	13.20
景洪市	41.74	176.82	33256	186.60	62.00
勐海县	32.56	86.58	25465	57.44	34.85
勐腊县	24.50	72.51	25108	12.86	55.60
芒市	41.04	84.27	20654	108.30	31.88
瑞丽市	20.19	77.14	38631	28.67	17.68
盈江县	31.70	75.33	23788	162.84	37.28
陇川县	19.11	36.79	19355	38.08	24.44

粮　食 总产量 （万吨）	肉　类 总产量 （万吨）	全社会固定 资产投资 （亿元）	社会消费品 零售总额 （亿元）	农民人均 纯收入 （元）	地方财政 收　入 （亿元）	地方财政 支　出 （亿元）
2.07	0.58	93.65	20.99	8346	7.47	16.02
12.47	3.10	102.26	11.79	8668	5.00	22.71
7.48	2.00	98.55	13.90	8131	6.28	27.51
5.17	0.87	102.86	17.42	7378	6.24	24.86
23.95	3.03	148.18	25.51	5927	10.16	39.53
6.78	1.22	29.71	7.50	4962	1.97	17.93
25.89	2.85	36.91	16.19	7335	4.87	48.59
4.65	0.73	23.33	5.74	7530	1.60	12.87
4.50	0.42	12.25	2.44	7341	0.67	12.07
6.28	0.78	16.84	8.50	7482	1.43	13.16
8.99	1.64	73.10	8.57	8023	3.01	18.98
7.97	1.37	67.39	8.75	7899	2.23	18.42
12.16	2.46	84.76	16.80	8373	3.61	23.82
15.26	3.40	63.01	13.20	7947	4.86	22.63
44.43	11.74	152.37	34.96	8484	15.94	45.37
12.42	4.40	40.18	17.76	7608	2.80	20.37
17.99	5.10	36.91	29.86	7644	5.00	23.83
16.39	6.13	70.07	34.85	8008	3.80	29.24
10.94	3.52	69.38	7.84	6385	1.86	19.05
14.93	3.86	67.14	9.22	6444	2.50	24.49
3.05	0.78	54.74	6.07	9998	2.55	14.57
10.54	1.52	250.73	65.50	11409	12.10	33.94
30.04	1.38	42.61	18.19	9095	4.64	25.48
8.71	1.18	81.13	20.28	8209	3.71	24.34
24.27	2.99	84.31	39.20	8497	5.80	25.96
9.25	2.19	74.18	32.18	8706	7.30	17.95
22.83	2.90	65.73	27.06	8151	4.39	29.81
15.76	1.80	20.00	8.02	7284	1.73	16.17

14-1(一) 续表 3

地　　区	年　末 总人口 （万人）	地　　区 生产总值 （亿元）	人均地区 生产总值 （元）	规模以上工业 企业资产总计 （亿元）	农林牧渔业 总产值 （亿元）
泸水县	18.75	41.87	22354	44.55	10.50
福贡县	10.42	11.53	11535	5.14	4.75
贡山县	3.49	9.68	25211	12.22	3.32
西藏自治区					
洛札县	2.02	3.37	16727		0.70
错那县	1.56	3.89	25000		0.40
浪卡子县	3.84	4.72	12296		0.78
定结县	2.33	3.16	137469		0.94
定日县	5.70	7.00	12355.52		2.52
康马县	2.27	3.88	6846		1.62
聂拉木县	1.99	4.97	24959		0.78
吉隆县	1.61	4.01	25357		0.57
亚东县	1.38	5.27	33496		0.98
岗巴县	2.85	4.32	16000		0.51
仲巴县	2.49	5.49	22259		1.95
萨嘎县	1.55	3.31	19375		3.78
噶尔县	0.98	2.51	25807		0.55
普兰县	0.97	2.32	24143		0.50
日土县	1.06	2.75	25910		0.80
札达县	0.77	2.16	28300		0.36
墨脱县	1.39	4.16	29850	4.27	0.31
察隅县	3.15	6.51	20687		1.60
甘肃省					
肃北蒙古族自治县	1.52	20.23	133163	124.32	0.99
新疆维吾尔自治区					
哈密市	48.90	330.74	67711	897.71	26.70
伊吾县	2.33	44.33	189679	161.02	8.07
巴里坤哈萨克自治县	10.45	48.30	46000	131.99	17.47
和田县	32.75	29.85	9488	46.77	22.65

粮　食 总产量 （万吨）	肉　类 总产量 （万吨）	全社会固定 资产投资 （亿元）	社会消费品 零售总额 （亿元）	农民人均 纯收入 （元）	地方财政 收　入 （亿元）	地方财政 支　出 （亿元）
6.97	1.56	42.54	13.58	4877	2.46	18.29
3.36	0.60	8.03	3.27	4494	0.76	14.34
1.16	0.22	7.10	2.46	4519	0.68	9.29
1.09	0.10	4.65	0.80	8689	0.22	5.27
0.53	0.12	5.46	0.00	7667	0.10	6.96
0.75	0.30	5.16	0.92	8034	0.25	7.23
0.63	0.10	3.35	0.68	5546	0.10	6.19
2.74	0.14	5.98	0.96	6034	0.54	9.15
1.04	0.14	3.41	0.46	6846	0.01	3.09
0.69	0.19	2.50	0.67	4834	0.20	6.08
0.44	0.05		0.65	7101	0.15	4.22
0.12	0.09	6.55	1.13	7928	0.63	6.34
0.06	0.16	4.68		7995	0.03	0.25
	0.34	3.61	3.61	8529	0.23	7.26
0.11	0.08	3.29	0.65	6131	0.12	5.29
0.06	0.13	2.29	0.65	8430	0.59	5.54
0.27	0.07	2.71	0.56	8029	0.28	5.28
0.10	0.24	1.46	0.64	8565	0.24	4.76
0.10	0.05	1.20	0.50	7560	0.34	5.09
0.52	0.03	13.31	0.34	8593	0.62	
1.92	0.13	18.27	1.21	7375	0.32	6.76
0.57	0.23	83.60	1.21	20088	2.34	7.94
4.29	3.28	473.03	75.62	13810	41.87	52.32
0.98	0.99	90.12	2.30	14345	3.91	9.49
10.36	2.24	99.74	6.80	10695	3.81	15.61
15.89	1.86	33.20	2.26	6532	1.62	25.21

14-1(一)　续表 4

地　　区	年　末 总人口 (万人)	地　　区 生产总值 (亿元)	人均地区 生产总值 (元)	规模以上工业 企业资产总计 (亿元)	农林牧渔业 总产值 (亿元)
皮山县	27.28	23.08	7888	7.95	14.18
温宿县	25.83	53.78	23196	38.20	59
乌什县	22.81	25.89	11268	8.68	17.39
叶城县	52.99	81.62	16005	21.93	66.13
塔什库尔干塔吉克自治县	4.04	11.06	27403		2.49
阿图什市	26.93	45.12	16732	63.21	13.81
阿合奇县	4.47	8.59	19225		2.02
乌恰县	6.06	20.08	32983	39.04	1.99
阿克陶县	22.15	26.09	11779	60.32	12.89
奇台县	23.86	130.41	54660	76.29	75.49
木垒哈萨克自治县	8.82	27.87	31313	9.35	22.97
博乐市	25.80	103.30	59976	46.35	30.61
温泉县	7.53	19.18	26900	1.02	12.40
昭苏县	18.77	44.10	23200	5.09	20.74
霍城县	28.79	119.58	28767	19.60	31.63
察布查尔锡伯自治县	19.67	47.64	24130	33.18	30.67
塔城市	15.29	87.90	57464	4.21	35.60
额敏县	16.27	59.66	37172	18.99	34.58
裕民县	5.44	14.18	26036	0.63	9.40
托里县	9.45	41.09	43469	37.90	12.73
和布克赛尔蒙古自治县	5.50	61.10	46786		7.62
阿勒泰市	19.78	60.82	31255	14.91	14.12
青河县	6.53	14.34	20867	2.78	8.14
吉木乃县	3.89	11.24	28905	26.03	3.10
富蕴县	9.71	42.65	57698	108.76	10.99
布尔津县	7.24	21.04	30095	54.59	7.67
福海县	6.67	40.68	50562	15.99	18.82
哈巴河县	8.74	34.08	39027	66.06	12.90

粮 食 总产量 （万吨）	肉 类 总产量 （万吨）	全社会固定 资产投资 （亿元）	社会消费品 零售总额 （亿元）	农民人均 纯收入 （元）	地方财政 收 入 （亿元）	地方财政 支 出 （亿元）
14.29	1.62	23.61	2.23	6005	1.38	33.37
32.25	2.71	82.40	11.30	14499	4.35	22.25
22.58	2.26	23.60	1.89	6719	1.09	20.37
49.27	5.79	77.32	14.51	9498	5.12	44.12
1.95	0.25	30.94	1.78	23215	1.62	13.11
20.45	1.71	46.42	11.34	6010	3.07	26.63
1.52	0.43	7.47		5132	0.78	11.63
1.02	0.56	32.11	1.94	6212	2.14	14.83
22.55	1.48	48.28	4.28	4740	2.44	29.42
76.76	13.00	285.26	26.63	15097	9.04	25.10
26.95	1.64	8.50	7.72	12779	2.37	14.97
42.54	1.18	138.20	29.31	13248	9.06	26.74
41.22	0.68	17.39	2.46	7365	1.12	11.30
21.63	3.01	35.93	5.71	11500	1.47	17.04
28.10	4.51	51.05	17.41	12408	4.31	23.27
52.32	2.20	56.48	3.29	10644	2.67	17.77
9.94	2.27	55.29	18.60	14370	5.05	18.87
108.56	2.65	58.60	15.58	12228	3.85	19.80
26.77	1.29	7.08	3.07	11122	0.77	9.18
27.89	1.81	27.42	4.21	9127	2.00	11.54
2.81	1.37	32.04	3.40	12250	5.23	12.42
9.39	2.01	42.33	24.88	11155	6.20	23.82
5.07	0.58	15.11	3.13	8247	2.00	12.97
2.14	0.48	19.80	1.25	7433	1.01	9.28
12.43	1.30	39.75	6.83	11056	8.48	27.85
7.66	1.06	44.03	13.11	10736	2.96	13.49
22.66	1.32	19.85	6.36	11378	2.56	14.00
9.45	1.26	22.51	5.15	9027	5.00	15.19

14-1 各陆地边境县教育指标(2015年)(二)

地　　区	普通中学在校学生(人)	普通中学专任教师(人)	普通小学在校学生(人)	普通小学专任教师(人)	文化馆(个)	图书馆(个)	博物馆(个)
内蒙古自治区							
达尔罕茂明安联合旗	2068	246	3195	329	1	4	2
四子王旗	6410	531	6558	729		1	1
二连浩特市	3987	318	5466	308	1	1	3
阿巴嘎旗	1153	181	1660	190	1	1	1
东乌珠穆沁旗	3238	317	4426	340	1	1	1
苏尼特左旗	1197	175	1608	188	8	1	1
苏尼特右旗	2911	437	3250	435	1	1	
满洲里市	10336	1053	8548	640	1	1	1
额尔古纳市	3124	312	3218	374	1	1	2
陈巴尔虎旗	1079	244	2172	404	1	1	1
新巴尔虎左旗	733	146	1768	207	1	1	
新巴尔虎右旗	675	415	1750	172	1	1	2
乌拉特中旗	3750	357	4266	328	1	1	1
乌拉特后旗	1965	226	2611	304	1	1	1
阿拉善左旗	8947	1260	9818	578	1	2	
阿拉善右旗	1074	117	975	156	1	1	1
额济纳旗	297	91	1214	110	1	1	1
阿尔山市	669	183	1234	157			
科尔沁右翼前旗	8862	1648	14723	1939	1	1	1
辽宁省							
振安区	3703	507	5160	614	1	1	
元宝区	610	81	5115	346	1	1	
振兴区	767	125	11749	860	1	1	
东港市	28733	2330	25389	1865	1	1	1
宽甸满族自治县	17056	1851	19280	1286	1	1	1
吉林省							
集安市	7944	1161	8299	640	2	1	1
浑江区	5750	857	8069	836	1		1

医院、卫生院机构数（个）	医院、卫生院床位数（张）	卫生技术人员（人）	城镇居民最低生活保障人数（人）	城镇居民最低生活保障支出（万元）	农村居民最低生活保障人数（人）	农村居民最低生活保障支出（万元）
23	376	527	1037	731	4385	2068
27	380	529	7283	3327	24045	8660
7	229	303	974	490		
16	246	234	1081	549	1024	279
18	227	370	3317	1889	2337	1447
13	115	207	698	389	926	293
14	202	370	2890	1728	4375	1209
10	915	1933	2465	1732		
10	441	589	4593	3912		
13	10	326	3458	2017	674	333
14	144	329	2303	1215	2130	712
14	160	352	1921	1122	1279	435
17	440	349	3690	1898	9448	4270
12	234	269	8668	3844	5996	2490
35	700	1707	2487	1653	1291	721
10	97	244	259	196	180	111
10	165	183	732	423		
11	178	263	6876	3749		
23	1102	1559	4130	1857	34067	7571
9	370	368	2782	1284	2183	433
1	2000	1040	6616	3415	724	151
8	324	440	7484	3205	2300	844
26	2650	3099	2568	1017	14732	2596
32	2304	1233	6604	2820	14154	3115
20	936	1202	7785	2950	8746	1683
12	567	444	25929	10573	9026	1531

14-1(二) 续表 1

地区	普通中学在校学生(人)	普通中学专任教师(人)	普通小学在校学生(人)	普通小学专任教师(人)	文化馆(个)	图书馆(个)	博物馆(个)
临江市	5986	918	5425	451	1	1	2
抚松县	12482	969	12896	1150	1	1	1
长白朝鲜族自治县	2615	454	3019	449	1	1	
图们市	2172	459	2814	317	1	1	1
龙井市	2887	592	3776	459	1	1	1
珲春市	7991	1043	10509	890	1	1	1
和龙市	3635	824	4439	608	1	1	1
安图县	6127	579	8438	780	1	1	1
黑龙江省							
萝北县	3186	322	3484	410	1	1	1
绥滨县	5250	658	5611	653	1	1	
饶河县	3378	368	3716	111	1	1	1
密山市	15411	1555	12322	906	1	1	1
虎林市	8279	642	6273	481	1	1	
鸡东县	7932	578	8700	678	1	1	
嘉荫县	1728	63	3147	316	1	1	1
绥芬河市	5935		7647		1	1	1
东宁县	8007	673	16857	836	1	1	1
同江市	3410	280	7165	797	1	1	1
抚远县	2670	465	3593	586		1	
爱辉区	2717	659	8421	637	1	1	1
逊克县	1829	246	3699	376	1	1	1
孙吴县	4579	375	6216	542	1	1	3
呼玛县	1839	217	1889	199	1	1	1
塔河县	1400	275	2050	429	1	1	
漠河县	3405	420	835	165	1	1	2
穆棱市	7900	701	11418	946	2	1	2
广西壮族自治区							
防城区	15319	857	34567	1622	1	1	1
东兴市	8011	494	19160	737	1	1	1

医院、卫生院机构数（个）	医院、卫生院床位数（张）	卫生技术人员（人）	城镇居民最低生活保障人数（人）	城镇居民最低生活保障支出（万元）	农村居民最低生活保障人数（人）	农村居民最低生活保障支出（万元）
25	1023	1127	11076	5401	7138	1373
12	210	1941	18799	7491	11740	2802
12	291	405	7138	3134	5448	1262
7	463	552	5822	4397	2712	808
14	649	657	7626	4445	5937	1779
14	928	1116	11381	6193	4740	1133
15	791	847	10452	6441	6401	1769
15	867	1260	8717	4208	10515	2179
10	400	630	6374	2865	4878	1064
11	518	483	3108	1613	6259	1441
11	654	860	2298	1168	4164	985
23	1036	2509	8335	4335	17459	3981
19	1003	988	8688	4525	4641	1142
17	610	770	4846	2181	7796	1747
11	242	274	4019	1976	4130	830
7	515	805	1183	668	1256	454
10	495	609				
14	310	501	5011	2836	10933	2972
10	190	443	3311	1790	6197	1691
12	366	585	7045	3791	2944	650
11	377	249	2859	1476	4896	1027
18	243	451	3141	1624	4055	916
11	240	295	2559	1146	1723	319
8	540	530	4737	2424	1213	266
8	380	617	7631	3855		
15	789	2179	9966	5539	12393	2958
13	952	1104	9744	3266	39288	5445
7	527	965	1240	522	6103	1244

14-1(二) 续表 2

地　　区	普通中学在校学生（人）	普通中学专任教师（人）	普通小学在校学生（人）	普通小学专任教师（人）	文化馆（个）	图书馆（个）	博物馆（个）
凭祥市	4634	318	9966	677	1	1	1
大新县	13053	855	20743	1510	1	1	1
宁明县	14890	659	32774	1692	1	1	1
龙州县	5873	543	15020	980	1	1	1
靖西县	27914	1509	21951	2121	1	1	5
那坡县	6693	406	16759	872	1	1	1
云南省							
澜沧县	17866	1392	30472	1837	1	1	
江城县	5608	344	9168	554	1	1	
西盟县	4181	314	6912	525	1	1	1
孟连县	5837	365	11615	703	1	1	1
镇康县	9820	567	16262	1083	1	1	
沧源县	8774	637	12702	1130	1	1	
耿马县	11565	828	25980	1528	1	1	1
龙陵县	16021	1157	24126	1582	1	1	
腾冲县	51708	3326	55856	2962	1	2	2
麻栗坡县	10476	1068	22037	1907	1	1	
马关县	12992	1216	29040	1725	1	1	
富宁县	26203	1264	41461	3103	1	1	1
绿春县	12143	872	19292	950	1	1	1
金平县	18755	1268	35757	1506	1	1	
河口县	4083	489	7232	590	1	1	
景洪市	27315	1787	42699	2326	1	2	2
勐海县	11392	796	23128	1373	1	1	
勐腊县	13004	954	26407	1407	1	1	
芒市	13540	1043	34282	2048	1	3	1
瑞丽市	7459	720	17164	908	1	2	1
盈江县	16183	1176	28422	1745	1	1	
陇川县	10462	758	15768	1005	1	1	

医院、卫生院机构数（个）	医院、卫生院床位数（张）	卫生技术人员（人）	城镇居民最低生活保障人数（人）	城镇居民最低生活保障支出（万元）	农村居民最低生活保障人数（人）	农村居民最低生活保障支出（万元）
6	281	702	2462	827	4162	549
22	1038	1223	1410	439	27871	4045
22	1102	1245	3323	1145	12160	1930
19	1064	1301	1943	673	11314	1551
27	2352	1772				
16	678	705	2563	874	30857	5480
25	1169	891	3718	1809	172287	29822
9	460	522	2511	976	31943	5481
11	279	247	2592	975	37180	6711
8	310	478	495	184	25393	4338
11	765	656	2939	1030	67434	11333
18	650	647	5257	1850	66379	11666
19	1148	1079	6676	954	69483	11392
16	735	516	5760	2400	62413	9554
32	2189	2897				
14	909	776	8490	2546	75986	13151
19	1280	930	5529	2181	90739	15513
21	1288	725	7670	2901	87208	14965
12	500	328	3801	1300	88070	15461
22	740	831	4403	1449	110741	20199
12	658	551	10162	3797	12788	2186
41	4223	4546	4599	1916	9155	1661
14	1119	1152	2567	842	21183	4016
17	1252	1625	1803	748	15521	2886
17	643	1039	15126	8365	36533	4898
15	929	1247	5227	2015	14045	2030
22	1140	1090	8588	9148	54671	4438
13	949	795	8541	2549	41651	7515

14-1(二) 续表 3

地　　区	普通中学在校学生（人）	普通中学专任教师（人）	普通小学在校学生（人）	普通小学专任教师（人）	文化馆（个）	图书馆（个）	博物馆（个）
泸水县	9765	931	16201	1298	1	1	1
福贡县	4287	355	8832	574	1	1	
贡山县	1474	149	2784	224	1	1	1
西藏自治区							
洛札县	844	63	1545	129	1	1	
错那县	556	54	788	122	11		
浪卡子县	1656	143	3047	217	10	1	
定结县	698	59	1786	125		1	
定日县	2173	167	5903	334	1	1	
康马县	757	90	1944	158		1	
聂拉木县	776	75	1736	133	1		
吉隆县	751	63	1577	141	1	1	
亚东县	382	55	1027	105	1	1	
岗巴县	510	55	1003	127	6		
仲巴县	1004	83	2471	176	14	1	
萨嘎县	634		1580				
噶尔县			747	80	5	1	
普兰县	322	39	870	77	3	1	
日土县	540	31	1000	97	5	1	
札达县	266	30	482	58	6	1	
墨脱县	559	61	1038	164	1	1	1
察隅县	1257		2553	12	6	1	
甘肃省							
肃北蒙古族自治县	637	41	645	86	1	1	1
新疆维吾尔自治区							
哈密市	27278	2081	27066	2418	2	2	1
伊吾县	1322	225	1568	219	1	1	1
巴里坤哈萨克自治县	2334	329	4664	740	1	1	1
和田县	19048	3687	35542	1711	1	1	

医院、卫生院机构数（个）	医院、卫生院床位数（张）	卫生技术人员（人）	城镇居民最低生活保障人数（人）	城镇居民最低生活保障支出（万元）	农村居民最低生活保障人数（人）	农村居民最低生活保障支出（万元）
16	970	1131	3733	9126	58880	2278
11	320	247	3601	1259	46006	7850
6	176	164	1059	312	18118	2669
8	85	126	260	199	2166	495
11	63	87	95	65	2103	470
11	74	104	243	257	4015	1307
11	60	217				
13	230	142				
11	62	99				
10	115	158				
1	56	101				
7	55	56				
6	45	69				
14	99	87				
9	77	49				
			706	550	1175	115
			52	50	1300	166
			58	42	1348	210
			91	55	1014	129
10	60	90				
8	50	92				
8	168	162	607	245	619	60
35	2483	3421	6462	3496	10575	3314
7	225	175	753	444	1372	600
16	203	395	3169	1729	9206	3792
17	1080	613	8091	3052	56532	11358

14-1(二) 续表 4

地　　区	普通中学在校学生（人）	普通中学专任教师（人）	普通小学在校学生（人）	普通小学专任教师（人）	文化馆（个）	图书馆（个）	博物馆（个）
皮山县	18355	1251	25096	1241	1	1	
温宿县	13494	1223	22471	1694	1	1	
乌什县	13329	850	21036	1316	1	1	1
叶城县	41424	3018	53557	3473	1	1	1
塔什库尔干塔吉克自治县	2263	150	3725	343	16	15	1
阿图什市	11476	2710	24268	1811	1	1	
阿合奇县	2108	170	4490	467	1	1	
乌恰县	1952	308	5147	890	1	1	1
阿克陶县	13980	1598	23144	2330	1	1	1
奇台县	11416	564	11762	1066	1	1	1
木垒哈萨克自治县	3015	380	4522	794	1	1	1
博乐市	22871	989	11688	1071	1	1	1
温泉县	1650	374	3266	543	1	1	
昭苏县	7121	996	13296	1232	1	1	
霍城县	14839	1336	24035	1933	1	1	
察布查尔锡伯自治县	8147	1312	14272	1036	1	1	1
塔城市	6280	558	10336	1178	1	1	12
额敏县	8595	1057	12151	620	1	1	1
裕民县	6047	245	3909	456	1	1	1
托里县	5823	865	8751	590	1	1	
和布克赛尔蒙古自治县	2436	302	4031	590	1	1	1
阿勒泰市	4503	428	12324	1192	1	1	1
青河县	3768	445	5840	499	1	1	1
吉木乃县	1966	204	2853	386	1	1	1
富蕴县	5196	496	9608	767	1	1	1
布尔津县	3738	473	6057	725	1	1	1
福海县	3523	282	5189	679	1	1	
哈巴河县	5132	459	8308	634	1	1	1

医院、卫生院机构数（个）	医院、卫生院床位数（张）	卫生技术人员（人）	城镇居民最低生活保障人数（人）	城镇居民最低生活保障支出（万元）	农村居民最低生活保障人数（人）	农村居民最低生活保障支出（万元）
25	863	784	10734	4066	30877	6453
21	782	723	7273	3451	6833	1275
11	597	667	11220	3903	26500	5187
41	2935	1858	24504	9196	47480	9135
57	206	268	2920	1033	13796	2673
19	495	828	12728	4667	14717	2579
8	150	442	6503	2518	7618	1250
13	335	387	7619	2725	8003	1393
18	781	239	10889	3948	23083	4144
16	931	1240	1865	863	2462	623
11	374	538	2317	787	1504	503
22	1372	2016	17015	4990	8105	1302
9	211	236	5951	1832	4303	635
16	643	618	8387	2947	10227	1950
16	976	989	10886	3551	18502	3351
21	195	786	8764	2076	9087	2407
10	279	397	12735	3629	5991	1045
22	508	667	12411	4710	11198	2344
20	220	449	2440	1952	3076	1588
10	450	709	7986	2580	5027	901
15	358	648	5139	1289	3338	848
17	1144	1400	8921	3178	10928	1866
10	230	250	5263	2133	10730	1513
9	134	206	4753	1330	6466	1112
12	400	395	7367	2165	8743	1519
9	282	122	5724	1893	4732	922
14	337	334	6165	2207	5930	1085
8	405	329	5129	1815	9074	1671

牧区半牧区县

1-1 牧区半牧区县经济社会发展主要指标

指　　标		2014年	占全国比重(%)	2015年	占全国比重(%)
人口					
年底总人口	(万人)	4978.38	3.64	4744.36	3.45
地区生产总值	**(亿元)**	**20181.19**	**3.17**	**20034.32**	**2.92**
第一产业		3579.03	6.14	3658.14	6.01
第二产业		10147.19	3.73	9523.24	3.39
第三产业		6454.96	2.11	6852.94	1.99
人均地区生产总值	**(元)**	**44944.08**	**96.39**	**43773.60**	**87.56**
固定资产	(亿元)				
全社会固定资产投资总额		15477.88	3.02	16980.18	3.02
财政	(亿元)				
地方财政收入		1332.31	0.95	1298.49	1.56
地方财政支出		4566.76	3.01	4856.36	3.23
农业					
农林牧渔总产值	(亿元)	5909.98	5.78	6109.81	5.71
粮食产量	(万吨)	6689.38	11.02	6603.01	10.63
大牲畜年底头数	(万头)	3236.44	37.17	3681.02	30.18
羊年底头数	(万只)	11025.83	36.37	11119.81	35.76
猪年底头数	(万头)	3033.46	6.51	3140.36	6.96
肉类总产量	(万吨)	628.08	9.72	653.31	7.57
工业					
规模以上工业企业资产总计(亿元)		25697.67	2.69	29441.49	2.88
教育					
普通中学					
学校数	(个)	2301	3.46	2150	3.25
在校学生数	(人)	2125658	3.13	1983958	2.96
专任教师数	(人)	205773	3.99	193664	3.74
普通小学					
学校数	(个)	10184	5.06	8367	4.39
在校学生数	(人)	3004269	3.18	3089850	3.55
专任教师数	(人)	290575	5.16	232447	4.09
医疗卫生					
医院、卫生院数	(个)	5142	0.55	5029	0.53
医院、卫生院床位数	(张)	163320	2.58	154760	2.29
卫生技术人员数	(人)	187227	2.47	183866	2.30
人民生活					
农村居民人均纯收入	(元)	8937	90.3	9436	87.60

2-1 牧区半牧区县行政区划(2015年末)

地区	合计	自治县	县	旗	市	市辖区
合计	**269**	**18**	**185**	**46**	**18**	**2**
河北	6	2	4			
山西	1		1			
内蒙古	54		4	46	2	2
辽宁	6	2	3		1	
吉林	8	1	4		3	
黑龙江	15	1	10		4	
四川	48	1	46		1	
云南	3	1	2			
西藏	38		38			
甘肃	20	4	15		1	
青海	30	2	26		2	
宁夏	3		3			
新疆	37	4	29		4	

2-2 我国牧区半牧区县(旗)、市(市辖区)分布

地区	个数	县、旗、市(市辖区)
河北省	4 县 2 自治县	张家口市：张北县、康保县、沽源县、尚义县 承德市：丰宁满族自治县、围场满族蒙古族自治县
山西省	1 县	朔州市：右玉县
内蒙古自治区	46 旗 4 县 2 市辖区 2 市	包头市：达尔罕茂明安联合旗 赤峰市：巴林左旗、巴林右旗、林西县、克什克腾旗、翁牛特旗、敖汉旗 通辽市：科尔沁左翼中旗、科尔沁左翼后旗、开鲁县、库伦旗、扎鲁特旗、奈曼旗 鄂尔多斯市：东胜区、达拉特旗、准格尔旗、鄂托克旗、鄂托克前旗、杭锦旗、乌审旗、伊金霍洛旗 呼伦贝尔市：扎兰屯市、阿荣旗、莫力达瓦达斡尔旗、鄂伦春旗、陈巴尔虎旗、新巴尔虎左旗、新巴尔虎右旗 巴彦淖尔市：磴口县、乌拉特前旗、乌拉特中旗、乌拉特后旗 乌兰察布市：察哈尔右翼中旗、察哈尔右翼后旗、四子王旗 兴安盟：科尔沁右翼前旗、科尔沁右翼中旗、扎赉特旗、突泉县 锡林郭勒盟：锡林浩特市、阿巴嘎旗、苏尼特左旗、苏尼特右旗、东乌珠穆沁旗、西乌珠穆沁旗、太仆寺旗、镶黄旗、正镶白旗、正蓝旗 阿拉善盟：阿拉善左旗、阿拉善右旗、额济纳旗
辽宁省	1 市 3 县 2 自治县	沈阳市：康平县 阜新市：阜新蒙古族自治县、彰武县 朝阳市：北票市、建平县、喀喇沁左翼蒙古族自治县
吉林省	3 市 4 县 1 自治县	四平市：双辽市 松原市：长岭县、乾安县、前郭尔罗斯蒙古族自治县 白城市：洮南市、大安市、镇赉县、通榆县
黑龙江省	10 县 1 自治县 4 市	齐齐哈尔市：龙江县、泰来县、甘南县、富裕县 鸡西市：虎林市 大庆市：肇州县、肇源县、林甸县、杜尔伯特蒙古族自治县 佳木斯市：同江市 绥化市：安达市、肇东市、兰西县、青冈县、明水县

2-2 续表

地区	个数	县、旗、市(市辖区)
四川省	44 县 1 自治县 3 市	阿坝藏族羌族自治州：马尔康市、汶川县、理县、茂县、松潘县、九寨沟县、金川县、小金县、黑水县、壤塘县、阿坝县、若尔盖县、红原县 甘孜藏族自治州：康定市、泸定县、丹巴县、九龙县、雅江县、道孚县、炉霍县、甘孜县、新龙县、德格县、白玉县、石渠县、色达县、理塘县、巴塘县、乡城县、稻城县、得荣县 凉山彝族自治州：西昌市、盐源县、德昌县、会理县、会东县、宁南县、普格县、布拖县、金阳县、昭觉县、喜德县、冕宁县、越西县、甘洛县、美姑县、雷波县、木里藏族自治县
云南省	2 县 1 自治县	迪庆藏族自治州：香格里拉县、德钦县、维西傈僳族自治县
西藏自治区	37 县 1 市辖区	拉萨市：林周县、当雄县 昌都市：卡若区、江达县、贡觉县、类乌齐县、丁青县、察雅县、八宿县 山南地区：曲松县、措美县、错那县、浪卡子县 日喀则地区：昂仁县、谢通门县、康马县、仲巴县、亚东县、萨嘎县、岗巴县 那曲地区：那曲县、嘉黎县、比如县、聂荣县、安多县、申扎县、索县、班戈县、巴青县、尼玛县 阿里地区：普兰县、札达县、噶尔县、日土县、革吉县、改则县、措勤县 林芝市：工布江达县
甘肃省	15 县 4 自治县 1 市	兰州市：永登县 金昌市：永昌县 白银市：靖远县 武威市：民勤县、天祝藏族自治县 张掖市：山丹县、肃南裕固族自治县 酒泉市：瓜州县、肃北蒙古族自治县、阿克塞哈萨克族自治县 庆阳市：环县、华池县 定西市：漳县、岷县 甘南藏族自治州：合作市、卓尼县、迭部县、玛曲县、碌曲县、夏河县
青海省	26 县 2 自治县 2 市	海北藏族自治州：祁连县、海晏县、刚察县、门源回族自治县 黄南藏族自治州：同仁县、尖扎县、泽库县、河南蒙古族自治县 海南藏族自治州：共和县、同德县、贵德县、兴海县、贵南县 果洛藏族自治州：玛沁县、班玛县、甘德县、达日县、久治县、玛多县 玉树藏族自治州：玉树市、杂多县、称多县、治多县、囊谦县、曲麻莱县 海西蒙古族藏族自治州：格尔木市、德令哈市、乌兰县、都兰县、天峻县
宁夏回族自治区	3 县	吴忠市：盐池县、同心县 中卫市：海原县
新疆维吾尔自治区	29 县 4 自治县 4 市	乌鲁木齐市：乌鲁木齐县 哈密地区：哈密市、伊吾县、巴里坤哈萨克自治县 昌吉回族自治县：奇台县、木垒哈萨克自治县、吉木萨尔县 博尔塔拉蒙古自治州：博乐市、精河县、温泉县 巴音郭楞蒙古自治州：尉犁县、且末县、和静县、和硕县、若羌县 阿克苏地区：温宿县、沙雅县 克孜勒苏柯尔克孜自治州：阿克陶县、阿合奇县、乌恰县 喀什地区：塔什库尔干塔吉克自治县 和田地区：民丰县 伊犁哈萨克自治州：巩留县、新源县、昭苏县、特克斯县、尼勒克县 塔城地区：塔城市、额敏县、托里县、裕民县、和布克赛尔蒙古自治县 阿勒泰地区：阿勒泰市、布尔津县、富蕴县、福海县、哈巴河县、青河县、吉木乃县

3-1 牧区半牧区县分地区年末总人口和少数民族人口(2015年)

单位：万人

地区	年底总人口	城镇人口	乡村人口
合计	**4744.36**	**1389.63**	**3292.53**
河北	200.77	48.78	151.99
山西	11.51	5.96	5.54
内蒙古	1209.35	377.53	789.96
辽宁	306.37	83.44	222.93
吉林	331.64	100.16	231.49
黑龙江	616.23	186.31	403.42
四川	712.42	193.10	519.32
云南	36.13	6.49	29.64
西藏	154.21	21.80	130.72
甘肃	363.84	93.54	269.67
青海	196.36	49.61	144.83
宁夏	99.31	24.05	75.26
新疆	506.21	198.87	317.76

4-1 牧区半牧区县分地区生产总值(2015年)

单位：亿元

地区	地区生产总值				人均地区生产总值
		第一产业	第二产业	第三产业	
合计	**20034.32**	**3658.14**	**9523.24**	**6852.94**	**43774**
河北	409.11	139.35	144.65	125.11	25301
山西	55.30	5.50	26.90	22.90	48053
内蒙古	9392.48	1029.79	5145.83	3216.86	77962
辽宁	870.69	270.44	301.03	299.23	34298
吉林	1538.53	327.69	677.63	533.20	46529
黑龙江	1988.58	689.80	754.83	543.95	32801
四川	1790.90	358.83	851.74	580.33	26604
云南	160.97	10.73	55.98	94.26	39502
西藏	259.53	51.17	84.33	124.04	18251
甘肃	816.57	152.02	330.61	333.94	22566
青海	754.96	124.35	398.58	232.04	38447
宁夏	156.85	27.76	69.84	59.25	17923
新疆	1839.84	470.72	681.28	687.83	36345

4-2 牧区半牧区县分地区生产总值指数(2015年)

地　区	地区生产总值(以2014年为100)	第一产业	第二产业	第三产业
合　计	**106.3**	**104.6**	**106.0**	**109.3**
河　北	106.7	103.6	105.8	110.8
山　西	104.9	103.8	102.3	108.5
内蒙古	107.5	104.5	108.4	107.2
辽　宁	96.8	100.3	92.2	102.2
吉　林	106.3	105.2	107.3	105.6
黑龙江	101.7	103.9	98.7	130.9
四　川	103.7	104.2	101.1	107.9
云　南	109.6	105.9	111.3	108.9
西　藏	117.0	106.2	116.5	113.3
甘　肃	107.2	105.6	105.7	110.2
青　海	108.0	112.0	101.3	111.3
宁　夏	113.4	104.3	119.7	110.8
新　疆	109.4	106.0	108.8	110.0

4-3 牧区半牧区县分地区生产总值构成(2015年)

单位：%

地　区	地区生产总　值	第一产业	第二产业	第三产业
合　计	**100**	**18.3**	**47.5**	**34.2**
河　北	100	34.1	35.4	30.6
山　西	100	9.9	48.6	41.4
内蒙古	100	11.0	54.8	34.2
辽　宁	100	31.1	34.6	34.4
吉　林	100	21.3	44.0	34.7
黑龙江	100	34.7	38.0	27.4
四　川	100	20.0	47.6	32.4
云　南	100	6.7	34.8	58.6
西　藏	100	19.7	32.5	47.8
甘　肃	100	18.6	40.5	40.9
青　海	100	16.5	52.8	30.7
宁　夏	100	17.7	44.5	37.8
新　疆	100	25.6	37.0	37.4

5-1 牧区半牧区县分地区在岗职工和劳动报酬（2015年）

地　区	在岗职工人数（万人）	工资总额（亿元）	平均工资（元）
合　计	**317.07**	**2509.22**	**79138**
河　北	7.87	37.75	47973
山　西	1.06	5.49	51687
内蒙古	111.05	1095.78	98675
辽　宁	11.13	51.43	46185
吉　林	26.20	105.72	40349
黑龙江	25.94	148.84	57377
四　川	34.84	222.70	63929
云　南	3.38	24.29	71804
西　藏	6.56	55.98	85271
甘　肃	22.48	178.22	79278
青　海	14.71	89.01	60508
宁　夏	3.61	19.80	54935
新　疆	48.23	474.22	98317

5-2 牧区半牧区县分地区农村居民生活水平情况(2015年)(一)

单位：元

地　区	农村居民人均纯收入	农村居民人均生活费支出合计	#食　品	#衣　着	#居　住
合　计	**9436.04**	**8645.40**	**2874.26**	**703.46**	**1332.50**
河　北	6818.66	6026.07	2094.72	488.36	805.81
山　西	6180.00	5408.00	2754.00	337.00	497.00
内蒙古	10301.25	8970.78	2677.96	700.02	1474.41
辽　宁	11140.30	8121.92	2346.41	525.75	1253.94
吉　林	8738.54	7830.27	2426.31	597.35	1234.56
黑龙江	10147.53	5482.62	1696.55	447.09	803.25
四　川	9024.35	6829.18	3555.61	485.34	979.03
云　南	6488.49	4063.20	1504.27	237.26	434.74
西　藏	8166.03	7285.00	1201.34	849.15	934.24
甘　肃	7470.77	6730.76	2192.38	462.48	1572.74
青　海	8138.39	6496.15	2458.86	841.52	939.78
宁　夏	6577.38	6117.00	1979.32	589.96	930.50
新　疆	11409.64	7151.86	1914.13	707.59	762.50

5-2 牧区半牧区县分地区农村居民生活水平情况(2015年)(二)

单位: 元

地区	农村居民人均生活费支出			
	#家庭设备及服务	#医疗保健支出	#交通和通讯	#娱乐教育文化服务
合计	**494.79**	**752.68**	**996.91**	**809.96**
河北	261.98	802.41	715.35	661.25
山西	174.00	499.00	579.00	460.00
内蒙古	473.90	873.16	1482.04	1104.79
辽宁	347.65	1048.28	1179.02	1292.69
吉林	367.70	815.51	973.85	930.74
黑龙江	266.78	553.86	731.17	532.05
四川	395.08	245.54	585.69	436.53
云南	274.99	349.18	640.70	595.00
西藏	1561.78	1690.44	764.04	805.97
甘肃	498.45	428.18	752.72	687.02
青海	924.73	1027.52	1050.41	676.62
宁夏	384.14	575.26	795.91	705.72
新疆	517.13	796.31	780.70	569.05

6-1 牧区半牧区县分地区财政收支、城乡居民储蓄存款、全社会固定资产投资和社会消费品零售总额(2015年)

单位: 亿元

地区	公共财政预算收入	公共财政预算支出	城乡居民储蓄存款年末余额	全社会固定资产投资	社会消费品零售总额
合计	**1298.49**	**4856.36**	**8614.69**	**16980.18**	**4708.44**
河北	27.28	129.56	378.54	535.71	152.00
山西	2.91	13.43	39.20	101.60	14.60
内蒙古	669.46	1481.64	3124.39	6583.10	1746.48
辽宁	41.70	164.67	623.14	582.23	291.15
吉林	53.70	257.28	498.76	1220.58	570.99
黑龙江	68.26	313.71	737.37	1101.01	464.69
四川	128.32	784.16	1074.56	1810.25	647.46
云南	10.02	110.47	80.86	285.15	41.54
西藏	14.30	223.20	49.38	195.37	33.28
甘肃	47.89	329.66	600.79	1378.65	222.73
青海	61.07	352.96	405.52	824.81	132.21
宁夏	11.54	64.54	82.44	312.13	31.50
新疆	162.04	631.11	919.74	2049.61	359.80

7-1 牧区半牧区县分地区农业经济和规模以上工业总产值(2015年)

地　区	农林牧渔业总产值(亿元)	粮食总产量(万吨)	规模以上工业企业资产总计(亿元)
合　计	**6109.81**	**6603.01**	**29441.49**
河　北	246.62	76.53	795.25
山　西	12.40	3.37	194.71
内蒙古	1751.51	2032.88	17234.77
辽　宁	545.85	343.97	736.80
吉　林	598.84	925.64	961.18
黑龙江	1032.18	1927.45	1032.05
四　川	581.92	255.25	2919.37
云　南	19.19	17.73	130.95
西　藏	87.54	34.31	11.50
甘　肃	235.76	168.05	997.52
青　海	158.75	44.38	1705.24
宁　夏	58.66	62.86	327.06
新　疆	780.62	710.59	2395.09

7-2 牧区半牧区县分地区牲畜年末存栏数和奶产量(2015年)

单位：万头(只)

地　区	牲畜年末存栏数			奶产量(万吨)
	大牲畜	猪	羊	
合　计	**3681.02**	**3140.36**	**11119.81**	**932.82**
河　北	56.84	69.13	138.98	53.16
山　西	0.54	3.28	34.61	1.88
内蒙古	599.13	611.25	4601.87	276.84
辽　宁	118.18	395.11	351.76	42.27
吉　林	108.52	231.14	428.60	44.87
黑龙江	241.25	364.45	400.12	322.41
四　川	640.26	443.29	769.19	26.78
云　南	28.36	49.89	22.72	1.38
西　藏	501.83	31.39	771.09	17.92
甘　肃	199.85	132.38	838.98	7.74
青　海	574.62	680.60	1064.92	22.56
宁　夏	10.89	6.86	211.94	0.94
新　疆	600.74	121.58	1485.03	114.08

7-3 牧区半牧区县分地区肉产量(2015年)

单位：万吨

地　　区	肉类总产量	#猪肉	#牛肉	#羊肉
合　　计	**653.31**	**255.65**	**141.95**	**143.96**
河　　北	18.48	7.59	6.33	2.45
山　　西	1.28	0.33	0.24	0.70
内 蒙 古	174.18	51.85	36.59	62.77
辽　　宁	110.78	54.96	10.17	7.72
吉　　林	47.77	23.08	6.62	4.24
黑 龙 江	95.01	49.81	18.26	5.44
四　　川	60.73	38.42	12.92	6.16
云　　南	3.02	2.09	0.49	0.17
西　　藏	20.75	1.08	14.61	4.88
甘　　肃	19.66	7.96	3.43	8.89
青　　海	22.82	1.59	10.90	10.93
宁　　夏	5.83	0.54	1.34	3.74
新　　疆	72.98	16.35	20.05	25.87

8-1 牧区半牧区县分地区普通中学和普通小学基本情况(2015年)

单位：人

地　　区	普通小学			普通中学		
	学校数（所）	在　校学生数	专　任教师数	学校数（所）	在　校学生数	专　任教师数
合　　计	**8367**	**3089850**	**232447**	**2150**	**1983958**	**193664**
河　　北	201	115826	7812	60	82528	5678
山　　西	11	5705	780	4	4334	576
内 蒙 古	1162	633178	56751	460	432252	48071
辽　　宁	263	141435	10423	142	146457	14284
吉　　林	870	174386	17116	202	109256	12400
黑 龙 江	515	238214	20876	265	185753	28272
四　　川	1875	715584	38510	307	338209	21884
云　　南	74	27350	2311	10	20502	1504
西　　藏	453	130381	8614	37	48056	3444
甘　　肃	1302	233832	19821	231	192195	19874
青　　海	444	175128	10468	110	101781	7088
宁　　夏	468	93457	5215	43	61581	4298
新　　疆	729	405374	33750	279	261054	26291

9-1 牧区半牧区县分地区医疗卫生情况(2015年)

地区	医院、卫生院机构数(个)	医院、卫生院床位数(张)	卫生技术人员(人)
合计	**5029**	**154760**	**183866**
河北	167	6767	5619
山西	13	489	769
内蒙古	1109	38084	50617
辽宁	252	9083	12229
吉林	200	9830	13845
黑龙江	304	15524	19075
四川	1316	29919	30839
云南	39	1271	1840
西藏	344	2719	4195
甘肃	356	12328	12311
青海	295	6245	6911
宁夏	27	2358	2432
新疆	607	20143	23184

10-1 牧区分地区城镇居民最低生活保障情况(2015年)

地区	城镇居民最低生活保障人数(人)	城镇居民最低生活保障户数(户)	城镇居民最低生活保障支出(万元)	城镇居民最低生活保障年支出水平(元/人、年)
合计	**1210151**	**652634**	**502193**	**4150**
河北	36465	20787	12556	3443
山西	3113	1611	1099	6822
内蒙古	252843	155343	139119	5502
辽宁	41485	21950	16508	3979
吉林	75610	47164	27300	3611
黑龙江	144849	91439	70807	4888
四川	142105	77017	38443	2705
云南	4609	3009	1424	3089
西藏	10132	5742	6499	6414
甘肃	94088	40171	33389	3549
青海	84125	42683	43078	5121
宁夏	41447	17673	13521	3262
新疆	279280	128045	98451	3525

10-2 牧区分地区农村居民最低生活保障情况(2015年)

地　　区	农村居民最低生活保障人数(人)	农村居民最低生活保障户数(户)	农村居民最低生活保障支出(万元)	农村居民最低生活保障年支出水平(元/人、年)
合　　计	**3662736**	**1997198**	**681170**	**1860**
河　　北	200917	171077	34350	1710
山　　西	6000	5729	1869	3115
内 蒙 古	675359	510735	173976	2576
辽　　宁	91624	60386	19663	2146
吉　　林	155475	125700	25858	1663
黑 龙 江	308837	196612	68429	2216
四　　川	941738	391981	111580	1185
云　　南	25015	17489	2923	1168
西　　藏	89210	36820	11840	1327
甘　　肃	601934	182567	103002	1711
青　　海	129830	52230	36815	2836
宁　　夏	105028	86410	25020	2382
新　　疆	331769	159462	65845	1985

11－1 各牧区半牧区县主要经济社会指标(2015年)(一)

地　　区	年末总人口 (万人)	地　　区 生产总值 (亿元)	人均地区 生产总值 (元)	规模以上工业 企业资产总计 (亿元)	农林牧渔业 总产值 (亿元)
河北省	**200.77**	**409.11**	**25301**	**795.25**	**246.62**
张北县	36.49	91.35	30128	263.23	38.12
康保县	27.43	43.16	21316	52.61	38.69
沽源县	22.45	43.79	25544	100.42	36.53
尚义县	19.16	33.98	22439	122.12	20.53
丰宁满族自治县	41.00	94.59	26194	133.60	41.43
围场满族蒙古族自治县	54.25	102.25	23926	123.27	71.32
山西省	**11.51**	**55.30**	**48053**	**194.71**	**12.40**
右玉县	11.51	55.30	48053	194.71	12.40
内蒙古自治区	**1209.35**	**9392.48**	**77962**	**17234.77**	**1751.51**
达尔罕茂明安联合旗	11.28	208.78	214794	305.29	27.08
阿鲁科尔沁旗	29.90	109.01	36457	57.07	30.45
巴林左旗	34.76	123.59	38866	84.88	35.41
巴林右旗	18.69	77.13	44752	77.88	18.86
林西县	23.46	76.51	38455	30.71	20.54
克什克腾旗	24.88	147.14	73697	185.55	29.79
翁牛特旗	47.98	144.65	34589	103.19	67.89
敖汉旗	60.91	163.99	30915	66.72	40.96
科尔沁左翼中旗	51.91	158.68	31706	169.49	105.97
科尔沁左翼后旗	40.89	161.87	45895	99.81	58.32
开鲁县	39.81	214.42	53859	223.78	87.67
库伦旗	17.99	68.55	42092	30.63	27.90
扎鲁特旗	30.53	197.09	72661	122.68	96.43
奈曼旗	44.76	150.22	38538	103.68	47.08
东胜区	25.87	883.89	174751	1699.10	2.25
达拉特旗	36.43	471.80	142301	542.22	54.48
准格尔旗	32.42	1107.78	298996	5438.60	15.36
鄂托克旗	9.77	435.75	271665	1256.34	13.44
鄂托克前旗	7.88	128.99	163796	152.63	18.89
杭锦旗	14.24	89.59	79126	113.64	29.24
乌审旗	13.27	398.91	300000	402.22	21.61
伊金霍洛旗	17.37	659.89	294791	1513.75	11.59
阿荣旗	31.96	159.50	48988	45.33	78.65
莫力达瓦达斡尔旗	31.91	104.81	32407	22.74	76.66
鄂温克旗	13.98	111.56	78916	301.90	13.92

粮食总产量（万吨）	肉类总产量（万吨）	全社会固定资产投资（亿元）	社会消费品零售总额（亿元）	农牧民人均纯收入（元）	地方财政收入（亿元）	地方财政支出（亿元）
76.53	**18.48**	**535.71**	**152.00**	**6819**	**27.28**	**129.56**
10.83	2.05	117.74	26.10	7662	7.13	24.18
14.39	3.03	50.88	18.09	7317	1.90	16.07
12.26	1.07	65.60	15.14	7305	3.05	17.54
4.76	1.53	18.69	11.16	6637	1.49	14.02
14.37	4.95	167.66	39.02	6152	8.34	27.85
19.91	5.84	115.14	42.49	6385	5.37	29.90
3.37	**1.28**	**101.60**	**14.60**	**6180**	**2.91**	**13.43**
3.37	1.28	101.60	14.60	6180	2.91	13.43
2032.88	**174.18**	**6583.10**	**1746.48**	**10301**	**669.46**	**1481.64**
9.00	2.40	194.58	21.16	11784	15.42	27.08
51.35	2.20	54.69	30.11	7390	3.48	28.98
45.15	1.70	100.15	38.66	7841	6.83	30.90
17.55	3.18	63.35	22.38	8069	4.15	12.69
25.86	2.14	71.12	29.63	7379	3.60	22.72
18.00	1.65	82.03	29.98	8702	7.56	25.60
104.71	4.22	101.37	40.39	8050	4.20	34.44
78.32	7.21	108.39	42.64	8692	5.58	35.36
2.54	7.80	97.56	43.90	8997	3.33	37.31
104.00	5.20	87.73	35.51	9502	3.90	33.14
106.95	9.72	122.20	38.43	12065	4.28	26.44
53.00	3.93	64.24	14.84	8466	2.10	18.14
54.02	9.24	135.23	30.53	11764	15.06	40.52
38.70	4.41	98.06	37.11	8725	4.13	34.82
1.00	0.21	451.44	223.00		80.90	93.69
58.10	3.90	215.00	58.11	14341	21.36	51.87
8.14	1.28	508.21	99.11	14459	157.40	92.72
13.14	2.13	300.01	39.02	14418	35.43	48.86
11.00	1.76	232.00	20.40	14501	16.00	28.28
37.85	2.00	155.13	35.80	14258	12.30	29.70
17.55	5.56	380.52	38.00	14394	28.12	40.59
8.97	0.57	393.30	48.11	14445	77.26	80.06
157.51	4.97	107.89	32.55	14055	5.54	29.20
167.35	3.27	32.14		8035	3.03	28.09
3.07	1.91	62.28	15.92	17646	8.67	21.97

11-1(一) 续表 1

地　　区	年末总人口（万人）	地　　区生产总值（亿元）	人均地区生产总值（元）	规模以上工业企业资产总计（亿元）	农林牧渔业总产值（亿元）
陈巴尔虎旗	5.68	90.92	157466	552.69	16.50
新巴尔虎左旗	4.21	35.91	84393	34.71	11.27
新巴尔虎右旗	3.50	78.03	220921	189.43	7.31
扎兰屯市	41.11	181.50	43598	9.37	70.44
磴口县	11.63	50.87	43642	96.30	14.19
乌拉特前旗	33.25	140.78	47707	146.70	52.15
乌拉特中旗	14.17	99.57	71114	220.85	25.78
乌拉特后旗	5.88	63.04	96244	268.24	4.96
察哈尔右翼中旗	20.46	56.52	23235	175.28	26.85
察哈尔右翼后旗	20.99	71.20	33916	111.00	16.27
四子王旗	21.27	53.49	27320	131.04	27.15
科尔沁右翼前旗	33.91	81.37	23995	40.46	57.54
科尔沁右翼中旗	26.03	51.93	20010	66.62	29.87
扎赉特旗	39.75	76.26	19185	35.93	57.77
突泉县	31.40	60.59	19284	46.32	39.22
锡林浩特市	18.38	210.18	80334	481.29	24.01
阿巴嘎旗	4.46	67.36	150872	81.61	13.66
苏尼特左旗	3.46	49.82	151884	30.27	10.17
苏尼特右旗	6.83	59.54	85117	87.84	9.27
东乌珠穆沁旗	6.22	93.13	157742	93.17	28.25
西乌珠穆沁旗	7.98	115.33	127014	336.78	26.62
太仆寺旗	21.05	50.12	45254	29.63	22.94
镶黄旗	3.13	52.73	182140	78.97	6.03
正镶白旗	7.23	35.90	58633	35.81	1.10
正蓝旗	8.32	69.70	85154	103.54	7.01
阿拉善左旗	14.25	252.64	128264	256.19	13.60
阿拉善右旗	2.50	27.52	103444	62.13	3.57
额济纳旗	1.81	41.10	157100	16.29	2.90
科尔沁区	77.65	521.34	64259	266.48	94.67
辽宁省	**306.37**	**870.69**	**34298**	**736.80**	**545.85**
康平县	34.91	199.67	63088	191.64	64.01
阜新蒙古族自治县	72.28	145.61	22062	111.67	125.73
彰武县	40.77	111.18	27795	77.36	106.28
建平县	58.56	140.45	34789	116.22	80.04
喀喇沁左翼蒙古族自治县	42.60	106.73	30771	101.99	70.12
北票市	57.24	167.05	40588	137.93	99.67

粮 食 总产量 （万吨）	肉 类 总产量 （万吨）	全社会 固定资产投资 （亿元）	社会消费品 零售总额 （亿元）	农牧民人均 纯收入 （元）	地方财政 收 入 （亿元）	地方财政 支 出 （亿元）
11.50	1.78	25.96	5.65	17185	5.90	14.82
5.75	1.60	26.22		16831	1.99	10.18
0.76	2.51	31.87	6.02	16956	5.14	11.72
110.10	5.51	116.42	61.05	13170	4.87	33.35
27.82	1.12	38.95	14.19	13751	2.44	15.42
88.33	2.65	101.99	31.51	13431	9.38	27.57
37.59	1.79	136.42	14.60	13042	8.78	26.65
9.20	0.62	91.25	0.76	11790	7.50	15.36
8.92	2.37	45.20	11.90	6970	1.43	20.10
13.18	1.36	52.52	23.80	8813	2.61	19.88
11.35	2.76	41.57	21.14	8491	1.85	25.94
103.00	7.25	89.98	21.21	5745	2.27	27.28
56.50	2.85	85.80	15.00	5345	1.62	21.50
111.00	7.12	69.76	23.45	5673	1.23	25.30
100.50	2.73	78.91	16.88	5527	0.74	20.68
3.37	2.45	149.21	57.19	20635	26.45	31.79
	3.51	41.11		20075	1.98	9.97
	1.65	31.04	6.57	11760	2.22	10.00
	2.12	30.64	15.83	8405	2.96	13.82
	4.16	72.67	20.36	23843	7.01	16.26
	3.26	83.03	18.81	20286	18.97	18.53
17.28	1.41	31.27	18.41	9072	1.19	15.54
	0.76	13.17	5.71	11223	2.32	10.80
0.36	1.04	23.40	7.67	8244	1.23	4.95
0.30	2.89	52.23	12.70		5.01	14.90
16.25	1.18	264.88	49.05	14813	7.30	43.88
1.51	0.31	32.20	6.66	17096	1.20	10.64
0.18	0.18	51.13	12.35	16505	4.20	11.58
105.22	12.67	455.69	182.73	14417	0.03	0.05
343.97	**110.78**	**582.23**	**291.15**	**11140**	**41.70**	**164.67**
60.84	13.69	181.50	50.96	12334	14.00	24.17
75.06	36.05	64.03	45.00	12249	6.05	36.68
69.27	20.70	51.17	18.14	10149	4.53	24.86
80.28	11.32	82.95	63.02	10506	7.30	26.93
17.63	8.32	84.84	45.50	10427	3.51	20.54
40.89	20.70	117.73	68.53	10803	6.31	31.48

11-1(一)　续表 2

地　　区	年末总人口（万人）	地　　区生产总值（亿元）	人均地区生产总值（元）	规模以上工业企业资产总计（亿元）	农林牧渔业总产值（亿元）
吉林省	**331.64**	**1538.53**	**46529**	**961.18**	**598.84**
双辽市	37.42	169.39	45781	120.24	81.37
前郭尔罗斯蒙古族自治县	57.84	338.22	58477	139.78	135.83
长岭县	63.41	300.10	47201	158.97	139.48
乾安县	27.52	198.03	71986	178.38	46.05
镇赉县	27.41	135.54	49333	68.57	56.23
通榆县	36.73	115.85	32835	49.79	41.13
洮南市	42.14	139.54	32610	102.86	59.91
大安市	39.18	141.85	36203	142.59	38.83
黑龙江省	**616.23**	**1988.52**	**32801**	**1032.05**	**1032.18**
龙江县	59.50	92.59	15562	105.70	84.06
泰来县	32.87	38.73	11780	9.12	33.71
甘南县	32.66	68.35	17257	37.29	46.57
富裕县	29.13	112.66	96700	40.12	48.66
虎林市	28.27	131.72	46414	93.55	53.99
肇州县	43.99	214.62	48788	154.47	97.68
肇源县	45.38	165.96	36399	106.35	83.11
林甸县	26.02	52.10	20030		47.09
杜尔伯特蒙古族自治县	24.22	103.17	42459	60.22	56.21
同江市	21.16	107.30	50705	33.06	36.06
兰西县	49.39	59.28	11983	14.45	56.90
青冈县	51.39	57.89	11271	35.66	70.77
明水县	34.40	61.00	17773	42.63	47.17
安达市	47.15	328.17	69350	102.59	95.22
肇东市	90.70	394.98	43546	196.84	174.98
四川省	**712.42**	**1790.90**	**26604**	**2919.37**	**581.92**
汶川县	9.79	55.67	55892	123.75	4.90
理县	4.48	21.97	45778	101.38	2.86
茂县	11.16	31.92	29719	76.62	7.61
松潘县	7.49	17.82	23924	23.88	4.89
九寨沟县	6.75	24.39	29858	60.69	3.00
金川县	7.23	11.44	15932	0.35	4.07
小金县	8.04	12.93	16302	27.38	4.16
黑水县	6.09	21.34	33928	120.07	3.25
马尔康县	5.54	22.08	37164	6.99	3.44
壤塘县	4.31	7.25	17643		3.53

粮 食 总产量 （万吨）	肉 类 总产量 （万吨）	全社会 固定资产投资 （亿元）	社会消费品 零售总额 （亿元）	农牧民人均 纯收入 （元）	地方财政 收 入 （亿元）	地方财政 支 出 （亿元）
925.64	**47.77**	**1220.58**	**570.99**	**8739**	**53.70**	**257.28**
111.39	8.69	89.02	54.93	10057	4.75	25.80
207.97	14.50	255.00	208.31	9579	10.89	37.75
178.53	7.23	224.01	115.70	9444	5.59	34.53
91.20	2.21	178.01	57.98	9627	6.70	19.85
101.89	4.35	132.80	29.89	7216	6.79	28.45
60.53	2.22	91.68	30.65	7282	5.05	36.06
92.88	7.09	132.50	37.61	8536	6.89	38.58
81.24	1.48	117.56	35.92	6237	7.04	36.26
1927.45	**95.01**	**1101.01**	**464.69**	**10148**	**68.26**	**313.71**
257.60	8.71	81.22	30.18	11412	4.54	34.71
110.90	1.77	65.83	8.36	8670	2.14	13.58
116.45	5.97	3.04	10.34	5696	3.52	26.93
92.75	2.40	42.92	16.99	11551	3.19	20.72
100.12	1.40	37.90	26.91	15268	5.00	21.78
123.15	9.35	27.05	20.25	10805	4.88	21.04
130.91	10.03	343.40	23.24	11449	4.20	10.31
123.50	6.74	17.50		6413	3.71	8.94
92.63	3.90	19.67	17.75	11591	4.26	2.14
86.55	1.79	67.74	19.34	5885	2.44	19.59
117.86	5.06	45.60	21.35	6723	2.46	24.94
130.37	7.02	28.89	19.16	8195	1.99	27.40
96.90	3.36	15.41	15.39	7602	2.26	1.37
112.46	6.18	141.80	107.28	12932	11.06	35.63
235.29	21.33	163.05	128.15	12890	12.62	44.65
255.25	**60.73**	**1810.25**	**647.46**	**9024**	**128.32**	**784.16**
1.20	0.43	42.03	9.83	10078	4.08	14.33
0.82	0.26	39.08	3.77	9645	1.30	8.66
3.19	0.68	38.72	7.44	9830	1.54	13.85
2.02	0.54	42.08	7.08	9718	1.59	13.62
1.05	0.39	35.06	12.13	9756	2.27	12.26
1.81	0.56	39.01	4.14	9633	0.60	12.46
2.25	0.56	19.19	5.44	9618	0.60	13.84
1.71	0.51	19.03	3.87	9546	0.92	13.32
0.89	0.71	32.03	7.93	10156	1.67	11.93
0.30	0.55	15.02	2.02	8653	0.20	10.49

11-1(一) 续表 3

地 区	年末总人口（万人）	地区生产总值（亿元）	人均地区生产总值（元）	规模以上工业企业资产总计（亿元）	农林牧渔业总产值（亿元）
阿坝县	7.95	9.61	12849	0.21	5.04
若尔盖县	7.86	15.37	19908	3.61	10.10
红原县	4.72	11.23	23537	4.57	5.64
康定县	11.10	50.46	37799	389.41	6.08
泸定县	8.77	18.73	21209	99.10	4.87
丹巴县	5.99	13.32	19003	53.62	4.42
九龙县	6.64	21.40	32878	126.12	3.64
雅江县	5.11	10.00	19126	12.05	3.17
道孚县	5.69	7.22	12516		3.11
炉霍县	4.69	5.51	11425	1.36	3.03
甘孜县	6.80	8.17	11479		5.40
新龙县	4.95	7.91	15484		4.39
德格县	8.57	7.11	8340		4.25
白玉县	5.51	10.21	17515	10.08	4.10
石渠县	9.13	7.49	7586		5.24
色达县	5.38	6.11	10074		4.09
理塘县	6.76	9.61	13445		4.70
巴塘县	5.36	9.92	19605	13.06	3.71
乡城县	3.01	7.57	22273	47.98	2.77
稻城县	3.16	5.98	18442		2.45
得荣县	2.59	6.30	23234	11.41	2.53
西昌市	65.29	426.47	56674	520.66	67.02
木里藏族自治县	13.88	27.64	20863	242.55	9.75
盐源县	39.23	76.14	21209	84.87	28.48
德昌县	21.10	62.75	28717	63.48	27.44
会理县	46.51	205.34	46616	2.03	67.46
会东县	42.37	117.83	31674	82.56	64.62
宁南县	19.33	49.58	27168	26.19	24.60
普格县	19.90	23.07	14373	25.03	12.88
布拖县	19.12	22.64	13639	20.69	11.25
金阳县	20.28	28.15	16654	9.47	12.28
昭觉县	31.45	25.10	9923	28.67	15.86
喜德县	22.97	19.14	11393	6.17	10.31
冕宁县	39.81	97.14	27403	142.35	34.83
越西县	35.26	34.02	12282	14.17	19.06
甘洛县	22.77	24.71	12542	32.47	10.13
美姑县	26.87	19.34	8749	33.99	14.36
雷波县	25.64	55.77	24623	69.82	17.16

粮　食 总产量 （万吨）	肉　类 总产量 （万吨）	全社会 固定资产投资 （亿元）	社会消费品 零售总额 （亿元）	农牧民人均 纯收入 （元）	地方财政 收　入 （亿元）	地方财政 支　出 （亿元）
0.91	0.73	19.10	4.80	9637	0.45	14.76
0.54	1.65	19.81	4.69	9687	0.48	13.78
	0.74	17.03	2.87	10132	0.34	11.36
2.22	0.47	104.14	17.38	9843	4.85	29.71
1.41	0.48	46.22	11.31	8997	1.68	13.96
1.13	0.39	17.42	4.46	9624	0.86	14.06
1.72	0.31	18.09	2.50	10308	2.64	11.83
1.05	0.22	51.27	2.84	8251	2.23	12.29
1.42	0.29	8.62	2.05	7987	0.73	15.40
1.30	0.34	7.06	2.72	7750	0.48	12.02
3.75	0.46	10.32	5.38	8209	0.81	12.65
1.19	0.35	11.42	1.35	7807	0.68	11.16
1.41	0.48	8.73	2.01	7766	0.41	13.10
1.21	0.42	10.10	2.39	8219	1.44	10.85
0.81	0.49	7.73	3.21	7634	0.58	19.75
0.27	0.64	10.14	1.89	7605	0.59	15.42
1.36	0.48	18.45	5.09	7760	0.89	15.59
1.54	0.25	15.04	4.14	8205	1.00	12.39
1.07	0.22	9.87	2.17	8229	0.56	8.04
1.19	0.17	21.50	2.11	8615	1.04	11.81
1.19	0.20	17.40	1.19	8092	0.50	9.31
28.92	5.82	289.87	225.48	13620	35.26	57.73
5.04	1.10	90.36	6.50	7182	5.19	22.08
17.32	3.13	48.20	19.73	8848	5.98	27.75
9.21	2.47	67.33	23.76	13244	4.46	15.74
27.50	7.80	85.10	50.28	13154	6.91	25.92
24.90	5.00	98.01	43.59	12768	7.87	23.52
8.02	2.20	95.01	18.46	11914	3.32	15.49
7.27	1.15	18.03	8.25	7453	1.60	14.89
7.01	1.11	20.10	4.22	6386	0.86	13.91
6.19	1.32	18.54	6.22	6340	1.42	16.19
10.28	2.23	24.35	6.69	6675	1.45	19.77
7.89	1.31	14.52	6.74	6347	1.02	16.34
17.01	3.18	60.44	36.78	11156	5.63	22.98
11.77	2.46	29.39	15.21	7023	1.25	20.62
8.09	1.47	16.71	8.84	6280	1.58	17.15
8.08	2.29	19.69	5.22	6246	0.70	19.09
8.81	1.69	43.90	11.27	7094	5.81	21.01

11-1(一)　续表 4

地　　区	年末总人口（万人）	地　　区生产总值（亿元）	人均地区生产总值（元）	规模以上工业企业资产总计（亿元）	农林牧渔业总产值（亿元）
云南省	**36.13**	**160.97**	**39502**	**130.95**	**19.19**
香格里拉县	14.73	99.28	56311	104.14	7.26
德钦县	6.02	24.57	36285	12.43	2.67
维西傈僳族自治县	15.38	37.13	22709	14.38	9.25
西藏自治区	**154.21**	**281.45**	**18251**	**11.50**	**87.54**
林周县	6.38	15.18	23800		4.04
当雄县	5.24	12.86	24546	8.00	3.94
昌都县	13.16	44.28	6758		2.92
江达县	9.32	16.91	19000		16.91
贡觉县	4.51	5.72	12667		1.84
类乌齐县	5.47	7.40	14010		1.74
丁青县	8.74	14.74	16858		6.42
察雅县	6.67	8.91	13683		4.15
八宿县	4.69	5.20	11097		2.72
曲松县	1.71	4.60	26851		0.59
措美县	1.50	2.90	19583		0.44
错那县	1.56	3.89	25000		0.40
浪卡子县	3.84	4.72	12296		0.78
昂仁县	5.68	6.71			2.45
谢通门县	5.04	8.09	16029	3.50	1.82
康马县	2.27	3.88	6846		1.62
仲巴县	2.49	5.49	22259		1.95
亚东县	1.38	5.27	33496		0.98
萨嘎县	1.55	3.31			3.78
岗巴县	2.85	4.32	16		
那曲县	8.40	14.23	12131		2.67
嘉黎县	3.69	4.87			2.91
比如县	7.22	7.38	10820		4.70
聂荣县	3.59	4.32	12027		1.15
安多县	4.10	6.79	16585		1.24
申扎县	2.07	4.09	19745		0.80
索县	5.06	5.93			1.14
班戈县	4.25	5.47	14098		

粮　食 总产量 （万吨）	肉　类 总产量 （万吨）	全社会 固定资产投资 （亿元）	社会消费品 零售总额 （亿元）	农牧民人均 纯收入 （元）	地方财政 收　　入 （亿元）	地方财政 支　　出 （亿元）
17.73	**3.02**	**285.15**	**41.54**	**6488**	**10.02**	**110.47**
7.38	1.53	147.91	30.12	6557	5.50	64.63
2.66	0.33	56.55	4.99	6516	1.59	19.42
7.69	1.16	80.69	6.44	6419	2.93	26.42
34.31	**20.75**	**195.37**	**33.28**	**8166**	**14.30**	**223.20**
6.65	0.40	19.22	1.51		1.09	9.36
	0.70	24.81	1.48	11445	2.00	9.11
9.18	2.29	0.86	0.49	11268	1.24	12.71
1.36	1.25	2.56		7211	0.22	3.27
0.90	0.38	8.59	1.45	7300	0.37	8.82
0.85	0.80	8.03	2.43	8613	0.45	7.92
2.48	0.82	15.92	3.63	8116	0.63	9.26
1.34	0.76	5.00		6579	0.32	9.61
1.04	0.63	2.32		6423	0.55	5.76
0.74	0.20		0.52	8759	0.43	4.97
0.35	0.24	5.02	0.55	8102	0.15	3.38
0.51	0.12	5.46	0.80	8582	0.10	6.96
0.73	0.30	5.16	0.92	8034	0.25	7.23
1.93	0.39		1.30	5985		
1.55	0.37	5.31	0.40	7743	1.08	9.42
1.01	0.14	3.41	0.46	6846	0.01	3.09
	0.34	3.61		8529	0.23	7.26
0.12	0.09	6.55		7928	0.63	6.34
0.11	0.08	3.29		6131	0.12	5.29
0.06	0.16	4.68		7995	0.03	0.25
	1.40	3.74	2.89	8237	0.41	10.62
0.09	0.68	5.09	1.41	9201	0.35	
0.33	1.01		1.50	10114	0.30	9.13
	0.92	4.85		6752		
	1.40	4.96	1.57	7537	0.26	8.66
1.50	0.59	5.85	0.49	7570	0.17	5.75
	0.57	5.61	1.82	6842	0.20	7.94
	0.52	4.93	1.05	6987	0.15	8.50

11-1(一) 续表 5

地　　区	年末总人口（万人）	地　区生产总值（亿元）	人均地区生产总值（元）	规模以上工业企业资产总计（亿元）	农林牧渔业总产值（亿元）
巴青县	5.34	6.65	10800		3.99
尼玛县	3.18	5.57	8241		
普兰县	0.97	2.32	24143		0.55
札达县	0.77	2.16	28300		0.40
噶尔县	0.98	2.51	25807		0.59
日土县	1.06	2.75	25910		0.87
革吉县	1.76	3.20	18285		1.39
改则县	2.53	4.69	18807		2.40
措勤县	1.58	2.50	15859		0.99
工布江达县	3.61	11.65	34173		2.29
甘肃省	**363.84**	**821.04**	**22566**	**997.52**	**235.76**
永登县	53.61	96.58	28038	139.90	16.51
永昌县	23.69	63.81	26863	189.46	25.04
靖远县	49.83	63.39	13957	44.38	36.32
民勤县	24.12	69.56	28840	108.52	42.95
天祝藏族自治县	21.89	44.66	25398	33.28	11.34
肃南裕固族自治县	3.84	28.81	83615	69.96	7.14
山丹县	20.02	43.00	26006	33.29	17.10
瓜州县	14.89	67.91	45606	44.96	20.69
肃北蒙古族自治县	1.52	20.23	133163	124.32	0.99
阿克塞哈萨克族自治县	0.90	14.85	166598	22.57	0.91
环县	35.37	77.08	25140	123.94	16.84
华池县	13.36	83.34	67259	1.91	8.92
漳县	20.94	20.80	10629	11.23	8.85
岷县	45.43	31.25	6750	5.72	
合作市		33.42	35960	22.16	2.42
卓尼县	10.38	14.18	13686	1.39	5.31
迭部县	5.77	10.47	19699	2.55	
玛曲县	5.70	13.46	23665	9.35	5.77
碌曲县	3.65	9.11	24565	8.62	3.24
夏河县	8.90	15.14	16340		5.41
青海省	**196.36**	**754.96**	**38447**	**1705.24**	**158.75**
门源回族自治县	16.27	34.83	21433	18.46	11.70
祁连县	5.20	23.07	44359	3.99	5.80
海晏县	2.60	8.70	33556	13.81	1.71

粮 食 总产量 （万吨）	肉 类 总产量 （万吨）	全社会 固定资产投资 （亿元）	社会消费品 零售总额 （亿元）	农牧民人均 纯收入 （元）	地方财政 收 入 （亿元）	地方财政 支 出 （亿元）
0.09	0.66				0.19	7.14
0.02	0.70					
0.27	0.07	2.71	0.56	8029	0.28	5.28
0.10	0.05	1.20	0.50	7560	0.34	5.09
0.06	0.13	2.29	0.65	8430	0.59	5.54
0.10	0.24	1.46	0.64	8565	0.24	4.76
0.01	0.39	1.11	0.59	7890	0.15	4.49
	0.46	1.64	0.65	7940	0.23	5.57
	0.27	2.06	0.63	7796	0.14	4.71
0.86	0.24	18.07	2.40		0.37	
168.05	**19.66**	**1378.65**	**222.73**	**7471**	**47.89**	**329.66**
0.96	1.06	70.72	22.93	8287	4.04	20.18
33.68	1.01	71.51	23.80	10679	3.24	20.85
19.11	2.05	92.46	23.42	7498	1.66	1.45
13.96	1.90	184.73	23.49	10519	3.37	25.94
4.88	1.55	114.80	24.42	5916	3.95	34.53
2.53	1.01	39.86	4.30	13432	2.05	11.24
20.20	0.93	41.91	16.57	10527	3.12	16.53
3.32	0.77	191.22	20.23	13281	3.78	13.28
0.55	0.23	83.60	1.21	20088	2.34	7.94
0.09	0.19	37.40	1.85	21462	1.19	4.56
37.16	1.54	118.91	1.44	6537	4.15	33.03
14.32	0.58	87.15	11.11	6700	5.74	19.19
5.59	0.77	41.55	3.54	5507	1.56	10.94
6.22		61.76	9.91	4330	2.18	32.69
1.04	0.48	34.85	16.33	6116	1.75	15.81
0.79	1.09	28.28	3.87	5802	0.72	19.66
1.07		27.42	2.95	5636	0.43	1.72
1.29	2.25	13.97	3.18	7139	0.96	12.44
0.30	0.88	12.25	2.82	7032	0.54	12.03
0.98	1.38	24.28	5.36	5974	1.13	15.65
44.38	**22.82**	**824.81**	**132.21**	**8138**	**61.07**	**352.96**
4.12	1.01	41.04	8.33	8230	1.47	20.19
0.29	1.67	34.98	4.21	11285	1.14	15.05
0.51	0.76	16.37	1.12	10091	0.67	7.74

11-1(一) 续表 6

地　　区	年末总人口（万人）	地　　区生产总值（亿元）	人均地区生产总值（元）	规模以上工业企业资产总计（亿元）	农林牧渔业总产值（亿元）
刚察县	4.59	15.77	37165	11.07	5.12
同仁县	9.40	22.03		1.74	5.54
尖扎县	5.66	21.94	3875	32.68	2.63
泽库县	7.58	13.78	19011		8.21
河南蒙古族自治县	4.13	12.96	31612		8.10
共和县	13.63	60.80	45442	216.02	11.19
同德县	6.18	12.85	19827		8.62
贵德县	10.88	29.36	26993	10.98	
兴海县	8.00	22.59	28343	15.33	9.64
贵南县	8.03	14.60	16500		10.05
玛沁县	5.52	15.45	27975		2.09
班玛县	2.91	3.14	10776		1.03
甘德县	3.79	2.51	6613		1.05
达日县		2.78	8066		0.96
久治县	2.81	3.17	11269		1.34
玛多县	1.53	2.32	15122		0.65
玉树县	11.21	12.39	11048		5.74
杂多县	6.73	8.30	17415		
称多县	6.54	9.50	1714		2.66
治多县		6.52			3.96
囊谦县	11.36	8.29			5.80
曲麻莱县	4.38	6.34	13236		4.10
格尔木市	13.48	285.24	120539	1255.83	6.90
德令哈市	9.46	45.50	62329	40.08	9.01
乌兰县	3.56	11.75	32536	33.51	4.41
都兰县	8.64	29.98	34695	50.93	17.86
天峻县	3.16	5.98	18442		2.45
宁夏回族自治区	**99.31**	**156.85**	**17923**	**327.06**	**58.66**
盐池县	17.03	63.90	41701	135.17	12.89
同心县	37.10	49.18	15142	112.26	23.96
海原县	45.18	43.77	11021	79.63	115.88
新疆维吾尔自治区	**506.21**	**1839.84**	**36345**	**2395.09**	**780.62**
乌鲁木齐县	6.29	21.52	34213		11.91
哈密市	48.90	330.74	67711	897.71	26.70
巴里坤哈萨克自治县	10.45	48.30	46000	131.99	17.47

粮 食 总产量 （万吨）	肉 类 总产量 （万吨）	全社会 固定资产投资 （亿元）	社会消费品 零售总额 （亿元）	农牧民人均 纯收入 （元）	地方财政 收 入 （亿元）	地方财政 支 出 （亿元）
0.15	1.25	25.60	3.32	11776	1.38	12.38
0.16	0.64	17.75	2.77	5938	13.92	13.74
1.53	0.27	16.27	1.17	4567	0.70	8.56
	1.48	14.57	0.92	5443	0.38	
	1.62	14.63	0.94	8213	0.44	11.85
4.04	1.95	138.34	12.57	9325	2.38	22.16
2.03	0.95	14.38	1.58	8421	0.54	12.73
3.42	0.71	42.39	5.00	8151	2.34	20.17
2.03	1.59	24.27	1.92	9444	1.21	14.12
5.52	0.97	12.16		8291	0.63	12.04
	0.23		0.84	8387	1.06	12.24
0.13	0.35	7.88	0.45	5203	0.40	8.95
		9.08	0.49		0.26	7.61
	0.35	7.33	0.50	4032	0.23	2.63
		7.96	0.70	5120	0.59	8.46
	0.17	8.71	0.49	5351	0.37	8.38
0.41	1.12	10.29	2.97	6164		1.85
	0.65	7.06	1.01	5766	0.27	9.62
0.39		6.31	1.08	5628	0.25	
	0.61	7.00	1.05	4459		7.38
1.06	0.87	8.67	1.05	4341	0.44	13.76
	0.50	8.15	1.00	6124	0.30	9.23
0.18	0.52	191.62	54.63	14297	20.94	45.91
12.18	0.55	72.68	9.40	11231	5.41	14.73
0.82	0.49	32.17	2.49	9350	1.58	9.47
5.41	0.86		4.82	9496	1.75	12.30
1.19	0.17	21.50	2.11	8615	1.04	11.81
62.86	**5.83**	**312.13**	**31.50**	**6577**	**11.54**	**64.54**
8.79	1.86	150.71	11.51	7674	7.57	28.40
30.18	2.39	92.61	11.28	6711	2.23	36.13
23.89	1.58	68.82	8.71	6058	1.74	
710.59	**72.98**	**2049.61**	**359.80**	**11410**	**162.04**	**631.11**
0.58	1.44	22.08				
4.16	3.28	473.03	75.62	13810	41.87	52.32
10.05	2.24	99.74	6.80	10695	3.81	15.61

11-1(一)　续表 7

地　　区	年末总人口（万人）	地　　区生产总值（亿元）	人均地区生产总值（元）	规模以上工业企业资产总计（亿元）	农林牧渔业总产值（亿元）
伊吾县	2.33	44.33	189679	161.02	8.07
奇台县	23.86	130.41	54660	76.29	75.49
木垒哈萨克自治县	8.82	27.87	31313	9.35	22.97
博乐市	25.80	103.30	59976	46.35	30.61
精河县	14.47	60.39	51472	35.60	41.15
温泉县	7.53	19.18	26822	1.47	12.40
尉犁县	10.31	51.17	48349	13.13	33.70
且末县	6.95	23.79	34204	8.18	21.25
和静县	18.35	70.83	36668	191.02	28.21
和硕县	6.57	32.75	45651	18.90	31.73
温宿县	25.83	53.78	23196	38.20	59.24
沙雅县	26.94	51.53	19318	38.51	30.79
阿克陶县	22.15	26.09	11779	60.32	12.89
阿合奇县	4.47	8.59	19225		2.02
乌恰县	6.06	20.08	32983	39.04	1.99
塔什库尔干塔吉克自治县	4.04	11.06	27403		2.49
民丰县	3.84	9.02	23493		3.80
巩留县	20.35	43.38	21457	84.08	23.29
新源县	32.17	80.34	24943	95.03	41.30
昭苏县	18.77	44.10	23200	5.09	20.74
特克斯县	17.49	25.97	10966	6.30	17.76
尼勒克县	18.98	46.08	24394	86.62	27.00
塔城市	15.29	87.90	57464	4.21	35.60
额敏县	16.27	59.66	37172	18.99	34.58
托里县	9.45	41.09		37.90	12.73
裕民县	5.44	14.18	26036	0.63	9.40
和布克赛尔蒙古自治县	5.50	27.55	46786		7.62
阿勒泰市	19.78	60.82	31271	14.91	14.12
布尔津县	7.24	21.04	30095	54.59	7.67
富蕴县	9.71	42.65	57689	108.76	10.99
福海县	6.67	40.68	50562	15.99	18.82
哈巴河县	8.74	34.08	39027	66.06	12.90
青河县	6.53	14.34	20867	2.78	8.14
吉木乃县	3.89	11.24	28905	26.03	3.10

粮　食 总产量 （万吨）	肉　类 总产量 （万吨）	全社会 固定资产投资 （亿元）	社会消费品 零售总额 （亿元）	农牧民人均 纯收入 （元）	地方财政 收　　入 （亿元）	地方财政 支　　出 （亿元）
0.95	0.99	90.12	2.30	14345	3.91	9.49
74.46	13.00	285.26	26.63	15097	9.04	25.10
26.14	1.64	8.50	7.72	12779	2.37	14.97
41.36	1.18	138.20	29.31	13248	9.06	26.74
8.91	0.64	72.57	6.79	11348	3.34	24.08
39.98	0.68	17.39	3.69	7365	1.12	11.30
0.65	0.67	22.82	2.51	15498	2.13	13.01
8.90	1.26	23.00	1.28	15414	2.06	13.32
17.05	2.58	34.56	5.81	15004	3.55	18.27
13.65	0.72	12.44	2.28	14228	1.57	10.76
31.29	2.71	82.40	11.30	14499	4.35	22.25
27.07	1.41	55.15	10.48	12289	7.65	21.55
21.88	1.48	48.28	4.28	4740	2.44	29.42
1.48	0.43	7.47	1.22	5132	0.78	11.63
0.99	0.56	32.11	1.94	6216	2.14	14.83
1.89	0.25	30.94	1.78	6114	1.62	13.11
1.58	0.69	9.47	1.16	8262	0.85	8.79
32.66	3.55	27.18	6.42	11986	1.96	16.64
47.99	5.23		25.10	12705	5.04	20.54
20.98	3.01	35.93	5.71	11500	1.47	17.04
15.00	2.03	25.00	9.53	10966	2.06	15.73
23.40	3.92	44.20	7.97	11582	2.73	16.19
9.64	2.27	55.29	18.60	14370	5.05	18.87
105.30	2.65	58.60	15.58	12228	3.85	19.80
27.05	1.81	27.42	4.21	9127	2.00	11.54
25.96	1.29	7.08	3.07	11122	0.77	9.18
2.73	1.37			12250	5.23	12.42
9.24	2.01	42.33	24.88	11155	6.20	23.82
7.43	1.06	44.03	13.11	10736	2.96	13.49
12.05	1.30	39.75	6.83	11056	8.48	27.85
21.98	1.32	19.85	6.36	11378	2.56	14.00
9.17	1.26	22.51	5.15	9027	5.00	15.19
4.92	0.58	15.11	3.13	8247	2.00	12.97
2.07	0.48	19.80	1.25	7433	1.01	9.28

11-1 各牧区半牧区县主要经济社会指标(2015年)(二)

地　　区	普通中学在校学生（人）	普通中学专任教师（人）	普通小学在校学生（人）	普通小学专任教师（人）	医院、卫生院机构数（个）
河北省	**82528**	**5678**	**115826**	**7812**	**167**
张北县	21577	1463	21552	1443	31
康保县	5573	548	7048	824	17
沽源县	6697	699	10858	846	17
尚义县	5066	498	6773	835	24
丰宁满族自治县	17969	1342	29713	1636	30
围场满族蒙古族自治县	25646	1128	39882	2228	48
山西省	**4334**	**576**	**5705**	**780**	**13**
右玉县	4334	576	5705	780	13
内蒙古自治区	**431992**	**48071**	**633178**	**56751**	**1109**
达尔罕茂明安联合旗	2068	246	3195	329	23
阿鲁科尔沁旗	12682	1115	15385	2119	26
巴林左旗	15670	1083	19889	1245	28
巴林右旗	8833	999	9615	1502	18
林西县	9254	732	10855	842	21
克什克腾旗	5155	816	9444	1070	23
翁牛特旗	16728	1696	20988	2590	32
敖汉旗	25218	2280	31977	2209	31
科尔沁左翼中旗	14827	1296	25203	2266	32
科尔沁左翼后旗	15602	1618	24027	2193	32
开鲁县	18450	2080	21184	1679	24
库伦旗	7633	687	10551	933	17
扎鲁特旗	8479	776	16531	2053	31
奈曼旗	21635	1448	25714	2074	23
东胜区	30017	2574	38903	2202	45
达拉特旗	13929	1156	20282	1259	30
准格尔旗	16274	1475	24057	1505	22
鄂托克旗	5192	823	9218	826	14
鄂托克前旗	3185	336	4689	333	13
杭锦旗	4463	561	5960	474	14
乌审旗	4019	696	8384	583	10
伊金霍洛旗	6376	744	11317	801	24
阿荣旗	9910	1091	17609	1452	25
莫力达瓦达斡尔旗	3239	1717	15082	965	25
鄂温克旗	3635	819	4919	725	16

医院、卫生院床位数（张）	卫生技术人员（人）	城镇居民最低生活保障人数（人）	城镇居民最低生活保障支出（万元）	农村居民最低生活保障人数（人）	农村居民最低生活保障支出（万元）
6767	**5619**	**36465**	**12556**	**200917**	**34350**
1451	1690	6019	1817	37050	5788
599	474	6547	2254	32688	5196
615	359	4595	1429	29528	4630
534	454	5112	1545	21896	3464
1722	1384	7036	3000	40784	7690
1846	1258	7156	2511	38971	7582
489	**769**	**3113**	**1099**	**6000**	**1869**
489	769	3113	1099	6000	1869
38084	**50617**	**252843**	**139119**	**675359**	**173976**
376	527	1037	731	4385	2068
1118	1232				
1298	1431	5400	2432	25500	4420
450	1068	4870	1993	14033	2767
1155	1075	7580	3598	19924	4432
1113	1392	4458	2220	22355	5142
1230	1477	3216	2093	31942	5749
1100	1563	4252	2602	41293	7469
972	924	11217	6600	33430	9834
490	1026	4334	2934	10287	2359
1071	1127	5594	3161	15811	4208
579	478	4153	2277	8358	1910
923	1209	8542	5473	19529	5018
892	825	6182	3564	20059	5293
4215	6584	2972	1763	3218	1393
1381	1734	1152	674	8892	2910
1418	2084	4200	2347	7952	2885
571	836	1501	964	3938	1482
320	325	1355	787	4015	1529
385	443	558	314	3732	1352
389	496	1756	1282	5990	2175
989	1117	726	618	3305	1167
923	1281	10081	5012	23411	4971
897	1303	15053	7438	29967	7064
694	1008	26640	17495	4160	1073

11-1(二) 续表 1

地　　区	普通中学在校学生（人）	普通中学专任教师（人）	普通小学在校学生（人）	普通小学专任教师（人）	医院、卫生院机构数（个）
陈巴尔虎旗	1079	244	2172	404	13
新巴尔虎左旗	733	146	1768	207	14
新巴尔虎右旗	415	415	1750	172	14
扎兰屯旗	7684	1744	17955	1666	31
磴口县	3616	275	3918	366	10
乌拉特前旗	13661	1231	12593	1861	24
乌拉特中旗	3750	357	4266	328	17
乌拉特后旗	1965	282	2611	349	12
察哈尔右翼中旗	3450	345	3315	365	26
察哈尔右翼后旗	3281	594	4911	752	19
四子王旗	3	531	6558	729	27
科尔沁右翼前旗	9045	1625	13782	1953	26
科尔沁右翼中旗	10544	1231	15361	1816	27
扎赉特旗	11133	1054	18847	2017	24
突泉县	7526	939	14439	1728	15
锡林浩特市	16369	850	17053	1040	11
阿巴嘎旗	1153	181	1660	190	16
苏尼特左旗	1197	175	1608	188	13
苏尼特右旗	2911	437	3250	383	14
东乌珠穆沁旗	3238	317	4426	340	18
西乌珠穆沁旗	3235	277	5261	320	18
太仆寺旗	5302	429	4714	394	13
镶黄旗	1102	145	1331	136	6
正镶白旗	1232	247	2143	293	9
正蓝旗	2077	251	3410	308	15
阿拉善左旗	8947	1260	9818	578	35
阿拉善右旗	1074	117	975	156	10
额济纳旗	797	91	1305	109	10
科尔沁区	23000	3417	47000	3374	23
辽宁省	**146457**	**14284**	**141435**	**10423**	**252**
康平县	31475	2662	16875	421	19
阜新蒙古族自治县	30756	3440	31891	2294	38
彰武县	14129	1586	18921	1418	32
建平县	25906	2230	29403	2215	44
喀喇沁左翼蒙古族自治县	21437	1998	21203	1946	35
北票市	22754	2368	23142	2129	84

医院、卫生院床位数（张）	卫生技术人员（人）	城镇居民最低生活保障人数（人）	城镇居民最低生活保障支出（万元）	农村居民最低生活保障人数（人）	农村居民最低生活保障支出（万元）
10	326	3458	2017	674	333
144	329	2303	1215	2130	712
160	352	1921	1122	1279	435
1525	2375	12479	7414	26352	7002
758	605	5181	2748	6200	2566
952	1493	4186	2470	17630	4277
440	349	3690	1898	9448	4270
234	269	8668	3844	5996	2490
366	396	4124	2026	25016	7563
215	565	5310	2812	22884	7261
380	529	7283	3327	24045	8660
1096	1574	4130	1857	34067	7571
1140	1338	9307	4252	19667	4397
799	696	6640	3444	37772	8434
659	587	7101	3447	28822	6540
64	74	4446	2763	971	525
246	234	1081	549	1024	279
115	207	698	389	926	293
202	370	2890	1728	4375	1209
227	370	3317	1889	2337	1447
295	200	3850	2084	3343	1120
297	352	4178	1832	19800	3731
205	252	1620	917	2154	666
163	219	2031	995	6840	1390
250	260	2644	1438	4650	1303
700	1707	2487	1653	1291	721
97	244	259	196	180	111
165	183	732	423		
1231	1597				
9083	**12229**	**41485**	**16508**	**91624**	**19663**
959	1125	3092	1308	6923	815
1206	2358	3152	1667	28985	6250
884	1564	2609	524	16319	2655
1937	2443	4081	1995	13688	3435
1377	2482	4304	1480	9160	1598
2720	2257	24247	9534	16549	4911

11-1(二) 续表 2

地　　区	普通中学在校学生（人）	普通中学专任教师（人）	普通小学在校学生（人）	普通小学专任教师（人）	医院、卫生院机构数（个）
吉林省	**109256**	**12400**	**174386**	**17116**	**200**
双辽市	14545	1388	22604	2328	17
前郭尔罗斯蒙古族自治县	23870	2455	34509	2904	35
长岭县	21941	1711	36940	2344	31
乾安县	9391	952	12586	1514	18
镇赉县	10246	1298	16576	1680	17
通榆县	12316	2148	16751	2040	25
洮南市	9533	953	19891	1846	27
大安市	7414	1495	14529	2460	30
黑龙江省	**185753**	**28272**	**238214**	**20876**	**304**
龙江县	14133	1595	29193	1415	37
泰来县	3785	9451	12232	474	18
甘南县	10893	968	19446	787	14
富裕县	9256	866	13427	986	22
虎林市	8279	642	6273	481	19
肇州县	11609	1289	16707	1931	19
肇源县	18116	2213	18194	2354	18
林甸县	8721	811	11410	1328	15
杜尔伯特蒙古族自治县	12536	1149	10625	1223	14
同江市	3410	280	7165	797	14
兰西县	18450	1557	16007	1573	18
青冈县	19062	1535	14608	1693	23
明水县	11065	1244	10070	1329	16
安达市	9944	1267	20258	1565	28
肇东市	26494	3405	32599	2940	29
四川省	**338209**	**21884**	**715584**	**38510**	**1316**
汶川县	6622	604	3882	580	18
理县	1491	210	2114	441	15
茂县	5651	523	7012	639	27
松潘县	2727	274	4246	468	24
九寨沟县	3933	371	4687	493	20
金川县	2679	305	3453	479	25
小金县	4032	368	4305	479	23
黑水县	1866	160	3734	330	19
马尔康县	3643	358	4140	542	18
壤塘县	1133	105	4254	329	14

医院、卫生院床位数（张）	卫生技术人员（人）	城镇居民最低生活保障人数（人）	城镇居民最低生活保障支出（万元）	农村居民最低生活保障人数（人）	农村居民最低生活保障支出（万元）
9830	**13845**	**75610**	**27300**	**155475**	**25858**
1187	2179	5403	2074	12836	2025
1800	2172	7482	3427	21362	3724
1248	2019	9159	3095	35441	4888
750	1113	5701	2244	4274	936
623	1142	9641	3443	26229	3714
1108	1389	9648	4304	19482	3251
2138	2100	14644	4726	16357	3013
976	1731	13932	3987	19494	4308
15524	**19075**	**144849**	**70807**	**308837**	**68429**
1360	1825	4949	2700	16457	3832
702	700	4719	2198	6205	1437
833	1253	6256	3454	8008	1890
1472	1113	4924	3284	12875	3254
1003	988	8688	4525	4641	1142
964	3226	13192	6493	25105	5049
910	736	13251	7049	15512	3337
415	983	6185	3268	16406	3643
735	855	6040	3066	9709	2295
310	501	5011	2836	10933	2972
1032	1112	13001	6268	52791	10518
1185	1295	17681	7740	36521	7355
705	908	9397	5445	24386	5180
1658	2200	15597	6046	27552	8218
2240	1380	15958	6437	41736	8307
29919	**30839**	**142105**	**38443**	**941738**	**111580**
462	552	1927	248	2142	560
168	266	1203	228	3672	425
570	690	14248	3619	6010	733
274	427	8718	2152	4807	1171
319	435	6991	1801	7891	914
262	380	919	239	5469	649
310	327	3700	930	14412	1738
160	246	1889	472	16885	1852
667	946				
212	248	1438	375	16506	2283

11-1(二) 续表 3

地　　区	普通中学在校学生（人）	普通中学专任教师（人）	普通小学在校学生（人）	普通小学专任教师（人）	医院、卫生院机构数（个）
阿坝县	2371	144	8543	576	23
若尔盖县	5537	336	8071	549	19
红原县	3002	182	4632	399	13
康定县	8437	605	8766	602	29
泸定县	5718	535	6132	563	16
丹巴县	3089	233	3998	459	18
九龙县	5145	309	7238	463	19
雅江县	2433	123	5154	356	19
道孚县	1680	102	4882	339	24
炉霍县	2220	177	5437	338	20
甘孜县	3172	220	6055	400	24
新龙县	992	64	3897	381	24
德格县	1269	132	7680	494	28
白玉县	669	71	4373	408	19
石渠县	1425	115	9028	506	25
色达县	1056	79	4073	290	19
理塘县	1796	125	7041	572	25
巴塘县	3602	264	5711	458	21
乡城县	1390	111	2680	278	14
稻城县	1128	96	2838	286	18
得荣县	1039	101	2127	264	13
西昌市	54098	3317	76773	3630	64
木里藏族自治县	6393	410	12704	948	32
盐源县	24127	1307	37724	1749	41
德昌县	11142	761	19472	1046	23
会理县	23618	1474	30316	1731	56
会东县	22510	1170	41073	1660	25
宁南县	10032	767	17213	789	29
普格县	7325	387	28496	1071	37
布拖县	3540	198	27483	986	33
金阳县	5288	305	25353	1055	37
昭觉县	10934	501	36439	1579	50
喜德县	8364	424	27294	1230	28
冕宁县	20513	1087	39097	1820	52
越西县	12283	665	44207	1519	45
甘洛县	10071	537	25598	1149	32
美姑县	6771	498	35235	1343	40
雷波县	10253	674	30924	1444	59

医院、卫生院床位数（张）	卫生技术人员（人）	城镇居民最低生活保障人数（人）	城镇居民最低生活保障支出（万元）	农村居民最低生活保障人数（人）	农村居民最低生活保障支出（万元）
437	381	2353	1238	29272	2880
198	343	1692	484	11957	1120
225	277	911	254	11054	1347
1143	1442				
278	432	3698	1170	13961	1576
249	255	1414	421	11893	1497
200	258	1250	453	10130	1211
225	234	1910	523	13728	1605
184	249	1216	384	15385	1786
212	229	963	300	11601	1449
290	296	1472	552	20406	2659
132	231	1675	540	11905	1291
442	315	1451	425	18552	2171
229	218	810	235	11167	1092
203	223	1233	342	37772	4456
109	219	776	336	13352	2010
182	327	1155	256	16040	1536
255	283	764	305	11000	1396
159	209	857	261	7669	894
132	255	1192	307	8358	979
81	174	644	205	7573	813
5368	6463	8514	2160	16971	1966
461	519	3722	1229	20706	3133
1168	1086	4540	1217	55160	6344
1003	926	1727	470	11464	1316
1753	1495	7799	2033	21795	2533
1581	1114	8355	2075	27775	3258
976	895	3092	772	17574	2081
481	397	4006	1013	25813	2955
545	536	3821	1089	35702	3970
761	482	2895	739	35193	5025
870	566	4904	1054	55708	6391
456	563	4479	1153	42497	4875
1855	1341	2600	688	34255	3927
896	866	5929	1518	45131	5175
825	676	1862	496	39730	4531
897	622	1803	665	47108	5424
1054	925	3588	1019	38587	4585

11-1(二) 续表 4

地　　区	普通中学在校学生（人）	普通中学专任教师（人）	普通小学在校学生（人）	普通小学专任教师（人）	医院、卫生院机构数（个）
云南省	**20502**	**1504**	**27350**	**2311**	**39**
香格里拉县	13776	985	12482	1040	18
德钦县	1365	191	3651	402	8
维西傈僳族自治县	5361	328	11217	869	13
西藏自治区	**48056**	**3444**	**130381**	**8614**	**344**
林周县	2154	185	4209	338	11
当雄县	2111	152	5259	322	8
昌都县	1956	114	6436	385	18
江达县	3389	145	7083	244	15
贡觉县	674	52	3815	251	14
类乌齐县	1804	93	5502	332	12
丁青县	1983	105	7402	387	14
察雅县	1009	126	5033	330	14
八宿县	985	102	5421	309	15
曲松县	638	63	1068	171	1
措美县	440	45	903	125	5
错那县	556	57	788	122	11
浪卡子县	1656	143	3097	217	11
昂仁县	2362	150	5718	291	19
谢通门县	1855	150	3905	325	20
康马县	757	90	1944	158	11
仲巴县	1004	83	2471	176	14
亚东县	382	55	1027	105	7
萨嘎县	634	59	1580	146	9
岗巴县	510	55	1003	127	6
那曲县	2429	153	8018	542	12
嘉黎县	1737	101	3721	245	10
比如县	1987	116	6991	399	12
聂荣县	1723	100	4399	235	13
安多县	1651	118	3923	272	16
申扎县	951	87	2376	172	11
索县	1820	112	5999	275	10
班戈县	1480	95	3721	287	12

医院、卫生院床位数（张）	卫　生技术人员（人）	城镇居民最低生活保障人数（人）	城镇居民最低生活保障支出（万元）	农村居民最低生活保障人数（人）	农村居民最低生活保障支出（万元）
1271	**1840**	**4609**	**1424**	**25015**	**2923**
769	1087				
201	296	4479	1698	21714	3374
301	457	7573	2283	52062	7508
2719	**4195**	**10132**	**6499**	**89210**	**11840**
70	196	1087	757	4176	716
73	168	714	536	4835	718
178	457				
130	140				
125	115				
130	118				
148	147				
45	103				
60	72				
48	81	187	104	1391	191
38	77	160	74	1436	217
63	87	95	65	2103	470
74	104	243	257	4015	1307
165	91				
171	84				
62	99				
99	87				
55	56				
77	49				
45	69				
60	87	2081	1224	10885	1262
40	163	400	264	4302	491
95	717	681	398	8462	955
127	76	471	296	4979	567
93	89	639	328	5195	605
88	180	353	206	3136	363
50		256	149	5636	628
138	257	677	404	5643	656

11-1(二) 续表 5

地　　区	普通中学在校学生（人）	普通中学专任教师（人）	普通小学在校学生（人）	普通小学专任教师（人）	医院、卫生院机构数（个）
巴青县	2116	125	5701	259	12
尼玛县					
普兰县	322	39	870	77	
札达县	266	30	482	58	
噶尔县			747	80	
日土县	540	31	1000	97	
革吉县	684	49	1733	135	
改则县	1510	91	2825	191	
措勤县	858	65	1465	140	
工布江达县	1123	108	2746	289	1
甘肃省	**192195**	**19874**	**233832**	**19821**	**356**
永登县	19605	3775	21254	2047	32
永昌县	14221	1064	13424	938	12
靖远县	33061	3100	28785	2928	21
民勤县	16784	1339	9882	1010	32
天祝藏族自治县	11364	1132	10660	1505	27
肃南裕固族自治县	1173	199	1627	209	23
山丹县	5024	514	11371	1028	13
瓜州县	8636	643	10106	743	17
肃北蒙古族自治县	637	41	645	86	8
阿克塞哈萨克族自治县	557	57	810	76	4
环县	7336	1486	24533	1865	28
华池县	7278	814	9400	895	18
漳县	12741	1065	13917	942	15
岷县	30041	2373	40204	1694	24
合作市	2681	196	6804	652	13
卓尼县	6863	786	8765	780	20
迭部县	4446	468	5016	597	16
玛曲县	2623	219	5605	496	10
碌曲县	2804	240	3651	555	8
夏河县	4320	363	7373	775	15
青海省	**101781**	**7088**	**175128**	**10468**	**295**
门源回族自治县	11134	476	12575	255	20
祁连县	1005	206	3972	248	2
海晏县	2903	258	3064	414	7

医院、卫生院床位数（张）	卫生技术人员（人）	城镇居民最低生活保障人数（人）	城镇居民最低生活保障支出（万元）	农村居民最低生活保障人数（人）	农村居民最低生活保障支出（万元）
77	81	311	209	5249	646
		324	171	4579	498
		52	50	1300	166
		91	55	1014	129
		706	550	1175	115
		58	42	1348	210
		121	94	2535	306
		280	150	3537	384
		145	116	2279	243
95	145				
12328	**12311**	**94088**	**33389**	**601934**	**103002**
1429	1375	3902	1608	32015	6478
686	924	10694	2981	9624	3302
1174	1514	7744	3042	65438	9937
1068	1066	7805	3079	27792	4538
1006	913	8726	3589	53254	12466
404	235	1165	631	4238	505
1012	1426	8780	3178	17428	3033
499	653	2010	3125	44806	4458
168	162	607	245	619	60
50	62	931	283		
680	802	2984	781	86077	15389
693	452	2896	843	18976	2970
408	434	4255	900	51208	9617
1620	228	7011	2074	102092	14791
51	259	11931	3211	8777	1142
440	440	3920	965	27203	4543
247	315	2245	745	12425	2328
228	326	1393	504	10500	1609
263	320	909	347	7602	1393
202	405	4180	1259	21860	4444
6245	**6911**	**84125**	**43078**	**129830**	**36815**
400	531	7422	3098	6370	2910
120	227	1731	951	3352	999
240	174	1272	770	1571	496

11-1(二) 续表 6

地　　区	普通中学在校学生（人）	普通中学专任教师（人）	普通小学在校学生（人）	普通小学专任教师（人）	医院、卫生院机构数（个）
刚察县	1213	89	3950	186	9
同仁县	7251	483	9229	497	21
尖扎县	4206	134	6603	455	2
泽库县	3704	237	8007	492	10
河南蒙古族自治县	1775	98	3766	224	11
共和县	2466	388	4559	448	14
同德县	3051	270	5764	394	8
贵德县	8293	632	8687	536	9
兴海县	4952	321	5308	321	4
贵南县	3091	335	6499	409	8
玛沁县	4280	114	3178	303	9
班玛县	1222	48	2445	180	12
甘德县	1127	66	3032	188	9
达日县	1427	93	3334	195	14
久治县	1339	83	2742	136	7
玛多县	782	45	1317	51	5
玉树县	5780	318	14084	756	14
杂多县	2246	154	8028	365	12
称多县	1505	93	5802	522	11
治多县	2242	140	3302	194	10
囊谦县	3500	214	9346	575	12
曲麻莱县	1189	94	3036	202	8
格尔木市	11698	979	18646	941	9
德令哈市	3030	242	6231	381	7
乌兰县	1905	246	2117	209	7
都兰县	2174	140	4411	234	12
天峻县	1291	92	2094	157	12
宁夏回族自治区	**61581**	**4298**	**93457**	**5215**	**27**
盐池县	9431	714	12324	817	11
同心县	24273	1543	39104	2013	13
海原县	27877	2041	42029	2385	3
新疆维吾尔自治区	**261054**	**26291**	**405374**	**33750**	**607**
乌鲁木齐县					
哈密市	27278	2081	27066	2418	35
巴里坤哈萨克自治县	2334	784	4664	836	16

医院、卫生院床位数（张）	卫生技术人员（人）	城镇居民最低生活保障人数（人）	城镇居民最低生活保障支出（万元）	农村居民最低生活保障人数（人）	农村居民最低生活保障支出（万元）
248	181	3323	1555	2803	596
114	171	6315	3401	5602	1410
265	204	876	1101	3842	1728
327	191	2130	1218	8082	1809
232	252	1249	724	2547	1093
200	357	6818	3285	7860	2237
132	188	2782	1185	5712	1785
540	117	3569	1735	7158	1999
198	361	993	682	5749	1762
330	221	7791	3080	4410	1276
111	125	5155	2391	3370	870
80	108	1233	599	2920	763
116	93	1233	611	3460	915
119	91	1033	545	3410	902
71	94	630	339	3020	790
29	53	1332	652	2420	636
	57				
147	144	1932	875	7462	1958
184	125	2053	1263	10311	2404
	117	1167	645	5251	1468
243	198	1906	1513	13194	3530
132	88	1464	927	4870	1012
1052	1125	5917	3911		
165	800	7241	3486	937	165
180	126	1967	803	872	297
160	249	2524	1149	1845	622
110	143	1067	587	1430	382
2358	**2432**	**41447**	**13521**	**105028**	**25020**
608	425	3179	1695	13950	4637
800	1110	22886	7736	43622	7755
950	897	15382	4090	47456	12628
20143	**23184**	**279280**	**98451**	**331769**	**65845**
		544	272	1909	563
2483	3421	6462	3496	10575	3314
203	395	3169	1729	9206	3792

11-1(二) 续表 7

地　　区	普通中学在校学生（人）	普通中学专任教师（人）	普通小学在校学生（人）	普通小学专任教师（人）	医院、卫生院机构数（个）
伊吾县	1322	225	1568	219	7
奇台县	11416	564	11762	1066	16
木垒哈萨克自治县	3015	958	4522	794	11
博乐市	22871	989	11688	1071	22
精河县	3835	763	9553	928	7
温泉县	1650	374	3266	543	9
尉犁县	3707	325	7032	626	10
且末县	3373	330	5488	660	16
和静县	4426	562	11696	912	67
和硕县	1709	204	4805	549	9
温宿县	13494	1223	22471	1694	21
沙雅县	12263	1154	26154	1729	17
阿克陶县	13980	1598	23144	2330	18
阿合奇县	2108	170	4490	467	8
乌恰县	1952	308	5147	890	13
塔什库尔干塔吉克自治县	2263	150	3725	343	57
民丰县	1850	324	3436	675	9
巩留县	9836	1107	18026	1669	17
新源县	19406	2059	27846	1923	17
昭苏县	7121	996	13296	1232	16
特克斯县	24825	2448	9084	372	14
尼勒克县	8013	781	1571	1488	19
塔城市	6280	558	10336	1178	10
额敏县	8595	1057	12151	620	22
托里县	5823	865	8751	590	10
裕民县	6047	245	3909	456	20
和布克赛尔蒙古自治县	2436	302	4031	590	15
阿勒泰市	4503	428	12324	1192	17
布尔津县	3738	473	60574	725	9
富蕴县	5196	496	9608	767	12
福海县	3523	282	5189	679	14
哈巴河县	5132	459	8308	634	8
青河县	3768	445	5840	499	10
吉木乃县	1966	204	2853	386	9

医院、卫生院床位数（张）	卫生技术人员（人）	城镇居民最低生活保障人数（人）	城镇居民最低生活保障支出（万元）	农村居民最低生活保障人数（人）	农村居民最低生活保障支出（万元）
225	175	753	444	1372	600
931	1240	1865	863	2462	623
374	538	2317	787	1504	503
1372	2016	17015	4990	8105	1302
508	276	7369	1698	4453	650
211	236	5951	1832	4303	635
406	355	4084	1441	3135	413
493	448	5411	1770	8248	936
1032	548	6224	2135	7476	2104
317	478	2590	796	2210	574
782	723	7273	3451	6833	1275
673	1030	5846	2448	8911	1741
781	239	10889	3948	23083	4144
150	81	6503	2518	7618	1250
335	387	7619	2725	8003	1393
206	268	2920	1033	13796	2673
296	243	1849	780	3274	813
810	1179	8856	3358	9326	1796
1045	1362	7532	2229	6903	1177
643	618	8387	2947	10227	1950
435	401	8863	2740	11462	1633
685	620	8408	3071	11291	2613
279	397	12735	3629	5991	1045
508	667	12411	4710	11198	2344
450	709	7986	2580	5027	901
220	449	2440	1952	3076	1588
358	648	5139	1289	3338	848
1144	1400	8921	3178	10928	1866
282	122	5724	1893	4732	922
400	396	7367	2165	8743	1519
337	334	6165	2207	5930	1085
405	329	5129	1815	9074	1671
230	250	5263	2133	10730	1513
134	206	4753	1330	6466	1112

民族乡镇

1-1 全国民族乡镇基本情况

年份	民族乡（个）	#实际汇总数	年末总人口（万人）	#少数民族人口	农业总产值（亿元）	工业总产值（亿元）	粮食总产量（万吨）	财政收入（万元）	人均纯收入（元）
1991	1246	1031	1250.92	597.32	91.93	87.13	1195.85	396135	
1992	1260	1153	1933.72	770.83	128.22	89.90	719.58	63573	
1993	1262	1238	1759.87	868.28	157.20	187.99	1120.81	103445	
1994	1711	1258	1710.63	860.64	206.01	257.88	1511.17	94085	
1995	1267	1263	1729.24	878.93	282.15	348.92	1408.46	112923	
1996	1272	1264	1714.58	889.13	326.34	451.45	953.93	141068	
1997	1256	1207	1676.70	1011.90	382.20	547.90	2246.70	213727	
1998	1252	1249	1690.90	894.64	382.96	561.72	957.88	259527	
1999	1252	1248	1738.64	901.89	521.12	543.93	751.81	310977	1466
2000	1231	1247	1851.20	947.70	415.32	595.45	901.05	191942	1674
2001		1204	1769.59	900.31	316.89	388.90	873.52	184372	1510
2002	1190	1190	1745.18	894.94	386.73	432.13	832.92	221046	1611
2003	1173	1165	1716.13	883.20	398.29	520.42	792.69	235592	1740
2004	1159	1151	1731.21	899.91	462.84	607.36	943.47	286062	2148
2005	1159	1123	1754.05	891.21	516.15	714.99	1092.77	368015	2361
2006	1125	1125	1767.66	905.81	594.21	902.16	1067.36	414099	2648
2007	1131	1123	1800.32	923.76	827.18	1132.60	1076.59	495824	3092
2008	1135	1135	1815.38	935.07	898.62	1344.95	1161.39	682219	3420
2009	1140	1140	1830.82	943.05	932.41	1464.63	1160.58	693493	4028
2010	1137	1137	1863.43	962.30	909.96	1795.83	1233.64	819400	4526
2011	1132	1132	1890.16	972.29	949.35	1805.84	1233.77	863904	5229
2012	1120	1120	1851.80	957.78	1115.71	2048.44	1296.20	1105110	6184
2013	1086	1120	1804.30	923.40	1202.99	2159.45	1490.32	1400714	6940
2014	1091	1091	1760.00	903.60	1249.84	2225.52	1453.69	1252690	8014
2015	1025	1025	1761.35	918.06	1380.76	2163.81	1793.10	1396618	8701

2-1 全国分地区民族乡镇基本情况(2015年)

地 区	民族乡镇数（个）	#民族镇	#民族苏木	行政区划面积（平方公里）	年末总人口（万人）	#少数民族
合 计	**1025**	**40**	**1**	**396229**	**1761.35**	**918.06**
北 京	5			621	7.64	2.10
天 津	1			25	0.73	0.24
河 北	50			5109	89.10	34.61
内蒙古	18		1	28012	20.69	7.23
辽 宁	56			7614	93.14	53.71
吉 林	33	5		7274	64.26	19.19
黑龙江	63	11		25393	100.78	39.71
江 苏	1			53	2.38	0.72
浙 江	18	4		1243	19.64	4.17
安 徽	9			430	19.97	6.13
福 建	19			2145	44.96	15.10
江 西	8			1083	10.95	2.89
山 东	4	3		216	15.20	3.20
河 南	21	9		437	78.64	18.78
湖 北	12	2		2391	29.80	15.43
湖 南	84	1		11434	139.42	85.64
广 东	7			1383	8.31	3.84
广 西	59			15605	112.88	85.42
重 庆	14			1423	16.64	7.29
四 川	91			14995	73.38	32.49
贵 州	193			20365	424.68	236.24
云 南	144	2		42666	292.57	177.21
西 藏	8			2189	0.84	0.37
陕 西	3	3		745	3.79	1.16
甘 肃	34			16366	32.17	21.11
青 海	28			134941	22.12	14.63
新 疆	42			52070	36.67	29.43

2-2 全国分地区民族乡镇村民委员会情况(2015年)

地　区	村民委员会（个）	#已通公路的村	#已通自来水的村	#已通电的村	#已通电话的村	#已通邮的村
合　计	**10364**	**10189**	**8597**	**10444**	**9983**	**8808**
北　京	62	62	62	62	62	62
天　津	13	13	11	13	13	13
河　北	655	651	570	655	655	655
内蒙古	174	159	107	191	162	129
辽　宁	525	525	354	525	525	525
吉　林	395	391	308	395	395	395
黑龙江	535	531	490	535	533	535
江　苏	6	6	6	6	6	6
浙　江	245	245	245	245	245	245
安　徽	69	69	46	69	69	69
福　建	321	316	314	321	313	321
江　西	71	71	60	71	71	71
山　东	127	127	123	127	127	127
河　南	206	206	190	206	206	206
湖　北	191	188	148	191	191	191
湖　南	1274	1249	818	1269	1246	1237
广　东	50	50	50	50	50	50
广　西	593	590	472	593	593	516
重　庆	98	98	87	98	98	70
四　川	609	596	416	671	568	492
贵　州	2103	2013	1772	2102	1836	933
云　南	1106	1106	1077	1106	1106	1092
西　藏	21	21	21	21	21	11
陕　西	25	25	25	25	25	25
甘　肃	306	293	283	306	299	297
青　海	333	339	327	340	324	293
新　疆	251	249	215	251	244	242

3-1 全国分地区民族乡镇乡镇企业情况(2015年)

地　区	乡镇企业从业人员(万人)	乡镇企业总产值(万元)	#工业企业总产值(万元)	乡镇企业年净利润总额(万元)
合　计	**83.37**	**31092313**	**21638081**	**3439568**
北　京	1.27	721433	313359	22712
天　津	0.05	2230	1196	388
河　北	10.97	5567993	4135283	474806
内蒙古	0.76	317089	256960	27485
辽　宁	6.22	4131418	2703484	234667
吉　林	4.59	2574866	1396141	231270
黑龙江	3.08	944416	257172	78985
江　苏	1.08	1875340	1485340	11095
浙　江	1.60	475475	412878	30590
安　徽	0.83	194144	157210	13785
福　建	5.25	2438805	2139592	92593
江　西	1.44	90167	70105	24155
山　东	2.05	2360046	1987896	50602
河　南	11.44	2692333	1565056	224488
湖　北	4.72	772976	696469	76340
湖　南	4.21	989703	635221	104714
广　东	0.22	146101	102585	22087
广　西	2.68	575313	320708	91794
重　庆	0.63	90838	51717	25790
四　川	2.19	437591	385664	60206
贵　州	9.73	1628002	1102960	1328138
云　南	6.33	1595642	1106362	140691
西　藏	0.01	205	43	8
陕　西	0.20	81810	69164	9531
甘　肃	0.85	183276	164803	17499
青　海	0.02	492	839	164
新　疆	0.96	204609	119876	44984

4-1 全国分地区民族乡镇农业基本情况(2015年)(一)

地 区	农作物总播种面积(公顷)	#粮食播种面积
合 计	3218927	2300892
北 京	3663	2512
天 津	267	211
河 北	99040	80792
内蒙古	218415	181544
辽 宁	173276	130697
吉 林	176921	144855
黑龙江	480185	439402
江 苏	4859	4122
浙 江	16027	8355
安 徽	35762	27186
福 建	38598	19008
江 西	9590	6721
山 东	18785	10878
河 南	46516	31705
湖 北	43669	24484
湖 南	148235	95071
广 东	9326	4695
广 西	136855	79423
重 庆	33333	20488
四 川	114130	79340
贵 州	537091	346450
云 南	612774	380323
西 藏	558	477
陕 西	5488	4250
甘 肃	70010	46794
青 海	43052	21701
新 疆	142501	109408

4-1 全国分地区民族乡镇农业基本情况(2015年)(二)

地　　区	农林牧渔业总产值（万元）	粮食产量（吨）	肉类总产量（吨）
合　　计	**13807577**	**17931023**	**2852972**
北　　京	38883	17136	8358
天　　津	10980	705	590
河　　北	885824	545843	133142
内 蒙 古	256885	1335438	63578
辽　　宁	1138530	842398	282509
吉　　林	759460	1347262	102491
黑 龙 江	1288751	3959508	649764
江　　苏	55830	29680	6096
浙　　江	135090	51336	10957
安　　徽	168287	189644	15132
福　　建	416417	113768	26219
江　　西	48963	41452	6096
山　　东	142146	149949	49101
河　　南	227520	211734	42985
湖　　北	323809	149046	43312
湖　　南	970542	658753	203317
广　　东	65463	25340	4374
广　　西	661613	409598	74805
重　　庆	115863	95034	16311
四　　川	540873	345049	96929
贵　　州	2101789	1292334	234076
云　　南	2407022	4917169	446224
西　　藏	11147	2210	477
陕　　西	16478	11512	2008
甘　　肃	174138	185827	210211
青　　海	141274	186926	17907
新　　疆	703999	816375	106005

5-1 全国分地区民族乡镇财政收支和人均纯收入情况(2015年)

地　　区	财政收入（万元）	财政支出（万元）	人均纯收入（元）
合　　计	**1396618**	**1381787**	**8701**
北　　京	46189	65303	23359
天　　津	1567	1567	15500
河　　北	86705	51331	6684
内 蒙 古	36158	38800	11274
辽　　宁	83357	82904	9341
吉　　林	66763	64148	9885
黑 龙 江	131760	135669	13608
江　　苏	7829	4690	26151
浙　　江	31845	31531	11188
安　　徽	9693	8949	11686
福　　建	43341	42733	12773
江　　西	16007	14062	10737
山　　东	21632	15298	10855
河　　南	51907	42439	8850
湖　　北	24441	27567	9063
湖　　南	55211	54546	3835
广　　东	4582	4373	9506
广　　西	43912	48665	5787
重　　庆	18833	19417	8844
四　　川	71892	77608	7745
贵　　州	245203	242864	6675
云　　南	186776	188137	6464
西　　藏	1629	451	10560
陕　　西	2432	2473	8151
甘　　肃	22112	21948	5947
青　　海	17123	17785	7439
新　　疆	67722	76530	12050

6-1 全国分地区民族乡镇教育情况(2015年)

地　　区	学校总数(所)	在校学生数(人)	教师总数(人)
合　　计	**6312**	**1658824**	**122068**
北　　京	17	12616	1062
天　　津	3	521	62
河　　北	286	62654	4995
内蒙古	33	8256	1346
辽　　宁	227	59385	6288
吉　　林	164	35389	4921
黑龙江	159	31866	5513
江　　苏	3	2013	144
浙　　江	29	9151	767
安　　徽	58	15025	1208
福　　建	96	29790	2646
江　　西	63	8390	565
山　　东	36	14899	1123
河　　南	203	158857	9729
湖　　北	66	17997	1308
湖　　南	441	101234	6958
广　　东	18	4372	500
广　　西	638	106592	6362
重　　庆	32	9823	775
四　　川	210	69055	4510
贵　　州	1728	480108	30272
云　　南	1312	335273	22295
西　　藏	10	2359	191
陕　　西	22	4063	308
甘　　肃	233	28735	2429
青　　海	120	17535	1404
新　　疆	105	32866	4387

7-1 全国分地区民族乡镇文化情况(2015年)

地　区	图书馆	文化站	村文化活动室
合　计	**1032**	**1216**	**10071**
北　京	3	4	65
天　津		1	13
河　北	74	52	550
内蒙古	19	20	128
辽　宁	75	56	487
吉　林	42	33	361
黑龙江	128	130	483
江　苏	1	1	6
浙　江	39	19	215
安　徽	26	9	62
福　建	11	21	300
江　西	21	8	74
山　东	9	12	155
河　南	49	24	161
湖　北	7	12	169
湖　南	121	122	1262
广　东	6	7	73
广　西	38	59	476
重　庆	29	14	95
四　川	53	116	575
贵　州	89	220	1843
云　南	67	144	1756
西　藏	8	9	16
陕　西	17	3	27
甘　肃	16	33	293
青　海	17	37	195
新　疆	67	50	231

8-1 全国分地区民族乡镇卫生情况（2015年）

地　区	医院、卫生院			村卫生室	
	个　数（个）	医生数（人）	病床数（张）	个　数（个）	医生数（人）
合　计	**1229**	**17081**	**26775**	**9797**	**12553**
天　津	1	6	12	17	12
河　北	66	876	1544	769	938
内蒙古	23	244	431	153	210
辽　宁	59	542	1490	596	701
吉　林	38	577	698	397	560
黑龙江	75	1026	1638	493	708
江　苏	1	35	38	6	27
浙　江	22	216	258	72	80
安　徽	11	120	346	69	150
福　建	18	194	336	332	371
江　西	9	127	201	86	123
山　东	5	137	330	81	186
河　南	48	3716	3719	205	302
湖　北	13	398	549	183	203
湖　南	157	1288	2215	1017	1056
广　东	7	51	127	58	59
广　西	68	888	1578	600	691
重　庆	17	184	233	96	106
四　川	92	657	1128	479	498
贵　州	225	2623	4531	2133	2437
云　南	149	1943	3651	1121	2246
西　藏	7	41	36	17	33
陕　西	3	64	62	29	26
甘　肃	43	350	467	254	251
青　海	28	223	326	330	317
新　疆	44	555	831	204	262

9-1 全国分地区民族乡镇农业科技情况(2015年)

地区	农业科技与服务单位数	中高级农业技术人员数
合计	**1910**	**8740**
北京	4	18
天津	1	6
河北	112	324
内蒙古	47	180
辽宁	226	796
吉林	124	498
黑龙江	102	580
江苏	7	30
浙江	38	108
安徽	17	38
福建	23	188
江西	19	66
山东	37	135
河南	110	602
湖北	41	153
湖南	130	423
广东	15	21
广西	79	268
重庆	16	106
四川	101	250
贵州	228	1546
云南	207	1661
西藏	3	7
陕西	5	15
甘肃	88	300
青海	52	100
新疆	78	321

10-1 全国各民族乡镇基本情况(2015年)(一)

民族乡镇名称	行政区划面积(平方公里)	村民委员会(个)	#已通公路的村(个)	#已通自来水的村(个)
北京	**621**	**62**	**62**	**62**
朝阳区常营回族乡	9			
通州区于家务回族乡	66	23	23	23
密云县檀营满族蒙古族乡	3			
怀柔区喇叭沟门满族乡	302	15	15	15
怀柔区长哨营满族乡	241	24	24	24
天津市	**25**	**13**	**13**	**11**
蓟县孙各庄满族乡	25	13	13	11
河北省	**5109**	**655**	**651**	**570**
石家庄市新乐市彭家庄回族乡	31	8	8	8
石家庄市藁城市九门回族乡	47	13	13	13
石家庄市无极县高头回族乡	32	15	15	15
唐山市遵化市汤泉满族乡	22	10	10	10
唐山市遵化市西下营满族乡	33	14	14	10
唐山市遵化市东陵满族乡	78	27	27	27
邯郸市邱县陈村回族乡	12	5	5	5
邯郸市大名县营镇回族乡	20	17	17	17
保定市易县凌云册满族回族乡	62	19	19	16
保定市定州市号头庄回族乡	43	17	17	17
保定市涞水县娄村满族乡	181	22	18	14
张家口市沽源县大二号回族乡	55	4	4	4
张家口市怀来县王家楼回族乡	132	16	16	14
廊坊市永清县管家务回族乡	33	12	12	12
廊坊市文安县大围河回族满族乡	62	24	24	24
承德市丰宁南关蒙古族乡	351	14	14	14
承德市滦平县平坊满族乡	68	8	8	1
承德市滦平县安纯沟门满族乡	157	11	11	9
承德市滦平县五道营子满族乡	124	6	6	6
承德市滦平县邓厂满族乡	74	3	3	1
承德市滦平县马营子满族乡	141	10	10	5

#已通电的村（个）	#已通电话的村（个）	#已通邮的村（个）	年末总人口（人）	#少数民族（人）	乡镇企业从业人员（人）
62	**62**	**62**	**76393**	**21020**	**12662**
			29115	8369	5804
23	23	23	25092	3486	5528
			5140	1307	
15	15	15	6999	3460	
24	24	24	10047	4398	1330
13	**13**	**13**	**7250**	**2415**	**539**
13	13	13	7250	2415	539
655	**655**	**655**	**890967**	**346053**	**109732**
8	8	8	22347	6400	5783
13	13	13	46818	6017	8523
15	15	15	38507	15144	9821
10	10	10	9598	7677	468
14	14	14	11819	5350	1084
27	27	27	24017	15270	3627
5	5	5	6592	5717	1834
17	17	17	16620	4731	3110
19	19	19	31642	9627	3920
17	17	17	40461	13916	69
22	22	22	28014	15899	912
4	4	4	3176	970	26
16	16	16	8399	1963	438
12	12	12	11809	3040	1565
24	24	24	32211	5744	7228
14	14	14	18782	9872	621
8	8	8	7492	5303	138
11	11	11	13392	10311	300
6	6	6	4928	3899	191
3	3	3	2665	2236	3
10	10	10	9689	7039	229

10-1(一) 续表 1

民族乡镇名称	行政区划面积（平方公里）	村民委员会（个）	#已通公路的村（个）	#已通自来水的村（个）
承德市滦平县付家店满族乡	81	6	6	2
承德市滦平县西地满族乡	113	10	10	10
承德市滦平县小营满族乡	118	10	10	2
承德市滦平县大屯满族乡	154	14	14	7
承德市滦平县西沟满族乡	154	9	9	9
承德市承德县岗子满族乡	80	10	10	8
承德市承德县两家满族乡	101	9	9	9
承德市兴隆县八卦岭满族乡	102	8	8	2
承德市兴隆县南天门满族乡	110	10	10	2
承德市隆化县尹家营满族乡	82	11	11	2
承德市隆化县庙子沟蒙古族满族乡	95	6	6	6
承德市隆化县偏坡营蒙古族乡	183	14	14	9
承德市隆化县八达营蒙古族乡	189	12	12	12
承德市隆化县太平庄满族乡	173	11	11	11
承德市隆化县旧屯满族乡	174	11	11	8
承德市隆化县西阿超满族蒙古族乡	189	10	10	10
承德市隆化县白虎沟蒙古族满族乡	92	6	6	6
承德市平泉县七家岱满族乡	115	4	4	4
承德市平泉县平房满族蒙古族乡	127	13	13	13
承德市平泉县茅兰沟满族蒙古族乡	170	10	10	10
沧州市黄骅市羊二庄回族乡	330	48	48	48
沧州市黄骅市新村回族乡	43	4	4	4
沧州市河间市果子洼回族乡	26	20	20	20
沧州市献县本斋回族乡	24	11	11	11
沧州市沧县大褚村回族乡	55	26	26	26
沧州市沧县杜林回族乡	79	39	39	39
沧州市沧县李天木回族乡	100	14	14	14
沧州市沧县捷地回族乡	39	16	16	16
沧州市黄骅市杨三木回族乡	55	8	8	8
内蒙古自治区	**28012**	**174**	**159**	**107**
莫力达瓦旗巴彦鄂温克民族乡	1500	17		8

#已通电的村（个）	#已通电话的村（个）	#已通邮的村（个）	年末总人口（人）	#少数民族（人）	乡镇企业从业人员（人）
6	6	6	5606	2850	1337
10	10	10	21121	7954	2100
10	10	10	15034	13284	6270
14	14	14	21336	14860	712
9	9	9	7800	6474	360
10	10	10	8630	3311	378
9	9	9	10642	4536	485
8	8	8	15199	11211	485
10	10	10	7354	2142	455
11	11	11	8995	6013	
6	6	6	6995	3607	90
14	14	14	13491	6581	110
12	12	12	14277	8280	364
11	11	11	12483	7965	380
11	11	11	8168	6258	22
10	10	10	12289	7373	85
6	6	6	8960	7170	30
4	4	4	9646	5969	587
13	13	13	17762	16127	166
10	10	10	20088	9791	321
48	48	48	53810	6784	15760
4	4	4	9976	2267	142
20	20	20	23759	6834	3568
11	11	11	14092	4066	3675
26	26	26	27085	4810	1970
39	39	39	45848	5260	3755
14	14	14	41021	3712	7588
16	16	16	30959	6013	8650
8	8	8	9563	5260	3565
191	**162**	**129**	**206883**	**72257**	**7564**
17	17		17842	5151	

10-1(一) 续表 2

民族乡镇名称	行政区划面积（平方公里）	村民委员会（个）	#已通公路的村（个）	#已通自来水的村（个）
莫力达瓦旗杜拉尔鄂温克民族乡	530	10	10	10
扎兰屯市达斡尔民族乡	417	7	7	7
扎兰屯市萨马街鄂温克民族乡	2596	6	6	4
扎兰屯市南木鄂伦春民族乡	2160	9	8	3
阿荣旗查巴奇鄂温克民族乡	726	11	8	2
阿荣旗新发朝鲜族民族乡	162	7	7	7
阿荣旗音河达斡尔鄂温克民族乡	558	8	8	5
阿荣旗得力其尔鄂温克民族乡	384	9	9	5
根河市敖鲁古雅鄂温克民族乡	1767	1	4	1
陈巴尔虎旗鄂温克苏木	6037	7	2	
额尔古纳市三河回族乡	3535	17	17	1
额尔古纳市室韦俄罗斯民族乡	2068	7	7	
科右前旗满族屯满族乡	4318	8	8	1
赤峰市松山区当铺地满族乡	386	25	25	25
赤峰市喀喇沁旗十家满族乡	341	14	14	11
乌盟凉城县曹碾满族乡	108	4	12	17
鄂温克旗巴彦塔拉达斡尔族乡	418	7	7	
辽宁省	**7614**	**525**	**525**	**354**
沈阳市康平县柳树屯蒙古族满族乡	105	9	9	9
沈阳市康平县沙金台蒙古族满族乡	150	11	11	11
沈阳市法库县四家子蒙古族乡	95	9	9	9
沈阳市康平县东升满族蒙古族乡	123	10	10	10
沈阳市康平县西关屯蒙古族满族乡	88	9	9	9
大连市瓦房店市三台满族乡	130	10	10	5
大连市瓦房店市杨家满族乡	108	11	11	4
大连市庄河市太平岭满族乡	105	6	6	6
大连市庄河市桂云花满族乡	214	5	5	3
抚顺市抚顺县拉古满族乡	104	10	10	4
抚顺市抚顺县汤图满族乡	149	9	9	9
本溪市桓仁县雅河朝鲜族乡	212	8	8	8
锦州市义县地藏寺满族乡	116	5	5	2

#已通电的村（个）	#已通电话的村（个）	#已通邮的村（个）	年末总人口（人）	#少数民族（人）	乡镇企业从业人员（人）
10	10	10	7912	1763	58
7	7	7	11102	2697	37
6	3	6	6973	1756	
8	8	4	14757	2466	150
11	11	11	11146	2499	120
7	7	7	11920	1260	300
8	8	8	13408	2690	438
9	9	9	13263	2015	138
4	4	1	1465	470	94
4			2665	2510	445
17	17	17	11172	5709	141
7	7	1	2387	1103	137
8	8	8	4854	4821	72
25	25	25	42419	15660	3400
14	14	14	27876	14469	1864
22			3298	2968	
7	7	1	2424	2250	170
525	**525**	**525**	**931427**	**537119**	**62180**
9	9	9	15760	8526	230
11	11	11	18100	13709	196
9	9	9	16395	7832	665
10	10	10	18400	7275	1157
9	9	9	15604	8958	190
10	10	10	26030	11285	9799
11	11	11	23202	7589	3014
6	6	6	21456	4826	3975
5	5	5	19399	7950	5800
10	10	10	17543	4682	294
9	9	9	7776	7215	851
8	8	8	19820	10155	939
5	5	5	7663	3547	958

10-1(一) 续表 3

民族乡镇名称	行政区划面积（平方公里）	村民委员会（个）	#已通公路的村（个）	#已通自来水的村（个）
锦州市义县大定堡满族乡	109	8	8	1
阜新市彰武县西六家子蒙古族满族乡	138	10	10	5
阜新市彰武县二道河子蒙古族乡	93	8	8	8
辽阳市辽阳县吉洞峪满族乡	282	12	12	12
辽阳市辽阳县甜水满族乡	314	14	14	14
铁岭市开原市林丰满族乡	142	10	10	
铁岭市铁岭县白旗寨满族乡	166	9	9	9
铁岭市西丰县成平满族乡	147	10	10	
铁岭市西丰县德兴满族乡	106	7	7	3
铁岭市西丰县和隆满族乡	265	10	10	9
铁岭市西丰县金星满族乡	134	9	9	7
铁岭市西丰县明德满族乡	116	7	7	5
铁岭市西丰县营厂满族乡	179	9	9	9
铁岭市清河区聂家满族乡	132	10	10	
朝阳市北票市马友营蒙古族乡	210	9	9	9
朝阳市北票市凉水河蒙古族乡	112	6	6	
朝阳市建平县三家蒙古族乡	160	14	14	8
朝阳市凌源县三家子蒙古族乡	233	17	17	15
朝阳市朝阳县松岭门蒙古族乡	83	6	6	4
朝阳市朝阳县乌兰河硕蒙古族乡	66	7	7	3
葫芦岛市绥中县西平坡满族乡	116	10	10	10
葫芦岛市绥中县范家满族乡	129	10	10	10
葫芦岛市绥中县高甸子满族乡	111	9	9	9
葫芦岛市绥中县葛家满族乡	104	10	10	6
葫芦岛市绥中县明水满族乡	112	8	8	8
葫芦岛市绥中县网户满族乡	75	14	14	6
葫芦岛市兴城市白塔满族乡	68	6	6	3
葫芦岛市兴城市大寨满族乡	77	13	13	2
葫芦岛市兴城市碱厂满族乡	161	7	7	1
葫芦岛市兴城市旧门满族乡	83	8	8	7
葫芦岛市兴城市刘台子满族乡	40	10	10	10

#已通电的村（个）	#已通电话的村（个）	#已通邮的村（个）	年末总人口（人）	#少数民族（人）	乡镇企业从业人员（人）
8	8	8	8303	4568	800
10	10	10	18300	7101	110
8	8	8	13403	3955	179
12	12	12	20016	13110	3750
14	14	14	21098	17031	440
10	10	10	10624	8561	470
9	9	9	13640	6185	3016
10	10	10	13237	10324	174
7	7	7	9889	8460	447
10	10	10	15213	11410	391
9	9	9	14667	9386	193
7	7	7	10341	7240	99
9	9	9	10228	6778	172
10	10	10	11238	8473	
9	9	9	16576	3684	1180
6	6	6	6780	618	221
14	14	14	30000	3849	1693
17	17	17	36236	2919	465
6	6	6	10318	3012	485
7	7	7	9839	3057	165
10	10	10	19858	18782	260
10	10	10	16416	11892	103
9	9	9	19210	16382	900
10	10	10	14510	12298	452
8	8	8	14632	13817	1428
14	14	14	21620	10523	625
6	6	6	11939	9987	415
13	13	13	18255	16416	2937
7	7	7	11492	8765	1641
8	8	8	9875	5683	682
10	10	10	14972	7348	108

10-1(一) 续表 4

民族乡镇名称	行政区划面积（平方公里）	村民委员会（个）	#已通公路的村（个）	#已通自来水的村（个）
葫芦岛市兴城市南大山满族乡	130	15	15	13
葫芦岛市兴城市望海满族乡	84	10	10	8
葫芦岛市兴城市围屏满族乡	112	8	8	1
葫芦岛市兴城市羊安满族乡	80	11	11	11
葫芦岛市兴城市药王庙满族乡	138	11	11	1
葫芦岛市兴城市三道沟满族乡	170	11	11	6
葫芦岛市兴城市元台子满族乡	112	9	9	
葫芦岛市建昌二道湾子蒙古族乡	91	12	12	4
丹东市宽甸满族自治县下露河朝鲜族乡	259	6	6	6
丹东市东港市合隆满族乡	99	10	10	10
大连市普兰店市乐甲满族乡	109	5	5	4
丹东市凤城市大堡蒙古族乡	266	8	8	8
吉林省	**7274**	**395**	**391**	**308**
延边州珲春市三家子满族乡	59	8	8	8
延边州珲春市杨泡满族乡	226	7	7	7
吉林市昌邑区土城子满族朝鲜族乡	96	12	12	12
吉林市龙潭区乌拉街满族镇	188	28	28	14
吉林市龙潭区大口钦满族镇	105	12	12	6
吉林市昌邑区两家子满族乡	161	13	13	13
吉林市永吉县金家满族乡	160	7	7	7
吉林市蛟河市乌林朝鲜族乡	278	20	20	20
通化市梅河口小杨满族朝鲜族乡	180	17	17	16
通化市集安市凉水朝鲜族乡	178	9	9	9
通化市通化县金斗朝鲜族满族乡	106	5	5	5
通化市通化县大泉源满族朝鲜族乡	339	21	21	21
通化市辉南县楼街朝鲜族乡	119	12	12	12
通化市柳河县姜家店朝鲜族乡	92	10	10	10
通化市柳河县三元浦朝鲜族镇	385	20	20	20
辽源市东丰县三合满族朝鲜族乡	167	16	16	5
长春市双阳区双营子回族乡	76	6	6	2

#已通电的村（个）	#已通电话的村（个）	#已通邮的村（个）	年末总人口（人）	#少数民族（人）	乡镇企业从业人员（人）
15	15	15	21442	18840	242
10	10	10	20145	15178	1018
8	8	8	13420	11836	298
11	11	11	21512	17452	2162
11	11	11	16588	10976	346
11	11	11	20523	19267	1687
9	9	9	18261	11050	1467
12	12	12	23540	6325	
6	6	6	11035	8830	90
10	10	10	21267	13349	405
5	5	5	20817	8321	1075
8	8	8	23004	20532	1321
395	**395**	**395**	**642636**	**191944**	**45918**
8	8	8	8848	5402	402
7	7	7	3861	2650	155
12	12	12	20835	11125	101
28	28	28	64585	14856	3725
12	12	12	21245	6698	2187
13	13	13	19590	5260	200
7	7	7	21128	7790	69
20	20	20	17848	5214	1992
17	17	17	15827	3980	543
9	9	9	6213	1166	675
5	5	5	7595	2587	300
21	21	21	24738	8076	816
12	12	12	24685	2648	1527
10	10	10	12347	5185	600
20	20	20	35825	5745	6186
16	16	16	26022	5766	6820
6	6	6	16619	5793	8400

10-1(一) 续表 5

民族乡镇名称	行政区划面积（平方公里）	村民委员会（个）	#已通公路的村（个）	#已通自来水的村（个）
榆树市延和朝鲜族乡	20	3	3	3
九台市胡家回族乡	169	9	9	1
九台市莽卡满族乡	153	12	12	4
白城市通榆县包拉温都蒙古族乡	236	4	4	4
白城市通榆县向海蒙古族乡	1175	16	16	16
白城市洮南市呼和车力蒙古族乡	260	7	7	7
白城市洮南市胡力吐蒙古族乡	150	10	10	10
白城市镇赉县哈吐气蒙古族乡	156	5	5	5
白城市镇赉县莫莫格蒙古族乡	527	13	9	6
白城市大安市新艾里蒙古族乡	83	5	5	5
白城市洮北区德顺蒙古族乡	388	19	19	19
松原市三骏满族蒙古族锡伯族乡	296	29	29	29
铁东区叶赫满族镇	265	13	13	5
公主岭市二十家子满族镇	113	9	9	
公主岭市龙山满族乡	146	8	8	3
双辽县那木斯蒙古族乡	223	10	10	4
黑龙江省	**25393**	**535**	**531**	**490**
哈尔滨市南岗区红旗满族乡	60	9	9	9
哈尔滨市双城市乐群满族乡	88	9	9	9
哈尔滨市双城市同心满族乡	91	7	7	6
哈尔滨市双城市希勤满族乡	122	8	8	7
哈尔滨市双城市青岭满族乡	102	9	9	9
哈尔滨市双城市农丰满族锡伯族镇	139	9	9	9
哈尔滨市五常市拉林满族镇	156	13	13	13
哈尔滨市五常市红旗满族乡	209	12	12	9
哈尔滨市五常市营城子满族乡	112	7	7	7
哈尔滨市五常市牛家满族镇	189	15	15	15
哈尔滨市五常市民乐朝鲜族乡	55	6	6	6
哈尔滨市尚志市河东朝鲜族乡	120	9	9	9
哈尔滨市尚志市鱼池朝鲜族乡	460	7	7	7

#已通电的村（个）	#已通电话的村（个）	#已通邮的村（个）	年末总人口（人）	#少数民族（人）	乡镇企业从业人员（人）
3	3	3	3180	3021	41
9	9	9	23410	9325	5150
12	12	12	33627	13452	1051
4	4	4	5215	2908	21
16	16	16	28523	9186	136
7	7	7	7055	1920	
10	10	10	8595	1811	
5	5	5	5120	1910	
13	13	13	13140	6368	
5	5	5	5314	1117	
19	19	19	21486	3762	405
29	29	29	50227	6364	90
13	13	13	30844	12646	300
9	9	9	23496	9901	2455
8	8	8	14809	4601	1331
10	10	10	20784	3711	240
535	**533**	**535**	**1007792**	**397138**	**30819**
9	9	9	23000	8742	5682
9	9	9	21661	18242	30
7	7	7	19973	12954	152
8	8	8	21096	13402	260
9	9	9	20873	14780	68
9	9	9	22167	12465	33
13	13	13	55480	31518	4015
12	12	12	44755	23552	620
7	7	7	31050	21768	485
15	15	15	47625	15700	2430
6	6	6	12216	6152	865
9	9	9	14832	6182	271
7	7	7	13161	2592	282

10-1(一) 续表 6

民族乡镇名称	行政区划面积（平方公里）	村民委员会（个）	#已通公路的村（个）	#已通自来水的村（个）
哈尔滨市依兰县迎兰朝鲜族乡	1009	15	15	15
齐齐哈尔市梅里斯区卧牛吐达斡尔族镇	473	7	7	7
齐齐哈尔市梅里斯区莽格吐达斡尔族乡	330	3	3	3
齐齐哈尔市泰来县宁姜蒙古族乡	379	7	7	7
齐齐哈尔市泰来县胜利蒙古族乡	363	5	5	5
齐齐哈尔市泰来县江桥蒙古族镇	279	6	6	6
齐齐哈尔市昂昂溪区水师营满族镇	199	6	6	6
齐齐哈尔市富裕县友谊达满柯族乡	673	14	14	12
齐齐哈尔市讷河市兴旺鄂温克族乡	412	12	12	12
齐齐哈尔市富拉尔基区杜尔门沁达族乡	100	3	3	2
牡丹江市海林市新安朝鲜族镇	131	17	17	17
牡丹江市西安区海南朝鲜族乡	109	11	11	11
牡丹江市宁安市江南朝、满族乡	579	25	25	24
牡丹江市宁安市卧龙朝鲜族乡	1180	13	9	12
牡丹江市东宁县三岔口朝鲜族镇	254	13	13	13
牡丹江市穆棱市福禄朝鲜族满族乡	466	16	16	16
佳木斯市同江市街津口赫哲族乡	286	6	6	6
佳木斯市同江市八岔赫哲族乡	327	4	4	4
佳木斯市桦川县星火朝鲜族乡	34	6	6	6
佳木斯市汤原县汤旺朝鲜族乡	54	14	14	14
大庆市肇源县超等蒙古族乡	244	7	7	7
大庆市肇源县浩德蒙古族乡	152	5	5	5
大庆市肇源县义顺蒙古族乡	283	7	7	7
黑河市逊克县新鄂鄂伦春族乡	7561	5	5	4
黑河市逊克县新兴鄂伦春族乡	389	4	4	4
黑河市爱辉区新生鄂伦春族乡	1700	3	3	2
黑河市爱辉区四嘉子满族乡	225	6	6	6
黑河市爱辉区坤河达、满族乡	88	6	6	6
黑河市北安市主星朝鲜族乡	60	4	4	3
黑河市孙吴县沿江达、满族乡	576	8	8	8

#已通电的村（个）	#已通电话的村（个）	#已通邮的村（个）	年末总人口（人）	#少数民族（人）	乡镇企业从业人员（人）
15	15	15	20024	2966	1200
7	7	7	13502	4050	40
3	3	3	7850	2300	420
7	7	7	17890	3041	42
5	5	5	17784	2606	393
6	6	6	23201	3570	812
6	6	6	17461	3894	
14	14	14	22945	1816	363
12	12	12	36880	1868	690
3	3	3	13750	4065	284
17	17	17	18506	7980	302
11	11	11	18072	6465	1150
25	25	25	26871	8130	132
13	13	13	16889	5876	80
13	13	13	16847	6822	458
16	16	16	18759	3329	170
6	6	6	3013	538	38
4	4	4	3910	503	
6	6	6	4859	4859	118
14	14	14	10911	7063	
7	7	7	18945	6205	134
5	5	5	9809	1432	
7	5	7	14768	4701	1937
5	5	5	2241	650	18
4	4	4	1619	290	13
3	3	3	1068	198	14
6	6	6	4562	1622	21
6	6	6	2561	1653	50
4	4	4	4306	1875	
8	8	8	7459	2792	203

10-1(一) 续表 7

民族乡镇名称	行政区划面积（平方公里）	村民委员会（个）	#已通公路的村（个）	#已通自来水的村（个）
绥化市北林区兴和朝鲜族乡	21	2	2	2
绥化市北林区绥胜满族镇	99	5	5	5
绥化市北林区永安满族镇	108	7	7	7
绥化市北林区红旗满族乡	100	5	5	5
绥化市望奎县惠七满族镇	128	8	8	8
绥化市望奎县厢白满族乡	150	7	7	6
绥化市望奎县灵山满族乡	120	5	5	5
伊春市铁力市年丰朝鲜族乡	226	10	10	10
鹤岗市萝北县东明朝鲜族乡	49	7	7	4
鹤岗市绥滨县福兴满族乡	92	3	3	3
大兴安岭地区呼玛县白银纳鄂伦春族乡	436	6	6	2
大兴安岭地区塔河县十八站鄂伦春族乡	2095	6	6	4
双鸭山市饶河县四排赫哲族乡	52	4	4	4
双鸭山市友谊县成富朝鲜族满族乡	88	9	9	9
七台河市勃利县杏树朝鲜族乡	105	11	11	11
七台河市勃利县吉兴朝鲜族、满族乡	191	14	14	14
鸡西市密山市和平朝鲜族乡	191	12	12	1
鸡西市鸡东县鸡林朝鲜族乡	51	6	6	6
鸡西市鸡东县明德朝鲜族乡	61	8	8	3
鸡西市城子河区永丰朝鲜族乡	78	7	7	7
江苏省	**53**	**6**	**6**	**6**
扬州市高邮市菱塘回族乡	53	6	6	6
浙江省	**1243**	**245**	**245**	**245**
杭州市桐庐县莪山畲族乡	29	7	7	7
温州市平阳县青街畲族乡	22	11	11	11
温州市苍南县岱岭畲族乡	21	8	8	8
温州市苍南县凤阳畲族乡	21	6	6	6
温州市文成县西坑畲族镇	134	27	27	27
温州市文成县周山畲族乡	14	9	9	9
温州市泰顺县司前畲族镇	208	13	13	13

#已通电的村（个）	#已通电话的村（个）	#已通邮的村（个）	年末总人口（人）	#少数民族（人）	乡镇企业从业人员（人）
2	2	2	3758	3685	20
5	5	5	19687	12036	452
7	7	7	24017	18012	216
5	5	5	18492	15024	772
8	8	8	25052	7515	
7	7	7	24137	8257	
5	5	5	17723	5722	105
10	10	10	11245	2292	148
7	7	7	3413	3360	70
3	3	3	4191	1987	
6	6	6	2079	391	109
6	6	6	5009	567	
4	4	4	1867	201	85
9	9	9	5320	920	
11	11	11	19101	2705	192
14	14	14	15881	1824	
12	12	12	12908	1822	3870
6	6	6	8256	8100	20
8	8	8	10121	3374	110
7	7	7	10361	2795	130
6	**6**	**6**	**23793**	**7238**	**10786**
6	6	6	23793	7238	10786
245	**245**	**245**	**196401**	**41670**	**15988**
7	7	7	9550	2880	3370
11	11	11	11020	2601	
8	8	8	6805	2586	30
6	6	6	5926	3081	
27	27	27	20480	3465	180
9	9	9	5060	1796	34
13	13	13	18716	2921	2790

10-1(一) 续表 8

民族乡镇名称	行政区划面积（平方公里）	村民委员会（个）	#已通公路的村（个）	#已通自来水的村（个）
温州市泰顺县竹里畲族乡	47	3	3	3
金华市兰溪市水亭畲族乡	47	36	36	36
金华市武义县柳城畲族镇	172	53	53	53
衢州市龙游县沐尘畲族乡	83	10	10	10
丽水市莲都区老竹畲族镇	82	12	12	12
丽水市莲都区丽新畲族乡	83	9	9	9
丽水市龙泉市竹垟畲族乡	102	10	10	10
丽水市云和县雾溪畲族乡	33	6	6	6
丽水市云和县安溪畲族乡	33	8	8	8
丽水市遂昌县三仁畲族乡	79	8	8	8
丽水市松阳县板桥畲族乡	32	9	9	9
安徽省	**430**	**69**	**69**	**46**
淮南市谢家集区孤堆回族乡	38	8	8	8
合肥市肥东县牌坊回族满族乡	90	13	13	13
滁州市定远县二龙回族乡	41	5	5	3
淮南市凤台县李冲回族乡	23	6	6	
淮南市潘集区古沟回族乡	41	12	12	4
六安市寿县陶店回族乡	38	4	4	4
宣城市宁国市云梯畲族乡	51	4	4	4
蚌埠市五河县临北回族乡	60	11	11	4
阜阳市颍上县赛涧回族乡	49	6	6	6
福建省	**2145**	**321**	**316**	**314**
福州市罗源县霍口畲族乡	197	24	24	24
福州市连江县小沧畲族乡	58	5	5	5
宁德市福安市坂中畲族乡	76	19	19	19
宁德市福安市康厝畲族乡	114	32	32	32
宁德市福安市穆云畲族乡	119	33	33	33
宁德市霞浦县盐田畲族乡	154	22	22	22
宁德市霞浦县崇儒畲族乡	142	27	27	27
宁德市霞浦县水门畲族乡	149	23	23	23

#已通电的村（个）	#已通电话的村（个）	#已通邮的村（个）	年末总人口（人）	#少数民族（人）	乡镇企业从业人员（人）
3	3	3	3002	1221	65
36	36	36	21746	3140	3012
53	53	53	29915	3606	3756
10	10	10	11882	1657	1431
12	12	12	15984	3359	80
9	9	9	10422	2219	192
10	10	10	7746	2398	153
6	6	6	2031	520	300
8	8	8	2709	734	95
8	8	8	8469	2083	251
9	9	9	4938	1403	249
69	**69**	**69**	**199746**	**61301**	**8252**
8	8	8	16119	5621	122
13	13	13	46100	6600	3920
5	5	5	15415	11715	370
6	6	6	18425	7410	406
12	12	12	31600	6340	882
4	4	4	14053	4216	360
4	4	4	6141	1847	256
11	11	11	27683	9416	1656
6	6	6	24210	8136	280
321	**313**	**321**	**449638**	**151030**	**52489**
24	24	24	21134	3966	1002
5	5	5	4446	2619	13
19	19	19	26671	10882	7010
32	32	32	30848	7542	1750
33	28	33	29300	9904	380
22	22	22	31692	6912	4402
27	27	27	26143	5859	1507
23	20	23	22325	4811	1285

10-1(一) 续表 9

民族乡镇名称	行政区划面积(平方公里)	村民委员会(个)	#已通公路的村(个)	#已通自来水的村(个)
宁德市蕉城区金涵畲族乡	62	16	16	9
宁德市福鼎市硖门畲族乡	56	9	9	9
宁德市福鼎市佳阳畲族乡	73	12	12	12
漳州市漳浦县赤岭畲族乡	120	9	9	9
漳州市漳浦县湖西畲族乡	79	10	10	10
漳州市龙海市隆教畲族乡	79	10	10	10
三明市永安市青水畲族乡	258	21	21	21
三明市宁化县治平畲族乡	178	12	12	12
龙岩市上杭县官庄畲族乡	90	18	18	18
龙岩市上杭县庐丰畲族乡	124	14	9	14
泉州市惠安县百崎回族乡	17	5	5	5
江西省	**1083**	**71**	**71**	**60**
鹰潭市贵溪樟坪畲族乡	122	5	5	5
上饶市铅山县太源畲族乡	79	4	4	4
上饶市铅山县篁碧畲族乡	81	4	4	4
吉安市永丰县龙冈畲族乡	144	11	11	11
赣州市南康赤土畲族乡	157	17	17	6
吉安市青原区东固畲族乡	243	15	15	15
抚州市乐安县金竹畲族乡	248	10	10	10
吉安市峡江县金坪民族乡	10	5	5	5
山东省	**216**	**127**	**127**	**123**
淄博市临淄区金岭回族镇	19	10	10	10
聊城市莘县张鲁回族镇	83	51	51	51
菏泽市曹县侯集回族镇	58	32	32	28
德州市禹城市十里望回族乡	57	34	34	34
河南省	**437**	**206**	**206**	**190**
郑州市荥阳市金寨回族乡	6	2	2	2
周口市太康县城关回族镇	13	16	16	16
周口市淮阳县城关回族镇	41	15	15	15
周口市沈丘县槐店回族镇	29	19	19	19

#已通电的村（个）	#已通电话的村（个）	#已通邮的村（个）	年末总人口（人）	#少数民族（人）	乡镇企业从业人员（人）
16	16	16	31533	7855	8653
9	9	9	22127	5521	1380
12	12	12	21318	8613	31
9	9	9	16532	11440	601
10	10	10	27258	9300	230
10	10	10	26506	8175	1156
21	21	21	18841	6892	1421
12	12	12	14108	4450	2616
18	18	18	33792	12841	2270
14	14	14	28696	9320	243
5	5	5	16368	14128	16539
71	**71**	**71**	**109508**	**28939**	**14372**
5	5	5	4503	1226	150
4	4	4	2200	848	700
4	4	4	4099	1404	208
11	11	11	15447	4736	3549
17	17	17	48460	9934	5128
15	15	15	19341	5400	3800
10	10	10	12014	4309	203
5	5	5	3444	1082	634
127	**127**	**127**	**152028**	**31984**	**20458**
10	10	10	14442	5132	8491
51	51	51	55996	6637	1011
32	32	32	47214	13805	5691
34	34	34	34376	6410	5265
206	**206**	**206**	**786378**	**187774**	**114421**
2	2	2	6920	5670	3025
16	16	16	87126	18268	2947
15	15	15	134856	22925	28996
19	19	19	119329	21661	27168

10-1(一)　续表 10

民族乡镇名称	行政区划面积（平方公里）	村民委员会（个）	#已通公路的村（个）	#已通自来水的村（个）
商丘市宁陵县城关回族镇	11	5	5	5
商丘市睢县城关回族镇	25	7	7	7
商丘市民权县伯党回族乡	25	9	9	9
商丘市民权县胡集回族乡	22	13	13	13
平顶山市叶县马庄回族乡	7	8	8	8
平顶山市郏县姚庄回族乡	9	6	6	6
新乡市封丘县荆乡回族乡	8	5	5	5
许昌市许昌县艾庄回族乡	13	9	9	9
许昌市禹州市山货回族乡	12	6	6	6
许昌市襄城县颍桥回族镇	10	5	5	5
南阳市镇平县郭庄回族乡	18	9	9	4
南阳市方城县袁店回族乡	35	9	9	7
驻马店市西平县蔡寨回族乡	20	6	6	3
驻马店新蔡县李桥回族镇	41	10	10	10
漯河市临颍县繁城回族镇	54	32	32	26
洛阳市洛宁县王范回族镇	15	4	4	4
洛阳市廛河回族乡	24	11	11	11
湖北省	**2391**	**191**	**188**	**148**
荆门市钟祥市九里回族乡	100	9	9	9
荆州市洪湖市老湾回族乡	40	10	7	10
荆州市松滋市卸甲坪土家族乡	110	8	8	8
宜昌市宜都潘家湾土家族乡	148	9	9	9
十堰市郧西县湖北口回族乡	251	19	19	13
恩施州恩施市芭蕉侗族乡	303	18	18	15
恩施州宣恩县长潭河侗族乡	440	39	39	39
恩施州宣恩县晓关侗族乡	430	40	40	6
仙桃市沔城回族镇	38	12	12	12
神农架林区下谷坪土家族乡	216	6	6	6
咸宁市赤壁市周郎嘴回族镇	82	9	9	9
恩施州鹤峰县铁炉白族乡	233	12	12	12

#已通电的村（个）	#已通电话的村（个）	#已通邮的村（个）	年末总人口（人）	#少数民族（人）	乡镇企业从业人员（人）
5	5	5	46920	8930	4050
7	7	7	68752	13324	13208
9	9	9	22506	9875	2100
13	13	13	19610	9423	1760
8	8	8	11621	6169	645
6	6	6	8377	4825	798
5	5	5	6389	6244	560
9	9	9	14023	1825	1870
6	6	6	13360	5729	2850
5	5	5	9914	3092	
9	9	9	12906	5237	1485
9	9	9	16872	6602	2008
6	6	6	17209	5339	1329
10	10	10	30115	6216	3832
32	32	32	62353	3592	12115
4	4	4	41492	4745	1392
11	11	11	35728	18083	2283
191	**191**	**191**	**298007**	**154316**	**47246**
9	9	9	12882	2793	2848
10	10	10	17477	4700	11018
8	8	8	14701	8926	662
9	9	9	15404	6297	5861
19	19	19	21810	4520	260
18	18	18	64258	40364	939
39	39	39	38517	30759	22107
40	40	40	42644	29950	291
12	12	12	25142	8062	1210
6	6	6	5168	4961	
9	9	9	25478	1266	1758
12	12	12	14526	11718	292

10-1(一) 续表 11

民族乡镇名称	行政区划面积（平方公里）	村民委员会（个）	#已通公路的村（个）	#已通自来水的村（个）
湖南省	**11434**	**1274**	**1249**	**818**
怀化市罗子山瑶族乡	51	10	10	5
怀化市苏木溪瑶族乡	52	10	10	6
怀化市上蒲溪瑶族乡	63	12	12	5
怀化市后塘瑶族乡	69	17	17	7
怀化市仙人湾瑶族乡	133	20	20	6
怀化市深渡苗族乡	87	9	9	9
怀化市龙船塘瑶族乡	104	6	6	2
怀化市炮团侗族苗族乡	85	12	12	12
怀化市宝田侗族苗族乡	65	10	10	4
怀化市蒲稳侗族苗族乡	56	9	9	5
怀化市金子岩侗族苗族乡	237	40	40	12
怀化市漠滨侗族苗族乡	76	10	8	5
怀化市青朗侗族苗族乡	118	19	19	19
怀化市二酉苗族乡	358	40	40	25
怀化市火场土家族乡	101	9	9	3
怀化市蒿吉坪瑶族乡	74	8	8	7
怀化市大高坪苗族乡	28	4	4	4
怀化市步头降苗族乡	83	14	14	14
怀化市米贝苗族乡	74	24	24	24
邵阳河口苗族乡	139	10	10	5
邵阳麻塘苗族乡	250	13	13	8
邵阳东山侗族乡	116	19	19	5
邵阳鹅公岭侗族苗族乡	77	17	17	4
邵阳寨市苗族侗族乡	419	24	24	10
邵阳乐安铺苗族侗族乡	105	11	11	11
邵阳关峡苗族乡	219	9	9	9
邵阳长铺子苗族乡	519	24	11	3
邵阳山界回族乡	47	25	25	25
邵阳虎形山瑶族乡	93	15	15	6

#已通电的村（个）	#已通电话的村（个）	#已通邮的村（个）	年末总人口（人）	#少数民族（人）	乡镇企业从业人员（人）
1269	**1246**	**1237**	**1394159**	**856362**	**42093**
10	10	10	7378	5620	
10	10	10	9647	6320	
12	12	12	9596	6460	
17	17	17	18950	12307	
20	20	20	24300	10710	255
9	9	9	11018	8968	30
6	6	6	8696	7398	109
12	12	12	13258	12900	
10	10	10	10045	8638	192
9	9	9	10022	9520	36
40	40	40	32727	18735	270
10	10	10	13800	12205	
19	19	19	22892	15690	135
40	28	40	41849	37674	
9	8	9	7897	7654	
8	8	8	7180	4060	25
4	4	4	4129	3963	
14	14	14	11860	11240	
24	24	24	14833	10679	
10	10	10	15489	9675	207
13	13	13	16578	11531	357
19	19	19	18124	16924	328
17	17	17	12996	12497	67
24	24	24	32000	30000	100
11	11	11	10070	9648	386
9	9	9	24900	21200	2800
24	24	24	21010	14700	1268
25	25	25	25864	9180	220
15	15	15	15181	5924	175

10-1(一) 续表 12

民族乡镇名称	行政区划面积（平方公里）	村民委员会（个）	#已通公路的村（个）	#已通自来水的村（个）
邵阳那溪瑶族乡	298	17	17	1
邵阳大屋瑶族乡	76	11	11	3
邵阳长塘瑶族乡	64	10	10	6
邵阳黄金瑶族乡	143	15	15	8
邵阳麻林瑶族乡	183	15	15	2
永州荆竹瑶族乡	183	6	6	6
永州湘江源瑶族乡	56	5	5	5
永州浆洞瑶族乡	78	6	6	2
永州汇源瑶族乡	50	5	5	5
永州犁头瑶族乡	35	4	4	4
永州大桥瑶族乡	128	10	10	9
永州松柏瑶族乡	127	14	14	9
永州千家洞瑶族乡	367	12	11	4
永州兰溪瑶族乡	59	10	10	3
永州源口瑶族乡	29	7	7	6
永州九嶷山瑶族乡	328	31	26	23
永州棉花坪瑶族乡	52	4	2	1
永州桐木漯瑶族乡	74	7	7	5
永州五龙山瑶族乡	168	15	15	6
永州横岭瑶族乡	100	15	15	5
永州洪塘营瑶族乡	244	17	15	8
永州审章塘瑶族乡	105	24	24	8
永州晒北滩瑶族乡	155	11	11	6
永州门楼下瑶族乡	127	13	13	7
永州上梧江瑶族乡	196	13	13	6
永州市小圩壮族乡	40	12	12	12
张家界刘家坪白族乡	38	13	13	9
张家界马合口白族乡	119	23	23	9
张家界走马坪白族乡	141	24	24	24
张家界芙蓉桥白族乡	262	28	28	19

#已通电的村（个）	#已通电话的村（个）	#已通邮的村（个）	年末总人口（人）	#少数民族（人）	乡镇企业从业人员（人）
17	17	17	11795	6920	512
11	11	11	5326	3428	120
10	10	10	5326	2865	181
15	15	15	8867	6747	317
15	15	15	13966	8987	732
6	6	6	4482	4246	315
5	5	5	3396	3334	51
6	6	3	5580	4980	386
4	5	5	3130	1896	12
4	4	1	3061	1250	22
10	10	1	9445	4498	568
14	14	14	13375	13251	762
11	11	11	22673	19027	54
10	10	10	7215	6922	8
7	7	7	6089	5769	112
31	31	26	33874	6950	215
4	4	4	6091	4291	70
7	7	7	5712	2839	35
15	15	15	11766	4386	36
15	15	15	10326	5429	372
17	13	15	14511	9672	392
24	24	24	28852	13631	948
11	11	4	7235	3057	61
13	8	13	9421	6971	19
13	13	13	14691	4557	176
12	12	12	7782	4902	456
13	13	13	12076	11470	
23	23	23	15489	13723	
24	24	24	19200	18240	
28	28	27	19400	17468	

10-1(一) 续表 13

民族乡镇名称	行政区划面积（平方公里）	村民委员会（个）	#已通公路的村（个）	#已通自来水的村（个）
张家界洪家关白族乡	147	38	38	38
张家界三官寺土家族乡	114	26	26	12
张家界高峰土家族乡	148	16	16	5
张家界金岩土家族乡	142	19	19	1
张家界许家坊土家族乡	81	10	10	7
张家界阳和土家族乡	74	10	10	10
张家界甘堰土家族乡	165	35	35	13
张家界赵家岗土家族乡	73	12	12	5
郴州市白水瑶族乡	135	20	20	20
郴州市保和瑶族乡	102	11	11	11
郴州市仰天湖瑶族乡	176	15	15	15
郴州市莽山瑶族乡	89	6	6	4
郴州市文明瑶族乡	384	36	36	36
郴州市延寿瑶族乡	176	17	17	17
郴州市三江口瑶族乡	112	8	8	8
郴州市西山瑶族乡	205	13	13	7
郴州市回龙山瑶族乡	130	17	17	17
郴州市八面山瑶族乡	239	15	15	15
常德市许家桥回族维吾尔族乡	119	29	29	29
常德市毛家滩回族维吾尔族乡	54	8	8	8
常德市枫树维吾尔族回族乡	59	12	12	11
常德市青林回族维吾尔族乡	101	13	13	13
株洲市中村瑶族乡	291	22	22	16
衡阳市塔山瑶族乡	146	11	11	11
益阳市鲊埠回族乡	48	8	8	8
广东省	**1383**	**50**	**50**	**50**
惠州市龙门县蓝田瑶族乡	132	7	7	7
清远市连州市三水瑶族乡	139	4	4	4
清远市连州市瑶安瑶族乡	226	10	10	10
清远市阳山县秤架瑶族乡	588	10	10	10

#已通电的村(个)	#已通电话的村(个)	#已通邮的村(个)	年末总人口(人)	#少数民族(人)	乡镇企业从业人员(人)
38	38	38	33582	23507	96
26	26	26	25977	23894	13
16	16	16	17422	17422	
19	19	19	18800	16000	
10	10	10	21322	19198	63
10	10	10	20009	18585	
35	35	35	34282	20162	420
12	12	12	14014	13782	285
20	20	20	25300	4698	267
11	6	11	18800	2460	5216
15	15	15	24444	3645	5142
6	6	6	9018	5278	1916
36	36	36	50442	22167	1108
17	17	17	30427	22673	727
8	8	8	9915	6953	2885
10	13	7	13400	2165	3103
17	17	17	18900	987	21
15	15	15	15900	970	390
29	29	29	33457	9587	429
8	8	8	27860	8000	700
12	12	12	32463	9486	1504
13	13	13	37206	11458	2370
22	22	22	13989	3227	
11	11	11	12635	6363	1
8	8	8	22154	9969	1545
50	**50**	**50**	**83125**	**38445**	**2188**
7	7	7	11309	10605	504
4	4	4	4377	1688	110
10	10	10	12844	4290	160
10	10	10	17479	4874	480

10-1(一) 续表 14

民族乡镇名称	行政区划面积（平方公里）	村民委员会（个）	#已通公路的村（个）	#已通自来水的村（个）
肇庆市怀集县下帅壮族瑶族乡	77	5	5	5
韶关市始兴县深渡水瑶族乡	153	4	4	4
河源市东源县漳溪畲族乡	68	10	10	10
广西壮族自治区	**15605**	**593**	**590**	**472**
梧州市蒙山县长坪瑶族乡	132	5	5	5
梧州市蒙山县夏宜瑶族乡	117	6	6	6
贺州市八步区黄洞瑶族乡	189	4	4	
贺州市平桂管理区大平瑶族乡	217	6	6	1
贺州市昭平县仙回瑶族乡	169	6	6	6
贺州市钟山县两安瑶族乡	130	6	6	6
贺州市钟山县花山瑶族乡	154	6	6	6
贵港市平南县马练瑶族乡	240	12	12	12
贵港市平南县国安瑶族乡	117	10	10	10
防城港市上思县南屏瑶族乡	527	9	9	
防城港市防城区十万山瑶族乡	99	6	6	
南宁市马山县古寨瑶族乡	152	8	8	8
南宁市马山县里当瑶族乡	147	9	9	9
南宁市上林县镇圩瑶族乡	113	11	11	11
柳州市三江县同乐苗族乡	182	19	19	19
柳州市三江县福禄苗族乡	158	14	14	14
柳州市三江县高基苗族乡	162	8	8	8
柳州市融水县滚贝侗族乡	278	11	11	11
柳州市融水县同练瑶族乡	191	6	6	6
柳州市柳城县古砦仫佬族乡	248	13	13	9
桂林市临桂县宛田瑶族乡	330	15	15	15
桂林市临桂县黄沙瑶族乡	198	5	5	5
桂林市灵川县大境瑶族乡	264	8	8	8
桂林市灵川县兰田瑶族乡	117	3	3	3
桂林市全州县蕉江瑶族乡	230	8	8	8
桂林市全州县东山瑶族乡	420	16	16	16

#已通电的村（个）	#已通电话的村（个）	#已通邮的村（个）	年末总人口（人）	#少数民族（人）	乡镇企业从业人员（人）
5	5	5	11319	7923	223
4	4	4	5370	2018	175
10	10	10	20427	7047	536
593	**593**	**516**	**1128759**	**854214**	**26788**
5	5	5	3061	2878	
6	6	6	6905	5886	
4	4	4	7467	5831	893
6	6	1	14193	4692	128
6	6	6	15305	8547	372
6	6	6	17517	16933	740
6	6	6	7931	6200	680
12	12	12	46558	38299	465
10	10	10	23665	21905	265
9	9	9	13349	13349	30
6	6	6	12068	8789	
8	8	8	21391	21169	50
9	9	9	21355	21155	216
11	11	11	25334	25081	136
19	19	19	45940	45940	
14	14	14	31793	30777	115
8	8	2	7787	5964	255
11	11	11	19765	16940	120
6	6	6	11049	10596	60
13	13	13	36528	17016	152
15	15	15	23089	13678	590
5	5	5	5499	1942	33
8	8	8	12696	4715	460
3	3	3	6327	3474	192
8	8	8	15967	5682	334
16	16	16	34964	29216	980

10-1(一) 续表 15

民族乡镇名称	行政区划面积(平方公里)	村民委员会(个)	#已通公路的村(个)	#已通自来水的村(个)
桂林市兴安县华江瑶族乡	422	9	9	7
桂林市灌阳县洞井瑶族乡	212	9	9	9
桂林市灌阳县西山瑶族乡	188	10	10	10
桂林市资源县车田苗族乡	311	12	12	12
桂林市资源县两水苗族乡	133	6	6	6
桂林市资源县河口瑶族乡	110	5	5	5
桂林市平乐县大发瑶族乡	456	10	8	6
桂林市荔浦县蒲芦瑶族乡	259	9	9	9
桂林市雁山区草坪回族乡	31	3	3	3
百色市右江区汪甸瑶族乡	547	13	13	5
百色市田东县作登瑶族乡	376	21	21	8
百色市田林县潞城瑶族乡	788	19	19	19
百色市田林县利周瑶族乡	253	9	9	9
百色市田林县八桂瑶族乡	336	12	12	12
百色市田林县八渡瑶族乡	677	17	17	17
百色市凌云县伶站瑶族乡	212	9	9	9
百色市凌云县朝里瑶族乡	181	6	6	6
百色市凌云县沙里瑶族乡	198	12	12	12
百色市凌云县玉洪瑶族乡	316	18	18	18
百色市西林县足别瑶族苗族乡	282	6	6	6
百色市西林县普合苗族乡	188	7	7	7
百色市西林县那佐苗族乡	527	18	18	9
河池市南丹县八圩瑶族乡	496	16	16	2
河池市南丹县里湖瑶族乡	363	13	12	2
河池市南丹县中堡苗族乡	165	6	6	1
河池市天峨县八腊瑶族乡	326	9	9	9
河池市凤山县平乐瑶族乡	175	10	10	10
河池市凤山县江洲瑶族乡	107	7	7	5
河池市凤山县金牙瑶族乡	240	12	12	12
河池市东兰县三弄瑶族乡	89	5	5	2

#已通电的村(个)	#已通电话的村(个)	#已通邮的村(个)	年末总人口(人)	#少数民族(人)	乡镇企业从业人员(人)
9	9	9	18185	4548	2822
9	9	9	9290	3623	486
10	10	10	13068	4549	1137
12	12	12	25033	15342	1950
6	6	6	10836	7596	598
5	5	5	5326	2876	364
10	10	10	18706	10774	263
9	9	9	10412	7046	1237
3	3	3	5323	1904	
13	13	6	27019	26718	336
21	21	21	38533	38474	92
19	19		27341	23800	
9	9	1	17497	15134	
12	12	2	15187	14942	
17	17		22602	20319	
9	9	9	18197		1133
6	6	6	9406	4247	22
12	12	12	20170	14475	580
18	18	18	2338	14109	256
6	6	6	9307	9097	62
7	7	7	10817	10463	280
18	18	18	27200	24800	
16	16	16	26457	20656	11
13	13	13	24952	20074	495
6	6	1	8156	7971	153
9	9	9	22534	6953	468
10	10	10	24500	15321	366
7	7	7	12196	8720	240
12	12	12	27926	9200	516
5	5	5	5691	4696	54

10-1(一) 续表 16

民族乡镇名称	行政区划面积（平方公里）	村民委员会（个）	#已通公路的村（个）	#已通自来水的村（个）
河池市环江县驯乐苗族乡	590	12	12	12
河池市宜州市北牙瑶族乡	370	19	19	10
河池市宜州市福龙瑶族乡	400	14	14	1
重庆市	**1423**	**98**	**98**	**87**
奉节县云雾土家族乡	81	3	3	3
奉节县长安土家族乡	274	8	8	8
奉节县龙桥土家族乡	118	6	6	4
奉节县太和土家族乡	135	8	8	5
万州区恒合土家族乡	82	14	14	14
万州区地宝土家族乡	44	4	4	4
云阳县清水土家族乡	105	14	14	14
巫山县红椿土家族乡	110	5	5	5
巫山县邓家土家族乡	58	5	5	2
忠县磨子土家族乡	31	7	7	7
武隆县石桥苗族土家族乡	103	6	6	6
武隆县文复苗族土家族乡	110	6	6	6
武隆县后坪苗族土家族乡	87	6	6	6
武隆县浩口苗族仡佬族乡	85	6	6	3
四川省	**14995**	**609**	**596**	**416**
阿坝州松潘县十里回族乡	38	6	6	4
阿坝州松潘县进安回族乡	28	10	10	6
攀枝花市仁和区大龙潭彝族乡	278	8	8	2
攀枝花市仁和区啊喇彝族乡	178	6	6	1
攀枝花市米易县麻陇彝族乡	228	8	8	8
攀枝花市米易县白坡彝族乡	343	10	10	10
攀枝花市米易县湾丘彝族乡	132	7	7	7
攀枝花市米易县新山傈僳族乡	79	4	4	4
攀枝花市盐边县敢鱼彝族乡	272	14	14	10
攀枝花市盐边县红果彝族乡	284	11	11	3
攀枝花市盐边县温泉彝族乡	168	7	6	6

#已通电的村（个）	#已通电话的村（个）	#已通邮的村（个）	年末总人口（人）	#少数民族（人）	乡镇企业从业人员（人）
12	12	12	26662	23507	5136
19	19	19	61556	48044	125
14	14	14	38833	27582	340
98	**98**	**70**	**166387**	**72897**	**6296**
3	3	3	4682	3550	
8	8	8	16420	5432	70
6	6	6	11152	5381	312
8	8	2	13850	6689	8
14	14	14	28280	14450	450
4	4	4	8178	6612	35
14	14	2	18829	4505	3737
5	5	5	7418	3736	
5	5	5	4189	1797	
7	7	1	18785	8084	1325
6	6	2	11194	4309	160
6	6	6	9643	3712	2
6	6	6	7386	2271	58
6	6	6	6381	2369	139
671	**568**	**492**	**733771**	**324903**	**21873**
6	6	6	3526	2394	
10	10	10	5281	3170	129
8	8	8	15778	11045	416
6	6	6	9288	5126	48
8	8	8	8807	7965	12
10	10	10	10512	4265	107
7	7	7	17410	6572	1821
4	4	4	7241	1987	621
14	14	1	7977	3385	28
11	6	6	13157	6670	1341
7	7	1	7651	6071	

10-1(一) 续表 17

民族乡镇名称	行政区划面积（平方公里）	村民委员会（个）	#已通公路的村（个）	#已通自来水的村（个）
攀枝花市盐边县箐河傈僳族乡	150	6	6	1
攀枝花市盐边县格萨拉彝族乡	339	11	9	
攀枝花市盐边县和爱彝族乡	65	4	4	
攀枝花市盐边县红宝苗族彝族乡	304	7	7	4
泸州市叙永县白蜡苗族乡	150	7	7	7
泸州市叙永县合乐苗族乡	91	5	5	3
泸州市叙永县枧槽苗族乡	81	6	6	1
泸州市叙永县石坝彝族乡	35	5	4	4
泸州市叙永县水潦彝族乡	83	10	10	10
泸州市古蔺县箭竹苗族乡	163	8	8	8
泸州市古蔺县大寨苗族乡	47	3	3	3
泸州市古蔺县马嘶苗族乡	91	5	5	2
广元市青川县蒿溪回族乡	112	6	6	6
广元市青川县大院回族乡	50	6	6	6
乐山市金口河区和平彝族乡	41	6	6	6
乐山市金口河区共安彝族乡	171	7	7	7
南充市阆中市博树回族乡	23	8	8	3
宜宾市筠连县高坪苗族乡	35	5	5	5
宜宾市筠连县联合苗族乡	44	8	8	5
宜宾市筠连县团林苗族乡	44	8	8	8
宜宾市屏山县屏边彝族乡	96	7	7	7
宜宾市屏山县清平彝族乡	84	10	9	9
宜宾市兴文县大坝苗族乡	128	16	16	9
宜宾市兴文县毓秀苗族乡	87	5	5	2
宜宾市兴文县大河苗族乡	125	18	18	18
宜宾市兴文县麒麟苗族乡	115	25	25	8
宜宾市兴文县仙峰苗族乡	111	12	12	4
宜宾市珙县罗渡苗族乡	41	10	10	4
宜宾市珙县玉和苗族乡	25	4	4	4
宜宾市珙县观斗苗族乡	21	4	4	1

#已通电的村（个）	#已通电话的村（个）	#已通邮的村（个）	年末总人口（人）	#少数民族（人）	乡镇企业从业人员（人）
6	6	4	6595	1800	108
11	10	1	12672	12286	132
4	4	4	5604	1905	97
7	6		4778	3568	36
7	7	7	20567	4533	172
5	5	5	13021	5412	68
6	6	6	12819	4478	45
4	4	4	9449	3820	75
10	10	10	23139	8729	36
8	8	8	15835	3550	684
3	3	3	7541	1698	62
5	5	1	13562	1653	158
6	6	4	4026	1485	48
6	6	1	5704	1400	18
6	6	6	9621	2140	117
7	7	7	6213	2900	152
8	7	2	6990	3725	120
5	5	5	7806	2454	715
8	8	8	8839	2868	34
8	8	8	7365	2194	65
77	7	1	8997	3845	74
10	10	1	8858	2139	23
16	16	16	32054	7354	658
5	5	2	6856	2413	158
18	18	18	42650	7653	948
25	25	25	32478	7358	310
12	12	12	12308	4050	3627
10	10	10	14597	3652	68
4	4	4	5795	1349	
4	4	4	5327	1326	663

10-1(一) 续表 18

民族乡镇名称	行政区划面积（平方公里）	村民委员会（个）	#已通公路的村（个）	#已通自来水的村（个）
雅安市汉源县小堡藏族彝族乡	58	3	3	3
雅安市汉源县坭美彝族乡	67	5	5	5
雅安市汉源县永利彝族乡	109	5	6	6
雅安市汉源县顺河彝族乡	77	4	4	4
雅安市汉源县片马彝族乡	55	6	6	6
雅安市石棉县安顺彝族乡	195	6	6	6
雅安市石棉县先锋藏族乡	94	7	7	7
雅安市石棉县蟹螺藏族乡	197	7	7	7
雅安市石棉县回隆彝族乡	224	6	6	6
雅安市石棉县擦罗彝族乡	76	5	5	5
雅安市石棉县栗子坪彝族乡	510	7	7	7
雅安市石棉县新民藏族彝族乡	116	9	9	9
雅安市石棉县挖角彝族藏族乡	187	3	3	3
雅安市石棉县田湾彝族乡	149	6	6	6
雅安市石棉县草科藏族乡	341	5	5	5
雅安市宝兴县跷碛藏族乡	889	5	5	5
雅安市荥经县宝峰彝族民族乡	14	3	3	3
雅安市荥经县民建彝族民族乡	21	5	5	5
凉山州西昌市高草回族乡	25	7	7	2
凉山州西昌市裕隆回族乡	44	9	9	3
凉山州木里县屋脚蒙古族乡	307	2	2	2
凉山州木里县俄亚纳西族乡	587	6	2	
凉山州木里县白碉苗族乡	380	4	4	4
凉山州木里县项脚蒙古族乡	155	3	3	3
凉山州木里县固增苗族乡	389	4	4	4
凉山州盐源县大坡蒙古族乡	149	5	3	2
凉山州德昌县金沙傈僳族乡	74	3	2	
凉山州德昌县南山傈僳族乡	39	3	3	
凉山州会理县新安傣族乡	82	5	5	
凉山州冕宁县和爱藏族乡	96	6	5	6

#已通电的村（个）	#已通电话的村（个）	#已通邮的村（个）	年末总人口（人）	#少数民族（人）	乡镇企业从业人员（人）
3	3	3	2683	911	45
5	5	5	2196	1358	
6	6	6	3240	830	
4	4	4	5066	1113	47
6	6	2	5377	1862	24
6	6	6	9351	4125	1315
7	7	3	6902	2189	554
7	7	7	3956	2118	181
6	6	6	7687	3367	2280
5	5	5	4483	2987	265
7	7	7	5372	5310	805
9	9	9	6997	2325	380
3	3	3	3397	1621	170
6	6	1	2493	1187	63
5	5	5	2758	1323	543
5	5	5	5405	5216	
3	2	3	3194	943	
5	5	5	4817	1283	
7	7	7	14436	3120	
9	9	9	20370	5436	865
2		2	2406	2396	
		6	5780	5057	
4		4	6014	5387	
3		3	3514	2986	
4	1	4	3334	2534	
5	5	3	3788	2453	
3	3	3	3229	3197	
3			2059	2039	
5	5	5	4304	3000	
4	4	6	3364	1280	23

10-1(一) 续表 19

民族乡镇名称	行政区划面积（平方公里）	村民委员会（个）	#已通公路的村（个）	#已通自来水的村（个）
凉山州越西县保安藏族乡	35	3	3	
绵阳市平武县木皮藏族乡	250	3	3	3
绵阳市平武县木座藏族乡	465	3	3	3
绵阳市平武县白马藏族乡	715	4	4	4
绵阳市平武县黄羊关藏族乡	199	6	6	1
绵阳市平武县虎牙藏族乡	484	5	5	3
绵阳市平武县泗耳藏族乡	548	3	3	1
绵阳市平武县徐塘羌族乡	121	5	4	1
绵阳市平武县锁江羌族乡	249	10	10	10
绵阳市平武县平南羌族乡	98	5	5	5
绵阳市北川县桃龙藏族乡	69	6	6	6
绵阳市盐亭县大兴回族乡	24	8	8	2
达州市宣汉渡口土家族乡	105	7	7	7
达州市宣汉龙泉土家族乡	224	14	14	7
达州市宣汉三墩土家族乡	91	7	7	2
达州市宣汉漆树土家族乡	42	5	5	1
绵阳市平武县水田羌族乡	111	7	7	7
绵阳市平武县旧堡羌族乡	123	6	6	6
绵阳市平武县阔达藏族乡	137	6	6	6
绵阳市平武县土城藏族乡	222	9	9	1
贵州省	**20365**	**2103**	**2013**	**1772**
贵阳市南明区小碧布依族苗族乡	66	12	12	12
贵阳市花溪区高坡苗族乡	119	19	19	19
贵阳市花溪区孟关苗族布依族乡	69	8	8	8
贵阳市花溪区马铃布依族苗族乡	82	3	3	3
贵阳市花溪区黔陶布依族苗族乡	74	7	7	7
贵阳市乌当区偏坡布依族乡	22	2	2	2
贵阳市乌当区新堡布依族乡	54	7	7	7
贵阳市白云区牛场布依族乡	67	13	13	13
贵阳市白云区都拉布依族乡	37	7	7	7

#已通电的村（个）	#已通电话的村（个）	#已通邮的村（个）	年末总人口（人）	#少数民族（人）	乡镇企业从业人员（人）
3	3	3	5029	2028	
3	3	3	1171	872	
3	3	3	1668	1121	
4	4	1	1526	1465	
6	6	2	1550	597	
5	5	5	2618	1256	59
3	3	3	858	289	
5		5	2715	2552	45
10	10	10	6315	6189	60
5	5	5	2236	2120	
6	6	1	3341	2739	
8	8	8	7295	2482	
7	7	7	8036	7614	
14	10	14	11731	10708	
7	7	2	15197	12803	
5	5	1	7055	6344	53
7	7	7	4042	3180	
6	6	6	3577	2146	
6	6	6	5160	2650	
9	9	9	5985	4408	102
2102	**1836**	**933**	**4246761**	**2362428**	**97348**
12	12	12	17346	6807	
19	19	19	24079	18291	
8	8	8	20516	9578	
3	3	3	9538	5289	
7	7	7	10902	4741	
2	2	2	2011	1813	158
7	7	7	5650	3118	
13	13	13	13935	5279	
7	7	7	10085	4584	6749

10-1(一) 续表 20

民族乡镇名称	行政区划面积（平方公里）	村民委员会（个）	#已通公路的村（个）	#已通自来水的村（个）
贵阳市清镇市麦格苗族布依族乡	125	15	15	15
贵阳市清镇市王庄布依族苗族乡	75	10	10	10
贵阳市清镇市流长苗族乡	158	26	26	26
贵阳市开阳县高寨苗族布依族乡	177	8	8	8
贵阳市开阳县南江布依族苗族乡	120	6	6	6
贵阳市开阳县禾丰布依族苗族乡	83	6	6	6
贵阳市修文县大石布依族乡	51	7	7	7
贵阳市息烽市青山苗族乡	49	5	5	5
六盘水市水城县坪寨彝族乡	97	4	4	4
六盘水市水城县南开苗族彝族乡	136	12	12	12
六盘水市水城县青林苗族彝族乡	64	4	4	4
六盘水市水城县金盆苗族彝族乡	107	6	6	6
六盘水市水城县新街彝族苗族布依族乡	52	3	3	3
六盘水市水城县杨梅彝族苗族回族乡	160	13	13	13
六盘水市水城县野钟苗族彝族布依族乡	142	5	5	5
六盘水市水城县果布嘎彝族苗族布依族乡	107	5	5	5
六盘水市水城县龙场苗族白族彝族乡	101	5	5	5
六盘水市水城县营盘苗族彝族白族乡	114	6	6	6
六盘水市水城县顺场苗族彝族布依族乡	119	6	6	6
六盘水市水城县花戛苗族布依族彝族乡	160	5	5	5
六盘水市水城县猴场苗族布依族乡	155	6	6	6
六盘水市盘县特区普田回族乡	76	6	6	6
六盘水市盘县特区旧营白族彝族苗族乡	101	11	11	11
六盘水市盘县特区羊场布依族白族苗族乡	136	16	16	16
六盘水市盘县特区保基苗族彝族乡	147	7	7	7
六盘水市盘县特区淤泥彝族乡	175	19	19	19
六盘水市盘县特区普古彝族苗族乡	155	19	19	19
六盘水市盘县特区坪地彝族乡	152	15	6	5
六盘水市六枝特区梭戛苗族彝族乡	57	7	7	1
六盘水市六枝特区落别布依族彝族乡	94	13	13	13

#已通电的村（个）	#已通电话的村（个）	#已通邮的村（个）	年末总人口（人）	#少数民族（人）	乡镇企业从业人员（人）
15	15	15	25286	9908	
10	10	10	24651	10882	
26	26	26	52705	27120	
8	8	8	26655	8893	165
6	6	6	21163	7281	298
6	6	6	17320	6213	1269
7	7	7	14048	3695	
5	5	5	7241	2150	1200
4	4	1	12730	2918	191
12	12	1	53056	27059	14
4	4	1	20384	12027	11
6	6	1	28154	17040	30
3	3	1	14235	9920	20
13	13	1	27997	13919	46
5	5	1	22447	14483	70
5	5	1	18467	11925	19
5	5	1	24639	11925	138
6	6	1	20003	19725	176
6	6	1	25754	15590	329
5	5	1	19514	15023	56
6	6	1	22138	19430	41
6	6	6	13945	3699	102
11	11	11	30397	12173	124
16	16	1	38304	16263	516
7	7	1	15156	12124	962
19	19		30179	18635	8267
19	7	19	21184	18006	744
15	10	15	35198	11967	1338
7	7	1	21083	7730	892
13	13	13	41855	26368	6244

10-1(一) 续表 21

民族乡镇名称	行政区划面积（平方公里）	村民委员会（个）	#已通公路的村（个）	#已通自来水的村（个）
六盘水市六枝特区中寨苗族彝族布依族乡	165	17	15	17
六盘水市六枝特区牛场苗族彝族乡	83	9	9	9
六盘水市六枝特区月亮河彝族苗族乡	118	17	17	17
遵义市仁怀后山苗族布依族乡	72	4	4	4
遵义市遵义县平正仡佬族乡	145	6	6	4
遵义市遵义县洪关苗族乡	65	3	3	3
遵义市桐梓县马鬃苗族乡	109	10	10	9
遵义市正安县谢坝仡佬族苗族乡	97	6	6	6
遵义市正安县市坪苗族仡佬族乡	111	4	4	4
遵义市余庆县花山苗族乡	106	4	4	4
遵义市道真县上坝土家族乡	100	3	3	3
安顺市西秀区鸡场布依族苗族乡	110	5	5	5
安顺市西秀区杨武布依族苗族乡	152	11	11	11
安顺市西秀区岩腊苗族布依族乡	114	8	8	8
安顺市西秀区新场布依族苗族乡	70	8	8	8
安顺市西秀区黄腊布依族苗族乡	77	7	7	7
安顺市平坝县十字回族乡	110	11	11	11
安顺市平坝县羊昌布依族苗族乡	73	7	7	7
安顺市普定县补郎苗族乡	81	11	11	11
安顺市普定县猴场苗族仡佬族乡	93	10	10	10
安顺市普定县猫洞苗族仡佬族乡	89	15	15	11
毕节市七星关区大屯彝族乡	56	8	8	8
毕节市七星关区田坎彝族乡	58	7	7	7
毕节市七星关区阿市苗族彝族乡	102	13	13	13
毕节市七星关区团结彝族苗族乡	84	13	13	13
毕节市七星关区阴底彝族苗族白族乡	117	12	12	12
毕节市七星关区千溪彝族苗族白族乡	58	5	5	5
毕节市黔西县永燊彝族苗族乡	95	13	13	13
毕节市黔西县新仁苗族乡	69	9	9	9
毕节市黔西县花溪彝族苗族乡	78	10	10	10

#已通电的 村（个）	#已通电话的 村（个）	#已通邮的 村（个）	年 末总人口（人）	#少数民族（人）	乡镇企业从业人员（人）
17	17	1	37349	36789	11805
9	9	1	26599	10786	733
17	17	2	36046	29060	5166
4	4	4	10750	1220	240
6	6	6	21121	3608	756
3	3	3	11132	1286	90
10	10	1	8848	2384	
6	6	6	15110	10837	411
4	4	4	24776	19265	391
4	4	4	15362	8492	306
3	3	3	18960	16875	3100
5	5	5	19215	7376	315
11	11	11	31988	16354	163
8	8	8	20907	10167	143
8	8	8	17245	6736	120
7	7	7	17492	16393	124
11	11	11	35000	11500	490
7	7	7	25071	15669	2283
11	11	11	27068	8566	375
10	10	1	25536	9412	241
15	15	1	31919	10918	920
8	8	8	23221	4851	109
7	7	7	17950	4540	20
13	13	7	26788	8942	50
13	13	7	25417	6816	90
12	12	1	45318	13461	183
5	5	1	25326	7572	270
13	13	4	27615	7246	143
9	9	3	25788	7172	510
10	10	10	19825	11384	704

10-1(一) 续表 22

民族乡镇名称	行政区划面积（平方公里）	村民委员会（个）	#已通公路的村（个）	#已通自来水的村（个）
毕节市黔西县中建苗族彝族乡	62	6	6	6
毕节市黔西县定新彝族苗族乡	95	12	12	12
毕节市黔西县太来彝族苗族乡	100	13	13	9
毕节市黔西县绿化白族彝族乡	43	7	7	7
毕节市黔西县红林彝族苗族乡	96	11	11	10
毕节市黔西县五里布依族苗族乡	84	10	10	9
毕节市黔西县铁石苗族彝族乡	90	10	10	10
毕节市大方县竹园彝族苗族乡	53	9	9	9
毕节市大方县响水白族彝族仡佬族乡	112	14	14	14
毕节市大方县鼎新彝族苗族乡	110	12	12	12
毕节市大方县牛场苗族彝族乡	106	10	10	10
毕节市大方县理化苗族彝族乡	131	10	10	5
毕节市大方县安乐彝族仡佬族乡	68	8	8	8
毕节市大方县凤山彝族蒙古族乡	84	10	10	10
毕节市大方县百纳彝族乡	44	3	3	3
毕节市大方县三元彝族苗族白族乡	94	8	8	4
毕节市大方县沙厂彝族乡	97	8	8	8
毕节市大方县黄泥彝族苗族满族乡	89	8	8	8
毕节市大方县核桃彝族白族乡	86	9	9	9
毕节市大方县八堡彝族苗族乡	107	9	9	9
毕节市大方县兴隆苗族乡	103	8	8	8
毕节市大方县大山苗族彝族乡	85	11	11	11
毕节市大方县星宿苗族彝族仡佬族乡	127	10	10	10
毕节市织金县自强苗族乡	53	11	11	3
毕节市织金县官寨苗族乡	63	16	16	16
毕节市织金县后寨苗族乡	110	13	13	13
毕节市织金县大平苗族彝族乡	56	13	12	3
毕节市织金县茶店布依族苗族彝族乡	106	21	21	21
毕节市织金县金龙苗族彝族布依族乡	109	20	20	20
毕节市织金县鸡场苗族彝族布依族乡	105	24	24	10

#已通电的村（个）	#已通电话的村（个）	#已通邮的村（个）	年末总人口（人）	#少数民族（人）	乡镇企业从业人员（人）
6	6	1	12297	3209	2306
12	12	5	24134	7535	626
13	13	13	33696	9475	876
7	7	7	27767	8619	901
11	11	5	20680	12001	398
10	10	8	22851	8958	2019
10	10	10	23305	13188	89
9	9	1	26512	9861	162
14	14	1	38299	14852	80
12	12	12	46656	24460	503
10	10	1	45684	13705	101
10	10	1	51389	20042	240
8	8	1	16172	12837	32
10	10	10	18924	8208	2465
3	3	3	11572	4239	150
8	8	1	20395	11524	241
8	8	2	15793	3741	48
8	8	1	14118	4850	278
9	9	1	36791	11136	654
9	9	1	40132	11586	206
8	8	1	30599	9074	53
11	11	1	18956	5103	18
10	10	1	13890	4750	227
11	11	1	17342	12637	128
16	16	1	32217	16264	615
13	13	2	27513	9630	1200
13	2	2	23443	11943	326
21	21	21	38064	19793	156
20	20	20	51943	28172	253
24	24	1	51346	23127	375

10-1(一) 续表 23

民族乡镇名称	行政区划面积（平方公里）	村民委员会（个）	#已通公路的村（个）	#已通自来水的村（个）
毕节市金沙县太平彝族苗族乡	86	5	5	5
毕节市金沙县石场苗族彝族乡	121	11	11	11
毕节市金沙县马路彝族苗族乡	83	8	7	5
毕节市金沙县安洛苗族彝族满族乡	107	8	8	8
毕节市金沙县新化苗族彝族满族乡	94	10	10	10
毕节市金沙县大田彝族苗族布依族乡	84	8	8	2
毕节市赫章县兴发苗族彝族回族乡	187	16	16	16
毕节市赫章县松林坡白族彝族苗族乡	113	16	16	16
毕节市赫章县雉街彝族苗族乡	140	10	10	10
毕节市赫章县珠市彝族乡	160	18	18	11
毕节市赫章县双坪彝族苗族乡	193	26	26	21
毕节市赫章县辅处彝族苗族乡	83	9	9	9
毕节市赫章县铁匠苗族乡	92	10	10	4
毕节市赫章县可乐彝族苗族乡	137	19	19	19
毕节市赫章县河镇彝族苗族乡	173	20	20	13
毕节市赫章县结构彝族苗族乡	105	8	8	8
毕节市赫章县水塘堡彝族苗族乡	120	14	14	13
毕节市赫章县古达苗族彝族乡	129	25	25	12
毕节市纳雍县厍东关彝族苗族白族乡	65	10	10	10
毕节市纳雍县董地苗族彝族乡	95	11	11	11
毕节市纳雍县左鸠戛彝族苗族乡	59	10	10	10
毕节市纳雍县锅圈岩苗族彝族乡	92	15	15	15
毕节市纳雍县新房彝族苗族乡	95	25	25	25
毕节市纳雍县化作苗族彝族乡	88	21	21	21
毕节市纳雍县姑开苗族彝族乡	80	12	12	12
毕节市纳雍县羊场苗族彝族乡	117	16	16	16
毕节市纳雍县昆寨苗族彝族白族乡	80	20	20	20
毕节市纳雍县猪场苗族彝族乡	93	13	13	13
毕节市威宁县新发布依族乡	110	31	31	31
毕节市百里杜鹃管理区大水彝族苗族布依族乡	91	8	8	1

#已通电的村（个）	#已通电话的村（个）	#已通邮的村（个）	年末总人口（人）	#少数民族（人）	乡镇企业从业人员（人）
5	1	1	15309	4495	75
11	11	11	30376	8577	201
7	1	1	17055	3806	50
8	3	1	21012	8492	2828
10	10	10	22598	6682	462
8	8	1	10072	3840	800
16	2	1	27120	10973	472
16	8	1	28656	12805	1141
10	1	1	18178	7659	291
18	12	1	22763	12912	1021
26	1	1	43209	8706	245
9	1	1	17956	4495	703
10	7	1	16372	3992	65
19	3	1	40435	12203	102
20	3	1	36942	17914	275
8	3	1	19531	10908	152
14	2	1	20812	4313	265
25	10	1	27251	6748	198
10	10	2	23572	9125	417
11	11	1	32180	19428	169
10	10	1	12677	4389	94
15	15	1	30866	14653	127
25	25	1	41547	12568	505
21	21	1	36534	17815	330
12	12	1	35847	10362	446
16	16	1	32000	12196	34
20	20	1	26080	11316	192
13	13	1	20932	159913	518
31	31	1	46818	14520	165
8	8	8	13367	8812	58

10-1(一) 续表 24

民族乡镇名称	行政区划面积（平方公里）	村民委员会（个）	#已通公路的村（个）	#已通自来水的村（个）
毕节市百里杜鹃管理区金坡苗族彝族满族乡	71	10	10	8
毕节市百里杜鹃管理区普底彝族苗族白族乡	123	13	13	2
毕节市百里杜鹃管理区仁和彝族苗族乡	85	10	10	10
铜仁市碧江区桐木坪侗族乡	66	2	2	2
铜仁市碧江区瓦屋侗族乡	115	5	5	5
铜仁市碧江区和平土家族侗族乡	117	8	8	4
铜仁市碧江区滑石侗族苗族土家族乡	73	6	6	6
铜仁市碧江区六龙山侗族土家族乡	96	3	3	3
铜仁市万山区高楼坪侗族乡	76	14	14	14
铜仁市万山区黄道侗族乡	92	10	10	10
铜仁市万山区敖寨侗族乡	91	5	5	4
铜仁市万山区下溪侗族乡	65	8	8	8
铜仁市万山区鱼塘侗族土家族苗族乡	144	12	12	12
铜仁市万山区大坪侗族土家族苗族乡	155	10	10	10
铜仁市德江县楠杆土家族乡	124	13	13	13
铜仁市德江县沙溪土家族乡	119	14	14	14
铜仁市德江县桶井土家族乡	94	22	22	6
铜仁市德江县堰塘土家族乡	102	13	13	13
铜仁市德江县荆角土家族乡	98	15	15	6
铜仁市德江县长丰土家族乡	95	14	13	14
铜仁市德江县龙泉土家族乡	81	12	12	12
铜仁市德江县钱家土家族乡	80	13	13	13
铜仁市江口县德旺土家族苗族乡	267	7	7	7
铜仁市江口县官和侗族土家族苗族乡	120	4	4	4
铜仁市石阡县聚凤仡佬族侗族乡	157	18	18	8
铜仁市石阡县大沙坝仡佬族侗族乡	63	15	15	4
铜仁市石阡县枫香仡佬族侗族乡	70	12	12	4
铜仁市石阡县青阳苗族仡佬族侗族乡	135	14	14	14
铜仁市石阡县龙井侗族仡佬族乡	100	23	23	7
铜仁市石阡县石固仡佬族侗族乡	167	14	14	3

#已通电的村（个）	#已通电话的村（个）	#已通邮的村（个）	年末总人口（人）	#少数民族（人）	乡镇企业从业人员（人）
10	10	10	20559	12563	1316
13	8	2	20292	9131	210
10	10	10	22694	10212	361
2	2	2	9516	5503	152
5	5	5	11930	10790	230
8	4	8	20815	17511	
6	6	6	19221	11661	
3	3	2	4509	4207	63
14	14	14	17596	14604	440
10	10	10	15438	13415	
5	5	5	10444	8564	502
8	8	8	9825	8845	
12	12	12	30123	27891	38
10	10	10	25171	21757	26
13	13	7	17677	14610	20
14	14	7	14786	10948	45
22	22	22	24371	23882	200
13	13	8	17563	15154	86
15	15	11	17405	11475	100
14	14	6	20532	17495	18
12	12	9	14500	11600	65
13	13	13	15398	15398	200
7	7	5	18420	10936	160
4	4	3	9768	6447	10
18	18	1	20592	16441	134
15	15	3	20869	16689	69
12	12	1	9685	7743	65
14	14	1	12263	10086	81
23	23	2	29461	24566	86
14	14	1	14139	11308	51

10-1(一) 续表 25

民族乡镇名称	行政区划面积（平方公里）	村民委员会（个）	#已通公路的村（个）	#已通自来水的村（个）
铜仁市石阡县坪地仡佬族侗族乡	123	18	13	4
铜仁市石阡县甘溪仡佬族侗族乡	158	9	9	5
铜仁市石阡县坪山仡佬族侗族乡	124	8	8	4
铜仁市思南县思林土家族苗族乡	56	13	4	9
铜仁市思南县枫耘土家族苗族乡	68	15	5	4
铜仁市思南县杨家坳苗族乡	76	18	8	7
铜仁市思南县胡家湾苗族土家族乡	59	14	6	6
铜仁市思南县宽坪土家族苗族乡	68	14	5	4
铜仁市思南县三道水土家族苗族乡	62	17	6	5
铜仁市思南县天桥土家族苗族乡	69	12	5	5
铜仁市思南县兴隆土家族苗族乡	56	13	6	5
黔西南州晴隆县三宝彝族乡	24	3	3	3
黔西南州兴仁县鲁础营回族乡	145	8	8	8
黔西南州望谟县油迈瑶族乡	169	8	8	8
黔东南州从江县秀塘壮族乡	178	13	13	9
黔东南州从江县刚边壮族乡	145	15	15	10
黔东南州从江县翠里瑶族壮族乡	165	20	20	18
黔东南州镇远县尚寨土家族乡	73	4	4	4
黔东南州麻江县坝芒布依族乡	127	7	7	7
黔东南州榕江县水尾水族乡	175	5	5	5
黔东南州榕江县三江水族乡	201	13	13	13
黔东南州榕江县仁里水族乡	83	8	8	8
黔东南州榕江县定威水族乡	147	7	7	7
黔东南州榕江县兴华水族乡	177	9	9	9
黔东南州榕江县塔石瑶族水族乡	86	9	9	9
黔东南州雷山县达地水族乡	107	10	10	10
黔东南州黎平县顺化瑶族乡	59	4	4	4
黔东南州黎平县雷洞瑶族水族乡	82	16	16	16
黔东南州岑巩县羊桥土家族乡	161	9	9	9
黔南州都匀市归兰水族乡	150	12	12	12

#已通电的村（个）	#已通电话的村（个）	#已通邮的村（个）	年末总人口（人）	#少数民族（人）	乡镇企业从业人员（人）
18	18	1	21321	17049	183
9	9	1	15001	12072	169
8	8	1	7996	6990	236
13	4	3	14481	6822	124
15	4	2	17538	8616	980
18	7	5	21280	10026	143
14	4	2	15430	10220	102
14	4	2	15640	8174	154
17	7	2	20590	11722	245
12	4	3	16160	7723	356
13	5	1	16642	9052	104
3	3	3	5750	5655	33
8	8	8	19383	7458	175
8	8	5	13420	13321	
13	13	1	8225	7425	31
15	15	15	11972	10779	242
20	20	1	14373	13654	91
4	4	4	8113	7788	
7	7	7	16540	11728	60
5	5	1	4333	4303	
13	13	1	14878	13298	5
8	8	1	12312	11014	
7	7		6668	6219	
9	9	1	11239	11097	15
9	10	1	11258	10218	13
10	10	1	11318	10820	26
4	4	1	5410	5409	
16	16	1	12779	12765	
9	9	9	29472	21568	
12	12	12	34073	33159	

10-1(一) 续表 26

民族乡镇名称	行政区划面积（平方公里）	村民委员会（个）	#已通公路的村（个）	#已通自来水的村（个）
黔南州荔波县瑶山瑶族乡	206	8	8	5
黔南州荔波县黎明关水族乡	488	14	14	14
黔南州平塘县卡蒲毛南族	108	6	6	6
贵安新区湖潮布依族苗族乡	111	18	18	18
云南省	**42666**	**1106**	**1106**	**1077**
昆明市晋宁县夕阳彝族乡	157	10	10	10
昆明市晋宁县双河彝族乡	152	6	6	6
昆明市宜良县九乡彝族回族乡	302	8	8	8
昆明市宜良县耿家营彝族苗族乡	194	9	9	9
昭通市守望回族乡	68	7	7	7
昭通市小龙洞回族彝族乡	123	6	6	6
昭通市布嘎回族乡	97	5	5	3
昭通市青岗岭回族彝族乡	111	7	7	7
昭通市鲁甸县桃源回族乡	60	7	7	7
昭通市鲁甸县茨院回族乡	43	6	6	6
昭通市大关县上高桥回族彝族苗族乡	104	6	6	6
昭通市永善县马楠苗族彝族乡	193	6	6	6
昭通市永善县伍寨彝族苗族乡	174	5	5	5
昭通市镇雄县坡头彝族苗族白族镇	153	12	12	12
昭通市镇雄县果珠彝族乡	91	5	5	5
昭通市镇雄县林口彝族苗族乡	117	8	8	8
昭通市镇雄县以古彝族苗族乡	157	8	8	8
昭通市彝良县龙街苗族彝族乡	238	12	12	12
昭通市彝良县奎香苗族彝族乡	229	8	8	8
昭通市彝良县树林彝族苗族乡	124	4	4	4
昭通市彝良县柳溪苗族乡	96	5	5	5
昭通市彝良县洛旺苗族乡	169	8	8	8
昭通市威信县双河苗族彝族乡	144	8	8	8
曲靖市师宗县龙庆彝族壮族乡	481	14	14	14
曲靖市师宗县五龙壮族乡	476	13	13	13

#已通电的村（个）	#已通电话的村（个）	#已通邮的村（个）	年末总人口（人）	#少数民族（人）	乡镇企业从业人员（人）
8	8	8	10183	9877	51
14	14	14	21141	18886	503
6	6	6	13941	13662	32
18	18	18	37100	14023	
1106	**1106**	**1092**	**2925676**	**1772076**	**63292**
10	10	10	9737	7726	1993
6	6	6	9418	7644	1309
8	8	8	18795	5398	786
9	9	9	18990	6462	2428
7	7	7	44517	32672	1865
6	6	6	37303	30572	
5	5	5	33060	21950	260
7	7	7	30628	9372	146
7	7	7	41374	38892	1532
6	6	6	30114	8614	
6	6	6	19329	6018	
6	6	1	17310	5652	
5	5	5	15414	4081	
12	12	12	73771	15553	246
5	5	5	40999	9635	305
8	8	8	46451	11667	1189
8	8	8	34134	7050	
12	12	12	48565	12809	
8	8	8	53565	9366	
4	4	4	26247	7874	
5	5	5	22264	5723	46
8	8	8	32090	9162	
8	8	8	32730	8187	
14	14	14	39570	18993	777
13	13	13	35318	13810	950

10-1(一) 续表 27

民族乡镇名称	行政区划面积（平方公里）	村民委员会（个）	#已通公路的村（个）	#已通自来水的村（个）
曲靖市师宗县高良壮族苗族瑶族乡	561	11	11	11
曲靖市罗平县长底布依族乡	89	6	6	6
曲靖市罗平县旧屋基彝族乡	120	7	7	7
曲靖市罗平县鲁布革布依族苗族乡	249	9	9	9
曲靖市富源县古敢水族乡	83	3	3	3
曲靖市会泽县新街回族乡	263	16	16	16
楚雄州南华县雨露白族乡	243	7	7	7
楚雄州大姚县湾碧傈僳傣族乡	557	12	12	12
楚雄州永仁县永兴傣族乡	539	12	12	12
楚雄州武定县东坡傣族乡	168	8	8	8
玉溪市红塔区小石桥彝族乡	73	3	3	3
玉溪市红塔区洛河彝族乡	176	5	5	5
玉溪市江川县安化彝族乡	96	5	5	5
玉溪市通海县高大傣族彝族乡	110	6	6	6
玉溪市通海县里山彝族乡	100	6	6	6
玉溪市兴蒙蒙古族乡	5			
玉溪市通红甸彝族苗族乡	115	6	6	6
玉溪市易门县十街彝族乡	159	8	8	8
玉溪市易门县浦贝彝族乡	179	7	7	7
玉溪市易门县铜厂彝族乡	293	9	9	9
红河州河口县桥头瑶族乡	175	8	8	8
红河州金平县拉祜族乡	376	4	4	4
红河州蒙自县期路白苗族乡	212	6	6	6
红河州蒙自县老寨苗族乡	157	4	4	4
红河州开远市大庄回族乡	104	5	5	5
文山州文山县东山彝族乡	129	4	4	3
文山州文山县红甸回族乡	91	4	4	4
文山州文山县秉烈彝族乡	294	10	10	8
文山州文山县柳井彝族乡	173	7	7	7
文山州文山县坝心彝族乡	87	5	5	5

#已通电的村（个）	#已通电话的村（个）	#已通邮的村（个）	年末总人口（人）	#少数民族（人）	乡镇企业从业人员（人）
11	11	11	28809	22032	921
6	6	6	17674	6254	592
7	7	7	11533	3417	132
9	9	9	19616	17065	706
3	3	3	16755	5812	129
16	16	16	42792	17887	
7	7	7	14493	11898	
12	12	12	18088	10278	588
12	12	12	11927	7996	152
8	8	8	14600	11898	1080
3	3	3	6478	2897	1138
5	5	5	10074	9162	825
5	5	5	9416	9013	35
6	6	6	11461	7521	1560
6	6	6	8790	4451	1802
			5676	5403	809
6	6	6	10624	4579	297
8	8	8	12703	7130	263
7	7	7	17700	8865	3685
9	9	9	22072	14348	695
8	8	8	20013	14766	443
4	4	4	23083	22991	81
6	6	6	18760	14155	
4	4	4	11159	6621	423
5	5	5	18921	15740	1721
4	4	4	10872	9718	362
4	4	4	14735	11435	1042
10	10	10	23344	22140	
7	7	7	15840	10271	
5	5	5	8111	4183	

10-1(一) 续表 28

民族乡镇名称	行政区划面积（平方公里）	村民委员会（个）	#已通公路的村（个）	#已通自来水的村（个）
文山州砚山县阿舍彝族乡	273	6	6	4
文山州砚山县维末彝族乡	581	10	10	10
文山州砚山县盘龙彝族乡	238	5	5	5
文山州砚山县干河彝族乡	237	4	4	4
文山州丘北县舍得彝族乡	288	7	7	7
文山州丘北县新店彝族乡	472	6	6	6
文山州丘北县树皮彝族乡	580	9	9	
文山州丘北县八道哨彝族乡	214	5	5	1
文山州丘北县腻脚彝族乡	414	7	7	1
文山州麻栗坡县猛硐瑶族乡	215	5	5	5
文山州富宁县洞波瑶族乡	535	12	12	12
普洱市澜沧县酒井哈尼族乡	381	4	4	4
普洱市澜沧县发展河哈尼族乡	468	4	4	4
普洱市澜沧县谦六彝族乡	896	15	15	15
普洱市澜沧县文东佤族乡	180	6	6	6
普洱市澜沧县安康佤族乡	197	5	5	5
普洱市澜沧县雪林佤族乡	227	7	7	7
普洱市思茅区云仙彝族乡	667	12	12	12
普洱市思茅区龙潭彝族傣族乡	330	6	6	6
普洱市墨江县孟弄彝族乡	211	7	7	7
普洱市西盟县力所拉祜族乡	186	5	5	5
大理州大理市太邑彝族乡	107	5	5	5
大理州鹤庆县六合彝族乡	250	13	13	13
大理州宾川县钟英傈僳族彝族乡	292	6	6	6
大理州宾川县拉乌彝族乡	242	7	7	7
大理州祥云县东山彝族乡	316	8	8	8
大理州弥渡县牛街彝族乡	264	11	11	11
大理州永平县北斗彝族乡	483	9	9	9
大理州永平县厂街彝族乡	363	11	11	11
大理州永平县水泄彝族乡	396	9	9	9

#已通电的村（个）	#已通电话的村（个）	#已通邮的村（个）	年末总人口（人）	#少数民族（人）	乡镇企业从业人员（人）
6	6	6	23870	19551	301
10	10	10	56796	38479	121
5	5	5	32207	20378	455
4	4	4	24095	19660	336
7	7	7	18906	16384	
6	6	6	20143	18614	10
9	9	9	45173	26824	126
5	5	5	32516	22424	216
7	7	7	26996	15984	21
5	5	5	14914	14299	868
12	12	12	39052	34762	672
4	4	4	13874	13184	126
4	4	4	16123	12384	408
15	15	15	45804	38046	616
6	6	6	14524	10332	15
5	5	5	12793	12593	34
7	7	7	12764	12688	1505
12	12	12	17710	6780	62
6	6	6	11720	4970	160
7	7	7	12781	10662	
5	5	5	11901	11550	145
5	5	5	9199	8893	265
13	13	13	15991	15770	3050
6	6	6	9036	5550	18
7	7	7	10546	4709	
8	8	8	9791	9462	365
11	11	11	20230	7497	92
9	9	9	13483	10282	168
11	11	11	19633	10820	40
9	9	9	17059	13224	1561

10-1(一) 续表 29

民族乡镇名称	行政区划面积（平方公里）	村民委员会（个）	#已通公路的村（个）	#已通自来水的村（个）
大理州云龙县苗尾傈僳族乡	662	8	8	8
大理州云龙县团结彝族乡	302	5	5	5
丽江市华坪县永兴傈僳族乡	315	7	7	7
丽江市华坪县通达傈僳族乡	152	5	5	5
丽江市华坪县新庄傈僳族傣族乡	277	7	7	7
丽江市华坪县船房傈僳族傣族乡	177	4	4	4
丽江市永胜县羊坪彝族乡	164	5	5	5
丽江市永胜县东山傈僳族彝族乡	379	5	5	2
丽江市永胜县六德傈僳族彝族乡	331	8	8	8
丽江市永胜县大安彝族纳西族乡	241	8	8	8
丽江市永胜县光华傈僳族彝族乡	170	8	8	8
丽江市永胜县松坪傈僳族彝族乡	291	8	8	8
丽江市宁蒗县翠玉傈僳族普米族乡	618	6	6	6
丽江市古城区金江白族乡	89	5	5	5
丽江市玉龙县九河白族乡	359	11	11	11
丽江市玉龙县石头白族乡	574	5	5	5
丽江市玉龙县黎明傈僳族乡	812	7	7	7
保山市隆阳区瓦马彝族白族乡	307	21	21	21
保山市隆阳区瓦房彝族苗族乡	300	19	19	19
保山市隆阳区杨柳白族彝族乡	492	18	18	18
保山市隆阳区潞江傣族镇	790	29	29	29
保山市隆阳区芒宽彝族傣族乡	510	12	12	12
保山市施甸县摆榔彝族布朗族乡	80	4	4	4
保山市施甸县木老元布朗族彝族乡	77	4	4	4
保山市龙陵县木城彝族傈僳族乡	234	5	5	5
保山市昌宁县朱街彝族乡	281	10	10	10
保山市昌宁县苟街彝族苗族乡	358	11	11	11
保山市昌宁县湾甸傣族乡	316	5	5	5
德宏州陇川户撒阿昌族乡	256	11	11	11
德宏州潞西市三台山德昂族乡	158	4	4	4

#已通电的村（个）	#已通电话的村（个）	#已通邮的村（个）	年末总人口（人）	#少数民族（人）	乡镇企业从业人员（人）
8	8	8	18484	15684	1291
5	5	5	11064	10693	56
7	7	7	13741	5454	300
5	5	5	8353	6310	199
7	7	7	17624	8730	45
4	4	4	10263	3178	615
5	5	5	7866	7866	
5	5	1	8184	7786	
8	8	8	14269	11293	440
8	8	8	15045	11459	227
8	8	3	15082	8190	
8	8	8	8126	7850	
6	6	6	15330	11755	
5	5	5	3309	3051	
11	11	11	28585	27513	978
5	5	5	9398	8799	
7	7	7	15878	12968	196
21	21	21	25805	12957	43
19	19	19	33637	13935	124
18	18	18	38975	27800	1200
29	29	29	79405	22335	2988
12	12	12	38227	24928	860
4	4	4	7371	5209	
4	4	4	6036	2911	
5	5	5	9227	3842	310
10	10	10	14155	13145	491
11	11	11	23721	6101	400
5	5	5	18428	5595	1885
11	11	11	24891	17269	
4	4	4	7161	5555	

10-1(一) 续表 30

民族乡镇名称	行政区划面积（平方公里）	村民委员会（个）	#已通公路的村（个）	#已通自来水的村（个）
德宏州梁河县曩宋阿昌族乡	111	9	9	9
德宏州梁河县九保阿昌族乡	146	6	6	6
德宏州盈江县苏典傈僳族乡	428	4	4	4
怒江州福贡县匹河怒族乡	401	9	9	9
怒江州泸水洛本卓白族乡	267	8	8	8
怒江州泸水县老窝白族乡	312	6	6	6
迪庆州香格里拉县三坝纳西族乡	979	7	7	7
迪庆州德钦县霞若傈僳族乡	1414	7	7	7
迪庆州德钦县拖顶傈僳族乡	374	5	5	5
临沧市凤庆县新华彝族苗族乡	335	11	11	11
临沧市凤庆县腰街彝族乡	93	6	6	6
临沧市凤庆县郭大寨彝族白族乡	176	11	11	11
临沧市云县栗树彝族傣族乡	250	16	16	16
临沧市云县忙怀彝族布朗族乡	238	11	11	11
临沧市云县后箐彝族乡	187	11	11	11
临沧市永德县大雪山彝族拉祜族傣族乡	391	8	8	8
临沧市永德县乌木龙彝族乡	204	10	10	10
临沧市临翔区平村彝族傣族乡	297	5	5	5
临沧市临翔区南美拉祜乡	121	4	4	4
临沧市耿马县芒洪拉祜族布朗族乡	259	5	5	5
临沧市沧源县勐角傣族彝族拉祜族乡	218	9	9	9
临沧市镇康县军赛佤族拉祜族傈僳族德昂族乡	180	6	6	6
西双版纳州景洪市基诺山基诺族乡	623	7	7	7
西双版纳州景洪市景哈哈尼族乡	399	6	6	6
西双版纳州勐腊县瑶区瑶族乡	483	4	4	4
西双版纳州勐腊县象明彝族乡	1066	5	5	5
西双版纳州勐海县格朗和哈尼族乡	321	5	5	5
西双版纳州勐海县布朗山布朗族乡	1001	7	7	7
西双版纳州勐海县西定哈尼族乡	592	11	11	11

#已通电的村（个）	#已通电话的村（个）	#已通邮的村（个）	年末总人口（人）	#少数民族（人）	乡镇企业从业人员（人）
9	9	9	25281	7030	
6	6	6	15450	7468	
4	4	4	8337	6003	
9	9	9	11860	11030	164
8	8	8	13969	11109	49
6	6	6	15290	11466	1670
7	7	7	18483	17762	104
7	7	7	8675	8655	318
5	5	5	10098	9773	163
11	11	11	24596	17955	
6	6	6	8990	7733	233
11	11	11	21682	8181	89
16	16	16	21577	16961	
11	11	11	20178	15898	
11	11	11	21144	15437	
8	8	8	21476	6706	220
10	10	10	28200	20670	318
5	5	5	9133	5205	192
4	4	4	4536	3902	57
5	5	5	8686	6000	
9	9	9	13925	12811	134
6	6	6	14425	5914	130
7	7	7	14249	13421	763
6	6	6	16473	15598	159
4	4	4	8518	7866	60
5	5	5	11010	10778	27
5	5	5	17253	16116	425
7	7	7	22032	20106	97
11	11	11	25068	22798	203

10-1(一) 续表 31

民族乡镇名称	行政区划面积（平方公里）	村民委员会（个）	#已通公路的村（个）	#已通自来水的村（个）
西藏省	**2189**	**21**	**21**	**21**
错那县麻玛门巴族乡	83	1	1	1
错那县贡日门巴族乡	111	2	2	2
错那县基巴门巴族乡	201	2	2	2
错那县勒布区勒门巴族乡	363	2	2	2
林芝县更章门巴族乡	333	3	3	3
米林县南伊珞巴乡	684	3	3	3
墨脱县达木珞巴族乡	39	4	4	4
芒康县下盐井纳西族乡	375	4	4	4
陕西省	**745**	**25**	**25**	**25**
商洛市镇安县西口回族镇	167	10	10	10
商洛市镇安县茅坪回族镇	105	7	7	7
安康市宁陕县江口回族镇	473	8	8	8
甘肃省	**16366**	**306**	**293**	**283**
临夏州广河县阿里麻土东乡族乡	35	6	6	6
甘南州临潭县长川回族乡	87	10	1	10
甘南州临潭县卓洛回族乡	25	3	3	3
甘南州临潭县古战回族乡	43	5	1	5
甘南州卓尼县勺哇土族乡	40	2	2	2
陇南市文县铁楼藏族乡	324	16	16	16
陇南市武都县坪垭藏族乡	95	9	9	6
陇南市武都县磨坝藏族乡	74	8	8	8
陇南市宕昌县新城子藏族乡	91	10	10	6
酒泉市肃州区黄泥堡裕固族乡	87	3	3	3
酒泉市玉门市小金湾东乡族乡	22	5	5	5
白银市会宁县新添堡回族乡	218	13	13	1
庆阳市正宁县五倾源回族乡	55	5	5	4
平凉市峡门回族乡	209	24	24	23
平凉市华亭县神峪回族乡	101	11	11	11
平凉市华亭县山寨回族乡	82	8	8	7
平凉市白庙回族乡	66	9	9	9

#已通电的村（个）	#已通电话的村（个）	#已通邮的村（个）	年末总人口（人）	#少数民族（人）	乡镇企业从业人员（人）
21	**21**	**11**	**8419**	**3706**	**147**
1	1	1	158	102	4
2	2	2	173	163	12
2	2	2	202	187	
2	2	2	132	89	
3	3		659	219	
3	3	3	529	529	
4	4		1089	1071	111
4	4	1	5477	1346	20
25	**25**	**25**	**37942**	**11618**	**2003**
10	10	10	16700	3750	20
7	7	7	11975	5384	5
8	8	8	9267	2484	1978
306	**299**	**297**	**321678**	**211072**	**8494**
6	6	6	14232	14232	312
10	10	10	10964	5976	
3	3	1	2928	2600	120
5	5	5	5833	3539	
2	2	2	1894	1184	74
16	16	16	10946	3297	207
9	9	9	6270	6270	56
8	8	1	5386	1836	13
10	10	10	7705	2142	240
3	3	3	1688	1082	
5	5	5	5704	5704	5
13	13	13	19390	14859	247
5	2	5	6636	2277	
24	24	24	20290	18261	4144
11	11	11	11294	3835	1024
8	8	8	14120	3122	895
9	9	9	13753	6692	147

10-1(一) 续表 32

民族乡镇名称	行政区划面积（平方公里）	村民委员会（个）	#已通公路的村（个）	#已通自来水的村（个）
平凉市大秦回族乡	58	12	12	12
平凉市寨河回族乡	84	12	12	12
平凉市大寨回族乡	236	24	24	24
平凉市西阳回族乡	89	13	13	13
平凉市上杨回族乡	44	7	7	7
张掖市肃南县祁丰藏族乡	10202	13	13	12
张掖市肃南县马蹄藏族乡	1998	23	23	23
张掖市肃南县白银蒙古族乡	450	3	3	3
张掖市甘州区平山湖蒙古族乡	1040	3	3	3
临夏州临夏县井沟东乡族乡	64	13	13	13
临夏州和政县梁家寺东乡族乡	37	8	8	8
临夏州临夏县安家坡东乡族乡	16	4	4	4
酒泉市瓜州县七墩回族东乡族乡	28	3	3	3
酒泉市瓜州县腰站子东乡族乡	137	6	6	6
酒泉市瓜州县广至藏族乡	135	6	6	6
酒泉市瓜州县沙河回族乡	48	5	5	5
酒泉市玉门市独山子东乡族乡	45	4	4	4
青海省	**7171**	**333**	**339**	**327**
西宁市大通县朔北藏族乡	84	18	18	18
西宁市大通县向化藏族乡	172	9	9	9
西宁市湟中县群加藏族乡	164	5	5	5
西宁市湟中县大才回族乡	72	16	16	16
西宁市湟中县汉东回族乡	38	4	4	4
海东地区民和县杏儿藏族乡	40		7	7
海东地区乐都县下营藏族乡	75	10	10	10
海东地区乐都县中坝藏族乡	106	14	14	14
海东地区乐都县达拉土族乡	111	21	21	21
海东地区互助县松多藏族乡	263	8	8	8
海东地区化隆县雄先藏族乡	224	24	24	24
海东地区化隆县查甫藏族乡	125	12	11	11

#已通电的村（个）	#已通电话的村（个）	#已通邮的村（个）	年末总人口（人）	#少数民族（人）	乡镇企业从业人员（人）
12	12	12	11447	10163	140
12	12	12	14923	12071	249
24	24	24	23632	16545	15
13	13	13	12781	12781	
7	7	7	7247	6885	235
13	13	13	3016	2630	
23	23	23	4981	2567	
3	3	3	631	435	
3	3	3	807	142	3
13	13	13	19257	11639	93
8	8	8	14341	13377	85
4	4	4	11843	6252	190
3	3	3	4069	2278	
6	6	6	8268	3036	
6	6	6	9177	3222	
5	5	5	8755	2671	
4		4	7470	7470	
340	**324**	**293**	**221230**	**146306**	**227**
18	18	18	19214	7878	
9	9	9	8377	4520	
5		5	2369	1366	
16	16	16	22148	14880	18
4	4	4	5378	5378	
7	7	7	4481	4231	46
10	10	10	5150	1580	92
14	14	1	8218	2662	
21	21	21	9528	5273	
8	8	1	6880	4802	
24	24	24	9338	6119	19
12	12	12	6242	3999	

10-1(一) 续表 33

民族乡镇名称	行政区划面积（平方公里）	村民委员会（个）	#已通公路的村（个）	#已通自来水的村（个）
海东地区化隆县金源藏族乡	343	14	14	12
海东地区化隆县塔加藏族乡	194	9	9	1
海东地区循化县道帏藏族乡	606	27	27	27
海东地区循化县尕楞藏族乡	2130	11	11	9
海东地区循化县岗察藏族乡		3	3	3
海东地区循化县文都藏族乡		16	16	16
海北州门源县皇城蒙古族乡	740	4	4	4
海东地区平安县沙沟回族乡	90	10	10	10
海东地区平安县巴藏沟回族乡	69	13	13	13
海东地区平安县石灰窑回族乡	84	14	14	14
海东地区平安县洪水泉回族乡	74	15	15	15
海东地区平安县古城回族乡	112	14	14	14
海东地区互助县巴扎藏族乡	263	8	8	8
海南州贵德县新街回族乡	63	9	9	9
海北州海晏县哈勒景蒙古乡	448	3	3	3
湟源县日月藏族乡	482	22	22	22
新疆维吾尔自治区	**52070**	**251**	**249**	**215**
吐鲁番地区鄯善县东巴扎回族乡	19	4	4	4
和田地区皮山县瑙阿巴提塔吉克族乡	6000	3	3	1
和田地区皮山县康克尔柯尔克孜族乡	2480	2	2	2
巴音郭楞州和硕县乌什塔拉回族乡	443	8	8	7
昌吉州奇台县大泉塔塔尔族乡	1400	2	2	2
昌吉州奇台县五马场哈萨克族乡	1838	2	2	2
昌吉州奇台县乔仁哈萨克族乡	2132	1	1	1
昌吉州木垒县大南沟乌孜别克族乡	1393	3	3	3
昌吉州玛纳斯县旱卡子滩哈萨克族乡	245	5	5	5
昌吉州玛纳斯县塔西河哈萨克族乡	840	6	6	5
昌吉州玛纳斯县清水河哈萨克族乡	2876	6	6	4
昌吉州阜康市三工河哈萨克族乡	1320	3	3	3
昌吉州阜康市上户沟哈萨克族乡	3780	7	7	7

#已通电的村（个）	#已通电话的村（个）	#已通邮的村（个）	年末总人口（人）	#少数民族（人）	乡镇企业从业人员（人）
14	14	14	6914	6914	11
9	9	9	4439	4439	
27	27	27	14600	14240	
11	3	3	5241	5241	
3	3	3	2054	2054	
16	16	16	8242	8231	12
4	4	4	1925	1503	
10	10	10	10461	6685	
13	13	13	4366	2963	
14	14	5	8486	4324	
15	15	15	7958	2683	
14	14	14	11308	6842	
8	8	1	6880	4802	
9	9	9	6356	4949	29
3			1686	1382	
22	22	22	12991	6366	
251	**244**	**242**	**366726**	**294329**	**9564**
4	4	4	4592	4260	45
3	3	3	1031	1030	
2	2	2	1683	1682	
8	7	7	10979	6574	
2	2	2	4633	3579	47
2	2	2	8436	8014	
1	1	1	4005	3337	
3	3	3	3443	3406	
5	5	5	4663	3051	1118
6	6	6	4609	4278	725
6	6	6	7193	6198	267
3	3	3	4821	4135	412
7	7	7	11235	7201	1340

10-1(一) 续表 34

民族乡镇名称	行政区划面积(平方公里)	村民委员会(个)	#已通公路的村(个)	#已通自来水的村(个)
昌吉州昌吉市阿什里哈萨克族乡	3000	7	7	7
昌吉州呼图壁县石梯子哈萨克族乡	1226	6	6	6
乌鲁木齐市米东区柏杨河哈萨克族乡	77	6	6	6
克孜勒苏州阿克陶县塔尔塔吉克族乡	1010	8	3	3
喀什地区塔什库尔干县科克亚尔柯尔克孜族乡	602	2	2	2
喀什地区泽普县布依鲁克塔吉克族乡	24	4	4	4
喀什地区莎车县孜热普夏提塔吉克族乡	121	12	12	12
伊犁地区察布查尔县米粮泉回族乡	40	3	3	3
伊犁地区特克斯县科克铁热克柯尔克孜族乡	863	7	5	7
伊犁地区特克斯县呼吉尔特蒙古族乡	238	6	6	6
伊犁地区伊宁县愉群翁回族乡	155	15	15	10
伊犁地区尼勒克县科克浩特浩尔蒙古族乡	1013	10	10	8
伊犁地区霍城县伊车嘎善锡伯族乡	80	5	5	5
伊犁地区霍城县三宫回族乡	72	5	5	5
伊犁地区昭苏县胡松图喀尔逊蒙古族乡	1027	8	8	8
伊犁地区昭苏县察汗乌苏蒙古族乡	646	7	7	7
伊犁地区昭苏县夏特柯尔克孜族乡	1022	8	8	8
塔城地区塔城市阿西尔达斡尔族乡	402	20	20	20
塔城地区乌苏市塔布勒合特蒙古族乡	1854	4	4	3
塔城地区乌苏市吉尔格勒特郭楞蒙古族乡	306	9	9	9
塔城地区额敏县额玛勒郭楞蒙古族乡	402	10	10	4
塔城地区额敏县霍吉尔特蒙古族乡	600	5	5	4
阿克苏地区乌什县雅曼苏柯尔克孜族乡	1806	7	7	7
阿克苏地区温宿县博孜东柯尔克孜族乡	2878	9	9	9
哈密地区伊吾县前山哈萨克族乡	1744	4	4	4
哈密地区哈密市德外都如克哈萨克族乡	2000	2	2	1
哈密地区哈密市乌拉台哈萨克族乡	156	1	1	1
阿勒泰地区布尔津县禾木哈纳斯蒙古族乡	3040	2	7	
阿勒泰地区阿勒泰市汗德尕特蒙古族乡	900	7	7	

#已通电的村（个）	#已通电话的村（个）	#已通邮的村（个）	年末总人口（人）	#少数民族（人）	乡镇企业从业人员（人）
7	7	7	8488	8276	456
6	6	6	7659	6332	49
6	6	6	5014	2957	164
3		3	5408	5408	
2	2	2	1097	1039	
4	4	4	4016	2897	
12	12	12	11091	10967	50
3	3	3	5922	5321	135
7	7	5	18611	16249	3
6	6	6	8189	5646	50
15	15	15	62083	58000	1550
10	10	10	23238	16613	1221
5	5	5	13681	5720	573
5	5	5	17588	15618	158
8	8	8	11767	8707	30
7	7	8	11893	9780	162
8	6	8	17250	15296	128
20	20	20	10242	4640	200
4	4	4	3500	3200	70
9	9	9	6405	2247	52
10	9	9	4745	2556	120
5	5	1	4251	3783	
7	7	7	10208	10132	
9	9	9	7694	2479	114
4	4	2	3020	2944	
2	2	2	3264	3104	
1	1	1	952	952	
7	7	7	4117	3347	275
7	7	7	4010	3374	50

10-1 全国各民族乡镇基本情况(2015年)(二)

民族乡镇名称	乡镇企业总产值(万元)	#工业企业(万元)	乡镇企业年净利润总额(万元)	农林牧渔业总产值(万元)
北京	**721433**	**313359**	**22712**	**38883**
朝阳区常营回族乡	191067	1500	4104	665
通州区于家务回族乡	509351	306371	18671	27506
密云县檀营满族蒙古族乡				
怀柔区喇叭沟门满族乡				6267
怀柔区长哨营满族乡	21015	5488	-63	4445
天津市	**2230**	**1196**	**388**	**10980**
蓟县孙各庄满族乡	2230	1196	388	10980
河北省	**5567993**	**4135283**	**474806**	**885824**
石家庄市新乐市彭家庄回族乡	361784	26172	29990	32888
石家庄市藁城市九门回族乡	836885	795040	92057	66894
石家庄市无极县高头回族乡	39487	33091	5376	46584
唐山市遵化市汤泉满族乡	34835	32045	1694	8528
唐山市遵化市西下营满族乡	16500	15644	3850	9700
唐山市遵化市东陵满族乡	119877	51780	36780	16298
邯郸市邱县陈村回族乡	51612	23638	923	15339
邯郸市大名县营镇回族乡	10832	8932	680	1980
保定市易县凌云册满族回族乡	37501	27560	3212	37297
保定市定州市号头庄回族乡	4023	3400	385	74743
保定市涞水县娄村满族乡	6291	1595	785	17679
张家口市沽源县大二号回族乡	260	260	48	7200
张家口市怀来县王家楼回族乡	1159	1068	116	11917
廊坊市永清县管家务回族乡	35957	24621	2273	23167
廊坊市文安县大围河回族满族乡	88379	53469	7591	13966
承德市丰宁南关蒙古族乡	40168	40168	3443	11994
承德市滦平县平坊满族乡	5608	867	341	16380
承德市滦平县安纯沟门满族乡	2920	992	588	16220
承德市滦平县五道营子满族乡	1007	1007	197	5123
承德市滦平县邓厂满族乡				3780
承德市滦平县马营子满族乡	2629	2629	610	11237

农作物总播种面积（亩）	#粮食播种面积（亩）	粮食产量（吨）	肉类总产量（吨）	农民合作社个数（个）	农民合作社成员数（户）	农业技术服务机构个数（个）	农业技术服务机构从业人员数（人）
54941	**37684**	**17136**	**8358**	**101**	**4855**	**4**	**18**
32082	16895	8204	3636	22	960	1	11
9023	8276	3617	3094	59	1685	2	4
13836	12513	5315	1628	20	2210	1	3
4010	**3166**	**705**	**590**	**19**	**750**	**1**	**6**
4010	3166	705	590	19	750	1	6
1485605	**1211885**	**545843**	**133142**	**753**	**21347**	**112**	**324**
54690	38010	19868	7172	12	368	1	4
53830	43330	33224	4886	3	150	3	15
66720	53370	24719	5177	39	198	3	23
13020	8295	3254	778			5	5
6930	4350	1781	668	4	57	1	6
25710	17730	8185	5576	8	132	2	5
16320	2019	1017	7250	4	460	1	3
37260	24700	4550	790	5	120	2	5
72169	63843	32713	9056	45	92	1	2
117611	76631	39878	4021	33	864	1	3
21650	17490	10847	900	28	228	1	2
27450	15300	1544	259	15	60	1	2
16035	11520	3495	476	16	391	3	6
23355	15450	9376	2267	17	486	12	12
47655	43800	22393	1932			2	3
40668	37914	6842	889	30	680	1	1
9380	8325	2025	5516	2	213	2	4
13470	13485	3721	5467	4	25	1	3
9465	7216	1021	2968	6	561	1	3
2600	2585	895	415	1	56	1	2
10296	8580	1780	3528	10	95	1	2

10-1(二) 续表 1

民族乡镇名称	乡镇企业总产值（万元）	#工业企业（万元）	乡镇企业年净利润总额（万元）	农林牧渔业总产值（万元）
承德市滦平县付家店满族乡	17800	14950	1900	16500
承德市滦平县西地满族乡	3115	3115	900	1264
承德市滦平县小营满族乡	776853	776733	79546	9976
承德市滦平县大屯满族乡	18120	16120	3500	13700
承德市滦平县西沟满族乡	959	695	642	16245
承德市承德县岗子满族乡	20650	20650	150	5373
承德市承德县两家满族乡	10100	4790	690	9775
承德市兴隆县八卦岭满族乡	51326	51326	468	28003
承德市兴隆县南天门满族乡	39365	39365	3038	14500
承德市隆化县尹家营满族乡				14102
承德市隆化县庙子沟蒙古族满族乡	812	766	201	9089
承德市隆化县偏坡营蒙古族乡	5238	512	2020	13540
承德市隆化县八达营蒙古族乡	6850	950	990	14819
承德市隆化县太平庄满族乡	4600	4600	900	12436
承德市隆化县旧屯满族乡	153		63	11577
承德市隆化县西阿超满族蒙古族乡	1231	1015	280	3750
承德市隆化县白虎沟蒙古族满族乡	160	160	30	13112
承德市平泉县七家岱满族乡	18077	18077	3325	15798
承德市平泉县平房满族蒙古族乡	2344	2344	166	22095
承德市平泉县茅兰沟满族蒙古族乡	1548	1548	197	25454
沧州市黄骅市羊二庄回族乡	1433934	1000055	86096	56124
沧州市黄骅市新村回族乡	1787	74	723	14979
沧州市河间市果子洼回族乡	115000	67800	6000	12500
沧州市献县本斋回族乡	302130	270530	21430	13020
沧州市沧县大褚村回族乡	67800	43320	2580	23840
沧州市沧县杜林回族乡	218580	206680	15280	25760
沧州市沧县李天木回族乡	471296	319008	35716	8560
沧州市沧县捷地回族乡	209465	53341	10120	17016
沧州市黄骅市杨三木回族乡	185986	140582	12916	6504
内蒙古自治区	**317089**	**256960**	**27485**	**256885**
莫力达瓦旗巴彦鄂温克民族乡				500

农作物总播种面积（亩）	#粮食播种面积（亩）	粮食产量（吨）	肉类总产量（吨）	农民合作社个数（个）	农民合作社成员数（户）	农业技术服务机构个数（个）	农业技术服务机构从业人员数（人）
4350	4350	1440	3900	6	24	1	1
16025	15225	5245	1632	26	314	1	5
18005	12480	3335	1414	2	62	1	2
24060	15900	6718	6944	15	80	4	6
8815	8815	3184	3817	1	191	2	3
9680	9617	4152	1123	7	84	6	18
14280	13503	5097	912	17	105	3	7
5220	3330	957	1037	10	863	2	11
5190	4815	1453	794	20	280	4	16
18705	18015	8337	2694	3	37	3	6
9190	8750	4147	1650	3	25	1	2
14150	10150	11093	3477	15	250	1	3
17133	17020	17205	2280	18	190	1	3
14851	14851	8156	1595	4	195	1	2
16734	16734	9850	1800	8	160	1	4
12900	10900	6605	2054	9	565	1	1
12570	12570	5475	1801	16	240	1	1
9776	9776	5613	544	8	122	2	6
24500	22630	10098	362	23	3654	4	7
29368	29368	13669	801	35	1599	3	6
110770	90493	34501	9493	109	1112	12	51
28600	16720	9327	1365	45	436		
50070	26865	11828	3730	25	236	2	18
61875	58500	21030	1800	16	133	1	5
50235	47105	30120	1450	28	2580	1	3
133680	130245	39905	2070	26	2730	1	3
30548	30515	26611	2827	10	150	2	7
48041	38700	7564	1150	11	130	4	16
3276220	**2723154**	**1335438**	**63578**	**1064**	**8843**	**47**	**180**
520000	520000	370000		60	300	1	7

10-1(二) 续表 2

民族乡镇名称	乡镇企业总产值（万元）	#工业企业（万元）	乡镇企业年净利润总额（万元）	农林牧渔业总产值（万元）
莫力达瓦旗杜拉尔鄂温克民族乡	154		74	720
扎兰屯市达斡尔民族乡	51	51	18	21700
扎兰屯市萨马街鄂温克民族乡				12100
扎兰屯市南木鄂伦春民族乡	900		300	38300
阿荣旗查巴奇鄂温克民族乡	80	20	30	38000
阿荣旗新发朝鲜族民族乡	1500	900	800	8000
阿荣旗音河达斡尔鄂温克民族乡	1236		624	31380
阿荣旗得力其尔鄂温克民族乡	926		231	35600
根河市敖鲁古雅鄂温克民族乡	710	710	79	1145
陈巴尔虎旗鄂温克苏木	207	206	-8	
额尔古纳市三河回族乡	401	401	210	31000
额尔古纳市室韦俄罗斯民族乡	667		178	4980
科右前旗满族屯满族乡	980	410	500	9700
赤峰市松山区当铺地满族乡	166000	126000	10120	8760
赤峰市喀喇沁旗十家满族乡	143000	128000	14300	15000
乌盟凉城县曹碾满族乡				
鄂温克旗巴彦塔拉达斡尔族乡	277	262	30	
辽宁省	**4131418**	**2703484**	**234667**	**1138530**
沈阳市康平县柳树屯蒙古族满族乡	1860	1860	95	35585
沈阳市康平县沙金台蒙古族满族乡	195	133	110	31255
沈阳市法库县四家子蒙古族乡	15000	14500	279	39000
沈阳市康平县东升满族蒙古族乡	245610	226200	5340	41000
沈阳市康平县西关屯蒙古族满族乡	1800	1800	150	29000
大连市瓦房店市三台满族乡	1148260	320186	22850	67369
大连市瓦房店市杨家满族乡	441645	417002	16718	22641
大连市庄河市太平岭满族乡	108916	74216	6537	37510
大连市庄河市桂云花满族乡	362844	293021	18137	26321
抚顺市抚顺县拉古满族乡	28176	28176	727	13311
抚顺市抚顺县汤图满族乡	14772	6240	1575	17329
本溪市桓仁县雅河朝鲜族乡	163419	13535	1659	15699
锦州市义县地藏寺满族乡	136267	121267	29735	5256

农作物总播种面积（亩）	#粮食播种面积（亩）	粮食产量（吨）	肉类总产量（吨）	农民合作社个数（个）	农民合作社成员数（户）	农业技术服务机构个数（个）	农业技术服务机构从业人员数（人）
248000	241284	231385	2614	85	510	1	3
12443	11605	82500	1117	53	290	1	9
157000	125000	37000	500	71	478	1	5
150000	75000	33750	600	115	780	2	7
283208	251700	60670	9004	149	745	1	3
125000	100000	49000		65	80	4	9
176200	134000	100000	8000	47	395	1	8
300765	289665	136000	4800	95	812	1	6
24945	18150	4858	130				
17390	142050	11612	3090	20	156	3	29
780000	490000	94000	150	17	80	1	3
180000	100000	35920	593	6	26	1	6
6575	5100	300	420	18	482	2	22
203895	128901	51800	29560	158	2370	25	55
80194	80094	35578	2950	62	984	1	3
10605	10605	1065	50	1	5	1	5
				42	350		
2599143	**1960461**	**842398**	**282509**	**1114**	**29397**	**226**	**796**
87195	75340	26136	5800	45	1750	5	7
95000	86000	43133	3180	20	1600	1	3
69485	55065	30150	9000	40	470	5	15
94005	67000	54000	6500	15	300	1	8
77000	62000	25000	1800	29	380	40	237
72825	55515	12248	10337	27	1200	1	15
62634	53220	7945	9557	30	1948	1	4
56844	50231	13364	7950	34	1280	5	17
30300	25890	6603	4151	26	2450	5	16
31998	26630	14315	706	12	108	1	3
21110	17669	77253	551	36	372	1	2
31860	26265	10786	1584	12	192	1	3
35775	28500	3109	1982	2	21	2	3

10-1(二) 续表 3

民族乡镇名称	乡镇企业总产值(万元)	#工业企业(万元)	乡镇企业年净利润总额(万元)	农林牧渔业总产值(万元)
锦州市义县大定堡满族乡	210090	170000	23000	10000
阜新市彰武县西六家子蒙古族满族乡	61998	53445	2065	44547
阜新市彰武县二道河子蒙古族乡	52231	41396	2114	45186
辽阳市辽阳县吉洞峪满族乡	114172	102012	25230	12400
辽阳市辽阳县甜水满族乡	110548	102332	18254	16874
铁岭市开原市林丰满族乡	6500	138	275	12620
铁岭市铁岭县白旗寨满族乡	5200	5200	1100	17215
铁岭市西丰县成平满族乡	1500	1500	450	18788
铁岭市西丰县德兴满族乡	39700	30000	1755	15420
铁岭市西丰县和隆满族乡	23597	18797	1179	20400
铁岭市西丰县金星满族乡	7450	7350	248	21560
铁岭市西丰县明德满族乡	87	87	32	19560
铁岭市西丰县营厂满族乡	8000	8000	221	7976
铁岭市清河区聂家满族乡				11050
朝阳市北票市马友营蒙古族乡	29619	18400	6470	14832
朝阳市北票市凉水河蒙古族乡	12070	12070	1207	3596
朝阳市建平县三家蒙古族乡	30292	30612	3014	60100
朝阳市凌源县三家子蒙古族乡	57399	44650	10261	36363
朝阳市朝阳县松岭门蒙古族乡	221220	212898	1991	14800
朝阳市朝阳县乌兰河硕蒙古族乡	550	221	33	25319
葫芦岛市绥中县西平坡满族乡	13012	2825	729	24820
葫芦岛市绥中县范家满族乡	1950	750	483	5340
葫芦岛市绥中县高甸子满族乡	10068	7332	380	12000
葫芦岛市绥中县葛家满族乡	14600	9100	710	14988
葫芦岛市绥中县明水满族乡	14150	4150	510	10200
葫芦岛市绥中县网户满族乡	30580	12360	2530	38050
葫芦岛市兴城市白塔满族乡	9850	9146	805	2013
葫芦岛市兴城市大寨满族乡	33476	29075	1820	18315
葫芦岛市兴城市碱厂满族乡	26329	24354	2181	3361
葫芦岛市兴城市旧门满族乡	21021	17401	4047	9055
葫芦岛市兴城市刘台子满族乡	4933	3125	538	8758

农作物总播种面积（亩）	#粮食播种面积（亩）	粮食产量（吨）	肉类总产量（吨）	农民合作社个数（个）	农民合作社成员数（户）	农业技术服务机构个数（个）	农业技术服务机构从业人员数（人）
24838	16650	13000	3500	8	60	1	5
96974	35162	25967	5596	30	750	1	8
75310	43359	29837	15531	21	126	5	40
27570	23201	5802	1210	49	420	11	22
39000	37410	8005	2145	26	807	1	6
31665	27975	10090	2130	19	246	7	26
19305	18660	11159	4621	26	824	1	4
37725	36105	18599	9948	14	300	1	3
30222	24870	12428	3928	12	115	5	18
36990	31230	17970	410	6	80	1	5
43620	36360	23060	9454	22	300	5	17
32475	25905	16175	6390	10	138	1	2
26490	21795	11760	5000	8	420	1	2
44275	43825	23340	4800	6	30	1	2
75162	38217	18672	6027	15	206	1	5
17007	16420	4006	4680	5	56	1	4
126000	116520	47327	3910	28	140	1	5
45960	39915	5918	3176	17	850	8	36
21340	17900	3580	4865	1	6	1	7
35517	32726	14435	6641	3	41	4	9
43065	24690	8027	9252	14	280	7	10
40065	28440	10957	15850	27	185	4	12
43650	23940	8571	11409	30	150	4	16
19150	13510	5890	3800	13	90	2	5
9630	9541	4200	3652	15	870	4	26
59520	46875	25899	12244	48	310	3	13
21600	18547	3873	2923	3	23	7	11
80850	57075	15085	4834	6	261	5	6
33061	18255	481	797	9	103	8	12
19695	15967	410	5260	8	50	5	7
31450	24995	3555	2134	12	65	3	8

10-1(二) 续表 4

民族乡镇名称	乡镇企业总产值（万元）	#工业企业（万元）	乡镇企业年净利润总额（万元）	农林牧渔业总产值（万元）
葫芦岛市兴城市南大山满族乡	4200	2800	187	8315
葫芦岛市兴城市望海满族乡	38072	34093	2548	23056
葫芦岛市兴城市围屏满族乡	3074	2209	100	9623
葫芦岛市兴城市羊安满族乡	51447	41575	4279	17216
葫芦岛市兴城市药王庙满族乡	61917	39034	863	5350
葫芦岛市兴城市三道沟满族乡	14479	613	422	7053
葫芦岛市兴城市元台子满族乡	82600	58790	4960	12400
葫芦岛市建昌二道湾子蒙古族乡				9975
丹东市宽甸满族自治县下露河朝鲜族乡	719		255	6500
丹东市东港市合隆满族乡	5432	4011	138	32780
大连市普兰店市乐甲满族乡	19760	18157	2500	38421
丹东市凤城市大堡蒙古族乡	8762	5340	871	11060
吉林省	**2574866**	**1396141**	**231270**	**759460**
延边州珲春市三家子满族乡	4800	2460	330	7700
延边州珲春市杨泡满族乡	12500	9836	800	11400
吉林市昌邑区土城子满族朝鲜族乡	8956	4978	415	18115
吉林市龙潭区乌拉街满族镇	177212	16654	6200	56800
吉林市龙潭区大口钦满族镇	116000	98000	4021	32478
吉林市昌邑区两家子满族乡	3000	1950	600	42300
吉林市永吉县金家满族乡	435	135	25	34500
吉林市蛟河市乌林朝鲜族乡	8813	7425	676	22448
通化市梅河口小杨满族朝鲜族乡	19782	14854	1016	10359
通化市集安市凉水朝鲜族乡	13250	4000	2340	7532
通化市通化县金斗朝鲜族满族乡	4820	3006	386	9969
通化市通化县大泉源满族朝鲜族乡	14300	9600	2030	20100
通化市辉南县楼街朝鲜族乡	52816	52816	3000	31230
通化市柳河县姜家店朝鲜族乡	38000	18100	3700	13650
通化市柳河县三元浦朝鲜族镇	131180	91600	12520	12513
辽源市东丰县三合满族朝鲜族乡	307950	289800	86350	22900
长春市双阳区双营子回族乡	1523000	721000	93000	75000

农作物总播种面积（亩）	#粮食播种面积（亩）	粮食产量（吨）	肉类总产量（吨）	农民合作社个数（个）	农民合作社成员数（户）	农业技术服务机构个数（个）	农业技术服务机构从业人员数（人）
71615	33606	2658	3015	32	215	4	6
65330	29918	3268	7768	25	398	7	20
36645	18030	4345	3021	14	183	7	13
38968	31305	4205	2156	23	120	2	5
29290	26017	1944	3161	10	460	6	6
24725	21465	8240	970	13	199	5	22
37737	35150	13650	2308	14	370	5	6
38985	37470	9754	3924	20	160	5	18
16431	12000	12000	1900	8	400	1	2
76830	48555	22974	4741	50	2385	3	5
32000	23415	7660	7130	36	2504	1	6
75375	48165	19580	3200	30	1630	1	2
2653817	**2172826**	**1347262**	**102491**	**1241**	**23225**	**124**	**498**
37280	35230	24956	780	33	72	2	6
26470	22220	8485	520	26	92	5	15
60782	59650	44800	3181	11	298	7	5
140000	112000	96600	23000	90	1611	5	40
64725	51565	36815	7681	45	145	1	4
74285	69735	38500	9300	10	105	3	9
92300	89090	58134	2100	66	1087	3	10
110890	109900	55487	3797	18	345	2	11
51362	41760	27533	254	48	672	6	18
1425	735	2993	230	16	62	3	9
19343	16476	7102	121	16	412	6	13
59865	50805	19150	1970	38	2138	5	43
97410	90765	40035	6543	103	4025	4	10
62160	51855	49180	2650	38	680	5	15
105645	98925	44395	763	77	245	6	38
64210	64210	72500	8900	67	416	3	10
42840	40400	26313	2960	50	266	2	6

10-1(二) 续表 5

民族乡镇名称	乡镇企业总产值(万元)	#工业企业(万元)	乡镇企业年净利润总额(万元)	农林牧渔业总产值(万元)
榆树市延和朝鲜族乡	7700		3800	5000
九台市胡家回族乡	7120	8600	1830	35200
九台市莽卡满族乡	16530	4600	1130	20380
白城市通榆县包拉温都蒙古族乡	130		60	4900
白城市通榆县向海蒙古族乡	1300	1201	15	33600
白城市洮南市呼和车力蒙古族乡				7000
白城市洮南市胡力吐蒙古族乡				2500
白城市镇赉县哈吐气蒙古族乡				6100
白城市镇赉县莫莫格蒙古族乡				5300
白城市大安市新艾里蒙古族乡				4628
白城市洮北区德顺蒙古族乡	3625	3000	320	33600
松原市三骏满族蒙古族锡伯族乡	19600	15510	1900	33800
铁东区叶赫满族镇	20168	7198	570	31548
公主岭市二十家子满族镇	26779	4708	2526	39800
公主岭市龙山满族乡	9100	2610	510	15760
双辽县那木斯蒙古族乡	26000	2500	1200	51350
黑龙江省	**944416**	**257172**	**78985**	**1288751**
哈尔滨市南岗区红旗满族乡	380235	32375	16453	28410
哈尔滨市双城市乐群满族乡	3100	1232	234	25610
哈尔滨市双城市同心满族乡	6803	1345	543	18610
哈尔滨市双城市希勤满族乡	22000	4320	523	147899
哈尔滨市双城市青岭满族乡	9035	3456	765	37793
哈尔滨市双城市农丰满族锡伯族镇	4322	765	321	25900
哈尔滨市五常市拉林满族镇	201001	50130	5060	59700
哈尔滨市五常市红旗满族乡	1560	1120	75	30122
哈尔滨市五常市营城子满族乡	21020	9850	910	42050
哈尔滨市五常市牛家满族镇	42000	20005	2625	21320
哈尔滨市五常市民乐朝鲜族乡	2879	2230	956	16617
哈尔滨市尚志市河东朝鲜族乡	31941	31941	30181	14603
哈尔滨市尚志市鱼池朝鲜族乡	6120	6120	600	48000

农作物总播种面积（亩）	#粮食播种面积（亩）	粮食产量（吨）	肉类总产量（吨）	农民合作社个数（个）	农民合作社成员数（户）	农业技术服务机构个数（个）	农业技术服务机构从业人员数（人）
12135	12135	7000		5	36	3	4
87150	87150	51000	765	30	1452	2	17
106455	102585	63500	1610	68	603	7	13
60000	46000	15260	113	13	48	1	2
408000	99000	35900	1536	65	650	5	40
46000	34200	21400	515	20	220	1	3
40800	39200	11850	700	14	342	1	4
20600	19000	6800	480	5	80	5	6
48750	41000	15200	320	10	160	4	14
48750	44100	24620	350	15	234	2	4
168285	163000	81000	1300	32	800	3	15
233895	232200	135800	5865	55	1241	1	10
89430	89055	44728	1004	27	860	3	18
104220	94920	55166	9670	34	231	6	16
56505	53210	34560	2263	43	2320	6	7
11850	10750	90500	1250	53	1277	6	63
7202775	**6591025**	**3959508**	**649764**	**2400**	**39689**	**102**	**580**
51330	32355	18835	1602	50	50	1	12
118457	97866	82090	342	72	961	1	9
117760	86754	85000	655	86	430	1	8
136400	101000	97000	1234	28	1340	9	66
132825	93456	83793	875	31	213	1	2
121883	102121	88400	345	70	432	1	7
163551	111085	88610	9120	52	214	5	17
235840	235770	174512	531133	88	522	1	15
108000	103500	71500	2100	85	2100	1	4
243165	240585	182188	1679	130	2850	1	5
62000	60000	30000	150	128	1560	3	18
64455	63105	38000	890	10	320	1	9
57564	55498	24977	372	25	213	1	5

10-1(二) 续表 6

民族乡镇名称	乡镇企业总产值（万元）	#工业企业（万元）	乡镇企业年净利润总额（万元）	农林牧渔业总产值（万元）
哈尔滨市依兰县迎兰朝鲜族乡	20000		3000	3000
齐齐哈尔市梅里斯区卧牛吐达斡尔族镇	1500		1000	150
齐齐哈尔市梅里斯区莽格吐达斡尔族乡	1200	400	60	6500
齐齐哈尔市泰来县宁姜蒙古族乡	1251	73	40	15730
齐齐哈尔市泰来县胜利蒙古族乡	2601	2671	157	18520
齐齐哈尔市泰来县江桥蒙古族镇	1246	793	541	21840
齐齐哈尔市昂昂溪区水师营满族镇				9843
齐齐哈尔市富裕县友谊达满柯族乡	810	810	81	35778
齐齐哈尔市讷河市兴旺鄂温克族乡	5500	27	980	46800
齐齐哈尔市富拉尔基区杜尔门沁达族乡	1010	5800	100	20541
牡丹江市海林市新安朝鲜族镇	4300		360	27800
牡丹江市西安区海南朝鲜族乡	8500	2000	1700	13940
牡丹江市宁安市江南朝、满族乡	2380	2380	457	54418
牡丹江市宁安市卧龙朝鲜族乡	3000		1000	34000
牡丹江市东宁县三岔口朝鲜族镇	16000	15000	3200	46313
牡丹江市穆棱市福禄朝鲜族满族乡	35000	2000	1500	42202
佳木斯市同江市街津口赫哲族乡	1300		485	13450
佳木斯市同江市八岔赫哲族乡				16500
佳木斯市桦川县星火朝鲜族乡	1647	1200	105	4167
佳木斯市汤原县汤旺朝鲜族乡				12400
大庆市肇源县超等蒙古族乡	146		30	4175
大庆市肇源县浩德蒙古族乡				3100
大庆市肇源县义顺蒙古族乡	535		76	27547
黑河市逊克县新鄂鄂伦春族乡	195		39	2509
黑河市逊克县新兴鄂伦春族乡	150		34	2056
黑河市爱辉区新生鄂伦春族乡	58			484
黑河市爱辉区四嘉子满族乡	82	25	3	4851
黑河市爱辉区坤河达、满族乡	80		14	5334
黑河市北安市主星朝鲜族乡				7300
黑河市孙吴县沿江达、满族乡	820		290	33101

农作物总播种面积（亩）	#粮食播种面积（亩）	粮食产量（吨）	肉类总产量（吨）	农民合作社个数（个）	农民合作社成员数（户）	农业技术服务机构个数（个）	农业技术服务机构从业人员数（人）
180000	180000	200000		5	200	15	108
240525	240525	118954	115	77	872	1	2
192112	192112	76844	230	52	560	1	3
209300	192990	85102	1451	59	3230	1	3
209715	196589	85024	2296	34	3407	1	14
167650	159000	98810	835	16	1432	1	4
39465	37982	15300	1765	52	230	3	16
247320	227850	120000	2309	12	98	1	7
342000	330000	120100	1820	135	750	1	24
92195	92195	61481	1685	20	270	1	7
12000	11000	55000	890	15	330	2	5
59068	57842	17582	12440	13	200	1	10
194700	169800	81650	5720	51	663	2	10
142500	128000	150000	4634	46	260	1	4
82119	79185	44616	619	30	311	6	18
172515	138945	42737	3725	35	690	1	2
124860	120600	44200	500	11	120	1	2
211000	206800	74500	160	24	300	1	7
33869	33869	18064	65	14	64	1	1
63383	63383	33130	680	17	271	1	3
97740	79860	57829	2980	9	673	1	5
62310	51528	31155	620	5	367	1	7
126120	98550	64180	1053	12	796	1	5
45735	45735	8970	346	9	207	1	3
29835	29835	10986	457	8	176	1	2
2792	2792	8558	1067	8	40	1	3
77175	69570	25101	608	13	488	1	1
56220	55335	36590	239	5	197	1	7
64825	64825	30000		3	28	1	1
145320	141756	145300	6300	68	1953	1	3

10-1(二) 续表 7

民族乡镇名称	乡镇企业总产值（万元）	#工业企业（万元）	乡镇企业年净利润总额（万元）	农林牧渔业总产值（万元）
绥化市北林区兴和朝鲜族乡	500	500	100	6900
绥化市北林区绥胜满族镇	6832	2030	760	25299
绥化市北林区永安满族镇	4134	3200	403	38149
绥化市北林区红旗满族乡	5500	2000	1100	9000
绥化市望奎县惠七满族镇				320
绥化市望奎县厢白满族乡				
绥化市望奎县灵山满族乡	200		30	8900
伊春市铁力市年丰朝鲜族乡	5923	5923	355	42226
鹤岗市萝北县东明朝鲜族乡	2640	2640		7832
鹤岗市绥滨县福兴满族乡				3301
大兴安岭地区呼玛县白银纳鄂伦春族乡	1790	1790	170	4320
大兴安岭地区塔河县十八站鄂伦春族乡				3907
双鸭山市饶河县四排赫哲族乡	660	280	28	2715
双鸭山市友谊县成富朝鲜族满族乡				10785
七台河市勃利县杏树朝鲜族乡	1500	480	300	19245
七台河市勃利县吉兴朝鲜族、满族乡				18710
鸡西市密山市和平朝鲜族乡	63800	31001	301	1022
鸡西市鸡东县鸡林朝鲜族乡	3000	3000	80	4724
鸡西市鸡东县明德朝鲜族乡	1400	1400	300	11590
鸡西市城子河区永丰朝鲜族乡	2300	2300	180	8714
江苏省	**1875340**	**1485340**	**11095**	**55830**
扬州市高邮市菱塘回族乡	1875340	1485340	11095	55830
浙江省	**475475**	**412878**	**30590**	**135090**
杭州市桐庐县莪山畲族乡	132187	119226	9803	12076
温州市平阳县青街畲族乡				1728
温州市苍南县岱岭畲族乡	185		16	5346
温州市苍南县凤阳畲族乡				2753
温州市文成县西坑畲族镇	8453	6840	65	5595
温州市文成县周山畲族乡	495	495	149	2607
温州市泰顺县司前畲族镇	19638	17590	1013	3988

农作物总播种面积（亩）	#粮食播种面积（亩）	粮食产量（吨）	肉类总产量（吨）	农民合作社个数（个）	农民合作社成员数（户）	农业技术服务机构个数（个）	农业技术服务机构从业人员数（人）
24480	24480	12694		1	981	1	2
129375	121830	74211	5888	24	190	1	13
167535	167535	78964	3637	30	2600	1	18
124650	113220	62561	3700	17	370	1	20
190455	123750	67500	1200	139	1100	1	10
170691	156000	51000	9500	82	425	1	2
105000	80000	63500	800	34	180	1	5
77985	77985	39953	152	5	65	1	1
39928	39928	24000	341	12	93	1	3
51840	51840	15937	375	8	55	1	5
82879	82879	9621	224	30	529	1	4
38645	38645	5140	630	12	102	1	2
46769	41769	19426		5	22	1	1
83940	80940	53000	3899			1	3
149925	138994	72276	4825	66	330	1	5
13830	13400	83000	1100	45	720	1	3
148920	145395	82500	2586	104	1099	1	4
53065	53065	26532	150	22	151	1	1
65000	63000	35000	62	25	137	1	3
15778	13045	6728	2323	11	92	1	5
72885	**61830**	**29680**	**6096**	**49**	**11588**	**7**	**30**
72885	61830	29680	6096	49	11588	7	30
240407	**125326**	**51336**	**10957**	**548**	**19788**	**38**	**108**
16480	7446	3303	411	8	474		
2757	1457	570	100	34	680	1	2
6795	4110	2046	63	48	258	1	1
3735	1290	474	90	31	160	1	1
13805	6908	2705	95	21	105	3	11
3749	1945	720	60	23	225	1	6
10882	8097	3364	110	133	1967	6	18

10-1(二) 续表 8

民族乡镇名称	乡镇企业总产值（万元）	#工业企业（万元）	乡镇企业年净利润总额（万元）	农林牧渔业总产值（万元）
温州市泰顺县竹里畲族乡	1523	1455	164	987
金华市兰溪市水亭畲族乡	192300	192300	9200	16450
金华市武义县柳城畲族镇	37235	37235	1923	19075
衢州市龙游县沐尘畲族乡	29141	8056	2166	8510
丽水市莲都区老竹畲族镇	16345	613	3269	14110
丽水市莲都区丽新畲族乡	5836	5836	850	13190
丽水市龙泉市竹垟畲族乡	4950	4950	280	11471
丽水市云和县雾溪畲族乡	2197	2197	188	1855
丽水市云和县安溪畲族乡	1077	1077	38	2837
丽水市遂昌县三仁畲族乡	17981	10600	877	8800
丽水市松阳县板桥畲族乡	5932	4408	590	3712
安徽省	**194144**	**157210**	**13785**	**168287**
淮南市谢家集区孤堆回族乡	25236	22500	1568	11838
合肥市肥东县牌坊回族满族乡	25577	14749	1471	52100
滁州市定远县二龙回族乡	6660	4670	285	11540
淮南市凤台县李冲回族乡	29304	25670	5003	13240
淮南市潘集区古沟回族乡	68000	59000	3100	16500
六安市寿县陶店回族乡	11200	7000	600	16214
宣城市宁国市云梯畲族乡	14967	13451	743	7265
蚌埠市五河县临北回族乡	12360	9420	910	28140
阜阳市颍上县赛涧回族乡	840	750	105	11450
福建省	**2438805**	**2139592**	**92593**	**416417**
福州市罗源县霍口畲族乡	27113	12969	1936	29172
福州市连江县小沧畲族乡	91		10	2072
宁德市福安市坂中畲族乡	391260	354153	10125	22121
宁德市福安市康厝畲族乡	113208	109501	2203	25324
宁德市福安市穆云畲族乡	7050	7050	700	58415
宁德市霞浦县盐田畲族乡	206473	74795	2218	22001
宁德市霞浦县崇儒畲族乡	66356	59769	679	21331
宁德市霞浦县水门畲族乡	44813	38251	758	16366

农作物总播种面积（亩）	#粮食播种面积（亩）	粮食产量（吨）	肉类总产量（吨）	农民合作社个数（个）	农民合作社成员数（户）	农业技术服务机构个数（个）	农业技术服务机构从业人员数（人）
1878	1339	499	15	16	117	3	6
53730	27330	9351	5979	40	6000	4	6
41460	20640	6313	900	55	3800	10	13
19944	10976	4140	201	10	3997	1	3
30180	13470	5837	577	42	210	1	9
6482	2628	1536	213	20	550	1	6
1189	875	4647	788	22	208	1	3
3731	1701	549	19	12	350	1	5
5587	4191	1667	480	13		1	4
12233	7853	2608	555	8	208	1	9
5791	3071	1007	301	12	479	1	5
536431	**407790**	**189644**	**15132**	**154**	**8199**	**17**	**38**
63465	54120	28880	525	8	326	1	4
103230	57975	29640	1792	26	2182	1	2
64095	56040	26294	1288	18	346	2	3
37160	19871	6580	1279	19	451	7	12
68100	59950	27430	1160	12	64	1	3
49845	48049	22461	2462	13	168	1	7
7201	3495	1259	1485	8	22	1	3
116535	81750	35840	4281	44	4000	1	2
26800	26540	11260	860	6	640	2	2
578973	**285118**	**113768**	**26219**	**538**	**8075**	**23**	**188**
24377	18237	6235	386	22	432	1	9
4559	2567	855	50	1	6	1	2
42600	18405	4260	390	48	387	1	8
43656	23766	7556	1436	72	512	3	12
44175	22620	7025	542	36	371	1	12
1284	727	3426	257	49	1969	1	9
31374	14077	4960	558	56	904	1	14
30279	19383	5772	1757	37	334	1	5

10-1(二) 续表 9

民族乡镇名称	乡镇企业总产值（万元）	#工业企业（万元）	乡镇企业年净利润总额（万元）	农林牧渔业总产值（万元）
宁德市蕉城区金涵畲族乡	623609	605609	21087	10805
宁德市福鼎市硖门畲族乡	252000	248600	7400	14906
宁德市福鼎市佳阳畲族乡	6885	6885	185	20293
漳州市漳浦县赤岭畲族乡	9864	7750	678	16848
漳州市漳浦县湖西畲族乡	4800	3000	600	30358
漳州市龙海市隆教畲族乡	71209	57837	5569	22940
三明市永安市青水畲族乡	139656	125379	3821	39200
三明市宁化县治平畲族乡	26512	25167	1525	6598
龙岩市上杭县官庄畲族乡	30830	20765	1480	17940
龙岩市上杭县庐丰畲族乡	4576	4053	300	28705
泉州市惠安县百崎回族乡	412500	378059	31319	11022
江西省	**90167**	**70105**	**24155**	**48963**
鹰潭市贵溪樟坪畲族乡	3526	3426	635	6306
上饶市铅山县太源畲族乡	7000	5000	4000	2620
上饶市铅山县篁碧畲族乡	1890	1120	360	1987
吉安市永丰县龙冈畲族乡	27689	19736	1087	19387
赣州市南康赤土畲族乡	12855	7270	16750	9924
吉安市青原区东固畲族乡	21500	20500	500	900
抚州市乐安县金竹畲族乡	4465	4153	467	4986
吉安市峡江县金坪民族乡	11242	8900	356	2853
山东省	**2360046**	**1987896**	**50602**	**142146**
淄博市临淄区金岭回族镇	1606781	1401780	30840	5152
聊城市莘县张鲁回族镇	28667	22044	1611	84996
菏泽市曹县侯集回族镇	343323	298651	17166	23000
德州市禹城市十里望回族乡	381275	265421	985	28998
河南省	**2692333**	**1565056**	**224488**	**227520**
郑州市荥阳市金寨回族乡	46441	46441	6280	6243
周口市太康县城关回族镇	246800	88900	16220	4030
周口市淮阳县城关回族镇	332588	326810	48626	31715
周口市沈丘县槐店回族镇	332338	189525	8218	7066

农作物总播种面积（亩）	#粮食播种面积（亩）	粮食产量（吨）	肉类总产量（吨）	农民合作社个数（个）	农民合作社成员数（户）	农业技术服务机构个数（个）	农业技术服务机构从业人员数（人）
15989	7213	1432	181	28	204	1	16
16921	6374	2395	582	13	72	1	6
21438	12327	4024	561	33	272	1	10
28580	14271	3352	1868	18	107	1	4
50000	14900	11481	630	22	726	2	2
34385	14385	5969	5153	8	220	1	3
53271	10574	11382	1621	53	268	2	45
24090	14370	5011	703	8	650	1	7
43083	24947	8270	4117	16	190	1	5
62130	41985	19064	5126	17	430	1	11
6782	3990	1299	301	1	21	1	8
143853	**100819**	**41452**	**6096**	**115**	**4659**	**19**	**66**
3170	2567	962	8	10	326	1	3
1115	1100	440	130	12	282	1	3
3320	2800	1208	186	7	86	1	8
39840	29655	11500	1189	15	115	6	23
40500	27400	11780	3265	24	1540	1	12
40000	26000	10500	470	21	1200	1	6
10658	8037	3382	268	17	352	7	8
5250	3260	1680	580	9	758	1	3
281782	**163167**	**149949**	**49101**	**184**	**4029**	**37**	**135**
7815	7740	3304	4750	13	381	4	32
74022	51112	66555	23114	76	996	16	56
104200	97050	44520	3540	67	2347	7	30
95745	7265	35570	17697	28	305	10	17
697746	**475575**	**211734**	**42985**	**236**	**4302**	**110**	**602**
8955	7905	3232	535			1	4
13200	9000	2760	857	6	191	8	29
41295	22680	9235	3858	19	1200	21	220
19100	14000	7000	2232	7	325	5	30

10-1(二) 续表 10

民族乡镇名称	乡镇企业总产值(万元)	#工业企业(万元)	乡镇企业年净利润总额(万元)	农林牧渔业总产值(万元)
商丘市宁陵县城关回族镇	87200	43100	6143	5617
商丘市睢县城关回族镇	335223	241041	6602	6340
商丘市民权县伯党回族乡	7410	5921	1580	16300
商丘市民权县胡集回族乡	10065	7450	1670	15980
平顶山市叶县马庄回族乡	43850	43850	2975	6370
平顶山市郏县姚庄回族乡	8173	4685	567	3791
新乡市封丘县荆乡回族乡	9700	5500	550	1820
许昌市许昌县艾庄回族乡	24980	18770	930	10515
许昌市禹州市山货回族乡	53006	46532	8263	10082
许昌市襄城县颖桥回族镇		21483		6275
南阳市镇平县郭庄回族乡	5336	4863	322	6830
南阳市方城县袁店回族乡	10753	7391	2501	11033
驻马店市西平县蔡寨回族乡	6155	4110	280	14443
驻马店新蔡县李桥回族镇	71260	56338	6220	22365
漯河市临颖县繁城回族镇	149152	74572	5074	31516
洛阳市洛宁县王范回族镇	42538	37206	16982	4536
洛阳市廛河回族乡	869365	290568	84485	4653
湖北省	**772976**	**696469**	**76340**	**323809**
荆门市钟祥市九里回族乡	78591	70090	6261	28655
荆州市洪湖市老湾回族乡	21500	21500	3500	368
荆州市松滋市卸甲坪土家族乡	38860	33836	456	4896
宜昌市宜都潘家湾土家族乡	228659	207077	12011	48235
十堰市郧西县湖北口回族乡	3400	3085	1680	14982
恩施州恩施市芭蕉侗族乡	123305	114590	38314	68591
恩施州宣恩县长潭河侗族乡	20084	15421	3543	17205
恩施州宣恩县晓关侗族乡	31130	31130	900	54903
仙桃市沔城回族镇	180000	163000	4895	23044
神农架林区下谷坪土家族乡				3811
咸宁市赤壁市周郎嘴回族镇	38627	28180	4654	49864
恩施州鹤峰县铁炉白族乡	8820	8560	126	9255

农作物总播种面积（亩）	#粮食播种面积（亩）	粮食产量（吨）	肉类总产量（吨）	农民合作社个数（个）	农民合作社成员数（户）	农业技术服务机构个数（个）	农业技术服务机构从业人员数（人）
12953	9000	5154	872			4	42
10770	9225	3966	2344	16	81	4	32
53700	32550	16582	4910	7	50	6	35
50250	36750	19912	1050	7	226	4	27
15145	14170	3470	2010	4	31	1	2
18660	11850	4729	983	5	29	2	8
13680	12300	6060	1722	9	46	5	8
21000	17725	8820	1170	5	96	9	12
24465	20565	9498	1067	11	85	1	7
13883	9900	4495	1276	5	75	5	24
40305	28230	10015	177	18	125	1	6
41670	17130	7730	2648	18	156	1	11
43770	36080	17138	2434	26	135	2	16
74025	58510	27811	5042	8	506	1	12
164775	97095	40320	5269	63	397	27	41
2706	2510	1139	2268	2	548	2	36
13440	8400	2668	261				
655040	**367267**	**149046**	**43312**	**349**	**12548**	**41**	**153**
64257	44177	26186	4208	55	1800	6	12
36282	21122	9003	207	21	366	4	4
29021	15866	5320	2322	17	901	15	20
45442	32090	9175	6262	42	653	2	15
3669	2385	8868	2134	8	510	1	7
121964	70466	19825	6841	43	3563	4	60
9471	5198	17197	8721	27	1348	1	4
164570	88138	20393	6285	68	2525	1	13
23124	18126	9535	2687	25	172	1	4
12182	8035	1168	567	10	200		
107220	37485	15080	1792	19	185	5	10
37838	24179	7296	1286	14	325	1	4

10-1(二) 续表 11

民族乡镇名称	乡镇企业总产值（万元）	#工业企业（万元）	乡镇企业年净利润总额（万元）	农林牧渔业总产值（万元）
湖南省	**989703**	**635221**	**104714**	**970542**
怀化市罗子山瑶族乡				1810
怀化市苏木溪瑶族乡				1700
怀化市上蒲溪瑶族乡				1680
怀化市后塘瑶族乡				2812
怀化市仙人湾瑶族乡	1300	610	580	9100
怀化市深渡苗族乡	150		20	3885
怀化市龙船塘瑶族乡	324	324	156	2755
怀化市炮团侗族苗族乡				1270
怀化市宝田侗族苗族乡	2612	194	194	3316
怀化市蒲稳侗族苗族乡	225		59	3240
怀化市金子岩侗族苗族乡	2750	700	1110	15321
怀化市漠滨侗族苗族乡				3860
怀化市青朗侗族苗族乡	7514	7514	1695	5655
怀化市二酉苗族乡				4555
怀化市火场土家族乡				565
怀化市蒿吉坪瑶族乡	402	180	42	2438
怀化市大高坪苗族乡				1520
怀化市步头降苗族乡				3478
怀化市米贝苗族乡				3150
邵阳河口苗族乡	6902	3010	4708	8876
邵阳麻塘苗族乡	5526	5171	1045	6778
邵阳东山侗族乡	7400	6128	316	23518
邵阳鹅公岭侗族苗族乡	465	370	55	5812
邵阳寨市苗族侗族乡	500	1575	200	30
邵阳乐安铺苗族侗族乡	14560	13998	2189	6278
邵阳关峡苗族乡	3080	2512	1000	12540
邵阳长铺子苗族乡	43513	24700	8600	8300
邵阳山界回族乡	40714	28500	3027	111800
邵阳虎形山瑶族乡	36076	24068	16086	12204

农作物总播种面积（亩）	#粮食播种面积（亩）	粮食产量（吨）	肉类总产量（吨）	农民合作社个数（个）	农民合作社成员数（户）	农业技术服务机构个数（个）	农业技术服务机构从业人员数（人）
2223526	**1426066**	**658753**	**203317**	**780**	**28093**	**130**	**423**
7212	3212	3200	224	3	120	1	3
5822	2297	2450	230	4	75	1	3
6111	5415	2510	260	2	50	1	3
12135	8200	6077	630	14	105	1	2
329	22118	8580	780	5	65	1	3
13957	13827	9200	2000	6	300	1	1
11789	10791	4561	621	4	210	1	2
4000	3824	3436	30	5	34	1	7
11872	8207	3323	566	12	865	1	3
14324	6580	2699	567	4	125	1	2
41657	23114	20124	690	20	2000	9	15
9091	4840	1936	520	8	50	1	3
32156	10775	5414	1264	16	680	2	4
95680	60467	19682	1869	26	473	1	12
12980	6780	2680	530	3	254	1	5
5927	4200	2120	260	6	258	1	4
6339	2604	1901	310	6	126	1	1
15890	11160	3480	510	1	20	1	1
21767	20129	4079	1287	6	528	1	6
1869	1014	6847	2158	17	1860	2	6
21693	15506	7367	2452	9	63	2	3
23263	21799	9918	2298	15	246	1	3
12716	8992	6479	1437	12	125	1	2
20000	15000	15000	500	50	200	3	16
16406	10808	5404	646	2	15	1	2
28000	24290	24500	1350	26	520	1	5
1652	1265	12000	78723	34	360	1	10
65986	32803	11889	944	4	405	1	6
54510	16620	6531	1291	7	412	1	7

10-1(二) 续表 12

民族乡镇名称	乡镇企业总产值（万元）	#工业企业（万元）	乡镇企业年净利润总额（万元）	农林牧渔业总产值（万元）
邵阳那溪瑶族乡	26936	1965	1910	600
邵阳大屋瑶族乡	2200	720	40	110
邵阳长塘瑶族乡	1265	872	28	102
邵阳黄金瑶族乡	7124	6114	2383	2804
邵阳麻林瑶族乡	7563	5974	293	2859
永州荆竹瑶族乡	5330	1420	3380	3670
永州湘江源瑶族乡	1496	1231	381	2735
永州浆洞瑶族乡	2020	14100	235	2700
永州汇源瑶族乡	1560	420	145	750
永州犁头瑶族乡	72	22	16	4064
永州大桥瑶族乡	11800	10931	3961	13685
永州松柏瑶族乡	976	432	23	12431
永州千家洞瑶族乡	360	235	115	15236
永州兰溪瑶族乡	56		9	4012
永州源口瑶族乡	1440	191	60	2987
永州九嶷山瑶族乡	935	528	462	8380
永州棉花坪瑶族乡	84	31	26	947
永州桐木漯瑶族乡	1697	783	234	62
永州五龙山瑶族乡	407	171	71	563
永州横岭瑶族乡	1642	1326	294	7543
永州洪塘营瑶族乡	1905	185	947	8367
永州审章塘瑶族乡	10245	8735	2843	28175
永州晒北滩瑶族乡	310	280	163	3120
永州门楼下瑶族乡	1815	1500	180	2130
永州上梧江瑶族乡	824		453	3117
永州市小圩壮族乡	1025	1025	264	1976
张家界刘家坪白族乡				2200
张家界马合口白族乡				3551
张家界走马坪白族乡				3999
张家界芙蓉桥白族乡				8654

农作物总播种面积（亩）	#粮食播种面积（亩）	粮食产量（吨）	肉类总产量（吨）	农民合作社个数（个）	农民合作社成员数（户）	农业技术服务机构个数（个）	农业技术服务机构从业人员数（人）
17751	7990	3710	1320	3	30	1	2
3750	3570	1496	598	3	48	1	2
2412	2135	1346	271	1	1	1	2
14235	9705	3654	518	6	36	1	6
21032	11287	4923	1120	6	907	1	6
2565	1200	1371	460	4	38	1	3
4816	2910	1298	766	3	296	1	2
5200	3680	240	73	1	44	1	1
1520	920	840	550			1	1
4521	1386	549	65	1	1	1	1
17481	8940	4321	208	4	59	1	1
26560	13254	11578	1902	10	420	1	6
21466	13953	8372	797	4	139	1	4
9840	5900	2962	28	4	102	1	3
17955	11340	4106	1190	2	110	1	7
18980	14200	14050	6890	7	150	1	12
1930	1290	1984	1818	1	6	2	2
3216	1409	728	221				
9774	5550	1682	921			1	2
31389	17396	6995	1412	2	54	2	3
26856	16594	5840	432	3	20	1	1
68326	41568	16213	1012	4	512	7	10
7560	4751	1890	316			1	1
4068	1865	1500	60	2	86	1	6
31795	15266	5232	1152	4	620	1	7
18465	14772	5870	1260	4	24	1	2
12500	11200	6080	490	3	60	1	2
26143	18449	6574	703	9	45	2	5
33903	20348	5087	858	6	42	1	2
13116	9878	14667	484	25	516	1	5

10-1(二) 续表 13

民族乡镇名称	乡镇企业总产值（万元）	#工业企业（万元）	乡镇企业年净利润总额（万元）	农林牧渔业总产值（万元）
张家界洪家关白族乡	863	189	278	6135
张家界三官寺土家族乡	2800	50	380	7582
张家界高峰土家族乡				12042
张家界金岩土家族乡				4106
张家界许家坊土家族乡	530	112	140	4758
张家界阳和土家族乡				3971
张家界甘堰土家族乡	641	462	175	11298
张家界赵家岗土家族乡	671	365	121	3988
郴州市白水瑶族乡	1040	9054	10	6963
郴州市保和瑶族乡	19800	9250	1100	11652
郴州市仰天湖瑶族乡	130218	130118	320	4317
郴州市莽山瑶族乡	7082	1128	1472	3011
郴州市文明瑶族乡	12580	7481	512	8860
郴州市延寿瑶族乡	23350	20430	6771	319761
郴州市三江口瑶族乡	8490	6480	2433	4134
郴州市西山瑶族乡	291	120	29	29
郴州市回龙山瑶族乡	1525		659	9105
郴州市八面山瑶族乡	61000	28500	9150	8955
常德市许家桥回族维吾尔族乡	16200	15000	1255	21526
常德市毛家滩回族维吾尔族乡	215000	20000	3500	5500
常德市枫树维吾尔族回族乡	26039	26039	939	27810
常德市青林回族维吾尔族乡	17370	17370	689	53178
株洲市中村瑶族乡				4623
衡阳市塔山瑶族乡				1144
益阳市鲊埠回族乡	179112	164328	14784	6321
广东省	**146101**	**102585**	**22087**	**65463**
惠州市龙门县蓝田瑶族乡	27413	14081	6854	19358
清远市连州市三水瑶族乡	6893	69	52	1385
清远市连州市瑶安瑶族乡	11902	5083	250	7813
清远市阳山县秤架瑶族乡	31464	19115	779	12349

农作物总播种面积（亩）	#粮食播种面积（亩）	粮食产量（吨）	肉类总产量（吨）	农民合作社个数（个）	农民合作社成员数（户）	农业技术服务机构个数（个）	农业技术服务机构从业人员数（人）
21846	19237	11010	9160	12	528	1	6
49781	28243	11962	1856	5	193	7	8
27000	21000	10400	2682	9	35	1	4
33000	25200	9850	141			4	8
36758	18750	8437	2475	5	36	4	10
33441	24853	9896	1200	4	20	1	2
33900	25020	9360	1620	9	1004	2	5
28517	20250	6657	845	5	128	1	6
33991	15877	5381	2393	4	20	1	6
31800	12305	6882	2120	7	45	1	4
39252	17806	6769	2295	18	709	3	6
17897	11358	4002	478	22	613	1	1
64830	37975	22580	1660	26	956	3	12
53011	31022	13291	1534	24	286	1	5
20112	15750	6631	501	4	230	1	3
6920	2403	2431	426	16	58	1	5
57691	40367	14250	3083	26	652	1	5
42845	25752	7048	2524	28	860	1	3
163233	112096	36992	5658	15	1326	2	13
62000	60000	32000	266	12	300	1	8
91094	53779	15821	6821	12	940	1	9
149957	98668	33865	8520	15	1682	2	13
17136	12762	2680	386	21	304	1	4
6711	3930	1300	600	26	920	7	25
46545	22320	10714	11231	6	1338	1	5
139894	**70424**	**25340**	**4374**	**101**	**1025**	**15**	**21**
23265	14235	4546	1434	16	132	8	8
4018	1984	268	192	5	158	1	1
12885	5074	1734	574	12	66	1	1
43664	13193	3875	382	21	126	2	5

10-1(二) 续表 14

民族乡镇名称	乡镇企业总产值（万元）	#工业企业（万元）	乡镇企业年净利润总额（万元）	农林牧渔业总产值（万元）
肇庆市怀集县下帅壮族瑶族乡	5235	1995	785	11889
韶关市始兴县深渡水瑶族乡	980	391	378	3935
河源市东源县漳溪畲族乡	62214	61851	12989	8734
广西壮族自治区	**575313**	**320708**	**91794**	**661613**
梧州市蒙山县长坪瑶族乡				3634
梧州市蒙山县夏宜瑶族乡				4169
贺州市八步区黄洞瑶族乡	10756	7823	2215	7894
贺州市平桂管理区大平瑶族乡	32400		2350	
贺州市昭平县仙回瑶族乡	1560	652	242	9487
贺州市钟山县两安瑶族乡	1748	1748		11324
贺州市钟山县花山瑶族乡	10451	10451		11074
贵港市平南县马练瑶族乡	1430	1270	128	13395
贵港市平南县国安瑶族乡	7390	6695	670	19550
防城港市上思县南屏瑶族乡	6441	6441		
防城港市防城区十万山瑶族乡				1953
南宁市马山县古寨瑶族乡	2800	2600	420	8975
南宁市马山县里当瑶族乡	149	108	73	7614
南宁市上林县镇圩瑶族乡	858	858		11985
柳州市三江县同乐苗族乡				
柳州市三江县福禄苗族乡	1995	1995	900	16072
柳州市三江县高基苗族乡	730	730	38	7860
柳州市融水县滚贝侗族乡	3286	3286	1300	8411
柳州市融水县同练瑶族乡	302	302	90	5736
柳州市柳城县古砦仫佬族乡	829	184	44	42686
桂林市临桂县宛田瑶族乡	30900	3979	420	15600
桂林市临桂县黄沙瑶族乡	5602	5602	1763	5537
桂林市灵川县大境瑶族乡	10843	9623	736	5296
桂林市灵川县兰田瑶族乡	2110	2110	144	5719
桂林市全州县蕉江瑶族乡	10652	10652	1069	17885
桂林市全州县东山瑶族乡	61500	52500	2760	13216

农作物总播种面积（亩）	#粮食播种面积（亩）	粮食产量（吨）	肉类总产量（吨）	农民合作社个数（个）	农民合作社成员数（户）	农业技术服务机构个数（个）	农业技术服务机构从业人员数（人）
18003	12845	5877	590	10	118	1	4
13624	7238	3026	323	6	220	1	1
24435	15855	6014	879	31	205	1	1
2052820	**1191352**	**409598**	**74805**	**369**	**7046**	**79**	**268**
9481	3792	1017	109	8	37	1	2
18555	6300	1970	555	2	52	1	2
15563	6337	1882	499	4	463	3	8
14985	14985	8530	1231			1	1
25650	15450	9350	1322	10	182	1	4
22980	16590	6493	1872	5	138	2	9
10395	6345	2204	1451	3	120	1	6
60300	20456	8209	2178	5	57	2	3
30650	9735	5293	1548	1	35	1	2
50202	14724	3468	494	2	15	1	2
8970	7020	1852	376	1	5		
34455	28755	7375	1964	11	410	3	7
30075	24660	5575	1765	6	280	1	3
29895	21345	4851	1874	17	162	1	12
2816	1483	6686	1797	27	230	1	4
1010	979	5429	2700	6	60	1	3
16620	8940	2741	670	10	520	1	2
22360	13028	4178	832	1	60	1	4
18696	9300	2892	670	2	70	1	2
123630	54060	21013	2254	21	235	3	13
32090	25110	8420	2360	7	420	1	4
18945	9540	2709	260			1	1
26415	13800	4409	820	6	180	2	2
12006	6498	2298	317	2	30	4	12
37350	17685	6467	2228	5	317	1	1
37000	26200	15220	2669	3	15	1	6

10-1(二) 续表 15

民族乡镇名称	乡镇企业总产值（万元）	#工业企业（万元）	乡镇企业年净利润总额（万元）	农林牧渔业总产值（万元）
桂林市兴安县华江瑶族乡	153200	84499	23557	14148
桂林市灌阳县洞井瑶族乡	10900	9480	1861	5760
桂林市灌阳县西山瑶族乡	25680	21900	20706	21200
桂林市资源县车田苗族乡	9500	4000	3500	27187
桂林市资源县两水苗族乡	4893	2531	876	17756
桂林市资源县河口瑶族乡	2716	2664	546	6509
桂林市平乐县大发瑶族乡	13000	5900	470	16832
桂林市荔浦县蒲芦瑶族乡	15000	14636	2250	7020
桂林市雁山区草坪回族乡				
百色市右江区汪甸瑶族乡	10245	6481	55	36737
百色市田东县作登瑶族乡	253	74	68	608
百色市田林县潞城瑶族乡				20323
百色市田林县利周瑶族乡				17173
百色市田林县八桂瑶族乡				17341
百色市田林县八渡瑶族乡				18426
百色市凌云县伶站瑶族乡	58104			
百色市凌云县朝里瑶族乡	251		56	6786
百色市凌云县沙里瑶族乡	1063		55	6172
百色市凌云县玉洪瑶族乡	3100	190	1750	19950
百色市西林县足别瑶族苗族乡	600	600		
百色市西林县普合苗族乡	9674	6534	5320	1230
百色市西林县那佐苗族乡				
河池市南丹县八圩瑶族乡	500		15	11842
河池市南丹县里湖瑶族乡	180		45	13789
河池市南丹县中堡苗族乡	3700	2950	170	3829
河池市天峨县八腊瑶族乡	5950	2700	4800	11672
河池市凤山县平乐瑶族乡	2980	2401	254	4403
河池市凤山县江洲瑶族乡	3545	1925	236	4084
河池市凤山县金牙瑶族乡	8430	5746	742	7425
河池市东兰县三弄瑶族乡	995			

农作物总播种面积（亩）	#粮食播种面积（亩）	粮食产量（吨）	肉类总产量（吨）	农民合作社个数（个）	农民合作社成员数（户）	农业技术服务机构个数（个）	农业技术服务机构从业人员数（人）
22843	13406	6261	1610	3	162	1	4
35070	21240	14065	985	16	345	1	2
31515	17670	12471	965	6	30	2	4
53925	21495	7768	1164	19	487	1	10
40065	19275	8518	1129	1	6	1	4
17895	5700	2371	400	3	86	1	1
59740	24285	9556	1182	9	183	1	10
24555	9600	3620	940	9	135	1	6
10545	4035	1516	495	3	48	1	4
83820	32475	10086	4178	10	178	1	22
68805	38100	12277	1237	8	30	1	5
45000	38535	10139	1751	12	97	1	1
38853	20220	5450	1105	6	216	1	2
27120	21075	6800	1430	3	103	1	2
46815	29865	8176	2400	3	18	1	2
2173	1453					1	16
17160	11250	2965	503	7	28	1	1
2641	1788	6756	1115	7	35	1	1
42420	32325	6785	2105			2	4
17550	17550	4175	685	6	32	1	1
38610	19305	5045	942	12	86	1	2
61230	43110	11643	1671	9	45	6	6
50640	30555	6978	1412	3	15	1	3
48045	31290	6057	1377	5	122	1	3
15390	9765	1975	436	1	12	1	3
63600	44025	12904	1110	16	193	2	6
43605	27150	6648	1058	6	40	1	10
24405	16800	3705	716	1	30	1	2
41175	26970	5419	1350			1	6
4635	4390	948	327	9	50	1	2

10-1(二) 续表 16

民族乡镇名称	乡镇企业总产值（万元）	#工业企业（万元）	乡镇企业年净利润总额（万元）	农林牧渔业总产值（万元）
河池市环江县驯乐苗族乡	24550	15450	9100	23400
河池市宜州市北牙瑶族乡	1134			64940
河池市宜州市福龙瑶族乡	438	438		
重庆市	**90838**	**51717**	**25790**	**115863**
奉节县云雾土家族乡				1260
奉节县长安土家族乡	40	30	10	9120
奉节县龙桥土家族乡	4352	3890	1616	9706
奉节县太和土家族乡	96	46	52	3650
万州区恒合土家族乡	5350	1850	2500	18750
万州区地宝土家族乡	190		35	
云阳县清水土家族乡	46132	31132	18453	20708
巫山县红椿土家族乡		84		7342
巫山县邓家土家族乡		8		4231
忠县磨子土家族乡	25017	4993	2539	10955
武隆县石桥苗族土家族乡	7360	4580	120	7476
武隆县文复苗族土家族乡	471	471	118	9795
武隆县后坪苗族土家族乡	1830	1395	347	6634
武隆县浩口苗族仡佬族乡		3238		6236
四川省	**437591**	**385664**	**60206**	**540873**
阿坝州松潘县十里回族乡				2673
阿坝州松潘县进安回族乡	534			4107
攀枝花市仁和区大龙潭彝族乡	1485	830	110	18403
攀枝花市仁和区啊喇彝族乡	1100	1100		10205
攀枝花市米易县麻陇彝族乡	131	131	92	15040
攀枝花市米易县白坡彝族乡	527	527	90	15137
攀枝花市米易县湾丘彝族乡	13659	13659	2308	12970
攀枝花市米易县新山傈僳族乡	1967	756	813	9048
攀枝花市盐边县敢鱼彝族乡	560		200	7561
攀枝花市盐边县红果彝族乡	7362	7362	-2037	9700
攀枝花市盐边县温泉彝族乡				9084

农作物总播种面积（亩）	#粮食播种面积（亩）	粮食产量（吨）	肉类总产量（吨）	农民合作社个数（个）	农民合作社成员数（户）	农业技术服务机构个数（个）	农业技术服务机构从业人员数（人）
23816	18718	7999	548	3	95	2	3
126630	70650	24988	2591	5	26	1	1
111435	84165	25004	1073	3	20	1	4
499992	**307327**	**95034**	**16311**	**252**	**7111**	**16**	**106**
23424	10128	3043	280	15	65	1	5
65400	32823	13015	600	39	217	3	8
52293	22289	5721	1236	27	123	1	6
42389	17530	6269	711	16	243	1	2
68550	59350	22975	1250	9	250	1	6
16165	13200	3013	238	2	20	1	7
25049	24930	7732	4301	18	96	1	12
13650	3250	1070	395	34	312	1	5
28309	17115	2983	1404	16	143	1	4
31943	24434	8261	988	12	345	1	13
34650	28848	7800	620	10	520	1	14
46455	22950	4520	2085	15	2845	1	10
28365	14175	4985	1106	33	1791	1	6
23350	16305	3647	1097	6	141	1	8
1711949	**1190094**	**345049**	**96929**	**787**	**25475**	**101**	**250**
4240	3100	790	215	8	32	1	1
1300	1300	343	179				
76770	42420	12376	2750	45	930	1	2
24810	13890	5141	986	22	178	1	4
27525	12420	3562	987	14	349	1	2
27417	12615	3977	1114	24	1309	1	2
290	17775	6451	793	6	190	1	2
22085	9978	4309	1409	8	449	1	4
19232	10997	2595	688	15	200	1	2
22875	14355	4040	1321	13	221	1	3
15094	8649	2035	2403	7	394	1	2

10-1(二) 续表 17

民族乡镇名称	乡镇企业总产值（万元）	#工业企业（万元）	乡镇企业年净利润总额（万元）	农林牧渔业总产值（万元）
攀枝花市盐边县箐河傈僳族乡	3072	3072	1236	4542
攀枝花市盐边县格萨拉彝族乡	7230	2340	1987	12510
攀枝花市盐边县和爱彝族乡	218	218	11	5321
攀枝花市盐边县红宝苗族彝族乡	550	550	150	4606
泸州市叙永县白蜡苗族乡	3479	2179	301	8458
泸州市叙永县合乐苗族乡	1176	997	71	5160
泸州市叙永县枧槽苗族乡	701	701	60	3426
泸州市叙永县石坝彝族乡	2748	1370	245	3129
泸州市叙永县水潦彝族乡	831	831	63	6560
泸州市古蔺县箭竹苗族乡	20292	12628	1726	8257
泸州市古蔺县大寨苗族乡	382	282	92	6323
泸州市古蔺县马嘶苗族乡	695	429	126	5280
广元市青川县蒿溪回族乡	318	40	52	3720
广元市青川县大院回族乡	28	28	6	3871
乐山市金口河区和平彝族乡	2200	1440	131	5410
乐山市金口河区共安彝族乡	1735	1735	445	2473
南充市阆中市博树回族乡	860	516	30	5852
宜宾市筠连县高坪苗族乡	22362	21911	6708	4666
宜宾市筠连县联合苗族乡	1015	1015	116	9120
宜宾市筠连县团林苗族乡	560	560	230	150
宜宾市屏山县屏边彝族乡	3800	3800	810	8785
宜宾市屏山县清平彝族乡	100		30	4083
宜宾市兴文县大坝苗族乡	30277	25433	710	17705
宜宾市兴文县毓秀苗族乡	4321	3125	207	3775
宜宾市兴文县大河苗族乡	38900	31260	2538	17467
宜宾市兴文县麒麟苗族乡	15001	8100	246	17830
宜宾市兴文县仙峰苗族乡	54917	53365	8019	16015
宜宾市珙县罗渡苗族乡	500	500	93	7258
宜宾市珙县玉和苗族乡				3540
宜宾市珙县观斗苗族乡	16202	16202	1821	2496

农作物总播种面积（亩）	#粮食播种面积（亩）	粮食产量（吨）	肉类总产量（吨）	农民合作社个数（个）	农民合作社成员数（户）	农业技术服务机构个数（个）	农业技术服务机构从业人员数（人）
16136	10032	2915	800	10	54	1	3
24281	8247	2047	1696	16	359	1	3
15131	6870	1667	433	4	350	1	2
8810	6459	1420	564	13	210	1	4
48164	36796	8267	1790	9	92	1	3
34982	22057	4898	1542	14	612	1	7
36095	21929	3890	1370	4	65	1	5
18498	14260	2058	1576	7	560	1	3
46307	26886	12043	1107	7	237	2	4
37755	31500	8142	1763	6	130	4	12
33596	14742	4745	724	13	86	1	2
41283	27323	6790	1125	17	205	1	1
14520	10513	2033	573	7	112	1	2
19675	14532	2895	780	2	6	1	1
18850	16409	2514	1471	20	220	1	1
9630	6885	1185	740	6	33	1	1
19410	11505	3333	797	13	472	1	4
27594	22232	3789	1234	6	36	1	6
20615	17990	5023	960	7	160	1	7
8325	8139	5120	2580	3	15	1	5
22770	16635	3121	930	7	192	1	7
22810	18740	3568	910	6	170	1	7
48231	32058	20716	3787	35	272	1	4
17781	12134	1977	2391	4	234	1	3
63657	58512	20576	5412	24	2446	1	7
45230	37950	14608	6510	10	352	3	5
39015	25560	8074	4800	13	3450	1	4
21514	12145	6093	4250	10	405	1	4
12226	5656	2728	794	18	620	1	4
6723	3897	2285	686	3	430	1	4

10-1(二)　续表 18

民族乡镇名称	乡镇企业总产值（万元）	#工业企业（万元）	乡镇企业年净利润总额（万元）	农林牧渔业总产值（万元）
雅安市汉源县小堡藏族彝族乡	3000	3000	580	1600
雅安市汉源县坭美彝族乡				2544
雅安市汉源县永利彝族乡				2039
雅安市汉源县顺河彝族乡	150	150	30	4984
雅安市汉源县片马彝族乡	92		7	2477
雅安市石棉县安顺彝族乡	34620	28300	7350	7493
雅安市石棉县先锋藏族乡	48372	48372	5601	16142
雅安市石棉县蟹螺藏族乡	19942	19942	3992	1949
雅安市石棉县回隆彝族乡	20180	20180	3420	6000
雅安市石棉县擦罗彝族乡	7000	7000	480	2769
雅安市石棉县栗子坪彝族乡	13979	13979	2789	3055
雅安市石棉县新民藏族彝族乡	1140	630	533	7679
雅安市石棉县挖角彝族藏族乡	5278	5278	1389	1337
雅安市石棉县田湾彝族乡	2880	2880	48	2803
雅安市石棉县草科藏族乡	6547	6547	2390	2594
雅安市宝兴县跷碛藏族乡				6040
雅安市荥经县宝峰彝族民族乡				2407
雅安市荥经县民建彝族民族乡				1261
凉山州西昌市高草回族乡				16273
凉山州西昌市裕隆回族乡	810	489	135	25657
凉山州木里县屋脚蒙古族乡				984
凉山州木里县俄亚纳西族乡				2453
凉山州木里县白碉苗族乡				2312
凉山州木里县项脚蒙古族乡				2211
凉山州木里县固增苗族乡				1529
凉山州盐源县大坡蒙古族乡				1017
凉山州德昌县金沙傈僳族乡				5301
凉山州德昌县南山傈僳族乡				4720
凉山州会理县新安傣族乡				7145
凉山州冕宁县和爱藏族乡	610	90	140	5130

农作物总播种面积（亩）	#粮食播种面积（亩）	粮食产量（吨）	肉类总产量（吨）	农民合作社个数（个）	农民合作社成员数（户）	农业技术服务机构个数（个）	农业技术服务机构从业人员数（人）
6280	4500	1200	280	6	38	1	3
11580	4461	2793	200	9	265	1	3
20580	13350	1988	456	9	223	1	4
7897	6044	1552	447	5	137	1	3
25897	21047	3472	1067	21	156	1	1
13944	8736	1916	1236	8	150	1	2
15469	10544	2262	315	12	184	1	2
12757	8054	1879	850	5	70	1	4
8806	2950	944	460	3	253	3	5
5598	3005	742	140	7	500	1	1
5510	3980	1092	582	2	60	1	2
22053	13394	3336	480	11	189	1	2
2337	2240	437	674	6	90	1	3
10195	3261	1149	553	2	342	1	
11098	7485	1324	342	3	370	1	1
15131	8318	2889	1799	37	532	1	1
7743	6735	2063	403	1	14	1	4
9416	6164	1407	388	5	23	1	3
44315	36344	13201	1691	15	1243	1	2
54355	47324	17789	2670	10	145	1	5
3020	3020	974	107				
13886	12860	2675	651	4	83	1	3
11893	11220	2633	307			1	3
7389	6718	1590	230	4	22	1	3
18621	9393	1790	320			1	3
9236	5327	5691	1171	1	5	1	1
7230	4725	1605	220			1	2
3719	4395	1368	305	14	536	1	2
14873	11245	3529	650			1	1
9740	8839	2252	510	2	35	1	2

10-1(二) 续表 19

民族乡镇名称	乡镇企业总产值（万元）	#工业企业（万元）	乡镇企业年净利润总额（万元）	农林牧渔业总产值（万元）
凉山州越西县保安藏族乡				2761
绵阳市平武县木皮藏族乡				785
绵阳市平武县木座藏族乡				1324
绵阳市平武县白马藏族乡				550
绵阳市平武县黄羊关藏族乡				2385
绵阳市平武县虎牙藏族乡	8854	7783	1071	732
绵阳市平武县泗耳藏族乡				1696
绵阳市平武县徐塘羌族乡	90		25	2043
绵阳市平武县锁江羌族乡	340	340	87	9781
绵阳市平武县平南羌族乡				2840
绵阳市北川县桃龙藏族乡				5511
绵阳市盐亭县大兴回族乡				6785
达州市宣汉渡口土家族乡				3418
达州市宣汉龙泉土家族乡				4425
达州市宣汉三墩土家族乡				6030
达州市宣汉漆树土家族乡	900	700	103	2619
绵阳市平武县水田羌族乡				2892
绵阳市平武县旧堡羌族乡				3567
绵阳市平武县阔达藏族乡				2796
绵阳市平武县土城藏族乡	1012	1012	200	6313
贵州省	**1628002**	**1102960**	**1328138**	**2101789**
贵阳市南明区小碧布依族苗族乡				29876
贵阳市花溪区高坡苗族乡				23382
贵阳市花溪区孟关苗族布依族乡				22755
贵阳市花溪区马铃布依族苗族乡				19164
贵阳市花溪区黔陶布依族苗族乡				29756
贵阳市乌当区偏坡布依族乡	339	52	189	4920
贵阳市乌当区新堡布依族乡				15500
贵阳市白云区牛场布依族乡				34405
贵阳市白云区都拉布依族乡	241000	240011		12524

农作物总播种面积（亩）	#粮食播种面积（亩）	粮食产量（吨）	肉类总产量（吨）	农民合作社个数（个）	农民合作社成员数（户）	农业技术服务机构个数（个）	农业技术服务机构从业人员数（人）
15277	11610	3430	688	1	12	1	2
233	204	44	86	3	40	1	1
735	600	63	58	6	30	1	1
430	430	21	231	21	105	1	1
13382	6150	959	208			1	1
2350	2300	920	172	7	36	1	1
1096	1096	150	239	1	20	1	1
18405	11110	1100	409	3	21	1	1
33597	26005	2500	500	3	391	1	1
11511	11511	3120	376	3	20	1	1
21225	12765	1993	1032	11	170	1	1
16228	11463	3941	712	5	250	5	3
13341	9465	3267	942	6	32	1	2
20678	17840	3400	465	12	190	1	3
25410	15655	6705	1200	5	540	1	3
10630	6902	2693	821	3	37	1	2
17968	13858	2638	980			1	1
6424	4126	2132	400	6	150	1	1
8068	7668	1285	390	5	320	1	1
23143	17566	3007	577	8	609	1	2
8056366	**5196743**	**1292334**	**234076**	**2206**	**29875**	**228**	**1546**
38805	4650	1738	1358	1	63	1	10
56265	22935	7749	3018	19	301	1	2
38985	13095	4851	1628	1	15	1	6
40830	11445	3372	1248	11	274	1	5
40860	7515	2778	857	10	85	1	6
8490	3375	374	225	2	25	1	5
30225	13245	4044	204	4	360	1	5
61700	15540	4396	998	32	1247	1	13
13470	4890	1265	971	2	265	1	6

10-1(二) 续表 20

民族乡镇名称	乡镇企业总产值（万元）	#工业企业（万元）	乡镇企业年净利润总额（万元）	农林牧渔业总产值（万元）
贵阳市清镇市麦格苗族布依族乡				21923
贵阳市清镇市王庄布依族苗族乡				21848
贵阳市清镇市流长苗族乡				33672
贵阳市开阳县高寨苗族布依族乡	1562	1200	920	22492
贵阳市开阳县南江布依族苗族乡	9600	1720	2661	19932
贵阳市开阳县禾丰布依族苗族乡	9023	7050	2280	19711
贵阳市修文县大石布依族乡				14771
贵阳市息烽市青山苗族乡	8000		3200	11511
六盘水市水城县坪寨彝族乡	1074	1074	110	8680
六盘水市水城县南开苗族彝族乡	1433	1433	200	25304
六盘水市水城县青林苗族彝族乡	537	537	102	11842
六盘水市水城县金盆苗族彝族乡	1372	1372	206	18033
六盘水市水城县新街彝族苗族布依族乡	424	424	64	10004
六盘水市水城县杨梅彝族苗族回族乡	521	521	98	20882
六盘水市水城县野钟苗族彝族布依族乡	3248	3248	650	13940
六盘水市水城县果布嘎彝族苗族布依族乡	1760	1760	280	11002
六盘水市水城县龙场苗族白族彝族乡	3824	3824	760	14360
六盘水市水城县营盘苗族彝族白族乡	731	731	110	11740
六盘水市水城县顺场苗族彝族布依族乡	22932	22932	3440	15997
六盘水市水城县花戛苗族布依族彝族乡	8791	8791	1400	9673
六盘水市水城县猴场苗族布依族乡	24380	24380	3660	20004
六盘水市盘县特区普田回族乡	367	80	98	5280
六盘水市盘县特区旧营白族彝族苗族乡	375	93	79	6695
六盘水市盘县特区羊场布依族白族苗族乡	1012	303	202	10407
六盘水市盘县特区保基苗族彝族乡	4870	974	974	5072
六盘水市盘县特区淤泥彝族乡	41120	16448	8224	6157
六盘水市盘县特区普古彝族苗族乡	3683	736	310	10430
六盘水市盘县特区坪地彝族乡	19761	3952	2121	7642
六盘水市六枝特区梭戛苗族彝族乡	12068	7229	2084	12096
六盘水市六枝特区落别布依族彝族乡	128930	65151	14858	27106

农作物总播种面积（亩）	#粮食播种面积（亩）	粮食产量（吨）	肉类总产量（吨）	农民合作社个数（个）	农民合作社成员数（户）	农业技术服务机构个数（个）	农业技术服务机构从业人员数（人）
62325	28590	8205	1187	14	107	3	16
75855	28575	5749	2293	13	93	3	23
88215	39315	8943	4855	20	277	3	14
65175	30225	7656	2871	39	273	3	9
56670	27840	7062	2217	26	182	3	8
47940	20025	5157	1611	45	315	3	12
44385	19590	4094	1291	41	41	3	11
34260	17400	4794	835	10	114	2	9
15000	10095	3100	290	4	20	1	5
60015	45765	15608	1785	10	115	1	10
31455	23895	4656	450	19	100	1	8
41025	32415	10610	1040	3	16	1	10
21330	11850	4618	675	16	16	1	8
65685	40590	7157	1288	8	22	1	7
46875	26490	5673	743	7	430	1	5
41490	30720	5014	424	18	96	1	7
30720	24495	7646	1271	12	96	1	5
28365	14475	5753	530	4	90	1	8
31200	25695	6725	376	50	283	1	4
26130	20430	5306	357	5	60	1	7
38535	25665	5237	1084	26	130	1	7
14434	6250	4168	463	3	6	1	7
42703	19006	9098	1307	5	60	1	11
36603	22453	7668	1321			1	36
38371	15813	7131	728	9	20	1	10
31995	29958	8460	3051	16	277	3	30
37033	37036	11900	2140	7	409	1	7
56913	43547	9821	2460	2	6	6	13
21525	19140	6156	139	8	40	3	17
51240	26895	16604	2154	18	156	1	24

10-1(二) 续表 21

民族乡镇名称	乡镇企业总产值（万元）	#工业企业（万元）	乡镇企业年净利润总额（万元）	农林牧渔业总产值（万元）
六盘水市六枝特区中寨苗族彝族布依族乡	213851	48200	20316	19451
六盘水市六枝特区牛场苗族彝族乡	33215	4218	8288	12489
六盘水市六枝特区月亮河彝族苗族乡	40760	19760	2960	34284
遵义市仁怀后山苗族布依族乡	1300	600	218	175
遵义市遵义县平正仡佬族乡	27456	10250	1531	12958
遵义市遵义县洪关苗族乡	330		189	20204
遵义市桐梓县马鬃苗族乡				14000
遵义市正安县谢坝仡佬族苗族乡	4153	699	1733	8077
遵义市正安县市坪苗族仡佬族乡	3894	2112	383	6460
遵义市余庆县花山苗族乡	1146	1146	761	16167
遵义市道真县上坝土家族乡	70197	56158	31235	15783
安顺市西秀区鸡场布依族苗族乡	3020	2210	76	14146
安顺市西秀区杨武布依族苗族乡	259	490	368	480
安顺市西秀区岩腊苗族布依族乡	976	876	140	10343
安顺市西秀区新场布依族苗族乡	850	420	65	19673
安顺市西秀区黄腊布依族苗族乡	6800	3421	460	9503
安顺市平坝县十字回族乡	15000	8000	2000	14915
安顺市平坝县羊昌布依族苗族乡	94983	70507	5860	15600
安顺市普定县补郎苗族乡	30820	27680	2130	15200
安顺市普定县猴场苗族仡佬族乡	13144	13144	7430	15180
安顺市普定县猫洞苗族仡佬族乡	43900	41350	17310	16865
毕节市七星关区大屯彝族乡	308	55	18	4512
毕节市七星关区田坎彝族乡	460	120	230	4000
毕节市七星关区阿市苗族彝族乡	4100	2700	945	6882
毕节市七星关区团结彝族苗族乡	484	263	78	3558
毕节市七星关区阴底彝族苗族白族乡	50	48	16	4530
毕节市七星关区干溪彝族苗族白族乡	4100	3800	260	7210
毕节市黔西县永燊彝族苗族乡	480	271	58	23190
毕节市黔西县新仁苗族乡	276	92	33	21919
毕节市黔西县花溪彝族苗族乡	20835	20714	2500	19288

农作物总播种面积（亩）	#粮食播种面积（亩）	粮食产量（吨）	肉类总产量（吨）	农民合作社个数（个）	农民合作社成员数（户）	农业技术服务机构个数（个）	农业技术服务机构从业人员数（人）
47349	29391	12018	753	16	80	4	35
48900	34020	9307	1678	17	90	3	19
75129	45015	14549	2997	19	257	3	33
20700	14000	3600	724	2	240	1	7
4294	2781	10918	2056	4	50	1	16
3968	2512	8677	1177	4	33	1	7
14000	8000	6200	500	11	1150	1	9
30754	23717	3211	4470	17	233	1	14
47465	22395	13843	113	11	65	1	3
92940	49470	10435	1658	2	24	1	13
58890	3300	1670	1903	10	50	1	30
49100	17830	5637	2414	15	510	1	8
63010	46240	41120	1055	15	612	1	15
43712	19868	6394	2754	17	160	1	7
28603	14320	7160	3850	8	85	1	6
33992	19536	10233	2050	6	138	1	4
80442	68700	15630	3013	37	1100	1	18
45800	22400	8264	2352	16	488	1	15
45800	31000	6580	2200	12	88	1	6
40402	22095	5427	1219	8	49	1	12
61755	32625	9240	3021	20	100	1	6
55652	41128	4108	713	5	32	1	5
49000	37500	3580	900	5	40	1	5
99400	83000	8320	790	8	55	1	5
56140	40610	7230	753	13	70	1	7
104790	89175	12302	1250	17	90	1	8
73000	45200	8065	850	6	35	1	7
72915	54490	8304	965	10	75	1	8
76995	37965	8497	996	10	63	1	7
49860	31785	7180	937	10	95	1	6

10-1(二) 续表 22

民族乡镇名称	乡镇企业总产值(万元)	#工业企业(万元)	乡镇企业年净利润总额(万元)	农林牧渔业总产值(万元)
毕节市黔西县中建苗族彝族乡	8410	8154	1009	19267
毕节市黔西县定新彝族苗族乡	1824	1043	219	23734
毕节市黔西县太来彝族苗族乡	14332	14137	1720	25869
毕节市黔西县绿化白族彝族乡	42656	34661	5119	19614
毕节市黔西县红林彝族苗族乡	2286	2005	274	20863
毕节市黔西县五里布依族苗族乡	82721	80038	9926	21352
毕节市黔西县铁石苗族彝族乡	306	174	37	24226
毕节市大方县竹园彝族苗族乡	2560	1105	195	6551
毕节市大方县响水白族彝族仡佬族乡	210	125	35	8912
毕节市大方县鼎新彝族苗族乡	4337	3937	210	12215
毕节市大方县牛场苗族彝族乡	227	135	209	12743
毕节市大方县理化苗族彝族乡	710	710	210	13751
毕节市大方县安乐彝族仡佬族乡	1056	1046	174	8321
毕节市大方县凤山彝族蒙古族乡	68000	63000	13700	13289
毕节市大方县百纳彝族乡	4827	3000	1000	2850
毕节市大方县三元彝族苗族白族乡	1347	127	5806	8935
毕节市大方县沙厂彝族乡	190	130	30	6031
毕节市大方县黄泥彝族苗族满族乡	2510	3168	327	9013
毕节市大方县核桃彝族白族乡	1260	1460	618	9170
毕节市大方县八堡彝族苗族乡	6982	5396	550	12600
毕节市大方县兴隆苗族乡	467	574	367	11274
毕节市大方县大山苗族彝族乡	62	25	9	7250
毕节市大方县星宿苗族彝族仡佬族乡	4540	3000	670	6077
毕节市织金县自强苗族乡	1581	1581	102	9800
毕节市织金县官寨苗族乡	2146	1450	1876	6123
毕节市织金县后寨苗族乡	4100	4100	1800	6908
毕节市织金县大平苗族彝族乡	4200	2200	650	4896
毕节市织金县茶店布依族苗族彝族乡	1243	477	320	3920
毕节市织金县金龙苗族彝族布依族乡	2098	1598	301	33241
毕节市织金县鸡场苗族彝族布依族乡	3673	2697	60	15906

农作物总播种面积（亩）	#粮食播种面积（亩）	粮食产量（吨）	肉类总产量（吨）	农民合作社个数（个）	农民合作社成员数（户）	农业技术服务机构个数（个）	农业技术服务机构从业人员数（人）
42720	24585	5480	938	7	69	1	5
73365	37290	7064	946	23	227	1	7
80250	55510	10063	943	11	56	1	8
44625	21060	4577	997	21	104	1	10
49815	36285	6473	1024	7	35	1	7
57570	28635	7771	967	10	65	1	9
85845	36810	8147	985	10	65	1	10
57391	39456	6025	1203	5	129	1	8
82730	41361	8283	1210	10	53	1	10
97177	81023	9186	1603	11	96	1	11
74415	54855	7756	1134	11	94	1	14
82013	56285	8015	1689	16	65	1	18
63105	51298	7325	721	8	105	1	10
59910	35430	5000	1057	11	125	1	8
25744	20950	2939	401	2	10	1	6
89550	64036	6689	819	7	87	1	6
14138	5955	1630	625	8	99	1	8
74851	48909	5724	615	7	82	1	4
86405	56565	5840	1310	5	45	1	5
95770	75170	9124	1360	56	321	1	4
88203	64692	7425	1138	7	56	1	10
77658	54033	5814	790	17	133	1	6
46253	32854	1080	530	10	30	1	5
26800	19400	7560	404	17	64	1	8
64068	41372	3850	1055	32	291	1	12
50160	46000	5920	760	6	30	1	5
45200	38800	5400	983	13	39	1	4
60885	53955	9096	1125	27	351	1	10
85385	72015	5004	1610	9	160	1	15
86118	73530	9363	1504	20	120	1	11

10-1(二) 续表 23

民族乡镇名称	乡镇企业总产值（万元）	#工业企业（万元）	乡镇企业年净利润总额（万元）	农林牧渔业总产值（万元）
毕节市金沙县太平彝族苗族乡	350	40	75	15791
毕节市金沙县石场苗族彝族乡	3920	2020	920	17782
毕节市金沙县马路彝族苗族乡	35	25	7	13894
毕节市金沙县安洛苗族彝族满族乡	49899	30138	740	18234
毕节市金沙县新化苗族彝族满族乡	2386	1648	596	10650
毕节市金沙县大田彝族苗族布依族乡	13200	6580	400	7129
毕节市赫章县兴发苗族彝族回族乡	7106	5628	843	4305
毕节市赫章县松林坡白族彝族苗族乡	4063	2039	320	4471
毕节市赫章县雉街彝族苗族乡	582	401	108	4570
毕节市赫章县珠市彝族乡	886	709	218	7597
毕节市赫章县双坪彝族苗族乡	321	165	36	10480
毕节市赫章县辅处彝族苗族乡	1016	682	193	2486
毕节市赫章县铁匠苗族乡	224	96	51	3972
毕节市赫章县可乐彝族苗族乡	283	242	63	6826
毕节市赫章县河镇彝族苗族乡	512	302	87	8049
毕节市赫章县结构彝族苗族乡	982	628	91	5357
毕节市赫章县水塘堡彝族苗族乡	908	491	171	4336
毕节市赫章县古达苗族彝族乡	1737	931	739	8371
毕节市纳雍县厍东关彝族苗族白族乡	2970	2900	230	5460
毕节市纳雍县董地苗族彝族乡	1341	1030	130	4465
毕节市纳雍县左鸠戛彝族苗族乡	928	182	65	1806
毕节市纳雍县锅圈岩苗族彝族乡	536	314	162	4490
毕节市纳雍县新房彝族苗族乡	762	452	163	9673
毕节市纳雍县化作苗族彝族乡	14513	13330	1444	7135
毕节市纳雍县姑开苗族彝族乡	2081	1641	268	3651
毕节市纳雍县羊场苗族彝族乡	428	160	32	5021
毕节市纳雍县昆寨苗族彝族白族乡	690	348	253	3152
毕节市纳雍县猪场苗族彝族乡	3628	1781	307	1742
毕节市威宁县新发布依族乡	2800	1600	380	9100
毕节市百里杜鹃管理区大水彝族苗族布依族乡	8340	8340	746	9500

农作物总播种面积（亩）	#粮食播种面积（亩）	粮食产量（吨）	肉类总产量（吨）	农民合作社个数（个）	农民合作社成员数（户）	农业技术服务机构个数（个）	农业技术服务机构从业人员数（人）
29913	12638	3030	744	8	53	1	5
28920	18900	5733	1336	9	135	1	11
48410	25480	3727	810	5	35	1	3
28670	18770	5660	1086	16	85	1	10
31950	20110	3277	1030	7	86	1	6
11356	7387	3128	722	5	76	1	5
75763	54310	5704	1245	11	22	1	9
45276	41150	13380	676	15	144	1	2
48802	25623	9562	515	8	124	1	6
55731	49356	10189	1124	11	135	1	7
89493	57521	14346	659	8	50	1	8
47006	31714	4856	931	11	78	1	5
45328	30424	4687	754	3	18	1	8
68963	44521	6412	2387	4	26	1	12
81529	65108	12721	1633	11	118	1	7
44856	32857	4293	548	14	66	1	4
36435	28525	5912	481	4	8	1	12
54767	38437	7039	1016	16	230	1	6
71628	44710	4130	554	13	273	1	13
68082	45659	3505	482	18	103	1	11
28412	17086	1627	320	24	566	1	9
47602	32435	4864	738	13	75	1	8
79332	66310	8180	1045	13	139	1	11
74630	56567	4642	735	5	52	1	6
40485	38045	9530	722	6	158	1	8
79750	58782	5332	773	14	149	1	5
44685	39102	4994	612	20	163	1	7
59241	48982	4916	512	26	148	1	3
52000	38000	10950	3750	3	15	1	6
23500	12000	2400	1340	15	107	1	2

10-1(二) 续表 24

民族乡镇名称	乡镇企业总产值（万元）	#工业企业（万元）	乡镇企业年净利润总额（万元）	农林牧渔业总产值（万元）
毕节市百里杜鹃管理区金坡苗族彝族满族乡	1500	1300	1200	3900
毕节市百里杜鹃管理区普底彝族苗族白族乡	412	560	175	4867
毕节市百里杜鹃管理区仁和彝族苗族乡	586	320	79	5178
铜仁市碧江区桐木坪侗族乡	426	264	120	6395
铜仁市碧江区瓦屋侗族乡	2910	255	785	2810
铜仁市碧江区和平土家族侗族乡				9460
铜仁市碧江区滑石侗族苗族土家族乡				9310
铜仁市碧江区六龙山侗族土家族乡	310	168	38	870
铜仁市万山区高楼坪侗族乡	1100	900	500	6300
铜仁市万山区黄道侗族乡				7220
铜仁市万山区熬寨侗族乡	4580		1986	8400
铜仁市万山区下溪侗族乡				4512
铜仁市万山区鱼塘侗族土家族苗族乡	1200		45	1800
铜仁市万山区大坪侗族土家族苗族乡	130	130	80	715
铜仁市德江县楠杆土家族乡	100	80	40	5210
铜仁市德江县沙溪土家族乡	700	500	90	1560
铜仁市德江县桶井土家族乡	1200	600	100	1430
铜仁市德江县堰塘土家族乡	340	300	280	12642
铜仁市德江县荆角土家族乡	600	500	100	11804
铜仁市德江县长丰土家族乡	300	300	60	7400
铜仁市德江县龙泉土家族乡	500	300	60	5200
铜仁市德江县钱家土家族乡	560	480	65	8741
铜仁市江口县德旺土家族苗族乡	2200	1300	600	3604
铜仁市江口县官和侗族土家族苗族乡	120	80	30	1748
铜仁市石阡县聚凤仡佬族侗族乡	96	11	14	11328
铜仁市石阡县大沙坝仡佬族侗族乡	156	81	24	10309
铜仁市石阡县枫香仡佬族侗族乡	339	108	51	6223
铜仁市石阡县青阳苗族仡佬族侗族乡	628	252	94	8288
铜仁市石阡县龙井侗族仡佬族乡	670	332	91	14554
铜仁市石阡县石固仡佬族侗族乡	552	393	65	10331

农作物总播种面积（亩）	#粮食播种面积（亩）	粮食产量（吨）	肉类总产量（吨）	农民合作社个数（个）	农民合作社成员数（户）	农业技术服务机构个数（个）	农业技术服务机构从业人员数（人）
16200	10350	3100	600	9	90	1	2
21000	19300	7720	1300	22	189	1	8
80484	64919	7899	728	9	38	1	6
3131	2450	4201	1820	12	165	1	5
8900	5060	4780	1280			1	4
32200	18230	7122	1510	3	50	1	12
38330	27100	29600	1210			1	7
8800	5630	1415	1600			1	6
35000	17450	7450	1700	35	648	1	5
12480	7840	7260	511	26	120	1	3
9014	1995	3178	1511	27	248	1	5
13100	7416	3215	2150	12	65	1	2
52900	52400	37800	4860	10	58	1	8
13440	10080	10100	1100	22	120	1	10
13000	11110	8000	1498	9	428	1	4
25400	16800	2871	1480	20	840	1	5
30500	21000	8660	1120	4	50	1	4
22001	10075	3200	980	23	856	1	6
55600	42590	6000	1160	10	165	1	15
47145	44582	7999	1450	14	1500	1	4
42105	18870	4155	2500	16	325	1	3
48728	33685	8006	1000	5	424	1	6
19200	15320	1700	1800	8	106	1	2
4935	800	3245	640	6	65	1	2
16290	13135	6198	1228	11	21	1	5
16560	13289	5151	1269	3	17	1	4
6765	5148	3040	548	5	32	1	3
10830	8115	3415	636	5	33	1	1
20895	15798	7165	1623	3	18	1	1
16725	14705	4549	870	4	30	1	6

10-1(二) 续表 25

民族乡镇名称	乡镇企业总产值（万元）	#工业企业（万元）	乡镇企业年净利润总额（万元）	农林牧渔业总产值（万元）
铜仁市石阡县坪地仡佬族侗族乡	586	236	89	12321
铜仁市石阡县甘溪仡佬族侗族乡	780	459	72	8929
铜仁市石阡县坪山仡佬族侗族乡	876	807	136	6462
铜仁市思南县思林土家族苗族乡	860	342	88	8430
铜仁市思南县枫柸土家族苗族乡	1656	1028	454	9900
铜仁市思南县杨家坳苗族乡	570	540	40	12678
铜仁市思南县胡家湾苗族土家族乡	422	436	91	8716
铜仁市思南县宽坪土家族苗族乡	710	522	94	9656
铜仁市思南县三道水土家族苗族乡	640	520	56	9188
铜仁市思南县天桥土家族苗族乡	1330	352	142	10168
铜仁市思南县兴隆土家族苗族乡	623	1120	104	8480
黔西南州晴隆县三宝彝族乡	30			1850
黔西南州兴仁县鲁础营回族乡	1580	300	300	6820
黔西南州望谟县油迈瑶族乡				5010
黔东南州从江县秀塘壮族乡	410		80	4000
黔东南州从江县刚边壮族乡	200		50	6775
黔东南州从江县翠里瑶族壮族乡	63		41	6810
黔东南州镇远县尚寨土家族乡				5605
黔东南州麻江县坝芒布依族乡	83	83	32	4870
黔东南州榕江县水尾水族乡				2508
黔东南州榕江县三江水族乡	18			8362
黔东南州榕江县仁里水族乡				2848
黔东南州榕江县定威水族乡				3560
黔东南州榕江县兴华水族乡	68		18	3147
黔东南州榕江县塔石瑶族水族乡				6773
黔东南州雷山县达地水族乡	200		100	15937
黔东南州黎平县顺化瑶族乡				1707
黔东南州黎平县雷洞瑶族水族乡				5460
黔东南州岑巩县羊桥土家族乡				12600
黔南州都匀市归兰水族乡				22494

农作物总播种面积（亩）	#粮食播种面积（亩）	粮食产量（吨）	肉类总产量（吨）	农民合作社个数（个）	农民合作社成员数（户）	农业技术服务机构个数（个）	农业技术服务机构从业人员数（人）
28695	18800	7328	1206	6	35	1	3
10530	8825	3911	702	3	26	1	1
10320	8199	3422	562	3	51	1	5
2861	1752	5650	1136	5	10	1	8
3280	2011	7140	1285	8	9	1	10
3672	3122	8290	1275	3	5	1	7
2616	1410	5278	1090	7	8	1	5
2826	1530	5326	1095	4	6	1	9
2940	2146	7114	1122	10	11	1	5
2960	1820	6233	1164	4	5	1	4
2688	1704	6440	1308	11	13	1	12
12500	10650	1876	225	3	15	1	2
54800	30800	7320	1200	8	56	1	6
1789	1538	4235	1052	6	32	2	10
12607	4125	2303	650	2	85	1	4
9782	6467	3452	800	10	242	1	4
32115	8700	3915	256	5	73	1	3
30360	17000	3126	492	4	23	1	2
41052	23550	5033	923	5	79	2	7
2268	1558	932	16	3	53	1	2
29130	19770	5140	514	7	65	1	4
11800	7700	4688	375	1	22	1	4
14817	5154	1905	225	4	80	1	3
6630	4175	2456	287	3	15	1	2
9081	5860	1003	122	5	82	1	4
23000	17000	4500	134	10	747	1	5
7740	4785	956	540			1	2
7008	6535	4500	1100			2	5
61335	31140	8166	1484	16	64	1	7
57930	39510	10988	4384	11	963	1	7

10-1(二) 续表 26

民族乡镇名称	乡镇企业总产值（万元）	#工业企业（万元）	乡镇企业年净利润总额（万元）	农林牧渔业总产值（万元）
黔南州荔波县瑶山瑶族乡	647	8	87	6648
黔南州荔波县黎明关水族乡	1405	1405	650	20132
黔南州平塘县卡蒲毛南族	3860	3860	1450	3122
贵安新区湖潮布依族苗族乡				15988
云南省	**1595642**	**1106362**	**140691**	**2407022**
昆明市晋宁县夕阳彝族乡	10943	8989	1106	12590
昆明市晋宁县双河彝族乡	28093	5807	2904	25967
昆明市宜良县九乡彝族回族乡	3957	110	731	21812
昆明市宜良县耿家营彝族苗族乡	36590	28570	3790	38743
昭通市守望回族乡	8730	5126	1625	19714
昭通市小龙洞回族彝族乡				12800
昭通市布嘎回族乡	800		50	19500
昭通市青岗岭回族彝族乡	2411	820	1688	9548
昭通市鲁甸县桃源回族乡	66648	59983		9513
昭通市鲁甸县茨院回族乡				7397
昭通市大关县上高桥回族彝族苗族乡				7435
昭通市永善县马楠苗族彝族乡				4876
昭通市永善县伍寨彝族苗族乡				5434
昭通市镇雄县坡头彝族苗族白族镇	10035	8626	3053	15186
昭通市镇雄县果珠彝族乡	1352		428	18825
昭通市镇雄县林口彝族苗族乡	10000	7000	800	20000
昭通市镇雄县以古彝族苗族乡				8600
昭通市彝良县龙街苗族彝族乡				10640
昭通市彝良县奎香苗族彝族乡				27318
昭通市彝良县树林彝族苗族乡				4693
昭通市彝良县柳溪苗族乡				5100
昭通市彝良县洛旺苗族乡				7467
昭通市威信县双河苗族彝族乡				8054
曲靖市师宗县龙庆彝族壮族乡	4540	2056	1023	41978
曲靖市师宗县五龙壮族乡	3882	1253	1890	52547

农作物总播种面积（亩）	#粮食播种面积（亩）	粮食产量（吨）	肉类总产量（吨）	农民合作社个数（个）	农民合作社成员数（户）	农业技术服务机构个数（个）	农业技术服务机构从业人员数（人）
27528	8790	2552	1013	13	110	2	6
48951	15000	7500	1163	38	256	1	7
18131	10750	5191	692	4	296	1	6
22478	10001	5888	1224	20	352	1	5
9191615	**5704848**	**4917169**	**446224**	**1967**	**107288**	**207**	**1661**
28196	14675	4587	895	6	162	1	3
35339	10529	3145	3214	10	337	2	5
82230	55100	13740	4745	12	680	4	19
75243	54450	13472	4697	12	480	1	14
93742	45722	19269	2000	1	60	1	9
82770	62800	15461	1709	10	300	1	13
77400	34500	9000	365	3	800	1	29
39610	36305	13520	3607	3	856	1	18
74612	34554	11938	2397	7	472	1	7
23309	21309	8645	1501	5	781	1	8
63300	62900	8490	2983	7	352	1	3
38520	25960	4852	307	11	329	1	6
55312	38215	7800	1687			1	11
101529	86393	18313	4392	3	31	1	9
82174	65120	15153	3708	3	73	1	3
104038	86825	20999	2677	2	30	1	4
87337	77290	17318	3713	1	153	1	2
96780	42165	13548	3398	2	20	3	4
65993	43274	22794	3094	2	150	6	15
53667	43667	9950	999			1	11
32692	26073	8328	1511	9	39	1	2
57222	34592	11286	2653	2	48	1	3
74304	65876	15230	3150			5	8
172260	82110	21183	12370	13	611	1	54
190900	39215	24170	9550	20	105	1	16

10-1(二) 续表 27

民族乡镇名称	乡镇企业总产值（万元）	#工业企业（万元）	乡镇企业年净利润总额（万元）	农林牧渔业总产值（万元）
曲靖市师宗县高良壮族苗族瑶族乡	10700	1264	1741	12636
曲靖市罗平县长底布依族乡	1800	266	220	17331
曲靖市罗平县旧屋基彝族乡	619	409	97	6945
曲靖市罗平县鲁布革布依族苗族乡	1746	295	180	6923
曲靖市富源县古敢水族乡	2640	2530	230	14411
曲靖市会泽县新街回族乡				30900
楚雄州南华县雨露白族乡				17918
楚雄州大姚县湾碧傈僳傣族乡	10631	6940	1277	19230
楚雄州永仁县永兴傣族乡	1150	1150	150	14596
楚雄州武定县东坡傣族乡	8524	505	540	15423
玉溪市红塔区小石桥彝族乡	35847	31072	3754	17562
玉溪市红塔区洛河彝族乡	15076	4331	1457	22000
玉溪市江川县安化彝族乡	6049	5403	108	18798
玉溪市通海县高大傣族彝族乡	25588	21575	375	16645
玉溪市通海县里山彝族乡	111974	109536	1464	16801
玉溪市兴蒙蒙古族乡	20711	9334	1554	6543
玉溪市通红甸彝族苗族乡	5879	4482	1148	14015
玉溪市易门县十街彝族乡	1853	1322		12703
玉溪市易门县浦贝彝族乡	101783	61917	4457	17700
玉溪市易门县铜厂彝族乡	11100	6090	1930	22072
红河州河口县桥头瑶族乡	2300	1490	240	6305
红河州金平县拉祜族乡	1332		147	14824
红河州蒙自县期路白苗族乡				11713
红河州蒙自县老寨苗族乡	6423	1756	222	14664
红河州开远市大庄回族乡	22140	8890	1107	40080
文山州文山县东山彝族乡	35588		4659	10754
文山州文山县红甸回族乡	8298		463	13021
文山州文山县秉烈彝族乡				15554
文山州文山县柳井彝族乡				11531
文山州文山县坝心彝族乡				7801

农作物总播种面积（亩）	#粮食播种面积（亩）	粮食产量（吨）	肉类总产量（吨）	农民合作社个数（个）	农民合作社成员数（户）	农业技术服务机构个数（个）	农业技术服务机构从业人员数（人）
143216	52236	17490	8297	10	297	1	12
75650	26910	8736	3334	3	210	1	12
17100	14200	4840	2350	6	30	5	15
29463	14595	4403	2340	6	56	6	11
49605	28425	7979	5525	4	220	2	3
63000	57500	19800	13000	7	506	1	9
43841	26359	6990	2596	19	1265	1	13
40156	28140	9391	1547	13	985	1	17
43740	25356	7150	3682	9	580	1	20
30220	17703	7370	3700	7	194	2	11
36000	10763	4662	2685	1	267	4	8
26389	7991	4114	5206	2	150	1	13
47420	11100	5337	781	5	222	1	6
27052	13167	5614	2709	6	432	1	8
36337	16390	5204	2171	5	146	1	5
9365	827	290	595	5	321	1	2
38101	14456	4098	1438	4	102	3	8
50348	25224	7680	3821	21	1089	1	5
50225	27671	7784	3278	16	634	1	5
82956	26665	11072	4786	14	1138	1	6
45223	38531	11351	2213	8	620	1	8
57200	33037	10930	2814	5	112	4	11
52200	42000	8350	2965	4	110	1	12
60034	41000	8672	2895	2	446	1	12
56851	34750	12626	3596	34	324	7	20
55543	27615	6913	1984	7	362	1	4
69031	27080	7679	2218	9	745	1	3
98023	51581	14430	2679	4	56	1	6
54519	31800	7127	2239	3	51	1	9
42960	20376	5271	1493	11	354	1	3

10-1(二) 续表 28

民族乡镇名称	乡镇企业总产值（万元）	#工业企业（万元）	乡镇企业年净利润总额（万元）	农林牧渔业总产值（万元）
文山州砚山县阿舍彝族乡	1417	54	360	15978
文山州砚山县维末彝族乡	3878	12970	905	44619
文山州砚山县盘龙彝族乡	54086	54086	7944	30342
文山州砚山县干河彝族乡	69011	69011		18980
文山州丘北县舍得彝族乡				11326
文山州丘北县新店彝族乡	500		40	1680
文山州丘北县树皮彝族乡	265	265	130	55139
文山州丘北县八道哨彝族乡	31689	29414	614	17806
文山州丘北县腻脚彝族乡	1500	260	500	30000
文山州麻栗坡县猛硐瑶族乡	14969	13963	1356	10795
文山州富宁县洞波瑶族乡	12330	4585	651	7492
普洱市澜沧县酒井哈尼族乡	324		28	7115
普洱市澜沧县发展河哈尼族乡	407	109	84	14562
普洱市澜沧县谦六彝族乡	634	171	214	19996
普洱市澜沧县文东佤族乡	240		15	10636
普洱市澜沧县安康佤族乡	134		13	5969
普洱市澜沧县雪林佤族乡	524		128	4989
普洱市思茅区云仙彝族乡	210	65	32	7380
普洱市思茅区龙潭彝族傣族乡	610	275	152	5260
普洱市墨江县孟弄彝族乡				8606
普洱市西盟县力所拉祜族乡	157			7161
大理州大理市太邑彝族乡	24530	24530	2833	10506
大理州鹤庆县六合彝族乡	2750	1295	245	6510
大理州宾川县钟英傈僳族彝族乡	2713	2713	33	11637
大理州宾川县拉乌彝族乡				7900
大理州祥云县东山彝族乡	990	631	122	11000
大理州弥渡县牛街彝族乡	1099	7600	241	28975
大理州永平县北斗彝族乡	9586	9000	1500	22000
大理州永平县厂街彝族乡	150		35	32049
大理州永平县水泄彝族乡	13253	11850	2872	23000

农作物总播种面积（亩）	#粮食播种面积（亩）	粮食产量（吨）	肉类总产量（吨）	农民合作社个数（个）	农民合作社成员数（户）	农业技术服务机构个数（个）	农业技术服务机构从业人员数（人）
91241	49375	12653	2971	16	263	1	18
293211	155373	41284	8274	31	2869	1	11
192042	96151	21817	3799	28	981	1	7
130640	59252	15711	4441	22	1440	1	6
96000	92000	16886	8510	5	270	1	3
88031	60757	13245	5806	7	76	1	4
308300	82600	19545	12600	22	1900	1	9
82739	73476	16346	14599	37	462	1	5
133789	56600	19442	10469	13	406	1	4
52255	29919	7313	2312	12	381	3	14
141451	57337	17485	4902	11	322	1	4
56815	37080	8687	662	4	80	1	11
50106	36271	9786	1764	8	283	1	13
124526	106560	26999	1969	11	406	1	26
68582	51000	11618	1238	14	369	1	13
55534	40264	5697	426			1	10
39786	31942	6426	497	2	320	1	10
4950	4133	11315	2105	4	755	3	40
2260	2020	4890	1113	3	620	4	26
43845	28300	6819	914	7	49	2	17
34202	26713	6431	557	18	2714	1	29
17630	16750	8050	2474	3	70	1	8
30966	25306	5460	3160	16	825	1	23
28512	19652	6006	1063	8	60	5	16
28340	18200	6222	802	4	162	1	6
28101	17600	6191	2501	13	1204	1	17
55576	34794	14936	8408	12	610	1	7
47670	42000	10084	3000	49	1560	1	7
70750	56400	13874	3601	50	1036	1	11
63000	53300	13240	3260	57	1684	1	7

10-1(二) 续表 29

民族乡镇名称	乡镇企业总产值（万元）	#工业企业（万元）	乡镇企业年净利润总额（万元）	农林牧渔业总产值（万元）
大理州云龙县苗尾傈僳族乡	28589	28589	7147	13395
大理州云龙县团结彝族乡	2860	2751	1000	9585
丽江市华坪县永兴傈僳族乡	34406	4500	2084	12710
丽江市华坪县通达傈僳族乡	3607	3607	1550	7241
丽江市华坪县新庄傈僳族傣族乡	2414	2414	280	11359
丽江市华坪县船房傈僳族傣族乡	8678	6583	1550	6085
丽江市永胜县羊坪彝族乡				3477
丽江市永胜县东山傈僳族彝族乡				10412
丽江市永胜县六德傈僳族彝族乡	14431	12362	795	7967
丽江市永胜县大安彝族纳西族乡	1401	1401	340	7155
丽江市永胜县光华傈僳族彝族乡				7290
丽江市永胜县松坪傈僳族彝族乡				4006
丽江市宁蒗县翠玉傈僳族普米族乡				8396
丽江市古城区金江白族乡				825
丽江市玉龙县九河白族乡	1350	1152	42	27007
丽江市玉龙县石头白族乡				8571
丽江市玉龙县黎明傈僳族乡	5491	4152	283	10370
保山市隆阳区瓦马彝族白族乡	7010	944	116	33808
保山市隆阳区瓦房彝族苗族乡	11685	4480	-340	43873
保山市隆阳区杨柳白族彝族乡	75612	61618	5068	61896
保山市隆阳区潞江傣族镇	135000	50972	16146	117410
保山市隆阳区芒宽彝族傣族乡	48626	40822	962	72321
保山市施甸县摆榔彝族布朗族乡				8882
保山市施甸县木老元布朗族彝族乡				5402
保山市龙陵县木城彝族傈僳族乡	2210	106	170	18052
保山市昌宁县珠街彝族乡	10100	3305	303	16792
保山市昌宁县苟街彝族苗族乡	22732	5600	6235	32404
保山市昌宁县湾甸傣族乡	110740	95778	11000	34116
德宏州陇川户撒阿昌族乡				19071
德宏州潞西市三台山德昂族乡				12311

农作物总播种面积（亩）	#粮食播种面积（亩）	粮食产量（吨）	肉类总产量（吨）	农民合作社个数（个）	农民合作社成员数（户）	农业技术服务机构个数（个）	农业技术服务机构从业人员数（人）
56310	44000	12911	3953	6	128	4	21
37250	30200	8144	3341	32	960	1	8
39565	31471	5014	540	14	475	1	15
25512	19754	2761	720	8	468	1	12
43190	34460	8836	1053	7	500	1	14
21670	20235	3858	1264	21	842	1	85
28277	25002	5185	549	4	226	1	6
27977	20708	4505	1753	15	45	1	15
27690	24560	6062	1508	36	780	1	6
37670	24951	5239	1646	8	190	1	23
33505	29260	9045	1989	20	361	1	7
35800	22800	5477	1905	20	450	1	6
25327	31734	4813	1443			1	15
9230	7730	1520	64	7	188	1	2
65159	49309	10594	5201	42	485	1	6
24810	14910	4590	1143	14	560	1	3
67368	45175	9465	3650	26	481	1	3
81978	57983	21395	7627	15	3429	2	19
109314	71269	32264	10314	12	1615	1	17
145264	95516	54958	9574	46	6056	2	18
142927	94344	51294	11880	138	11900	2	22
111521	57976	32698	8064	49	5661	2	10
33386	24212	5678	1751	8	926	1	5
19866	10350	4825	1526	5	427	2	12
44704	25094	6987	1472	16	2426	1	8
74853	50503	11390	5891	13	2814	1	2
82314	49326	11935	8549	29	3397	1	6
85130	28465	12991	5282	28	3440	2	12
129128	73550	26372	2867	11	532	1	8
38953	21490	5231	676	15	426	1	19

10-1(二) 续表 30

民族乡镇名称	乡镇企业总产值（万元）	#工业企业（万元）	乡镇企业年净利润总额（万元）	农林牧渔业总产值（万元）
德宏州梁河县曩宋阿昌族乡				13438
德宏州梁河县九保阿昌族乡				11711
德宏州盈江县苏典傈僳族乡				3111
怒江州福贡县匹河怒族乡	1045		116	3150
怒江州泸水洛本卓白族乡	964	964	50	2070
怒江州泸水县老窝白族乡	105500	105201	15812	6572
迪庆州香格里拉县三坝纳西族乡	2900	104		7649
迪庆州德钦县霞若傈僳族乡	2108		81	5482
迪庆州德钦县拖顶傈僳族乡	5405		963	4650
临沧市凤庆县新华彝族苗族乡				15670
临沧市凤庆县腰街彝族乡	2780		670	13788
临沧市凤庆县郭大寨彝族白族乡	2450	2056	99	19722
临沧市云县栗树彝族傣族乡				17812
临沧市云县忙怀彝族布朗族乡				18880
临沧市云县后箐彝族乡				18494
临沧市永德县大雪山彝族拉祜族傣族乡	15030	7200	-3241	17051
临沧市永德县乌木龙彝族乡	6044	705	314	11495
临沧市临翔区平村彝族傣族乡	1499		-20	7160
临沧市临翔区南美拉祜乡	1508		25	5382
临沧市耿马县芒洪拉祜族布朗族乡				14909
临沧市沧源县勐角傣族彝族拉祜族乡	2734	575	222	7449
临沧市镇康县军赛佤族拉祜族傈僳族德昂族乡	4099	4099	850	19128
西双版纳州景洪市基诺山基诺族乡	3585		911	19943
西双版纳州景洪市景哈哈尼族乡	17608	308	345	27274
西双版纳州勐腊县瑶区瑶族乡	3200	1700	210	23245
西双版纳州勐腊县象明彝族乡	1744		110	28418
西双版纳州勐海县格朗和哈尼族乡	1820	253	678	18790
西双版纳州勐海县布朗山布朗族乡	633		50	18238
西双版纳州勐海县西定哈尼族乡	357	317	61	21610

农作物总播种面积（亩）	#粮食播种面积（亩）	粮食产量（吨）	肉类总产量（吨）	农民合作社个数（个）	农民合作社成员数（户）	农业技术服务机构个数（个）	农业技术服务机构从业人员数（人）
44547	26099	9018	1845	11	316	1	12
37328	21717	6494	1166	18	750	2	16
48559	22370	5377	440	5	326	1	4
61454	32720	4530	722	29	625	1	15
45670	45160	3691	955	16	80	1	12
56100	42800	6520	1500	34	785	1	12
48525	43395	13536	1671	71	725	2	13
22065	15885	3894	480	7	69	1	4
28425	21300	6182	681	12	935	1	4
94892	77782	14096	2566	23	3230	1	18
37045	21800	4311	1177	8	2004	1	14
62940	42060	8525	3848	5	2570	1	12
68415	50190	12555	3500	16	165	1	3
46780	46780	11540	3280	11	120	1	11
79452	67900	14532	1730	11	120	1	5
109974	51507	13930	3336	13	573	1	12
114166	88685	13261	1871	17	14	1	5
36018	16510	3660	490	5	130	1	3
38977	16700	2960	300	10	236	1	3
45773	19046	5179	524	2	30	1	12
59033	45341	11691	1905	15	238	1	12
70305	52403	9400	2333	10	737	1	5
38821	35325	10497	600	4	326	1	7
13119	9306	3319672	477	3	32	1	24
31247	19148	4446	531	3	34	1	15
33352	30343	7731	391	11	148	1	18
50669	33155	11087	711	9	300	1	17
58857	37625	9668	642	17	187	1	18
122363	91267	23147	900	25	225	1	15

10-1(二) 续表 31

民族乡镇名称	乡镇企业总产值（万元）	#工业企业（万元）	乡镇企业年净利润总额（万元）	农林牧渔业总产值（万元）
西藏省	**205**	**43**	**8**	**11147**
错那县麻玛门巴族乡				62
错那县贡日门巴族乡	16		8	197
错那县基巴门巴族乡				167
错那县勒布区勒门巴族乡				101
林芝县更章门巴族乡				282
米林县南伊珞巴乡				1113
墨脱县达木珞巴族乡	189	43		225
芒康县下盐井纳西族乡				9000
陕西省	**81810**	**69164**	**9531**	**16478**
商洛市镇安县西口回族镇	4132	1650	418	12126
商洛市镇安县茅坪回族镇	568	568	200	4352
安康市宁陕县江口回族镇	77110	66946	8913	
甘肃省	**183276**	**164803**	**17499**	**174138**
临夏州广河县阿里麻土东乡族乡		287		4632
甘南州临潭县长川回族乡				
甘南州临潭县卓洛回族乡	500			
甘南州临潭县古战回族乡				
甘南州卓尼县勺哇土族乡				525
陇南市文县铁楼藏族乡	243	107	82	4490
陇南市武都县坪垭藏族乡	224			1364
陇南市武都县磨坝藏族乡	368	134	275	965
陇南市宕昌县新城子藏族乡	830	380	150	1213
酒泉市肃州区黄泥堡裕固族乡				4248
酒泉市玉门市小金湾东乡族乡	60			4972
白银市会宁县新添堡回族乡	5238	5238	578	10069
庆阳市正宁县五倾源回族乡				4079
平凉市峡门回族乡	151435	147142	13436	16041
平凉市华亭县神峪回族乡	7235	4725	639	2682
平凉市华亭县山寨回族乡	4568	1760	346	2792
平凉市白庙回族乡	760	437	332	11985

农作物总播种面积（亩）	#粮食播种面积（亩）	粮食产量（吨）	肉类总产量（吨）	农民合作社个数（个）	农民合作社成员数（户）	农业技术服务机构个数（个）	农业技术服务机构从业人员数（人）
8363	**7148**	**2210**	**477**	**34**	**445**	**3**	**7**
68	68	31	8				
158	158	52	6	1	12		
450	419	65	18	2	45		
2	2	6	11	1	97		
484	373	171	75	2	25	1	3
1443	901	221	61	15	75		
2604	2074	566	98	1	71	1	2
3154	3154	1098	200	12	120	1	2
82315	**63753**	**11512**	**2008**	**41**	**775**	**5**	**15**
45226	33502	5498	731	13	70	1	2
31433	24595	4084	697	17	55	3	10
5656	5656	1930	580	11	650	1	3
1050157	**701906**	**185827**	**210211**	**564**	**22358**	**88**	**300**
13122	11600	6333		6	205	5	7
27811	11908	2313		86		3	5
6300	5800			3	60		
11194	4752	923		32		2	2
5970	2145	284	45	6	93	1	3
24518	19082	4440	550	18	42	3	23
18765	12765	2443	153	9	76	4	5
20340	11040	2522	275	18	58	2	4
12650	8300	2685	3098	17	192	4	6
6366	2480	1260	307	12	68	4	4
21000	3500	1998	378	5	192	2	4
94240	89302	13102	1405	27	138	1	6
27152	16418	6740	226	5	34	5	14
65210	44646	14764	1344	10	350	5	45
49102	34326	7723	300	7	519	7	7
36582	24562	6085	635	18	1600	4	15
51600	38600	10523	3914	16	165	7	30

10-1(二) 续表 32

民族乡镇名称	乡镇企业总产值（万元）	#工业企业（万元）	乡镇企业年净利润总额（万元）	农林牧渔业总产值（万元）
平凉市大秦回族乡	588	239	126	7208
平凉市寨河回族乡	1618	269	113	9131
平凉市大寨回族乡	5660	592	255	17336
平凉市西阳回族乡				7643
平凉市上杨回族乡	956	600	669	4888
张掖市肃南县祁丰藏族乡				5511
张掖市肃南县马蹄藏族乡				8420
张掖市肃南县白银蒙古族乡				912
张掖市甘州区平山湖蒙古族乡	90	90	20	667
临夏州临夏县井沟东乡族乡	450	450	48	7032
临夏州和政县梁家寺东乡族乡	653	653	110	4215
临夏州临夏县安家坡东乡族乡	1800	1700	320	3650
酒泉市瓜州县七墩回族东乡族乡				3453
酒泉市瓜州县腰站子东乡族乡				10436
酒泉市瓜州县广至藏族乡				7070
酒泉市瓜州县沙河回族乡				6432
酒泉市玉门市独山子东乡族乡				78
青海省	**492**	**839**	**164**	**141274**
西宁市大通县朔北藏族乡				19047
西宁市大通县向化藏族乡				10513
西宁市湟中县群加藏族乡				1809
西宁市湟中县大才回族乡	6	477	119	20548
西宁市湟中县汉东回族乡				5392
海东地区民和县杏儿藏族乡	52	15	13	1446
海东地区乐都县下营藏族乡				2204
海东地区乐都县中坝藏族乡				5721
海东地区乐都县达拉土族乡				11047
海东地区互助县松多藏族乡				1890
海东地区化隆县雄先藏族乡	179	179	3	5837
海东地区化隆县查甫藏族乡				3724

农作物总播种面积（亩）	#粮食播种面积（亩）	粮食产量（吨）	肉类总产量（吨）	农民合作社个数（个）	农民合作社成员数（户）	农业技术服务机构个数（个）	农业技术服务机构从业人员数（人）
38460	22260	10742	1541	13	114	1	23
63320	55420	12262	1732	8	303	3	6
141500	113500	19767	1338	34	136	4	4
62100	48400	13143	1029	20	621	4	16
31012	20362	5913	2191	6	317	1	4
6734	5363	2039	1058	19	109	2	14
15339	8171	2060	1584	42	210	4	20
1048	806	450	154	6	40	1	4
387	95	80	580	13	50	1	3
30000	25210	13889	560	13	3980	1	3
27530	25140	4230	317	8	115	1	2
15570	10070	7430	180	50	11273	1	4
14235	3000	1073	174	6	121	1	1
30273	11153	4644	741	5	279	1	4
31200	200	60	8	6	398	1	1
23532	3530	1319	184156	11	167	1	5
25995	8000	2589	239	9	333	1	6
645773	**325509**	**186926**	**17907**	**507**	**4842**	**52**	**100**
40620	15250	3964	1247	37	661	3	6
31212	15000	17954	737	19	114	1	2
5859	3764	1425	169	7	41		
37850	18600	5543	1247	33	33	1	4
27478	15701	7	580	9	50		
10903	9670	4656	35	32	62	4	4
6421	1101	330	490			1	1
17895	15651	19161	872	8	40	1	2
22226	19340	62882	1059	18	86	1	3
38070	13500	2536	433	3	70	1	1
37030	18835	9322	536	14	84	2	6
30278	18538	10753	488	8	51	2	5

10-1(二) 续表 33

民族乡镇名称	乡镇企业总产值（万元）	#工业企业（万元）	乡镇企业年净利润总额（万元）	农林牧渔业总产值（万元）
海东地区化隆县金源藏族乡	102	102	2	5721
海东地区化隆县塔加藏族乡				3362
海东地区循化县道帏藏族乡				
海东地区循化县尕楞藏族乡				4176
海东地区循化县岗察藏族乡				1589
海东地区循化县文都藏族乡	87			2200
海北州门源县皇城蒙古族乡				4250
海东地区平安县沙沟回族乡				4548
海东地区平安县巴藏沟回族乡				520
海东地区平安县石灰窑回族乡				1200
海东地区平安县洪水泉回族乡				452
海东地区平安县古城回族乡				4466
海东地区互助县巴扎藏族乡				1890
海南州贵德县新街回族乡	66	66	27	2912
海北州海晏县哈勒景蒙古乡				
湟源县日月藏族乡				14809
新疆维吾尔自治区	**204609**	**119876**	**44984**	**703999**
吐鲁番地区鄯善县东巴扎回族乡	300	65	442	13055
和田地区皮山县瑙阿巴提塔吉克族乡				786
和田地区皮山县康克尔柯尔克孜族乡				743
巴音郭楞州和硕县乌什塔拉回族乡		463		5526
昌吉州奇台县大泉塔塔尔族乡	49	442	138	21438
昌吉州奇台县五马场哈萨克族乡				35446
昌吉州奇台县乔仁哈萨克族乡				17156
昌吉州木垒县大南沟乌孜别克族乡				4536
昌吉州玛纳斯县旱卡子滩哈萨克族乡	13560	13560	4920	20350
昌吉州玛纳斯县塔西河哈萨克族乡	20620	20620	9760	9780
昌吉州玛纳斯县清水河哈萨克族乡				10200
昌吉州阜康市三工河哈萨克族乡	1956		826	14499
昌吉州阜康市上户沟哈萨克族乡	25500	25240	3720	31136

农作物总播种面积（亩）	#粮食播种面积（亩）	粮食产量（吨）	肉类总产量（吨）	农民合作社个数（个）	农民合作社成员数（户）	农业技术服务机构个数（个）	农业技术服务机构从业人员数（人）
21042	9495	1198	1084	7	50	2	4
11145	9013	3667	654	1	8	2	4
29300	29300	7325	890	17	536		
18191	9917	2715	289				
				7	484		
16578	7899	1579	15	34	54	16	16
16240			1540	8	180	1	5
10468	10468	3800	9	9	253	1	10
20836	13200	4260	80	9	13	1	3
48500	10000	2000	330	28	485	3	4
6415	2450	6438	22	35	215	1	5
39200	24166	6054	522	77	430	2	8
38070	13500	2536	433	3	70	1	1
27765	8501	2206	168	27	168	1	2
			980	21	385	3	3
36180	12650	4614	2998	36	219	1	1
2137510	**1641121**	**816375**	**106005**	**680**	**15966**	**78**	**321**
5930	106	47	663	2	29	5	36
730	730	206	175				
1010	1010	300	97			1	6
210368	85354	61036	2100	57	638	1	2
55200	27800	13900	2056	25	825	5	17
122400	79500	34622	4087	33	1120	1	3
26000	18422	9076	2100	9	602	1	2
12287	5251	3513	384	34	520	1	1
19300	3447	2758	4098	12	235	1	2
14700	10100	4800	1520	9	150	1	2
15236	5800	3800	3165	12	203	1	4
24300	18500	4700	850	30	1100	1	2
315000	150000	49031	985	64	759	3	13

10-1(二) 续表 34

民族乡镇名称	乡镇企业总产值（万元）	#工业企业（万元）	乡镇企业年净利润总额（万元）	农林牧渔业总产值（万元）
昌吉州昌吉市阿什里哈萨克族乡	23214	14004	5621	35500
昌吉州呼图壁县石梯子哈萨克族乡	5260	4624	461	57350
乌鲁木齐市米东区柏杨河哈萨克族乡	19987	13187	5700	
克孜勒苏州阿克陶县塔尔塔吉克族乡				194
喀什地区塔什库尔干县科克亚尔柯尔克孜族乡				984
喀什地区泽普县布依鲁克塔吉克族乡				2460
喀什地区莎车县孜热普夏提塔吉克族乡	310		150	14656
伊犁地区察布查尔县米粮泉回族乡	1490	850	150	12897
伊犁地区特克斯县科克铁热克柯尔克孜族乡				117907
伊犁地区特克斯县呼吉尔特蒙古族乡	3100	2800	2000	16655
伊犁地区伊宁县愉群翁回族乡	48360	7316	496	45562
伊犁地区尼勒克县科克浩特浩尔蒙古族乡	3863	3433	430	36949
伊犁地区霍城县伊车嘎善锡伯族乡	3264	3264	555	16631
伊犁地区霍城县三宫回族乡	12300	6201	602	21376
伊犁地区昭苏县胡松图喀尔逊蒙古族乡	120		45	16858
伊犁地区昭苏县察汗乌苏蒙古族乡	2679	2010	1086	6259
伊犁地区昭苏县夏特柯尔克孜族乡	760			19200
塔城地区塔城市阿西尔达斡尔族乡	892		966	39000
塔城地区乌苏市塔布勒合特蒙古族乡	1600	1600	250	6500
塔城地区乌苏市吉尔格勒特郭楞蒙古族乡	3200		200	15300
塔城地区额敏县额玛勒郭楞蒙古族乡	826		895	9802
塔城地区额敏县霍吉尔特蒙古族乡				6935
阿克苏地区乌什县雅曼苏柯尔克孜族乡				9161
阿克苏地区温宿县博孜东柯尔克孜族乡	700	197	72	4698
哈密地区伊吾县前山哈萨克族乡				
哈密地区哈密市德外都如克哈萨克族乡				2408
哈密地区哈密市乌拉台哈萨克族乡				917
阿勒泰地区布尔津县禾木哈纳斯蒙古族乡				
阿勒泰地区阿勒泰市汗德尕特蒙古族乡	10699		5500	3190

农作物总播种面积（亩）	#粮食播种面积（亩）	粮食产量（吨）	肉类总产量（吨）	农民合作社个数（个）	农民合作社成员数（户）	农业技术服务机构个数（个）	农业技术服务机构从业人员数（人）
30060	13800	5712	8370	21	1010	5	40
95952	67054	45267	9872	38	580	5	21
22250	1455	3660	1301	23	1150	1	8
7192	3800	2498	191	2	50	1	6
2325	2325	546	257	4	50	1	2
1100	3000	2340	310	2	200	4	5
82000	31629	12337	420	5	15	7	20
21756	19323	12011	1054	7	104	1	2
45000	280000	147800	2733	9	443	1	7
26000	17210	3800	1500	7	305	1	5
118540	110532	98856	12362	8	154	6	28
89606	68597	38760	4436	11	40	6	20
65005	59771	29065	1996	13	1396	1	8
28415	22377	3051	4800	6	490	3	8
63058	51141	18410	2792	16	676	1	3
64500	62700	14228	2453	15	460	2	5
78170	78170	30500	2350	10	400	1	3
212229	212229	104699	2637	112	691	1	6
17815	9836	3087	600	6	190		
54604	22773	18400	620	27	210	1	5
55000	15849	4805	1365	11	55	1	4
41449	37536	8015	785	7	30	1	5
23330	20100	9817	4383	6	360	1	3
31037	21098	9946	7098	8	592	1	3
6271							
9243			250	1	20	1	4
6009	204	73	200	5	25	1	5
			5020	1	24		
17133	2593	901	3570	12	65	1	5

10-1 全国各民族乡镇基本情况(2015年)(三)

民族乡镇名称	公共财政收入(万元)	公共财政支出(万元)	农民人均纯收入(元)	学校数(个)	在校学生数(人)
北京	**46189**	**65303**	**23359**	**17**	**12616**
朝阳区常营回族乡	15714	15787	26160	8	9440
通州区于家务回族乡	19980	19980	22244	4	1613
密云县檀营满族蒙古族乡	2455	2455		1	1001
怀柔区喇叭沟门满族乡	4791	15133	20215	2	257
怀柔区长哨营满族乡	3250	11949	20217	2	305
天津市	**1567**	**1567**	**15500**	**3**	**521**
蓟县孙各庄满族乡	1567	1567	15500	3	521
河北省	**86705**	**51331**	**6684**	**286**	**62654**
石家庄市新乐市彭家庄回族乡	847	847	13337	9	1432
石家庄市藁城市九门回族乡	3576	3576	14260	5	3874
石家庄市无极县高头回族乡	485	485	12595	8	1985
唐山市遵化市汤泉满族乡	475	475	8125	5	688
唐山市遵化市西下营满族乡	360	360	8146	1	814
唐山市遵化市东陵满族乡	608	608	7310	7	1879
邯郸市邱县陈村回族乡	150	150	9012	1	518
邯郸市大名县营镇回族乡	80	80	8150	6	2250
保定市易县凌云册满族回族乡	422	422	3507	3	960
保定市定州市号头庄回族乡	747	747	8950	16	4754
保定市涞水县娄村满族乡	702	702	4053	6	1146
张家口市沽源县大二号回族乡	179	179	4000	1	94
张家口市怀来县王家楼回族乡	331	331	7410	2	525
廊坊市永清县管家务回族乡	1477	1298	8273	4	1019
廊坊市文安县大围河回族满族乡	1401	1372	8983	14	4055
承德市丰宁南关蒙古族乡	537	537	2435	15	1524
承德市滦平县平坊满族乡	597	597	3280	1	192
承德市滦平县安纯沟门满族乡	924	924	2960	6	613
承德市滦平县五道营子满族乡	188	302	2980	1	156
承德市滦平县邓厂满族乡	150	300	2620	1	120
承德市滦平县马营子满族乡	82	82	3180	1	381

教师数（人）	图书馆（个）	文化站（个）	村文化活动室（个）	医院、卫生院（个）	#医生数（人）	#病床数（张）	村卫生室（个）	#医生数（人）
1062	**3**	**4**	**65**	**4**	**123**	**65**	**61**	**75**
666	1	1	6	1	42			
188	1	1	23	1	20	50	24	30
68		1						
54	1	1	15	1	32	6	15	22
86			21	1	29	9	22	23
62		**1**	**13**	**1**	**6**	**12**	**17**	**12**
62		1	13	1	6	12	17	12
4995	**74**	**52**	**550**	**66**	**876**	**1544**	**769**	**938**
45	1	1	4	1	15	25	8	8
252	11	3	11	1	24	36	13	20
215	1	1	15	1	15	20	15	37
79	1	1	9	2	10	58	20	20
66	1	1	14	1	11	10	19	25
127	1	1	26	2	36	59	26	26
38	1	1	2	1	12	28	2	4
135	1	1	17	1	13	27	17	19
82	1	1	19	1	25	30	19	42
212		1	7	2	38	78	17	38
112	2	1	7	1	14	22	26	27
18	2	1	4	1	6	12	4	4
45	1	1	14	2	12	32	12	13
95	1	1	6	1	15	36	6	6
291	1	1	24	2	39	46	24	24
143	1	1	9	1	14	32	14	15
37	1	1	8	1	9	15	8	8
48		1	11	2	9	26	13	13
18	1	1	6	1	6	10	6	6
13	1	1	3	1	3	6	3	3
30	1	1	3	1	5	12	9	9

10-1(三) 续表 1

民族乡镇名称	公共财政收入（万元）	公共财政支出（万元）	农民人均纯收入（元）	学校数（个）	在校学生数（人）
承德市滦平县付家店满族乡	454	480	4358	6	198
承德市滦平县西地满族乡	1096	1096	7954	6	1614
承德市滦平县小营满族乡	37168	896	6188	5	809
承德市滦平县大屯满族乡	1662	459	3940	2	1104
承德市滦平县西沟满族乡	591	591	3400	1	379
承德市承德县岗子满族乡	291	704	5590	1	483
承德市承德县两家满族乡	599	599	3544	1	418
承德市兴隆县八卦岭满族乡	470	470	9000	3	1146
承德市兴隆县南天门满族乡	454	454	6820	2	402
承德市隆化县尹家营满族乡	419	419	6300	7	586
承德市隆化县庙子沟蒙古族满族乡	213	353	6500	1	387
承德市隆化县偏坡营蒙古族乡	417	417	6100	6	720
承德市隆化县八达营蒙古族乡	536	536	5880	9	650
承德市隆化县太平庄满族乡	473	473	5460	9	503
承德市隆化县旧屯满族乡	332	332	5308	1	440
承德市隆化县西阿超满族蒙古族乡	295	295	5083	8	448
承德市隆化县白虎沟蒙古族满族乡	275	358	6235	5	445
承德市平泉县七家岱满族乡	962	242	4200	5	467
承德市平泉县平房满族蒙古族乡	372	524	2820	13	968
承德市平泉县茅兰沟满族蒙古族乡	644	403	5964	10	1455
沧州市黄骅市羊二庄回族乡	5359	7088	13058	13	3421
沧州市黄骅市新村回族乡	723	724	11758		
沧州市河间市果子洼回族乡	578	822	8302	3	1474
沧州市献县本斋回族乡	3560	3560	8150	6	1435
沧州市沧县大褚村回族乡	1572	2476	9800	12	2810
沧州市沧县杜林回族乡	2461	4381	8988	15	3705
沧州市沧县李天木回族乡	1239	1181	7910	10	3931
沧州市沧县捷地回族乡	2297	3339	8517	8	2610
沧州市黄骅市杨三木回族乡	7453	4106	11810	5	667
内蒙古自治区	**36158**	**38800**	**11274**	**33**	**8256**
莫力达瓦旗巴彦鄂温克民族乡	214	214	5500	1	60

教师数（人）	图书馆（个）	文化站（个）	村文化活动室（个）	医院、卫生院（个）			村卫生室（个）	
					#医生数（人）	#病床数（张）		#医生数（人）
19	1	1	6	1	4	5	6	6
98	10	1	7	1	6	40	10	10
69	1	1	10	2	10	15	11	11
83		1	14	1	8	30	14	14
23		1	9	1	5	18	9	9
41		1	10	1	5	18	10	10
29	1	1	9	1	11	20	12	12
58	1	1	8	1	10	15	8	8
31	1	1	8	1	11	16	10	11
41	1	1	1	1	11	15	2	2
29		1	6	1	12	18	6	6
51	1	1	5	1	29	15	8	10
66	2	1	12	1	13	23	9	12
50	1	1	9	1	15	15	9	15
35	1	1	11	1	9	15	8	8
49	10	1	10	1	13	15	8	13
45	1	1	3	1	16	15	4	4
61	1	1	5	1	6	10	5	5
102	1	1	14	3	14	20	14	14
119	1	1	11	2	11	24	11	11
423	3	1	32	3	55	56	48	48
	1	1	4	2	104	158	4	9
100	1	1	20	1	27	20	18	35
91	1	1	11	1	12	15	14	22
248		1	26	2	32	50	26	30
368		1	38	1	23	65	75	75
253		1	8	3	43	90	69	101
240	1	1	16	1	20	96	48	48
72	1	1	8	1	10	12	12	12
1346	**19**	**20**	**128**	**23**	**244**	**431**	**153**	**210**
63		1		1	5	10	16	17

10-1(三)　续表 2

民族乡镇名称	公共财政收　入（万元）	公共财政支　出（万元）	农民人均纯收入（元）	学校数（个）	在　校学生数（人）
莫力达瓦旗杜拉尔鄂温克民族乡	1155	1155	6500	1	174
扎兰屯市达斡尔民族乡	2802	2771	16000	1	437
扎兰屯市萨马街鄂温克民族乡	589	589	10514	4	450
扎兰屯市南木鄂伦春民族乡	1481	1338	12800	3	548
阿荣旗查巴奇鄂温克民族乡	6709	6769	15342	1	605
阿荣旗新发朝鲜族民族乡	4399	4399	15000		
阿荣旗音河达斡尔鄂温克民族乡	2163	2202	16400	2	572
阿荣旗得力其尔鄂温克民族乡	1944	1924	15125	2	736
根河市敖鲁古雅鄂温克民族乡	1396	1294	12000	1	667
陈巴尔虎旗鄂温克苏木	2149	2266	8430		
额尔古纳市三河回族乡	590	590	8500	3	870
额尔古纳市室韦俄罗斯民族乡	520	447	13200	1	26
科右前旗满族屯满族乡	560	560	9800	1	436
赤峰市松山区当铺地满族乡	1586	4993	11057	9	1788
赤峰市喀喇沁旗十家满族乡	3200	2100	9086	3	887
乌盟凉城县曹碾满族乡	749	749	4500		
鄂温克旗巴彦塔拉达斡尔族乡	3953	4441	8900		
辽宁省	**83357**	**82904**	**9341**	**227**	**59385**
沈阳市康平县柳树屯蒙古族满族乡	340	340	8600	1	930
沈阳市康平县沙金台蒙古族满族乡	2400	2400	9544	1	1560
沈阳市法库县四家子蒙古族乡	1255	1154	12470	1	637
沈阳市康平县东升满族蒙古族乡	2358	2358	10770	1	874
沈阳市康平县西关屯蒙古族满族乡	2800	2800	9000	1	1121
大连市瓦房店市三台满族乡	4601	4597	17898	5	996
大连市瓦房店市杨家满族乡	4979	4979	12717	4	817
大连市庄河市太平岭满族乡	4209	4209	10767	5	1212
大连市庄河市桂云花满族乡	5912	5912	8957	5	738
抚顺市抚顺县拉古满族乡	5407	2801	9546	1	917
抚顺市抚顺县汤图满族乡	2063	985	10304	1	532
本溪市桓仁县雅河朝鲜族乡	737	737	13093	1	203
锦州市义县地藏寺满族乡	2516	2216	8176	5	292

教师数（人）	图书馆（个）	文化站（个）	村文化活动室（个）	医院、卫生院（个）	#医生数（人）	#病床数（张）	村卫生室（个）	#医生数（人）
49	1	1	10	1	3	6	10	10
85	6	1	6	1	4	8	6	15
61		1	6	1	20	20	6	6
120	6	2	8	2	23	16	1	1
78	1	1	11	1	6	18	11	11
		1	7	1	6	88	10	16
113		1	8	1	27	29	8	8
97		1	9	1	17	18	16	16
85	1	1	1	1	7	4		
	1	1	7	1	6	10	1	
114	1	1	1	2	30	60	15	15
25		1	1	1	17	8	6	4
87	1	1	7	1	18	30	7	7
268		1	25	3	34	56	25	47
101	1	1	14	2	17	40	14	36
		2	1	1	1	2		
		1	6	1	3	8	1	1
6288	**75**	**56**	**487**	**59**	**542**	**1490**	**596**	**701**
124	1	1	9	1	13	20	9	9
199	1	1	11	1	22	20	11	11
80	1	1	9	1	14	20	9	9
103	1	1	10	1	7	20	10	10
119		1	9	1	9	20	9	16
99		1	10	1	22	30	19	20
103	1	1	11	1	29	68	11	11
116		1	6	1	15	36	6	6
137		1	5	2	8	40	8	25
112	1	1	10	1	3	12	14	14
59	1	1	9	1	11	12	8	8
30	1	1	8	1	4	9	9	26
69	1	1	5	1	6	20	5	5

10-1(三) 续表 3

民族乡镇名称	公共财政收入（万元）	公共财政支出（万元）	农民人均纯收入（元）	学校数（个）	在校学生数（人）
锦州市义县大定堡满族乡	2430	2430	6571	1	421
阜新市彰武县西六家子蒙古族满族乡	2151	2151	9424	1	762
阜新市彰武县二道河子蒙古族乡	2018	2018	9753	1	1091
辽阳市辽阳县吉洞峪满族乡	1628	1628	11788	10	1416
辽阳市辽阳县甜水满族乡	1713	1713	7320	8	1190
铁岭市开原市林丰满族乡	908	1068	9015	4	509
铁岭市铁岭县白旗寨满族乡	149	149	9706	2	875
铁岭市西丰县成平满族乡	89	314	9916	4	507
铁岭市西丰县德兴满族乡	238	238	6308	1	252
铁岭市西丰县和隆满族乡	772	772	10050	4	838
铁岭市西丰县金星满族乡	203	415	9277	3	469
铁岭市西丰县明德满族乡	309	658	9357	1	247
铁岭市西丰县营厂满族乡	984	984	9010	3	542
铁岭市清河区聂家满族乡	1545	1545	12000	1	661
朝阳市北票市马友营蒙古族乡	565	565	12375	7	1090
朝阳市北票市凉水河蒙古族乡	291	291	7730	3	169
朝阳市建平县三家蒙古族乡	3157	3157	12500	8	3014
朝阳市凌源县三家子蒙古族乡	3222	3222	7980	13	2628
朝阳市朝阳县松岭门蒙古族乡	1224	1224	9550	5	683
朝阳市朝阳县乌兰河硕蒙古族乡	1147	1147	6536	5	880
葫芦岛市绥中县西平坡满族乡	630	630	8950	5	1438
葫芦岛市绥中县范家满族乡	701	701	9105	3	1176
葫芦岛市绥中县高甸子满族乡	723	723	9920	6	1336
葫芦岛市绥中县葛家满族乡	284	284	4410	1	1690
葫芦岛市绥中县明水满族乡	450	450	6250	4	1273
葫芦岛市绥中县网户满族乡	676	676	10223	4	1567
葫芦岛市兴城市白塔满族乡	385	385	8500	6	829
葫芦岛市兴城市大寨满族乡	520	520	11200	8	2240
葫芦岛市兴城市碱厂满族乡	456	456	2324	4	1061
葫芦岛市兴城市旧门满族乡	553	553	8537	4	812
葫芦岛市兴城市刘台子满族乡	410	410	9700	5	1123

教师数（人）	图书馆（个）	文化站（个）	村文化活动室（个）	医院、卫生院（个）	#医生数（人）	#病床数（张）	村卫生室（个）	#医生数（人）
58	8	1	8	1	8	60	8	8
127		1	10	1	4		17	17
113		1	8	1	10	10	7	7
132	1	1	12	1	7	70	12	13
146	14	1	14	1	12	70	17	19
70	1	1	10	1	6	16	10	12
71	1	1	9	1	6	15	9	11
78		1	10	1	3	12	20	24
32	1	1	9	1	5	15	8	8
99	1	1	10	1	9	18	10	20
53	1	1	5	1	3	8	10	19
38	1	1	7	1	12	15	12	12
65	1	1	9	1	5	21	9	9
71	1	1	10	1	8	10	10	10
156		1	9	1	12	30	18	21
47	1	1	6	1	5	32	10	14
233	1	1	14	1	7	20	14	14
289	17	1	17	2	7	38	17	17
73	1	1	6	1	11	18	17	24
88		1	5	1	4	18	7	7
71	1	1		1	8	60	11	11
90	1	1	3	1	22	70	10	10
117	1	1	9	1	26	50		
126	1	1	1	1	6	12	1	1
87	1	1	8	1	22	36	8	8
105	1	1	14	1	22	35	14	14
119		1	6	1	4	15	11	11
216		1	3	1	15	20	13	13
107		1	7	1	8	30	6	6
94	1	1	8	1	6	26	10	10
97		1	10	1	2	10	18	18

10-1(三) 续表 4

民族乡镇名称	公共财政收入（万元）	公共财政支出（万元）	农民人均纯收入（元）	学校数（个）	在校学生数（人）
葫芦岛市兴城市南大山满族乡	195	195	7858	5	1473
葫芦岛市兴城市望海满族乡	544	544	9560	6	1866
葫芦岛市兴城市围屏满族乡	496	496	8032	6	1004
葫芦岛市兴城市羊安满族乡	934	934	11500	4	1133
葫芦岛市兴城市药王庙满族乡	567	567	3248	8	1324
葫芦岛市兴城市三道沟满族乡	460	460	2250	4	1475
葫芦岛市兴城市元台子满族乡	521	521	10400	5	1234
葫芦岛市建昌二道湾子蒙古族乡	360	360	9400	7	1960
丹东市宽甸满族自治县下露河朝鲜族乡	612	612	4050	1	689
丹东市东港市合隆满族乡	370	1068	5045	5	1083
大连市普兰店市乐甲满族乡	1890	2240	7900	2	1294
丹东市凤城市大堡蒙古族乡	6300	7942	10697	7	1232
吉林省	**66763**	**64148**	**9885**	**164**	**35389**
延边州珲春市三家子满族乡	446	402	10042	1	66
延边州珲春市杨泡满族乡	213	213	12000	1	45
吉林市昌邑区土城子满族朝鲜族乡	405	405	10475	4	1136
吉林市龙潭区乌拉街满族镇	2010	2010	11600	6	3260
吉林市龙潭区大口钦满族镇	767	767	13397	2	1050
吉林市昌邑区两家子满族乡	155	155	12503	5	1200
吉林市永吉县金家满族乡	453	453	11156	2	710
吉林市蛟河市乌林朝鲜族乡	365	365	12063	4	796
通化市梅河口小杨满族朝鲜族乡	541	541	8760	5	416
通化市集安市凉水朝鲜族乡	1660	2137	10924	1	224
通化市通化县金斗朝鲜族满族乡	494	494	13514	1	111
通化市通化县大泉源满族朝鲜族乡	2450	2450	10400	4	1147
通化市辉南县楼街朝鲜族乡	2700	2700	12558	3	1505
通化市柳河县姜家店朝鲜族乡	1938	1938	12800	2	400
通化市柳河县三元浦朝鲜族镇	5191	5191	12987	3	1776
辽源市东丰县三合满族朝鲜族乡	4600	1552	12115	16	2590
长春市双阳区双营子回族乡	31000	31000	12000	5	1316

教师数（人）	图书馆（个）	文化站（个）	村文化活动室（个）	医院、卫生院（个）	#医生数（人）	#病床数（张）	村卫生室（个）	#医生数（人）
131	1	1	17	2	13	30	10	10
164	1	1	10	1	3	20	10	10
87		1	8	1	8	20		
171		1	11	1	5	22	15	17
129	1	1	11	1	6	20	11	11
141		1	11	1	4	20	15	15
141	1	1	9	1	3	20	18	18
172		1	12	1	20	35	13	13
119	1	1	6	1	6	14	8	8
121	1	1	10	1	10	32	10	10
133	1	1	5	1	8	46	4	7
161	1	1	8	1	8	24	10	24
4921	**42**	**33**	**361**	**38**	**577**	**698**	**397**	**560**
46	1	1	8	1	6	12	8	7
28	1	1	7	1	6	8	6	6
100	1	1	12	1	4	12	10	33
394		1	28	1	39	40	30	79
113	10	1	12	1	16	36	12	18
100	2	1	13	1	16	12	13	20
98	1	1	7	1	5	12	7	25
166	1	1	20	2	32	3	20	24
72	1	1	16	1	14	18	13	13
62		1	9	1	9	10	4	4
26	1	1	5	1	6	15	5	5
199	1	1	20	2	35	77	18	22
209	1	1	12	1	55	28	11	11
55		1	10	1	4	16	10	10
149		1	20	1	70	60	20	20
259	1	1	16	3	54	65	13	13
210	1	1	6	1	14	12	13	18

10-1(三) 续表 5

民族乡镇名称	公共财政收入（万元）	公共财政支出（万元）	农民人均纯收入（元）	学校数（个）	在校学生数（人）
榆树市延和朝鲜族乡	427	427	17416	1	9
九台市胡家回族乡	953	953	7500	1	2230
九台市莽卡满族乡	1250	1250	7100	3	2245
白城市通榆县包拉温都蒙古族乡	71	71	5100	1	228
白城市通榆县向海蒙古族乡	612	612	6150	3	1654
白城市洮南市呼和车力蒙古族乡	183	183	5650	6	460
白城市洮南市胡力吐蒙古族乡	120	120	5200	2	440
白城市镇赉县哈吐气蒙古族乡	30	30	5000	6	370
白城市镇赉县莫莫格蒙古族乡	65	65	5100	19	1280
白城市大安市新艾里蒙古族乡	278	278	6100	1	226
白城市洮北区德顺蒙古族乡	310	310	8700	9	870
松原市三骏满族蒙古族锡伯族乡	3600	3600	9630	12	3255
铁东区叶赫满族镇	1302	1302	8120	11	1872
公主岭市二十家子满族镇	397	397	7360	6	827
公主岭市龙山满族乡	156	156	6230	8	1123
双辽县那木斯蒙古族乡	1620	1620	9000	10	552
黑龙江省	**131760**	**135669**	**13608**	**159**	**31866**
哈尔滨市南岗区红旗满族乡	2391	2391	14881	2	745
哈尔滨市双城市乐群满族乡	883	883	14955	2	1130
哈尔滨市双城市同心满族乡	795	795	16000	5	743
哈尔滨市双城市希勤满族乡	800	800	14800	1	1422
哈尔滨市双城市青岭满族乡	860	857	14432	2	803
哈尔滨市双城市农丰满族锡伯族镇	951	951	13800	3	937
哈尔滨市五常市拉林满族镇	1704	1704	19100	5	2210
哈尔滨市五常市红旗满族乡	344	338	17000	2	1458
哈尔滨市五常市营城子满族乡	604	604	16500	5	790
哈尔滨市五常市牛家满族镇	3589	3589	20006	2	1713
哈尔滨市五常市民乐朝鲜族乡	420	420	20383	1	18
哈尔滨市尚志市河东朝鲜族乡	674	624	17790	1	43
哈尔滨市尚志市鱼池朝鲜族乡	405	405	14000	2	190

教师数（人）	图书馆（个）	文化站（个）	村文化活动室（个）	医院、卫生院（个）	#医生数（人）	#病床数（张）	村卫生室（个）	#医生数（人）
17	1	1	3	1	1	8		
190		1	9	1	9	9	2	17
315		1	12	1	11	22	12	12
75	1	1	4	1	3	7	4	4
352	1	1	14	2	25	46	16	16
115	2	1	7	1	5	4	7	7
126	1	1	10	1	3	8	10	10
72	1	1	5	1	5	11	5	5
236	1	1	13	1	30	25	13	13
80	2	1	5	1	13	14	2	2
127	3	1	19	1	9	12	19	19
279		1	5	1	28	18	42	42
206	1	1	14	1	20	30	17	42
161	1	1	9	1	8	8	7	8
113	1	1	1	1	9	22	8	15
171	3	1	10	1	13	18	20	20
5513	**128**	**130**	**483**	**75**	**1026**	**1638**	**493**	**708**
145	1	1	8	1	50	70	12	12
118	2	1	9	1	14	16	8	8
108	1	1	7	1	7	22	10	20
110	4	1	8	1	32	34	8	8
130	2	1	9	1	50	32	9	10
341	1	1	9	1	31	19	9	9
149	2	1	1	2	93	180	13	13
168	1	1	12	1	15	19	12	12
170	1	1	1	1	7	20	7	18
130		1	15	1	45	50	15	15
47	1	6	6	1	3	30	6	6
65	1	1	9	1	8	69	2	2
56	1	1	5	1	7	20	9	9

10-1(三) 续表 6

民族乡镇名称	公共财政收入（万元）	公共财政支出（万元）	农民人均纯收入（元）	学校数（个）	在校学生数（人）
哈尔滨市依兰县迎兰朝鲜族乡	300	300	12000	4	500
齐齐哈尔市梅里斯区卧牛吐达斡尔族镇	2100	2100	8500	4	316
齐齐哈尔市梅里斯区莽格吐达斡尔族乡	1487	1487	7577	1	199
齐齐哈尔市泰来县宁姜蒙古族乡	890	890	6130	4	1092
齐齐哈尔市泰来县胜利蒙古族乡	1126	1126	7260	5	951
齐齐哈尔市泰来县江桥蒙古族镇	960	960	7410	4	960
齐齐哈尔市昂昂溪区水师营满族镇	79200	79200	13789	1	489
齐齐哈尔市富裕县友谊达满柯族乡	570	570	9950	2	226
齐齐哈尔市讷河市兴旺鄂温克族乡	1161	1161	12000	9	1634
齐齐哈尔市富拉尔基区杜尔门沁达族乡	984	984	15612	3	956
牡丹江市海林市新安朝鲜族镇	499	626	17881	2	700
牡丹江市西安区海南朝鲜族乡	23	23	19798	2	174
牡丹江市宁安市江南朝、满族乡	680	680	16330	6	994
牡丹江市宁安市卧龙朝鲜族乡	530	530	17000	1	517
牡丹江市东宁县三岔口朝鲜族镇	1088	1088	20943	7	514
牡丹江市穆棱市福禄朝鲜族满族乡	173	173	15887	4	196
佳木斯市同江市街津口赫哲族乡	330	330	14590	1	7
佳木斯市同江市八岔赫哲族乡	159	159	13400	1	55
佳木斯市桦川县星火朝鲜族乡	512	512	10800	1	23
佳木斯市汤原县汤旺朝鲜族乡	535	535	10340	1	2
大庆市肇源县超等蒙古族乡	360	360	10980	3	1029
大庆市肇源县浩德蒙古族乡	230	230	12800	1	410
大庆市肇源县义顺蒙古族乡	651	651	11200	7	962
黑河市逊克县新鄂鄂伦春族乡	280	280	11014		
黑河市逊克县新兴鄂伦春族乡	108	108	11005		
黑河市爱辉区新生鄂伦春族乡	673	673	11900	1	2
黑河市爱辉区四嘉子满族乡	593	593	10057	2	115
黑河市爱辉区坤河达、满族乡	468	468	14094	1	6
黑河市北安市主星朝鲜族乡	377	377	12000		
黑河市孙吴县沿江达、满族乡	240	240	16000	1	129

教师数（人）	图书馆（个）	文化站（个）	村文化活动室（个）	医院、卫生院（个）	#医生数（人）	#病床数（张）	村卫生室（个）	#医生数（人）
102	2	1	14	2	17	40	5	6
56		41	7	1	27	95	12	12
53		1	3	1	5	23	3	8
147	1	1	7	1	9	23	7	21
83	5	1	5	1	26	37	10	10
151	1	1	6	1	61	39	17	17
90	6	6	6	1	20	24	6	14
20		1	14				14	38
228		1	12	2	20	16	12	24
136	3	1	3	1	19	40	4	10
96	1	1	17	1	25	35	10	11
67		1	11	1	6	20	7	7
231	1	1	28	1	7	20	25	25
88	16	1	12	1	7	16	12	12
148	1	1	13	1	22	25	13	13
66	16	16	1	1	4	10	15	18
15		1	6	1	4	8	4	4
37		1	4	1	8	8	4	4
21		1	6	1	4	12	2	2
10		1	14	1	4	12	13	13
195	3	1	7	1	18	19	7	16
108	1	1	5	1	5	8	5	7
152	1	1	7	1	12	18	7	11
	1	1	4	1	3	5	5	4
	1	1	3	1	6	6	1	1
14		1	3	1	3	4		
58		1	6	1	17	5	5	7
9	1	1	6	1	6	2	6	6
	4	1	4	1	5	8	2	2
26	1	1	8	1	20	15	8	8

10-1(三) 续表 7

民族乡镇名称	公共财政收入（万元）	公共财政支出（万元）	农民人均纯收入（元）	学校数（个）	在校学生数（人）
绥化市北林区兴和朝鲜族乡	686	686	13750	1	
绥化市北林区绥胜满族镇	1662	1662	10043	4	1180
绥化市北林区永安满族镇	1218	2140	8216	4	830
绥化市北林区红旗满族乡	850	1508	9512	2	305
绥化市望奎县惠七满族镇	2200	2200	8500	2	500
绥化市望奎县厢白满族乡	796	796	7271	8	127
绥化市望奎县灵山满族乡	605	605	8200	7	800
伊春市铁力市年丰朝鲜族乡	351	351	11293	1	352
鹤岗市萝北县东明朝鲜族乡	311	311	17200	1	87
鹤岗市绥滨县福兴满族乡	160	160	5080	1	30
大兴安岭地区呼玛县白银纳鄂伦春族乡	526	2125	12409	1	103
大兴安岭地区塔河县十八站鄂伦春族乡	2184	2967	8801	1	240
双鸭山市饶河县四排赫哲族乡	465	465	10670	1	14
双鸭山市友谊县成富朝鲜族满族乡			10325	1	
七台河市勃利县杏树朝鲜族乡	925	923	9871	5	636
七台河市勃利县吉兴朝鲜族、满族乡	874	754	9514	2	716
鸡西市密山市和平朝鲜族乡	1022	1022	15425	2	314
鸡西市鸡东县鸡林朝鲜族乡	1700	1700	15448	1	70
鸡西市鸡东县明德朝鲜族乡	720	720	13893	1	112
鸡西市城子河区永丰朝鲜族乡	608	608	15203		
江苏省	**7829**	**4690**	**26151**	**3**	**2013**
扬州市高邮市菱塘回族乡	7829	4690	26151	3	2013
浙江省	**31845**	**31531**	**11188**	**29**	**9151**
杭州市桐庐县莪山畲族乡	1219	2221	17244	2	301
温州市平阳县青街畲族乡	543	513	7920	1	128
温州市苍南县岱岭畲族乡	2294	2294	10928	1	222
温州市苍南县凤阳畲族乡	2010	2010	10765	1	76
温州市文成县西坑畲族镇	5131	3633	9365	1	758
温州市文成县周山畲族乡	459	347	9413		
温州市泰顺县司前畲族镇	1870	2097	10557	2	1472

教师数（人）	图书馆（个）	文化站（个）	村文化活动室（个）	医院、卫生院（个）			村卫生室（个）	
					#医生数（人）	#病床数（张）		#医生数（人）
14		1	2	1	5	24		
178		1	1	1	5	12	8	42
95	1	1	7	1	25	35	8	8
93	1	1	1	1	6	27	5	24
120	1	1	8	1	24	20	8	8
110	5	1	5	1	20	10	7	32
160	1	1	5	1	14	21	4	25
57	10	1	10	1	17	17	10	10
40	7	1	7	1	10	16	2	2
23		1	3	1	5	4	3	4
21		1	6	1	3	8	3	
62	1	1	6	4	18	80	2	2
18		1	4	1	2	3	4	
	1	1	9	1	28	40	9	
91		1	11	1	11	20	10	22
76		1	14	1	16	20	15	15
86	1	1	9	1	11	31	12	12
34		1	6	1	44	16	2	2
45		1	8	1	2	30	6	6
	7	1	7	7	7			
144	**1**	**1**	**6**	**1**	**35**	**38**	**6**	**27**
144	1	1	6	1	35	38	6	27
767	**39**	**19**	**215**	**22**	**216**	**258**	**72**	**80**
27	1	1	7	1	7	13	7	7
24	2	1	9	1	5	3	2	4
26	1	1	8	1	4	3		
14	1	1	6	1	6	3		
70	9	3	27	4	15	30	7	7
		1		1	1	1		
112	1	1	13	1	10	10	7	7

10-1(三) 续表 8

民族乡镇名称	公共财政收入（万元）	公共财政支出（万元）	农民人均纯收入（元）	学校数（个）	在校学生数（人）
温州市泰顺县竹里畲族乡	543	586	9020		
金华市兰溪市水亭畲族乡	2475	2475	10742	2	1191
金华市武义县柳城畲族镇	3950	3460	8840	4	2924
衢州市龙游县沐尘畲族乡	840	815	12291	2	287
丽水市莲都区老竹畲族镇	1703	1912	12804	8	820
丽水市莲都区丽新畲族乡	2893	3491	16157	1	291
丽水市龙泉市竹垟畲族乡	853	634	10856	1	148
丽水市云和县雾溪畲族乡	506	359	13312		
丽水市云和县安溪畲族乡	3542	3451	13645	1	78
丽水市遂昌县三仁畲族乡	889	1046	13266	1	281
丽水市松阳县板桥畲族乡	124	187	13282	1	174
安徽省	**9693**	**8949**	**11686**	**58**	**15025**
淮南市谢家集区孤堆回族乡	105	105	9598	6	1934
合肥市肥东县牌坊回族满族乡	3820	1800	13789	15	2110
滁州市定远县二龙回族乡	358	356	9570	1	378
淮南市凤台县李冲回族乡	435	435	10997	7	946
淮南市潘集区古沟回族乡	2433	2032	11000	7	3278
六安市寿县陶店回族乡	610	610	8876	4	754
宣城市宁国市云梯畲族乡	416	416	19224	1	136
蚌埠市五河县临北回族乡	1235	2492	12000	12	1987
阜阳市颍上县赛涧回族乡	281	703	11200	5	3502
福建省	**43341**	**42733**	**12773**	**96**	**29790**
福州市罗源县霍口畲族乡	1514	1351	9390	3	500
福州市连江县小沧畲族乡	789	654	8916		
宁德市福安市坂中畲族乡	7532	7418	15912	11	9322
宁德市福安市康厝畲族乡	3385	3281	15027	2	1398
宁德市福安市穆云畲族乡	3668	3533	13951	2	530
宁德市霞浦县盐田畲族乡	626	2480	13733	4	1423
宁德市霞浦县崇儒畲族乡	2507	2507	13863	3	334
宁德市霞浦县水门畲族乡	73	1787	10881	2	569

教师数（人）	图书馆（个）	文化站（个）	村文化活动室（个）	医院、卫生院（个）			村卫生室（个）	
					#医生数（人）	#病床数（张）		#医生数（人）
		1	2	1	3	5	1	1
86		1	36	2	43	18	19	19
236	1	1	40	1	73	110	8	10
34		1	10	1	6	6	1	4
47		1	12	1	13	40	12	12
23		1	9	1	4	10		
19	11	1	10	1	6	2	1	2
	1		1	1	3	1		
12		1	8	1	5		1	5
20	1	1	8	1	7	2	5	1
17	10	1	9	1	5	1	1	1
1208	**26**	**9**	**62**	**11**	**120**	**346**	**69**	**150**
92		1	8	1	15	32	8	12
320	14	1	13	3	15	80	13	20
68	1	1	5	1	10	12	5	18
59	6	1	6	1	9	30	6	6
252	1	1	5	1	16	36	12	17
67	1	1	4	1	11	20	4	6
22	1	1	4	1	8	8	4	4
165	1	1	11	1	14	18	11	29
163	1	1	6	1	22	110	6	38
2646	**11**	**21**	**300**	**18**	**194**	**336**	**332**	**371**
84		1	24	1	4	15	24	31
		1	5	1	3	10	2	2
540	1	1	19	1	28	23	19	19
144		1	32	1	11		32	32
70		1	20				33	21
137		2	22	1	13	15	22	22
100	1	1	27	1	10	68	27	19
95	1	1	23	1	7	10	14	14

10-1(三) 续表 9

民族乡镇名称	公共财政收入（万元）	公共财政支出（万元）	农民人均纯收入（元）	学校数（个）	在校学生数（人）
宁德市蕉城区金涵畲族乡	3137	3048	12952	3	2095
宁德市福鼎市硖门畲族乡	3294	2811	12891	4	944
宁德市福鼎市佳阳畲族乡	1843	434	12571	1	263
漳州市漳浦县赤岭畲族乡	515	514	12715	3	1353
漳州市漳浦县湖西畲族乡	2595	2405	14080	7	2205
漳州市龙海市隆教畲族乡	5631	1869	10764	10	1373
三明市永安市青水畲族乡	488	2517	15365	6	985
三明市宁化县治平畲族乡	1623	1623	11216	3	672
龙岩市上杭县官庄畲族乡	850	1260	12500	4	1345
龙岩市上杭县庐丰畲族乡	1850	1820	13089	24	2188
泉州市惠安县百崎回族乡	1421	1421	12867	4	2291
江西省	**16007**	**14062**	**10737**	**63**	**8390**
鹰潭市贵溪樟坪畲族乡	1314	604	12180	4	303
上饶市铅山县太源畲族乡	1525	1392	11000	1	172
上饶市铅山县篁碧畲族乡	1177	1177	10080	1	424
吉安市永丰县龙冈畲族乡	2877	2277	10868	11	1286
赣州市南康赤土畲族乡	2346	2285	11178	19	3310
吉安市青原区东固畲族乡	2007	1660	10218	12	1469
抚州市乐安县金竹畲族乡	1545	1545	9277	14	1196
吉安市峡江县金坪民族乡	3216	3122	10680	1	230
山东省	**21632**	**15298**	**10855**	**36**	**14899**
淄博市临淄区金岭回族镇	10255	4198	17749	2	757
聊城市莘县张鲁回族镇	3688	3688	11002	12	4589
菏泽市曹县侯集回族镇	2514	2514	8320	14	3600
德州市禹城市十里望回族乡	5175	4898	11200	8	5953
河南省	**51907**	**42439**	**8850**	**203**	**158857**
郑州市荥阳市金寨回族乡	1055	780	14672	1	339
周口市太康县城关回族镇	12810	12810	9976	16	20190
周口市淮阳县城关回族镇	13372	2634	7895	26	12600
周口市沈丘县槐店回族镇	8128	8128	10360	22	23085

教师数（人）	图书馆（个）	文化站（个）	村文化活动室（个）	医院、卫生院（个）	#医生数（人）	#病床数（张）	村卫生室（个）	#医生数（人）
213	2	1	16	1	14	10	23	25
103	1	1	9	1	2	10	9	13
62		2	12	1	2	15	12	12
98		1	9	1	6	18	9	9
155	1	1	10	1	6	20	17	17
169	1	1	10	1	15	20	20	22
100	1	1	13	1	4	20	20	20
74	1	1	12	1	4	21	12	12
150		1	18	1	34	30	18	40
213		1	14	1	18	16	14	21
139	1	1	5	1	13	15	5	20
565	**21**	**8**	**74**	**9**	**127**	**201**	**86**	**123**
53		1	5	1	3	18	2	3
25	1	1	4	1	8	16	3	1
31	1	1	4	1	15	14	1	2
62	1	1	11	1	19	28	17	22
182		1	18	1	39	63	36	59
90	17	1	15	1	26	30	15	19
106		1	10	2	13	16	10	15
16	1	1	7	1	4	16	2	2
1123	**9**	**12**	**155**	**5**	**137**	**330**	**81**	**186**
81	1	1	10	2	36	90	5	9
412	1		51	1	45	88	42	52
210		4	32	1	24	80	16	65
420	7	7	62	1	32	72	18	60
9729	**49**	**24**	**161**	**48**	**3716**	**3719**	**205**	**302**
33	1	1	2	1	8	20	2	2
963	2	1	12	7	840	571	11	33
1026	3	1	15	7	745	410	17	21
2280	1	1	9	3	280	240	9	14

10-1(三) 续表 10

民族乡镇名称	公共财政收入（万元）	公共财政支出（万元）	农民人均纯收入（元）	学校数（个）	在校学生数（人）
商丘市宁陵县城关回族镇	1762	1762	7130	11	26475
商丘市睢县城关回族镇	3011	2904	7682	18	42632
商丘市民权县伯党回族乡	220	260	6100	7	2045
商丘市民权县胡集回族乡	196	266	5600	7	1960
平顶山市叶县马庄回族乡	510	691	4330	7	1241
平顶山市郏县姚庄回族乡	1200	1125	6663	5	568
新乡市封丘县荆乡回族乡	78	180	5305	3	1532
许昌市许昌县艾庄回族乡	406	580	8670	3	1430
许昌市禹州市山货回族乡	1106	910	12997	3	989
许昌市襄城县颖桥回族镇	524	578	8872	3	812
南阳市镇平县郭庄回族乡	103	427	7973	9	1671
南阳市方城县袁店回族乡	1046	1046	6993	9	1750
驻马店市西平县蔡寨回族乡	559	591	8066	7	2107
驻马店新蔡县李桥回族镇	235	380	7300	13	4438
漯河市临颖县繁城回族镇	1796	2597	9751	26	7246
洛阳市洛宁县王范回族镇	2482	2482	9703	5	5326
洛阳市廛河回族乡	1308	1308	13535	2	421
湖北省	**24441**	**27567**	**9063**	**66**	**17997**
荆门市钟祥市九里回族乡	1382	1382	14519	1	337
荆州市洪湖市老湾回族乡	294	294	7906	1	661
荆州市松滋市卸甲坪土家族乡	3505	3505	6500	3	954
宜昌市宜都潘家湾土家族乡	6889	7882	13540	2	531
十堰市郧西县湖北口回族乡	467	460	5450	9	1949
恩施州恩施市芭蕉侗族乡	3925	3925	8022	12	3158
恩施州宣恩县长潭河侗族乡	4219	4311	6007	11	2832
恩施州宣恩县晓关侗族乡	905	3229	7848	14	2573
仙桃市沔城回族镇	983	983	14210	4	2651
神农架林区下谷坪土家族乡	891	798	6467	1	355
咸宁市赤壁市周郎嘴回族镇	647	464	15132	5	798
恩施州鹤峰县铁炉白族乡	334	334	6523	3	1198

教师数（人）	图书馆（个）	文化站（个）	村文化活动室（个）	医院、卫生院（个）	#医生数（人）	#病床数（张）	村卫生室（个）	#医生数（人）
1146	1	1	5	9	872	760	5	5
2031	1	1	7	6	596	1168	14	19
160	9	1	9	1	28	40	13	13
136		1	3	1	20	40	13	13
161		1		1	21	35	8	10
45	1	1	6	1	13	18	6	7
80	5	1	5	1	8	20	3	3
80	1	1	9	1	20	20	9	9
62	6	1	6	1	14	18	6	6
83		1	5	1	20	60	5	5
125		1	1	1	18	22	9	13
156	1	1	9	1	21	35	9	12
104		1	6	1	9	20	6	21
291	1	1	10	1	50	50	10	46
486	1	1	29	1	105	80	32	32
236	4	4	2	1	23	57	7	7
45	11	1	11	1	5	35	11	11
1308	**7**	**12**	**169**	**13**	**398**	**549**	**183**	**203**
45		1	7	2	16	20	9	9
33	1	1	10	1	5	25	10	10
76		1	9	1	15	28	9	17
67	1	1	9	1	6	25	9	19
160	1	1	17	1	33	50	19	19
150	1	1	18	1	120	130	27	27
155	1	1	35	1	52	50	31	31
167		1	30	1	74	75	32	34
250	1	1	12	1	20	70	12	12
39		1	1	1	13	20	6	6
85		1	9	1	32	21	9	9
81	1	1	12	1	12	35	10	10

10-1(三) 续表 11

民族乡镇名称	公共财政收入（万元）	公共财政支出（万元）	农民人均纯收入（元）	学校数（个）	在校学生数（人）
湖南省	**55211**	**54546**	**3835**	**441**	**101234**
怀化市罗子山瑶族乡	250	250	1800	1	199
怀化市苏木溪瑶族乡	350	350	1820	9	530
怀化市上蒲溪瑶族乡	305	305	1850	4	360
怀化市后塘瑶族乡	700	700	3197	7	1088
怀化市仙人湾瑶族乡	907	907	1890	10	1420
怀化市深渡苗族乡	577	577	3027	1	387
怀化市龙船塘瑶族乡	720	720	2865	1	465
怀化市炮团侗族苗族乡	359	167	1700	6	846
怀化市宝田侗族苗族乡	530	530	2045	1	467
怀化市蒲稳侗族苗族乡	283	283	1582	3	959
怀化市金子岩侗族苗族乡	110	146	4689	6	1896
怀化市漠滨侗族苗族乡	912	774	1905	5	1065
怀化市青朗侗族苗族乡	788	759	2000	6	2022
怀化市二酉苗族乡	2490	2490	2189	5	2130
怀化市火场土家族乡	371	371	2197	3	456
怀化市蒿吉坪瑶族乡	588	568	2105	1	380
怀化市大高坪苗族乡	221	221	1798	4	302
怀化市步头降苗族乡	353	353	1750	1	678
怀化市米贝苗族乡	780	780	3110	2	1230
邵阳河口苗族乡	151	151	3437	3	569
邵阳麻塘苗族乡	215	306	5230	2	595
邵阳东山侗族乡	89	123	5245	1	719
邵阳鹅公岭侗族苗族乡	312	305	2768	2	586
邵阳寨市苗族侗族乡	200	150	2500	4	900
邵阳乐安铺苗族侗族乡	805	733	5708	2	313
邵阳关峡苗族乡	1200	1300	4620	2	1380
邵阳长铺子苗族乡	238	238	5500	2	1573
邵阳山界回族乡	1503	1503	3079	6	3893
邵阳虎形山瑶族乡	1193	1153	1857	5	2135

教师数（人）	图书馆（个）	文化站（个）	村文化活动室（个）	医院、卫生院（个）	#医生数（人）	#病床数（张）	村卫生室（个）	#医生数（人）
6958	**121**	**122**	**1262**	**157**	**1288**	**2215**	**1017**	**1056**
39	1	1	10	1	8	10	10	10
50	1	1	10	1	8	10	10	10
45	1	1	12	1	9	15	12	12
82	1	1	6	1	9	20	17	17
130	1	1	20	1	20	25	20	24
42		1	6	1	13	12	6	6
42		1	6	1	14	22	2	2
72	1	1	8	1	17	28	12	12
43	1	1	10	1	6	20	10	10
57		1	9	1	7	20	10	10
114	10	1	40	3	43	142	40	40
70	1	1	10	1	22	40	8	13
117	3	2	19	2	26	62	19	19
228		1	40	3	32	85	40	40
52		1	6	1	9	15	6	6
41		1	8	1	6	4	6	6
21		1	4	1	4	4	4	4
63	1	1	14	1	5	22	4	
85	1	1	24	2	17	46	4	4
79		2	10	2	21	28	2	2
67		2	10	2	12	21	11	11
57		1	19	1	26	30	19	19
59		1	17	1	10	16	15	15
50	3	3	24	24	12	30	15	15
42		1	11	1	10	10	11	11
120		1	19	15	4	10	19	19
120		1	20	1	23	6	24	24
136		1	25	1	6	20	25	25
85	1	1	6	1	6	12	14	14

10-1(三) 续表 12

民族乡镇名称	公共财政收入（万元）	公共财政支出（万元）	农民人均纯收入（元）	学校数（个）	在校学生数（人）
邵阳那溪瑶族乡	310	310	3858	11	1196
邵阳大屋瑶族乡	58	210	2600	1	206
邵阳长塘瑶族乡	61	164	2800	3	370
邵阳黄金瑶族乡	1421	1421	1704	3	901
邵阳麻林瑶族乡	913	913	1124	4	1150
永州荆竹瑶族乡	268	258	3300	1	124
永州湘江源瑶族乡	280	276	2667	3	112
永州浆洞瑶族乡	262	241	1750	1	239
永州汇源瑶族乡	174	170	2600	2	164
永州犁头瑶族乡	230	230	1959	2	119
永州大桥瑶族乡	374	373	3638	1	669
永州松柏瑶族乡	242	242	1415	2	1097
永州千家洞瑶族乡	545	618	2932	7	1618
永州兰溪瑶族乡	47	141	1856	1	525
永州源口瑶族乡	92	95	1427	1	682
永州九嶷山瑶族乡	380	381	3587	6	2615
永州棉花坪瑶族乡	215	215	1986	4	640
永州桐木漯瑶族乡	615	423	2931	3	521
永州五龙山瑶族乡	418	418	2287	5	700
永州横岭瑶族乡	40	40	3465	5	940
永州洪塘营瑶族乡	154	154	2537	6	1032
永州审章塘瑶族乡	321	321	3346	17	2365
永州晒北滩瑶族乡	402	400	5800	4	283
永州门楼下瑶族乡	282	282	2102	3	332
永州上梧江瑶族乡	613	611	2280	3	264
永州市小圩壮族乡	225	225	1378	3	782
张家界刘家坪白族乡	595	595	2730	7	628
张家界马合口白族乡	656	656	2972	8	1022
张家界走马坪白族乡	842	842	2368	6	1538
张家界芙蓉桥白族乡	676	676	2280	7	1103

教师数（人）	图书馆（个）	文化站（个）	村文化活动室（个）	医院、卫生院（个）	#医生数（人）	#病床数（张）	村卫生室（个）	#医生数（人）
75		1	17	1	20	12	12	12
22		1	11	1	3	6	6	6
39		1	10	1	6	6	6	6
52	1	1	14	1	10	12	7	7
79		1	15	1	15	18	15	15
16	9	1	8	1	5	6	5	5
15	6	1	5	1	5	3	2	2
25	1	1	6	1	6	10	2	2
13	1	1	5	1	3	2	1	
14	1	1	4	1	2		1	1
42	1	1	10	1	13	14	11	11
72		1	14	1	7	25	12	12
72		1	11	1	16	15	17	17
35		1	10	1	4	18	5	5
48		7	7	1	12	32	6	6
171		1	30	3	21	18	32	32
19	1	1	4	1	3	4	1	1
37	1	1	7	1	1	4	7	7
42	1	1	15	2	12	10	13	13
63		1	15	1	12	6	9	9
61		1	17	1	19	15	14	14
161		2	24		2	26	19	19
35		1	11	1	5	5	4	4
32		1	13	1	8	12	13	13
47		1	13	2	10	9	6	10
49		1	7	1	5	9	2	2
46		1	13	1	11	27	5	5
84		2	22	3	26	30	12	12
94		1	24	2	16	32	20	20
121		1	28	3	28	22	10	6

10-1(三) 续表 13

民族乡镇名称	公共财政收入（万元）	公共财政支出（万元）	农民人均纯收入（元）	学校数（个）	在校学生数（人）
张家界洪家关白族乡	7147	7147	3718	14	3471
张家界三官寺土家族乡	340	340	4131	20	2867
张家界高峰土家族乡	256	256	5854	9	1786
张家界金岩土家族乡	689	689	3385	1	1457
张家界许家坊土家族乡	420	420	3045	1	2245
张家界阳和土家族乡	303	303	6213	1	1536
张家界甘堰土家族乡	488	389	4725	15	3042
张家界赵家岗土家族乡	62	62	4530	16	1703
郴州市白水瑶族乡	813	618	7683	21	1460
郴州市保和瑶族乡	860	920	9830	6	1895
郴州市仰天湖瑶族乡	1217	1215	11247	20	1746
郴州市莽山瑶族乡	422	386	3066	4	667
郴州市文明瑶族乡	2290	1950	1860	21	5066
郴州市延寿瑶族乡	1401	1371	1456	6	4376
郴州市三江口瑶族乡	968	927	2205	2	1080
郴州市西山瑶族乡	53	61	2139	4	513
郴州市回龙山瑶族乡	1042	1042	14626	2	696
郴州市八面山瑶族乡	1050	1050	16691	3	671
常德市许家桥回族维吾尔族乡	320	440	8177	2	1691
常德市毛家滩回族维吾尔族乡	490	490	7618	3	1289
常德市枫树维吾尔族回族乡	1121	1118	5261	4	2242
常德市青林回族维吾尔族乡	2255	2255	8825	13	2833
株洲市中村瑶族乡	853	853	5335	3	998
衡阳市塔山瑶族乡	340	340	3060	10	1100
益阳市鲊埠回族乡	801	790	16350	5	1324
广东省	**4582**	**4373**	**9506**	**18**	**4372**
惠州市龙门县蓝田瑶族乡	1483	1482	11652	2	720
清远市连州市三水瑶族乡	139	141	8664	1	145
清远市连州市瑶安瑶族乡	400	400	7895	1	432
清远市阳山县秤架瑶族乡	730	730	9811	4	884

教师数（人）	图书馆（个）	文化站（个）	村文化活动室（个）	医院、卫生院（个）			村卫生室（个）	
					#医生数（人）	#病床数（张）		#医生数（人）
368		1	38	2	48	49	22	33
193	11	1	26	1	30	25	18	18
107		1	17	1	7	18	11	11
68		1	19	1	5	10	14	14
91	13	1	16	1	20	25	10	10
77	11	1	20	1	10	25	8	8
181	2	2	29	2	45	45	22	22
71		1	12	1	4	15	12	11
79	3	1	20	3	21	16	13	15
83	2	1	11	2	36	42	11	14
140		3	15	3	36	52	15	15
41	1	1	7	1	3	18	1	1
197	3	3	36	3	48	76	30	30
171	2	1	17	2	18	32	13	13
70	1	1	11	2	14	18	11	20
36	2	18	18	2	8	6	6	6
77		2	17	2	14	18	10	16
78	1	2	15	2	17	20	8	11
178	1	1	29	3	76	141	29	24
124		1	8	1	10	25	8	8
203	1	1	12	1	23	48	15	15
199	2	2	13	2	49	222	24	27
96		1	22	3	16	30	18	22
89	14	1	12	2	13	26	9	9
52	1	1	9	1	6	20	9	9
500	**6**	**7**	**73**	**7**	**51**	**127**	**58**	**59**
99	1	1	8	1	14	30	7	7
16		1	6	1	6	10	4	4
65	1	1	30	1	4	26	9	10
101	1	1	10	1	6	19	13	13

10-1(三) 续表 14

民族乡镇名称	公共财政收入（万元）	公共财政支出（万元）	农民人均纯收入（元）	学校数（个）	在校学生数（人）
肇庆市怀集县下帅壮族瑶族乡	779	588	9445	1	1144
韶关市始兴县深渡水瑶族乡	575	574	11013	1	116
河源市东源县漳溪畲族乡	477	458	8060	8	931
广西壮族自治区	**43912**	**48665**	**5787**	**638**	**106592**
梧州市蒙山县长坪瑶族乡	218	192	4316	1	72
梧州市蒙山县夏宜瑶族乡	554	554	4100	6	640
贺州市八步区黄洞瑶族乡	1083	660	6875	3	626
贺州市平桂管理区大平瑶族乡	483	656	7820	11	1662
贺州市昭平县仙回瑶族乡	323	322	5430	7	852
贺州市钟山县两安瑶族乡	301	623	7808	13	1506
贺州市钟山县花山瑶族乡	532	768	7018	7	780
贵港市平南县马练瑶族乡	522	1179	7680	14	3368
贵港市平南县国安瑶族乡	751	355	6215	9	1459
防城港市上思县南屏瑶族乡	1887	1887	6708	5	1132
防城港市防城区十万山瑶族乡	1057	965	5967	7	1129
南宁市马山县古寨瑶族乡	3592	3447	5085	11	1407
南宁市马山县里当瑶族乡	391	391	4642	9	1772
南宁市上林县镇圩瑶族乡	216	571	6445	10	2194
柳州市三江县同乐苗族乡	855	855	5965	41	7354
柳州市三江县福禄苗族乡	619	619	5505	16	4952
柳州市三江县高基苗族乡	400	395	10557	9	555
柳州市融水县滚贝侗族乡	70	1341	5234	12	1422
柳州市融水县同练瑶族乡	20	780	4282	6	397
柳州市柳城县古砦仫佬族乡	997	997	6727	14	2433
桂林市临桂县宛田瑶族乡	905	905	6950	4	1250
桂林市临桂县黄沙瑶族乡	1230	1206	6210	2	194
桂林市灵川县大境瑶族乡	1306	1081	5800	5	497
桂林市灵川县兰田瑶族乡	523	1330	5213	1	300
桂林市全州县蕉江瑶族乡	349	349	6432	10	766
桂林市全州县东山瑶族乡	600	600	5032	32	2539

教师数（人）	图书馆（个）	文化站（个）	村文化活动室（个）	医院、卫生院（个）	#医生数（人）	#病床数（张）	村卫生室（个）	#医生数（人）
81	1	1	5	1	5	7	11	11
28	1	1	4	1	7	5	4	4
110	1	1	10	1	9	30	10	10
6362	**38**	**59**	**476**	**68**	**888**	**1578**	**600**	**691**
15		1	2	1	2	5	5	5
67	2	1	6	1	4	16	6	6
37	5	1	4	1	9	12	4	5
112		1	6	1	8	27	6	6
78	1	1	5	1	15	30	6	15
110	1	1	6	1	8	21	6	9
57		1	6	1	13	6	6	6
172		1	12	1	25	72	12	18
122		1	8	1	8	15	7	10
100		1	9	1	2	10	9	8
49		1	3	1	3	8	5	6
139		1	6	1	11	34	9	10
125		1	10	1	16	10	10	18
132		1	11	1	9	18	11	11
277		1	19	1	11	49	13	13
166		1		1	13	50	14	14
39		1	8	1	16	12	8	8
90	1	1	11	1	4	11	11	11
106	2	1	6	1	8	20	6	10
173	1	1	15	1	13	61	13	8
110		1	4	1	33	12	35	28
25		1	4	1	5	3	4	4
26		1	5	1	6	20	8	9
39	1	1	3	1	4	16	3	3
48	1	1	9	1	9	17	16	16
175	1	1	16	1	19	23	16	28

10-1(三) 续表 15

民族乡镇名称	公共财政收入（万元）	公共财政支出（万元）	农民人均纯收入（元）	学校数（个）	在校学生数（人）
桂林市兴安县华江瑶族乡	1417	886	11055	7	660
桂林市灌阳县洞井瑶族乡	540	537	5900	9	546
桂林市灌阳县西山瑶族乡	347	341	4560	11	687
桂林市资源县车田苗族乡	1642	1576	8108	26	2142
桂林市资源县两水苗族乡	98	98	7653	7	490
桂林市资源县河口瑶族乡	186	186	7690	5	208
桂林市平乐县大发瑶族乡	79	269	9134	10	880
桂林市荔浦县蒲芦瑶族乡	820	820	6250	15	481
桂林市雁山区草坪回族乡	365	365		1	320
百色市右江区汪甸瑶族乡	2775	2717	9201	14	2798
百色市田东县作登瑶族乡	890	823	6020	21	3573
百色市田林县潞城瑶族乡	1669	1669		10	3860
百色市田林县利周瑶族乡	71	71		7	1758
百色市田林县八桂瑶族乡	901	901		9	1818
百色市田林县八渡瑶族乡	1251	1251		7	2926
百色市凌云县伶站瑶族乡	951	869		13	2238
百色市凌云县朝里瑶族乡	545	510	5664	6	1381
百色市凌云县沙里瑶族乡	499	499	5615	16	2638
百色市凌云县玉洪瑶族乡	468	468	5020	16	2680
百色市西林县足别瑶族苗族乡	419	419	5393	4	824
百色市西林县普合苗族乡	453	553	5803	8	1415
百色市西林县那佐苗族乡	939	939	5918	4	2686
河池市南丹县八圩瑶族乡	406	406	5073	17	2975
河池市南丹县里湖瑶族乡	375	375	5540	14	3650
河池市南丹县中堡苗族乡	349	329	6550	7	868
河池市天峨县八腊瑶族乡	112	90	5351	12	2430
河池市凤山县平乐瑶族乡	498	498	4370	13	2344
河池市凤山县江洲瑶族乡	346	346	3800	8	1757
河池市凤山县金牙瑶族乡	665	665	4045	18	2354
河池市东兰县三弄瑶族乡	500	500	4597	2	353

教师数（人）	图书馆（个）	文化站（个）	村文化活动室（个）	医院、卫生院（个）			村卫生室（个）	
					#医生数（人）	#病床数（张）		#医生数（人）
96	1	1	9	1	25	25	20	34
66	1	1	9	1	14	27	9	7
79		1	10	1	9	26	10	12
172		1	12	1	11	60	12	12
53	1	1	6	1	6	8	6	13
23		1	1	1	9	10	6	6
101		1	2	1	10	25	15	19
58	1	1	3	1	5	14	10	7
34	1		3	1	12	10	3	5
154	1	1	13	2	62	61	14	16
201		1	21	1	22	48	21	37
166		1	8	2	41	37	11	11
80		1	9	1	12	19	9	4
74	1	1	13	2	21	35	7	7
98	1	1	17	2	11	45	7	7
114		1	4	1	5	25	9	8
67	2	1	3	1	6	10	6	4
124		1	7	1	5	20	12	12
131	3	1	5	2	4	24	12	12
43	1	1	6	1	24	9	6	6
87	1	1	7	1	24	15	7	7
121		1		2	6	48	18	18
150	1	1	16	1	8	22	15	17
195	1	1	13	1	10	16	13	13
65	1	1	6	1	11	8	5	5
163	1	1	9	2	65	70	9	14
148	1	1	10	1	10	35	10	10
116	1	1	7	1	24	18	7	14
164	1	2	9	2	45	48	15	21
19		1	5	1	3	15	5	

10-1(三) 续表 16

民族乡镇名称	公共财政收入（万元）	公共财政支出（万元）	农民人均纯收入（元）	学校数（个）	在校学生数（人）
河池市环江县驯乐苗族乡	3464	3488	6014	13	2113
河池市宜州市北牙瑶族乡	43	1034	9065	27	6182
河池市宜州市福龙瑶族乡	47	1139	6162	16	3299
重庆市	**18833**	**19417**	**8844**	**32**	**9823**
奉节县云雾土家族乡	1001	1001	8311	1	292
奉节县长安土家族乡	2564	2564	8186	3	847
奉节县龙桥土家族乡	2826	2826	8781	4	507
奉节县太和土家族乡	1380	1380	8450	3	642
万州区恒合土家族乡	415	450	8784	2	1613
万州区地宝土家族乡	71	705	7970	1	410
云阳县清水土家族乡	2438	2438	8789	6	2826
巫山县红椿土家族乡	825	825	8170	2	392
巫山县邓家土家族乡	638	553	7609	2	239
忠县磨子土家族乡	1179	1179	10131	1	510
武隆县石桥苗族土家族乡	1748	1748	10205	3	452
武隆县文复苗族土家族乡	1636	1636	10229	1	316
武隆县后坪苗族土家族乡	1100	1100	8576	2	450
武隆县浩口苗族仡佬族乡	1012	1012	9630	1	327
四川省	**71892**	**77608**	**7745**	**210**	**69055**
阿坝州松潘县十里回族乡	424	356	10366	2	330
阿坝州松潘县进安回族乡	1185	1185	10882	1	769
攀枝花市仁和区大龙潭彝族乡	86	1974	13343	7	767
攀枝花市仁和区啊喇彝族乡	57	2792	12933	1	379
攀枝花市米易县麻陇彝族乡	1521	1521	12883	1	296
攀枝花市米易县白坡彝族乡	1947	1947	12708	2	441
攀枝花市米易县湾丘彝族乡	2083	2083	10895	2	2611
攀枝花市米易县新山傈僳族乡	1007	969	12157	2	388
攀枝花市盐边县敢鱼彝族乡	710	710	10015	3	260
攀枝花市盐边县红果彝族乡	1068	1026	10553	1	757
攀枝花市盐边县温泉彝族乡	398	398	10366	1	816

教师数（人）	图书馆（个）	文化站（个）	村文化活动室（个）	医院、卫生院（个）	#医生数（人）	#病床数（张）	村卫生室（个）	#医生数（人）
128		1	12	1	35	22	8	12
300		1	17	2	36	100	25	27
183		1	10	1	23	45	9	9
775	**29**	**14**	**95**	**17**	**184**	**233**	**96**	**106**
21		1	3	1	8	5	3	3
103		1	8	1	13	25	7	7
38		1	6	1	6	10	5	5
43	1	1	8	2	16	30	6	6
123	15	1	14	1	27	30	13	25
30	1	1	1	1	5	20	4	4
175	1	1	14	3	35	39	9	9
17	1	1	5	1	13	8	5	5
30		1	5	1	6	11	7	5
40	1	1	7	1	29	20	13	13
55	1	1	6	1	5	12	6	6
33		1	6	1	6	8	6	6
31		1	6	1	8	7	6	6
36	8	1	6	1	7	8	6	6
4510	**53**	**116**	**575**	**92**	**657**	**1128**	**479**	**498**
35		1	6	1	5	2	4	4
61			9				1	1
65	1	1	8	1	27	33	12	13
50	1	1	6	1	22	12	6	6
23		1	6	1	5	9	7	7
45		1	10	1	8	8	8	7
178		1	7	1	9	25	7	7
36		1	4	1	13	84	7	
28	1	1	14	1	8	6	3	3
63	1	1	11	1	14	14	4	7
49		1	7	1	8	6	4	6

10-1(三) 续表 17

民族乡镇名称	公共财政收入（万元）	公共财政支出（万元）	农民人均纯收入（元）	学校数（个）	在校学生数（人）
攀枝花市盐边县箐河傈僳族乡	331	331	10550	1	588
攀枝花市盐边县格萨拉彝族乡	1016	1016	10676	1	467
攀枝花市盐边县和爱彝族乡	467	467	10388	1	378
攀枝花市盐边县红宝苗族彝族乡	682	794	10361	1	94
泸州市叙永县白蜡苗族乡	2820	2820	6407	1	2858
泸州市叙永县合乐苗族乡	1572	2732	6368	1	1799
泸州市叙永县枧槽苗族乡	1820	2784	6998	3	2136
泸州市叙永县石坝彝族乡	890	918	7498	4	1362
泸州市叙永县水潦彝族乡	818	818	6300	3	2459
泸州市古蔺县箭竹苗族乡	1249	1721	9873	6	1635
泸州市古蔺县大寨苗族乡	338	1060	7213	4	656
泸州市古蔺县马嘶苗族乡	1093	1468	8515	6	1880
广元市青川县蒿溪回族乡	318	318	8345	1	165
广元市青川县大院回族乡	472	472	8130	1	249
乐山市金口河区和平彝族乡	471	471	7968	4	1148
乐山市金口河区共安彝族乡	404	404	9001	3	686
南充市阆中市博树回族乡	791	791	8426	1	204
宜宾市筠连县高坪苗族乡	747	747	9746	2	767
宜宾市筠连县联合苗族乡	768	768	10920	5	1374
宜宾市筠连县团林苗族乡	692	692	9985	6	810
宜宾市屏山县屏边彝族乡	783	783	9097	1	1026
宜宾市屏山县清平彝族乡	1034	1141	7654	6	828
宜宾市兴文县大坝苗族乡	1255	1341	8926	2	3847
宜宾市兴文县毓秀苗族乡	1579	1126	8475	1	844
宜宾市兴文县大河苗族乡	3033	2698	9686	6	4466
宜宾市兴文县麒麟苗族乡	3300	2500	8243	4	3533
宜宾市兴文县仙峰苗族乡	2300	2300	10995	7	920
宜宾市珙县罗渡苗族乡	348	348	10857	6	1430
宜宾市珙县玉和苗族乡	404	404	10567	3	707
宜宾市珙县观斗苗族乡	329	329	9721	1	526

教师数（人）	图书馆（个）	文化站（个）	村文化活动室（个）	医院、卫生院（个）	#医生数（人）	#病床数（张）	村卫生室（个）	#医生数（人）
40	1	1	6	1	6	12	6	6
50		1	11	1	19	28	11	
30	1	1	4	1	3	10	4	4
16	1	1	7	1	7	6	7	4
142	1	1	7	1	12	50	7	14
78		1	5	1	7	30	5	9
115		1	4	1	5	30	4	4
77	1	1	5	1	9	25	4	5
179	1	1	10	1	10	50	8	10
96		1	8	1	10	25	6	6
62		1	3	1	7	20	5	5
103		1	5	1	4	20	8	9
25	1	1	5	1	3	6	5	5
26	1	1	6	1	4	6	6	6
98		1	6	1	7	5	6	6
101	1	1	7	1	4	4	7	7
42		1	7	1	8	10	3	3
58		1	5	1	4	10	5	5
45		1	8	1	3	3	3	4
48		1	8	1	6	3	3	3
47		1	7	1	3	15	6	6
62	1	1	2	1	7	15	3	3
188		1	16	1	21	35	16	16
47		1	5	1	8	10	5	10
247	1	1	18	1	7	28	25	44
178	1	1	25	2	8	20	26	26
88	1	1	13	1	18	28	13	13
91		1	10	1	9	17	10	18
29	1	1	4	1	3	10	4	4
31		1	4	1	6	10	4	5

10-1(三) 续表 18

民族乡镇名称	公共财政收入（万元）	公共财政支出（万元）	农民人均纯收入（元）	学校数（个）	在校学生数（人）
雅安市汉源县小堡藏族彝族乡	280	280	8134	2	246
雅安市汉源县坭美彝族乡	286	351	10327	2	250
雅安市汉源县永利彝族乡	199	199	7016	1	98
雅安市汉源县顺河彝族乡	499	499	8514	1	131
雅安市汉源县片马彝族乡	420	420	9086	3	422
雅安市石棉县安顺彝族乡	500	500	9301	4	823
雅安市石棉县先锋藏族乡	1762	1476	9311	2	812
雅安市石棉县蟹螺藏族乡	793	793	9376	1	250
雅安市石棉县回隆彝族乡	496	496	9688	4	742
雅安市石棉县擦罗彝族乡	1218	1186	9677	3	653
雅安市石棉县栗子坪彝族乡	2536	2536	9388	2	648
雅安市石棉县新民藏族彝族乡	1447	1447	9478	2	866
雅安市石棉县挖角彝族藏族乡	687	673	10160	1	345
雅安市石棉县田湾彝族乡	1165	1120	9343	1	167
雅安市石棉县草科藏族乡	300	300	9388	1	170
雅安市宝兴县跷碛藏族乡	918	821	10449	7	336
雅安市荥经县宝峰彝族民族乡	249	249	7643	1	210
雅安市荥经县民建彝族民族乡	422	422	6953	2	323
凉山州西昌市高草回族乡	483	483	12903	2	1113
凉山州西昌市裕隆回族乡	685	685	11298	4	2827
凉山州木里县屋脚蒙古族乡	382	382	5583	1	248
凉山州木里县俄亚纳西族乡	489	489	3997	1	591
凉山州木里县白碉苗族乡	333	329	6612	1	691
凉山州木里县项脚蒙古族乡	392	392	7068	1	407
凉山州木里县固增苗族乡	457	457	3868	1	386
凉山州盐源县大坡蒙古族乡	131	131	2800	1	226
凉山州德昌县金沙傈僳族乡	265	231	8219	1	423
凉山州德昌县南山傈僳族乡	158	158	8345	1	235
凉山州会理县新安傣族乡	80	80	4230	1	203
凉山州冕宁县和爱藏族乡	340	340	7148	1	182

教师数（人）	图书馆（个）	文化站（个）	村文化活动室（个）	医院、卫生院（个）			村卫生室（个）	
					#医生数（人）	#病床数（张）		#医生数（人）
20		1	3	1	5	6	1	1
15	1	5	5	1	6	7	1	1
15	1	6	6	1	6	4	2	2
18		1	4	1	7	6	1	1
32	1	1	6	1	7	7	2	2
52	1	1	4	1	12	10	6	4
70	2	1	7	1	12	10	6	1
21	1	1	7	1	8	5	5	4
35	1	1	6	1	8	9	6	6
31		1	5	1	4	4	1	1
28		1	7	1	11	11	7	
41		1	6	1	11	15	3	2
13	1	1	3	1	6	8	3	3
15	1	1	6	1	4	7	1	1
21	1	1	5	1	3	5	5	3
48		1	5	1	13	11	5	4
20		1	3	1				
25	1	1	5	1	8	15	5	5
102		1	7	1	4	14	7	7
130	1	1	9	1	12	20	7	7
21	3	2	2	1	4	3	1	1
31	4	7	6	1	4	4	2	2
54	5	5	4	1	5	5	1	2
28	2	2	2	1	3	4	1	3
23	4	4	4	1	7	12	1	4
11		1	2	1	4	8	3	3
19		1	3	1	3	2	1	1
23		1	3	1	6	5	3	3
11		1	5	1	2	6		
15	1	1	1	1	5	10		

10-1(三) 续表 19

民族乡镇名称	公共财政收入（万元）	公共财政支出（万元）	农民人均纯收入（元）	学校数（个）	在校学生数（人）
凉山州越西县保安藏族乡	241	241	5837	3	368
绵阳市平武县木皮藏族乡	267	267	7708	1	20
绵阳市平武县木座藏族乡	384	384	7851	1	38
绵阳市平武县白马藏族乡	775	491	7695	1	20
绵阳市平武县黄羊关藏族乡	126	126	8367	1	13
绵阳市平武县虎牙藏族乡	246	246	7621	1	67
绵阳市平武县泗耳藏族乡	415	415	4820	1	6
绵阳市平武县徐塘羌族乡	342	342	7189	1	113
绵阳市平武县锁江羌族乡	836	594	9096	2	174
绵阳市平武县平南羌族乡	426	286	7648	1	70
绵阳市北川县桃龙藏族乡	398	403	8348	1	63
绵阳市盐亭县大兴回族乡	549	549	10953	1	121
达州市宣汉渡口土家族乡	960	960	5648	6	665
达州市宣汉龙泉土家族乡	1797	1797	5820	7	962
达州市宣汉三墩土家族乡	869	869	5670	2	2650
达州市宣汉漆树土家族乡	258	258	5798	4	522
绵阳市平武县水田羌族乡	447	400	7385	1	109
绵阳市平武县旧堡羌族乡	422	433	7449	1	88
绵阳市平武县阔达藏族乡	450	398	8475	1	162
绵阳市平武县土城藏族乡	701	701	7656	2	144
贵州省	**245203**	**242864**	**6675**	**1728**	**480108**
贵阳市南明区小碧布依族苗族乡	11230	950	13896	7	1358
贵阳市花溪区高坡苗族乡	2108	1577	9966	11	2605
贵阳市花溪区孟关苗族布依族乡	24180	2198	12542	8	3365
贵阳市花溪区马铃布依族苗族乡	1602	1204	10081	3	388
贵阳市花溪区黔陶布依族苗族乡	622	1185	12090	7	3081
贵阳市乌当区偏坡布依族乡	10	320	12543	2	240
贵阳市乌当区新堡布依族乡	339	712	12596	3	500
贵阳市白云区牛场布依族乡	628	1784	14006	9	1800
贵阳市白云区都拉布依族乡	3462	2871	14006	10	1860

教师数（人）	图书馆（个）	文化站（个）	村文化活动室（个）	医院、卫生院（个）			村卫生室（个）	
					#医生数（人）	#病床数（张）		#医生数（人）
26		1	3	1	7	4	3	3
10		1	3	1	3	2		
11		1	3	1	2	3		
4		1	4	1	4	6	1	1
8		1	6	2	4	6	6	
8		1	5	1	3	7	5	5
2		3	3	1	3	6		
16		1	5	1	4	2	4	4
25		1	10	1	8	8	10	10
10	1	1	5	1	3	5	4	3
12		1	6	1	3	5	6	6
16		1	8	1	10	19	8	8
33	1	1	8	1	6	14	8	8
85		1	9	1	15	16	14	18
91		1	5	1	13	15	7	7
22		1	4	1	8	6	5	10
16		1	7	1	5	4	6	6
15	1	1	6	1	3	8	4	4
20		1	6	1	6	10	5	5
20		1	9	1	10	9	8	5
30272	**89**	**220**	**1843**	**225**	**2623**	**4531**	**2133**	**2437**
131	1	1	12	1	12	10	13	13
160	1	1	19	1	22	13	19	19
219	1	1	8	3	23	90	6	6
32	1	1	3	1	5	8	5	5
191	1	1	8	2	15	60	6	6
30		1	2	1	3	4	1	1
60	1	1	7	1	4	5	6	6
121	4	1	13	1	30	20	13	13
128	1	1	7	1	6	16	7	7

10-1(三)　续表 20

民族乡镇名称	公共财政收入（万元）	公共财政支出（万元）	农民人均纯收入（元）	学校数（个）	在校学生数（人）
贵阳市清镇市麦格苗族布依族乡	1894	2469	9804	3	1561
贵阳市清镇市王庄布依族苗族乡	972	1443	9782	2	1785
贵阳市清镇市流长苗族乡	905	2085	9706	11	4323
贵阳市开阳县高寨苗族布依族乡	532	2206	8931	6	1748
贵阳市开阳县南江布依族苗族乡	356	2606	9849	7	1585
贵阳市开阳县禾丰布依族苗族乡	1033	2283	9724	4	1381
贵阳市修文县大石布依族乡	80	761	7734	2	1010
贵阳市息烽市青山苗族乡	1268	1444	10689	2	510
六盘水市水城县坪寨彝族乡	332	1083	6695	4	1468
六盘水市水城县南开苗族彝族乡	836	2274	7130	14	6054
六盘水市水城县青林苗族彝族乡	191	1192	6700	9	2691
六盘水市水城县金盆苗族彝族乡	985	1286	6755	7	4428
六盘水市水城县新街彝族苗族布依族乡	126	1140	6875	5	2102
六盘水市水城县杨梅彝族苗族回族乡	156	1816	6780	9	4491
六盘水市水城县野钟苗族彝族布依族乡	444	1259	6686	10	3641
六盘水市水城县果布嘎彝族苗族布依族乡	217	1196	6750	5	1800
六盘水市水城县龙场苗族白族彝族乡	195	1539	6750	5	2093
六盘水市水城县营盘苗族彝族白族乡	121	1317	6813	6	2481
六盘水市水城县顺场苗族彝族布依族乡	366	1476	6844	6	2230
六盘水市水城县花戛苗族布依族彝族乡	93	1189	6928	6	1774
六盘水市水城县猴场苗族布依族乡	433	1448	7055	7	2717
六盘水市盘县特区普田回族乡	286	1274	4833	7	1292
六盘水市盘县特区旧营白族彝族苗族乡	216	1401	5120	6	1836
六盘水市盘县特区羊场布依族白族苗族乡	3040	2257	6368	9	4006
六盘水市盘县特区保基苗族彝族乡	601	1262	4031	4	1536
六盘水市盘县特区淤泥彝族乡	3452	5606	7256	15	3220
六盘水市盘县特区普古彝族苗族乡	317	1671	5848	7	2206
六盘水市盘县特区坪地彝族乡	253	3303	5565	13	3176
六盘水市六枝特区梭戛苗族彝族乡	1060	1078	7052	9	3178
六盘水市六枝特区落别布依族彝族乡	606	2027	7138	10	2953

教师数（人）	图书馆（个）	文化站（个）	村文化活动室（个）	医院、卫生院（个）	#医生数（人）	#病床数（张）	村卫生室（个）	#医生数（人）
117		1	15	1	18	14	18	16
126		1	10	1	15	10	13	15
272		1	26	1	32	46	32	30
98		1	8	1	7	30	23	36
102		1	6	1	10	30	16	31
80		1	6	1	10	30	11	21
72		1	7	1	5	7	7	8
49	1	1	5	1	13	20	5	7
86	1	1	4	1	13	15	4	7
302	1	1	12	1	26	45	7	14
167	1	1	4	1	18	20	4	8
251		1	6	1	15	41	6	9
84		1	3	1	8	13	3	5
198		1	13	1	14	34	13	13
139		1	5	1	13	30	5	7
95		1	5	1	15	13	5	5
147		1	5	1	20	40	5	14
134		1	6	1	12	10	6	6
138		1	6	1	8	25	6	11
113		1	5	1	15	11	5	18
145		1	6	1	6	10	7	11
98	1	1	6	1	6	22	6	18
142		1	11	1	14	25	11	11
220	1	1	6	1	25	45	16	36
91	1	1	7	1	10	14	7	7
201		1	19	2	19	80	20	32
169		1	19	1	14	14	19	28
236		1	15	2	16	30	15	30
194	1	1	7	1	29	20	7	7
253		1	13	1	41	30	13	13

10-1(三) 续表 21

民族乡镇名称	公共财政收入(万元)	公共财政支出(万元)	农民人均纯收入(元)	学校数(个)	在校学生数(人)
六盘水市六枝特区中寨苗族彝族布依族乡	788	1851	6872	17	4327
六盘水市六枝特区牛场苗族彝族乡	180	1181	6858	12	2866
六盘水市六枝特区月亮河彝族苗族乡	276	2025	7060	14	3153
遵义市仁怀后山苗族布依族乡	325	1332	8424	2	1852
遵义市遵义县平正仡佬族乡	1752	1752	6765	4	979
遵义市遵义县洪关苗族乡	778	1172	7131	4	1030
遵义市桐梓县马鬃苗族乡	639	689	6709	5	340
遵义市正安县谢坝仡佬族苗族乡	2487	2487	7846	5	1059
遵义市正安县市坪苗族仡佬族乡	2682	860	3850	6	1758
遵义市余庆县花山苗族乡	1700	1700	7728	6	1495
遵义市道真县上坝土家族乡	1244	1244	7543	7	2761
安顺市西秀区鸡场布依族苗族乡	1838	1838	7667	4	3472
安顺市西秀区杨武布依族苗族乡	2580	2580	8065	12	2135
安顺市西秀区岩腊苗族布依族乡	1828	1828	7059	10	2128
安顺市西秀区新场布依族苗族乡	1670	1670	7401	4	1274
安顺市西秀区黄腊布依族苗族乡	1119	1119	7361	4	1623
安顺市平坝县十字回族乡	2072	2057	7300	19	3962
安顺市平坝县羊昌布依族苗族乡	845	845	7045	9	3342
安顺市普定县补郎苗族乡	2266	2313	6320	12	2534
安顺市普定县猴场苗族仡佬族乡	1623	1659	6565	12	3090
安顺市普定县猫洞苗族仡佬族乡	5000	1680	6654	8	1506
毕节市七星关区大屯彝族乡	1068	1068	5021	8	3127
毕节市七星关区田坎彝族乡	1275	1275	5100	5	1642
毕节市七星关区阿市苗族彝族乡	120	120	4620	10	2637
毕节市七星关区团结彝族苗族乡	1060	1060	5230	14	2926
毕节市七星关区阴底彝族苗族白族乡	1069	1069	6182	16	5860
毕节市七星关区千溪彝族苗族白族乡	835	970	7321	7	3460
毕节市黔西县永燊彝族苗族乡	1439	1439	6625	11	1710
毕节市黔西县新仁苗族乡	1319	1319	6656	12	2747
毕节市黔西县花溪彝族苗族乡	1183	1183	6601	12	1815

教师数（人）	图书馆（个）	文化站（个）	村文化活动室（个）	医院、卫生院（个）	#医生数（人）	#病床数（张）	村卫生室（个）	#医生数（人）
258		1	17	1	39	50	17	22
130		1	9	1	19	15	9	17
214		1	17	1	26	33	17	17
80	1	1	4	3	8	10	2	3
74	1	1	4	1	6	10	13	14
83	1	1	3	1	7	10	3	15
56	1	1	5	2	7	15	8	8
164		1	6	1	18	55	6	9
137	1	1	4	1	25	25	4	4
95		1	4	1	17	100	4	13
164	1	1	3	1	25	16	8	19
161	1	1	5	1	9	20	11	11
142	1	1	11	1	18	40	11	11
152		1	8	1	5	9	13	16
116		1	8	1	5	10	8	13
118		1	7	1	9	15	7	7
288		1		1	14	10	11	25
199		1	7	1	12	20	15	15
186		1	11	1	11	24	11	11
228	1	1	10	1	18	28	10	17
124	1	1	15	1	14	10	18	18
179		1	8	2	9	30	8	8
149		1	7	1	4	20	11	22
232		1	3	1	7	25	13	13
248		1	13	1	19	39	13	17
361		1	12	2	34	76	12	24
247		1	5	2	8	25	5	5
132		1	13	1	10	23	13	13
177		1	9	1	22	34	9	9
127		1	10	1	18	14	10	10

10-1(三) 续表 22

民族乡镇名称	公共财政收入（万元）	公共财政支出（万元）	农民人均纯收入（元）	学校数（个）	在校学生数（人）
毕节市黔西县中建苗族彝族乡	1104	1104	6629	7	1178
毕节市黔西县定新彝族苗族乡	1480	1480	6632	11	1914
毕节市黔西县太来彝族苗族乡	1781	1781	6775	15	3278
毕节市黔西县绿化白族彝族乡	1319	1319	7005	7	1729
毕节市黔西县红林彝族苗族乡	2172	2172	6848	11	2448
毕节市黔西县五里布依族苗族乡	1369	1369	6649	14	3088
毕节市黔西县铁石苗族彝族乡	1852	1852	6769	12	2068
毕节市大方县竹园彝族苗族乡	1302	1287	6050	10	2828
毕节市大方县响水白族彝族仡佬族乡	1728	1630	6988	14	3561
毕节市大方县鼎新彝族苗族乡	1504	1453	7018	16	7203
毕节市大方县牛场苗族彝族乡	1621	1621	7414	13	6642
毕节市大方县理化苗族彝族乡	1959	1554	7044	16	3835
毕节市大方县安乐彝族仡佬族乡	1098	1098	6742	6	1195
毕节市大方县凤山彝族蒙古族乡	8840	4116	7407	7	2384
毕节市大方县百纳彝族乡	728	720	6670	7	1172
毕节市大方县三元彝族苗族白族乡	827	827	7011	10	2799
毕节市大方县沙厂彝族乡	600	600	6580	9	1656
毕节市大方县黄泥彝族苗族满族乡	905	905	5934	6	1294
毕节市大方县核桃彝族白族乡	1156	1256	6284	9	3172
毕节市大方县八堡彝族苗族乡	1320	1128	6102	11	4708
毕节市大方县兴隆苗族乡	982	982	6158	10	4493
毕节市大方县大山苗族彝族乡	903	903	6704	11	3271
毕节市大方县星宿苗族彝族仡佬族乡	1480	1480	6680	12	2209
毕节市织金县自强苗族乡	996	1001	6868	7	1031
毕节市织金县官寨苗族乡	1146	988	6918	14	4071
毕节市织金县后寨苗族乡	2548	3437	6518	8	2993
毕节市织金县大平苗族彝族乡	1184	964	6704	8	2587
毕节市织金县茶店布依族苗族彝族乡	2147	1571	7027	10	3954
毕节市织金县金龙苗族彝族布依族乡	1955	1882	6820	13	5519
毕节市织金县鸡场苗族彝族布依族乡	280	300	6052	12	5820

教师数（人）	图书馆（个）	文化站（个）	村文化活动室（个）	医院、卫生院（个）	#医生数（人）	#病床数（张）	村卫生室（个）	#医生数（人）
90		1	6	1	12	31	6	6
142		1	13	1	10	20	13	13
210		1	13	1	7	32	13	13
108		1	7	1	5	20	7	7
138		1	11	1	5	10	11	11
175		1	10	1	5	20	10	10
150		1	10	1	26	22	10	10
182		1	9	1	23	27	9	9
237		1	14	2	26	24	13	23
392		1	12	2	14	27	13	13
413		1	10	2	20	20	13	13
259		1	10	2	14	62	10	13
107		1	8	1	14	17	8	8
147		1	9	2	18	72	10	10
164		1	3	2	20	40	3	3
131		1	8	1	2	16	8	8
122		1	9	1	19	24	6	8
107		1	8	1	8	17	8	8
211		1	9	2	18	91	9	9
270		1	9	2	11	14	9	9
271		1	8	1	12	16	8	8
196		1	11	1	10	14	11	11
142		1	10	2	16	20	10	10
85		1	11	1	8	20	11	11
175		1	16	1	19	45	16	16
159		1	13	1	14	20	13	13
120		1	13	1	8	20	13	13
199		1	21	1	26	23	21	21
237		1	20	1	8	40	20	20
249		1	24	1	11	20	24	24

10-1(三) 续表 23

民族乡镇名称	公共财政收入（万元）	公共财政支出（万元）	农民人均纯收入（元）	学校数（个）	在校学生数（人）
毕节市金沙县太平彝族苗族乡	350	350	7140	8	2360
毕节市金沙县石场苗族彝族乡	1367	1367	7072	11	3221
毕节市金沙县马路彝族苗族乡	790	790	6610	11	1731
毕节市金沙县安洛苗族彝族满族乡	4800	4800	8300	10	3443
毕节市金沙县新化苗族彝族满族乡	2030	2030	7300	9	5608
毕节市金沙县大田彝族苗族布依族乡	3200	3200	7950	6	1587
毕节市赫章县兴发苗族彝族回族乡	531	389	5574	15	4836
毕节市赫章县松林坡白族彝族苗族乡	287	268	5678	14	3765
毕节市赫章县雉街彝族苗族乡	1771	1769	6051	11	2752
毕节市赫章县珠市彝族乡	2306	536	5708	13	4381
毕节市赫章县双坪彝族苗族乡	512	457	5727	22	6813
毕节市赫章县辅处彝族苗族乡	428	605	5311	10	2148
毕节市赫章县铁匠苗族乡	231	823	5809	9	3817
毕节市赫章县可乐彝族苗族乡	512	536	6065	20	6572
毕节市赫章县河镇彝族苗族乡	209	293	5846	12	5863
毕节市赫章县结构彝族苗族乡	2271	2147	6010	11	3537
毕节市赫章县水塘堡彝族苗族乡	1098	1167	5573	12	4638
毕节市赫章县古达苗族彝族乡	1231	1261	5785	14	3551
毕节市纳雍县库东关彝族苗族白族乡	908	908	6561	11	3062
毕节市纳雍县董地苗族彝族乡	937	937	5705	13	5454
毕节市纳雍县左鸠戛彝族苗族乡	136	128	4952	7	1415
毕节市纳雍县锅圈岩苗族彝族乡	1111	1111	4819	11	4084
毕节市纳雍县新房彝族苗族乡	1545	1545	5961	8	5453
毕节市纳雍县化作苗族彝族乡	1241	1241	5630	12	4766
毕节市纳雍县姑开苗族彝族乡	130	110	5819	12	6584
毕节市纳雍县羊场苗族彝族乡	1820	649	4783	15	3692
毕节市纳雍县昆寨苗族彝族白族乡	982	362	5305	18	4133
毕节市纳雍县猪场苗族彝族乡	928	928	4280	9	3268
毕节市威宁县新发布依族乡	950	960	6000	22	8600
毕节市百里杜鹃管理区大水彝族苗族布依族乡	305	311	7050	5	1100

教师数（人）	图书馆（个）	文化站（个）	村文化活动室（个）	医院、卫生院（个）	#医生数（人）	#病床数（张）	村卫生室（个）	#医生数（人）
140		1	5	1	16	14	5	5
196	1	1	11	1	17	26	11	11
133		1	7	1	18	14	7	7
147	1	1	8	1	4	14	8	8
243		1	10	1	18	20	10	10
106	1	1	7	1	10	16	8	8
268		1	16	2	15	32	16	16
206		1	16	1	9	16	16	16
149		1	10	1	15	24	10	10
218		1	18	1	6	11	18	18
401		1	26	1	8	10	26	26
172		1	9	1	7	12	9	9
195		1	10	1	8	21	10	10
397		1	19	2	19	30	19	19
291		1	20	2	6	18	20	20
180		1	8	1	13	15	8	8
247		1	14	1	16	26	14	14
211		1	25	1	8	41	25	25
186	1	1	10	2	21	20	10	10
272	1	1	11	1	15	50	17	17
124	1	1	10	1	8	40	10	10
246	1	1	15	1	7	35	15	17
282	1	1	25	1	12	45	25	25
238	1	1	19	1	16	28	19	19
258	1	1	12	1	16	20	12	12
278	1	1	15	1	8	20	12	12
278	1	1	16	1	13	32	15	15
190	1	1	11	1	19	20	13	13
440		1	31	1	32	23	31	31
93		1	8	1	13	30	8	8

10-1(三)　续表 24

民族乡镇名称	公共财政收入（万元）	公共财政支出（万元）	农民人均纯收入（元）	学校数（个）	在校学生数（人）
毕节市百里杜鹃管理区金坡苗族彝族满族乡	1164	1074	7200	12	2517
毕节市百里杜鹃管理区普底彝族苗族白族乡	2200	1876	7130	12	3178
毕节市百里杜鹃管理区仁和彝族苗族乡	1313	1190	7022	10	2254
铜仁市碧江区桐木坪侗族乡	787	787	7320	6	634
铜仁市碧江区瓦屋侗族乡	750	750	7509	3	850
铜仁市碧江区和平土家族侗族乡	370	390	7110	8	1611
铜仁市碧江区滑石侗族苗族土家族乡	430	430	7200	10	1134
铜仁市碧江区六龙山侗族土家族乡	360	360	6200	4	140
铜仁市万山区高楼坪侗族乡	1236	1236	6500	7	1044
铜仁市万山区黄道侗族乡	967	967	6100	10	1320
铜仁市万山区敖寨侗族乡	1142	1142	6102	8	670
铜仁市万山区下溪侗族乡	641	641	6581	7	755
铜仁市万山区鱼塘侗族土家族苗族乡	470	470	5200	15	2915
铜仁市万山区大坪侗族土家族苗族乡	510	510	5700	12	2440
铜仁市德江县楠杆土家族乡	1352	869	5820	7	3000
铜仁市德江县沙溪土家族乡	1299	1299	6737	9	1021
铜仁市德江县桶井土家族乡	799	799	6608	14	4008
铜仁市德江县堰塘土家族乡	1380	1380	6800	10	1800
铜仁市德江县荆角土家族乡	181	855	6500	3	899
铜仁市德江县长丰土家族乡	160	917	6300	6	2298
铜仁市德江县龙泉土家族乡	990	990	4900	5	1600
铜仁市德江县钱家土家族乡	1039	1031	6612	8	1030
铜仁市江口县德旺土家族苗族乡	160	180	3260	8	1060
铜仁市江口县官和侗族土家族苗族乡	60	70	2680	5	616
铜仁市石阡县聚凤仡佬族侗族乡	398	801	5212	19	3196
铜仁市石阡县大沙坝仡佬族侗族乡	159	675	4901	5	2896
铜仁市石阡县枫香仡佬族侗族乡	152	635	4888	9	886
铜仁市石阡县青阳苗族仡佬族侗族乡	465	801	5128	11	1208
铜仁市石阡县龙井侗族仡佬族乡	191	806	5339	10	2869
铜仁市石阡县石固仡佬族侗族乡	886	899	5281	15	1608

教师数（人）	图书馆（个）	文化站（个）	村文化活动室（个）	医院、卫生院（个）	#医生数（人）	#病床数（张）	村卫生室（个）	#医生数（人）
164		1	10	1	14	20	11	11
225		1	13	2	53	66	13	13
156		1	10	1	6	50	11	11
106	1	1	3	1	11	10	4	6
95	1	1	6	1	8	5	6	6
103	1	1	9	1	8	15	18	18
165	1	1	7	1	14	14	12	12
26	1	1	6	1	6	4	4	4
65	2	13	13	1	7	5	16	16
90	1	1	10	1	10	10	10	10
98		1	5	1	8	7	8	8
65		1	7	1	17	9	8	18
218	1	1	12	1	17	38	14	16
144	9	8	10	1	9	24	10	20
160		1	5	1	16	18	13	12
157		1	14	1	10	30	14	8
210		1	22	1	17	19	11	21
180		1	13	2	10	25	13	16
86		1	15	1	12	25	15	16
151		1	14	1	14	27	14	14
128		1	12	1	8	50	12	18
121		1	13	1	12	15	13	14
48	1	1	7	1	8	18	7	7
32	1	1	4	1	6	10	4	4
181		1	6	1	18	11	18	18
146	1	4	5	1	15	12	8	8
74		1	5	1	8	23	5	5
101	1	1	5	1	14	22	13	13
224	1	1	6	1	15	24	23	23
142		1	5	1	12	20	13	13

10-1(三) 续表 25

民族乡镇名称	公共财政收入（万元）	公共财政支出（万元）	农民人均纯收入（元）	学校数（个）	在校学生数（人）
铜仁市石阡县坪地仡佬族侗族乡	175	656	5035	13	2018
铜仁市石阡县甘溪仡佬族侗族乡	126	601	4875	9	1438
铜仁市石阡县坪山仡佬族侗族乡	187	562	4877	5	579
铜仁市思南县思林土家族苗族乡	320	843	4100	6	1168
铜仁市思南县枫柽土家族苗族乡	320	689	4300	6	1340
铜仁市思南县杨家坳苗族乡	228	784	4538	9	1990
铜仁市思南县胡家湾苗族土家族乡	400	900	4360	6	1648
铜仁市思南县宽坪土家族苗族乡	400	648	3120	8	1290
铜仁市思南县三道水土家族苗族乡	254	1000	3600	7	1558
铜仁市思南县天桥土家族苗族乡	128	538	4278	6	1038
铜仁市思南县兴隆土家族苗族乡	135	422	4300	8	1168
黔西南州晴隆县三宝彝族乡	21	490	4971	1	741
黔西南州兴仁县鲁础营回族乡	610	1380	6350	11	2150
黔西南州望谟县油迈瑶族乡	230	240	5677	5	1144
黔东南州从江县秀塘壮族乡	444	444	6120	6	798
黔东南州从江县刚边壮族乡	1359	887	6750	6	961
黔东南州从江县翠里瑶族壮族乡	924	843	6734	7	1530
黔东南州镇远县尚寨土家族乡	734	507	6450	5	901
黔东南州麻江县坝芒布依族乡	432	430	5800	2	970
黔东南州榕江县水尾水族乡	580	580	5830	1	744
黔东南州榕江县三江水族乡	715	686	6675	12	1809
黔东南州榕江县仁里水族乡	714	612	6358	8	1244
黔东南州榕江县定威水族乡	877	621	6303	6	935
黔东南州榕江县兴华水族乡	1546	1186	6418	6	1801
黔东南州榕江县塔石瑶族水族乡	877	412	6648	6	1078
黔东南州雷山县达地水族乡	902	902	6680	5	810
黔东南州黎平县顺化瑶族乡	489	343	6100	5	419
黔东南州黎平县雷洞瑶族水族乡	815	591	4800	9	891
黔东南州岑巩县羊桥土家族乡	1070	1070	6212	14	3299
黔南州都匀市归兰水族乡	1181	1175	7480	14	2799

教师数（人）	图书馆（个）	文化站（个）	村文化活动室（个）	医院、卫生院（个）	#医生数（人）	#病床数（张）	村卫生室（个）	#医生数（人）
147	1	1	1	1	10	30	17	17
134		1	6	1	17	19	7	7
78		1	6	1	18	13	3	3
82	1	1	1	1	1	10	12	12
86	1	1	3	1	2	12	14	14
108	1	1	2	1	2	14	18	18
91	1	1	2	1	2	18	12	12
92	1	1	1	1	1	10	13	13
120	1	1	4	2	4	40	17	17
82	1	1	4	1	2	10	12	12
98	1	1	2	1	1	12	13	13
38	1	3	3	1	7	3	3	3
135		1	8	1	15	15	7	7
97	1	1	8	1	14	10	7	7
79	1	1	4	1	9	23	5	5
52		1	15	1	13	11	5	5
92		1		1	19	15	18	21
55	2	1	4	1	5	14	3	3
78		1	7	1	9	10	9	9
34		1	5	1	12	5	5	4
100		1	13	1	15	15	11	9
101		1	8	1	21	8	7	7
53		1	7	1	16	7	5	1
101		1	9	1	7	12	9	9
78		1	9	1	20	11	9	
58	3	1	10	1	13	20	9	7
23	1	1	4	1	2	7	3	6
40		1	8	1	10	10	15	12
197		1	15	1	34	35	15	16
261		3	12	3	42	6	12	12

10-1(三) 续表 26

民族乡镇名称	公共财政收入（万元）	公共财政支出（万元）	农民人均纯收入（元）	学校数（个）	在校学生数（人）
黔南州荔波县瑶山瑶族乡	220	157	7290	3	684
黔南州荔波县黎明关水族乡	224	348	7238	12	946
黔南州平塘县卡蒲毛南族	2162	2162	7410	7	1343
贵安新区湖潮布依族苗族乡	11580	9988	14880	8	6002
云南省	**186776**	**188137**	**6464**	**1312**	**335273**
昆明市晋宁县夕阳彝族乡	1353	1435	8279	2	616
昆明市晋宁县双河彝族乡	1966	1605	9200	2	890
昆明市宜良县九乡彝族回族乡	1377	1377	6246	5	2336
昆明市宜良县耿家营彝族苗族乡	1081	1081	6247	6	1973
昭通市守望回族乡	1555	1182	5810	7	4618
昭通市小龙洞回族彝族乡	1372	1346	4950	10	5321
昭通市布嘎回族乡	240	234	5800	6	4430
昭通市青岗岭回族彝族乡	883	883	4678	11	4068
昭通市鲁甸县桃源回族乡	11109	11109	6534	11	5193
昭通市鲁甸县茨院回族乡	1257	1257	6519	7	4152
昭通市大关县上高桥回族彝族苗族乡	715	704	4268	11	1467
昭通市永善县马楠苗族彝族乡	2674	2674	3003	4	1568
昭通市永善县伍寨彝族苗族乡	1421	1421	4118	1	1854
昭通市镇雄县坡头彝族苗族白族镇	1309	1309	4455	31	10505
昭通市镇雄县果珠彝族乡	337	337	5269	24	8592
昭通市镇雄县林口彝族苗族乡	2500	2500	5666	22	8756
昭通市镇雄县以古彝族苗族乡	2523	2523	4746	24	5676
昭通市彝良县龙街苗族彝族乡	942	942	4386	18	8195
昭通市彝良县奎香苗族彝族乡	929	932	5302	14	8475
昭通市彝良县树林彝族苗族乡	572	538	4079	11	4287
昭通市彝良县柳溪苗族乡	504	540	4836	16	3338
昭通市彝良县洛旺苗族乡	678	755	4977	18	3137
昭通市威信县双河苗族彝族乡	1484	1484	5480	13	3250
曲靖市师宗县龙庆彝族壮族乡	1566	1566	4850	15	6147
曲靖市师宗县五龙壮族乡	1262	1262	4600	14	2960

教师数（人）	图书馆（个）	文化站（个）	村文化活动室（个）	医院、卫生院（个）	#医生数（人）	#病床数（张）	村卫生室（个）	#医生数（人）
41	1	1	8	2	9	22	7	2
54	3	1	14	3	25	24	12	12
96	1	1	6	1	6	33	6	6
445	1	2	22	1	25	23	18	21
22295	**67**	**144**	**1756**	**149**	**1943**	**3651**	**1121**	**2246**
65		1	10	1	5	10	10	15
81	1	1	6	1	16	14	6	12
167		1	8	1	9	21	8	14
128		1	9	1	7	30	9	17
348	1	1	3	1	13	28	7	14
254		1	4	1	30	50	6	26
268		1	5	1	12	20	5	18
233		1	7	1	12	37	7	16
417		1	7	1	18	75	5	18
344		1	5	1	30	70	6	23
105	1	1	6	1	7	20	6	14
116		1	6	1	11	20	6	10
78		1	5	1	13	20	5	6
516		1	12	1	30	60	12	40
311		1	5	1	10	20	5	15
356		1	8	1	20	50	9	32
273		1	8	2	11	15	8	21
422		1	12	1	17	30	12	23
452		1	1	1	15	18	8	20
196		1	4	1	13	29	4	12
172	1	1	5	1	6	11	5	14
152	1	1	8	1	15	36	9	26
260		1	6	1	18	10	8	24
262		1	14	1	19	31	14	42
201		1	13	1	36	50	13	22

10-1(三) 续表 27

民族乡镇名称	公共财政收入（万元）	公共财政支出（万元）	农民人均纯收入（元）	学校数（个）	在校学生数（人）
曲靖市师宗县高良壮族苗族瑶族乡	1387	1973	4488	13	4278
曲靖市罗平县长底布依族乡	1300	1800	5033	7	2266
曲靖市罗平县旧屋基彝族乡	1047	1047	4770	9	1710
曲靖市罗平县鲁布革布依族苗族乡	1036	1132	4200	11	3360
曲靖市富源县古敢水族乡	351	1201	9210	12	2132
曲靖市会泽县新街回族乡	2123	2123	8640	15	3021
楚雄州南华县雨露白族乡	948	948	8951	8	1342
楚雄州大姚县湾碧傈僳傣族乡	1382	979	5222	6	1271
楚雄州永仁县永兴傣族乡	1621	1621	6882	4	534
楚雄州武定县东坡傣族乡	618	610	6356	9	1218
玉溪市红塔区小石桥彝族乡	2059	1354	12435	4	742
玉溪市红塔区洛河彝族乡	1465	1465	12602	4	896
玉溪市江川县安化彝族乡	1345	1102	8554	3	625
玉溪市通海县高大傣族彝族乡	414	1037	10854	4	969
玉溪市通海县里山彝族乡	747	1016	7709	2	713
玉溪市兴蒙蒙古族乡	163	921	9736	1	477
玉溪市通红甸彝族苗族乡	1360	1360	6066	6	1003
玉溪市易门县十街彝族乡	1470	981	9968	9	1036
玉溪市易门县浦贝彝族乡	1533	1533	10517	7	1647
玉溪市易门县铜厂彝族乡	1363	1363	9411	10	1993
红河州河口县桥头瑶族乡	250	4675	3110	9	1122
红河州金平县拉祜族乡	718	935	5179	9	3828
红河州蒙自县期路白苗族乡	728	947	5200	9	2032
红河州蒙自县老寨苗族乡	1049	1083	6570	6	1348
红河州开远市大庄回族乡	1826	1202	11217	13	1415
文山州文山县东山彝族乡		717	7652	5	1217
文山州文山县红甸回族乡		999	7918	7	2141
文山州文山县秉烈彝族乡		992	6594	7	3552
文山州文山县柳井彝族乡		875	4987	6	1618
文山州文山县坝心彝族乡		557	5415	7	684

教师数（人）	图书馆（个）	文化站（个）	村文化活动室（个）	医院、卫生院（个）	#医生数（人）	#病床数（张）	村卫生室（个）	#医生数（人）
228		1	11	1	51	28	11	15
167		1	7	1	14	12	6	10
115		1	7	1	10	20	7	7
200		1	6	3	30	60	8	8
151		1	5	1	18	10	4	10
267	1	1	16	1	13	20	16	16
81	1	1	19	1	13	12	6	8
85		1	13	1	10	12	12	24
57	1	1	29	1	21	15	12	19
78	1	1	15	1	15	20	7	14
100	1	1	3	1	8	17	3	3
130	1	1	5	1	5	10	3	5
45		1	5	1	11	7	5	5
63	1	1	6	1	4	12	6	5
56		1	6	1	6	8	6	14
31		1	6	1	6	25	2	6
99		1	6	1	6	11	6	7
151		1	8	1	13	15	8	8
112		1	7	1	10	15	6	12
195		1	9	1	17	10	8	23
154		1	8	1	5	30	8	16
129		1	4	1	6	33	6	12
154		1	6	1	7	12	9	21
98		1	5	1	5	16	4	19
111		1	21	1	7	35	5	19
89	1	1	4	1	10	5	4	11
124	1	1	2	1	27	50	3	14
179	1	1	10	1	14	47	10	22
97	1	1	7	1	12	41	7	12
62	1	1	18	1	13	20	4	10

10-1(三) 续表 28

民族乡镇名称	公共财政收入（万元）	公共财政支出（万元）	农民人均纯收入（元）	学校数（个）	在校学生数（人）
文山州砚山县阿舍彝族乡	789	1045	7583	11	3379
文山州砚山县维末彝族乡	1514	1224	8594	16	7408
文山州砚山县盘龙彝族乡	1268	1327	8130	13	3811
文山州砚山县干河彝族乡	1002	1049	7393	13	2902
文山州丘北县舍得彝族乡	1118	1118	5887	10	1899
文山州丘北县新店彝族乡	1092	1092	5899	6	3228
文山州丘北县树皮彝族乡	1259	1054	7238	13	6565
文山州丘北县八道哨彝族乡	1848	1840	6297	14	4829
文山州丘北县腻脚彝族乡	1356	2124	6428	11	4661
文山州麻栗坡县猛硐瑶族乡	748	1858	6873	12	1985
文山州富宁县洞波瑶族乡	1656	1656	7659	16	4758
普洱市澜沧县酒井哈尼族乡			2732	4	926
普洱市澜沧县发展河哈尼族乡			2809	4	941
普洱市澜沧县谦六彝族乡			3248	15	2722
普洱市澜沧县文东佤族乡			3078	8	907
普洱市澜沧县安康佤族乡			2044	5	967
普洱市澜沧县雪林佤族乡			1689	7	1100
普洱市思茅区云仙彝族乡	657	1097	3480	7	1550
普洱市思茅区龙潭彝族傣族乡	590	865	3430	7	1750
普洱市墨江县孟弄彝族乡	889	889	5437	4	768
普洱市西盟县力所拉祜族乡	957	929	6195	4	1135
大理州大理市太邑彝族乡	1066	958	7071	7	752
大理州鹤庆县六合彝族乡	570	535	3275	17	1434
大理州宾川县钟英傈僳族彝族乡	849	849	5109	7	837
大理州宾川县拉乌彝族乡	910	910	9360	6	1120
大理州祥云县东山彝族乡	972	876	5130	9	1069
大理州弥渡县牛街彝族乡	825	1739	4300	11	2028
大理州永平县北斗彝族乡	480	480	7660	7	1472
大理州永平县厂街彝族乡	1308	1061	8642	12	2231
大理州永平县水泄彝族乡	2592	682	7497	10	1781

教师数（人）	图书馆（个）	文化站（个）	村文化活动室（个）	医院、卫生院（个）	#医生数（人）	#病床数（张）	村卫生室（个）	#医生数（人）
183		1	89	1	25	30	5	24
505		1	105	1	42	90	9	30
294		1	67	1	40	20	9	20
248		1	55	1	7	17	7	19
153	1	1	7	1	17	12	7	20
167		1	6	1	10	13	6	18
369	10	1	9	1	31	52	9	15
330		1	22	1	8	46	5	17
270		1	7	1	15	50	7	21
169		1	5	1	12	25	5	13
276	1	1	42	1	32	67	12	38
24		1	4	1	4	28	4	4
53		1	4	1	4	15	4	4
201		1	15	1	6	30	15	15
65		1	6	1	5	20	6	6
44		1	5	1	3	10	5	5
66		1	7	1	3	10	7	7
215		1	12	1	23	15	9	9
106		1	5	1	20	10	6	6
76		1	7	1	10	7	7	3
98	1	1	5	1	6	14	6	6
97	1	1	5	1	8	20	5	22
103	1	1	15	1	14	20	13	30
98	1	1	13	1	12	10	6	12
78		1	7	1	7	20	7	32
86		1	8	1	6	17	8	14
134	1	1	14	1	14	24	11	30
108	1	1	9	1	9	20	9	9
170	1	1	15	1	12	30	11	24
163	1	1	9	1	6	22	9	10

10-1(三) 续表 29

民族乡镇名称	公共财政收入(万元)	公共财政支出(万元)	农民人均纯收入(元)	学校数(个)	在校学生数(人)
大理州云龙县苗尾傈僳族乡	13032	1067	5881	8	1457
大理州云龙县团结彝族乡	570	575	5210	6	1193
丽江市华坪县永兴傈僳族乡	149	780	5152	11	1376
丽江市华坪县通达傈僳族乡	1000	1000	6789	3	545
丽江市华坪县新庄傈僳族傣族乡	1078	1005	9639	7	928
丽江市华坪县船房傈僳族傣族乡	838	956	5647	5	578
丽江市永胜县羊坪彝族乡	803	525	5666	5	540
丽江市永胜县东山傈僳族彝族乡	1150	1188	5445	5	866
丽江市永胜县六德傈僳族彝族乡	1043	1043	6225	9	1568
丽江市永胜县大安彝族纳西族乡	1115	880	6165	8	1036
丽江市永胜县光华傈僳族彝族乡	2488	2148	6088	8	966
丽江市永胜县松坪傈僳族彝族乡	781	781	6154	9	909
丽江市宁蒗县翠玉傈僳族普米族乡	765	720	4798	7	1584
丽江市古城区金江白族乡	992	992	8093	5	224
丽江市玉龙县九河白族乡	2053	1963	7430	12	2205
丽江市玉龙县石头白族乡	351	351	5711	5	1114
丽江市玉龙县黎明傈僳族乡	2832	2832	7980	8	1166
保山市隆阳区瓦马彝族白族乡	1628	1628	6899	20	2967
保山市隆阳区瓦房彝族苗族乡	1277	2243	6136	20	3265
保山市隆阳区杨柳白族彝族乡	1360	1175	9156	20	3541
保山市隆阳区潞江傣族镇	2294	3480	9588	37	6980
保山市隆阳区芒宽彝族傣族乡	1919	2608	11212	14	4362
保山市施甸县摆榔彝族布朗族乡	353	2344	6155	6	833
保山市施甸县木老元布朗族彝族乡	3267	2998	4530	4	729
保山市龙陵县木城彝族傈僳族乡	2161	2161	8176	6	966
保山市昌宁县朱街彝族乡	1460	1681	5908	11	1661
保山市昌宁县苟街彝族苗族乡	2078	1659	7655	18	3128
保山市昌宁县湾甸傣族乡	678	1139	10452	5	2136
德宏州陇川户撒阿昌族乡	2153	2106	6666	12	2081
德宏州潞西市三台山德昂族乡	1059	1059	5002	2	833

教师数（人）	图书馆（个）	文化站（个）	村文化活动室（个）	医院、卫生院（个）	#医生数（人）	#病床数（张）	村卫生室（个）	#医生数（人）
115	1	1	9	1	13	20	8	18
97	1	1	5	1	14	20	5	6
104	1	1	7	1	19	25	7	8
47	1	1	5	1	11	10	5	11
111	1	1	7	1	15	20	7	7
66	1	1	4	1	8	20	4	4
55		1	5	1	5	10	5	5
38	1	1	5	1	6	15	5	5
128	1	1	8	1	11	12	8	24
99	1	1	8	2	10	10	8	18
94		1	8	1	4	8	7	24
77	1	1	8	1	8	12	8	24
107		1	1	1	8	17	6	16
37	3	1	30	1	5	2	4	4
230	1	1	11	1	5	20	11	11
93		1	8	1	5	2	5	5
118		1	7	1	6	10	8	10
224	1	1	21	2	20	84	21	26
222	1	1	19	1	9	50	19	50
206	1	1	18	1	25	65	18	41
465	1	1	29	1	70	150	29	82
257	1	1	12	1	21	65	12	45
87	1	1	4	1	7	20	4	4
61		1	4	1	9	20	5	7
87	1	1	5	1	13	55	5	8
128		1	12	1	10	15	10	13
248		1	11	1	18	50	11	16
134	1	1	5	1	12	20	5	6
204	1	1	55	1	5	20	11	11
74		1	4	1	10	14	4	4

10-1(三) 续表 30

民族乡镇名称	公共财政收入（万元）	公共财政支出（万元）	农民人均纯收入（元）	学校数（个）	在校学生数（人）
德宏州梁河县曩宋阿昌族乡	595	569	6003	14	1985
德宏州梁河县九保阿昌族乡	1082	1168	5878	9	1252
德宏州盈江县苏典傈僳族乡	379	330	3370	8	1715
怒江州福贡县匹河怒族乡	1114	918	4321	2	1435
怒江州泸水洛本卓白族乡	1425	988	3341	9	1449
怒江州泸水县老窝白族乡	1181	874	6080	7	2146
迪庆州香格里拉县三坝纳西族乡	5976	4479	5818	2	1026
迪庆州德钦县霞若傈僳族乡	1949	1286	7547	1	1099
迪庆州德钦县拖顶傈僳族乡	2221	2216	8086		
临沧市凤庆县新华彝族苗族乡	756	756	8281	20	3109
临沧市凤庆县腰街彝族乡	656	570	7765	8	1154
临沧市凤庆县郭大寨彝族白族乡	765	765	7899	16	2571
临沧市云县栗树彝族傣族乡		625	7930	14	2624
临沧市云县忙怀彝族布朗族乡		971	8519	11	2215
临沧市云县后箐彝族乡		628	7780	12	2213
临沧市永德县大雪山彝族拉祜族傣族乡	885	885	8376	8	3326
临沧市永德县乌木龙彝族乡	1078	1078	5756	16	3231
临沧市临翔区平村彝族傣族乡	1590	1277	7146	4	1255
临沧市临翔区南美拉祜乡	4018	3233	6172	6	606
临沧市耿马县芒洪拉祜族布朗族乡	599	570	4751	5	973
临沧市沧源县勐角傣族彝族拉祜族乡	2323	1980	7392	9	1495
临沧市镇康县军赛佤族拉祜族傈僳族德昂族乡	1246	1246	8678	8	2387
西双版纳州景洪市基诺山基诺族乡	1867	1681	9885	1	588
西双版纳州景洪市景哈哈尼族乡	1619	1877	11246	4	3344
西双版纳州勐腊县瑶区瑶族乡	436	783	6901	3	1249
西双版纳州勐腊县象明彝族乡	119	884	6434	3	1628
西双版纳州勐海县格朗和哈尼族乡	1031	1075	9343	2	581
西双版纳州勐海县布朗山布朗族乡	1113	1176	5895	5	2627
西双版纳州勐海县西定哈尼族乡	1799	1360	5856	3	1344

教师数（人）	图书馆（个）	文化站（个）	村文化活动室（个）	医院、卫生院（个）	#医生数（人）	#病床数（张）	村卫生室（个）	#医生数（人）
242	1	1	43	1	27	20	9	21
167	1	1	31	1	18	20	6	10
127		1	4	1	9	15	1	1
108	1	1	9	1	7	20	9	18
102	1	1	8	1	6	15	8	13
135		1	7	1	18	43	11	11
119	1	1	7	1	7	8	6	10
114	1	1	7	1	5	20	7	11
	1	1	5	1	6	32	5	10
189		1	11	1	14	17	11	11
73		1	6	1	10	10	6	9
153		1	11	1	16	10	11	11
151		1	16	1	9	10	16	27
163		1	11	1	14	28	11	16
156		1	11	1	15	20	11	22
142		1	8	1	31	30	8	8
162		1	10	1	9	15	10	15
92		1	5	1	8	8	5	5
46		1	4	1	10	7	4	4
65		1	5	1	5	14	5	6
151		1	41	1	11	15	9	15
120		1	6	1	7	50	6	6
57		1	46	1	34	30	7	10
207		1	45	1	13	80	8	12
82		1	4	1	6	12	5	8
84		1	5	1	10	18	9	16
62		1	7	1	12	14	8	18
190		1	7	1	11	24	7	17
89		1	11	1	22	18	13	40

10-1(三) 续表 31

民族乡镇名称	公共财政收入（万元）	公共财政支出（万元）	农民人均纯收入（元）	学校数（个）	在校学生数（人）
西藏省	**1629**	**451**	**10560**	**10**	**2359**
错那县麻玛门巴族乡	5	5	10458	1	46
错那县贡日门巴族乡	1	1	11203		30
错那县基巴门巴族乡	15	36	10449		20
错那县勒布区勒门巴族乡	80	50	13791		28
林芝县更章门巴族乡		352	12182	1	25
米林县南伊珞巴乡			12339	1	120
墨脱县达木珞巴族乡	1521	452	9842	1	144
芒康县下盐井纳西族乡	7	7	10245	6	1946
陕西省	**2432**	**2473**	**8151**	**22**	**4063**
商洛市镇安县西口回族镇	1138	1142	7869	9	1897
商洛市镇安县茅坪回族镇	470	470	7862	6	1023
安康市宁陕县江口回族镇	824	862	9032	7	1143
甘肃省	**22112**	**21948**	**5947**	**233**	**28735**
临夏州广河县阿里麻土东乡族乡			4634	9	1725
甘南州临潭县长川回族乡			5800	10	783
甘南州临潭县卓洛回族乡			5530	2	560
甘南州临潭县古战回族乡			5187	5	680
甘南州卓尼县勺哇土族乡			6008	2	176
陇南市文县铁楼藏族乡	390	390	4590	10	1200
陇南市武都县坪垭藏族乡	247	247	3459	9	327
陇南市武都县磨坝藏族乡	220	220	3529	10	385
陇南市宕昌县新城子藏族乡	1180	1177	4090	4	705
酒泉市肃州区黄泥堡裕固族乡	666	666	10810	1	93
酒泉市玉门市小金湾东乡族乡	963	963	9505	1	967
白银市会宁县新添堡回族乡	3	1691	4689	14	1218
庆阳市正宁县五倾源回族乡	1286	1109	6634	1	516
平凉市峡门回族乡	740	740	7906	19	1258
平凉市华亭县神峪回族乡	580	580	4310	13	1162
平凉市华亭县山寨回族乡	1100	1100	5000	10	1256
平凉市白庙回族乡	405	405	7309	10	1341

教师数（人）	图书馆（个）	文化站（个）	村文化活动室（个）	医院、卫生院（个）	#医生数（人）	#病床数（张）	村卫生室（个）	#医生数（人）
191	**8**	**9**	**16**	**7**	**41**	**36**	**17**	**33**
8	1	1	1	1	5	6	1	1
	2	1		1	6	2	1	4
	1	2					2	2
		1	1	1	1	3	1	3
2	1	1	3	1	6	6	3	6
30		1	3	1	3	6	3	6
18	1	1	4	1	6	3	2	4
133	2	1	4	1	14	10	4	7
308	**17**	**3**	**27**	**3**	**64**	**62**	**29**	**26**
108	13	1	10	1	27	22	10	7
62	1	1	7	1	16	20	8	8
138	3	1	10	1	21	20	11	11
2429	**16**	**33**	**293**	**43**	**350**	**467**	**254**	**251**
97		1	6	1	7	10	5	5
86	1	1	10	1	6	13	10	10
28			3	1	5	5	1	1
76		1	5	1	6	5	5	6
19		1	1	1	2	3	2	2
82	2	1	16	1	8	12	16	16
36	1	1	9	1	8	9	9	8
26	1	1	8	1	4	8	8	2
50		1	10	1	10	8	1	1
10		1	3	1	3	10	1	
53		1	5	1	7	15	5	
126		1	13	1	9	15	10	10
61		1	5	1	10	6	5	4
158	1	1	24	1	22	14	24	24
149		1	11	1	48	39	11	12
198	1	1	8	1	26	14	8	8
120	1	1	9	1	17	22	9	9

10-1(三) 续表 32

民族乡镇名称	公共财政收入（万元）	公共财政支出（万元）	农民人均纯收入（元）	学校数（个）	在校学生数（人）
平凉市大秦回族乡	724	724	5907	8	1126
平凉市寨河回族乡	1460	1133	6119	13	2279
平凉市大寨回族乡	2031	776	5923	18	1543
平凉市西阳回族乡	720	720	5980	12	1206
平凉市上杨回族乡	130	130	6745	7	883
张掖市肃南县祁丰藏族乡	1629	1629	14765	1	114
张掖市肃南县马蹄藏族乡	2067	2067	12154	3	251
张掖市肃南县白银蒙古族乡	494	494	12694		35
张掖市甘州区平山湖蒙古族乡	1069	1069	7807	1	
临夏州临夏县井沟东乡族乡			4092	14	1264
临夏州和政县梁家寺东乡族乡	509	487	3910	8	1253
临夏州临夏县安家坡东乡族乡			5867	5	890
酒泉市瓜州县七墩回族东乡族乡	534	534	7328	1	415
酒泉市瓜州县腰站子东乡族乡	628	628	9412	3	694
酒泉市瓜州县广至藏族乡	1120	1115	6520	6	704
酒泉市瓜州县沙河回族乡	628	565	6931	1	466
酒泉市玉门市独山子东乡族乡	588	588	5280	2	1260
青海省	**17123**	**17785**	**7439**	**120**	**17535**
西宁市大通县朔北藏族乡	954	969	9982	7	1530
西宁市大通县向化藏族乡	515	515	7895	2	889
西宁市湟中县群加藏族乡	249	246	7539	1	237
西宁市湟中县大才回族乡	425	407	7500	5	1824
西宁市湟中县汉东回族乡	350	350	10500	3	66
海东地区民和县杏儿藏族乡	81	81	7055	7	391
海东地区乐都县下营藏族乡	4706	2603	7216	6	331
海东地区乐都县中坝藏族乡	473	473	7099	1	362
海东地区乐都县达拉土族乡	968	3721	7929	1	301
海东地区互助县松多藏族乡	199	199	5867	5	371
海东地区化隆县雄先藏族乡	221	221	7471	5	636
海东地区化隆县查甫藏族乡	167	167	7361	5	526

教师数（人）	图书馆（个）	文化站（个）	村文化活动室（个）	医院、卫生院（个）	#医生数（人）	#病床数（张）	村卫生室（个）	#医生数（人）
97	1	1	12	1	12	18	12	12
98	1	1	12	1	13	16	12	12
137	1	1	24	2	21	17	24	24
86	1	1	13	1	10	11	13	13
65	1	1	7	1	9	15	7	7
22		1	12	2	20	44	6	7
43		1	15	3	11	21	3	3
		1	3				2	2
3	1	1	3	1	6	10		
119		1	13	1	9	17	13	13
67		1	5	1	8	22	8	8
88		1	4	1	9	10	4	19
20	1	1	3	1	4	9	2	1
41	1	1	6	7	6	13	6	
64		1	6	1	2	13	5	5
37		1	5	1	3	14	3	3
67		1	4	1	9	9	4	4
1404	**17**	**37**	**195**	**28**	**223**	**326**	**330**	**317**
74		1	2	1	40	74	18	18
54	1	1	9	1	7	6	9	9
25		1	5	1	5	8	5	5
132		1	14	1	13	16	20	34
40		1	4				4	4
39			4	1	3	4	7	
34		1	10	1	7	3	10	19
34		1	2	1	5	7	14	14
48	1	1	21	1	7	4	21	21
39		1	1	1	10	6	8	8
46				2	6	19	24	
24				1	3	10	12	

10-1(三) 续表 33

民族乡镇名称	公共财政收入（万元）	公共财政支出（万元）	农民人均纯收入（元）	学校数（个）	在校学生数（人）
海东地区化隆县金源藏族乡	128	128	6607	4	423
海东地区化隆县塔加藏族乡	119	119	6746	4	342
海东地区循化县道帏藏族乡			4780	12	1895
海东地区循化县尕楞藏族乡	509	509	6394	8	859
海东地区循化县岗察藏族乡			7770	1	215
海东地区循化县文都藏族乡	4990	4990	5521	11	1250
海北州门源县皇城蒙古族乡	145	163	16670		
海东地区平安县沙沟回族乡			6200	3	1256
海东地区平安县巴藏沟回族乡			6562	3	364
海东地区平安县石灰窑回族乡			6001	8	460
海东地区平安县洪水泉回族乡			7084	3	110
海东地区平安县古城回族乡			7575	6	1065
海东地区互助县巴扎藏族乡	199	199	5867	5	371
海南州贵德县新街回族乡	330	330	6837	1	341
海北州海晏县哈勒景蒙古乡	262	262	17887		
湟源县日月藏族乡	1133	1133	8901	3	1120
新疆维吾尔自治区	**67722**	**76530**	**12050**	**105**	**32866**
吐鲁番地区鄯善县东巴扎回族乡	865	866	11160	1	350
和田地区皮山县瑙阿巴提塔吉克族乡	35	35	5974	1	92
和田地区皮山县康克尔柯尔克孜族乡	18	18	5426	1	304
巴音郭楞州和硕县乌什塔拉回族乡	2554	2217	14949	1	1072
昌吉州奇台县大泉塔塔尔族乡	444	405	14957	1	272
昌吉州奇台县五马场哈萨克族乡	655	655	13781	2	568
昌吉州奇台县乔仁哈萨克族乡	433	433	12275	1	184
昌吉州木垒县大南沟乌孜别克族乡	310	310	11952	1	290
昌吉州玛纳斯县旱卡子滩哈萨克族乡	761	761	15518	1	219
昌吉州玛纳斯县塔西河哈萨克族乡	507	507	15210	1	285
昌吉州玛纳斯县清水河哈萨克族乡	8765	8765	14609	2	373
昌吉州阜康市三工河哈萨克族乡	1231	1711	14840		
昌吉州阜康市上户沟哈萨克族乡	1909	1909	15266	2	511

教师数（人）	图书馆（个）	文化站（个）	村文化活动室（个）	医院、卫生院（个）			村卫生室（个）	
					#医生数（人）	#病床数（张）		#医生数（人）
24				1	3	10	14	
18				1	3	10	9	
127			1	1	20	7	27	27
65				1	8	6	9	11
15	1		3	1	2	10	3	3
137	4	16	16	1	9	28	16	16
		1	4	1	5	3		4
86	2	1	10	1	10	8	10	10
46	1	1	13	1	10	4	13	13
57	1	1	12	1	8	4	12	12
15	1	1	15	1	5	3	11	11
67	1	1	14	1	4	8	12	14
39		1	1	1	10	6	8	8
18	1	1	9	1	5	40	9	9
	3	3	3	1	8	8	3	3
101		1	22	1	7	14	22	44
4387	**67**	**50**	**231**	**44**	**555**	**831**	**204**	**262**
45	5	1	4	1	6			
7	1	1	3	1	6	20	3	4
27	1	1	2	1	5	20	2	5
152		1	8	1	21	34	4	8
62	1	1	2	1	9	10	2	5
130	1	1	2	1	17	10	5	12
39	1	1	1	1	13	9	1	1
50		1	3	1	15	15	2	2
54		1	5	1	20	15	3	3
60		1	6	1	18	10	5	6
123		1	6	1	22	25	6	11
		1	5	1	18	21	3	3
158		8	7	1	13	15	5	5

10-1(三) 续表 34

民族乡镇名称	公共财政收入（万元）	公共财政支出（万元）	农民人均纯收入（元）	学校数（个）	在校学生数（人）
昌吉州昌吉市阿什里哈萨克族乡	2949	2949	14607	1	621
昌吉州呼图壁县石梯子哈萨克族乡	1206	1206	13942	1	594
乌鲁木齐市米东区柏杨河哈萨克族乡	1528	1508	12100	1	124
克孜勒苏州阿克陶县塔尔塔吉克族乡			2700	4	590
喀什地区塔什库尔干县科克亚尔柯尔克孜族乡	707	682	7215	1	95
喀什地区泽普县布依鲁克塔吉克族乡	71	90	6300	1	330
喀什地区莎车县孜热普夏提塔吉克族乡	654	654	6901	6	1731
伊犁地区察布查尔县米粮泉回族乡	504	504	14341	1	917
伊犁地区特克斯县科克铁热克柯尔克孜族乡	6000	6000	8000	11	2256
伊犁地区特克斯县呼吉尔特蒙古族乡	3000	3000	9800	4	650
伊犁地区伊宁县愉群翁回族乡	4865	4737	12228	17	6686
伊犁地区尼勒克县科克浩特浩尔蒙古族乡	1192	1164	13495	5	1598
伊犁地区霍城县伊车嘎善锡伯族乡	1000	1000	14172	3	662
伊犁地区霍城县三宫回族乡	901	901	12160	5	1820
伊犁地区昭苏县胡松图喀尔逊蒙古族乡	949	1096	12905	2	925
伊犁地区昭苏县察汗乌苏蒙古族乡	814	814	12120	3	1810
伊犁地区昭苏县夏特柯尔克孜族乡	1170	1170	13100	5	1831
塔城地区塔城市阿西尔达斡尔族乡	3953	3953	16639	1	300
塔城地区乌苏市塔布勒合特蒙古族乡	614	614	14098	1	63
塔城地区乌苏市吉尔格勒特郭楞蒙古族乡	2180	2180	14953	1	690
塔城地区额敏县额玛勒郭楞蒙古族乡	2734	1452	13616	1	417
塔城地区额敏县霍吉尔特蒙古族乡	1358	10801	10801	2	750
阿克苏地区乌什县雅曼苏柯尔克孜族乡	4215	4336	6013	3	1092
阿克苏地区温宿县博孜东柯尔克孜族乡	1444	1444	2794	3	799
哈密地区伊吾县前山哈萨克族乡	1921	1940	15022	1	274
哈密地区哈密市德外都如克哈萨克族乡	721	665	11673	2	250
哈密地区哈密市乌拉台哈萨克族乡	880	880	10052	1	122
阿勒泰地区布尔津县禾木哈纳斯蒙古族乡	1705	2199	10500	2	187
阿勒泰地区阿勒泰市汗德尕特蒙古族乡			11087	1	162

教师数（人）	图书馆（个）	文化站（个）	村文化活动室（个）	医院、卫生院（个）	#医生数（人）	#病床数（张）	村卫生室（个）	#医生数（人）
110	1	1	7	1	1	20	7	7
87	4	1	6	1	12	15	3	3
28	8	1	8	1	15	22	8	8
140		1	4	2	17	20	7	18
19		1	1	1	9	6	1	2
41	1	1	1	1	2	10	3	
135		1	12	1	11	30	12	20
93	1	1	3	1	17	12	2	2
287	7	1	7	1	22	12	5	5
106	1	1	5	1	18	5	4	4
660		1	15	1	25	190	15	15
223	1	1	10	1	20	25	10	13
82	1	1	5	1	18	15	5	5
183		1	4	1	11	22	4	6
105	1	1	8	1	11	28	2	3
131		1	7	1	18	33	1	4
211		1	3	1	6	10	3	8
84	1	1	20	1	8	9	20	13
16	1	1	4	1	4	4	4	4
67	1	1	9	1	9	22	9	9
89		1	7	1	25	7	6	9
127		1	5	1	4	10	5	5
93	8	1	7	1	16	31	7	7
90	6	1	6	2	11	17	9	
59	4	1	3	1	14	12	2	3
45	1	2	2	1	22	6	4	4
23		1	1	1	5	10		
72	2	1	2	1	16	10	2	17
74	7	1	5	1	5	14	3	3

全国少数民族发展情况

一、人　口

1-1 历次人口普查全国分民族人口

单位：人

民族	历次普查人口数					
	1953年	1964年	1982年	1990年	2000年	2010年
全国总计	**577856141**	**691220104**	**1003913927**	**1130510638**	**1242612226**	**1332810869**
汉族	542824056	651296368	936674944	1039187548	1137386112	1220844520
蒙古族	1451035	1965766	3411367	4802407	5813947	5981840
回族	3530498	4473147	7228398	8612001	9816805	10586087
藏族	2753081	2501174	3847875	4593072	5416021	6282187
维吾尔族	3610462	3996311	5963491	7207024	8399393	10069346
苗族	2490874	2782088	5021175	7383622	8940116	9426007
彝族	3227750	3380960	5453564	6578524	7762272	8714393
壮族	6864585	8386140	13383086	15555820	16178811	16926381
布依族	1237714	1348055	2119345	2548294	2971460	2870034
朝鲜族	1111275	1339569	1765204	1923361	1923842	1830929
满族	2399228	2695675	4304981	9846776	10682262	10387958
侗族	712802	836123	1426400	2508624	2960293	2879974
瑶族	665933	857265	1411967	2137033	2637421	2796003
白族	567119	706623	1132224	1598052	1858063	1933510
土家族		524755	2836814	5725049	8028133	8353912
哈尼族	481220	628727	1058806	1254800	1439673	1660932
哈萨克族	509375	491637	907546	1110758	1250458	1462588
傣族	478966	535389	839496	1025402	1158989	1261311
黎族	360950	438813	887107	1112498	1247814	1463064
傈僳族	317465	270628	481884	574589	634912	702839
佤族	286158	200272	298611	351980	396610	429709
畲族		234167	371965	634700	709592	708651
高山族	329	366	1650	2877	4461	4009
拉祜族	139060	191241	304256	411545	453705	485966
水族	133566	156099	286908	347116	406902	411847
东乡族	155761	147443	279523	373669	513805	621500
纳西族	143453	156796	251592	277750	308839	326295
景颇族	101852	57762	92976	119276	132143	147828

注：1. 各年度人口均为中国大陆人口普查数，不包括现役军人。
2. 少数民族人口合计数中不包括其他未识别的民族人口和外国人加入中国籍人口数。
3. 1982年人口数未包括西藏间接调查的28 601人，据有关资料计算，如包括间接调查人口数，1982年门巴族约为6 248人，珞巴族约为2 065人。
4. 2010年人口数为人口普查机器汇总数据。

1-1 续表

单位：人

民　族	历次普查人口数					
	1953年	1964年	1982年	1990年	2000年	2010年
柯尔克孜族	70944	70151	113386	143537	160823	186708
土族	53277	77349	159632	192568	241198	289565
达斡尔族		63394	94126	121463	132394	131992
仫佬族		52819	90357	160648	207352	216257
羌族	35660	49105	102815	198303	306072	309576
布朗族		39411	58473	82398	91882	119639
撒拉族	30658	34664	69135	87546	104503	130607
毛南族		22382	38159	72370	107166	101192
仡佬族		26852	54164	438192	579357	550746
锡伯族	19022	33438	83683	172932	188824	190481
阿昌族		12032	20433	27718	33936	39555
普米族		14298	24238	29721	33600	42862
塔吉克族	14462	16236	26600	33223	41028	51069
怒族		15047	22896	27190	28759	37524
乌孜别克族	13626	7717	12213	14763	12370	10569
俄罗斯族	22656	1326	2917	13500	15609	15393
鄂温克族	4957	9681	19398	26379	30505	30875
德昂族		7261	12297	15461	17935	20556
保安族	4957	5125	9017	11683	16505	20074
裕固族	3861	5717	10568	12293	13719	14378
京族		4293	13108	18749	22517	28199
塔塔尔族	6929	2294	4122	5064	4890	3556
独龙族		3090	4633	5825	7426	6930
鄂伦春族	2262	2709	4103	7004	8196	8659
赫哲族		718	1489	4254	4640	5354
门巴族		3809	1140	7498	8923	10561
珞巴族			1066	2322	2965	3682
基诺族			11962	18022	20899	23143
其他未识别民族	1017299	32411	799705	752347	734438	640101
外国人加入中国籍	1004	7416	4937	3498	941	1448

1-2 历次人口普查少数民族人口的分布情况(一)

单位：人，%

地区	1953年			1964年		
	绝对数	占该地区总人口的比重(%)	占全国少数民族人口的比重(%)	绝对数	占该地区总人口的比重(%)	占全国少数民族人口的比重(%)
全　国	**34013782**	**5.89**	**100.00**	**39883909**	**5.77**	**100.00**
北　京	168404	6.08	0.50	283524	3.75	0.71
天　津	79857	2.96	0.23	115613	2.70	0.29
河　北	715752	1.75	2.10	621926	1.50	1.56
山　西	20316	0.14	0.06	40100	0.22	0.10
内蒙古	959336	15.73	2.82	1604756	13.00	4.02
辽　宁	1482619	8.07	4.36	1858900	6.90	4.66
吉　林	1193237	10.67	3.51	1342170	8.57	3.37
黑龙江	944328	7.98	2.78	1087045	5.40	2.73
上　海	31461	0.51	0.90	43591	0.40	0.11
江　苏	66362	0.16	0.20	83002	9.19	0.21
浙　江	30854	0.14	0.09	106411	0.38	0.27
安　徽	133801	0.45	0.39	155256	0.50	0.39
福　建	19979	0.15	0.06	147017	0.88	0.37
江　西	2001	0.01	0.01	9300	0.04	0.02
山　东	252506	0.52	0.74	294643	0.53	0.74
河　南	405715	0.93	1.19	517195	1.03	1.30
湖　北	35434	0.13	0.10	183035	0.54	0.46
湖　南	586737	1.78	1.72	1275719	3.43	3.20
广　东	430279	1.25	1.27	747181	1.75	1.87
广　西	7337944	37.51	21.57	8553300	41.03	21.45
海　南						
四　川	2022315	3.11	5.95	1728955	2.54	4.33
贵　州	3562493	23.69	10.47	4009683	23.39	10.05
云　南	5411883	31.59	15.91	6384114	31.13	16.01
西　藏	1273969	100.00	3.75	1213796	97.01	3.04
陕　西	56272	0.36	0.17	93978	0.45	0.24
甘　肃	1486775	11.71	4.37	955396	7.56	2.40
青　海	854136	50.95	20.51	829318	38.65	2.18
宁　夏				650366	30.86	1.63
新　疆	4449017	93.01	13.08	4948619	68.07	12.41

1-2 历次人口普查少数民族人口的分布情况(二)

单位：人，%

地区	1982年			1990年		
	绝对数	占该地区总人口的比重(%)	占全国少数民族人口的比重(%)	绝对数	占该地区总人口的比重(%)	占全国少数民族人口的比重(%)
全　国	**66434341**	**6.62**	**100.00**	**90567245**	**8.01**	**100.00**
北　京	322320	3.49	0.49	413937	3.83	0.46
天　津	164241	2.12	0.25	202642	2.31	0.22
河　北	853275	1.61	1.28	2408876	3.94	2.66
山　西	63760	0.25	0.10	82061	0.29	0.09
内蒙古	2996477	15.55	4.51	4166260	19.42	4.60
辽　宁	2909615	8.15	4.38	6165508	15.62	6.81
吉　林	1829555	8.11	2.75	2525212	10.24	2.79
黑龙江	1613043	4.94	2.43	1997934	5.67	2.21
上　海	49748	0.42	0.07	62171	0.47	0.07
江　苏	110559	0.18	0.17	153060	0.23	0.07
浙　江	161546	0.42	0.24	212582	0.51	0.23
安　徽	261760	0.53	0.39	324227	0.58	0.36
福　建	250449	0.97	0.38	465995	1.55	0.51
江　西	22052	0.07	0.03	101144	0.27	0.11
山　东	407849	0.55	0.61	505694	0.60	0.56
河　南	799338	1.07	1.20	1008972	1.18	1.11
湖　北	1778494	3.72	2.68	2140188	3.97	2.36
湖　南	2201087	4.08	3.31	4823649	7.95	5.33
广　东	1057527	1.78	1.59	354625	0.56	0.39
广　西	13933250	38.26	20.97	16577113	39.24	18.30
海　南				1114803	17.00	1.23
四　川	3660402	3.67	5.51	4889295	4.56	5.40
贵　州	6675360	23.38	10.05	10504828	32.43	11.60
云　南	10277069	31.57	15.47	12351834	33.41	13.64
西　藏	1769935	94.97	2.66	2112168	96.18	2.33
陕　西	133098	0.46	2.20	156403	0.48	0.17
甘　肃	1555186	7.95	2.34	1857467	8.30	2.05
青　海	1535774	39.42	2.31	1878028	42.14	2.07
宁　夏	1244238	31.94	1.87	1549067	33.27	1.71
新　疆	7797344	59.61	11.74	9961202	62.42	10.45

1-2 历次人口普查少数民族人口的分布情况(三)

单位: 万人

地　区	2000年			2010年		
	总人口	少数民族人口	占总人口比例(%)	总人口	少数民族人口	占总人口比例(%)
全　国	**126583**	**10643**	**8.41**	**133972**	**11379**	**8.49**
北　京	1382	59	4.26	1961	80	4.08
天　津	1001	26	2.64	1294	33	2.55
河　北	6744	291	4.31	7185	299	4.16
山　西	3297	10	0.29	3571	9	0.25
内蒙古	2376	493	20.76	2471	506	20.48
辽　宁	4238	678	16.02	4375	664	15.18
吉　林	2728	246	9.03	2746	219	7.97
黑龙江	3689	185	5.02	3831	137	3.58
上　海	1674	10	0.60	2302	28	1.22
江　苏	7438	25	0.33	7866	38	0.48
浙　江	4677	40	0.85	5443	121	2.22
安　徽	5986	38	0.63	5950	40	0.67
福　建	3471	58	1.67	3689	80	2.17
江　西	4140	11	0.27	4457	15	0.34
山　东	9079	62	0.68	9579	73	0.76
河　南	9256	113	1.22	9402	113	1.20
湖　北	6028	262	4.34	5724	247	4.32
湖　南	6440	658	10.21	6568	655	9.97
广　东	8642	123	1.42	10430	206	1.98
广　西	4489	1721	38.34	4603	1711	37.17
海　南	787	136	17.29	867	145	16.72
重　庆	3090	198	6.42	2885	194	6.73
四　川	8329	415	4.98	8042	491	6.11
贵　州	3525	1334	37.85	3475	1255	36.12
云　南	4288	1433	33.41	4597	1534	33.37
西　藏	262	246	94.07	300	276	91.93
陕　西	3605	18	0.49	3733	19	0.51
甘　肃	2562	223	8.69	2558	241	9.42
青　海	518	236	45.51	563	264	46.92
宁　夏	562	194	34.53	630	223	35.39
新　疆	1925	1143	59.39	2181	1307	59.92

1-3 全国少数民族分布的主要地区

民　族	分布的主要地区
蒙古族	内蒙古、辽宁、吉林、河北、黑龙江、新疆
回族	宁夏、甘肃、河南、新疆、青海、云南、河北、山东、安徽、辽宁、北京、内蒙古、天津、黑龙江、陕西、贵州、吉林、江苏、四川
藏族	西藏、四川、青海、甘肃、云南
维吾尔族	新疆
苗族	贵州、湖南、云南、广西、重庆、湖北、四川
彝族	云南、四川、贵州
壮族	广西、云南、广东
布依族	贵州
朝鲜族	吉林、黑龙江、辽宁
满族	辽宁、河北、黑龙江、吉林、内蒙古、北京
侗族	贵州、湖南、广西
瑶族	广西、湖南、云南、广东
白族	云南、贵州、湖南
土家族	湖南、湖北、重庆、贵州
哈尼族	云南
哈萨克族	新疆
傣族	云南
黎族	海南
傈僳族	云南、四川
佤族	云南
畲族	福建、浙江、江西、广东
高山族	台湾、福建
拉祜族	云南
水族	贵州、广西

1-3 续表

民　族	分布的主要地区
东乡族	甘肃、新疆
纳西族	云南
景颇族	云南
柯尔克孜族	新疆
土族	青海、甘肃
达斡尔族	内蒙古、黑龙江
仫佬族	广西
羌族	四川
布朗族	云南
撒拉族	青海
毛南族	广西
仡佬族	贵州
锡伯族	辽宁、新疆
阿昌族	云南
普米族	云南
塔吉克族	新疆
怒族	云南
乌孜别克族	新疆
俄罗斯族	新疆、黑龙江
鄂温克族	内蒙古
德昂族	云南
保安族	甘肃
裕固族	甘肃
京族	广西
塔塔尔族	新疆
独龙族	云南
鄂伦春族	黑龙江、内蒙古
赫哲族	黑龙江
门巴族	西藏
珞巴族	西藏
基诺族	云南

1-4 2010年全国人口普查各民族分城市、镇、乡村的人口

单位：人，%

民 族	总人口	城市人口	镇人口	乡村人口
全国总计	**1332810869**	**403760040**	**266245506**	**662805323**
汉族	1220844520	386027166	247209627	587607727
少数民族合计	111324800	17680203	18916027	74728570
少数民族占全国比重	8.35	4.38	7.10	11.27
蒙古族	5981840	1351092	1411757	3218991
回族	10586087	3606760	2057256	4922071
藏族	6282187	315622	923177	5043388
维吾尔族	10069346	1161024	1092195	7816127
苗族	9426007	958670	1457396	7009941
彝族	8714393	523907	1120997	7069489
壮族	16926381	2685283	3132374	11108724
布依族	2870034	347835	404996	2117203
朝鲜族	1830929	999237	271198	560494
满族	10387958	2608600	1935398	5843960
侗族	2879974	291661	585784	2002529
瑶族	2796003	258966	393313	2143724
白族	1933510	273943	388571	1270996
土家族	8353912	1132394	1785132	5436386
哈尼族	1660932	83289	204994	1372649
哈萨克族	1462588	125800	211905	1124883
傣族	1261311	116239	291357	853715
黎族	1463064	120068	262798	1080198
傈僳族	702839	14950	60685	627204
佤族	429709	16036	63211	350462
畲族	708651	113750	118551	476350
高山族	4009	1593	826	1590
拉祜族	485966	16305	62724	406937
水族	411847	32688	47784	331375
东乡族	621500	41258	62481	517761
纳西族	326295	78456	39339	208500
景颇族	147828	11615	17536	118677
柯尔克孜族	186708	12099	23428	151181

1-4 续表

单位：人

民　族	总人口	城市人口	镇人口	乡村人口
土族	289565	41623	52268	195674
达斡尔族	131992	38755	37252	55985
仫佬族	216257	44439	51264	120554
羌族	309576	21506	74048	214022
布朗族	119639	4896	13622	101121
撒拉族	130607	17270	22019	91318
毛南族	101192	15408	18982	66802
仡佬族	550746	65389	130285	355072
锡伯族	190481	74997	25881	89603
阿昌族	39555	3090	5960	30505
普米族	42862	2530	6139	34193
塔吉克族	51069	1865	7784	41420
怒族	37524	1865	4319	31340
乌孜别克族	10569	4906	2317	3346
俄罗斯族	15393	10888	2133	2372
鄂温克族	30875	6003	10720	14152
德昂族	20556	1196	1911	17449
保安族	20074	1510	2375	16189
裕固族	14378	3000	3879	7499
京族	28199	9251	6217	12731
塔塔尔族	3556	1416	702	1438
独龙族	6930	326	828	5776
鄂伦春族	8659	2298	2794	3567
赫哲族	5354	2356	1269	1729
门巴族	10561	520	1890	8151
珞巴族	3682	122	398	3162
基诺族	23143	3638	1608	17897
其他未识别的民族	640101	52304	119571	468226
外国人加入中国籍	1448	367	281	800

1-5 2010年全国人口普查各民族6岁及6岁以上人口的受教育状况(一)

单位：人，%

民　族	合　计	未上过学	小　学	初　中
全国总计	**1242546122**	**62136405**	**357211733**	**518176222**
汉族	1140804980	53726722	317175239	482244975
少数民族合计	101741142	8409683	40036494	35931247
少数民族占全国比重(%)	8.19	13.53	11.21	6.93
蒙古族	5493484	181845	1576111	2092137
回族	9684824	829803	3451225	3256837
藏族	5652093	1727358	2593670	751132
维吾尔族	8911219	312376	3705107	3741470
苗族	8509677	872566	3919856	2722963
彝族	7792892	1114281	4190993	1744197
壮族	15450124	734370	5587561	6601655
布依族	2598781	317940	1169545	824977
朝鲜族	1764882	22789	236872	766999
满族	9644853	206212	2635047	4433743
侗族	2619132	173293	1023789	1013249
瑶族	2496825	166437	1097493	874247
白族	1785320	104148	693269	649936
土家族	7630400	466043	2790562	2887431
哈尼族	1495794	217182	807352	341877
哈萨克族	1305071	20763	473830	535399
傣族	1154883	130337	613322	293869
黎族	1317322	85524	411397	639645
傈僳族	640339	118004	358140	122790
佤族	398890	54899	232864	83034
畲族	643415	40412	259014	235542
高山族	3674	95	751	1287
拉祜族	446816	70495	278976	69673
水族	370377	48543	174757	109644
东乡族	551196	97262	357318	68468
纳西族	307242	23495	105359	103015

1-5(一) 续表

单位：人，%

民 族	合 计	未上过学	小 学	初 中
景颇族	132808	12534	72498	34975
柯尔克孜族	165498	5220	75643	54936
土族	266248	28772	103264	78400
达斡尔族	121946	1414	25607	51541
仫佬族	195734	8194	74142	73733
羌族	289490	20394	122080	90504
布朗族	108074	15420	63324	20384
撒拉族	113873	24119	58679	19217
毛南族	91706	3876	35010	36031
仡佬族	497661	45033	208655	162617
锡伯族	176497	1972	36721	77860
阿昌族	34844	2794	17424	10518
普米族	39094	5688	15467	10921
塔吉克族	45716	1601	22758	13707
怒族	34002	5117	15952	8259
乌孜别克族	9596	196	2809	2857
俄罗斯族	14516	183	2125	4420
鄂温克族	28111	348	6261	11070
德昂族	18251	3530	10389	3269
保安族	17517	1930	10442	3041
裕固族	13441	822	5056	3765
京族	25159	1392	6674	10191
塔塔尔族	3244	46	710	967
独龙族	6220	1018	2623	1681
鄂伦春族	7884	109	1407	3017
赫哲族	4940	94	820	1827
门巴族	9509	3559	3466	1214
珞巴族	3213	882	1554	413
基诺族	21014	1911	8616	7162

1-5 2010年全国人口普查各民族6岁及6岁以上人口的受教育状况(二)

单位：人，%

民 族	高 中	大学专科	大学本科	研 究 生
全国总计	**186646865**	**68610519**	**45625793**	**4138585**
汉族	176525992	64353701	42822692	3955659
少数民族合计	10120873	4256818	2803101	182926
少数民族占全国比重(%)	5.42	6.20	6.14	4.42
蒙古族	860899	420682	335274	26536
回族	1240522	504660	371555	30222
藏族	270620	192834	111515	4964
维吾尔族	586636	382935	178129	4566
苗族	619448	235032	132635	7177
彝族	448569	183627	106949	4276
壮族	1653720	560431	296407	15980
布依族	168197	72622	43878	1622
朝鲜族	456566	130639	141342	9675
满族	1273292	576376	477022	43161
侗族	247176	101127	57878	2620
瑶族	220155	81596	53343	3554
白族	195778	79341	59298	3550
土家族	936733	330121	204943	14567
哈尼族	84070	29350	15456	507
哈萨克族	159961	79416	34739	963
傣族	70756	30213	15860	526
黎族	128694	35779	15722	561
傈僳族	24620	10959	5654	172
佤族	17969	7289	2746	89
畲族	68856	21606	16961	1024
高山族	742	385	374	40
拉祜族	15415	7680	4425	152
水族	23003	8911	5291	228
东乡族	17049	7041	3926	132
纳西族	39320	20933	14308	812

1-5(二) 续表

单位：人，%

民 族	高 中	大学专科	大学本科	研 究 生
景颇族	7859	3435	1467	40
柯尔克孜族	16131	10030	3443	95
土族	30221	13319	11726	546
达斡尔族	21767	11807	9132	678
仫佬族	22281	9977	6952	455
羌族	32378	15323	8395	416
布朗族	5083	2289	1528	46
撒拉族	6051	3427	2287	93
毛南族	9597	4376	2677	139
仡佬族	43041	21667	16020	628
锡伯族	29729	15525	13495	1195
阿昌族	2386	1051	650	21
普米族	3870	1836	1274	38
塔吉克族	4137	2979	519	15
怒族	2571	1451	630	22
乌孜别克族	1692	1079	919	44
俄罗斯族	3531	2272	1847	138
鄂温克族	5318	2998	1987	129
德昂族	674	263	124	2
保安族	1202	601	291	10
裕固族	1788	1186	774	50
京族	3963	1658	1219	62
塔塔尔族	643	426	433	19
独龙族	497	282	108	11
鄂伦春族	1511	1011	764	65
赫哲族	920	574	637	68
门巴族	597	373	290	10
珞巴族	175	83	105	1
基诺族	1973	942	390	20

1-6　2010年全国人口普查各民族15岁及15岁以上的文盲人口状况

单位：人，%

民　族	15岁及15岁以上人口	文盲人口	文盲人口占15岁及以上人口比例
全国总计	**1111488248**	**54190864**	**4.88**
汉族	1024636211	47108426	4.60
少数民族合计	86852037	7082438	8.15
少数民族占全国比重	7.81	13.07	
蒙古族	4805740	156455	3.26
回族	8345262	749916	8.99
藏族	4671710	1382295	29.59
维吾尔族	7464351	256724	3.44
苗族	7025185	754482	10.74
彝族	6340355	919980	14.51
壮族	13496217	600570	4.45
布依族	2109850	285427	13.53
朝鲜族	1677260	17216	1.03
满族	8632096	170832	1.98
侗族	2228281	151472	6.80
瑶族	2125293	136168	6.41
白族	1526504	84352	5.53
土家族	6475074	414066	6.39
哈尼族	1276730	178784	14.00
哈萨克族	1115037	12446	1.12
傣族	1008297	112823	11.19
黎族	1128234	75775	6.72
傈僳族	541808	100448	18.54
佤族	344456	47085	13.67
畲族	561607	32922	5.86
高山族	3270	84	2.57
拉祜族	389618	56991	14.63
水族	298766	43409	14.53
东乡族	450604	82038	18.21
纳西族	271264	20515	7.56

1-6 续表

单位：人，%

民　族	15岁及15岁以上人口	文盲人口	文盲人口占15岁及以上人口比例
景颇族	111711	10014	8.96
柯尔克孜族	138037	4161	3.01
土族	228647	26212	11.46
达斡尔族	108406	947	0.87
仫佬族	170896	6557	3.84
羌族	251028	18618	7.42
布朗族	90914	11444	12.59
撒拉族	93341	22520	24.13
毛南族	78306	3107	3.97
仡佬族	394113	39694	10.07
锡伯族	156598	1368	0.87
阿昌族	28325	2303	8.13
普米族	32685	5037	15.41
塔吉克族	37678	1411	3.74
怒族	28781	4138	14.38
乌孜别克族	8224	129	1.57
俄罗斯族	13013	142	1.09
鄂温克族	24543	254	1.03
德昂族	15293	3271	21.39
保安族	14207	1667	11.73
裕固族	11714	729	6.22
京族	21482	1151	5.36
塔塔尔族	2869	33	1.15
独龙族	5205	887	17.04
鄂伦春族	6828	71	1.04
赫哲族	4436	70	1.58
门巴族	7634	2759	36.14
珞巴族	2538	790	31.13
基诺族	18332	1785	9.74

1-7 2010年全国人口普查各民族分产业的人口

单位：人，%

民族	总计	第一产业	第二产业	第三产业
全国总计	**71547989**	**34584219**	**17284443**	**19679327**
汉族	65539943	30416927	16553309	18569707
少数民族合计	5978017	4144630	727539	1105848
少数民族占全国比重	8.36	11.98	4.21	5.62
蒙古族	302690	192045	27118	83527
回族	512837	270396	73806	168635
藏族	320211	262995	10460	46756
维吾尔族	545158	449906	21541	73711
苗族	502575	353974	87130	61471
彝族	511991	422672	37748	51571
壮族	965994	669288	136494	160212
布依族	151167	104854	27244	19069
朝鲜族	72332	19133	14607	38592
满族	557607	325949	81427	150231
侗族	159794	101525	31794	26475
瑶族	155806	114989	21977	18840
白族	108565	72575	14387	21603
土家族	418466	252259	83056	83151
哈尼族	101348	79930	9499	11919
哈萨克族	63313	49574	2492	11247
傣族	78770	63746	4517	10507
黎族	81296	65968	4570	10758
傈僳族	45768	41066	1640	3062
佤族	27923	21815	3262	2846
畲族	36129	18063	9544	8522
高山族	218	95	42	81
拉祜族	33055	29040	1385	2630
水族	22627	17040	3321	2266
东乡族	40761	35883	1300	3578
纳西族	19443	13119	853	5471
景颇族	8811	7252	445	1114

1-7 续表

单位：人，%

民 族	总 计			
		第一产业	第二产业	第三产业
柯尔克孜族	8546	6942	283	1321
土族	15978	11032	2141	2805
达斡尔族	5796	3042	516	2238
仫佬族	10431	5821	2029	2581
羌族	18297	13345	1613	3339
布朗族	7402	6327	401	674
撒拉族	5589	3650	291	1648
毛南族	5758	3662	1070	1026
仡佬族	26501	16389	4968	5144
锡伯族	9934	5339	1356	3239
阿昌族	2138	1688	204	246
普米族	2433	1892	148	393
塔吉克族	2119	1881	46	192
怒族	2215	1773	137	305
乌孜别克族	375	124	49	202
俄罗斯族	617	113	85	419
鄂温克族	1352	791	84	477
德昂族	1255	1127	40	88
保安族	1009	780	63	166
裕固族	800	527	65	208
京族	1293	633	117	543
塔塔尔族	188	103	14	71
独龙族	453	400	17	36
鄂伦春族	340	103	31	206
赫哲族	244	79	50	115
门巴族	603	509	19	75
珞巴族	182	159	3	20
基诺族	1514	1248	40	226
其他未识别的民族	29951	22616	3583	3752
外国人加入中国籍	78	46	12	20

1-8 2010年全国人口普查各民族分年龄的人口

单位：人，%

民　族	人口总计	0-14岁	15-60岁	61岁以上
全国总计	**1332810869**	**221322621**	**933893808**	**177594440**
汉族	1220844520	196208309	858795454	165840757
少数民族合计	111324800	24906147	74725436	11693217
少数民族占全国比重	8.35	11.25	8.00	6.58
蒙古族	5981840	1176100	4351233	454507
回族	10586087	2240825	7172993	1172269
藏族	6282187	1610477	4117366	554344
维吾尔族	10069346	2604995	6664484	799867
苗族	9426007	2400822	6019521	1005664
彝族	8714393	2374038	5578659	761696
壮族	16926381	3430164	11371698	2124519
布依族	2870034	760184	1768421	341429
朝鲜族	1830929	153669	1365732	311528
满族	10387958	1755862	7544429	1087667
侗族	2879974	651693	1858387	369894
瑶族	2796003	670710	1842364	282929
白族	1933510	407006	1307009	219495
土家族	8353912	1878838	5373544	1101530
哈尼族	1660932	384202	1128229	148501
哈萨克族	1462588	347551	1024109	90928
傣族	1261311	253014	892225	116072
黎族	1463064	334830	1004243	123991
傈僳族	702839	161031	479809	61999
佤族	429709	85253	306638	37818
畲族	708651	147044	477440	84167
高山族	4009	739	2896	374
拉祜族	485966	96348	347918	41700
水族	411847	113081	255321	43445
东乡族	621500	170896	395139	55465
纳西族	326295	55031	228744	42520
景颇族	147828	36117	101059	10652

1-8 续表

单位：人，%

民族	人口总计	0-14岁	15-60岁	61岁以上
柯尔克孜族	186708	48671	123555	14482
土族	289565	60918	207268	21379
达斡尔族	131992	23586	98926	9480
仫佬族	216257	45361	147537	23359
羌族	309576	58548	217159	33869
布朗族	119639	28725	81517	9397
撒拉族	130607	37266	82562	10779
毛南族	101192	22886	65777	12529
仡佬族	550746	156633	330184	63929
锡伯族	190481	33883	138387	18211
阿昌族	39555	11230	25499	2826
普米族	42861	10176	28958	3727
塔吉克族	51069	13391	33895	3783
怒族	37523	8742	25109	3672
乌孜别克族	10569	2345	7237	987
俄罗斯族	15393	2380	11208	1805
鄂温克族	30875	6332	23159	1384
德昂族	20556	5263	13882	1411
保安族	20074	5867	12473	1734
裕固族	14378	2664	10212	1502
京族	28199	6717	18421	3061
塔塔尔族	3556	687	2509	360
独龙族	6930	1725	4649	556
鄂伦春族	8659	1831	6438	390
赫哲族	5354	918	4051	385
门巴族	10561	2927	6891	743
珞巴族	3682	1144	2292	246
基诺族	23143	4811	16071	2261
其他未识别的民族	640101	207992	371899	60210
外国人加入中国籍	1448	173	1019	256

1-9 2010年全国人口普查各民族分性别出生人口和死亡人口(2009.11.1-2010.10.31)

单位：人，%

民族	出生人数			死亡人数		
	小计	男	女	小计	男	女
全国总计	**1190060**	**652073**	**537987**	**7421990**	**4293783**	**3128207**
汉族	1059649	582390	477259	6823973	3937020	2886953
少数民族合计	129819	69336	60483	595028	354912	240116
少数民族占全国比重	10.91	10.63	11.24	8.02	8.27	7.68
蒙古族	5504	2877	2627	24817	15455	9362
回族	12113	6501	5612	47198	27664	19534
藏族	6812	3490	3322	39143	21133	18010
维吾尔族	17132	8741	8391	52855	31018	21837
苗族	11714	6436	5278	52259	31466	20793
彝族	12041	6348	5693	52195	31585	20610
壮族	19946	11047	8899	92308	55667	36641
布依族	3758	2124	1634	18944	11321	7623
朝鲜族	684	378	306	10337	6133	4204
满族	7439	3992	3447	46716	28915	17801
侗族	3498	1937	1561	17354	10245	7109
瑶族	3329	1841	1488	14343	8997	5346
白族	1850	928	922	11687	6690	4997
土家族	7871	4175	3696	45272	26593	18679
哈尼族	2337	1220	1117	10540	6367	4173
哈萨克族	2331	1195	1136	6809	4403	2406
傣族	1508	780	728	7627	4341	3286
黎族	2053	1110	943	6456	3961	2495
傈僳族	986	536	450	5045	2982	2063
佤族	545	270	275	3132	1873	1259
畲族	591	332	259	4072	2616	1456
高山族	1		1	10	7	3
拉祜族	603	298	305	3657	2201	1456
水族	633	357	276	3481	2137	1344
东乡族	1103	611	492	2632	1440	1192
纳西族	255	134	121	2036	1128	908
景颇族	301	151	150	1062	640	422

1-9 续表

单位：人，%

民族	出生人数			死亡人数		
	小计	男	女	小计	男	女
柯尔克孜族	246	134	112	881	517	364
土族	282	150	132	1663	983	680
达斡尔族	118	57	61	547	363	184
仫佬族	254	137	117	859	539	320
羌族	325	161	164	1535	896	639
布朗族	164	91	73	671	393	278
撒拉族	240	115	125	467	268	199
毛南族	113	67	46	559	346	213
仡佬族	562	287	275	3109	1931	1178
锡伯族	105	62	43	682	463	219
阿昌族	60	33	27	202	127	75
普米族	49	26	23	236	145	91
塔吉克族	75	43	32	233	131	102
怒族	43	26	17	324	185	139
乌孜别克族	8	3	5	30	21	9
俄罗斯族	7	2	5	57	34	23
鄂温克族	34	20	14	121	86	35
德昂族	42	23	19	141	81	60
保安族	41	26	15	84	43	41
裕固族	11	6	5	63	39	24
京族	27	16	11	186	110	76
塔塔尔族	2	1	1	17	10	7
独龙族	8	4	4	64	41	23
鄂伦春族	3	2	1	35	21	14
赫哲族	3	1	2	10	5	5
门巴族	15	10	5	119	71	48
珞巴族	11	5	6	44	28	16
基诺族	33	19	14	102	57	45
其他未识别的民族	582	340	242	2956	1829	1127
外国人加入中国籍	10	7	3	33	22	11

二、教 育

2-1 全国分地区少数民族教职工(2015年)(一)

单位：人

地　区	普通高等学校	成人高等学校	中等职业教育
全　国	**131576**	**2895**	**46560**
北　京	7972	147	532
天　津	1720	52	173
河　北	4794	50	1580
山　西	343	14	59
内蒙古	11703	127	4072
辽　宁	11399	312	3466
吉　林	6739	74	1444
黑龙江	3980	118	313
上　海	1739	18	151
江　苏	2293	6	182
浙　江	1629	9	253
安　徽	960	12	133
福　建	1062	4	196
江　西	771	3	33
山　东	2096	7	288
河　南	2517	46	383
湖　北	4019	30	1005
湖　南	4889	13	2648
广　东	4046	12	872
广　西	14192	369	5887
海　南	505	13	291
重　庆	1802	26	817
四　川	3427	60	804
贵　州	10853	132	5616
云　南	9152	15	5558
西　藏	1505		748
陕　西	1539	13	67
甘　肃	1891	14	1016
青　海	1352	43	826
宁　夏	2100	21	469
新　疆	8587	1135	6678

2-1 全国分地区少数民族教职工(2015年)(二)

单位：人

地　区	普通中学	特殊教育学校	小　学	幼儿园
全　国	**559206**	**4812**	**592407**	**215987**
北　京	4836	83	3099	2508
天　津	1586	32	1038	442
河　北	16146	223	17950	5263
山　西	300	6	193	264
内蒙古	36108	455	34611	14079
辽　宁	40578	403	28180	11601
吉　林	11393	146	7912	2201
黑龙江	7448	63	5122	964
上　海	1126	15	429	349
江　苏	1087	18	660	598
浙　江	2147	33	2116	1157
安　徽	1451	21	1221	599
福　建	1921	33	2369	964
江　西	413	5	380	176
山　东	2645	25	1940	1054
河　南	4141	42	4082	2176
湖　北	12804	108	11291	4849
湖　南	39552	262	28807	15756
广　东	8949	84	3324	5614
广　西	73277	841	91329	43024
海　南	4691	16	6623	2415
重　庆	11821	97	13089	4157
四　川	12563	98	25589	4343
贵　州	82213	611	83459	28827
云　南	50953	424	74386	21455
西　藏	10396	137	19099	3343
陕　西	809	9	541	475
甘　肃	9865	31	13452	3154
青　海	11552	51	11247	3663
宁　夏	8736	76	9587	3891
新　疆	87699	364	89282	26626

2-2 全国少数民族专任教师

单位：万人

年 份	高等学校	中等技术学校	中等师范学校	普通中学	职业中学	小 学
1951				0.27		
1952	0.06			0.45		5.98
1957	0.19			1.17		9.82
1963	0.10	0.12	0.05	1.32	0.06	7.24
1965	0.33	0.11	0.04	1.46	0.28	13.32
1975	0.27			6.85		27.17
1978	0.59	0.27	0.20	11.23		31.02
1979	0.72	0.29	0.22	10.82		31.30
1980	0.78	0.35	0.26	11.23	0.07	32.94
1981	0.84	0.38	0.24	10.52	0.09	33.06
1982	0.92	0.44	0.27	10.42	0.13	34.32
1983	1.08	0.49	0.27	10.72	0.23	34.49
1984	1.08	0.52	0.28	11.24	0.36	37.80
1985	1.28	0.60	0.32	12.56	0.56	39.78
1986	1.42	0.78	0.36	13.92	0.68	42.13
1987	1.54	0.81	0.42	15.05	0.84	43.68
1988	1.69	0.85	0.44	15.85	1.63	42.12
1989	1.75	0.92	0.47	17.39	1.03	46.25
1990	1.78	0.97	0.51	18.30	1.09	45.87
1991	1.89	1.01	0.53	19.21	1.19	46.41
1992	1.94	1.05	0.51	20.00	1.29	47.63
1993	1.94	1.04	0.52	20.21	1.39	47.72
1994	2.11	1.10	0.52	20.76	1.40	47.88
1995	2.20	1.16	0.58	22.25	1.50	50.19
1996	2.20	1.22	0.60	23.34	1.82	51.55
1997	2.28	1.27	0.62	24.69	1.66	52.79
1998	2.32	1.26	0.62	26.03	1.64	53.69
1999	2.33	1.25	0.61	27.14	1.68	54.51
2000	2.51	1.26	0.53	28.16	1.63	55.30
2001	2.87	1.16	0.47	30.04	1.63	57.47
2002	3.35	1.05	0.46	31.70	1.65	57.23
2003	3.63	0.87	0.37	33.35	0.30	57.09
2004	4.30	0.82	0.35	34.61	0.28	56.86
2005	4.65			36.18	0.21	56.93
2006	5.03			37.44	0.17	57.20
2007	5.52			38.18	0.12	57.79
2008	5.83			38.93	0.08	58.11
2009	6.20			39.90	0.05	58.52
2010	6.48			40.62	0.04	58.39
2011	6.86			46.15		53.58
2012	7.16			42.19		58.56
2013	7.94			47.88		54.38
2014	8.23			49.30		59.56
2015	8.58			50.29		54.82

注：2003年以后职业中学数仅指职业初中数。(下同)

2-3　全国少数民族专任教师占全国专任教师总数的比重

单位：%

年　份	高等学校	中等技术学校	中等师范学校	普通中学	职业中学	小　学
1951				2.6		
1952				2.9		
1957	2.8			3.9		4.3
1963	2.2	2.5	4.1	3.1	3.9	2.8
1965	2.4	2.5	3.5	3.2	1.4	3.5
1975	1.7	4.2		3.3		5.2
1978	2.9	3.9	6.6	3.5		5.9
1979	3.0	3.7	6.4	3.5		5.8
1980	3.2	3.9	6.9	3.7	3.2	6.0
1981	3.4	3.9	6.4	3.7	3.0	5.9
1982	3.2	4.0	6.7	3.9	3.3	6.2
1983	3.6	4.2	6.9	4.1	3.1	6.4
1984	3.4	4.3	6.6	4.4	3.5	7.0
1985	3.7	4.7	6.9	4.7	3.9	7.4
1986	3.8	5.4	7.3	5.0	4.2	7.8
1987	4.0	5.2	7.8	5.2	4.5	8.0
1988	4.3	5.1	7.7	5.4	8.0	7.7
1989	4.4	5.4	8.2	5.8	4.8	8.3
1990	4.4	5.5	8.7	6.0	4.9	8.2
1991	4.8	5.7	9.3	6.2	5.1	8.4
1992	5.0	5.9	8.9	6.4	5.2	8.6
1993	5.0	5.7	9.0	6.4	5.3	8.6
1994	5.3	5.9	8.7	5.3	5.1	8.5
1995	5.5	5.9	9.4	6.7	5.1	8.9
1996	5.5	6.0	9.5	6.7	5.9	9.0
1997	5.6	6.0	9.8	6.9	5.2	9.1
1998	5.7	6.1	5.7	7.0	4.9	9.2
1999	5.5	6.2	9.9	7.1	5.0	9.3
2000	5.4	6.2	9.9	7.0	5.1	9.4
2001	5.4	6.3	10.4	7.2	5.3	9.7
2002	5.4	6.2	12.2	7.2	5.3	9.9
2003	5.0			7.4		10.0
2004	5.0			7.4		10.1
2005	4.8			7.6		10.2
2006	4.6			7.7		10.2
2007	4.7			7.8		10.3
2008	4.7			7.9		10.3
2009	4.8			8.0		10.4
2010	5.0			8.1		10.4
2011	4.9			9.1		10.4
2012	5.0			8.3		10.5
2013	5.5			9.4		9.7
2014	5.4			9.6		10.6
2015	5.5			9.7		9.6

2-4 全国分地区少数民族专任教师(2015年)(一)

单位：人

地区	普通高等学校	成人高等学校	中等职业教育
全国	**85801**	**1734**	**36213**
北京	3949	73	367
天津	1056	29	125
河北	3267	31	1153
山西	226	9	36
内蒙古	7840	62	3095
辽宁	7815	198	2536
吉林	3888	19	1069
黑龙江	2285	43	211
上海	1198	11	113
江苏	1509	4	159
浙江	1157	6	226
安徽	647	5	99
福建	719		174
江西	478		30
山东	1431	5	208
河南	1743	20	270
湖北	2418	22	780
湖南	3492	7	2145
广东	2853	7	707
广西	8310	231	4453
海南	313	6	164
重庆	1196	13	694
四川	2430	45	642
贵州	7598	73	4592
云南	6557	4	4358
西藏	950		675
陕西	914	6	49
甘肃	1257	12	789
青海	986	34	643
宁夏	1471	11	362
新疆	5848	748	5289

2-4 全国分地区少数民族专任教师(2015年)(二)

单位: 人

地区	普通中学	特殊教育学校	小学	幼儿园
全国	**502858**	**4097**	**548233**	**141754**
北京	3880	71	2766	1640
天津	1372	23	931	311
河北	13684	178	16428	3562
山西	273	6	180	106
内蒙古	29107	378	27217	9816
辽宁	34823	334	24396	8105
吉林	9511	123	6822	1363
黑龙江	6625	52	4662	609
上海	1001	12	390	266
江苏	1004	14	633	386
浙江	2007	33	2036	747
安徽	1287	19	1203	424
福建	1737	29	2282	603
江西	391	5	376	103
山东	2469	17	1885	762
河南	3726	37	3916	1373
湖北	11880	98	11034	2455
湖南	36650	221	27720	8856
广东	8214	75	3132	3792
广西	64933	682	85138	24007
海南	4268	13	6366	1336
重庆	10927	89	12685	2441
四川	11641	78	24062	3332
贵州	76605	546	77240	19824
云南	46804	367	71349	14370
西藏	9974	122	18900	2671
陕西	727	8	498	281
甘肃	9145	20	13046	2417
青海	10930	44	10513	2259
宁夏	8271	75	9422	2373
新疆	78992	328	81005	21164

2-5 全国少数民族在校学生

单位：万人

年 份	高等学校	中等技术学校	中等师范学校	普通中学	职业中学	小 学
1950	0.13					
1951		0.07	0.45	4.03		94.3
1952	0.29	0.26	1.62	7.32		147.4
1957	1.61	1.77	1.97	27.69		319.4
1962	2.87	1.31	0.94	29.47		
1963					1.21	299.2
1965	2.19	1.09	0.81	37.18	1.35	521.9
1975	3.06			155.69		770.8
1978	3.60	2.84	3.03	246.75		768.6
1979	3.74	3.22	3.97	205.87		737.8
1980	4.29	3.93	4.47	199.30	1.46	752.2
1981	5.12	3.91	3.90	177.06	1.36	735.6
1982	5.39	4.10	3.46	177.96	1.77	823.9
1983	5.96	4.48	3.74	182.97	3.62	821.9
1984	6.93	5.24	4.21	202.07	6.17	910.1
1985	9.41	6.65	4.98	224.47	8.74	954.8
1986	9.95	7.57	5.62	254.06	10.32	1033.7
1987	11.87	8.50	6.22	280.07	12.43	1051.3
1988	12.54	8.83	6.18	281.64	26.39	983.6
1989	13.16	9.95	6.28	283.54	13.65	1052.1
1990	13.79	11.41	6.77	294.62	15.06	1069.5
1991	14.18	11.93	6.70	308.59	16.51	980.6
1992	15.29	12.71	7.09	320.88	18.37	1122.3
1993	16.32	14.30	7.67	313.69	18.62	1140.2
1994	17.79	15.69	7.52	324.23	18.98	1149.2
1995	18.76	18.43	8.84	346.65	23.78	1200.2
1996	19.68	21.05	9.02	370.19	24.57	1251.1
1997	21.68	23.71	9.13	403.93	22.93	1248.2
1998	22.63	25.25	9.72	449.16	22.86	1240.2
1999	24.77	27.96	9.71	463.29	24.15	1214.2
2000	31.99	28.98	9.47	498.91	23.88	1181.6
2001	40.97	27.60	8.70	482.84	25.07	1172.0
2002	52.39	27.17	7.82	613.16	26.55	1149.7
2003	65.52	18.88	5.10	654.46	8.74	1120.70
2004	75.59	18.72	3.71	676.11	8.95	1097.15
2005	95.32			684.74	8.55	1078.07
2006	107.55			689.38	3.47	1081.28
2007	115.35			685.46	3.10	1074.18
2008	127.99			680.23	2.19	1070.79
2009	141.05			679.94	1.61	1059.12
2010	150.83			680.34	1.15	1048.24
2011	167.62			683.67		1044.02
2012	176.88			678.26		1037.54
2013	183.74			681.93		1040.95
2014	198.57			696.94		1058.97
2015	213.74			710.07		1094.97

2-6 全国少数民族在校学生占全国在校学生总数的比重

单位：%

年 份	高等学校	中等技术学校	中等师范学校	普通中学	职业中学	小 学
1951	1.4	0.4	2.1	2.6		2.2
1952	1.5	0.9	4.7	2.9		2.9
1957	3.7	3.7	6.7	4.4		5.0
1962	3.5	3.7	5.2	3.9	3.9	4.1
1965	3.2	2.8	5.2	4.0	2.3	4.5
1975	6.1	7.6		3.5	5.0	5.1
1978	4.2	5.4	8.4	3.8		5.3
1979	3.7	4.5	8.2	3.5		5.0
1980	3.8	5.2	9.3	3.6	3.2	5.1
1981	4.0	6.2	8.9	3.6	2.8	5.1
1982	4.7	6.5	8.4	3.9	2.5	5.9
1983	4.9	6.5	8.2	4.2	3.0	6.0
1984	5.0	6.5	8.2	4.4	3.5	6.7
1985	5.3	6.6	8.9	4.8	3.8	7.1
1986	5.3	6.6	9.2	5.2	4.0	7.8
1987	6.1	7.0	9.5	5.7	4.7	8.2
1988	6.1	6.5	9.0	5.9	9.4	7.8
1989	6.3	6.7	9.2	6.3	4.8	11.2
1990	6.6	7.3	10.0	6.4	5.1	8.7
1991	6.9	7.4	10.1	6.6	5.2	8.1
1992	7.0	7.3	10.7	6.7	5.4	9.2
1993	6.4	6.8	10.6	6.6	5.1	9.2
1994	6.4	6.5	9.6	5.5	4.7	9.0
1995	6.5	6.4	10.4	6.5	5.3	9.1
1996	6.5	6.3	10.3	6.5	5.2	9.2
1997	6.8	6.3	10.0	6.7	4.5	8.9
1998	6.6	6.2	10.6	7.1	4.2	8.9
1999	6.0	6.6	10.7	6.8	4.5	9.0
2000	5.8	7.0	12.3	6.8	4.7	9.1
2001	5.7	7.0	13.1	7.5	5.4	9.3
2002	5.8	6.9	13.0	9.3	5.2	9.5
2003	5.9			7.6		9.6
2004	5.7			7.8		9.8
2005	6.1			8.0		9.9
2006	6.2			8.2		10.1
2007	6.1			8.3		10.2
2008	6.3			8.4		10.4
2009	6.6			8.6		10.5
2010	7.0			8.6		10.4
2011	6.8			9.1		10.5
2012	7.4			9.4		10.7
2013	7.7			9.4		10.7
2014	7.8			10.3		11.2
2015	7.6			10.4		12.2

2-7 全国分地区少数民族在校学生(2015年)(一)

单位：人

地区	博士生（含科研机构）	硕士生（含科研机构）	普通高等学校（普通本、专科）	成人高等学校（成人本、专科）	中等职业教育
全国	**18932**	**90772**	**2137427**	**29534**	**1221157**
北京	5360	15206	68270	1105	4806
天津	585	2601	34991	645	2088
河北	132	1724	73118	857	30622
山西	33	231	8609		302
内蒙古	409	4784	110346	314	45433
辽宁	1328	8012	157496	1450	53712
吉林	1203	5691	66213	714	7090
黑龙江	663	2669	41187	373	5778
上海	1087	3552	29207	82	2532
江苏	1037	4320	40031	274	2496
浙江	336	1105	21556	175	6484
安徽	181	676	14120	26	2917
福建	213	1070	25861	1	6793
江西	45	396	40911	11	1259
山东	184	1343	39967	83	5127
河南	57	927	43499	505	6465
湖北	1411	5609	101266	155	28103
湖南	816	3972	121782	351	65758
广东	697	2479	25521	169	8390
广西	175	3377	237101	2160	211020
海南	9	219	20305	1	27875
重庆	454	2583	70144	4704	36256
四川	756	3498	87248	4799	54914
贵州	87	2178	188547	4326	212603
云南	252	3445	165031	2540	159707
西藏	28	351	23280		14077
陕西	829	2726	29527	586	2650
甘肃	320	2092	47582	396	11134
青海	21	582	27086	1292	28048
宁夏	33	565	38182		23988
新疆	191	2789	139443	1440	152730

2-7 全国分地区少数民族在校学生(2015年)(二)

单位：人

地 区	普通中学	特殊教育学校	小 学	幼儿园
全 国	**7100689**	**39665**	**10949711**	**3758873**
北 京	39640	350	65024	26320
天 津	18650	88	23390	4824
河 北	186294	675	313963	102571
山 西	3547	25	4142	1048
内蒙古	310617	1685	378300	152216
辽 宁	330082	977	388582	103552
吉 林	81321	252	86904	20107
黑龙江	60336	137	62570	9317
上 海	13569	56	12858	5565
江 苏	19549	77	24510	4837
浙 江	38576	205	100886	48741
安 徽	20175	53	22157	5446
福 建	45585	363	82393	20120
江 西	5762	78	7032	1437
山 东	39291	153	57658	16711
河 南	76789	152	90994	28042
湖 北	151030	604	216328	75434
湖 南	392288	2103	611620	252991
广 东	61958	224	142680	34499
广 西	1030851	4842	1692690	696358
海 南	80486	739	137876	34206
重 庆	165244	895	205147	69878
四 川	275891	1938	654622	171279
贵 州	1233488	5704	1503617	525297
云 南	900605	6882	1458286	442191
西 藏	168431	1711	284098	82141
陕 西	8879	43	11623	5304
甘 肃	134106	1069	251896	71524
青 海	167196	1803	280891	94739
宁 夏	169735	1547	282509	74923
新 疆	870718	4235	1494465	577255

2-8 全国民族学院(大学)教职工(一)

单位: 人

年 份	合 计	中央民族大学	内蒙古民族大学	大连民族学院	中南民族大学
1978	4888	11731			
1979	5616	1380			
1980	6241	1674			
1981	7652	1849			674
1982	7997	1911			718
1983	8255	1933			803
1984	8466	1945			877
1985	9431	2125			1000
1986	9902	2200			1085
1987	10403	2386			1145
1988	10377	2248			1218
1989	10641	2034			1231
1990	10593	1938			1265
1991	10612	2034			1264
1992	10570	1877			1264
1993	10584	1837			1254
1994	10629	1791			1210
1995	10752	1821			1215
1996	10452	1551			1220
1997	10668	1544			1128
1998	11342	1776		205	1129
1999	10621	1763		289	1126
2000	10549	1591		330	1124
2001	11041	1587		469	1395
2002	11939	1536		515	1371
2003	13691	1501	1664	574	1325
2004	14469	1547	1678	642	1430
2005	15355	1638	1821	713	1545
2006	16457	1813	1837	807	1673
2007	16819	1879	1755	841	1725
2008	17171	1918	1793	919	1807
2009	17430	2029	1762	982	1767
2010	18102	1897	1769	1288	1891
2011	18507	1730	1754	1305	1941
2012	19058	2000		1256	1910
2013	19650	1943	1760	1335	2042
2014	21632	2008		1349	2021
2015	19058	2000		1256	1910

2-8 全国民族学院(大学)教职工(二)

单位：人

年 份	湖北民族学院	广东民族学院	广西民族大学	西南民族大学	贵州民族学院
1978		145	759	630	139
1979		179	808	738	186
1980		240	845	803	224
1981		279	917	829	335
1982		338	918	950	378
1983		364	914	992	415
1984		394	295	1046	402
1985		411	970	1127	906
1986		436	1007	1168	654
1987		429	1055	1204	722
1988		423	1054	948	780
1989	477	434	1045	1206	792
1990	512	421	1049	1192	792
1991	518	410	1033	1170	753
1992	550	399	1018	1161	843
1993	540	419	1049	1164	882
1994	558	439	1047	1157	888
1995	591	463	1050	1143	920
1996	601	467	1048	1108	956
1997	611	491	1052	1252	934
1998	1079	510	1028	1192	923
1999	1066		1003	993	880
2000	1080		1008	1004	890
2001	1086		967	1006	898
2002	1119		1007	1382	851
2003	1163		1043	1316	909
2004	1221		1120	1436	986
2005	1281		1158	1497	1049
2006	1451		1202	1564	1084
2007	1428		1185	1608	1124
2008	1365		1156	1667	1135
2009	1396		1134	1696	1129
2010	1433		1200	1795	1136
2011	1473		1209	1857	1191
2012	1481		1968	1951	1442
2013	1468		1217	1920	1283
2014	1477		1653	1974	1347
2015	1481		1968	1951	1442

2-8 全国民族学院(大学)教职工(三)

单位:人

年 份	云南民族大学	西藏民族学院	西北民族大学	青海民族大学	北方民族大学
1978	416	568	586	472	
1979	484	633	634	574	
1980	509	630	655	661	
1981	624	641	828	676	
1982	725	650	844	565	
1983	776	609	873	576	
1984	783	609	903	582	
1985	554	562	941	654	181
1986	915	559	1011	639	228
1987	953	597	1011	654	247
1988	948	873	971	655	268
1989	956	581	958	659	268
1990	960	561	970	646	281
1991	944	567	981	648	290
1992	953	574	998	614	319
1993	928	575	996	616	324
1994	980	577	1010	594	378
1995	984	591	1000	589	385
1996	918	601	1006	570	406
1997	977	596	995	582	402
1998	975	577	984	546	418
1999	911	561	979	554	496
2000	909	553	986	568	506
2001	943	554	990	580	566
2002	867	667	1087	902	635
2003	864	549	1056	1023	704
2004	911	581	1115	1030	772
2005	947	627	1183	1045	851
2006	1004	661	1286	1193	882
2007	985	699	1466	1215	909
2008	1027	729	1503	1221	931
2009	1067	775	1532	1198	963
2010	1152	823	1579	1165	974
2011	1216	881	1721	1144	1075
2012	1506	972	2085	1118	1369
2013	1336	945	1992	1135	1274
2014	1431	971	1992	2078	1330
2015	1506	972	2085	1118	1369

2-9 全国民族学院(大学)专任教师(一)

单位:人

年 份	合 计	中央民族大学	内蒙古民族大学	大连民族学院	中南民族大学
1978	2121	563			
1979	2430	673			
1980	2891	818			185
1981	3253	732			306
1982	3334	775			302
1983	3479	781			344
1984	3516	809			363
1985	3874	804			419
1986	4092	834			439
1987	4208	855			432
1988	4557	821			525
1989	4484	800			462
1990	4393	763			472
1991	4241	720			471
1992	4332	687			503
1993	4466	678			522
1994	4486	701			512
1995	4629	740			526
1996	4702	797			530
1997	4755	760			516
1998	4897	730		73	509
1999	4780	722		129	512
2000	4816	700		156	511
2001	5361	698		281	709
2002	6171	714		367	731
2003	7223	734	806	403	758
2004	8073	751	803	467	837
2005	8933	859	939	490	957
2006	9952	959	1021	573	998
2007	10180	1003	955	634	1044
2008	10902	1040	1004	640	1093
2009	11096	1175	1034	672	1131
2010	11589	1036	1048	808	1201
2011	12621	1052	1045	817	1255
2012	12801	1212		858	1301
2013	13273	1106	1152	852	1329
2014	14789	1197		858	1317
2015	12801	1212		858	1301

2-9 全国民族学院(大学)专任教师(二)

单位：人

年 份	湖北民族学院	广东民族学院	广西民族大学	西南民族大学	贵州民族学院
1978		68	307	318	34
1979		84	315	324	56
1980		96	327	347	68
1981		113	410	356	119
1982		129	381	426	156
1983		153	400	461	157
1984		160	410	432	163
1985		167	435	488	388
1986		181	449	464	283
1987		182	445	468	302
1988		182	446	495	386
1989	197	189	447	490	359
1990	228	180	441	444	375
1991	225	177	424	442	306
1992	243	174	426	440	385
1993	233	192	453	518	418
1994	282	202	470	439	420
1995	296	202	500	448	430
1996	326	211	431	473	429
1997	325	225	491	452	436
1998	529	247	440	412	469
1999	532		462	408	449
2000	524		460	426	447
2001	521		481	498	469
2002	555		521	774	490
2003	564		534	713	512
2004	655		605	914	562
2005	692		616	984	611
2006	834		717	1010	645
2007	819		741	1064	655
2008	783		758	1156	655
2009	801		777	1229	694
2010	812		849	1307	719
2011	988		867	1375	718
2012	1077		949	1566	1003
2013	1021		841	1519	857
2014	1095		910	1596	932
2015	1077		949	1566	1003

2-9 全国民族学院(大学)专任教师(三)

单位：人

年 份	云南民族大学	西藏民族学院	西北民族大学	青海民族大学	北方民族大学
1978	163	193	246	229	
1979	182	223	272	301	
1980	209	203	314	314	
1981	272	226	289	330	
1982	321	209	376	259	
1983	340	185	400	258	
1984	336	185	401	257	
1985	219	235	424	211	84
1986	403	235	438	270	96
1987	436	224	474	287	103
1988	442	389	436	298	137
1989	445	244	431	292	128
1990	422	234	429	274	131
1991	406	229	439	271	131
1992	389	232	444	241	168
1993	376	238	443	226	169
1994	377	232	449	209	193
1995	396	233	437	222	199
1996	416	243	427	217	202
1997	424	243	438	221	193
1998	420	233	442	194	199
1999	428	241	449	200	248
2000	433	235	459	209	256
2001	442	240	483	218	321
2002	446	239	564	419	351
2003	464	259	577	477	422
2004	513	303	683	541	439
2005	560	354	754	610	507
2006	642	488	806	731	528
2007	686	468	874	702	535
2008	732	519	883	717	564
2009	762	564	910	714	633
2010	872	592	942	707	696
2011	946	596	1060	697	758
2012	1119	716	1356	650	994
2013	1072	657	1299	640	928
2014	1119	729	1365	616	966
2015	1119	716	1356	650	994

2-10 全国民族学院(大学)在校学生(一)

单位：人

年 份	合 计	中央民族大学	内蒙古民族大学	大连民族学院	中南民族大学
1978	6902	1337			
1979	7384	1474			
1980	8477	1778			
1981	10059	2126			161
1982	9556	1977			514
1983	11337	2135			1078
1984	14045	2487			1591
1985	18369	3255			2060
1986	21497	3211			3826
1987	20267	3171			2760
1988	22144	3374			3004
1989	22932	2983			3039
1990	22095	2723			3064
1991	21400	2416			2952
1992	22836	2366			2997
1993	26638	2726			3532
1994	30782	2871			4393
1995	32625	3512			4750
1996	33516	3948			5536
1997	35081	3995			5695
1998	39332	3850		650	5848
1999	42751	3799		1533	6478
2000	52098	3881		2543	7037
2001	71096	4784		4237	8997
2002	86681	6373		5595	11764
2003	115966	8100	13185	7238	13198
2004	133865	9715	16402	8571	15551
2005	146716	10766	16013	9277	16817
2006	154992	11127	15653	10196	17837
2007	162947	11237	17169	10996	18477
2008	178566	11305	16563	11868	19027
2009	190116	11271	17867	13089	19757
2010	194458	11236	19686	13883	20697
2011	204368	11247	19892	14747	21601
2012	217878	11360			24020
2013	223553	11312	20664	14859	23433
2014	223553	11310		15126	23860
2015	217878	11360	21040		24020

2-10 全国民族学院(大学)在校学生(二)

单位：人

年 份	湖北民族学院	广东民族学院	广西民族大学	西南民族大学	贵州民族学院
1978		402	1306	933	178
1979		532	1316	1198	176
1980		123	1586	1439	260
1981		547	1584	1436	241
1982		395	1366	1513	391
1983		518	1493	1674	638
1984		737	1933	1924	910
1985		1041	2562	2315	1338
1986		1266	2479	2386	1603
1987		1144	2285	2471	1728
1988		1569	2302	2680	1764
1989	1639	1850	2204	2572	1728
1990	1792	1204	2188	2480	1654
1991	1834	1052	2022	2649	1477
1992	2099	1298	2492	2740	1450
1993	2143	1594	2942	3197	1726
1994	2178	2215	3464	3708	2173
1995	2211	2464	3602	3585	2663
1996	2348	2530	3634	3664	2181
1997	2586	2551	4040	3901	2349
1998	4093	2620	4620	4353	2655
1999	4701		5423	4445	3489
2000	5682		6624	5445	4489
2001	6584		7713	7211	6073
2002	7570		9074	9804	7239
2003	8391		9996	12871	8791
2004	9574		11270	15115	8682
2005	11114		12410	16660	9926
2006	12095		13599	17558	9440
2007	12504		14337	18130	8249
2008	13453		14689	19023	8757
2009	12938		14795	20090	9925
2010	13498		15237	21850	11613
2011	14910		15329	22950	12422
2012	17968		16204	27511	15913
2013	17556		15766	25942	14035
2014	17726		15854	26850	14709
2015	17968		16204	27511	15913

2-10 全国民族学院(大学)在校学生(三)

单位：人

年 份	云南民族大学	西藏民族学院	西北民族大学	青海民族大学	北方民族大学
1978	793	496	514	943	
1979	854	201	790	843	
1980	895	314	734	1108	
1981	1167	438	1006	1353	
1982	858	418	1005	1119	
1983	1068	409	1118	1206	
1984	1432	409	1302	1320	
1985	1979	559	1631	1363	266
1986	2344	838	1909	1241	394
1987	2366	837	1949	1185	371
1988	2665	1098	2067	1218	403
1989	2489	697	2046	1141	544
1990	2526	663	2009	1149	643
1991	2557	586	2006	1100	689
1992	2562	618	2299	1124	891
1993	2653	951	2731	1248	1195
1994	2618	1184	2879	1376	1723
1995	2528	1539	2613	1450	1708
1996	2624	1283	2640	1508	1620
1997	2835	1244	2807	1520	1558
1998	3103	1317	2873	1566	1784
1999	3764	1588	3573	1690	2268
2000	4612	2098	4329	2229	3129
2001	5437	2494	6051	2915	4363
2002	6866	3199	7265	6640	5292
2003	7993	3781	9484	6655	6283
2004	8988	5604	10920	6372	7101
2005	8845	7497	12756	6781	7854
2006	9019	8435	13908	7155	8970
2007	9430	9334	15262	7662	10160
2008	10451	10024	16802	8036	11470
2009	12662	9813	18413	8442	12830
2010	15194	9074	19833	8587	14070
2011	17743	8699	21057	8401	15370
2012	21376	9573	24687	8608	19618
2013	20500	8950	23708	8533	18295
2014	20899	9297	24427	8380	19046
2015	21376	9573	24687	8608	19618

2-11 全国民族学院(大学)教职工基本情况(2015年)(一)

单位：人

单位	总计	校本部职工	专任教师	正高级	副高级	中级	初级
合计	**19058**	**18667**	**12801**	**2198**	**4241**	**4801**	**1129**
中央民族大学	2000	1862	1212	327	364	435	41
内蒙古民族大学							
大连民族学院	1256	1256	858	141	312	373	32
中南民族大学	1910	1893	1301	216	457	504	73
湖北民族学院	1481	1341	1077	161	348	471	97
广西民族大学	1968	1930	949	187	265	388	19
西南民族大学	1951	1951	1566	210	422	765	120
贵州民族学院	1442	1405	1003	142	453	241	163
云南民族大学	1506	1494	1119	174	335	440	131
西藏民族学院	972	972	716	72	244	326	55
西北民族大学	2085	2085	1356	276	514	368	198
青海民族学院	1118	1118	650	152	236	156	39
北方民族大学	1369	1360	994	140	291	334	161

2-11 全国民族学院(大学)教职工基本情况(2015年)(二)

单位：人

单位	无职称	行政人员	教辅人员	工勤人员	科研机构人员	校办企业人员	其他附设机构
合计	**432**	**2899**	**1837**	**1130**	**106**		**285**
中央民族大学	45	420	151	79	57		81
内蒙古民族大学							
大连民族学院		213	142	43			
中南民族大学	51	352	173	67			17
湖北民族学院		130	108	26	7		133
广西民族大学	90	283	238	460	1		37
西南民族大学	49	263	67	55			
贵州民族学院	4	201	138	63	20		17
云南民族大学	39	196	118	61	12		
西藏民族学院	19	92	91	73			
西北民族大学		366	300	63			
青海民族学院	67	221	133	114			
北方民族大学	68	162	178	26	9		

2-12　全国民族学院(大学)学生基本情况(2015年)

单位：人

单　位	本、专科生		
	在校学生	招生数	毕业生数
合　计	**217878**	**58558**	**53101**
中央民族大学	11360	2792	2660
内蒙古民族大学	21040	5000	4778
大连民族学院		4346	3485
湖北民族学院	17968	3910	4525
中南民族大学	24020	6049	5702
广西民族学院	16204	4209	3800
西南民族大学	27511	6858	6125
贵州民族学院	15913	3792	2745
云南民族大学	21376	5609	5194
西藏民族学院	9573	2560	2303
西北民族大学	24687	6195	5485
青海民族学院	8608	2361	2001
北方民族大学	19618	4877	4298

2-13　全国内地西藏班和新疆班招生情况

单位：人

年　份	合　计	西藏班						新疆班
		小　计	初　中	高　中	中　师	中　专	大　学	高　中
1985	1300	1300	1300					
1986	1240	1240	1240					
1987	1320	1320	1320					
1988	1400	1400	1400					
1989	2176	2176	1180	200	295	501		
1990	2485	2485	1277	300	302	606		
1991	2444	2444	1242	261	250	691		
1992	2654	2654	1222	300	270	605	257	
1993	2654	2654	1300	294	200	612	248	
1994	2646	2646	1235	333	240	576	262	
1995	2815	2815	1420	360	280	544	211	
1996	3151	3151	1621	390	310	550	280	
1997	3161	3161	1735	400	336	489	201	
1998	3365	3365	1855	455	369	347	339	
1999	3442	3442	1782	505	375	380	400	
2000	4487	3487	1520	953	205	387	422	1000
2003	5574	4039	2568	1471				1535
2004	5281	3144	2012	2137				2304
2005	5992	3073	1873	1200				2919
2006	7288	3385	2042	1343				3903
2007	8404	3750	2115	1635				4654
2008	9648	3677	2026	1651				5971
2009	10668	3865	1969	1896				6803
2010	11432	4675	1884	2791				6757
2011	12261	4688	1946	2742				7573
2012	14273	4746	2233	2513				9527
2013	15490	5001	2032	2969				10489
2014	15287	4667	2073	2594				10620
2015	21669	4710	1852	2858				12249

2-14 全国分地区内地西藏班和新疆班招生情况(2015年)

单位：人

地 区	合 计	西藏班			新疆班
		小 计	初 中	高 中	高 中
总 计	**21669**	**4710**	**1852**	**2858**	**12249**
北 京	1884	360		360	1164
天 津	1197	150		150	897
河 北	282	141		141	
山 西	192	96		96	
辽 宁	1206	388	200	188	430
吉 林	232				232
黑龙江	248				248
上 海	2336	550	260	290	1236
江 苏	2010	373	249	124	1264
浙 江	2868	390	200	190	2088
安 徽	490	245	110	135	
福 建	565	120	40	80	325
江 西	794	347	268	79	100
山 东	1630	87		87	1456
河 南	697	186		186	325
湖 北	1332	170	50	120	992
湖 南	420	180		180	60
广 东	2132	410	220	190	1312
重 庆	560	280	158	122	
四 川	280	140		140	
陕 西	314	97	97		120

2-15　全国分地区内地西藏班和新疆班在校学生数(2015年)

单位：人

地　区	合　计	西藏班			新疆班
		小　计	初　中	高　中	高　中
总　计	**62887**	**14379**	**5097**	**9282**	**34129**
北　京	6800	1115		1115	4570
天　津	5192	1105		1105	2982
河　北	844	422		422	
山　西	614	307		307	
辽　宁	2934	936	578	358	1062
吉　林	650				650
黑龙江	847				847
上　海	7470	1650	780	870	4170
江　苏	6510	1223	793	430	4064
浙　江	6998	1070	600	470	4858
安　徽	1506	753	311	442	
福　建	2175	502	237	265	1171
江　西	1300	500	268	232	300
山　东	3444	343		343	2758
河　南	2138	584		584	970
湖　北	2014	589	186	403	836
湖　南	1276	548		548	180
广　东	6676	1149	618	531	4378
重　庆	1716	858	451	407	
四　川	900	450		450	
陕　西	883	275	275		333

三、文　化

3-1 全国少数民族文字出版物情况

单位：种数：种；印数：万册(份)

年 份	图 书		期 刊		报 纸	
	种数	印数	种数	印数	种数	印数
1952	621	661	15	169	20	2933
1957	1763	1462	35	244	32	2434
1962	942	910	27	170	32	2252
1965	1694	2480	36	268	36	3955
1970	312	1331	5	93	5	3262
1975	1226	3365	18	237	10	6461
1978	1386	3179	35	313	11	7072
1980	1921	3427	42	575	18	7384
1981	1904	2652	63	590	18	6631
1982	2270	3330	75	631	18	7063
1983	2327	3358	74	616	19	7927
1984	2524	3514	76	748	42	15175
1985	2759	3629	109	1035	57	11402
1986	2972	3635	126	1085	56	12561
1987	3157	4184	128	1148	70	13306
1988	3294	3816	541	1350	76	13411
1989	3260	3853	153	1280	75	9031
1990	3251	3867	131	1027	79	14837
1991	3575	4922	142	1006	81	11983
1992	3065	4326	167	1354	83	11981
1993	3500	5090	173	1291	87	11513
1994	3248	4552	178	1247	92	12526
1995	3342	4791	185	1197	92	16833
1996	3209	5060	183	1011	89	14917
1997	3429	4999	184	970	88	10527
1998	4108	5376	184	1099	83	9651
1999	4591	6021	185	1009	81	10486
2000	5062	5640	193	863	84	10116
2001	4779	5306	202	990	92	12396
2002	5125	5729	211	978	89	10229
2003	4787	5034	205	781	88	13130
2004	5457	6355	193	584	89	14404
2005	5295	6755	192	466	82	10966
2006	5931	6518	192	651	82	11809
2007	5561	6444	192	758	82	12740
2008	5563	3797	192	650	82	14964
2009	8535	6689	192	612	82	12184
2010	7593	4925	207	850	82	19846
2011	9275	7310	222	894	84	20070
2012	9119	6659	228	1240	98	20828
2013	9511	7168	231	1272	101	20989
2014	8031	5853	227	1255	103	21443
2015	9192	6912	223	1246	103	19609

3-2 全国少数民族文字出版的图书(一)

单位: 种数: 种; 印数: 万册(份); 印张: 万印张

年 份	总计				书籍			
	种数		印数	印张	种数		印数	印张
	合计	#新出			合计	#新出		
1952	621	534	661	1714	391	341	281	739
1957	1763	1504	1462	6320	1204	1120	685	3122
1962	942	627	910	4111	361	341	202	1230
1965	1694	1290	2480	9276	644	560	1002	4650
1970	312	247	1331	4874	159	134	797	3556
1975	1226	1072	3365	12428	762	720	1868	8514
1978	1386	1120	3179	12346	750	689	874	4914
1979	1544	1290	2707	14166	803	791	716	5571
1980	1921	1456	3427	16854	1047	976	905	6449
1981	1904	1471	2652	16249	1038	973	776	6991
1982	2270	1713	3330	18882	1232	1132	1033	7919
1983	2237	1683	3358	19783	1267	1182	1113	8974
1984	2524	1931	3514	21177	1483	1379	1142	9854
1985	2759	2075	3629	20253	1602	1478	1111	8168
1986	2972	2108	3635	21030	1679	1567	1021	8158
1987	3157	2022	4184	22878	1752	1532	1215	9134
1988	3294	1975	3816	21647	1842	1580	1046	7958
1989	3260	1783	3853	22059	1709	1385	1124	8088
1990	3251	1869	3867	21673	1734	1422	1049	7853
1991	3575	1913	4922	25103	1700	1369	1201	8220
1992	3065	1556	4326	2549	1536	1207	1096	8104
1993	3500	1995	5090	26069	1704	1353	1398	9087
1994	3428	1827	4552	25869	2277	1535	2136	12926
1995	3342	1473	4791	24943	1547	1085	1411	8521
1996	3209	1431	5060	26523	1607	1080	1648	8635
1997	3429	1361	4999	27022	1959	1143	1784	9027
1998	4108	1548	5376	30291	2412	1341	2164	11418
1999	4591	1828	6021	34557	2367	1473	1896	11156
2000	5062	2078	5640	33514	2598	1741	1510	9965
2001	4779	2374	5306	32241	2451	1933	1412	9254
2002	5125	2329	5729	34765	2548	1840	1552	10524
2003	4787	2275	5034	31947	2624	1683	1501	9289
2004	5457	2430	6355	40022	2832	1798	1458	10137
2005	5295	2522	6755	44154	2606	1669	1424	9902
2006	5931	2811	6518	47302	3324	2156	1382	12493
2007	5561	2175	6444	42347	4543	1821	5264	35770
2008	5563	2543	3797	26679	4734	2285	2780	21057
2009	8535	3163	6689	45988	5361	2687	2705	19106
2010	7593	3173	4925	35335	6050	2828	3362	24323
2011	9275	3675	7310	53867	5586	3091	2559	23236
2012	9119	3629	6659	51739	5652	3113	3013	24889
2013	9511	3824	7168	52675	6117	3351	3521	26940
2014	8031	3883	5853	47467	4838	3391	2554	24851
2015	9192	4369	6912	53543	6314	3896	3471	28525

3-2 全国少数民族文字出版的图书(二)

单位：种数：种；印张：万印(份);印张：万印张

年 份	课本				图片			
	种数		印数	印张	种数		印数	印张
	合计	#新出			合计	#新出		
1952	230	193	380	975	41	41	29	18
1957	509	341	759	3180	50	43	18	18
1962	550	256	640	2820	31	30	68	61
1965	787	561	1150	4404	263	169	328	222
1970	75	35	316	1144	78	78	218	174
1975	358	246	939	3481	106	106	558	433
1978	537	340	1629	6829	99	91	676	603
1980	808	414	1958	9713	66	66	564	692
1981	803	436	1692	8998	63	62	184	260
1982	974	517	2170	10820	64	64	27	143
1983	975	420	2020	10499	85	81	225	310
1984	946	464	2198	11145	95	88	174	121
1985	1084	525	2326	11885	73	72	192	201
1986	1263	515	2561	12686	30	26	53	179
1987	1330	416	2847	13566	75	74	124	154
1988	1400	345	2669	13197	52	50	101	299
1989	1509	356	2624	13644	42	42	105	154
1990	1482	413	2754	13582	35	34	64	226
1991	1828	497	3671	16616	47	47	50	233
1992	1488	309	3154	14261	41	40	76	163
1993	1780	628	3623	16837	16	14	71	97
1994	1137	283	2361	12843	14	9	55	99
1995	1780	373	3346	16283	15	15	34	20
1996	1592	343	3403	17860	10	8	9	10
1997	1464	213	3204	17908	6	5	11	24
1998	1677	193	3199	18805	19	14	13	67
1999	2204	337	4100	22871	20	18	25	108
2000	2455	334	4124	23838	9	3	6	11
2001	2311	427	3886	22978	17	14	8	9
2002	2555	472	4163	24137	22	17	14	89
2003	2142	583	3521	22623	21	9	12	18
2004	2611	619	4890	29873	14	13	7	12
2005	2689	853	5331	34239				
2006	2605	653	5134	34802				
2007	1009	347	1175	6545				
2008	826	257	1015	5620				
2009	3154	470	3962	26811				
2010	1523	327	1548	10948	4	2	2	4
2011	3665	562	4703	30559				
2012	3457	510	3639	26834				
2013	3390	473	3643	25721				
2014	3187	489	3295	22599				
2015	2876	471	3438	25007				

3-3 全国分地区少数民族文字出版的图书(2015年)(一)

单位：种数：种；印数：万册(份)；印张：千印张

地区	总计				书籍			
	种数合计	#新出	印数	印张	种数合计	#新出	印数	印张
全国合计	**9192**	**4369**	**6912**	**535428**	**6314**	**3896**	**3471**	**285245**
中央合计	**569**	**365**	**270**	**32298**	**528**	**351**	**220**	**27918**
地方	**8623**	**4004**	**6642**	**503130**	**5786**	**3545**	**3251**	**257327**
内蒙古	1639	543	1305	96098	883	446	466	34805
辽宁	168	86	50	4360	140	77	39	3637
吉林	565	314	151	12992	396	272	96	9127
黑龙江	43	38	6	537	43	38	6	537
广西	78	75	47	2985	37	35	23	1225
四川	580	350	420	39010	425	287	208	23985
贵州	16	16	2	335	16	16	2	335
云南	161	159	58	5210	144	144	49	4397
西藏	517	153	548	38685	364	153	232	18034
陕西	3			53				
甘肃	130	126	36	4363	130	126	36	4363
青海	360	82	324	24823	153	82	39	4760
新疆	4363	2062	3695	273679	3055	1869	2055	152122

3-3 全国分地区少数民族文字出版的图书(2015年)(二)

单位：种数：种；印数：万册(份)；印张：千印张

地　区	课　本			
	种数合计	#新　出	印　数	印　张
全国合计	**2876**	**471**	**3438**	**250072**
中央合计	**41**	**14**	**49**	**4364**
地　方	**2835**	**457**	**3389**	**245708**
内 蒙 古	756	97	839	61293
辽　宁	28	9	11	723
吉　林	169	42	55	3865
黑 龙 江				
广　西	41	40	24	1760
四　川	155	63	212	15025
贵　州				
云　南	15	13	7	730
西　藏	153		316	20651
陕　西	3			53
甘　肃				
青　海	207		285	20063
新　疆	1308	193	1640	121545

注：本年出版少数民族文字图书的文种有：布依文、朝鲜文、德宏傣文、侗文、规范彝文、哈尼文、哈萨克文、景颇文、柯尔克孜文、拉祜文、傈僳文、满文、蒙古文、苗文、纳西文、佤文、维吾尔文、西双版纳文、锡伯文、瑶文、载佤文、藏文、壮文等23种。

3-4　全国少数民族文字出版的期刊、报纸

单位：种数：种；印数：万册(份)；印张：万印张

年份	期刊			报纸		
	种数	印数	印张	种数	印数	印张
1950				14	259	205
1952	15	169	311	20	2933	2043
1957	35	244	757	32	2434	2432
1962	27	170	617	32	2252	2002
1965	36	268	846	36	3955	4159
1970	5	93	659	5	3262	3880
1975	18	237	1346	10	6461	6211
1978	35	313	2022	11	7072	7416
1979	41	392	2084	12	6078	6291
1980	42	575	2441	18	7384	6231
1981	63	590	2462	18	6631	5541
1982	75	631	2432	18	7063	6598
1983	74	616	2495	19	7927	8377
1984	76	748	3123	42	15175	13657
1985	109	1035	4745	57	11402	9331
1986	126	1085	4991	56	12561	11070
1987	128	1148	4742	70	13306	11571
1988	154	1350	5823	76	13411	11829
1989	153	1280	5188	75	9031	7998
1990	131	1027	4221	79	14837	13957
1991	142	1006	4151	81	11983	10819
1992	167	1354	5124	83	11981	10410
1993	173	1291	5011	87	11513	8831
1994	178	1247	4577	92	12526	12102
1995	185	1197	4544	92	16833	14078
1996	183	1011	3983	89	14917	10728
1997	184	970	3723	88	10527	9596
1998	184	1099	4207	83	9651	9227
1999	185	1009	3919	81	10486	11996
2000	193	863	3349	84	10116	10133
2001	202	990	3759	92	12396	12705
2002	211	978	3693	89	10229	11001
2003	205	781	3037	88	13130	15149
2004	193	584	2383	89	14404	17495
2005	192	466	2186	82	10966	12131
2006	192	651	2655	82	11809	12800
2007	192	758	3130	82	12740	14526
2008	192	650	2889	82	14964	30570
2009	192	612	2742	82	12184	15329
2010	207	850	3754	82	19846	24427
2011	222	894	4090	84	20070	32599
2012	228	1240	5380	98	20828	31650
2013	231	1272	5515	101	20989	33431
2014	227	1255	5849	103	21443	31768
2015	223	1246	5859	103	19609	27977

3-5 全国分地区少数民族文字出版的期刊(2015年)(一)

单位：种数：种；印数：万册(份)；印张：千印张

地区	合计				综合类			
	种数	平均期印数	总印数	总印张	种数	平均期印数	总印数	总印张
总计	**223**	**125**	**1246**	**58590**	**10**	**3**	**32**	**1622**
中央	20	21	126	6863	4	1	11	446
地方	203	104	1120	51727	6	2	21	1176
内蒙古	42	29	396	17072				
吉林	13	4	42	2814				
黑龙江	2	1	4	218				
广西	1		2	67				
四川	4	2	7	348				
云南	3		2	80				
西藏	14	6	45	1890	1	1	2	170
甘肃	3	1	2	201				
青海	12	2	12	889				
新疆	109	60	608	28148	5	1	19	1005

3-5 全国分地区少数民族文字出版的期刊(2015年)(二)

单位：种数：种；印数：万册(份)；印张：千印张

地区	哲学、社会科学类				自然科学、技术类			
	种数	平均期印数	总印数	总印张	种数	平均期印数	总印数	总印张
总计	**75**	**78**	**859**	**37464**	**38**	**13**	**122**	**5676**
中央	11	18	106	5683				
地方	64	60	753	31781	38	13	122	5676
内蒙古	19	25	363	14835	8	1	10	449
吉林	4	3	31	1742	2		2	112
黑龙江								
广西								
四川	2	2	6	320				
云南								
西藏	5	4	37	1259	1			24
甘肃	2			32				
青海	4	1	4	199	2		1	50
新疆	28	26	310	13394	25	11	110	5041

3-5 全国分地区少数民族文字出版的期刊(2015年)(三)

单位：种数：种；印数：万册(份)；印张：千印张

地区	文化、教育类				文学、艺术类			
	种数	平均期印数	总印数	总印张	种数	平均期印数	总印数	总印张
总计	**36**	**13**	**120**	**4968**	**64**	**18**	**113**	**8860**
中央					5	2	9	734
地方	36	13	120	4968	59	16	104	8126
内蒙古	3	1	6	324	12	2	17	1463
吉林	2		4	207	5	1	5	753
黑龙江					2		4	218
广西					1		2	67
四川					2		1	28
云南					3		2	80
西藏	4	1	4	302	3		2	135
甘肃					1	1	2	169
青海	3	1	3	254	3	1	4	386
新疆	24	11	104	3881	27	10	66	4827

3-5 全国分地区少数民族文字出版的期刊(2015年)(四)

单位：种数：种；印数：万册(份)；印张：千印张

地区	少儿读物类				画刊类			
	种数	平均期印数	总印数	总印张	种数	平均期印数	总印数	总印张
总计	**6**	**19**	**279**	**10529**	**6**	**1**	**13**	**576**
中央					4	1	11	446
地方	6	19	279	10529	2	1	3	129
内蒙古	2	12	217	8591				
吉林	1	1	9	513				
黑龙江	1	1	3	150				
广西								
四川								
云南								
西藏								
甘肃								
青海								
新疆	2	5	50	1274	2	1	3	129

3-6 全国分地区少数民族文字出版的报纸(2015年)

单位：种数：种；印数：万册(份)；印张：千印张

地　区	合　计			
	种　数	平均期印　数	总印数	总印张
总　计	**103**	**114**	**19609**	**279772**
中　央	4	5	1825	18250
地　方	99	109	17784	261522
内蒙古	13	11	2431	34444
辽　宁	2	1	50	936
吉　林	8	6	733	13073
黑龙江	2	2	369	6880
广　西	1	1	25	250
四　川	3	2	260	2599
云　南	7	3	165	1350
西　藏	11	16	2919	53040
青　海	7	5	197	1570
新　疆	45	64	10633	147380

3-7 全国少数民族文字期刊出版数量与上年相比增减的百分比(2015年)

单位：%

地　区	种　数	总印数	总印张
总　计	**-1.76**	**-0.69**	**0.17**
中　央	-4.76	-0.62	3.01
地　方	-1.46	-0.70	-0.19

3-8 全国少数民族文字报纸出版数量与上年相比增减的百分比(2015年)

单位：%

地　区	合　计			
	种　数	平均期印数	总印数	总印张
总　计	**1.94**	**-3.38**	**-8.56**	**-11.94**
中　央	0.00	-54.55	-3.80	-5.59
地　方	2.02	1.90	-9.02	-12.35

3-9 主要少数民族语言广播播出基本情况(2015年)

地 区	广播使用语言(种)	合计	转中央台节目	转省级台节目	转地市级台节目	制作节目播出时间
		时:分	时:分	时:分	时:分	时:分
合 计	蒙古语	205078 : 21	62237 : 0	22050 : 50	9420 : 48	95666 : 0
内蒙古		161617 : 21	54513 : 13	13892 : 50	8552 : 48	75565 : 0
辽 宁		6570 : 00	781 : 0			4329 : 0
吉 林		5840 : 00	219 : 0	201 : 0		2987 : 0
黑龙江		2297 : 00	464 : 0	596 : 0	868 : 0	348 : 0
青 海		4196 : 00		780 : 0		2731 : 0
新 疆		24558 : 00	6260 : 0	6581 : 0		9706 : 0
合 计	朝鲜语	34612 : 30	1037 : 48	16 : 0		22888 : 59
辽 宁						
吉 林		34612 : 30	1037 : 48	16 : 0		22888 : 59
合 计	藏语	52405 : 00	4038 : 0	8691 : 0	1357 : 0	32972 : 10
四 川		8719 : 00	1148 : 0	5206 : 30	1357 : 0	888 : 30
云 南						
西 藏		28605 : 15	1460 : 0	2340 : 0		22688 : 15
甘 肃		7878 : 00	548 : 0	365 : 0		4540 : 0
青 海		7202 : 45	882 : 20	780 : 0		4855 : 25
合 计	维吾尔语	259405 : 35	35333 : 0	81797 : 30	6916 : 59	123048 : 26
新 疆		259405 : 35	35333 : 0	81797 : 30	6916 : 59	123048 : 26

3-10 主要少数民族语言电视播出基本情况（2015年）

地　区	电视节目播出语种种类（种）	合计	转中央台节目	转省级台节目	转地市级台节目	制作节目播出时间
		时:分	时:分	时:分	时:分	时:分
合　计	蒙古语	177904 : 17	33812 : 0	16844 : 30	12145 : 18	48070 : 23
内蒙古		143123 : 17	32247 : 30	12089 : 30	6414 : 48	40378 : 53
辽　宁		2575 : 0	183 : 0			1297 : 0
吉　林		7300 : 0	292 : 0	365 : 0		2738 : 0
黑龙江		6650 : 0			5609 : 0	307 : 0
青　海		6016 : 0	360 : 0			1900 : 0
新　疆		12240 : 0	729 : 30	4390 : 0	121 : 30	1449 : 30
合　计	朝鲜语	68307 : 36	1675 : 0	30 : 0		26890 : 58
吉　林		68307 : 36	1675 : 0	30 : 0		26890 : 58
合　计	藏语	85417 : 0	4800 : 0	8754 : 0	2529 : 0	28427 : 0
四　川		15071 : 0	2367 : 30	218 : 0		6338 : 30
云　南						
西　藏		21685 : 0	797 : 0	964 : 0	2408 : 0	6697 : 0
甘　肃		9382 : 30	182 : 0		121 : 0	3461 : 30
青　海		39278 : 30	1453 : 30	7572 : 0		11930 : 0
合　计	维吾尔语	338247 : 52	32172 : 16	54181 : 26	10552 : 15	70192 : 0
新　疆		338247 : 52	32172 : 16	54181 : 26	10552 : 15	70192 : 0
合　计	哈萨克语	90421 : 10	4062 : 10	16116 : 23	1134 : 15	13128 : 50
新　疆		90421 : 10	4062 : 10	16116 : 23	1134 : 15	13128 : 50

四、体 育

4-1 全国少数民族传统体育运动会情况

届 次	时 间	地 点	参加代表团（个）	运动员人数（个）	比赛项目（个）	表演项目（个）
1	1953.11	天津	15	395	6	414
2	1982.9	呼和浩特	29	863	2	68
3	1986.8	乌鲁木齐	29	1097	7	115
4	1991.11	南宁	30	1740	9	120
5	1995.11	昆明	31	2342	11	129
6	1999.8—9	拉萨、北京	31	3390	14	150
7	2003.9	银川、石嘴山	34	3735	14	125
8	2007.11	广州	34	6381	15	149
9	2011.9	贵阳	34	6790	16	185
10	2015.8	鄂尔多斯	33	7000	17	140

4-2 全国少数民族在队运动员和教练员

单位：人

年　份	少数民族运动员	少数民族教练员
1991	1120	296
1992	1197	306
1993	954	289
1994	998	326
1995	941	262
1996	1018	258
1997	1049	261
1998	1064	269
1999	1026	242
2000	1105	252
2001	1137	247
2002	1063	239
2003	1234	1791
2004	1195	1846
2005	1204	1804
2006	1150	1840
2007	1400	2268
2008	1756	1950
2009	1729	1631
2010	2103	1712
2011	2261	2089
2012	2224	457
2013	2141	511
2014	2078	411
2015	2215	382

注：2002年以前少数民族教练员为一线教练员，2003年后教练员指一、二、三线教练员。

4-3 全国分地区少数民族在队运动员和教练员(2015年)

单位：人

地区	少数民族运动员	少数民族教练员
全国	**2215**	**382**
中央	6	7
地方	2209	375
北京	61	9
天津	25	6
河北	41	4
山西	11	2
内蒙古	305	44
辽宁	178	22
吉林	36	17
黑龙江	40	16
上海	6	4
江苏	24	7
浙江	19	5
安徽	9	4
福建	10	4
江西	1	2
山东	22	8
河南	29	17
湖北	23	3
湖南	37	11
广东	25	9
广西	243	37
海南	6	2
四川	7	1
贵州	107	4
云南	37	10
西藏	140	23
重庆	182	25
陕西	21	12
甘肃	133	20
青海	48	6
宁夏	44	6
新疆	339	35

五、民族贸易和民族用品生产

5-1 全国分地区定点边销茶企业生产情况(2015年)

地区	企业数（个）	从业人员年末数（人）	#专业技术人员（人）	边销茶产量（吨）	边销茶产量占企业产品总产量的比重(%)	边销茶销售量（吨）
合　计	**41**	**10052**	**1439**	**105760**	**70.4**	**84937**
内蒙古	**1**	**21**	**6**	**100**	**100.0**	**80**
包头市容兴茶叶精制厂		21	6	100	100.0	80
浙　江	**3**	**344**	**64**	**12958**	**96.0**	**10802**
武义骆驼九龙砖茶有限公司		120	20	6248	95.0	5048
新昌县江南诚茂砖茶有限公司		98	21	3600	100.0	3500
宁波赤岩峰茶业有限公司		126	23	3110	95.0	2254
湖　北	**5**	**1201**	**267**	**14419**	**79.5**	**9488**
赵李桥茶厂有限责任公司		459	68	4004	81.2	2822
富华茶业有限公司		72	5	412	100.0	375
柏墩砖茶厂		149	33	1900	90.0	1800
羊楼洞茶业有限公司		486	159	7103	73.5	3651
赵李桥锦合茶业有限公司		35	2	1000	70.0	840
湖　南	**11**	**2617**	**599**	**29225**	**67.5**	**31390**
安华怡清源茶业有限公司		436	38	2006	58.2	1905
紫艺茶业有限公司		178	32	2828	83.0	6060
益阳茶厂有限公司		305	69	3505	72.0	3581
白沙溪茶厂有限责任公司		679	280	3104	56.7	3174.86
安化茶厂有限公司		178	21	171	10.5	154
益阳香炉山茶业有限公司		158	12	3000	80.0	2540
临湘市茶业有限责任公司		282	51	5800	70.0	5500
临湘永巨茶业有限公司		148	30	5010	95.0	4759
临湘市明伦茶业有限公司		65	12	3000	100.0	3000
浩茗茶业食品有限公司		102	25	450	15.0	396
阿香茶果食品有限公司		86	29	350	30.0	320

边销茶产值（万元）	边销茶产值占企业产品总产值的比重(%)	边销茶销售收入（万元）	边销茶销售利润（万元）	全年流动资金贷款额（万元）	享受流动资金贷款利率优惠额（万元）	减免增值税（万元）
119515	**45.2**	**97627**	**11042**	**58646**	**10674**	**4137**
63	**100.0**	**63**	**6**			**2**
63	100.0	63	6			2
11950	**87.0**	**9798**	**575**	**8670**	**194**	**623**
6268	78.0	4784	409	3730	90	135
3100	100.0	2850	105	3500	63	414
2582	95.0	2164	61	1440	41	74
16943	**62.5**	**11750**	**599**	**4576**		**336**
5241	73.0	3626	73	3626		326
350	100.0	319	10			10
2106	90.0	2340	234			
8246	51.3	4625	239	350		
1000	66.0	840	42	600		
44660	**40.7**	**33165**	**3685**	**25350**	**1691**	**1027**
8132	57.5	4583	250	1200	42.34	51
4949	83.0	5660	283	1200	1200	
4626	35.0	4726	109	7000	189.78	190
11286	50.1	4082	380	7000	157.28	330
194	90.0	200	3	4400		29
1820	70.0	1512	42			48
5010	32.8	4200	1900	500	1.3	
4940	95.0	4425	398	450	6.7	115
3000	100.0	3000	300	200	6.4	200
431	12.0	431	19	1100	23.34	18
272	10.0	345		2300	64	45

5-1 续表

地区	企业数（个）	从业人员年末数（人）	#专业技术人员（人）	边销茶产量（吨）	边销茶产量占企业产品总产量的比重(%)	边销茶销售量（吨）
四　川	**11**	**1464**	**305**	**41058**	**72.7**	**36820**
雅安茶厂有限公司		126	20	13000	91.0	11950
雅安市友谊茶叶有限公司		110	23	2426	83.0	2241
吉祥茶业有限公司		136	38	4680	75.0	4230
雅安市名山县西藏朗赛茶厂		72	6	3427	98.0	3125
雅安市蔡龙茶厂		157	19	3900	96.0	3744
平武雪宝顶茶叶(集团)有限责任公司		80	12	1600	60.0	1400
洪雅县松潘民族茶厂		82	7	3995	100.0	2745
宜宾市外贸金叶茶业有限责任公司		137	48	3378	85.0	3159
茶业集团股份有限公司		352	87	3825	27.5	3449
巴山雀舌名茶实业有限公司		137	25	747	89.0	714
炉霍雪域俄色有限责任公司		75	20	80	75.0	63
贵　州	**4**	**278**	**58**	**5968**	**72.1**	**5597**
桐梓县金龙茶叶有限责任公司						
湄江印象茶业有限责任公司		125	12	5026	70.0	4775
镇宁县金瀑农产品开发有限责任公司		65	18	800	85.0	680
梵锦茶业有限公司		88	28	142	88.0	142
云　南	**6**	**4127**	**140**	**2032**	**20.2**	**1562**
下关沱茶(集团)股份有限公司		282	35	1082	30.3	605
龙生茶叶股份有限公司		250	50	108	3.5	108
普洱市江城牛洛河茶叶股份能限公司		3411	29	104	5.0	113
耿马县国营洛凌茶厂		132	12	598	70.0	598
双江自治县双龙古茶厂		28	6	5	15.0	3
陇川县纵歌茶厂		24	8	135	30.0	135

边销茶产 值（万元）	边销茶产值占企业产品总产值的比重(%)	边销茶销售收入（万元）	边销茶销售利润（万元）	全年流动资金贷款额（万元）	享受流动资金贷款利率优惠额（万元）	减 免增值税（万元）
40651	**53.8**	**37971**	**2236**	**14190**	**2282**	**1974**
8950	87.0	7325	354	1920	4	225
1913	74.0	1765	53	350		70
3468	56.0	3467	56	3985	1358	110
4256	98.0	4589	328	1050	198	319
2995	90.5	2995	124			
1050	30.0	950	60	1350		40
3116	100.0	2141	107			214
6691	84.0	6457	741	3240	600	996
5957	27.5	5853	199	200	65	
1315	12.0	1299	134	1895		
940	55.0	1130	80	200	57.4	
11780	**76.8**	**11398**	**4452**	**6000**	**4500**	**151**
6580	70.0	5398	866			151
900	85.0	1700	136			
4300	88.0	4300	3450	6000	4500	
5417	**12.4**	**3280**	**64**	**8530**	**2200**	**648**
3802	12.7	1709	230	4000	2200	56
197	3.5	197	1	1230		
170	4.0	181	2	1700		592
678	54.0	678	-201	500		
300	16.0	260	5	1000		
270	30.0	255	27	100		

5-2 国家专项安排用于民族贸易和民族用品生产的主要原材料和技术改造贷款

年 份	专项原材料		技术改造专项贷款及贴息(万元)		
	黄金(两)	白银(万两)	贷 款	贴 息	#中央
1991	8000	23.23			
1992	8100	23.23			
1993	14600	23.23	4000		
1994	24000	23.23	4000		
1995	25600	25.36	4000		
1996	24000	25.36			
1997	25600	25.36	7050		
1998	27520	25.36	8230		
1999	28000		14329		
2000	28000		10000	596	298
2001	1300(公斤)		10000	598	299
2002			10000	598	299
2003			10000	598	299
2004			10000	598	299
2005			10000	598	299
2006			50000	2796	1398
2007			50000	3126	1563
2008			50000	3126	1563
2009			50000	3184	1592
2010			50000	2656	1328
2011			100000		2753
2012			100000		3000
2013			100000		3000
2014			100000		3000
2015			100000		3000

六、其　他

6-1 历届中国共产党全国代表大会少数民族中央委员、候补中央委员人数

届次	时间	地点	代表总数	#少数民族代表	中央委员、中央候补委员总数	#少数民族中央委员、中央候补委员人数
第一届	1921.7.23—31	上海	12	1		
第二届	1922.7.16—23	上海	12	1	5	
第三届	1923.6.12—20	广州	30余人		14	
第四届	1925.1.11—22	上海	20		14	
第五届	1927.4.27—5.9	武汉	80	1	45	
第六届	1928.6.18—7.11	莫斯科	118		36	1
第七届	1945.4.23—6.11	延安	755		77	2
第八届	1956.9.15—27	北京	1133		170	10
第九届	1969.4.1—24	北京	1512		279	
第十届	1973.8.24—28	北京	1249		319	15
第十一届	1977.8.12—18	北京	1510		333	16
第十二届	1982.9.1—11	北京	1749	104	348	31
第十三届	1987.10.25—11.1	北京	1936		285	32
第十四届	1992.10.12—18	北京	1989	198	319	32
第十五届	1997.9.12—18	北京	2048	219	344	38
第十六届	2002.11.8—14	北京	2114	230	356	35
第十七届	2007.10.15—21	北京	2213	242	371	40
第十八届	2012.11.8—14	北京	2270	249	376	39

6-2 历届全国人民代表大会少数民族代表人数

届次	时间	代表总数		少数民族代表比例(%)	少数民族(个)
			#少数民族代表数		
第一届	1954年	1226	178	14.50	30
第二届	1959年	1226	179	14.60	30
第三届	1964年	3040	372	12.20	53
第四届	1975年	2885	270	9.40	54
第五届	1978年	3497	381	10.90	54
第六届	1983年	2978	403	13.60	55
第七届	1988年	2970	445	14.90	55
第八届	1993年	2898	554	18.60	55
第九届	1998年	2979	428	14.37	55
第十届	2003年	2985	415	13.90	55
第十一届	2008年	2987	411	13.76	55
第十二届	2013年	2987	409	13.69	55

6-3 历届中国人民政治协商会议全国委员会少数民族委员人数

届次	时间	委员总数		少数民族委员比例(%)	少数民族(个)
			#少数民族委员数		
第一届	1949年	198	19	9.60	10
第二届	1954年	753	61	8.10	16
第三届	1959年	1071	78	7.29	19
第四届	1965年	1199	81	6.76	20
第五届	1978年	2268	147	6.49	31
第六届	1983年	2228	185	8.31	37
第七届	1988年	2180	222	10.19	45
第八届	1993年	2172	101	4.65	55
第九届	1998年	2196	259	11.80	55
第十届	2003年	2238	262	11.70	55
第十一届	2008年	2237	250	11.18	55
第十二届	2013年	2237	258	11.53	55

6-4 国务院历次全国民族团结进步表彰情况(一)

单位：个，人

地　区	总　计			1988年第一次表彰			1994年第二次表彰		
	集体	个人	#女	集体	个人	#女	集体	个人	#女
合　计	**1833**	**1842**	**330**	**565**	**601**	**106**	**642**	**613**	**106**
北　京	36	24	5	12	5	2	12	9	2
天　津	27	23	6	9	5	1	8	8	1
河　北	42	42	7	11	14	3	15	13	1
山　西	12	17	3	3	4	1	4	5	
内蒙古	93	98	18	34	34	8	29	33	5
辽　宁	75	62	12	26	16	4	25	22	4
吉　林	52	71	12	15	26	4	18	22	3
黑龙江	47	47	5	18	12	2	16	16	2
上　海	31	20	7	8	6	2	11	7	1
江　苏	19	22	2	5	7	1	7	7	1
浙　江	21	17	5	7	5	2	7	6	2
安　徽	17	20	2	5	5		6	8	1
福　建	27	16	3	8	4	1	11	6	1
江　西	15	10	2	4	3	1	4	3	1
山　东	32	34	7	10	9	2	11	12	1
河　南	37	31	3	15	7		10	13	2
湖　北	49	46	12	13	15	5	19	14	3
湖　南	71	55	9	25	16	3	22	20	1
广　东	21	21	2	4	8		8	7	2
广　西	128	119	26	46	39	6	41	41	10
海　南	35	30	6	11	9	2	12	10	1
重　庆	15	11	3						
四　川	67	87	12	18	37	5	29	30	4
贵　州	97	81	24	33	29	7	33	23	8
云　南	127	113	16	45	39	3	47	30	7
西　藏	50	80	21	10	38	9	19	21	5
陕　西	17	18	3	3	7	1	7	5	1
甘　肃	63	60	8	18	24	1	22	19	3
青　海	57	52	10	26	16	5	17	16	2
宁　夏	49	64	12	17	25	4	17	17	2
新　疆	108	163	33	24	61	15	40	45	10
其　他	296	288	34	82	76	6	115	125	19

6-4 国务院历次全国民族团结进步表彰情况(二)

单位：个，人

地区	1999年第三次表彰			2005年第四次表彰			2009年第五次表彰			2014年第六次表彰		
	集体	个人	#女	集体	个人	#女	集体	个人	#女	集体	个人	#女
合计	**626**	**628**	**118**	**642**	**676**	**135**	**739**	**749**	**161**	**678**	**818**	**195**
北京	12	10	1	12	10	3	15	13	5	14	15	5
天津	10	10	4	9	10	4	10	11	6	9	12	4
河北	16	15	3	17	18	2	19	19	4	17	22	5
山西	5	8	2	5	7	2	7	8	2	6	8	
内蒙古	30	31	5	32	31	4	32	34	4	31	38	8
辽宁	24	24	4	22	23	5	25	24	4	25	26	9
吉林	19	23	5	19	23	5	20	22	3	19	24	8
黑龙江	13	19	1	17	15	2	17	18	2	15	20	8
上海	12	7	4	13	7	3	16	7	3	13	10	4
江苏	7	8		10	8	2	11	10	6	11	11	1
浙江	7	6	1	8	8	1	9	10	4	8	13	4
安徽	6	7	1	7	8	3	9	9	2	8	9	
福建	8	6	1	8	10	1	10	11	1	9	14	2
江西	7	4		8	4	2	8	7	3	7	8	3
山东	11	13	4	13	11	2	14	13	2	13	15	3
河南	12	11	1	13	12	3	17	12	3	14	16	3
湖北	17	17	4	17	18	2	19	19	6	17	20	5
湖南	24	19	5	24	22	4	28	25	4	25	30	4
广东	9	6		11	11	1	15	11	2	17	19	3
广西	41	39	10	42	42	11	44	44	11	40	49	23
海南	12	11	3	11	12	2	13	13	3	12	15	4
重庆	15	11	3	16	13	2	16	15	5	14	17	5
四川	20	20	3	23	23	3	29	27	4	26	34	5
贵州	31	29	9	33	32	5	35	34	11	32	38	15
云南	35	44	6	39	40	8	39	40	7	37	44	12
西藏	21	21	7	21	21	9	24	28	5	22	31	9
陕西	7	6	1	6	6		8	8	3	8	7	1
甘肃	23	17	4	21	21	4	24	21	3	19	26	2
青海	14	20	3	17	18	3	18	20	3	17	21	3
宁夏	15	22	6	18	19	6	21	21	7	18	24	7
新疆	44	57	8	40	52	13	40	53	16	37	51	14
其他	99	87	9	90	121	18	127	142	17	118	131	16

主要统计指标解释

普通高等学校 指按照国家规定的设置标准和审批程序批准举办的，通过全国普通高等学校统一招生考试，招收高中毕业生为主要培养对象，实施高等教育的全日制大学、独立设置的学院和高等专科学校、高等职业学校和其他机构。大学、独立设置的学院主要实施本科层次以上教育，高等专科学校、高等职业学校实施专科层次教育，其他机构是承担国家普通招生计划任务不计校数的机构。包括普通高等学校分校和批准筹建的普通高等学校等。

成人高等学校 指按照国家规定的设置标准和审批程序批准举办的，通过全国成人高等学校统一招生考试，招收具有高中毕业或同等学力的在职从业人员为主要培养对象，利用函授、业余、脱产等多种形式对其实施高等学历教育的学校。包括职工高等学校、农民高等学校、管理干部学院、教育学院、独立函授学院、广播电视大学、其他机构等。其他机构是承担国家成人招生计划任务不计校数的机构。

文化事业机构 指从事专业文化工作和为专业文化工作服务的独立建制的单位。不包括这些单位另外举办独立核算的其他机构和各部门的业余文化组织。该指标主要反映文化事业机构发展规模水平。

艺术表演团体 指从事戏曲、音乐、舞蹈、杂技等专业艺术表演，有独立账户的单位，不包括半工半艺、半农半艺和民间职业剧团。该指标主要反映全国专业艺术表演团体发展规模水平。

少数民族教练员 指在聘的一线专职的少数民族教练员。

乡镇企业 指所有乡镇办、村办、村民小组办、联户办和农户办企业（单位）。具体包括：（1）领取企业法人执照的集体、私营、联营、股份制、外商投资和港澳台投资企业；（2）未领取企业法人执照，但满足以下四条标准的乡镇办、村办、村民小组办和联户办的非农企业：a.有固定的生产经营组织、场所、设备和从事经营活动的人员；b.常年从事经营活动，季节性生产经营活动全年开工时间在 3 个月以上；c.有独立核算制度和账目；d.有当地工商行政管理部门颁布发的营业执照；（3）虽然领取的是农村个体工商营业执照，但雇工 8 人（含 8 人）以上的户。

文化站 指乡镇人民政府、城市街道办事处设立的全民所有制文化事业单位，同时又是当地群众进行各种文化娱乐活动的场所，是国家最基层的文化事业机构。

其他资料

其他资料一 全国行政区划（2015年底）

单位：个

省级区划名称	地级		县级					乡镇级			
	区划数	#地级市	区划数	#市辖区	#县级市	#县	#自治县	区划数	#镇	#乡级	#街道
全国	**334**	**291**	**2850**	**921**	**361**	**1397**	**117**	**39789**	**20515**	**11315**	**7959**
北京市			16	16				331	143	38	150
天津市			16	15		1		244	121	6	150
河北省	11	11	170	42	20	102	6	2251	1067	890	293
山西省	11	11	119	23	11	85		1398	564	632	202
内蒙古自治区	12	9	102	22	11	17		1010	496	275	239
辽宁省	14	14	100	57	16	19	8	1532	648	213	671
吉林省	9	8	60	21	20	16	3	901	429	182	290
黑龙江省	13	12	128	65	18	44	1	1234	512	374	348
上海市			16	15		1		213	107	2	104
江苏省	13	13	97	55	21	21		1281	767	72	442
浙江省	11	11	90	36	20	33	1	1350	641	265	444
安徽省	16	16	105	44	6	55		1494	946	303	245
福建省	9	9	85	28	13	44		1105	633	294	178
江西省	11	11	100	22	10	68		1552	820	582	150
山东省	17	17	137	51	28	58		1826	1115	75	636
河南省	17	17	158	51	21	86		2433	1105	703	625
湖北省	13	12	103	39	24	37	2	1233	761	168	304
湖南省	14	13	122	35	16	64	7	1911	1119	417	375
广东省	21	21	119	62	20	34	3	1584	1128	11	445
广西壮族自治区	14	14	110	37	8	53	12	1251	773	350	128
海南省	4	4	23	8	5	4	6	218	175	21	22
重庆市			38	23		11	4	1025	617	195	213
四川省	21	18	183	50	16	113	4	4635	2032	2271	332
贵州省	9	6	88	14	7	55	11	1370	796	401	173
云南省	16	8	129	14	14	72	29	1389	681	545	163
西藏自治区	7	4	74	5		69		694	140	544	10
陕西省	10	10	107	27	3	77		1291	989	23	281
甘肃省	14	12	86	17	4	58	7	1351	628	600	123
青海省	8	2	43	6	3	27	7	399	140	225	34
宁夏回族自治区	5	5	22	9	2	11		236	102	90	44
新疆维吾尔自治区	14	3	104	12	24	62	6	1047	320	548	178
香港特别行政区											
澳门特别行政区											
台湾省											

注：乡镇级总数包含河北省、新疆维吾尔自治区的各一个区公所。

其他资料二　国民经济和社会发展总量与速度指标

指　　标		总量指标			
		1978	2000	2014	2015
人口	(万人)				
总人口(末)		96259	126743	136782	137462
城镇人口		17245	45906	74916	77116
乡村人口		79014	80837	61866	60346
就业	(万人)				
就业人员数		40152	72085	77253	77451
第一产业		28318	36043	22790	21919
第二产业		6945	16219	23099	22693
第三产业		4890	19823	31364	32839
城镇登记失业人数		530	595	952	966
国民经济核算					
国民总收入	(亿元)	3678.7	99066.1	644791.1	682635.1
国内生产总值	(亿元)	3678.7	100280.1	643974	685505.8
第一产业		1018.5	14717.4	58343.5	60870.5
第二产业		1755.2	45664.8	277571.8	280560.3
第三产业		905.1	39897.9	308058.6	344075.0
人均国内生产总值	(元)	385	7942	47203	49992
人民生活					
城镇居民人均可支配收入	(元)	343	6280	29381	31790
农村居民人均纯收入	(元)	134	2253	9892	10772
财政	(亿元)				
一般公共预算收入		1132	13395	140370	152269
一般公共预算支出		1122	15887	151786	175878
环境、灾害					
废水中化学需氧量排放量	(万吨)			2295	2224
废气中二氧化硫排放量	(万吨)			1974	1859
能源	(万吨标准煤)				
能源生产总量		62770	138570	361866	362000
能源消费总量		57144	146964	425806	430000

指数(%) (2015为以下各年)			平均增长速度(%)	
1978	2000	2014	1979-2015	2001-2015
142.8	108.5	100.5	1.0	0.5
447.2	168.0	102.9	4.1	3.5
76.4	74.7	97.5	-0.7	-1.9
192.9	107.4	100.3	1.8	0.5
77.4	60.8	96.2	-0.7	-3.3
326.8	139.9	98.2	3.3	2.3
671.6	165.7	104.7	5.3	3.4
182.3	162.4	101.5	1.6	3.3
3014.9	401.5	106.3	9.6	9.7
3027.6	398.3	106.9	9.7	9.7
500.5	181.7	103.9	4.4	4.1
4721.6	440.2	106.1	11.0	10.4
4164.7	434.5	108.3	10.6	10.3
2111.2	366.7	106.4	8.6	9.0
1396.9	364.1	106.6	7.4	9.0
1510.1	312.4	107.5	7.6	7.9
13448.3	1136.7	108.5	14.2	17.6
15674.1	1107.1	115.9	14.6	17.4
		96.9		
		94.2		
576.7	261.2	100.0	4.8	6.6
752.5	292.6	101.0	5.6	7.4

其他资料二 续表 1

指 标	总量指标			
	1978	2000	2014	2015
固定资产投资				
全社会固定资产投资总额 (亿元)		32918	512021	562000
#房地产开发		4984	95036	95979
全社会住宅投资		7594	80615	80248
全社会房屋施工面积 (万平方米)		265294	1355560	1292372
#住宅		180634	689041	669297
全社会房屋竣工面积 (万平方米)		181974	355068	350973
#住宅		134529	192545	179738
对外经济贸易 (亿美元)				
货物进出口总额	206.4	4742.9	43015.3	39530.3
出口额	97.5	2492.0	23422.9	22734.7
进口额	108.9	2250.9	19592.3	16795.6
外商直接投资		407.2	1195.6	1262.7
农业				
农林牧渔业总产值 (亿元)	1397.0	24915.8	102226.1	107056.4
主要农产品产量 (万吨)				
粮 食	30476.5	46217.5	60702.6	62143.9
棉 花	216.7	441.7	617.8	560.3
油 料	521.8	2954.8	3507.4	3537.0
肉 类	943.0	6013.9	8706.7	8625.0
水产品	465.4	3706.2	6461.5	6699.6
工业				
主要工业产品产量				
原 煤 (亿吨)	6.2	13.8	38.7	37.5
原 油 (万吨)	10405.0	16300.0	21142.9	21455.6
天然气 (亿立方米)	137.3	272.0	1301.6	1346.1
水 泥 (亿吨)	6524.0	59700.0	249207.1	235918.8
粗 钢 (万吨)	3178.0	12850.0	82230.6	80382.5
钢 材 (万吨)	2208.0	13146.0	112513.1	112349.6
汽 车 (万辆)	14.9	207.0	2372.5	2450.4
发电机组 (万千瓦)	483.8	1249.0	15053.0	12431.4

指数(%) (2015为以下各年)			平均增长速度(%)	
1978	2000	2014	1979-2015	2001-2015
		109.8		22.0
		101.0		24.0
	487.1	95.3		11.1
	370.5	97.1		9.1
	192.9	98.8		4.5
	133.6	93.3		2.0
19152.3	833.5	91.9	15.3	15.2
23317.6	912.3	97.1	15.9	15.9
15423.0	746.2	85.7	14.6	14.3
	310.1	105.6		7.8
788.9	201.5	103.8	5.7	4.8
203.9	134.5	102.4	1.9	2.0
258.6	126.9	90.7	2.6	1.6
677.9	119.7	100.8	5.3	1.2
914.6	143.4	99.1	6.2	2.4
1439.7	180.8	103.7	7.5	4.0
606.2	270.7	96.7	5.0	6.9
206.2	131.6	101.5	2.0	1.8
980.4	494.9	103.4	6.4	11.3
3616.2	395.2	94.7	10.2	9.6
2529.3	625.5	97.8	9.1	13.0
5088.3	854.6	99.9	11.2	15.4
16434.3	1183.7	103.3	14.8	17.9
2569.5	995.3	82.6	9.2	16.6

其他资料二 续表 2

指 标	总量指标			
	1978	2000	2014	2015
金属切削机床 (万台)	18.3	17.7	85.8	75.5
发电量 (亿千瓦小时)	2566.0	13556.0	57944.6	58145.7
规模以上工业企业				
主要指标 (亿元)				
资产总计		126211	956777	1023398
主营业务收入		84152	1107033	1109853
利润总额		4393	68155	66187
建筑业				
建筑业总产值 (亿元)		12498	176713	180757
房地产业				
房地产企业房屋施工面积 (万平方米)		65897	726482	735693
房地产企业房屋竣工面积 (万平方米)		25105	107459	100039
房地产企业商品房销售面积(万平方米)		18637	120649	128495
#住宅		16570	105188	112412
房地产企业商品房销售额 (亿元)		3935	76292	87281
#住宅		3229	62411	72770
批发、零售和旅游业				
社会消费品零售总额 (亿元)	1558.6	39106	271896	300931
外国入境旅客 (万人次)	23.0	1016.0	2636.1	2598.5
国内旅客 (亿人次)		7.4	36.1	40.0
国际旅游收入 (亿美元)	2.63	162	1054	1137
国内旅游总花费 (亿元)		3175.5	30311.9	34195.1
交通运输业				
客运量 (万人)	253993	1478573	2032218	1943271
铁 路	81491	105073	230460	253484
公 路	149229	1347392	1736270	1619097
水 运	23042	19386	26293	27072
民 航	231	6722	39195	43618
货运量 (万吨)	319431	1358682	4167296	4175886
铁 路	110119	178581	381334	335801
公 路	151602	1038813	3113334	3150019

指数(%) (2015为以下各年)			平均增长速度(%)	
1978	2000	2014	1979-2015	2001-2015
412.1	427.5	88.0	3.9	10.2
2266.0	428.9	100.3	8.8	10.2
	810.9	107.0		15.0
	1318.9	100.3		18.8
	1506.5	97.1		19.8
	1446.3	102.3		19.5
	1116.4	101.3		17.5
	398.5	93.1		9.7
	689.5	106.5		13.7
	678.4	106.9		13.6
	2217.8	114.4		22.9
	2253.9	116.6		23.1
19307.8	769.5	110.7	15.3	14.6
11317.7	255.8	98.6	13.6	6.5
	537.6	110.8		11.9
43212.9	700.5	107.8	17.8	13.9
	1076.8	112.8		17.2
765.1	131.4	95.6	5.7	1.8
311.1	241.2	110.0	3.1	6.0
1085.0	120.2	93.3	6.7	1.2
117.5	139.6	103.0	0.4	2.3
18882.3	648.9	111.3	15.2	13.3
1307.3	307.3	100.2	7.2	7.8
304.9	188.0	88.1	3.1	4.3
2077.8	303.2	101.2	8.5	7.7

其他资料二　续表 3

指　　标	总量指标			
	1978	2000	2014	2015
水　运	47357	122391	598283	613567
民　航	6.4	196.7	594.1	629.3
管　道	10347	18700	73752	75870
沿海规模以上港口货物吞吐量　(万吨)	19834	125603	769557	784578
民用汽车拥有量　(万辆)	135.8	1608.9	14598.1	16284.5
#私人汽车		625	12339	14099
邮政、电信和信息软件业				
邮电业务总量　(亿元)	34.09	4793	21834	28425
移动电话末用户　(万户)		8453.3	128609.3	127139.7
固定电话末用户　(万户)	192.5	14482.9	24943.0	23099.6
局用交换机容量　(万门)	405.9	17825.6	40517.1	26446.5
互联网宽带接入用户　(万户)			20048.3	25946.6
软件业务收入　(亿元)			37026	42848
金融业				
社会融资规模增量　(万亿元)			16.41	15.41
货币和准货币(M2)　(万亿元)		13.46	122.84	139.23
货币(M1)　(万亿元)		5.31	34.81	40.10
流通中现金(M0)　(万亿元)		1.47	6.03	6.32
金融机构人民币各项存款余额(万亿元)	0.12	12.38	113.86	135.70
金融机构人民币各项贷款余额(万亿元)	0.19	9.94	81.68	93.95
股票筹资额　(亿元)		2103	7087	10975
保险公司保费金额　(亿元)		1598	20235	24283
保险公司赔款及给付金额　(亿元)		526	7216	8674
科学技术				
研究与试验发展经费支出　(亿元)		895.7	13015.6	14169.9
发明专利申请授权数　(万件)		1.3	23.3	35.9
技术市场成交额　(亿元)		650.8	8577.0	9836.0
教育				
专任教师数　(万人)				
#普通高等学校	20.6	46.3	153.5	157.3
普通高中	74.1	75.7	166.3	169.5

指数(%)（2015为以下各年）			平均增长速度(%)	
1978	2000	2014	1979-2015	2001-2015
1295.6	501.3	102.6	7.2	11.3
9832.7	319.9	105.9	13.2	8.1
733.3	405.7	102.9	5.5	9.8
3955.7	624.6	102.0	10.5	13.0
11988.0	1012.1	111.6	13.8	16.7
	2254.7	114.3		23.1
312063.9	68392.0	130.2	24.3	23.0
	1504.0	98.9	-100.0	19.8
11997.1	159.5	92.6	13.8	3.2
6515.8	148.4	65.3	12.0	2.7
		129.4		
		115.7		
	995.1	113.3		16.6
	748.3	115.2		14.4
	440.4	104.9		10.4
110830.0	1039.9	112.4	20.9	16.9
59870.7	990.6	114.3	18.9	16.5
	521.8	154.8		11.6
	1519.6	120.0		19.9
	1649.1	120.2		20.5
	1582.0	108.9		20.2
	2764.0	154.1		24.8
	1511.4	114.7		19.8
763.4	339.8	102.5	5.6	8.5
228.8	224.0	102.0	2.3	5.5

其他资料二 续表 4

指　　标		总量指标			
		1978	2000	2014	2015
初中		244.1	328.7	348.8	347.6
普通小学		522.6	586.0	563.4	568.5
在校学生数	(万人)				
#普通本专科		85.6	556.1	2547.7	2625.3
普通高中		1553.1	1201.3	2400.5	2374.4
初中		4995.2	6256.3	4384.6	4312.0
普通小学		14624.0	13013.3	9451.1	9692.2
教育经费支出	(亿元)		3849.1	32806.5	
卫生					
医院	(个)	9293	16318	25860	27587
医院床位数	(万张)	110.0	216.7	496.1	533.1
执业(助理)医师	(万人)	97.8	207.6	289.3	303.9
卫生总费用	(亿元)	110.2	4586.6	35312.4	40974.6
文化					
图书出版总印数	(亿册、亿张)	37.7	62.7	81.8	86.6
电视节目制作时间	(万小时)		58.5	327.7	352.0
故事影片产量	(部)	46.0	91.0	618.0	686.0
社会保险					
社会保险基金收入	(亿元)		2644.9	39827.7	46012.1
社会保险基金支出	(亿元)		2385.6	33002.7	38988.1
参加基本养老保险人数	(万人)		13617.4	84231.9	85833.4
参加失业保险人数	(万人)		10408.4	17042.6	17326.0
参加城镇职工基本医疗保险人数	(万人)		3786.9	59746.9	66581.6

注：1.本表价值指标除邮电业务总量按不变价格计算外，其余均按当年价格计算。邮电业务总量2000年及以前按1990年不变价格计算，2001-2010年按2000年不变价格计算，2011年起按2010年不变价格计算。
2.本表速度指标中，国民总收入、国内生产总值及三次产业增加值、农林牧渔业总产值、邮电业务总量和城乡居民收入指标均按可比价格计算。固定资产投资平均增长速度按累计法计算。
3.2011年起，固定资产投资除房地产投资、农村个人投资外，统计起点由50万元提高至500万元，城镇固定资产投资数据发布口径改为固定资产投资(不含农户)，即原口径的城镇固定资产投资加上农村企事业组织的项目投资。

指数(%)(2015为以下各年)			平均增长速度(%)	
1978	2000	2014	1979-2015	2001-2015
142.4	105.7	99.6	1.0	0.4
108.8	97.0	100.9	0.2	-0.2
3066.9	472.1	103.0	9.7	10.9
152.9	197.7	98.9	1.2	4.6
86.3	68.9	98.3	-0.4	-2.5
66.3	74.5	102.6	-1.1	-1.9
296.9	169.1	106.7	3.0	3.6
484.6	246.0	107.4	4.4	6.2
310.7	146.4	105.1	3.1	2.6
37178.7	893.3	116.0	17.3	15.7
229.5	138.1	105.8	2.3	2.2
	601.7	107.4		12.7
1491.3	753.8	111.0	7.6	14.4
	1739.7	115.5		21.0
	1634.3	118.1		20.5
	630.3	101.9		13.1
	166.5	101.7		3.5
	1758.2	111.4		21.1

附 录

收编了各类少数民族方面的资料。

全国人大、政协少数民族领导人名单

■历届全国人大常委会少数民族副委员长、全国政协常委会少数民族副主席简表

届次	年份	全国人大常委会副委员长	年份	全国政协常委会副主席
第一届	1954	达赖喇嘛·丹增嘉措(藏)、赛福鼎·艾则孜(维吾尔)	1949	
第二届	1959	达赖喇嘛·丹增嘉措(藏)、赛福鼎·艾则孜(维吾尔)、班禅额尔德尼·确吉坚赞(藏)	1954	班禅额尔德尼·确吉坚赞(藏)、包尔汉(维吾尔)
第三届	1964	赛福鼎·艾则孜(维吾尔)、阿沛·阿旺晋美(藏)	1959	包尔汉(维吾尔)、帕巴拉·格列朗杰(藏)、阿沛·阿旺晋美(藏)
第四届	1975	韦国清(壮)、赛福鼎·艾则孜(维吾尔)、乌兰夫(蒙古)、阿沛·阿旺晋美(藏)	1965	韦国清(壮)、帕巴拉·格列朗杰(藏)
第五届	1978	乌兰夫(蒙古)、韦国清(壮)、赛福鼎·艾则孜(维 吾尔)、阿沛·阿旺晋美(藏)	1978	乌兰夫(蒙古)、韦国清(壮)、杨静仁（回)、帕巴拉·格列朗杰(藏)
第六届	1983	韦国清(壮)、阿沛·阿旺晋美(藏)、班禅额尔德尼·确吉坚赞(藏)、赛福鼎·艾则孜(维吾尔)	1983	杨静仁(回)、帕巴拉·格列朗杰(藏)、包尔汉(维吾尔)
第七届	1988	乌兰夫(蒙古)、韦国清(壮)、阿沛·阿旺晋美(藏)、班禅额尔德尼·确吉坚赞(藏)、赛福鼎·艾则孜(维吾尔)、廖汉生(土家)	1988	杨静仁(回)、帕巴拉·格列朗杰(藏)、司马义·艾买提(维吾尔)
第八届	1993	帕巴拉·格列朗杰(藏)、布赫(蒙古)、铁木尔·达瓦买提(维吾尔)	1993	阿沛·阿旺晋美(藏)、赛福鼎·艾则孜(维吾尔)
第九届	1998	帕巴拉·格列朗杰(藏)、布赫(蒙古)、铁木尔·达瓦买提(维吾尔)	1998	阿沛·阿旺晋美(藏)、赵南起(朝鲜)、白 立忱(回)
第十届	2003	司马义·艾买提(维吾尔)、热地（藏)、乌云其木格（女，蒙古）	2003	帕巴拉·格列朗杰（藏)、阿沛·阿旺晋美(藏)、阿不来提·阿不都热西提（维吾尔)、白立忱(回)、李兆焯（壮)
第十一届	2008	乌云其木格（女，蒙古)、司马义·铁力瓦尔地（维吾尔族）	2008	帕巴拉·格列朗杰（藏)、阿沛·阿旺晋美(藏)、阿不来提·阿不都热西提（维吾尔)、白立忱(回)
第十二届	2013	向巴平措（藏族)、艾力更·依明巴海（维吾尔族）	2013	帕巴拉·格列朗杰（藏)、王正伟（回)、马飚（壮)、齐续春（满)

全国人大民委、国家民委、全国政协民委主要领导人名单

■历届全国人大民委、国家民委和全国政协民委主任简表

<table>
<tr><th>届次</th><th>时间</th><th>全国人大民委主任</th><th>时间</th><th>国家民委主任</th><th>时间</th><th>全国政协民委主任</th></tr>
<tr><td>第一届</td><td>1954.9</td><td>刘格平(回)</td><td>1949.10</td><td>李维汉</td><td>1949.9</td><td>乌兰夫(蒙古)</td></tr>
<tr><td>第二届</td><td>1959.4</td><td>刘格平(回)</td><td>1954.9</td><td>乌兰夫(蒙古)</td><td>1954.12</td><td>卢汉(彝)</td></tr>
<tr><td>第三届</td><td>1965.4</td><td>谢扶民(壮)</td><td>1959.4</td><td>乌兰夫(蒙古)</td><td>1964.12</td><td>卢汉(彝)</td></tr>
<tr><td>第四届</td><td></td><td></td><td>1965.1</td><td>乌兰夫(蒙古)</td><td>1964.12</td><td>卢汉(彝)</td></tr>
<tr><td>第五届</td><td>1979.7</td><td>阿沛·阿旺晋美(藏)</td><td>1978.3</td><td>杨静仁(回)</td><td>1978.2</td><td>萨空了(蒙古)</td></tr>
<tr><td>第六届</td><td>1983.6</td><td>阿沛·阿旺晋美(藏)</td><td>1986.1</td><td>司马义·艾买提(维吾尔)</td><td>1983.6</td><td>马信(回)</td></tr>
<tr><td>第七届</td><td>1988.3</td><td>阿沛·阿旺晋美(藏)</td><td>1988.4</td><td>司马义·艾买提(维吾尔)</td><td>1988.3</td><td>杨静仁(回)</td></tr>
<tr><td rowspan="2">第八届</td><td rowspan="2">1993.3</td><td rowspan="2">王朝文(苗)</td><td rowspan="2">1993.3</td><td rowspan="2">司马义·艾买提(维吾尔)</td><td>1993.3</td><td>金鉴(满)</td></tr>
<tr><td>1995.3</td><td>赵朴初</td></tr>
<tr><td>第九届</td><td>1998.3</td><td>王朝文(苗)</td><td>1998.3</td><td>李德洙(朝鲜)</td><td>1998.3</td><td>乌力吉(蒙古)</td></tr>
<tr><td>第十届</td><td>2003.3</td><td>多吉才让（藏）</td><td>2003.3</td><td>李德洙(朝鲜)</td><td>2003.3</td><td>钮茂生（满）</td></tr>
<tr><td>第十一届</td><td>2008.3</td><td>马启智（回）</td><td>2008.3</td><td>杨晶(蒙古)</td><td>2008.3</td><td>田聪明</td></tr>
<tr><td rowspan="2">第十二届</td><td rowspan="2">2013.3</td><td rowspan="2">李景田（满）</td><td rowspan="2">2013.3</td><td>王正伟（回）</td><td>2013.3–2016.3</td><td rowspan="2">朱维群</td></tr>
<tr><td>巴特尔(蒙古)</td><td>2016.3</td></tr>
</table>

注：1．历届人大民委所设为主任委员。

2．政协一至六届设民族组，从第七届起设民族委员会，第八届常委会第十二次会议将民族委员会与宗教委员会合并为民族和宗教委员会。

3．一至四届称中央民委，从第五届起称国家民委；第一届中央民委主任由中央人民政府委员会任命，从第二届起由全国人大或其常委会任命。

中国共产党第十六届至十八届中央委员会少数民族委员、候补委员及中央纪律检查委员会少数民族委员名单

■中国共产党第十六届中央委员会少数民族委员名单(15 人)(按姓氏笔画为序)

马启智(回族)	乌云其木格(女，蒙古族)	石宗源(回族)
白立忱(回族)	司马义·艾买提(维吾尔族)	列确(藏族)
回良玉(回族)	多吉才让(藏族)	李兆焯(壮族)
李德洙(朝鲜族)	杨正午(土家族)	阿不来提·阿不都热西提(维吾尔族)
钮茂生(满族)	热地(藏族)	戴秉国(土家族)

■中国共产党第十六届中央委员会少数民族候补委员名单(20 人)(按得票多少排序，票数相同的按姓氏笔画为序)

艾斯海提·克里木拜(哈萨克族)	王正伟(回族)	全哲洙(朝鲜族)
黄瑶(布依族)	彭祖意(瑶族)	杨晶(蒙古族)
黄选平(回族)	符桂花(女，黎族)	管国忠(傣族)
石玉珍(女，苗族)	白春礼(满族)	向巴平措(藏族)
李景田(满族)	罗正富(彝族)	李克(壮族)
仁青加(藏族)	司马义·铁力瓦尔地(维吾尔族)	李成玉(回族)
欧泽高(藏族)	王正福(苗族)	

■中国共产党第十六届中央纪律检查委员会少数民族委员名单(7 人)(按姓氏笔画为序)

马子龙(回族)	王正福(苗族)	巴特尔(蒙古族)
司马义·铁力瓦尔地(维吾尔族)	布穷(藏族)	李成玉(回族)
欧泽高(藏族)		

■中国共产党第十七届中央委员会少数民族委员名单(16 人)(按姓氏笔画为序)

王正伟（回族）	乌云其木格(女，蒙古族)	艾斯海提·克里木拜（哈萨克族）
石宗源（回族）	白立忱（回族）	司马义·铁力瓦尔地（维吾尔族）
列确（藏族）	回良玉（回族）	向巴平措（藏族）
李成玉（回族）	李兆焯（壮族）	李景田（满族）
杨晶（蒙古族）	陆兵（壮族）	阿不来提·阿不都热西提（维吾尔族）
戴秉国（土家族）		

■中国共产党第十七届中央委员会少数民族候补委员名单(24 人)

（按得票多少排序，票数相同的按姓氏笔画为序）

符跃兰（女，黎族）	马飚（壮族）	旦科（藏族）
全哲洙（朝鲜族）	罗正富（彝族）	刘慧（女，回族）
余远辉（瑶族）	努尔·白克力（维吾尔族）	黄康生（布依族）
刘学普（土家族）	刘振来（回族）	金振吉（朝鲜族）
巴音朝鲁（蒙古族）	刘晓凯（苗族）	咸辉（女，回族）
谌贻琴（女，白族）	白春礼（满族）	多吉（藏族）
李克（壮族）	李康（女，壮族）	武吉海（苗族）
刀林荫（女，傣族）	雷春美（女，畲族）	乌兰（女，蒙古族）

■中国共产党第十七届中央纪律检查委员会少数民族委员名单(8 人)(按姓氏笔画为序)

王正福（苗族）	仁青加（藏族）	巴特尔(蒙古族)
朱明国（黎族）	李汉柏（白族）	欧泽高（藏族）
金道铭（满族）	贺邦靖（女，白族）	

■中国共产党第十八届中央委员会少数民族委员名单(10 人)(按姓氏笔画为序)

马飚（壮族）	王正伟（回族）	巴音朝鲁（蒙古族）
巴特尔（蒙古族）	白玛赤林（藏族）	白春礼（满族）
全哲洙（朝鲜族）	杨晶（蒙古族）	陈求发（苗族）
努尔·白克力（维吾尔族）		

■中国共产党第十八届中央委员会少数民族候补委员名单(29 人)

(按得票多少排序，票数相同的按姓氏笔画为序)

刘晓凯（苗族）	陈志荣（黎族）	金振吉（朝鲜族）
咸辉（女，回族）	马顺清（回族）	朱明国（黎族）
刘学普（土家族）	杨崇勇（满族）	余远辉（瑶族）
陈武（壮族）	陈鸣明（布依族）	赵金（彝族）
赵立雄（白族）	洛桑江村（藏族）	谌贻琴（女，白族）
蓝天立（壮族）	旦科（藏族）	刘慧（女，回族）
夏杰（女，回族）	叶红专（土家族）	尔肯江·吐拉洪（维吾尔族）
李康（女，壮族）	李昌平（藏族）	努尔兰·阿不都满金（哈萨克族）
欧阳坚（白族）	刀林荫（女，傣族）	公保扎西（藏族）
雷春美（女，畲族）	乌兰（女，蒙古族）	

■中国共产党第十八届中央纪律检查委员会少数民族委员名单(4 人)(按姓氏笔画为序)

马勇霞（女，回族）	丹珠昂奔（藏族）	石生龙（满族）
多杰热旦（藏族）		

中国少数民族文化资料

■中国少数民族语言系属

汉藏语系	藏缅语族	藏语、门巴语、珞巴语、彝语、哈尼语、白语、羌语、傈僳语、纳西语、拉祜语、景颇语、土家语、普米语、怒语、独龙语、阿昌语、基诺语
	壮侗语族	壮语、侗语、布依语、傣语、水语、黎语、毛南语、仫佬语
	苗瑶语族	苗语、瑶语、畲语
	语族未定	仡佬语
阿尔泰语系	突厥语族	维吾尔语、哈萨克语、柯尔克孜语、撒拉语、乌孜别克语、塔塔尔语、裕固(尧乎尔)语
	蒙古语族	蒙古语、达斡尔语、东乡语、土族语、保安语、裕固(恩格尔)语
	通古斯-满语族	满语、鄂温克语、鄂伦春语、锡伯语、赫哲语
	语族未定	朝鲜语
印欧语系	斯拉夫语族	俄罗斯语
	伊朗语族	塔吉克语
南亚语系	孟高棉语族	佤语、德昂语、布朗语
南岛语系	印尼语族	高山语

注：1. 京族语的系属尚未确定。

2. 回族、满族大部通用汉语(满语只在极少数满族人口中使用)。

■中国各民族文字类型

象形文字	纳西族东巴文
汉字及其变体	汉文、方块壮字、方块侗字、水书、白文。
音节文字	纳西族哥巴文、彝文。
拼音文字	(一)印度字母体系—藏文、傣文。 (二)阿拉伯字母体系—老维吾尔文、老哈萨克文以及乌孜别克文、柯尔克孜文、塔塔尔文。 (三)回鹘文字母体系—蒙古文、“托忒蒙古文”、锡伯文。 (四)朝鲜文字母体系—朝鲜文。 (五)拉丁字母体系—壮文、景颇文、拉祜文、佤文、傈僳文、新维吾尔文、新哈萨克文以及布依、苗、黎、纳西、侗、哈尼各族的文字方案。 (六)斯拉夫字母体系—俄罗斯族的俄文。

■中国各民族名称的罗马字母拼写法

民族	罗马字母拼写法	字母代码	民族	罗马字母拼写法	字母代码
汉族	Han	HA	柯尔克孜族	Kirgiz	KG
蒙古族	Mongol	MG	土族	Tu	TU
回族	Hui	HU	达斡尔族	Daur	DU
藏族	Zang	ZA	仫佬族	Mulao	ML
维吾尔族	Uygur	UG	羌族	Qiang	QI
苗族	Miao	MH	布朗族	Blang	BL
彝族	Yi	YI	撒拉族	Salar	SL
壮族	Zhuang	ZH	毛南族	Maonan	MN
布依族	Buyei	BY	仡佬族	Gelao	GL
朝鲜族	Chosen	CS	锡伯族	Xibe	XB
满族	Man	MA	阿昌族	Achang	AC
侗族	Dong	DO	普米族	Pumi	PM
瑶族	Yao	YA	塔吉克族	Tajik	TA
白族	Bai	BA	怒族	Nu	NU
土家族	Tujia	TJ	乌孜别克族	Uzbek	UZ
哈尼族	Hani	HN	俄罗斯族	Russ	RS
哈萨克族	Kazak	KZ	鄂温克族	Ewenki	EW
傣族	Dai	DA	德昂族	Deang	DE
黎族	Li	LI	保安族	Bonan	BN
傈僳族	Lisu	LS	裕固族	Yugur	YG
佤族	Va	VA	京族	Gin	GI
畲族	She	SH	塔塔尔族	Tatar	TT
高山族	Gaoshan	GS	独龙族	Derung	DR
拉祜族	Lahu	LH	鄂伦春族	Oroqen	OR
水族	Sui	SU	赫哲族	Hezhen	HZ
东乡族	Dongxiang	DX	门巴族	Monba	MB
纳西族	Naxi	NX	珞巴族	Lhoba	LB
景颇族	Jingpo	JP	基诺族	Jino	JN

■中国少数民族主要节日

民族	主要节日	时间
阿昌族	火把节	农历六月二十五日
	会街节	农历九月初十
	泼水节	农历二月二十九日
	撒　神	农历七月初一
	尝新节	农历八月十五日
白　族	三月街	农历三月十五日
	火把节	农历六月二十四日
	渔潭会	农历八月十五日
保安族	圣纪节	伊斯兰教历三月十二日
	开斋节	伊斯兰教历九月三十日
	古尔邦节	伊斯兰教历十二月十日
布朗族	开门节	傣历十二月十五日
	关门节	傣历九月十五日
	泼火节	农历二月十九日
布依族	六月六	农历六月初六
	三月三	农历三月初三
	四月八	农历四月初八
朝鲜族	元　日	农历正月初一
	上元节	农历正月初五
	寒食节	农历四月初五
	端　午	农历五月初五
哈尼族	十月节	农历十月初一
	六月节	农历六月二十四日
哈萨克族	圣纪节	伊斯兰教历三月十二日
	开斋节	伊斯兰教历九月三十日
	古尔邦节	伊斯兰教历十二月十日
赫哲族	赫哲年	农历正月初一
回　族	圣纪节	伊斯兰教历三月十二日
	开斋节	伊斯兰教历九月三十日
	古尔邦节	伊斯兰教历十二月十日
基诺族	打铁节	农历一月
	火把节	农历六月
京　族	哈　节	农历六月初十

民族	主要节日	时间
德昂族	泼水节	农历四月十五日
东乡族	圣纪节	伊斯兰教历三月十二日
	开斋节	伊斯兰教历九月三十日
	古尔邦节	伊斯兰教历十二月十日
侗　族	芦笙节	农历六月至九月
	侗　年	农历十一月十九日
	斗牛节	农历二月
	吃新节	农历六月至七月
独龙族	卡雀哇	农历十月中下旬
俄罗斯族	复活节	公历三、四月
鄂伦春族	春节	农历正月初一
鄂温克族	米阔鲁节	农历五月二十二日
高山族	新年祭	农历十二月
仡佬族	灯杆节	农历正月初一
	仡佬节	农历三月初三
	尝新节	农历六、七月
拉祜族	库扎节	傣历三月
	火把节	农历六月二十四日
	尝新节	傣历十二月
黎族	三月三	农历三月初三
傈僳族	收获节	农历九月
	澡塘节	农历正月初三
	过年节	农历正月初一
	刀杆节	农历二月初八
珞巴族	旭独龙节	藏历二月
	隆德节	藏历四月
满　族	颁金节	阴历十一月十三日
	庙　会	农历四月
景颇族	目脑节	农历正月十五日
柯尔克孜族	圣纪节	伊斯兰教历三月十二日
	开斋节	伊斯兰教历九月三十日
	古尔邦节	伊斯兰教历十二月十日
	诺劳孜	农历正月初一

续表

民族	主要节日	时间	民族	主要节日	时间
达斡尔族	春节(阿涅)	农历正月初一	蒙古族	蒙古族新年	农历正月初一
傣族	泼水节	傣历六月六日		那达慕大会	农历七～八月
	开门节	傣历十二月十五日	苗族	苗年节	农历十月初五
	关门节	傣历九月十五日		四月八	农历四月初八
苗族	龙船节	农历五月二十四日	门巴族	藏历年	藏历正月初一
	吃新节	农历六月初六		望果节	藏历八月间
	赶秋节	农历九月	羌族	羌族大年	农历正月初一
仫佬族	依饭节	农历十月		青苗会	农历三月十二日
	后生节	农历正月或七月		端午节	农历五月初五日
纳西族	正月农具会	农历正月二十日	撒拉族	开斋节	伊斯兰教历九月三十日
	三月龙王庙会	农历三月十五日		圣纪节	伊斯兰教历三月十二日
	七月骡马会	农历七月十五日		古尔邦节	伊斯兰教历十二月十日
怒族	鲜花节	农历三月十五日	畲族	分龙节	农历五月十五日
普米族	大过年	农历正月初七	水族	借额节	农历九月
	大十五节	农历十二月十五日		卯节	农历五、六月
	尝新节	农历九月	塔吉克族	古尔邦节	伊斯兰教历十二月十日
	转山节	农历七月十五日		迮脱迮迪	农历三月间
族	过赶节	农历十二月二十九日		尔爱脱节	
	祈禳节	农历正月初三		肉孜节	伊斯兰教历九月三十日
	牛王会	农历八月初八	塔塔尔族	古尔邦节	伊斯兰教历十二月十日
土族	擂台会	农历二月初二		开斋节	伊斯兰教历九月三十日
	火神节	农历正月二十九日		圣纪节	伊斯兰教历三月十二日
	端阳	农历五月初五	瑶族	盘王节	农历十月十六日
佤族	火把节	农历六月二十四日		尝新节	农历八、九月
	播种节	农历三月十五日		歌节	农历三月初三
	新米节	农历七、八月	彝族	二月八	农历二月初八
维吾尔族	古尔邦节	伊斯兰教历十二月十日		送年节	农历三月初七
	开斋节	伊斯兰教历九月三十日	裕固族	春节	农历正月初五
	努鲁斯节	伊斯兰教历八月十四日		端午节	农历五月初五
乌孜别克族	古尔邦节	伊斯兰教历十二月十日		中秋节	农历八月十五
	开斋节	伊斯兰教历九月三十日	藏族	藏历年	藏历正月初一
	圣纪节	伊斯兰教历三月十二日		望果节	藏历八月间
锡伯族	春节	农历十二月二十三日			
		至次年正月初二		雪顿节	藏历七月一日
毛南族	庙节	农历五月	壮族	三月三	农历三月初三
	南瓜节	农历九月初九		中元节	农历七月十四日

■民族自治地方全国重点文物保护单位

（截至 2015 年）

地　区	数量	名　　称	时　　代	地　　址
（一）古遗址：222 处				
内蒙古自治区	70	辽上京遗址	辽	巴林左旗
		辽中京遗址	辽	宁城县
		大窑遗址	旧石器时代	呼和浩特市
		居延遗址	汉	额济纳旗
		嘎仙洞遗址	北魏	鄂伦春自治旗
		元上都遗址	元	正蓝旗
		兴隆洼遗址	新石器时代	敖汉旗
		大甸子遗址	青铜时代	敖汉旗
		固阳秦长城遗址	秦	固阳县
		缸瓦窑遗址	辽	赤峰市
		敖伦苏木城遗址	元	达尔罕茂明安联合旗
		萨拉乌苏遗址	旧石器时代	乌审旗
		岱海遗址群	新石器时代	凉城县
		庙子沟遗址	新石器时代	察哈尔右翼前旗
		架子山遗址群	青铜时代	喀喇沁旗
		大井古铜矿遗址	青铜时代	林西县
		城子山遗址	青铜时代	敖汉旗
		和林格尔土城子遗址	汉至唐	和林格尔县
		黑山头城址	金、元	额尔古纳市
		金界壕遗址	金	呼伦贝尔盟、兴安盟、通辽市、赤峰市、乌兰察布盟、包头市
		应昌路故城遗址	元	克什克腾旗
		阿善遗址	新石器时代	包头市
		赵宝沟遗址	新石器时代	敖汉旗
		红山遗址群	新石器时代至青铜时代	赤峰市
		夏家店遗址群	新石器时代至战国	赤峰市
		朱开沟遗址	新石器时代至商	伊金霍洛旗
		秦直道遗址	秦	鄂尔多斯市
		麻池城遗址和召湾墓群	汉	包头市
		黑城遗址	汉	宁城县
		朔方郡故城	汉	磴口市、巴彦淖尔市
		霍洛柴登城址	汉	杭锦旗
		克里孟城址	汉至南北朝	察哈尔右翼后旗
		沃野镇故城	汉至南北朝	乌拉特前旗

续表 1

地　区	数量	名　　称	时　　代	地　　址
内蒙古自治区	70	白灵淖尔城址	南北朝	固阳县
		十二连城城址	隋至唐	准格尔旗
		城川城址	唐	鄂托克前旗
		查干浩特城址	辽至明	阿鲁科尔沁旗
		安答堡子城址	金至元	达尔罕茂明安联合旗
		净州路故城	金至元	四子王旗
		砂井路总管府故城	元	四子王旗
		巴彦乌拉城址	元	鄂温克族自治旗
		蘑菇山北遗址	旧石器时代	内蒙古自治区呼伦贝尔市满洲里市
		金斯太洞穴遗址	旧石器时代、商	内蒙古自治区锡林郭勒盟东乌珠穆沁旗
		辉河水坝遗址	新石器时代	内蒙古自治区呼伦贝尔市鄂温克族自治旗
		哈克遗址	新石器时代	内蒙古自治区呼伦贝尔市海拉尔区
		白音长汗遗址	新石器时代	内蒙古自治区赤峰市林西县
		兴隆沟遗址	新石器时代	内蒙古自治区赤峰市敖汉旗
		魏家窝铺遗址	新石器时代	内蒙古自治区赤峰市红山区
		富河沟门遗址	新石器时代	内蒙古自治区赤峰市巴林左旗
		寨子圪旦遗址	新石器时代	内蒙古自治区鄂尔多斯市准格尔旗
		草帽山遗址	新石器时代	内蒙古自治区赤峰市敖汉旗
		马架子遗址	新石器时代、夏、商、周	内蒙古自治区赤峰市喀喇沁旗
		三座店石城遗址	夏至商	内蒙古自治区赤峰市松山区
		二道井子遗址	夏至商	内蒙古自治区赤峰市红山区
		太平庄遗址群	夏至商	内蒙古自治区赤峰市松山区
		尹家店山城遗址	夏至商	内蒙古自治区赤峰市松山区
		南山根遗址	周	内蒙古自治区赤峰市宁城县
		奈曼土城子城址	战国至秦汉	内蒙古自治区通辽市奈曼旗
		云中郡故城	战国至隋唐	内蒙古自治区呼和浩特市托克托县
		浩特陶海城址	辽	内蒙古自治区呼伦贝尔市陈巴尔虎旗
		灵安州遗址	辽	内蒙古自治区通辽市库伦旗
		豫州城遗址及墓地	辽	内蒙古自治区通辽市扎鲁特旗
		韩州城遗址	辽	内蒙古自治区通辽市科尔沁左翼后旗
		饶州故城址	辽	内蒙古自治区赤峰市林西县
		武安州遗址	辽、金、元	内蒙古自治区赤峰市敖汉旗
		宁昌路遗址	辽、金、元	内蒙古自治区赤峰市敖汉旗

续表 2

地　区	数量	名　称	时　代	地　址
内蒙古自治区	70	吐列毛杜古城遗址	金	内蒙古自治区兴安盟科尔沁右翼中旗
		四郎城古城	金、元、明	内蒙古自治区锡林郭勒盟正蓝旗
		燕家梁遗址	元	内蒙古自治区包头市九原区
		新忽热古城址	元、明	内蒙古自治区巴彦淖尔市乌拉特中旗
辽宁省	8	查海遗址	新石器时代	阜新蒙古族自治县
		庙后山遗址	旧石器时代	本溪满族自治县
		永陵南城址	汉至魏晋	辽宁省抚顺市新宾满族自治县
		高俭地山城	汉至唐	辽宁省本溪市桓仁满族自治县
		下古城子城址	汉至唐	辽宁省本溪市桓仁满族自治县
		赫图阿拉故城	明	新宾满族自治县
		五女山山城	高句丽（公元前 37– 668 年）	桓仁满族自治县
		东山嘴遗址	新石器时代	喀左自治县
吉林省	9	渤海中京城遗址	渤海（公元 698–926 年）	和龙市
		八连城遗址	唐、五代	珲春市
		塔虎城	辽、金	前郭尔罗斯蒙古族自治县
		百草沟遗址	战国至晋	汪清县
		城山子山城	唐	敦化市
		磨盘村山城	唐至金	图们市
		石人沟遗址	旧石器时代	吉林省延边朝鲜族自治州和龙市
		萨其城址	唐	吉林省延边朝鲜族自治州珲春市
		温特赫部城址与裴优城址	唐、金	吉林省延边朝鲜族自治州珲春市
湖北省	9	建始直立人遗址	旧石器时代	建始县
		施州城址	宋	恩施市
		唐崖土司城址	元至清	咸丰县
		容美土司遗	明至清	鹤峰县
		长阳人遗址	旧石器时代	湖北省宜昌市长阳土家族自治县
		不二门遗址	商、周	湖南省湘西土家族苗族自治州永顺县
		魏家寨古城遗址	汉	湖南省湘西土家族苗族自治州保靖县
		里耶大板遗址与墓群	汉	湖南省湘西土家族苗族自治州龙山县
		四方城遗址	战国至汉	湖南省湘西土家族苗族自治州保靖县
湖南省	1	老司城遗址	五代至清	永顺县

续表 3

地　区	数量	名　　称	时　　代	地　　址
广西壮族自治区	16	百谷和高岭坡遗址	旧石器时代	百色市、田东县
		甑皮岩遗址	新石器时代	桂林市
		顶蛳山遗址	新石器时代	邕宁县
		白莲洞遗址	旧石器至新石器时代	柳州市
		鲤鱼嘴遗址	旧石器至新石器时代	柳州市
		感驮岩遗址	新石器时代至战国	那坡县
		秦城遗址	秦至晋	兴安县
		智城城址	唐	上林县
		柳城巨猿洞	旧石器时代	广西壮族自治区柳州市柳城县
		布兵盆地洞穴遗址群	旧石器时代	广西壮族自治区百色市田东县
		那赖遗址	旧石器时代	广西壮族自治区百色市田阳县
		晓锦遗址	新石器时代	广西壮族自治区桂林市资源县
		大浪古城遗址	汉	广西壮族自治区北海市合浦县
		草鞋村遗址	汉	广西壮族自治区北海市合浦县
		越州故城	南朝	广西壮族自治区钦州市浦北县
		中和窑址	宋	广西壮族自治区梧州市藤县
海南省	1	信冲洞遗址	旧石器时代	海南省昌江黎族自治县
重庆市	1	重庆冶锌遗址群	明至清	重庆市丰都县、石柱土家族自治县
四川省	5	营盘山和姜维城遗址	新石器时代	茂县、汶川县
		大洋堆遗址	周至战国	西昌市
		哈休遗址	新石器时代	四川省阿坝藏族羌族自治州马尔康县
		罕额依新石器时代文化遗址和汉代石棺葬墓群	新石器时代、汉	四川省甘孜藏族自治州丹巴县
		永平堡古城	明	四川省绵阳市北川羌族自治县
贵州省	2	龙广观音洞遗址	旧石器时代至新石器时代	贵州省黔西南布依族苗族自治州安龙县
		普安铜鼓山遗址	战国至西汉	贵州省黔西南布依族苗族自治州普安县
云南省	11	太和城遗址	南诏（公元 649—902 年）	大理白族自治州大理市
		元谋猿人遗址	旧石器时代	元谋县
		腊玛古猿化石地点		禄丰县
		石佛洞遗址	新石器时代	耿马傣族佤族自治县
		白羊村遗址	新石器时代	宾川县
		山龙山于图山城址	唐	巍山彝族回族自治县
		元谋古猿化石地点	旧石器时代	云南省楚雄彝族自治州元谋县
		玉水坪遗址	旧石器时代至新石器时代	云南省怒江傈僳族自治州兰坪白族普米族自治县

续表 4

地　区	数量	名　　称	时　　代	地　　址
云南省	11	大墩子遗址	新石器时代	云南省楚雄彝族自治州元谋县
		海门口遗址	新石器时代至夏、商、周	云南省大理白族自治州剑川县
		银梭岛遗址	新石器时代至商	云南省大理白族自治州大理市
西藏自治区	5	古格王国遗址	约为公元十世纪前后	扎达县
		卡若遗址	新石器时代	昌都县
		拉加里王宫遗址	13 世纪至 18 世纪	曲松县
		小恩达遗址	新石器时代	西藏自治区昌都地区昌都县
		皮央和东嘎遗址	宋至明	西藏自治区阿里地区札达县
甘肃省	13	齐家坪遗址	新石器时代	广河县
		林家湾遗址	新石器时代	东乡县
		八角城城址	唐至明	夏河县
		半山遗址	新石器时代	甘肃省临夏回族自治州广河县
		然闹遗址	新石器时代	甘肃省甘南藏族自治州迭部县
		磨沟遗址（含墓群）	新石器时代至商	甘肃省甘南藏族自治州临潭县
		新庄坪遗址	新石器时代至商	甘肃省临夏回族自治州积石山保安族东乡族撒拉族自治县
		边家林遗址	新石器时代至商	甘肃省临夏回族自治州康乐县
		马家塬遗址	新石器时代、战国	甘肃省天水市张家川回族自治县
		草沟井城址	汉至明	甘肃省张掖市肃南裕固族自治县
青海省	8	马厂塬(yuán)遗址	新石器时代	民和回族土族自治县
		西海郡故城遗址	汉至南北朝	海晏县
		喇家遗址	新石器时代	民和回族土族自治县
		塔温搭里哈遗址	青铜时代	都兰县
		宗日遗址	新石器时代	青海省海南藏族自治州同德县
		塔里他里哈遗址	商至周	青海省海西蒙古族藏族自治州都兰县
		门源古城	宋	青海省海北藏族自治州门源回族自治县
		贡萨寺旧址与宗喀巴大殿	清	青海省玉树藏族自治州治多县
宁夏回族自治区	14	水洞沟遗址	旧石器时代	灵武县
		开城遗址	元	固原县
		鸽子山遗址	旧石器时代	青铜峡市
		菜园遗址	新石器时代	海原县
		照壁山铜矿遗址	汉	中卫市
		灵武窑址	宋至明	灵武市
		张家场城址	汉	盐池县
		页河子遗址	新石器时代	宁夏回族自治区固原市隆德县

续表 5

地　区	数量	名　　称	时　　代	地　　址
宁夏回族自治区	14	固原古城遗址	汉至清	宁夏回族自治区固原市原州区
		省嵬城址	宋	宁夏回族自治区石嘴山市惠农区
		七营北嘴城址	宋至明	宁夏回族自治区中卫市海原县
		柳州城址	宋至明	宁夏回族自治区中卫市海原县
		大营城址	宋至明	宁夏回族自治区固原市原州区
		兴武营城址	明	宁夏回族自治区吴忠市盐池县
新疆维吾尔族自治区	49	高昌故城	高昌（公元 500–640 年）	吐鲁番县
		雅尔湖故城	高昌（公元 500–640 年）	吐鲁番县
		楼兰故城遗址	汉至晋	若羌县
		北庭故城遗址	唐	吉木萨尔县
		尼雅遗址	西汉－西晋	民丰县
		苏巴什佛寺遗址	南北朝－唐	库车县
		奴拉赛铜矿遗址	青铜时代	尼勒克县
		圆沙古城	汉	于田县
		克孜尔尕哈烽燧	汉	库车县
		孔雀河烽燧群	汉至晋	尉犁县
		罗布泊南古城遗址	汉至晋	若羌县
		莫尔寺遗址	汉至唐	疏附县
		托库孜萨来遗址	汉至唐	巴楚县
		米兰遗址	汉至唐	若羌县
		安迪尔古城遗址	汉至唐	民丰县
		石头城遗址	晋至清	塔什库尔干塔吉克自治县
		七个星佛寺遗址	晋至宋	焉耆回族自治县
		热瓦克佛寺遗址	南北朝	洛浦县
		白杨沟佛寺遗址	唐	哈密市
		大河古城	唐	巴里坤县
		乌拉泊古城	唐至元	乌鲁木齐县
		台藏塔遗址	唐至宋	吐鲁番市
		丹丹乌里克遗址	南北朝至唐	策勒县
		麻扎塔格戍堡址	唐	墨玉县
		通古斯巴西城址	唐	新和县
		骆驼石旧石器遗址	旧石器时代	新疆维吾尔自治区塔城地区和布克赛尔蒙古自治县
		岳公台一西黑沟遗址群	春秋至战国	新疆维吾尔自治区哈密地区巴里坤哈萨克自治县
		龟兹故城	西汉至宋	新疆维吾尔自治区阿克苏地区库车县
		石人子沟遗址群	汉	新疆维吾尔自治区哈密地区巴里坤哈萨克自治县

续表 6

地　区	数量	名　　称	时　　代	地　　址
新疆维吾尔族自治区	49	营盘古城古墓群及古墓群	汉至晋	新疆维吾尔自治区巴音郭楞蒙古自治州尉犁县
		喀拉墩遗址	汉至南北朝	新疆维吾尔自治区和田地区于田县
		乌什喀特古城遗址	汉至唐	新疆维吾尔自治区阿克苏地区新和县
		石城子遗址	东汉	新疆维吾尔自治区昌吉回族自治州奇台县
		达玛沟佛寺遗址	南北朝	新疆维吾尔自治区和田地区策勒县
		克斯勒塔格佛寺遗址	唐	新疆维吾尔自治区阿克苏地区柯坪县
		兰城遗址	唐	新疆维吾尔自治区巴音郭楞蒙古自治州和硕县
		唐王城遗址	唐	新疆维吾尔自治区阿克苏地区库车县
		阿萨古城遗址	唐至宋	新疆维吾尔自治区吐鲁番地区鄯善县
		达勒特古城遗址	唐至元	新疆维吾尔自治区博尔塔拉蒙古自治州博乐市
		唐朝墩古城遗址	唐至元	新疆维吾尔自治区昌吉回族自治州奇台县
		夏塔古城遗址	唐至元	新疆维吾尔自治区伊犁哈萨克自治州昭苏县
		昌吉州境内烽燧群	唐至清	新疆维吾尔自治区昌吉回族自治州木垒哈萨克自治县、奇台县、吉木萨尔县、阜康市、昌吉市、呼图壁县、玛纳斯县
		古代吐鲁番盆地军事防御遗址	唐至清	新疆维吾尔自治区吐鲁番地区吐鲁番市、托克逊县、鄯善县
		哈密境内烽隧遗址	唐至清	新疆维吾尔自治区哈密地区哈密市、巴里坤哈萨克自治县、伊吾县
		柳中古城遗址	唐至清	新疆维吾尔自治区吐鲁番地区鄯善县
		道尔本厄鲁特森木古城遗址	明	新疆维吾尔自治区塔城地区和布克赛尔蒙古自治县
		惠远新、老古城遗址	清	新疆维吾尔自治区伊犁哈萨克自治州霍城县
		阔纳齐兰遗址	清	新疆维吾尔自治区阿克苏地区柯坪县
		伊犁清代卡伦遗址	清	新疆维吾尔自治区伊犁哈萨克自治州霍城县、察布查尔锡伯自治县
（二）石窟寺、石刻及其他：26 处				
内蒙古自治区	2	阴山岩画	新石器至青铜时代	乌拉特前旗、乌拉特后旗、乌拉特中旗、磴口县
		真寂之寺石窟	辽	巴林左旗
湖北省	1	仙佛寺石窟	唐	来凤县
湖南省	2	溪州铜柱	五代	湘西土家族苗族自治州永顺县
		阳华岩摩崖	唐至清	江华瑶族自治县

续表 7

地　区	数量	名　　称	时　　代	地　　址
广西壮族自治区	3	花山岩画	战国至东汉	宁明县
		桂林石刻	唐至清	桂林市
		柳侯祠碑刻	宋至民国	柳州市
四川省	1	博什瓦黑岩画	唐至宋	昭觉县
云南省	4	石钟山石窟	南诏、大理（公元 649-1094 年）	大理白族自治州剑川县
		南诏铁柱	南　诏	弥渡县
		元世祖平云南碑	元	大理市
		沧源崖画	新石器时代	沧源县
甘肃省	3	炳灵寺石窟	北魏至明	临夏县
		马蹄寺石窟群	十六国～清	肃南裕固族自治县
		文殊山石窟	北朝～西夏	肃南裕固族自治县
青海省	1	贝大日如来佛石窟寺和勒巴沟摩崖	唐	玉树县
宁夏回族自治区	2	须弥山石窟	北朝至唐	固原县
		贺兰山岩画	元	贺兰县
新疆维吾尔族自治区	7	克孜尔千佛洞	唐至宋	拜城县
		库木吐喇千佛洞	唐至宋	库车县
		柏孜克里克千佛洞	唐至元	吐鲁番县
		森木塞姆千佛洞	晋－宋	库车县
		克孜尔尕哈石窟	北朝至唐	库车县
		平定准噶尔勒铭碑	清	昭苏县
		吐峪沟石窟	南北朝至唐	鄯善县
（三）古墓葬：82 处				
内蒙古自治区	21	辽陵及奉陵邑(含怀凌陵及奉陵)	辽	巴林右旗、巴林左旗
		成吉思汗陵	1954 年迁建	伊金霍洛旗
		宝山、罕苏木墓群	辽	阿鲁科尔沁旗
		扎赉诺尔墓群	汉	满洲里市
		王昭君墓	汉	呼和浩特市
		韩匡嗣家族墓地	辽	巴林左旗
		吐尔基山墓	辽	科尔沁左翼后旗
		萧氏家族墓	辽	奈曼旗
		张应瑞家族墓地	元	翁牛特旗
		南宝力皋吐古墓地	新石器时代	内蒙古自治区通辽市扎鲁特旗
		小黑石沟墓群	西周至战国	内蒙古自治区赤峰市宁城县
		团结墓地	东汉	内蒙古自治区呼伦贝尔市海拉尔区
		和林格尔东汉壁画墓	东汉	内蒙古自治区呼和浩特市和林格尔县

续表 8

地　区	数量	名　　称	时　　代	地　　址
内蒙古自治区	21	谢尔塔拉墓地	唐至五代	内蒙古自治区呼伦贝尔市海拉尔区
		奈林稿辽墓群	辽	内蒙古自治区通辽市库伦旗
		耶律祺家族墓	辽	内蒙古自治区赤峰市阿鲁科尔沁旗
		耶律琮墓	辽	内蒙古自治区赤峰市喀喇沁旗
		沙日宝特墓群	辽	内蒙古自治区赤峰市阿鲁科尔沁旗
		砧子山古墓群	元	内蒙古自治区锡林郭勒盟多伦县
		恩格尔河墓群	元	内蒙古自治区锡林郭勒盟苏尼特左旗
		和硕端静公主墓	清	内蒙古自治区赤峰市喀喇沁旗
辽宁省	6	永陵	清	新宾满族自治县
		马城子墓地	夏至西周	辽宁省本溪市本溪满族自治县
		望江楼墓地	西汉王东汉	辽宁省本溪市桓仁满族自治县
		雅河流域墓群	汉至唐	辽宁省本溪市桓仁满族自治县
		冯家堡子墓地	汉至唐	辽宁省本溪市桓仁满族自治县
		关山辽墓	辽	辽宁省阜新市阜新蒙古族自治县
吉林省	4	干沟子墓群	战国至西汉	长白朝鲜族自治县
		龙头山古墓群	渤海	和龙市
		六顶山古墓	渤海(公元 698—927 年)	延边朝鲜族自治州敦化市
		鸭绿江上游积石墓群	汉至唐	吉林省白山市浑江区、江源区、临江市、长白朝鲜族自治县
湖南省	1	里耶麦茶战国墓群	战国	湖南省湘西土家族苗族自治州龙山县
广西壮族自治区	2	合浦汉墓群	汉	合浦县
		凤腾山古墓群	清	广西壮族自治区河池市环江毛南族自治县
四川省	1	凉山大石墓群	战国至汉	德昌县、喜德县
贵州省	6	交乐墓群	汉	兴仁县
		务川大坪墓群	汉	贵州省遵义市务川仡佬族苗族自治县
		兴义万屯墓群	东汉	贵州省黔西南布依族苗族自治州兴义市
		惠水仙人桥洞葬	明至清	贵州省黔南布依族苗族自治州惠水县
		黔南水族墓群	明至清	贵州省黔南布依族苗族自治州三都水族自治县、荔波县
		明十八先生墓	清	贵州省黔西南布依族苗族自治州安龙县
云南省	2	万家坝古墓群	明	云南省楚雄彝族自治州楚雄市
		顺荡火葬墓群	明	云南省大理白族自治州云龙县
西藏自治区	4	藏王墓	公元七世纪	穷结县
		烈山墓地	唐	朗县
		吉堆吐蕃墓群	唐	洛扎县
		查木钦墓群	唐	拉孜县

续表 9

地　区	数量	名　　称	时　　代	地　　址
青海省	4	杂涅墓群	唐	青海省玉树藏族自治州玉树县
		玉树古墓群	唐	青海省玉树藏族自治州治多县、玉树县、称多县
		街子拱北	清	青海省海东地区循化撒拉族自治县
		热水墓群	唐	都兰县
宁夏回族自治区	3	西夏陵	西夏	银川市
		固原北朝隋唐墓地	北朝至唐	宁夏回族自治区固原市原州区
		窨子梁唐墓	唐	宁夏回族自治区吴忠市盐池县
新疆维吾尔族自治区	28	小河墓地	公元前 2000 年~公元前 1500 年	新疆维吾尔自治区巴音郭楞蒙古自治州若羌县
		阔科克古墓群	青铜时代	新疆维吾尔自治区阿勒泰地区布尔津县
		拜其尔墓地	青铜时代	新疆维吾尔自治区哈密地区伊吾县
		大喀纳斯景区墓葬群	青铜时代至铁器时代	新疆维吾尔自治区阿勒泰地区布尔津县
		赛里木湖古墓群	青铜时代、汉至唐	新疆维吾尔自治区博尔塔拉蒙古自治州博乐市
		阿日夏特科克石围及石堆墓群	春秋至战国	新疆维吾尔自治区博尔塔拉蒙古自治州温泉县
		阿敦乔鲁石栅古墓群及岩画群	春秋至战国	新疆维吾尔自治区博尔塔拉蒙古自治州温泉县
		库车友谊路墓群	晋、十六国	新疆维吾尔自治区阿克苏地区库车县
		小洪纳海石人墓	隋、唐	新疆维吾尔自治区伊犁哈萨克自治州昭苏县
		默拉纳额什丁麻扎	明	新疆维吾尔自治区阿克苏地区库车县
		阿斯塔纳古墓群	晋至唐	吐鲁番市
		阿巴和明麻札	清	喀什市
		三海子墓葬及鹿石	青铜时代	青河县
		焉不拉克古墓群	青铜时代	哈密市
		察乌乎古墓群	青铜时代	和静县
		切木尔切克石人及石棺墓群	青铜时代至汉、魏	阿勒泰市
		扎滚鲁克石墓群	青铜时代至汉、晋	且末县
		山普拉古墓群	汉、晋	洛浦县
		楼兰墓群	新石器时代至晋	若羌县
		五堡墓群	青铜时代	哈密市
		洋海墓群	青铜时代至唐	鄯善县
		阿日夏特石人墓	隋至唐	温泉县
		麻赫穆德•喀什噶里墓	元	疏附县
		速檀•歪思汗麻扎	明	伊宁县
		叶尔羌汗国王陵	明	莎车县

续表 10

地　区	数量	名　　称	时　　代	地　　址
新疆维吾尔族自治区	28	艾比甫•艾洁木麻扎	清	阿图什市
		哈密回王墓	清至民国	哈密市
		吐虎鲁克 · 铁木尔汗麻扎	元	霍城县
（四）古建筑及历史纪念建筑物：127 处				
内蒙古自治区	21	万部华严经塔	辽	呼和浩特市
		金刚座舍利宝塔	清	呼和浩特市
		美岱召	明	土默特右旗
		五当召	清	包头市
		汇宗寺	清	多伦县
		福会寺	清	喀喇沁旗
		喀喇沁亲王府及家庙	清	喀喇沁旗
		和硕恪靖公主府	清	呼和浩特市
		开鲁县佛塔	元	开鲁县
		清水河县长城	明	清水河县
		纳林塔秦国长城遗址	战国	伊金霍洛旗
		锦山龙泉寺	清	喀喇沁旗
		大召	明至清	呼和浩特市
		绥远城墙和将军衙署	清	呼和浩特市
		贝子庙	清	锡林浩特市
		定远营	清	阿拉善左旗
		灵悦寺	清	喀喇沁旗
		诺尔古建筑群	清	多伦县
		库伦三大寺	清	库伦旗
		僧格林沁王府	清	科尔沁左翼后旗
		宝善寺	清	阿鲁科尔沁旗
吉林省	1	灵光塔	渤　海	长白朝鲜族自治县
浙江省	1	时思寺	元至清	景宁畲族自治县
湖北省	2	鱼木寨	明至清	利川市
		大水井古建筑群	清	利川市
湖南省	4	马田鼓楼	清	通道侗族自治县
		芋头侗寨古建筑群	明、清	通道侗族自治县
		坪坦风雨桥	清	通道侗族自治县
		凤凰古城堡	清	凤凰县
广西壮族自治区	12	经略台真武阁	明	容县
		程阳永济桥	民国	三江县
		灵渠	秦	兴安县

续表 11

地　区	数量	名　　称	时　　代	地　　址
广西壮族自治区	12	大土阁	明	合浦县
		莫土司衙署	明、清	忻城县
		靖江王府及王陵	明	桂林市
		岜团桥	清	三江侗族自治县
		临贺故城	汉至清	贺州市
		江头村和长岗岭村古建筑群	明至民国	灵川县
		马殷庙	明至清	富川瑶族自治县
		燕窝楼	明至清	全州县
		恭城古建筑群	明至清	恭城瑶族自治县
四川省	10	卓克基土司官寨	清	马尔康县
		德格印经院	清	德格县
		直波碉楼	清	马尔康县
		松潘古城墙	明	松潘县
		棒托寺	明、清	壤塘县
		丹巴古碉群	唐至清	丹巴县
		措尔机寺	元至清	壤塘县
		日斯满巴碉房	元至明	壤塘县
		松格嘛呢石经城和巴格嘛呢石经墙	明至清	石渠县
		波日桥	清	新龙县
贵州省	9	增冲鼓楼	清	从江县
		青龙洞	清	镇远县
		福泉城墙	明	福泉市
		郎德上寨古建筑群	明、清	雷山县
		地坪风雨桥	清	黎平县
		寨英村古建筑群	明至清	松桃苗族自治县
		飞云崖古建筑群	明至清	黄平县
		旧州古建筑群	明至清	黄平县
		葛镜桥	明	福泉市
云南省	22	崇圣寺三塔	唐、五代	大理白族自治州大理市
		广允缅寺	清	沧源佤族自治县
		景真八角亭	清	勐海县
		曼飞龙塔	清	景洪市
		大宝积宫与琉璃殿	明	玉龙纳西族自治县
		中心镇公堂	清	香格里拉县
		喜洲白族古建筑群	明、清	大理市

续表 12

地　区	数量	名　称	时　代	地　址
云南省	22	建水文庙	明、清	建水县
		水目寺塔	唐至明	祥云县
		佛图寺塔	唐	大理市
		大姚白塔	唐	大姚县
		指林寺大殿	元至清	建水县
		宝山石头城	元	玉龙纳西族自治县
		州城文庙和武庙	明至清	宾川县
		龙华寺	明至清	姚安县
		朝阳楼	明	建水县
		西门街古建筑群	明	剑川县
		沙溪兴教寺	明至民国	剑川县
		孟连宣抚司署	清	孟连傣族拉祜族佤族自治县
		曼短佛寺	清	勐海县
		双龙桥	清	建水县
		长春洞	清	巍山彝族回族自治县
		寿国寺	清	维西傈僳族自治县
西藏自治区	27	大昭寺		拉萨市
		昌珠寺		乃东县
		萨迦寺	元	萨迦县
		布达拉宫	明至民国	拉萨市
		噶丹寺	明初至清	拉萨市
		扎什伦布寺	明初至清	日喀则县
		哲蚌寺	明	拉萨市
		色拉寺	明	拉萨市
		罗布林卡	清	拉萨市
		夏鲁寺	元至清	日喀则市
		桑耶寺	789—799 年	扎囊县
		托林寺	宋	扎达县
		扎塘寺	1081—1093 年	扎囊县
		白居寺	明	江孜县
		朗色林庄园	明	扎囊县
		曲德寺、卓玛拉康	公元 10 世纪、公元 1274 年	吉隆县（大唐天竺使出铭公元 658 年）
		色喀古托寺	公元 1080 年	洛扎县
		科迦寺	公元 996 年	普兰县
		小昭寺	公元 641 年	拉萨市

续表 13

地　区	数量	名　　称	时　　代	地　　址
西藏自治区	27	吉如拉康	唐至清	乃东县
		松卡石塔	唐	扎囊县
		聂塘卓玛拉康	宋	曲水县
		敏竹林寺	明	扎囊县
		查杰玛大殿	元至清	昌都地区
		平措林寺	明	拉孜县
		邦纳寺	明	索县
		康松桑卡林	清	扎囊县
甘肃省	1	拉卜楞寺	清	夏河县
青海省	5	隆务寺	明、清	同仁县
		贵德文庙及玉皇阁	明、清	贵德县
		藏娘佛塔及桑周寺	北宋至清	玉树县
		格萨尔三十大将军灵塔和达那寺	宋、元	囊谦县
		却藏寺	清	互助土族自治县
宁夏回族自治区	7	海宝塔	清	银川市
		同心清真大寺	清	同心县
		拜寺口双塔	西　夏	贺兰县
		一百零八塔	元	青铜峡市
		承天寺塔	清	银川市
		董府	清	吴忠市
		宁夏秦长城遗址	战国	彭阳县、西吉县、固原县
新疆维吾尔自治区	5	苏公塔	清	吐鲁番市
		伊犁将军府	清	伊宁市
		昭苏圣佑庙	清	昭苏县
		艾提尕尔清真寺	明	喀什市
		靖远寺	明	察布查尔锡伯自治县
（五）革命遗址、革命纪念建筑物及近现代重要史迹和代表性建筑：55 处				
内蒙古自治区	5	乌兰夫故居	清至民国	土默特左旗
		成吉思汗庙	民国	乌兰浩特市
		“独贵龙”运动旧址	1919～1921 年	乌审旗
		百灵庙起义旧址	1936 年	达尔罕茂明安联合旗
		内蒙古自治政府成立大会会址	1947 年	乌兰浩特市
湖北省	1	五里坪革命旧址	1929～1933 年	鹤峰县
湖南省	3	沈从文故居	清	凤凰县
		湘鄂川黔革命根据地旧址	1934～1935 年	张家界市、永顺县、龙山县
		抗日胜利芷江洽降旧址	1945 年	芷江侗族自治县

续表 14

地　区	数量	名　称	时　代	地　址
广西壮族自治区	18	金田起义地址	1851 年	桂平县金田村
		中国工农红军第七军、第八军军部旧址	1929–1930 年	百色市、龙州县
		李宗仁故居(包括李宗仁府邸)	1921、1948 年	临桂县、桂林市
		李济深故居	民国	苍梧县
		右江工农民主政府旧址	1929 年	田东县
		八路军桂林办事处旧址	1938 年	桂林市
		北海近代建筑	近代	北海市
		刘永福、冯子材旧居建筑群	清	钦州市
		连城要塞遗址和友谊关	明至清	北海市、防城港市、宁明县、凭祥市、龙州县、大新县、靖西县、那坡县
		容县近代建筑	清至民国	容县
		太平天国永安活动旧址	1851 年	蒙山县
		马胖鼓楼	民国	三江侗族自治县
		梧州中山纪念堂	民国	梧州市
		广西农民运动讲习所旧址	1925 年	东兰县
		红军标语楼	1930 年	河池市
		湘江战役旧址	1934 年	兴安县、 全州县、灌阳县
		昆仑关战役旧址	1939～1940 年	南宁市、宾阳县、柳州市
		胡志明旧居	1942～1954 年	柳州市
海南省	1	陵水县苏维埃政府　旧址	1927～1928 年	陵水黎族自治县
重庆市	1	赵世炎故居	1904 年至 1914 年	酉阳自治县
四川省	3	泸定桥	1935 年	甘孜藏族自治州泸定县
		阿坝红军长征遗迹	1935 年	小金县、黑水县、松潘县、若尔盖县、茂县、红原县
		白利寺	1936～1950 年	甘孜藏族自治州泸定县
贵州省	4	黔东特区革命委员会旧址	1934 年	沿河土家族自治县、德江县、印江土家族苗族自治县
		黎平会议会址	1934 年	黎平县
		“二十四道拐”抗战公路	1936 年	晴隆县
		和平村旧址	1941～1944 年	镇远县
云南省	10	纳楼长官司署	清	建水县
		南甸宣抚司署	清、民国	梁河县
		五家寨铁路桥	清	屏边苗族自治县
		茨中教堂	清	德钦县
		蒙自海关旧址	清至民国	蒙自县
		鸡街火车站	民国	个旧市
		企鹤楼	民国	石屏县

续表 15

地　区	数量	名　　称	时　　代	地　　址
云南省	10	陈氏宗祠	民国	石屏县
		允燕塔	民国	盈江县
		民族团结誓词碑	1951 年	普洱哈尼族彝族自治县
西藏自治区	1	江孜宗山抗英遗址	1904 年	江孜县
甘肃省	1	俄界会议旧址	1935 年	迭部县
青海省	3	第一个核武器研制基地旧址	1957 年至 1995 年	海晏县
		新寨嘉那嘛呢	清	玉树县
		循化西路红军革命旧址	1939～1946 年	循化撒拉族自治县
宁夏回族自治区	1	将台堡革命旧址	1936 年	西吉县
新疆维吾尔自治区	3	坎尔井地下水利工程	清	吐鲁番市
		塔城红楼	清至民国	塔城市
		三区革命政府政治文化活动中心旧址	民国	伊宁市

■民族自治地方全国历史文化名城

（截至 2015 年）

河北	承德市
内蒙古自治区	呼和浩特市
湖南	凤凰县
广西壮族自治区	桂林市　柳州市　北海市
四川	会理县
贵州	遵义市　镇远县
云南	昆明市　大理市　丽江市　巍山彝族回族自治县　建水县
西藏自治区	拉萨市　日喀则市　江孜县
甘肃	天水市　张掖市
青海	同仁县
宁夏回族自治区	银川市
新疆维吾尔自治区	喀什市　吐鲁番市　库车县　伊宁市　特克斯县

■民族自治地方中国历史文化名镇

(截至 2015 年)

内蒙古自治区	多伦县多伦淖尔镇
	丰镇市隆盛庄镇
	喀喇沁旗王爷府镇
	库伦旗库伦镇
辽宁省	新宾满族自治县永陵镇
浙江省	景宁畲族自治县鹤溪镇
湖北省	宣恩县椒园镇
湖南省	龙山县里耶镇
	永顺县芙蓉镇
	泸溪县浦市镇
	花垣县边城镇
广西壮族自治区	昭平县黄姚镇
	灵川县大圩镇
	阳朔县兴坪镇
	兴安县界首镇
	恭城瑶族自治县恭城镇
	贺州市八步区贺街镇
	鹿寨县中渡镇
重庆市	石柱县西沱镇
	酉阳土家族苗族自治县龙潭镇
贵州省	黄平县旧州镇
	雷山县西江镇
	松桃苗族自治县寨英镇
云南省	禄丰县黑井镇
	剑川县沙溪镇
	孟连县娜允镇
	洱源县凤羽镇
	蒙自市新安所镇
	宾川县州城镇
西藏自治区	乃东县昌珠镇
	日喀则市萨迦镇
甘肃省	临潭县新城镇
青海省	循化撒拉族自治县街子镇
新疆维吾尔自治区	鄯善县鲁克沁镇
	霍城县惠远镇
	富蕴县可可托海镇

■民族自治地方中国历史文化名村

（截至 2015 年）

内蒙古自治区	土默特右旗美岱召镇美岱召村
	包头市石拐区五当召镇五当召村
吉林	图们市月晴镇白龙村
湖北省	恩施市崔家坝镇滚龙坝村
	恩施市宣恩县沙道沟镇两河口村
	宣恩县沙道沟镇两河口村
	宣恩县椒园镇庆阳坝村
	利川市谋道镇鱼木村
湖南省	祁阳县潘市镇龙溪村
	龙山县苗儿滩镇捞车村
	通道侗族自治县坪坦乡坪坦村
	通道侗族自治县双江镇芋头村
	永顺县灵溪镇老司城村
广东省	连南瑶族自治县三排镇南岗古排村
广西壮族自治区	富川瑶族自治县朝东镇秀水村
	灵山县佛子镇大芦村
	南宁市江南区江西镇扬美村
	玉林市玉州区城北街道办事处高山村
	富川瑶族自治县朝东镇福溪村
	灌阳县文市镇月岭村
	灵川县青狮潭镇江头村
	兴安县漠川乡榜上村
	阳朔县白沙镇旧县村
四川省	丹巴县梭坡乡莫洛村
	汶川县雁门乡萝卜寨村
贵州省	锦屏县隆里乡隆里村
	黎平县肇兴乡肇兴寨村
	从江县往洞乡增冲村
	三都县都江镇怎雷村
	雷山县郎德镇上郎德村
	从江县丙妹镇岜沙村
	黎平县茅贡乡地扪村
	榕江县栽麻乡大利村
	务川仡佬族苗族自治县大坪镇龙潭村
云南省	云龙县诺邓镇诺邓村
	石屏县宝秀镇郑营村

续表

云南省	巍山县永建镇东莲花村
	祥云县云南驿镇云南驿村
	弥渡县密祉乡文盛街村
	永平县博南镇曲硐村
西藏自治区	吉隆县吉隆镇帮兴村
	尼木县吞巴乡吞达村
	工布江达县错高乡错高村
甘肃	天水市麦积区麦积镇街亭村
	天水市麦积区新阳镇胡家大庄村
青海省	同仁县年都乎乡郭麻日村
	玉树县仲达乡电达村
	循化撒拉族自治县清水乡大庄村
	玉树县安冲乡拉则村
	班玛县灯塔乡班前村
宁夏回族自治区	中卫市香山乡南长滩村
新疆维吾尔自治区	鄯善县吐峪沟乡麻扎村
	哈密市回城乡阿勒屯村
	哈密市五堡乡博斯坦村
	特克斯县喀拉达拉乡琼库什台村

中国少数民族文学、少数民族题材作品“骏马奖”资料

■历届全国少数民族文学“骏马奖”获奖作品

	第一届	第二届	第三届	第四届	第五届	第六届	第七届	第八届	第九届	第十届
长篇小说	7	4	6	6	8	7	7	5	5	5
中、短篇小说集(中、短篇小说)	29	51	14	28	14	15	17	6	5	5
诗歌集(诗集、长诗、短诗)	59	33	10	25	13	14	10	5	7	5
散文、报告文学集(散文、报告文学)	17	12	5	11	10	12	12	10	8	10
评论集(评论)		6	1	4	4	4	4	5	5	
儿童文学集(儿童文学)	8		3	3	1	4	2			
电影文学	4									
剧　本	5									
翻译奖		8(人)	4(人)	6(人)	3(人)	6(人)	4(人)	1（人）	4（人）	4（人）
新人新作			18	16	10					
特别奖			22			1				
荣誉奖	11	13								
人口较少民族特别奖									5	
合　计	140	127	83	99	63	63	56	32	39	29

■历届全国少数民族题材电视“骏马奖”评奖活动

届数	时间	地点	主办单位	协办单位	承办单位
第一届	1986 年	呼和浩特	国家民委　文化部　中国文联　中国视协		内蒙古自治区广电厅、民委、视协
第二届	1988 年	昆明	国家民委　文化部　中国文联　中国视协		云南省广电厅、民委、视协
第三届	1990 年	乌鲁木齐	国家民委　文化部　中国文联　中国视协		新疆维吾尔自治区广电厅、民委、视协
第四届	1992 年	南宁	国家民委　广电部　文化部　中国文联	中国视协	广西壮族自治区广电厅、民委、视协
第五届	1994 年	成都	国家民委　广电部　文化部　中国文联	中国视协	四川省广电厅、民委、视协
第六届	1996 年	北京	国家民委　广电部　文化部　中国文联	中国视协	国家民委文化宣传司
第七届	1998 年	广州	国家民委　广电部　文化部　中国文联	中国视协	广州市广电局广州电视台、广东省民委
第八届	2000 年	北京	国家民委　广电部　文化部　中国文联	中国视协	北京电视台
第九届	2002 年	济南	国家民委　广电部　文化部　中国文联	中国视协	山东省民委、广电局、文化厅、文联承办、山东电视综艺频道具体承办
第十届	2004 年	呼和浩特	国家民委　广电部　文化部　中国文联	中国视协	内蒙古自治区民委、广电厅、文化厅、文联承办

■历届全国少数民族题材电视“骏马奖”获奖作品 （单位：部）

	第一届	第二届	第三届	第四届	第五届	第六届	第七届	第八届	第九届	总计
北　京			1			3	1	4	6	15
天　津					1	1				2
河　北				2	1		1	2	1	7
山　西	1		1					1		3
吉　林	1	4	5	4	4	4	4	5	5	36
内蒙古	2	3	11	5	10	7	14	14	14	80
辽　宁	1				1	2				4
吉　林	1	4	5	4	4	4	4	5	5	36
黑龙江	1			1	2	2	2	3	5	16
上　海			1	1	1		3	4	1	11
江　苏				1		1			2	4
浙　江		1	1							2
安　徽				1					1	2
福　建					1	1		1	1	4
江　西										
山　东				1	1	2	2	6	17	29
河　南										
湖　北			2	4	1	1	2	3	4	17
湖　南		2	3	3	3	5	3	4	4	27
广　东			1	1	1	2	1	1		7
广　西	1	2	7	17	4	3	2	9	11	56
海　南				1		1		2		4
重　庆										
四　川		1	2	2	15	2	3	2	5	32
贵　州	2	1	1	3			2	3	3	15
云　南	2	5	4	4	3	7	10	14	16	65
西　藏	1	1	4	4	4	4	5	2		25
陕　西	1		1							2
甘　肃	1	1	2	2	6	2		6	2	22
青　海		1	1	4	3	4	9	10	15	47
宁　夏	1	1	1	2	2	2	2	3	1	15
新　疆	1	5	14	20	14	14	19	27	33	147
中央电视台			5	1	3	5	4	17	33	68
中国电视剧制作中心		2			1	1			2	6
中央电视台新影制作中心									4	4
中国广播艺术团								1	2	3
中国农业电影电视中心									2	2
合计	17	34	73	88	86	80	93	149	195	815

■历届全国少数民族题材电影“骏马奖”获奖作品

(单位：部，人)

	第一届(1994 年)	第二届(1998 年)	第三届(2002 年)
故事片一等奖	1	1	1
故事片二等奖	3	1	2
故事片三等奖	6	1	1
故事片评委会特别奖	1		
故事片评委会提名奖(纪念奖)	23		5
儿童片一等奖			
儿童片二等奖			
儿童片三等奖			2
儿童片评委会提名奖			2
纪录片一等奖	1		
纪录片二等奖	2		
纪录片三等奖	3		
优秀纪录片奖			2
美术片一等奖	1		
美术片二等奖	2	1	
美术片三等奖	1	1	
优秀美术片奖			2
科教片一等奖	1		
优秀电视电影奖			2
最佳编剧(优秀编剧)	1(人)	2(人)	4(人)
最佳导演(优秀导演)	2(人)	2(人)	2(人)
最佳摄影(优秀摄影)		1(人)	1(人)
最佳男演员(优秀男演员)	1(人)	1(人)	1(人)
最佳女演员(优秀女演员)	1(人)	1(人)	1(人)
少数民族语优秀译制片奖	36		
少数民族语优秀译制片奖(蒙古语)		3	2
少数民族语优秀译制片奖(藏语)		1	3
少数民族语优秀译制片奖(维吾尔语)		4	2
少数民族语优秀译制片奖(哈萨克语)		1	1
少数民族语优秀译制片奖(彝语)		2	2
少数民族语优秀译制片奖(壮语)		2	6
少数民族语优秀译制片奖(傣语)		1	2
少数民族语优秀译制片奖(侗语)		1	2
少数民族语优秀译制片奖(佤语)			1
少数民族语优秀译制片奖(傈僳语)		1	
少数民族语优秀译制片奖(苗语)		2	
少数民族语译制片综合技术奖(蒙古语)		1	1
少数民族语译制片综合技术奖(藏语)		1	2
少数民族语译制片综合技术奖(维吾尔语)		1	2
少数民族语译制片综合技术奖(哈萨克语)			
少数民族语译制片综合技术奖(彝语)		1	
少数民族语译制片综合技术奖(壮语)		1	
少数民族语译制片综合技术奖(侗语)		1	
少数民族语译制片综合技术奖(鄂温克语)		1	
少数民族语译制片综合技术奖(佤语)		1	
少数民族语译制片综合技术奖(苗语)			1

中国少数民族传统体育运动会资料

■历届全国少数民族传统体育运动会

项目	第一届	第二届	第三届	第四届
时间	1953 年 11 月 8 日—12 日	1982 年 9 月 2 日—8 日	1986 年 8 月 10 日—17 日	1991 年 11 月 10 日—17 日
地点	天津市	呼和浩特市	乌鲁木齐市	南宁市
参加单位	华北、东北、西北、中南、西南、东南等 6 大行政区和内蒙古、解放军、铁路系统共 9 个单位	29 个省、自治区、直辖市代表团	29 个省、自治区、直辖市代表团	30 个省、自治区、直辖市代表团
民族及人数	蒙古、回、藏、维吾尔、哈萨克、苗、满、朝鲜、傣、纳西、塔塔尔等 12 个民族，395 名运动员	55 个少数民族，863 名运动员、教练员，其中：少数民族运动员 593 人；2 个观摩团，400 多人；300 多名中外记者	55 个少数民族，1097 名运动员、教练员，其中：少数民族运动员 777 人；29 个观摩团，872 人；中外记者 580 人；港澳同胞及外国朋友 45 人	55 个少数民族，1740 名运动员。29 个观摩团，有教练员、裁判员、工作人员、少数民族体育先进地区和单位代表、新闻工作者共 4500 人
比赛项目	举重、拳击、石锁、摔跤、击剑和步射(弓箭射准)	射箭邀请赛、中国式摔跤比赛	摔跤、射箭、赛马、叼羊、射弩、抢花炮、秋千	龙舟、抢花炮、秋千、射弩、珍珠球、木球、摔跤、赛马和武术
表演项目	武术(分棒术和器械，共 383 项)、民间体育(分石提、爬杆等 22 项)、骑术(各种马上技巧表演 9 项)	傣族的孔雀拳、蒙古族的赛骆驼、赛马等 68 项	表演项目 115 项	表演项目 120 项

续表

项目	第五届	第六届	
时间	1995 年 11 月 5 日—12 日	1999 年 9 月 24 日—30 日	1999 年 8 月 18 日—23 日
地点	昆明市	北京市(主赛场)	拉萨市(分赛场)
参加单位	31 个省、自治区、直辖市代表团，新疆生产建设兵团、解放军代表团、台湾少数民族代表团	31 个省、自治区、直辖市代表团，新疆生产建设兵团、解放军代表团、台湾少数民族代表团	31 个省、自治区、直辖市代表团、新疆生产建设兵团、解放军代表团
民族及人数	55 个少数民族，2342 名运动员。30 个省、自治区、直辖市组织了观摩团。运动员、教练员、工作人员、观摩人员、少数民族体育模范代表，中外记者及来宾共 7000 人参加了运动会。	55 个少数民族，2626 名运动员。各省、自治区、直辖市组织了观摩团、运动员、教练员、工作人员、观摩人员、少数民族体育模范代表及记者共计 6000 人。	35 个少数民族，764 名运动员。各省、自治区、直辖市组织了 33 个代表团和 40 个观摩团。运动员、教练员、工作人员、观摩人员及记者共计 2386 人。
比赛项目	抢花炮、珍珠球、木球、民族式摔跤(博克、且里西、格、北嘎、绊跤)、秋千、武术、射弩、龙舟、马上项目(速度赛马、走马、跑马、射击、跑马射箭、跑马拣哈达、叼羊)、打陀螺、毽球等共 11 项	抢花炮、珍珠球、毽球、蹴球、木球、秋千、武术、龙舟、民族式摔跤(博克、格、且里西、北嘎、绊跤)、马上项目(速度赛马、走马、跑马、射击、跑马射箭、跑马拾哈达)等 10 个项目	马上项目、射弩、打陀螺、押加等 4 个项目。
表演项目	表演项目 129 项	表演项目 11 项	表演项目 39 项

项目	第七届	第八届	第九届	第十届
时间	2003 年 9 月 6 日—13 日	2007 年 11 月 10 日—18 日	2011 年 9 月 10 日—2011 年 9 月 18 日	2015 年 8 月 9 日–17 日
地点	银川市（主赛场） 石嘴山市（分赛场）	广州市	贵阳市	鄂尔多斯市
参加单位	31 个省、自治区、直辖市代表团，新疆生产建设兵团、解放军代表团、台湾少数民族代表团	31 个省、自治区、直辖市代表团，新疆生产建设兵团、解放军代表团、台湾少数民族代表团	31 个省、自治区、直辖市代表团，新疆生产建设兵团、中国人民解放军、台湾少数民族代表团。	全国各省、自治区、直辖市及中国人民解放军、新疆生产建设兵团
民族及人数	55 个少数民族，3735 名运动员。30 个省、自治区、直辖市组织了观摩团。运动员、教练员、工作人员、观摩人员、少数民族体育模范代表，中外记者及来宾共 9039 人参加了运动会。	55 个少数民族，6381 名运动员。30 个省、自治区、直辖市组织了观摩团。运动员、教练员、工作人员、观摩人员、少数民族体育模范代表，中外记者及来宾共 1.5 万人参加了运动会。	由 55 个少数民族，6771 名运动员。31 个省、自治区、直辖市组织了观摩团。运动员、教练员、工作人员、观摩人员、少数民族体育模范代表，中外记者及来宾近万人参加了运动会。	由 56 个少数民族，运动员、教练员、裁判员及工作人员的总人数预计将达到 9000 人。
比赛项目	抢花炮、珍珠球、木球、民族式摔跤(博克、且里西、格、北嘎、绊跤)、秋千、武术、射弩、龙舟、马术(速度赛马、走马、跑马射箭、跑马射击、跑马拾哈达)、打陀螺、毽球、蹴球、高脚竞速、押加等共 14 项	抢花炮、珍珠球、木球、民族式摔跤(博克、且里西、格、北嘎、绊跤、朝鲜族式摔跤)、秋千、武术、射弩、龙舟、马术(速度赛马、走马、跑马射箭、跑马射击、跑马拾哈达)、打陀螺、毽球、蹴球、高脚竞速、板鞋竞速、押加等共 15 项	花炮、珍珠球、木球、蹴球、毽球、龙舟、独竹漂、秋千、射弩、陀螺、押加、高脚竞速、板鞋竞速、武术、民族式摔跤（搏克、且里西、格、北嘎、绊跤、希日木）、马术（速度赛马、走马、跑马射击、跑马射箭、跑马拾哈达）等 16 个大项。	花炮、珍珠球、木球、蹴球、毽球、龙舟、独竹漂、秋千、射弩、陀螺、押加、高脚竞速、板鞋竞速、少数民族武术、民族式摔跤、马术、 民族健身操等 17 项
表演项目	表演项目 125 项。	表演项目 148 项。	3 个大类，共 188 项。	表演项目 140 项。

■中国少数民族传统体育运动竞赛项目

项目名称	项目内容	
1．花炮	男子	16 人集体项目
2．珍珠球	男子	14 人集体项目
	女子	14 人集体项目
3．木球	男子	10 人集体项目
4．蹴球	男子	单蹴、双蹴
	女子	单蹴、双蹴
	男女混合	双蹴
5．毽球	男子	6 人集体项目
	女子	6 人集体项目
6．龙舟	男子	直道竞速：250 米、500 米、800 米
	女子	直道竞速：250 米、500 米、800 米
	男女混合	直道竞速：250 米、500 米、800 米
7．秋千	女子	团体赛
		双人触铃、双人高度
		单人触铃、单人高度
8．射弩	男女混合	团体
	男子	全能
		20 米双轮跪姿
		20 米双轮立姿
	女子	全能
		15 米双轮跪姿
		15 米双轮立姿
9．陀螺	男子	3 人团体赛
		个人赛
	女子	3 人团体赛
		个人赛

续表

项目名称	项目内容	
10．押加	男子	55 公斤、60 公斤、70 公斤、80 公斤、80 公斤以上级
11．高脚竞速	男子	200 米竞速、2×200 米接力
	女子	200 米竞速、2×200 米接力
	男女混合	4×100 米混合接力
12．武术	男子、女子拳术	A 组：各种长拳、南拳、太极拳
		B 组：形意拳、八卦拳、八极拳、通臂拳、翻子拳、劈挂拳、地躺拳、象形拳、查拳、华拳、花拳、炮拳、洪拳、红拳、少林拳
		C 组：除 A、B 外的各种拳术套路
	男子、女子器械	A 组：长拳类刀、剑、枪、棍
		B 组：各种双、软器械
		C 组：除 A、B 外的各种单器械
	男子、女子对练	3 人以内各种对练套路(不允许混合)
13．民族式摔跤(男子项目)	博克(蒙式)团体、个人赛	
	且里西(维式)52 公斤、62 公斤、74 公斤、90 公斤、90 公斤以上	
	格(彝式)52 公斤、62 公斤、74 公斤、90 公斤、90 公斤以上	
	北嘎(藏式)52 公斤、62 公斤、74 公斤、90 公斤、90 公斤以上	
	绊跤(回式)52 公斤、62 公斤、74 公斤、90 公斤、90 公斤以上	
14．马术	速度赛马：1000 米、2000 米、3000 米、5000 米、10000 米	
	走马：1000 米、2000 米、5000 米	
	跑马射击	
	跑马射箭	
	跑马拾哈达	
15.独竹漂	男子直道竞速 60 米、100 米	
	女子直道竞速 60 米、100 米	
16.板鞋竞速	男子三人板鞋	
	女子三人板鞋	
	三人板鞋 4×100 米混合接力	
17.民族健身操	由国家民委为第十届全国少数传统体育运动会民族健身操比赛组织创编的规定套路。	

中国民族自治地方世界遗产、国家级自然保护区、风景名胜区和旅游区名单

■民族自治地方世界遗产（截至 2015 年）

	省区	名称	地　址
世界文化遗产	内蒙古自治区	元上都遗址	内蒙古自治区锡林郭勒
	西藏自治区	布达拉宫（大昭寺、罗布林卡）	西藏自治区拉萨市
	云南省	红河哈尼梯田	云南省红河哈尼族彝族自治州元阳县
	新疆维吾尔自治区	丝绸之路中国部分	新疆维吾尔自治区高昌故城、交河故城、克孜尔尕哈峰燧、克孜尔石窟、苏巴什佛寺遗址、北庭故城遗址
世界自然遗产	四川省	九寨沟	四川省阿坝藏族羌族自治州九寨沟县
		黄龙	四川省阿坝藏族羌族自治州松潘县
		四川大熊猫栖息地	四川省阿坝藏族羌族自治州小金县
	云南省	三江并流	云南省迪庆藏族自治州、怒江傈僳族自治州
	云南省、贵州省	中国南方喀斯特	云南省石林彝族自治县、贵州省黔南布依族苗族自治州荔波县
	新疆维吾尔自治区	新疆天山	新疆维吾尔自治区
世界人类口述和非物质遗产	内蒙古自治区	蒙古族长调民歌	内蒙古自治区
		蒙古族呼麦	内蒙古自治区、阿拉泰、哈卡斯
	吉林省、黑龙江省、辽宁省	朝鲜族农乐舞	吉林省、黑龙江省、辽宁省等朝鲜族聚居区
	贵州省、湖北省、广西省、四川省、云南省	贵州侗族大歌	贵州、湖北、广西、湖南等省区
	西藏自治区	藏戏	西藏自治区、青海、甘肃、四川、云南等藏语地区
		《格萨尔》史诗	西藏自治区、青海省、甘肃省、四川省、新疆维吾尔自治区
	甘肃省	甘肃花儿	临夏回族自治州
	青海省	青海热贡艺术	青海省同仁县地区
	新疆维吾尔族自治区	新疆《玛纳斯》	新疆维吾尔自治区
		新疆维吾尔木卡姆艺术	新疆维吾尔自治区

■民族自治地方国家级自然保护区名录

（截至 2015 年）

地区	保护区名称	行政区域	面积(公顷)	主要保护对象	类型	建立时间
河北省	红松洼草原	围场县	7300	草原生态系统	草原草甸	1994–8–1
	塞罕坝	围场县	20029.8	森林–草原交错带生态系统	草原草甸	2007–4–6
	滦河上游	围场县	50637.4	滦河上游的自然生态环境、森林生态系统及其生物多样性和珍稀濒危的野生动植物物种	森林和野生动物	2008–1–14
内蒙古自治区	赛罕乌拉	巴林左旗	100400	森林及马鹿等野生动物	森林生态	1997–4–1
	达里诺尔鸟类	克什克腾旗	119413	珍稀鸟类	野生动物	1987–9–8
	白音敖包云杉林	克什克腾旗	13862	沙地云杉林	森林生态	1979–10–4
	黑里河	宁城县	27638	森林生态系统	森林生态	1996–12–31
	大黑山	敖汉旗	86799	天然阔叶林	森林生态	1996–9–1
	汗玛	根河市	107348	森林生态系统	森林生态	1996–11–29
	红花尔基樟子松林	额温克旗	20085	樟子松林	森林生态	1998–5–1
	辉河	鄂温克族自治旗	346848	湿地、珍禽、草原	内陆湿地	1997–12–1
	达赉湖	新巴尔虎右旗	740000	湖泊、湿地、草原生态系统	内陆湿地	1987–1–1
	科尔沁	科尔沁右翼中旗	126987	湿地珍禽、灌丛及疏林草原	野生动物	1986–6–1
	图牧吉	扎赉特旗	94830	草原生态系统及大鸨等珍禽	草原草甸	1996–8–1
	大青沟	科尔沁左翼后旗	8183	针阔混交林	森林生态	1988–5–9
	锡林郭勒草原	锡林浩特市	580000	草甸草原、沙地疏林	草原草甸	1985–8–8
	鄂尔多斯遗鸥	鄂尔多斯市东胜区	14770	遗鸥及其生境	野生动物	1991–1–1
	西鄂尔多斯	鄂托克旗、乌海市	555849	古老残遗濒危植物	野生植物	1986–12–1
	乌拉特梭梭林－蒙古野驴	乌拉特后旗	68000	梭梭林、蒙古野驴及荒漠生态系统	荒漠生态	1985–10–1
	内蒙古贺兰山	阿拉善左旗	67710	水源涵养林、野生动植物	森林生态	1992–10–27
	额济纳胡杨林	额济纳旗	26253	胡杨林	荒漠生态	1968–6–1
	阿鲁科尔沁	阿鲁科尔沁旗	136793	沙地草原、湿地生态系统及珍稀鸟类	森林生态	2005–7–23
	哈腾套海	磴口县	123600	荒漠植被和野生动植物	荒漠生态	2005–7–23
	额尔古纳	额尔古纳市	124527	寒温带针叶林	森林生态	2006–2–11
	鄂托克恐龙遗迹化石	鄂托克旗查布苏木	46410	多种类型的恐龙足迹化石，以及恐龙骨骼化石	地质遗迹	2007–4–6
	大青山	乌兰察布市卓资县、呼和浩特市、包头市	388577	山地森林灌丛珍稀野生动植物及水源涵养地	森林生态	2008–1–14
辽宁省	老秃顶子	桓仁、新宾县	15219	长白植物区系原生型森林及紫杉、人参等珍稀物种	森林生态	1981–9–18
	白石砬子	宽甸县	7467	原生型红松阔叶混交林	森林生态	1981–9–9
	海棠山	阜新蒙古族自治县	11002.7	油松栎类混交的顶极群落及野生动物	森林生态	2007–4–6

续表 1

地区	保护区名称	行政区域	面积(公顷)	主要保护对象	类型	建立时间
吉林省	伊通火山群	伊通自治县	765	火山地质遗迹	地质遗迹	1984-6-27
	鸭绿江上游	长白县	20306	冷水性鱼类	野生动物	1996-10-1
	天佛指山松茸	龙井市	77317	松茸及森林生态系统	野生植物	1996-8-22
	长白山	安图县	196465	森林及野生动物	森林生态	1960-4-1
	珲春东北虎	珲春市	108700	东北虎、豹及其栖息地	野生动物	2005-7-23
	查干湖	吉林省西部前郭、乾安和大安 2 县 1 市	50684	半干旱地区湖泊水生生态系统、湿地生态系统和野生珍稀、濒危鸟类	内陆湿地和水域生态	2007-4-6
	雁鸣湖	敦化	53940	牡丹江上游湿地及黑鹳、东方白鹳、丹顶鹤、中华秋沙鸭等濒危水禽及东北虎迁移的重要生态通道	内陆湿地和水域生态	2007-4-6
湖北省	神农架	房县、兴山、巴东	70467	森林生态系统及珍稀动物金丝猴等	森林生态	1986-7-9
	后河	五峰自治县	10340	原始森林珍稀动植物	森林生态	2000-4-1
	星斗山	利川、咸丰、恩施市	68339	水杉、珙桐及森林植被	野生植物	1988-1-1
	七姊妹山	宣恩县	34550	典型的中亚热带山地常绿阔叶林生态系统、珙桐为主的珍稀濒危植物及群落、大型猫科动物为主的珍稀濒危动物及其栖息环境和亚高山泥炭藓沼泽湿地	野生植物	2008-1-14
湖南省	小溪	永顺县	24800	原始次生林	森林生态	1985-7-16
广西壮族自治区	大明山	武鸣、马山、上林县	16994	季风常绿阔叶林、水源涵养林及自然景观	森林生态	1981-8-1
	花坪	龙胜、临桂县	17400	银杉及典型常绿阔叶林生态系统	野生植物	1961-11-1
	猫儿山	资源、兴安县	17009	典型常绿阔叶林生态系统、水源涵养林	森林生态	1976-5-1
	山口红树林	合浦县	8000	红树林生态系统	海洋海岸	1990-9-30
	岑王老山	田林县、凌云县	18994	南亚热带中山常绿阔叶混交林、垂直带谱森林生态系统和黑颈长尾雉、叉孢苏铁、伯乐树等珍稀濒危物种	森林生态	2007-4-6
	九万山	融水苗族自治县、罗城仫佬族自治县、环江毛南族自治县	25212.8	水源涵养林	森林生态	2007-4-6
广西壮族自治区	合浦儒艮	合浦县	35000	儒艮及海洋生态系统	野生动物	1986-4-27
	北仑河口海洋	防城市防城区	3000	红树林生态系统	海洋海岸	1990-3-4
	防城上岳金花茶	防城市防城区	9195	金花茶及森林生态系统	野生植物	1986-4-5
	十万大山	上思、钦州、防城	58277	水源涵养林	森林生态	1982-6-1
	弄岗	龙州、宁明县	10080	石灰岩季节雨林生态系统、白头叶猴、黑叶猴等	森林生态	1978-1-1

续表 2

地区	保护区名称	行政区域	面积(公顷)	主要保护对象	类型	建立时间
广西壮族自治区	大瑶山	金秀自治县	24907	水源林及瑶山鳄蜥、银杉	森林生态	1982–6–1
	木论	环江自治县	8969	中亚热带石灰岩、常绿阔叶混交林生态系统	森林生态	1991–8–18
	千家洞	灌阳县	12231	亚热带常绿阔叶林	森林生态	2006–2–11
	金钟山黑颈长尾雉	隆林各族自治县、西林县	20924.4	黑颈长尾雉	野生动物	2008–1–14
海南省	尖峰岭	乐东自治县	20170	热带雨林生态系统	森林生态	1976–10–1
	五指山	琼中自治县	13435.9	热带原始林生态系统	森林生态	1985–11–1
	霸王岭	昌江自治县	29980	黑冠长臂猿及生境	野生动物	1980–4–9
	吊罗山	陵水县、保亭县、琼中县	18389	森林生态系统及珍稀动植物	森林生态	2008–1–14
四川省	马边大风顶	马边自治县	30164	大熊猫及森林生态系统	野生动物	1977–5–1
	卧龙	汶川县	200000	大熊猫及森林生态系统	野生动物	1975–1–1
	九寨沟	九寨沟县	64297	大熊猫及森林生态系统	野生动物	1978–1–1
	四姑娘山	小金县	48500	野生动物及高山生态系统	野生动物	1996–11–29
	若尔盖湿地	若尔盖县	166571	高寒沼泽湿地及黑颈鹤等野生动物	内陆湿地	1994–8–18
	贡嘎山	康定、泸定县	400000	珍稀动物及高山生物多样性	森林生态	1997–12–8
	察青松多	白玉县	143682.6	白唇鹿、金钱豹等野生动物	野生动物	1995–1–1
	亚丁	稻城县	134400	森林生态系统、野生动植物、冰川	森林生态	1997–12–16
	美姑大风顶	美姑县	50655	大熊猫及森林生态系统	野生动物	1982–1–1
	长江上游珍稀、特有鱼类国家级自然保护区	33174	33174	珍稀鱼类	野生动物	1987–12–4
	海子山	甘孜藏族自治州稻城县、理塘县	459161	高寒湿地生态系统	内陆湿地	2008–1–14
贵州省	梵净山	江口、印江、松涛	41900			1986–7–9
	麻阳河黑叶猴	沿河自治县	31113	黑叶猴等珍稀动物及生境	野生动物	1987–8–1
	草海	威宁自治县	12000	高原湿地生态系统及黑颈鹤等	内陆湿地	1985–1–1
	雷公山	黔东南自治州	47300	中亚热带森林及秃杉等珍稀植物	森林生态	1982–6–1
	茂兰	荔波县	20000	喀斯特地貌为主的森林生态系统	森林生态	1986–4–9
云南省	哀牢山	新平县	67700	原始森林、黑长臂猿等珍稀动植物	森林生态	1986–3–1
	高黎贡山					
	大围山	屏边自治县	43993	南亚热带常绿阔叶林及珍稀动物	森林生态	1986–6–1
	金平分水岭	金平自治县	42027	热带半山山地苔藓常绿阔叶林以及珍稀动植物	森林生态	1986–6–1

续表 3

地区	保护区名称	行政区域	面积(公顷)	主要保护对象	类型	建立时间
	绿春黄连山	绿春县	65058	亚热带常绿阔叶林生态系统、野生动植物	森林生态	1983－4－1
	文山老君山	文山县	26867	原始阔叶林	森林生态	1958－10－8
	无量山	景东、南涧县	30938	亚热带常绿阔叶林及长臂猿等	森林生态	1988－3－1
	西双版纳	西双版纳自治州	241776	热带森林生态系统及珍稀野生动植物	森林生态	1958－10－9
	纳板河	景洪县	26100	森林和野生动植物	森林生态	1992－7－1
	苍山洱海	大理市	79700	断层湖泊、古代冰川遗迹、弓鱼、苍山冷杉、杜鹃林	内陆湿地	1981－11－5
	白马雪山	德钦县	276432	高山针叶林、滇金丝猴	森林生态	1984－1－1
	南滚河	沧源自治县	50887	亚洲象及其栖息的热带季雨林	野生动物	1980－1－1
西藏自治区	雅鲁藏布江中游黑颈鹤	林周县	614350	黑颈鹤及其越冬生境	野生动物	1993－1－1
	芒康滇金丝猴	芒康县	185300	滇金丝猴及其生态系统	野生动物	1993－1－1
	珠穆朗玛峰	日喀则地区	3381000	高山森林及荒漠生态系统	森林生态	1988－4－5
	色林错	申扎县	2032380	黑颈鹤繁殖地、高原湿地生态系统	野生动物	1993－1－1
	羌塘	双湖、文南、改则等	29800000	藏羚羊、野牦牛等野生动物及高原荒漠生态系统	荒漠生态	1993－4－4
	雅鲁藏布大峡谷	墨脱县	916800	热带山地垂直带植被及珍贵动植物	森林生态	1985－7－9
	察隅慈巴沟	察隅县	101400	羚羊、山地亚热带森林生态系统	森林生态	1985－1－1
	拉鲁湿地	拉萨市	1220	高寒湿地生态系统	内陆湿地	2005－7－23
	类乌齐马鹿	类乌齐县	120614	马鹿、白唇鹿等野生动物及其生境、自然植被	野生动物	2005－7－23
甘肃省	莲花山	卓尼、康乐县	11691	森林生态系统	森林生态	1982－12－1
	尕海－则岔	碌曲县	247431	候鸟等野生动物、森林生态、石林等	野生动物	1995－10－1
	盐池湾	肃北蒙古族自治县	1360000	白唇鹿及过渡带生态系统	荒漠生态	2006－2－11
	安南坝野骆驼	阿克塞哈萨克族自治县	396000	野骆驼及其荒漠生态系统	野生动物	2006－2－11
青海省	孟达	循化自治县	17290	森林生态系统及珍稀生物物种	森林生态	1980－4－1
	青海湖	刚察县	495200	斑头雁、棕头鸥等水禽及生态系统	野生动物	1975－8－8
	可可西里	玉树自治州	4500000	藏羚羊、野驴、野牦牛等有蹄类动物及生态系统	野生动物	1995－10－8
	隆宝	玉树县	10000	黑颈鹤、天鹅等水禽及草甸生态系统	野生动物	1986－8－9
	三江源	玉树县	15230000	珍稀动物、湿地、森林、高寒草甸、冰川等生态系统	内陆湿地	2000－5－1
宁夏回族自治区	贺兰山	银川市	206266	森林生态系统、野生动植物资源	森林生态	1982－7－1
	沙坡头	中卫县	13722	自然沙生植被及人工植被、野生动物	荒漠生态	1984－9－1

续表 4

地区	保护区名称	行政区域	面积(公顷)	主要保护对象	类型	建立时间
宁夏回族自治区	罗山	同心县	33710	水源涵养林	森林生态	1982-7-1
	白芨滩	灵武市	74843	天然柠条母树林及沙生植被	荒漠生态	1985-1-4
	六盘山	固原县	26667	野生动物及水源涵养林	森林生态	1982-5-9
	哈巴湖	盐池县	84000	过渡区荒漠—湿地生态系统	内陆湿地	2006-2-11
新疆维吾尔自治区	阿尔金山	若羌县	4500000	三大有蹄类野生动物	荒漠生态	1983-1-1
	罗布泊野骆驼	若羌县	7800000	野骆驼及其生境	野生动物	1986-1-1
	巴音布鲁克	和静县	100000	天鹅等珍稀水禽、沼泽	野生动物	1980-5-9
	托木尔峰	温宿县	237600	野生动植物	森林生态	1980-1-1
	西天山	巩留县	31217	雪岭云杉林森林生态系统	森林生态	1983-1-2
	甘家湖梭梭林	乌苏县	54667	梭梭林及生境	荒漠生态	1983-10-1
	哈纳斯	布尔津、哈巴河县	220162	西伯利亚动植物区系及自然景观	森林生态	1980-5-1
	塔里木胡杨	尉犁县、轮台县	395420	胡杨林及其荒漠生态系统	森林生态	2006-2-11
	艾比湖湿地	博乐市、精河县	267085	湿地及珍稀野生动植物	内陆湿地	2007-4-6

■民族自治地方国家 AAAAA 级旅游区（点）名单

（截至 2015 年）

地　区	数量（个）	名　　称
内蒙古自治区	2	鄂尔多斯达拉特旗响沙湾旅游景区
		鄂尔多斯伊金霍洛旗成吉思汗陵旅游区
湖北省	2	宜昌长阳县清江画廊景区
		恩施州巴东神农溪纤夫文化旅游区
广西壮族自治区	4	桂林市漓江景区
		桂林市乐满地度假世界
		桂林独秀峰·靖江王城景区
		南宁市青秀山旅游区
海南省	2	保亭县呀诺达雨林文化旅游区
		陵水县分界洲岛旅游区
四川省	4	绵阳北川羌城旅游区
		阿坝藏族羌族自治州九寨沟旅游景区
		阿坝藏族羌族自治州松潘县黄龙风景名胜区
		阿坝藏族羌族自治州汶川特别旅游区

续表

云南省	2	迪庆藏族自治州香格里拉普达措国家公园
		中国科学院西双版纳热带植物园
西藏自治区	2	拉萨布达拉宫景区
		拉萨大昭寺景区
宁夏回族自治区	3	石嘴山市沙湖旅游景区
		中卫市沙坡头旅游景区
		银川镇北堡西部影视城
新疆维吾尔自治区	8	新疆天山天池风景名胜区
		吐鲁番市葡萄沟风景区
		阿勒泰地区喀纳斯景区
		喀什地区泽普县金湖杨景区
		伊犁地区新源县那拉提旅游风景区
		阿勒泰地区富蕴县可可托海景区
		乌鲁木齐天山大峡谷
		巴音郭楞蒙古自治州博湖县博斯腾湖景区
重庆市	1	酉阳桃花源景区

■民族自治地方国家 AAAA 级旅游区（点）名单

（截至 2015 年）

地　区	数量（个）	名　　称
河北省	3	承德塞罕坝国家森林公园
		承德御道口草原森林风景区
		丰宁京北第一草原
内蒙古自治区	28	内蒙古格根塔拉草原旅游中心
		成吉思汗陵旅游区
		满洲里中俄互市贸易旅游区
		包头五当召
		阿拉善盟贺兰山南寺生态旅游区
		鄂尔多斯响沙湾旅游区
		阿尔山海神圣泉旅游度假区
		通辽大青沟国家级自然保护区

续表 1

地　区	数量（个）	名　　称
内蒙古自治区	28	赤峰市喀喇沁亲王府
		赤峰市克什克腾世界地质公园阿斯哈图花岗岩石林园区
		阿拉善盟腾格里达来·月亮湖沙漠生态探险度假营地
		巴彦淖尔市维信国际高尔夫度假村
		鄂尔多斯市鄂尔多斯文化旅游村
		鄂尔多斯市恩格贝生态旅游区
		呼伦贝尔市扎兰屯吊桥公园
		包头市北方兵器城
		鄂尔多斯市成吉思汗陵旅游区
		满洲里俄罗斯套娃广场
		呼伦贝尔市陈巴尔虎旗呼和诺尔旅游景区
		包头市南海湿地景区
		鄂尔多斯市库布齐沙漠公园七星湖景区
		锡林郭勒盟锡林浩特市贝子庙景区
		锡林郭勒盟西乌旗蒙古汗城
		呼伦贝尔市内蒙古世界反法西斯战争海拉尔纪念园
		呼和浩特市昭君博物馆
		呼和浩特市蒙牛工业旅游景区
		阿尔山市柴河旅游景区
		满洲里市红色国际秘密交通线教育基地暨国门景区
辽宁省	10	本溪关门山国家森林公园
		阜新海棠山风景名胜区
		抚顺赫图阿拉城
		桓仁五女山风景区
		新宾猴石国家森林公园
		宽甸天华山风景名胜区
		宽甸天桥沟国家级森林公园
		本溪大雅河漂流景区
		本溪关门山风景区
		清原红河峡谷漂流区

续表 2

地　区	数量（个）	名　　称
吉林省	1	长白山国家级自然保护区
湖北省	3	恩施咸丰唐崖河景区
		恩施建始野三河旅游区
		恩施利川佛宝山大峡谷漂流景区
湖南省	5	湘西州吉首市乾州古城景区
		湘西州凤凰奇梁洞景区
		湘西州芙蓉镇景区
		湘西州猛洞河漂流景区
		湘西州凤凰古城景区
		恩施州恩施土司城景区
广西壮族自治区	46	七星景区
		芦笛景区
		北海银滩旅游区
		南宁青秀山风景旅游区
		象山景区（原象山公园、滨江公园）
		桂林世外桃源旅游区
		北海海底世界
		柳州龙潭景区
		柳侯公园
		柳州立鱼峰风景区
		桂林冠岩景区
		玉林容县"三名"旅游景区
		桂平西山风景名胜区
		桂林市荔浦银子岩风景旅游度假区
		南宁嘉和城景区
		百色乐业大石围天坑群景区
		百色起义纪念馆
		靖西县古龙山峡谷群生态旅游景区
		钦州八寨沟旅游景区
		梧州市骑楼城-龙母庙景区

续表 3

地　区	数量（个）	名　　称
广西壮族自治区	46	兴业鹿峰山风景区
		大新德天跨国瀑布景区
		桂林愚自乐园艺术园
		桂林市两江四湖景区
		南宁九曲湾温泉景区
		北海海洋之窗
		钦州三娘湾旅游区
		钦州刘冯故居景区
		贺州姑婆山旅游区
		靖西通灵大峡谷景区
		桂林古东瀑布景区
		桂林靖江王城景区
		兴安灵渠景区
		桂林市穿山景区
		桂林市荔浦丰鱼岩田园旅游度假区
		桂林市龙胜温泉旅游度假区
		南宁市八桂田园景区
		南宁市动物园
		南宁市广西药用植物园
		柳州市三江程阳侗族八寨景区
		桂林市尧山景区
		桂林市荔浦荔江湾景区
		梧州市藤县石表山休闲旅游景区
		百色市大王岭景区
		玉林市陆川谢鲁温泉休闲景区
		贺州市昭平黄姚古镇风景名胜区
海南省	1	陵水南湾猴岛生态景区
重庆市	1	酉阳县龚滩古镇
四川省	7	阿坝州汶川大禹农庄
		阿坝州汶川大禹祭坛

续表 4

地　区	数量（个）	名　　称
四川省	7	阿坝州小金四姑娘山
		凉山州邛海泸山国家级风景名胜区
		凉山州冕宁县灵山旅游景区
		凉山州螺髻山旅游景区
		凉山州泸沽湖旅游景区
贵州省	3	黔南州荔波樟江风景名胜区
		黔南州平塘掌布“藏子石”景区
		黔西南州万峰林景区
云南省	22	中科院西双版纳热带植物园
		西双版纳傣族园
		西双版纳原始森林公园
		大理南诏风情岛
		泸西阿庐古洞景区
		大理崇圣寺三塔
		建水燕子洞风景名胜区
		大理宾川鸡足山景区
		德宏南甸宣抚司署
		西双版纳野象谷景区
		西双版纳热带花卉园
		德宏州潞西市勐巴娜西珍奇园
		德宏州瑞丽市莫里热带雨林景区
		迪庆州梅里雪山景区
		迪庆州普达措国家公园
		楚雄州禄丰世界恐龙谷
		楚雄州彝人古镇
		楚雄州元谋土林
		红河州建水文庙
		文山州丘北普者黑景区
		西双版纳州景洪曼听公园
		西双版纳州勐泐文化园

续表 5

地　区	数量（个）	名　　称
西藏自治区	9	西藏博物馆
		西藏布达拉宫
		西藏大昭寺
		西藏罗布林卡
		林芝雅鲁藏布大峡谷旅游景区
		林芝鲁朗风景区
		日喀则扎什伦布寺
		日喀则地区珠穆朗玛峰国家级自然保护区
		山南地区桑耶寺
甘肃省	6	肃南马蹄寺风景名胜区
		松鸣岩风景名胜区
		冶力关风景区
		拉卜楞寺
		卓尼县大峪沟景区
		黄河三峡风景名胜区
青海省	7	格尔木昆仑旅游区
		互助土族故土园旅游区
		塔尔寺旅游区
		青海湖景区
		循化撒拉族绿色家园
		青海藏医药文化博物馆
		青海金银滩景区
宁夏回族自治区	13	黄沙古渡生态旅游区
		宁夏贺兰山苏峪口国家森林公园
		西夏陵
		贺兰山岩画
		水洞沟
		中华回乡文化园
		宁夏科技馆
		六盘山国家森林公园
		鸣翠湖国家湿地公园
		滚钟口
		黄河大峡谷·中华黄河坛旅游区
		固原博物馆
		须弥山石窟风景名胜区

续表 6

地　区	数量（个）	名　　称
新疆维吾尔族自治区	15	布尔津县喀纳斯风景名胜区
		乌鲁木齐市红山公园景区
		新疆民街民俗博物馆
		新疆那拉提旅游风景区
		乌鲁木齐市水磨沟风景区
		新疆生产建设兵团军垦博物馆
		中国彩棉科技园
		艾提尕民俗文化旅游风景区
		察布查尔县锡伯民俗风情园
		库车王府
		龟兹绿洲生态园
		和硕县金沙滩旅游景区
		乌鲁木齐市新疆维吾尔自治区博物馆
		吐鲁番地区库木塔格沙漠风景区
		昌吉回族自治州杜氏旅游景区
新疆生产建设兵团	2	乌鲁木齐西山老君庙
		农五师怪石峪风景区

■民族自治地方国家 AAA 级旅游区（点）名单

（截至 2015 年）

地　区	数量（个）	名　　称
河北省	3	丰宁白云古洞景区
		桃林口水库
		祖山风景区
内蒙古自治区	29	包头新世纪青年生态园
		希拉穆仁草原旅游中心
		鄂尔多斯世珍园
		鄂尔多斯恩格贝旅游区
		内蒙古敕勒川哈素海旅游区
		阿拉善盟通湖草原旅游区
		乌兰察布市辉腾锡勒草原明珠接待中心
		锡林郭勒盟赛汗塔拉旅游娱乐园
		锡林郭勒盟西乌旗蒙古汗城旅游区
		兴安盟成吉思汗庙景区
		兴安盟科右前旗万豪蒙古大营
		鄂尔多斯市七星湖沙漠生态旅游区
		鄂尔多斯草原旅游区
		鄂尔多斯市九成功生态园

续表 1

地　区	数量（个）	名　称
内蒙古自治区	29	鄂尔多斯市巴图湾旅游区
		呼伦贝尔市莫尔道嘎国家森林公园
		呼伦贝尔市红花尔基森林公园
		呼伦贝尔市中国达斡尔民族园
		呼伦贝尔市呼和诺尔草原旅游度假区
		呼伦贝尔市海拉尔国家森林公园
		呼伦贝尔市扎兰屯秀水山庄
		呼伦贝尔市布苏里度假山庄
		赤峰市曼坨山庄
		包头市石门风景区
		包头市美岱召文物旅游点
		包头市梅力更风景旅游区
		呼和浩特市乌兰夫纪念馆
		呼和浩特市乌素图森林旅游开发区
		呼和浩特市大召寺
辽宁省	4	本溪桓仁县望天洞
		本溪观音阁水库景区
		阜蒙县蒙古贞庄园旅游景区
		宽甸黄椅山森林公园
吉林省	7	长白县长白朝鲜族民俗村
		伊通满族自治县南山风景区
		长白朝鲜族自治县望天鹅旅游风景区
		和龙仙境台风景区
		汪清县满天星国家森林公园
		长白山迷宫
		安图县长白山和平滑雪场
湖北省	2	恩施州龙麟宫景区
		恩施市梭布垭风景区
湖南省	5	麻阳滕代远纪念馆
		邵阳城步南山牧场景区
		怀化通道龙底生态漂流景区
		湘西花垣边城
		皇都侗文化村
广西壮族自治区	36	南宁良凤江国家森林公园
		南宁武鸣伊岭岩风景区
		桂林阳朔文化古迹山水园
		桂林丰鱼岩旅游度假区
		桂林漓江民俗风情园

续表 2

地　区	数量（个）	名　　称
广西壮族自治区	36	桂林银子岩旅游度假区
		桂林尧山景区
		桂林龙胜温泉旅游度假区
		柳州都乐岩风景区
		桂林资江景区
		桂林刘三姐景观园
		阳朔聚龙潭度假公园
		百色澄碧湖风景区
		南宁乡村大世界
		柳州花果山生态景区
		阳朔图腾古道景区
		临桂十二滩漂流景区
		桂林会仙岩景区
		钦州龙门群岛海上生态公园
		桂平龙潭国家森林公园
		南丹温泉公园
		宜州金浪湾景区
		宜州会仙山景区
		隆安龙虎山风景区
		横县九龙瀑布群景区
		昆仑关旅游风景区
		宾阳蔡氏书香古宅群景区
		融水贝江景区
		阳朔鉴山寺景区
		阳朔九马画山景区
		桂林雁山园景区
		荔浦天河瀑布景区
		东兴陈公馆景区
		平桂十八水景区
		田东十里莲塘景区
		武宣百崖大峡谷景区
云南省	13	大理蝴蝶泉公园
		武定狮子山景区
		腾冲火山国家公园
		红河州建水朱家花园景区
		西双版纳州勐景来旅游景区

续表 3

地　区	数量（个）	名　　称
云南省	13	迪庆州霞给藏族文化村旅游景区
		丽江东巴谷生态民族村
		楚雄州博物馆
		楚雄黑井古镇
		西双版纳勐泐文化园
		巍山县东莲花旅游区
		大理市上关花景区
		迪庆州香格里拉硕都湖旅游景区
西藏自治区	1	拉萨市娘热度假村
甘肃省	2	肃南马蹄寺风光旅游区
		临夏枹罕山庄
青海省	11	大通老爷山风景名胜区
		贵德黄河奇石苑
		龙羊峡旅游景区
		青海茶卡盐湖旅游景区
		可鲁克湖——托素湖高原生态旅游景区
		玛多黄河源旅游区
		玉树新寨嘉那嘛呢景区
		勒巴沟——文成公主庙景区
		玉树当卡寺旅游景区
		玉树结古寺旅游景区
		玉树称多拉布民俗村
宁夏回族自治区	3	宁夏平罗玉皇阁景区
		宁夏青铜峡旅游区
		宁夏中卫高庙保安寺
新疆维吾尔自治区	31	哈密地区天山风景名胜区
		巴州和硕县金沙滩旅游度假区
		巴州博湖县阿洪口旅游风景区
		阿勒泰地区福海海滨旅游区
		乌鲁木齐水磨沟生态旅游区
		新疆阿勒泰市桦林公园
		昌吉黑马科技园
		阜康市恒泰齐鲁山庄
		吐鲁番坎儿井游乐园
		哈密亚尔丹风景旅游区
		沙湾县温泉旅游区
		喀什地区泽普县金湖杨国家森林公园区
		喀什市艾提噶尔民俗文化旅游区

续表 4

地　区	数量（个）	名　　称
新疆维吾尔族自治区	31	喀什市西山民族风情园
		伊犁州伊宁市城市海景
		巩留县库尔德宁生态旅游区
		察布查尔锡伯自治县锡伯民俗风情园
		阿勒泰五指泉景区
		富蕴县可可托海景区
		裕民县塔斯特风景旅游区
		乌鲁木齐市植物园
		乌鲁木齐雅马里克山旅游风景区
		鄯善县吐峪沟景区
		吐鲁番火焰山景区
		吐鲁番沙漠生态旅游风景区
		吐鲁番大漠土艺馆
		巴州莲花湖风景旅游区
		巴州相思湖旅游度假区
		乌鲁木齐东白杨沟风景区
		青格达湖旅游风景区
		一万泉旅游度假村

■民族自治地方国家 AA 级旅游区（点）名单

（截至 2015 年）

地　区	数量（个）	名　　称
河北省	4	承德宽城县塞外"潘龙湖"景区
		承德九龙松景区
		承德市丰宁千松坝森林公园
		承德市云雾山省级森林公园
内蒙古	41	赤峰市布日敦沙漠旅游区
		鄂尔多斯市绿洲宾馆旅游区
		呼伦贝尔盟巴彦呼硕草原旅游区
		呼伦贝尔盟侵华日军海拉尔要塞遗址
		呼伦贝尔盟牙克石凤凰山庄
		呼伦贝尔盟满洲里市达赉湖旅游区
		兴安蒙古包旅游村
		兴安盟阿尔山国家森林公园
		锡林郭勒盟锡日塔拉草原旅游度假村
		锡林郭勒盟葛根敖包草原旅游度假村

续表 1

地　区	数量（个）	名　　称
内蒙古	41	锡林郭勒盟多伦县南沙梁旅游区
		锡林郭勒盟多伦县滦源殿旅游度假村
		乌兰察布盟辉腾锡勒铁骑旅游中心
		乌兰察布盟辉腾锡勒外事旅游中心
		巴彦淖尔市镜湖生态旅游区
		乌兰察布市铁骑草原旅游中心
		乌兰察布市辉腾锡勒草原旅游中心
		乌兰察布市岱海自然生态旅游度假区
		乌兰察布市阿贵庙旅游点
		乌兰察布市集宁老虎山公园
		兴安盟科右中旗翰嘎利湖生态景区
		兴安盟科右中旗蒙格罕山生态旅游景区
		鄂尔多斯市陶亥召
		鄂尔多斯市柒开淖旅游区
		鄂尔多斯市昭君城旅游区
		呼伦贝尔市牙克石凤凰山滑雪场
		呼伦贝尔市鹿鸣山庄
		呼伦贝尔市绰源国家森林公园
		呼伦贝尔市扎兰屯吊桥公园
		呼伦贝尔市陈巴尔虎旗金帐汗蒙古部落
		呼伦贝尔市鄂伦春博物馆
		呼伦贝尔市嘎仙洞景区
		赤峰市达里湖旅游区
		赤峰市赤峰市植物园
		赤峰市巴林左旗召庙
		赤峰市翁牛特旗红山湖
		赤峰市红山区红山公园
		包头市庙法寺
		通辽市珠日河草原旅游区
		通辽市霍林郭勒市静湖度假村
		通辽市霍林郭勒市怪山风景旅游区
辽宁省	10	本溪铁刹山风景区
		鞍山岫岩药山风景区
		岫岩龙潭湾风景区

续表 2

地　区	数量（个）	名　　称
辽宁省	10	抚顺夏湖军旅生活旅游度假区
		阜新瑞应寺风景区
		阜新关山风景区
		本溪天龙洞风景区
		朝阳喀左天成观
		阜新三塔沟自然生态旅游区
		阜新乌兰木图山风景区
吉林省	10	长白石林风景区
		长白塔山公园
		敦化六项山风景区
		珲春防川风景区
		安图县红旗朝鲜族民俗村
		安图县福满生态沟
		安图县长白山文化博览城
		安图县长白山峡谷浮石林景区
		伊通县满族民俗馆
		伊通满族自治县大孤山旅游风景区
黑龙江省	3	大庆市杜尔伯特蒙古族自治县寿山民俗休闲度假村
		连环湖狩猎场
		大庆市杜尔伯特蒙古族自治县草原赛马场
浙江省	2	景宁县草鱼塘森林公园
		景宁“畲乡之窗”旅游区
湖北省	9	来凤龙嘴峡景区
		鹤峰湘鄂边苏区鹤峰革命烈士陵园
		利川市朝阳洞景区
		利川市福宝山生态综合开发区
		利川大水井古建筑群
		利川玉龙洞景区
		恩施州枫香坡侗族风情寨
		建始县朝阳观旅游区
		巴东县无源洞景区
湖南省	2	通道独岩公园
		靖州苗族侗族自治县文峰塔景区
广西壮族自治区	5	防城港十万大山国家森林公园

续表 3

地　区	数量（个）	名　　称
广西壮族自治区	5	宜州市白龙公园
		宜州市刘三姐故居
		宜州市古龙河漂流景区
		防城港火山岛景区
重庆市	3	酉阳龚滩古镇
		石柱县毕兹卡绿宫
		重庆市酉阳县赵世炎烈士故居
贵州省	3	黔南州都匀西山公园
		黔南州东山公园
		黔西南州贵州奇香园旅游区
云南省	50	楚雄太阳历公园
		紫溪山风景区
		永仁方山景区
		大理市洱海公园
		大理天镜阁景区
		上关花——天龙洞景区
		剑川满贤林景区
		鹤庆县新华民族村
		弥度县东山森林公园
		漾鼻石门关景区
		丽江文笔山景区
		玉柱擎天景点
		丽江东巴王国文化旅游景点
		丽江东巴万神园
		依拉草原旅游景区
		迪庆州博物馆
		藏经堂旅游景区
		迪庆州民族服饰旅游展演中心
		中甸纳帕海景区
		中甸天生桥温泉景区
		砚山浴仙湖景区
		富宁驮娘江景区
		弥勒白龙洞景区
		石屏焕文公园
		开远市南洞名胜风景保护区
		大槟榔园民族文化生态旅游村
		新化古州野林

续表 4

地　区	数量（个）	名　　称
云南省	50	高香生态茶文化旅游区
		新平哀牢山陇西世族庄园
		元江世界第一高桥旅游风景区
		澜沧拉祜风情旅游区
		西盟佤族生态旅游区
		孟连土司边境旅游区
		普洱茶马古道源旅游区
		景谷佛迹仙踪、芒玉峡谷康体旅游区
		墨江北回归线标志园
		西双版纳州民族风情园
		西双版纳猴山景区
		西双版纳雨林谷
		德宏民族风情浏览区
		瑞丽独树成林景点
		瑞丽旅游淘宝场
		临沧茶文化风景园
		临沧五老山国家森林公园
		永德忙海湖景区
		云县漫湾百里长湖景区
		祥云云南驿景区
		大理南国城
		文山广南八宝风景区
		沧源崖画景区
西藏自治区	2	西藏昌都地区然乌湖
		西藏昌都地区查杰玛大殿
甘肃省	6	临夏市人民公园
		临夏市东郊公园
		夏河桑科草原
		甘南州合作市当州草原风景区
		甘南州安多合作米拉日巴佛阁
		甘南州玛曲天下黄河第一弯旅游风景区
青海省	3	土楼观
		西宁东关清真大寺
		民和桃花园林
宁夏回族自治区	8	银川金水园
		银川海宝塔寺
		银川贺兰山滚中口
		宁夏华夏珍奇艺术城

续表 5

地　区	数量（个）	名　　称
宁夏回族自治区	8	宁夏青铜峡旅游区
		固原须弥山石窟
		宁夏兵沟旅游区
		宁夏大武口北武当生态旅游区
新疆维吾尔自治区	45	哈密天宝康乐中心
		石河子市北湖旅游风景区
		石河子市周恩来总理纪念碑馆
		石河子市高新农业技术示范园区
		博州博格达温泉度假村
		伊犁州阿克塔斯避暑山庄
		伊犁州尼勒克次森林度假村
		阿克苏天山神木园
		阿克苏天山神秘大峡谷
		克州喀拉库勒湖
		喀什阿帕尔霍加墓
		乌鲁木齐市水上乐园
		乌鲁木齐市植物园
		乌鲁木齐市银都度假村
		昌吉市人民公园
		石河子市屯垦第一连
		石河子市巴音山庄
		哈密天山之夏狩猎场
		巴里坤县怪石山旅游度假村
		喀什盘橐城
		克拉玛依市展览馆
		克拉玛依市阳光水世界
		克拉玛依市大漠高尔夫球场
		克拉玛依市白杨河大峡谷
		阿勒泰大小东沟景区
		米泉市天地园农庄
		乌鲁木齐市盐湖生态旅游区
		蔬附县大众旅游度假村
		喀什市玉素甫·哈斯·哈吉甫墓
		伊宁市伊犁河民族文化旅游村

续表 6

地　区	数量（个）	名　　称
新疆维吾尔自治区	45	察布查尔锡伯自治县清水湖生态旅游度假村
		阿勒泰市塘巴湖水上乐园
		阿勒泰市齐背岭旅游区
		阿勒泰地区文物博物馆
		阿勒泰市金山葡萄风景区
		阿勒泰市驼峰景区
		中科院生地所标本馆
		乌鲁木齐天牧玫瑰园
		乌鲁木齐板房沟科技示范基地
		乌鲁木齐燕尔窝风景区
		巴州金海湾疗养培训中心
		阿克苏塔里木祥龙湖风景区
		巴州罗布人村寨
		沙湾县三道河子林场森林公园
		怪石峪旅游风景区

■民族自治地方国家 A 级旅游区（点）名单

（截至 2015 年）

地　区	数量（个）	名　　称
内蒙古自治区	7	包头市美岱召文物旅游点
		赤峰市勃隆克沙漠旅游区
		鄂尔多斯市转龙湾旅游度假村
		锡林郭勒盟苏尼特右旗社保局旅游点
		赤峰市巴林右旗巴林蒙古部落
		呼伦贝尔市贝尔湖旅游景区
		包头市西河水库旅游度假村
辽宁省	5	鞍山岫岩清凉山风景区
		鞍山岫岩罗圈背风景区
		本溪山河天然浴场旅游区
		阜新东郊湖风景区
		抚顺红河谷风景旅游度假区
吉林省	1	松原市孝庄祖陵旅游区
云南省	8	牟定化佛山景区
		文山西华公园
		思茅小黑江森林公园
		勐海景真八角亭景点

续表

地　区	数量（个）	名　　称
云南省	8	勐海打洛独树成林景点
		盈江凯棒亚湖景区
		凤庆凤山公园
		临沧西门公园
西藏自治区	1	西藏拉萨市热堆寺卓玛拉康
甘肃省	1	肃北县人民公园
宁夏回族自治区	1	泾源胭脂峡
新疆维吾尔自治区	22	塔城市垂钓公园
		昌吉州杜氏旅游度假村
		博州怪石沟
		博州青格里度假村
		昌吉州玛纳斯县北公园
		昌吉州清水泉旅游度假村
		沙湾县森林公园
		巴里坤县古民宅
		布尔津县阳光沙滩
		昌吉市绿野山庄
		呼图壁县公园
		乌鲁木齐市六十户乡生态渔村
		塔城地区沙湾县东大塘旅游区
		阿勒泰市额河奇石古城
		青河县白桦公园
		青河县天林度假村
		阿勒泰地区矿产陈列馆
		乌鲁木齐卧龙岗庄园
		温宿县稻香园度假村
		沙雅县园中园休闲度假村
		阿克苏市多浪公园
		乌鲁木齐市雷鸣山庄

■民族自治地方国家级风景名胜区名单

（截至 2015 年）

地　区	数量（个）	风景名胜区名单
内蒙古自治区	3	扎兰屯风景名胜区
		赤峰市巴林右旗巴林蒙古部落
		包头市西河水库旅游度假村
辽宁省	2	鸭绿江风景名胜区
		本溪水洞风景名胜区

续表 1

地　区	数量（个）	风景名胜区名单
吉林省	2	仙景台风景名胜区
		防川风景名胜区
湖南省	4	猛洞河风景名胜区
		德夯风景名胜区
		万佛山—侗寨风景名胜区
		湖南省凤凰风景名胜区
广西壮族自治区	3	桂林漓江风景名胜区
		桂平西山风景名胜区
		花山风景名胜区
四川省	4	黄龙寺—九寨沟风景名胜区
		贡嘎山风景名胜区
		四姑娘山风景名胜区
		邛海－螺髻山风景名胜区
贵州省	11	黄果树风景名胜区
		㵲阳河风景名胜区
		荔波樟江风景名胜区
		马岭河峡谷风景名胜区
		都匀斗篷山—剑江风景名胜区
		黎平侗乡风景名胜区
		紫云格凸河穿洞风景名胜区
		平塘风景名胜区
		榕江苗山侗水风景名胜区
		沿河乌江山峡风景名胜区
		瓮安江界河风景名胜区
云南省	9	路南石林风景名胜区
		西双版纳风景名胜区
		大理风景名胜区
		三江并流风景名胜区
		丽江玉龙雪山风景名胜区
		瑞丽江—大盈江风景名胜区
		省建水风景名胜区
		普者黑风景名胜区
		阿庐风景名胜区

续表 2

地　区	数量（个）	风景名胜区名单
西藏自治区	5	雅砻河风景名胜区
		拉萨市热堆寺卓玛拉康
		纳木措–念青唐古拉山风景名胜区
		唐古拉山–怒江源风景名胜区
		西藏自治区土林–古格风景名胜区
青海省	1	青海湖风景名胜区
宁夏回族自治区	2	西夏王陵风景名胜区
		宁夏回族自治区须弥山石窟风景名胜区
新疆维吾尔自治区	19	天山天池风景名胜区
		库木塔格沙漠风景名胜区
		博斯腾湖风景名胜区
		赛里木湖风景名胜区
		布尔津县阳光沙滩
		昌吉市绿野山庄
		呼图壁县公园
		乌鲁木齐市六十户乡生态渔村
		塔城地区沙湾县东大塘旅游区
		阿勒泰市额河奇石古城
		青河县白桦公园
		青河县天林度假村
		阿勒泰地区矿产陈列馆
		乌鲁木齐卧龙岗庄园
		温宿县稻香园度假村
		沙雅县园中园休闲度假村
		阿克苏市多浪公园
		乌鲁木齐市雷鸣山庄
		罗布人村寨风景名胜区

中国民族自治区、自治州、自治县（旗）、民族乡镇、市辖民族区名单

■中国民族自治区、自治州、自治县一览表

民族自治地方	建立时间	首府驻地	面积(万平方公里)
自治区			
内蒙古自治区	1947.5.1	呼和浩特市	118.3000
广西壮族自治区	1958.3.15	南宁市	23.6660
西藏自治区	1965.9.1	拉萨市	122.8400
宁夏回族自治区	1958.10.25	银川市	6.6400
新疆维吾尔自治区	1955.10.1	乌鲁木齐市	166.0400
自治州			
吉林省			
延边朝鲜族自治州	1952.9.3	延吉市	4.3559
湖北省			
恩施土家族苗族自治州	1983.12.1	恩施市	2.3902
湖南省			
湘西土家族苗族自治州	1957.9.20	吉首市	1.5461
四川省			
甘孜藏族自治州	1950.11.24	康定县城关镇	15.1078
凉山彝族自治州	1952.10.1	西昌市	6.0111
阿坝藏族羌族自治州	1953.1.1	马尔康镇	8.3201
贵州省			
黔东南苗族侗族自治州	1956.7.23	凯里市	3.0339
黔南布依族苗族自治州	1956.8.8	都匀市	2.6207
黔西南布依族苗族自治州	1982.5.1	兴义市	1.6804
云南省			
西双版纳傣族自治州	1953.1.24	允景洪镇	1.9700
德宏傣族景颇族自治州	1953.7.24	芒市镇	1.1526
怒江傈僳族自治州	1954.8.23	鲁掌镇	1.4703
大理白族自治州	1956.11.22	大理市	2.9460
迪庆藏族自治州	1957.9.13	中心镇	2.3870
红河哈尼族彝族自治州	1957.11.18	蒙自市	3.2929
文山壮族苗族自治州	1958.4.1	开化镇	3.2239
楚雄彝族自治州	1958.4.15	楚雄市	2.9256

续表 1

民族自治地方	建立时间	首府驻地	面积(万平方公里)
甘肃省			
甘南藏族自治州	1953.10.1	合作镇	4.0898
临夏回族自治州	1956.11.19	临夏市	0.8166
青海省			
玉树藏族自治州	1951.12.25	结古镇	18.8794
海南藏族自治州	1953.12.6	恰卜恰镇	4.5895
黄南藏族自治州	1953.12.22	隆务镇	1.7921
海北藏族自治州	1953.12.31	浩门镇	3.9354
果洛藏族自治州	1954.1.1	大武镇	7.6312
海西蒙古族藏族自治州	1954.1.25	德令哈市	32.5785
新疆维吾尔自治区			
巴音郭楞蒙古自治州	1954.6.23	库尔勒市	46.2700
博尔塔拉蒙古自治州	1954.7.13	博乐市	2.5074
克孜勒苏柯尔克孜自治州	1954.7.14	阿图什市	6.9112
昌吉回族自治州	1954.7.15	昌吉市	7.7129
伊犁哈萨克自治州	1954.11.27	伊宁市	49.0039
自治县(旗)			
河北省			
孟村回族自治县	1955.11.30	孟村镇	0.0393
大厂回族自治县	1955.12.7	大厂镇	0.0176
青龙满族自治县	1987.5.10	青龙镇	0.3309
丰宁满族自治县	1987.5.15	大阁镇	0.8747
围场满族蒙古族自治县	1990.6.12	围场镇	0.9058
宽城满族自治县	1990.6.16	宽城镇	0.1933
内蒙古自治区			
鄂伦春自治旗	1951.10.1	阿里河镇	6.0378
鄂温克族自治旗	1958.8.1	巴彦托海镇	1.8750
莫力达瓦达斡尔族自治旗	1958.8.15	尼尔基镇	1.0985
辽宁省			
喀喇沁左翼蒙古族自治县	1958.4.1	大城子镇	0.2238
阜新蒙古族自治县	1958.4.7	阜新镇	0.6284
新宾满族自治县	1985.6.7	新宾镇	0.4287
岫岩满族自治县	1985.6.11	岫岩镇	0.4507
清原满族自治县	1990.6.6	清原镇	0.3926
本溪满族自治县	1990.6.8	小市镇	0.3362
桓仁满族自治县	1990.6.10	桓仁镇	0.3548
宽甸满族自治县	1990.6.12	宽甸镇	0.6125

续表 2

民族自治地方	建立时间	首府驻地	面积(万平方公里)
吉林省			
前郭尔罗斯蒙古族自治县	1956.9.1	前郭镇	0.7076
长白朝鲜族自治县	1958.9.15	长白镇	0.2498
伊通满族自治县	1989.8.30	伊通镇	0.2523
黑龙江省			
杜尔伯特蒙古族自治县	1956.12.5	泰康镇	0.6427
浙江省			
景宁畲族自治县	1984.12.24	鹤溪镇	0.1950
湖北省			
长阳土家族自治县	1984.12.8	龙舟坪镇	0.3430
五峰土家族自治县	1984.12.12	五峰镇	0.2072
湖南省			
通道侗族自治县	1954.5.7	双江镇	0.2225
江华瑶族自治县	1955.11.25	沱江镇	0.3216
城步苗族自治县	1956.11.30	儒林镇	0.2620
新晃侗族自治县	1956.12.5	新晃镇	0.1511
芷江侗族自治县	1987.9.24	芷江镇	0.2096
靖州苗族侗族自治县	1987.9.27	渠阳镇	0.2211
麻阳苗族自治县	1990.4.1	高村镇	0.1561
广东省			
连南瑶族自治县	1953.1.25	三江镇	0.1231
连山壮族瑶族自治县	1962.9.26	吉田镇	0.1264
乳源瑶族自治县	1963.10.1	乳城镇	0.2125
广西壮族自治区			
龙胜各族自治县	1951.8.19	龙胜镇	0.2537
金秀瑶族自治县	1952.5.28	金秀镇	0.2517
融水苗族自治县	1952.11.26	融水镇	0.4665
三江侗族自治县	1952.12.3	古宜镇	0.2455
隆林各族自治县	1953.1.1	新州镇	0.3542
都安瑶族自治县	1955.12.15	安阳镇	0.4092
巴马瑶族自治县	1956.2.6	巴马镇	0.1966
富川瑶族自治县	1984.1.1	富阳镇	0.1572
罗城仫佬族自治县	1984.1.10	东门镇	0.2639
环江毛南族自治县	1987.11.24	思恩镇	0.4558

续表 3

民族自治地方	建立时间	首府驻地	面积(万平方公里)
大化瑶族自治县	1987.12.23	大化镇	0.2754
恭城瑶族自治县	1990.10.15	恭城镇	0.2149
海南省			
乐东黎族自治县	1987.12.28	抱由镇	0.2746
琼中黎族苗族自治县	1987.12.28	营根镇	0.2693
保亭黎族苗族自治县	1987.12.30	保城镇	0.1161
昌江黎族自治县	1987.12.30	石碌镇	0.1596
白沙黎族自治县	1987.12.30	牙叉镇	0.2118
陵水黎族自治县	1987.12.30	陵城镇	0.1128
重庆市			
秀山土家族苗族自治县	1983.11.7	中和镇	0.2450
酉阳土家族苗族自治县	1983.11.11	钟多镇	0.5173
彭水苗族土家族自治县	1984.11.10	汉葭镇	0.3903
石柱土家族自治县	1984.11.18	南宾镇	0.3031
四川省			
北川羌族自治县	2003.10.25	曲山镇	0.2865
木里藏族自治县	1953.2.19	博瓦镇	1.3246
峨边彝族自治县	1984.10.5	沙坪镇	0.2395
马边彝族自治县	1984.10.9	民建镇	0.2383
贵州省			
威宁彝族回族苗族自治县	1954.11.11	城关镇	0.6294
松桃苗族自治县	1956.12.31	城关镇	0.2861
三都水族自治县	1957.1.2	三合镇	0.2384
镇宁布依苗族自治县	1963.9.11	城关镇	0.1721
紫云苗族布依族自治县	1966.2.11	松山镇	0.2284
关岭布依族苗族自治县	1981.12.31	关索镇	0.1468
玉屏侗族自治县	1984.11.7	平溪镇	0.0517
印江土家族苗族自治县	1987.11.20	印江镇	0.1961
沿河土家族自治县	1987.11.23	和平镇	0.2469
务川仡佬族苗族自治县	1987.11.26	都濡镇	0.2773
道真仡佬族苗族自治县	1987.11.29	玉溪镇	0.2156
云南省			
峨山彝族自治县	1951.5.12	双江镇	0.1972
澜沧拉祜族自治县	1953.4.7	勐朗镇	0.8807
江城哈尼族彝族自治县	1954.5.18	勐烈镇	0.3476
孟连傣族拉祜族佤族自治县	1954.6.16	孟连镇	0.1957
耿马傣族佤族自治县	1955.10.16	耿宣镇	0.3837
宁蒗彝族自治县	1956.9.20	大兴镇	0.0206

续表 4

民族自治地方	建立时间	首府驻地	面积(万平方公里)
贡山独龙族怒族自治县	1956.10.1	茨开镇	0.4506
巍山彝族回族自治县	1956.11.9	文华镇	0.2266
石林彝族自治县	1956.12.31	鹿阜镇	0.1777
玉龙纳西族自治县	1961.4.10	黄山镇	0.6521
屏边苗族自治县	1963.7.1	玉屏镇	0.1906
河口瑶族自治县	1963.7.11	河口镇	0.1313
沧源佤族自治县	1964.2.28	勐董镇	0.2539
西盟佤族自治县	1965.3.5	西盟镇	0.1391
南涧彝族自治县	1965.11.27	南涧镇	0.1802
墨江哈尼族自治县	1979.11.28	玖联镇	0.5459
寻甸回族彝族自治县	1979.12.20	仁德镇	0.3966
元江哈尼族彝族傣族自治县	1980.11.12	澧江镇	0.2858
新平彝族傣族自治县	1980.11.25	桂山镇	0.4223
维西傈僳族自治县	1985.10.13	保和镇	0.4661
漾濞彝族自治县	1985.11.1	上街镇	0.1957
禄劝彝族苗族自治县	1985.11.25	屏山镇	0.4378
金平苗族瑶族傣族自治县	1985.12.7	金河镇	0.3677
普洱哈尼族彝族自治县	1985.12.15	宁洱镇	0.367
景东彝族自治县	1985.12.20	锦屏镇	0.4532
景谷傣族彝族自治县	1985.12.25	威远镇	0.7777
双江拉祜族佤族布朗族傣族自治县	1985.12.30	勐勐镇	0.2292
兰坪白族普米族自治县	1988.5.25	金顶镇	0.4555
镇沅彝族哈尼族拉祜族自治县	1990.5.15	按板镇	0.4223
甘肃省			
天祝藏族自治县	1950.5.6	华藏寺镇	0.7147
肃北蒙古族自治县	1950.7.29	党城湾镇	6.6748
东乡族自治县	1950.9.25	锁南镇	0.151
张家川回族自治县	1953.7.6	张家川镇	0.1293
肃南裕固族自治县	1954.4.20	红湾寺镇	2.3041
阿克塞哈萨克族自治县	1954.4.27	博罗转井镇	3.3333
积石山保安族东乡族撒拉族自治县	1981.9.30	吹麻滩镇	0.091
青海省			
门源回族自治县	1953.12.19	浩门镇	0.6896
互助土族自治县	1954.2.17	威远镇	0.332

续表 5

民族自治地方	建立时间	首府驻地	面积(万平方公里)
化隆回族自治县	1954.3.1	巴燕镇	0.2740
循化撒拉族自治县	1954.3.1	积石镇	0.1749
河南蒙古族自治县	1954.10.16	优干宁	0.6250
民和回族土族自治县	1986.6.27	上川口镇	0.1780
大通回族土族自治县	1986.7.10	桥头镇	0.3090
新疆维吾尔自治区			
焉耆回族自治县	1954.3.15	焉耆镇	0.2439
察布查尔锡伯自治县	1954.3.25	察布查尔镇	0.4469
木垒哈萨克自治县	1954.7.17	木垒镇	1.3235
和布克赛尔蒙古自治县	1954.9.10	和布克赛尔镇	3.2000
塔什库尔干塔吉克自治县	1954.9.17	塔什库尔干镇	5.2300
巴里坤哈萨克自治县	1954.9.30	巴里坤镇	3.5714

■中国民族乡镇一览表

地　区	数　量	乡镇名称
北京市	5	密云县檀营满族蒙古族乡、怀柔区(县)喇叭沟门满族乡、通州区于家务回族乡、朝阳区常营回族乡、怀柔县长哨营满族乡
天津市	1	蓟县孙各庄满族乡
河北省	50	新乐市彭家庄回族乡、藁城市九门回族乡、无极县高头回族乡、遵化市汤泉满族乡、遵化市西下营满族乡、遵化市东陵满族乡、邱县陈村回族乡、大名县营镇回族乡、易县凌云册满族回族乡、定州市号头庄回族乡、涞水县娄村满族乡、沽源县大二号回族乡、怀来县王家楼回族乡、永清县管家务回族乡、文安县大围河回族满族乡、丰宁满族自治县南关蒙古族乡、滦平县平坊满族乡、滦平县安纯沟门满族乡、滦平县五道营子满族乡、滦平县邓厂满族乡、滦平县马营子满族乡、滦平县付家店满族乡、滦平县西地满族乡、滦平县小营满族乡、滦平县大屯满族乡、滦平县西沟满族乡、承德县岗子满族乡、承德县两家满族乡、兴隆县八卦岭满族乡、兴隆县南天门满族乡、隆化县尹家营满族乡、隆化县庙子沟蒙古族满族乡、隆化县偏坡营满族乡、隆化县八达营蒙古族乡、隆化县太平庄满族乡、隆化县旧屯满族乡、隆化县西阿超满族蒙古族乡、隆化县白虎沟蒙古族满族乡、平泉县七家岱满族乡、平泉县平房满族蒙古族乡、平泉县茅兰沟满族蒙古族乡、黄骅市羊二庄回族乡、黄骅市新村回族乡、河间市果子洼回族乡、献县本斋回族乡、沧县大褚村回族乡、沧县杜林回族乡、沧县李天木回族乡、沧县捷地回族乡、黄骅市杨三木回族乡
内蒙古自治区	18	莫力达瓦达斡尔族自治旗巴彦鄂温克族乡、莫力达瓦达斡尔族自治旗杜拉尔鄂温克族乡、扎兰屯市南木鄂伦春族乡、扎兰屯市萨马街鄂温克族乡、扎兰屯市达斡尔族乡、阿荣旗查巴奇鄂温克族乡、阿荣旗新发朝鲜族乡、阿荣旗音河达斡尔族鄂温克族乡、阿荣旗得力其尔鄂温克族乡、根河市敖鲁古雅鄂温克族乡、陈巴尔虎旗鄂温克苏木、额尔古纳市三河回族乡、额尔古纳市室韦俄罗斯族乡、科右前旗满族屯满族乡、赤峰市松山区当铺地满族乡、赤峰市喀喇沁旗十家满族乡、凉城县曹碾满族乡、鄂温克旗巴彦塔拉达斡尔族乡

续表 1

地　区	数　量	乡镇名称
辽宁省	56	康平县柳树屯蒙古族满族乡、康平县沙金台蒙古族满族乡、法库县四家子蒙古族乡、康平县东升满族蒙古族乡、康平县西关屯蒙古族满族乡、瓦房店市三台满族乡、瓦房店市杨家满族乡、庄河市太平岭满族乡、庄河市桂云花满族乡、抚顺市抚顺县拉古满族乡、抚顺市抚顺县汤图满族乡、桓仁满族自治县雅河朝鲜族乡、锦州市地藏寺满族乡、锦州市大定堡满族乡、阜新市西六家子蒙古族满族乡、阜新市二道河子蒙古族乡、辽阳市吉洞峪满族乡、辽阳市甜水满族乡、开原县林丰满族乡、铁岭县白旗寨满族乡、西丰县成平满族乡、西丰县德兴满族乡、西丰县和隆满族乡、西丰县金星满族乡、西丰县明德满族乡、西丰县营厂满族乡、铁岭市清河区聂家满族乡、朝阳市马友营蒙古族乡、朝阳市北票市凉水河蒙古族乡、朝阳市建平县三家蒙古族乡、朝阳市凌源县三家子蒙古族乡、朝阳市松岭门蒙古族乡、朝阳市乌兰河硕蒙古族乡、绥中县西平坡满族乡、绥中县范家满族乡、绥中县高甸子满族乡、绥中县葛家满族乡、绥中县明水满族乡、绥中县网户满族乡、兴城市白塔满族乡、兴城市大寨满族乡、兴城市碱厂满族乡、兴城市旧门满族乡、兴城市刘台子满族乡、兴城市南大山满族乡、兴城市望海满族乡、兴城市围屏满族乡、兴城市羊安满族乡、兴城市药王庙满族乡、葫芦岛市兴城市三道沟满族乡、兴城市元台子满族乡、建昌县二道弯子满族乡、丹东市宽甸满族自治县下露河朝鲜族乡、丹东市东港市合隆满族乡、大连市普兰店市乐甲满族乡、丹东市凤城市大堡蒙古族乡
吉林省	33（其中民族镇 5）	九台市胡家回族乡、九台市莽卡满族乡、长春市双阳区双营子回族乡、榆树市延河朝鲜族乡、铁东区叶赫满族镇、公主岭市龙山满族乡、公主岭市二十家子满族乡、双辽市那木斯蒙古族乡、大安市新艾里蒙古族乡、洮南市胡力吐蒙古族乡、洮南市呼河车力蒙古族乡、镇赉县莫莫格蒙古族乡、镇赉县哈吐气蒙古族乡、通榆县向海蒙古族乡、通榆县包拉温都蒙古族乡、白城市洮北区德顺蒙古族乡、珲春市三家子满族乡、珲春市杨泡满族乡、吉林市昌邑区土城子满族朝鲜族乡、吉林市昌邑区乌拉街满族镇、吉林市龙潭区大口钦满族镇、吉林市龙潭区两家子满族乡、永吉县金家满族乡、蛟河市乌林朝鲜族乡、梅河口市小杨满族朝鲜族乡、集安市凉水朝鲜族乡、通化县金斗朝鲜族满族乡、通化县大泉源朝鲜族满族乡、辉南县楼街朝鲜族乡、柳河县姜家店朝鲜族乡、柳河县三源浦朝鲜族镇、松原市三骏满族蒙古族锡伯族乡、东丰县三合满族朝鲜族乡
黑龙江省	63（其中民族镇 10）	哈尔滨市南岗区红旗满族乡、哈尔滨市双城市乐群满族乡、哈尔滨市双城市同心满族乡、哈尔滨市双城市希勤满族乡、哈尔滨市双城市青岭满族乡、哈尔滨市双城市农丰满族锡伯族镇、五常市拉林满族镇、五常市红旗满族乡、五常市营城子满族乡、五常市牛家满族镇、五常市民乐朝鲜族乡、尚志市河东朝鲜族乡、尚志市鱼池朝鲜族乡、阿城市料甸满族乡、依兰县迎兰朝鲜族乡、齐齐哈尔市梅里斯区达斡尔族区、齐齐哈尔市梅里斯区莽格吐达斡尔族乡、泰来县宁姜蒙古族乡、泰来县胜利蒙古族乡、泰来县江桥蒙古族镇(乡)、齐齐哈尔市昂昂溪区水师营满族镇(乡)、富裕县友谊达斡尔族满族柯尔克孜族乡、讷河市兴旺鄂温克族乡、齐齐哈尔市富拉尔基区杜尔门沁达斡尔族乡、海林市新安朝鲜族镇、西安区海南朝鲜族乡、宁安市江南朝鲜族满族乡、宁安市卧龙朝鲜族乡、东宁县三岔口朝鲜族镇、同江市街津口赫哲族乡、同江市八岔赫哲族乡、桦川县星火朝鲜族乡、汤原县汤旺朝鲜族乡、肇源县义顺蒙古族乡、肇源县浩德蒙古族乡、肇源县超等蒙古族乡、逊克县新鄂鄂伦春族乡、逊克县新兴鄂伦春族乡、黑河市爱辉区新生鄂伦春族乡、黑河市爱辉区四嘉子满族乡、黑河市爱辉区坤河达斡尔族满族乡、北安市主星朝鲜族乡、孙吴县沿江达斡尔族满族乡、绥化市北林区兴和朝鲜族乡、绥化市北林区绥胜满族镇、绥化市北林区永安满族镇、绥化市北林区红旗满族乡、望奎县惠七满族镇、望奎县厢白满族乡、望奎县灵山满族乡、铁力市年丰朝鲜族乡、萝北县东明朝鲜族乡、绥滨县福兴满族乡、呼玛县白银纳鄂伦春族乡、塔河县十八站鄂伦春族乡、友谊县成富朝鲜族满族乡、饶河县四排赫哲族乡、勃利县杏树朝鲜族乡、勃利县吉兴朝鲜族、满族乡密山市和平朝鲜族乡、鸡东县鸡林朝鲜族乡、鸡东县明德朝鲜族乡、鸡西市密山市和平朝鲜族乡、鸡西市鸡东县鸡林朝鲜族乡、鸡西市鸡东县明德朝鲜族乡、鸡西市城子河区永丰朝鲜族乡

续表 2

地　区	数　量	乡镇名称
江苏省	1	高邮市菱塘回族乡
浙江省	18(其中民族镇 4)	兰溪市水亭畲族乡、武义县柳城畲族镇、龙游县沐尘畲族乡、丽水市连都区老竹畲族镇、丽水市连都区丽新畲族乡、龙泉市竹垟畲族乡、云和县雾溪畲族乡、云和县安溪畲族乡、遂昌县三仁畲族乡、松阳县板桥畲族乡、桐庐县莪山畲族乡、平阳县青街畲族乡、苍南县岱岭畲族乡、苍南县凤阳畲族乡、文成县西坑畲族镇、文成县周山畲族乡、泰顺县司前畲族镇、泰顺县竹里畲族乡
安徽省	9	淮南市谢家集区孤堆回族乡、肥东县牌坊回族满族乡、定远县二龙回族乡、凤台县李冲回族乡、淮南市潘集区古沟回族乡、寿县陶店回族乡、宁国市云梯畲族乡、五河县临北回族乡、颍上县赛涧回族乡
福建省	19	罗源县霍口畲族乡、连江县小沧畲族乡、福安市坂中畲族乡、福安市康厝畲族乡、福安市穆云畲族乡、霞浦县盐田畲族乡、福安市崇儒畲族乡、福安市水门畲族乡、宁德市金涵畲族乡、福鼎县硖门畲族乡、福鼎市佳阳畲族乡、漳浦县赤岭畲族乡、漳浦县湖西畲族乡、龙海市隆教畲族乡、永安市青水畲族乡、宁化县治平畲族乡、上杭县官庄畲族乡、上杭县庐丰畲族乡、惠安县百崎回族乡
江西省	9	南康市赤土畲族乡、永丰县龙岗畲族乡、铅山县太源畲族乡、铅山县篁碧畲族乡、鹰潭市贵溪市樟坪畲族乡、青原区东固畲族乡、乐安县金竹畲族乡、吉安市峡江县金坪民族乡
山东省	4(其中民族镇 3)	淄博市临淄区金岭回族镇、莘县张鲁回族镇、曹县侯集回族镇、禹城市十里望回族乡
河南省	21(其中民族镇 9)	荥阳市金寨回族乡、太康县城关回族镇、淮阳县城关回族镇、沈丘县槐店回族镇、宁陵县城关回族镇、睢县城关回族镇、民权县伯党回族乡、民权县胡集回族乡、叶县马庄回族乡、郏县姚庄回族乡、封丘县荆乡回族乡、许昌县艾庄回族乡、禹州市山货回族乡、襄城县颖桥回族镇、镇平县郭庄回族乡、方城县袁店回族乡、西平县蔡寨回族乡、新蔡县李桥回族镇、临颍县繁城回族镇、洛宁县王范回族镇、洛阳市廛河回族区廛河回族乡
湖北省	12(其中民族镇 2)	钟祥市九里回族乡、洪湖市老湾回族乡、松滋市卸甲坪土家族乡、宜都市潘家湾土家族乡、郧西县湖北口回族乡、恩施市芭蕉侗族乡、宣恩县长潭河侗族乡、宣恩县晓关侗族乡、仙桃市沔城回族镇、神农架林区下谷坪土家族乡、咸宁市赤壁市周郎嘴回族镇、恩施州鹤峰县铁炉白族乡
湖南省	84	怀化市罗子山瑶族乡、怀化市苏木溪瑶族乡、怀化市上蒲溪瑶族乡、怀化市后塘瑶族乡、怀化市仙人湾瑶族乡、怀化市深渡苗族乡、怀化市龙船塘瑶族乡、怀化市炮团侗族苗族乡、怀化市宝田侗族苗族乡、怀化市蒲稳侗族苗族乡、怀化市金子岩侗族苗族乡、怀化市漠滨侗族苗族乡、怀化市青朗侗族苗族乡、怀化市二酉苗族乡、怀化市火场土家族乡、怀化市蒿吉坪瑶族乡、怀化市大高坪苗族乡、怀化市锅冲苗族乡、怀化市传素瑶族乡、怀化市步头降苗族乡、怀化市米贝苗族乡、邵阳市党坪苗族乡、邵阳市河口苗族乡、邵阳市麻塘苗族乡、邵阳市竹舟江苗族乡、邵阳市东山侗族乡、邵阳市朝仪侗族乡、邵阳市鹅公岭侗族苗族乡、邵阳市寨市苗族侗族乡、邵阳市乐安铺苗族侗族乡、邵阳市联民苗族侗族乡、邵阳市枫木团苗族侗族乡、邵阳市黄桑坪苗族乡、邵阳市关峡苗族乡、邵阳市长铺子苗族乡、邵阳市山界回族乡、邵阳市虎形山瑶族乡、邵阳市那溪瑶族乡、邵阳市大屋瑶族乡、邵阳市长塘瑶族乡、邵阳市黄金瑶族乡、邵阳市麻林瑶族乡、

续表 3

地 区	数 量	乡镇名称
湖南省	84	永州市荆竹瑶族乡、永州湘江源瑶族乡、永州市浆洞瑶族乡、永州市汇源瑶族乡、永州市大桥瑶族乡、永州市松柏瑶族乡、永州市千家洞瑶族乡、永州市兰溪瑶族乡、永州市源口瑶族乡、永州市九嶷山瑶族乡、永州市棉花坪瑶族乡、永州市桐木漯瑶族乡、永州市犁头瑶族乡、张家界市刘家坪白族乡、张家界市马合口白族乡、张家界市走马坪白族乡、张家界市芙蓉桥白族乡、张家界市洪家关白族乡、张家界市三关寺土家族乡、张家界市高峰土家族乡、张家界市金岩土家族乡、张家界市许家坊土家族乡、张家界市阳和土家族乡、张家界市甘堰土家族乡、张家界市赵家岗土家族乡、郴州市白水瑶族乡、郴州市保和瑶族乡、郴州市仰天湖瑶族乡、郴州市莽山瑶族乡、郴州市文明瑶族乡、郴州市延寿瑶族乡、郴州市三江口瑶族乡、郴州市西山瑶族乡、郴州市回龙山瑶族乡、郴州市八面山瑶族乡、常德市许家桥回族维吾尔族乡、常德市毛家滩回族维吾尔族乡、常德市枫树维吾尔族回族乡、常德市青林回族维吾尔族乡、株洲市中村瑶族乡、衡阳市塔山瑶族乡、益阳市鲜埠回族乡
广东省	7	龙门县蓝田瑶族乡、连州市三水瑶族乡、连州市瑶安瑶族乡、阳山县秤架瑶族乡、怀集县下帅壮族瑶族乡、始兴县深渡水瑶族乡、东源县漳溪畲族乡
广西壮族自治区	59	梧州市蒙山县长坪瑶族乡、梧州市蒙山县夏宜瑶族乡、贺州市八步区黄洞瑶族乡、贺州市平桂区大平瑶族乡、贺州市昭平县仙回瑶族乡、贺州市钟山县两安瑶族乡、贺州市钟山县花山瑶族乡、贵港市平南县马练瑶族乡、贵港市平南县国安瑶族乡、防城港市上思县南屏瑶族乡、防城港市防城区十万山瑶族乡、南宁市马山县古寨瑶族乡、南宁市马山县里当瑶族乡、南宁市上林县镇圩瑶族乡、柳州市三江县同乐苗族乡、柳州市三江县福禄苗族乡、柳州市三江县高基苗族乡、柳州市融水县滚贝侗族乡、柳州市融水县同练瑶族乡、柳州市柳城县古砦仫佬族乡、桂林市临桂县宛田瑶族乡、桂林市临桂县黄沙瑶族乡、桂林市灵川县大境瑶族乡、桂林市灵川县兰田瑶族乡、桂林市全州县蕉江瑶族乡、桂林市全州县东山瑶族乡、桂林市兴安县华江瑶族乡、桂林市灌阳县洞井瑶族乡、桂林市灌阳县西山瑶族乡、桂林市资源县车田苗族乡、桂林市资源县两水苗族乡、桂林市资源县河口瑶族乡、桂林市平乐县大发瑶族乡、桂林市荔浦县蒲芦瑶族乡、桂林市雁山区草坪回族乡、百色市右江区汪甸瑶族乡、百色市田东县作登瑶族乡、百色市田林县潞城瑶族乡、百色市田林县利周瑶族乡、百色市田林县八桂瑶族乡、百色市田林县八渡瑶族乡、百色市凌云县伶站瑶族乡、百色市凌云县朝里瑶族乡、百色市凌云县沙里瑶族乡、百色市凌云县玉洪瑶族乡、百色市西林县足别瑶族苗族乡、百色市西林县普合苗族乡、百色市西林县那佐苗族乡、河池市南丹县八圩瑶族乡、河池市南丹县里湖瑶族乡、河池市南丹县中堡苗族乡、河池市天峨县八腊瑶族乡、河池市凤山县平乐瑶族乡、河池市凤山县江洲瑶族乡、河池市凤山县金牙瑶族乡、河池市东兰县三弄瑶族乡、河池市环江县驯乐苗族乡、河池市宜州市北牙瑶族乡、河池市宜州市福龙瑶族乡
重庆市	14	奉节县云雾土家族乡、奉节县龙桥土家族乡、奉节县长安土家族乡、奉节县太和土家族乡、万州区恒河土家族乡、万州区地宝土家族乡、云阳县清水土家族乡、巫山县红椿土家族乡、巫山县邓家土家族乡、忠县磨子土家族乡、文复苗族土家族乡、石桥苗族土家族乡、浩口苗族仡佬族乡、后坪苗族土家族乡

续表 4

地　区	数　量	乡镇名称
四川省	98	九龙县子耳彝族乡、九龙县三垭彝族乡、九龙县俄尔彝族乡、九龙县小金彝族乡、九龙县朵洛彝族乡、九龙县踏卡彝族乡、九龙县湾坝彝族乡、松潘县十里回族乡、松潘县进安回族乡、攀枝花市仁和区大龙潭彝族乡、攀枝花市仁和区啊喇彝族乡、米易县麻陇彝族乡、米易县白坡彝族乡、攀枝花市米易县湾丘彝族乡、米易县新山傈僳族彝族乡、盐边县敢鱼彝族乡、盐边县红果彝族乡、盐边县温泉彝族乡、盐边县红宝苗族彝族乡、盐边县和爱彝族乡、叙永县白蜡苗族乡、叙永县合乐苗族乡、叙永县枧槽苗族乡、叙永县石坝苗族乡、叙永县水潦苗族乡、古蔺县箭竹苗族乡、古蔺县乌龙苗族乡、古蔺县大寨苗族乡、古蔺县马嘶苗族乡、青川县蒿溪回族乡、青川县大院回族乡、金口河区和平彝族乡、金口河区共安彝族乡、阆中市博树回族乡、筠连县高坪苗族乡、筠连县联合苗族乡、筠连县团林苗族乡、屏山县屏边彝族乡、屏山县清平彝族乡、兴文县大坝苗族乡、兴文县毓秀苗族乡、兴文县大河苗族乡、兴文县麒麟苗族乡、兴文县仙峰苗族乡、珙县罗渡苗族乡、珙县玉河苗族乡、珙县观斗苗族乡、汉源县小堡藏族彝族乡、汉源县坭美彝族乡、汉源县永利彝族乡、汉源县顺河彝族乡、汉源县片马彝族乡、石棉县安顺彝族乡、石棉县先锋彝族乡、石棉县蟹螺藏族乡、石棉县回隆彝族乡、石棉县擦罗彝族乡、石棉县栗子坪彝族乡、石棉县新民藏族彝族乡、石棉县挖角彝族藏族乡、石棉县田湾彝族乡、石棉县草科藏族乡、宝兴县跷碛藏族乡、西昌市高草回族乡、西昌市裕隆回族乡、木里藏族自治县屋脚蒙古族乡、木里藏族自治县俄亚纳西族乡、木里藏族自治县白碉苗族乡、木里藏族自治县项脚蒙古族乡、木里藏族自治县固增苗族乡、盐源县大坡蒙古族乡、德昌县金沙傈僳族乡、德昌县南山傈僳族乡、会理县新安傣族乡、冕宁县和爱藏族乡、平武县木皮藏族乡、平武县木座藏族乡、平武县白马藏族乡、平武县黄羊关藏族乡、平武县虎牙藏族乡、平武县泗耳藏族乡、平武县徐塘羌族乡、平武县锁江羌族乡、平武县平南羌族乡、平武县水田羌族乡、平武县旧堡羌族乡、平武县阔达藏族乡、平武县土城藏族乡、北川县桃龙藏族乡、盐亭县大兴回族乡、越西县保安藏族乡　、达州市宣汉渡口土家族乡、达州市宣汉龙泉土家族乡、达州市宣汉三墩土家族乡、达州市宣汉漆树土家族乡
贵州省	193	贵阳市南明区小碧布依族苗族乡、贵阳市花溪区高坡苗族乡、贵阳市花溪区孟关苗族布依族乡、贵阳市花溪区马铃布依族苗族乡、贵阳市花溪区黔陶布依族苗族乡、贵阳市乌当区偏坡布依族乡、贵阳市乌当区新堡布依族乡、贵阳市白云区牛场布依族乡、贵阳市白云区都拉布依族乡、贵阳市清镇市麦格苗族布依族乡、贵阳市清镇市王庄布依族苗族乡、贵阳市清镇市流长苗族乡、贵阳市开阳县高寨苗族布依族乡、贵阳市开阳县南江布依族苗族乡、贵阳市开阳县禾丰布依族苗族乡、贵阳市修文县大石布依族乡、贵阳市息烽市青山苗族乡、六盘水市水城县坪寨彝族乡、六盘水市水城县南开苗族彝族乡、六盘水市水城县青林苗族彝族乡、六盘水市水城县金盆苗族彝族乡、六盘水市水城县新街彝族苗族布依族乡、六盘水市水城县杨梅彝族苗族回族乡、六盘水市水城县野钟苗族彝族布依族乡、六盘水市水城县果布嘎彝族苗族布依族乡、六盘水市水城县龙场苗族白族彝族乡、六盘水市水城县营盘苗族彝族白族乡、六盘水市水城县顺场苗族彝族布依族乡、六盘水市水城县花戛苗族布依族彝族乡、六盘水市水城县猴场苗族布依族乡、六盘水市盘县特区普田回族乡、六盘水市盘县特区旧营白族彝族苗族乡、六盘水市盘县特区羊场布依族白族苗族乡、六盘水市盘县特区保基苗族彝族乡、六盘水市盘县特区淤泥彝族乡、六盘水市盘县特区普古彝族苗族乡、六盘水市盘县特区坪地彝族乡、六盘水市六枝特区梭戛苗族彝族乡、六盘水市六枝特区落别布依族彝族乡、六盘水市六枝特区中寨苗族彝族布依族乡、六盘水市六枝特区牛场苗族彝族乡、六盘水市六枝特区月亮河彝族苗族乡、遵义市仁怀后山苗族布依族乡、遵义市遵义县平正仡佬族乡、遵义市遵义县洪关苗族乡、遵义市桐梓县马鬃苗族乡、遵义市正安县谢坝仡佬族苗族乡、遵义市正安县市坪苗族仡佬族乡、遵义市余庆县花山苗族乡、遵义市道真县上坝土家族乡、安顺市西秀区鸡场布依族苗族乡、安顺市西秀区杨武布依族苗族乡、安顺市西秀区岩腊苗族布依族乡、安顺市西秀区新场布依族苗族乡、安顺市西秀区黄腊布依族苗族乡、安顺市平坝县十字回族乡、安顺市平坝县羊昌布依族苗族乡、安顺市普定县补郎苗族乡、安顺市普定县猴场苗族仡佬族乡、安顺市普定县猫洞苗族仡佬族乡、毕节市七星关区大屯彝族乡、

续表 5

地　区	数　量	乡镇名称
贵州省	193	毕节市七星关区田坎彝族乡、毕节市七星关区阿市苗族彝族乡、毕节市七星关区团结彝族苗族乡、毕节市七星关区阴底彝族苗族白族乡、毕节市七星关区千溪彝族苗族白族乡、毕节市黔西县永燊彝族苗族乡、毕节市黔西县新仁苗族乡、毕节市黔西县花溪彝族苗族乡、毕节市黔西县中建苗族彝族乡、毕节市黔西县定新彝族苗族乡、毕节市黔西县太来彝族苗族乡、毕节市黔西县绿化白族彝族乡、毕节市黔西县红林彝族苗族乡、毕节市黔西县五里布依族苗族乡、毕节市黔西县铁石苗族彝族乡、毕节市大方县竹园彝族苗族乡、毕节市大方县响水白族彝族仡佬族乡、毕节市大方县鼎新彝族苗族乡、毕节市大方县牛场苗族彝族乡、毕节市大方县理化苗族彝族乡、毕节市大方县安乐彝族仡佬族乡、毕节市大方县风山彝族蒙古族乡、毕节市大方县百纳彝族乡、毕节市大方县三元彝族苗族白族乡、毕节市大方县沙厂彝族乡、毕节市大方县黄泥彝族苗族满族乡、毕节市大方县核桃彝族白族乡、毕节市大方县八堡彝族苗族乡、毕节市大方县兴隆苗族乡、毕节市大方县大山苗族彝族乡、毕节市大方县星宿苗族彝族仡佬族乡、毕节市织金县自强苗族乡、毕节市织金县官寨苗族乡、毕节市织金县后寨苗族乡、毕节市织金县大平苗族彝族乡、毕节市织金县茶店布依族苗族彝族乡、毕节市织金县金龙苗族彝族布依族乡、毕节市织金县鸡场苗族彝族布依族乡、毕节市金沙县太平彝族苗族乡、毕节市金沙县石场苗族彝族乡、毕节市金沙县马路彝族苗族乡、毕节市金沙县安洛苗族彝族满族乡、毕节市金沙县新化苗族彝族满族乡、毕节市金沙县大田彝族苗族布依族乡、毕节市赫章县兴发苗族彝族回族乡、毕节市赫章县松林坡白族彝族苗族乡、毕节市赫章县雉街彝族苗族乡、毕节市赫章县珠市彝族乡、毕节市赫章县双坪彝族苗族乡、毕节市赫章县辅处彝族苗族乡、毕节市赫章县铁匠苗族乡、毕节市赫章县可乐彝族苗族乡、毕节市赫章县河镇彝族苗族乡、毕节市赫章县结构彝族苗族乡、毕节市赫章县水塘堡彝族苗族乡、毕节市赫章县古达苗族彝族乡、毕节市纳雍县库东关彝族苗族白族乡、毕节市纳雍县董地苗族彝族乡、毕节市纳雍县左鸠戛彝族苗族乡、毕节市纳雍县锅圈岩苗族彝族乡、毕节市纳雍县新房彝族苗族乡、毕节市纳雍县化作苗族彝族乡、毕节市纳雍县姑开苗族彝族乡、毕节市纳雍县羊场苗族彝族乡、毕节市纳雍县昆寨苗族彝族白族乡、毕节市纳雍县猪场苗族彝族乡、毕节市威宁县新发布依族乡、毕节市百里杜鹃管理区大水彝族苗族布依族乡、毕节市百里杜鹃管理区金坡苗族彝族满族乡、毕节市百里杜鹃管理区普底彝族苗族白族乡、毕节市百里杜鹃管理区仁和彝族苗族乡、铜仁市碧江区桐木坪侗族乡、铜仁市碧江区瓦屋侗族乡、铜仁市碧江区和平土家族侗族乡、铜仁市碧江区滑石侗族苗族土家族乡、铜仁市碧江区六龙山侗族土家族乡、铜仁市万山区高楼坪侗族乡、铜仁市万山区黄道侗族乡、铜仁市万山区熬寨侗族乡、铜仁市万山区下溪侗族乡、铜仁市万山区鱼塘侗族土家族苗族乡、铜仁市万山区大坪侗族土家族苗族乡、铜仁市德江县楠杆土家族乡、铜仁市德江县沙溪土家族乡、铜仁市德江县桶井土家族乡、铜仁市德江县堰塘土家族乡、铜仁市德江县荆角土家族乡、铜仁市德江县长丰土家族乡、铜仁市德江县龙泉土家族乡、铜仁市德江县钱家土家族乡、铜仁市江口县德旺土家族苗族乡、铜仁市江口县官和侗族土家族苗族乡、铜仁市石阡县聚凤仡佬族侗族乡、铜仁市石阡县大沙坝仡佬族侗族乡、铜仁市石阡县枫香仡佬族侗族乡、铜仁市石阡县青阳苗族仡佬族侗族乡、铜仁市石阡县龙井侗族仡佬族乡、铜仁市石阡县石固仡佬族侗族乡、铜仁市石阡县坪地仡佬族侗族乡、铜仁市石阡县甘溪仡佬族侗族乡、铜仁市石阡县坪山仡佬族侗族乡、铜仁市思南县思林土家族苗族乡、铜仁市思南县枫柽土家族苗族乡、铜仁市思南县杨家坳苗族乡、铜仁市思南县胡家湾苗族土家族乡、铜仁市思南县宽坪土家族苗族乡、铜仁市思南县三道水土家族苗族乡、铜仁市思南县天桥土家族苗族乡、铜仁市思南县兴隆土家族苗族乡、黔西南州晴隆县三宝彝族乡、黔西南州兴仁县鲁础营回族乡、黔西南州望谟县油迈瑶族乡、黔东南州从江县秀塘壮族乡、黔东南州从江县刚边壮族乡、黔东南州从江县翠里瑶族壮族乡、黔东南州镇远县尚寨土家族乡、黔东南州麻江县坝芒布依族乡、黔东南州榕江县水尾水族乡、黔东南州榕江县三江水族乡、黔东南州榕江县仁里水族乡、黔东南州榕江县定威水族乡、黔东南州榕江县兴华水族乡、黔东南州榕江县塔石瑶族水族乡、黔东南州雷山县达地水族乡、黔东南州黎平县顺化瑶族乡、黔东南州黎平县雷洞瑶族水族乡、黔东南州岑巩县羊桥土家族乡、黔南州都匀市归兰水族乡、黔南州荔波县瑶山瑶族乡、黔南州荔波县黎明关水族乡、黔南州平塘县卡蒲毛南族、贵安新区湖潮布依族苗族乡

续表 6

地　区	数　量	乡镇名称
云南省	144	晋宁县夕阳彝族乡、晋宁县双河彝族乡、宜良县九乡彝族回族乡、宜良县耿家彝族苗族乡、昭通市昭阳区守望回族乡、昭通市昭阳区小龙洞回族彝族乡、昭通市昭阳区布嘎回族乡、昭通市昭阳区青冈岭回族彝族乡、鲁甸县桃源回族乡、鲁甸县茨院回族乡、大关县上高桥回族彝族苗族乡、永善县马楠苗族彝族乡、永善县伍寨彝族苗族乡、镇雄县坡头彝族苗族白族乡、镇雄县果珠彝族乡、镇雄县林口彝族苗族乡、镇雄县以古彝族苗族乡、彝良县龙街苗族彝族乡、彝良县奎香苗族彝族乡、彝良县树林彝族苗族乡、彝良县柳溪苗族乡、彝良县洛旺苗族乡、威信县双河苗族彝族乡、师宗县龙庆彝族壮族乡、师宗县五龙壮族乡、师宗县高良壮族苗族瑶族乡、罗平县长底布依族乡、罗平县旧屋基彝族乡、罗平县鲁布革布依族苗族乡、富源县古敢水族乡、会泽县新街回族乡、南华县雨露白族乡、大姚县湾碧傈僳族傣族乡、永仁县永兴傣族乡、武定县东坡傣族乡、玉溪市红塔区小石桥彝族乡、玉溪市红塔区洛河彝族乡、江川县安化彝族乡、通海县高大傣族彝族乡、通海县里山彝族乡、通海县兴蒙蒙古族乡、华宁县通红甸彝族苗族乡、易门县十街彝族乡、易门县浦贝彝族乡、易门县铜厂彝族乡、河口县桥头瑶族乡、金平县者拉祜族乡、蒙自县期路白苗族乡、蒙自县老寨苗族乡、开远市大庄回族乡、文山县东山彝族乡、文山县红甸回族乡、文山县秉烈彝族乡、文山县柳井彝族乡、文山县坝心彝族乡、砚山县阿舍彝族乡、砚山县维末彝族乡、砚山县盘龙彝族乡、砚山县干河彝族乡、丘北县舍得彝族乡、丘北县新店彝族乡、丘北县树皮彝族乡、丘北县八道哨彝族乡、丘北县腻脚彝族乡、麻栗坡县猛硐瑶族乡、富宁县洞波瑶族乡、澜沧拉祜族自治县酒井哈尼族乡、澜沧拉祜族自治县发展河哈尼族乡、澜沧拉祜族自治县谦六彝族乡、澜沧拉祜族自治县文东佤族乡、澜沧拉祜族自治县安康佤族乡、澜沧拉祜族自治县雪林佤族乡、思茅市云仙彝族乡、思茅市龙潭彝族傣族乡、墨江哈尼族自治县孟弄彝族乡、西盟佤族自治县力所拉祜族乡、大理市太邑彝族乡、鹤庆县六合彝族乡、宾川县钟英傈僳族彝族乡、宾川县拉乌彝族乡、祥云县东山彝族乡、弥渡县牛街彝族乡、永平县北斗彝族乡、永平县厂街彝族乡、永平县水泄彝族乡、泸水县洛本卓白族乡、泸水县老窝白族乡、中甸县三坝纳西族乡、德钦县霞若傈僳族乡、德钦县拖顶傈僳族乡、凤庆县新华彝族苗族乡、凤庆县腰街彝族乡、凤庆县郭大寨彝族白族乡、云县栗树彝族傣族乡、云县忙怀彝族布朗族乡、云县后箐彝族乡、永德县大雪山彝族拉祜族傣族乡、永德县乌木龙彝族乡、临翔区平村彝族傣族乡、临翔区霖南美拉祜族乡、耿马傣族佤族自治县芒洪拉祜族布朗族乡、沧源佤族自治县勐角傣族彝族拉祜族乡、镇康县军赛佤族拉祜族傈僳族德昂族乡、景洪市基诺山基诺族乡、景洪市景哈哈尼族乡、勐腊县瑶区瑶族乡、勐腊县象明彝族乡、勐海县格朗和哈尼族乡、勐海县布朗山布朗族乡、勐海县西定哈尼族乡
西藏自治区	8	错那县麻玛门巴族乡、错那县贡日门巴族乡、错那县基巴门巴族乡、错那县勒布区勒门巴族乡、林芝县更章门巴族乡、米林县南伊珞巴族乡、墨脱县达木珞巴族乡、芒康县下盐井纳西族乡
陕西省	3(其中民族镇 3)	安县西口回族镇、镇安县茅坪回族镇、宁陕县江口回族镇
甘肃省	29	临夏县井沟东乡族乡、和政县梁家寺东乡族乡、临夏县安家坡东乡族乡、广河县阿里麻土东乡族乡、临潭县长川回族乡、临潭县卓洛回族乡、临潭县古战回族乡、卓尼县勺哇土族乡、文县铁楼藏族乡、武都县坪垭藏族乡、武都县磨坝藏族乡、宕昌县新城子藏族乡、酒泉市黄泥堡裕固族乡、玉门市小金湾东乡族乡、会宁县新添堡回族乡、正宁县五顷源回族乡、平凉市峡门回族乡、华亭县神峪回族乡、华亭县山寨回族乡、平凉市白庙回族乡、平凉市大秦回族乡、平凉市寨河回族乡、平凉市大寨回族乡、平凉市西阳回族乡、平凉市上杨回族乡、肃南裕固族自治县祁丰藏族乡、肃南裕固族自治县马蹄藏族乡、肃南裕固族自治县白银蒙古族乡、张掖市平山湖蒙古族乡、酒泉市瓜州县七墩回族东乡族乡、酒泉市瓜州县腰站子东乡族乡、酒泉市瓜州县广至藏族乡、酒泉市瓜州县沙河回族乡、酒泉市玉门市独山子东乡族乡

续表 7

地　区	数　量	乡镇名称
青海省	28	大通回族土族自治县朔北藏族乡、大通回族土族自治县向化藏族乡、湟中县群加藏族乡、湟中县大才回族乡、湟中县汉东回族乡、平安县古城回族乡、平安县沙沟回族乡、平安县巴藏沟回族乡、平安县石灰窑回族乡、平安县洪水泉回族乡、民和回族土族自治县杏儿藏族乡、乐都县下营藏族乡、乐都县中坝藏族乡、乐都县达拉土族乡、互助土族自治县松多藏族乡、互助土族自治县巴扎藏族乡、化隆回族自治县雄先藏族乡、化隆回族自治县查甫藏族乡、化隆回族自治县金源藏族乡、化隆回族自治县塔加藏族乡、循化撒拉族自治县道帏藏族乡、循化撒拉族自治县尕楞藏族乡、循化撒拉族自治县岗察藏族乡、循化撒拉族自治县文都藏族乡、贵德县新街回族乡、门源回族自治县皇城蒙古族乡、海晏县哈勒景蒙古乡、湟源县日月藏族乡
新疆维吾尔自治区	42	鄯善县东巴回族乡、皮山县瑙阿巴提塔吉克族乡、皮山县康克尔柯尔克孜族乡、和硕县乌什塔拉回族乡、奇台县大泉塔塔尔族乡、奇台县五马场哈萨克族乡、奇台县乔仁哈萨克族乡、木垒哈萨克自治县大南沟乌孜别克族乡、玛纳斯县旱卡子滩哈萨克族乡、玛纳斯县塔西河哈萨克族乡、玛纳斯县清水河哈萨克族乡、阜康市三工河哈萨克族乡、阜康市上户沟哈萨克族乡、昌吉市阿什里哈萨克族乡、呼图壁县石梯子哈萨克族乡、米东区柏杨河哈萨克族乡、阿克陶县塔尔塔吉克族乡、塔什库尔干塔吉克自治县科克亚柯尔克孜族乡、泽普县布依鲁克塔吉克族乡、莎车县孜热普提塔吉克族乡、察布查尔锡伯自治县米粮泉回族乡、特克斯县科克铁热克柯尔克孜族乡、特克斯县呼吉尔特蒙古族乡、伊宁县愉群翁回族乡、尼勒克县科克浩特浩尔蒙古族乡、霍城县伊车嘎善锡伯族乡、霍城县三宫回族乡、昭苏县胡松图喀尔逊蒙古族乡、昭苏县察汗乌苏蒙古族乡、昭苏县夏特柯尔克孜族乡、塔城市阿西尔达斡尔族乡、乌苏市塔布勒合特蒙古族乡、乌苏市吉尔格勒特郭楞蒙古族乡、额敏县额玛勒特郭楞蒙古族乡、额敏县霍吉尔特蒙古族乡、乌什县雅曼苏柯尔克孜族乡、温宿县博孜东柯尔克孜族乡、伊吾县前山哈萨克族乡、哈密市德外都如哈萨克族乡、哈密市乌拉台哈萨克族乡、布尔津县乔木哈纳斯蒙古族乡、阿勒泰市汗德尕特蒙古族乡

■中国市辖民族区一览表

地　区	市辖民族区名称
内蒙古自治区	呼和浩特市回族区
黑龙江省	齐齐哈尔市梅里斯达斡尔族区
河南省	郑州市管城回族区
	洛阳市廛河回族区
	开封市顺河回族区

注：全国现有市辖“民族区”5 个。

中国陆地边境县、牧区半牧区县、民族贸易县、民族自治地方国家扶贫工作重点县

■中国陆地边境县(旗)、市(市辖区)一览表

地区	自治州(盟、地、市)	县、旗、市(市辖区)
内蒙古自治区	包头市	达尔罕茂明安联合旗
	乌兰察布市	四子王旗
	锡林郭勒盟	二连浩特市　阿巴嘎旗
		东乌珠穆沁旗　苏尼特左旗　苏尼特右旗
	呼伦贝尔市	满洲里市　额尔古纳市
		陈巴尔虎旗　新巴尔虎左旗　新巴尔虎右旗
	巴彦淖尔市	乌拉特中旗　乌拉特后旗
	阿拉善盟	阿拉善左旗　阿拉善右旗　额济纳旗
	兴安盟	阿尔山市　科尔沁右翼前旗
	丹东市	振安区　元宝区　振兴区　东港市　宽甸满族自治县
吉林省	通化市	集安市
	白山市	浑江区　临江市　抚松县　长白朝鲜族自治县
	延边朝鲜族自治州	图们市　龙井市　珲春市　和龙市　安图县
黑龙江省	鹤岗市	萝北县　绥滨县
	双鸭山市	饶河县
	鸡西市	虎林市　密山市　鸡东县
	伊春市	嘉荫县
	牡丹江市	穆棱市　绥芬河市　东宁县
	佳木斯市	同江市　抚远县
	黑河市	爱辉区　逊克县　孙吴县
	大兴安岭地区	呼玛县　塔河县　漠河县
广西壮族自治区	防城港市	防城区　东兴市
	崇左市	凭祥市　大新县　宁明县　龙州县
	百色市	靖西县　那坡县
云南省	普洱市	澜沧拉祜族自治县　江城哈尼族彝族自治县
		西盟佤族自治县　孟连傣族拉祜族佤族自治县
	临沧市	镇康县　沧源佤族自治县　耿马傣族佤族自治县
	保山市	龙陵县　腾冲县
	文山壮族苗族自治州	麻栗坡县　马关县　富宁县
	红河哈尼族彝族自治州	绿春县　金平苗族瑶族傣族自治县　河口瑶族自治县

续表

<table>
<tr><th>地区</th><th>自治州(盟、地、市)</th><th colspan="2">县、旗、市(市辖区)</th></tr>
<tr><td rowspan="3">云南省</td><td>西双版纳傣族自治州</td><td colspan="2">景洪市　勐海县　勐腊县</td></tr>
<tr><td>德宏傣族景颇族自治州</td><td colspan="2">潞西市　瑞丽市　盈江市　陇川县</td></tr>
<tr><td>怒江傈僳族自治州</td><td colspan="2">泸水县　福贡县　贡山独龙族怒族自治县</td></tr>
<tr><td rowspan="4">西藏自治区</td><td>山南地区</td><td colspan="2">洛札县　错那县　浪卡子县</td></tr>
<tr><td>日喀则地区</td><td colspan="2">定结县　定日县　康马县　聂拉木县　吉隆县　亚东县　岗巴县　仲巴县　萨嘎县</td></tr>
<tr><td>阿里地区</td><td colspan="2">噶尔县　普兰县　日土县　札达县</td></tr>
<tr><td>林芝市</td><td colspan="2">墨脱县　察隅县</td></tr>
<tr><td>甘肃省</td><td>酒泉市</td><td colspan="2">肃北蒙古族自治县</td></tr>
<tr><td rowspan="11">新疆维吾尔自治区</td><td>哈密地区</td><td colspan="2">哈密市　伊吾县　巴里坤哈萨克自治县</td></tr>
<tr><td>和田地区</td><td colspan="2">和田县　皮山县</td></tr>
<tr><td>阿克苏地区</td><td colspan="2">温宿县　乌什县</td></tr>
<tr><td>喀什地区</td><td colspan="2">叶城县　塔什库尔干塔吉克自治县</td></tr>
<tr><td>克孜勒苏柯尔克孜自治州</td><td colspan="2">阿图什市　阿合奇县　乌恰县　阿克陶县</td></tr>
<tr><td>昌吉回族自治州</td><td colspan="2">奇台县　木垒哈萨克自治县</td></tr>
<tr><td>博尔塔拉蒙古自治州</td><td colspan="2">博乐市　温泉县</td></tr>
<tr><td rowspan="4">伊犁哈萨克自治州</td><td colspan="2">昭苏县　霍城县　察布查尔锡伯自治县</td></tr>
<tr><td>塔城地区</td><td>塔城市　额敏县　裕民县　托里县　和布克赛尔蒙古自治县</td></tr>
<tr><td rowspan="2">阿勒泰地区</td><td>阿勒泰市　青河县　吉木乃县</td></tr>
<tr><td>富蕴县　布尔津县　福海县　哈巴河县</td></tr>
</table>

注：1.名单顺序按民政部编《中华人民共和国行政区划简册》排列。
2.统计口径以沿陆地国境线的县级行政区划为单位。
3.资料截止时间为 2006 年 12 月 31 日。
4.新疆建设兵团 58 个边境团场暂未列入本表。

■中国牧区、半牧区县(旗)一览表

地　区	分　类	县　数	县(旗)名单
河北	半牧区	6	张北、康保、沽源、尚义、丰宁、围场
山西	半牧区	1	右玉
内蒙古	牧区	34	达尔罕茂明安联合、巴林右、巴林左、克什克腾、翁牛特、鄂伦春、新巴尔虎右、新巴尔虎左、陈巴尔虎、科尔沁右翼中、科尔沁左翼中、科尔沁左翼后、扎鲁特、锡林浩特市、阿巴嘎、苏尼特左、苏尼特右、东乌珠穆沁、西乌珠穆沁、镶黄、正镶白、正蓝、达茂、四子王、鄂托克前、鄂托克、杭锦、乌审、乌拉特中、乌拉特后、阿拉善左、阿拉善右、额济纳
	半牧区	20	林西、敖汉、扎兰屯市、阿荣、莫力达瓦、科尔沁右翼前、扎赉特、突泉、开鲁、库伦、奈曼、太仆寺、察右中、察右后、东胜区、达拉特、准格尔、伊金霍洛、磴口、乌拉特前
辽宁	半牧区	6	阜新、彰武、康平、北票市、建平、喀左
吉林	牧区	1	通榆
	半牧区	7	双辽、洮南、长岭、前郭尔罗斯、大安、镇赉、乾安

续表

地区	分类	县数	县(旗)名单
黑龙江	牧区	7	龙江、甘南、杜尔伯特、富裕、安达、青冈、肇源
	半牧区	8	泰来、林甸、同江、虎林、肇东、兰西、肇州、明水
四川	牧区	10	松潘、壤塘、阿坝、若尔盖、红原、德格、白玉、石渠、色达、理塘
	半牧区	38	汶川、理县、茂县、九寨沟、金川、小金、黑水、马尔康、康定、泸定、丹巴、九龙、雅江、道孚、炉霍、甘孜、新龙、巴塘、乡城、稻城、得荣、西昌市、木里、盐源、德昌、会理、会东、宁南、普格、布拖、金阳、昭觉、喜德、冕宁、越西、甘洛、美姑、雷波
云南	牧区	3	香格里拉、德钦、维西
西藏	牧区	13	当雄、仲巴、萨嘎、那曲、嘉黎、聂荣、安多、申扎、班戈、巴青、革吉、改则、措勤
	半牧区	25	林周、卡若、江达、贡觉、类乌齐、丁青、察雅、八宿、曲松、措美、错那、昂仁、谢通门、比如、索县、普兰、札达、噶尔、日土、工布江达、浪卡子、康马、亚东、岗巴、尼玛
甘肃	牧区	7	肃北、阿克塞、肃南、天祝、玛曲、碌曲、夏河
	半牧区	13	永登、永昌、靖远、瓜州、山丹、民勤、漳县、岷县、环县、华池、合作、卓尼、迭部
青海	牧区	26	祁连、海晏、刚察、泽库、河南、共和、同德、兴海、贵南、玛沁、班玛、甘德、达日、久治、玛多、玉树、杂多、称多、治多、囊谦、曲麻莱、格尔木市、德令哈市、乌兰、都兰、天峻
	半牧区	4	门源、同仁、尖扎、贵德
宁夏	牧区	1	盐池
	半牧区	2	同心、海原
新疆	牧区	22	伊吾、木垒、温泉、和静、阿合奇、乌恰、塔什库尔干、民丰、新源、昭苏、特克斯、尼勒克、托里、裕民、和布克赛尔、阿勒泰市、布尔津、富蕴、福海、哈巴河、青河、吉木乃
	半牧区	15	乌鲁木齐、哈密、巴里坤、奇台、博乐市、精河、尉犁、且末、和硕、温宿、沙雅、阿克陶、巩留、塔城市、额敏、吉木萨尔（新）、若羌（新）

注：全国共有牧区县和半牧区县 268 个。

■民族自治地方国家扶贫工作重点县一览表

地区	数量	县(旗、市)名称
河北	5	丰宁满族自治县、宽城满族自治县、围场满族蒙古族自治县、青龙满族自治县、孟村回族自治县
内蒙古	31	武川县、阿鲁科尔沁旗、巴林左旗、巴林右旗、林西县、翁牛特旗、喀喇沁旗、宁城县、敖汉旗、科尔沁左翼中旗、科尔沁左翼后旗、库伦旗、奈曼旗、莫力达瓦达斡尔族自治旗、鄂伦春自治旗、卓资县、化德县、商都县、兴和县、察哈尔右翼前旗、察哈尔右翼中旗、察哈尔右翼后旗、四子王旗、阿尔山市、科尔沁右翼前旗、科尔沁右翼中旗、扎赉特旗、突泉县、苏尼特右旗、太仆寺旗、正镶白旗
吉林	4	龙井市、和龙市、汪清县、安图县
黑龙江	1	杜尔伯特蒙古族自治县
湖北	9	长阳土家族自治县、恩施市、利川市、建始县、巴东县、宣恩县、咸丰县、来凤县、鹤峰县
湖南	11	桑植县（属于所给地区吗）、江华瑶族自治县、城步苗族自治县、通道侗族自治县、泸溪县、凤凰县、花垣县、保靖县、古丈县、永顺县、龙山县

续表

地　区	数　量	县(旗、市)名称
广西	28	龙胜各族自治县、隆安县、马山县、天等县、龙州县、田东县、平果县、德保县、靖西县、那坡县、凌云县、乐业县、西林县、田林县、隆林各族自治县、南丹县、天峨县、凤山县、东兰县、巴马瑶族自治县、都安瑶族自治县、大化瑶族自治县、罗城仫佬族自治县、环江毛南族自治县、忻城县、三江侗族自治县、融水苗族自治县、金秀瑶族自治县、上林县、昭平县、富川县、
海南	5	五指山市、白沙黎族自治县、琼中黎族苗族自治县、陵水黎族自治县、保亭黎族苗族自治县
重庆	5	黔江区、石柱土家族自治县、彭水苗族土家族自治县、酉阳土家族苗族自治县、秀山土家族苗族自治县
四川	20	马边彝族自治县、小金县、黑水县、壤塘县、雅江县、新龙县、石渠县、色达县、理塘县、盐源县、普格县、布拖县、金阳县、昭觉县、喜德县、越西县、甘洛县、美姑县、雷波县、木里藏族自治县、甘孜县、德格县、
贵州	36	道真仡佬族苗族自治县、务川仡佬族苗族自治县、关岭布依族苗族自治县、镇宁布依族苗族自治县、紫云苗族布依族自治县、威宁彝族回族苗族自治县、印江土家族苗族自治县、沿河土家族自治县、松桃苗族自治县、黄平县、施秉县、三穗县、岑巩县、天柱县、锦屏县、剑河县、台江县、黎平县、榕江县、从江县、雷山县、麻江县、丹寨县、荔波县、独山县、平塘县、罗甸县、长顺县、三都水族自治县、兴仁县、普安县、晴隆县、贞丰县、望谟县、册亨县、安龙县
云南	51	禄劝彝族苗族自治县、寻甸回族彝族自治县、宁蒗彝族自治县、普洱哈尼族彝族自治县（宁洱哈尼族彝族自治县）、墨江哈尼族自治县、景东彝族自治县、镇沅彝族哈尼族拉祜族自治县、江城哈尼族彝族自治县、孟连傣族拉祜族佤族自治县、澜沧拉祜族自治县、西盟佤族自治县、双江拉祜族佤族布朗族傣族自治县、沧源佤族自治县、梁河县、泸水县、福贡县、贡山独龙族怒族自治县、兰坪白族普米族自治县、香格里拉县、德钦县、维西傈僳族自治县、弥渡县、永平县、云龙县、洱源县、剑川县、鹤庆县、漾濞彝族自治县、南涧彝族自治县、巍山彝族回族自治县、双柏县、南华县、姚安县、大姚县、永仁县、武定县、绿春县、泸西县、元阳县、红河县、金平苗族瑶族傣族自治县、屏边苗族自治县、文山县、砚山县、西畴县、麻栗坡县、马关县、丘北县、广南县、富宁县、勐腊县
甘肃	14	张家川回族自治县、天祝藏族自治县、临夏县、康乐县、永靖县、广河县、和政县、东乡族自治县、积石山保安族东乡族撒拉族自治县、合作市、临潭县、卓尼县、舟曲县、夏河县
青海	12	大通回族土族自治县、民和回族土族自治县、化隆回族自治县、循化撒拉族自治县、尖扎县、泽库县、甘德县、达日县、玉树县、杂多县、治多县、囊谦县、玛多县、曲麻莱县
宁夏	8	盐池县、同心县、固原县、海原县、西吉县、隆德县、泾源县、彭阳县
新疆	27	巴里坤哈萨克自治县、乌什县、柯坪县、阿图什市、阿克陶县、阿合奇县、乌恰县、疏附县、疏勒县、英吉沙县、莎车县、叶城县、岳普湖县、伽师县、塔什库尔干塔吉克自治县、和田县、墨玉县、皮山县、洛浦县、策勒县、于田县、民丰县、察布查尔锡伯自治县、尼勒克县、托里县、青河县、吉木乃县
西藏（2016年找不到相关）	74	拉萨市城关区、林周县、当雄县、尼木县、曲水县、堆龙德庆县、达孜县、墨竹工卡县、那曲县、嘉黎县、比如县、聂荣县、安多县、申扎县、索县、班戈县、巴青县、尼玛县、昌都县、江达县、贡觉县、类乌齐县、丁青县、察雅县、八宿县、左贡县、芒康县、洛隆县、边坝县、林芝县、工布江达县、米林县、墨脱县、波密县、察隅县、朗县、乃东县、扎囊县、贡嘎县、桑日县、琼结县、曲松县、措美县、洛扎县、加查县、隆子县、错那县、浪卡子县、日喀则市、南木林县、江孜县、定日县、萨迦县、拉孜县、昂仁县、谢通门县、白朗县、仁布县、康马县、定结县、仲巴县、亚东县、吉隆县、聂拉木县、萨嘎县、岗巴县、樟木口岸办事处、噶尔县、普兰县、札达县、日土县、革吉县、改则县、措勤县

■中国民族贸易县(旗)、市一览表

地　区	数　量	县(旗、市)名称
河北	5	青龙满族自治县、丰宁满族自治县、围场满族蒙古族自治县、宽城满族自治县、孟村回族自治县
内蒙古	57	苏尼特左旗、阿巴嘎旗、西乌珠穆沁旗、镶黄旗、正镶白旗、正蓝旗、苏尼特右旗、东乌珠穆沁旗、多伦县、太仆寺旗、达尔罕茂明安联合旗、四子王旗、商都县、化德县、察哈尔右翼前旗、察哈尔右翼右旗、察哈尔右翼后旗、乌拉特中旗、乌拉特后旗、鄂托克旗、杭锦旗、准格尔旗、乌审旗、伊金霍洛旗、鄂托克前旗、林西县、巴林右旗、阿鲁科尔沁旗、克什克腾旗、翁牛特旗、巴林左旗、宁城县、敖汉旗、喀喇沁旗、科尔沁右翼前旗、扎赉特旗、科尔沁左翼后旗、科尔沁右翼中旗、库伦旗、奈曼旗、扎鲁特旗、陈巴尔虎旗、新巴尔虎左旗、新巴尔虎右旗、额尔古纳左旗、鄂温克族自治旗、莫力达瓦达斡尔族自治旗、鄂伦春自治旗、阿拉善左旗、阿拉善右旗、额济纳旗、科尔沁左翼中旗、托克托县、清水河县、武川县、和林格尔县、固阳县
辽宁	5	阜新蒙古族自治县、喀喇沁左翼蒙古族自治县、新宾满族自治县、岫岩满族自治县、桓仁满族自治县
吉林	5	安图县、长白朝鲜族自治县、龙井市、和龙市、汪清县
黑龙江	1	杜尔伯特蒙古族自治县
浙江	1	景宁畲族自治县
湖北	10	来凤县、鹤峰县、咸丰县、利川市、巴东县、建始县、宣恩县、恩施市、五峰土家族自治县、长阳土家族自治县
湖南	12	龙山县、桑植县、永顺县、保靖县、花垣县、古丈县、泸溪县、凤凰县、新晃侗族自治县、通道侗族自治县、城步苗族自治县、江华瑶族自治县
广东	3	连山壮族瑶族自治县、连南瑶族自治县、乳源瑶族自治县
广西	34	那坡县、凌云县、乐业县、西林县、隆林各族自治县、平果县、田林县、德保县、靖西县、田东县、马山县、上林县、天等县、大新县、龙州县、宁明县、隆安县、上思县、巴马瑶族自治县、环江毛南族自治县、罗城仫佬族自治县、东兰县、凤山县、都安瑶族自治县、天峨县、南丹县、大化瑶族自治县、金秀瑶族自治县、融水苗族自治县、三江侗族自治县、忻城县、资源县、龙胜各族自治县、富川瑶族自治县
海南	8	保亭黎族苗族自治县、白沙黎族自治县、乐东黎族自治县、琼中黎族苗族自治县、东方黎族自治县、陵水黎族自治县、昌江黎族自治县、通什市
重庆	5	酉阳土家族苗族自治县、秀山土家族苗族自治县、黔江区、彭水苗族土家族自治县、石柱土家族自治县
四川	51	马尔康县、茂县、红原县、阿坝县、汶川县、若尔盖县、理县、黑水县、小金县、松潘县、金川县、九寨沟县、壤塘县、峨边彝族自治县、马边彝族自治县、冕宁县、宁南县、德昌县、会东县、会理县、昭觉县、金阳县、甘洛县、布拖县、普格县、喜德县、雷波县、越西县、美姑县、木里藏族自治县、盐源县、米易县、盐边县、康定县、九龙县、炉霍县、甘孜县、雅江县、新龙县、道孚县、白玉县、理塘县、德格县、乡城县、石渠县、稻城县、色达县、巴塘县、泸定县、德荣县、丹巴县
贵州	51	道真仡佬族苗族自治县、剑河县、台江县、黎平县、榕江县、从江县、雷山县、丹寨县、黄平县、锦屏县、天柱县、麻江县、施秉县、镇远县、三穗县、岑巩县、荔波县、罗甸县、惠水县、三都水族自治县、平塘县、独山县、长顺县、贵定县、龙里县、福泉县、瓮安县、松桃苗族自治县、沿河土家族自治县、印江土家族苗族自治县、卢丰县、望谟县、册亨县、安龙县、晴隆县、兴仁县、普安县、威宁彝族回族苗族自治县、赫章县、纳雍县、镇宁布依族苗族自治县、紫云苗族布依族自治县、关岭布依族苗族自治县、大方县、黔西县、织金县、金沙县、水城县、盘县特区、六枝特区、务川仡佬族苗族自治县

续表

地　区	数　量	县(旗、市)名称
云南	68	富宁县、麻栗坡县、马关县、文山县、砚山县、丘北县、广南县、西畴县、屏边苗族自治县、河口瑶族自治县、金平苗族瑶族傣族自治县、绿春县、元阳县、红河县、泸西县、石屏县、武定县、禄劝彝族自治县、石林彝族自治县、巍山彝族回族自治县、南涧彝族自治县、漾濞彝族自治县、剑川县、鹤庆县、云龙县、弥渡县、洱源县、祥云县、宾川县、永平县、景谷傣族彝族自治县、江城哈尼族彝族自治县、孟连傣族拉祜族佤族自治县、西盟佤族自治县、澜沧拉祜族自治县、墨江哈尼族自治县、峨山彝族自治县、新平彝族傣族自治县、元江哈尼族彝族傣族自治县、勐海县、勐腊县、潞西县、陇川县、盈江县、梁河县、福贡县、泸水县、贡山独龙族怒族自治县、兰坪白族普米族自治县、香格里拉县、维西傈僳族自治县、德钦县、宁蒗彝族自治县、丽江纳西族自治县、耿马傣族佤族自治县、镇康县、沧源佤族自治县、双江拉祜族佤族布朗族傣族自治县、寻甸回族彝族自治县、景东彝族自治县、镇源彝族哈尼族拉祜族自治县、龙陵县、南华县、牟定县、大姚县、双柏县、永仁县、姚安县
甘肃	20	张家川回族自治县、临潭县、舟曲县、玛曲县、夏河县、卓尼县、迭部县、碌曲县、临夏市、临夏县、永靖县、和政县、康乐县、广河县、东乡族自治县、积石山保安族东乡族撒拉族自治县、天祝藏族自治县、肃南裕固族自治县、肃北蒙古族自治县、阿克塞哈萨克族自治县
青海	33	门源回族自治县、祁连县、刚察县、海晏县、尖扎县、同仁县、河南蒙古族自治县、泽库县、贵德县、同德县、兴海县、贵南县、共和县、玛沁县、班玛县、甘德县、达日县、久治县、玛多县、玉树县、杂多县、称多县、治多县、囊谦县、曲麻莱县、乌兰县、都兰县、天峻县、循化撒拉族自治县、化隆回族自治县、互助土族自治县、民和回族土族自治县、大通回族土族自治县
宁夏	9	同心县、盐池县、固原县、西吉县、泾源县、海原县、隆德县、灵武县、彭阳县
新疆	53	且末县、若羌县、和静县、和田市、和田县、皮山县、洛浦县、民丰县、策勒县、墨玉县、于田县、坷坪县、乌什县、温宿县、喀什市、巴楚县、伽师县、疏附县、疏勒县、英吉沙县、岳普湖县、麦盖提县、莎车县、泽普县、塔什库尔干塔吉克自治县、叶城县、尼勒克县、新源县、巩留县、伊吾县、巴里坤哈萨克自治县、阿图什市、阿克陶县、阿合奇县、乌恰县、奇台县、木垒哈萨克自治县、温泉县、察布查尔锡伯自治县、霍城县、昭苏县、特克斯县、和布克赛尔蒙古自治县、裕民县、额敏县、托里县、阿勒泰市、布尔津县、青河县、哈巴河县、富蕴县、福海县、吉木乃县

注：吉林省珲春市和新疆维吾尔自治区博乐市、塔城市、焉耆回族自治县境内距县城(市区)100 公里以上，交通不便，少数民族聚居的 16 个乡镇按民族贸易县内的乡镇对待，享受国家有关民族贸易优惠政策。

中国民族特需商品定点生产企业、产品名录

■中国民族特需商品定点生产企业、产品一览表

“十二五”期间全国少数民族特需商品定点生产企业名单及其生产的少数民族特需商品目录

定点企业名称	民族特需用品名称
北京市（20 家）	
北京月盛斋清真食品有限公司	清真食品
北京老马清真食品有限责任公司	清真食品
北京民族印务有限责任公司	少数民族文体用品
北京金维福仁清真食品有限公司	清真食品
北京祥聚斋食品有限公司	清真食品
北京祥益斋食品厂	清真食品
北京薛家赢清真肉类食品加工配送中心	清真食品
北京剧装厂	少数民族服装
北京东来顺集团有限责任公司	清真食品
北京市珐琅厂有限责任公司	少数民族工艺美术品
北京工美集团有限责任公司	少数民族工艺美术品
北京市美术红灯厂有限责任公司	少数民族工艺美术品
北京金漆镶嵌有限责任公司	少数民族工艺美术品
北京象牙雕刻厂有限责任公司	少数民族工艺美术品
北京三江宏利牧业有限公司	清真食品
北京窦店益生清真肉业有限公司	清真食品
北京卓宸畜牧有限公司	清真食品
北京隆昊肉类食品有限公司	清真食品
北京市如意食品有限责任公司	清真食品
北京大顺斋食品有限责任公司	清真食品
天津市（35 家）	
天津市春合体育用品厂	少数民族文体用品
天津市天发重型水电设备制造有限公司	少数民族生产工具
天津市天塑科技集团有限公司第二塑料制品厂	少数民族生产工具
天津华韵乐器有限公司	少数民族文体用品
天津市华龙餐具有限公司	少数民族日用杂品

续表 1

定点企业名称	民族特需用品名称
天津市远东科技工艺发展有限公司	少数民族日用杂品
天津市中环电子计算机有限公司	少数民族文体用品
天津市鑫海地毯有限公司	少数民族针纺织
天津斯必得服装集团有限公司	少数民族服装
天津名都皮革制品有限公司	少数民族鞋帽
天津市兴凯体育器械有限公司	少数民族文体用品
天津市澳玛化妆品有限公司	少数民族日用杂品
天津市金锚集团有限责任公司	少数民族生产工具
天津市兴华森亚迪服饰有限公司	少数民族服装
天津市第三食品加工厂	清真食品
天津伊利康业冷冻食品有限公司	清真食品
天津市北辰区顺义清真牛羊肉综合加工厂	清真食品
天津市天方清真食品有限公司	清真食品
天津耳朵眼炸糕餐饮有限责任公司	清真食品
天津市桂顺斋糕点有限公司	清真食品
天津市桂顺斋糕点食品二厂	清真食品
天津市古兰斋清真食品有限公司	清真食品
天津市河东鸿起顺饭庄有限公司	清真食品
天津津河乳业有限公司	清真食品
天津市全兴源牛羊肉类食品有限公司	清真食品
天津大宇食品科技有限公司	清真食品
天津市顺峰工贸有限公司	少数民族生产工具
天津竟成家纺饰品有限公司	少数民族针纺织
天津天星科生皮革制品有限公司	少数民族鞋帽
天津市佳世通金属制品有限公司	少数民族生产工具
天津市凯达重型水电设备制造有限公司	少数民族生产工具
天津伊利乳业有限责任公司	清真食品
天津市春升清真食品有限公司	清真食品
天津神农种业有限责任公司	清真食品
天津金土地食品有限公司	清真食品
河北省(51 家)	
河北健民淀粉糖业有限公司	清真食品
宁晋县福兰德服装有限公司	少数民族服装

续表 2

定点企业名称	民族特需用品名称
河北宁纺集团有限责任公司	少数民族针纺织
玉锋实业集团有限公司	清真食品
今麦郎食品有限公司	清真食品
河北德凯纺织有限公司	少数民族针纺织
河北御芝林药业有限公司	少数民族药
河北华香清真肉类加工有限责任公司	清真食品
河北天赐调料有限公司	清真食品
邯郸市名福植物油有限责任公司	清真食品
河北美佳食品有限公司	清真食品
河北康远清真食品有限公司	清真食品
邯郸摩罗丹药业股份有限公司	少数民族药
河北鼎康粮油有限公司	清真食品
邯郸隆润纺织有限责任公司	少数民族针纺织
河北东明牛皮制革有限公司	少数民族服装
益海（石家庄）粮油工业有限公司	清真食品
河北古城香业集团股份有限公司	少数民族日用杂品
沧州伊杰清真肉类食品有限公司	清真食品
石家庄华莹玻璃制品有限公司	少数民族日用杂品
张北县祥云食品有限公司	清真食品
保定津海服装有限公司	少数民族服装
唐山法立德清真食品有限公司	清真食品
石家庄常山纺织股份有限公司	少数民族针纺织
河北美客多食品集团有限公司	清真食品
黄骅市和顺伊城清真肉食有限公司	清真食品
阜城县华兴服装有限公司	少数民族服装
衡水一壶斋工艺品有限公司	少数民族工艺美术品
秦皇岛正大有限公司	清真食品
河北三环太阳能有限公司	少数民族日用杂品
河北巴迈隆实业集团有限公司	少数民族服装
承德华富玻璃器皿有限公司	少数民族日用杂品
河北正先食品有限公司	清真食品
河北唐龙纺织集团有限公司	少数民族针纺织
定州伊利乳业有限责任公司	清真食品

续表 3

定点企业名称	民族特需用品名称
宁晋县诚宏铜业有限公司	少数民族日用杂品
河北宝泰食品有限公司	清真食品
光为绿色新能源股份有限公司	少数民族日用杂品
河北蓝鸟家具股份有限公司	少数民族家具
河北强盛风电设备有限公司	少数民族日用杂品
廊坊伊利乳品有限公司	清真食品
唐山中红三融畜禽有限公司	清真食品
大厂回族自治县福华肉类有限公司	清真食品
滦县伊利乳业有限责任公司	清真食品
承德格林食品有限公司	清真食品
张北顺达油脂有限责任公司	清真食品
衡水遨宇纺织有限公司	少数民族针纺织
大厂回族自治县跃华食品有限公司	清真食品
承德开源地毯有限公司	少数民族针纺织
河北荣达畜禽有限公司	清真食品
秦皇岛市牧羊源食品有限公司	清真食品
山西省(29 家)	
山西省平遥县龙海实业有限公司	清真食品
山西绿洲纺织有限责任公司	少数民族针纺织
晋城东方玻璃制品有限公司	少数民族日用杂品
山西大象农牧集团有限公司	清真食品
山西粟海集团有限公司	清真食品
山西忠民集团有限公司	清真食品
山西永济晋美油脂有限公司	清真食品
山西华晋纺织印染有限公司	少数民族针纺织
山西卓里集团有限公司	少数民族生产工具
山西卫氏鱼康实业有限公司	少数民族药
山西迎太塑料有限公司	少数民族生产工具
新绛县鸿远纺织有限责任公司	少数民族针纺织
山西金绛食品有限公司	清真食品
山西宏艺玻璃器皿有限责任公司	少数民族日用杂品
山西红萍服饰有限公司	少数民族服装
山西兵娟制衣有限公司	少数民族服装

续表 4

定点企业名称	民族特需用品名称
山西中德塑钢型材有限责任公司	少数民族生产工具
山西华晟果蔬饮品有限公司	清真食品
祁县红海玻璃有限公司	少数民族日用杂品
翼城县华煜离心球墨铸管有限责任公司	少数民族生产工具
山西吉利尔潞绸集团织造股份有限公司	少数民族服装
山西汤荣机械制造股份有限公司	少数民族生产工具
山西双银电热能有限公司	少数民族生产工具
山西光宇半导体照明股份有限公司	少数民族日用杂品
汾州裕源土特产品有限公司	清真食品
山西胡兰食品有限公司	清真食品
山西兴业绿源农牧业开发有限公司	清真食品
太原市牛羊肉类加工厂	清真食品
长治市雄丰清真养殖屠宰有限公司	清真食品
内蒙古自治区(120 家)	
内蒙古鹿王羊绒有限公司	少数民族针纺织
内蒙古圣鹿源生物科技股份有限公司	少数民族工艺美术品
内蒙古伊德清真肉业食品有限公司	清真食品
包头市都仁装饰工程有限公司	少数民族日用杂品
四子王旗民族贸易有限责任公司	清真食品
赤峰凯兰羊绒制品有限公司	少数民族针纺织
赤峰昭乌达羊绒制品有限责任公司	少数民族服装
内蒙古苏尼特肉业有限责任公司	清真食品
内蒙古蒙元牧业有限责任公司	清真食品
阿巴嘎旗百吉乐民族置业有限责任公司	少数民族工艺美术品
察哈尔右翼后旗察哈尔民族服饰服装有限责任公司	少数民族服装
内蒙古赛罕安达羊绒制品有限公司	少数民族针纺织
通辽今日印刷有限公司	少数民族文体用品
鄂托克旗景程皮毛制品厂	少数民族针纺织
内蒙古乌拉美羊业有限责任公司	清真食品
内蒙古鲁花葵花仁油有限公司	清真食品
阿拉善右旗民族工艺地毯有限责任公司	少数民族针纺织
包头市那日苏马头琴文化传播有限公司	少数民族文体用品
呼伦贝尔市中荣食品有限公司	清真食品

续表 5

定点企业名称	民族特需用品名称
赤峰宝山能源（集团）贺麒铜业有限责任公司	少数民族日用杂品
内蒙古乌兰布和乳业有限公司	清真食品
二连浩特市策格文化传播有限公司	少数民族工艺美术品
内蒙古金川伊利乳业有限责任公司	清真食品
内蒙古伊利实业集团股份有限公司	清真食品
扎兰屯伊利乳业有限责任公司	清真食品
内蒙古蒙药股份有限公司	少数民族药
内蒙古通辽岳泰股份有限公司	少数民族生产工具
奈曼旗华宝麦饭石系列产品有限公司	少数民族日用杂品
奈曼旗金秋农牧业科技发展有限公司	少数民族生产工具
内蒙古重鹤畜牧有限公司	清真食品
通辽市锦绣木业有限公司	少数民族家具
通辽市草原旭日食品有限责任公司	清真食品
内蒙古谷道粮原农产品有限责任公司	清真食品
通辽东北六药业有限公司	少数民族药
内蒙古科尔沁民族文化服饰有限公司	少数民族服装
内蒙古兴雅包装有限公司	少数民族文体用品
内蒙古科尔沁牛业股份有限公司	少数民族生产工具
扎鲁特旗北方食品有限公司	少数民族生产工具
内蒙古清谷新禾有机食品集团有限责任公司	清真食品
通辽市泽强医药有限责任公司	少数民族药
通辽朵兰纺织品有限公司	少数民族服装
内蒙古维尔农业有限公司	清真食品
通辽谷润肉业有限公司	清真食品
内蒙古蒙古王实业股份有限公司	少数民族文体用品
通辽市大漠绿洲养殖有限公司	少数民族生产工具
奈曼旗天兴民族木业有限公司	少数民族家具
通辽市阳光畜牧发展有限责任公司	清真食品
通辽绿丰肉食品有限公司	清真食品
天蒙羊绒有限公司	少数民族针纺织
通辽市润旺生物质加工有限责任公司	少数民族生产工具
通辽市东蒙肉业有限公司	清真食品
内蒙古联亿羊业有限公司	少数民族鞋帽

续表 6

定点企业名称	民族特需用品名称
内蒙古元丰木业有限公司	少数民族家具
通辽余粮畜业开发有限公司	少数民族生产工具
扎鲁特旗鑫诚肉食品有限公司	少数民族生产工具
扎鲁特旗罕山肉业有限责任公司	清真食品
扎鲁特旗希日莫羊绒纺织品有限责任公司	少数民族针纺织
内蒙古王峰拖拉机制造有限公司	少数民族生产工具
通辽卓衡机械制造有限公司	少数民族生产工具
包头万青网围栏有限公司	少数民族生产工具
阿鲁科尔沁旗塔山食品有限责任公司	清真食品
克什克腾旗天太皮毛皮革有限责任公司	少数民族鞋帽
内蒙古蒙都羊业食品有限公司	清真食品
内蒙古东方万旗肉牛产业有限公司	清真食品
内蒙古塞飞亚农业科技发展股份有限公司	清真食品
内蒙古独伊佳食品有限公司	清真食品
赤峰天奇制药有限责任公司	少数民族药
赤峰金碧药业有限公司	少数民族药
内蒙古中敖食品有限公司	清真食品
巴林左旗福山食品有限责任公司	清真食品
内蒙古草原金峰集团霞光肉类营销有限责任公司	清真食品
赤峰丹龙药业有限公司	少数民族药
赤峰他林草都清真肉业有限责任公司	清真食品
翁牛特旗路路通商贸有限责任公司	少数民族针纺织
巴林右旗巴林广告印刷有限责任公司	少数民族文体用品
赤峰市新州中药饮片有限公司	少数民族药
内蒙古茂源国际绒业有限公司	少数民族针纺织
二连市长青民族服装有限责任公司	少数民族服装
二连浩特市元兴民族文化发展有限责任公司	少数民族生产工具
阿拉善左旗驼中王绒毛制品有限责任公司	少数民族针纺织
内蒙古大盛业羊绒制品有限公司	少数民族针纺织
内蒙古大唐药业有限公司	少数民族药
内蒙古森木民族用品有限责任公司	少数民族生产工具
呼和浩特市苏鲁锭皮业有限责任公司	少数民族工艺美术品
呼和浩特市舞美艺术服装厂	少数民族服装

续表 7

定点企业名称	民族特需用品名称
呼和浩特市御盛斋食品有限责任公司	清真食品
内蒙古伊鑫源肉业有限责任公司	清真食品
内蒙古蒙伊萨食品有限责任公司	清真食品
包头伊利乳业有限责任公司	清真食品
内蒙古华德牧草机械有限责任公司	少数民族生产工具
呼伦贝尔绿祥清真肉食品有限责任公司	清真食品
鄂温克族自治旗伊赫塔拉畜牧业发展有限责任公司	清真食品
陈巴尔虎旗夏家食品有限责任公司	清真食品
内蒙古蒙犇畜牧有限责任公司	清真食品
内蒙古安达牧业有限公司	清真食品
内蒙古草原兴牧肉类有限公司	清真食品
乌兰浩特中蒙制药有限公司	少数民族药
乌兰浩特兴安岭拖拉机有限公司	少数民族生产工具
内蒙古扎赉特旗鑫神峰制衣厂	少数民族服装
内蒙古科右中旗兴华高级服装厂	少数民族服装
锡林郭勒盟穆兴皮毛制品有限公司	少数民族针纺织
锡林郭勒盟正林畜产品有限责任公司	清真食品
锡林郭勒盟伊顺清真肉类有限责任公司	清真食品
锡林郭勒盟伊荣清真肉食品有限责任公司	清真食品
锡林浩特伊利乳品有限责任公司	清真食品
锡林郭勒盟云华民族文化服饰发展有限公司	少数民族服装
苏尼特左旗盛草网围栏有限责任公司	少数民族生产工具
内蒙古西乌珠穆沁旗沁绿肉类食品有限责任公司	清真食品
正镶白旗伊盛肉类有限责任公司	清真食品
内蒙古福瑞中蒙药科技股份有限公司	少数民族药
内蒙古马志全清真食品有限公司	清真食品
乌兰察布市草原肉食品有限责任公司	清真食品
鄂尔多斯市阿腾莎民族用品有限责任公司	少数民族工艺美术品
鄂尔多斯市锡尼绒毛厂	少数民族针纺织
巴彦淖尔伊利乳业有限责任公司	清真食品
内蒙古美洋洋食品有限公司	清真食品
内蒙古草原宏宝食品有限公司	清真食品
阿拉善左旗善玉雕刻有限公司	少数民族工艺美术品

续表 8

定点企业名称	民族特需用品名称
阿拉善右旗腾飞民族工艺品有限责任公司	少数民族文体用品
内蒙古奥特奇蒙药股份有限公司	少数民族药
辽宁省(91 家)	
沈阳萃华金银珠宝股份有限公司	少数民族工艺美术品
大连东风纺织工艺品有限公司	少数民族针纺织
瓦房店市欣惠达装饰品有限公司	少数民族服装
岫岩满族自治县万金润玉雕有限公司	少数民族工艺美术品
本溪湘泉建陶有限责任公司	少数民族日用杂品
辽宁超懿工贸集团有限公司	少数民族针纺织
阜新福棉纺织有限责任公司	少数民族针纺织
辽宁中泽集团朝阳纺织有限责任公司	少数民族针纺织
朝阳市新隆毛纺织集团有限公司	少数民族针纺织
北票新元纺织有限公司	少数民族针纺织
沈阳宏发企业集团家俱有限公司	少数民族家具
大连俊铭服装有限公司	少数民族服装
大连天益玻璃制品有限公司	少数民族生产工具
辽宁伊利乳业有限公司	清真食品
瓦房店龙城肉食品加工有限公司	清真食品
大连华富食品有限公司	清真食品
辽宁振隆特产股份有限公司	清真食品
鞍山市晋丰达牧业有限公司	清真食品
北票市宏发食品有限公司	清真食品
辽宁宏达牛业发展有限公司	清真食品
丹东药业集团有限公司	少数民族药
阜新蒙药有限责任公司	少数民族药
辽宁康博士制药有限公司	少数民族药
海城柏仙太子服饰有限公司	少数民族服装
辽宁柞蚕丝绸科学研究院有限责任公司	少数民族针纺织
阜新天祺玛瑙玉器开发有限责任公司	少数民族工艺美术品
调兵山宏大肉禽加工有限责任公司	清真食品
雪龙黑牛股份有限公司	清真食品
辽宁宏达费氏食品工业有限公司	清真食品
阜新维远食品科技有限公司	清真食品

续表 9

定点企业名称	民族特需用品名称
辽宁佳泰实业有限公司	少数民族服装
阜新霍氏兄弟鞋业有限责任公司	少数民族鞋帽
铁岭市永发茧产品有限公司	少数民族服装
朝阳朝工机械有限公司	少数民族生产工具
大连四方电泵有限公司	少数民族生产工具
朝阳宾朋毛巾有限责任公司	少数民族针纺织
建平县臣龙机械有限责任公司	少数民族生产工具
喀左永达民族陶业有限公司	少数民族日用杂品
辽宁通达泵业集团有限公司	少数民族生产工具
海城市海富染整印花有限公司	少数民族针纺织
本溪满族自治县鑫盛陶瓷厂	少数民族日用杂品
辽宁飞天针织品有限责任公司	少数民族服装
喀左县民族地毯厂	少数民族针纺织
朝阳飞马集团机械制造有限公司	少数民族生产工具
大连丽豪硕服装辅料有限公司	少数民族服装
岫岩满族自治县万客来玉石床垫有限公司	少数民族工艺美术品
鞍山中通发展有限公司	少数民族日用杂品
大连俊峰热工工程设备有限公司	少数民族日用杂品
辽宁兴达金属钢网有限公司	少数民族生产工具
桓仁鑫艺有限公司	少数民族日用杂品
抚顺市立营木业有限责任公司	少数民族生产工具
丹东市唐人服饰有限公司	少数民族服装
本溪天龙古洞旅游开发有限责任公司	少数民族工艺美术品
锦州市夏氏满族工艺发展有限公司	少数民族针纺织
朝阳市龙泉家俱有限责任公司	少数民族家具
朝阳黑猫伍兴岐炭黑有限责任公司	少数民族针纺织
葫芦岛佰宏制衣有限公司	少数民族服装
清原满族自治县鹏发木制品有限公司	少数民族家具
大连俊铭时装有限公司	少数民族日用杂品
抚顺海源肉禽加工有限公司	清真食品
阜新东祥油脂有限责任公司	清真食品
大连明达食品有限公司	清真食品
阜新六和农牧有限公司	清真食品

续表 10

定点企业名称	民族特需用品名称
辽宁鑫枫牧业股份有限公司	清真食品
清原得胜禽业有限公司	清真食品
开原市赢得肉禽有限责任公司	清真食品
辽宁宏福肉类集团有限公司	清真食品
沈阳福来食品实业有限公司	清真食品
沈阳冠卓牧业有限公司	清真食品
中敖西丰清真食品有限公司	清真食品
抚顺顺意清真食品有限公司	清真食品
本溪万顺达发展有限公司	清真食品
辽阳市真乐回族食品有限公司	清真食品
辽宁绿源肉业有限公司	清真食品
鞍山市九股河食品有限责任公司	清真食品
朝阳华瑞棉业有限责任公司	少数民族针纺织
辽宁宏兴包装制品有限公司	少数民族文体用品
朝阳小平五丰木业有限公司	少数民族家具
本溪冶炼集团有限公司	少数民族日用杂品
丹东优耐特纺织品有限公司	少数民族针纺织
辽宁北方曲轴有限公司	少数民族日用杂品
鞍山永安包装工业有限公司	少数民族文体用品
葫芦岛市天天清真牛羊定点屠宰有限公司	清真食品
辽宁成大木业有限公司	少数民族家具
阜新市联成裘革制衣有限公司	少数民族鞋帽
辽宁东明工艺品有限公司	少数民族工艺美术品
本溪九鲲鹏制衣有限公司	少数民族服装
辽宁龙江工艺品有限公司	少数民族日用杂品
海城鸿尊达牧业有限公司	清真食品
喀左飞鹏机械制造有限公司	少数民族日用杂品
凌源市鑫晟木业有限公司	少数民族家具
吉林省(102 家)	
吉林省长春皓月清真肉业股份有限公司	清真食品
吉林华康药业股份有限公司	少数民族药
延边路兴沥青贮运有限责任公司	少数民族日用杂品
伊通满族自治县芮来满族服饰有限公司	少数民族服装

续表 11

定点企业名称	民族特需用品名称
延边大学草仙药业有限公司	少数民族药
吉林市吉东木业有限公司	少数民族家具
长春老韩头清真食品有限公司	清真食品
吉林市东福实业有限公司	清真食品
吉林市宏林陶瓷有限责任公司	少数民族日用杂品
延边白头山制药有限公司	少数民族药
吉林省东明清真食品有限公司	清真食品
修正药业集团股份有限公司	少数民族药
吉林丽美坚木业股份有限公司	少数民族家具
吉林省天地美清真食品有限公司	清真食品
白城天福粮油食品集团有限公司	清真食品
大森林食品有限公司	清真食品
吉林市红阳农业开发有限公司	清真食品
延边新华印刷有限公司	少数民族文体用品
长春市紫玉木兰工艺有限公司	少数民族鞋帽
吉林华商建设集团有限公司	少数民族日用杂品
吉林龙鑫药业有限公司	少数民族药
延边天元机械有限公司	少数民族生产工具
敦化市洪源木业有限公司	少数民族家具
珲春弘丰制衣有限公司	少数民族服装
敦化市鸿发食品有限责任公司	清真食品
吉林奥箭集团大成木业有限责任公司	少数民族家具
敦化市中信木业有限责任公司	少数民族家具
吉林康乃尔药业有限公司	少数民族药
吉林市富薪木业有限责任公司	少数民族日用杂品
长春大华实业集团有限公司	少数民族家具
吉林福源馆食品集团有限责任公司	清真食品
吉林吉春制药股份有限公司	少数民族药
长春市桥霖木业有限公司	少数民族家具
吉林省东丰药业股份有限公司	少数民族药
东丰县鹏翔牧业有限责任公司	清真食品
前郭尔罗斯蒙古族自治县哈萨尔王食品有限公司	清真食品
松原市弘晟喷灌喷泉工程有限公司	少数民族生产工具

续表 12

定点企业名称	民族特需用品名称
白城电力镇赉变压器有限责任公司	少数民族日用杂品
大安市安大牧业有限责任公司	清真食品
延边恒达实业集团有限公司	少数民族日用杂品
吉林三三零五机械厂	少数民族日用杂品
吉林延边林业集团珲春森林山木业有限公司	少数民族家具
图们市华仁塑料制品有限公司	少数民族日用杂品
吉林正方农牧股份有限公司	清真食品
吉林卓越实业股份有限公司	清真食品
吉林一正药业集团有限公司	少数民族药
敦化市金诚实业有限责任公司	少数民族文体用品
地球卫士环保新材料股份有限公司	少数民族文体用品
吉林延边林业集团八家子林业有限公司	少数民族家具
吉林宝信清真食品有限公司	清真食品
吉林草还丹药业有限公司	少数民族药
吉林省东北亚药业股份有限公司	少数民族药
延吉市明珠实业有限公司	少数民族服装
延吉新树杰木业有限公司	少数民族家具
敦化市金海木业有限公司	少数民族家具
白山市喜丰塑业有限公司	少数民族生产工具
吉林天力泰药业有限公司	少数民族药
吉林天宇建设集团股份有限公司	少数民族日用杂品
吉林福敦木业有限公司	少数民族家具
延吉市海金蒲民族被有限公司	少数民族针纺织
吉林郭尔罗斯生物饲料有限公司	少数民族生产工具
延边石岘白麓纸业股份有限公司	少数民族文体用品
敦化市吉森木业有限责任公司	少数民族家具
延边宝利祥蜂业有限公司	清真食品
吉林益民堂制药有限公司	少数民族药
敦化市中联木业有限公司	少数民族家具
延边泛西方塑料有限公司	少数民族日用杂品
延边海宇服饰有限公司	少数民族服装
延边阿里郎包装有限责任公司	少数民族文体用品
延边畜牧开发集团有限公司	清真食品

续表 13

定点企业名称	民族特需用品名称
延边方园木业有限责任公司	少数民族家具
敦化市德信木业有限责任公司	少数民族家具
敦化市大福门业有限公司	少数民族家具
天成玉米开发有限公司	清真食品
敦化市森泰木业有限责任公司	少数民族家具
安图亚鑫木制品有限公司	少数民族家具
延边瑞迪神高新技术开发有限公司	少数民族日用杂品
吉林福康医药生物科技有限公司	少数民族药
珲春运达针织服装有限公司	少数民族服装
延边大宗实业有限公司	少数民族服装
吉林新元木业有限公司	少数民族家具
吉林省长春清真肉业集团有限公司	清真食品
延边商业集团有限公司	少数民族文体用品
敦化市北营木业有限责任公司	少数民族家具
敦化市森翔木业有限责任公司	少数民族家具
吉林成达食品有限公司	清真食品
吉林九江潮集团有限公司	清真食品
吉林市吉兴粮业有限公司	清真食品
敦化市振鑫钢铁改制有限责任公司	少数民族日用杂品
伊通满族自治县盛世服饰有限公司	少数民族服装
吉林省鸿乔木业有限责任公司	少数民族家具
吉林六鼎山实业有限公司	少数民族服装
敦化市广晟油脂生物科技有限责任公司	少数民族生产工具
敦化市亚联机械制造有限公司	少数民族日用杂品
吉林敖东药业集团延吉股份有限公司	少数民族药
吉林延边林业集团和龙林业有限公司	少数民族家具
吉林敖东延边药业股份有限公司	少数民族药
敦化市敖东食品开发有限责任公司	清真食品
吉林敖东集团金海发药业股份有限公司	少数民族药
通钢集团敦化塔东矿业有限责任公司	少数民族日用杂品
四平成达食品有限公司	清真食品
珲春兴业木业有限责任公司	少数民族家具

续表 14

定点企业名称	民族特需用品名称
黑龙江省(29 家)	
牡丹江北方水泥有限公司	少数民族日用杂品
黑龙江天顺源清真食品有限公司	清真食品
大庆市杜尔伯特伊利乳业有限责任公司	清真食品
绥化市肇东市伊利乳业有限责任公司	清真食品
黑龙江宾西牛业	清真食品
东宁县吉信木业有限责任公司	少数民族家具
齐齐哈尔市瑞盛食品制造有限公司	清真食品
黑河市嫩江县清真肉类加工厂	清真食品
哈尔滨常皓清真牧业有限公司	清真食品
齐齐哈尔市再志清真屠宰场	清真食品
黑龙江源和盛清真食品有限公司	清真食品
齐齐哈尔三义成清真食品有限公司	清真食品
鹤岗市丰荟回民食品有限责任公司	清真食品
鹤岗市清真定点屠宰厂	清真食品
哈尔滨市冰城牧业有限公司	清真食品
双鸭山饶河脉动珍稀动物繁育有限公司	少数民族服装
黑龙江赛路恩电子产品开发有限公司	少数民族文体用品
齐齐哈尔市龙江县伊龙清真食品有限责任公司	清真食品
黑龙江省大庆皓月清真食品工业有限公司	清真食品
牡丹江市王旺回民食品有限公司	清真食品
集贤县晨光牧业有限公司	清真食品
大庆市国康木业有限公司	少数民族家具
佳木斯富锦市明达牧业有限责任公司	清真食品
牡丹江市回回顺清真食品有限公司	清真食品
大庆市怡丽美服装服饰有限公司	少数民族服装
齐齐哈尔市伊旺食品有限公司	清真食品
安达市伊利乳业有限责任公司	清真食品
黑龙江省蓝艺地毯集团有限公司	少数民族针纺织
双鸭山黑龙江农垦北大荒牛业有限公司	清真食品
上海市(8 家)	
上海民族乐器一厂	少数民族文体用品
中国第一铅笔有限公司	少数民族文体用品

续表 15

定点企业名称	民族特需用品名称
上海老凤祥有限公司	少数民族工艺美术品
上海东亚食品工业有限公司	清真食品
上海伊利爱贝食品有限公司	清真食品
上海牛羊肉公司	清真食品
上海爱普食品工业有限公司	清真食品
上海圣华副食品有限公司	清真食品
江苏省(59 家)	
江苏华佳丝绸有限公司	少数民族针纺织
江苏宏健粮油科技发展有限公司	清真食品
江苏省华扬太阳能有限公司	少数民族日用杂品
江苏泗绢集团有限公司	少数民族针纺织
江苏玖久丝绸股份有限公司	少数民族针纺织
江苏龙嫂绿色食品有限公司	清真食品
南京云锦研究所股份有限公司	少数民族针纺织
南京金箔集团有限责任公司	少数民族工艺美术品
南京绿柳居清真食品有限公司	清真食品
南京清真安乐园菜馆	清真食品
南京韩复兴清真食品有限公司	清真食品
南京清真桃源村食品厂有限公司	清真食品
徐州益客食品有限公司	清真食品
徐州澳华肉食品有限公司	清真食品
常州环球地毯制造有限公司	少数民族针纺织
苏州市青田企业发展有限公司	少数民族针纺织
苏州华思丝绸印染有限公司	少数民族针纺织
苏州剧装戏具合作公司	少数民族服装
南通市苏中纺织有限公司	少数民族针纺织
南通罗盖特生物科技有限公司	清真食品
益海（连云港）粮油工业有限公司	清真食品
连云港天明自然纤维制品有限公司	少数民族针纺织
扬州纪元纺织有限公司	少数民族针纺织
扬州玉器厂	少数民族工艺美术品
扬州漆器厂	少数民族工艺美术品
扬州神州风力发动机有限公司	少数民族日用杂品

续表 16

定点企业名称	民族特需用品名称
宿迁洋河纺织有限公司	少数民族针纺织
宿迁天辰纺织有限公司	少数民族针纺织
吴江市新申织造有限公司	少数民族针纺织
吴江赴东纺织集团有限公司	少数民族针纺织
吴江飞翔印染有限公司	少数民族针纺织
大丰市佳丰油脂有限责任公司	清真食品
丹阳市通泰纺织有限公司	少数民族针纺织
泗阳县嘉泰纺织有限公司	少数民族针纺织
江苏伟楼生物科技有限公司	清真食品
江苏康乃馨织造有限公司	少数民族针纺织
江苏玉人服装有限公司	少数民族针纺织
江苏高和机电股份有限公司	少数民族日用杂品
金海新源电气江苏有限公司	少数民族日用杂品
江苏东佳木业有限公司	少数民族家具
江苏宝宝宿迁国民生物科技有限公司	清真食品
南京海锚电器织造有限公司	少数民族日用杂品
南京双峰油泵油嘴有限公司	少数民族生产工具
南京朝中食品有限责任公司	清真食品
苏州民族乐器一厂有限公司	少数民族文体用品
连云港飞雁毛毯有限责任公司	少数民族针纺织
盐城顶益食品有限公司	清真食品
张家港市大新毛纺有限公司	少数民族针纺织
吴江市震洲喷气织造厂	少数民族针纺织
仪征苏豪制衣有限公司	少数民族服装
江苏箭鹿毛纺股份有限公司	少数民族针纺织
江苏春绿粮油有限公司	清真食品
江苏苏龙纺织科技集团有限公司	少数民族针纺织
江苏宝龙集团有限公司	清真食品
扬州市华光双瑞实业有限公司	少数民族生产工具
吴江市双盈化纺实业有限公司	少数民族针纺织
盐城蓝多特纺织原料有限公司	少数民族针纺织
江苏海利达纺织有限公司	少数民族针纺织
江苏柏泰集团有限公司	少数民族服装

续表 17

定点企业名称	民族特需用品名称
浙江省(6 家)	
杭州翠沁斋清真食品有限公司	清真食品
景宁畲族自治县龙凤民族服饰有限公司	少数民族针纺织
衢州安康民族工艺饰品有限公司	少数民族工艺美术品
新昌县江南诚茂砖茶有限公司	边销茶(紧压茶)
浙江武义骆驼九龙砖茶有限公司	边销茶(紧压茶)
宁波赤岩峰茶业有限公司	边销茶(紧压茶)
安徽省(18 家)	
安庆市清怡针纺织品有限责任公司	少数民族针纺织
铜陵锦鹏工艺品有限责任公司	少数民族针纺织
安庆市柏兆记工贸实业发展有限公司	清真食品
安徽省林锦记食品工业有限公司	清真食品
安徽华卫集团禽业有限公司	清真食品
安徽协和成药业饮片有限公司	清真食品
安徽鑫河清真牛羊肉加工有限公司	清真食品
安徽康尔美油脂有限公司	清真食品
安徽远旺清真食品有限责任公司	清真食品
全椒县礼庚管坝牛肉有限公司	清真食品
合肥桂和农牧渔发展有限公司	清真食品
合肥新晟天工贸有限公司	少数民族鞋帽
安徽省凤阳县御膳油脂有限公司	清真食品
滁州市琅琊米源斋清真食品厂	清真食品
天长市鑫光民族服饰有限公司	少数民族服装
亳州市永刚饮片厂有限公司	清真食品
淮南市碗碗香豆业有限公司	清真食品
安徽金丰粮油股份有限公司	清真食品
福建省(4 家)	
福安市珍华工艺品有限公司	少数民族工艺美术品
福建盈盛号金银饰品有限公司	少数民族工艺美术品
福建省满园春茶业有限公司	边销茶(紧压茶)
正大(中国)服饰有限公司	少数民族服装
江西省(13 家)	
江西桐青金属工艺品有限公司	少数民族工艺美术品

续表 18

定点企业名称	民族特需用品名称
余干县民族乐器有限公司	少数民族文体用品
德兴市百勤异 VC 钠有限公司	清真食品
景德镇远景瓷业有限公司	少数民族日用杂品
景德镇佳洋陶瓷有限公司	少数民族日用杂品
九江市清真梁启发食品厂	清真食品
九江市清真梁义隆食品有限公司	清真食品
九江市清真牛羊禽蛋加工厂	清真食品
江西牛牛乳业有限责任公司	清真食品
江西南方黑芝麻食品有限责任公司	清真食品
江西绿源油脂实业有限公司	清真食品
江西仙客来生物科技有限公司	清真食品
景德镇诺耐新材料科技有限公司	少数民族日用杂品
山东省(94 家)	
青岛九联集团股份有限公司	清真食品
青岛清光食品有限公司	清真食品
泰山石膏股份有限公司	少数民族日用杂品
山东康平纳集团有限公司	少数民族针纺织
肥城市龙祥纺织有限公司	少数民族针纺织
山东金马工业集团股份有限公司	少数民族生产工具
山东银凤股份有限公司	少数民族日用杂品
山东神龙毯业有限公司	少数民族针纺织
中澳控股集团有限公司	清真食品
谷神生物科技集团有限公司	清真食品
山东鼎力枣业食品集团有限公司	清真食品
山东鑫亚工业股份有限公司	少数民族生产工具
临清三和纺织集团有限公司	少数民族针纺织
山东泉林纸业有限责任公司	少数民族文体用品
山东凤祥股份有限公司	清真食品
阳谷县鲁信清真食业有限公司	清真食品
山东冠洲股份有限公司	少数民族生产工具
冠县冠星纺织有限责任公司	少数民族针纺织
山东东阿钢球集团有限公司	少数民族日用杂品
山东汇通纺织有限公司	少数民族针纺织

续表 19

定点企业名称	民族特需用品名称
山东省阳信广富畜产品有限公司	清真食品
山东渤海油脂工业有限公司	清真食品
山东滨州亚光毛巾有限公司	少数民族针纺织
山东鲁花浓香花生油有限公司	清真食品
山东达驰电气有限公司	少数民族生产工具
淄博兰雁集团有限责任公司	少数民族针纺织
金乡县华光食品进出口有限公司	清真食品
山东明胜纺织有限公司	少数民族针纺织
山东齐旺达包装制品有限公司	少数民族生产工具
东辰控股集团有限公司	清真食品
希森三和集团有限公司	清真食品
三阳纺织有限公司	少数民族针纺织
莱阳鲁花浓香花生油有限公司	清真食品
烟台龙源油食品有限公司	清真食品
山东春雪食品有限公司	清真食品
山东圣豪家纺有限公司	少数民族针纺织
山东黎明纺织有限公司	少数民族针纺织
山东禹王实业有限公司	清真食品
山东益寿食品股份有限公司	清真食品
无棣伊德圆畜牧有限公司	清真食品
山东峰宇面粉有限公司	清真食品
山东胜通化工有限公司	少数民族生产工具
莱芜泰禾生化有限公司	清真食品
山东常林机械集团股份有限公司	少数民族生产工具
山东华盛农业药械有限责任公司	少数民族生产工具
中通客车控股股份有限公司	少数民族生产工具
中冶纸业银河有限公司	少数民族文体用品
山东润源实业有限公司	少数民族生产工具
山东奥克特化工有限公司	少数民族药
山东省曹普工艺有限公司	少数民族家具
威海毛纺织集团有限公司	少数民族针纺织
日照东升地毯有限公司	少数民族针纺织
山东华誉集团有限公司	清真食品

续表 20

定点企业名称	民族特需用品名称
山东龙大植物油有限公司	清真食品
山东宇泰光电科技有限公司	少数民族日用杂品
山东华兴纺织集团有限公司	少数民族针纺织
山东中奥毯业有限公司	少数民族针纺织
青岛东生集团股份有限公司	清真食品
山东超越纺织有限公司	少数民族针纺织
山东巨益新能源有限公司	少数民族日用杂品
山东中谷淀粉糖有限公司	清真食品
青岛长寿食品有限公司	清真食品
山东智德纺织有限公司	少数民族针纺织
泰安鲁普耐特塑料有限公司	少数民族生产工具
山东桑乐太阳能有限公司	少数民族日用杂品
山东洪丰面粉有限公司	清真食品
金猴集团有限公司	少数民族服装
山东如意科技集团有限公司	少数民族针纺织
山东飞泰纺织有限公司	少数民族针纺织
诸城外贸有限责任公司	清真食品
山东岱银纺织集团股份有限公司	少数民族针纺织
招远市针织厂有限公司	少数民族针纺织
山东香驰粮油有限公司	清真食品
山东绿健生物技术有限公司	清真食品
阳信亿利源清真肉类有限公司	清真食品
蓬莱汇洋食品有限公司	清真食品
淄博欧木特种纸业有限公司	少数民族日用杂品
山东新光股份有限公司	少数民族针纺织
山东招金银楼有限公司	少数民族工艺美术品
山东万得福实业集团有限公司	清真食品
日照海通丝业有限公司	少数民族针纺织
武城县英潮经贸有限公司	清真食品
淄博大染坊丝绸集团有限公司	少数民族针纺织
邹平三星油脂工业有限公司	清真食品
山东清田塑工有限公司	少数民族生产工具
山东兴泉油脂有限公司	清真食品

续表 21

定点企业名称	民族特需用品名称
昌邑华晨纺织印染有限公司	少数民族针纺织
山东鸿润油脂有限公司	清真食品
山东红叶地毯有限公司	少数民族针纺织
山东呈祥电工电气有限公司	少数民族日用杂品
山东环球印铁制罐有限公司	少数民族日用杂品
青岛春明调味品有限公司	清真食品
齐鲁宏业纺织集团有限公司	少数民族针纺织
青岛品品好粮油有限公司	清真食品
河南省(87家)	
焦作隆丰皮草企业有限公司	少数民族针纺织
河南阿凡提食品股份有限公司	清真食品
中牛集团有限公司	少数民族鞋帽
河南华英农业发展股份有限公司	清真食品
河南羚锐制药股份有限公司	少数民族药
南阳纺织集团有限公司	少数民族针纺织
河南新野纺织股份有限公司	少数民族针纺织
河南大用实业有限公司	清真食品
焦作大用实业有限公司	清真食品
河南大用邦杰食品有限公司	清真食品
河南省淇县永达食业有限公司	清真食品
鹤壁朝歌纺织有限公司	少数民族针纺织
濮阳新三强纺织有限公司	少数民族针纺织
新乡景弘印染有限公司	少数民族针纺织
河南太行振动机械股份有限公司	少数民族生产工具
郑州天方食品集团有限公司	清真食品
郑州泰阳纺织有限公司	少数民族针纺织
河南省中原皓月清真食品工业有限公司	清真食品
洛阳金香斋食品有限公司	清真食品
河南省金牛足食品有限公司	清真食品
河南省天鹅型材有限公司	少数民族日用杂品
沁阳市金牛皮业有限公司	少数民族针纺织
河南伊赛牛肉股份有限公司	清真食品
沁阳市亚中皮毛制品有限公司	少数民族针纺织

续表 22

定点企业名称	民族特需用品名称
河南省诚实人食品有限公司	清真食品
开开援生制药股份有限公司	少数民族药
邓州雪阳集团股份有限公司	少数民族针纺织
河南省星河油脂有限公司	清真食品
河南梦想食品有限公司	清真食品
漯河市永利食品有限公司	清真食品
漯河市永光电气设备有限公司	少数民族日用杂品
河南九华纺织有限公司	少数民族针纺织
河南尚正食品有限公司	清真食品
沁阳市大扬鞋材有限公司	少数民族鞋帽
河南省武陟县亨威皮毛服装有限公司	少数民族针纺织
沁阳市星月工贸实业有限公司	少数民族针纺织
沁阳市协和皮业有限公司	少数民族针纺织
河南粤禽农牧有限公司	清真食品
安阳市健丰食品有限公司	清真食品
鹤壁市豫光面粉有限公司	清真食品
河南豪丰机械制造有限公司	少数民族生产工具
河南银丰机械制造有限公司	少数民族生产工具
尉氏县凯华皮革有限公司	少数民族服装
河南昌泰电力设备有限公司	少数民族日用杂品
漯河双汇万中禽业加工有限公司	清真食品
淮阳县辉华面业有限公司	清真食品
河南辅仁堂制药有限公司	少数民族药
驻马店联顺食品有限公司	清真食品
河南启明肉食品有限公司	清真食品
河南天瀛食品科技有限公司	清真食品
河南省宛西制药股份有限公司	少数民族药
河南三源粮油食品有限责任公司	清真食品
河南黄国粮业有限公司	清真食品
河南山信粮业有限公司	清真食品
民权县科农食品贸易有限公司	清真食品
河南五环彩印包装股份有限公司	少数民族文体用品
河南义江民族服饰有限公司	少数民族服装

续表 23

定点企业名称	民族特需用品名称
河南花仙子粮油加工有限公司	清真食品
漯河市天味食品有限公司	清真食品
河南省隆庆祥服饰有限公司	少数民族针纺织
河南永达清真食品有限公司	清真食品
内黄县意隆纺织有限责任公司	少数民族针纺织
河南省淇花食用油有限公司	清真食品
新野县康园纺织有限公司	少数民族针纺织
商丘市农家源粮油有限公司	清真食品
信阳市四季香茶业有限公司	边销茶(紧压茶)
焦作市金厨食品有限公司	清真食品
修武县顾氏畜产制品有限责任公司	少数民族针纺织
罗山县高盛瓷业有限公司	少数民族日用杂品
河南帮太食品有限公司	清真食品
河南省华鹏棉业有限公司	少数民族针纺织
商丘市银河棉业股份有限公司	少数民族针纺织
夏邑县淮海铸造有限公司	少数民族日用杂品
鄢陵县鑫鑫肠衣有限公司	清真食品
河南米多奇食品有限公司	清真食品
河南永达生物食品有限公司	清真食品
河南森源集团有限公司	少数民族日用杂品
淅川县豫西清真肉业有限公司	清真食品
河南新能光伏有限公司	少数民族日用杂品
河南七点半食品有限公司	清真食品
洛阳市伊伊清真食品有限公司	清真食品
南乐县大乐面粉有限公司	清真食品
尉氏纺织有限公司	少数民族针纺织
河南省新野鹏升纺织有限公司	少数民族针纺织
新野县华星棉纺织有限责任公司	少数民族针纺织
河南九华山茶业有限公司	边销茶(紧压茶)
河南一加一面粉有限公司	清真食品
湖北省(44家)	
湖北采花茶业有限公司	少数民族日用杂品
湖北新桥生物科技有限责任公司	少数民族日用杂品

续表 24

定点企业名称	民族特需用品名称
湖北任森农业科技发展有限公司	清真食品
枝江步步升布艺有限公司	少数民族鞋帽
远安县德中茧丝有限责任公司	少数民族针纺织
宜昌雅佳明妃家具有限公司	少数民族家具
宜昌市雅尊服饰有限公司	少数民族服装
恩施新佰佳民族工艺开发有限公司	少数民族日用杂品
恩施州青山木业有限公司	少数民族家具
湖北龙船调服饰有限公司	少数民族服装
湖北锐强农机制造有限公司	少数民族生产工具
湖北香连药业有限责任公司	少数民族药
湖北爱茵木塑制品有限责任公司	少数民族日用杂品
建始永恒太阳能光电科技有限公司	少数民族日用杂品
恩施州鑫鑫麻织品有限责任公司	少数民族针纺织
湖北宝石花工艺品有限公司	少数民族工艺美术品
来凤金凤建材工业有限责任公司	少数民族日用杂品
荆门市奥斯曼复合材料有限公司	少数民族日用杂品
十堰市伊兰清真实业有限公司	清真食品
武当山特区有宏精铸有限公司	少数民族工艺美术品
神农架神农御酒有限责任公司	少数民族针纺织
武汉清真牛羊加工有限公司	清真食品
武汉市副食品商业储备有限公司	清真食品
唐古拉汉藏文化交流有限公司	少数民族工艺美术品
松滋市银舟棉业有限公司	少数民族针纺织
襄阳新襄棉纺织有限公司	少数民族针纺织
襄阳市天佐农牧有限公司	清真食品
宜城市天鑫油脂有限公司	清真食品
湖北雪美实业股份有限公司	少数民族针纺织
湖北巨源油业有限公司	清真食品
房县昂欣布业有限责任公司	少数民族针纺织
宜昌三峡制药有限公司	少数民族药
湖北省赵李桥茶厂有限责任公司	边销茶(紧压茶)
湖北富华茶业有限公司	边销茶(紧压茶)
宣恩县安居建材有限公司	少数民族日用杂品

续表 25

定点企业名称	民族特需用品名称
湖北宏远药业有限公司	少数民族药
恩施州土司皇宫刺绣有限公司	少数民族鞋帽
恩施州百贝木业有限公司	少数民族家具
宜昌市彤成服饰有限公司	少数民族服装
山泰水电设备制造有限责任公司	少数民族生产工具
湖北瑞源纺织有限责任公司	少数民族针纺织
咸宁市柏墩生甡川砖茶厂	边销茶(紧压茶)
羊楼洞茶业有限公司	边销茶(紧压茶)
湖北赵李桥锦合茶叶有限公司	边销茶(紧压茶)
湖南省(72 家)	
吉首诚成纺织有限公司	少数民族针纺织
湘西自治州长丰纺织有限责任公司	少数民族针纺织
酒鬼酒股份有限公司	少数民族日用杂品
湘西土家族苗族自治州民族中医院	少数民族药
湘西宏成制药有限责任公司	少数民族药
湘西土家族苗族自治州人民医院	少数民族药
湖南湘泉药业股份有限公司	少数民族药
湘西自治州锦绣湘西民族文化产业有限公司	少数民族家具
湘西自治州毕果民族服饰研制中心	少数民族服装
吉首银世界珠宝首饰有限公司	少数民族工艺美术品
古丈县卓良木业有限责任公司	少数民族家具
湖南永顺锦帛钰纺织有限责任公司	少数民族针纺织
湖南本草制药有限责任公司	少数民族药
湖南省泸溪县金旭冶化有限责任公司	少数民族日用杂品
花垣县民族民间工艺美术厂	少数民族针纺织
凤凰古城文化旅游投资股份有限公司	少数民族服装
凤凰县长松投资有限公司	少数民族服装
湘西自治州丰达合金科技有限公司	少数民族服装
湘西自治州天源建材有限责任公司	少数民族日用杂品
湘西芙蓉镇景点圈旅游投资开发股份有限公司	少数民族鞋帽
龙山县叶氏民族工艺有限公司	少数民族针纺织
吉首市宗南重工制造有限公司	少数民族生产工具
湘西自治州兄弟玻璃有限公司	少数民族日用杂品

续表 26

定点企业名称	民族特需用品名称
湖南恒兴木业有限公司	少数民族家具
永顺县土家村姑实业有限责任公司	少数民族针纺织
泸溪县鑫兴冶化有限公司	少数民族工艺美术品
泸溪县金瑞冶化有限责任公司	少数民族工艺美术品
湖南省花垣苗河文化产品有限公司	少数民族工艺美术品
凤凰县铭城旅游设施维护建设有限责任公司	少数民族工艺美术品
湖南金丰纺织集团有限公司	少数民族针纺织
怀化市安江纺织有限责任公司	少数民族针纺织
怀化市恒裕实业有限公司	少数民族日用杂品
新晃老蔡食品有限责任公司	清真食品
怀化正好制药有限公司	少数民族药
湖南佳惠百货有限责任公司	少数民族服装
湖南正清制药集团股份有限公司	少数民族药
洪江市华宇竹业有限公司	少数民族家具
怀化华宏印务有限公司	少数民族文体用品
湖南绿步科技有限责任公司	少数民族日用杂品
湖南恒伟药业股份有限公司	少数民族药
湖南敬和堂制药有限公司	少数民族药
张家界惊梦酒业食品有限责任公司	少数民族日用杂品
张家界金鲵生物工程股份有限公司	少数民族针纺织
张家界三木能源开发有限公司	少数民族日用杂品
张家界康华实业有限公司	少数民族工艺美术品
靖州苗族侗族自治县人民医院	少数民族药
桃江县湘益木业有限责任公司	少数民族家具
桃源县义哥清真牛肉食品厂	清真食品
黄龙洞投资股份有限公司	少数民族服装
湖南省恒鑫饰品有限公司	少数民族工艺美术品
张家界永兴玻璃有限公司	少数民族日用杂品
城步苗族自治县玉兰民族服装厂	少数民族服装
长沙沙坪金球湘绣有限公司	少数民族针纺织
湖南永州奔腾彩印有限公司	少数民族文体用品
湖南省回春堂药业有限公司	少数民族药
靖州县金茶油科技开发有限责任公司	少数民族服装

续表 27

定点企业名称	民族特需用品名称
湖南华洋铜业股份有限公司	少数民族日用杂品
张家界康茜置业有限公司	少数民族日用杂品
怀化湘鹤（集团）电缆科技有限公司	少数民族生产工具
桃江县牛魔王食品有限公司	清真食品
城步苗族自治县银河纸业有限责任公司	少数民族文体用品
安化怡清源茶业有限公司	边销茶(紧压茶)
湖南紫艺茶业有限公司	边销茶(紧压茶)
益阳茶厂有限公司	边销茶(紧压茶)
湖南省白沙溪茶厂有限责任公司	边销茶(紧压茶)
湖南省安化茶厂	边销茶(紧压茶)
湖南益阳香炉山茶业有限公司	边销茶(紧压茶)
临湘市茶业有限责任公司	边销茶(紧压茶)
湖南省临湘永巨茶业有限公司	边销茶(紧压茶)
临湘市明伦茶业有限公司	边销茶(紧压茶)
湖南浩茗茶业食品有限公司	边销茶(紧压茶)
湖南阿香茶果食品有限公司	边销茶(紧压茶)
广东省(8 家)	
广州市回民饭店有限公司	清真食品
广州市塞俩目食品实业发展有限公司	清真食品
广州江村多营禽畜肉业有限公司	清真食品
连南瑶族自治县鹿鸣茧丝绸有限责任公司	少数民族针纺织
乳源瑶族自治县粮食购销有限责任公司	少数民族针纺织
龙门县南昆山乳业有限公司	清真食品
东源县黄龙岩旅游发展有限公司	少数民族服装
连山壮族瑶族自治县山韵民族文化传媒发展有限公司	少数民族服装
广西壮族自治区(132 家)	
广西五丰粮食集团有限公司	清真食品
南宁锦虹棉纺织有限责任公司	少数民族针纺织
广西南方黑芝麻食品股份有限公司	清真食品
南南铝业股份有限公司	少数民族日用杂品
广西横县鸿达茧丝绸有限公司	少数民族针纺织
广西皇氏甲天下乳业股份有限公司	清真食品
广西万通制药有限公司	少数民族药

续表 28

定点企业名称	民族特需用品名称
广西博科药业有限公司	少数民族药
广西集盛食品有限公司	清真食品
广西上林大染坊茧丝绸有限公司	少数民族针纺织
广西南宁德致药业有限公司	少数民族药
广西立盛茧丝绸有限公司	少数民族针纺织
广西万寿堂药业有限公司	少数民族药
广西金花茶业有限公司	边销茶(紧压茶)
广西百大丝绸集团有限公司	少数民族针纺织
广西千珍制药有限公司	少数民族药
横县桂华茧丝绸有限责任公司	少数民族针纺织
广西南宁百洋食品有限公司	清真食品
广西桂西制药有限公司	少数民族药
南宁市八桂纸业有限公司	少数民族文体用品
广西恒拓医药投资集团有限公司	少数民族药
南宁市维威制药有限公司	少数民族药
广西健丰药业有限公司	少数民族药
广西乐达包装有限公司	少数民族生产工具
广西莫老爷食品有限公司	清真食品
南宁五菱桂花车辆有限公司	少数民族生产工具
横县万力隆皮业有限责任公司	少数民族服装
广西南宁百会药业集团有限公司	少数民族药
南宁市上英印刷有限责任公司	少数民族文体用品
宾阳县民族织锦厂	少数民族针纺织
广西金海堂药业有限责任公司	少数民族药
广西金嗓子有限责任公司	少数民族药
广西银钢南益制造有限公司	少数民族生产工具
柳州两面针股份有限公司	少数民族日用杂品
鹿寨县贵盛茧丝工贸有限公司	少数民族针纺织
柳州华晟纺织有限公司	少数民族针纺织
广西壮族自治区花红药业股份有限公司	少数民族药
柳州中皓油脂工业有限公司	清真食品
柳州市润澄针织有限公司	少数民族针纺织
广西天天乐药业股份有限公司	少数民族药

续表 29

定点企业名称	民族特需用品名称
柳州市汇利丰茧丝绸有限责任公司	少数民族针纺织
广西正堂药业有限责任公司	少数民族药
广西日田丝业有限责任公司	少数民族针纺织
广西三江艺尚民族工艺商贸有限公司	少数民族工艺美术品
柳州市柳城鹏鑫源茧丝绸有限公司	少数民族针纺织
广西日田药业集团有限责任公司	少数民族药
柳州市柳城县石门山丝绸有限公司	少数民族针纺织
广西圣特药业有限公司	少数民族药
广西亿康药业股份有限公司	少数民族药
广西柳城县鸿艺丝绸有限公司	少数民族针纺织
广西仙草堂制药有限责任公司	少数民族药
融安桂华茧丝绸有限责任公司	少数民族针纺织
广西柳州长安制药有限公司	少数民族药
柳州市明盈针织服装厂	少数民族服装
广西鹿寨县华顺贸易有限责任公司	少数民族针纺织
广西柳州金杉木业有限公司	少数民族日用杂品
柳城县鼎铭金属制品有限公司	少数民族生产工具
广西融安县金鼎制丝有限责任公司	少数民族针纺织
桂林南药股份有限公司	少数民族药
桂林三金药业股份有限公司	少数民族药
桂林兄弟木业有限责任公司	少数民族家具
广西荔浦桂邦家居有限公司	少数民族家具
桂林金色雨林木业有限责任公司	少数民族家具
广西荔浦肥涛食品饮料有限公司	清真食品
桂林裕祥家居用品有限公司	少数民族家具
桂林中族中药股份有限公司	少数民族药
广西梧州制药(集团)股份有限公司	少数民族药
广西梧州冰泉实业股份有限公司	清真食品
广西华虹蚕丝股份有限公司	少数民族针纺织
广西梧州茂圣茶业有限公司	边销茶(紧压茶)
梧州神冠蛋白肠衣有限公司	清真食品
广西玉兰制药有限公司	少数民族药
广西壮族自治区梧州茶厂	边销茶(紧压茶)

续表 30

定点企业名称	民族特需用品名称
蒙山县五丰丝绸有限公司	少数民族针纺织
蒙山县辉明丝绸制品有限公司	少数民族针纺织
广西华虹绢纺有限公司	少数民族针纺织
北海洪恩水产有限公司	清真食品
北海保通冷冻食品有限公司	清真食品
广西恒拓集团仁盛制药有限公司	少数民族药
广西灵山县宇峰保健食品有限公司	清真食品
广西桂合集团有限公司	少数民族针纺织
广西钦州力顺机械有限公司	少数民族生产工具
广西半宙天龙制药有限公司	少数民族药
广西世彪药业有限公司	少数民族药
钦州承坭斋陶艺有限公司	少数民族日用杂品
广西中和兽药厂	少数民族药
广西源安堂药业有限公司	少数民族药
平南县兽药厂	少数民族药
广西清隆机械制造有限公司	少数民族生产工具
广西平南新马工艺品有限公司	少数民族工艺美术品
广西三环企业集团股份有限公司	少数民族日用杂品
广西容县美柏工艺品有限公司	少数民族工艺美术品
广西开元机器制造有限责任公司	少数民族生产工具
广西北流仲礼瓷业有限公司	少数民族日用杂品
广西玉林制药集团有限责任公司	少数民族药
广西南山瓷器有限公司	少数民族日用杂品
广西中医药大学制药厂	少数民族药
广西玉林大金大药业有限公司	少数民族药
广西博白东美工艺品有限公司	少数民族日用杂品
靖西县壮锦厂	少数民族针纺织
广西高山茧丝绸科技有限公司	少数民族针纺织
广西灵峰药业有限公司	少数民族药
广西贺州市美仪瓷业有限责任公司	少数民族日用杂品
广西江缘茧丝绸有限公司	少数民族针纺织
广西嘉联丝绸有限公司	少数民族针纺织
广西都安建兴机械有限公司	少数民族生产工具

续表 31

定点企业名称	民族特需用品名称
广西东兰花神丝绸有限公司	少数民族针纺织
广西华佳丝绸有限公司	少数民族针纺织
广西双蚁药业有限公司	少数民族药
广西方略集团龙州制药有限公司	少数民族药
广西汇工印业有限公司	少数民族文体用品
宾阳县茧丝工贸有限责任公司	少数民族针纺织
广西天景山丝绸有限公司	少数民族针纺织
广西金鼎家具集团有限公司	少数民族家具
广西方略药业集团有限公司	少数民族药
广西北斗星动物保健品有限公司	少数民族药
广西圣保堂药业有限公司	少数民族药
南宁市宾阳县嘉利丝业有限公司	少数民族针纺织
广西康华药业有限责任公司	少数民族药
南宁桂通连印务有限责任公司	少数民族文体用品
广西潘多拉科工贸有限公司	少数民族文体用品
广西隆鑫工贸发展有限公司	少数民族服装
忻城县瑞龙丝业有限责任公司	少数民族针纺织
广西古方药业有限公司	少数民族药
广西盛世鸿霞玻璃钢制品有限公司	少数民族工艺美术品
广西志光办公家具有限公司	少数民族家具
鹿寨古典桑蚕丝织有限公司	少数民族针纺织
广西中天药业有限公司	少数民族药
广西鸿博药业有限公司	少数民族药
广西金茶王油脂有限公司	清真食品
广西民族印刷包装集团有限公司	少数民族文体用品
上林海润丝业有限公司	少数民族针纺织
海南省(3家)	
海南锦绣织贝有限公司	少数民族针纺织
海南美裕营销有限公司	少数民族工艺美术品
陵水藤竹工艺品有限公司	少数民族家具
重庆市(15家)	
重庆周君记火锅食品有限公司	清真食品
重庆市天润食品开发有限公司	清真食品

续表 32

定点企业名称	民族特需用品名称
重庆市双河丝绸有限公司	少数民族针纺织
重庆市万州区三峡绣手工艺品有限公司	少数民族针纺织
重庆市海伦地毯有限公司	少数民族针纺织
重庆长宏木业有限公司	少数民族家具
大足石刻艺术品公司	少数民族工艺美术品
重庆市七妹民族工艺品开发有限公司	少数民族针纺织
重庆市乐尔佳机械有限公司	少数民族日用杂品
重庆德庄农产品开发有限公司	清真食品
重庆天宏鞋业有限公司	少数民族针纺织
重庆鸿庆食品有限公司	清真食品
重庆宏普食品有限公司	清真食品
重庆峰谷美地生态养蜂有限公司	清真食品
重庆建容木制品有限公司	少数民族家具
四川省(54 家)	
成都永业有限公司	少数民族家具
四川鑫利达皮具伞业有限责任公司	少数民族家具
雅安市名山县西藏朗赛茶厂	边销茶(紧压茶)
四川省洪雅县松潘民族茶厂	边销茶(紧压茶)
四川吉祥茶业有限公司	边销茶(紧压茶)
雅安市友谊茶叶有限公司	边销茶(紧压茶)
四川省雅安茶厂有限公司	边销茶(紧压茶)
雅安市蔡龙茶厂	边销茶(紧压茶)
四川省叙府茶业有限公司	边销茶(紧压茶)
宜宾市外贸金叶茶业有限责任公司	边销茶(紧压茶)
四川巴山雀舌名茶实业有限公司	边销茶(紧压茶)
四川省平武茶业有限责任公司	边销茶(紧压茶)
凉山彝族自治州民政民族工艺厂	少数民族工艺美术品
凉山阿英莫彝族精品服饰有限公司	少数民族服装
凉山州鸿腾清真食品有限公司	清真食品
甘孜州华康进出口有限责任公司	少数民族工艺美术品
石渠县太阳部落土特产品有限责任公司	少数民族服装
康定青藏谷地农牧业生物科技有限公司	清真食品
甘孜州神螺藏医药研究开发中心	少数民族药

续表 33

定点企业名称	民族特需用品名称
道孚县雪域安巴民间工艺品有限责任公司	少数民族工艺美术品
九寨沟天然药业集团有限责任公司	少数民族药
阿坝县联营民族特需用品工艺厂	少数民族工艺美术品
九寨沟高原食品有限公司	清真食品
阿坝州新希望牦牛产业有限公司	清真食品
成都伊利乳业有限责任公司	清真食品
成都天和银楼有限责任公司	少数民族工艺美术品
自贡市扎染工艺有限公司	少数民族针纺织
四川荣州动物药业有限公司	少数民族药
自贡市博宏丝绸有限公司	少数民族针纺织
四川自贡百味斋食品有限公司	清真食品
乐山市金源纺织有限责任公司	少数民族针纺织
四川省犍为罗城忠烈塑料有限责任公司	少数民族生产工具
四川罗城牛肉食品有限公司	清真食品
四川省美宁实业集团清真食品有限公司	清真食品
四川华峰总公司成都公司	少数民族家具
绵阳市永隆清真食品有限责任公司	清真食品
四川省邛崃市冉义镇新民民族用品有限责任公司	少数民族针纺织
成都弘光工艺品有限公司	少数民族工艺美术品
四川阳光教学设备有限公司	少数民族家具
四川洪兴工贸有限公司	少数民族家具
四川嘎玛博秀雪艺文化发展有限公司	少数民族工艺美术品
炉霍雪域俄色有限责任公司	边销茶(紧压茶)
四川康定金珠制药有限责任公司	少数民族药
康定康藏工艺品制造有限公司	少数民族工艺美术品
道孚亚姆热旅游开发有限责任公司	少数民族工艺美术品
四川宇妥藏药药业有限责任公司	少数民族药
阿坝州红祥民族工艺品开发有限责任公司	少数民族工艺美术品
阿坝州雪松牦牛肉干有限公司	清真食品
成都市棒棒娃实业有限公司	清真食品
四川省丹丹调味品有限公司	清真食品
四川金宫川派味业有限公司	清真食品
成都市荣泰清真食品有限责任公司	清真食品

续表 34

定点企业名称	民族特需用品名称
四川省阿坝州茂县兄弟牦牛肉制品厂	清真食品
犍为县罗城海氏回族食品有限责任公司	清真食品
贵州省(80 家)	
贵阳德昌祥药业有限公司	少数民族药
贵州恒霸药业有限责任公司	少数民族药
贵州健兴药业有限公司	少数民族药
贵州绿太阳制药有限公司	少数民族药
贵州益康制药有限公司	少数民族药
贵州太和制药有限公司	少数民族药
贵州威门药业股份有限公司	少数民族药
贵阳新天药业股份有限公司	少数民族药
贵州汉方制药有限公司	少数民族药
贵州万顺堂药业有限公司	少数民族药
贵州远程制药有限责任公司	少数民族药
贵州维康药业有限公司	少数民族药
贵州地道药业有限公司	少数民族药
贵州同济堂制药有限公司	少数民族药
际华 3537 制鞋有限责任公司	少数民族鞋帽
贵州多彩民族民间文化发展有限公司	少数民族工艺美术品
贵州金芦笙有限公司	少数民族针纺织
贵州高原彝药厂	少数民族药
贵州百祥制药有限责任公司	少数民族药
贵州三力制药有限责任公司	少数民族药
贵州百灵企业集团和仁堂药业有限公司	少数民族药
贵州科辉制药有限公司	少数民族药
贵州好一多乳业股份有限公司	清真食品
贵州伊然红清真食品有限公司	清真食品
贵州多彩雪飞文化旅游商品有限公司	少数民族针纺织
贵州益佰制药有限公司	少数民族药
贵州百灵企业集团制药股份有限公司	少数民族药
贵州顺健制药有限公司	少数民族药
贵州牛来香实业有限公司	清真食品
平坝县杨平清真食品厂	清真食品

续表 35

定点企业名称	民族特需用品名称
安顺市鸿泰蜡染开发有限公司	少数民族针纺织
安顺大明屯堡文化艺术发展有限公司	少数民族工艺美术品
安顺市屯堡雕刻艺术有限公司	少数民族工艺美术品
贵州万胜药业有限责任公司	少数民族药
贵州旭阳食品（集团）有限公司	清真食品
贵州三仁堂药业有限公司	少数民族药
贵州宏奇药业有限公司	少数民族药
六盘水民艺苑商贸有限公司	少数民族服装
贵州榜香郁苗绣服饰开发有限公司	少数民族服装
贵州仰阿莎民族工艺品有限责任公司	少数民族工艺美术品
锦屏县打岩塘鸿发石材有限责任公司	少数民族日用杂品
黔东南州九黎苗妹工艺品有限公司	少数民族工艺美术品
雷山县津龙民族商贸有限责任公司	少数民族工艺美术品、针纺织
剑河县章氏古典家具有限公司	少数民族日用杂品
黔东南朵碟朵阿旅游商品开发有限公司	少数民族针纺织
黔东南州太阳鼓苗侗刺绣有限责任公司	少数民族针纺织
贵阳杏林堂制药有限公司	少数民族药
贵州飞云岭药业股份有限公司	少数民族药
贵州奥特药业有限公司	少数民族药
贵州信邦制药股份有限公司	少数民族药
贵州盛世龙方制药股份有限公司	少数民族药
贵州省都匀瑞祥民族纺织品有限公司	少数民族针纺织
贵州特色制药有限责任公司	少数民族药
贵州永红食品有限公司	清真食品
平塘县禄麒牙舟古陶文化有限公司	少数民族日用杂品
贵州良济药业有限公司	少数民族药
兴仁县马大姐食品有限公司	清真食品
贵州苗药药业有限公司	少数民族药
贵州省兴义市布谷鸟民族实业发展有限公司	少数民族服装
黔西南州金艺商贸发展有限公司	清真食品
贵州兴诚华英食品有限公司	清真食品
黔西南州晶晶民族文化旅游产品发展有限公司	少数民族服装
贵州百灵企业集团世禧制药有限公司	少数民族药

续表 36

定点企业名称	民族特需用品名称
威宁县毛纺有限责任公司	少数民族针纺织
大方彝族漆器工艺品发展有限公司	少数民族工艺美术品
贵州千红万紫民族工艺开发有限公司	少数民族服装、针纺织
贵州省玉屏侗族自治县箫笛厂	少数民族文体用品
贵州省松桃梵净山苗族文化旅游产品开发有限公司	少数民族针纺织
关岭布依族苗族自治县蒙固祯民族服装厂	少数民族服装
六盘水市钟山区德付木雕工艺厂	少数民族日用杂品
黎平民族刺绣服饰厂	少数民族服装、针纺织
贵州省凯里锦天纺织有限公司	少数民族针纺织
台江县锦绣图腾工艺品有限公司	少数民族针纺织
贵州省施秉县舞水云台旅游商品开发有限公司	少数民族服装
贵州省福泉市机械厂	少数民族生产工具
镇宁自治县瀑乡蜡妹民族旅游商品有限公司	少数民族工艺美术品
贵州省关岭鹏强银饰工艺品有限公司	少数民族工艺美术品
水城县金来民族服饰加工厂	少数民族服装
贵州丹寨宁航蜡染有限公司	少数民族针纺织
贵州苗珍堂生物科技有限公司	少数民族针纺织
云南省(116家)	
昆明鸿运玖久丝绸有限公司	少数民族针纺织
石林毕氏民族服装服饰有限公司	少数民族针纺织
云南龙布瑞农特产品有限公司	少数民族针纺织
玉溪市桦星织带有限责任公司	少数民族针纺织
云南省通海民族织染厂	少数民族针纺织
姚安县麻纺织厂	少数民族针纺织
云南海润茧丝绸有限公司	少数民族针纺织
云南大姚棉织有限责任公司	少数民族针纺织
云南嘉宏纺织集团有限公司	少数民族针纺织
文山钰幅戎民族刺绣有限公司	少数民族针纺织
西双版纳民族文化传播有限公司	少数民族针纺织
巍山县三彝扎染工贸有限公司	少数民族针纺织
巍山县蓝龙扎染有限责任公司	少数民族针纺织
巍山县兴国扎染有限公司	少数民族针纺织
大理滇西纺织有限责任公司	少数民族针纺织

续表 37

定点企业名称	民族特需用品名称
弥渡县民族线带厂	少数民族针纺织
鹤庆县茧丝有限责任公司	少数民族针纺织
丽江毛纺织品有限责任公司	少数民族针纺织
丽江七星民族用品纺织服饰有限公司	少数民族针纺织
云南长秀服装厂	少数民族服装
楚雄红枫叶制衣有限公司	少数民族服装
楚雄四喜服饰文化有限责任公司	少数民族服装
楚雄市振翼实业有限公司	少数民族服装
开远市跃进彩妹手工制绣有限责任公司	少数民族服装
建水县民族金银首饰有限责任公司	少数民族服装
澜沧兰花花民族服饰文化有限公司	少数民族服装
西盟佤山服饰有限公司	少数民族服装
巍山县民族工艺服装厂	少数民族服装
贡山县民族服装厂	少数民族服装
丽江涵蜜金民族服饰工贸有限公司	少数民族服装
丽江丽雪民族服装有限公司	少数民族服装
丽江纳西人民族服装工贸有限公司	少数民族服装
丽江市宁蒗县阿妈六斤民族服饰有限公司	少数民族服装
丽江市古城区皮毛皮革厂	少数民族鞋帽
石林瓷业有限责任公司	少数民族日用杂品
曲靖珠源瓷业有限公司	少数民族日用杂品
曲靖石林锦达瓷业有限公司	少数民族日用杂品
云南省易门益兴瓷业有限公司	少数民族日用杂品
云南省易门华盛瓷业有限公司	少数民族日用杂品
澜沧盛鑫陶瓷制品有限责任公司	少数民族日用杂品
鹤庆县走夷方文化传播有任公司	少数民族日用杂品
瑞丽市荣丰现代装饰装璜有限责任公司	少数民族日用杂品
德钦县益西藏文化产业有限公司	少数民族日用杂品
香格里拉县尼西乡黑陶开发有限责任公司	少数民族日用杂品
丽江市宁蒗县再生木业有限责任公司	少数民族日用杂品
香格里拉县尼西黑土陶开发有限责任公司	少数民族日用杂品
新平美坚新型竹材有限公司	少数民族家具
澜沧县桂华家具有限公司	少数民族家具

续表 38

定点企业名称	民族特需用品名称
镇沅县祥惠木业有限责任公司	少数民族家具
剑川县狮河木雕有限公司	少数民族家具
剑川县方圆石雕石材有限责任公司	少数民族家具
剑川狮河金达木器木雕有限公司	少数民族家具
剑川县宏盛古建筑工程有限责任公司	少数民族家具
新平鹏源彩印包装厂	少数民族文体用品
石屏县坝心印刷厂	少数民族文体用品
西双版纳报社印刷厂	少数民族文体用品
德宏民族出版社印刷厂	少数民族文体用品
怒江报社民族印刷有限责任公司	少数民族文体用品
丽江印刷有限责任公司	少数民族文体用品
丽江华丽印刷有限责任公司	少数民族文体用品
石林印象柿子食品文化有限公司	少数民族工艺美术品
华宁县宁州舒氏陶艺有限责任公司	少数民族工艺美术品
保山市金齿永子文化传媒有限责任公司	少数民族文体用品
云南通海民族银饰制品有限公司	少数民族工艺美术品
新平彝族傣族自治县综合厂	少数民族工艺美术品
楚雄彝艺民族文化旅游产品开发公司	少数民族工艺美术品
武定县民族工艺饰品厂	少数民族工艺美术品
永仁县天彝苴却砚文化开发有限责任公司	少数民族工艺美术品
石屏县恒誉实业有限公司	少数民族工艺美术品
广南县跃升民族银饰工艺有限公司	少数民族工艺美术品
大理文州银都水乡旅游投资有限公司	少数民族工艺美术品
芒市海华开发有限公司民族金银首饰厂	少数民族工艺美术品
德钦县民族用品开发有限责任公司	少数民族工艺美术品
丽江市古城区民族首饰有限公司	少数民族工艺美术品
曲靖市寥廓鑫源工贸有限公司	少数民族生产工具
曲靖市塑料集团公司	少数民族生产工具
马龙县佳誉塑料制品有限公司	少数民族生产工具
宣威市中博塑料有限公司	少数民族生产工具
曲靖市麒麟金叶塑料有限公司	少数民族生产工具
云南科地塑胶有限公司	少数民族生产工具
玉溪市兴红太阳能设备有限公司	少数民族生产工具

续表 39

定点企业名称	民族特需用品名称
玉溪市旭日塑料有限公司	少数民族生产工具
云南大姚机械配件厂	少数民族生产工具
云南省前所机制农具厂	少数民族生产工具
沧源自治县佤山旅游产品开发有限责任公司	少数民族生产工具
云南生物谷灯盏花药业有限公司	少数民族药
昆明群芳药业有限公司	少数民族药
云南永孜堂制药有限公司	少数民族药
滇虹药业集团玉溪生物制药有限公司	少数民族药
云南维和药业股份有限公司	少数民族药
云南龙发制药有限公司	少数民族药
楚雄云中制药有限责任公司	少数民族药
云南盘龙云海药业有限公司	少数民族药
云南金碧制药有限公司	少数民族药
昆明制药集团金泰得药业股份有限公司	少数民族药
云南特安呐制药股份有限公司	少数民族药
西双版纳版纳药业有限责任公司	少数民族药
西双版纳雨林制药有限责任公司	少数民族药
大理州中药制药有限公司	少数民族药
云南大理瑞鹤药业有限公司	少数民族药
昆明华曦牧业集团有限公司	清真食品
云南寻甸仁德食品有限公司	清真食品
寻甸县东发食品有限公司	清真食品
云南海潮集团天牧肉牛产业有限公司	清真食品
云南省鲁甸县理世实业有限公司	清真食品
云南滇回马氏食品有限公司	清真食品
玉溪市回族糕点糖果厂	清真食品
云南天方食品有限公司	清真食品
云南保山同心食品有限公司	清真食品
腾冲县高黎贡山生态茶业有限责任公司	清真食品
楚雄市树苴乡农业技术综合开发公司	清真食品
云南开远泰昌清真食品有限公司	清真食品
开远市坤杰清真食品有限责任公司	清真食品
文山华博贸易有限责任公司	清真食品

续表 40

定点企业名称	民族特需用品名称
永平县阿巧孃清真食品有限责任公司	清真食品
云南下关沱茶集团股份有限公司	边销茶(紧压茶)
西藏自治区(50 家)	
西藏自治区拉萨皮革厂	少数民族鞋帽
西藏康曲民族经济文化发展有限公司	少数民族针纺织、工艺美术品
西藏银桥股份有限公司	少数民族工艺美术品
西藏阿卓商贸有限公司	少数民族工艺美术品
拉萨唐杰工艺品有限责任公司	少数民族日用杂品、工艺美术品
西藏蓝雪工贸有限公司	少数民族针纺织、工艺美术品
西藏日喀则地区亚美民族手工业产品有限责任公司	少数民族工艺美术品
西藏仁布县玉石雕刻厂	少数民族工艺美术品
拉孜旅游文化发展有限责任公司	少数民族日用杂品
改则县鑫隆乡镇企业民族手工艺厂	少数民族针纺织
洛扎县洛扎扎镇门当居委会民族手工艺编织厂	少数民族针纺织
西藏琼结县水晶玉石厂	少数民族工艺美术品
山南地区扎囊县阳光氆氇编织厂	少数民族针纺织
西藏那曲兴达民族产品开发股份合作有限责任公司	少数民族工艺美术品
西藏自治区藏药厂	少数民族药
西藏藏药集团股份有限公司	少数民族药
西藏藏医学院藏药有限公司	少数民族药
西藏神猴药业有限责任公司	少数民族药
西藏山南雍布拉康藏药厂	少数民族药
西藏金哈达药业有限公司	少数民族药
西藏昌都日通藏医药研制中心藏药厂	少数民族药
西藏昌都光宇利民药业有限责任公司	少数民族药
西藏龙凤地毯加工有限公司	少数民族针纺织
西藏卓玛民族手工艺品有限公司	少数民族针纺织
西藏帮锦镁朵工贸有限公司	少数民族针纺织
西藏日喀则市康帕地毯厂	少数民族针纺织
西藏自治区江孜县地毯厂	少数民族针纺织
山南乃东县地毯厂	少数民族针纺织
西藏浪卡子地毯厂	少数民族针纺织
西藏拉萨地毯有限责任公司	少数民族针纺织

续表 41

定点企业名称	民族特需用品名称
拉萨市城关区地毯厂	少数民族针纺织
西藏那曲地区纳木措地毯实业有限责任公司	少数民族针纺织
西藏优格仓工贸有限公司	少数民族日用杂品
西藏珠穆拉瑞商贸发展有限公司	少数民族日用杂品
西藏日喀则市得勒棉崇藏香有限责任公司	少数民族日用杂品
扎囊县敏珠林寺藏香厂	少数民族日用杂品
西藏圣海螺民族产品开发有限公司	少数民族日用杂品
西藏吞柏古藏香有限公司	少数民族日用杂品
西藏洛卓龙商贸有限公司	少数民族日用杂品
拉萨彩泉福利民族手工业有限公司	少数民族服装
江孜县民族服装厂	少数民族服装
拉萨荣恒服装有限责任公司	少数民族服装
西藏自治区江孜铁木家具厂	少数民族家具
日喀则市扎西吉彩金银铜器加工厂	少数民族工艺美术品
西藏自治区日喀则市铁器厂	少数民族日用杂品
拉萨市城关区古艺建筑美术公司	少数民族工艺美术品
拉萨市茂源家具装潢有限责任公司	少数民族家具
西藏童嘎家私有限公司	少数民族家具
西藏柒木家私有限公司	少数民族家具
拉萨市城关区毛纺二厂	少数民族针纺织
陕西省(23 家)	
西安市凯丽思清真食品有限责任公司	清真食品
陕西顶麦食品有限公司	清真食品
华丰食品（咸阳）有限公司	清真食品
陕西心特软食品有限公司	清真食品
陕西子祺食品有限公司	清真食品
陕西蒲城华星食品有限公司	清真食品
定边县付翔食品有限责任公司	清真食品
陕西建忠佳家乐食品有限公司	清真食品
陕西华祥食品（集团）有限公司	清真食品
宝鸡惠民奶业有限公司	清真食品
宝鸡华龙牧业集团有限公司	清真食品
西北二棉纺织有限公司	少数民族针纺织

续表 42

定点企业名称	民族特需用品名称
陕西怡泽茯茶有限公司	边销茶(紧压茶)
陕西德富祥食品餐饮有限公司	清真食品
陕西雍城面业有限公司	清真食品
宝鸡同盛食品有限公司	清真食品
陕西三原兴邦油品有限公司	清真食品
西安三宝双喜清真食品有限公司	清真食品
西安哈牙食品有限公司	清真食品
岐山华祥纸箱有限公司	少数民族文体用品
陕西福万家食品有限公司	清真食品
西安嘉奥调味食品有限公司	清真食品
陕西三秦香食品有限公司	清真食品
甘肃省(105 家)	
兰州庄园牧场股份有限公司	清真食品
甘肃雅赛尼工贸有限公司	少数民族服装
兰州国智民贸有限公司	少数民族工艺美术品
兰州马大胡子餐饮服务有限公司	清真食品
兰州吉祥斋西饼食品有限公司	清真食品
兰州依果商贸有限公司	少数民族服装
兰州东方宫清真餐饮有限公司	清真食品
兰州忠华商贸有限公司	清真食品
兰州小二黑食品有限公司	清真食品
兰州伊利乳业有限公司	清真食品
甘肃阿敏生物清真明胶有限公司	清真食品
兰州百味全清真食品有限公司	清真食品
兰州市永登吉福清真肉食品有限公司	清真食品
肃北县温格金民族贸易有限公司	少数民族工艺美术品
肃南县草原惠成食品有限公司	清真食品
肃南县富达民族服饰工艺有限公司	少数民族服装
山丹县康源清真牛羊肉食品有限公司	清真食品
民勤县德兴食品有限公司	清真食品
武威天润白牦牛绿色食品开发有限公司	清真食品
甘肃伊真堂药业有限公司	少数民族药
甘肃伊发药业有限公司	少数民族药

续表 43

定点企业名称	民族特需用品名称
岷县瑞丰药业有限公司	少数民族药
定西伊兰纯牛业有限公司	清真食品
临洮巍雅斯名表眼镜有限公司	少数民族工艺美术品
甘肃德煌炘园食品有限公司	清真食品
白银特澳特番茄制品有限公司	清真食品
天水市康宁生物科技有限公司	少数民族药
平凉市凯沣贸易进出口有限公司	清真食品
平凉市景兴清真肉品有限公司	清真食品
华亭县宏源牧业有限公司	清真食品
庆阳北地红调味食品有限公司	清真食品
甘肃华羚酪蛋白股份有限责任公司	清真食品
甘南藏族自治州燎原乳业有限责任公司	清真食品
甘南州澎曹民族产品开发有限责任公司	少数民族服装
甘南州恒达商贸开发有限责任公司	少数民族日用杂品
甘南州晟羚肉类加工有限责任公司	清真食品
甘南州科瑞乳品开发有限公司	清真食品
甘南州玛曲雪原肉业有限公司	清真食品
甘肃安多清真绿色食品有限公司	清真食品
甘南州夏河县雪域藏香厂	少数民族日用杂品
甘南州恒发商贸有限责任公司	少数民族日用杂品
甘南州伊丰源商贸开发有限责任公司	清真食品
甘南州卡加曼藏药开发有限公司	少数民族药
甘南州临潭县金洮良种牛繁育有限责任公司	清真食品
甘南州羚城藏族文化科技开发有限责任公司	少数民族日用杂品、工艺美术品
甘南州玛曲县昌翔清真肉业有限公司	清真食品
甘南州玛曲县安泰旅游产品有限责任公司	少数民族日用杂品、工艺美术品
甘南州迭部迭山藏药有限责任公司	少数民族药
甘南州卓尼县鼎元艺术品开发有限责任公司	少数民族日用杂品
甘南藏药有限公司	少数民族药
临夏市兴强地毯有限责任公司	少数民族针纺织
临夏市友和商贸有限责任公司	少数民族日用杂品
甘肃临夏雪羚毛纺地毯有限责任公司	少数民族针纺织
临夏市协恒源副食品有限责任公司	清真食品

续表 44

定点企业名称	民族特需用品名称
临夏市什锦清真食品有限责任公司	清真食品
临夏市天宝食品有限责任公司	清真食品
临夏市清河源清真食品有限责任公司	清真食品
临夏市泉乳乳品有限责任公司	清真食品
临夏市南园清真食品有限责任公司	清真食品
临夏州顺发清真食品有限公司	清真食品
临夏州华安生物制品有限责任公司	清真食品
临夏州雪峰清真冷冻食品有限责任公司	清真食品
临夏回族自治州兰州穆斯林经济贸易公司	清真食品
临夏华羚酪蛋白有限公司	清真食品
临夏市维良毛纺织品有限公司	少数民族针纺织
临夏市鑫磊农具制造有限公司	少数民族生产工具
临夏市兴元皮毛制品有限责任公司	少数民族鞋帽
临夏伊尔雅有限责任公司	少数民族服装
临夏滨河物流有限责任公司	少数民族针纺织
临夏学和民族用品厂	少数民族鞋帽
甘肃佳家味清真食品有限公司	清真食品
临夏市树人商贸有限责任公司	少数民族服装
临夏银星清真餐饮有限责任公司	清真食品
临夏市盛德工贸有限责任公司	少数民族针纺织
临夏州福源豆业清真食品有限责任公司	清真食品
临夏八坊商贸有限责任公司	少数民族生产工具
临夏市临牛农机有限责任公司	少数民族生产工具
甘肃省临夏永恒实业有限公司	少数民族药
临夏恒丰实业有限责任公司	清真食品
临夏县莲花湖食品有限责任公司	清真食品
临夏县爱丽福清真食品有限责任公司	清真食品
临夏县绿康清真冷冻食品有限责任公司	清真食品
临夏润兴清真食品有限公司	清真食品
甘肃圣泽园清真食品生产集团有限公司	清真食品
临夏州燎源乳业有限责任公司	清真食品
临夏州汇通木业有限责任公司	少数民族家具
临夏县伊美清真食品有限责任公司	清真食品

续表 45

定点企业名称	民族特需用品名称
临夏县穆伊肉食品有限责任公司	清真食品
甘肃省宏良皮业有限公司	少数民族鞋帽
广河县顺发商贸有限公司	少数民族针纺织
广河县银河毛纺织有限公司	少数民族针纺织
广河县陇黔商贸有限公司	少数民族针纺织
甘肃清源皮业有限公司	少数民族鞋帽
广河县诚德民族用品公司	少数民族服装
广河县雪羚农产品有限公司	清真食品
广河县雪峰农产品有限公司	少数民族针纺织
甘肃伊朊生物制品有限公司	清真食品
广河县汇源畜产品有限公司	少数民族针纺织
甘肃丰源农业开发有限公司	清真食品
甘肃伊尊民族用品工贸有限公司	少数民族服装
积石山县进军药业有限责任公司	少数民族药
积石山县三联副食品经销有限责任公司	清真食品
积石山县保安民族腰刀制造有限公司	少数民族日用杂品
甘肃威宝淀粉有限公司	清真食品
甘肃康美现代牧产业集团有限责任公司	清真食品
青海省(54 家)	
青海藏羊地毯（集体）有限公司	少数民族针纺织
青海雪舟三绒集团	少数民族针纺织
金诃藏药股份有限公司	少数民族药
青海绿草原食品有限公司	清真食品
青海省海湖藏毯有限公司	少数民族针纺织
青海久美藏药药业有限公司	少数民族药
青海百德投资发展有限公司	清真食品
湟源县活力朔料制品有限责任公司	少数民族日用杂品
青海伊佳民族用品有限公司	少数民族鞋帽
青海省威乐木业有限责任公司	少数民族生产工具
民和县康益达有限公司	少数民族日用杂品
青海仙红辣椒开发集体有限公司	清真食品
同仁县热贡艺术有限公司	少数民族工艺美术品
青海柴达木高科技药业有限公司	少数民族药

续表 46

定点企业名称	民族特需用品名称
乌兰县蒙方民族用品有限公司	少数民族生产工具
丹噶尔皮绣研制开发有限公司	少数民族针纺织
柴达木羊绒有限公司	少数民族针纺织
青海塔尔寺旅游资源开发有限公司	少数民族工艺美术品
西宁泰诚工贸有限责任公司	少数民族日用杂品
青海藏之堂科贸有限公司	少数民族针纺织
青海可可西里食品有限公司	清真食品
青海伊佳民族服饰有限责任公司	少数民族服装
青海裕泰畜产品有限公司	清真食品
青海三江雪食品饮料有限公司	清真食品
青海芳谱精炼油有限公司	清真食品
青海吉友湟源醋实业有限公司	清真食品
青海青海湖乳业有限责任公司	清真食品
青海缘汇木雕工艺有限公司	少数民族工艺美术品
湟中县佛光工艺雕塑有限责任公司	少数民族工艺美术品
互助县塞纳文化发展有限公司	少数民族针纺织
海南州布绣嘎玛民族工艺品有限责任公司	少数民族针纺织
贵南县东格尔藏绣科技有限责任公司	少数民族针纺织
尖扎县宗喀民族藏香有限公司	少数民族日用杂品
刚察县草原肉食品有限公司	清真食品
青海省帝玛尔藏药药业有限公司	少数民族药
门源县伊源奶制品有限责任公司	清真食品
青海循化县博艺旅游文化有限公司	少数民族工艺美术品
青海博热工贸有限公司	少数民族日用杂品
海晏县夏华清真肉食品有限公司	清真食品
循化县甲秀畜产品开发有限公司	清真食品
泽库县民族服饰加工厂	少数民族服装
青海伊之堂文化旅游开发有限公司	少数民族针纺织
循化县藏族服装加工开发公司	少数民族服装
循化县岗拉民族用品有限公司	少数民族工艺美术品
青海玉良工艺有限责任公司	少数民族工艺美术品
尖扎县衣之贵民族服装有限公司	少数民族服装
天峻县桑木纯精乳制品加工专业合作社	清真食品

续表 47

定点企业名称	民族特需用品名称
海南州五彩藏绣艺术有限公司	少数民族针纺织
西宁伊品园食品有限公司	清真食品
青海湖源牧开发有限公司	清真食品
河南县民族贸易有限公司	少数民族日用杂品
泽库县赛日龙藏文化工艺有限公司	少数民族工艺美术品
民和银昊工贸有限公司	少数民族日用杂品
海西州绿色能源有限公司	少数民族生产工具
宁夏回族自治区(88家)	
宁夏圣雪绒羊绒有限公司	少数民族服装
宁夏中银绒业股份有限公司	少数民族服装
宁夏嘉源绒业集团有限公司	少数民族服装
宁夏荣昌绒业集团有限公司	少数民族服装
宁夏宏达羊绒制品有限公司	少数民族服装
宁夏灵武圣雪绒羊绒制品有限公司	少数民族服装
宁夏阿尔法绒业有限公司	少数民族服装
宁夏特米尔羊绒制品有限公司	少数民族服装
宁夏金海皮业有限责任公司	少数民族针纺织
吴忠市万绋旎民族服饰有限责任公司	少数民族服装
宁夏雄鹰皮草有限责任公司	少数民族服装
宁夏同心县生海绒业有限责任公司	少数民族服装
宁夏同心祥福绒毛制品有限公司	少数民族服装
盐池县忠信畜产品开发有限公司	少数民族服装
宁夏盐池恒纳地毯有限公司	少数民族针纺织
宁夏盛源绒业有限公司	少数民族服装
宁夏紫荆花纸业有限公司	少数民族文体用品
宁夏回乡文化实业有限公司	少数民族工艺美术品
宁夏全保家具有限公司	少数民族家具
宁夏天马冶化（集团）股份有限公司	少数民族工艺美术品
平罗县赛云建材有限公司	少数民族日用杂品
固原源通环保技术有限公司	少数民族生产工具
宁夏科豪陶瓷有限公司	少数民族日用杂品
宁夏夏进制箱包装有限公司	少数民族文体用品
宁夏泰瑞制药有限公司	少数民族药

续表48

定点企业名称	民族特需用品名称
宁夏多维药业有限公司	少数民族药
银川市金河乳业有限公司	清真食品
银川伊布拉欣清真食品有限公司	清真食品
宁夏安优卜清真食品有限公司	清真食品
宁夏伊味清真食品有限公司	清真食品
宁夏伊品生物科技股份有限公司	清真食品
宁夏北方乳业有限责任公司	清真食品
宁夏大北农科技实业有限公司	清真食品
宁夏厚生记食品有限公司	清真食品
宁夏平顺源清真食品有限公司	清真食品
宁夏成玉植物油有限公司	清真食品
宁夏夏进乳业集团股份有限公司	清真食品
宁夏万胜生物工程有限公司	清真食品
宁夏吴忠市国军清真食品有限公司	清真食品
宁夏红果乳业有限公司	清真食品
宁夏涝河桥清真肉食品有限公司	清真食品
宁夏雪泉乳业有限公司	清真食品
宁夏红山河食品有限公司	清真食品
吴忠市兴达粮油有限公司	清真食品
宁夏国平油脂有限公司	清真食品
青铜峡市清真食品有限责任公司	清真食品
宁夏同心阿伊河清真肉食品有限公司	清真食品
宁夏夏华肉食品有限公司	清真食品
宁夏杞芽食品科技有限公司	清真食品
德泓（宁夏）国际纺织有限公司	少数民族服装
银川市富邦印刷包装有限公司	少数民族文体用品
宁夏汇川服装有限公司	少数民族服装
宁夏吴忠市精艺裘皮制品有限公司	少数民族服装
固原贤明民族服饰有限公司	少数民族服装
灵武市嘉艺科技有限公司	少数民族服装
宁夏海原国华农机制造有限责任公司	少数民族生产工具
宁夏启元国药有限公司	少数民族药
宁夏启元药业有限公司	少数民族药

续表 49

定点企业名称	民族特需用品名称
宁夏金岛食品有限公司	清真食品
宁夏家家食用油有限公司	清真食品
宁夏天人和豆制品有限公司	清真食品
银川原源食用油有限公司	清真食品
宁夏优素福清真食品有限公司	清真食品
宁夏鼎润清真食品有限公司	清真食品
宁夏伊顺园农工贸有限公司	清真食品
银川泰丰生物科技有限公司	清真食品
宁夏曼苏尔清真食品有限公司	清真食品
宁夏贺兰县红星粮油加工厂（有限公司）	清真食品
宁夏敬义泰清真食品有限公司	清真食品
宁夏乐口福食品有限公司	清真食品
宁夏亿美生物科技有限公司	清真食品
宁夏野娇娇食品有限公司	清真食品
宁夏沙湖清真食品有限公司	清真食品
宁夏周家八食品有限公司	清真食品
平罗县黄渠桥老豆腐制品有限公司	清真食品
宁夏华恩食品有限公司	清真食品
宁夏伊宁和清真豆制品有限公司	清真食品
宁夏宁杨清真食品有限公司	清真食品
宁夏肯萨清真方便面肉制品有限公司	清真食品
宁夏吴忠市金瑞清真食品有限公司	清真食品
吴忠市生利来清真食品有限公司	清真食品
吴忠市曼苏尔清真食品有限公司	清真食品
吴忠市嘉禾粮油食品有限公司	清真食品
宁夏伊友乳业有限公司	清真食品
宁夏顺宝现代农业有限公司	清真食品
中卫市金帝冷冻食品有限责任公司	清真食品
宁夏昊裕油脂有限公司	清真食品
青铜峡市明珠圆清真食品乳业有限责任公司	清真食品
新疆维吾尔自治区(268 家)	
中粮屯河股份有限公司	清真食品
新疆果业集团有限公司	清真食品

续表 50

定点企业名称	民族特需用品名称
麦趣尔集团股份有限公司	清真食品
新疆泰昆集团股份有限公司	清真食品
新疆康尤美粮油集团有限公司	清真食品
新疆金鑫生物科技发展有限公司	清真食品
精河县精棉棉业有限责任公司	清真食品
新疆九禾种业有限责任公司	清真食品
新疆哈巴河县雅居床服有限责任公司	少数民族服装
新疆震企生物科技有限公司	清真食品
精河县托里棉花加工厂	清真食品
新疆奎屯天康植物蛋白有限公司	清真食品
新和健鹰纺织有限公司	少数民族针纺织
哈密协力棉业有限公司	少数民族针纺织
疏勒县丰润油脂有限公司	清真食品
新疆麦趣尔食品有限公司	清真食品
新疆笑厨食品有限公司	清真食品
新疆仓麦园有限责任公司	清真食品
新疆江皓工贸有限公司	清真食品
新疆阿尔曼清真食品工业集团有限公司	清真食品
新疆玉泰驼绒纺织品有限公司	少数民族针纺织
新疆维吾尔药业有限责任公司	少数民族药
新疆帕尔拉克进出口贸易有限公司	少数民族针纺织
新疆海奥油脂科技发展有限公司	清真食品
新疆康尤美昭苏油脂有限公司	清真食品
安琪酵母（伊犁）有限公司	清真食品
福海县大尾羊有限责任公司	清真食品
昌吉市昌鼎工贸有限公司	清真食品
昌吉市沈派西域老回民饭庄	清真食品
新疆麦趣尔集团有限责任公司	清真食品
新疆华兴投资集团有限公司	清真食品
昌吉金西域棉业有限责任公司	少数民族针纺织
新疆天山毛纺织股份有限公司	少数民族服装
华凌畜牧产业开发有限公司	清真食品
新疆银朵兰维药股份有限公司	少数民族药

续表 51

定点企业名称	民族特需用品名称
新疆维阿堂制药有限公司	少数民族药
乌鲁木齐市古再丽文化艺术有限责任公司	少数民族服装
新疆五江兴华实业有限公司	少数民族日用杂品
新疆维吾尔自治区新华书店	少数民族文体用品
哈密市长青农牧有限公司	清真食品
哈密长河工贸集团长兴畜产品工贸有限责任公司	清真食品
新疆天娇红农业科技开发有限公司	清真食品
新疆阿克苏天康植物蛋白有限公司	清真食品
巴楚县金谷油脂有限公司	清真食品
喀什佰佳肉业有限责任公司	清真食品
喀什市新艺工艺美术有限责任公司	少数民族针纺织
喀什阿米娜清真食品有限公司	清真食品
喀什远东陶瓷有限公司	少数民族日用杂品
新疆南达乳业有限公司	清真食品
新疆西昆仑骨明胶有限公司	清真食品
新疆绿草原肉禽食品有限公司	清真食品
焉耆县三宇实业有限责任公司	清真食品
新疆博湖县万福食品有限责任公司	清真食品
新疆永升嘉轩食品有限责任公司	清真食品
西域旅游开发股份有限公司	少数民族工艺美术品
玛纳斯恒泰实业有限公司	清真食品
玛纳斯县来利塑料制品厂	少数民族生产工具
昌吉市银洋生物有限公司	清真食品
新疆天山骄子食品有限责任公司	清真食品
伊宁向新禽业有限责任公司	清真食品
伊犁百信草原蜂业有限责任公司	清真食品
新疆旺利隆商贸有限公司	清真食品
伊犁三润食品有限责任公司	清真食品
伊犁阿旺都食品有限责任公司	清真食品
伊犁德康粮贸有限责任公司	清真食品
伊犁德利发食品有限责任公司	清真食品
新疆绿洲国信植物蛋白有限公司	清真食品
新疆鸿锦枸杞实业有限公司	清真食品

续表 52

定点企业名称	民族特需用品名称
精河县鑫源油脂有限责任公司	清真食品
新疆精河县天顺祥棉花加工有限公司	少数民族针纺织
新疆伊犁巴口香实业有限责任公司	清真食品
伊犁雪莲乳业有限公司	清真食品
伊犁伊力特乳业有限责任公司	清真食品
新疆伊源乳业股份有限公司	清真食品
博湖县阿勒奇民族工艺品有限公司	少数民族工艺美术品
新疆盛康粮油有限公司	清真食品
伊犁万顺油脂有限公司	清真食品
昭苏县草原粮油实业有限责任公司	清真食品
新疆伊品酪蛋白有限公司	清真食品
新疆金汇食品有限公司	清真食品
新疆阳派食品有限公司	清真食品
伊犁天药生物科技有限公司	少数民族工艺美术品
新疆昌润商贸有限责任公司	清真食品
新疆芳草湖益民塑料化工有限公司	少数民族生产工具
呼图壁县天山气流纺有限公司	少数民族针纺织
吉木萨尔县二工乡天元粮油制品农民专业合作社	清真食品
昌吉市麦客来达氏回民食品厂	清真食品
阜康市金岭粮油工贸有限责任公司	清真食品
新疆开利地毯织造有限公司	少数民族针纺织
伊宁市塔斯布拉克民族服装公司	少数民族服装
霍城县代吾然地毯有限公司	少数民族针纺织
克拉玛依市阿丽米热商贸有限责任公司	清真食品
伊犁华蓝木业有限公司	少数民族家具
新疆天宝祥食品有限公司	清真食品
精河县康瑞棉花加工有限公司	少数民族针纺织
精河县力达纺织有限公司	少数民族针纺织
博乐市家乐油脂有限责任公司	清真食品
博乐市博水缘食品有限责任公司	清真食品
新疆福鑫粮油有限公司	清真食品
博尔塔拉蒙古自治州万力源科技开发有限责任公司	少数民族日用杂品
沙雅鸿兴油脂有限责任公司	清真食品

续表 53

定点企业名称	民族特需用品名称
新疆塔河明珠果业有限公司	清真食品
新疆旺源驼奶实业有限公司	清真食品
阿勒泰冰花食品有限责任公司	清真食品
阿克苏伊格尔食品有限公司	清真食品
阿克苏塔里木畜产品有限公司	清真食品
温宿县海川乳业有限公司	清真食品
沙雅富宏棉纺有限公司	少数民族针纺织
新疆多浪畜产品开发有限责任公司	清真食品
库车县亚地卡尔民族手工艺品制造有限公司	少数民族针纺织
阿克陶县益丰实业有限公司	清真食品
新疆锡力旦科技文化发展有限公司	少数民族文体用品
新疆雅徕维吾尔厨具有限公司	少数民族日用杂品
新疆香巴拉食品有限公司	清真食品
新疆西尔丹食品有限公司	清真食品
新疆紫罗兰食品有限公司	清真食品
新疆金派利尔食品有限公司	清真食品
新疆新粮油脂有限责任公司	清真食品
喀什德吾苒发展有限公司	清真食品
新疆阿布丹食品开发有限公司	清真食品
和田阳光沙漠玫瑰有限责任公司	清真食品
新疆西域玫瑰精细化工有限公司	少数民族工艺美术品
英吉沙县民族小刀制品有限责任公司	少数民族日用杂品
莎车县农工商民族食品有限责任公司	清真食品
喀什市古城民族用品有限责任公司	少数民族针纺织
麦盖提县古刀郎有限责任公司	清真食品
伽师县前程股份合作印刷厂	少数民族文体用品
福海县布伦托海水产养殖开发有限公司	清真食品
布尔津县卧龙湾旅游开发有限责任公司	少数民族工艺美术品
福海县海瑞有限责任公司	清真食品
阿勒泰地区金农农牧业开发有限责任公司	清真食品
哈巴河县桦林节水设备有限公司	少数民族生产工具
吉木乃县粮油收储有限责任公司	清真食品
新疆阿勒泰地区哈萨克医医院	少数民族药

续表 54

定点企业名称	民族特需用品名称
福海水产有限责任公司	清真食品
哈密金牛盖瑞乳业有限公司	清真食品
新疆和硕丁丁食品有限责任公司	清真食品
新疆瑞源乳业有限公司	清真食品
石河子汇昌油脂有限责任公司	清真食品
新疆石河子花园乳业有限公司	清真食品
哈密摆氏清真食品配送中心有限公司	清真食品
巴里坤老油坊粮油商业有限公司	清真食品
和田地毯有限责任公司	少数民族针纺织
和田维吾尔药业有限责任公司	少数民族药
新疆纳克西湾手工地毯开发有限公司	少数民族针纺织
吐鲁番地区民心工贸有限责任公司	清真食品
吐鲁番地区维吾尔医医院制药厂	少数民族药
鄯善县库木塔格农产品农民专业合作社	清真食品
新疆和静县羽彩民族工艺品有限公司	少数民族工艺美术品
和静利华食品有限责任公司	清真食品
新疆青鹤实业（集团）有限公司	清真食品
新疆博湖县红丰食品有限责任公司	清真食品
新疆博湖县蓝翔食品水产有限公司	清真食品
尉犁同丰油脂工贸有限责任公司	清真食品
新疆宏景清真食品股份有限公司	清真食品
新疆红帆生物科技有限公司	清真食品
新疆天意节水设备有限公司	少数民族生产工具
尉犁县永发塑业有限责任公司	少数民族生产工具
巴州友邦生物科技有限公司	清真食品
新疆新建番茄制品有限公司	清真食品
新疆绿翔牧业有限责任公司	清真食品
额敏县万通畜牧有限责任公司	清真食品
新疆红花缘科技有限公司裕民公司	清真食品
新疆谢利盖畜牧有限责任公司	清真食品
和布克赛尔县江格王绒制品有限公司	少数民族针纺织
沙湾县盖瑞乳业有限责任公司	清真食品
和布克赛尔蒙古自治县蒙哥尔肉类开发有限公司	清真食品

续表 55

定点企业名称	民族特需用品名称
克拉玛依独山子马合苏提商贸有限公司	清真食品
爱萨拉商贸有限责任公司	清真食品
新疆中太肉联有限责任公司	清真食品
新疆惠利灌溉科技有限公司	少数民族生产工具
新疆古丽汗手工地毯开发有限公司	少数民族针纺织
新疆塔里木震企生物科技有限公司	清真食品
哈密华艺文体发展有限公司	少数民族工艺美术品
国药集团新疆制药有限公司	少数民族药
新疆奇康哈博维药有限公司	少数民族药
巴州哈力馨蒙西医医院	少数民族药
新疆尤再尔农业科技发展有限公司	清真食品
新疆精河县永合力纺织有限公司	少数民族针纺织
新疆曼福农业科技开发有限公司	少数民族针纺织
鄯善县哈木热汗手工地毯厂	少数民族针纺织
察布查尔锡伯自治县沁源油脂有限责任公司	清真食品
新疆新华印刷厂	少数民族文体用品
新疆奥斯曼生物资源有限公司	少数民族日用杂品
新疆庄子实业有限公司	清真食品
新疆恒远中汇彩印包装有限公司	少数民族文体用品
新疆新华华龙印务有限责任公司	少数民族文体用品
塔城市鹏坤玉米食品有限责任公司	清真食品
乌鲁木齐市安卡维文软件开发有限公司	少数民族文体用品
哈密市新潮工贸有限公司	清真食品
乌市米娜娃时装商贸有限公司	少数民族服装
新疆亲努尔生物科技有限公司	少数民族日用杂品
哈密新世纪服装有限责任公司	少数民族服装
哈密市红柳清真家禽屠宰厂	清真食品
新疆壹俐绮服饰文化发展有限公司	少数民族服装
新疆银谷泰油脂有限公司	清真食品
岳普湖县大陆公司油脂化工厂	清真食品
伽师县鼎鑫油脂有限责任公司	清真食品
新疆百味餐饮食品有限公司	清真食品
喀什知心食品有限责任公司	清真食品

续表 56

定点企业名称	民族特需用品名称
昌吉市飞马财富商贸有限责任公司	清真食品
莎车县维吾尔医医院	少数民族药
巴楚县那斯尔实业有限公司	清真食品
巴州众恒油脂有限公司	清真食品
若羌银河油脂工贸有限公司	清真食品
吐鲁番市民族工艺玉器地毯厂	少数民族针纺织
新疆巴什格穆时尚服饰设计制作有限公司	少数民族服装
新疆爱勒塔记民族服装有限公司	少数民族服装
洛浦县民乐民族地毯有限责任公司	少数民族针纺织
和田县毛丹王地毯有限责任公司	少数民族针纺织
伊宁市漫紫拉民族产品编织厂	少数民族服装
和田市塔瓦热克地毯有限责任公司	少数民族针纺织
新疆天山水泥股份有限公司	少数民族日用杂品
新疆哈密长联肠衣有限公司	清真食品
新疆西部节水科技股份有限公司	少数民族生产工具
新疆锦德食品有限责任公司	清真食品
阿瓦提县永和油脂化工有限责任公司	清真食品
新疆康源番茄制品有限公司	清真食品
新疆云龙油脂有限公司	清真食品
新疆天玛生态食品有限公司	清真食品
新疆中德农业发展有限公司	清真食品
和田天王纺织有限公司	少数民族针纺织
若羌金丰源纺织有限公司	少数民族针纺织
新疆隆平高科弘安天然色素有限公司	清真食品
喀什昆仑维吾尔药业股份有限公司	少数民族药
尼勒克县美特尔乳业有限公司	清真食品
吉木萨尔县新明农牧机械制造厂	少数民族生产工具
玛纳斯县兴隆塑料制品厂	少数民族生产工具
麦盖提县青年油脂有限责任公司	清真食品
和田市友谊牛羊定点屠宰有限责任公司	清真食品
洛浦县白城地毯厂	少数民族针纺织
洛浦县故乡地毯有限公司	少数民族针纺织
新疆白花村金面王食品有限责任公司	清真食品

续表 57

定点企业名称	民族特需用品名称
伊犁霍尔果斯枣索制革厂	少数民族针纺织
新汶矿业集团（伊犁）泰山阳光新型建材有限公司	少数民族工艺美术品
和静县瑞和番茄制品有限责任公司	清真食品
和硕县天喜食品有限责任公司	清真食品
呼图壁县嘉泰油脂有限责任公司	清真食品
玛纳斯县金丰植物油工贸有限责任公司	清真食品
呼图壁县景泰番茄制品有限公司	清真食品
玛纳斯县胜旗塑化工贸有限公司	少数民族生产工具
伊犁大草原农牧有限责任公司	清真食品
伊犁西天山农牧发展有限责任公司	清真食品
伊犁蓝海食品有限公司	清真食品
库尔勒金阳光服装有限责任公司	少数民族服装
新疆意诺牧业科技有限公司	清真食品
巴州新州喀尔万食品开发有限公司	清真食品
新疆天盛实业有限公司	少数民族针纺织
于田县农佳乐地毯厂	少数民族针纺织
洛浦县时代地毯厂	少数民族针纺织
新疆秦星实业投资有限公司	清真食品
乌鲁木齐市一帆电子有限公司	少数民族文体用品
新疆富洋食品有限公司	清真食品
库车县天山畜产品有限责任公司	清真食品
新疆塔城储绿粮油集团面粉加工有限公司	清真食品
新疆娜尔格兰科技发展有限公司	清真食品
岳普湖益华纸业包装有限公司	少数民族文体用品
克拉玛依市奥兹库瓦提食品有限公司	清真食品
巴州中星油脂有限公司	清真食品
哈密市正商油脂有限公司	清真食品
新疆赛湖渔业科技开发有限公司	清真食品
阿勒泰市达尔汗农业开发有限责任公司	清真食品
阿克苏地区久久棉纺有限公司	少数民族针纺织
新疆红彤彤食品有限公司	清真食品
哈密市夏尔拉山食品有限公司	清真食品
托克逊县三源油脂有限责任公司	清真食品

续表 58

定点企业名称	民族特需用品名称
托克逊县地方国营牧场	清真食品
托克逊县天福食品有限责任公司	清真食品
新疆生产建设兵团(25 家)	
新疆中基番茄制品有限责任公司	清真食品
新疆新光油脂有限公司	清真食品
新疆绿翔牧业有限责任公司	清真食品
新疆弘生家纺有限公司	少数民族针纺织
新疆天润生物科技股份有限公司	清真食品
新疆昌恒纺织有限责任公司	少数民族针纺织
新疆奎屯绿源酱业有限公司	清真食品
沙湾盖瑞乳业有限责任公司	清真食品
新疆五家渠鑫宝农业科技开发有限公司	清真食品
新疆伊犁伊帕尔汗香料发展有限责任公司	少数民族工艺美术品
图木舒克市前海棉纺织有限责任公司	少数民族针纺织
图木舒克疆绒纺织有限公司	少数民族针纺织
福海县额河牧业有限责任公司	清真食品
石河子康隆油脂工贸有限责任公司	清真食品
和田昆仑山印业有限公司	少数民族文体用品
新疆震企油脂有限公司	清真食品
北屯额河草原食品有限责任公司	清真食品
乌苏市泉盛饲料有限责任公司	清真食品
新疆保康油脂有限公司	清真食品
新疆顶山食品有限公司	清真食品
奎屯润泽塑业科技有限公司	少数民族生产工具
银桥国际控股（新疆奎屯市）乳业有限公司	清真食品
焉耆天湖鹅业开发有限公司	清真食品
乌苏高泉天天乳业有限责任公司	清真食品
新疆绿翔纺织品有限责任公司	少数民族针纺织